● 武威市文体广电和旅游局项目

● 教育部人文社科重点研究基地重大项目

「敦煌通史」（项目编号：16JJD770024）

● 兰州大学中央高校基本科研业务费重点研究基地项目

「敦煌与丝绸之路文明」（项目编号：2021jbkyjd004）

国家古籍整理出版专项经费资助项目

涼州金石録

郑炳林●主编

魏迎春　马振颖●编著

教育部人文社会科学重点研究基地

兰州大学敦煌学研究所

甘肃文化出版社

图书在版编目（CIP）数据

凉州金石录 / 郑炳林主编；魏迎春，马振颖
编著．-- 兰州：甘肃文化出版社，2022.9
（敦煌与丝绸之路研究丛书 / 郑炳林主编）
ISBN 978-7-5490-2381-3

Ⅰ.①凉… Ⅱ.①郑… ②魏… ③马… Ⅲ.①金石—
研究—武威—古代 Ⅳ.① K877.24

中国版本图书馆 CIP 数据核字（2021）第 247609 号

凉州金石录

郑炳林｜主编

魏迎春　马振颖｜编著

策　　划｜郎军涛　凯　旋

责任编辑｜凯　旋

封面设计｜原彦平

出版发行｜甘肃文化出版社

网　　址｜http://www.gswenhua.cn

投稿邮箱｜press@gswenhua.cn

地　　址｜甘肃省兰州市城关区曹家巷 1 号　730030（邮编）

营销中心｜贾　莉　王　俊

电　　话｜0931-2131306

印　　刷｜西安国彩印刷有限公司

开　　本｜787 毫米 ×1092 毫米　1/16

字　　数｜900 千

印　　张｜56.25

版　　次｜2022 年 9 月第 1 版

印　　次｜2022 年 9 月第 1 次

书　　号｜ISBN 978-7-5490-2381-3

定　　价｜498.00 元

《凉州金石录》编辑委员会

主　任：梁朝阳　费生云

副主任：陈晓峰　王树华

委　员：郑炳林　魏迎春　马振颖

主　编：郑炳林

编　著：魏迎春　马振颖

序

　　武威，古称凉州、姑臧，是一座有着深厚历史文化底蕴的城市。早在先秦时期，就有游牧部落的先民在此繁衍生息，留下大量历史文化遗迹。自西汉设武威郡以来，武威的地位更加凸显，由于其地理位置的重要性，往来的客商、使者等络绎不绝，俨然成为丝绸之路上的桥头堡，固有"通一线于广漠，控武郡之咽喉"之称。中国旅游标志"马踏飞燕"即出土于武威的雷台汉墓。魏晋南北朝时期，前凉、后凉、南凉、北凉等均在此建都，故又有"五凉之都"的美誉。号称"石窟鼻祖"的天梯山石窟也位于武威境内。隋唐时期，不少来自西域的胡商在武威聚居，给凉州文化增添了异域色彩，当时的"凉州样"也成为两京地区上层妇女效仿的装饰；隋代"九部乐"、唐代"十部乐"中的西凉乐就源自武威地区。粟特胡商中的安氏、康氏等，后来都发展成武威的大族。自唐以降，武威先后为凉州都督府、河西节度使、武威郡、西凉府、凉州卫、甘凉道等的驻地，各个时期均保存有珍贵的历史遗迹。武威的历史文化一脉相承，在改革开放的新阶段、"一带一路"建设的新形势下，充分挖掘和弘扬武威的碑铭文化，对提高武威的城市知名度，体现武威文化的特色，起到至关重要的作用。

　　金石学，是历史学的重要组成部分；金石文化，是中国优秀传统文化之一。习近平总书记提出要"建设中国特色中国风格中国气派的考古学，更好认识源远流长博大精深的中华文明"，因此对出土碑铭文献的整理研究，正是充分利用考古学成果的有效途径之一。朱剑心在《金石学》一书中提到，金石学之价值：一曰考订，统经史小学而言；二曰文章，重其原始体制；三曰艺术，兼赅书、画、雕刻。用石质材料作为承载信息、传递情感、表达思想的载体称为碑刻。《礼记》载"东面北上，上当碑南陈"，这是目前所见对碑的最早记载，可知碑滥觞于先秦。秦代的著名刻石有峄山刻石、泰山刻石、琅琊台刻石、芝罘刻石等，但大多为摩崖刻石。到汉代，才从无字、无定形的"原始"碑发展为有"刻辞"、有形制的碑。如《汉敦煌太守裴岑纪功碑》《郃阳令曹全碑》《敦煌长史武斑碑》等。北朝隋唐时期，碑刻形制已比较成熟，雕刻精美，数量众多。辽金西夏元时期，还出现了部分用少数民族文字如西夏文、契丹文、回鹘文、蒙古文、女真文、八思巴文等镌刻的碑刻，如武威现存的西夏时期《重修凉州感通塔碑》即是用汉文和西夏文两种文字书写。从明清到民国，刻石纪功、纪事的碑刻也不在少数。总而言之，碑刻不仅是地域文化的象征，同时对于了解历史、知古鉴今也起到非常重要的作用。悠久的历史为武威留下了众多的碑刻，使得武威成为西北地区保存碑刻最多的城市之一，故被称为"碑刻之城"。民国时期张维编纂的《陇右金石录》是 1949 年前收录武威金石最多的专著。王其英主编的《武威金石录》收录自远古至 1999 年武威地区相关金石计二百余件。这是目前学术界研究武威金石经常用到的两部著作。

敦煌、武威及丝绸之路碑铭一直都是教育部人文社科重点研究基地兰州大学敦煌学研究所多年来研究的主要内容。三十多年来，我们不仅有一批专家持之以恒地进行碑铭研究，同时我们还培养了一批从事丝绸之路碑铭研究的博硕士研究生，他们在这个领域做出了卓越的贡献。1980 年我们创办了中国大陆首家敦煌学专业刊物《敦煌学辑刊》，截至 2020 年底，已经发行 110 期，丝路碑铭研究与敦煌文献研究、石窟艺术研究、西北史地研究等板块共同构成了刊物内容的主体，已然成为国内外碑铭文献研究成果发布的重要平台。我们主编《敦煌学研究文库》《敦煌讲座书系》《敦煌与丝绸之路石窟艺术丛书》《港台敦煌学文库》等系列丛书计十余种。其中，唐晓军的《甘肃古代石刻艺术》就是《敦煌学研究文库》中的一种，该书对武威金石多有涉猎与研究。此外我们还申报了敦煌汉唐碑铭整理研究的国家项目，下一步将对丝绸之路沿线各地的碑铭进行更为系统、全面地搜集整理。这种工作虽然基础，且耗费人力物力，但若能对学界研究有所裨益，也是我们的荣幸。

武威金石的价值，体现在史学价值、文学及文献价值、艺术价值等多个方面。史学价值包括证史之实、纠史之误、补史之阙；研究武威及河西史地、两京城坊等区域地理的新材料；为北朝隋唐及明清家族史研究提供了更多素材；反映了北朝隋唐时期府兵制的发展状况；丰富中古时期人口迁徙史的内容，有助于中古时期宗教信仰及僧尼等研究；为研究明代凉州卫军事设置及清代陕西会馆的建置沿革有一定价值。文学及文献价值包括由名家如虞世基、贺知章、元载等撰写的碑文，对于研究他们的文学风格演变不无帮助；可补《全隋文》《全唐文》《全唐诗》等典籍之不足；志盖上的挽歌，对于研究哀挽文学有重要文献价值；汉文—粟特文、汉文—西夏文、汉文—回鹘文、汉文—藏文等双语撰写的碑铭，对少数民族古代语文学研究大有裨益。艺术价值包括有唐代著名书法家如颜真卿、梁升卿等书丹的墓志，具有极高的书法价值；志盖上雕刻的十二生肖、四神、连珠纹、牡丹纹等图案，是当时绘画艺术水平的客观反映；浅浮雕的造像碑、功德碑碑首等，反映了隋唐宋元时期精湛的雕刻技法。

出土于武威城南青嘴喇嘛湾的吐谷浑家族墓志，是武威金石的一大特色。据周伟洲《吐谷浑墓志通考》研究，目前出土的唐代吐谷浑墓志共计 16 方，其中吐谷浑先茔凉州神鸟县阳晖谷（今武威南山青嘴喇嘛湾）出土的最多，达 9 方。这些墓志对于隋唐史特别是吐谷浑史的研究具有不可或缺的价值。另外，2019 年，武威市天祝藏族自治县发现唐墓一座，经发掘确认，墓主为武周时期吐谷浑王族成员喜王慕容智，其墓志已出土，为研究吐谷浑史提供了新的文献资料。近十年来，武威市西北新城区建设中，陆续出土隋唐墓志八种，其中包括王义康夫妇的鸳鸯墓志及龙夫人墓志盖等，可知此地在隋唐时期是墓葬聚集区。西夏的《重修凉州感通塔碑》、元代的《西宁王碑》《高昌王碑》、明代的《重修广善寺碑铭》《重修凉州白塔寺记碑》等双语碑铭，是武威金石的又一大特色。历来被研究西夏史、蒙元史及西北边疆史的专家学者所重视。外地出土的武威相关碑铭中，也不乏价值较高者。如内蒙古出土的《大夏田暅墓志》，是迄今所见赫连夏时期唯一的墓志，为研究这段时期的历史提供了宝贵资料；宁夏固原出土的北魏《戴双受墓志》，反映了北魏灭北凉后，由武威迁徙到原州一带的戴氏家族的发展情况；现藏陕西榆林的《安优婆姨塔铭》，塔主安优婆姨是隋唐时期内迁到凉州姑臧的粟特人后裔，信仰三阶教，在家修行，卒于长安群贤坊，葬于终南山的佛教塔林附近，该志对中古民族史、宗教史、长安史地等研究均具有重要意义。

我们在搜集整理这批武威金石文献资料时，主要分为两个部分。

上编，我们收录武威本地出土及现存的金石文献。主要包括武威市博物馆、武威市考古所、文庙、大云寺、雷台观、海藏寺、民勤圣容寺、古浪县博物馆、天祝博物馆等处保存的碑刻，以及张俊哲家族墓石刻、唐国宠墓碑、马厂番汉界碑等保存于野外的碑刻，对原出土于武威、现藏外地的碑刻，如《武周牛绪墓志》《牛君妻刘三娘墓志》《金城县主墓志》《慕容曦光墓志》等，我们也予以收录。此外，还附录有《金石索》《陇右金石录》所著录而今已不存的汉印、汉镜等金器资料。在《武威金石录》的基础上增补2000年以来武威新见及新出土的碑刻，如《西晋鲁铨墓表》《隋王贤墓志》《唐张妙端造天尊像记》《唐番禾校尉阴神护墓志》《清雍正圣旨碑》，七通清代乾隆至嘉庆年间有关武威陕西会馆重修事宜的碑刻等。经过我们整理后发现，武威本地保存的碑铭，时代由汉唐至明清民国，基本涵盖各个历史时期，不仅数量众多，而且种类丰富。其中汉唐时期的金石以武威市博物馆、市考古所收藏最多；明清时期的碑刻，多于文庙碑亭保存；散存野外的碑刻，有些保存状况堪忧。在考察武威境内碑刻时，得到武威市有关同志的帮助，在此向他们表示感谢。

下编，我们收录外地出土的与武威相关的金石文献。主要从现已出版的碑志类图籍，如《北京图书馆藏历代石刻拓本汇编》《隋唐五代墓志汇编》《唐代墓志铭汇编附考》《新中国出土墓志》《汉魏南北朝碑刻校注》《隋代墓志铭汇考》《秦晋豫新出墓志搜佚》及《续编》《三编》《洛阳流散唐代墓志汇编》及《续集》等，仔细逐一查阅，找寻与武威相关的碑志。收录对象包括两部分，一是郡望或籍贯为武威的人物碑志，二是曾在武威实际任职者的碑志。经过较为全面的搜集，目前共检得这类碑铭近一百八十件，当然该数量还将随着出土碑铭的刊布而继续增多。外地出土的武威相关金石，主要分布在西安、洛阳、安阳等地，在山东、山西、河北等地也有发现。此外，前人文集如《文馆词林》《张说文集》《文苑英华》《全唐文》等收录的武威相关碑铭，同样收入该编。

经过对武威金石较为全面系统地搜集整理，使得本书的篇幅由原《武威金石录》金石部分的十余万字增加到九十万字，再加上配图，厚厚的一大本。在这次编辑整理工作中，我们采取宁滥勿缺的态度，尽可能将出土碑志文献及传世文集中有关武威的资料都收集到一起，加以释录、校注，并展现在大家的面前，虽然不能令人耳目一新，但是就其内容来说，对武威的历史文化研究也是非常重要的。

2021 年 5 月

凡　例

一、本篇录文主要据现存碑志原石或拓片，若取自文集、方志，则加以说明。

二、录文不标行号，原碑漫漶难识者，用□表示，每□表示缺一字。

三、碑志中残缺字数不明的，用 ＿＿＿ 表示前缺，用 ＿＿＿ 表示后缺。

四、碑志脱文的，在原字后用［］补入，并在校注中加以说明。

五、碑志字误的，在原字后用（）改入正字；有疑问的字，后面加"？"。

六、碑志中有刻在行外的补字，录文时均补入行内，并在校注中说明。

七、碑志名称一般按首题定名，若无首题，则据碑志内容拟题。

八、志文遇平阙之式，均提行或空格，录文时不再保留原格式。

九、注释以考证碑志中人名、地名、职官、典故等为主，兼有字义解释。

十、为行文方便，金石文献中的俗体、异体字一律改为通行简体字，并标点断句。

目 录

上部　武威本地金石碑铭

下部　外地出土武威相关金石

上 部

武威本地金石碑铭

凉州区

东汉澄华井石碣[1]

澄华井

【注释】

[1]澄华井石碣，东汉（25—220）刻，传为张芝所书。1949年后出土于武威地区行署大院花园机井旁，现藏武威市博物馆。石碣长133厘米，宽36厘米，厚27厘米。石碣现残缺，字迹亦模糊不清。据张维《陇右金石录》记载："《五凉志》：道署内有澄华堂，上题云：某年浚井得一小石碣，镌'澄华井'三字，乃伯英手迹，今其石已不存。张澍《养素堂诗集》：凉州道署有井，康熙初，井中掘得石碣，镌'澄华井'三字，系张芝隶书，并有铭，某观察迁任，载之去。"该石碣的出土地点为武威地区行署大院，即原凉州道署，如此看来，张澍所记恐为传闻。主要著录：《五凉全志》《养素堂诗集》《陇右金石录》《武威金石录》第10页。

西晋鲁铨墓表[1]

咸宁四年，凉州都尉[2]鲁铨累立战功。树机能乱[3]，血战捐躯，年四十九。太康元年十月二日葬此。

鲁铨墓表

【注释】

［1］鲁铨墓表，西晋太康元年（280）十月二日葬。甘肃武威出土，国家图书馆等藏拓。拓片高28厘米，宽30厘米。志文共6行，满行6字，隶书。根据该墓表的内容并结合史书记载，可以对咸宁四年六月，凉州刺史杨欣、凉州都尉与鲜卑秃发树机能、若罗拔能之间的战争，有进一步的了解。特别是墓表中提到的"血战"，更是显示了这场战役的惨烈，因此该墓志的内容，一定程度上可以弥补正史的记载。具有重要的史料价值。主要著录：《北京图书馆藏中国历代石刻拓本汇编》第2册第45页；《中国西北地区历代石刻汇编》第1册第32页；王素《西晋鲁铨墓表跋》（载《出土文献研究》第6辑，上海古籍出版社，2004年）；［日］福原启郎《西晋の墓志の意义》（载《中国中世の文物》，京都大学人文科学研究所，1993年）。

［2］都尉，郡军事长官。秦、西汉初设郡尉，景帝中元二年（前148）改名都尉，秩比二千石。协助太守典掌军事，维护治安，统率、训练本郡军队，职权颇重。自置府，有丞、主簿、诸曹掾史等属吏。有时代理太守职务。边郡往往分置为数部。新莽曾改名太尉。东汉内地诸郡省，并其职于太守，如有紧急军情，亦临时设置。边郡仍置，多分部。三国、晋诸郡皆置，五品，大郡多候、右都候，隶属卫尉，秩分置数部。后省。

［3］树机能乱，正史中对这一事件多有记载。《晋书·武帝纪》泰始六年六月条载"戊午，秦州刺史胡烈击叛虏于万斛堆，力战，死之。诏遣尚书石鉴行安西将军、都督秦州诸军事，与奋威护军田章讨之。"同卷咸宁四年六月条载"凉州刺史杨欣与虏若罗拔能等战于武威，败绩，死之。"《资治通鉴》卷八十咸宁四年六月条载"（杨）欣与树机能之党若罗拔能

等战于武威，败死。"《魏书·鲜卑秃发乌孤传》称"树机能壮果多谋略……咸宁中，又斩凉州刺史杨欣于丹岭，尽有凉州之地。"《晋书·武帝纪》咸宁五年正月条载"虏帅树机能攻陷凉州。乙丑，使讨虏护军武威太守马隆击之。"同年十二月条载"马隆击叛虏树机能，大破，斩之，凉州平。"《晋书·张轨传》载"永兴（304—305）中，鲜卑若罗拔能皆为寇，轨遣司马宋配击之，斩拔能，俘十余万口，威名大震。"从以上史料，我们大致可以了解，树机能起兵反晋的时间是在泰始六年（270），到咸宁四年（278）凉州刺史杨欣被杀，咸宁五年（279）树机能占领凉州，同年十二月，树机能被新任武威太守马隆所杀，至此，这场前后经历十年之久的凉州羌胡的叛乱被完全镇压下去了。树机能的余党若罗拔能则在305年被张轨讨平。（参王素《西晋鲁铨墓表跋》）

前秦梁舒墓表[1]

凉故中郎、中督护公国中尉、晋昌[2]太守、安定郡乌氏县[3]梁舒，字叔仁。夫人故三府录事、掌军中侯、京兆宋延女，名华，字成子。以建元十二年十一月卅日，葬城西十七里杨墓东百步，深五丈。

梁舒墓表

【注释】

[1]梁舒墓表，前秦建元十二年（376）十一月三十日刻。1975年出土于武威城西航校飞机场附近（金沙赵家磨），现藏武威市博物馆。墓表为碑形，圆首，碑座有浅浮雕莲花纹。墓表高37厘米，宽27厘米。石座高10厘米，宽40厘米。碑额篆书"墓表"二字。志文共9行，行8字，正书。此墓表与宁夏固原出土的梁阿广墓表（前秦·建元十六年，380年）及现藏日本书道博物馆的《吕宪墓表》（后秦·弘始四年，402年）形制相似。主要著录：《汉魏六朝碑刻校注》第3册第79页；《新中国出土书迹》第216页；《武威金石录》第14页；《武威市文物志》；《武威市志》第672页；钟长发、宁笃学《武威金沙公社出土前秦建元十二年墓表》（《文物》1981年第2期）。

[2]晋昌，据《晋书》卷14《地理志上》载："元康五年，惠帝分敦煌郡之宜禾、伊吾、冥安、深泉、广至等五县，分酒泉之沙头县，又别立会稽、新乡，凡八县为晋昌郡。"张轨建前凉后，分"敦煌、晋昌、高昌、西域都护、戊己校尉、玉门大护军三郡三营为沙州。"据《晋书》《十六国春秋》记载西凉李暠立国于敦煌时，其主要拥戴者有北凉晋昌太守唐瑶，唐契奉李宝逃往伊吾，又迁高昌，弟和镇焉耆。《魏书·唐和传》记载："唐和，字雅起，晋昌冥安人也。"宋邓名世《古今姓氏书辨证》载："（唐）瑶字昌仁，西凉晋昌太守，永兴侯。生契、和，契字永福，伊吾王。"

[3]安定郡，据《晋书》卷14《地理志上》载："安定郡，汉置。统县七，户五千五百。"乌氏县即其所属。

隋王贤墓志[1]

君讳贤，并州太原人也。仰承帝喾之苗裔，后稷之后，王季之胤。祖乐，平东将军、蒲州[2]主簿。立性清纯，蒙授安邑县[3]令。君起家出士（仕）魏朝，蒙授统军。少年武毅，寻加殄寇将军、左银青光禄。再转河右，宅住姑臧。大隋光有天下，蒙版授巴西[4]、张掖[5]二郡守。乡居敬其信，邑里称其仁。归心三宝，意存十善。未尽生年之愿，春秋八十有九，卒于家。亲，南阳白水张雍周女。上天不祐，年逾八十，奄从迁化。粤以大隋开皇十八年岁次戊午十月戊戌朔廿三日庚申，合葬于建昌乡甘泉里。孝子攀号，毁不灭性。亲宾追慕，邻里哀悼。惧陵谷无常、丘垄难定，镌石泉门。乃为铭曰：

籍冑开东，翻居河右。千人之统，诏除二守。识古知今，称其英秀。岁持三长，六斋未闲。忽从风烛，火宅难越。二鼠[6]侵年，终同落月。金鸡未叫，玉犬难鸣。往经庵罗，去似流萤。泉门既闭，永就乾城。

王贤志盖

王贤志石

【注释】

[1] 王贤墓志，隋开皇十八年（598）十月二十三日葬。2005年4月出土于武威市凉州区宋家园村河西成功学校，现藏武威市博物馆。墓志为砂石质，志盖、志石均为正方形，边长均50厘米。志盖为盝顶，顶面阴刻楷书"王府君之墓志"，共3行，行2字。志文共17行，满行17字，正书。此墓志是目前武威本地发现的年代最早的王氏家族的墓志，对于研究北朝至隋代太原王氏的迁徙、隋代武威的历史地理等具有一定价值。主要著录：朱安《武威近年来出土四合隋唐墓志》（《陇右文博》2017年第3期）；黎树科《甘肃武威出土隋王府君墓志铭考释》（收入《高台魏晋墓与河西历史文化研究》，甘肃教育出版社，2012年）。

[2] 蒲州，北周明帝二年（558）以泰州改名，治所在蒲坂县（隋改河东县，在今山西永济县西南蒲州镇）。隋大业初废。唐武德元年（618）复置，治所在桑泉县（今山西临猗县西南临晋）。三年（620）移治河东县。开元八年（720）升为河中府，后复为蒲州。乾元三年（760）又升为河中府。

[3] 安邑县，1. 秦置，治所即今山西夏县西北禹王城。北魏太和十一年（487）改为北安邑县。2. 隋以南安邑县改名，治所即今山西运城县东北安邑。唐至德二年（757）改名虞邑县，大历四年（769）复为安邑县。

[4] 巴西郡，东汉建安六年（201）刘璋改巴郡置，治所在阆中县（今四川阆中）。东晋末改置北巴西郡。西魏废帝改为盘龙郡。隋大业初又改隆州为巴西郡。唐武德元年（618）复为隆州。

[5] 张掖郡，西汉元鼎六年（前111）置，治所在觻得县（今甘肃张掖西北）。北魏废。西魏文帝时复置。隋开皇三年（583）又废，大业三年（607）复置，移治张掖县。唐初改为甘州，天宝元年（742）再改张掖郡，乾元元年（758）复改甘州。

[6] 二鼠，佛教用语。用白鼠喻白昼、太阳，用黑鼠喻黑夜、月亮。山西黎城县隋开皇五年（585）《宝泰寺浮图碑》有：以四蛇催运，二鼠侵年，以华首而代红颜，恨黄泉而沉白日。

隋成公蒙墓志[1]

隋故成公府君墓志铭序

君讳蒙，字永锡，东郡人也。世诞才子，偃仰茂林之中；族出仙人，飞翔华岳之上。岂宜常山誓旅，方识英贤；鱼岭逢车，始知神女而已。祖康长，都督州主薄。父檦，凉城郡平正[2]。君少而聪敏，禀自生知，志气纵横，盖资天性。弯弧写月，云间落雁之功；抚剑如霜，竹林遇猿之术。释褐皂服从事，转户曹参军事，复徙法曹参军。魁岸雄杰，爰登卿望之官；风力高明，乃践蕃僚之位。俄迁武威郡，寻除大城[3]、力乾[4]二令，恤民以惬，神雀来仪；布政以勤，嘉禾滋蔓。兼深该六度，洞晓三乘，大启信心，弘斯憘舍。而惊波易逝，隙影难留，春秋七十有四，开皇四年岁次甲辰三月五日卒。夫人讳世晖，陇西李氏。祖造，凉州长史。父善，武安军主。夫人克宣令淑，贞质幽闲，德被公官，声流彤管，天道茫昧，与善无征。粤廿年十二月廿四日薨，时年七十。以大隋仁寿元年太岁辛酉三月甲申朔廿六日己酉，合葬于姑臧县显美乡之药水里[5]。天地长久，陵谷迁移；述此芳徽，扬名不朽。其词曰：

　　宗源眇眇，苶瓞绵绵。风流誉望，世有仁贤。显允夫子，芳洁华鲜。温慈孝友，玉润□□。□□洺赋，民吏歌传。室家贞吉，柔顺姝妍。如何不淑，共□□□。□□□首，月照松帷。佳城郁郁，三千有期。

成公蒙志盖

成公蒙志石

【注释】

[1]成公蒙墓志,隋仁寿元年(601)三月二十六日葬。20世纪70年代出土于武威市北郊金羊乡宋家园村,1989年宋家园大队刘德礼捐献,现藏武威市博物馆。志盖为盝顶正方形,边长51厘米,厚6厘米。盖文正书"成公府君墓志",共3行,行2字。志石亦正方形,边长50厘米,厚6厘米。左上角稍有残缺。志文共20行,满行21字,正书。主要著录:《隋代墓志铭汇考》第2册第381—384页;《全隋文补遗》第182页;《新出魏晋南北朝墓志疏证(修订版)》第451—453页;《西北石刻集录续编》第4册第40页;黎大祥《甘肃武威发现隋唐墓志》(《文物》1993年第10期);《武威金石录》第18页。

　　［2］平正，即中正，因隋文帝父名忠，故兼避嫌名而改"中"为"平"。北魏郡中正为郡属官，由太守辟属。

　　［3］大城，据黎大祥研究：大城县见于《十六国疆域志》卷七，凉州刺史张轨在301—314年间收秦、雍二州流民在姑臧西北置武兴郡，郡领八县，大城即其一。后凉、南凉时，均为武兴郡辖县。大城县北凉、北魏、西魏、北周统治期间，均不见记载。此墓志中明确记载成公蒙授大城、力乾二令，这为考证及确定大城县的建制沿革提供了依据。

　　［4］力乾，据黎大祥研究：力乾县据史料记载置于北周时，即汉骊靬县改置，北周时为武威郡所辖八县之一。《隋书》卷29《地理志上》载：武威郡。旧置凉州，后周置总管府，大业初府废。统县四（姑臧、昌松、番和、允吾）。番和。后魏置番和郡。后周郡废，置镇。开皇中为县，又并力乾、安宁、广城、障、燕支五县之地入焉。有燕支山。

　　［5］显美乡，《隋书》卷29《地理志上》姑臧县条载：又旧有显美县，后周废。墓志中称"姑臧县显美乡"，应当是后周废显美县后，到了隋代改为显美乡，归姑臧县管辖。隋代的姑臧县显美乡药水里，即今金羊乡宋家园村。

凉刘和墓志[1]

凉故仪同三司尚药奉御[2]刘君墓志并序

　　君讳和，字善意，彭城沛县人，楚元王交之后也。世祖因官龙城，仍居凉部。宗原翁郁，耸灵干于两京；族胤禅联，挺芳枝于吴蜀。千龄不朽，万纪犹传。祖璋，除部郡守。父真，开府仪同三司，封沛县开国公。君幼而聪敏，早有声名；矜简自持，不交非类。志好货籍，尤工骑射，能使鸟落虚弦，猿鸣高树。年在弱冠，授帅都督，转授亲王友[3]。衣冠俗表，当世楷模。皇帝履端，迁仪同三司，除尚药奉御。值国境未宁，群凶致寇，乃命将出征。敕公监察，抚临士卒，躬自前锋，深入战场，人无援助，轻生奉国，遂终非命，时年廿九。以安乐元年[4]岁次丁丑九月己酉朔廿五日癸酉葬于神鸟县[5]建昌乡通明里，礼也。皇帝除问，太常助丧。呜呼哀哉，哲人萎矣！将恐陵谷颓徙，土宇迁讹，勒斯景行，题之柱础。

　　赤帝降灵，诞兹世德。乃文乃武，或儒或墨。速我君侯，其仪不忒。禀性聪敏，敢哲生知。五行衣隽，七出呈奇。无惭覆局，岂谢背碑。雕弓既发，猿鸣绕枝。□此哲人，坏彼良木。斯播徽猷，芳传后矣。

刘和志盖

刘和志石

【注释】

[1] 刘和墓志，凉李轨安乐元年（618）九月二十五日葬。民国时期出土于武威，现藏武威市博物馆。志盖为正方形，边长48厘米，楷书"刘君墓志"4字。志石亦正方形，边长48.5厘米。志文共19行，满行19字，正书。此墓志是现存为数不多与隋末李轨大凉政权相关的金石资料，墓志中记载大凉的"安乐"年号，并提及刘和所参与的同薛举的战事，可与传世史料相参照。主要著录：《北京图书馆藏中国历代石刻拓本汇编》第10册第166页；《隋唐五代墓志汇编（北京卷附辽宁卷）》第1册第27页；《中国西北地区历代石刻汇编》第1册第145页；《隋代墓志铭汇考》第5册第411—413页；《武威金石录》第22页；《武威市文物志》；《武威通志·艺文卷》第2—3页；李凤艳《〈刘和墓志〉考释》（《中国边疆史地研究》2018年第1期）等。

[2] 尚药奉御，隋炀帝大业三年（607）置。《隋书》卷28《百官志下》："（殿内省）统尚食、尚药、尚衣、尚舍、尚乘、尚辇等六局，各置奉御二人，正五品。"《唐六典》卷11《殿中省》也称："（尚药局奉御）隋门下省统尚药局典御二人，正五品下……大业三年分属殿内，改为奉御，皇朝因之。"

[3] 亲王友，《隋书》卷28《百官志下》："皇伯叔昆弟、皇子为亲王。……亲王友，员外散骑侍郎，为从五品。"

[4] 墓志所载"安乐元年岁次丁丑九月己酉朔廿五日癸酉"，结合《隋书》《北史》等资料记载，安乐这个年号的行用时间应该是从隋大业十三年（丁丑，617）开始。而《新唐书·李轨传》及《资治通鉴》所载李轨于武德元年（618）改元安乐，恐误。

[5] 神乌县，疑为李轨建元之后将神乌县所改。史书及石刻文献中多作神乌县，《旧唐书》卷40《地理志三》载："神乌，汉鸾鸟县，属武威郡。后魏废。总章元年，复于汉武威城置武威县。神龙元年，改为神乌。于汉鸾鸟古城置嘉麟县。"

唐毛祐墓志[1]

大唐绵州万安县令故毛府君墓志铭

君讳祐，字千相，安定鹑觚[2]人也。纂胄承基，则毛公之玄裔。祖贵和，羔泉镇主，入赞中台，授内直进马。父宝成，帅都督，周太祖盛开府望，广名英谋，凭轼励机，树为方策。玉门鸣镝，氛沴尚淫；朔塞胡尘，犬羊犹暴。挥戈薄指，似倾之阵，先披戎羽，裁临如山，之钾可聚。诏加大都督，授抚军司马。宣畅方部，事合神规，寻迁东泾郡太守。君则府公之世子，幼承家重，早据英黻，义禀风威，资容籍甚。武德四年，授万安县[3]令。池台之际，与邦里而沈浮；风月之间，任天时以消息。时图不述，仁之云亡。贞观四年九月十四日，终于私第，春秋八十有二。夫人张氏，令淑矜庄，夙恭礼典，灵草未加，先从物变，粤以其年十一月十二日合葬于姑臧县方亭里。勒石记功，乃为铭曰：

君子挺生，怀仁秀出。托灵因道，禀气由质。陇留结雾，云浮翳日。一别华堂，千秋

毛祐志石

永毕。[4]

【注释】

[1]毛祐墓志，唐贞观四年（630）十一月十二日葬。甘肃武威四方台出土，现藏武威市博物馆。志盖佚，志石为正方形，边长45厘米。志文共17行，满行18字，正书。主要著录：《北京图书馆藏中国历代石刻拓本汇编》第11册第28页；《唐代墓志铭汇编附考》第1册编号23；《隋唐五代墓志汇编（北京大学卷）》第1册第26页；《北京大学图书馆藏历代墓志拓片目录》编号01057；《唐代墓志汇编》贞观015；《全唐文新编》第20册；《全唐文补遗》第3辑第312页；《中国西北地区历代石刻汇编》第1册第159页；《施

蛰存北窗唐志选粹》第 2 页；《陇右金石录》《甘肃新通志稿》《武威金石录》第 25 页；《武威市文物志》。

[2]安定鹑觚，《旧唐书》卷 38《地理志一》载："泾州上。隋安定郡。武德元年，讨平薛仁杲，改名泾州。天宝元年，复为安定郡。乾元元年，复为泾州。旧领县五，户八千七百七十三，口三万五千九百二十一。天宝，户三万一千三百六十五，口十八万六千八百四十九。在京师西北四百九十三里，至东都一千三百八十七里。……灵台，隋鹑觚县。天宝元年，改为灵台。"

[3]万安县，《旧唐书》卷 41《地理志四》载："绵州上，隋金山郡。武德元年，改为绵州，领巴西、昌隆、涪城、魏城、金山、万安、神泉七县。三年，分置显武、龙安、文义、盐泉四县。七年，省金山县。贞观元年，又省文义县。旧领县九。……罗江，汉涪县地。晋于梓潼水尾万安故城置万安县。后魏置万安县，隋废。天宝元年，改万安为罗江。"唐代绵州万安县治所在今四川德阳市东北罗江镇。

[4]《甘肃新通志稿》载：毛祐墓志出武威，今存武威孔庙。原石方尺有四寸最，十七行，行十八字，其前题"大唐绵州万安县令毛府君墓志铭"。《陇右金石录》称：按此石出土未久，字书多完好。东泾郡，后魏凉州十郡之一，见《魏书·地形志》，其地疑在今武威以东。

唐修隋曹庆珍墓志[1]

隋故燕山府[2]鹰击郎将曹府君墓志铭

君讳庆珍，字元场，沛国谯人。自陶丘启姓，播美春秋；沛国开都，传芳魏史。植则离经万卷，丹乃连骑八千，文武纷纶，光辉载籍。十四世祖晃，汉太中大夫、镇西大将军、凉州刺史。遭吕禄之乱，因居凉州姑臧县焉。君其后也。祖达，禀慈辰象，素挺仁英。稽水镜于生年，蕴美玉于当世。周天和二年，除甘州西安县[3]令。皎如白璧，清若流泉。伯起惭其让金，仲华恶其赠绢。父浑，建德四年，授大都督、黄石[4]镇将。居边作捍，亭障无虞，尽力关河，亡身殉国。君生居戎马之间，长习韬奇之略，投笔掷砚，志在立功。起家领统军，后除别将，又任都督。褰旗玉塞，斩将金微，日逐亡魂，月氏丧胆。以功授旅帅，寻迁校尉、兼府司马。抚军若子，体国如家，趣事戎行，必同甘苦。隋敕进授鹰击郎将[5]。河右地接莎车，境邻蒲（蒲）海。朔风既动，虏马嘶鸣，桂月初团，胡笳切思。君控桃花之马，历阵冲营；弯明月之弓，饮梁穿札。劲草疾风，岁寒弥厉。方愿申威葱领（岭），宣力居延，而寿类浮泡，命同风烛，以大唐贞观四年十一月十日，奄归长夜，春秋七十有三。以五年二月六日迁窆于武威郡城之南。信知伯牙怀旧，凄怆于绝弦；子期伤友，悲深于闻笛。呜呼哀哉！乃为铭曰：

洪源浩浩，茂绪绵绵。播斯盛烈，迈后光前。将门赫弈，相第婵（蝉）联。万年君子，百代仁贤。逮兹葆叶，世擅奇名。杨开驰誉，玉塞流声。连旗绝漠，建节龙庭。生涯忽尽，泉路言归。夜台将奄，帐令揪衣。腾芳无歇，独有音徽。

曹庆珍志盖

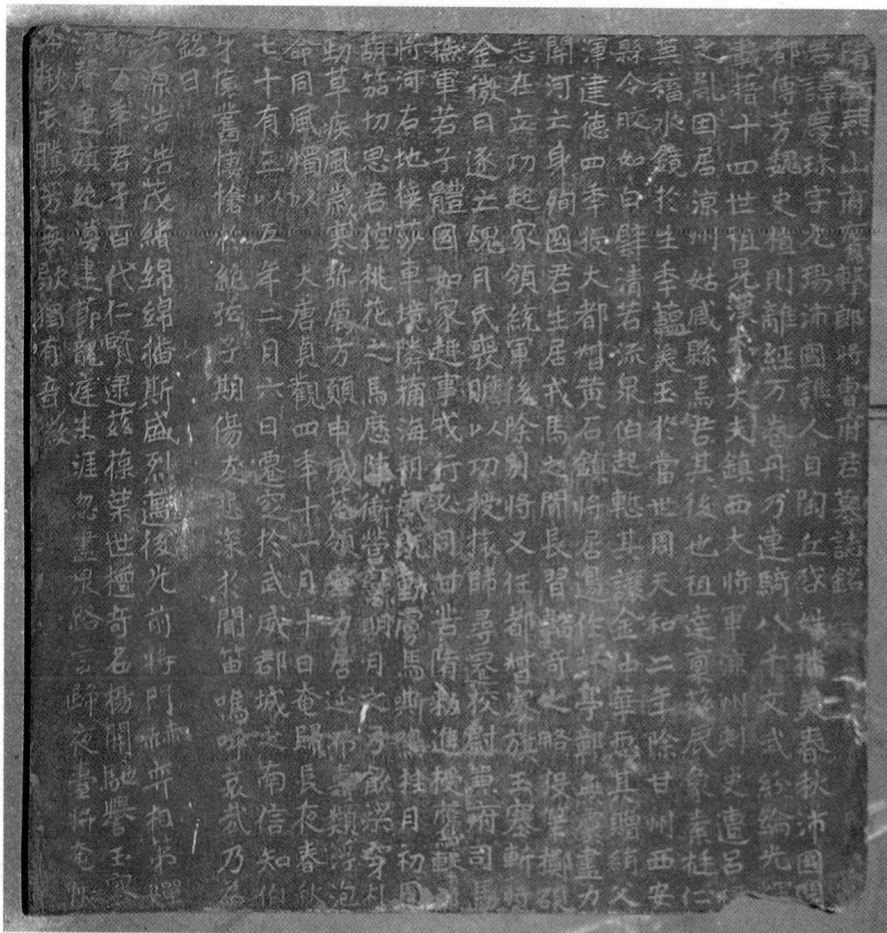

曹庆珍志石

曹庆珍墓志（碑形）

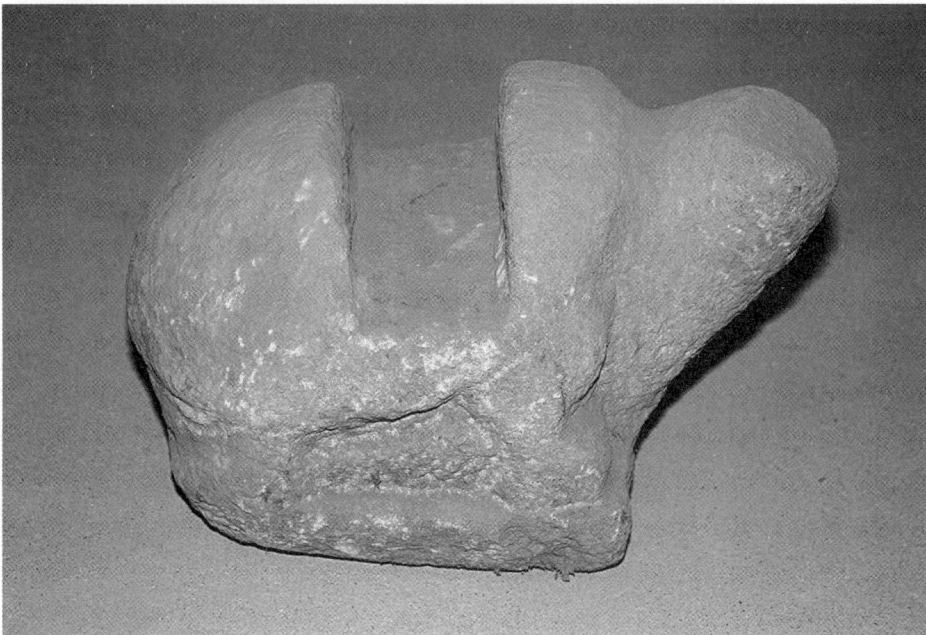

曹庆珍墓志底座

【注释】

[1]曹庆珍墓志，唐贞观五年（631）二月六日葬。1977年10月武威城南枣园石油库修建时出土，现藏武威市博物馆。志盖为正方形，边长51厘米，厚5.5厘米。志盖顶面中间被凿空，不知是否刻字。志石亦为正方形，边长56.5厘米，厚8厘米。志文共23行，满行23字，正书。同墓还出土有碑形小墓志，上刻"曹府君之墓志"。主要著录：《武威金石录》第24页；冯培红《〈隋曹庆珍墓志铭〉与武威粟特曹氏》（《社会科学战线》2019年第1期）。

[2]燕山府，据志主的生卒年及任职经历，曹庆珍终官为燕山府鹰击郎将（从五品），至隋亡时已年过六旬，推测其在唐朝再未曾任职，故将燕山府系于隋代军府。其具体位置不详，当时隶属于甘州或凉州。

[3]甘州西安县，《周书·文帝纪》载：（魏废帝）三年春正月，改西凉州为甘州。西安县设县时间是在西魏大统十七年（551）之前。北周沿置甘州西安县。

[4]黄石，敦煌文献P.2021V《沙州释门索法律义辩窟铭》记载"皇祖左金吾卫会州黄石府折冲都尉讳奉珍"；《大唐故净住寺智悟律上人刘仲邱墓志铭并序》记其出家前有俗子4人，其中"长子会州黄石府别将、赐绯鱼袋光归"，均提到了黄石府，其地位于会州境内，隶属于左金吾卫。

[5]鹰击郎将，《隋书》卷28《百官志下》载：鹰扬府，每府置鹰扬郎将一人，正五品，副鹰扬郎将一人，从五品，各有司马及兵、仓两司。……（大业）五年，又改副郎将并为鹰击郎将。

唐晁大明墓志[1]

君讳大明，河东泌阴人也，□□□□□晁措之后。君禀性自天，资灵□□，幼标令□，早著英才。起家任丽水府队正[2]。□原国公，□翻潜逆，授上开府，寻除武安府[3]兵曹，转任仓曹。风神秀异，揽镜照临。又迁沙州敦煌县[4]主簿，俄转效榖（谷）府[5]长史。经文纬武，万仞千寻，□在六韬，心寻三略，乃擢为翼侠校尉。执弦鹰落，矫矢吟猿，雄略纵横，神情翼翼。方□天聪辅德，灵鉴哲人，岂期兰败秋风，蕴□□□。以贞观十七年十月十三日，卒于私第，春秋五十有三。即以其月廿六日葬于城东□焦堆里，礼也。长子文哲等将恐桑田改易，陵谷遽迁，勒此金铭，记之玄壤。其词曰：

惟公载诞，实禀良贤。百亩树蕙，九菀滋田。身照日月，意闰（润）山泉。素德粹远，清风自然。呜呼不淑！曷云能久？灵哲弗居，奄同过墟。永叶玄堂，长辞荒□。勒纪佳城，传芳不朽。

晁大明志盖

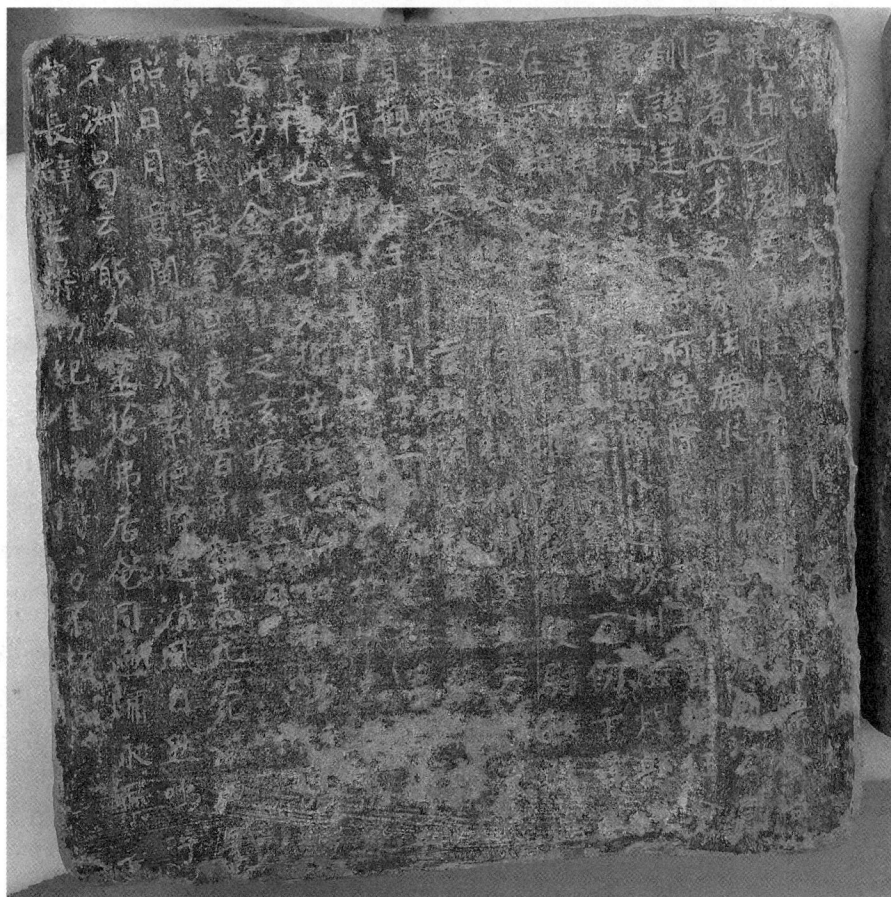

晁大明志石

【注释】

[1] 晁大明墓志，唐贞观十七年（643）十月二十六日葬。出土时地不详，现藏武威市博物馆。志盖为盝顶正方形，边长47厘米。顶面楷书"晁府君墓志铭"，共2行，行3字。盖文四周刻青龙、白虎、朱雀、玄武图案。志石高46厘米，宽45厘米。志文共17行，满行17字，正书。主要著录：《武威金石录》第28页；《武威市文物志》。

[2] 丽水府，隋唐时期凉州军府之一，其地在昌松县（今武威市东南汉苍松县南十里）。根据《元和郡县图志》记载，昌松县南一百八十里有金山，"丽水出焉"。张沛推测丽水府得名于丽水（今庄浪河），在丽水沿岸。丽水府还多见于传世典籍及出土文献，如《新唐书·宰相世系表一下》载：窦仙期，丽水府别将。敦煌文献 P.2625《敦煌名族志》阴氏条载：（阴）祖子守忠，唐任壮武将军、行西州岸头府折冲、兼充豆卢军副使，又改授忠武将军、行左领军卫凉州丽水府折冲都尉、摄本卫郎将、借鱼袋，仍充墨离军副使、上柱国。《唐高耀墓志》：解褐授昭武校尉、凉州丽水府别将。队正，据《通典》载：卫士以三百人为团，团有校尉；五十人为队，队有正；十人为火，火有长。可知，队正管理五十名士兵。队正、队副是府兵军府中的基层军官。

[3] 武安府，隋唐时期凉州军府之一。武威出土的《郭长生墓志》载：起家授宣惠尉，俄迁武安府队正。据墓主的年龄及生平推断，郭长生约卒于隋末或唐初，武安府应为隋代折冲府。《旧唐书·职官志三》：左右卫长史掌判武安、武成等五十府之事。《唐六典》同。《新唐书·地理志》：姑臧县西北百六十里有武安戍。据《元和郡县图志》，凉州姑臧县有武安戍，在县西北一百六十里。疑武安府因武安戍得名，在今甘肃武威市西北一百六十里武安戍附近。

[4] 沙州敦煌县，《旧唐书》卷40《地理志三》载："沙州下。隋敦煌郡。武德二年，置瓜州。五年，改为西沙州。贞观七年，去'西'字。天宝元年，改为敦煌郡。乾元元年，复为沙州。……敦煌，汉郡县名。月氏戎之地，秦、汉之际来属。汉武开西域，分酒泉置敦煌郡及县。周改敦煌为鸣沙县，取县界山名。隋复为敦煌。武德三年，置瓜州，取《春秋》'祖吾离于瓜州'之义。五年，改为西沙州。皆治于三危山，在县东南二十里。鸣沙山，一名沙角山，又名神沙山，取州名焉，在县七里。"《新唐书·地理志》沙州条载"县二：敦煌、寿昌。"晁大明担任敦煌县主簿的时间当为唐初。

[5] 效毂（谷）府，唐代折冲府之一，属沙州。《新唐书·地理志》沙州"有府三，曰龙勒、效谷、悬泉。"《新唐书·哥舒翰传》：少补效谷果毅。《周李君修龛象碑》：考达，左玉钤卫效谷府旅帅。《唐文拾遗》卷63引《西域水道记》中《李君莫高窟□龛碑》有李达为"右玉钤卫效谷府旅帅、上护军"。P.2005《沙州都督府图经》：古效谷城，汉渔泽都尉教人力田，以勤效得谷，因立为县名。据张沛研究，效谷府因汉效谷县得名，疑在效谷故城（今甘肃瓜州县西）。罗振玉所录《李君修龛象碑》中所谓"考达"当与谷霁光所录《李君莫高窟□龛碑》中李达为同一人。

唐康阿达墓志[1]

大唐上仪同故康莫覃息阿达墓志铭

公讳阿达，西域康国人[2]也。其先盖出自造化之初，藤苗大唐之始，公即皇帝之胄胤也。盘根万顷，王叶千寻，宗继皇基，枝连帝叶。祖拔达，梁使持节骠骑大将军，开府仪同三司，凉、甘、瓜三州诸军事，凉州萨保。当官处任，水镜元以近其怀；处逝公途，石席不之方其志。诏赠武威太守。父莫覃，同葬安乐里。呜呼哀哉！乃为铭曰：

哀哉夭寿，丧此勋功。伤兹英喆，往投琼银。生形易圮，梦影难通。阇城独立，野马众屯。河坻桂隐，月落云昏。一辞冠冕，永闭泉门。[3]

康阿达志盖

康阿达志石

【注释】

[1] 康阿达墓志，唐贞观年间（627—649）葬。武威市凉州区城东五里墩沟出土，现藏武威市博物馆。志盖为盝顶正方形，边长39厘米。顶面刻"康君墓志"，共2行，行2字，楷书。四刹饰卷草纹。志石高42厘米，宽40厘米。志文共13行，行约15字，正书。志主康阿达，为粟特康国人。其祖拔达，曾任凉甘瓜三州诸军事，凉州萨保，诏赠武威太守。志主其父康莫覃之墓，亦在安乐里。主要著录：《唐代墓志汇编》贞观182；《全唐文新编》第20册第13868页；《全唐文补遗》第7辑第250页；《陇右金石录》《武威金石录》第62页；《武威市文物志》。

[2]康国，是中亚阿姆河和锡尔河之间的泽拉夫珊河流域（粟特地区）中以撒马尔罕（Samarkand）为中心的城邦国家。此外还有安国、曹国、米国、何国、史国、石国等，它们在中国史籍中通常被称为昭武九姓、杂种胡、粟特胡等。敦煌文献 S.367《沙州伊州地志》载："石城镇，东去沙州一千五百八十里，去上都六千一百里。本汉楼兰国。《汉书·西域传》云：地沙卤，少田，出玉。傅介子既杀其王，汉立其弟，更名鄯善国。隋置鄯善镇，隋乱，其城遂废。贞观中，康国大首领康艳典东来居此城，胡人随之，因成聚落，亦曰典合城。四面皆是沙碛。上元二年改为石城镇，隶沙州。"中古时期粟特康国人进入内地以后，也常以聚居地名称作为他们的郡望，如邺城出土《康哲墓志》称："君讳哲，字慧哲，其敦煌郡人也"；西安出土《安公夫人康氏墓志》称："夫人姓康氏，其先会稽人也"；洛阳出土《康续墓志》称："公讳续，字善，河南人也"。

[3]《陇右金石录》载：按此铭新出于武威城外，高广各尺有四寸。凡十三行，行十七字至十五字，第一行低一格，文为"大唐上仪同故康莫覃息阿达墓志铭"，其盖仅有"康君墓志"四字，无年月及书撰人名。以铭词考之，阿达之祖既曾仕梁，其父又为唐之仪同，则阿达必为唐初时人。文中"萨保""处逝""琼银"等字，俱似可疑，而拓本如是，莫可详也。

唐郭长生墓志[1]

君讳长生，字遐龄，并州太原人也。轩辕氏之苗裔。昔通儒之风高珍席，握礼施文；太守之声誉晋阳，依仁处信。岂直感黄金而称臣孝，对明诏而逸宏才，代有威灵，英贤间矣。君即河东郡承祎之孙，郡博士达之子。怀贞抱义，幼树嘉名。负雪含霜，凤彰令轨。起家授宣惠尉[2]，俄迁武安府队正。七擒之策，思若泉流；三略之谋，智同海逸。岂期奠楹在梦，奄从风烛。时年卅有四。夫人许氏，颍川人也，即姑臧承慎之第二女。葳蕤令淑，容与娴华。立德立功，唯贞唯洁。粤以永徽二年七月九日，终于私寝，春秋五十有八。以三年正月十五日合窆州西显美乡，礼也。呜呼哀哉！乃为铭曰：

洪源浩浒，湍流皎洁。山川降灵，诞兹英哲。琴瑟亮谐，松萝盛烈。淑问荣辉，清风讵灭。寒野萧条，荒郊飔飗。雾暗云昏，风惊飚疾。幽隧双沉，玄扃奄质。恻怆佳城，呜呼永毕。

郭长生志盖

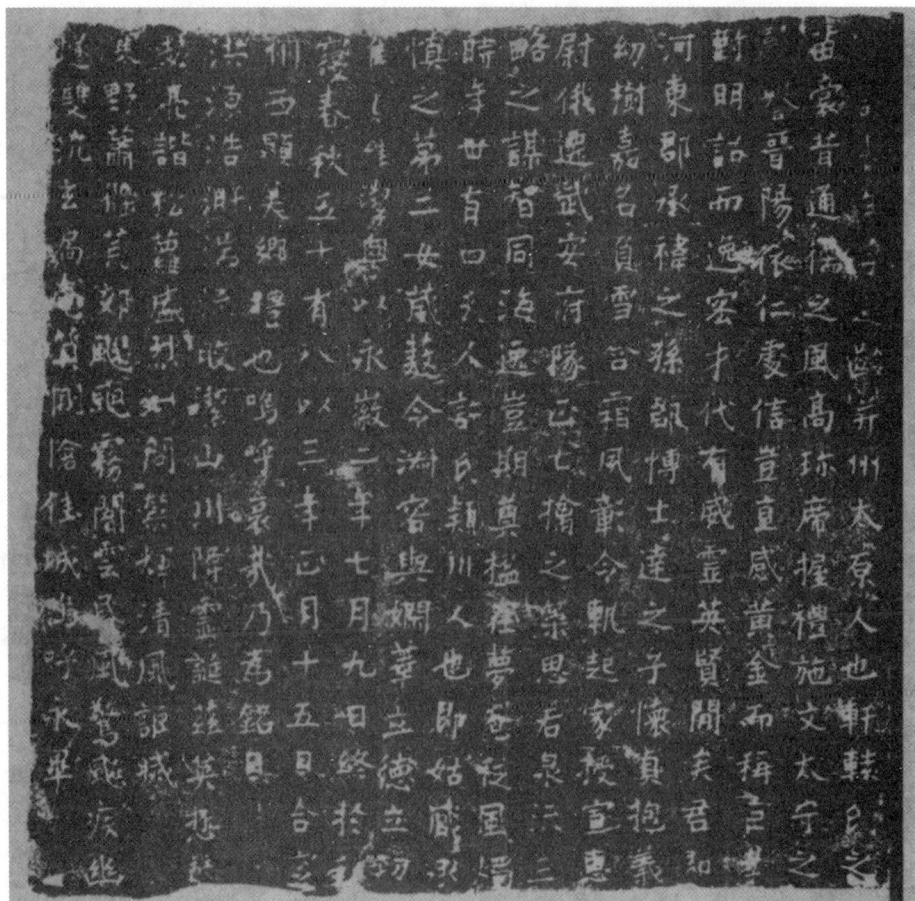

郭长生志石

郭长生墓志（碑形）

郭长生墓志底座

【注释】

［1］郭长生墓志，唐永徽三年（652）正月十五日葬。1988年12月武威市金羊乡宋家园村出土，现藏武威市博物馆。志盖为正方形，边长47厘米，厚4厘米。志石亦正方形，边长47厘米，厚5厘米。志盖顶部中间被挖空，不知是否刻字。另有一长方形石碑，上刻楷书"郭府君墓志铭"，共2行，行3字。志文共17行，满行17字，正书。该墓志与《隋成公蒙墓志》出土于同一地，对了解隋唐时期显美乡的地理位置提供了重要资料。主要著录：《唐代墓志汇编续集》永徽012；《全唐文新编》第20册第13896页；《全唐文补编》下册第1826页；《武威金石录》第28页；《武威市文物志》；黎大祥《甘肃武威发现隋唐墓志》（《文物》1993年第10期）。

［2］宣惠尉，隋炀帝大业三年（607）增置散职八尉之一，正七品。

唐刘意墓志[1]

大唐刘府君墓志铭

君讳意，字悟灵，彭城沛人也。则厥初梦日之宗，推举楚老之绪，所从来尚矣。史策详而备焉。祖乡国羽仪，号为领袖。父人物水镜，谓之模楷。君籍荫冠冕，资阅膏腴，挺自然之一时，澄清波之万顷。洋洋也莫测其风，汪汪焉难名其德。莫不应期佐命，立效当时，何期性美难全，奄从风烛。春秋二十有九，随大业十三年九月，终于私第。夫人扶风马氏。素受氤氲之粹气，慈慧自然；家承蝉联之盛宗，蔚为女则。是以□宛大易，晓家人于巽离；觌睹连山，悟归妹于震兑。岂期烟云惨惨，风月芒芒，忽作仙娥，奄奔桂月。春秋六十有□，永徽三年二月，卒于闺宇。粤以其年岁次壬子八月景戌（戌）朔廿四日己酉，合葬州南凉城乡，礼也。呜呼哀哉！乃为铭曰：

彭城杞梓，沛国琳琅。弈叶冠冕，振藻传芳。家承羔雁，代袭珪璋。武则肃烈，文则时昌。高门有行，钟美哲人。雅亮温粹，器寓贞淳。扰之不浊，惠之不磷。稷下为宾，席上称珍。鸿渐登庸，雁行复道。□□□缨，扬名振藻。庆幸期颐，永赐难考。何期□尽，□□霜草。灵辄即远，飞旐启路。素盖映云，朱□吊顾。□□□□，亲朋感慕。㙭墅日乌，苍□月蒐。

刘意志盖

刘意志石

【注释】

[1]刘意墓志,唐永徽三年(652)八月二十四日葬。武威市凉州区金羊镇宋家园村征集,现藏武威市博物馆。志盖为正方形,边长47厘米。志石亦正方形,边长50厘米。因志盖顶面被凿,不知是否曾刻字。志文共20行,满行20字,正书。此志盖诸书均未著录。主要著录:《北京图书馆藏中国历代石刻拓本汇编》第12册第60页;《隋唐五代墓志汇编(北京卷附辽宁卷)》第1册第45页;《唐代墓志汇编》永徽051;《全唐文新编》第20册第13902页;《全唐文补遗》第4辑第322页;《武威金石录》第22页;《武威市文物志》等。

唐牛君妻刘三娘墓志[1]

大唐故刘夫人墓志铭

夫人讳三娘,彭城[2]人。适牛氏,诞一男一女。麟德元年二月廿六日卒,春秋廿有九。其年岁在甲子三月己酉六日甲寅,权窆于州西南。乃为铭曰。

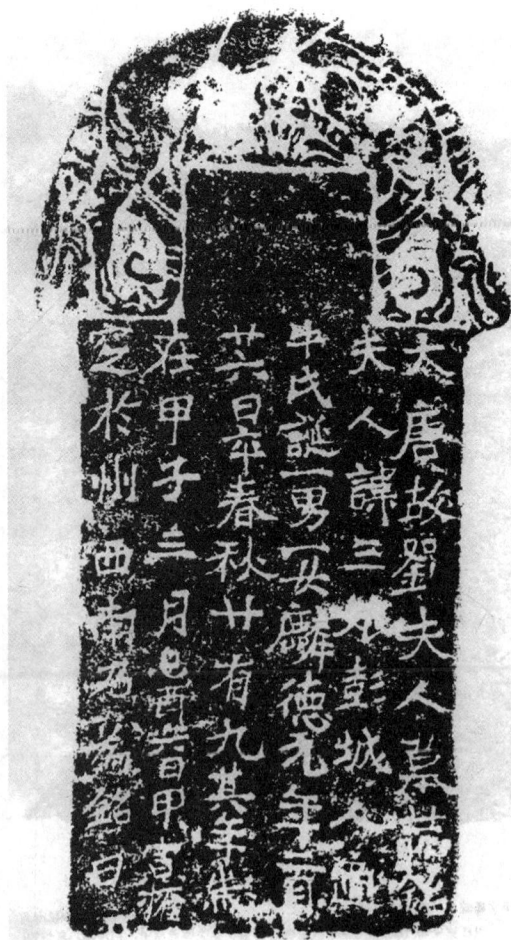

刘三娘墓志

【注释】

［1］牛君妻刘三娘墓志，唐麟德元年（664）三月六日葬。武威市管家坡四号墓（唐代砖室墓）出土，碑志原立于甘肃省武威市管家坡，现藏甘肃省博物馆。该碑为圆首方身，据拓片志高34厘米，宽15厘米，共6行，行9—13字不等，正书。同墓还出土有牛绪及妻刘氏合葬墓志。主要著录：《北京图书馆藏中国历代石刻拓本汇编》第14册第100页；《唐代墓志铭汇编附考》第6册编号531；《隋唐五代墓志汇编（北京卷附辽宁卷）》第1册第67页；《唐代墓志汇编续集》麟德003；《全唐文新编》第20册第14134页；《全唐文补遗》第7辑第272页；《全唐文补编》下册第1833页；《中国西北地区历代石刻汇编》第2册第43页；《兰新铁路武威——永昌沿线工地古墓清理概况》（《文物参考资料》1956年第6期）。

［2］彭城，西汉地节元年（前69）以楚国改置彭城郡，治所在彭城县（今江苏徐州市）。黄龙元年（前49）复名楚国。东汉章和二年（88）又改为彭城国。南朝宋永初二年（421）复为彭城郡。隋开皇初郡废，大业四年（608）复置。唐武德四年（621）又改为徐州，天宝元年（742）复名彭城郡，乾元元年（758）仍为徐州。

唐王义康墓志^[1]

大唐徐州长史朝请大夫上护军故王府君墓志

窃闻：紫气烟飞，龙剑于焉发锐；黄云郁起，宝鼎之质斯彰。物既与代标奇，人亦应时间出，孝公讳义康，字孝友，太原人也。曾祖德，周司马。祖贵，皇朝太原县^[2]令。父经，玉门县^[3]令。并学茂淹中，声驰稷下。广财勇义，雪白霜清。三异飞芬，四知先慎。公禀川岳之秀气，资星象之精灵。器宇与溟渤同深，志调共烟霞俱远。幼而风范贞简，有异常童。纨绮鸠车^[4]之间，凤有成德；谈天辩日之岁，卓尔不群。既礼闻趋庭，资训断织，爰在志学，乘襁自晓。虽倪宽带经于农事，路氏编蒲于牧野，以古况今，尝何等级。暨车师背诞，朝觐有愆，天子虑轸闻鼙，龚行吊伐。贞观十四年，俵吏部尚书、陈国公平高昌^[5]，起家授儒林郎^[6]，守安西都护府参军事。恪勤莅职，清誉有闻。六艺该通，五射穿札。以破石城、处月之功，廿一年恩诏授上护军^[7]。其年遭祖父忧解职，丧纪逾制，殆将灭性。廿三年，丁内艰，棘情切蓼莪，悲经风树，馈溢过礼，毁瘠逾年，亲宾见者，谁不下泪？昔曾参七日不食，高诸往册；子春数月不出，看在前经。以类推之，固无惭德。以先公早亡，未遑宅兆。植松营墓，合葬尽仪。吏部尚书、河间公李义府^[8]，文锋壮丽，名重一时，为制碑文，以传不朽。至孝实感，墓侧服终，虽麻葛外除，心婴茶蓼。因欲辞荣，无心入仕。年久诏起，固请不免。永徽三年，选任通直郎^[9]，行韩王府法曹参军事^[10]。誉冠僚采，夙夜在公。显庆二年，转任奉义（议）郎^[11]，行灵州都督府仓曹参军事^[12]。龙朔二年，应诏被举射策甲科，然则词林笔海，陋方朔之三冬；博涉艺文，嗤公孙之辞繁。三年，恩诏擢授朝散大夫^[13]，行岐州麟游县^[14]令。于时驾幸九宫，百司臻腾。三秦膏腴之地，人物殷繁，自非英才俊悟，讵当斯任。又能精通五听，不枉三赦。□□钥，固圄扉，竟皆□寇之设，遂使耕人有让（壤），斑白不提，女绝妆姿，士无游手。是以一同欢悦，□□兴哥。麟德元年，恩诏迁任胜州都督府司马，赞务有条，百城仰德。所以正释高谢，□□远范。国家六兹五帝，四彼三皇，封日观石，禅梁山，勒鸿名而崇徽号，庆覃率土，泽被遐方。□（乾）封元年，蒙恩诏加授朝请大夫，从班例也。总章二年，恩诏迁任徐州长史。既□，忧公忘私，劬劳日积。因兹遘疾，解任归家。岂期祸经梦竖，祟在膏肓。名医尽绿秩之工，上药穷丹经之妙，如何不慭，大渐弥留。永隆二年三月十三日，卒于私第，春秋六十有五。惟公含章迥秀，藻掞天庭。森森标梁栋之材，琅琅怀礼乐之器。升堂睹奥，弘量无涯。孝性纯深，□树先落之木；友于笃睦，非因枯悴之□。扬名显亲，斯之谓矣！逝川阅水，俄归于东壁；隙驷□□，倏坠于西山。夫人陇西牛公校尉隆之女。夙智早成，无劳傅母之训；行合规矩，不待女史之□。及结缡辞□，□□人英。□琴瑟之克和，在闺门而雍睦。□偕老莫从，先秋罢秀。咸亨六年□□十四日，寝疾终于徐州之公馆，春秋卌有八。即以永隆二年岁次丁巳十月景寅朔□日□□，合葬于先公之茔，礼也。子承德、承俭等并绝浆泣血，孝合典仪。嗟宜□□无□于□□□□□。敬猎遗范，式族茂户。其词曰：

苍运降祥，峻山郁起。丹书入户，赤乌戾亡。都声邑鄄，武功继□。□□□□，□□□□。其一。□□□成，爰逮祖父。维岳降神，生申及甫。司马方统，太原哥□。王门名德，远□邪楚。其二。公之□□，□□俱在。冠冕既袭，珪璋攸佩。良□□□，善价斯待。□□□□，名邦称最。其三。学优入仕，誉高□□。□赞蕃维，阐化成俗。多闻□□，□讼□欲。万顷难澄，一丘易足。其四。返魂无验，辅仁空设。松亭□□，先秋兰灭。容□□□，泉□□□。□□□扃，□芳不绝。其五。

王义康志盖

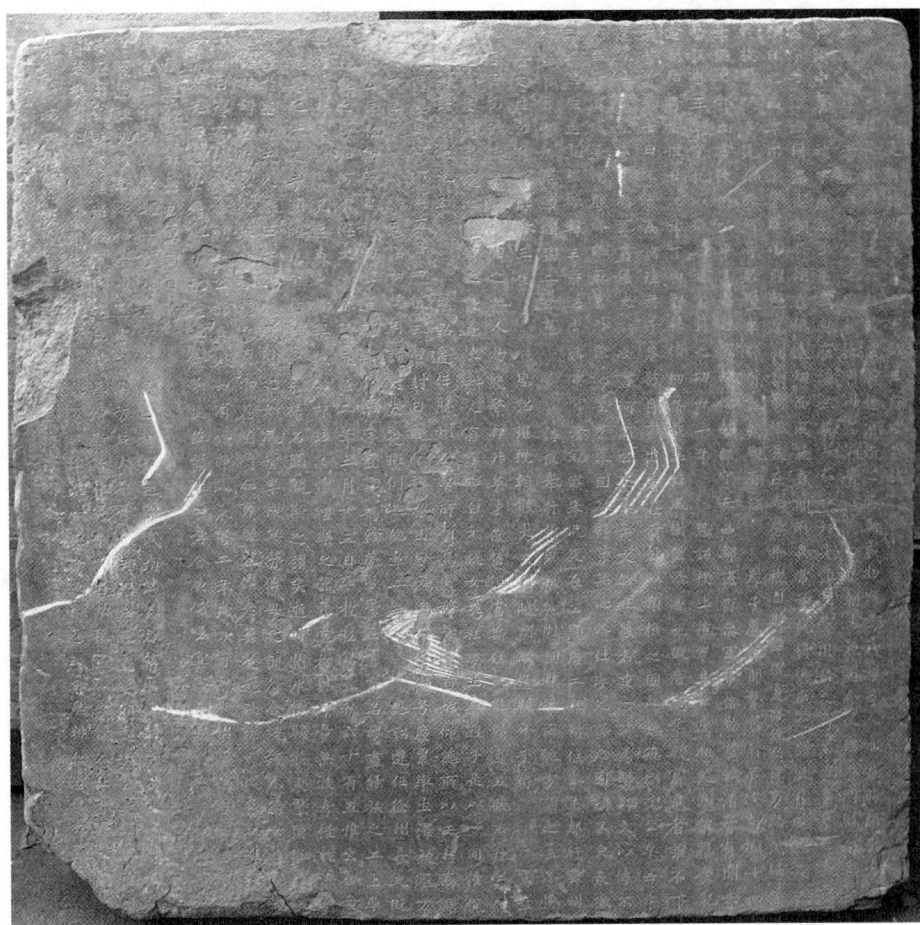

王义康志石

【注释】

[1] 王义康墓志，唐永隆二年（681）十月葬。2006 年 8 月，出土于武威市凉州区金沙乡水坑村四组（赵家磨）一座唐墓中，现藏武威市考古所。墓志为砂石质，志盖、志石均为正方形，边长均 78 厘米。志盖为盝顶，厚 11 厘米，顶面为阳刻篆书"大唐故王府君墓志铭"，共 3 行，行 3 字。四周刻缠枝忍冬纹、宝相花等图案。志石厚 11 厘米。志文共 35 行，满行 36 字，正书。志石左下部残缺，文字多有漫漶。主要著录：朱安《武威近年来出土四合隋唐墓志》（《陇右文博》2017 年第 3 期）。

[2] 太原县，隋开皇十年（590）置，治所在今山西太原市西南东城角。

[3] 玉门县，西汉置，治所在今甘肃玉门市西北赤金堡稍东。北周改名会稽县。隋开皇十年（590）复改玉门县。唐末废。

[4] 纨绮，有花的丝织品，喻美丽、美盛，指少年。鸠车，儿童玩具，借指童年。纨绮鸠车，当指童年时期。

[5] 唐贞观十三年（639），高昌国因遮断丝路，太宗命侯君集为交河道行军大总管、契苾何力为葱山道副大总管，率军讨伐。十四年（640），攻下高昌都城。志文所记，与两《唐书》所载相符。

[6] 儒林郎，官名。隋文帝开皇六年（586）始置，正九品上文散官，炀帝大业三年（607）罢。改于秘书省置，十人，正七品，掌明经待问，唯诏所使。唐朝定制为正九品上文散官。

[7] 上护军，勋官号。唐太宗贞观十一年（637）改上大将军为之，置为十转勋官，比正三品。

[8] 李义府（614—666），瀛州饶阳（今河北饶阳）人，迁居永泰（今四川盐亭东）。贞观中，任门下省典仪，转监察御史。高宗立，迁中书舍人，与许敬宗贺助武则天为后。永徽六年（655），拜中书侍郎。显庆二年（657）任中书令，后改右相。曾主持重修《氏族志》，不论门第，凡得五品官者皆升士流。后因罪流放巂州（今四川西昌），忧愤而死。志文称，王义康之父母合葬后，他为之撰写碑文。

[9] 通直郎，官名。隋炀帝大业三年（607）谒者台置，员三十人，从六品，据事大小出使。唐高祖武德七年置为从六品下文散官。

[10] 法曹参军事，官名。法曹长官。唐朝初年亲王府、都督府、诸州置，自正七品上至从八品下。玄宗开元（713—741）初改诸州所置为司法参军事，诸府仍旧。常省称作"法曹参军"。

[11] 奉议郎，官名。唐朝始置，为从六品上文散官。

[12] 仓曹参军事，官名。仓曹之长。西晋末司马睿丞相府置，为僚佐。北魏二大、二公府，将军府置，从六品至从八品不等。炀帝大业三年（607）改为仓曹书佐。唐朝十六卫、诸军、太子诸率府、诸王府、诸都督府、诸都护府、诸镇等置，职掌不同，员额不等，自正七品上至正九品下。其中诸都督府各置一员，正七品下至从七品下。

[13] 朝散大夫，官名。隋文帝始置，为正四品文散官。炀帝大业三年（607）改为从五品。唐沿置，从五品下。

［14］麟游县，隋义宁元年（617）于仁寿宫置，在今陕西麟游县西。唐贞观六年（632）移治今址。

唐纥单端墓志[1]

大唐故明威队正纥单府君墓志铭

君讳端，阴山人也，出自国族。拓跋归晋，因而命氏。所以载于竹帛，传之终古。曾显，随凉益蒲广四州刺史、大都督、武威郡守、永平郡开国公，食邑二千六百户。门业克昌，衣缨相袭，家传冠冕，奕代蝉联。祖贵，袭爵同揆，余官如故。立言立行，流芳箱素。君禀性倜傥，忠简自持，武略超伦，名班群件。汪汪焉有大士之风，滔滔焉怀志仁之雅亮。故得名称朝野，威振遐端，谅难称载。起家授明威府[2]队正。终于私第，春秋五十八。夫人牛氏。以垂拱元年六月十六日终于寝室，合葬于州南十八里第五山之原，胡村之界[3]，礼也。呜呼哀哉！嗣子万福等，乃为铭记。

纥单端志盖

纥单端志石

【注释】

[1]纥单端墓志，唐垂拱元年（685）六月十六日卒。武威城南出土，现藏武威市博物馆。志盖为正方形，边长49厘米。志盖篆书"大唐故牛夫人墓志铭"，共3行，行3字。志石高49.5厘米，宽48厘米。志文共15行，满行15字，正书。主要著录：《武威金石录》第29页；《武威市文物志》。

[2]明威府，隋代军府之一，唐代沿置。《元和郡县图志》：凉州姑臧县有明威戍，在县北一百八十里。我们推测明威府因明威戍而得名，即在其处。《唐炽俟弘福墓志》载：次子震，明威府别将。

[3]第五山，《晋书》卷86《张轨附张寔传》载："京兆人刘弘者，挟左道，客居天梯第五山，然灯悬镜于山穴中为光明，以惑百姓，受道者千余人，寔左右皆事之。帐下阎沙、牙门赵仰皆弘乡人，弘谓之曰：'天与我神玺，应王凉州。'"《隋书》卷29《地理志上》姑臧县条亦载有第五山。据陈国灿先生研究，天梯第五山在刘弘客居时的西晋末

年已是胡人聚居的村落，到唐时仍是胡村地界。并认为火祆教在西晋末已传入中国，河西武威也是最早的传播地区之一。而天梯第五山，很可能是火祆教在河西的重要圣地。

唐王迁墓志[1]

大唐故征士[2]王府君墓志铭并序

君讳迁，字大运，太原[3]人也。至德晖映，簪冑承芳。征感上玄，降织郜于巨孝；爱深人主，割袖表于弘仁。岂惟学贵三余，文精百遍而已。君禀质琳琅，抱贞松之秀；蕴灵杞梓，含翠竹之风。汪汪焉澄万顷之波，肃肃焉挺三冬之檊。聪睿明哲，非唯公干之称；孝友温恭，何止曾参之誉。故得闾栏敬仰，里闬钦贤，岂谓辅仁无验，掩臻佳城。粤以垂拱元年岁次乙酉六月乙亥朔廿五日己亥，终于私第，春秋六十有一。遂使绝相四邻，兴哀五里。惟君容仪挺恃，襟岸□□，墙仞难窥，波澜罕测。讵止橦崩，实惟栋折。□□七月五日葬于州西北明德，礼也。哀哀父母，悲玉树之摧；切切孔怀，痛明珠之碎。嗣子怀恪等，孝禀天经，痛慈颜之永谢；穷心靡诉，恐盛范之湮流。敬勒芳猷，式镌贞石。其词曰：

哀哀父母，五情分裂。切切友朋，百牙琴绝。花萼嘤咷，孔怀鸣咽。愁云罢兴。悲风遂结。其一。玉碎荆山，珠摧合浦。月落高棣，日倾悬鼓。镇掩佳城，长埋扃户。万载无春，千秋永古。

王迁志盖

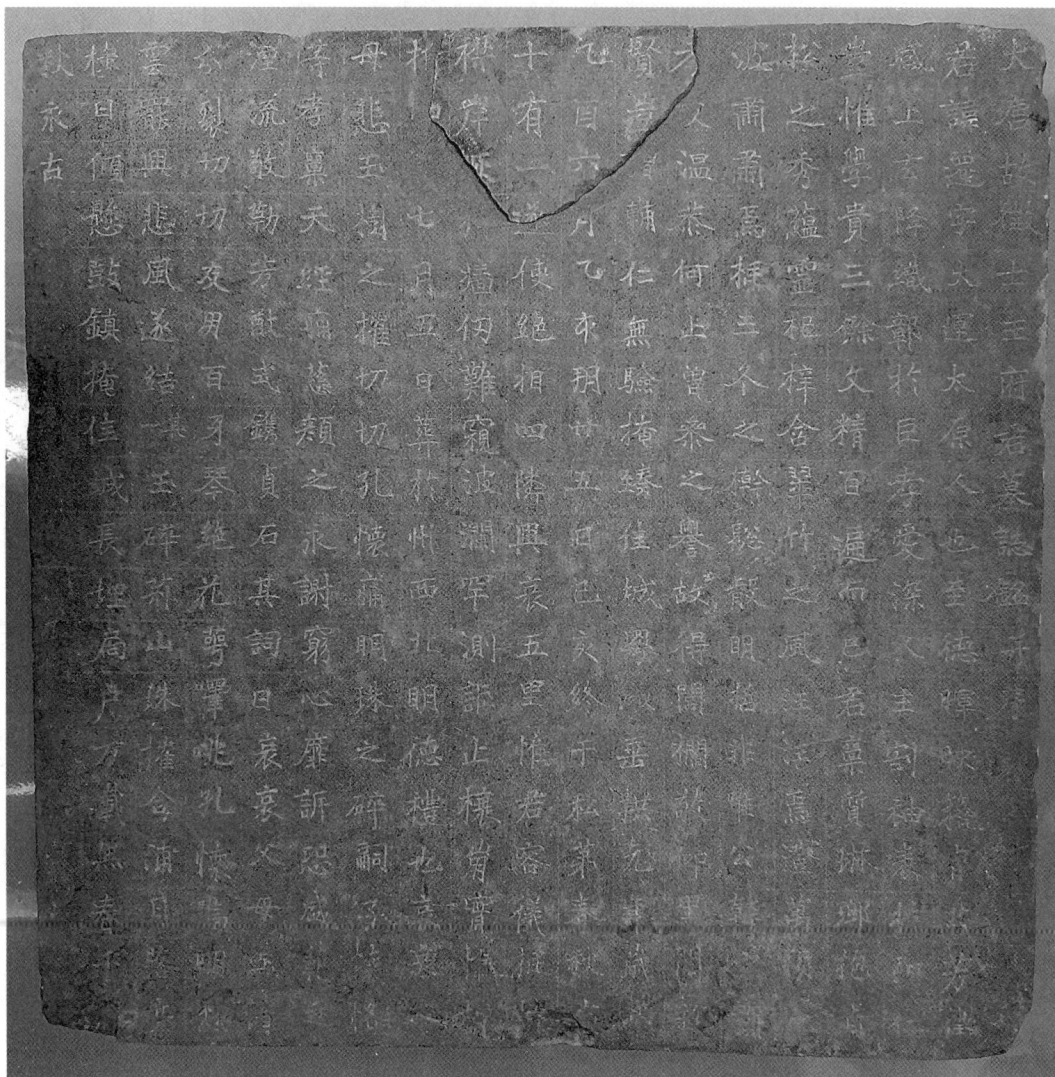

王迁志石

【注释】

［1］王迁墓志，唐垂拱元年（685）七月五日葬。近年出土于武威市西北新城区武威一中新校区工地，现藏武威市考古所。志盖高46.5厘米，宽47厘米，厚10厘米。志盖顶面篆书"大唐故王府君墓志铭"，共3行，行3字。志石高49厘米，宽48.5厘米，厚8厘米。志文共19行，满行19字，正书。主要著录：马振颖、朱安《武威新出唐代墓志三种》（《敦煌学辑刊》2020年第4期）。

［2］征士，亦称征君。指曾经朝廷征聘而不肯受职的隐士。颜延之《陶征士诔》："有晋征士，寻阳陶渊明，南岳之幽居者也。"

［3］太原，战国秦庄襄王四年（前246）置太原郡，治所在晋阳（今山西太原市西南古城营西古城，北齐河清四年移治古城营东）。西汉文帝改为国，不久复为郡。西晋又为国。

北魏复郡。隋开皇三年（583）改为并州，大业三年（607）复为太原郡。唐武德元年（618）又改为并州。

唐张妙端造天尊像碑 [1]

垂拱三年八月七日，女道士张妙端为天皇及见存父母，并一切众生，敬造天尊象，并仙童玉女一区功就，愿一切众生离苦解脱。

张妙端造像碑

【注释】

[1] 张妙端造天尊像碑，唐垂拱三年（687）八月七日刻。现藏武威市博物馆。造像碑通高 35 厘米，其中造像部分高 25 厘米，宽 17.7 厘米，厚 7.5 厘米。底座长 21.5 厘米，宽 10.7 厘米，厚 10 厘米。主要著录：陈垣《道家金石略》（文物出版社，1988 年）第 74 页；陈晓峰主编《武威文物精品图集》（读者出版社，2019 年）第 153 页。

唐苟白女墓志[1]

大唐故河内人苟氏墓志

夫人讳白女，字贤行，怀州河内[2]人也。隋朝秦州[3]司马苟玙之女。远祖魏朝沙州[4]刺史。基缔昆峦，屡启琼瑶之莹；业承霄朗，光韬合浦之玼。致芳馥于前经，誉懿芬于后史。庭昆佩玉，室胄□金，门赖箕裘，家声孝表。夫人□□风记，辑洽闺闱，四德并修，义驰姻族。冰情内洁，□亏金瓶之心；蕙响遐宣，莫逸璧车之志。年笄六位，禽□鸳□，□□俄□，痛伤鸾只。风□鳏淑，殊嬉洛涘之妃；素质犹妍，晖灌江濒之媛。言谐女□，□道昭彰，龄□□，行标王族。□人武安府校尉、上□□□甲汗马，阅□兵机，□惊三军，武□四□。遂使捃□□□□□爰俟锋钧□□之□徒□□刓首，□□□□塞外□□茂德昭然，□□远勋。夫人肃恭妇□，□政齐于庭榭□莢秋花落□□垂拱三年九月十七日，遘疾终于私第，春秋八十有三，葬于武水之原，礼也。呜呼哀哉！□可嗟怆。嗣子长□，□□厚地，门列寒泉，稽□□□怀驭□□□□之情□□□□□响逾深，痛□□□□□□慕义而茂颂灵□□兆□□开茔，图□□□幽，□垂不朽。其词粤：

芳兰增化，蕙茞□□。□□□□，□□□□。心存妆镜，语瑟垣委。明宣仪则，昭晰□仪。其一。□□□□，□□相晖。椿楸幽隧，密影□□。其二。

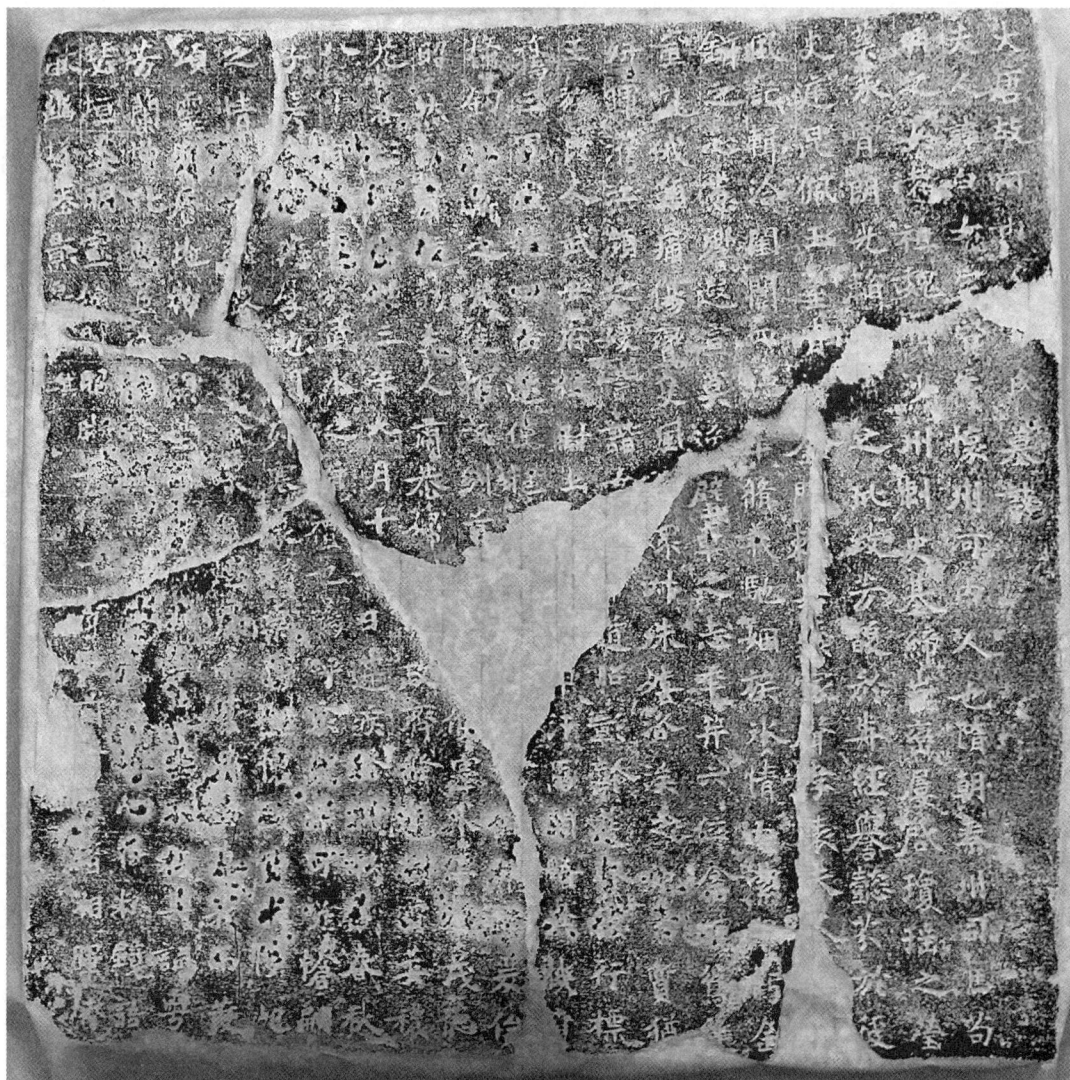

苟白女志石

【注释】

[1] 苟夫人墓志，唐垂拱三年（687）九月十八日卒。2016 年出土于武威市西北新城区武威一中新校区工地，现藏武威市考古所。仅存志石，志盖佚。志石高 49 厘米，宽 51 厘米，厚 7 厘米。志文共 21 行，满行 21 字，正书。主要著录：马振颖、朱安《武威新出唐代墓志三种》。

[2] 河内，西汉高祖二年（前 205）置河内郡，治所在怀县（今河南武陟县西南）。西晋移治野王县（今河南沁阳市）。隋开皇三年（583）废，大业初复置。唐武德初改为怀州，天宝初复改河内郡，乾元初改为怀州。

[3] 秦州，西晋泰始五年（269）置，治所在冀县（今甘肃甘谷县东）。太康三年（282）废，七年（286）复置，移治上邽县（今甘肃天水市）。隋大业三年（607）又废。唐初复置，

开元二十二年（734）移治成纪县（今甘肃秦安县西北），天宝元年（742）还治上邽县，改为天水郡，乾元元年（758）复改为秦州，大中三年（849）复移治成纪县。

[4]沙州，十六国前凉置，治所在敦煌县（今甘肃敦煌市西）。后废。唐武德五年（622）置为西沙州，贞观七年（633）仍改沙州，天宝元年（742）改为敦煌郡，乾元元年（758）仍改沙州。

武周慕容智墓志[1]

大周故云麾将军守左玉钤卫大将军员外置喜王慕容府君墓志铭并序

王讳智，字哲，阴山人。拔勤豆可汗第三子也。原夫圆穹写象，珠昴为夷落之墟；方礴凝形，玉塞列藩维之固。其有守中外、沐淳和、贵诗书、践仁义，则王家之生常矣。廓青海、净湟川、率荒陬、款缶朔，则王家之积习矣。故能爪牙上国，跨蹋边亭，控长河以为防，居盘石而作固，灵源茂绪，可略言焉。祖丽杜吐浑可汗。父诺曷钵，尚大长公主，驸马都尉、跋勤豆可汗。王以龟组荣班，鱼轩懿戚。出总戎律，敷德化以调人；入奉皇猷，耿忠贞而事主。有制曰：慕容智，鲜山贵族，昴城[2]豪望，材略有闻，宜加戎职。可左领军将军。俄加云麾将军，守左玉钤卫大将军。望重边亭，誉隆藩邸。西园清夜，敬爱忘疲；东阁芳晨，言谈莫倦。诚可长隆显袟，永奉宸居。岂谓齐桓之痾，先侵骨髓[3]；晋景之瘵，已入膏肓[4]。天授二年三月二日薨于灵府[5]之官舍。春秋卌有二。即其年九月五日，迁葬于大可汗陵，礼也。上悬乌兔，下临城阙。草露朝清，松风夜发。泣岷山之泪隋（堕），悲陇水之声咽。呜哀哉！乃为铭曰：

丹乌迅速，白兔苍茫。两楹流奠，二竖经殃。崩城恸哭，变竹悲伤。一铭翠琰，地久天长。

慕容智志盖

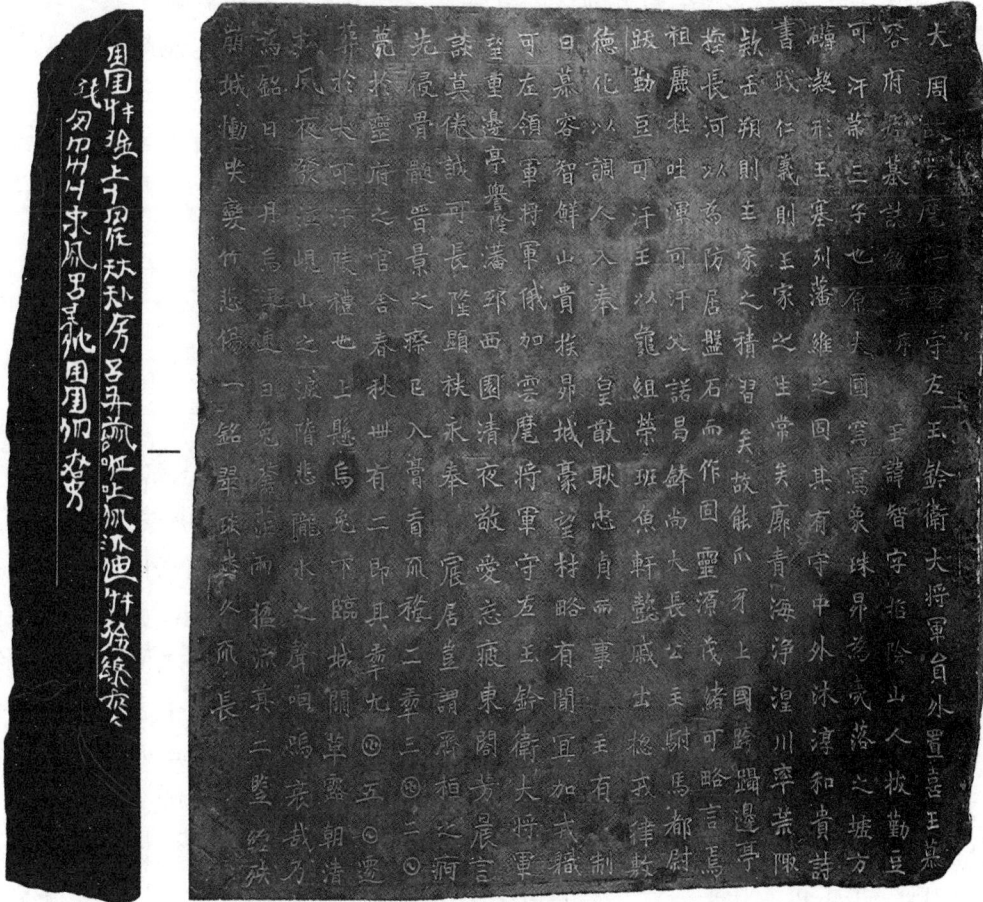

慕容智志石

【注释】

［1］慕容智墓志，武周天授二年（691）九月五日葬。2019 年甘肃天祝藏族自治县岔山村浩门组山顶的唐墓出土，现藏甘肃省文物考古研究所。志盖为盝顶方形，底边长 54.5 厘米，宽 54.2 厘米，顶面边长均为 39.6 厘米，厚 8.8 厘米，青石质地。顶面阴刻篆书"大周故慕容府君墓志"，共 3 行，行 3 字。盖文四周及四刹刻缠枝卷草纹。志石为正方形，边长 53.7 厘米，高 9.2 厘米，青石质地。志文共 20 行，满行 20 字，正书。主要著录：甘肃省文物考古研究所、武威市文物考古研究所、天祝藏族自治县博物馆《甘肃武周时期吐谷浑喜王慕容智墓发掘简报》（《考古与文物》2021 年第 2 期）；刘兵兵、陈国科、沙琛乔《唐〈慕容智墓志〉考释》（《考古与文物》2021 年第 2 期）。

［2］昂城，也作昂城，为羌地古城名，是吐谷浑部西迁白兰途中初据之地，其地在今四川西北阿坝一带。（参周伟洲《吐谷浑史》）

［3］齐桓之痾，先侵骨髓，此句或化用讳疾忌医的典故。扁鹊见齐桓公，为其诊断疾病，先是疾在腠理，齐桓公不以为然。后疾至血脉，再至肠胃，最后至骨髓，再去找扁鹊医治，已无药可救了。志文中的"痾"，对应的当是齐桓公的疾在腠理，即疾病的初发阶段。

［4］晋景之瘵，已入膏肓，此句化用病入膏肓的典故。《左传·成公十年》载晋侯病重，派人到秦国去请医生，医生尚未到达，晋侯就梦见自己的病化作两个孩子在对话，说是要逃到膏肓之间（心下膈上）躲起来，因为据说那是医生药物所不能到达的地方。后来遂称病魔为"二竖"。故谓病重无法救治为"病入膏肓"。

［5］灵府，即灵州的代称。龙朔三年，吐蕃攻打吐谷浑，吐谷浑王慕容诺曷钵与弘化公主各领数千帐奔凉州。唐徙其部众于灵州地，置安乐州，以诺曷钵为刺史。慕容智大约十来岁时就随父母及部族移居今宁夏吴忠地。

武周慕容忠墓志[1]

周故镇军大将军行左豹韬卫大将军青海国王乌地也拔勤豆可汗墓志铭并序

王讳忠，阴山人[2]也。自云雷降雹，开大国之王基；日月成文，握中原之帝业。天启阗马，率众西迁，地据伏龙，称孤南面。祖特丽度许符别可汗，父诺遏钵，青海国王、驸马都尉、乌地也拔勤豆可汗，并军国爪牙，乾坤柱石，忠勤克著，异姓封王。宠渥弥隆，和亲尚主。王丕承显烈，特禀英奇。至若兰台芸阁之微言，丘山泉海；豹略龙韬之秘策，长短纵横。莫不披卷而究五车，运筹而决千里。逸才天假，休德日新。接物尽君子之心，事亲备文王之道。年十八，授左威卫将军。戚承银牓，弱岁求郎；宠溢金貂，童年入侍。后加镇军大将军、行左豹韬卫大将军，袭青海国王、乌地也拔勤豆可汗。象贤开国，策固誓河，拜将登坛，任隆分阃。坐金方而作镇，出玉塞而临军，朝廷无西顾之忧，猃狁罢南郊之祭。将军有勇，期胜气于千年；壮士云亡，惜寒风之一去。粤圣历元年五月三日，薨于灵州城南浑牙之私第，春秋五十有一。栋梁折矣，远近凄然。以圣历二年三月十八日归葬于凉州城南之山岗，礼也。孤子等痛昊天之莫诉，恐高岸之行迁，冀披文而颂德，刊翠石于黄泉。其铭曰：

寿丘茂绪，黎邑雄藩。龙兴北盛，马阗西奔。代传龟纽，邸降鱼轩。积庆隆矣，生贤在焉。其一。自家形国，资孝为忠。爰辞柳塞，入卫兰宫。青海纂业，西隅毕通。玄郊坐镇，北漠恒空。其二。夷夏以安，搢绅之望。树善无忒，辅仁何旷。营罢真军，日亡上将。义深悼往，恩隆洽葬。其三。青鸟克兆，辒驾言回。坟崇马鬣，地据垄堆。云愁垄树，月钓泉台。式刊翠琬，永播清埃。其四。[3]

慕容忠志盖

慕容忠志石

【注释】

[1]慕容忠墓志,武周圣历二年(699)三月十八日葬。武威市凉州区南营乡青喇湾出土,现藏武威市博物馆。志盖为正方形,边长59厘米。顶面篆书"大周故青海王墓志铭",共3行,行3字。志石亦正方形,边长60厘米。志文共23行,满行24字,正书。有武周新字。主要著录:《唐代墓志铭汇编附考》第13册编号1247;《北京大学图书馆藏历代墓志拓片目录》编号02752;《唐代墓志汇编》圣历026;《全唐文新编》第21册第14703页;《全唐文补遗》第3辑第510页;《兰州碑林藏甘肃古代碑刻拓本菁华》第14页;《陇右金石录》;《吐谷浑资料辑录(增订本)》第64页;《武威金石录》第36页;夏鼐《武威唐代吐谷浑慕容氏墓志》(收入《历史语言研究所集刊》第20本上,商务印书馆,1948年);陈忠凯《三方吐谷浑族墓志之考释》(《碑林集刊》第六辑,陕西人民美术出版社,2000年)。

［2］阴山人，志称忠为阴山人，似系其祖先曾在阴山一带游牧，后迁入青海等地，故曰阴山人。（参周伟洲《吐谷浑资料辑录（增订本）》）

［3］据《陇右金石录》云：按此石亦出武威县南，去城六十里之山，今移存孔庙。石高广俱尺有六寸，盖书："大周故青海王墓志铭"九篆字。志前题："周故镇军大将军、行豹韬卫大将军、青海国王、乌地也拔勤豆可墓志铭并序。"凡二十三行，行二十四字。考忠即诺曷钵之子，以铭文证之，盖即西平公主所生。初为侍子，后遂嗣其父职，而《吐谷浑传》叙忠事极略，仅云："垂拱四年，诺曷钵卒，子忠嗣。忠卒，子宣赵嗣。"得此志可补史之阙文。盖忠嗣职，自垂拱四年至圣历二年，凡历十一年矣。顾有不可解者，西平公主以圣历元年五月三日薨，以二年三月十八日葬，而忠之薨、葬，皆与同日；同日而葬事所恒有，乃母子同日而死，此事之未必有，殊可疑也。又忠为诺曷钵子，为慕容顺孙。《吐谷浑传》：顺为西平郡王，仍授越胡吕乌甘豆可汗，此志云："祖特丽度许符别可汗"，以译音求之，亦不近似若公主志，以诺曷钵为贺钵，此为遏钵，则一音之转，字异而音不异者也。

武周弘化公主墓志[1]

大周故弘化大长公主李氏赐姓曰武改封西平大长公主[2]墓志铭并序
成均进士云骑尉吴兴姚略撰

公主陇西成纪人也。即大唐太宗文武圣皇帝之女也。家声祖德，造天地而运阴阳；履翼握褒，礼神祇而悬日月。大长公主，诞灵帝女，秀奇质于莲波；托体王姬，湛清仪于桂魄。公宫禀训，沐胎教之宸猷；姒幄承规，挺璇闱之睿敏。以贞观十七年，出降于青海国王勤豆可汗[3]慕容诺贺钵。其人也，帝文命之灵苗，斟寻氏之洪胤。同日碑之入侍，献款归诚；类去病之辞家，怀忠奋节。我大周以曾沙纽地，练石张天。万物于是惟新，三光以之再朗。主乃赐同圣族，改号西平。[4]光宠盛于厘妫，徽猷高于乙妹。岂谓巽风清急，驰隙驷之晨光；阅水分流，徙藏舟之夜壑。以圣历元年五月三日，寝疾薨于灵州东衙之私第，春秋七十有六。既而延平水竭，惜龙剑之孤飞；秦氏楼倾，随凤萧而长往。以圣历二年三月十八日葬于凉州南阳晖谷治城之山岗，礼也。吾王亦先时启殡，主乃别建陵垣。异周公合葬之仪，非诗人同穴之咏。嗣第五子右鹰扬卫大将军宣王万等，痛深栾棘，愿宅兆而斯安，情切蓼莪，惭陟屺而无逮。抚幽埏而掩泗，更益充穹；奉遗泽而增哀，弥深眷恋。以为德音无沫，思载笔而垂荣；兰桂有芬，资纪言而方远。庶乎千秋万岁，无惭节女之陵；九原三壤，不谢贞姬之墓。其铭曰：

瑶水诞德，巫山挺神。帝女爰降，王姬下姻。燕筐含玉，门榜题银。珈珩椊象，轩珮庄鳞。其一。与善乖验，竟欺遐寿。返魄无征，神香徒有。婺彩潜翳，电光非久。睑碎芙蓉，茄凄扬柳。其二。牛岗辟壤，马鬣开坟。黛栢含雾，苍松起云。立言载笔，纪德垂薰。愿承荣于不朽，庶传芳于未闻。其三。[5]

弘化公主志盖

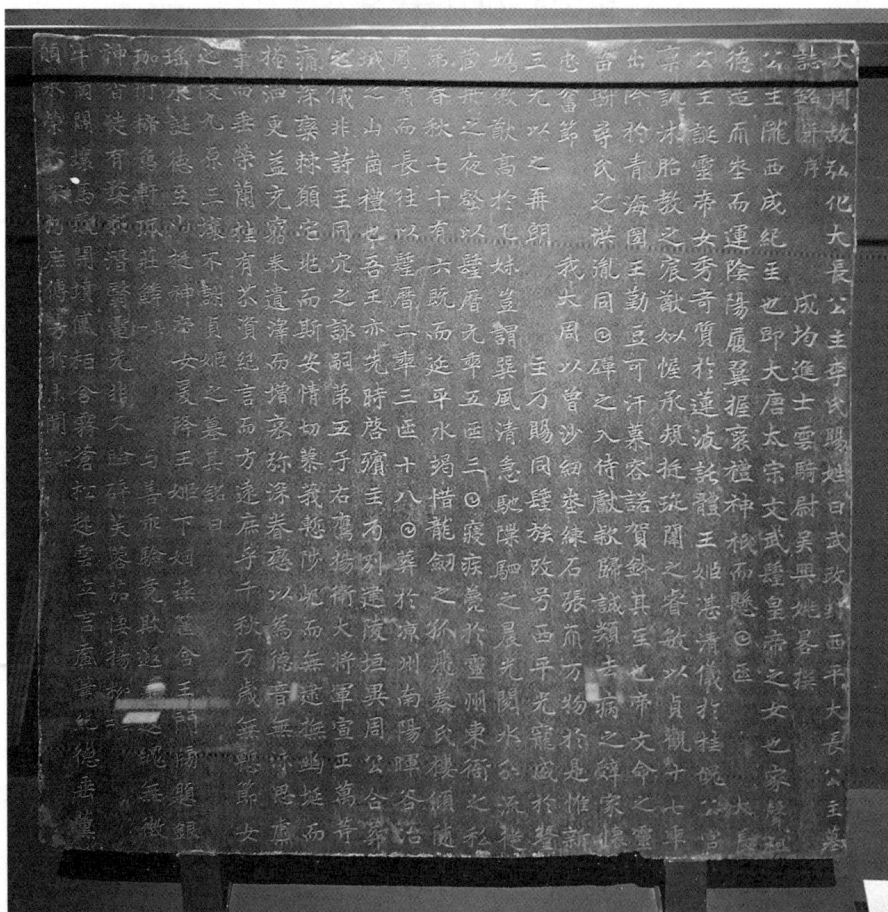

弘化公主志石

【注释】

[1] 弘化公主墓志，又称西平公主墓志，武周圣历二年（699）三月十八日葬。武威市凉州区南营乡青喇湾出土，现藏武威市博物馆。志盖高 61 厘米，宽 60 厘米。顶面篆书"大周故西平公主墓志"，共 3 行，行 3 字。志石为正方形，边长 56.5 厘米。志文共 25 行，满行 24 字，正书。有武周新字。弘化公主为青海国王慕容诺贺钵之妻。主要著录：《北京图书馆藏中国历代石刻拓本汇编》第 18 册第 157 页；《唐代墓志铭汇编附考》第 13 册编号 1246；《隋唐五代墓志汇编（北京大学卷）》第 1 册第 97 页；《北京大学图书馆藏历代墓志拓片目录》编号 02751；《唐代墓志汇编》圣历 025；《全唐文新编》第 5 册第 2934 页；《全唐文补遗》第 1 辑第 77 页；《中国西北地区历代石刻汇编》第 2 册第 134 页；《兰州碑林藏甘肃古代碑刻拓本菁华》第 12 页；《施蛰存北窗唐志选粹》第 140—141 页；《陇右金石录》；《吐谷浑资料辑录（增订本）》第 62 页；《武威金石录》第 38 页；《青海金石录》第 257—258 页；《武威唐代吐谷浑慕容氏墓志》。

[2] 大长公主，两《唐书》记载，弘化公主出降吐谷浑可汗慕容诺曷钵的时间为唐贞观十四年（640），其卒于圣历元年（698）五月，时睿宗李旦在位，睿宗应称太宗族女弘化公主为姑，故改封大长公主。（参周伟洲《吐谷浑资料辑录（增订本）》）

[3] 勤豆可汗，《新唐书·吐谷浑传》记载，诺曷钵的封号为"乌地也拔勒豆可汗"。"勒"当为"勤"之误。墓志中"诺曷钵"作"诺贺钵"，乃译音无定字。（参周伟洲《吐谷浑资料辑录（增订本）》）

[4] 主乃赐同圣族，改号西平，这句话表明了改封西平大长公主的原因。岑仲勉《唐史余沈》卷一"西平大长公主"条云："诺曷钵之父顺，尝封西平郡王，此公主号西平，名义亦相联系。"（参周伟洲《吐谷浑资料辑录（增订本）》）

[5] 《陇右金石录》云：按《旧唐书·太宗纪》，贞观十三年十二月己丑，吐谷浑河源郡王慕容诺曷钵来逆女。十四年二月庚辰，淮阳王道明送弘化公主归于吐谷浑。《吐谷浑传》：诺曷钵嗣立，太宗封为河源郡王，仍授乌地也拔勒豆可汗。贞观十四年，以弘化公主妻之，资送甚厚。此志言公主以贞观十七年出降，与纪传不合。又"勒豆"，此志与慕容忠志俱作"勤豆"。《传》又无封诺曷钵青海国王之事，当是史有省文也。《传》又云高宗嗣位，以诺曷钵尚主，拜驸马都尉。其后，吐谷浑为吐蕃所败，诺曷钵及公主走投凉州，高宗诏徙其部众于灵州之地，置安乐州，以诺曷钵为刺史，欲其安而乐也。垂拱四年，诺曷钵卒。故此志云，王已先时启殡。惟不言及安乐州刺史，不知何故？圣历二年，正武后当阳之时，故此志题周西平公主，而多用武氏新字也。志石出于武威南乡，当即志文所谓"阳晖谷冶城山岗"。而慕容忠、慕容神威、慕容明诸志，皆先后发见于此。盖此即慕容氏族葬之所。尝闻至其地者，言陵阿如故，丘墓久夷。而吾人独得获此四片石，以与正史互相参证，亦足贵也。

武周牛绪墓志[1]

大周故牛府君墓志铭并序

　　君讳绪，字守业，陇西[2]人也。肇自有虞，光膺利建。暨于炎汉，代作台衡[3]。洪源将积石争流，神基与极天比峻。自时厥后，冠冕蝉联。懿业余资，英才踵武。祖远，隋任兰州[4]郡守。考受，唐任明威镇将[5]。腰银剖竹，施惠泽于一时；静寇夷凶，振芳猷于万代。君凝心简直，雅量淹通。立行可模，直言成范。年才弱冠，崇信法门。受持《金刚般若经》，绵历□章。精诚转固，犹谓四尘□假，五荫浮虚。体寂灭以为心，鉴往生而励节。恒修净业，将□□□。宿志未申，淹辞人代。春秋八十有二，以长安元年七月十四日卒于里第。夫人彭城刘氏，芝田挺生，蕙畹腾代。四德传芳，三从□礼。言归娣室，作娌晋秦。□老靡征，遽先凋殒。即以长安三年岁次癸卯正月癸亥朔廿日壬午，与处士合葬于永丰乡之原，礼也。嗣子思庆，酷深风树，痛彻神祇。习蓼荼心，几于灭性。将恐陵迁海变，盛范烟沉，敬勒丰铭，式昭不朽。其词曰：

　　高辛挺粹，大舜别生。芳苗云委，懿胄川盈。或由武德，或以文成。惟祖惟考，玉振金声。猗欤处士，伟矣英髦。义融弱龀，智果垂髫。去时干禄，忘机弃□。临事无假，当寒不凋。积累余庆，宜享龄长。宿诚未遂。奄及歼良。仙凫两賈，宝剑双亡。千古冥漠，九原凄凉。陵谷有谢，令誉无疆。

牛绪志盖

牛绪志石

【注释】

[1]牛绪墓志，武周长安三年（703）正月二十日葬。武威市管家坡四号墓（唐代砖室墓）出土。志盖为盝形顶，顶面边长33厘米，志盖篆书"大周故牛府君之墓志"，共3行，行3字。志石为正方形，边长53厘米。志文共21行，满行21字，正书。同墓还出土有牛君妻刘三娘墓志，唐麟德元年（664）三月六日葬。主要著录：《唐代墓志铭汇编附考》第14册编号1325；《全唐文新编》第21册第14756页；《全唐文补遗》第6辑第360页；《兰新铁路武威——永昌沿线工地古墓清理概况》（《文物参考资料》1956年第6期）。

[2]陇西，战国秦置陇西郡，治所在狄道县（今甘肃临洮县）。三国魏徙治襄武县（今甘肃陇西县东南）。隋开皇三年（583）改置渭州，大业三年（607）复改陇西郡。唐初仍改渭州，唐天宝元年（742）复改陇西郡，乾元元年（758）又改为渭州。

[3]台衡，东汉三公官别称，晋宰相别称，唐宰辅大臣别称。"台"为三台星，"衡"

为玉衡星，系位于紫微宫帝座前之两组星。《全唐诗》卷四六二白居易《劝酒》：“不逾十稔居台衡，门前车马纷纵横。”《旧唐书·房琯传》：“即日拜文部尚书、同中书门下平章事，赐紫金鱼袋。……此时琯为宰相，略无匪懈之意。……诏曰：‘……致位台衡，而率情自任。’”

[4]兰州，隋开皇三年(583)改金城郡置，治所在子城县(今甘肃兰州市)。大业三年(607)改置金城郡。唐武德二年（619）复改兰州，天宝元年（742）又改金城郡，乾元元年（758）仍改兰州，宝应后废。

[5]明威镇将，明威府为唐代凉州所属军府之一。据《新唐书·地理志》载，凉州武威郡，中都督府。县五(姑臧、神乌、昌松、天宝、嘉麟)。有府六，曰：明威、洪池、番禾、武安、丽水、姑臧。又姑臧县北百八十里有明威戍。明威府和明威戍的位置，均在今民勤县境内。武威城南出土的唐垂拱元年(685)《纥单端墓志》记载，志主纥单端，“起家授明威府队正”。

唐慕容宣昌墓志[1]

大唐故政乐王慕容君墓志铭并序

王讳煞鬼，字宣昌，阴山人也。曾祖融，吐浑可汗，随尚东化公主[2]，拜驸马都尉。祖舵何拔，制封河源郡王，尚大长公主，薨赠洮国王。父成王忠，尚金城县主，青海国王可汗。并简在帝心，袭嗣王位，钦明异域，藻镜殊方。谅藩屏之任隆，实边维之寄重，庶谐八表，光赞万邦。忠贞沐奉国之恩，孝悌烈家声之誉。爰婚帝子，媛以王孙。金柯奕叶于宗盟，琼萼舒花于戚里。王子维城作固，磐石开基。五潢分派于尧年，九族流芳于舜日。等山河而作镇，同嵩峤而铭祈，实谓冠盖明时。领袖当代，顷年未一纪，封为政乐王。属圣道昌期，明王驭历，皇图启箓，表唐化而中兴；紫拯君临，廓乾坤而重洽。恩制司袟，泽及万方。九重怀忭跃之欢，百姓喜讴谣之颂。惟王夙承帝戚，朝贺申诚，表谢阙庭，恩加赏锡，内崇奉扆，外授君储。企望保录余年，不意俄婴瘵瘵，忽焉倾逝，奄弃所天，权殡于京三辅，春秋廿有六。别敕雍州，迁奉凉府。粤以神龙二年九月十五日葬于凉州神乌县天梯山野城里阳晖谷之原，礼也。王禀质温恭，素怀贞操，绥强以礼，抚弱以仁。敬谓清慎覃流，风神肃物，岂期英声未振，盛德长捐。令誉灭闻，奄归泉壤。怅怅孤垅，同逝水而无追；冥冥夜台，与山丘而永固。乃为铭曰：

派流青海，族茂皇亲。婚连帝戚，媛结王孙。夙承圣造，垂裕后昆。其一。二仪交泰，两曜齐明。君侯养德，王子挺生。沐兹圣泽，镜彼提衡。怀青拖紫，而人莫争。其二。爰濯草缨，素籍家声。簪裾代袭，轩冕烈名。维城靡固，梦疾两楹。魂归蒿隧，质瘗松扃。其三。盛德无依，雄风靡扇。琼萼霜凋，金柯露泫。代有谢兮千秋，人无由兮百战。其四。地久川长，自古何常。天高路远，人而何方。生涯未极，死独奚伤。空游魂而无托，终名灭而靡彰。其五。

慕容宣昌志盖

慕容宣昌志石

【注释】

[1]慕容宣昌墓志，又称慕容煞鬼墓志，唐神龙二年（706）九月十五日葬。武威市凉州区南营乡青喇湾出土，现藏武威市博物馆。志盖为正方形，边长60.5厘米。盖文篆题"大唐故政乐王墓志铭"，共3行，行3字。志石高60厘米，宽59厘米。志文共25行，满行24字，正书。主要著录：《唐代墓志铭汇编附考》第15册编号1410；《全唐文新编》第21册第14815页；《全唐文补遗》第7辑第344页；《兰州碑林藏甘肃古代碑刻拓本菁华》第16页；《吐谷浑资料辑录（增订本）》第67页；《武威金石录》第39页。

[2]据《隋书·吐谷浑传》，隋文帝曾以光化公主妻吐谷浑可汗伏（世伏）伏死，其弟伏允立，依俗尚主。此志"光化公主"作"东化公主"。（参周伟洲《吐谷浑资料辑录（增订本）》）

唐慕容宣彻墓志[1]

河东阴山郡安乐王慕容神威迁奉墓志并序

若夫劳喜休悲，孰免归天之魄；浮形幻影，谁蠲瘗地之魂。真金玉之可销，况英奇之能久。降年不永，遽逝东流，寂寂山丘，怅怅垄路。祖驸马都尉、青海国王乌地可汗，讳诺褐拔，武苞七德，业冠三冬。开颖不羁，神谋独断。溘从风烛，早迁奉毕。祖婆唐姑光化公主[2]，陇西李氏，孕彩椒房，含辉兰闱。入洛川而回雪，溯巫岭以行云。不为修短悬天，芳姿淹彩，早定安厝，又迁奉毕。父忠，德比贞崐，诞侔惟岳，落落耸长与之干，汪汪澄叔度之陂。追远慎终，早迁奉毕。左领军大将军慕容讳宣彻，擢秀清流，风尘不杂。光五侯之封，传万石之荣。夙奉忠贞，承芳帝戚。朝参鸾驾，夕卫丹墀（墀）。不为岸起两楹，梁摧淹及，以景龙三年四月十一日奉于凉州神鸟县界。吉辰择兆，丧礼具仪。呜呼哀哉！式为铭曰：

朝露旋晞，夜台何酷。九泉幽壤，埋兹盛德。不朽飞声，昭章望族。讵勒燕岑，流芳圣牍。古之遗爱，方斯令则。何以铭勋，树兹镌勒。

景龙三年岁次己酉四月丁亥朔十一日丁酉。[3]

慕容宣彻志盖

慕容宣彻志石

【注释】

[1] 慕容宣彻墓志，唐景龙三年（709）四月十一日葬。1929年出土于武威南山（今凉州区南营乡青喇湾），现藏武威市博物馆。志盖为正方形，边长55厘米。盖文篆书"大唐故辅国王慕容志"，共3行，行3字。志石亦正方形，边长53.5厘米。志文共19行，满行20字，正书。志主慕容宣彻，为青海国王慕容忠之子，弘化公主之孙。志文首题中的慕容神威，与志主为父子关系，慕容神威奉迁其父归葬凉州先茔。慕容神威，又名慕容威，其墓志本书亦收录。主要著录：《北京图书馆藏历代石刻拓本汇编》第20册第79页；《唐代墓志铭汇编附考》第15册编号1452；《隋唐五代墓志汇编（北京大学卷）》第1册第125页；《北京大学图书馆藏历代墓志拓片目录》编号03069；《唐代墓志汇编》景龙018；《全唐文新编》第21册第14840页；《全唐文补遗》第5辑第295页；《中国西北地区历代石刻汇编》第3册第3页；《兰州碑林藏甘肃古代碑刻拓本菁华》第18页；《陇右金石录》；《吐谷浑资料辑录（增订本）》第68页；《武威金石录》第40页；《青海金石录》第256—257页。

[2] 光化公主，即弘化公主，因避章怀太子讳而改。

[3]《陇右金石录》：按此石以民国十八年，出于武威县南之山，今移存孔庙。石方只有八寸，文盖完好，盖有"大唐故辅国王慕容志"九篆字，志前题："河东阴山郡安乐王慕容神威迁奉墓志并序。"正文二十行，行二十字，末书"景龙三年岁次己酉四月丁亥朔十一日丁酉"，即志内葬期也。宣彻，即慕容忠之子，《唐书·吐谷浑传》：忠卒，子宣赵嗣，圣历三年，授宣赵左豹韬卫员外大将军，仍袭父乌地也拔勒豆可汗。宣赵卒，子曦皓嗣。与志文题衔不同，或系后有封移，而史文省略，其以"宣彻"为"宣赵"，当为史误，"神威"则疑为"宣彻"字也，弘化公主改作光化，盖为避章怀太子讳尔。

唐凉州大云寺古刹功德碑[1]

凉州卫大云寺古刹功德碑

夫无为者静而常乐，应物者成而不有，是知冥权弗恃涣纶，大悲可主方便。于三界之中，汲引四生，弘宣八政，非八万四千无以开其妙门之路，三十七品弘其净土之衢者也。大云寺者，晋凉州牧张天锡升平之年所置也。本名宏藏寺，后改为大云。因则天大圣皇妃临朝之日创，诸州各置大云，随改号为天赐庵。其地接四郡境，控三边冲要，俯苍松而环城，珍白兰而作镇。揆日影，占星表，三时说法，已布金沙；四柱成台，远分璎珞。当阳有花楼重阁，院有三门回廊，依宝林而秀出，干瑶光而直上，洵人天之福地，为善信所皈依也。

时有明牧右武将军、右御史中丞、内供奉、持节西河诸君（军）节度大使、赤水军大使、九姓大使、监秦凉州仓库使、检校凉州都督、河内司马名逸，实晋南阳王模十三代系也。英玮明允，特达聪亮，负经济之伟才，属会昌之鸿运。学综群玉，文擅掷金，抚俗安边，式昭神武。加以宿植善因，深究玄理，按部余暇，虔诚净土，重兴般若之台，广塑真如之像。

兼（赤）水军副使右卫将军陈宗北、左金吾卫翊府中郎将安忠敬、军长史万彻、军司马王休祥、神乌县令胡宗辅，并门承诗礼，世袭箕裘，席工文墨，兼悟兵机，深达般若，乐修檀行。乃怂惠司马等，佥议装严，于北面化（画）十善十恶，四面行廊则兵为喜舍，树檀那之副，明旷劫之因。于堂中面画净土变，面西化（画）地狱，画高僧变并刊传赞。院山门内各画神王二，东西两门各画金刚，其后地狱变，中观音菩萨二、地藏一，齐空放光，久而不灭。花楼院有七层木浮图，即张氏建寺之日造，高一百八十尺。层列周围二十八间，面列四户八窗，一一相似，屋巍巍以崇立，殿赫赫以宏敞，拟琼台之悬居，状层域之始构。年代绵远，其下层微有凋落。欲加缮补，人力未就。俄而东西三间忽然摧倒，因掘旧基，得古钱一瓮以助工。后司马公复兴军州共为营构，总剺四面，更敞重檐。于南禅院回廊画付法藏罗汉圣僧变、摩腾法东莱（来）变、七女变。北禅院画三界图、九相观音、福比丘翻译经典。有（又）造经房一所。梓匠呈材，河宗献宝，资铣以三品，访丹于九区。抵鹊无遗，场（伤）蛇咸录，郢人运成风之巧，晋臣洒翰墨之辉。云联梵殿，烟凝珍馆，目属宝坊，俨焉相对，雕甍镂角，金凤盘龙，刊名模金，分身留影。地土聿广，楼阁相连，变现无方，感通随念。至若须弥地主，虚宫梵王，是名菩萨。月光童子，如请说经，犹言护法。内控六贼，外伏四魔，皈依祖师，同申戒律，心悟一乘，行闻正果，道存八方，弘施济度，为现在楷梯，乃将来龟镜。

寺主雪献法师，俗姓安氏，姑藏人，骠骑大将军安公子孙。高盖驷马，平生不屑，宴坐经行，深心自悟。玄该四摄，言绝二边，营事伽蓝，备尽精力，所有营构，悉禀规模。上座证净法师，俗姓王氏，太原人。高迈非常，晚近无等操尚，远情利益。维那玄证、法师崇颖、前上座守廉等，并志诚明赡，风神疏朗，共图经始，大愿成就。加以崇草园林，列时花果，琪树争妍，琼台森列，价重香山，名高玄圃。法城之侣，朝夕来游；行李之徒，瞻仰不辍。诚西极之慈航，而五凉之胜事也。况乎义冠人天，福禔中外，万祀无疆，千秋莫朽。爰记其事，兼赞以偈：

逖听人代，博求古今。至宫不宰，法乳无音。罕通惠树，直敞稠林。何以出音？惟闻觉地。出俗云何？证在烦恼。修持奚故？达在生老。利物非速，古今未早。无去无来，曰法曰道。虽在譬喻，言说皆空。虽在图像，无有是同。迹权混实，理契感通。智周惟理，匪我求蒙。教法兆基，伽蓝土地。梵宇宫殿，经台楼阁。宝镇垂苏，璇题流铎。光阴弘耀，烟霞忽霍。三休概日，千寻倒影。花散梅梁，莲披藻井。鹡鸰不及，玄态自逞。超士伏历，王人摩顶。既安灵馆，式绍禅关。顿渐成学，广施积善。道弥有路，义总无余。一超色相，求敦居诸。

大唐景云二年前颁修文阁学士刘秀撰。

朝行郎凉州神乌县主簿谯郡夏侯湛篆额。[2]

凉州大云寺功德碑

【注释】

[1] 凉州卫大云寺古刹功德碑，唐景云二年（711）立，明代重刻。现藏武威文庙。碑首高80厘米，宽88厘米，厚24.5厘米。碑身高176.5厘米，宽80厘米，厚24.5厘米。碑阴刻重修大云寺阖城当铺喜舍居士姓名，共舍钱一百九十七千文。题名若干，时间为康熙十三年夏四月上浣。该碑记载了武则天时期凉州大云寺的重修情况，是研究佛教史与佛

教艺术的重要参考资料。主要著录：《全唐文》《金石萃编》《陇右金石录》《武威市志》《武威金石录》第 41 页；《武威市文物志》；张宝玺《唐"凉州大云寺古刹功德碑"所载壁画考究》（敦煌研究院编《2004 年石窟研究国际学术会议论文集》，上海古籍出版社，2006 年）

　　[2]《陇右金石录》载：按此碑只读首行"凉州卫大云寺古刹功德碑"碑名，即可断其为明清时重刻，以明代以前初无卫名也。至其脱误亦不止《萃编》所举，如三十七品下脱"无以"二字，境控三边下多"冲要"二字，"右武将军"唐无此官，或为"右卫"或为"右武卫"必有一误，"兼水军副使"则为"赤水军"之误，"北面化"应为"画"，"面西化"应为"西面画"，"崇草"二字有误。"列时"应作"列蒔"，法域之似，"似"应为"侣"。至于刘秀职名"前颂"二字，盖为"前领"之误，而唐时实无修文阁学士之官，惟弘文馆于景龙元年改为昭文，次年改修文馆，见于《唐会要》，张燕公曾为此官。然是馆而非阁，不知何以错误若此。《萃编》又谓唐无朝行郎之阶，主簿则当是文林郎。考唐时九品以上职事皆带散位，谓之本品职事，则随才录用，迁徙出入，参差不定，职事高者为守，职事卑者为行，仍各带散位，散位正七品为朝请郎，从七品为朝散郎。夏侯湛或系以朝请郎、朝散郎，行神乌县主簿，旧碑残剥重刻者因而误刊。且新旧《唐书·地理志》及新出慕容神威墓志，县名俱作"神乌"，碑作"神乌"，亦以形似致误，大抵碑经重刻舛讹，自所时有，如此碑之鲁鱼满目，殊为少见，既非伪作，当时何以疏忽至此，不可解也。

唐冯伍墓志[1]

大唐故徐州长史太原王君夫人冯氏墓志铭并序

　　夫人讳伍，赵郡人也。汉车骑都尉唐[2]二十六代孙，随冀州司功[3]柳祚第二女。之子淑质自天，慈和实性。严父异其高德，所以配于君子。年未三五，居室有行。肃穆闺门，含章贞吉。咸亨之岁，公在徐州，缘昆季云亡，独坐愁苦。哭泣无度，遂至缠痾。于时又奉墨制[4]，命公佐薛大将军[5]，除鸡林道副大总管[6]。为患恐违军限，密王具状奏闻，恩敕哀矜，降使赐药。为彭城卑湿，就京兆访医。十数年间不能疗损。夫人朝夕侍奉，形容颜顇。延至薨日，寝不解衣。誓等凡舟，泣同崩塞。自丧天之后，即转法花经。月六年三，斋心洗行，珍奇锦绣，讵佩于身兼服，余资皆持布施。何期天不报德，积善无征。病起膏肓，奄至沉痼。开元元年癸丑十二月辛卯一十六日景午，薨于私第，春秋六十有七。孤子严晓，泣有高柴之血，形有何曾之毁。即以二年甲寅闰二月己未二日庚申，合葬于天台旧茔，礼也。乃为铭曰：

　　薛国市义，汉朝献忠。苗裔实子，德行备躬。闺门雝穆，亲戚和融。侍疾尽心，丧天誓已。何期今善，忽终辰祀。雾填咽于松门，烟断绝于蒿里。

冯伍志盖

冯伍志石

【注释】

[1]冯伍墓志,唐开元二年(714)闰二月二日葬。2006年8月,与其夫王义康墓志(前文已收)同出于武威市凉州区金沙乡水坑村四组(赵家磨)一座墓葬中,现藏武威市考古所。墓志为砂石质。志石、志盖均为正方形,边长59.3厘米。志盖为盝顶,厚7厘米。顶面阴刻篆书"大唐故冯夫人墓志铭",共3行,行3字。四周刻十二生肖,四刹刻对凤图案,四侧刻云纹图案。志石厚7厘米。志文共20行,满行20字,正书。四边刻卷云状枝蔓纹。主要著录:朱安《武威近年来出土四合隋唐墓志》(《陇右文博》2017年第3期)。

[2]冯唐,西汉扶风安陵(今陕西咸阳东北)人。文帝时为郎中署长。敢直谏。言汉法赏轻罚重,将士莫为尽力。并言云中守魏尚削爵受罚之冤。文帝悦,使持节赦魏尚任为车骑都尉。景帝时,任楚相。武帝时,求贤良,举唐,已年九十余,不能为官,乃以子遂为郎。

[3]冀州,西汉武帝置,为"十三刺史部"之一。东汉治所在高邑县(今河北柏乡县北),后移治邺县(今河北临漳县西南)。三国魏黄初中移治信都县(今河北冀县),西晋移治房子县(今河北高邑县西南),北魏还治信都县。隋大业初,改为信都郡,唐武德四年(621)复为冀州,六年移治下博县(今河北深州市东南),贞观元年(627)还治信都,龙朔二年(662)改为魏州,咸亨三年(672)复为冀州,天宝初改为信都郡,乾元初复为冀州。司功,即司功参军事的省称。官名,隋文帝开皇三年(583)改诸卫、太子诸率、诸王府、诸州功曹参军事而置,炀帝大业三年(607)均改为司功书佐。唐高祖武德(618—626)中诸王府、玄宗开元(713—741)初诸卫、太子诸率先后复置功曹参军事;高祖武德中诸府、州改司功书佐为此,三都、六府各置一至二员,正七品下,掌考课、假使、祭祀、礼乐、学校、表疏、书启、禄食、祥异、医药、卜筮、陈设、丧葬;诸州各置一员,上州从七品下,中州正八品下,下州从八品下。

[4]墨制,亦称墨诏。皇帝亲书并直接发出不经外廷的手令。唐李肇《翰林志》:"(陆)贽上疏曰:'伏详旧式及国朝典故,凡有诏令,合由于中书。如或墨制施行,所司不须承受。'"

[5]薛大将军,即薛仁贵,绛州龙门(今山西河津)人。贞观末应募从军征辽东,自恃骁勇,单骑冲入敌阵,所向披靡,深得太宗赞赏,升右领军郎将。高宗时又率兵数次打败高丽,生擒契丹王,击破九姓突厥,因功拜右威卫大将军,封平阳郡公。咸亨元年,反击吐蕃寇边,战败免官。开耀初起授瓜州长史,检校代州都督,亦有戍边之功,不久病卒。

[6]龙朔三年(663),唐朝在新罗设立了鸡林州都督府,以新罗王金法敏为"鸡林州都督",这是个带有羁縻性质的都督府。据《旧唐书·薛仁贵传》载:"咸亨元年……仁贵遂退军屯于大非川。吐蕃又益众四十余万来拒战,官军大败,仁贵遂与吐蕃大将论钦陵约和。……仁贵坐除名。寻而高丽众相率复叛,诏起仁贵为鸡林道总管以经略之"。王义康除鸡林道副大总管的时间,当在咸亨元年唐军败于大非川后不久。(参朱安《武威近年来出土四合隋唐墓志》)

唐慕容若妻李深墓志[1]

大唐陇西郡夫人李氏墓志铭

夫人讳深，陇西成纪人也。祖正明，任灵、原两州都督，永康郡开国公。父志贞，朝议大夫、延州[2]司马。夫人幼称女范，兼修妇仪，年廿二出适元王慕容若。乃居贵能降，处尊劳谦，忽而崦嵫既夜，兼蕟夙秋。以景云元年五月五日，奄从风烛，春秋卅有三。今乃吉晨，迁措坟茔，故勒斯铭，呜呼哀矣！

开元六年岁次戊午十二月庚午朔二十六日乙酉。

李深志盖

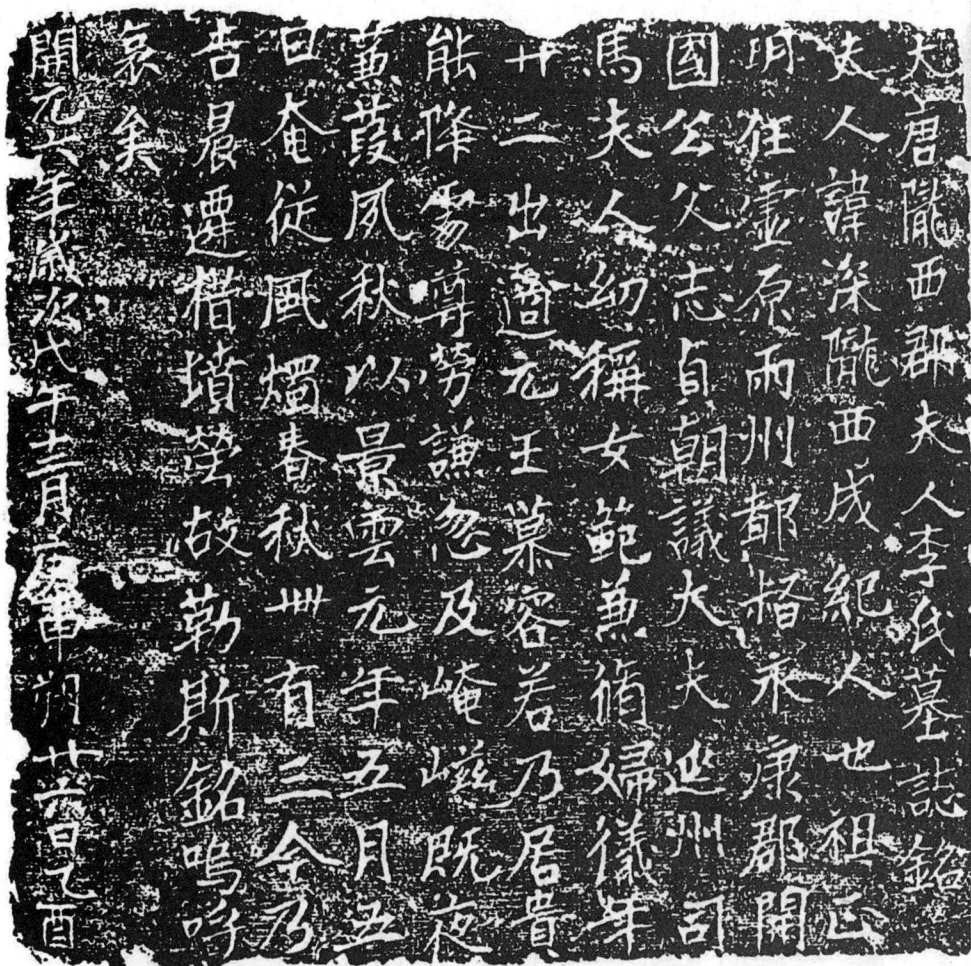

李深志石

【注释】

［1］慕容若妻李深墓志，唐开元六年（718）十二月二十六日葬。1969年武威市凉州区南营乡青喇湾出土，现藏武威市博物馆。志盖为盝顶正方形，边长30厘米。盖文篆书"大唐故夫人李氏墓志"，共3行，行3字。四刹刻十二生肖图案。志石长29厘米，宽30厘米。志文共12行，满行12字，正书。主要著录：《唐代墓志铭汇编附考》第17册编号1607；《唐代墓志汇编》开元082；《全唐文新编》第21册第14935页；《全唐文补遗》第2辑第434页；《兰州碑林藏甘肃古代碑刻拓本菁华》第20页；《吐谷浑资料辑录（增订本）》第76页；《武威金石录》第45页；《武威市文物志》。

［2］延州，《旧唐书》卷38《地理志一》载："延州中都督府。隋延安郡。武德元年，改为延州总管府，领肤施、丰林、延川三县，管南平、北武、东夏三州。四年，又管丹、广、达三州。贞观元年，罢都督府。开元二年，复置都督府，领丹、绥、浑等州。天宝元年，改为延安郡。乾元元年，复为延州。旧领县九，户九千三百四，口

一万四千一百七十六。天宝,户一万八千九百五十四,口十万四十。在京师东北六百三十一里,至东都一千一百五十一里。"

唐金城县主李季英墓志[1]

大唐金城县主墓志铭

县主讳季英,陇西人也。七代祖瀛州刺史,宣简公;六代祖唐宣皇帝;高祖唐先皇帝;曾祖定州刺史乞豆;祖开化郡王文;父交州大都督、会稽郡王道恩。县主即王之第三女也。幼闻令淑,早敦诗礼。永徽中有敕,简宗女用适吐谷浑,天子见县主体德敦谨,仁孝有闻,诏曰:"会稽郡王道恩第三女,可封金城县主,食邑四千户,出降吐谷浑国王慕容诺曷钵男成王忠为妻。"永徽三年四月出降[2],春秋廿有二。抚临浑国五十余年,上副所寄,下安戎落,年七十有六,开元六年岁次壬午正月十七日,薨于部落,至七年八月十七日,合葬于凉州南阳晖谷北岗[3],礼也。恐山移海变,故勒芳铭。

李季英志盖

李季英志石

【注释】

　　［1］慕容忠妻李季英墓志，又称金城县主墓志，唐开元七年（719）八月十七日葬。墓志于民国年间在武威城南喇嘛湾墓地出土，现藏南京博物院。志盖高36厘米，宽37厘米。盖文篆题"大唐金城县主墓志铭"，共3行，行3字。周围篆书十二地支，但"午"字作"马"；四角各刻一花卉图案。志石高35厘米，宽36厘米。志文共16行，满行16字，正书。主要著录：《唐代墓志铭汇编附考》第17册编号1617；《全唐文新编》第21册第14941页；《全唐文补遗》第2辑第436页；《全唐文补编》下册第2421页；《南京博物院藏〈唐代墓志〉》编号39；《碑帖叙录》第211页；夏鼐《考古学论文集》第95—96页；《吐谷浑资料辑录（增订本）》第66页；《武威金石录》第46页；《武威唐代吐谷浑慕容氏墓志》。

〔2〕永徽三年出降，据夏鼐《考古学论集》云：县主出降吐谷浑，墓志作永徽三年四月，而这是下诏许婚的时间，成婚当在公主二十二岁之时，为麟德元年（664）。

〔3〕夏鼐《考古学论文集》称："志称合葬，据实地踏查，慕容忠墓在金城县主墓东数武，并非同穴。二墓平行排列，墓门皆南向。其地今名喇嘛湾，一小河发源山中，经此村向东流。南北两岸数百武外即岗峦起伏。墓在北岗上，高出水面约百余米，志中所谓'阳晖谷北岗'是也。弘化公主之墓在其东数里以外另一山岗上，公主志称为'阳晖冶城之山岗'。"

唐阴神护墓志[1]

大唐故昭武校尉[2]番禾府校尉阴公墓志铭并序

公讳神护，武威郡[3]人也。高祖庄，随任左卫中郎将。励节戎麾，志怀骁勇。雄心饮海，壮气负山。剑动星回，弓摇日落。加以摧凶狼野，殄寇蛇山，功勋（绩）有闻，品秩斯著。祖才，唐岚州[4]刺史，借紫金鱼袋。恢岸英伟，邕容绰约。万顷之量，清浊不渝。四海之情，夷险无革。复迁胜州[5]都督。未经厘任，终于京兆。魂惊万里，魄散九原。礼返故乡，哀恸何已。父德，右威卫番禾府校尉，操兼霜雪，志重干戈。展效边垂，勋及朝典。公英灵特达，袭贵前踪。不终千载之心，溘捐七尺之质。春秋六十有三，终于私第。乌呼哀哉！珠露晞于旰日，玉霜犯于劲秋。邈光阴之忽忽，旷岁月之悠悠。以开元十三年岁次乙丑十一月辛巳朔廿二日壬寅，葬于州西永固原，礼也。怀墓门之寂寂，想泉路之幽幽。朝不识晷运，夜莫辩更筹。均漏水之改箭，共夜壑之迁舟。何以甄志，勒颂嘉声。何以示后，刻石纪铭。乃为铭曰：

嗟乎孔川，涓流不息。伤我祖宗，游魂闭识。昔时壮气，是谓英灵。掩随落日，化逐流星。乌呼哀哉！暂辞兰室，长归夜台。视听无及，心伤已摧。天地本固，日月难止。隽石刻铭，传于万祀。

阴神护志盖

阴神护志石

【注释】

[1]阴神护墓志，唐开元十三年（725）十一月二十二日葬。2013年出土于武威市凉州区南湖三号公馆工地，现藏武威市考古所。墓志为青石质。志盖为正方形，边长50.5厘米，厚6厘米。盝顶，顶面阴刻篆书"凉州故阴府君墓志铭"，共3行，行3字。四刹刻如意卷云纹。志石亦为正方形，边长49.9厘米，厚5.5厘米。志文阴刻20行，满行20字，正书。主要著录：朱安《武威近年来出土四合隋唐墓志》（《陇右文博》2017年第3期）。

[2]昭武校尉，官名。唐太宗贞观十一年（637）置，为正六品上武散官。

[3]武威郡，西汉元狩二年（前121）置，治所在姑臧县（今甘肃武威凉州区）。隋开皇三年（583）废，大业三年复置。唐武德初改置凉州，天宝元年（742）复改武威郡，乾元元年（758）仍改为凉州。

[4]岚州，唐武德六年（623）以东会州改名，治所在宜芳县（今山西岚县北之岚城）。天宝元年（742）改置楼烦郡，乾元元年复为岚州。

[5]胜州，隋开皇二十年（600）置，治所在榆林县（今内蒙古准格尔旗东北黄河南岸十二连城）。大业三年（607）改为榆林郡，后废。唐贞观四年（630）复置胜州，天宝元年（742）又改为榆林郡，乾元元年（758）复为胜州。

唐翟舍集墓志铭[1]

大唐上柱国翟公墓志铭并序

公讳舍集，姑臧人也。代禀粹气，人包灵精，西平膏壤，右地名族。曾祖呼末，周历内散都督，隋赠甘州刺史。祖文殊、父沙，并上柱国。公生蕴奇志，长负大才。国家命金方之师，征铁关之右。公躬擐甲胄，率先艰苦，授上柱国。于是乐道知命，居常待终，而窜疾弥留，游魂莫返，久视年五月八日，卒于私第，年六十四。夫人安氏，凉国公[2]之孙也，出自名家，宜于贵室。夫也先卒，心乎靡他，义切恭姜，训成诸子。三从一德，良不愧于金。夫子贵母尊，竟登荣于石窭。湟川叛逆，青海纷拏。[3]元子勇冠三军，功加五品，因授姑臧县太君。开元十四年八月廿八日卒，年七十六。其岁景寅子月十一日，合葬凉东南七里志公乡原茔，礼也。长子游击将军，安善府[4]果毅元节，删丹之役[5]，死于王事。次子征士元哲、柱国元开、翊卫元璲，并早卒。季子翊卫元礼，嫡孙勋卫琼环等。家宝国珍，闻诗习礼。茹荼兴慕，至性崇于二连；剪棘开茔，遗烈旌于元壤。托铭于仆，掌拙为词云：

金方望胄，兑野淳精。爰曾爰考，令德令名。育才奉国，奋勇遄征。进有荣袟，居而退耕。夫殁妻志，母因子贵。庆绪蕃滋，金阶禄位。彼苍如何，吞恨逾多。藏舟遂荡，隙驷仍过。幽隧寂寂，高坟峨峨。埋铭地户，托体山阿。

翟舍集志盖

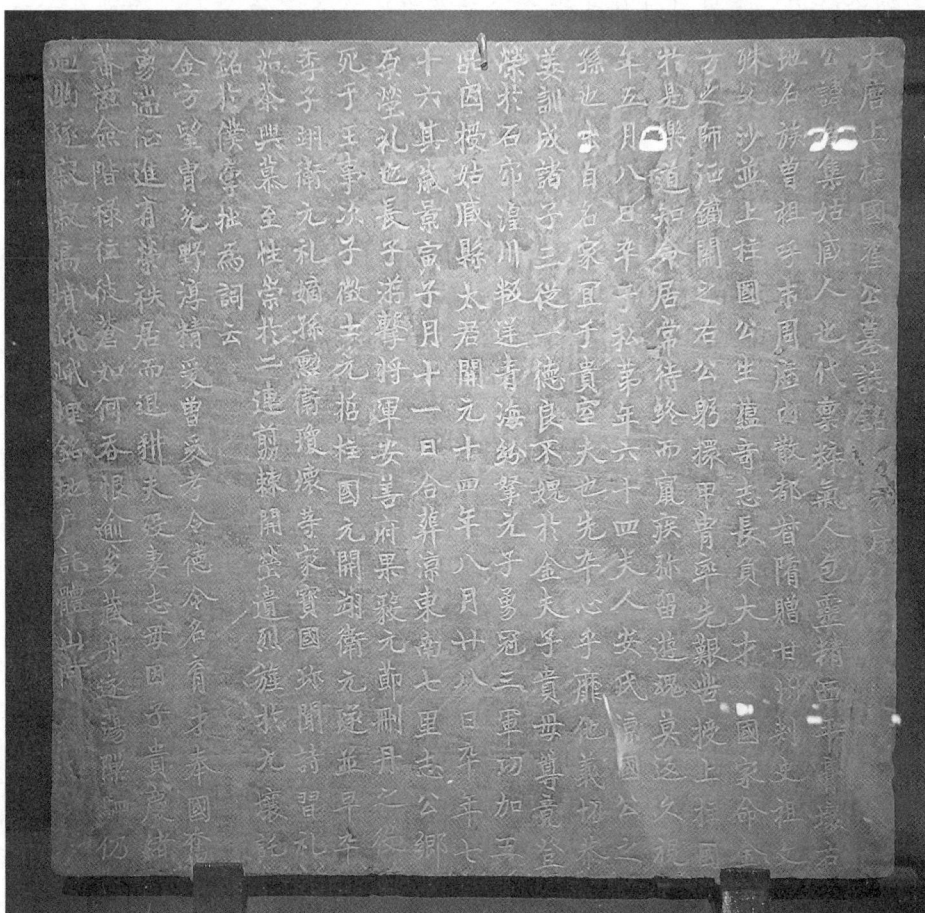

翟舍集志石

【注释】

[1] 翟舍集墓志铭，唐开元十四年（726）十一月十一日葬。1997年5月武威高坝村二组出土，现藏武威市博物馆。志石、志盖均为正方形，边长均为47厘米，志盖为盝形顶，顶面边长25厘米，顶面篆书"大唐故翟君铭"，共3行，行2字。四刹刻十二生肖图案。志文共21行，满行21字，正书。主要著录：《武威金石录》第46页；黎大祥《武威大唐上柱国翟公墓清理简报》（《陇右文博》，1998年第1期）；濮仲远《武威出土的唐代翟舍集夫妇墓志释证》（《社科纵横》2014年第8期）。

[2] 凉国公，即安兴贵。《安元寿墓志》载：父兴贵，皇朝右骁卫将军、左武卫将军、冠军将军、上柱国、凉公。《安忠敬碑》载：祖兴贵，右武侯大将军、凉州刺史，袭封荣、凉、归三国公。翟舍集的夫人安氏当为安兴贵之孙。

[3] 安善府，唐代原州军府之一。敦煌文献P.2625《敦煌名族志》阴氏条载：协超子思谏，孝友能仁，行彰名誉，素好儒雅，志列能仁，唐任昭武校尉、原州安善府左果毅都尉、上柱国。《新唐书》卷37《地理志一》原州平凉郡：有府二，曰彭阳、安善。

[4] 湟川叛逆，青海纷擎，据濮仲远研究，此事当指翟元节参与的694年王孝杰大破吐蕃一役。《资治通鉴》卷205《唐纪二十一》载：延载元年（694）二月，武威道总管王孝杰破吐蕃勃论赞刃、突厥可汗侥子等于冷泉及大岭，各三万余人。冷泉在今青海境内，《甘肃通志》"热水山"条云：在县西南五百里，山南出暖水流入青海，北出冷泉，即古西宁河源也。正是由于这场战争的胜利，翟元节才得以擢升为五品官，其母安氏被封为"姑臧县太君"。

[5] 删丹之役，据濮仲远研究，墓志中所提到的删丹之役，当发生在720年，突厥贵族暾欲谷领兵在北庭打败拔悉密后，出吐鲁番，劫掠甘凉，凉州都督杨敬述派兵击之。双方在删丹进行了一场遭遇战，结果唐军大败。720年的这次战事即晚于694年的青海之战，又早于726年其母安氏的去世时间，因此推测翟元节可能死于720年的删丹之役。

唐慕容曦光妻武氏墓志铭[1]

唐朔方军节度副使金紫光禄大夫行光禄卿上柱国五原公燕王慕容公故妻太原郡夫人武氏墓志铭并序

夫人太原人也，则天大圣皇后之侄孙□。耸极天孙，分辉若木。峻岳疏趾，长源演流。祖承嗣，周朝中书令、魏王。父延寿，皇朝卫尉卿。夫人生自崇闱，长承明训。女德柔顺，韶姿婉淑。十有九载，移天贵门。三星备于礼容，百两焕乎盈室。言无出阃，动不逾诚。秋霜洁操，春旭齐华。才克媲于金夫，邑爰封于石窌。而灵根宿植，法性潜明。高厌尘樊，屏绝声味。心念口演，诵真经而靡倦；焚香散花，绕尊容而不息。然猛风欻至，幻体难留。红颜落于蕣华，素景坠于曾谷。以开元廿三年十月二日，薨于京兆长安延福里[2]第，春秋卅有三。琴瑟怆断，馆舍悲凉。红闺阒其遂空，翠羽惨其无色。即以廿四年景子岁十月三日己酉，迁窆于凉城南卅里神鸟县阳晖谷之西原，礼也。嗣子右金吾卫沁州安乐府果毅都尉兆，擗标棘心，哀哉茶思。追攀罔极，载割于襟灵；岸谷难常，用刊于玉石。铭曰：

南雪山兮北乌城，邦媛殂兮此瘗灵。寒草初凋兮哀挽声，幽泉已闭兮几时明。

武氏志盖

武氏志石

【注释】

［1］慕容曦光妻武氏墓志铭，唐开元二十四年（736）十月三日葬。1978年出土于武威市凉州区南营乡青刺村，现藏武威市博物馆。志盖为盝顶正方形，边长56厘米，厚5厘米。盖文篆书"大唐故武氏墓志之铭"，共3行，行3字。四刹刻缠枝卷草纹。志石亦正方形，边长56厘米。志文共20行，满行20字，正书。主要著录：《唐代墓志汇编》开元437；《全唐文新编》第22册第15129页；《全唐文补遗》第2辑第511页；《兰州碑林藏甘肃古代碑刻拓本菁华》第22页；《武威金石录》第47页；钟雅萍《武威出土的"大唐故武氏墓志之铭"碑》（《陇右文博·武威专辑》，2004年）；李鸿宾《慕容曦光夫妇莫志铭反映的若干问题》（《唐史论丛》第十四辑，陕西师范大学出版社，2012年）。

［2］延福里，即延福坊，据《最新增订唐两京城坊考》记载，朱雀门街西第三街，即皇城西之第一街，街西从北第九坊为延福坊。坊内有"真化府。十字街东之北，宣平府。

西南隅，纪国寺。东南隅，玉芝观。西北隅，琼山县主宅。御史黄滔宅。进士何氏宅。进士张乔宅。进士孙秦宅。沈氏家庙。旅邸。宗正卿、右翊卫大将军、淮安靖王李寿宅。广州都督府录事参军王承业宅。太子太保上柱国魏王武承嗣宅。嗣赵王妃窦舜舜宅。潞州黎城县令孔硅宅。扶风郡雍县尉皇甫悦宅。云麾将军、右武卫大将军、东京副留守、濮阳郡开国公杜府君宅。平卢节度推官、监察御史里行吴降宅。岭南节度使、右常侍杨发宅。"

唐慕容明墓志[1]

押浑副使忠武将军右监门卫中郎将员外置同正员检校阇甄府[2]都督摄左威卫将军借紫金鱼袋代乐王上柱国慕容明墓志铭

王讳明，字坦，昌黎鲜卑人也。粤以唐永隆元年岁次庚辰七月廿七日生于灵州[3]之南衙。年五岁，以本蕃号代乐王。至唐祚再兴，神龙二年四月五日，制云：沙朔雄姿，穹庐贵种，远暨声教，式被恩荣，可左屯卫翊府左郎将，员外置同正员。至景云二年三月卅日，敕摄左屯卫将军、借紫金鱼袋、仍充押浑副使。至开元元年十二月廿一日，制云：凤柱驰声，兽贲标袟，赤墀近侍，紫极分晖，既覃邦惠，宜峻戎章，可上柱国。至开元十年正月十一日，制云：凤申诚款，久职戎旃，勤效既深，授兹戎宠，可右监门卫中郎将，员外置同正员，余如故。以大唐开元廿六年十一月十三日，薨于本衙，春秋五十有九，归葬于凉州先茔。志性敦质，淳和孝友。能简能易，勿□勿亲。宗族推嘘，是称名行。呜呼哀哉！以名铭记。

大唐开元廿六年岁次戊寅十二月甲子朔七日庚午功就。[4]

慕容明志盖

慕容明志石

【注释】

[1] 慕容明墓志，唐开元二十六年（738）十二月七日葬。武威市凉州区南营乡青喇湾出土，现藏武威市博物馆。志盖为正方形，边长45厘米。盖文篆书"大唐故代乐王上柱国慕容明墓志之铭"，共4行，行4字。志石亦正方形，边长45厘米。志文共19行，满行23字，正书。主要著录：《北京图书馆藏历代石刻拓本汇编》第24册第77页；《隋唐五代墓志汇编（北京卷附辽宁卷）》第1册第175页；《北京大学图书馆藏历代墓志拓片目录》编号04014；《唐代墓志汇编》开元478；《全唐文新编》第22册第15148页；《全唐文补遗》第5辑第366页；《兰州碑林藏甘肃古代碑刻拓本菁华》第26页；《陇右金石录》《甘肃新通志稿》《吐谷浑资料辑录（增订本）》第71页；《武威金石录》第48页；《施蛰存北窗唐志选萃》第205页；《武威唐代吐谷浑慕容氏墓志》。

[2] 阇甄府，有研究认为，此阇甄府为唐代于新疆车尔臣（且末南）所设羁縻府，以

慕容忠任该府都尉。周伟洲认为，此乃唐朝所封慕容忠之虚衔，或追赠之号，实未有也。（参周伟洲《吐谷浑在西域的活动及定居》）

　　[3] 灵州，《旧唐书》卷38《地理志一》载："灵州大都督府。隋灵武郡。武德元年，改为灵州总管府，领回乐、弘静、怀远、灵武、鸣沙五县。二年，以鸣沙县属西会州。贞观四年，于回乐县置回、环二州，并属灵武都督府。十三年，废回、环二州，灵州都督入灵、填二州。二十年，铁勒归附，于州界置皋兰、高丽、祁连三州，并属灵州都督府。永徽元年，废皋兰等三州。调露元年，又置鲁、丽、塞、含、依、契等六州，总为六胡州。开元初废，复置东皋兰、燕然、燕山、鸡田、鸡鹿、烛龙等六州，并寄灵州界，属灵州都督府。天宝元年，改灵州为灵武郡。至德元年七月，肃宗即位于灵武，升为大都督府。乾元元年，复为灵州。旧领县五，户四千六百四十，口二万一千四百六十二。天宝领县六，户一万一千四百五十六，口五万三千一百六十三。在京师西北一千二百五十里，至东都二千里。"

　　[4]《陇右金石录》云：按慕容诸志，皆出武威南山。此志亦文盖完好。盖有二寸，正楷"大唐故代乐王上柱国慕容明墓志之铭"十六字，志前三行书"押浑副使忠武将军右监门卫中郎将员外置同正员检校阇甄府都督摄左威卫将军借紫金鱼袋代乐王上柱国慕容明墓志铭"。志末两半行书"大唐开元廿六年岁次戊寅十二月甲子朔七日庚午功就"。志中敕、制、大唐等字皆起行书，文辞质略不似西平、神威诸志。而《旧唐书·吐谷浑传》：宣赵卒，子曦皓嗣。曦皓卒，子兆嗣。其后则吐蕃陷安乐州，吐谷浑部众又东徙朔方、河东之境。传中不叙及慕容明其人，当以仅为庶族，未之详列。得此诸志可以补正唐史者，飞非浅勘也。

唐慕容曦光墓志[1]

大唐故朔方军节度副使兼知部落使金紫光禄大夫行光禄卿员外置同正员五原郡开国公燕王上柱国慕容曦光墓志铭

　　王讳曦光[2]，字晟，昌黎鲜卑人也。粤以周载初元年岁次戊寅七月八日生于灵州之南衙。年甫三岁，以本蕃嫡孙，号观乐王。年十岁，以本蕃嫡子号燕王。年十四，去长安四年十月廿九日授游击将军、守左豹韬卫翊府左郎将。至唐神龙二年七月廿六日，转明威将军、行左屯卫翊府左郎将。至景云元年九月廿五日，转忠武将军、行右卫翊二府左郎将。开元二年三月十六日，封五原郡开国公，其年八月十一日，加云麾将军。去开[元]九年，六州叛，换领所部兵马，摧破凶胡。至其年二月十四日，加授左威卫翊中府郎将。至开[元]十年，胡贼再叛，立功，授左威卫将军，以功高赏轻，寻加冠军大将军、行右金吾将军。至开元十一年五月廿八日，加金紫光禄大夫、行光禄卿。至开元十八年，敕差充朔方军节度副使。以大唐开元廿六年七月廿三日，薨于本衙。其年闰八月五日，赠持节凉州都督，归葬于凉州先茔，春秋卌有九。性惟谨慎，触事平均。部落叹惜，如丧考妣。乌呼哀哉！以为铭记。

　　大唐开元廿六年十二月九日记。

　　叔银青光禄大夫将作大匠上柱国承福，伤犹子之盛时，述悲词于志后。词曰：

　　我之犹子，降德自天。气含星宿，量包山川。位列于卿，分茅于燕。为人之杰，为国之贤。纯和禀性，孝道自然。何工不习，何艺不专。射御称善，博奕推先。其生始贵，其没何遄。名山玉折，大海珠捐。呜呼昊穹，悲哉逝水。辅仁不祐，丧吾千里。抚膺下泣，骨惊心死。铭石记之，传乎万祀。

慕容曦光志盖

慕容曦光志石

【注释】

[1] 慕容曦光墓志，唐开元二十六年（738）十二月九日葬。1945 年武威南营乡青嘴喇嘛湾（今武威市凉州区南营乡青喇湾）出土，现藏南京博物院。志盖为正方形，边长 60 厘米。盖文篆书"大唐慕容府君墓志铭"，共 3 行，行 3 字。志石亦正方形，边长 60 厘米。志文共 23 行，满行 25 字，正书。主要著录：《全唐文新编》第 22 册第 15148 页；《全唐文新编》第 4 辑第 432 页；《南京博物院藏〈唐代墓志〉》第 64 页；《吐谷浑资料辑录（增订本）》第 72 页；《武威金石录》第 61 页；《武威唐代吐谷浑慕容氏墓志》；《考古学论文集》第 100 页；《武威青嘴喇嘛湾出土大唐武氏墓志补考》。

[2] 夏鼐《武威唐代吐谷浑慕容氏墓志》云：或疑曦光即曦皓，然志不应漏载袭封"青海国王"事，当为二人。志称曦光以本蕃号观乐王，年十岁以本蕃嫡子号燕王，以其生卒年岁推算，曦光十岁时乃武后圣历二年，适当慕容忠卒后一年（忠之卒年见史志）。知志主曦光当即袭封"青海国王"慕容曦皓之昆仲也。

唐凉州御山石佛瑞像因缘记[1]

　　……延元年，丹阳僧刘萨诃天生神异，动莫能测。将往天竺观佛遗迹，行至于此，北面礼，弟子怪而问□□□□□/……少即是丧乱之象，言讫而过。至后魏正光元年，相去八十有六年，猎师李师仁趁鹿于此山，忽见一寺俨然化□□□□□/……□师仁稽首作礼，举头不见其僧，窃念常游于兹，怪未曾有如是，遂垒石为记。将拟验之行，未越界忽□雷震/……属魏末丧乱，生人涂炭，萨何之言至是验焉。师仁于时怀果走诣所部，言终出柰，柰化为石，于其□□叹此希有之/……□之东七里涧，夜有神光照，烛见像首，众疑必是御山灵相，捧戴于肩，相去数尺，飞而暗合，无复差殊。于是四众悲欣千里/……现光。周保定元年，敕使宇文俭[2]检覆，灵验不虚，便敕凉、甘、肃三州力役三千人造寺，至三年功毕，肆僧七十人，置屯三。/……□削逾明，至今犹然。至周建德三年，废三教，敕使将欲毁像，像乃放光溢庭，使人惶怖。具状闻奏，唯兹一所/……□凉州行至寺，放火焚烧，应时大雪翳空而下，祥风燎绕，扑灭其焰，□梁□栋，今亦见存。又于南岸见一僧/……□番禾官人为我于僧隐处造一龛功德，今石龛功德见在。又至开皇九年，凉州总管燕国公诣寺礼拜，忽/……樊俭等至寺供养师等，见青衣童子八九人堂内洒扫，就视不见，具状闻奏，驾还幸之，改为感通寺。又至/……还之则见朝看石上依悕有处。至大唐贞观十年，有凤□五色，双鹤导前，百鸟蔽日，栖于像山所部以/……天乃苏活。贞观十年，三藏法师玄藏从五天竺国来云□□□下有像一双，彼国老宿云，一像忽然不知去处，玄/……知此土众生有缘。神龙初，兵部尚书郭元振往任安西都护，曾诣寺礼谒，因画其像，后奉使入强虏，乌折勒宣/……仰视，是日大雪深尺余，元振岳□移晷不动，虏狂□失神，暴卒于夕。虏五男娑葛之徒凶悍尤甚，劈面枕戈，将/……遂便闻奏。中宗令御史霍嗣光持幡花□□绣袈裟各一幅见，皆长卅余尺，阔十三幅诣寺申敬礼。其时当/……光现大云寺僧元明先住彼寺，常闻寺有□钟响，独恨未闻，恒自投地，礼拜供养，恳撤自誓，旬月无征/……御山谷中远近无泉源，山谷燋涸，独于□□西北二三里，泪然潜出清流，堪激小轮，经过茄蓝，溉寺田二三十/……近寺四五十里孤游独宿，晨去夕还，爰□□□秋毫不犯。山中石壁常有鸠鸽群飞，佛殿昼开曾不敢入。开/……（郭）知运、杜宾客共诣，一婆罗门三藏□□不久皆有大厄不可过，宜修福德，运□之信，宾客即罄舍所有/……至今无恙，事俱验焉。若乃乡曲贱微之人，远方羁旅之士，或飘□独往，叩地申冤，或孑尔孤游，瞻颜乞愿，慈/……□□凉都会万里通，征税之□往来，□时之所填委。如戎夷杂处，戕害为常，不有神变之奇，宁革顽嚣之/……彰无微不烛，何异今台山之瑞相，折天竺之慈颜，福于兹方，难得而称者也。且虑人代超忽，传说善殊，有/……相传庶□劝善之词，以表大慈之致。

　　时天宝元年壬午征士天柱山逸人杨播记。/

　　……□□□□□初心此地，后便以此处为白马寺。至宇文灭法，其地□俗，居者多不安，遂复施为感通下寺。时五凉/……□□充赤水军使京兆王公倕[3]同赞灵迹，以传海内有缘。

凉州瑞像因缘记碑

【注释】

[1] 凉州御山石佛瑞像因缘记碑，天宝元年（742）刻。该碑 1981 年出土于武威城北墙外东端城壕边，现藏武威大云寺。碑上半部残缺，下半部保存较好，残碑高 152 厘米，宽 115 厘米，厚 37 厘米。碑文共 25 行，行 22—48 字不等。主要著录：《武威金石录》第49 页；《武威市文物志》；张宝玺《河西北朝石窟》（上海古籍出版社，2016 年）；孙修身、党寿山《凉州御山石佛瑞像因缘记考释》（《敦煌研究》1983 年创刊号）；党寿山《永昌圣容寺的历史变迁探赜》（《敦煌研究》2014 年第 4 期）；吴浩军《〈凉州御山石佛瑞像姻缘记〉校录、辑补及相关问题讨论》（中国秦汉史学会等编《凉州文化与丝绸之路国际学术研讨会论文集》，中国社会科学出版社，2018 年）。

[2] 宇文俭，字侯纽突，宇文泰的第八子。《周书》卷 13《文闵明武宣诸子列传》载：谯孝王俭，字侯幼突。武成初，封谯国公，邑万户。天和中，拜大将军，寻迁柱国，出为益州总管。建德三年，进爵为王。五年，东伐，以本官为左一军总管，攻永固城，拔之。进平并、邺，拜大冢宰。是岁，稽胡反，诏俭为行军总管，与齐王宪讨之。有胡帅自号天柱者，据守河东，俭攻破之，斩首三千级。宣政元年二月，薨。子乾恽嗣。大定中，为隋文帝所害，国除。1993 年 12 月，咸阳国际机场工地发现了宇文俭墓，并出土了宇文俭墓志。志文称：大周使持节上柱国大冢宰谯忠孝王墓志。王讳俭，字侯纽突。太祖文皇帝第八子也。初封谯国公，历位开府、使持节大将军、宁州刺史、宁州总管、同州刺史、柱国、益州总管、益州刺史。进爵为王，拜大冢宰。建德七年岁次戊戌二月五日癸卯，寝疾薨于洛阳，春秋廿有八。诏赠使持节、上柱国、大冢宰，并晋朔燕幽青齐冀赵沧瀛恒潞洺贝十五州刺史。谯王谥曰忠孝，其年三月戊辰朔十七日甲申，葬于雍州泾阳县西乡始义里。率由古礼，不封不树，恐年世绵远，陵谷贸迁，式刊玄石，置诸泉户。世子乾恽，第二子緷，第三子缙，第四子。女适显武公叱罗金刚。

[3] 王倕，京兆人。玄宗开元中，任新丰尉，曾为京畿按察使韦抗僚属。二十九年，为河西节度使。天宝元年十二月，破吐蕃渔海及游奕等军。九载，被遣至太白山迎玉石宝券。

唐崔怀珍墓志[1]

唐故天水郡成纪府别将上柱国崔公墓志铭并序
颍川陈令庄撰

公讳怀珍，其先博陵人也。汉长岑令骃廿代孙，盖贤德之后，达人间出。崔氏至公乃见之矣，今为京兆奉天[2]人也。曾祖及，皇初安西都护。[3]祖衍，鲁郡太守。[4]父行德，安西都护府仓曹参军事。公祖考垂训，闺门有德，始以忠贞许国，负羽从军。河西节度使、兵部尚书萧嵩[5]擢自行间，立之麾下。时金方骤警，玉关多难，公奋击戎阵，亟摧首级。[6]开元十七载，以功授上柱国。廿六载，又除南充郡[7]岳门镇副、兼留赤水军[8]统押。天宝三载，转天水郡成纪府[9]别将，依前统押驱使。公以岁逾知命，脱略时荣，却扫闲居，高尚不仕，少游款段，高谢公卿，伯厚鸡栖，自娱乡里。临风对月，实谓羲皇上人；听鸟观鱼，即是嚣尘外物。而温凉失侯，服饵乖和，罕遇西山之药，遽从东逝之水，以天宝六载七月九日终于神鸟县武安城孝悌里之私第，春秋五十有五。呜呼哀哉！公器宇魁吾，风仪颖拔，承家以孝，奉上资忠，进登禄仕，退守园迳，卒以无子，时人叹嗟。夫人秦氏，前安西都护府户曹参军仁范之长女也，训仪成德，桃李媲华，令淑素高，温柔克备，爰罄重产，聿崇丧事，□命女婿浔阳郡庞承祖卜宅兆、为棺椁，荐于时物，哀以送之，即以其岁丁亥八月廿九日壬申，葬于武威郡东南二里姑臧县志公乡[10]原，祔先茔，礼也。陵谷难常，曦舒易远。故旌芬烈，用志泉扃。命仆弹毫，略刊铭曰：

伏龙疏野兮大鸟仪城，达士云亡兮高原瘗精。逶迟辒驾兮窈窕铭旌，萧素幽泉兮何时重明。

阴阳人天水赵简。

崔怀珍志盖

崔怀珍志石

【注释】

[1]崔怀珍墓志，唐天宝六载（747）八月二十九日葬。近年出土于武威城南，现藏武威市博物馆。志盖为盝顶正方形，高56.5厘米，宽56厘米，厚5.5厘米。盖文篆书"大唐故崔府君墓志铭"，共3行，行3字。志石高57.5厘米，宽57厘米，厚6厘米。志文共23行，满行24字，正书。主要著录：马振颖、朱安《武威新出唐代墓志三种》。

[2]奉天，唐文明元年（684）置奉天县，治所即今陕西乾县。

[3]曾祖及，即崔及，志文称"皇初任安西都护"，唐贞观十四年平高昌后，置安西都护府，治所在西州。到显庆三年，安西都护府移于龟兹。咸亨元年陷于吐蕃。志主崔怀珍卒于天宝六载，卒年五十五，可知其生于武周长寿二年（693）。可推其曾祖担任安西都

护的时间当在高宗年间。又查《唐刺史考全编》，从贞观十五年到显庆三年，这期间担任安西都护者皆可考，则崔及任安西都护的时间当在高宗显庆三年（658）之后，可补《唐刺史考全编》相关条目。

[4] 祖衍，即崔衍，其担任鲁郡（兖州）太守的时间当在武周时期。鲁郡即兖州，武德初改隋鲁郡为兖州。贞观十四年（640）置都督府。天宝元年改兖州为鲁郡。崔衍，《唐刺史考全编》卷六九《兖州（鲁郡）》未载，可补。

[5] 萧嵩，萧瑀从曾孙，萧钧孙，祖籍南兰陵。中宗神龙元年始任洺州参军。开元十五（727）、十六年（728），任河西节度使、兵部尚书、判凉州事。十七年（729）进兼中书令，封徐国公，迁太子太师。二十一年罢相。后贬青州刺史，寻复拜太子太师。卒年八十余。

[6] 时金方骚警，玉关多难，公奋击戎阵，亟摧首级。据《旧唐书·玄宗纪》记载"（开元十六年）秋七月，吐蕃寇瓜州，刺史张守珪击破之。乙巳，检校兵部尚书萧嵩、鄯州都督张志亮攻拔吐蕃门城，斩获数千级，收其资畜而还。……（八月）辛卯，萧嵩又遣杜宾客击吐蕃于祁连城，大破之，获其大将一人，斩首五千级。"我们推测，崔怀珍很有可能参加了开元十六年（728）攻打吐蕃门城和祁连城之战，并颇有战绩。

[7] 南充郡，即果州，唐天宝元年（742）改果州置，治所在南充县（今四川南充市北）。乾元元年（758）复为果州。

[8] 赤水军，唐置，在今甘肃永登县西南。开元十六年（728）改置大斗军，移赤水军于今甘肃武威县。《元和郡县图志》载："军之大者莫如赤水，幅员五千一百八十里，前拒吐蕃，北临突厥。"

[9] 成纪府为唐代秦州（天水郡）折冲府之一，《新唐书·地理志》载：有府六，曰成纪、修德、清德、清水、三度、长川。《唐张希超墓志》署"成纪府左果毅"。P.2625《敦煌名族志·阴氏世系》载："次子思言……唐任昭武校尉、秦州成纪府别将、上柱国。"张沛认为：成纪府因县得名。唐初成纪县治所在今甘肃静宁县西南，府疑在县境。

[10] 武威郡东南二里姑臧县志公乡，据武威出土的开元十四年（726）《唐翟舍集墓志》载"合葬凉东南七里志公乡原茔"，可大致推测唐代姑臧县志公乡的地理范围。

唐康府君墓志铭 [1]

大唐故康府君墓志

康府君墓志

【注释】

［1］康府君墓志铭，唐代（618—907）葬。2017年10月，武威市凉州区黄羊河农场一分场五连唐墓出土，现藏武威市考古所。墓志为碑形，高24厘米，宽14厘米，厚4厘米。正面楷书"大唐故康府君墓志"，共2行，行4字。目录尚未见著录。

唐娄府君夫人墓志盖[1]

故娄府君夫人墓志铭

娄府君夫人志盖

【注释】

[1] 娄府君夫人墓志盖，唐代（618—907）葬。1990 年 11 月，武威市凉州区金沙赵家磨出土。志石佚，仅存志盖。现藏武威市博物馆。志盖为盝顶正方形，边长 55 厘米，厚 9 厘米。顶面阴刻篆书"故娄府君夫人墓志铭"，共 3 行，行 3 字。目前尚未见著录。

唐龙夫人墓志盖[1]

大唐故夫人龙君之铭

龙夫人志盖

【注释】

[1] 龙夫人墓志盖，唐代（618—907）葬。近年出土于武威市西北新城区武威一中新校区工地。志石佚。现藏武威市考古所。盖文篆书"大唐故夫人龙君之铭"，共3行，行3字。志盖为盝顶正方形，底面边长50厘米，厚7厘米。主要著录：马振颖、朱安《武威新出唐代墓志三种》。

盖文虽字数不多，但却提供了重要信息。龙姓，其主要来源有：一汉姓，《通志二十略·氏族略》载"龙氏。舜臣也，龙为纳言，子孙以名为氏。……今望出天水，武陵。"二焉耆王姓，《晋书·四夷传》焉耆国条载"武帝太康中，其王龙安遣子入侍。"荣新江结合传世史籍及出土文献，对焉耆王国的历史进行简要梳理，认为焉耆的王族和一般民众大多以"龙"为姓。并列举敦煌文书中的三条材料，说明敦煌的龙姓人，大多数似是很早就来到敦煌的焉耆人后裔，在文化上早已与敦煌本地的汉人无异。武威出土的这方龙夫人墓志盖，志主龙夫人应当也是焉耆人后裔。但因没有具体年代信息加之志石已佚，还无法判断其是唐前期焉耆王族后裔，还是9世纪后半叶以后河西走廊龙家部落的成员。总之，此志盖为研究唐代焉耆人后裔在凉州的活动提供了新的文献资料。

唐罗什寺地基石碣[1]

罗什寺[2]地基四至临街。

敬德记。

罗什寺地碣

【注释】

　　［1］罗什寺地基石碣，唐代（618—907）刻。现藏武威市博物馆。石碣高41厘米，宽39厘米，厚13厘米。主要著录：《武威金石录》第23页。

　　［2］罗什寺，位于今武威城内北大街西侧。始建于东晋后凉（386—403）年间；寺内有罗什塔，始建于后凉姚秦时，为鸠摩罗什驻锡之所。晋义熙时，罗什圆寂于长安，惟舌不灭，此塔乃葬舍处。此寺至唐初香火仍盛，唐玄奘西天取经路过凉州时，曾在罗什寺礼佛、讲经。寺院历经宋元，渐成荒榛。到明永乐年间，鄱阳善人石洪募资重修，立有《重修罗什寺碑》。民国十六年（1927）大地震，寺塔有损坏，后经重修，现为凉州区佛教协会所在地。

西夏感通塔碑[1]

　　（第一行全缺）□□□□□□□□□□□□□□□□□□□□□□□□□智慧因缘，种种比喻，□□□□，大抵与五常之教多有相似，其实入人深厚，令智愚心服归向，信重汪洋广博□□□□□□□□□□□□□□□□阿育王起八万四千宝塔，奉安舍利，报佛恩重。今武威郡塔，即其数也。自周至晋，千有余载，中间兴废，经典莫记。张轨称制（西）凉，治其宫室，适当遗址，□□□□□□□□宫中数多灵瑞，天锡异其事。时有人谓天锡曰："昔阿育王奉佛舍利，起塔遍世界中，今之宫乃塔之故基之一也。"天锡遂舍其宫为寺，就其地建塔，适会□□□技类班输者来治其事。心计神妙，准绳特异，材用质简，斤踪斧迹，极其疏略，视之如容易可及，然历代工巧，营心役思，终不能度其规矩。兹塔造建，迄今八百二十余年矣。大夏开国，奄有西土，凉为辅郡，亦已百载，塔之感应，不可殚纪。然听闻详熟，质之不谬者云：尝有欹仄，每欲荐整，至夕皆风雨大作，四邻但闻斧凿声，质明塔已正矣。如是者再。先后之期，西羌梗边，寇乎凉土。是夕亦大雷电，于冥晦中，上现瑞灯，羌人睹之，骇异而退。顷为南国失和，乘舆再驾，躬行薄伐，申命王人，稽首潜祷，故天兵累捷，盖冥祐之者矣。前年冬，凉州地大震，因又欹仄。守臣露章具列厥事，诏命营治，鸠工未集，还复自正。今二圣临御，述继先烈，文昭武肃，内外大治，天地禋祀，必庄必敬，宗庙祭享，以时以思。至于释教，尤所崇奉，近自畿甸，远及荒要，山林磎谷，村落坊聚，佛宇遗址，只椽片瓦，但仿佛有存者，无不必葺，况名迹显敞，古今不泯者乎。故将是塔，旌乎前后灵应，遂命增饰。于是，众匠率职，百工效技，圬者缋者，是墁是饰，丹雘具设，金碧相间，辉耀日月，焕然如新，丽矣壮矣，莫能名状。况武威当四冲地，车辙马迹辐凑交会，日有千数，故憧憧之人，无不瞻礼随喜，无不信也。兹我二圣，发菩提心，大作佛事，兴无边胜利，接引聋瞽，日有饶益，巍巍堂堂，真所谓慈航巨照者矣。异哉。佛之去世，岁月浸远，其教散漫，宗尚各异，然奉之者，无不尊重赞叹，虽凶很（狠）庸愚，亦大敬信，况宿习智慧者哉。所以七宝妆严，为塔为庙者有矣；木石瓴甓，为塔为庙者有矣，熔塑彩缋，泥土砂砾，无不为之。故浮图梵刹，遍满天下。然灵应昭然，如兹之特异者，未之闻也。岂佛之威力独厚于此耶？岂神灵拥祐有所偏耶？

不然，则我大夏，植福深厚，二圣诚德诚感之所致也。营饰之事，起癸酉岁六月，至甲戌岁正月，厥功告毕。其月十五日，诏命庆赞，于是用鸣法鼓，广集有缘，兼启法筵。普利群品，仍饰僧一大会，度僧三十八人，曲赦殊死罪五十四人，以旌能事。特赐黄金一十五两，白金五十两，衣著罗帛六十段，罗锦杂幡七十对，钱一千缗，用为佛常住。又赐钱千缗，谷千斛，官作四户，充番汉僧常住，俾晨昏香火者有所资焉，二时斋粥者有所取焉。至如殿宇廊庑，僧坊禅窟。支颓补□□一物之用者，无不仰给焉，故所须不匮，而福亦无量也。乃诏辞臣，俾述梗概。臣等奉诏，辞不获让，抽毫抒思，谨为之铭，其词曰：

　　魏巍宝塔，肇基阿育。以因缘故，兴无量福。奉安舍利，妆严具足。历载逾千，废置莫录。西凉称制，王曰张轨。营治宫室，适当遗址。天锡嗣世，灵瑞数起。应感既彰，塔覆宫毁。大夏开国，奄有凉土。塔之祥异，不可悉数。尝闻欹仄，神助风雨。每自正焉，得未曾睹。先后临朝，羌犯凉境。亦有雷电，暴作昏暝。灯现煌煌，炳灵彰圣。寇戎骇异，收迹潜屏。南服不庭，乘舆再讨。前命星使，恭有祈祷。我武既扬，果闻捷报。盖资冥祐，助乎有道。况属前冬，壬申岁直。武威地震，塔又震仄。凌云势挠，欲治工亿。龙天护持，何假人力。二圣钦崇，再诏营治。圬者缋者，罔有不备。五彩复焕，金碧增丽。旧物惟新，所谓胜利。我后我皇，累叶重光。虔奉竺典，必恭必庄。诚因内积，胜果外彰。觉皇妙荫，万寿无疆。

　　天祐民安五年岁次甲戌正月甲戌朔十五日戊子建，书番碑旌记典集令批浑嵬名迁，供写南北章表张政思书并篆额，石匠人员韦移移崖、任迁子、康狗？（名），庆寺都大勾当铭赛正嚷挨黎臣梁行者也，庆寺都大勾当卧则啰正兼顶直啰，外母啰正律晶赐绯僧卧屈皆，庆寺监修都大勾当三司正右厢孽祖？介臣埋笃皆，庆寺监修都大勾当行宫三司正兼圣容寺、感通塔两众题举律晶赐绯僧药乜永铨，修寺准备吴个行宫三司正凑铭臣吴没□。修塔寺小监行宫三司正栗铭臣刘屈栗崖，修塔寺小监崇圣寺僧正赐绯僧令介成庞□。护国寺感通塔番汉四众提举赐绯僧王那征迁，修寺诸匠人监感通塔汉众僧正赐绯僧酒智清。修塔寺监石碑感通塔汉众僧赐绯僧□□，修塔寺结瓦□□□刘狗□儿，石匠左支信、邓三锤、左□□、王真、孙都儿、孙□都、左□移、左伴兄、孙惹子、殷……（后缺）

凉州感通塔碑西夏文释文

【碑额】

篆书：〔西夏文〕

【碑文】

1　〔西夏文〕

2　〔西夏文〕

3　〔西夏文〕

4　〔西夏文〕

5 ……

6 ……

7 ……

8 ……

9 ……

10 ……

11 ……

12 ……

13 ……

14 ……

15 ……

16 ……

17 ……

18 ……

19 ……

20 ……

21 ……

22 ……

23 𗧓𗧓𗧓𗧓𗧓𗧓𗧓𗧓𗧓𗧓𗧓𗧓𗧓𗧓𗧓𗧓𗧓𗧓𗧓𗧓𗧓𗧓𗧓𗧓𗧓𗧓𗧓𗧓𗧓𗧓𗧓𗧓𗧓𗧓
𗧓𗧓𗧓𗧓𗧓𗧓𗧓𗧓𗧓𗧓𗧓𗧓𗧓𗧓𗧓𗧓𗧓𗧓𗧓

24 𗧓𗧓𗧓𗧓𗧓𗧓𗧓𗧓𗧓𗧓𗧓𗧓𗧓𗧓𗧓𗧓𗧓𗧓𗧓𗧓𗧓𗧓𗧓𗧓𗧓𗧓𗧓𗧓𗧓𗧓𗧓𗧓𗧓𗧓𗧓𗧓
𗧓𗧓𗧓𗧓𗧓𗧓𗧓𗧓𗧓𗧓𗧓𗧓𗧓𗧓𗧓𗧓𗧓𗧓𗧓𗧓𗧓𗧓𗧓𗧓

25 𗧓𗧓𗧓𗧓𗧓𗧓𗧓𗧓𗧓𗧓𗧓𗧓𗧓𗧓𗧓𗧓𗧓𗧓𗧓𗧓𗧓𗧓𗧓𗧓𗧓𗧓𗧓𗧓𗧓𗧓𗧓𗧓𗧓
𗧓𗧓𗧓𗧓𗧓𗧓𗧓𗧓𗧓𗧓𗧓𗧓𗧓𗧓𗧓𗧓𗧓𗧓𗧓𗧓𗧓𗧓𗧓𗧓

26 𗧓𗧓𗧓𗧓𗧓𗧓𗧓𗧓𗧓𗧓𗧓𗧓𗧓𗧓𗧓𗧓𗧓𗧓𗧓𗧓𗧓𗧓𗧓𗧓𗧓𗧓𗧓𗧓𗧓𗧓𗧓𗧓𗧓
𗧓𗧓𗧓𗧓𗧓𗧓𗧓𗧓𗧓𗧓𗧓𗧓𗧓𗧓𗧓𗧓𗧓𗧓𗧓𗧓𗧓𗧓𗧓

27 𗧓𗧓𗧓𗧓𗧓𗧓𗧓𗧓𗧓𗧓𗧓𗧓𗧓𗧓𗧓𗧓𗧓𗧓𗧓𗧓𗧓𗧓𗧓𗧓𗧓𗧓𗧓𗧓𗧓𗧓𗧓𗧓𗧓
𗧓𗧓𗧓𗧓𗧓𗧓𗧓𗧓𗧓𗧓𗧓𗧓𗧓𗧓𗧓𗧓𗧓𗧓𗧓𗧓𗧓𗧓𗧓𗧓□

28 𗧓𗧓𗧓𗧓𗧓𗧓𗧓𗧓𗧓𗧓𗧓𗧓𗧓𗧓𗧓𗧓𗧓𗧓𗧓𗧓𗧓𗧓𗧓𗧓𗧓𗧓𗧓𗧓𗧓𗧓𗧓𗧓𗧓
𗧓𗧓𗧓𗧓𗧓𗧓𗧓𗧓𗧓𗧓𗧓𗧓𗧓𗧓𗧓𗧓𗧓𗧓𗧓𗧓𗧓□□𗧓𗧓𗧓𗧓𗧓𗧓𗧓□□

西夏文释文参西田龙雄《凉州感应塔碑文解题》，收入氏著《西夏语的研究》，座右
宝刊行会，1964 年。

西夏文汉译

敕感通塔之碑铭

大白上国境凉州感通塔之碑铭。喻者仁师典礼司正、功德司副、圣赞提举、学士曰：
所显足信，王奴鸡。喻者仁师内宿神策承旨、行监军司正、侍讲珂贝等曰：所显典集倾诚，
屈长古□。坎性高古虽不动，风起出动波浪闪闪常不绝，正体于本虽不变，随缘乘负恼祸
沈溺永未息。如正迷愚，六道轮回菩萨得名，圣合尘数，三界流转有情获生。上世最安，
一一疾疾往者少；下狱酸楚，千万趋趋至者多。广悲发悲不舍悲，诸佛现世救民庶；无相
立相不少相，摩羯拖国金刚座上成正觉。金口一声演正论，依类悉解度脱贪愚为师主，化
身多现御邪魔，法界皆到育治迷愚是父母。过去未来，六度海识知最大；通行身瑞，一世
多劫果皆满。尊感日具毕，示现必入于涅槃，凡夫福未终，遗留莽轻莽轻真舍利。凉州塔
者，阿育王所分舍利，天上天下八万四千，奉安舍利而造，奉安中性眼舍利处。原塔虽已
毁坏，张轨为天子时，彼上适建宫殿，此名凉州武威郡也。张轨传张天锡，承继王位，遂
舍其宫殿，速请匠人营治，乃造七级宝塔。其后，塔为番所作，修造期间，求福供养，乃
现瑞像，可为国土支柱。前所为者，迄至此天祐民安甲戌五年，达八百二十余年。又大安
二年中，塔基欹仄，识净皇太后，面壁城皇帝等，供给种种，命遣监匠等。泥瓦匠每欲荐整，
至夕皆风大作，塔首出现圣灯，至明自然已正如前。又大安八年，东袭汉，心体具备，大
军一发，既围京畿，羌军来攻凉州，彼时黑风漠漠，伸手相执莫辨，灯光煌煌绕塔，二军
自然败走，由此莫敢窥视。此后，德盛皇太后，仁净皇帝等临御国土。又天安礼定二年中，
频频烧香，布施愿文等，令□不绝，汉中二遍。皇太后所乘坐骑一出，尔时夜间灯光大放，
一出一灭，光明如过午日，乃亡入汉之地望，遂作大瑞。前前后后多所现者，皆此不可思
议。瑞魔瑞像数遍，先昔人□显现分明，因有如此广大功力。此凉州金塔者，时光流逝，

风击雨著，幡色已退。去年地震大作，又材烧欹厌。德盛皇太后，仁净皇帝等，上报四恩功，下治广有缘，因为六波罗蜜，以行四深大愿，故命头监，集聚诸匠，天祐民安癸酉四年六月十二日，匠事开始，翌年正月十五日匠事乃毕。妙塔七级七等觉，丹壁四面治四河，木檐（？）瓦色如飞腾，金头玉柱相映现，七珍庄严如照耀，诸色庄校殊美好，绕觉奇宝光奕奕，悬壁菩萨活生生，一院殿帐现青雾。七级宝塔人固爱，细线垂幡花茂盛，银贝香炉明亮亮，法物种种聚所善，供具一一全且足。为佛常住，黄金十五两，白金五十两，衣著罗帛六十段，绫罗杂锦幡七十对，千缗钱，为僧常住。又赐四户官作、千缗钱、千斛谷等，是年十五日，命中书正梁行者乜，皇城司正卧屈皆等，为做赞庆，作大斋会，说法忏悔，安设道场，读诵藏经，剃度三十八人，曲赦殊死罪五十四人，令准备种种香花、明灯、饮食、净水，一一不缺。大小头监，种种匠人等之官诺。各依上下，与者多伙。五色瑞云，朝朝盈□嚙金光；三世诸佛，夜夜必绕现圣灯。一现一灭，就地得道心踊喜，七级悉察，福智俱得到佛宫。天下黔首，苦乐二之可求福，地上赤面，力负俱之是根本。十八地狱，受罪众生得解脱。四十九重，乐安慈氏爱遍至。三界昏暗，智灯一举皆见显，众生乐海，更作惠桥悉渡运。圣宫造毕，功德广大前无比，宝塔修成，善阅圆满泽量高。人身不实，潮湿如浮泡芭蕉；人命无常，眼如秋露夏花同。施舍殊妙，三轮体空义悉解；志念坚固，不持二边证彼岸。愿王座坚秘，如□狐竹笋长且□，御意广茂，如高甋金海常盈盈。成为赢有，有意有力常获利；计度缘熟，供佛供法求具得。风雨时降，宝谷永成，地境安靖，民庶安乐，法义深广，意性不大。辩才传教，智人勿嫌。正行邪行，前□所写□行记，善曰善曰，后人瞻仰永传说。

修塔寺兼作赞庆等都大勾当三司正南院监军劝（？）品臣埋领皆，修塔寺兼作赞庆等都大勾当行宫三司正圣赞感通塔等下提举解经和尚臣药乜永铨，修塔寺小监行宫三司承旨祭官臣木杨讹（？）啄，感通塔下羌汉二众提举赐绯僧臣王那征遇，修塔小监崇圣寺下僧正赐绯臣令介成庞，匠人小监感通塔下汉众僧正赐绯僧酒智清，修塔寺匠人小监感通塔汉众僧副赐绯白智宣，修塔寺瓦匠头监僧主张梵啄，匠人之准备头监白阿山，书者旌记典集阎门令批臣浑嵬名迁，书汉碑铭者供写南北章表臣张政思，绯白匠小监僧崔智行，木匠小监僧酒智□，网结头监僧刘墨征、孙□□。惟天祐民安甲戌五年正月甲戌十五戊子日赞庆毕。雕石头监韦移移崖、任迂子、左支信、康狗名、邓三锤、孙克都、左计啄、左党义、左阿领、杨真信，浪重□□，画匠郭道奴，铁匠……（后缺）

西夏感通塔碑 1

西夏感通塔碑 2

西夏感通塔碑 3

西夏感通塔碑 4

西夏感通塔碑 5

西夏感通塔碑 6

【注释】

[1]感通塔碑，又称凉州重修护国寺感通塔碑铭，西夏天祐民安五年（1094）正月十五日立石。原藏凉州大云寺内，现藏武威西夏博物馆。1961年被国务院公布为第一批全国重点文物保护单位。碑高250厘米，宽100厘米，厚30厘米，双面刻文。阳面刻西夏文，碑额西夏文篆书"敕感应塔之碑铭"，碑文28行，满行65字，楷书。阴面刻汉文，碑额篆书"凉州重修护国寺感应塔碑铭"，碑文26行，满行70字，楷书。两面碑额各线刻伎乐图一对。碑座长98厘米，宽80厘米，底沿宽98厘米，高59厘米。四面均采用高浮雕技法，正面雕刻双狮舞绣球，背面雕刻缠枝莲花，右侧雕刻麒麟，左侧雕刻天马。碑文记述感通塔的兴建缘起、历史过往及西夏时期重修感通塔的盛况，文中所载有关西夏国名、帝号、纪年、官制、工商等方面的史料，文献价值极高。西夏文录文参西田龙雄《凉州感应塔碑文解题》；西夏文汉译参陈炳应《西夏文物研究》，部分语句有改动。主要著录：罗福成《重修护国寺感应塔碑铭》（《国立北平图书馆馆刊》四卷三号《西夏文专号》，1932年）；严可均《西夏皆庆寺通塔碑跋》（《国立北平图书馆馆刊》四卷三号《西夏文专号》，1932年）；罗福颐《西夏护国寺感应塔碑介绍》，《文物》1961年第Z1期；西田龙雄《凉州感应塔碑文解题》（收入《西夏语的研究》，座右宝刊行会，1964年）；史金波《凉州感应塔碑西夏文校译补正》（《西北史地》1984年第2期）；陈炳应《西夏文物研究》第110—113页；

《武威市志》第 937—938 页；《武威市文物志》第 116—119 页；聂鸿音《西夏遗文录》（《西夏学（第二辑）》）第 147—150 页；杜建录《党项西夏碑石整理研究》（上海古籍出版社，2015 年）第 150—158 页。

西夏铭刻计量银锭[1]

（一）真花银壹锭，重伍拾两壹钱。

（二）肆拾玖两捌，伍拾两陆钱，行人任应和。

（三）真花银壹锭。

（四）使正，夏家记。

（五）肆拾陆两陆钱，朱司□□□，贰拾伍两捌钱。

（六）肆拾玖两捌钱，行人裴元、宋琯秤。

（七）官正、官正、官正。

（八）肆拾玖两肆钱。

（九）赵铺记，肆拾玖两捌钱，足秤子木、张。

（十）贰拾肆两肆钱，贰拾肆两叁钱。足宋晨温秤，行人□□□，秤子傅元、郭荣斩。

西夏铭刻计量银锭 1

西夏铭刻计量银锭 2

西夏铭刻计量银锭 3

西夏铭刻计量银锭 4

【注释】

[1]西夏时期铭刻计量银锭共10块,1981年7月武威市署东巷出土。现藏武威市博物馆。主要著录:《武威金石录》。

元敏公请经功德碑[1]

公讳敬跋。敏公讲主大师之西夏,蜕骨长□,春汗□雄雄,壮气凌云汉,掣开金锁,□□玄朱。□文如光射□岸,恢吾宗赤;□□□生清风,□吾教吼。石输金多变豹,从益习梵,每喧天规,布绵绵声,浩浩音哉。旦□龙门客去住烦参□□□□□□□□春风花雨,溟涛在然,临□□□□□随月氏,有月远生,西照古照,今子光升。维时丙戌□初冬后一日。

古□紫川福俗□书。

佛法本由西方出,敏公却来南方求。琅函玉轴载将去,开导西凉人未休。西凉人若具佛性,列段分科但□□。中间一字涉諵讹,一大□□解不尽。解得尽来还森罗。同作证。右送:敏公讲主之西凉西蜀继规园中。□□□西堂□□□□……(后缺)

西凉州敏讲主必千里去江南求赎大藏经文,可谓称决定志,其决定信成就,决定境界中事,□□决定信奉。故为大地众生,尘劳烦恼,泛入生死苦海中,发为膏肓痼疾,故五千四十八卷。愿渐权实□落伦园,如式医□痼病,□药汤处,众生病去,药除返事,孰为病滋在侵道。始后鹿野以此，终至跋提河，于其二中□，未尝说一字。如将毒药醍醐镕作金圈，粟练于此中，成得便见结□□青道经文字，非至道□□□而不能解。慎勿执印□□打成黄卷赤轴，为□□实□家主库，内无好是□。

至元廿三年元霄，浙东雁宕山人精堂□益书于灵隐西轩。

西凉曾未□经□□藏灵文，已放光具眼宗师轻举侣珠，回玉转寿吾皇。敏公讲主远奉圣旨及大国师法旨，特取大藏经回。见其忍苦捍梦，□知洞山之大藏，只是今之宝□。又僧问云门："如何是一代时教？"云对一说。又僧问："五祖睦州送一大藏，教只是不灯□，且道灯什么字？"祖云："入罗娘君前三大者，怎么提持，若识得渠，亲灯处便见。大光明藏，不在内，不在外，若是伶利。"讲主聊闻举着，便乃知灯。大振此宗，竖法憧（幢），燃法矩，告天祝寿，报佛恩，孰不绰绰然有余裕哉。因其行，信笔书□……（后缺）

初见敏公讲主□□□□□□置心取三乘藏，实圣□之恒宜，贵金言之常住。时□俾将沉之佛日重□，使欲灭之惠灯再焰。□□殊勋，愿保皇基之永固；以此无□，□弘正法之流通。虽然如是，□藏即今在什么处，远知□道出息入息阴界，众□□百万亿卷文。大隋遂□□得半藏，且可如何得全。□□漂入眼，将地出远游。□大经卷量等三千界□一切尘悉，然有一聪惠□经卷，且问何者是？此□眺□听思议，请试辩看，远涉归程，驿路长临，□忙昔年贝叶，虽西域□出，古杭偌岸，如金堤□似锦，野花芳情。如此去□……（后缺）

元敏公请经功德碑 1

元敏公请经功德碑 2

元敏公请经功德碑 3

【注释】

[1] 元敏公请经功德碑，据碑文内容"丙戌""至元廿三年"等内容推测为元初至元二十三年（1286）刻。该碑高 125 厘米，宽 70 厘米，厚 13 厘米。碑的左侧似不完整。原镶嵌于武威北城门，1939 年拆下后移存武威文庙，现藏武威文庙。背面横刻"通化门"，右侧竖刻"凉州卫指挥使司立"，当为此碑的二次利用。据碑文内容可知，该碑讲述了元代初期西凉州某寺院的西夏遗僧敏公讲主奉皇帝圣旨及大国师法旨，不远千里到杭州求取大藏经的事迹，对于了解西夏遗僧在元初的生活状况及元初大藏经在武威地区的流传有重要的参考价值。主要著录：《武威金石录》第 86 页；高辉、于光建《元〈敏公讲主江南求法功德碑〉考释》，（《西夏研究》2012 年第 3 期）；杜建录《党项西夏碑石整理研究》第 174—178 页。

元孙都思氏世勋碑[1]

至顺二年四月丙辰，中书省臣言：圣上幸念侍御史[2]建都班，赠其祖父以官而封之，赐之金币。俾得以勒碑先茔，其碑之文，请以命奎章阁大学士臣阿荣、侍书学士臣某等；其凡役，请以命甘肃行省[3]属诸郡县有司；而攻石之工，请取诸荆王之府。上可其奏。明日，健都班以其僚治书侍御史臣马祖常所述家世岁月、关簿行事之实来告，臣等谨奉诏，次第而书之。

维国人之贵者，有孙都思氏，昔在太祖皇帝龙飞朔方，肇基帝业，时则有大勋劳之臣，实佐兴运，最贵重者四人，时为四杰，其次四则锁儿罕世剌、子赤老温八都儿也。初父子俱事太祖，以忠勇见知，主以衣物相易，以缔交相谓曰：安答盖永以为好也。上尝与召赤温战，不利，其父子率族党夜攻之，召赤温遁脱，太祖于难。自是凡征讨之事，孙都思氏以功多著，上赐之名，而世宥之曰答剌罕。国家凡宴飨，自天子至亲王，举酒将釂则相礼者赞之，为之喝盏。非近臣不得执其政，故以命之宿卫之士，必有其长为之怯薛官，亦非贵近臣不得居其职，则以命之。而赤老温八都儿之子阿剌罕，亦以恭谨事上。上尝被创甚，阿剌罕百方疗之，七日而愈，事具信史。太宗皇帝时，命太子阔端镇河西，阿剌罕之子锁兀都从大（太）子。生子曰只必帖木儿王。锁兀都夫人牟忽黎，为保母。太子薨，只必帖木儿嗣填河西，以锁兀都之子唐台觲领怯薛官，及所属军匠，保马诸民五十余年。内赞府事，外著边职，绩年七十六而殁，葬于西凉州^[4]。其夫人忽都觲伯要真氏，能修妇职，以相其夫，年六十而殁，其墓在永昌府。子男凡几人，健都班，其长子也。领王府怯连口、奴都赤、八儿赤、昔保赤、哈赤、军民诸色人匠。至治二年，授朝列大夫^[5]、永昌路^[6]总管。泰定二年，迁中顺大夫^[7]，授本路达鲁花赤。二年，进亚中大夫^[8]、王傅府尉。天子元年，皇帝入正大统，明年，也速也不干刑王入觐，荐其从行者五十人，备天子宿卫，健都班实居第一人。奏对称旨，拜奉议大夫，同佥太常礼仪院，寻参议詹事院事，俄拜监察御史、中书省左司员外郎、御史台经历、治书侍御史，升侍御史。于是制赠其曾祖父母、祖父母、父母某官封，今立碑于西凉州之先茔。臣等深仁厚泽，其加于臣下者，可谓敦笃而不忘者矣。重念孙都思氏之先，以瑰伟杰特之材，佐帝业于方兴之日。又以健都班之忠慎才美，践历台省，推恩先世，而宠荣之何其盛也。然则凡在子，思上之德意，安有不鞠躬尽力，以报称于万一者哉！乃作铭诗，以系之铭曰：

天启圣元，笃生圣神。谁其相之，有杰其臣。赞其猷谋，佐其征讨。以成大业，万世是保。名臣子孙，固多贤才。圣皇在御，乃进乃来。乃赞省议，乃正台纪。从容入朝，侃侃济济。天子曰嘻，维臣之良。自其祖考，积德以昌。水求其源，木循其本。课忠责孝，式彰令闻。太河沄沄，有阡在焉。勒文贞珉，何千百年。

【注释】

［1］孙都思氏世勋碑，元至顺二年（1331）立。《陇右金石录》称，碑原在武威，今佚，未著录全文。《武威金石录》承其说。而碑文实存《道园学古录》卷16，今据以录文。主要著录：《道园学古录》；《全元文》。

［2］侍御史，官名。亦简称"御史""侍御"。西汉为御史大夫属官，由御史中丞统领，入侍禁中兰台，给事殿中，故名。元初从五品，世祖至元二十一年（1284）升正五品。二十七年升从四品，成宗大德十一年（1307）升从二品。

［3］甘肃行省，即甘肃等处行中书省的简称。元至元十八年（1281）置，治所在甘州路（今甘肃张掖），辖境相当今甘肃黄河以西、宁夏大部、内蒙古西部以及新疆、青海部分地区。

明洪武五年（1372）改置甘肃卫，属陕西等处行中书省。

　　[4]西凉州，元至元十五年（1278）降凉州府置，治所即今甘肃武威。明洪武九年（1376）改为凉州卫。

　　[5]朝列大夫，官名。金朝始置，为文散官。完颜亮天德二年（1150）由奉德大夫改。从五品下。元改从四品，宣授。明朝为从四品，初授。

　　[6]永昌路，元至元十五年（1278）置，治所即今甘肃永昌县。明洪武三年（1370）改置永昌卫。

　　[7]中顺大夫，金朝始置为文散官，以授正五品下文官。元朝改正四品，宣授。明朝为正四品之初授。

　　[8]亚中大夫，官名。元朝始置为文散官，初为少中大夫，仁宗延祐（1314—1320）间改名。明朝置为文散官，从三品，初授。

元亦都护高昌王世勋碑（原碑）[1]

　　（前缺）巎[2]奉敕书。翰林学士承旨银青光禄大夫知制诰兼修国史奎章阁大学士凉国公赵世延[3]篆额。/……厥绩懋焉。昔其父葬永昌，大夫往上冢，其伐石树碑，而命国史著文而刻焉。臣集顿首受诏，退而考诸高/……妊人身然。自是光恒见者。越九月又十日而瘿裂，得婴儿五，收养之。其最稚者曰兀单卜吉可罕。既壮，遂能/……攻战，久之乃议和亲，以息民而罢兵。于是唐以金莲公主[4]妻可罕之子葛励的斤[5]，居和林[6]，别力跋力答，言其/……以有此山。盖坏其山以弱之。"乃告诸可罕曰："既为婚姻，将有求于可罕，其与之乎？福山之石，与上国无所用之，/……弗安居，传位者数亡。乃迁诸交州东别十八里[7]居焉，统交州。交州，今高昌国也，北至阿木河，南接酒泉，东通/……道，列诸第五。与者必那演征罕勉力锁潭回回等国，将部曲万人以先启行，纪律严明，所向克捷。又从/……万人从/……民人在宗王近戚之境者，悉遣还其部，始克安辑。十二年，都哇卜思巴等率兵十二万人围火州[8]，扬言曰："阿吉/……死以此城为墓，终不能尔从。"城受围六月不解，都哇系矢以书射城中曰："我亦/……止，则沦胥而亡。"亦都护曰："吾岂惜一女而不以救民命乎？然吾终不能与之相面也。"以其女也立迷/……林的斤方幼，诣阙请兵北征，以复父仇。上壮其志，赐金币钜万，妻以公主曰/……诏以荣禄大夫[9]、平章政事、吐蕃宣慰使[10]、领本部探马等军镇吐蕃。威德明信，贼因敛迹，其民以安。/……公主曰兀剌真阿难答，安西王之女也。领兵火州，复立畏吾而城池。延祐五年十一月二十一日薨。子二人，/……阔端太子孙女也。至大中，从父入觐，备宿卫，又事/……察台，不允。嗣为亦都护高昌王。至治中，与喃答失王同领甘肃诸军，且治其部。泰定中召还，与宽彻不花/……执而戮之，乃更为申救于上曰："是诚有罪，然不至死。"再三言之得释。其不念旧恶，以德量赞襄类如此。/……月拜御史大夫。大夫之拜左相也，让其弟篯吉嗣为亦都护高昌王。篯吉尚公主曰班进，阔端太子孙/……相传数十代至于今，克治其土，岂偶然哉？火赤哈儿亦都护百战以从王事，捐骨肉以救其民，后卒死之，其 /……义之功沛如也。及其临大政，决大议，忧深思远，而声容凝重若太山然，用能弥纶大经，以佐成雍熙之盛，可 /……

……天启尔衷。有附匪疏，以究尔功。橐鞬介胄，十千维旅。以从四征，斥广疆宇。从我王事，/……我死无二。崇墉言言，寇来实繁。力殚守坚，责我师昏。有斋季女，出女纾难。义有绝妥，/……狂嚣掎之。矢尽众歼，执节死之。维时贤嗣，泣血入告。请扬天威，以报无道。天子壮之，/……仍护其属。乃稽王封，在时仁宗。旗纛舒舒，刻章以庸。乃即永昌，幕府斯临。/……佩玉琼琚，靖共以居。躬行孝严，服御不渝。肃肃雝雝，有察有容。亲亲尊尊，允德允恭。/……傲于无虞，匪泰伊惕。大夫申申，明哲以孚。嘘欷有怀，永昌之墟。天子有诏，大夫省墓。/……

……戌十月上旬吉旦立石，大都留守[11]石局提预杨秀奉敕摹刊成造，提控谢思聪同刊。

回鹘文拉丁字母转写

I

1.……-in osaqï täg idip. 2.……-lar-ïnga uruncaq qodup 3.……-yayrlïqadï ärsär 4.……oγlï mamurag tigin-tä 5.……（q）ocγar tigin törüyü yrlïqap 6.……a käsdämi 7.…… soyurqadïp 8.……-ta ïdïq qut adanïp 9.……（ni）ng ulaγiin usmädin 10.……oγraγ-ïn busmadin 11.…… yangïn yasmadin 12.……qur-luγ baslayur-ïnda 13.……（tu）ba buspa baslγlïγ 14.……oγlan tigitlär 15.……-r süü -singä oqsadï 16.……qocu-γa kälip 17.……oqčï turγaqlarïn 18.……qawsayu 19.……ärän-lärin 20.……-indürü qawsayu 21.……qocu tägdürmïk 22.……bar-a idtürmäk 23.……suz öngi tüirlüg 24.……tükäl qïlïp 25.…… γqa tüsüp 26.……birip（？）27.……（sa）w-lar ïdtï. 28.……un ïduq qut 29.……30.……dmadin tägisip 31.……oγlum tidurdup 32.……-miz ni birdürmis. 33.……ädgü ärän-lär-ning 34.……in saqïnsar 35.……qut mn qïzïng（？）36.……bolγu（？）…37.……（k）örklüg mängizlig 38.……klüg biliglig 39.……（yan）tsïlïγ törü täg 40.……qïzïngïz…… 41.……örkin…… 42.……ni öngi qïlmadïn birmädin（？）43.……ni öz-ümgä birsärsiz 44.……öri tudusγay//dimiz 45.……n birlä tägisip 46.……aqa ini tutusïp 47.……toylasïp icisip 48.……（a）bamuluγ amrasïp 49.……qayïdïp barayïn 50.……qara quw（a）γ qac 51.…… qatuni qïz tngrim birlä

II

1. qayγusuz-ïn yïrqasun qara qocu-ta tip. 2. tüü türlüg munitäg ädgü sawlarïγ 3. tükäl käsikcä äksüksüz tükäl bitidip 4. türüp bitigni oqqa baγladïp 5. türkänlär-ni kälürüp balïγqa atdurdï. 6. alqu il bodun acïp körüp arturu säwinisip 7. alïp ol bitig-ni acturu ünisip 8. aya-（γ）l（ï）γ yüüzlüg bäg bägit barca yïγïlïsïp 9. ayaγlïγ tngrikänga inca tip ödüg birdi-lär 10. altï ay solanïp asuγ-suz-ïn sancïsïp 11. as-ïmïz asuγ-umuz tükäl alqïnmïsïnda 12. aq yaγïmïz öz（in）……artuq// linip 13. aday-ingïz ning...tolduru（？）kidmis. 14. adasïn arïγu（？）ücün al// qlïγ il-i-ning 15. älp mung taqï ödügümüz（-ni）sïγuru yrlïqasun 16. asïγ-ïn büdürgü ücün alqïnmis ulus-i-ning 17. ädgüsin birgü（ücün）tusyurqap（yr）lïqasun tip 18. b（u）ödüg（birdilar）tngrikan-

imiz 19. boɣuz-inda ……20.bolmazun……21.bosmïs bolɣaymn……22. kangaqu bodisatwi ïdug tngrikänimiz（ämgä-）23. k mung bolmïs il ning……24. känc-indinbärü oɣlaɣu bodistwi（täg il yïɣmis）bägi（ni）25. k//ngagü täg ïsïɣ birla(balïq qodï)（tüs）ürdi. 26. qanïp küsüsi tuu-a（buspa）……bardïlar. 27. qaracu il jan（？）abïnip qï……28.qacanɣa tägi ädgü adï yirdincütä（？）……29. buqug tüzlüg pundarik cäcäk täg tigin（bägini）30.burhan toɣmïs qocu il-ingä……31. bolunqa birmis ucun……32. bu aɣïz birlä sözläsip…. 33. aqïdïp tuw-a cärigi（bar）dï……34.adïncïɣ ïduɣ tngrikän（imiz）……35. anda bolmïsca alqu saw（？）……36…….lar……37——38……39…….tükädgülüksüz……40…….41. artuq……d……p 42. uruɣumuz acïɣï birlä…….43. uluɣ（？）cärik birlä id……p 44……bizning ädgümizgä（？）45. on iki tümän cao yastuq birlä soyurqadïp ïdtï（？）46.äbügäläringning ädgüsin……madin 47. äsälaring orunïnga tüsimis ulümin（？）unïdmadïn 48. är täg is qïlmïssn（，）ädgung-ni tölp bildim（，）49. äksügsüz on iki tümän ök cao yastuq biräyin, 50. oqta turmis bodunungga yuluɣ bolz-un 51. oduru turup sancïsmïsïngɣa tanuɣ bolz-un

Ⅲ

1.on iki tümän yastug burun bälgü bolz-un 2. obasï bu oq saqïnmaɣïl uluɣ tigin（？）bolz-un. 3. yrlïqancucï köngül-lüg tngrikänimiz munitäg soyurqadïp 4. yapa qamaɣ bäg bägidi birlä qocuɣa yanïp 5.yadamïs uyɣur il-ingä yastuq tawar birdürüp 6.yawrimis ulus-in yana bun-täg turɣurdï 7. aɣïr buyanlïɣ 8.säcän qaɣan bir kün orduta 9. altun uruɣlarï tayzilar birlä muntaɣ（？）olururda 10. adïn kim ärsär bäg bägäd ödündäcisiz-in 11. andaɣ tip altun aɣïz-ïn soyurqal boldï（．）12. üürtin ünmis bis tigitlärtä birägüsi 13. oy icingä kirip yanmadï tip äsidilti 14. ol sawïɣ mn köngül-ümtä……15. oɣrayu bizgä uruɣɣ（a）rïp…… 16.anï ücün mundin song……17…….aqa ini törü（sincä）……18.atlun uruɣumuz……ta…… 19. andaɣ yanglïɣ…… 20. yrlïy（boldï）.21. tngri（kän）……tu//mista 22. …… mista 23…….24……. qa……25…….qocɣar ïduq qut……26……saqïnclïɣ äsid……27…….isig-indin……28…….bar……29…….30. ……birdürmäyin……31…….（tängri）boldï……32…….mundaɣ adïncïɣ soyurqal……33…….qïz küdägü kim kimtä……34……yaɣïp säwinmis……35…….il-i bo（dunï）……36——44……45. külüg qaɣanqa soyurqadïp 46. buyan qutluɣ bicin yïlïn ïduq qut atanïp 47. alqu uyɣur ilin osaqï yangca baslayu olurdï. 48. anda basa yana 49. buyandu qaɣanqa soyurqadïp 50 altun tamɣa kao cang ong ad birdürüp 51. asnuqï äsäsi barčug art ïduq qut täg ök 52.abamuqa tägi uruɣ uruɣ-laringa ulaɣ qïlïp.

Ⅳ

1. yangi birdürmis kao cang ong altun tamɣanï 2. yat tas il-lärdä yorïdur lingciqa islädip 3. yana bir ol ozaqï altun tamɣa-nï 4.yaqïnta uyɣur ara islätgil tip 5. yrlïy boldï 6. yana munda basa sampin kümüs tamɣalïɣ 7. yangï törüsi barca tawɣac yangsïlïɣ 8. yarɣucïsï bitgäcisi barca tolp tükällig 9. yarasï uz bärk yarp ongfu yamun turɣurdï 10. täring biliglïng tngrikänimiz qutïnda 11. tänggäsigsiz qutluɣ ïduɣ babacɣa aɣata 12. tänggärgülüksüz buyanlïɣ tämür buqa sängki tip

13. tngri urïsï täg iki tigin （ -lär） törüdi.14.ayïr buyanlïɣ küd （än） tayz-ining acïsï 15.......
yrlïqadï......16.......ta 17.......taypinu tigin törudi. 18.......munitäg 19.......artuq asïɣlar 20. alqu
islägül（ük）buyan......ärdürü tükädip 21.asnuqï orun-ï tusitqa（bar）qï...... 22. uruɣïn üklidgü
ücün......23.......r-in yaltrïdɣu ücün...... 24. anda qan uruɣï t（ä）mür buqa tik......25. uluɣ ïduɣ
26. buyantu qaɣann soyurqayu yrlïqap 27. isidtürü ïduɣ（？）......ni......28.......idti......ni ïduq
qut adap 29.......30.ïduq qutqa......31.......s-a......lar bägdüni t（ä）mür buqa......ta 32.......
cäcäk täg arïɣ körtlä torcisman aɣata 33.......bir täg tükäl tärkänimiz 34. ......atlɣ adïncïɣ tigin
törüdi（.）35——36......37.......ili bodunï......incin......38.......olururïnta 39.......bol......40.
uluɣ......41.......ta（？）......du ödünüp 42.......ladïp uluɣ（？）birlä taytuɣa kälürüp 43.......
ta baslïɣ bolɣuɣa ïdtï tutusup 44. ïduq qut ong ad altun t（a）mɣa öz-indä ök ärip 45. ikiläyü yana
quu kung sïng-ɣa ïdtï ayaɣlatïp 46. idärip birmis nökürlärin öküs ogdirlädip 47. ïdtï（,）ayïrlap
ulaɣ birlä körü usadïp 48.anda yidmistä iisläri birlä ayïdïsïp kängäsip 49. ardamïs busulmïs sing
islärin asuru yasasïp 50. aqalap olururta asnuqi tayancïɣlarï（？）aslasïp 51. ayïqlïɣ qan bolɣu
52. tayz-i birlä anda（？）yoluɣusup（？）

V

1. ödündürülüp 2. taiz-i taytu sïngar yanarta 3. ögdilmis tngrikanimiz-ni binlan-gta cingsang
4. ödä birlä taytupa yana soyurladïp（？）5. ösirkänip isänip üksindä yaqïn tut（di）（.）
6. cinasdan bägi ïduy 7. jiyaɣatu qaɣan suusï 8. cintamani täg tngrikänimiz birlä cin yrp söz-
（läsip）9. cïdaqu täg ädgü är ärürin cïnɣaru bi（lip）（？）10. ci ün qïlïp cümüy üntä tüsitdi
（.）uluɣ......11. tolp qamaɣ cïɣay bulɣaq islärin amurdɣurup. 12. tuni-a-ni ärksingü bao t
（a）mɣalar qawïsmïs-ïnda 13. tusittin inmis tngri- känimizni yana soyurqa（dip）14. tuu
singtä cingsang qïlïp tusiyü yrlïga（dï）（.）15.（taytu）ta qayïmlïɣ（？）tngrikänimiz
cingsang bolmïs（ïnda）16. ayïr buyanlïɣ 17. qaɣan suusïnga adïrdlïɣ ödünüp 18.......ïdug qut
kao cang ong ad（nï）19. amrag inisi sangki tiginkä birip......20.......üskütä......kirm（is）
21——25......26. öküs///asïɣlïɣ ädgü......27. irtincütä（？）yana（？）ärk türk......28.
ö//kä asïɣ qïlɣulug kö......29.......bodun......30——31.......32. ogdilig......sangi i......33.
öz orunï tusitqa......34.......35....... qïda orun ol......36.......ücün（？）bay tas......
d......37.......38....... ödünüp birgil......39....... yrlïqa（dip）40......qa ïtmïs.......41.......p......
icindä törüimis......42.......bl......ulus（？）tägsinmis ///43. uruɣ ocaɣlarï ulasu bu ödkä（？）
yidmisläringä t（ilägäymn）44. uluɣ talui täg ucsuz qïdïɣsïz ädgü adruɣlarïnd（a）45. oɣrayu
bir tamïzïmca qï-a alïp qoos-a tägin（ip）46. ucïnga qïdïɣinga tagi tolp tükäl yidgürü......47. uz
oɣur qosqu- luq küçüm näcük yidilgäy（.）48. ün tong ikinti käsik täz-ik sipg-（an）49. ït yïl
onunc ay qutluɣ ädgü kün üz-ä 50. tolp tükäl büdürü turɣuruldï（.）mn（？）cam bal-（ïqlïɣ）
51. kiki qorqa in（cip）bitiyü（tägindim）（,）（taytu li-）usiu s...... 52.idtürmis yang
tiling sirdiyü（？）（tägindim）sadu（.）

汉译文

I

1——3.（蒙古大汗）让（玉古伦赤的斤）像从前一样嗣为（亦都护），（并）把……交给他。4.……其子马木剌的斤 5.…生有（火）赤哈儿的斤。6、7.（薛禅可汗）赐酒（？）（给火赤哈儿的斤）8——12.当（火赤哈儿）按规定嗣为亦都护时，13、14.有以都哇卜思巴为首的（蒙古）诸王子（围攻火州）。15.他们像…军队（？）一样 16.来到火州城下。17——21.以…箭筒士、哨兵包围（城市），（并）以…勇士包围…让（火赤哈儿）交出火州城。22.使做…23.各种不同的…24.使安全…25.陷入…26.……27.（并）派人送信说：28.“…亦都护29.…30.不…交换31…当做我的儿子32.交给…33.…勇士的34.如想…的话35.…36.我将……37——45.如把你…漂亮…聪明的女儿按…仪礼下嫁给我 44、46.…结为兄弟…47——49.我们将庆祝、欢宴，永远和好……（届时）我将退兵。50.……劳役 51…皇后同公主

II

1.在哈喇火州将永无忧苦”。2——5.（于是）让人把各种美好言语一一写上，折起（信）系在箭上，（并）运来炮车（将箭）射入城中。6——8.（火州城）全体百姓开信看后十分高兴，官员们也都集在一起向尊贵的（亦都护）王请求道：10、11.“我们已被围困六个月，（城中）食粮也已完全用尽。12.敌人…13.您的阿大已…14、15.愿（亦都护王）为解除危难接受…我们的请求吧！16、17.（并）为处于困境的国家的利益而大发慈悲吧”18——21.我们（亦都护）王为了不使人们挨饿，他说我将…22.我们kängäγu菩萨神圣的（亦都护王）23.为了（解除）人民的痛苦，24、25.于是把从小娇生的菩萨公主也立亦黑迷失别吉用…一样的绳子坠于（城）下（交给对方）。26.（于是）都哇（卜思马）满意而去。27.（这时）普通百姓高兴…28——32.（祝愿）其名长存（并）交口称赞（亦都护王）为了佛生地火州人民把像含苞的莲花（一样的）公主献出的（行为）。33.当都哇退兵，34.我们神圣的（亦都护）王（火赤哈儿的斤）35.在这期间（入朝时），36——44.（薛禅可汗宣旨道）：45——49.“我已知道你的英勇事迹。你未忘记你祖先的光荣（？）。现赐你十二万宝钞，50——52.以救济你处境困难的人民，（并）慰劳你的辛苦。

III

暂且先给你十二万宝钞吧！2.你不要嫌赏赐（？）少，（同时）封你为大的斤”。3.我们仁慈的（亦都护）王得到这样多的赏赐后，4.于是率所有官员返回火州，5.他把宝钞和（其他）物品发放给遭难的维吾尔人民，6.（并）这样（重新）振兴了衰微的国家。7.……8.尊贵的薛禅可汗一天在宫中 9.与黄金世系的诸太子谈话时，10、11.以其金口宣旨道：为官员的不论谁都要像（火赤哈儿的斤）那样（对国家忠心不二）12.听说原出的五的斤中的一个 13.去平原未回。14.我把此事…（一直放在）心上。15.让他算做我们家庭（的成员）（？）…16.为此之故今后 17.应以兄弟之礼（相待之）（？）18——20.（并把他列入）（？）我们的黄金世系中……”21——24.……25.（之后）火赤哈儿亦都护……26——30.……31.死去。32.（皇上又给以）许多珍贵的赏赐。33、34.…公主和驸马都……都高兴…35.其人民……

36——44.……45. 曲律可汗有旨（召还）46.（火赤哈儿之子纽林的斤）。他于幸福的猴年嗣为亦都护，47.（并）像从前一样管理所有维吾尔人民。48. 再有 49. 普颜笃可汗 50. 赐给（纽林的斤）金印（并）封其为高昌王，51. 使他像其先祖巴尔术阿尔的斤亦都护一样 52. 永远代代承袭王位。

Ⅳ

（同时）让新颁给的高昌王金印用于 2. 行诸外邦的敕书上，3——5. 而以前的金印则用于近处（所辖）维吾尔人民中。6、7. 此外，（赐给的）三品银印的样式也完全按中国式制成。8.…9.（并）让其设立了配有全部断事官、司书和千练官员（？）的王府衙门。10、11. 我们具有深邃智慧的（亦都护高昌）王（纽林的斤）殿下和具有非常圣福的巴卜叉公主 12、13. 生有无比福禄的、像天之子一样的帖睦尔补花和篯吉两个王子。14 尊贵的阔端（？）太子的孙女（兀剌真公主？）15.…16.……17. 生有太平奴（？）的斤。18.（亦都护高昌王纽林的斤）像这样……19、20. 做了许多（为国）谋利益和完成了所有应做的功德后 21. 就去到以前的地方——兜率天（那里）了。22. 为使后代昌盛…23. 为了光耀……24. 以后其子帖睦尔补花立…25. 伟大神圣的 26. 普颜笃可汗降恩 27——30.（让帖睦尔补花）嗣为亦都护（高昌王）。31.…帖睦尔补花和 32. 像花儿一样的纯洁漂亮的（公主）朵儿只思蛮 33. 生有像…一样的 34. 名叫……奇异的王子（现在的）我们的（亦都护）王。35.…36.……37.…38.（火州）人民…安居乐业…39.……40. 当伟大的 41.（扎牙笃可汗）即位时 42. 召（帖睦尔补花）同…到大都 43. 任为…长官。44，（帖睦尔补花）除保有亦都护王金印外，45——47. 又被派到湖广省（任职），同时派给他许多随从以示奖励。48.（帖睦尔补花）到任后同其同僚（一起）商量（办事），49. 使被破坏的省务得到整顿。50. 当其在任时，从前的属下勾结犯法（？）。51、52. 遇到尊贵的太子……

Ⅴ

（帖睦尔补花）为之求情。2. 当太子返回大都时，3. 任受到称赞的我们的（亦都护）王（帖睦尔补花）为汴梁（城）的大丞相，4.（后又把他）召还大都 5. 对之非常信任。6.Ciyasdun 别吉（及）神圣的 7. 扎牙笃可汗陛下 8. 对如摩尼珠宝贝一样的我们的（亦都护）王十分真挚，9. 知道他是一员干才，10. 任他为 ciün（知院？）（并）知枢密院事。11. 他（协助扎牙笃可汗）平定了所有乱事，12. 使统治世界的宝印得以完整（？）。13.（扎牙笃可汗又）任从兜率天下凡的我们（亦都护）王 14. 为都省丞相。15. 当能干的我们的（亦都护）王在大都任丞相时 16. 曾向伟大的、有功德的 17. 可汗陛下特别请求 18. 把亦都护高昌王的称号 19. 让给其亲（弟）篯吉的斤。20——42.……43. 愿其子孙延续至今！44——47. 愿其如大海一样的功德无量！我的（赞颂）只如（大海中）的一滴水，难以表达其功德。48. 元统二年十干 49. 狗年十月幸福之日 50. 立碑。我彰八里人 51. 巙巙谨此撰写（此碑）。大都留守司 52. 杨提领摹刊。善哉。

附注：注释前的罗马、阿拉伯数字分别表示栏数和行数。

（原碑回鹘文拉丁字母转写及汉译文参耿世民《回鹘文〈亦都护高昌王世勋碑〉研究》，收入氏著《新疆文史论集》，中央民族大学出版社，2001 年。）

高昌王碑 1

高昌王碑 2

高昌王碑 3

高昌王碑 4

【注释】

[1] 亦都护高昌王世勋碑，刊刻于元代元统二年（1334）十月上旬，由虞集撰文，康里巙巙书丹，赵世延篆额。此碑为双面刻字，阳面为汉文，正文 34 行，行残存 41 字；阴面为回鹘文。清代该碑被土湮没，且碑的一半被凿为碾磨。民国二十二年（1933）秋，贾坛、唐发科等于高昌乡石碑沟（今武威市凉州区永昌镇石碑村）访得此碑，并移置武威教育馆，现藏武威文庙。碑侧刻有民国二十三年（1934）贾坛等人的题跋，其内容为："此元都护高昌王世勋碑也，为虞仁寿集奉敕撰文，康里文忠巙巙书丹，赵文忠世延篆额，三公皆元代名臣大儒，而康里字体遒劲，峻整在率更、清臣之间洵可宝也。碑文详《道园学古录》及《元文类碑》，则于清季被土湮没之地中，后复凿其半为碾磨。癸酉秋始于高昌乡石碑沟访得其处，掘出之移置教育馆。夫是碑既遭摧残，又复湮没，不幸甚矣！今得其半，意者犹有鬼神守护欤，抑物之可珍者，显晦有时，不终埋没欤！显后之学者永护惜之，以存国粹，岂第为一乡荣光哉。民国二十三年嘉平月邑人贾坛、唐发科敬跋、赵士达敬观。石工周兆平镌字。"该碑残损，仅剩下半段及碑帽。碑身残高 188 厘米，宽 174 厘米，厚 47 厘米。碑首残高 137 厘米，高 190 厘米，厚 50 厘米。张维《陇右金石录》称，该碑背面刻蒙古文，且"蒙文繁细，已不可拓，其文当为前碑译文也"实碑阴为回鹘文也。明初，宋濂等在修《元史》时，《巴尔术阿而忒的斤传》，即多取材于此碑。主要著录：《道园学古录》《元文类》《五凉全志》《陇右金石录》《凉州府志备考》《甘肃新通志》《武威金石录》第 88 页。相关研究参黄文弼《亦都护高昌王世勋碑复原并校记》（《文物》1964 年第 2 期）；耿世民《回鹘文亦都护高昌王世勋碑研究》（《考古学报》1980 年第 4 期）；党寿山《亦都护高昌王世勋碑考》（《考古与文物》1983 年第 1 期）；卡哈尔·把拉提、刘迎胜《亦都护高昌王世勋碑回鹘碑文之校勘与研究》（《元史及北方民族史研究集刊》第 8 期，南京大学历史系，1985 年）；党宝海《13、14 世纪畏吾儿亦都护世系考》（《西北民族研究》1998 年第 1 期）；贾丛江《元代畏吾儿迁居永昌事辑》（《西域研究》2002 年第 4 期）等。

[2] 巙，即康里巙巙，字子山，号正斋、恕叟，元康里部人。他幼肄业国学，博通群书。始授承直郎、集贤待制，顺帝时为翰林学士承旨，谥号文忠。康里巙巙工书法，真、行、草皆善。存世书迹有《颜鲁公传张旭笔法十二意》《谪龙说》等。《元史》卷 143 有《巙巙传》。

[3] 赵世延，字子敬，其先雍古族人，居云中北边。初被忽必烈召见，入枢密院御史台肄习官政。后历事九朝，在省台工作五十余年。二十四岁时，为云南诸路提刑按察司判官。至元二十九年（1292）升江南湖北道肃政廉访司事，敦儒学，立义仓，修澧阳县坏堤。在任四川肃政廉访使时，对加重科差、掠民为奴的蒙古军士绳之以法。又修都江堰。后受帖木迭儿诬告，坐狱。泰定元年（1324）还朝，为集贤大学士。至顺元年（1330）奉诏与虞集等纂修《皇朝经世大典》。卒，追封鲁国公，谥文忠。曾校定律令，汇编《风宪宏纲》。

[4] 全莲公主，据黄文弼先生研究，即穆宗长庆元年（821）嫁崇德可罕的太和公主。

[5] 葛励的斤，据黄文弼先生研究，碑文中所称之其子葛励，疑指敬宗所立崇德之弟

葛萨特勒之昭礼可罕，崇德尚太和公主，崇德死，其弟昭礼可罕继尚公主。励疑是萨字之讹。

[6] 和林，喀拉和林的简称。在今蒙古人民共和国鄂尔浑河上游东岸哈尔和林。蒙古窝阔台汗七年（1235）建都于此。忽必烈即汗位后首都南迁，改设和林宣慰司都元帅府，后改为和宁路。大德十一年（1307）后为岭北等处行中书省治所。

[7] 别失八里，一作别十八里、别石八里、别失拔里、别失八剌哈思，又作别石把、鳖思马。即今新疆吉木萨尔县北破城子。元泰定帝时为察合台汗国辖地。察合台汗国灭亡后，其后裔建别失八里国，定都于此。

[8] 火州，本汉魏以来高昌城。在今新疆吐鲁番东南哈拉和卓附近，西州回纥时又称火州、和州。约元明之际迁建于今哈拉和卓。

[9] 荣禄大夫，散官名号。金朝始置为散官，以授从二品下文官。元朝始置，改文官从一品，宣授。明朝文、武散官均置，从一品，初授。

[10] 吐蕃宣慰使，即吐蕃宣慰司长官。元朝置吐蕃等处宣慰司都元帅府，简称"吐蕃宣慰司"，秩从二品，隶宣政院。置宣慰使五员，僧俗并用。下设经历二员，都事二员，捕盗官二员。

[11] 大都留守，官名。元朝置，正二品，五员，大都留守司长官。下设同知二员，正三品；副留守二员，正四品；判官二员，正五品。

元亦都护高昌王世勋碑（文集本）

至顺二年九月某口某甲了，皇帝若曰："予有世臣帖睦儿补化，自其先举全国以归我太祖皇帝，实赞兴运，勋在盟府，名著属籍，世绩令德，以励相我国家。至帖睦儿补化，佐朕理天下，为丞相，为御史大夫，文武忠孝，厥绩懋焉。昔其父葬永昌，大夫往上冢，其伐石树碑，而命国史著文而刻焉。"臣某顿首受诏，退而考诸高昌王世家。盖畏吾而之地，有和林山，二水出焉，曰秃忽剌，曰薛灵哥。一夕，有天光降于树，在两河之间，国人即而候之，树生瘿，若人妊身然。自是光恒见者。越九月又十日而瘿裂，得婴儿五，收养之。其最稚者曰卜古可罕。既壮，遂能有其民人土田，而为之君长。传三十余君，是为玉伦的斤，数与唐人相攻战，久之乃议和亲，以息民而罢兵。于是唐以金莲公主妻的斤之子葛励的斤，居和林，别力跋力答，言妇所居山也。又有山曰天哥里千答哈，言天灵山也；南有石山曰胡力答哈，言福山也。唐使与相地者至其国，曰："和林之盛强，以有此山。盍坏其山以弱之。"乃告诸的斤曰："既为婚姻，将有求于尔，其与之乎？福山之石，于上国无所用，而唐人愿见。"遂与之，石大不能动，唐人使烈而焚之，沃以醇酢，碎石而辇去，国中鸟兽为之悲号。后七日，玉伦的斤薨。自是国多灾异，民弗安居，传位者数亡。乃迁居交州，今火州也。统别十八里之地，北至阿木河，南接酒泉，东至兀敦甲石哈，西临西蕃。凡居是者，百七十余载。而我太祖皇帝龙飞于朔漠，当是时，巴而木阿而忒的斤亦都护在位。亦都护者，其国王号也。知天命之有归，举国入朝。太祖嘉之，妻以公主，曰也立安敦；待以子道，列诸第五。与者必那颜征罕，勉力锁潭、回回等国，将部曲万人以先启行，纪律严明，所向克捷。又从太祖征你沙卜里，征河西，皆有大功。薨，次子玉古伦赤的斤嗣为亦都护。玉古伦赤的斤薨，子马木剌的斤嗣为亦都护，将探马赤军万人，从宪宗皇帝伐宋合州，攻钓鱼山有功。还军火州，薨。至元三年，世祖皇帝用其子火赤哈儿的斤嗣为亦都护。海都帖木迭儿之乱，畏吾而之民遭难解散，于是有旨命亦都护收而抚之，其民人在宗王近戚之境者，悉遣还其部，始克安辑。十二年，都哇卜思巴等率兵十二万人围火州，扬言曰："阿只吉奥鲁只诸王，以三十万之众，犹不能抗我而自溃，尔敢以孤城婴吾锋乎？"亦都护曰："吾闻忠臣不事二主，且吾生以此城为家，死以此城为墓，终不能尔从。"城受围六月不解，都哇系矢以书射城中曰："我亦太祖皇帝诸孙，何以不归我？且尔祖尚主矣。尔能以女归我，我则休兵；不能，则亟攻尔。"其民相与言曰："城中食且尽，力已困，都哇攻不止，则沦胥而亡。"亦都护曰："吾岂惜一女而不以救民命乎？然吾终不能与之相面也。"以其女也立亦黑迷失别吉厚载以茵，引绳坠诸城下而与之，都哇解去。其后入朝，上嘉其功，锡以重赏，妻以公主曰巴巴哈儿，定宗皇帝之女也。又赐宝钞十二万定（锭）以赈其民，还镇火州，屯于南哈密力之地。兵力尚寡，北方军猝至，大战力尽遂死之。子纽林的斤方幼，诣阙请兵北征，以复父仇。上壮其志，赐金币钜万，妻以公主曰不鲁罕，太宗皇帝之孙女也。主薨，又尚其妹曰八卜义公主。有旨师出河西，俟与北征大军齐发，遂留永昌焉。会吐蕃脱思麻作乱，诏以荣禄大夫平章政事领本部探马赤等军万人镇吐蕃宣慰司。威德明信，贼用敛迹，其民以安。武安皇帝召还，嗣为亦都护，赐之金印。复署其部押西护司之官。仁宗皇帝始稽故实，封为高昌王，别以金印赐之，设王傅之官，其王印行诸内郡，亦都护之印则行诸畏吾而之境。八卜义公主薨，尚主曰兀剌真阿难答，安西王之女也。领兵火州，复立畏吾而城池。延祐五年十一月廿一日薨。子二人，长曰帖睦儿补化，次曰篯吉，皆八卜义公主出也。帖睦儿补化大德中尚公主曰朵儿只思蛮，阔端太子孙女也。至大中，从父入备宿卫，又事皇太后于东朝。拜中奉大夫大都护，升资善大夫；又以资善出为巩昌等处都总帅、达鲁花赤。奔父丧于永昌，请以王爵让其叔父钦察台，不允。嗣为亦都护高昌王。至治中，与喃答失王同领甘肃诸军，且治其部。泰定中召还，与宽彻不花威顺王、买奴宣靖王、阔不花靖安王分镇襄阳。寻拜开府仪同三司、湖广行省平章政事。今上皇帝归正大统，召之至汴，以左丞相留镇湖广，时左辖相娟而害政，人所弗堪。至是有旨执而戮之，乃更为申救于上曰："是诚有罪，然不至死。"再三言之得释。其不念旧恶，以德量赞襄类如此。天历元年十月，拜开府仪同三司、上柱国、录军国重事、知枢密院事。明年正月，以旧官勋封拜中书左丞相，三月加太子詹事，十月拜御史大夫。大夫之拜左相也，追念先王之遗意，让其弟篯吉嗣为亦都护高昌王。臣惟高昌祖之所自出，事甚神异。其子孙相传数十代至于今，克治其土，岂偶然哉？火赤哈儿的斤百战以从王事，捐骨肉以救其民，后卒死之，其节义卓然如此。至其子与孙，再世三王，盛德之报也。大夫世胄贵王，清慎自持，户庭之间，动中礼法，平易以近民，正己以肃物，仁义之功沛如也。及其临大政，决大议，忧深思远，而声容凝重若太山然，用能弥纶大经，以佐成雍熙之盛，所谓社稷之臣也哉！表其碑曰"世勋"为宜，敢再拜，系以诗曰：

维皇太祖，建极定邦。知几先徕，伟兹高昌。列国率赋，宝玉重器。稽首受命，以表诚至。
太祖曰嘻，天启尔衷。有附匪疏，以究尔功。橐鞬介胄，十千维旅。以从四征，斥广疆宇。
从我王事，靡鲜朝夕。邦之世臣，食其旧邑。旧邑高敞，介乎强藩。为暴突来，虏刘以残。
保障扞城，我御我备。敌为弗顺，我死无二。崇墉言言，寇来实繁。力殚守坚，责我师昏。
有齐季女，出女纾难。义有绝爱，皇用咨叹。寇退民完，天子慨之。辇帛载金，悴斯溉之。
城郭室家，既还既复。庶其宁我，皇锡之福。于庐于处，狂嚣掎之。矢尽众歼，执节死之。
维时贤嗣，泣血入告。请扬天威，以报无道。天子壮之，俾军于西。抚尔人民，授之鼓鼙。
有嚣西羌，弗靖以挠。移节往治，旋就驯扰。武皇缵武，睠尔旧服。节旄印绶，仍护其属。
乃稽王封，在时仁宗。旗纛舒舒，刻章以庸。乃即永昌，幕府斯建。将星宵陨，亦既即远。
宰木阴阴，阅历岁时。顾瞻徘徊，邦人之思。大夫嗣德，克敬以让。三命弥恭，世爵用享。
珮玉琼琚，靖共以居。躬行孝严，服御不渝。肃肃雝雝，有察有容。亲亲尊尊，允德允功。
天子还归，大义攸正。大夫在行，民信以定。既安既宁，治久告成。大夫司宪，百度孔明。
衮裳赤舄，进见退思。敬于无虞，匪泰伊惕。大夫申申，明哲以字。嘘欷有怀，永昌之墟。
天子有诏，大夫省墓。勒文载碑，世勋是祚。维王孙子，永言思之。岂惟子孙，百辟其仪之。

元高契朗母马氏墓志[1]

大元西凉东街高契朗伏为故姒马氏，丙子年六十一岁，于十二月二十六日辞世。过丁
丑孟春上旬日，埋身形在南郊，隐亲灵住荒野，葬之大理棺椁。宅兆卜之大吉，阳明之地，
居家荣昌。谨记。

高契朗母马氏墓志

岁次丁丑新正四日建。

【注释】

［1］高契朗母马氏墓志，元至元三年（1337）刻。墓志为砖质，高40厘米，宽25厘米，厚5厘米。碑额正书"宗亲之记"，共2行，行2字。志文共8行，满行11字，正书。现藏武威市博物馆。主要著录：《武威金石录》《武威市文物志》。

元至正款铜壶、铜薰鼎[1]

至正款高圈足铜壶 I

邹宗禄、车安安、邓才贵、众家奴、王提举、何同和、韩文进、曹犬、何文德、崔友义、小的、吴纳儿、车二、撒的迷失、宋德寿、宋世荣、刘信家奴、宋德亮、赵庭秀、宋世革、刘夫寿、何二、范子和、耒三、李荣、张五十、王□才、王六十三、齐大平、李五、恩吉祥、李氏三姐、八十、王宅善儿、赵黑女儿、扬（杨）府判、张总管、赵经历、杨曾□□、马世忠、车三、蒲氏住姐、太平奴、李仲德、赵三、李宅唐氏、李宅周氏、王三、王永德、王党兀、徐大。

至正款高圈足铜壶 II

蒙德信、景克柔、同义、李文贵、赵文德、赵文富、马文贵、车夫寿、何狗儿子、何仲安、钦从道、扬（杨）文贵、姚仲和、钦从禄、张伯明、淳六月姐、雍巴儿、李花严奴、赵文贵、李宅王氏、苟五、史敬臣、李文进、周五十三、苟金刚宝、苟润僧奴。匠人苟文进。

至正元年七月廿五日铸就。

至正款铜壶 III

至正丙戌[2]，西凉报慈安国禅寺僧仁敏置。

至正款铜壶 IV

至正丙戌，西凉报慈安国禅寺僧仁敏置。

铜薰鼎

建都班府尉、蒲都波罗泽监司、脱因黑汉总管、薛长史、完者帖木大使、李同知、蒙德信、景克柔、同义、李文贵、赵文德、赵文富、牟朝迷、姚仲仁、贤讲主、□吉祥、里思、伯家奴、曾付、薛文胜、扬（杨）明义、央都、任才贵、毛提举、刑德显、何文义、高世安、高阿旧多、令真巴、扬（杨）氏妹妹、蒙宅李氏、景宅姚氏、张令真思、蛮买驴、张宅严氏、李氏引儿、瞿宅玉娥、扬（杨）宅亦柔、严达之、喜吉祥、扬（杨）元瑞、郭二、薛十月、薛吉祥、景文才、樊文义、王国义、忽都的斤、黄宅秀直、顺二嫂。会首右录。

至正款铜壶 1

至正款铜壶 2

至正款铜薰鼎

【注释】

[1] 至正款高圈足铜壶Ⅰ、Ⅱ，至正款铜壶Ⅲ、Ⅳ及铜薰鼎，均于1982年7月出土于武威县校尉乡珍珠台寺庙遗址，现藏武威市博物馆。其中至正款高圈足铜壶Ⅰ，口径18厘米，底径24厘米，高55厘米。至正款高圈足铜壶Ⅱ，口径15.5厘米，底径23.7厘米，高57.5厘米。至正款铜壶Ⅲ，口径9厘米，底径17厘米，高43.5厘米。表面纹饰有云雷纹、梅花纹、弦纹等，为国家一级文物。至正款铜壶Ⅳ，该铜壶残，现存颈肩部。残高为21厘米，口径16.7厘米，肩部底径为11.5厘米。铜薰鼎口径为51.5厘米，高65厘米。主要著录：《武威金石录》；梁继红《武威校尉乡元代窖藏清理简报》（《陇右文博·武威专辑》，2004年）；党菊红《武威校尉乡珍珠台窖藏元代铜器铭文辨析》（《敦煌研究》2015年第1期）。

[2] 至正丙戌，即至正六年，1346年。

元西宁王忻都公神道碑[1]

大元敕赐追封西宁王忻都公神道碑铭

通奉大夫中书参知政事同知经筵事提调四方献言详定使司事臣危素[2]奉敕撰文

光禄大夫滕国公集贤大学士臣张璪奉敕书丹

荣禄大夫中书右丞同知经筵事提调国子监大都府学臣陈敬伯[3]奉敕篆额

惟我皇元，受天明命，太祖皇帝起兵之四年，畏兀氏国主巴而术阿[4]亦都护举国来附，从征西方，有大勋劳于王室。列圣御极，嘉其效顺，世为昏姻，富贵不绝。论者以为其国之君臣明炳几先，以能若此。今考诸中书平章政事臣斡栾之先世，盖可知其大略焉。至正十八年四月乙亥，臣素承诏，铭其先茔神道之碑，未遑有所论著。监察御史上疏言："臣斡栾之忠勤，请加封其先以王爵。"于是其考忻都公得封西宁王。二十二年六月丙子，申命述铭，仍敕臣璪书丹，臣敬伯篆额。臣素尝闻臣斡栾世为北庭名族，其曾大父讳哈剌，仕其国为哈剌罕里朵朵之官，哈剌罕里者捍卫御患之称，朵朵者国老之职。国初实辅翼其主，来归我朝，居官治民，克尽乃职，兴利去害，屡献嘉谋，赠中奉大夫[5]，领北等处行中书省参知政事、护军，追封范阳郡公。今赠资善大夫、陕西等处行中书省右丞、上护军，仍故封。娶夫人塔海浑主于都罕忽思之地，受其国封阿纳帖临，今追封范阳郡夫人。大父讳阿台不花，气刚力勇，临难不变。初，右丞公疾甚，属之以恒加谨慎，勿坠先业。凡右丞公所欲为之事，皆力为之。厥后亲王都瓦不思麻□，从亦都护火赤哈儿宣力靖难。已而北庭多故，民弗获安，乃迁国火州，增城浚池，一志坚守。都瓦等将兵十二万逼城下，因亲冒矢石，以建奇功，遂授持节仪卫之官，仍封答剌罕之号。亦都护来朝，挈家以从，跋履险阻，行次永昌，相其土地沃饶，岁多丰稔，以为乐土，因定居焉。既没之后，初赠亚中大夫、集贤直学士[6]、轻车都尉[7]，追封范阳郡侯；进正奉大夫、甘肃等处行中书省参知政事、护军，追封范阳郡公；再进资善大夫[8]、陕西等处行中书省右丞，上护军，依前范阳郡公；又进荣禄大夫、甘肃等处行中书省平章政事、柱国，追封秦国公。夫人讳书麻，初封同其姑，今追封秦国太夫人。子男三人：曰帖孔不华；曰阿怜不华；曰忻都；俱受答剌罕之号。忻都则为斡栾之父也，生于至元九年十月。常训诸子曰："若曹年少，不知稼穑之艰难，宜务农治生，当力行善事，毋染恶习，思父母生成养育之恩。与人交，毋挟贵势，毋侮卑贱，择胜己者而友之。出而仕也，必廉慎自持，尽忠于君，爱民如子；不陷刑辟，名垂后世。若曹其思之。"盖其为人笃实，自将不自表襮，故州里咸知敬仰云。至顺三年正月庚寅卒，享年六十，葬永昌之在成里。初封奉训大夫[9]、礼部郎中、飞骑尉、大兴县男，赠中顺大夫、礼部侍郎、上骑都尉，追封范阳郡伯；再赠嘉议大夫[10]、礼部尚书、上轻车都尉，追封范阳郡侯；又赠资德大夫、陕西等处行中书省右丞、上护军；追封范阳郡公；又赠荣禄大夫、甘肃等处行中书省平章政事、柱国，追封蓟国公。至是追升王爵，命祠臣为制词。夫人讳卜颜真，大王之师兀哈里之女，受封大兴县君、范阳郡君、郡夫人、郡太夫人、蓟国太夫人而没，今追封西宁王夫人。生于至元十九年九月，没于至正十八年六月辛巳，享年七十有七。子男六人：曰孛罗不华；曰卜颜；曰伯颜，汴梁路[11]同知汝州事；曰秃鲁，亦集乃路[12]总管；曰迭礼弥实，金书枢密院事。孙男五人：曰不华，甘州路[13]总管府判官；曰明理不华；曰拜住，甘肃行省左右司郎中；曰岳鲁不花，监修国史府参军；曰札木赤。臣斡栾则第二子也，繇直省舍人，历大司农司经历、监察御史、吏部员外郎、兵部郎中，升侍郎、湖南浙西江东三道肃政廉访副使、大都路[14]达鲁花赤、中书左司郎中、吏部尚书，参议中书省事、大都留守、云南行省参知政事、同知宣政院事，再为大都路达鲁花赤、御史台治书侍御史、同知枢密院事、中书右丞，遂为平章政事，三升其位，进阶银青荣禄大夫，寻换金紫被玉印、只孙衣、金束带之赐。臣素叨陪，臣斡栾久在政府，观其聪明典重，通达政务，扬历中外，令闻孔昭，以故位登极品，受知皇上，赐爵受封，宠荣褒大，诚非一日之积。况显被明诏，推求本原，刻在金石，式劝臣僚。臣素不安，尝职史官，弗敢以固陋辞，乃拜手稽首，为之铭诗，表于神道，以侈上恩，昭示厥后。其词曰：

畏兀有国，久在北庭。荩臣孔武，可以干城。折冲御侮，壮气冯陵。转徙姑臧，胤绪绳绳。蔚彼乔木，盘根九京。沄沄流泉，发原泓渟。维我西宁，葆厥幽贞。克笃于善，先民是程。繄尔嗣人，蕃仕大廷。翼翼自持，弗暴弗矜。忠孝之训，夙夜服膺。锡命便蕃，奕世光荣。在成之里，有岿先茔。执政承诏，刻词幽扃。积善弥远，晔其云仍。烈烈终古，载扬休声。

至正二十二年岁次壬寅十月吉日立石。

西宁王忻都公碑碑阴蒙古文拉丁字母转写

【碑额】

1. yeke Mongγol ulus-tur

2. ǰrlγ-iyar Si ning

3. ong Indu-da

4. bayiγuldaγsan bii tas buyu

【碑文】

1. ǰrlγ-iyar Dai Ön yeke Mongγol ulus-un Si ning ong Indu-da bayiγuldaγsan bii tas buyu:

2. ǰrlɣ-iyar ǰungšu šingun sanǰing Ui Suu-yi bii tas-un ayalɣus-i ǰoqiyaɣulbai: Ting gui gung siken dai kauši ǰang Ki-yi bičigülbei: ǰungšu šingun yiučing Činging bai-yi manglai-yin üsüg-i bičigülbei: ǰungšu šingun soočing Esenbuq-a-yi mongɣolčilan orčiɣuluɣad uiɣurčilan bičigülbei:

3. mongke tngri-yin ibegeliber yeke Mongɣol ulus-un qan-i narbai-yi nigedkegülün ǰayaɣadaɣsabar delekei-yin eǰen

4. Činggis qaɣan tngri-yin ǰoriɣ-i daɣan ümedü ɣaǰar-ača yeke üile-yi bütügen altan beyeber ulus qamun ayalan yabuɣsan dötüger on-dur Uiɣudun qan inu Barčuɣ Ard iduɣ qud medelün irgen-iyen abuɣad oroǰu

5. suu-tu

6. Činggis qaɣan-i daɣan baraɣun eteged Sartaɣčin ayan ayalan yabuǰu ǰub ǰugiyer küčü öggün ulus qamulduɣsan-u silta-ɣabar olan-ča dotun-a soyurqaɣdaɣsan aǰuyu: qoyin-a qad qad-un čaɣ-tur ber iduɣ qud-un sayibar oroǰu ulus-un emün-e küčü öggügsen ǰerge-yi inu degeǰilen soyurqaǰu anda

7. quda uruɣ barilduɣsan-ča eǰiy-e kürtele egüri urtu-da soyur-qaɣdaqu siltaɣan kemebesü iduɣ qud öber-ün tüsimel-iyer-iyen iregei-üdügüi üiles-i urida böged uqaǰu tngri-yin ǰoriɣ-i daɣan yabuɣsabar bolbai ǰ-e edüge ǰungšu šingun bingǰang Oron-u uridus-un uǰaɣur barilduǰu iregsen-i ǰergeber

8. ügüley-e ǰi ǰing qorin qoyaduɣar on dörben sara-dur

9. ǰrlɣ-iyar bi Ui Suu-yi bingǰang Oron-u uridus-un kegür-tür bayiɣuldaqu bii tas-un ayalɣus-i ǰoqiyatuɣai kemegsen-dür ǰoqiyan egüskeǰü daɣusuɣai-üdügüi-e basa gemčas bičig-iyer duradqar-un degedüs-e Oron-u čing ünen-iyer küčü öggügsen ǰerge-yi uqabasu uridus-a inu ong ner-e neme- gdekü bui kemen

10. ǰungšu šingun noyad-iyar öčigülbesü ečige inu Indu-da Si ning ong ner-e soyurqaǰu ögbei mön on ǰirɣuɣan sara-dur basa bi Ui Suu-yi bii tas-un ayalɣus-i ǰoqiyaɣulun: ǰanki-bar bičigülün: Činging bai-bar manglai-yin yeke üsüg-i bičigülün: Esenbuq-a-yi mongɣolčilan orčiɣuluɣad biči-gültügei kemen

11. ǰrlɣ boluɣsan-u siltaɣabar bi Ui Suu ulam-ča bolɣabasu bingǰang Oron uǰaɣur baraɣun eteged Bis Baliɣ-a nuntuɣ-tu uǰaɣur-tan-u uruɣ aǰuɣu: elinčüg inu Qar-a Uiɣud-un ɣaǰar-a böküi-dür iduɣ qud-ta qalqanliɣ totoɣ ner-e ögtejü noyalan yabuɣsan aǰuɣu: qalqan kemebesü gerisge metü ɣaǰiɣu dayisun-i

12. qalqalaǰu qariɣulqu-yi kemeyü: totoɣ kemebesü ötögüs-ün guiloɣu ner-e inu aǰuɣu:

13. suu-tu

14. Činggis qaɣan tür-ün ulus qamun yabuqui-dur mön qalqanliɣ Qar-a totoɣ iduɣ qud-tur südkün duradqaǰu

15. suu-tu

16. Činggis qaɣan-u er-e-yi ülü ǰobaɣan aɣta-yi ülü kölörgen sayibar oroǰu küčü öggügseber

soyurqaɣdaǰu irgen ǰasa- ɣulun tüsigdebesü egenegte degedüs-e ačilan küčü ögkü-yi erkilen ulus-a qour-tu üiles-i eten tus-a-tu-yi yabuɣuluɣsa- bar olan-a masi sayisiyaɣdaɣsan aǰuɣu. ene ayan imayi wungsinglar-un

17. si šen daiwu Šamsi dingču qing ǰungsu šingun yiučing Wan yang gün gung ner-e soyurqaǰu öggüged gergei inu Taɣai qunčui Tuɣan Qus neretü Uiɣud-un ɣaǰar-a böküi-dür iduɣ qud-ta Ana tegrim ner-e ögtegsen aǰuɣu. ene ayan Wan yang gün wušin ner-e soyurqaǰu

18. ögbei: ebüge inu Ataibuq-a qataɣu ǰoriɣ-tu baɣatur ǰirüke-tü bökü-yin siltaɣabar ada-tu üile-dür učirabasu ber qataɣu ǰoriy-iyan ülü qariɣulun aɣsan aǰuɣu: qoyin-a elinčüg inu Qar-a yiučing ebedčin kürteǰü alǰangɣu boluɣsan-dur kö-begüd-iyen iregülǰü geriyes üge talbir-un

19. ta ülü untuɣaitan nasuda uruɣsi ǰigdün kičigen yabuqu-yi erkileged uridus-un sayin ner-e-yi buu ɣutuɣadqun keme-gdegsen-ü tula mön Ataibuq-a bingǰang üileddekü ken üiles-i ülü üleden čidaqui-ča güičegen üiledügsen aǰuɣu: qoyin-a Duu-a Busm-a-tan

20. köbegüd bulɣ-a bolbasu mön Ataibuq-a Qočgar iduɣ qud-i daɣan yeke törü-yin emün-e küčü öggün yabuɣad bulɣ-a-yi burčiɣsan-u qoyin-a basa Uiɣud-un ɣaǰar-a Bis Baliɣ-tur čerig ayan-u üile ǰedkür boluɣad ulus irgen toɣtaɣan yadaǰu（？）dumduɣalǰaɣsan-dur

21. Qar-a Qočo-dur negüǰü ireged qotod balaɣad nemen bosqaǰu quruɣan ba yoɣurɣas erügülün nüdügülǰü ulus-iyar-iyan bolǰu ɣaɣča ǰoriɣ-iyar qoton bekilen sitügeleldün böküi-dür Duu-a-tan köbegüd arban qoyar tümed čerigüd-iyer qoton-u čaɣada kürčü bürin qadqulduqui-dur

22. mön Ataibuq-a üküküiben ülü talɣan yeke törü-yi sedkiǰü beyenggedün sitügeleldün qadqulduɣad olan-ča uruɣsi ya-buǰu temdegtei-e küčü öggügsen-ü siltaɣabar imayi itegeltü tuɣ-tu čerigüd-ün noyan bolɣan tüsiged darqan ner-e ber öggügsen aǰuɣu: qoyin-a iduɣ qud

23. deger-e aɣulǰan ɣarču irebesü mön Ataibuq-a aɣruɣ-iyan abuɣad daɣan ireküi-dür ǰobalang-ud-i ülü talɣan ǰaɣur-a berke čöl-nuɣud-i tuɣuluɣad Yungčang-dur kürbesü ɣaǰar usun-u nayir ǰoqis-tu amun künesün elbeg-tü-yin tula dotuaɣan oyisiyaǰu orusin Yungčang-a

24. nuntuɣlaɣsan aǰuɣu: mön Ataibuq-a ǰob es-e boluɣsan-u qoyin-a angq-a urida ya ǰung daiwu sangon-iyar siken ǰi kauši ner-e nemeǰü öggüged darui-dur basa ǰing wung daiwu ramǰu šingun samǰing bolɣaɣad udaɣaran basa kü si šan daiwu Šamsi singun yiučing ner-e

25. nemeǰü ögčügü ene ayan basa yunglu daiwu ramǰu šingun bingǰang ǰingši ǰuu gui ǰui wung Sin gui gung ner-e nemeǰü öggüged ǰob es-e boluɣsan gergei inu Šumaɣ-a qadum eke inu Taɣai qunčui-da soyurqaǰu öggügsen ner-e-yin yosuɣar ner-e nemeǰü ögbei: qoyin-a Sin gui tai wušin

26. ner-e ögčügü: köbegüd inu ɣurban aǰuɣu: yekemed inu Terkün Buq-a: ded inu Alinbuq-a: ɣutuɣar inu Indu kcmc-bcsü bingǰang Oron-u ečige inu aǰuɣu: mön Indu esen böküi-dür-iyen nasu köbegüd-iyen soyün surɣar-un ta köbegüked nasun üčügüken ali-be ǰobalangud-i es-e

27. üǰebei tariyan-u üile-yi erkileǰü ǰub ǰugiyer-iyen aman qoɣulai teǰigen qataɣuǰiɣad čidaqui-ča sayin üile üiledčü maɣui üile buu böged üiledüdkün ečige eke-de törö-güldegsen ba teǰiyegdegsen ači-yi masi ［kü］ndü-de sedkiǰü yabuɣad aq-a degü kümün-lüge boduraldubasu

erke

28. omoɣ-iyan ülü ǰiɣan öber-eče dorodus üčüged-i buu basum-ǰilan öber-ečegen erdem-tü sayid-luɣ-a aq-a degü barildu ker-be

29. degedüs-e soyurqaɣdaǰu oralaɣuldabasu beyeben ariɣun-a saqiǰu kičigen uruɣsi ǰigdün yabuɣad čing ünen ǰoriɣ-iyar degedüs-e ačilan küčü ögküiben erkilen irgen-i öber-ün köbegün sibaɣun metü taɣalaǰu yabubasu ta eregü qour-tur ülü oroɣad mon-a mon-a qoyin-a

30. sayin ner-e tanu egüride aldarsiɣuldamui ǰ-e edeger üges kemebesü tan-a uqaɣdaqu bui kemegsen aǰuɣu: mön Si ning ong Indu egenegte čing ünen ǰoriɣ-iyan beye-yin （？） ačan bolɣan erkileǰü yabuqu-yin tula ɣaǰarliɣ ele irgen imayi kündülen aɣsan aǰuɣu:qoyin-a

31. ǰi šün qoyaduɣar on qubi sara-yin arban dörben-e ebedčin kürteǰü ǰob ǰiron nasun-dur-iyan tngri-yin ǰayaɣan-a güi-čegdebesü yasun inu Yungčang-un ǰegün eteged Gün Mören-ü qiǰaɣar-a orusiɣuluɣsan aǰuɣu: imada angq-a urida wung kün daiwu libu

32. -yin langǰung ner-e soyurqaǰu öggüged darui ǰung šün daiwu libu-yin šilang ner-e nemeǰü öggüged udaɣaran basa ga yi daiwu libu-yin čangšu ner-e nemeged basa si dii daiwu Šamsi šingun yiučing bolɣaɣad basa yunglu daiwu ramǰu šingun bingǰang bolɣaɣad basa Gi gui gung

33. ner-e nemeǰu ögčügü: ülü udan darui-dur basa Si ning ong ner-e soyurqaǰu öggüged qanlim ön-ü noyad-iyar （？） sitiu kemekü silüg-tü

34. sön bičigülǰü öggüged Si ning ong-un wušin inu Buyanǰin kemebesü Köden eǰen-ü or-a saɣuɣsan Ging ong-un baɣsi Uqari-yin ökin inu aǰuɣu. angq-a urida wungsinglar-un Dai qing ken gün bolɣan: nögüge-te Wan yang gün gün ner-e öggüged. Ɣutuɣar

35. -ta Gün wušin ba Gün tai wušin: Gi gui tai wušin ner-e öggüged ǰob es-e boluɣsan-u qoyin-a ene ayan basa Si ning ong wušin ner-e soyurqaǰu ögbei: mön Si ning ong tai wušin ǰi ǰing arban naimaduɣar on ǰirɣuɣan sara-yin

36. arban dörben-e ǰob dalan doluɣan nasun-dur-iyan ebedčin-iyer ügei bolǰuɣu: imada-ča ǰirɣuɣan köbegüd törögsen aǰuɣu: yekemed inu Bolodbuq-a: ded inu ǰungšu šingun bingǰang Oron: Ɣutuɣar inu Buyan dötüger inu Bayan Suu ǰiu-yin tungǰi boluɣsan aǰuɣu: tabtuɣar inu

37. Tuɣluɣ edüged-tür Isin-a čölge-yin sunggon: ǰirɣuduɣar inu Derbis čümui ön-ü sem ön bui: ači köbegün inu tabun aǰuɣu: Buq-a ramǰu čölge-yin wubun:Manglaibuq-a ramǰu gongwu: Baiǰu qing yamsi ön-ü tüsigün:Yolbuq-a gem siu gui ši wuu-yin samgün:

38. ǰamuči: mön bingǰang Oron kemebesü Si ning ong-un ded köbegün inu aǰuɣu: tür-ün üile-dür barildur-un ǰišing šešin-ča dai sinungsi-yin gingli: ü tai-yin gemča üši: libu-yin ön uilang bingbu-yin langǰung bolɣad mön bu-yin šilang iɣduriɣulǰu

39. yabuɣad Quu nam ǰesi Gang dung Ɣurban dau lemwangsi-yin wuši tüsigdeged Daidulu-yin daruɣači ǰungšu soo si langǰung: libu čangšu: šingun samyi Daidu liušu: Qaraǰang šingun samǰing: sönǰing ön-ü tungǰi: basa Daidulu-yin daruɣači: üsi tai-yin ǰišu: čümui ön-ü tungǰi:

40. ǰungšu šingun yiučing boluɣad darui-dur degegsi iɣduriɣulǰu bingǰang bolɣan

tüsigdeged udaγaran basa γurban-ta üyelen degegsi iγduriγulun soyurqaγdaǰu ǰungšu šingun aqalaqu bingǰang tüsigdeged yin sing yunglu daiwu sangon ögteǰü yabuγad darui-dur basa gimsi gonglu daiwu

41. sangon nemeǰü öggüged qas nisan ber subutu ǰisün altan büs-e soyurqaγdabai: bi ǰ-e Ui Suu bingǰang Oron-luγ-a nigen yamun-dur egüri od qamtu neyite soyurqaγdaǰu üile qadaγalan tüsigdegsen-če bolγabasu aγali inu ǰibqulang deger-e oyin inu gegegen ulus-un yeke

42. üile-dür dadmaγai bökü-yin siltaγabar dotur-a ba γadan-a üile-dür tüsigdegsen-dür ǰob yabuγsan sayin ner-e inu olan-a temdegtei-e uqaγdaγsabar

43. suu-tu

44. qaγan soyurqaǰu imayi tulqu ner-e-dür kürgeged ulus-un yeke üile-yi qadaγalaγulǰu üde manaγar （ ？ ） kegüdel ügei

45. altan čirai-dur oran γarun yabuǰu asaraγdaγad öber-ün beye qad-ta ner-e ber soyurqal uridus-tur-iyan ba ong ner-e kiged soyurqaγulqu kemebesü γaγča nigen üdür-ün kičigel qataγuǰil-iyar güičegsen busu egenegte uidqari ügei üǰü- gülen küčü öggügseber ayin soyurqaγdabai ǰ-e

46. qaγan eǰen manu Oron-i ene metü belgetüi-e soyurqan küčü öggügsen ǰerge-yi inu uǰaγur-ča üǰügür-tür kürtele biči- gülǰü bii tas-tur čoγulγaγulqu siltaγan kemebesü uruγsida düri dürsü bolγaǰu olan tüsimel-i qomuγalǰa γulqu-yin tula buyu ǰ-e: bi üčügüken boγol tüsimel Ui Suu ülü čidaqu budaγu oyitu

47. kümün bögetele urida tobčiyan ǰ-e qadayalaysan-ača silta-yalan yadaǰu ayuγad nemiged bii tas-un ayalγus-i silüg selte ǰoqiyaǰu nögčigsen uridus-un anu ner-e-yi iren odun yabuqu mör deger-e bayiyulqu siltayan kemebesü

48. degedüs-ün kündü ači-yi busiren sedkiǰü edügülün aldarsi-γuluγad qoyitus-i ber qomuγalǰaγulqui-a buyu ǰ-e

49. beler-če Uiγud-un qan inu:
Bis Baliγ-a orusin saγun aǰuγu:
berkesiyel ügei baγatur er-e töröǰü:
bekileǰü ulus-iyan sayitur ǰarčimlaǰuγu-:-

γaǰiγu dayisun-i qalqalaǰu oyir-a es-e qalγaγsan:
qaltaril ügei qadqulduǰu sayiban oldaγsan:
qadaγalaγsan mingγan-iyan abuγad Qamil-a talbiγsan:
50. qaγan-a küčü öggün negüǰü Yungčang-a nuntuγlaγsan-:-

ösküleng urtu modun urγubasu ele oi-dur:

uǰaɣur inu gün-e ündüsüleyü ötegen-ü küi-dür:
ülü töridün debülbesü bulɣ masuda urusqal-dur:
urusuɣad naɣursiǰu ülü sirgiyü ali-be čaɣ-tur-:-

51. qaɣan-ča Si ning ong ner-e soyurqaɣdaɣsan Indu:
qaladaǰu köbegüd-iyen bariɣuluɣsan aǰuɣu: čegeǰiben（ ？ ）nimtu:
ɣaɣča Oron-u küčü öggügsen-iyer ǰob inu kündü:
qamuɣ bügüdeger neres-iyen bičigülbei bii tas-tur qamtu-:-

köbegüd uruɣ činu qotolaɣar:
kereglegdeǰü ǰergeber noyalabai:
gerelǰü ǰasaɣ-ča beyes-iyen saqiquibar:
52. ken-e ber maɣui es-e kemegdebei-:-

surɣaǰu ele öggügsen soyüger-i činu:
söni üdür saqiǰu es-e（ ？ ）onurdabai:
suu ǰali-yi ǰalbariǰu yabuɣsabar:
soyurqal kürtebei ükügsen ba amidu-dur-:-

ɣadan-a Gün Mören neretü sildegen-dür-i:
ɣayiqamsiɣ-a bosqaǰu amu kegür-ün ger-i:
53. qaɣan-u ǰrlɣ-i saisang-ud-ta kürtegsen-dür-i:
qaɣalɣ-a-dur činu bii tas bayiɣulbai yeke-de teli-:-

urtu-da üiledügsen-iyer sayin udq-a:
uruɣ-iyar manduba öbedegsi saɣča:
ülü ele uyidun baribasu sedkil-iyen ɣaɣča:
uruɣsi-da maɣtaɣulqu-yi yaɣun erütele bui tan-a-:-

54. ǰi ǰing qorin qoyaduɣar on bars ǰil arban sara-yin arban qoyar-a bayiɣulbai -:-sadu sadu-

:-

西宁王碑 1

西宁王碑 2

西宁王碑 3

西宁王碑 4

西宁王碑 5

【注释】

［1］西宁王忻都公神道碑，元至正二十二年（1362）十月立。今存武威市凉州区永昌镇石碑沟村。碑通高580厘米，宽149厘米，厚45厘米。其中碑身高282厘米。碑首刻蟠螭，上刻篆书"大元敕赐西宁王碑"八字。碑正面为汉文，32行，行63字；背面为回鹘式蒙古文。忻都公之子斡栾是元朝的中书平章政事，元惠宗为表彰其先祖功勋，加封忻都公为西宁王，并诏命制作《西宁王忻都公神道碑》，于1362年立于忻都公墓地。主要著录：《陇右金石录》《回鹘氏蒙古文文献汇编》（蒙古文）；《忻都王碑文研究》《武威金石录》第92页；《武威市文物志》《西北民族碑文》《甘肃古代石刻艺术》《西域碑铭录》。相关研究参：Francis Woodman Cleaves ,The Sino-Mongolian Inscription of 1362 in the Memory of Prince Hindu,*Harvard Journey of Asiatic Studies*.vol.12,1949；李盖提（L.Ligeti）《古典时代之碑铭》（Monuments Pressclassiques）Ⅰ，载《蒙古语碑铭汇编》（Monuments Linguae Mongolicae Collccta）Ⅱ，布达佩斯（Budapest），1972。

［2］危素（1303—1372），字太朴，号云林，江西金溪人。元末明初历史学家、文学家。《明史》有传。曾参与编修宋、辽、金三史。有著作《危学士文集》等传世。

［3］郭敬伯，生卒年不详。元朝大臣陈颢次子。至正年间任中书参知政事、左丞、右丞。至正二十七年（1367），拜中书平章政事。

［4］巴而术阿，即巴而术阿而忒的斤，为13世纪初高昌回鹘的亦都护。《元史》有传，记载其事迹颇详。1209年，杀辽之监国投靠成吉思汗，1211年，巴而术阿而忒的斤朝见成吉思汗，成吉思汗将女儿也立安敦公主嫁给他。后随成吉思汗征你沙卜里，征河西，皆有大功。其卒后，次子玉古伦赤的斤嗣。《元史·巴而术阿而忒的斤传》即取材于虞集所撰写的《高昌王世勋之碑》。

［5］中奉大夫，官名。北宋前期置为正四品下阶文散官，神宗元丰（1078—1085）改制废。徽宗大观二年（1108），以左中散大夫改置，为从五品寄禄官。金、元皆置，为文散官四十二阶第十四阶。金从三品下；元从二品，宣授。

［6］集贤直学士，官名。唐开元十三（725）年置集贤殿直学士，以六品以下官为之，掌刊辑经书，地位次于学士。元代集贤院亦置直学士，员额二人，从三品。地位在大学士、学士、侍读学士、侍讲学士之下。

［7］轻车都尉，官名。唐高祖武德七年（624）改开府仪同三司置，为从四品上勋官。宋初因之，为从四品勋官。徽宗政和三年（1113）罢文臣勋官，只授武臣及蕃官。金、元沿置。金为十二勋阶第六阶，从四品。元为十勋阶第六阶，从三品，只用于封赠。

［8］资善大夫，官名。金代文阶官正三品下称资善大夫，元代为文散官正二品下，明代为正二品初授之阶。

［9］奉训大夫，官名。金始置，为文散官，以授从六品下文官。元朝沿置，改文官为从五品，宣授。

［10］嘉议大夫，官名。金始置，为文散官，授正四品下文官。元朝改文官正三品，宣授。

[11] 汴梁路，元至元二十五年（1288）改南京路置，治所在开封、祥符二县（今河南开封市）。明洪武元年（1368）改为开封府。

[12] 亦集乃路，元至元二十三年（1286）以西夏黑水镇燕监军司改置，治所在亦集乃城（今内蒙古额济纳旗东南哈拉和图）。

[13] 甘州路，元以甘肃路改名，治所即今甘肃张掖。明洪武五年（1372）改置甘州卫。

[14] 大都路，元至元二十一年（1284）改大兴府置，治所在大兴、宛平县（今北京城）。明洪武元年（1368）改为北平府。

明代通化门石匾[1]

凉州卫指挥使司立
通化门[2]

明通化门石匾

【注释】

［1］通化门石匾，明代洪武年间（1368—1398）刻。石匾高125厘米，宽70厘米，厚13厘米。原嵌于武威城北门，1939年拆下。石匾背面为元代的敏公禅师碑，当为此碑的二次利用，现藏武威文庙。主要著录：《武威金石录》。

［2］据乾隆版《武威县志·建置志》记载："武威置自汉武帝，城郭基址不可考。旧志：唐李轨筑，周一十五里，高四丈八尺。明洪武十年，都指挥濮英增筑三尺，共高五丈一尺，厚六尺。周围减去三里余，止一十一里零一百八十步。旧有东南北三门，后宋晟增辟西门，建东南北大城楼三，吊桥四，濠深二丈许，阔三丈许，郭如之。周城建箭楼、递铺三十六，北城西独建高楼一座，可以远望，月城西深一丈四尺，阔六丈八尺。万历二年，经督抚题请，大城用砖包砌。东关长一里许，阔百五十步，为门二。四十五年，分守参议张，创开新南门，曰'兴贤'，与文庙相向，嗣因警守不便，仍闭。乾隆三年，凉庄道阿，补修城垣及箭楼、女墙、角楼。"凉州总兵宋晟又对武威城进行了大规模的增修的时间是洪武二十四年（1391）。我们推断，此通化门石匾的刊刻年代当为濮英或宋晟在凉州任职期间，即1377—1391年。据王其英主编的《武威金石录》称：北城门，名为通化门，城楼叫做"万青楼"，悬挂匾额为"大好河山"。北门吊桥阁楼叫做真武阁楼，又称北门楼子。据说北城门楼柱上有一眼孔，向北可望见百里之外的民勤县城，被称为"千里眼"。

明重修罗什寺碑[1]

夫圣迹之废兴者，闻见亦多矣，是乃天地之循环，造化之呵护也，故存则废而复兴，记天地之循环者佛也，造物之呵护者神也。然废而复兴者，非佛天之有循环，地灵之所固守，岂能兴焉？是以废而复兴者亦有人力之所造也。

凉州古今边城之胜景，州之北隅，有福地浮图存焉。其下寺堂基址，瓦砾堆阜，榛莽荒秽，比丘不存，亦不知其寺之名，灰烬久矣。其所废者，岂非天地循环者乎？永乐元年癸未春，鄱阳善人石洪从军张掖，以老弱居凉州。洪性善竭诚，欲葺盖就，命工开浮屠，于顶心得银牌凿字记其额曰"罗什寺"，乃姚秦时三藏法师鸠摩罗什之所建塔寺也。洪曰："此天地循环造物呵护。"于是顶木塔，日化缘于市，州之人见其诚善，趋施之。洪乃剪荆棘，拾瓦砾，聚木植，二年甲申秋八月，立木起正殿，至六年戊子殿成，余到寺竭力同心，装像彩壁俱毕。十三年乙未，余木又起观音、罗汉二小殿，东西两庑，彩塑皆完。其所以复兴者，亦由人之所造，岂非造物之呵护者乎。

洪揖余而言曰："吾一新罗什寺，经营于葺缮完，上以福国，下以康民，老愿足矣。先生为作文以刻石。"余辞不获，洪乃述其本末，请勒于石，并作诗于后，云："稽首教主大法王，瞳瞳慧目照八荒。天下圣迹处处昌，拔渡众生登慈航。鸠摩罗什居西凉，高敬塔寺建道场。思来煨烬真感伤，惟存浮图摩青苍。地灵守护岁月长，石洪诚心势莫当。披发顶塔如佯狂，日日叫佛化四方。州人趋施布津梁，经营数载成殿堂。塑像彩壁增辉光，愿以福国保民康。皇图永固乐家邦，圣寿万万福无疆。"

时大明永乐十七年岁次己亥三月己巳朔越二十日甲子。

善人石洪立。前乡举子浙江□□□□廖处恭撰。凉州卫儒学黄恭篆额，□□仲书丹。

【注释】

［1］重修罗什寺碑，明永乐十七年（1419）三月二十日立。原碑已佚，碑文存《武威县志稿》，2010 年罗什寺据碑文重新刻碑，新碑今立于武威罗什寺。今据《武威县志稿》进行录文。主要著录：《武威县志稿》《武威金石录》《武威市文物志》。

明重修凉州白塔记碑[1]

【碑阳】

重修凉州白塔志

凉州为河西之重镇，距城东南四十里有故寺，俗名白塔，不知起于何代，原其本乃前元也㷝火端王[2]重修，请致帝师撒失加班支答[3]居焉。师后化于本寺，乃建大塔一座，高百余尺，小塔五十余座，周匝殿宇非一。元季兵焚，颓毁殆尽，瓦砾仅存。宣德四年，西僧妙善通慧国师锁南监参[4]因过于寺，悯其无存。乃募缘重修寺塔，请命于朝，赐寺名曰庄严。宣德五年六月，塔先成，所费甚重，肃王殿下捐泥黄金，特命锁南监参等缮写《大般若经》一部，凡二十四函，计三百卷。不月而成，施赉无量，仍造小塔十万，实于大塔之心。及钦镇甘肃太监王安、平羌将军都督刘广、都指挥使吴升及诸檀善等，由是书此志于塔中，俾后之君子知其所自，千百载后同善之士幸勿毁之，义与存之，共布福惠，岂不美乎。谨志文。

大明宣德五年岁次庚戌六月吉日。

【碑阴】

ༀ

ཨཿ

ཧཱུྃ

1. ༄༅།། ལྷ་ཀླུ་ལ་མཆོད་རྟེན་དཀར་པོ་གསར་དུ་བཅོས།

2. པའི་གར་ཆགས། མཁར་གྱི་ཤར་ལྷོ་མཚམས། ས་ལེ་བར།

3. པའི་བཅུ་བན། ཤུར་རྒྱའི་རྒྱལ་པོ་གང་གི་རིང་ལ་བཞེངས། མི་ཤེས།

4. པའི་སྟེ་རྗེང་པ། དེ་ནས་མི་ཚུག་གི་རིང་ལ་ཡང་གསོས། དེ་ནས་ཚོར།

5. རྒྱལ་པོའི་དུས། རྒྱལ་བུ་ཨེ་ཆེན་ཀོ་ཏུན་གྱིས། ས་སྐྱ་པན་ཆེ་ད་གདན།

6. དྲངས། མི་འདི་བཞུགས། ཞབས་ཏོག་དང་སྟེ་ལ་གཞིས་གསོལ་བས།

7. ཚོས་རྗེ་དེ་འདིར་འདུག གཏུང་རིང་ཞིབ་བཞུགས་པའི་གནས་ལ། མཆོ

8. ཉེན་འདི། འཕགས་པ་དེ་ཕྱིར་བཞིངས་པ་ཡིན། ཕྱིར་དམིགས་པོ་ཆོས་མེ་བཏང་

9. ཐམས་ཅད་མེད་པར་བཏང་འདུག།། ༈ དུའི་མིང་ཙོན་དེ་ལོ་བཞི་པ་ལ།

10. བོད་ཀྱི་བན་དེ་ཆུའེ་ཞེན་ཕུའི་གུ་ཕྲི་བསོད་ནམས་རྒྱལ་མཚན

11. འགྲོ་རིས་ལ་དགོན་ཤུལ་འདིར་སྐྱེག། སེམས་བསྐྱེད་བྱས། ལྷ་ཁང་དང་མཆོད་རྟེན་གསོ

12. བ་བསོད་སྙོམས་བྱེད་པ་དང་། གང་དུ་ཞུབ་བཏང་བ་ལ། རྒྱལ་པོའི་ཡུང་གིས

13. ཆོང་ཡན་སྟེ་ཞེས་བཏགས་ཏེ་མེ་གནང་བ་ཡིན། ཙོན་དེ་ལོ་ལྔ་པ། ཟླ་བ

14. དྲུག་པའི་ཡར་ཚེས་ལ། སྣར་མཆོད་རྟེན་གྲུབ་པ་ཡིན། དང་པ་ཆན་རྣམས་ཀྱི་རྒྱུ་དངོས་པོ

15. མང་པོ་སོགས་ལས་ཀ་ཤིན་ཏུ་ལྕི་མོ་བྱུང་། ཡང་རྒྱལ་བུ་ཙུ་སྲུང་ཏེ་ཁལ་གྱིས་དང་པ་བྱས།

16. བསོད་ནམས་རྒྱལ་མཚན་ལ་ཆོས་སྤྲད་པའི་གློགས་བཚལ་ནས། གསེར་གྱིས་ཡུག་དུ་ལ་པ

17. བཅུ་བཞི་པ་བར་པོ་ཤུམ་བརྒྱ་བ་བཞིངས་པ། མགྱོགས་པར་གྲུབ་པ་ཡིན། ཚ་ཚ་འབུམ

18. གཏེར་ཅིག་བཏབ་ནས་མཆོད་རྟེན་ཆེ་བའི་ནང་ན་བཞུགས་ཡོད། གློགས་ཕྲན་པ་ཡང་།

19. ཅིན་ (?) ཀ་ཤུའི་ཕའི་ཀྱིན་ཤུང་འན་དང་། ཆུང་ཕིན་གོན་ཕིང་ཕིང་ཆང་ཆུན་གྱི་དུ་དུ་ལུ་གོང་དང་

20. དུ་ཞི་ཕྲིམས་པའི་གཙོ་བོ། དུ་དི་ཧུའི་ཤུང་ཤིང་གིས། གསོ་ཐམས་སྙིན་བདག་དང་པ་ཆན

21. རྣམས་ཀྱིས། ཀར་ཆགས་འདི་མཆོད་རྟེན་ནང་དུ་བཞུགས་པ་ཡིན། དུས་ཕྱིས་ཡང་མི་ཡ་

22. རབས་རྣམས་ཀྱིས་དང་པ་མཛོད། གནོད་པ་མ་བྱེད་བྱས་ན་ཕྱིག་པ་ཤིན་དུ་ཆེ། ཡུན་རིང་དུ

23. གནས་ན། སེམས་ཅན་ཐམས་ཅན་ལ་ཕན་པ་ཡིན། དེའི་དོན་དུ་ཀར་ཆགས་འདི་བཞག་པ

24. ཡིན།། ༈ དུའི་མིང་ཙོན་དེ་ལོ་ལྔ་པ་ལྕགས་ཁྱིའི་ལོ་ཟླ་བ་དྲུག་པའི་ནང་།

25. བཀྲ་ཤིས་པའི་ཉི་མ་ལ་གྲུབ་པ་ཡིན། དགེའོ།། ༈

汉文还译：

重修凉州白塔志。（白塔）在城〔凉州〕东南四十里，是前朝古寺，不知建于何时，西夏时曾修葺。蒙古王时，皇子爱金阔端邀延萨迦班智达居焉，供奉甚恭并修缮寺院。大师在此寂化。此奉置舍利子之塔因由帝师八思巴建立。后以兵燹而荡然无存。大明宣德四年，藏僧妙善通慧国师索南坚赞每来寺址，发愿募缘修复佛殿和宝塔。呈报朝廷，皇上赐名曰庄严寺。宣德五年六月上旬，完成大塔重建，信徒们奉诸多财物及沉重劳动。肃王殿下以虔诚净信，委索南坚赞用泥金缮写《般若经》十四函计三百卷，完成甚速。又造药泥小塔十万置于大塔内。又委钦镇甘肃太监王安、总兵官平羌将军都督刘广、都司都指挥吴升为首的众檀越，将此志藏于塔内。后代君子当存净信，毁之则罪孽深重。若得以长存，必利益众生。毋使损毁！特藏此志。大明宣德五年庚戌年六月吉日立。吉祥！

重修白塔碑 1

重修白塔碑 2

重修白塔碑 3

重修白塔碑 4

【注释】

［1］重修凉州白塔记碑，明宣德五年（1430）六月立。现存武威市武南镇白塔村白塔寺。此碑圆首，通高 51.8 厘米，宽 31 厘米，厚 6 厘米。碑阳为汉文，竖排，共 15 行；碑阴为藏文，横排，正文共 25 行。藏文及汉译系转引自乔高才让《〈重修凉州白塔志〉碑文考略》（《中国藏学》1993 年第 4 期）一文。主要著录：乔高才让《〈重修凉州白塔志〉碑文考略》；王宝元《凉州白塔寺考察记》；樊保良、水天长主编《阔端与萨班凉州会谈》（甘肃人民出版社，1997 年）；魏文斌、李明华《武威白塔寺调查与研究》（《敦煌研究》1999 年第 2 期）；《武威市志》《武威金石录》；魏文斌、李明华等《甘肃武威市白塔寺遗址 1999 年的发掘》（《考古》2003 年第 6 期）；《武威市文物志》；甘肃省地方史志编委会、《甘肃省志·文物志》编委会编《甘肃省志·文物志》（文物出版社，2018 年）。

［2］也燀火端王，即阔端，为蒙古窝阔台台汗第二子（《蒙兀儿史记·漠北三大汗诸子列传第十九》叙其为第三子），1242 年开府西凉成为蒙古汗国第一位西凉王。他接受大将多达那波的建议，于 1244 年向萨班发出邀请，1247 年双方会晤于凉州，就西藏归附蒙古问题达成重大协议。（参魏文斌、李明华《武威白塔寺调查与研究》）

［3］撒失加班支达，即萨迦·班智达，简称萨班，全名为萨迦·班智达·贡噶坚赞贝桑布。生于宋淳熙九年（1182），出身西藏萨迦的昆氏家，为萨迦派第四代座主。1247 年，萨班与阔端在凉州会谈后，从凉州向全藏俗发布了著名的《萨迦班智达致乌斯藏纳里速僧俗诸首领书》（简称《致蕃人书》），《萨迦世系史》中完整地保存了其内容。从此萨班居住于凉州，积极传播佛教。1251 年萨班圆寂，阔端在白塔寺为其建灵塔。（参魏文斌、李明华《武威白塔寺调查与研究》）

［4］西僧妙善通慧国师锁南监参，又名伊尔畸（吉）·锁南监参，《明实录》等书多有记载。他是藏族人，先在凉州广善寺（即大佛寺，又称天梯山石窟）任住持，获"妙普通慧国师"封号（参见现藏甘肃省博物馆明正统十三年（1448）立《重修凉州广善寺碑铭》）后因修白塔寺，任白塔寺主持，对白塔寺的重新繁荣做出了重要贡献。（参魏文斌、李明华《武威白塔寺调查与研究》）

明建塔记碑[1]

【碑阳】

清信奉佛肃府内臣黄潮宗，法名福聚，感戴四恩覆荫，三宝维持，无由答报，谨发诚心，喜舍赀财，于凉州重兴白塔寺内，命工起建菩提宝塔一座。所集福利，专为祝延圣寿肃王[2]千秋；更祈风调雨顺，五谷丰登，国祚绵长，边疆宁谧，军民乐业，四恩普报，三有均资，法界有情，同圆种智者。

大明宣德六年岁次辛亥六月初吉日立石。

肃府内臣黄潮宗，化主妙善通慧国师伊尔吉锁南监参。

【碑阴】

ཧྲི་ཡ་ཚོ་ཾ།

献陵尊阳生刘硕书丹。

古杭儒士沈福镌字。

石工贺进。

泥水匠作头李常。

建塔记碑 1

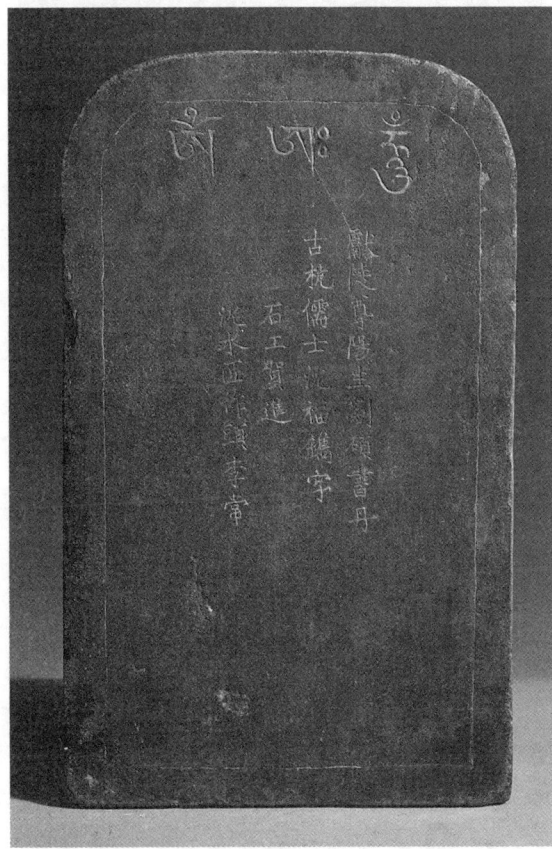

建塔记碑 2

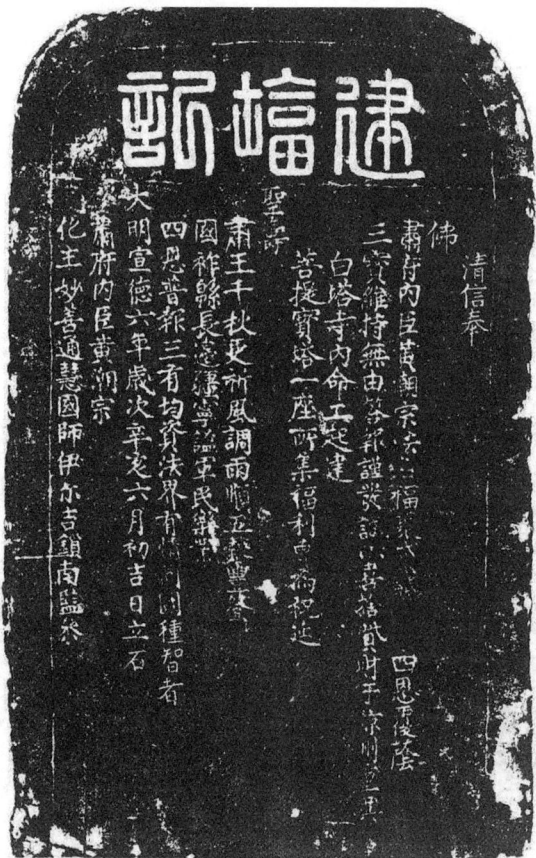

建塔记碑 3

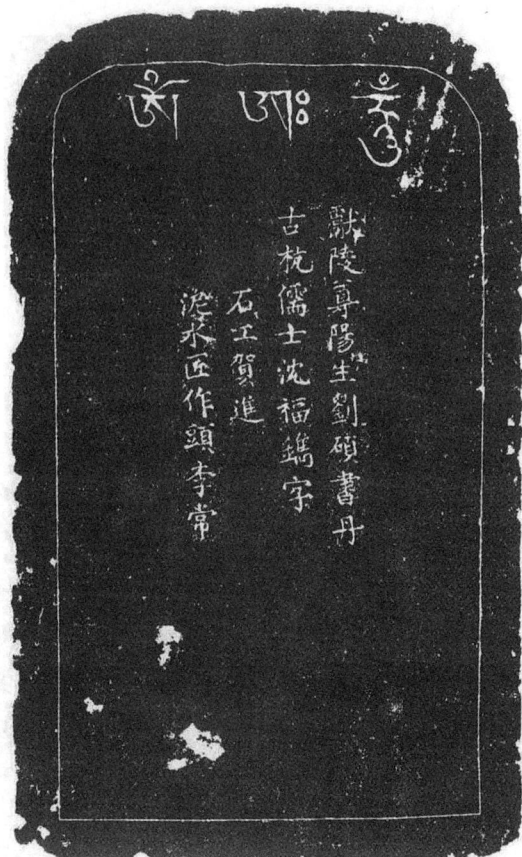

建塔记碑 4

【注释】

[1]建塔记碑,明宣德六年(1431)六月立。现存武威市武南镇白塔村白塔寺。此碑圆首,通高42厘米,宽25厘米,厚10厘米。碑阳篆额"建塔记"三字,正文共15行,楷书。碑阴额刻藏文三字,汉译为"嗡啊吽";下刻汉文4行,楷书。主要著录:王宝元《凉州白塔寺考察记》;樊保良、水天长主编《阔端与萨班凉州会谈》;魏文斌、李明华《武威白塔寺调查与研究》(《敦煌研究》1999年第2期);《武威金石录》;魏文斌、李明华等《甘肃武威市白塔寺遗址1999年的发掘》(《考古》2003年第6期);《武威市文物志》;甘肃省地方史志编委会、《甘肃省志·文物志》编委会编《甘肃省志·文物志》。

[2]肃王,即第二任肃王朱瞻焰,与宣德五年(1430)《重修白塔记碑》中所提到的肃王为同一人,据这两块碑的记载,可知肃王府及明廷对白塔寺十分重视,并参与了白塔寺的重建工作。(参魏文斌、李明华《武威白塔寺调查与研究》)

明凉州卫儒学记碑[1]

凉州卫儒学记

光禄大夫柱国少师工部尚书兼谨身殿大学士国史总裁同知经筵事建安杨荣撰

太中大夫陕西等处承宣布政使司左参政汲郡郭坚书丹

中宪大夫陕西等处提刑按察司副使淮阳于奎篆额

圣朝统一寰宇，自国都达于郡邑，皆建学立师，教育俊秀，仁义礼乐之化，旁洽海隅徼塞。人才之众，风俗之美，度越汉唐而比隆虞周，猗欤盛哉！凉在西陲，即古雍州之域，在汉为武威郡，地利物产，视河西诸郡为美。国朝洪武中，设卫置戍，而戍者多南士谪至，子弟相承读书习礼。时训导张子受命教育之，儒风为之勃然。岁满还京，而未有继者。今皇帝嗣位，特命行在兵部右侍郎徐君晞镇其地，睹将校子弟多明秀好学，而未设学舍以为讲肄之所，遂以请于朝，得命，乃于农隙令军士取材，陶甓而经营之。既毕工，走书京师，告予曰：凉州，河西胜地，初尝有学，然废已久矣。晞至，相地鸠工，中为明伦堂，左右为存诚、进德二斋，外建重门，后为教官之居。续创大成殿于堂之东，殿以崇计二丈有九尺，深几倍于崇，广则几倍于深。东西为两庑，前为灵星门，中为泮池，池之东为文昌祠。祠之东、池之西俱为门，外又为崇教门，俾往来出入皆由焉。其捐赀命工塑先圣以下及文昌神像，并绘两庑，则镇守甘肃太监王公贵、少监李公贵、总兵宁远伯任公礼、定西伯蒋公贵、会川伯赵公安暨、都察院佥都御史曹君翼、巡抚监察御史马君昂、陕西参政郭君坚、按察副使于君奎、都指挥使事任君启，与凡士庶共成之。其置圣贤以下牌位者，则兵部侍郎柴君车，始终督视缮作；且有所营助者，则佥都御史罗君亨信，劝劳群工俾乐于趋事者，则监军行在兵部尚书王公骥。自丁巳夏经始，至落成，几二载，壮伟闳耀，为陇右学宫之冠。众咸谓宜记于石，庶后之人有所考见，敬以请。夫学校，政化之本，贤才之所自出也；学校立，则礼义兴、风俗美。孟轲氏曰："三代之学，皆所以明人伦也。人伦明于上，小民亲于下，非政化之本欤！"今徐君乃与诸君子同心协诚，建学宫于边陲之地，严严翼翼，巍然焕然。使凉之学者升降俯仰于其中，诵圣贤之训言而仰其道德之光，涵养熏陶，底于成材。居而孝于亲，仕而忠于君，则是宫之作，其功岂浅浅哉。若徒由此以徼利达，而于臣子之行无所砥砺，则不惟负国家教养之意，而亦为君子之所共羞。呜呼！学于斯者，可不知所务哉！用是以复徐君之清，俾勒诸石，庶以为学者劝云。

大明正统四年岁次己未仲春上吉日立。

凉州儒学记碑

【注释】

[1] 凉州卫儒学记，明正统四年（1439）二月立。现藏武威文庙。此碑为身首一石，通高285厘米，宽112厘米，厚20厘米。额高67厘米。碑座长145厘米，宽74厘米，高47厘米。该碑为两面刻字，碑阳碑额为"凉州卫儒学记"。碑阴刻有参与创建凉州卫儒学的士庶题名。主要著录：杨荣《文敏集》卷十；《陇右金石录》《凉州府志备考》《武威市志》《武威市教育志》《武威金石录》《武威市文物志》。

明汉藏合记碑[1]

大明正统十二年，钦差镇守甘□□监□□城□□□□□□□□□□□□□□□□□□有古刹□大寺□荆□目□一□□□□□□□□□□□□□□□□，右列菩萨四尊、金刚二尊。□列□□□□□□□□□□□□□□，命工崇其寺宇九八宁，焕然一新，以成先志，□□□□□□□□□，高二丈三尺□立可观□□□□，万寿于以保庇兆民一□有情□□□□□□□□□□□□□岁月云。

　　正统十二年岁□戌□一月

汉藏合记碑

【注释】

[1] 汉藏合记碑，明正统十二年（1447）刻。现藏武威市博物馆。碑高54厘米，宽31厘米，厚11厘米。正面刻汉、藏两种文字，背面无文字。主要著录：《武威金石录》。

明重修凉州广善寺碑[1]

【碑阳】

佛之法，本自西域流入中土，中土之人，无论男女老少，咸崇信之，迄今千有余年矣。圣朝之有天下，所在有司，皆设殿宇，以置佛像，择其徒术精行修者官之。俾领其众，内而有僧录司，外而有僧纲等司，莫不崇且重也。盖其法以慈悲为本，而圣人之治天下，咸欲民之趋于善也，民之奉佛，苟有慈爱之心，则风俗岂有不善者耶？凉州古武威郡，去西域为近，而事佛者尤广。郡东南百三十里，地名黄羊川，有古刹遗址，中有石佛像，高九丈，为菩萨者四，金刚者二，诸佛之龛，二十有六。前镇守官当欲崇修其寺，志未就也。正统九年，上命御马监太监大名刘公永诚，镇守甘肃。公于城池兵甲米粟之务既毕，乃考图寻胜，相其旧址，则曰："前人有欲为之志，而未就，我则承之。"于是出己金，鸠材聚工，凿山架楹，筑宫于其间，凡八层，高十有六丈，有钟鼓二楼，两庑三门，与夫诸僧禅诵之室，休宿之庐，瓦壁黝□，漆举以法，又于寺东高阜外，建塔一座，高二丈三尺，壮观宏大。经始于乙丑年三月□旦，而落成戊辰八月望日。郡人争先睹之，其□奉佛者，时送日献，罔有霋日。先时有番僧伊尔畸者，居于此，能以其法劝人，赐号通慧国师，赐寺名曰广善。伊尔畸弟子锁南黑叭，复嗣国师之号，阐其法焉。夫武威为边境之冲，去中州数千里，自昔以来，人皆习弓矢战斗，为御侮计，诗书之数，罕有习者。迨我朝建治立学，而人有士行，况朝夕事佛，渐磨慈爱，其于事亲敬长之道，无不尽力以赴之，习静之暇，又能崇修其宇，则佛之法，其有以□□□边人，而翊皇明之教也。夫皇明之教，孝弟而已矣，人能孝弟，则亲其上，死其长矣，吾见却匈奴有如反掌也。御侮云乎？承公之命，不敢辞，拜手而为铭曰：

于戏！我佛慈悲为心。流入中土，岁月惟深。中土之人，不分男女，讲佛之典，曰亿万数。况乎武威，国之西陲。奉信佛法，罔不归依。郡之东南，百三十里。崇修佛宇，严殿森邃。石像之高，俨乎清标。菩萨金刚，参列云霄。凉人虔恭，焚香稽首。舍资捐金，朝奔夕走。圣明之教，曰善曰良。佛翊皇度，益振慈祥。岂惟化我，亦以卫我。千载西凉，居民安妥。

内有常住田地四至：东至小坡，西至大山，南至乱冢堆，北至峡口，各有暗记。

大明正统十三年岁次戊辰九月吉日。

甘肃太监刘永诚，奉御阮和、福保。总兵官平羌将军宁远伯任礼。参赞军务都察院右副都御史马昂。右参将都督佥事王喜。副总兵右军都督府署佥事王敬。右参将副都指挥同知刘法贵。协副都指挥使汪寿。署都指挥佥事萧敬。

赐进士出身湖广道监察御史牟伦撰，潜江杨广书丹篆额并镌。

【碑阴】

藏文（拉丁转写）

1.……bde legs su gyur cig / phan bdevi vbyung gnas thub dbang dang // vjam dybangs

2.……mkhar nas shar phyogs su // li bar bzhi bcu tham pa na // chos rgyal vphags pavi gdan sa ni // ……

3.……devi lho phyogs li bar grangs // bdun bcu tsam na cu gu mer // zcr bavi sa char bzugs pavi // lha chen vjam pavi

4.……gyis bzos // bzugs stabs bzang povi bzugs stabs la // sku tshad che vdom bco brgyad yod // gyas na vphags

5.pa shar b // spyan ras gzigs dang khro rgyal sku // gyon phyogs vphags pa kun dgavo // mthu chen thob dang khro rgyal sku // vdu drug skutshad

6.vdom bcu yin // brag khang nyi shu rtsa drug na // sangs rgyas sku vdra mang po bzugs // vdi dag srid pa chags pa…… // gsos na rgyal vkhams bdc vo zes //zer

7.bavi gar chags rnying pa snang // vphags pa glang ri lung bstan las // mchod rten ko ma sa lavi // nub phyogs ko shing bya ban // sangs rgyas（bde）bavi vbyang gnas sku//

8.bzugs nas yangs pavi rgyal khams srung // Zes pa sku gzugs vdi la zer // de don bsams nas gsov bavi // basm bas mi chen rnams la zus // da lta gsov nas

9.legs par grub // gong ma chos kyi rgyal po gnam savi bdag pos / phyogs thams cad du / lha khang gsar rnying mang po bzengs / ban dhe tshul

10.khrims rnam pa dag pa rnams la las ka gang nas / ban dhe rnams kyi vgos vdon la / zing lu zi / zing gang zi /chos dang mthun ba byams dang rnying rjc dang ldan pa /

11.mi sde che chun rnama chos la dad / lag lta rnams chos la zugs / batan pa dar bar byas / sngar gyi cing shivu mi chen rnams kyis sems bskyad nas / lha khang gso bavi

12.grogs ldan byas / gsos ma tshar / cing thung lo dgu pa yu ma gyen / khyin thravi thavi gyen livu yung ching cin shivu / gan zu / dmag mi sde rnams kyi vgos vdon byas /

13.……vjam bavi dbyangs kyi byin kyis brlabs pavi gnas vdir / mi chen khong sleb mi chew khong gi gsung la / sngar gyi mi chew rnams kyis gsos ma tshar（yang sems）bskyed /

14.rgyu brgyags bzo rig phyung nas / thog brgyad tshad ni vdom pa sum bcu rtsa guyis yod / rnga khang cong khang gnyis / rdo rings khang pa / zan mun ban dhe rnams kyi gnas

15.khang dang / gyon phyogs kyi brag ri gcig la mchod rten cig bzengs / mthon dman sthad ni vdom pa bzi dang chag shing gsum / mtshon rtsi ri mo la sogs phyung nas

16.grub // cing thung lo bcu pa zla ba gsum pa la las ska vgo btsugs / cing thung lo bcu gsum pa zla ba brgyad pavi yar tshes la legs par grub / rang gzan kun kyis

17.bltas na ngo mtshar skye / vdi vdravi rgyu brgyags phyung nas chos la dad / yangs pavi rgyal vkhams bde / sngar lha khang la bod kyi ban dhe dbyiv rge bzugs / yon tan

18.rgya che sems cad thams cad kyi vgro don mdzad / las skav ming ni mevo zhan thung huvi ku skri bsod nams rgyal mtshan lha khang ming ni gong zhen zi / ting sang dbon po la las ska sorna

19.nang nub dkon mchog gi zhabs stog la brtson pa dang / sa mthavi dmag sna vthab rtsod zhi ba dang sems can gyi vgro don mdzad // gong ma chab srid brtan pa dang sa mthav bde bavi

20.phyir la sde chen gsos nas legs par grub // cing thung chos rgyal po dang // rgyal sras sems dpav mdzad de // rgyal blon thams cad lo grangs ni // mang po vtsho zhing phan bdevi

21.vbyung gnas sangs rgyas bstan pa skyong // mthar thug thub dbang rgyal bavi sku // thob nas vgor ba thams cad kyi // vdren pa dam pa byed par smon // vdi la gang gis vbrel pa bzhag /

22.sbyin bdag rnams dang bzhov rig dang // las byed klas dang sems can rnams // gnas skabs bde zhing phyima ru // mtshan dpes brgyan pavi sangs rgyas sku // thob nas sems can

23.thams cad kyang // sangs rgyas sa ru vdren par shog / cing thung lo bcu gsum pa zla ba dgu pavi tshe grangs bzang po la bris // khyin thravi cin shivu gan zu / thavi gyen livu yung cing

24.chang zus vtshams shar zevu pho / lho low drung duvi / nub tav sran / byang zhal khuvu / phyogs bzhi nas rtag yod /

藏文汉译：

1.……安详！利乐之源泉能仁与文殊……

2.……城之东面，相距四十里处，乃法王八思巴之焚修兰若，是……

3.……其南约七十里处，名曰九曲湄之地，塑有文殊大圣

4.……坐势完好，高十八庹，右有圣者

5. 舍利子、观音与忿怒明王，左有圣者阿难，秘密主金刚手、忿怒明王，此六佛高

6. 十庹。佛龛洞窟二十有六，有缘觉佛多躯，旧俗云：自宇宙形成以还，育护……国境安泰也。

7. 据《牛角山授记》云："佛塔瞿摩挲罗之西方有名高辛之地，塑安泰源泉之佛像，

8. 能保佑辽宽国境"，即此佛也，为此向缙绅大人请求，欲重修其寺，若能于此刻重修，

9. 成就一大善举，皇上法王天地之主，于天下四方，修建众多新旧佛寺，授与敬谨守

10. 戒之僧人主其事，为首之僧人则授予僧录司、僧纲司、慈悲为怀，相符佛法

11. 大小村寨崇佛，邪门外道亦皈依信教，佛法宏扬。往昔镇守大人发心，

12. 协助重修，尚未竣工，时值正统九年御马监钦差太监刘永诚镇守甘肃，兵甲之务既毕

13.……于此文殊加持之圣地。此大人谓：前人重修未竣，吾发愿重修，

14. 于是出己金，鸠材聚工，筑宫凡八层，高三十二庹，有钟、鼓二楼、碑亭、三门及沙弥

15. 僧寮；左边高阜处建塔一座，高四庹（二丈）三尺，彩漆绘画。此工

16. 始于正统十年三月，成于正统十三年八月望日。

17. 郡人争先观赏赞叹。如此出己金奉佛，广宽国境安泰。往昔有藏僧伊尔畸驻锡于此，功德

18. 圆满为众生行事，赐号妙善通慧国史锁南监藏，寺名广善。于今寺内执事，地位照旧，

19. 勤谨禅修，息甲宁边，利乐众生，为皇图永固，四境绥宁，

20. 重修大寺，善业完竣。祈愿皇帝下统法王与王子菩萨为首，王公大臣均延年益寿，

21. 佛法宏扬，获能仁佛身，愿接引一切众生奉行正法，

22. 一切施主、工匠、执事人员及众生，获得现世安乐、来世之佛身，

23. 愿众生皆登佛土。正统十三年九月吉日节。钦差甘肃镇守太监刘永诚。

24. 常住田地四至：东至小坡，南至乱冢堆，西至大山，北至峡口，四至均有标志。

重修凉州广善寺（碑阳汉文）　　　　　　　　重修凉州广善寺（碑阴藏文）

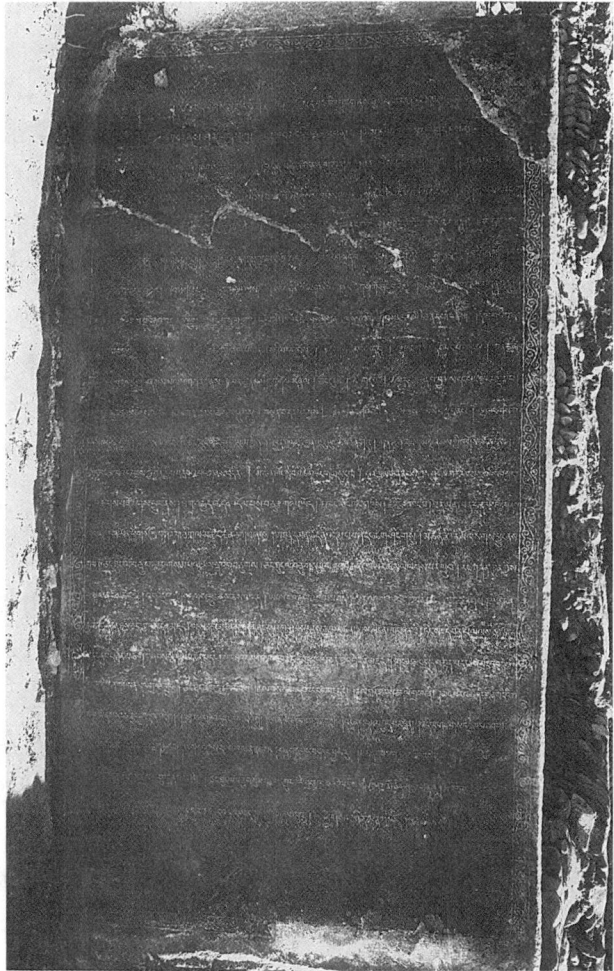

【注释】

[1] 重修凉州广善寺碑铭，明正统十三年（1448）九月立。原存武威天梯山石窟，现藏甘肃省博物馆。碑高 225 厘米，宽 115 厘米，厚 26 厘米。该碑为两面刻字，碑阳为汉文，碑阴为藏文。碑阳汉文为御史年伦撰文，潜江杨广书丹。藏文录文及藏文汉译文系转引自王尧、陈践《〈凉州广善寺碑〉藏汉文释读》（《西北民族研究》1990 年第 1 期，第 69—77 页）。主要著录：《陇右金石录》《武威县志稿》《武威史地综述》《武威金石录》；敦煌研究院、甘肃省博物馆编《武威天梯山石窟》（文物出版社，2000 年）；《武威市文物志》；张宝玺《河西北朝石窟》（上海古籍出版社，2016 年）。

明吴允诚神道碑[1]

明故恭顺伯吴公神道碑

光禄大夫柱国少师工部尚书兼谨身殿大学士国史总裁同知经筵事建安杨荣撰

赐进士出身前湖广道监察御史蜀人羊俞书丹

赐同进士朝列大夫陕西等处承宣布政使司右参议李奈篆额

皇明之兴，受天景运。太祖高皇帝开创弘图，统一华夷；太宗文皇帝嗣承大统，德教宏敷，四海粹宁，万方臣服。于斯之时，遐方绝域之士，能识天命，致身归附，依托风云，树立勋绩，荐膺封爵，俾声光著于当时，庆泽延于后嗣者，岂非豪迈杰特之士哉？若故恭顺伯吴公允诚其人也。公本河西大族，居亦集乃，仕元受深封，其族位侯伯者，累累有之。初名把都帖木耳，永乐乙酉秋，率所部来归。太宗嘉其款诚，赏赍优厚，遂赐名，擢右军都督佥事，锡以诰命，俾居于凉州。公性刚直，誓欲殚心报国。岁乙丑，虏出没而为寇者，公乃率百骑深入卜哈思地，生获寇首哈剌乞台等。捷奏，升都督同知，赐敕奖谕，有“智谋深远，材识高迈”之语。是冬，召至京。明年春，从驾北征，至玄冥河，追本雅失里，继攻静虏广汉戍之地，败阿鲁台之党，论功升右都督。辛卯，转左都督。屡受白金楮币之赐。既而凉州鞑官都指挥阔台赤叛去，公追之，败其众，获辎重以归。敕封恭顺伯，岁食禄千二百石，复赐诰命。未几，同丰成侯征石灰秃，擒阔台赤还。寻追叛贼奥列秃阿剌乞八等，斩获之功居多。岁甲午，又扈从出塞，败胡寇于红崖，归受赏赍，还居于凉。丁酉四月二十七日得病卒，年六十有一。讣闻，太宗深为悼叹，亲撰文祭之，赙予优厚，仍命所司治葬事。是岁秋九月十九日，葬于凉州金塔寺山之原。子克忠继袭前爵。辛丑岁，奉敕移家于京。配夫人杨氏，淑善有谋智，克相夫子；凉州鞑官尝以公从征于外，遣众谋叛，欲劫其母子以行。夫人伺知之，潜与次子管者以计擒其人，戮之，众皆帖息。事闻，太宗嘉之，赐白金彩币，称为贤德夫人，仍赐敕奖谕公曰：“尔妻能忠以报国，智以脱患，妇人而秉丈夫之节，虽古亦罕有焉。”后公五年卒，朝廷遣祭治丧具，葬北京顺天府房山县之北。次子锁南昝卜留居武威守坟，板达授都指挥同知；者蓝授都指挥佥事；把敦赐名守义，授都督佥事。子男四人，长答伪，指挥同知。次管者，仁宗皇帝嗣位，以功封广义伯，岁食禄千石。次克忠，端谨信实，多效劳勋，加封恭顺侯，赐诰券；正统甲子岁征东有功，又加太子太保，岁食禄二千一百石。次也儿克台，赐名克勤，擢进左军都督。女三人，长适右军都督柴别里革，次适都指挥杨完者秃，其三为太宗皇帝妃。信满哥、文质、阿颜台彬，信满哥俱袭指挥使。文质从征，擒伪酋卜少师，授正千户。阿颜台授指挥佥事。孙男七人：瑾、璘、瑛、玘、琰、琮。瑾袭侯爵，璘指挥使，玘袭封广义伯。孙女一，为宣宗皇帝妃。公既葬三十有二年，而墓碑未立，克忠以状固请，乃叙述如右，而系以诗也。诗曰：

赫赫皇明，天眷维隆。太祖创业，丕成大功。继以太宗，嗣承大统。万方率土，如星拱北。显显吴公，朔漠伟人。奋躯来归，誓竭忠勤。回毂甲胄，乃奋弓矢。如鹰斯扬，所至风靡。蹂于穷荒，歼厥豺豕。懋绩殊勋，太常是纪。天宠荐隆，伯爵斯封。曷昭其诚，曰恭曰顺。恭则有礼，顺则克从。帝命之褒，天下之公。始终恩荣，邈焉寡及。谁其承之，诜诜后嗣。绍厥休光，咸有名爵。伐石刻铭，昭公勋绩。仰怀国恩，其永勿替。惟孝惟忠，公祀百世。

【注释】

[1] 吴允诚神道碑，明正统十三年（1448）立。原位于武威市金塔寺吴允诚墓旁。大学士杨荣撰文，羊俞书丹，李奈篆额。今据《陇右金石录》，并参以《凉州府志备考》进行录文。据《陇右金石录》载：按《明史·吴允诚传》：允诚，蒙古人，居甘肃塞外塔沟，以部落来归，领所部居凉州耕牧，用军功封恭顺伯，卒谥忠壮。子克忠、克勤，土木之变，俱殁于阵。孙瑾，讨曹钦战死，赠凉国公。又四传至汝荫。崇祯末，北都城陷，汝荫弟汝徽偕妻女俱死。盖世代以忠节显，此即允诚墓碑而克忠所立也。主要著录：《陇右金石录》《凉州府志备考》《武威县志稿》《武威金石录》。

明金刚寺石灯柱[1]

金刚寺

大明景泰三年岁次壬申

金刚寺石灯柱

金刚寺石柱局部

【注释】

［1］金刚寺石灯柱，明景泰三年（1452）刻。出土时地不详，现藏武威文庙。石灯柱通高94厘米。据《武威金石录》称：金刚寺，位于北大街罗什寺西平等巷，建于清代，毁于1927年大地震。该书所记金刚寺始建时间恐误，金刚寺的始建时间当不晚于明景泰三年（1452）。主要著录：《武威金石录》。

明苏敬墓志[1]

故昭勇将军苏公圹志

公讳敬，先世古沛人，父以洪武初从戎，调巩昌府，公代父劳。以英武之贤自□□□□三使绝域，备历□□。授百户，继授副千户、正千户，指挥佥事。公生于洪武八年九月初八日寅时，□□（景泰）五年[2]十二月二十八日酉时卒，享寿八十岁，娶陈氏、刘氏。陈氏生子男二，曰行，承其职□□□陕西行都指挥佥事□□氏生□曰□赞曰：

□□安氏，□□□□。□□□□，□□□十。□□□愿，呜呼□□。□□是石，之□□□。

景泰……

苏敬墓志

【注释】

[1] 苏敬墓志，明景泰五年（1454）十二月二十八日卒。1957年武威清源镇收集，现藏武威市博物馆。志盖、志石均长39厘米，宽35厘米，厚5.5厘米。志盖正书"故昭勇将军苏公圹志"，共3行，行3字。主要著录：《武威金石录》。

[2] 景泰五年，根据墓志所载"公生于洪武八年……享寿八十岁"，可推断出志主卒于景泰五年（1454）。

明苏公墓志[1]

大明赠故……碑

陕西布政司使左参议南陵秦铭撰

将仕佐郎凉州卫儒学教授□城朱郁篆额

世有圣明之□□□□□□有英雄之才，□成善世之功，此理势之必然，古今之□□也。按苏公讳□，世为山东古□□□先□□□□元季仗剑归太祖高皇帝，洪武□年□□从征四方。十六年，公伐□□□，幼有胆略、膂力过人，挽弓二□，质直□好，□□□升旗长，永乐九年升队长。□□春，敕命中使开西域诸国，□迹而行，不避艰险，往返数四，凡十余载，经数万里。重译□□贡□□□□天子无西顾之忧，□三□□官百户，继升武略将军[2]副千户，再升武德将军[3]正千户，后升□威将军，金□□□□□使司。宣德二年，□□以冢嗣得承其职，克□祖武，东剿□寇，升怀远将军，指挥□□□□□□□□（昭）勇将军[4]、指挥使。景泰元年，□□入境，鼓勇力战于□有功。二年冬，升□□西行都□事，□□镇番卫[5]□□□□妻□公□□□八年乙卯九月八日寅时，以景泰五年甲戌冬十二月二十八日□时□安□□□□□□□□□□□□□□得承今官，娶李氏。□孙男铿，娶安氏，生元孙□□□□□□氏择□年二月□归葬于凉□□□□里先淑人之茔，礼也。孝子得泣血请书出处始末，勒石墓东之神道，以传永久。予辞不获，遂□行□□暨□□□。嗟夫！公方年富力强，而能成大功，爵金紫，有贤子孙，继承□职，□有寿考，可谓大丈夫，□雄□□□一□□□何憾焉。铭曰：

猗□苏公，质直刚忠。器宇超卓，才略英雄。□□□强，□□□虹。□□绝域，靡不宾从。重译来贡，诸国咸通。功德是懋，爵职是崇。□□之□，报其□功。□□□□，克□祖风。东剿□寇，西殄羌戎。□虏犯境，斩馘摧锋。□升□□，移镇□封。迎亲就养，五福攸同。俄惊大梦，悠然长终。结引归葬，凉城之东。佳城郁郁，宰木葱葱。荫□厥后，光尔先宗。贻□子孙，□□□隆。

景泰六年岁次乙亥仲春上吉。

孝子苏得立石。

【注释】

[1]苏公墓志，明景泰六年（1455）二月立，秦铭撰文。据《凉州府志备考》称：此碑蚀落殊甚，因邑志不载其人，故于袁真塞墓下录之。主要著录：《凉州府志备考》。

[2]武略将军，散阶称号。金始置为武散官，以授从六品下武官。元朝沿置，改武官从五品，宣授。明朝为武官从五品，初授。

[3]武德将军，散阶称号。金始置为武散官，以授从六品下武官。元朝沿置，改武官正五品，宣授。明朝为武官正五品，初授。

[4]昭勇将军，官名。北齐置，以褒赏军功勋臣，无职事，六品上，位在尚书诸曹郎中之上。明朝定为正三品武官初授之散阶称号。

[5]镇番卫，明洪武二十九年（1396）置，治所即今甘肃民勤县。清雍正二年（1724）降为镇番县。

明重修凉州卫儒学记碑[1]

【碑阳】

重修凉州卫儒学记

赐进士中顺大夫陕西等处承宣布政使司右参议崔忠撰文

赐进士奉政大夫陕西等处提刑按察使司佥事王瀛篆额

镇国将军陕西都指挥司指挥同知倪珍书丹

　　学校政治之本，风化之源，而人材之渊薮也，有国家者所以兴之。凉州古为匈奴右地，汉唐以来，或郡其名，或府其名，或州其名，未闻有建学焉，是以人皆夷虏，习俗礼义懵然。迨我圣明育贤图治，吾道优崇。洪武中始卫所，厥地恒多腹里之人迁戍，相接共处，浃滋日久，而习俗颇醇，既命训道张子选其明俊以训之。正统初，复因行在兵部右侍郎徐公晞之请，而学校所由设也。时大成殿、东西庑、门墙、泮池、习射圃、文昌祠，暨教官廨、明伦堂，左右斋之类，咸备置焉。然而创始者狃于定制，或多草草，矧迄今三十余年，兴废常理，故土木为之倾颓，绘塑为之剥落，凋弊之极，陵夷之甚，求其有能体朝廷建学育贤之心，而作兴之者，曾几何人。兹幸都察院右佥都御史义阳徐公廷章，钦承上命，巡抚河西，公廉正持己，才能度人；六七载间夷服兵寝，尤且不遑宁处，历举百坠，一旦按节凉城，睹斯学之废，遂慨然倡。会分镇凉州监丞陈公善，副总兵都督赵公英，协同副总兵都指挥使刘公晟，乃于务农讲武之暇，命工鸠匠而重营之。于殿宇必丹楹栌焉，以砵户牖焉，饰墙壁以藻棁桷焉，于圣贤必缘分金采色以塑之，置龛垂幕以蔽之；新东西庑，绘群肖像，门则戟与灵星，斋则进德、存诚。举凡明伦堂、文昌祠、神厨、神库，莫不以旧增新，席砖布石，向上土覆者今皆以瓦，向之木小者今皆以大。灵星内曰泮池，泮池有桥，桥南有坊扁焉。惟射圃旧混草场之中，遂为草场所有，乃命所司移草场于南，置射圃于北，筑垣堵为界。构观德之亭，门对灵星，与学为一事。学东有道，塞之有年，即令通之，以便往来，公之用心，至矣竭矣。又以为圣殿既新，久必为风雨毁，遂编篷条，并木悬文槐前，名曰遮阳。每来祀谒，则披视庙貌峥嵘，神光焯耀，巍然焕然，诚足以耸人之瞻仰也。向因边蓄不给，二丁惟释菜耳，而公广询博访，得腴畸如千顷，岁敛子粒如千硕，置学仓收贮，以资祭用，绰绰余裕。又患祭器不备，边人不陶，喻忠雕木以代之，施之胶漆，加之珠采，至樽与爵则以铜为。然学也既废而聿兴，祭也昔无而今有，况皆精致如式，伟丽莫比，匪徒可以冠诸省之学校，而实所以为千载之盛美也。其赏勤稽怠，使之忻然而效劳者，则任之于都指挥孙君玺、杨君威董工，并役俾之乐然而趋事者，则责之于指挥徐谨，千户蔡澉，爰凡所用，悉都宪公多方措置，未尝有一毫动在官而取在下焉。始戊子，至庚寅成。分镇三巨公率众嘱予曰："都宪公之兴学如此，深有裨益于风教，宜记诸石，以垂悠久。"辞请弗获。于乎！三代之隆，自王宫国都，以及闾巷，莫不有学。学校立，则教化兴，风俗美矣。将见凉人革偷薄而敦忠厚，户礼义而家诗书，夷虏之污，习而为邹鲁之风，穷荒之境，变而为文献之邦。及光明俊秀，愿为弟子员者，济济然，雍雍然，优游涵泳，渐染熏陶。而各黾勉向学，以涉猎乎经史，饬躬修行，以饱醅乎道德。居则孝亲而敬长，仕则匡君而泽民。予以何地不生材，何材不资世？而诚系作兴之何如耳，非治化之本源，人材之所自出也欤！若徒藉此媒利禄，徼利达，以违幼学壮行之志，不惟负国家教养之盛德，而亦为士君子之所耻。不惟士君子之所耻，而抑且有负于列君子作兴之意也。学者懋之，姑直述用复所请，且以为劝。

　　大明成化六年岁次庚寅仲冬吉旦立。

　　【碑阴】

　　祭田：去城南东南一十里，一段三顷三十五亩，灌田杂水三日夜则行。

东至韩顺地，西至刘夬地，南至高升地，北至王全地。

祭器。笾一百五十六个，笾一百五十六个，簠四十个，簋四十个。盏一百二十个。罇五个，爵三十二个。俱铜，刻年月于上。罇有架，爵有台。烛台六十对，俱木，用漆硃色。

帛箱九付，牲匣七付。木盘大小一百二十五个。铁红香炉八个。以上各有匣盛。每三匣用一树（竖）柜，共用树（竖）柜七个。惟罇另一小柜盛放。

资助工役官庶

都指挥、指挥、府经历、千户、百户、举人、监生、生员、百姓等题名。

重修凉州卫儒学记碑

【注释】

[1]重修凉州卫儒学记，明成化六年（1470）十一月立。现藏武威文庙。该碑通高293厘米，宽118厘米，厚28厘米。底座长153厘米，宽82厘米，高46厘米。此碑为双面刻字。碑阳之碑额篆书"重修凉州卫儒学记"。陕西布政使司右参议崔忠撰文，陕西提刑按察使司佥事王瀛篆额，陕西都指挥司指挥同知倪珍书丹。主要著录：《陇右金石录》《甘肃新通志稿》《武威县志稿》《武威金石录》《武威市文物志》。

明敕修海藏寺碑[1]

敕修海藏寺碑记

皇帝敕谕：官员军民诸色人等：朕惟佛氏之教，其来已远，其教本空寂，而以普度为心，故能化导善类，觉悟群迷。上以阴翊皇度，下以利济生民，功德所及，无间幽显。凉州城北旧有寺一所，岁久废弛，今分守都知监太监张睿，募缘备赀，重新修盖已完，田庄水磨，恐后被人作践，搅扰侵占，具奏乞名，及请给扎僧人道昺、义坚住持，并降护敕。兹特允奏。赐额曰"清化"。仍降敕护持之，后官员军民诸色人等，毋得于本寺侮慢、欺凌、亵渎、毁坏，以阻其教。敢有不遵朕命者，论之以法，钦哉。故谕。

大明成化二十二年十一月十八日。敕命之宝。

【注释】

[1]敕修海藏寺碑，明成化二十二年（1486）十一月十八日立。今据《凉州府志备考》录文。碑文记载了成化年间分守太监张睿，募缘重修海藏寺，并乞求皇帝赐寺名，以免他人侵扰。成化皇帝闻奏，特赐寺名为"清化"，并发布敕谕，官员军民诸色人等，不得侵扰该寺。主要著录：《凉州府志备考》《武威市志》《武威金石录》。

明重修海藏寺碑[1]

明重修海藏寺碑记

赐同进士出身大中大夫甘肃行太仆卿四明梅江居士钱珽撰

赐进士出身朝请大夫陕西等处承宣布政使司右参议铜台刘宾书丹

赐进士出身朝请大夫陕西等处承宣布政使司右参政榆社常显篆额

凉州古雍地也，汉武威郡，至我国朝为凉州卫。摄乎戎羌之间，古今号为巨钜，守是者恒病之。成化辛丑年，太监张公以能声闻于上，特承简命，至凉数年，戎羌不敢轻犯。城之西北相去五里许，有地一区，公询诸左右，曰："此古海藏寺之遗址也。"公曰："寺以海藏名，将以藏其佛氏之宏且远也。其教自西而入中国，由贵至贱而崇之礼之也非一日，使其无益于世，何以克此。且寺之兴废，则系乎其人之得与不得耳，非有系乎佛也。虽然，功则难成，时不易得，故《传》有之曰：'虽有智慧，不如乘势；虽有镃基，不如待时。'是寺之兴，我当任之。"遂遣使奉书，达于总镇甘肃太监覃公礼，即慨助白金若干以归，复议于总戎刘公晟、协副李公宽，佥曰善。公乃相其地之广狭、长短、倾斜之不齐者，尽买空地以补之，俾其方正平坦。进深七十六丈五尺，面阔五十二丈，四面周以垣墙。建山门一间，耳房间各以三，初则天王殿三间，东西钟、鼓二楼，翼然相峙。廊房间各以九，中则重檐殿七间，殿后倒座观音，钻檐挟山卷蓬一间，殿之前输藏三檐，东西祖师、伽蓝二殿，巍然相向。廊房各七，碑亭各一，后殿五间，功德、护法二殿分列。东西廊房之间各以八，法堂五间，东西房丈间各十二，厢房各五。又其后筑方台，高三丈，阔一十四丈，进深十三丈，上建重檐真武殿五间，前龙虎殿三间，左右梓潼灵官二殿各六间，东西角钟鼓楼二座，周围廊房二十三间。台下禅堂房各五间，垣墙外之东南建龙王庙三间，殿前钻檐挟山卷蓬一间，东西廊房各三，立庄三所：一则寺东，有屋三间，水磨房五间，田一顷五十亩；一则东南，有屋六间，水磨房五间，田地十亩；其西北庄一所，有屋三间，田地计二顷焉。凡神佛之尊卑、之大小，靡不具备。丹漆黝垩，金碧辉煌，意者初建之旧规，谅不能过也。经始于成化十九年二月十九日，至成化二十三年八月十五日厥功告成。其鸠匠、构材、置地之费，一出公之已赀，而刘公则补其不及也，他无取焉。以其都刚觉昶僧曰继澄、曰印鉴道昺者东堂，重老成也。曰义坚号守山者为住持，重能使也。余以福建右政使谪甘肃行太仆卿，既三载，而考绩过凉，时成化丙午端阳之次日也。是日风和景明，边尘不飞，公偕刘公邀余过寺，聊以息游焉。余观夫海藏之胜概也，环四山之秀，带诸涧之流，树密鸟繁，而弋者可射；水清鱼肥，而渔者可钓。以酌以歌，以行以止，仰焉俯焉，悠悠不知身世之在何地。众曰："河西丛林，此为第一；一时盛事，非文何传。"公乃索余书而记之，余曰："公荷朝廷之厚恩，受边方之重寄，蟒衣玉带，大纛高牙，既荣且贵，未尝专以游乐为也。志则存乎报主，而计则在乎安边。是举也，上以仰祝圣寿于无穷，下以俯保生民于无难而已，非忠而贤者为之乎！"公七闽建安人，名睿，字希圣。余四明梅江居士，名琏，字廷珍也。是为记。

大明成化二十三年岁次丁未中秋吉日立。

【注释】

［1］重修海藏寺碑，明成化二十三年（1487）八月立。撰文者钱琏，为进士出身，于明景泰五年（1454）中甲戌科3甲第21名。今据《凉州府志备考》录文。主要著录：《凉州府志备考》《武威金石录》《武威市文物志》。

明徐廉墓志[1]

明故骠骑将军徐公圹志

　　按状：公讳廉，字克慎，世为北畿顺天府东安望族。厥祖奕世，相传至大父源，累历战功，官至都指挥金事，守备凉州，因而家焉。至先公谨代，爵授昭勇将军、指挥使，凉州视篆三十载，政声著于当时，后以疾卒于官。母太夫人郭氏生公及弟节，伟人也。公自幼器量过人，才艺超众，比承先职，亦推凉州视篆。后任永昌操守，建功居多，累官至骠骑将军都指挥使，守备西宁，威德咸施，夷夏悦服。正宜享高年、膺大爵，柱石帮家可也，奈何天不假年，乃于正德三年戊辰三月朔旦卒于任，择夏六月之七日归葬武威城北先茔。娶夫人夏氏，先卒。媵李氏生子一人，曰威，娶妇孙氏。次媵孙氏生子三，曰武、昶、宪，俱幼未婚。女一人，适甘州指挥使巫俊。公生于辛巳年九月二十六日，享年四十有八。其子威，持状请为志，以掩诸幽，恐异时陵谷变迁，俾仁人君子见而悯之，幸为瘗焉。

　　大明正德三年夏六月朔旦书，孝子威、武、宪立石。

徐廉志盖

徐廉志石

【注释】

［1］徐廉墓志，明正德三年（1508）六月一日立。现藏武威文庙。志盖为正方形，边长 55 厘米。盖文篆书"故骠骑将军徐公圹志"，共 3 行，行 3 字。志石亦正方形，边长 55 厘米。志文共 18 行，满行 19 字，正书。主要著录：《武威金石录》《武威市文物志》。

明重修上应寺碑[1]

凉郡之西三十里，有名山峻岭，嶒路礌岢，盘旋曲折，宕壑森然，陟坡其上，形势坦夷，气象深窈，八峰环列，名曰莲花峰也。粤自汉唐以来，始建寺于此，名为灵名寺；元至正间，名为腾观寺。历年既久，风雨颓败，而基址尚存。间有居民，樵牧往来，憩于此山者，隐然闻有钟声之音。人或告诸钦差分守凉州右副总兵都督同知赵公英，公累遣人默验之，果如其言。公遂兴乃郎游击将军铉，捐资治材，建前后正殿，左右廊房，塑绘楚像于内。东西院各立僧舍二十余间，大门之右，甃石数级。又为禅堂一所上下所应，栋宇轩昂，金碧光彩，焕然一新。复就乎名山之古刹，允为山川之幽境，姑臧之雄镇也。建功于成化乙酉三月，落成于己丑十月，公复原其始末，具奏敕赐为上应寺。未几公去任，迄今五十余载，而山高风猛，剥落益多。有本寺住持净慧禅师，板丹节木并藏卜岭占札失宁卜吉钻南藏北舍念藏卜等，白于钦差平羌将军镇守甘肃地方左军都督府右都督徐公谦，钦差分守凉州等处地方御马监太监颜公大经，暨前钦差分守凉州等处地方右副总兵柳公涌，与今钦差分守凉州等处地方右副总兵陈公洵，各捐己资，命工于山巅，又创立文殊殿宇中间。捐坏者为之增饰，歼缺者为之整葺，新构已成，旧规如故，蓦勒于石，以照永久，来属予记。予惟自天地开辟以来，即有此山。其念泽布气，自然之秀也；环围壁立，自然之势也；悠久无疆，自然之寿也。岂假人力而为之也耶。若夫时势反复，栋宇倾颓，修举废堕，则在乎人力之所为耳。古此峰，今此峰，古今何异；兴此寺、废此寺，兴废无常。昔者吾孔子当曰："磨而不磷，湟而不缁。"余窃以为磨不磷，譬如山之性也；湟不缁，正犹人之心也。夫山之为性，磨之而固不能使磷矣，或人心之所染，湟之而有所缁焉，则举世纷纷，自不知其为他技之所惑矣。予恐世人忘本逐末，而失其本心之正，以至离道之远也，故为之书。

大明正德十二年岁在己丑夏五月望日晋阳儒生姚文奎谨撰。

【注释】

［1］重修上应寺碑，明正德十二年（1533）五月十五日立。《陇右金石录》《武威县志稿》均称："明重修上应寺碑"在莲花山，明正德二年立，晋阳姚文奎撰文。《武威金石录》沿用其说，并称："今佚"。以上诸说，时间均误，《重修上应寺碑》的刊刻时间当为正德十二年。《武威市文物志》称：今存武威城西松树乡莲花山上，并收录碑文，今据此录文。主要著录：《武威市文物志》。

明凉州卫忠节祠记碑[1]

凉州卫忠节祠记

昔夏后氏之王天下也，穷河源，浚弱水，以叙西戎，声教被于流沙，故全凉之境遂属雍州。后王德薄，威不及远，獯粥猾夏，侵败王略，沦于异域。汉武皇帝始播威灵，雷振西庭，风行塞外，焚右贤之区落，收三道之戎羌，表河曲而列四郡，芟楼兰以镇百蛮，虽文德未称，而雄略妙算，巍哉邈乎！谨按汉初置凉部刺史、郡太守、令长、丞官以治民，都尉、护军、护羌诸校尉、属国官以捍边，后复有河西都尉行大将军权宜诸职。异代因革，虽名称异宜，真伪淆乱，大抵祖述汉故，要在强兵富民存于其人而已。地既僻远，众杂羌胡，犬牙相错，怙力负强，竞锐争先，人怀贲育之志。乔峰四阻，缭以大河；黄沙白草，迷漫连天；风骑星列，兽屯鸟散，形拟金汤之除。捍御秦雍，联络西域，襟带万里，控制强胡，势居必争之最。德隆后服，道污先叛，周被骊戎之难，汉列河津之营，唐设泾原之戍，宋罢洮河之师。小者称公侯，大者僭帝王；强弱相噬，互为雄长，积骸崇邱，流血丹川，代有秦项之祸。圣明受命，宇内华夷，各奠方位，奉琛效顺，惟臣惟妾，弦诵之声，洋溢四表。然犹建关设戍，彪虎之将，熊罴之师，綦布角张，法罔或渝。时用刀斧，锄诛鲸鲵，威让文告，羽檄四驰，故有策勋王府，勒名石室，祚流子孙，闻望无穷，其效端可睹矣。然则升平之世，良臣布德以宣化；抢攘之时，勇夫陈力以除凶。大节既临，烈士陨身而效义，润泽流于生民，勤劳在于社稷，五祀之典，礼莫先焉。而今血食靡所，报答未称，佥以为歉。嘉靖十一年，皇帝厘定典礼，百神禋祀，或兴或革，具如经义。于是巡抚甘肃都御史赵君载，祗承德意，考据图籍，质诸见闻，自汉迄于近代绰然可表者，具以爵里姓氏，牒下有司，建忠节祠，以报功崇德。会凉州始兴营田，都御史牛君天麟，被命而来，议以协从，遂下按察副使崔君允，鸠工程作，维敕维冀，益表其尤著者。自孔奋而下，凡十九人，北堂南向，中分左右以差。其次则吴克忠、慕容义，东序西向；李晟、丁刚，西序东向。两庑则指挥包翼等八人。主书爵里姓氏如牒式，春秋祀事如典制，无或不虔牲将丽。崔君以其碑之文，托诸平凉赵时春。时春惟古之忠臣贤士，没而庙食于其土者，非惟人心有所不忘，且将使后之人见之者，有所劝而兴起。诸君修祀前人之忠节，以示后人，安知后之人，不有高诸君之风，复将以继前人，而示后人也。法当为铭。铭曰：

昆仑西极，实生大河。千里一曲，秦凉是过。惟河萃灵，蛟龙鼋鼍。其光属天，宝藏兴焉。骏驰名马，沄沄如泉。国之所重，以制百蛮。基自汉皇，溯乎神禹。右臂既渥，九山实旅。茫茫凉野，遂通诸华。张官置吏，戎夏一家。纷纭五王，陵籍魏晋。凶德参争，居仁则润。叔唐衰宋，九州振动。天人济时，百则咸正。保兹多士，徂维求定。云雷解屯，旱极而雨。喁喁黎庶，云胡不喜。亦有俊豪，能捍大患。芰柞猿枭，救灾止乱。或勤王家，奉以义勇。有嘉折首，不难不悚。是曰忠节，实惟文武。名垂竹帛，震耀今古。帝畀（胄）重臣，来抚来巡。佐以宪使，保厘边民。既绳徽迹，爰修祀典。佑启后人，永矢弗谖。为臣思忠，为政思贤。佐我升平，于亿万年。

大明嘉靖十四年岁次乙未孟冬吉旦。

赐进士出身前兵部武选司主事平凉赵时春撰。钦差分守凉州等处地方右副总兵都指挥佥事王辅。凉州卫指挥同知张玄。监收判官孙铠。儒学训导程应祥立石。

明凉州卫忠节祠记

【注释】

[1]凉州卫忠节祠记碑，明嘉靖十四年（1535）十月立。现藏武威文庙。碑通高284厘米，宽101厘米，厚30厘米。碑额篆书"凉州忠节祠记"，共2行，行3字。《五凉全志》此篇名为"表典祀忠烈记"。碑文为平凉赵时春撰，但此文未收入其《赵浚谷文集》。主要著录：顺治版《凉镇志》；乾隆版《武威县志》《武威县志稿》《武威金石录》。

明李红崖墓志[1]

明故征西将军左军都督李公圹志

公讳义，字时宜，号洪崖，其先顺天府通州武清县人。高祖贵从戎征讨有功，授武城后卫百户。曾伯祖斌、曾祖荣，俱嗣前职。祖真，调凉州卫左卫百户。父昂，功升正千户。皆因公贵，累赠骠骑将军。伯母佘氏、母王氏，加赠夫人。公生于成化十二年正月初二日。为人慷慨有大志，自承祖职以来，屡□军功，升至［指］挥使。正德十六年，拜甘肃游击将军，寻迁甘州左副总兵，升都指挥同知。嘉靖四年，转宁夏左副总兵，改任甘州协守，以疾告归。家居六载，复起为左参将、分守庄浪。勋名益著，奉敕镇守宁夏，佩征西将军印。在任九年，夷虏畏威，军民怀德。引年以礼致仕。嘉靖三十年十二月十五日卒于私第，享寿七十有六。娶曹氏，未嗣卒。娶同郡都督女徐氏，诰封夫人。子一，名朔方，荫指挥使。女四：长适参将王允亨；次适游击将军唐勇；次适庄浪锦衣指挥鲁东；次适百户周虎。孙男名茂功。以是年二月二十日葬城南十里暖泉坝祖茔。其行实之详，备见于墓碑焉。

嘉靖三十一年岁次壬子二月十五日刻石。

李红崖墓志

【注释】

[1] 李红崖墓志，明嘉靖三十一年（1552）二月十五日葬。出土于明代李红崖墓，今存武威市凉州区牛鉴故居。此墓志高66厘米，宽64厘米，厚10厘米。志文记载李红崖的生平事迹甚详，对于研究明代军事等具有一定价值。另有李红崖墓碑，原位于光明寺门首，乾隆年间移于李氏坟院内，今不存。墓碑碑文载《凉州府志备考》《陇右金石录》等书。该墓志系首次刊布。

明张达墓志[1]

敕赐上柱国光禄大夫左都督谥忠刚张公墓志铭

赐进士第通议大夫都察院右副都御史奉敕巡抚甘肃等处地方兼屯政今兵部尚书虞坂杨博撰

嘉靖庚戌夏六月，虏众入寇大同。时雪山张公佩征西前将军印、总兵事。闻报，即贯甲驰马而去，与虏战于塞上，手刃数十人，虏气以夺；久之，援兵不至，遂遇害。事闻，天子深加嗟悼；既特进左都督，赐谥忠刚，荫二子；复敕所司，祭葬如礼；大同、凉州各建祠庙祀之。恩遇稠叠，可为人臣之极荣矣。公初起自行伍，以功绩官凉州卫指挥使。已而守备洪水，改守镇番。庚子，迁延绥游击将军。尝引兵东援山西，遇虏于岚县，公与仲子世雄奋身血战，世雄竟力竭而死。由是公名益重，晋都督佥事，充总兵官，镇守山西。壬寅，会虏大掠山西，乃击公于狱，公曰："与其死于此，恨不早死边陲尔！"余时为职方司郎中，言于司马吉水毛公，上疏申救，大意谓公与李蓁俱称宿将，不可以一眚永弃于后，台谏诸君又交相论荐，公始得释。乙巳，虏犯宣大，势甚猖獗。公率其子世俊、世杰追至铁里门，力战数十余合，杀伤无算，虏众大挫而归。总督侍郎揭阳翁公言于上曰："臣达感朝廷再生之恩，父子戮力，以死报称，微达，则山后之民悉鱼肉矣。达当受上赏。"于是复都督佥事。丙午岁，充总兵官，协守宣府。七月，镇守陕西。未几，即平徽州之乱。戊申岁，改镇延绥。己酉岁，改镇守大同总兵官。明年，死绥之役。余巡抚甘、凉时，尝往来公家，环堵萧然，不蔽风雨，薄田数顷，仅给饘粥。事伯兄连，友爱笃至，一钱寸帛，未尝轻入私室。公被逮时，连任河南郏县丞，弃官径归，为公陈诉。人或留之，连曰："吾弟在水火之中，吾死且不顾，况此升斗之禄耶！"嗟乎，亦可观公孝廉之略矣。公讳达，字克明，号雪山，同州白水县名贤柬之之后也。国初，有名充住者，以事戍凉州，今遂家凉州。大父温，父原，以公贵，俱赠左都督。母司氏，配王氏，俱褒封一品夫人。再娶朱氏。子四人：世英，由邑庠生袭授指挥使；世雄，阵亡岚县；世俊、世杰俱荫指挥佥事。孙男昆、仑、岚。公之生在弘治庚戌，其卒在嘉靖庚戌，其葬在嘉靖壬子。世英扶公之榇归葬凉州，道经蒲坂下，执余友国学生涑渠席越，出公行状，属为铭。余谓公之精忠大节，国史自当大书，何俟余之赘言哉。然余素知公义，不可不铭。铭曰：

烈烈张公，能安而止。岁在庚子，子为尔死。岁在庚戌，尔为国死。人孰无死，[□□□□]。

忠臣孝子，死有余光。我铭载石，万古攸藏。

【注释】

[1] 张达墓志，明嘉靖三十一年（1552）立。原在武威东门外五里墩沟，今佚。碑文为时任甘肃巡抚、兵部尚书杨博撰写。今据《陇右金石录》录文。《陇右金石录》称："按《五凉志》：张达由军伍至大同总兵官。嘉靖二十八年秋，也先帖木儿入寇，战死，谥忠刚，祠祀之。《明史·鞑靼传》：嘉靖二十四年秋，俺答犯大同，总兵张达拒却之。二十九年春，俺答移驻威宁，海子夏犯，大同总兵张达、林椿死之。《世宗纪》亦在二十九年六月，与此碑同，庚戌即二十九年也。"但据碑文"公之生在弘治庚戌，其卒在嘉靖庚戌，其葬在嘉靖壬子"，我们认为，其葬年当为嘉靖壬子年，即嘉靖三十一年（1552），墓志铭的刊刻时间也即此年，今予以更正。主要著录：《陇右金石录》《凉州府志备考》《武威县志稿》《武威金石录》。

明李洪崖墓碑[1]

故骠骑将军镇守宁夏地方总兵官左军都督府都督同知诰赠光禄大夫洪崖李公墓表

公讳义，字时宜，姓李氏。居武威郡洪崖沟，因号洪崖，人称洪崖将军。先世顺天府通州武清县邱家庄人。有讳贵者，为公高祖，洪武二十年从戍武城，历战有功，授百夫长。曾祖荣，袭前职，改陕西行都司凉州卫左所，遂为凉人。祖讳贞，仍袭前职，生昂，从征北虏，战于红水大沙窝、黄羊川抹儿山，斩获首虏，升本卫正千户，娶土氏，实公父也。弘治十七年，公袭父职。正德二年，以父功升本卫指挥佥事，随副总兵苏泰、参将鲁经与虏贼战于尖塔儿、罗罗墩、安塔儿、白土坡、白石头川地方，俱获首虏，升指挥使。八年四月，钦授守备红城子地方。十六年八月，奉敕充甘肃游击将军。十二月，复奉敕充左副都总兵，协守甘州地方，加升都指挥佥事。嘉靖三年五月，内行取京营，管理神机左掖营。四年六月，复充甘肃游击将军。是年十月，仍升左副总兵，协守宁夏地方。五年，统兵防御黑城子堡，遇虏于细沟，督兵大战，连破贼垒，斩首虏三百七十余级，夺获达马夷器无算。总督兵部尚书王公上其功，圣天子嗟叹良久，且曰："数十年来，无有此捷。"钦赐金币以旌异之。是年七月，仍改甘肃协守副总兵，升陕西行都司都指挥同知。九年十一月，得告养病疾回卫。十六年八月，以抚按屡荐复起，奉敕充左参将，分守庄浪地方。十七年，海寇薄境，公统汉土官军，设伏镇羌，迎战大通河，斩首十四级，获达马夷器数千。幕府上功，加升骠骑将军，给世袭诰命一通。十八年十月，奉敕充挂征西将军印、充总兵官镇守宁夏地方。二十年正月，虏由归德口侵我边境，公统兵驰至芦沟，与贼遇，督军奋击，贼披靡，获首虏四十九级，达马夷器若干。捷报，钦升左军都督府都督佥事，修边事竣，钦赐白金文绮，锡玺书以劳之。二十七年十二月，公以年老，精力渐耗，艰于骑射，且重听，顿首乞骸骨，天子轸念劳勋，重违其志，特允谕之，归田里，以疾告终。诰赠光禄大夫、左军都督府都督同知、右柱国。

公壮，性气勇悍，精骑射，有胆略，善抚士卒，故士卒乐为之用。战阵皆有成算，若仓卒遇敌，亦能随机应变，结发从戎，四十余年未尝败北也。公娶都督徐公讳谦长女，赠夫人。丈夫子一，曰朔方，袭公职凉州卫指挥使。娶苏氏，指挥苏世英之女。女子四，分守兰靖参将王允亭、凉州将军唐勇、锦衣卫指挥佥事鲁经、凉州卫千户周虎，其婿也。距生于成化丙申正月初二日卯时，卒于嘉靖辛亥十二月十五日酉时，寿七十六岁。次年二月二十六日，其子朔方已葬公于城南十里先茔之次，兹以兰靖参将君状乞余为文，上石以表公行，参将君素与余交欢，余故不辞而为之词。词曰：

猗欤将军，钟灵北鄙。龙韬虎略，身形雄伟。天佑我明，虏运适否。将军临边，厥功叠叠。纠纠桓桓，直捣贼垒。万夫之特，千城之轨。燕然勒铭，祁连作诔。寿考令终，福禄偕美。埋玉山邱，化精神鬼。行路翘企，式奏浮靡。公谥曰忠勇，配祀乡贤祠。

赐进士出身中宪大夫山东按察司副使前云南道监察御史金城段续拜撰。

大明嘉靖三十三年岁次甲寅七月乙亥朔越十有五日吉旦立石。

【注释】

［1］李洪崖墓碑，明嘉靖三十三年（1554）七月十五日刻。《凉州府志备考》记载：碑旧在光明寺门首，乾隆年间移于坟院内。其墓志也已出土，今存牛鉴故居，本书予以收录。主要著录：《凉州府志备考》《陇右金石录》《武威金石录》。

明诰封蔡淑人严氏圹志[1]

……严公珪之长女，左……勋之……勤止幽闲……公□六礼聘以作仪。处家政而有方，奉珪璋而……有法，承祭祀而有典。内外疏戚，罔不敬惮。……贤内助矣，朝廷嘉其忠，宠赐……矣，亦云荣章矣。淑人生于弘治己未五月十四日亥时……（嘉靖）己未八月初三日辰时，享年六十有一。生子四人，长曰……配□氏；曰垍，配乔氏；曰玺，配王氏；曰垦，配张氏。……应袭唐儒；一适应袭柳拱辰，卒；一适户侯马世禄；一适……孙男二人，曰朝珍，定守备朱公勋之女，未配；曰无量……择是十一月十七日归葬于武威城北之祖茔……于人□□□□之懿德所形也，德备于中……其□□于□□，亦可始终□名而无憾矣。故……云。

【注释】

［1］诰封蔡淑人严氏圹志，明嘉靖三十八年（1559）十一月十七日葬。1997年4月凉州区永昌镇和寨学校西出土，现藏武威市博物馆。志盖为正方形，边长45.4厘米，厚7厘米。志文共16行，满行约22字，朱书，楷体。部分字迹漫漶严重。盖面朱书"诰封蔡淑人严氏圹志"，共3行，行3字，楷体。志文记载了志主严氏的德行及子嗣情况，葬地为"武威城北蔡氏祖茔"，即今永昌和寨学校附近。

明防边碑[1]

巡抚都御史陈斐（棐）[2]撰

关中出崤函之西，去今京师二千七百里。皋兰大河所经，与禹导水积石相接，去关中一千二百里。而张掖去皋兰复一千二百里，酒泉尤远六百里，撑突河外，孤悬绝塞，开一路以通西夷之贡，所谓断北虏之臂，义则次矣。乃我境开拓于戎狄之区，而迤逦祁连，北阻龙荒，南遮青海，西引阳关之外。瓜沙之墟，皆自古毡毳息喙之区，千里畏途，三面邻虏，今之胜算，不在于能逐之，在能御之耳。御之方，城守为上，而河西城堡，土沙碱而制低薄，全无砖石，券洞皆板，门关无铁，挖之即颓，烧之即煨。乃知金墉玉关，徒为称美，全无事实也。

予岁丁巳夏以陕臬廉访，奉命抚兹土，大以弗称为惧。渡河即行四道各将，令于大小城堡，俱筑垣陂，浚池湟，券更礲石，门表铁叶。切虑近岁囊、俺黠酋导以周、丘，攻城辄以钩竿、梯绳、札架、挖磴、填壕、洞堤、凿门、烧橹，诸巧并力，环以甲骑，层射陴人，陴人不敢倚堞而瞰，彼即毁堞登陴，虽垣堑稍修，仍不足恃。乃镇城先筑敌台，屹倚城外，台围夹墙，墙开放火器孔洞，向外者，远击出壕堤；向两傍者，顺城雉而击。孔洞留三层：下层用石凿孔，径五七寸，可放将军炮，击贼近城下者；中层用水剚通中孔，径三四寸，可放盏口诸炮，击附城而上者；上层孔可放快枪强弩，击贼已攀近睥睨者。每台周围洞孔，开向八方，而城每面六台，则火器往来交击，绕一城矣。镇城先筑东南面十二台，乃照式行。各卫所城堡，各设四隅四座，虽小堡亦各二座。河西新设敌台，一时仅千座，以联接不可无大墩，因敌台之式推广之，先制木墩为式，令各筑大墩，中建实台，台用悬洞天桥而上。墩外筑城垣，四面暗砌铁门，放将军大炮，多安放火枪孔，券名曰"铁城迅击台"，复广前墩之式。于墩之围城外二隅，建火洞炮眼敌台二座，台制如城堡者而差小。中厝火器，向外点放，二台护城四面，名曰"轰电却胡台"。复广前墩之式。中建一台，即安火炮铁门券洞。于台之下，通出四面，以大将军炮诸火器，向外击贼。台上有房，多储器粮。台中之底凿井，防久攻困，名曰"玉空飞震台"。复广前墩之式。中建墩台，四隅筑二实台、二虚台，虚台中设火洞炮眼，悬空安门，置梯从此以上下，名曰"风雷太极台"。造转轴、翻拍、鹿角、陷马品字坑、木钻、地网，总名曰"陑边六险"。

以城堡敌台虽增，而守之不可无械，乃造诸械：一曰"夜义悬木偏并架"，一曰"悬石并架"，一曰"流星铁飞炮并架"，一曰"狗头铳"，一曰"铁巨斧"，一曰"四股飞叉"，总名曰"守城六将"。镇城造一千二百座件，卫所次之，虽城堡小者，亦造六十座件，计河西各城堡，总造万余。又铸铁飞炮万余，以诸械虽可守，而行可为阵，止可为营，尤莫便于火车，乃竭智殚思，先造飞轮游刃八面应敌万全霹雳火车一百辆，召选家丁勇士千二百，立一营。考火车阵图为书，付主者习演，修整旧旋风炮火车百辆，令洪水、黑城等五堡，共造百辆。修整冲枪飞火独脚车四百辆，诸种车通行各道各卫。照样制各千余辆，安置兵火器各万余，名为破虏三车。以胜敌莫利于火器，而大炮尤可以击厚敌、破坚阵，乃奏讨京制大将军、二将军炮各十位，三将军十五位，讨京制鸟嘴铳二十杆，随用火药什物及皮袋、药规、药管等皆备。再行分巡道行局，用京降式造鸟嘴铳，造金刚腿诸大炮，连珠双头诸枪及铸生铁石榴炮共二千余，行分守兵备三道，各造炮数称是。再发价山西，造快枪等近千件，以火器尤资于硝黄、马子。行阖镇地方各熬硝，各俾人赴局学制，未几，各处俱熬硝制火药。药余数万，且令局铸石榴炮一千余，铸铁马子三万。各处俱令铸铁及磨石者，而尤虑铅则难继，泥则易碎，有献计谓："磁窑造磁了，可多半试之，大小八等，坚圆光滑可用。"乃令镇城烧百万个，每万个量一石，今已造五十余石，行各道俱如式造。先是，委官向京领年例硫黄，逾年未返，予遣骑督责，乃领硫黄三千斤来。而往晋省造火器者，亦赍硫黄二千斤至。顾火器已夥，煮硝更繁，硫足配合铁磁子，盈屋堆积，剩供习放，于是河西火器雄甲诸镇矣。此皆分巡王宪副继洛协谋效力，分守张大参批[3]、兵备陈宪副其学、太仆寺黎乡尧勋，咸资画理诸务，稍次第，而总戎徐双峰公仁适至，将城垣敌台未完者，相与督责筑完，即议并堡浚壕。凡阖镇之堡，城隘人勘者归大堡，而堡垣之趾，俱浚壕，深阔以三丈为准，足堪障御。

予惟在昔哲臣，问学功业，致极中和，寅亮天地，而今膺筹边之寄者，只从事于制度修为之间，虽悉心综理，未免驰情机械，宜乎来曲智之评，而非辅世之略也。客乃谓予曰：古人因时创物，随用治具，咸运谋涉巧，构思入神。顾皆经济之方，关用兵之要，乃应世之不容已，行所无事之知也。如伶伦之律管灰室，羲和之璇玑玉衡。禹之治水铸鼎，周公刻漏土圭，及与越裳之指南车。斯数圣臣，合德成务，制器尚象，而其精微玄奥之处，得造化之蕴，成天地之撰，以通神明之秘。观数类物，通变宜民，实神智之运，而不可以偏智目之者也。

自后如汉之诸葛孔明、宋之范文正，称百代殊绝人物。然诸葛之治军，流马木牛，以供运饷，制作精妙，后世莫传，而营成八阵，开合奇正。予观鱼复江边之垒，见者称为天下奇才。文正之治边，通斥堠，城十二岩，细微纤悉。予观其峡山之屯，取水秘井，侦卒间道，旧迹故在也。二公当中夏稍弱，虏敌方张，故于此求殚心尽职，随事补裨，固开诚布公之运用，先忧后乐之敷施，岂可以烦细而议二臣哉。不此从事而清谈废事，沉湎玩时，以惜阴为俗吏，以名教为赘物，卒至荒媮堕落，靡可收拾，此晋魏之所宜戒。

而近世亦或崇尚浮虚，论议空寂，钩奇延誉，至目经略为曲智。彼自谓弃知之学，不自觉其为不智之归矣。以若人而任之，锁钥其能克副哉。后来者以兹为鉴，庶修此防边之绪而不使坠焉矣。

【注释】

[1] 防边碑，明嘉靖36年至38年（1557—1559）立。都御史巡抚甘肃陈棐撰文。今据顺治版《重刊凉镇志》录文。主要著录：顺治版《重刊凉镇志》；乾隆版《甘州府志》。

[2] 陈棐，河南鄢陵人，嘉靖十四年乙未科（1535）进士。嘉靖三十六年五月至嘉靖三十八年三月，任甘肃巡抚。据《国榷》载："（嘉靖三十六年）五月丙子，甘肃魏谦吉

右副巡抚山西。六月壬申，陕西按察使陈棐右佥都御史巡抚甘肃。""（嘉靖三十八年）三月戊寅，巡抚甘肃陈棐调外。"此外，山丹县峡口村有"锁控金川"摩崖石刻，也是陈棐所书，时间为嘉靖三十一年，当时其结衔为"刑部郎中、奉敕巡抚全陕、前左给事中"。

[3] 张玭，山西蒲州人，嘉靖十四年乙未科（1535）进士，嘉靖三十六年任凉庄道。

明张公祠记碑[1]

敕赠上柱国光禄大夫左都督谥忠刚张公祠记
钦差巡抚甘肃等处地方右副都御史胡汝霖撰

忠刚祠者，有司奉皇上命，以祀死忠之臣也。荥阳祠而祀纪信，睢阳祠而祀巡远，康山祠而祀成、祀贵，皆祭义所当重，有司所当敬其事也。忠刚祠既成，嗣子世英征予为记，勒之碑石，以记勋烈于不朽也。余抚治河西，仰其忠贞，乌能已于称述乎？忠刚公讳达，字克明，号雪山，系唐相柬之第三十九代元孙也。公起自行伍，进秩府督，其丰功茂绩，既行状始末，大冢宰虞坂杨公纪之详矣，余不复赘。特以公之孤忠大节而为之阐焉。公以百夫长，累功升延绥游击将军。始命而镇守山西，再命而镇守关中，三命而镇守宣大。凡战守攻围之略，筹之已熟。其扫清沙漠，威镇华夏，圣天子御屏纪录芳名矣。嘉靖庚戌，大虏猖獗，入寇云中，鸟惊云合，所向无前，蚁聚蜂屯，其锋益炽。时雪山张公佩征西前将军印，跃马挥戈，迎贼鏖战。冲锋刃而必进，冒矢石而不避，乘胜以破其坚，决胜以死其间。战久，援兵不至，矢尽卒疲，遂遇害。子世英等敛尸扶榇而还葬焉。其慷慨忠义之气，可以裂山河而泣鬼神矣。事闻，皇上嗣承大统，悯其忠肝义胆，旌表大节，诏礼部官议褒恤典，复疏请于大同、凉州俱建神祠，赠左都督，赐谥忠刚。遣分守道石公谕祭，颁赐告文，春秋享祭。荫二子世俊、世杰，世袭指挥佥事。世俊踵雪山公之忠勇，累功累爵，升凉州右副总兵官，威名盖煊赫矣。时嘉靖乙卯岁，大中丞王公等移檄出公帑百金，乃于凉州东关，易民宅之旧者建立祠庙，委卫官以董治之。计画尺丈，揣度高低，鸠工僝材，斩板干，筑垣墉，崇屹榱，桷严翼，堂宇聿新，俎豆告虔，而公之英灵神爽，凛凛一堂之上，俨然如生，足以耸人心目，起人瞻仰。岁时祗荐，表贞以励忠也。祠之兴，始事于嘉靖乙卯，终事于嘉靖壬戌，此记之所以述也。呜呼，虹之万丈，不足以方公之义气；金之百炼，不足以表公之刚肠。其捐躯殉国，白刃如饴，视信巡诸公，异世而同符。所谓岁寒知松柏，疾风知劲草，信不诬矣。夫忠刚祠烈峙邦域，辉映古今，此威灵之所以振，祀典之所以延也。岂直为一时之观，美已哉。是为记。

嘉靖龙集壬戌冬十月上浣吉旦立。

【注释】

[1] 张公祠记碑，明嘉靖四十一年（1562）十月立。张公即张达，碑文记载了张达的生平事迹及建立张公祠的由来经过等。今据《凉州府志备考》录文。主要著录：《凉州府

志备考》《武威金石录》。

明高沟堡万历碑^[1]

【碑阳】

钦差□□西宁道……

分守凉州右副□□（总兵）

高沟堡^[2]北地……

三岔堡^[3]南地……

万历六年十月□日

【碑阴】

高沟堡防守指挥……

三岔堡防守百户……

□□□□□……

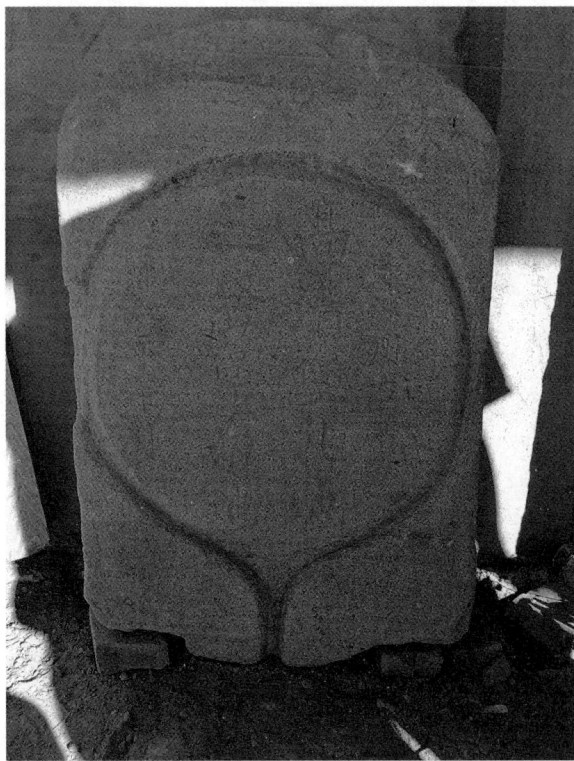

高沟堡万历碑阳

高沟堡万历碑阴

【注释】

［1］高沟堡万历碑，明万历六年（1578）十月刻。今位于凉州区长城乡高沟村沙漠边缘高沟堡故城遗址。该碑高100厘米，宽64厘米，厚15.5厘米。双面刻字。该碑对于研究明代凉州地区军事地理等具有一定价值。

［2］高沟堡故城遗址，位于凉州区长城乡高沟村沙漠边缘。东靠岸门二组，西临濒危野生动物园，南为清源镇新地村，北靠市治沙站。故城平面呈方形，东西长300、南北宽300米，面积约90000平方米。城墙为夯土版筑，夯层厚0.18—0.23米，残高6米，基宽3米，顶宽2米。四角有方形角墩，底边长6米，残高5米。城门向东开，门外有瓮城。从城门至西墙有一条街道将城分为两半。城内外有居住遗址，已被流沙掩埋。周围暴露有汉代泥质红、灰陶片、石磨残块和碎砖瓦等及三国魏、晋、宋、西夏、元、明、清各类瓷片、瓦片等。可知该城始建于汉，一直沿用至明清时期。

［3］三岔堡故城遗址，位于凉州区四坝镇三岔村三岔小学西南面。东临红水河，南接南河，北依北河，西至民武公路。东西宽200米，南北长400米，面积约80000平方米。城墙残存部分高3米，宽2.1米。1971年当地群众拆此城墙时曾在一洞内发现金耳环、钱币等遗物。1982年又在这里发现汉代瓦当，有关专家认为，此城当为匈奴休屠王城、汉休屠县城故址。此城址对于研究武威历史提供了依据。现仅残存夯土台一处。

明修凉州城记碑[1]

陕西布政司使整饬分守凉庄道金事加三级何廷圭
监督凉州等处屯田仓场事务巩昌府分府加三级蔡名辅
凉州卫儒学教授董元善
凉州镇标中营游击路山
凉州镇标前营游击王士温
凉州镇标左营游击赵国玺
前任山东即墨县知县高上达
凉州镇标后营游击吴之晋
凉州城守营都司高锦
凉州镇标右营游击房世淳
凉州卫正堂掌印守备薛必显
凉州卫副堂兼理屯事朱方

凉州卫城原系土筑，于万历二年九月内，该巡抚廖逢节[2]，总督石茂华[3]，议题用砖包砌，尚未兴工。本年十一月内，巡抚侯东莱[4]至，督率分守道先任参议赵焞，接管参议张九一，副总兵盛愈谦，并各碑阴文武大小官员匠役，方投烧运砖石，于万历四年四月内落成，备记岁时，以俟后之抚兹土者，知所从来，以便修缮云。

万历八年岁次庚辰夏六月上旬吉日建立。

【注释】

[1] 修凉州城记，明万历八年（1580）六月立。今据《凉州府志备考》录文。碑文记载了万历初年重修凉州城的经过及参与修城的人员名单，对研究凉州城建史具有一定帮助。主要著录：《凉州府志备考》。

[2] 廖逢节，固始（今属河南）人。主要活动于明隆庆至万历年间。隆庆五年（1571）二月，廖逢节为山东布政使司右参政，仍为分巡北中二路兼兵备山东按察司佥事。六月，升任山西布政使司右参政，又升为都察院右佥都御史，巡抚甘肃等处。六年六月，巡抚甘肃都察院右佥都御史廖逢节题布防秋事宜，申请布防地，预定按伏，严饬哨报，委托地方收敛，分权督理。十月，提督两广兵部侍郎殷正茂巡抚宁夏，佥都御史朱笈、巡抚甘肃佥都御史廖逢节各自自陈。殷正茂勉留朱笈，廖逢节下吏部。十二月，由于边防吃紧，甘肃抚臣廖逢节奏请设屯田乡兵，以图振兴。圣旨，加廖逢节为太仆寺卿总其事。万历二年（1574）七月，调遣甘肃巡抚廖逢节到南京衙门任职。三年十月，升廖逢节为南京太仆寺少卿。四年三月，因修完甘肃、固原、宁夏等镇边墙，加赏总督戴才和巡抚廖逢节等银两。（参《中国长城志·人物》）

[3] 石茂华，字君采，号毅庵，山东益都（今青州）人。嘉靖二十三年（1544）进士，任浚县（今属河南）知县。他断狱公正，处理诉讼案件，果断干练，公正明断。任扬州（治今扬州市）知府时，倭寇侵扰江淮地区，石茂华排除严嵩义子赵文华的干扰，带领官兵誓死守城，打退了进犯扬州的倭寇。后又历任山西按察副使、河南副使、陕西参政、按察使。隆庆元年（1567）升都察院右佥都御史，巡抚甘肃、山西。万历元年（1573）升都察院右都御史，总督陕西三边军务。此间，石茂华数次平息了任内兵乱，受到朝廷褒奖。后升任兵部尚书，掌南京都察院事。在巡察陕西、甘肃地区时，正值此地大饥荒，石茂华奏准朝廷，减免徭役和赋税，开仓赈济灾民，因操劳成疾，呕血身亡。死后赠太子少保，谥"恭襄"。旧志言其"区处正午，老成周慎，度不百全，不肯妄发，发辄至当"。他为官清正，两袖清风，在官四十余年，家资不称其官。（参《中国进士全传·山东卷》）

[4] 侯东莱，字儒宗，号掖川。山东掖县（今莱州市）人。嘉靖二十五年（1546）举人，嘉靖二十九年（1550）庚戌科三甲第一百零六名进士。历任井陉兵备、行人司行人、应天府推官、南京都察院御史、嘉兴府知府等，屡迁陕西按察司副使，分巡西宁道。隆庆五年（1571）十一月，由陕西布政司右参政，迁河南按察使。次年六月，又迁陕西右布政使。万历元年（1573）二月，升陕西左布政使。次年（1574）六月，迁南直隶应天府尹。旋以都察院右副都御史，巡抚甘肃（县志误载为大同）。万历五年（1577）十二月，加兵部右侍郎，兼都察院右佥都御史，继续巡抚甘肃。在巡抚任上，连续长达八年。为官清正廉威，办事井井有条，受到军民拥戴，被目为名宦。万历九年（1581）二月致仕，两年后病卒，赐祭葬。（参《山东明清进士通览·明代卷》）

明敕赐清应禅寺碑[1]

敕赐清应禅寺碑记

稽古佛氏曰西方圣人，盖沙门涅槃庄严成就菩提正果者也。其入我中国，则始于汉明帝，甚于梁武帝，而隋唐次之，故天下后世哄然，而中国佛其人也。凉州为西域襟衽之地，而番僧杂出乎其间。其城之东北隅，旧有北斗宫遗址，相传始于至正时，兵火残燹。永乐间敕为清应禅寺，殿宇巍峨，廊楹绘绚，世称古刹，迄今二百有余祀。旸雨暄湿，瓦毁栋桡，像貌倾颓，殊非所以隆具瞻也。嘉靖辛酉，金台吴公添寿，厥后光山王公光祖，来莅兹土，目击心恻，各捐金置树植之具。隆庆丁卯，齐南戴公才、胶东侯公东莱二节钺，相绳资给。万历癸未，三晋贾公仁元，又增补天王殿三楹，钟鼓楼各一，主司晨昏，缘工程颇钜，修葺虽饬，尚未乐成。今余奉简命仕优，曾憩息于中，常住比丘舌磬巅末，因请命于今中丞三河曹公子登，中丞公许，给以帑藏之羡者，遂鸠工求木，用续诸大夫之美，于是轮奂堂构，燦然称一新也。寺前山门一座，次乃增补天王殿、钟鼓楼也，又次即北斗宫故址，东西各列罗汉于内宫。两隅左祠祖师，右祠伽蓝，中为正殿。画廊各一十有一间，皆释迦牟尼脱苦海、登彼崖、参通本来面目，所谓西方圣人者是也。后分两殿，一名弥陀，一名地藏。中道扁曰"梵王宫"，直抵姑洗塔，而禅堂、僧舍，环绕联络于左右，一海位于元武而万壑潆焉，乐斯成也，敞庄严之胜概，壮保障之奇观，甲西凉之雄镇也。且天下之道，邪正不两立，出彼必入此，顾导化之何如耳。释氏之学，姑不暇论，然就其慈悲之念，思以利天下，究竟使人皈依善果。孟子曰："逃墨必归杨，逃杨必归儒。"即今介胄多章缝之士，节钺必肱股之臣，因而化行蛮貊，膻胡款服，祇事活佛，而逃夷入墨之渐始矣，将来容有艾耶。故无事人其人、卢其居、火其书，而潜销默运之化，俾日用而不知者。我文祖深谋远虑，殆舞干羽于阶陛，而有苗自格矣，佛也云乎哉。噫嘻！操风纪者，曷思勸诸，敢勒贞珉，以俟后之君子。时督事官为监牧仓场通判茶陵谭宝乾、本卫指挥掌印朱明翰、管屯徐承业、局补蔡朝暄也。其余分功募费，咸有攸绩者，法当并书碑阴，志不忘云。

万历十六年岁次戊子六月吉旦。

赐进士奉敕分守西宁道督理粮储屯田水利陕西布政司右布政使肥乡张思忠篆额。

奉敕分守西宁道兼督理粮储屯田水利陕西等处承宣布政司右参议曲梁袁宏德撰。

钦差分守凉州等处地方左副总兵云中陈霞书。

【注释】

[1] 敕赐清应禅寺碑记，明万历十六年（1588）六月刻。今据《凉州府志备考》录文。主要著录：《凉州府志备考》《武威市志》《武威金石录》。

明白衣菩萨铜像功德记[1]

凉州卫掌印指挥张显茂、室人唐氏，云游释子比丘道清、比丘尼真云二人，前来在凉州北土城门空地，告准开建立修白衣寺一座，殿内无主像，□僧乞化十方众信人等各发虑心喜括铜金资财，铸造白衣菩萨金像一尊，保吉祥如意者□应□。住持僧人真云、道清，徒如性、如清、真□、性志、法孙性圆、性从，俗徒妙兴、妙秀、妙定、妙空、妙德、妙荣、妙蓝、妙心，助录信士岳得时、陈继薰。醴泉县金火匠薛天机、薛望。效法建经。

白衣菩萨铜像

万历三十九年三月初八日造。

【注释】

[1]白衣菩萨铜像功德记,明万历三十九年(1611)三月初八日刻。现藏武威市博物馆。铜像坐式,通高134厘米。主要著录:《武威金石录》。

明祁公永思碑[1]

钦差督理粮储屯田水利兼理马政分守西宁道陕西布政司右布政使北直隶大名滑台祁公[2]永思碑记

翰林院掌院事吏部右侍郎兼侍读学士教习庶吉士耀州王图撰文

万历三十五年岁次丁未,公祖钦命大参分守西宁道,莅凉、永、镇、古浪卫所。逾年,晋陕西政司右布政使,盖六载于兹矣。适我国家西顾,甘肃首镇,尤重得人。四十一年,公又以简命擢。凉之士民耆属,咸攀辕卧辙,不能挽留,相颂公德政,谋予文之,勒石以志不忘,名曰《永思碑》。

夫士君子,握瑜怀瑾,得志大行,入则周公、召公,出则吉甫、方叔,官历升迁,亦其常耳。夫民何以思?又何以去而永思也?盖人心至愚,亦至神,非风动激劝,感发兴起则不思,非深仁厚泽,沦肌浃髓则不思。自公旌节西来,根宗学海,汲引人伦,诚不难敷以文教,滋以甘露,醍醐春台而衽席之矣。故往者松山恢复,虏愤日深,窥伺乘衅者,不时窃发。公至,明法审令,简将练兵,修武备以戒不虞。寇入则坚壁清野,远遁则扫穴犁庭,令虏不敢南下牧马,而弯弓抱怨。今则柝静烽消,守城者囊弓卧鼓,锁钥于城,孰有如今日者,而谁不思!五凉土旷多寒,额征不下数万,往者催科无法,追呼之吏四出,而逃亡者十室而九。公至,则知人善任,悉为区画调停,俾数十年之逋负,尽行完纳。今则民安于业,时和年丰,斗粟才值数钱。上无烦役,而下无不了之租,鸡犬桑麻,帖然安堵,又孰有如今日者,而谁不思。犹未也,往者俗多惰窳,节义未彰。公之来也,风以玉壶冰蘖,素丝羔羊,故自缙绅以至匹夫匹妇,莫不重廉耻而坚劲操。若秦妇之贞洁抚孤,孟妇之殒躯全节,尤足异者,非公之德化不至此。又为表厥宅里,树之风声,其培养气节、易俗移风,又孰如今日者,而谁不思。他如作兴学校,誉髦激昂青云;训迪材官,阘茸亦堪器使。使一切精力治办,若钱谷,若刑名,若城堡之缮修,常平义仓之协创,无非实心实政,啧啧在人口碑者,即更仆未易数也。故服公之德,如饮河,量腹而止,腹满而河未始竭也。乃此之行,九重又将以大司马眷命矣,阖境诸人,固饮河而沾润者,计不能诣阙借寇,怅然如失所天,怀抱之郁,此中固一日而九回也,亦千载而一日也。讵容己于思也。昔召公化行南国,为歌《甘棠》,夫甘棠以志思也。公之甘棠,今日已成荫矣,斯民之心,亦三代之民心也,其感而思,思而不能忘,无疑也。公何要誉于民,而民曷有私乎公也哉!虽然公之心计社稷,不计功名,遇之显晦毋论己,如民心何,如公道何。异日者,圣天子课最明庭,金瓯卜相,由勋曹而晋阶保、傅，照临波及之余，曷有极焉。是碑也，且与甘棠之咏并传不朽矣。祝曰：

维兹屹立，卓尔琳琅。羊公岘石，召伯甘棠。楷书隶篆，著绩留芳。悠悠千载，永志不忘。

【注释】

［1］祁公永思碑，明万历四十一年（1613）立。今据《凉州府志备考》录文。主要著录：《凉州府志备考》《陇右金石录》《武威金石录》。

［2］祁公，即祁伯裕，原名光宗，号含东，因避明光宗庙号讳而以字行。祖籍山西太原，明初迁居直隶大名府滑县。万历二十六年戊戌科（1598）进士。他在凉州任官六年，移风易俗，有兴建学校、修缮城墙、创设义仓等政绩。后官至太子太保兵部尚书，掌南京都察院事、右副都御史。卒赠少保，谥敏惠。所著有《余清馆》等集。康熙版《滑县志·人物志》有传。

明增修大云寺碑[1]

增修大云寺碑记

凉州大云古刹，纪其巅末，有唐宋二碑，仿佛可考。元末兵燹以后，重为鼎新，爰复古迹。自皇明洪武十六年始，其募主则日本沙门志满也，未有纪者。旧有浮图五级，未及合尖，至万历壬辰岁，本城副将鲁光祖施砖甃砌补，完前功。巑岏百八十尺，与清应寺塔双峰插天，称五凉一奇观云。是后时和岁稔，民庶兵强。遂恢复松疆数千里，而虏运日衰，兵威日振，虽气数使数，不可谓非法力所助佑也。时本镇总兵达云，即前恢疆者，酬答神功，乃于塔台前面创建元帝庙一座，金碧莹煜，靳奠此塔于磐石。僧官洪铠，以公修庙余材构小祠于庙左，肖公像而香火之，匪只为建庙举，缘公秉钺开疆，而为地方图永报也，亦义举哉。但台下正殿孤悬，左右敞阔无制，非增建廊庑，无以肃内外而壮观瞻。谈者指画如式，卒无有肩其任者，以工程繁灏，所需良不赀也。署印比邱信还倡议修举，于正殿东西建廊房二十四楹，补移对面罗汉殿三楹，伽蓝殿三楹，金装丹垩，岿然焕然，山门角门，增设如制。又以释迦之祖修、磨练及赫灵显异之迹，历历图绘于廊壁间，粲云霞而耀日星，俾观者见像会心，恍若亲炙，垂教不显且切哉。材木、砖石、工匠之费，十方所不给者，捐赀接济，七越岁而工始成。木城参戎达奇策，前总兵公冢嗣，而此时之檀越也，请完整为记。璧念佛氏之现光于周，显梦于汉，业已脍炙人口，无庸置喙。而地狱轮回之说，儒者每驳为不经，殊不思古先圣喆其寓言设词，昭垂于六经子史内者，岂少也欤。总为惩顽惕俗，期无轶众生之性焉耳。至于番夷狼戾之性，诛讨难驯，悯不畏死，一论以中国之佛法，顶经约誓，威于斧钺。传曰："遐矣西胡，天之外区；不率华礼，莫有典属；若非神道，何恤何拘。"所以边境禅刹，独胜于省直内地，且皆御敕修建，若西宁之瞿昙，张掖之宝觉，与吾凉之大云等寺，穷极土木之妍，崇闳壮丽，务耸观望而启敬信焉。盖以因性牖民、笼摄异族，而固其志，其崇设诚有为也。况城中浮图有三，俱建于东北卑陷处，补阙障空，关一郡之风脉不浅，坐令浸寻倾圮而不时加修葺，可乎！于戏，塔建而凉郡赖之以兴，廊院建而塔将赖之以不朽，信还之功不在日本志满下。

时天启二年岁在壬戌仲秋吉旦本卫太学生赵完璧斋沐顿首撰。

钦差分守大靖等处地方参将达奇策。

钦差镇守昌平居庸等关总兵官后军都督府都督同知达奇勋。

钦差平羌将军镇守甘肃等处地方总兵官太子太傅达云。

钦差分守凉州等处地方右副总兵都督鲁光祖。

钦差分守镇番等处地方参将唐世盛。

凉州营千总、督指挥同知达奇功。

三科武举署指挥赵良璧。

【注释】

[1]增修大云寺碑记，明天启二年（1622）八月立。原碑已佚，今据《凉州府志备考》录文。1993年5月，武威市文物管理委员会、武威市博物馆据旧碑文重镌。新碑立于武威大云寺碑林。主要著录：《陇右金石录》《凉州府志备考》《武威县志稿》《武威市志》《武威金石录》《武威市文物志》。

明修建三皇庙碑[1]

盖庙祀之典所以崇报也，顾功德有钜细而祀之，广狭远近因之又以明称也。故功德在一时者一时祀之，越代则以功德在一方者一方祀之，越境则已广狭远近之故，固功德钜细之因也。逖稽三皇开天治世，迄今不啻万余岁，而庙祀处处弗没者，何试？观宗庙之奉祖先也，亲尽则祧祀典罔，忒惟始祖百世而弗迁，盖谓其为从出之原，匪可以世代远近论也。逝波放海鸟容绝源，修干干霄总离本三皇。盖古今之源本万世不迁之始祖也，其功德宁可以时地限而庙祀何日可湮没乎？吾凉肇造此庙，自本城兵宪史公始，乃其建于医药局者，岂因便就简而无意义于其间哉？盖谓画八卦造书契约，自太昊伏羲出，而医理寓艺五谷尝百草，自炎帝神农出。而方药传，咨岐伯作内经，命俞附雷公察明堂、究息脉、巫彭桐君处方耳。自黄帝有熊氏出而人得以尽年，医理遂昭揭于后世。夫以三皇开物成务，虽不独为医氏祖，而济世寿民之术，医氏暨祖而述之，则济世寿民之心，医氏尤当宗而体之者也。故庙成而题其坊曰："亘古医宗"良有意哉。庙中正殿三楹联，工列三圣像，傍侍历代名医一十二尊。东西庑中，许、陶二真君塑像在焉；分置木牌五面，胪列古今名医既本境世医姓氏，期垂不泯。医舍碑亭各三楹联，二门外左右对列。最前牌坊三架即大门也；门东药铺一间，俾便施济；殿后圣母等祠，局中所宿构者，议设春秋二祭，印官主之。然药局既古医学，先年贾兵宪修葺，施药于内，故名焉。贾公讳仁元，山西万泉人。史公直隶金坛人，讳树德。时率众捐赀，医公力是赖至营度属功后先拮据十余载，竟底绩焉者，实医官蔡嘉善等众也，宜并志之。

时崇祯四年辛未孟夏吉旦

原任大名府通判承德郎赵完璧谨撰。

凉州卫署印医官蔡嘉善建立。

修建三皇庙碑记

【注释】

[1] 修建三皇庙记，明崇祯四年（1631）四月立。现藏武威文庙。碑通高188厘米，宽78厘米，厚15厘米。碑额楷书"碑记"。碑座高52厘米，上长106厘米，上宽45厘米，下长116厘米，下宽65厘米。主要著录：《武威县志稿》《武威金石录》《武威市文物志》。

明判发北沙河上游五坝与下游三坝用水执照碑[1]

甘镇屯兵带管凉州监屯事临洮府同知喻，为"乞讨碑文执照，以禁刀风"事。据三岔、蔡旗屯民段尚用等禀称"用等承纳边储二千余石额，从乌牛等坝卸水七昼夜，屡□毛万福等邀截。径告两院行察审评，为立碑以垂久远，见今置完恳恩，发碑文遵守刊立，以禁刀风"等情到府。

据此卷察，先奉钦差巡抚甘肃等属地方赞理军务都察院右佥都御史刘批："据屯余桑拱日等告，为讨水增粮等事"，奉批，"仰凉州监屯厅察报"。又奉本院批："据王风粹等告，为绝水打死人命事又据金国祯等告，为违法霸水欺杀贫民事。"俱批，"仰凉州监屯厅审报。"又据长史司呈："为明正水利，裕国安屯事。"奉批"仰凉州监屯厅察报"，又奉钦差巡抚甘肃等处地方赞理军务都察院右佥都御史吕批："据世官等告，为救民安国事，原词发厅。"

奉此行拘王风粹等到官察审，得王风粹供称粹与□官、桑拱日各在三岔堡□□种，□□、金国祯、段尚用、吴国忠等，俱在三岔、蔡旗二堡住种，乌牛坝使水。河脑在凉州西南土弥丁渠，山泉顺流下，分各坝，第一高头，第二乌牛，第三徐信，第四小沙，第五高庙儿，第六三岔，至末稍蔡旗，各屯余使用。正德年间，有三岔屯余张浦等，因天年荒旱，水利缺乏，告准："每年五月初一日将土弥、乌牛等坝水利，尽行闭塞，卸水七昼夜，通流三岔、蔡旗，均浇田苗。"后，张浦见三岔堡地高水低，水归镇番，不得浇灌，复告准行镇番卫"议于七昼夜内，令张浦等使水四昼夜。其三昼夜听从镇番屯民分使"，示为定规。嘉靖十四年六月内，三岔屯余郭廷端等具告，欲将乌牛坝等泉水开卸安闸，求加增水利，委凉州卫指挥刘钺察勘明白不准安闸，议将"乌牛、小沙二坝，并高头、梅杞等沟水利，准添三昼夜，共前十昼夜，给三岔、蔡旗屯余灌田，每年五月初一日差官分卸，将乌牛等坝沟口闭塞，浇毕，各坝照常使用。"前后奉有明文存照。至万历三年间，镇番重兴堡屯余尹堡等，原额镇番东沙河使水，因山水涨泛，冲塞沙河沟渠，将情告赴前任分守道张，批行先任屯兵同知赵亲诣察勘，见三岔等堡卸使乌牛坝水利充裕，将嘉靖十四年加添水三昼夜照旧革去，给尹保等分使。至万历十九年五月内，乌牛等坝屯余，不容三岔、蔡旗卸水，各具情赴先任巡抚贾都老爷案下，批先任屯兵同知郝察勘明白，委官监修，开沟宽八尺五寸，深一尺七寸，每年以五月一日寅时起，将上首高头等坝闭塞，卸水七昼夜，浇灌至初八日寅时止，已毕，方许高头等坝照旧开使，置造石碣一座，上刊议定日期，河口尺寸，以杜告争，详允卷存。三岔、蔡旗屯余，复因原沟淤塞，难以挑修，又告从乌牛坝河下流腰坝内，至期卸水，已经二年。至天启元年五月初一日，赴河卸水，乌牛坝阻挠不从，三岔、蔡旗屯民刘世魁，将情赴先任抚院徐都老爷告，批蔡旗先任守备祝国宁，三岔先任守备林成栋，同赴河口，拘察卸水，乌牛坝民张君诏等不从。二官具由呈详本院老爷，蒙批先任屯兵同知杨亲至彼处，勘验得旧河沙淤地高不能行水，应从乌牛坝内照依旧规，闭卸浇灌，令各坝再不得纷争，甘结附卷外，断刘世魁等安闸木一道，口七尺，张君诏等安闸木一道，口三尺，示为定规，诏呈详允。刘世魁等思得每年卸水，原系全河七昼夜，今又与张君诏等每遇卸水时，断开闸口三尺，诚恐水微不敷，又赴分守道冯告，批前署屯兵事朱判官察审水利，仍照旧规，每年五月初一日寅时起，至初八日寅时止，从乌牛河腰坝内闭卸浇灌七昼夜毕，各坝照常分使，诏呈详允。后三岔、蔡旗屯民，又因争水，赴本院告，批先任甘州屯兵署凉州监屯同知聂察审，断令亦从腰坝自每年五月初一日寅时起，初八日寅时止，分水浇灌，诏呈详允。至天启六年五月内，因两家又相争水利，赴前任抚院王都老爷告，批先任监收带管屯兵同知徐察审，断令水利遵照旧规行使。至天启七年四月间，金国祯等又具乞文卸水情词，赴前任庄浪带官分守道刘告，批：既系旧规，准出示禁谕，行令金国祯等于五月初一日开卸。讫后，吴国忠等将上坝捏告，本道批行先任屯兵同知张察审，见得水已如期卸遇，无容再议，将前件申请注销。讫后，金国祯等又因争水告赴先任分守道陆告，批张同知察明，"如上坝人再有假告状闭塞者，问官先开渠疏通后，拘听审断，堵塞一日，准以二日补之"。至崇祯三年，乌牛坝民吕满称"先年省府借水泡稻"情由，具告先任甘肃巡抚刘都老爷处，蒙批："仰凉州监屯厅察报。"风粹□合妄称："被下坝屯民白良将本坝屯民吴承思即时打死，尸骸丢压水沟，具绝水打死人命"虚情，于六月十七日告赴本院，蒙批："仰凉州监屯厅审报"，金国祯亦具"违法霸欺杀贫民"等情，于六月二十三日告赴本院，蒙批："仰凉州监屯厅审报。"行间，金国祯、段尚用又具"擅投王府，欺官乱国"情词，于七月二十日告赴本院，蒙批："仰分守道察报。"随该分巡带管分守道布政使听信票抄词行厅察审间，吴国忠并风粹等各将情告赴巡抚王老爷，亦批"分守道各抄词备行。"拘审间，又奉分守道参政陈信牌，先据桑拱日、王风粹、金国祯、毛万福等互告两院各词已经抄该厅察勘，去后，至今数日未结。又据段尚用，姜朝聘等屡次赴道控禀，乞调卷案亲审等情，据此，随调该厅原卷到道，并据金国祯等□验印照三纸。一万历二十一年给，一天启元年给，一崇祯三年给。皆厅官节奉两院及本道批词，审详明确给照，以杜后争者也。

　　本□□□细加问□□提桑拱日等到道，审得水之原出于凉州西南土弥干，山泉顺流下及各坝，第一高头、第二乌牛、第三徐信、第四小沙、第五高庙儿、第六三岔、至末蔡旗，各屯余浇灌田禾。自正德二年，三岔屯余张浦等，告准每年五月初一日起，分水七昼夜，与三岔、蔡旗二堡，其余日期，俱乌牛坝等处使用也。嘉靖十四年，三岔屯余郭廷端等具告准加三昼夜，共十昼夜，为定例，每年五月初一日寅时起，至初八日寅时止。万历十九年二十年亦告争，并断如前。天启元年，三岔、蔡镇又告，准从乌牛沟腰坝泄水，其日期无异也。天启六年、崇祯元年，又告争，张同知审断究详，院道："如上坝之人，再有假告闭塞者，问官先开渠疏通后，拘听审断，堵塞一日，准以二日补之。"则三岔、蔡旗每一年之内，得分水七昼夜，可为铁案矣。乃崇祯三年，忽有吕满者出捏称："先年肃王借水泡稻"情由，具告两院，而丘同知已审究其为虚也，何桑拱日、毛万福等仍假前说，且以增粮为名，而妄告乎？至王风粹告打死吴承思，而吴承思今尚见存，尤妄之妄耳。合行发拟，为此仰厅官吏，即照桑拱日等原词，各将应得罪名一一问拟如律，诏呈本道，以凭转详。其三岔、蔡旗二堡，仍照旧以五月初一日寅时起，初八日寅时止，从乌牛腰坝泄水七昼夜，永为定例，毋得违错。蒙该先署监屯同知胡审明："水照前案遵行，问拟王风粹、桑拱日各不应有力杖罪"，诏呈本道，复批："仰再察确报"。风粹又不合具启赴肃府，批行长史司呈赴本院，奉批："仰凉州厅察报"。行间，本年五月初一日轮该金国祯等卸水，比风粹与桑拱日各又不合，率领围坝屯民将坝堵塞，不容下流。刘世官等不甘，又具"救民安国"情词，告赴甘肃巡抚吕都老爷，蒙将原词发厅。

该甘州屯兵署凉州监屯同知喻，行拘风粹等到官察审，前情是的看得水利之所在，人人有必争之心，而未有若乌牛坝诸人之贪，而且校父子祖孙，如出一辙也，夫以一河之水，三岔、蔡旗一年之中仅得七日，其余则皆上坝之所源源用之不穷者，亦云足矣。乃推满河以自润，而必不肯分一勺以救人，当五月用水之时，故意与之相打，故意与之告状，有事则众人为之出力，有罪则各家为之朋当，官事未休，田苗已割，今岁已断，明岁复翻，是乌牛坝之人，年年享满沟满车之利，而三岔蔡旗无及，终岁坐枯鱼之肆乎？前官识透此弊，特立石碣，而不意王风粹等恶其害己，而去其籍，且雷轰荐福之碑也，卷案如山，既详见确，无容再议，唯有遵照旧规，复竖石碑二通，一置于彼堡，一置于本城，使之不敢泯灭，仍于每年四月终旬，职厅先发一明示或发一公直乡约，□同全泄。如有行凶霸据者，使过一日，断以二日辅之，占水之家，加以徒配之罪庶示杜争端耳。乌牛坝诸人，利己损人，黠猾太甚，但众不胜诛。姑杖王风粹、桑拱日以示警可也。问拟王风粹、桑拱日各有力杖罪，其水仍照旧例，令三岔、蔡旗每年自五月初一日起，初八日止，全坝泄使，竖立石碑，示为遵守等因，呈详木院，奉批："独拥水利，不遵断例，工风粹等各加责二十板，依拟发落，每岁适夏严行分察，该厅具亲为察验，如再仍前，恃众横肆，定如议重治，此檄"。

奉此遵照批示："将王风粹等纸罪照杖追纳，仍令三岔、蔡旗屯民金国祯、段尚用、李应时等，备石碑二通，竖立全坝泄水处，今据前因，合行给照。"为此帖，仰告人金国祯、段尚用、李应时等，遵照帖文内事理，以后每岁俱自五月初一寅时起，初八日寅时止，从高头乌牛等坝腰坝内，全河泄使七昼夜，其余日期，听从王风粹、毛万福等开河使用，如上坝屯民再行恃众横肆，堵塞不容浇灌者，执帖赴官陈告。堵时过一日，以二日补之，仍加以徒配之罪，祯等亦不得藉此分外争夺生事，察□重究不恕，须至帖者。

右照给告人：金一敖、段尚用、吴国忠、刘世官、华荣、丁尚友、李应时、金国祯、姜朝聘、赵云风、张戬、李逢时、赵尚贤、宋风鸣。准此。

崇祯十四年十一月十二日。

【注释】

[1] 判发北沙河上游五坝与下游三坝用水执照碑，明崇祯十四年（1641）十一月十二日立。原碑佚，今据《武威市水利志》录文。主要著录：《武威市水利志》。

明杨嘉谟墓志[1]

　　明晋上柱国光禄大夫镇守永宁兰州等处地方总兵□□□都督府左都督杨公墓志

　　公世籍蜀，始祖□□□□太祖，以善战□□□定□计功，封锡指挥同知，传二世□武加升都指挥佥事，后调镇西凉，历高曾至三世，□□升任甘州左副□□□□□，即今公□祖也。□任延绥参将□生七子，长四□，次四□，又□□□□□计，四□，即公□父。母戴氏生公，离襁褓既赴□□迈□□□□□□□□孤父□亦□□□□祖暨□畏□□拯字□任□承荫□□次□功，初任推大松山守备，辄能□套虏□□□张，爰升游击将军，充任宁夏游兵方□□转任卫泉营游击，守□平宫城□将时□□□□□□□□□□擢山海关。公□□□□□兵部标下，通兵项又西□□人，推公镇守甘肃，挂平羌将军印。方抵任，值流寇魏□□□□□□□□王征寇，历四年，征剿劳茂，擢升三□□镇守永平□州□□□□□尾，身亲矢石，驱戎马者，几四十年。前在任时，荷皇上嘉其绩，覃恩褒宠。追赠若祖若父若考妣，俱如其官。明伦津□幽隧永辉。丁丑岁公忽遭疾，乞骸得允，归里调□□□仅四□春秋，兹于崇祯十五年五月二十四日寅时，因疾捐逝。公生于万历丁丑年十二月初九日子时，计殁之年，生于丁丑，卒于壬午，享寿六十有六。公讳嘉谟，号明宇，系魁之子，鳌之孙，实初授职始祖胜八世孙也。元配丁氏，贤淑方谐伉俪，乃先公而卒，荷恩给赠一品夫人□公父弟畏叔府有群材，济济其盛，自能教宗祧，缵祖功，□幸免于无后之处焉，渴兹岁之三月二十八日卜吉，爰启夫人丁氏旧茔，合葬于东野佳城之区，恐以世久无指，故记于右。

　　崇祯十六年岁次癸未春三月二十八日吉旦。

　　左春坊司□□□□□翰林院侍读王锡衮[2]谨志。

杨嘉谟墓志

【注释】

[1] 杨嘉谟墓志，明崇祯十六年（1643）三月二十八日立。现藏武威市博物馆。墓志高46厘米，宽59厘米。主要著录：《武威金石录》。

[2] 王锡衮，号昆华，云南禄丰人。天启二年进士。崇祯间累官吏部尚书，以忧归。南明隆武帝时拜礼部尚书兼东阁大学士。永历帝立，申前命，皆不赴。土司沙定洲作乱，劫锡衮至昆明，伪作锡衮上永历帝疏，请以定洲镇云南。锡衮大恨，诉上帝祈死。在风节亭作诗一首，绝食数日而卒。所著有《王忠节公文集一卷诗集一卷》传世。

明代碑额[1]

碑记

【注释】

[1] 明代碑额，现存螭首2方，年代为明代（1368—1644）。碑额篆书"碑记"二字。今存武威市松树乡槐树村二组花寨子。主要著录：《武威金石录》。

清副总戎刘友元平定碑[1]

副戎刘公，榆林人也。慷慨自矢，磊落非凡，未习儒书，举动悉合。兵法谙白猿，力贯石虎，技艺得之天成，非偶也。我朝定鼎，逆闯余孽窜奔关中者，未易更仆数。公为三边总督孟麾下前戎大将军，每遇寇贼弗率任所指挥，擒渠射马如囊中取物，战功屡著，罄竹难书，当事辈入报彤庭，纪录者十余次。戊子之春，河西回逆叛，率十余万直抵临巩间，所过官民莫敢撄之。公单骑日夜走五百余里，请兵不满千，公当先击贼，如穴中之蚁，竹破瓦解，奔溃皋兰之间，夺城御贼，阵亡落水者以三万计。公迅速渡河，倡民兵数万，突至五凉城下，挑壕围困，贼惧投降。公领兵百骑入城中，拈髯微笑，有古人扪虱谈兵之致。民间贸易如初，秋毫不犯，顷刻之间，回逆投首以数千计。所谓民兵合而贼无遁计，王师出而野无荆棘者，非耶？惟时甘肃未靖，仅存回逆千余，安插东关。公任事数月，禁兵骚扰，屏绝民词，清廉正直。军伍间阎，一丝一粒，戒严四知。至四月中，大兵凯旋，安插之回，如釜鱼之不可逃。公擐甲带胄三昼夜，矢石如雨，贼半伤于关城，半逃之深山。公跃马追贼，至永昌界，招安七百余，剿洗于城西演武场，嗣是河西之患始除。朝廷嘉乃懋绩，授公为专城副戎。迄今五凉军民官生焚香顶感，不啻华封之祝尧也。属余为文，余曰唯唯，遂援笔迅书以志不朽。

【注释】

[1] 副总戎刘友元平定碑，清顺治五年（1648）立。时任分守西宁道沈加显撰文。今据《五凉全志》录文。

沈加显，明崇祯七年（1634）甲戌科三甲进士。据《五凉全志·官师志》载：沈加显，河南河内人，甲戌进士。顺治五年任，入名宦祠。主要著录：乾隆版《武威县志》；《武威金石录》。

清三皇庙房课祭典碑[1]

陈立三皇庙房课祭典以垂永久碑记

凉州西大街坐南向北，古迹三皇庙并医学厅共一所。原日门面药铺十间，医学选医童十名，在铺舍药施济军民疾病□□。医学蔡芩父嘉善先日署医学时，看得本庙门西窄狭，节次具文呈奉抚院张、守道史、车三公俱批行，凉州卫捐俸改修正中牌坊大门三楹，以助庙貌瞻观。开除房四间尚存，右房六间民人住坐，每年认纳房课银叁两陆钱，比照其镇祭、典分为本庙春秋二祭□洛、祭品乃本庙之房课，为本庙之祭祀准有。原日帖文详允勒石碑记，但恐年久，后人□□不常右废祭典。今蔡医官父子仍具呈分守道沈蒙批，蔡医官条陈房课置办春秋祀典，诚盛举也，仰该卫照例遵行，如有官□卫□侵没房租，致废祀典者，许医学诸生执照禀官，依律究治□□等到卫，修备行州学遵奉刻石，所有祭品价数等项，备刻于后。计开：每祭动银壹两捌钱，卖猪一口，价银柒钱；羊一只，价银叁钱；吃棹一张，价银壹钱贰分；三牲猪首一付，银伍分；羊胛一方叁斤，银肆分；雄鸡一只，银叁分，靠品祭棹一联，价银叁钱伍分；香壹斤，银壹分；钱马一合，银贰分；大蜡三枝，银壹分伍；□□钱二杆，银壹分；奠酒一瓶，银壹分；礼生读祭文公礼，银壹钱；红纸一张，银伍厘；硬柴二驮，银伍分；春祭在三月三，秋祭祀在九月九，为期祭毕，猪羊连肘各一□□□道府、协卫，余剩医学酌派分享，住房民人照常交纳房课，供祭开销。本卫发行置办永为定规，特立。

医学官蔡芩，门生医官□□□、刘水龙、□永福。刊刻匠人蔡元超、蔡元珮。

辛卯岁菊月吉旦。

阖城医官医生袁登高、闵善学、傅子忠、严畏、蔡□□、陈明□、王□□、郑进明、王□□、王国雄、张□凤、萧王□、□□□、□□、刘兴隆、□□□、□□□、冯□春、冯万春、何寿、杨□□、刘振吉、张文成、程望逵、□□□、刘国□、李国□、唐玉相、刘□□、任朝云、孟得文、□□□、丁耿□、曹□逵、陈□□、□□朝建立。

凉庠生高天印谨书。

三皇庙房课祭典碑

【注释】

［1］三皇庙房课祭典碑，清顺治八年（1651）九月立。现藏武威文庙。碑通高157厘米，宽64厘米，厚12厘米。碑额楷书"永久碑记"，四周刻云纹图案。菊月，即农历九月的别称。主要著录：《武威金石录》。

清重修罗什寺宝塔碑[1]

重修罗什寺宝塔碑记

尝闻造化无私，合万物而共照；佛教广布，音慈航而遍度。求其不生不灭，能变能化，福国福民，寿一方以及寿万方，都今佛是矣。凉州城之北有敕封罗什寺，上塑佛祖圣像，宝塔数层，自秦汉□代，以迫于今，千余岁矣。考诸志，我佛产于西域龟兹国，善识天文，能察地理。□东秦之姚诸五凉，惟以慈悲存心，默祐我群黎，阴护我邦国，如金舌长存，万古犹生，非佛之不生不灭乎？说法吞□祥光，时现之能变能化者乎？回寇沦亡，全城保国，非佛之福国福民者乎？坐禅于西□，神现于长□，非佛之寿一方以及寿万方□？是沙门之法，守万代之祖师也。第时移物换，事远则□，宝塔因而□□府□久而剥落□我佛□□神通异焉度人。有□□居士刘光□者，□国名家，累世修善，处心发愿馨资施舍，但功成浩大，□力□□任重。仝□寺僧人……十方檀那乐心施舍，圣事倏成于一旦，芳名流传于□□。佛像奂□至□□塔巍巍光彩□神之灵欤？□□□□□□□□营之不日成之。正一人引进，万善全归，真沙门之因果□□□□由矣夫。兴工于甲午年七月二十三日，成于十□□□。圣事告竣矣，神人胥庆矣，因书诸石以志不朽云。

时顺治十一年甲午岁十二月季冬吉旦立。

镇番举人□□□重撰，关中园州郡□王高福□□□。

【注释】

［1］重修罗什寺宝塔碑记，清顺治十一年（1654）十二月立。1991年4月原武威市公安局院内出土，现藏武威文庙。碑高155厘米，宽65.5厘米，厚11.5厘米。碑身背面刻嘉庆九年《重修罗什寺碑文》，本书亦收录。主要著录：《武威金石录》。

清改建东岳台增创庙貌碑[1]

改建东岳台增创庙貌碑记

详考凉城旧有东岳圣帝庙貌台，□自先任协镇孙公讳加印者，改建于城北□□焚毁废□止建竖正殿、拜殿。公即升任，有岱岳会人张守德、王国祯、刘成章、孙光禧、□□□□建字，□……门吊桥登道□栏、牌坊数处，迫于费匮，其圣帝金像未获金□绘饰。

幸蒙巡抚甘肃临、巩等处地方都察院右副都御史刘公，因公暇谒庙，目睹圣像庙殿未经彩饰金妆，慨然输赀，委官王天德，徐可升监督工事，金妆绘彩□新告成，即□……庆赞神台。公又遍阅台上台下风景，勃然兴曰：帝庙今虽告竣，尚有岳府王公、宫眷、太保、十王并侍卫、文武曹僚。□十二司考较□官等众□建庙貌，配享禋祀……公复捐金，仍委官监修兴工。除先营造圣帝庙貌已勒碑台上，碑载讫新，增创台上东西廊房各三间，王公太保列焉。角列各三间，□三官右圣□□□焉，东西两廊……神库房各三间，东侧构小茶坊三间，凿井一眼。西构静房三。台上西向新增建观音殿一间，台下西向增筑台基，建立佛殿三间，拜殿三间，塔二座，□□□□大门……侧□□□□殿三间，其正台甫尽天桥一见，由登道以下东西两楹增创十王殿各三间，七十二司殿各五间，土地孤魂殿各一间，看守小房三间，井一眼，大门□闻鼓石二面，东西旧门二合，竖牌坊一架，连屏门一合，二门三间，前后看墙、门墙周匝全备栽植树株百余。勒镌记事石碑二通，其台上台下庙宇、神像、绘饰彩画，媲美灵台，不日成之，而台景之鸿厂壮丽，美秀岧隆，上耸云汉，下□地轴，游观者礼佛殿则俨然极乐胜境。趋帝台森巍岱琳官，较昔之小就者，今纚纚大成矣。美哉盛哉，诚五凉之第一仙境也。兹值工竣，勒石记事以志不朽云。是庙也，旧无香火田地，其供奉赡无所倚赖，抚院内标王元德等捐资五十两，凭中立二契买金塔寺渠左六坝桥儿沟屯民郭升基科地三段，二段在庙后，一段在庙西，约下籽种壹石伍斗，该纳官粮壹石壹斗捌升，草玖束半用，使山水三昼夜。一契买本坝屯民郭怀仁科地二段，一段在庙南，一段在庙东，约下籽种贰石叁斗，纳官粮壹石捌斗，草壹拾捌束，使山水三昼夜。二地四至，各契载明，施与东岳台住持，□□□□作为供奉香火赡养之资，勒石以志永久。

时康熙四年岁次乙巳李月吉旦。

甲午科武举徐斌谨撰，诸山散徐俊英书丹，云峰剞□散人徐守玄篆额。凉州卫掌印守备殷士达。

巡抚甘肃临巩等处地方都察院右副都御史刘斗。镇守陕西甘肃等处地方总兵官都督孙克尧。整饬分守凉庄道陕西布政司加一级朱衣客。临洮道陕西按察司副使张文德。甘山道陕西按察司佥事袁佐州。西宁道陕西布政司副使张安成。肃州道陕西按察司副使李雨霦。总镇凉州等处地方副总兵孙加印。协镇凉州等处地方副总兵闫罗□。协镇凉州等处地方副总兵王启勋。

抚标内司副将闫际泰，抚院效劳督工委官监修功德弟子徐可升，抚院效劳官张一标、徐光裕、刘王；直隶河间府仁立县金妆□画功德弟子王天德；甘肃镇标左营游击董应元；中营游击古承印；右营游击褚光祖；永昌参将郑绥善；镇番参将王三华；甘州等处仓场巩昌府同知刘□典；巩昌府西宁道□□；巩昌府漳县知县黄；都察院随任男刘柱；临洮府正堂许□□。

都纲司刘经□。僧正司玄净。官纪司徐从。

抚院内司：杨开伯、陈龙、孙宇彪、闫国翰、闫郡□、张奇凤、邵从德、孙克济、闫国凤、倪□元、张文英、潘进贵、韩石祖、安九锡、茹必宪、葛汝亮、张显、刘枢、□爱禄、许自宁、张洪亮、□□□、孔三柱、王加璧、曹□龙、□□□、王庆、魏台、李昌荣、□□□、年三桂、范师世、闫具仁、□□□、王加宝、魏昭、李得荣、□□仕、杨善明、张硕、张光、王登□、□□旧、闫天福。

抚院书吏：董文翰、赵之兰、许秉汉、许国其、王师孔、孙吉、霍种凤、鲁至道、刘从思、纪宪、王修、董建基、刘晁谟、潘祖儒、李士美、张荣禄、刘□运、杨文隆、杨明世、李昌隆、杨嗣□、杨显、许荣、朱文辛、董应诚、刘昌辉、刘昌燧。

抚院承差：雷鸣凤、许时绪、吴文焕。

守道书吏：李思明、郝自奇、张宗英、位全、李四德、陈格心。

支擢品守道官头：杨□德、高山宗、陈我万。

生员：赵光晋、□金斗、高禄士、于国柱、闫明士、蔡兆吉、□□、张鸣鹗、张士荣、程□武、张明哲。

在庙诵经众僧：竟优、妙景、妙焕、广玉、海清、净行、清澄、净岩、玄云。

监修完工化主：王国真、张守德、刘成章、孙光喜。

各项匠役：沈云禄、柳奇凤。

募化金□道人：刘宗玄、刘汝洪。

改建东岳台增创庙貌碑记

【注释】

[1] 改建东岳台增创庙貌碑记，清康熙四年（1665）三月刊。现藏武威大云寺。碑高169 厘米，宽78 厘米，厚21 厘米。该碑为正反两面刻字，碑阴为乾隆六年（1741）《续筑后台重建山门碑记》。主要著录：《武威县志稿》《武威金石录》。

清敕建古刹安国寺碑[1]

敕建重修古刹安国寺功德题名碑记

河西为秦陇之方藩，厥地置金城外，其封连域接，逼近天竺。而凉之安国寺尤称古刹□。□唐、宋元以暨明代，屡经重建，经藏森布，法象昭垂，洵五凉巨观也哉。至我朝顺治五年三月内，突被逆回猖獗，栋宇焚毁，金像随泥尘而坠地，囊箧煨烬，宝经化蝴蝶以飞空。前任莅兹土者，如覃怀沈公、榆杨刘公，发心捐资，札本寺住持、都僧纲司刘鉴错，募工程材，建立大佛殿。五间尚未告竣，幸逢都御史公刘公奉天子简命抚治两河，而鉴错了逢其盛，遂进而白其事于公曰：俞尔其相尔地形，吾资尔土木，正尔方面，吾予尔材料，肃尔庄严，吾给尔金色。更谋及诰命夫人罗与公子桂捐金布资，绘塑正殿佛像，施以金粉，重以丹垩，建立东佛殿九间，西佛殿九间，砖瓦彩塑，甲于凉之诸禅林焉。此孰非公之布施因果自以致之而然乎哉？迄于今而殿宇峥嵘，规模整饬，较昔之固陋者甚不侔矣。时都纲司暨诸父老造良彻而属之曰："厥功之奏，轮哉奂哉，是不可以无记；且良彻地界邻封于其，经始落终之靖，尤其所耳而目之者。况重以都纲司并诸父老之请，故乐记其事，俾刻石以寿将来云耳。"

时康熙丁未岁应钟阳月谷旦，凉州监督巩昌府同知王阶。

原任浙江承宣布政司右布政使孟良胤薰沐谨撰。巡抚甘肃宁夏临巩等处地方都察院右副都御史刘斗。都察院率男刘桂。直隶保定府蠡县信弟子闫际泰。诰封夫人刘门罗氏。凉州税课大使白文。凉州卫经历司高攀鳞。凉州卫掌印守备殷士达。抚标内司信弟子沈光禧、王□德。抚标内司位台、张文英、邓笃、张起凤、年三桂……，抚院效劳官周法烈、由成章、徐可昇、杨茂、王国杰、胡云秀等题名。

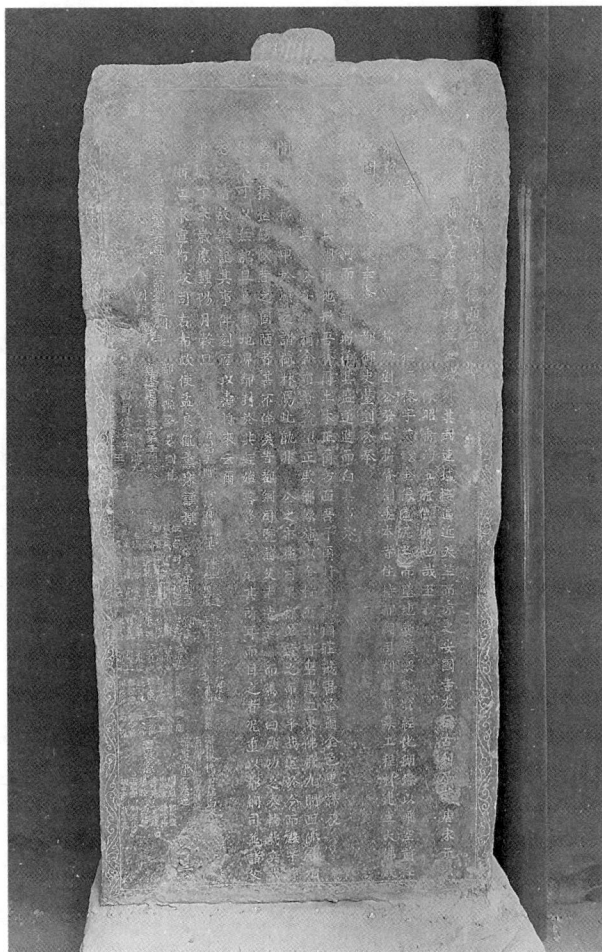

敕建古刹安国寺碑记

【注释】

[1]敕建古刹安国寺碑记，清康熙六年（1667）十月立。现藏武威文庙。碑身高152厘米，宽74厘米，厚20厘米。碑座高54厘米，上长82厘米，上宽47厘米，下长90厘米，下宽57厘米。应钟、阳月，均为农历十月的别称。主要著录：《武威金石录》。

清重修清应寺塔记碑[1]

重修清应寺塔记

清应寺本名北斗宫，北斗宫之有姑洗塔，盖始于晋张重华，舍宫内地建寺立塔。今此塔与大云寺并峙，镇塞水口，而摩穹碍日，光耀非常，盖凉州一胜概也。康熙乙巳岁仲春，余从张掖移驻武威，每遇朝贺，辄偕大中丞、今升福建总制恒山刘公耀薇诣清应寺，率阖属官员趋跄舞蹈，以有龙廷在焉。及闲览前后殿宇，并两庑暨塔院，多摧颓倾圮，阅旧碑，知前朝历经吴、王、戴、侯、贾、曹、许诸君及张、袁数节钺，藩臬诸公，经数十年之久，接续补修，而寺始焕然如旧。近又颓圮，刘公慨然首捐俸资，命工鸠材，殿宇重新，惟是塔院尚未修葺。余因会商参议朱公，复捐资作首创，一时营卫文武属有同心，阖城善信均修檀行，爰是拆其颓败之塔院数楹，周围缭以垣墙，使塔身清洁明显，于首层加以栋脊，俾塔隅八角玲珑轩昂。中间复施丹垩，华彩鲜明，梵宫重门，以次修葺。于塔上另制灯砖二百块，塔灯二百碗，盖前此点灯，类用石压，塞上风高，往往吹落，击坏塔身，今而后得此番重修制作，而塔院与正殿山门前后，表里洞达，游者改观矣。余因备阅佛藏，知塔乃如来金身，见塔即见如来，故治故塔者，生白身天，其身鲜白，入珊瑚林。扫塔者生意燥天，其身净洁，犹如明镜。去塔中草木者生光音天，众宝宫殿，光明晃煜，不可计量。以花香供塔者生兜率天，诸毛孔有旃檀香，具三明六通及八解脱。其他病者能起，挛者能行，瞽者能视，鼻不能闻香气者得闻香气，种种诸显应，历有明验，难以悉数。余愿与诸檀那善信，请展法多宝品一熟诵之，而知建塔、修塔、礼塔，其功德诚有不可思议者矣。因援笔而为之记，镌之石，敢以告后来之同志者。

大清康熙十一年岁次壬子六月上浣吉旦。

镇守陕西甘肃等处地方总兵官都督佥事加一级奉天孙思克[2]撰。

整饬分守凉庄道陕西布政司右参议加一级奉天朱衣客[3]篆额。

【注释】

［1］重修清应寺塔记，清康熙十一年（1672）六月立。原碑佚。今据《凉州府志备考》录文。主要著录：《凉州府志备考》《武威金石录》。黎大祥《振武将军孙思克在凉州》（《陇右文博》2009年第1期）。

［2］孙思克（1628—1700），字荩臣，号复斋，汉军正白旗，清代河西四将之一。《清史稿》有传。康熙二年（1663），他被擢升为甘肃总兵，此后长期镇守凉州。其在任时，在扁都口西水关到嘉峪关一带修筑边墙。康熙三十九年（1700），孙思克病逝，追赠太子太保、一等阿思哈尼哈番兼拖沙喇哈番，赐谥襄武。据《五凉全志·名宦志》载："孙思克，辽东广平人，康熙十五年克王辅臣于平凉。三十五年，招磨（莫）多，征略（噶）尔呾（丹），身先士卒，获全胜，进振武将军。在凉，恩威并著，士民感德。"

［3］朱衣客，据《五凉全志·官师志》载：康熙二年任，始改凉庄道。

清张希颜墓碑[1]

【碑阳】

承德郎河南开封府通判张公讳希颜，号仁宇，安人王氏之墓

【碑阴】

予家南京应天府人也，始祖景，因从戎籍凉焉。历二世，曾祖讳荣生，予祖讳炳，号如焕，

敏异孝友，得补邑庠，复先业，振家声，于乐安堡南又创新居，规模宏厂（敞），优与缙绅，游郎今业，立父母茔者是。生子五：希曾、希孔、希孟、希闵；长郎先君讳希颜，号仁宇，易儒业而事仁术。娶母王氏，生予兄弟四：长俊德、次俊才，遗幼子仅耕祖地，以继嗣祀。四弟少亡，止遗女一。母生女四：长适经伟陈生员，次适菖蔡生员，三适生梧田生员，四适尔立乃镇番卫之康千户也。予行三，甫十六而背父，离祖时才十龄耳。忆祖于诸孙中以光显为予望，临终郎以无误，读书为予父嘱。予不材，由明年经选膺今职，会章圣帝统一告成，大封群臣，奈予官卑，不能荣祖奉父母，得沐褒封典。予期凛四知，归囊不足仁族，敢冀撰文乎。惟遵循典章，建墓碑、石坊、供器等件，用光祖父母积善之征，垂子若孙，耕读之籍，岂曰侈大美观云哉，为年月是记。同茔者亦勒名述遗于左。

　　长兄德生子我惠，孙耀辰。□兄才生子我生、我泽。叔闵生子俊魁生员，孙我猷生员，玄孙诩辰。

　　康熙十一年壬子桂月吉旦。任河南开封府督粮通判俊哲谨志。

张希颜墓碑碑阳　　　　　　　　　　　　　张希颜墓碑碑阴

【注释】

［1］张希颜墓碑，清康熙十一年（1672）八月刻。今位于武威市凉州区谢河镇武家寨村张家大墩张俊哲家族墓地内。墓碑通高200厘米，宽71厘米，厚20厘米。此碑为圆首方身，通体一石，砂石质地。阳面碑额篆书"诰封"二字，四周刻缠枝花纹。阴面碑额楷书"勒碑纪略"。碑座为矩形，高40厘米，四侧刻麒麟、奔鹿、莲花等图案。主要著录：黎大祥《武威市凉州区谢河镇张氏家族墓葬调查与研究》（收入《甘肃省博物馆学术论文集》，三秦出版社，2006年）。

清重修白塔碑[1]

【碑阳】

重修白塔碑记

昔阿育王造塔八万四千，而震旦国中立有塔十六座，甘州之万寿塔[2]与凉州之姑洗塔[3]居其二焉。若白塔不知创自何代，近翻译番经，知系果诞王从乌斯藏敦请神僧名板只达者来凉，即供奉于白塔寺，时年已六旬矣。六载即涅槃，沐浴焚化，空中见祥云五色，霞光万道，于口上坎骨显出西天口字，即哑字也。于顶骨显出文殊菩萨、喜金刚佛二尊。于颅门骨显出典勺佛。于后脑骨显出释迦佛像。于两耳上显出尊胜塔二座。于两膝盖显出观音菩萨、救度佛母二尊。于手指上显出弥勒佛、不动怒佛。于胸前显出金刚杵。于中间显出西天口字，即吽字也。兼舍利无数，光彩照耀。王与众等靡不踊跃赞叹，合掌恭敬。缘建白塔，将板只达金身灵骨装入在大塔内。其余众塔，俱有舍利。缘板只达原系金刚上师化现流传，经二十五转身，故显化灵异一至于此。此予于康熙十一年间，延请净宁寺[4]法台魏舍喇轮真同弘济寺罗汉僧罗旦净从番经释出，而始知白塔之源流也。兼此塔摄受极大，据经典云，若有人观想或手摸眼观，并绕道一转，添泥一把，培土一块，赞谈经咒真言，功德无量，永未深知。若西番之喇嘛高僧来绕塔者，络绎弗绝，诚知此塔之功德实与阿育王所造之姑洗、万寿两塔等，而我中国之人特未知耳。粤考河西自汉武帝元狩二年始行开辟，而前此周为西戎地，秦初为月氏国，后为匈奴浑邪、休屠二王所据。若果诞王则在浑邪、休屠王之前，毋论周秦即夏商亦不可得而考也。此塔之创建不知经几千年，而重修加土添灰，经此番才四次。大塔无甚剥落，惟小塔大多淋漓坍塌。今得三韩都督复斋孙公，与莲花山弥陀院绰尔只顾屈鉴璨，首先捐资，合力缮修。而予得率男芳联，视董其役。经今八载，工始告成。亦以知前人缔造之艰难，而后来之修葺亦非易事也。其塔院三楹，即供奉板只达与宝贝尚师并达赖喇嘛，外增寮三间，系予新建，重其所自始也。盖河西未入版图，原系西藏，若凉州之西莲华寺，与南之金塔寺，北之海藏寺[5]，并东之白塔寺，俱系圣僧板只达所建，以镇凉州之四维，俾人民安居乐业，永享太平之福，获免兵革之惨。我佛之慈悲仁覆垂示无穷，而特人阴受其福庇而莫知所自始也。予固翻译经典，爰珉诸石，要知其塔当与天地同，其不朽矣。

靖逆侯靖逆将军标下随征同知古勾章颜翼超薰沐撰。

时龙集康熙壬戌年菊月上浣吉旦立。

【碑阴】

皇清诰封一品夫人孙门计氏、范氏、汤氏、□氏、周氏。颜门杨氏、俞氏、□氏。女大姐、二姐、三姐、四姐、五姐。媳张氏。孙男：中华、大吕。孙女：瑞姐、天海、凤姐、五姐。室人：苗氏、黄氏、周氏、万氏、刘氏、高氏、赵氏、马氏、康氏、刘氏、何氏、侯氏。信士：班德裕、班德显、随阳保、马良、颜文、班文俊、陈洪德、王福、张英、来福、张清、张杰、五子、班门周氏、随门□氏、马门杨氏、颜门王氏、班门汪氏、陈门王氏、王门高氏、□姐、张门蔡氏、宫姐。

重修白塔碑

【注释】

[1]重修白塔碑记,清康熙二十一年(1682)九月立。现存武威市武南镇白塔村白塔寺。该碑为圆首方趺,四周刻忍冬纹。碑额篆书"重修塔院碑记",两侧线刻二龙。碑通高280厘米,其中碑身高140厘米,宽77厘米,厚20厘米。碑首高80厘米,宽77厘米,厚20厘米。碑阳碑文共24行,满行52字。碑阴刻人名等,楷书。碑阴四周刻忍冬纹。碑文记载了萨班在凉州所建四寺的情况,及萨班圆寂后,在火化时出现的灵异相,这次维修的规模较大,重点维修之处是白塔和塔院等。碑文所记果诞王即阔端。乌斯藏即卫藏。板只达即萨迦班智达。主要著录:王宝元《凉州白塔寺考察记》;樊保良、水天长主编《阔端与萨班凉州会谈》(甘肃人民出版社,1997年);魏文斌、李明华《武威白塔寺调查与研究》(《敦煌研究》1999年第2期);《武威金石录》;魏文斌、李明华等《甘肃武威市白塔寺遗址1999年的发掘》(《考古》2003年第6期);《武威市文物志》。

[2]万寿塔,在甘州万寿寺内。据乾隆版《甘州府志》载:"万寿寺,城西南隅,寺中木塔九层,罗汉五百,俗名木塔寺。前五代后周时已有之。隋开皇二年重建,唐尉迟恭监修,明永乐年重修,俱有碑记。康熙二十六年提督孙思克全高盂重修碑记云:释迦佛涅槃时火化三昧,得舍利子八万四千粒,阿育王造塔,置瓶每粒各建一塔,中华震旦有塔一十六座,甘州木塔其一也。"

[3]姑洗塔,周敬王时阿育王所建八万四千宝塔之一。据《广弘明集》记载:释迦牟尼涅槃后,东天竺国阿育王收佛舍利,派遣鬼兵,在全世界同时造成八万四千宝塔,安置舍利。姑洗塔即其中之一。时当周敬王二十六年。清康熙十一年六月所立碑《重修清应寺塔记》载:"清应寺本名北斗宫。北斗宫之有姑洗塔,盖始于晋张重华舍宫内地建立寺塔"。(参《五凉全志校注》)

[4]净宁寺,即金塔寺,在清康熙时称净宁寺。乾隆《武威县志》:"金塔寺,城西南三十里。"《大清一统志》:"金塔寺,在武威县城西南三十里。"(参《凉州白塔寺考察记》)

[5]海藏寺,《五凉全志》载:"敕建。城西北十里。"

清张俊哲神道碑[1]

承德郎任河南开封府督理漕粮通判张公神道

张俊哲神道碑

【注释】

[1] 张俊哲神道碑，清康熙二十一年（1682）立。今位于武威市凉州区谢河镇张大墩张俊哲家族墓地内。该碑通高262厘米，其中碑首高77厘米，宽80厘米，厚20厘米。浮雕二龙戏珠图案，阳面碑额篆书"诰封"，阴面碑额楷书"皇清"。碑身高162厘米，宽72厘米，厚20厘米。碑身右上部残缺。碑座为矩形，高30厘米，四面雕刻莲花、鹿纹等图案。墓地内还保存有石刻牌坊，高217厘米，宽220厘米，门楣正面篆题"天赐宠荣"四字，背面线刻士绅人物图案。清代潘挹奎所著《武威耆旧传》有《张别驾传》，记载张俊哲生平事迹甚详。特摘录如下：别驾张姓，名俊哲，字颖我，武威人。先家于城东乡乐安堡。别驾始为诸生，设教城之龙门街以养母。母王氏，尝谓别驾："吾世居乐安堡，吾魂魄犹应恋此。"别驾愀然受命。岁储馆谷，复先人之产在乐安堡者。并迁其父葬自天梯山以来，而母氏祔焉。爰自号曰"乐安"。国初由贡生征为旗学教习，时从学者率皆勋戚家子，见先生不拜。别驾言于总裁官："师之尊，与君亲同，苟不拜君亲则已，如君亲而必拜也，师乌可不拜乎？且朝廷偃武修文，所以示教，师且不拜，教将安施？"众于是折

服，拜如仪。无何，除河南开封通判。故事道判专督漕运，所辖州县供张基盛，两皆取办于民，民苦之。又每冬诣直隶小滩监兑运粮，小滩向无粮厅，行署凡以督运至者，馆舍费往往二三百金，胥役复借以求索，耗民财无算。别驾请葺粮道废衙为久远计，而革从来陋规。当是时，四方多警，王师每往来于豫，牧令苟不善部署，比户骚然。贾抚军汉复以别驾贤，可任艰巨，遂令摄延津县篆。延津地方六里，兵燹之余，重以水旱，凋敝逾于他县。别驾莅任，裁驿站私派及养马草料，帮银定鞘，槓夫役工食，革庄头柴车，禁衙蠹，市集抽丰销，河工堤夫每月换单。诸凡有病于民，振刷不遗余力，期月而复业者千有余家，县以大治。久之，祥符王令暴殂，其民闻别驾之治延津也，请于抚军，愿借张别驾一年，抚军不能沮，遂令摄篆祥符。王令逋有帑项，眷属羁不能去，别驾代偿官亏，且助资送其孥南归。为政一如治延津时，而精勤倍之，祥符又治。先是，开封遭崇祯壬午之灾，众生昏垫，原野流离，民间无复弦诵。别驾所历，进秀良而诱掖之，若父兄之训子弟者。于是修复祥符孔庙于泥淖中，又纂辑《县志》，俾中州文物，不致湮没，别驾之力实多。然不乐久仕，遽解组归。方别驾之未归也，抚军将令摄许州牧，别驾闻之，莞尔曰：“知足不辱，知止不殆，生遭沧桑，意复不见太平，今天下大定，归为太平民足矣，何低眉降心促促若辕下驹，供人鞭策为耶？”比归，卜筑南山之麓，谢客课子孙，园中植名花百本，尚羊（徜徉）其间，如是者二十年，足未尝践履城市。都守黄肇熙，闽中名士，高其义，欲见之，别驾终不愿见。黄投以书，有云：“绝口不谈朝市，藏宰相于山中，坦腹只话桑麻，行神仙于地上。”为所倾慕如此。少时慷慨有大志，喜言兵。当崇祯癸未冬，流寇犯河西，别驾号召乡邻市马治器械，躬先团练，御贼于县之头坝堡，适守土者迎降，众遂解而去。旋闻甲申之变，白衣冠北向哀号，几以身殉。于是退而就田间，与耕夫牧竖杂作，名其庐曰“南阳”，盖以诸葛自况也。顺治戊子，丁国栋、米喇印作乱，河西震动，武威尤遭屠戮，别驾乃复议团练，誓众于关，壮缪之庙，树神袍为帜以拒贼，贼为之却，而孟忠毅公乔芳兵至，计平之。忠毅欲上其功于朝，别驾谢不见。岁丁酉始就征，凡官河南八年而归，年七十九卒于家，私谥文惠。长子我道，诸生，以孝称。主要著录：朱安、黎大祥《武威市凉州区谢河镇张氏家族墓葬调查与研究》（收入《甘肃省博物馆学术论文集》，三秦出版社，2006年）。

清张俊哲墓碑[1]

【碑阳】

承德郎任河南开封府督理漕粮通判讳俊哲，字颖我，号乐庵，私谥文惠张公，正六品，安人张氏之墓

【碑阴】

皇清诰封承德郎河南开封府通判乐庵张老先生墓碑

玉韫山而林茂，珠函渊而水明，盖毓霸不偶，则登进斯珍。惟人亦然，德积厥躬，名芳于世，在家称孝，在国为桢，莅民社则号神君，居里闬则推祭酒，余于汴梁别驾与乐庵张老先生见之。

先生祖籍秣陵，大王父讳炳，始迁武威，洎为凉庠衿士。王父讳希颜，以儒业种杏举，男嗣三，先生其季也。总角时，大王父器之，谓光显门闾者千里驹乎，既而王父云殂。先生事母至孝，安贫笃学，弱冠游泮，以舌耕承欢，比食饩定，省有资，令闻日著，凉之秀杰，半出门墙。先生秉慈训，振祖业，精行谊，大母衰年病，侍汤药，无闻他务，终营殡殓，罔不竭力。遵遗命迁父柩合葬，以尽子道。巡案王公，郡守乔君，协镇徐君，见其母节子孝，咸表其闾云，无何，伯仲继陨。先生抚孤□，行诸告诫，毕婚嫁，均财产，弗异己子。乡有义举，辄以身任之如频。业师为楚宦，高年乏嗣，于其卒也，倡诸父备殓，葬丰礼祭。明季闯贼犯境，则称贷市马，置器械，率亲朋子弟为堵截□。迨我国家，疆域河西，嗣有逆回作难，先生集乡党，陈大义，协心固圉，逆回不得肆掠。

王师克成扫荡，先生与有力焉。官吏欲上其功，泊然恬退。乃两赴棘闱，数奇未遇，竟以岁贡入雍教，为正蓝旗教习，端师范，使贵介知礼。己亥春，除授开封别驾，督运漕粮，折冗费，剔陋规。总漕朱公首腾荐剡，抚军贾公重加奖赐，值属邑延津缺令，当事者调先生摄之。民方苦旱，致祷即霖，随清弊，苏民困，修学宫，劝课艺，兴□载运。辛丑春，又值祥符缺令。复调先生摄之，兴利除害，誉颂籍于延津，二邑绅衿四民俱有歌恩实录。厥后许州乏牧，士民慕其慈惠，效二邑上请，先生坚意之初。既赋归来，课督儿孙，选文撰记，未尝践迹公庭。暇则啸咏林泉，颐养情性。虽大衰年如殳年也。予尝有"藏宰相于山中，行神仙于地上"之句以赠之。忽于庚申岁闰八月廿五日乘槎奄逝，辛酉九月下浣祔葬于安乐堡祖茔侧。其男嗣我道、我仆、我绅辈，皆予拔取士也，以行状请墓碑于余。余在典郡，悉先生素履，恭期宦迹，若期安得不亟来诸贞珉，使彼诸人士有所观感焉。而景行维贤，使其文子文孙有所绳武焉。而箕裘克绍，于以作祯，皇国是予之职也。

先生讳俊哲，字颖我，号乐庵，谥文惠，以开封别驾致仕。男嗣四，男孙九，曾孙二，孙女六，俱详在志铭中。颂曰：

山岳降神，实维天民。天民如何，克孝克仁。里扬孝子，国藉能臣。卓哉乐庵，德音熇熇。寻趣孔颜，自号曰乐。行藏特达，贻谋式谷。

康熙二十一年岁次壬戌，署整饬分守凉庄道事监督凉州等处仓场同知加三级陕闱文武分考前湖广衡州府理刑推官黄肇熙顿首拜撰。（印章二枚：黄肇熙印、言谿）

张俊哲墓碑碑阳

张俊哲墓碑碑阴

张俊哲墓碑碑阴额

【注释】

[1] 张俊哲墓碑，清康熙二十一年（1682）立。位于武威市凉州区谢河镇武家寨村张家大墩张俊哲家族墓地内。该碑通高 290 厘米，其中碑首高 79 厘米，宽 80 厘米，厚 20 厘米。浮雕二龙戏珠图案，阳面碑额篆书"诰封"，阴面碑额楷书"皇清"。碑身高 190 厘米，宽 75 厘米，厚 20 厘米。此碑为两面刻字。其中碑阴碑文共 16 行，满行 63 字，正书。碑座为矩形，高 30 厘米，四面雕刻麒麟、鹿、莲花等图案。主要著录：黎大祥《武威市凉州区谢河镇张氏家族墓葬调查与研究》（收入《甘肃省博物馆学术论文集》，三秦出版社，2006 年）。

清重修罗什寺碑[1]

重修罗什寺碑

粤稽汉帝梦感，象教始传于摩腾；秦主重佛，释典复显于罗什。夫罗什者□云童寿，天竺国人也。凉地建塔，始于秦符坚僭号关中，于建元十八年九月，遣骁骑将吕光，率师七万，西伐龟兹国，而敦请罗什祖师入我中国，比及师旋回凉，而符坚已为姚苌所灭；光随窃号河西，改元大安，建都凉城，而兹寺即为罗什祖师初入内地卓锡之所。后祖师被姚兴请至陕省草堂寺，翻译经论三百余卷，佛日于是重辉，法云由是广被，涅槃于宏始十一年八月十一日，即晋义熙五年也。用火焚尸，薪灭形碎，惟舌不灰，今现藏于塔内，塔光倒影，屡显灵异。历代相沿，兴替不一，难以稽考。

第在明朝，于永乐七年间，有住持僧石洪修建大殿。迨正统十年，则颁赐藏经全部。于隆庆年间，有河湟上人俗姓马讳法材者，重修藏经阁塔廊塔台。于天启年间，重修大殿，拜殿与两廊者，亦系河湟讳圆辉者，偕徒明训、明藏、明真等。缘上人戒行精严，经典纯熟，每日不辍，卒之涅槃，时年九十岁，放白毫光而始寂灭。今其徒孙净行，亦与上人同宗，受临济正宗，德行兼全，同功德信士郑禧才、李廷训、井登江三人，前修金刚、天王二殿，后修天桥等项。迄今日者，上院中院已修完毕，所缺欠者，唯中院韦驮殿及外院两廊，并三十六代祖师，塑绘金装，幸蒙甘肃都督孙公，总兵王、柯二公，并本郡文武官员捐俸□修。同功德信士刘崇前、井登江、骆孝思、李占元、何登极、靳守志督工监修，已完成大半。唯牌坊年久倾颓，并墙垣、阶道、碑记未理者，不幸净行上人监终涅槃，命师兄净岩务完大工，亦嘱徒觉性、觉容、觉□，徒孙海阔、海渊等募化，原日建立牌坊。提督定蜀元戎李公府下，贵子贤孙李镇基共地方官贵，善信人等，将倾者扶之，颓者正之，葺者补之，惟此时者，前后三院，焕然一新。乃五凉之福地，壮丽改观，惟此寺祖孙新传，诚河西之胜境也，福国庇民，盖有年矣。业已六辈，继为僧而重修者，又复屡世，皆种诸素缘也。自祖而徒，自徒而孙，勤修禅行而又乐善不倦，以传继宗风于不替，今已大功告竣，将十方宰官，既善信民者，喜舍名衔，当勒石以志不朽云。

康熙二十八年岁次己巳立冬朔日，三教弟子刘祚久熏沐撰。武威郡八十三岁曹缉书丹。

右都督孙思克、左都督王用予、参议张可立。

【注释】

[1] 重修罗什寺碑，清康熙二十八年（1687）十月立。今据《凉州府志备考》录文。主要著录：《凉州府志备考》《武威市志》《武威金石录》《武威市文物志》。

清重造梵音藏经碑[1]

重造梵音藏经碑

凉城内东北隅，旧有藏经阁一座。相传为西宁静宁寺乔姓国师，世代藏贮藏经之所，而阁因而命名焉。余者驻节凉城时，阅士之暇，曾游览其地，见其楼阁空存，函柜虚设，问其藏经所在，云："自顺治初年，遭叛回之变，将藏经遗失无存矣。"余生存与三宝结有胜缘，遂不禁戚戚于中，辄有复兴缮造之悉，而幕宾四明颜翼超亦即与予有同心焉，爰走缄商诸今袭荫国师乔锁喃札思巴者，而锁喃扎思巴，遂力任其事，即于西宁静宁寺，设立局所，广延生众，造写三藏五大部梵字藏语，共一百零五卷，共计一百零五帙。经始于康熙二十二年春三月，告成于本年秋七月，遂于九月内迎请之凉，安贮于阁中焉。是役也，予虽量捐薄俸，不过为诸善信士一倡厥始，至于朝夕之董作，费用之浩繁，与夫一切餐飧供应之需，而国师乔锁喃札思巴之费，较数倍焉。今寺既为乔国师祖代世传之寺，而经又系乔国师经手缮造之经，其寺乃属国师部下僧人永远主持，世奉香火，以为祝国佑民之胜境。其经自应永为乔国师嫡派相传，世世相承，以为祝国佑民之奥典。诚恐日后世远人湮，设有贪顽之徒，或以阅藏为名，徙移经帙于别处，希图侵隐，仍致失遗，或冒充入寺，依强窃取，霸为己物。许主持僧人，具报乔国师，申文地方有司，惩之以法，以勿负予之初念。端有赖于现宰官身而说法，后之大善智识焉。爰树贞珉，以昭来兹。

时大清康熙三十二年春二月谷旦。

振武将军太子少保左都督世袭拜他布勒哈番兼管陕西甘肃提督事务加四级三韩孙思克瑾识。

钦赐西凉静宁、菩提、金塔、庄严、亥母等寺妙胜慧斋灌顶大国师乔锁喃扎思巴。

【注释】

[1] 重造梵音藏经碑，清康熙三十二年（1693）二月立。孙思克撰文。碑今不存。从碑文可知凉州城东北处的藏经阁为大国师乔锁喃札思巴世代藏经之所。孙思克到任后，了解到藏经阁的过往及现状，他主持捐资，并由乔锁喃扎思巴负责，在西宁静宁寺设立局所，请生众造写三藏五大部梵字藏语经卷，藏于阁内。反映出当时藏传佛教在凉州的传播及发展。主要著录：黎大祥《振武将军孙思克在凉州》（《陇右文博》2009 年第 1 期）。

清李母雷太夫人墓志[1]

皇清诰封一品李母雷太夫人墓志铭

皇帝御极三十有二年秋九月，余以简命视咸，驻节天津卫地。天津于古为渤海，国朝定鼎燕蓟，近在三辅，实重咽喉兜钥之寄，爰是特置太师，以都督专间，非才猷硕望，简在帝心，莫预斯任焉。冬十一月大总戎陇西李公持节来统是军，时公居母雷太夫人丧，服未阕，用金革夺情视事。越明年夏五月，公乃拜疏陈情，乞假西归营窀穸，奏上得请。公乃出太夫人行状示余，以遂石志铭为请。余旧史也，且□□城，又夙闻太夫人之芳烈，义不敢辞。据状太夫人姓雷氏，世家蜀省泸邑，为簪缨望族。幼明慧有至性，长娴姆训，习礼明诗，雅忠贞淑，不苟言笑，宗党咸爱重之。笄年而归翔梧李公。李氏先世居广陵江都，明时梓进公禄，以军功显，河西官富保世授凉州卫指挥使，由是远家于凉。禄生一阳，授洪水游戎。生四子，长维新，总兵陕西，旋拜四川大都督，赠尚方，讨平安、奢二酋，□言褒宠。维新生六子，俱以勋劳致大位。其第五子栖鸾即翔梧公也。翔梧任密云副总戎，有威望，早殁。勋叶未完，三子俱幼稚。时太夫人方盛年，矢节抚孤，遭时多难，艰苦备尝。龙兴初，大业始建，河西僻在边塞，俗强悍多反侧。顺治五年有回寇之变，焚略郡邑。太夫人以孀母携弱息文持门户，竟保孤以济教育。三丈夫子成伟器，享有令名，蝉联鹊起，克攘家声非直才智过人，其精诚固有盛名之者。观其平居庭训，勤勤恳恳，必以大禹惜寸阴为勖，此即鲁敬姜钜□□□今伯仲俱膺杨绳武。而季子总戎公，乃以甲辰成进士，历贵显受知，圣天子优□勖御书"饮承天语"紫泥金轴，龙光□□。太夫人四十八年齿水茹蘖，食报勿爽，而李氏累世勋膺，亦以有光前列，虽迎养思恩，告必言合，人子犹抱风水之统，而太夫人则已，舍人九原矣。夫人□□□以生惟是，忠孝节义，凛凛正气，为能比曜日星，列位河岳，卓然不朽。闺中女士，须眉男子，初无毫发异也。而太夫人独能以柏舟茶苦之身，当阳九百□之□。造嗣子以功名显身，亦儿齿黄婴，享大□被恩命，若操□券而得之者，天之报施固如是也。终如羔尝祠祀之□，问视巾国之对，处姊姒禀族敦以睦，御婢仆藏□肃以息，此在彤管徽斋，诸贤媛咸能之。而太夫人之所为，有古贤母所勿建者。呜呼！太夫人为不死矣。太夫人生万历丁巳三月二十二日丑时，卒于康熙壬申五月二十四日丑时，享年七十有六。子三人，长镇华，甘肃提标将官，早卒，娶参戎李公威武长女；次镇域，三梓武举□任江南崇明水师游击，娶参戎徐公承业孙女；次镇鼎，冠任直隶天津总兵，娶参戎吉公丞印孙女。孙六人，长宗圣，娶杨氏，华出。宗禹，娶蔡氏，宗清，未娶，俱域出。宗侗，娶张氏，宗膺、宗纲未娶，俱鼎出。以康熙甲戌年八月二十三日葬太夫人于凉邑之原，既以志其载，仍为之铭曰：

坤顺而贞，孤芳斯烈。失节保孤，兰馨冰冽。凛凛正气，此惟与宅。我铭其载，母仪是式。勿谓天高，勿谓地厚。贯日凌霜，久而益茂。陵谷可颓，沧溟可徙。太君之德，于千秋祀。

赐进士出身河南道监察御史巡按长芦□□□政堂□南道事□登闻侍经筵翰林院庶吉士

年家眷迎余泰来顿首拜撰。

康熙岁次甲戌八月二十三日孝男镇域、镇鼎。承重（众）孙宗圣、孙宗禹、宗侗、宗清、宗腈、宗纲，曾孙儿杨、椿、栋，稽颡拜立石。

李母雷太夫人墓志

【注释】

[1]李母雷太夫人墓志，清康熙三十三年（1694）八月二十三日葬。现藏武威市博物馆。墓志高92厘米，宽73.5厘米。主要著录：《武威金石录》。

清唐国宠碑[1]

大清正一品光禄大夫

康熙三十八年九月十二日立

清唐国宠碑

【注释】

　　[1]唐国宠碑,清康熙三十八年(1699)九月立。今存武威市凉州区校尉乡唐家湾山谷中。碑高240厘米,宽106厘米,厚30厘米。其中碑首高115厘米,宽115厘米,刻浮雕双龙。碑额篆书"皇清"二字。唐国宠,或与唐希顺有关,据《清史稿·唐希顺传》载:"唐希顺,甘肃武威人。自行伍补凉州镇标把总。"历任提标千总、守备。康熙十九年(1680),迁四川川北镇标游击。康熙二十二年(1683),因功赐左都督衔。后担任台湾水师副将。康熙三十二年(1693),升任贵州威宁镇总兵。康熙三十五年(1696),随康熙帝征讨噶尔丹,因功予世职拖沙喇哈番,并擢升为四川提督(从一品)。参与平定昌侧集烈之乱,有功,

诏嘉奖。康熙四十七年（1708），唐希顺病逝于四川。其子唐际盛袭职，入籍四川。（《清史稿》卷257）。主要著录：《武威金石录》。

清判发高头坝与乌牛坝用水执照碑[1]

凉州卫高头坝与永昌卫乌牛坝之争水利碑

监督凉州等处仓场、巩昌分府加三级蔡，为救七堡之生灵，赔二千余课照粮均水息流不朽事。康熙三十九年九月三十日奉整饬分巡甘山道署理凉庄道事陕西按察使司副使龚宪牌。康熙三十九年九月二十一日奉巡抚甘宁都察院加十级留任守制喀批，据前道呈，据本府呈准凉水卫所呈前事等情到道，据此卷查前案。先于康熙三十五年间有高头坝民蔡培德等与乌牛坝民吕复元等互争水利，随经前道亲诣河于验明断案，看（勘）得永昌上暖泉、乌牛坝与凉州高头坝，民分两卫，水共一河，上暖泉地居上流，有坝障水入沟灌田。乌牛坝居河北岸，高头坝居河南岸，同受上流□波之及而高头坝又有上泉二处，乌牛坝亦有下泉二处，各取以分润者也，成例已然，久已相安无事矣。康熙三十二年间因水涨坝冲，上暖泉民朱色明等不循旧址，移坝于下，高堵塞流在高头坝，既不得上流之润，遂闭乌牛坝下泉二眼，不与疏通，三乡构讼由是而起。前经本道亲审，若移坝仍旧，则一百六十步之工废于一旦，非所以恤民力。故酌量于近中南边向上拆移十步，稍疏水势，复断下泉二处与乌牛坝浇田，此康熙三十三年九月内断案也。孰知民心不古，所拆十步竟在于傍岸极南沙滩之上，水溢则可以遍及，若水涸之时间，沙高流难逆上，地成焦土，是有水之名无水之实矣。且本道所断与乌牛坝者下泉也，而乌牛坝民吕世元等复冒断，将高头坝上泉二处亦淹而有之，曲防引入己沟，高头坝民蔡枘等前构争者平水利耳，今不特无利且有损，所以复有不平之鸣也。本道批令永、凉二卫勘审，偏心偏见复成筑舍。是以本道亲率二卫□□公同赴勘步□河干，相河坝之势，别上下之泉，除所拆移十步之坝，不必纷更，只将河中傍南一沟之水断与暖泉、高头两坝平分。其上面两泉，照原断属高头坝，下面两泉照原断属乌牛坝，当即开拆，各归沟道。罪有不应俱从宽政不义个等，亦宜体本道均水息争，相安无事之意，务须同河同井，共守耕凿之常，相友相亲，无生将来之隙可也。立案在卷，今乌牛坝民徐进等仍然不遵，越控宪案，蒙批审查，随行凉厅审详绘图，前来本道备录。原日断案呈请宪台，应否俯照原断各候批示，以便饬令遵守，永杜纷争。徐进等贪心健讼，应绳以法，或念边愚无知，事出大众，姑开一面，出自宪台宽典等情呈详，抚宪奉批两坝水利，该道原断既属于公平，仰饬令永为遵守，毋得纷争。余如详行缴图存照等因，到道奉此拟合就行，为此仰厅官吏查照来文，呈详批示，事理抄录详看备，奉宪批给示转饬永为遵守。取具遵依报查等因到府奉此，除一面出示饬谕两造永为遵守外，今高头坝民蔡之润等诉为祈天备录，详看宪批，赏给印照，永为遵守。事切缘身等水利一案，前蒙道老爷陈勘审，明白定案，奈人心不古，刁玩不遵，越控抚院大老爷案下。今蒙陈道老爷备□详覆批示，永为遵守，如不讨照，惟恐日后奸民从中生枝，违越断案，小民仍受其害，不得不祈恳案下□给印照，永杜争端。□恩无□□缘由前来合行给照，为此高头坝民蔡之润等知悉，即将乌牛坝民徐进等控争水利一案，遵奉抚宪批示□依备录，道宪陈前申，赴河看凿情节，永为遵照。嗣后再不得恃强纷争，如有奸民不遵，违越断案，许尔执此具控以凭呈详，重究不贷，须至执照者。

康熙三十九年十一月廿日。

右执照给高头坝民蔡裕署、蔡允吉、蔡柄、蔡之润、吕国相、蔡振德、蔡先吉、蔡存吉、蔡楹、蔺应捷、郝思普、蔡之正等。准此。

【注释】

[1] 判发高头坝与乌牛坝用水执照碑，清康熙三十九年（1700）十一月二十日刻。碑存今武威高头沟。碑高150厘米，宽70厘米，厚15厘米。主要著录：《武威市水利志》《武威金石录》。

清康熙御制训饬士子文碑[1]

御制训饬士子文

国家设立学校，原以兴行教化、作育人才，典至渥也。朕临驭以来，隆重诗儒，加意庠序。近复慎简学使，厘剔弊端，务期风教修明，贤材蔚起。庶几械朴作人之意，乃比来士习未端，儒效罕著。虽因内外臣工，奉行未能尽善，亦由尔诸生积锢已久，猝难改易之故也。兹特亲制训言，再加警饬，尔诸生其敬听之。

从来学者，先立品行，次及文学，学术事功，源委有叙。尔诸生幼闻庭训，长列宫墙，朝夕诵读，宁无讲究；必也躬修实践，砥砺廉隅，敦孝顺以事亲，秉忠贞以立志。穷经考义，勿杂荒诞之谈；取友亲师，悉化娇盈之气。文章归于醇雅，毋事浮华；轨度式于规绳，最防荡轶。子衿佻佻，自昔所讥，苟行止有亏，虽读书何益。若夫宅心弗淑，行己多愆，或蜚语流言，协制官长；或隐粮包讼，出入公门；或嗾拨奸滑，欺孤凌弱；或招呼朋类，结社要盟。乃如之人，名教不容，乡党弗齿；纵倖逃褫扑，滥窃章缝，返之于衷，能无愧乎！况乎乡会科名，乃抡才大典，关系尤巨，士子果有真才实学，何患困不逢年！顾乃标榜虚名，暗通声气，夤缘诡遇，罔顾身家；又或改窜乡贯，希图进取，嚣凌腾沸，纲利营私；种种弊情，深可痛恨。且夫士子出身之始，尤贵以正；若兹厥初拜献，便已作奸犯科。则异时败检逾闲，何所不至？又安望其秉公持正，为国家宣猷树绩，膺后先疏附之选哉。

朕用嘉惠尔等，故不禁反复惓惓，兹训言颁列，尔等务共体朕心，恪遵明训：一切痛加改省，争自濯磨，积行勤学，以图上进。国家三年登造，束帛弓旌，不特尔身有荣，即尔祖父亦增光宠矣。逢时得志，宁俟他求载！若仍视为具文，玩愒弗儆，毁方跃冶，暴弃自甘，则是尔等冥顽无知，终不能率教也。既负栽培，复干咎戾，王章具在，朕亦不能为尔等宽矣。自兹以往，内而国学，外而直省、乡校，凡学臣师长，皆有司铎之责者，并宜传集诸生，多方董劝，以副朕怀。否则职业弗修，咎亦难逭，勿谓朕言之不预也！尔多士尚敬听之载。

　　康熙四十一年正月日。

1702 年正月康熙训饬士子文

【注释】

[1]康熙御制训饬士子文，清康熙四十一年（1702）正月立。现藏武威文庙。该碑额身一石，通高277厘米，宽104厘米，厚28.5厘米。碑座高82厘米，上宽72厘米，上长122厘米。碑额篆书"御制宸翰"。康熙四十一年六月戊午，《康熙御制训饬士子文》颁布，命勒石太学。又"谕礼部：训饬士子文，若令各府、州、县学宫一体勒石，恐有不产石州县地方，或致借端扰派，应俟国子监勒石后，以拓本汇颁各省转发所属学宫一体遵行。"武威文庙的这通碑就是依据国子监石碑拓片刻制的。主要著录：《武威金石录》。

清重修文庙碑记[1]

凉郡圣庙，历有年所，不如几经修葺矣。顺治初，道宪苏公铣[2]，甫临兹土，以殿宇狭小，规模未备，从而增廓之，一时美壮丽焉。独尊经阁尚仍旧，墙垣未极丹腊，而公以擢去。越五十载，曩制渐至圮损，则修废举坠，不无俟于将来。岁壬午适圣天子以严疆重任，特简武公廷适，藩宪五凉。下车日，恭谒圣庙，恻然于风雨剥落，鸟鼠所摧残，即一意修举，捐俸庀材，虽王事鞅掌，而此事独先为督画，不惮劳瘁。分府赵公世谦，亦乐为捐俸，共勷厥事。郡之缙绅士庶，向风从义，不数月而告竣，金碧辉煌，丹霞焯耀。且尊经阁荒颓殆甚，前殿尤难措置，公多方设施，举苏公之有志未建者，辄尔并跻伟丽，猗欤盛哉！洵足以甲诸郡而耸瞻仰也，微公之力，曷克致此。于戏！宫墙之峻，肆外闳中，美富之观，照星丽日。兼以书院之设，人才蔚起，其所以培养学校鼓励休明者，何一非仰答，盛朝右文之雅化也。仪羽王家，干城名教，其公之谓欤！永矢勿谖，因为之泐于石。

康熙四十三年岁次甲申桂月[3]吉旦。

日讲官起居注翰林院侍讲学士张延枢[4]撰文。庚辰科进士孙克书丹。原任銮仪卫正堂韩弼。镇守凉州等处地方挂印总兵官魏勋。凉州卫千总朱方。凉州卫掌印守备兼理屯事薛必显。督工生员王修己。

【注释】

[1]重修文庙碑记，清康熙四十三年（1704）八月立。原碑今佚，《武威县志稿》有录文。主要著录：《武威县志稿》《武威金石录》《武威市文物志》。

[2]苏公铣，即苏铣，字泽公，号治如。据《五凉全志》载："直隶交河人，丙戌进士，顺治十二年任（西宁兵备道）。入名宦。"他还于同年主持编纂了《西镇志》，又称《西宁志》，存世有顺治十四年重刻本，藏天津图书馆。

[3]桂月，农历八月的别称。

[4]张延枢（？—1728）字景峰，陕西韩城人，康熙六年进士，清朝名臣。

清武廷适创建书院碑[1]

凉庄道宪武廷适[2]创建书院碑

粤稽汉武帝初设河西五郡，而武威其一焉。生其地者，固多刚毅雄杰之士，往往以武功显。然前贤如阴仲达、余青阳诸君子，或修国史，或第巍科，而文章节义，尤彪炳史册。以是知才不择地，治不问俗，总视乎分藩者之振兴何如耳。此余于武公之事院有足志焉。公籍云中，少沉酣经史，筮仕以来循称籍籍。辛巳岁以粤抚彭公荐，特简凉庄监司。下车视庙，即以鼓励人文为谆谆。无何以前任事遽致解绶，彼时人方幸得沐公治，又不幸而不获久沐公治，骇恐若狂，遂合数百人走京师，呼号挽留。圣天子允民请，谕："朕知若好官，朕其留而任，抚尔凉州民。"一时公名震海内。余方居木天，幸吾秦之有良吏，而手额不已也。癸未岁，公修圣庙，六阅月而工竣，肃穆改观。嗣即卜凉之北厅旧址，捐资亲督缮修，创为书院。地势高敞，规模巍焕。工毕，择日开衡文之堂、朋来之亭，延师友、萃诸生，群聚肄业。阖属之士，莫不望风褰裳，此公两大政，卓卓耳目间者也。且夫天下之大势在关陕，关陕之保障在河西，河西有善治，则保障固而关陕安。今公之莅凉也，以用武之地，而以文治治之。盖欲化刚劲之气，敦礼让之风，请经术以崇实修，育人才以储国用，是则上报主知，下移民俗，重本培源之至意也。公之为凉人计者，岂浅鲜哉？余籍南安，治邻子民，远被休风。因士民之请，欲勒之贞珉，用垂永久，遂乐记其事如此。愿凉士其肆力于学，上之希志圣贤，次之奋志科名，庶几英贤辈出，与阴、余诸公后先继美，则书院之设，历久弥光，余亦附公不朽矣。至若整纲饬纪，兴利除奸，公筹边有素，掀髯治之裕如矣。此在民自有口碑，固已彰彰众著也，余不琐赘。

清康熙四十三年宋朝楠撰。

【注释】

［1］武廷适创建书院碑，清康熙四十三年（1704）立。宋朝楠撰文。今据《五凉全志》录文。主要著录：乾隆版《武威县志》《五凉全志校注》《武威市志》《武威市教育志》《武威金石录》。

［2］武廷适，据《五凉全志·官师志》载："康熙四十一年任，雅爱斯文，捐资创立成章书院。延师课士，每月亲临校阅，文风由此丕变，修葺文庙，判断水利，永成铁案。历升广东布政使司，应入名宦。"

清创建李氏家庙荫善庵碑[1]

创建李氏家庙荫善庵碑记

盖闻：佛居灵鹫，慈悲遐敷于恒沙；真栖萧台，灵感遍周乎法界。是以十地三途，咸仰慈云而皈德；四生六趣，共望幢盖而瞻依。其所以默扶世运，潜维人心者，盖历百劫于兹矣。即间有习俗无知或肆虐玄之诮，庸流莫辨因滋空有之疑究，不知寻声现度，色相常辉，赴感称名；祥烟时拥，是虚者，正所谓真空者，终岂成妄耶？故夫预诚正教，恢隆大品，从未有不求被其福荫者也。维我凉郡之陈太夫人者，乃升遐都李公之内子，方今侍卫公子之慈君也。夫人之贤淑性成孝慈夙□，其才其识之克敦妇道而无遗者，始亦勿论。独是夫人之诞毓名门，蘋繁宦□，久享贵富之荣，永绝繁华之累。至若敬崇释典早焉，凝慧于优昙礼信玄灵又□持行于正一。此或有本于灵根之固有，而固能独契乎妙觉哉？兹缘都督公府日所置胡、杨二庄，旧有大士三官玄天之像，因其时序多应，遂至金容掩色。故我夫人仰彼威灵，已秉积诚于自昔睹兹颓址，更增浩叹于终朝，爰为因故增新创兹家庙一所，中建观音阁、三元殿。玉虚阙、列圣庙以为荫善庵。荫善者何益？欲世荫斯善于无穷也。嗟乎！祥林梵刹，真观仙宫不仅一二而足矣。大千迷真知之品，十洲□亿万之光，迨若此庵之启建，亦何足以为有无而但有所以不朽者，在也。初夫人之鸠工兴愿也，小地城南获云，吉度材庄比俱叶允臧始焉，土木繁兴似若独力之难竣嗣，而匠作省易不啻神助，以为功及夫轮奂开图。壮严启像，禅堂映水月之清华，莲室澄松云之翠响。水遥山环，远移祇园之秀；景妍物丽，遥接阆苑之春。他若夕梵宣音，堪引法流于业海；晨钟度响，能烛慧炬于迷途。壮丽若斯，洵不独为李氏一家之香火，足为凉郡十方之胜概也。又乌可以不志永久而著无穷哉，是以洪举告竟之日，欲勒石以述功。因嘱余而为记。余也何知，亦足以鸣其功而颂其胜耶。第以崇善之家多以善崇，而福植积行之士恒因行积而庆绵。李氏之在凉郡，素称一方之望族。数传至都督公，提军百粤，位极人臣，望重尤重，泽被黎庶，斯亦有所由来矣。而我夫人复能广兹般若，启斯福荫；观今公子扈从辇毂忱隆，宸卷可卜。他日之克绍前烈，丕振家声者何，莫非积善之家，必有余庆乎？故知是庵覆庇之无方，当同乾坤而上下；李氏麻泽之弗替，亦偕寒暑而往来矣，是为记。

凉郡庠生弟子何昌治薰沐叩撰，后学弟子辛绵宗薰沐叩书。

诰封一品夫人信女弟子李门陈氏录名庆德，凉州卫道纪司兼理阴阳学事冯希舜。赞书工务：雷训、赵国珍、刘国祥、李子元、雷义、李霄、郭忠、张起英。

诰封一品夫人信女弟子李门方氏、孟氏。随缘家下信众李逢春、牛福智、李元、雷起虎、牛福信、孙福德、朱虎、雷现□、段有、郭起云、周柱、李成。

吏部侯铨州同男李宗侗、媳张氏，孙男允材。御前侍卫男李宗膺、媳王氏，孙女宝华。

书士唐遇隆。木匠刘正礼。泥水匠刘君弼。石匠周自俊。塑工王友聪。油匠赵友德。砖瓦匠李丞宰。镌字□□□。

康熙四十七年岁次戊子七月上浣谷旦创建立。

创建李氏家庙碑记

【注释】

[1] 创建李氏家庙荫善庵碑记，清康熙四十七年（1708）七月立。1990年4月武威高坝六队征集，现藏武威文庙。碑高200厘米，宽75.5厘米，厚19.5厘米。碑额篆书"碑记"二字。碑首高91厘米，宽77厘米，厚21.5厘米。主要著录：《武威金石录》。

清重修高沟堡庙碑[1]

（前缺）原，昔戊子年逆回变乱，焚者无存。于辛卯岁榆杨僧海清云游到此，募化创修大殿、中殿、山门，前后厢廊，其功未周。本寺四至：东至月城，南至官街，西至李天惠房墙，北至月城，四至分明。后蒙渊白和尚引众塑像金庄，丹丽巴周。次康熙四十四年，比丘性觉创建弥勒阁中拜殿三间、韦陀殿一间、两廊六间。绘塑金庄，重补山门，丹丽巴周大殿、拜殿，两廊一十五间、依廊两间；托西方丈一处、小园一处、东西廊房七间、山门西小房三间半；外有坐西向东铺面两间；赎铺小房价银陆佰贰拾壹两叁钱整。四十八年九月告竣。

……本城南街信士李占元同子李宗、李宏，将原与南街侯晋接坐东向西铺面三间，典剥价银壹佰两；外修地窖一座，功银贰拾两，并文约舍送本寺。以为香火之费，共成莫大因果。

无量功德勒之碑记，永为不灭。

【注释】

[1]重修高沟堡庙碑，清康熙四十八年（1709）九月立。碑残，仅存下半部。碑原立于武威城东25公里长城乡高沟堡故城。《凉州百塔寺考察记》称："高沟堡庙原建于明洪武十四年，有铁钟一口，上铸有修庙会首、花费银两及建筑规模等。"主要著录：《凉州百塔寺考察记》《武威金石录》。

清判发凉州高头坝与永昌乌牛坝用水执照水利碑[1]

凉州卫掌印守备、兼理屯事世袭沙喇哈番孟，蒙监督凉州等处仓场巩昌分府加三级蔡照会案，奉陕西布政使司整饬分守凉庄道佥事加三级何，为勒碑事：查得乌牛坝地连七堡，户楹数千，村落富庶，为永属之最称豪强者。而高头与之为邻，计其户不满三十家，按其人不过五六十。乌牛坝眈眈视此泉水如干鱼作猫枕，垂涎朵颐，必图大嚼而后快。故构讼自康熙三十三年起，迄今十有七载，叠告不休。经前抚宪喀、前抚宪齐、前道陈参议、武副使、署凉庄道事甘宁驿传道王副使、甘山道龚副使以及厅、卫、所等官不可枚举；或亲行踏勘，或批委验审，俱明白断结立案，几如南山之不可移矣。乃乌牛坝民人王复振、吕复元、曹积贤等，更番迭做状头，翻久定之成案，作新起之风波。一则曰邀截水利；再则曰按粮分水；今年结案，明年复告；旧官结案，新官复告；道、厅、卫衙门结案，督抚衙门复告；前官将乌牛坝审虚责惩枷示已非一次，而仍然悯不畏法，恣肆诬控，状内不曰不分皂白，则曰蒙混结案。岂此十七年之内，抚院以及道、厅、卫、所定案，各衙门俱不公不明，偏衷左袒高头沟者。盖其意原不在讼之胜负，明欺高头沟怯懦，使其岁岁兵连祸结，废农荒业，自然支持不足，则高头沟之水利田土，将来自可吞并。今生员蔡允吉等来就质者，不过十余人，言词皆呐呐不能出口。而乌牛坝千百成群，唇枪舌剑，鼓其钢锐之锋，布成执人之阵。使十七年来，高头沟忠厚良民疲于拖累，情形实为可怜。兹奉批查审，本道两次亲至河干，详加踏勘，并查阅历审旧卷，俱极公极明，相应仍照原卷断定：将柳树下、南岸上二泉断给高头沟，草滩口北岸下二泉断给乌牛坝；至原坝原沟，两村照旧各守，于上二泉则立小碑一座，镌"高头沟"字样；下二泉立小碑一座，镌"乌牛坝"字样。而于沙河口高堤上，统立一大石碑分定界限，如有违断，再敢控告者，立即枷责重惩。再赵乌牛坝已具，永不兴讼，输服甘结。但查前卷限，乌牛坝俱曾具结，仍诬告不已，拖累良善。

兹值宪台廉明正直，人人钦服，若成铁案，后人无敢再行审理者；合无详情抚宪台立案并批令本道通报，抚宪移咨两司通为立案。至本道则立案勒石衙门首，而厅、卫、所俱通饬遵照，使乌牛坝自此之后无处横胆诬控，则弱肉不致强食；而高头坝民人自今得各安农业，均仰沐宪台之德成于不朽矣！

本总督四川陕西等处地方军务兼理粮饷兵部侍郎兼都察院右都御史仍带一拖沙喇哈番殷批："乌牛坝倚恃人众，强夺高头沟水利，更番叠告，积案如鳞，尚不悛改，诚如该道所云，明欺高头沟势力不及也。如详行立案，曹绩贤等，本应按律究处，姑念农忙，慨从宽免。日后再敢违断争告，加等坐罪不恕也。此檄。"

又奉总督部院批本道详："乌牛坝桑阳景等敛钱派车，假扮逃荒缘由，奉批据详：乌牛坝七堡奸棍，科敛民钱，勒派车辆，诈作搬移情状，挟制官长，谋占水利，大干法纪；仰将为首奸棍严拿究拟通报，毋得牵累良善。"

又奉巡抚甘肃宁夏平庆临巩等处地方赞理军务兼理茶马、都察院右副都御史世袭一等阿建哈哈番加三级纪录十四次鄂批："同前事，奉批如详，勒石永远遵守。至曹绩贤，桑阳景等恃强逞讼，罔遵官断：后在乌牛坝科敛民钱，勒派车辆，挟制官府，刁恶至极；仰该道勒缉务获严审究拟通报檄。"等因，俱批行到道，奉此合行勒碑。为此，仰乌牛坝、高头坝两坝民人遵照督抚两院批示，永为遵守施行，须至勒石者。

康熙四十九年十一月日。

凉州卫高头坝民人：蔡允吉、蔡纶、蔡生植、曹岳。

永昌卫乌牛坝民人：曹绩贤、桑阳景、王复振、吕复元等勒石为志。

于乾隆三年十正月重勒。

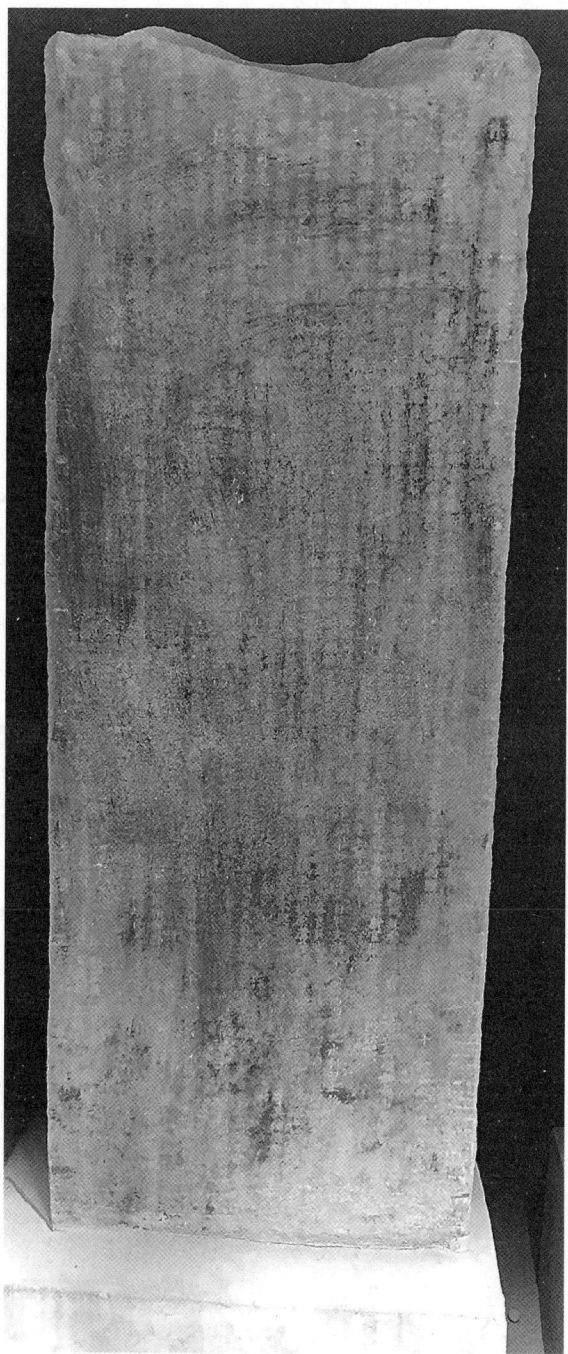

判发凉州高头坝与永昌乌牛坝用水执照水利碑

【注释】

[1] 判发凉州高头坝与永昌乌牛坝用水执照水利碑,康熙四十九年（1710）十一月刻,
乾隆三年重刻。现藏武威文庙。碑上半部略有残缺。碑高171厘米,宽64厘米,厚14厘米。
主要著录:《武威金石录》《武威市水利志》。

清重修清应寺塔顶碑记[1]

　　盖闻：寺乃佛舍也，非琼宫瑶室，不足以形其美；塔本佛身也，非逼云干霄，不足以仰其高。世之修寺建塔，非止为崇扬妙像也，能使人入庙而思敬，见像而皈依，良有以也。吾凉有清应寺，即古北斗宫，元末，兵火残燹。永乐间，敕建为清应禅林，前后殿宇巍峨，金碧辉煌，塑绘庄严，丹霞焯耀，诚凉境之一大胜概也。尝考古志，城之东北隅艮寅方，地势卑陷，潮水涌涨，筑填崇台，上建浮图一座，高一百八十余尺，其身一十三层，重檐叠翠，八面玲珑。其初创难稽，重建于嘉靖壬戌岁，与大云寺塔相仿，工凿犹壮丽焉。至今几二百余年，其间之兴废，不知凡几，未暇悉述。偶于康熙四十八年秋，地中雷声轰动，从乾而巽，覆地翻天，震落塔顶，击碎砖瓦，一时破落一载之久。凡仰其上者，谁无补救之心，胥畏难而无所措置。功德化主某，慨然以为己任，先各捐资财，接引十方，散给佛帖，随缘募化。果其一呼百诺，输布施者填门；闻风慕义，供斋米者拥道。则木架千杆，赖输工之巧；炉冶百炼，仗风胡之灵。千钧之顶，循级而升，何畏难之有。不旬月之间，补残葺缺，换旧更新，是人之诚心欤，抑佛天之助佑耶。是其廊楹绘彩，肆外闳中，金像庄严，燦星丽日。竭半截之焦劳，满众信之愿力，则义冠人天，福褆中外，其曷有极焉。所愿者天地清宁，历千劫而不朽；皇图永固，绵百世而常新。是可镌石，以垂后鉴云。

　　康熙五十年岁次辛卯暑月[2]上浣吉旦立。

　　凉庠生李如荫撰，张敏书。镇守陕西凉州等处地方总兵都督佥事带功给拖沙喇哈番袁钤。镇守陕西布政司分守凉庄道何廷圭[3]。

【注释】

　　[1]重修清应寺塔顶碑记，清康熙五十年（1711）六月立。原碑佚。今据《凉州府志备考》录文。主要著录：《凉州府志备考》《武威金石录》。

　　[2]暑月，即农历六月的别称。

　　[3]何廷圭，据《五凉全志·官师志》载："何廷圭，字觐皇，浙江萧山人，康熙四十八年任。矢志冰清，率属风厉。怜士子乡试资斧艰难，将小房课金约三十余两，积为路费。莅任三载，调江常镇道，题留驻肃，办理军需。经画有方，供应不匮，事集而民不病。捐资市民田，修建行署、营房四千余间，免城中居民临时搬移。援征粮例，详请开捐积贮岁额草束，以免预征。民甚德之。应入《名宦》。"

清何大宗师功德碑记[1]

大方伯整饬分守凉庄道恩宪何大宗师优崇学校设立乡会路费垂远戴德碑记

大宗师分藩兹土，阅四载矣，以实心行实政，美绩嘉猷，虽更仆数。至于培植士子，尤所港港焉，其良法美意，有验之于今者，有遗之于后者。凉州地处边末，士子翘首而思奋起者，得诸当事培养之力居多，自前任武道宗师，创立书院，而肄业有地矣。大师宗旆节抵凉，视学之初，即以奋兴科名，作养庠士，拔识儒童，已在观风所录生员优等童子前茅，衡鉴精当；学宪朱宗师临凉校士，案发□针芥之投，盖其识高，其志公，两贤如操左券也；既而叨乡荐者，即其所首拔，是岁捷南宫，与词林者，亦其所藻鉴；作一时之士类，收两闱之人才，一若有潜而驱之，毕而集之，以彰作士之盛者，虽曰天意，岂非人事哉？此其验之于今者也。而且尊先师，崇典祀，朔望谒庙，补设丁祭太牢，牲必亲省，缺典渐次修举，而俎豆维新矣。凉州距省二千余里，每逢乡试，苦于资斧，旧动杂项税银后其□□寝今。大宗师加意筹度，因凉州旧例，街市道口北铺及村野水磨赋地租于官者，乃捐而公诸学宫，令为应试士子路费，用垂久远。□□□□凉士何幸而沐此旷典也。况继此之惠我凉土者，尚未有艾乎，此其遗于后者也。噫嘻！岐地作人恩流奕世，庐陵爱士，感及百年，勤民而不惮劳，惠民而不务名，推重上宪，声称洋溢，此在缙绅先生，闾里百姓，别有公颂，非吾侪所敢旁赘也。谨记。

候选中书乙酉举人王化行、候选训导王国辅撰文。廪膳生员贾汉英书丹。廪膳生员田钟瑞篆额。

监督凉镇等处仓场巩昌分府蔡名辅；凉州卫掌印守备兼理屯事郑瑞；辛卯举人尹诰；凉州卫儒学教授冯绍商；凉州卫千总主方；赐同进士出身翰林院庶吉士孙诰；国学生员段华瑜、罗象鼎、何昌治、徐寿松、韩生忠等公勒。

康熙五十一年壬辰菊月吉旦立。

【注释】

[1] 守凉庄道何大宗师功德碑记，清康熙五十一年（1712）九月立。原碑今佚，《武威县志稿》有录文。主要著录：《武威县志稿》《武威金石录》。

清始置名宦祠祭田碑记[1]

【碑阳】

先王父通议公巡陕西茶马之后四十年，先府君观察五凉，而江都范公，适为司马，皆清廉慈惠，爱士养民。岁己亥，先府君与范公，后先捐馆，凉人氏世蒙泽者，前数秋既为先王父请入名宦矣；是冬又为先府君与范公，同请督学，并祀黉宫，其切于报德，意甚厚也。但凉郡备牺牲，春秋祀典之应献文庙者，竟半为武庙分去，而名宦乡贤祭，多郡庠诸君子私设法办焉。不孝隆照闻之，窃思先人生庇凉人，没护凉土，神无所不之，以郡庠诸君子之诚敬，格我先人无弗享者。第诸君子岁祀先人，而为先人后者，指日扶枢归里，不能长随诸君子之后，瞻拜先人于祠下，亲陈粢盛则为人子之心，深有所不安。先人清操介节生，未尝一介取人。今为祀品而岁累诸君子费经营，在诸君子固乐输诚，而仁人在天之心，或又有所不忍。不孝隆照于是请之四伯父讳光来，谋之范公子嘉年，同捐资新其祠宇，润其规模。又买田于城东凡若干亩，新关修房若干间，每岁所取租共若干数，契印听卫，案存儒学，托在庠诸君子，取其租以办祭物，于诸君子不累。不孝等常如亲侑，亲先人其亦欣然乐享也乎。因录其地契，图其尺丈，刊之碑阴。夫武威为西陲要地，圣天子多选英贤，其步武召杜者，将指不胜屈，倘谅微忱，而广布弘仁，捐奉增田，积少成多，更可助寒儒灯火之费。以祭田之余，为学田，使凉州从此有学田，教养之恩正长也。记此亦以望后来者，若谓日久弊生，恐于祭田有侵渔隐蔽之患，凉人士必不出此，不孝等亦不敢以不肖之念待凉人士矣。

康熙五十九年岁次庚子仲夏月壬午望后五日丙戌立石，不孝孤子王隆照、范嘉年谨识。

【碑阴】

原买地契丈尺亩数以及四至，并原中姓名，并列于后。立永远绝卖祭田文人马俊。今将承顶置买到杂渠六坝刘畦沟宋地科田一份，约下市斗子种伍石，承纳官粮叁石贰升伍合，官束正草壹拾伍束，用使刘畦沟泉水叁拾亩，山水一昼夜。差徭照水应当随地菜园一处，小庄一处，内小杏树五株，白杨树十二株，芍药花叁拾本，井一眼。庄内上房三间，东北厦房六间，粪圈一处，牛畜马圈二处。其地东至本人地界，西至官路地界，南至李林地界，北至退水官沟，四至分明。因无力耕种，央中斋长生员何昌治、刘汉璧说合，情愿立契绝卖与前任道宪大老爷王、府宪大老爷范两府名下，永远作名宦祠。春秋祭田当中得受过，卖价系银一百六十两正，银地两交无欠。自绝卖之后，土木相连，道路通行，若有房户族地邻人等生端争言者，马俊一面承当。恐后无凭，立此永远绝卖祭田契书存照。

康熙五十八年十二月十三日立，永远绝卖契书人马俊，同子马承基。同中邻人张宠德、张寅、刘祥、崔保。说合中人斋长何昌治、刘汉璧，同阖学生员张绥、郭甲观、徐寿松等。

府正堂管理凉镇监督府事加二级张批，名宦祠祭祀，本有额银，因凉州设立武学，遂将额银分支，未免凉薄，今王范两宅子姓，公捐买产，供办祭祀，诚义举也。每年学博暨斋长，公同照验，务须世世遵守，永违毋□，倘有私相买卖，及侵隐者，据此契以证究，着该房粘契存案，并准饬知卫学可也。

其地共二段：南一段，东西畛。东宽一百七十六步，西宽一百七十步，南长八十四步，北长八十六步。

路北一段，东西畛。西宽七十四步，东宽三十二步，南长七十四步，北长七十四步，二共地七十七亩八分四厘米。

【注释】

[1]始置名宦祠祭田碑记，清康熙五十九年（1720）五月立。原碑今佚，《武威县志稿》有录文。主要著录：《武威县志稿》《武威金石录》。

清张君烈墓志[1]

皇清诰授荣禄大夫陕西宁夏等处地方挂印总兵官都督金事加一级承武张公墓志铭

雍正五年岁次丁未秋月朔越翼日

诰授荣禄大夫，钦命陕西宁夏等处挂印总兵官，承武张公，殁于宁夏之官署。时陕督岳公驰奏以闻，上阅其疏奏，黯然神伤者久之，特加恤典，命归葬凉州。是年秋，公之二子扶柩旋里，卜葬于郡城之东，因介言于余，用昭来兹。余愧不文，谊添两世，爰为之志。公讳君烈，字承武，武威人也。先世旧族，多有隐德，雅为闾里所称慕。自曾大王父而下，皆以公之贵，追赠如其官。公生有异姿，魁梧奇伟，与人交，然诺不欺，精骑射，谙韬略。当弱冠时，即慨然有志于用世。圣祖仁皇帝三十五年，有事北漠，公从总兵董公远征异域，万里悬绝，克立奇功，题叙守备职衔，引见日，上顾问再四，遂补授石匣守备，寻调涿州营守备。屏翰畿甸，留为异日大用地也。公膺兹专城，贤声丕著，当事交章推荐，升补玉田都司，既而调天津城守营。甲午春，丁太夫人艰，归葬。余见公营葬修祀，情文俱至。服除，授松江左营游击，历五载，勋猷愈懋，松江提督某公益加倚重，题补中军参将，任大事剧，恢恢乎游刃有余。雍正元年，皇帝鉴别贤员，大学时高公首以公荐，盖高相国帅松江时识公也，命下专阃沂水。是时，余牧邳州，治虽隔省，境壤相接，遂听公之风声，心焉景慕，干城之望，重于青齐。甫一载，保送陛见，天颜大喜，频加奖誉，赐克食龙虾，并御制《朋党论》《满洲书》，籍以副将，得邀天券，洵异数也。旋奉旨升授川北总兵。得微疾，引见圆明园，上深加恻念，命食于光禄，赐药于太医。赐宴，赐孔雀翎，赐上谕四幅、紫金锭、御佩小刀、克食等物，温旨详切。公荷荣宠，益加兢惕，抑抑自损，毫无骄盈，卓然有大臣风规。暨任川北，甫月余，即膺移镇宁夏之命，盖朔方控贺兰之襟带，扼河套之咽喉，倚公锁钥，庶免西顾。公星驰就任，肃官箴，励士卒，戢人民，和夷戎，所以仰体圣训而竭忠尽也。

睿嘉勋劳，特赉优谕诗章、唐人疏奏，赐白金五百以励清操；公益洁己奉公，以酬国恩。夫何昊天不吊，而不佑公以永其年，悲夫！公生于康熙壬子三月初五日丑时，卒于雍正五年丁未五月初三日申时。诰授荣禄大夫，元配杨氏，诰封一品夫人。男二，长堂，入国学；次台，幼。呜呼！公自壮岁从戎，受知两朝，其汗马殊勋，固已载青史，铭太常矣。余何能尽道其详，聊取梗概，系铭以志。铭曰：

皇清天造，景运无疆。笃生宿将，效命疆场。猗欤将军，起家戎行。虎头燕颔，鹏举鹰扬。随征漠北，天讨用张。肤功既奏，陛觐宸光。历任大镇，名重帝乡。彤弓御服，颁自尚方。阶进荣禄，奕祀馨香。丁未之夏，太白掩芒。讣音上闻，圣主悲怆。赐祭赐葬，生荣死伤。凉郡之东，窀穸深藏。佳城郁郁，滕公之祥。竖碑嶙峋，玺书辉煌。二子英迈，余庆未央。镌铭圹石，百世流芳。

赐进士出身翰林院庶吉士特授浙江宁波府知府加一级同邑孙诏[2]顿首拜撰。甲辰正科中式举人家眷弟白暲顿首拜书。

【注释】

[1] 张君烈墓志，清雍正五年（1727）九月二日立。原碑佚，今据《凉州府志备考》录文。主要著录：《凉州府志备考》《武威金石录》。

[2] 孙诏，字凤书，号友石，陕西凉州卫人，康熙五十一年（1712）壬辰科三甲进士，选翰林院庶吉士。历任知县、徐州知州、宁波知府、宁绍道台、两浙盐运使、江西按察使，最后官至湖北布政使。

清判发武威高头坝与永昌乌牛坝用水执照水利碑[1]

奉督抚司道府各宪明文断定水利永远碑记

特授分署凉州府武威县正堂纪录三次傅，为"勒碑"事。雍正十二年十一月十一日奉陕西凉州府正堂加一级纪录四次郑信牌，雍正十二年十月初七日，蒙署陕西整饬分守凉庄道加一级纪录二次菩宪牌，雍正十二年十月初二日准署布政司杨关，雍正十二年九月二十九日蒙巡抚甘肃都察院许批：

据本署司呈前事，该本署司审看得武威县属高头坝民，与永昌县属乌牛坝民控争泉水一案。自康熙三十三年、四十年、四十一年、四十六年、四十九年、五十四年、五十九年、六十一年、雍正元年、历经各官详审酌断，而旋结旋控，于雍正十年又争控至今也。缘武、永交界之处有泉四眼，于高头坝为近，系高头坝藉以灌溉，每被接壤之乌牛坝恃强争夺，高头坝弱难抗衡。于康熙三十三年间，经前任陈凉庄道，因两坝之强弱，审四泉之源流，以柳树下近南之上二泉，仍断给高头坝资用。于草滩下倚北之下二泉，则分给乌牛坝资用，是高头坝于向有四泉之中，已分出二泉与乌牛坝矣。□讵意，乌牛坝地广人强，视高头坝如釜鱼几肉。于陈道断给之后，又于康熙四十、四十一、四十六等年，乌牛坝争夺如故。经前任王凉庄道、武凉庄道，并蒙前抚宪喀、齐及赵凉厅，俱以陈道所断为公允，将乌牛坝民枷责完结，无如乌牛坝民以历审不能翻案。于四十九年间作搬逃，计在挟制官长，可以并踞四泉。经何凉庄道访拿首恶，细勘河形，亦以陈道所断为不可易，详蒙前督抚宪殷、鄂批："照前断以柳树下之上二泉留给高头坝，以草滩下之下二泉分给乌牛坝，将乌牛坝争泉为首之人，严加处治，勒碑立案"。相安数载，乌牛坝民故志复萌，又于康熙五十四年、五十九年、六十一年、雍正元年屡行争夺。经范凉厅，前任蒋凉庄道，并蒙前抚宪傅批令凉庄二厅审勘，亦具照前断详细蒙批结。乃乌牛坝民始终恃强欺弱，贪心无已，每至需水之时，即掘坝夺水。于雍正十年间又讦讼至今，意必欲独占四泉，使高头坝无涓滴可资，始为称快，致地方官亦因每年控争，不得不以前断为变通。此凉庄道府有合流建闸，按日分水之详，蒙宪台批司查议，赵署司以示悉泉源之形势，虽该道府佥谓建闸为是，究难悬定。是以详委前任赵平庆道会同地方官查勘酌议，经赵平庆道勘明，议于高头坝上二泉之内，再分出一泉与乌牛坝，是与该道府建闸分水之议，迹似不同，亦总欲为乌牛坝民知足息事。但建闸分水恐于两坝俱值需水之时，孰肯坐视枯槁，势必相争，争则强得其利，弱受其害，始定两坝均沾，终致乌牛坝独占；如再于上二泉之内分出一泉与乌牛坝，两泉相距不远，筑坝愈难，争夺更易。且系高头坝原有之四泉而又去其三，又安能又存其一。是以赵署司终不以两议为孰是，但云委勘委审已非一日，分水分泉议有两歧，详情钧断。旋蒙宪以水利关系民生，必须毫无疑议，批令提审，具详行据该府宪，将两造及证佐批解前来。经本署司查前案，研讯各供，并阅赵金事同地方官绘填地图，益知乌牛坝民恶不可恕，高头坝民弱实可怜。除案情供词俱已备案，但据图形而论，原陈道之初断，本欲息此纷争，何道之勒碑，殆欲垂诸久远。前官筹划已周，无庸再为更易。查高头坝田地坐于东南，乌牛坝田坐于东北；高头坝地高水低，乌牛坝水多地广；高头坝之上二泉流入沙河，必须筑坝以蓄，其势方能由东南入地。否则难于引灌。其乌牛坝之下二泉，则由朱家地顺流而下，兼有响水沟、长沟、大泉脑、暖泉等河畅流广润，尽足其用。且上二泉原属天然之界限，而乌牛坝不忘情于高头坝之涓涓二泉者，实以人强地多田渐开垦，惟恐水不敷用。又明欺高头坝人少且弱，任意争夺，分班叠讼。比其控告，而水已到地；待至批断，而田已抛荒。且状首以此获利，以此邀功。所以年年控告，年年争夺，欲待高头坝无可如何，便可独踞其利，以此处心积虑，实难从其所为。今庭讯之下，据乌牛坝民供称，以前立过石碑，被高头坝打毁，现有碑文为证，及取验，即将何道断明勒石之碑文执照为打碑据适成抗断之凭，应即照碑定案。仍以柳树下之上二泉留给高头坝资用，草滩下之下二泉分给乌牛坝资用。于原旧立碑之处重立石碑，于两面镌刻前、今两次审详，并听各于定界之内，筑坝引水，至接近高头坝之回子地亩，亦听其于原使水处照旧引用。其乌牛坝首恶高尚文、蒋献朝，应各重责三十板，嗣后如再有抗断以及故作搬逃，把持官长情状，即将为首之人提解省城监禁，从重究治，为强横者戒。再查此事断案具取有输服结状，无如刁民今日始服明日复控，又屡称勒逼所迫。今以所迫之输服，为告状之张本；今既照案断明，有犯即究，无庸取其输服结状以资口实，缘奉饬审事理，各将碑文地图一并申赍，伏候宪台典查详示以便遵行。蒙批"如详行"仍令作速建立石碑，取具碑模，并发落过，蒙申报查，并候署督部院批示："缴碑文地图存。"蒙此又于本年十月二十二日，蒙吏部尚书署督部堂刘批："据本署司呈审，凉属高头，乌牛坝民，争告水利一案详由，蒙批如详发落，永为定案。高尚文，蒋献朝再恃强争持，定当从重究。"拟仍候甘抚督院批示："缴等因到司，蒙此，除解到人犯，原批点发解役带回外，拟合就移，为此合移贵道，烦照来移审详。批示水利知照，即饬令该府，于原旧立碑之处，作速重立石碑，将此案先今两次，前道何暨本署司审详，并院宪批示，于两面镌刻，并听各于界限之内筑坝引水，以垂永久，以杜争端。并饬将乌牛坝首恶高尚文、蒋献朝各重责三十板发落，倘再有抗断以及故作搬逃，把持官长情状，即将为首之人提解省城监禁，从重究治。仍令将发落过，缘由同，重立石碑，取具碑模一样三张，一并赍报，以凭转报，幸勿任其迟违，望切速速等因到道，转行到府，备行到县。"奉此合行勒碑，为此仰高头坝、乌牛坝民人遵督抚两院批示：各于原旧立碑之处，重立石碑，筑坝引水，以垂永久，以杜争端。如再有抗断情状，即将为首之人解省监禁，从重究治。各宜永为遵守施行，需至勒石者。

雍正十二年十二月日。

武威县高头坝民人：李国玉、蔡生相、蔺蔚、严瑀、蔡文科勒石为志。

【注释】

[1]判发武威高头坝与永昌乌牛坝用水执照水利碑，清雍正十二年（1734）十二月立。原碑佚，今据《武威市水利志》录文。主要著录：《武威市水利志》《武威金石录》。

清海藏寺藏经阁记碑[1]

【碑阳】

海藏寺藏经阁记

五郡城北五里为海藏寺。按碑刻，凉治北有招提焉，不知创自何代，盖古刹也。宋季河西五郡为夏元昊所据，车书不及，岁久湮没，不可考其从来。明成化间，太监张睿因其旧而庇材鸠工，规模宏大。年久倾颓，榛莽荒秽。康熙三十六年，少保孙公来莅五凉，悲庙貌之凌夷，捐资而葺之，顿还旧观矣。有际善法师者，瞻金容之辉焕，慨妙法之无闻，于是发弘愿：一盂一钵，策杖孤征，南探越海，北涉燕都，冲风冒雪，八载于兹。前任观察蒋公讳洞者，心鉴其诚，先容于阿叔中堂，廷锡公玉成周旋，祈请三藏真文凡六千八百二十卷。证果有因，一任黄尘扑面；善缘不偶，好令白马驮归。行自如之视非蒙。微言广被，醒众姓于迷途；遗训遐宣，布天花于边末。爰藏宝阁，祖邱重光。朝祚山右庸愚，滥膺观察，瞻盛事之难逢，喜福缘之有庆。将见兹经流布，与日月而齐光；大众心资，并河山而俱永。至若琳宫巍焕，不咸祇园；古木森荫，同翻贝叶。环溪流于襟带，披雪岭于云霞，此又梵宫之胜概也。后之览者，瞻慧日于东来，驻慈云于西塞，亦将有所兴载焉。爰勒贞珉，以垂不朽。

际善法师，字文机，河湟人，临济正宗。副派祖明彻师宝印，传法弟子了通、了道、了经、了法、了世、了闻、了相、达艺、达蕲，并书以志。

时乾隆元年岁次丙辰十月。

奉政大夫分守陕西甘肃凉庄道前湖广湖南提刑按察使司按察使汾州郭朝祚撰并书。

【碑阴】

宁远大将军太子少保总理川陕等处地方军务兼理粮饷加八级纪录七次岳钟琪施银贰佰肆拾两。太子太傅吏部尚书兼都察院左副都御史加二级纪录十八次大功一次蒋廷锡施银叁佰贰拾两。分守凉庄道，管理凉永镇羌等处事务驻扎凉州按察使加四级纪录七次蒋洞施银叁佰陆拾两。

礼部颁发执照札文：礼部为给执照以靖地方事，祠祭清吏司案呈据僧人际善称，僧系陕西凉州府武威县海藏寺住持因寺名海藏，向无藏经，匍匐来京，虔请藏经全部回寺奉诵，上报国恩，永保地方，诚恐或有不法之徒骚扰佛地，伏乞大部赏给执照，前来相应给与执照，以便该僧携经归寺供养等，因为此给照，须至照者。

　　右执照给僧人际善。准此执照。（押）

　　雍正三年九月二十九。

　　乾隆十九年十月十五日望日法徒了道等率法孙达著、荫、蕙、苓、丛、苯、茹、荷、蕡、福、药、耒、蕴；徒曾孙悟。

海藏寺藏经阁碑记

【注释】

[1]海藏寺藏经阁记碑，清乾隆元年（1736）十月立。现藏武威市凉州区海藏寺。碑身高160厘米，宽76.5厘米，厚17厘米。碑帽高78厘米，宽80厘米；底座高50厘米。碑阳篆额"藏经碑记"，碑文共14行，行37字左右，行书。碑阴额书"钦命"，楷书。主要著录：《武威金石录》《武威市文物志》。

清雷台观碑记[1]

雷台观碑记

粤稽雷台观之设，历年久远，无可考证。惟查大明天顺年间，冰雹伤禾，敕建重修，培助风脉，辛邓二神，降笔于墙。自此冰雹永息，物阜民丰，人文启发，蒙神默祐，诚五凉之一大观也。至顺治初年，逆回变乱，烧毁庙宇。刘总戎重建，立太白会，给照经理。又于康熙初年，刘抚台创建斗阁，耆约督工，立斗姆会，经理存焉。不意近年以来，遭被附近居民周杨二姓，伐树占地。两会八社人等，确查古碑内载用价增买地土、栽树等语，无奈控告道宪刘、府宪菩、本县郑，蒙会审断，伐树赔价，地归圣宫，发给执照。岂知周姓等贪心不足，不交地土，曾于乾隆元年复控道宪高、郭，府宪郑，本县傅，亲履台观前后，踏勘明白，即批本县，责惩交地交价。至此地界清楚，又给执照。是以勒石，永垂不朽云。尔后无侵占之害，并将四至开列于后：
一、台观周围香火地数十余亩，用使泉水一昼夜，遇轮浇灌，设无粮草，不当杂差。

一、山门前神路三道，自石桥起，至头架牌坊倚树止，以树东面横至东墙，官尺三丈一尺；以树西面横至西墙，官尺三丈二尺。

一、山门前西面周文敏小庄，原日庄门面向西开。因为希图侵占官地，筑打猪圈，改挖水沟，门向东开。奉宪公差，拆毁圈落，平去水沟。现存执照并文敏私约，今自文敏庄门墙根，南至小墙庄角，北至庙墙。又山门前牌坊东角下向西，香火铺面一间。

一、斗阁下三丰丘祖道院二处。斗阁西台下常住道房屋一所。台下东、西道院二所。

一、斗阁台下东角官沟内大树三颗（棵）。又西湖边古树二颗（棵）。奉宪批，道正司王验明官地官树。其余台前周围大小树株，俱属于圣宫。神树古照可查，毋容备载。

陕西凉州府正堂加三级纪录二次郑松龄，凉州府武威县督补厅加一级陈良智，署凉州府武威县正堂加一级何世宪。

吏部拣选府经历张廷瑜薰沐敬撰，凉州府武威县儒学生员李继宗薰沐敬书。

斗姆、太白两会功德主：国学生王宗文、何兆琳、张廷瑜、何大美、何沛世、张自荣、黄国民、王洪简、萧荫、程士超、陈国柱、朱振声、管参、岳之峻等。

乾隆三年岁次戊午四月朔日吉旦。

雷台观碑记

【注释】

[1] 雷台观碑记，清乾隆三年（1738）四月立。现藏武威雷台观。碑高178厘米，宽72厘米，厚16厘米。碑首高80厘米，宽76厘米，厚16厘米。碑座高57厘米，上下长均为74厘米，上宽24厘米，下宽39厘米。碑阴有题名。主要著录：《武威金石录》《武威市文物志》。

清湾泉湖水租增入书院碑[1]

国家菁莪之化，首重人材；士子风云之阶，振于有位。五凉夙称文薮，独书院一举，竟成阙典，考之前贤监司武公，首创其制，乃遗址依然，规模宛在，而日复一日，朋来之庭，几成公廨。余于丁巳春，谬膺观察，下车之日，他务未遑，惟以振兴文教，关系尤钜，遂捐俸延师，太守乜公，一体协助，每岁修金养膳，下逮厨役工食，统计百金。然犹虑行余一日，不克继诸将来。查凉城东北隅，有湾泉湖水一区，旧因无水，久成旷地，余以新筑满城，羡余之水，足供浇灌，详请抚宪增入书院，每年纳租粮二十石外，道署捐银三十两，府署捐银三十两，以作西宾之费，爰勒贞珉，垂为定例。是举也，以育人才，以储国器，于斯文或不无小补。至踵事增华，则有待于后之君子焉。

特授陕西整饬分守凉庄道加二级纪录四次阿炳安[2]撰。护理陕西整饬分守凉庄道印务员外郎管理分府事兼云骑尉军功随带加一级又加一级纪录一次奇书[3]书。

署陕西凉州知府加一级乜承圣[4]。护理陕西凉州府印务武威县知县加三级纪录五次王守曾[5]。

乾隆三年岁次戊午黄钟月[6]吉旦立。

【注释】

[1] 湾泉湖水租增入书院碑，清乾隆三年（1738）十一月刻。原碑今佚，《武威县志稿》有录文。碑文记述了阿炳安任凉庄道时，将湾泉湖水租及道署、府署所捐银钱增入书院，以作书院运转经费，以振兴教育。主要著录：《武威县志稿》《武威金石录》。

[2] 阿炳安，据《五凉全志·官师志》载："阿炳安，正红旗，满洲举人，乾隆二年任。精明勤干，筑修满城及宁夏城工，以劳卒。"

[3] 奇书，据《五凉全志·官师志》载："奇书，镶红旗，满洲监生。乾隆四年任，由理事厅升任。"

[4] 乜承圣，据《五凉全志·官师志》载："乜承圣，山东历城人，荫生，乾隆元年任。"

[5] 王守曾，据《五凉全志·官师志》载："王守曾，顺天宛平，附学生。乾隆二年任。"武威文庙有"司文章命"匾，为王守曾于乾隆四年题写。

[6] 黄钟月，即农历十一月的别称。古代常用十二乐律代表月份，正月为太簇月、二月为夹钟月、三月为姑洗月、四月为中吕月、五月为蕤宾月、六月为林钟月、七月为夷则月、八月为南吕月、九月为无射月、十月为应钟月、十一月为黄钟月、十二月为大吕月。

清东岳灵台续筑后台重建山门碑记[1]

东岳灵台续筑后台重建山门碑记

尝闻：月令纪四时，□□春为首；舆图载五岳，尤以东为先。盖泰岳者，天……方而掌平春，令天地之气所岁，将人物之命所托，始其为灵也。贻贻矣，羲皇以来，封号屡顿终陵。我朝初建，禋祀□盛于前。武郡之有东岳灵台，由城中而徙郊外，经始于协镇孙公，继成于巡院刘公，旋见殿宇峥嵘，栋构壮丽，都人士女咸觊观而瞻仰焉。数十年后，风雨之飘摇，陵□土级□□隳腐，复近寝宫。爰合绅衿耆庶，效稿资□□，既茨续接，后台东西堂度二十五，南北约有五丈计，记□葺阶道，重建山门，大其余焉者矣。后有作者而□□虽才。若夫七十二盘之□资，永垂于千百德世之久也，是为序。

乾隆六年岁次辛酉季春上浣之吉立。

镌字：白杰、王士位、白□彩、王世相、永承基、王□、文桂、□□。

皋兰县儒学庠弟子王珆熏沐敬撰，武威县儒学庠弟子钟亮熏沐敬书。

功德化主：王□兰、安□□、□□安、何大□、朱□声、唐呈芳、卢□孝、徐文槁、魏□、何兆林、金玉、□□、李朝枢、李正阳、王□□、李进表。

道人王正仁。凉都五所闫。

府渠坝乡约：孙□□、何拱寿、黄国氏、肃□、张自荣、程士起、宋天□、孙进贤、牛应需、李洪□、杜之□、张鹏、郭受极、李进禄、张守忠、张春融、马骥、傅□寿、司□、徐高显、刘晏、段文□、王谋、蔡应□、冯□□、□□□、□□□、□庭宾、韩达、张承□、杨□、□坚典、陈芳表、何承基、李廷□、康信、张文□、王□相、秦让、□□□、吴注、孔□□、贾□□、和君乘、陆有贵、李长福、吴钺、陈国柱、雷安、陈、王、□、□、□、郭、张、李、张、唐、强、杨。

主持弟子：李华、刘一汉、张承勇、王珙、孙兴业、景国□、李□、李友德、张应受、杨□□。

东岳灵台续筑后台重建山门碑记

【注释】

［1］东岳灵台续筑后台重建山门碑记，清乾隆六年（1741）刻。1992年3月解放军第十陆军医院出土，现藏武威大云寺碑林。碑高180厘米，宽78厘米，厚21厘米。《武威金石录》只著录两行文字，今据原碑补全。该碑为正反两面刻字，正面刻清康熙四年（1665）《改建东岳台增创庙貌碑记》。主要著录：《武威金石录》。

清判发武威县高头坝与永昌县乌牛坝用水执照水利碑 [1]

将生员茹万泽等聚众情由交县审拟详，蒙巡抚甘肃部院黄批：据本司查得凉州府属之武威县高头坝，永昌县属之乌牛坝控告水利一案，前经凉州府梁守以乌牛坝民人，又复抗断，恃强聚众挖坝抢水，若不请委人员亲勘，无以折服其心。禀蒙抚台以凉庄道，因承审故道阿参案方调赴省，批司即移甘山道率同凉州府武永二县，亲至渠所，从公勘断具详，立石以垂永久。

如敢用强不法，即行究拿等因，随移甘山道及凉州府逐一遵照去后，今移准该道移称道，即率同凉府并永昌令刘付俊亲至渠所逐一确勘，按其粮数之多寡，审其水源之大小，酌议"于高头坝上二泉之内筑成石坝，于石坝之上中凿孔，使之昼夜长流于乌牛坝七堡均润"等情前来。查此案，自康熙三十三年两坝控争，屡断屡违，非止一日。至雍正十二年间乌牛坝始终恃强，每至需水之时，掘坝夺水，又复讦讼。经凉庄道府议请建闸分水，而委勘之。赵平庆道又议高头坝之上二泉分出一泉与乌牛坝，赵署司以建闸分水于两坝，需水之时间孰肯坐视枯槁，势必相争。如再于二泉之中分出一泉与乌牛坝，是高头坝原有之四泉而议去其三，又安能又存其一。是以终不以两议为孰是，详请前抚宪许酌断，旋蒙批示："水利关系民生，必须毫无疑议。"令司提审具详。随经杨署司将两造及证佐提兰，研讯各供，并按赵平庆道会同地方官绘填地图，确系高头坝原有四泉内，除分给乌牛坝二泉之外，高头坝止存二泉，别无涓滴。而乌牛坝则于分得二泉之外，尚另有响水沟、大泉脑、北小河、长沟，俱畅流广润，尽足乌牛坝之用。因以从前所断，各分二泉，建立石碑，实筹划已周，无庸再为更易，仍令建碑立界，照旧引水。其乌牛坝首恶高尚文等各重责三十板，嗣后如有抗断以及故作搬逃，把持官长情状，为首之人提解省城监禁，以重究治等情详蒙前督抚宪刘、许批示：如详发落，取具碑模，详报在案。今该道按粮数、水源，议以筑坝凿孔使之昼夜长流与乌牛坝，其履勘酌断必非无见。但该道移称高头坝地势颇高，乌牛坝地势渐低，高头坝接引所分之泉，若不筑坝水不能入地，尽泄于乌牛坝。仍议令筑坝凿孔，使长流于乌牛坝，实既泄势下注，如何引入于高头坝，果否两坝均沾悦服，实难率为核定。虽据称乌牛坝粮多，高头坝粮少，但乌牛坝已分得二泉之外，尚有响水等四处泉源，是泉数已三倍于高头坝。总之两邑民人互争水利，全赖各该令无存，各子其民之意见，悉心开导，秉公会定，道府总成酌转，庶可垂久不易，详蒙抚宪批令该道府，率向武永二县，从公勘断。兹查凉庄道、武威李署令承审阿炳安子一案已毕，业俱回凉。应否再令甘山道会同凉庄道府及武永二县，确勘妥断，或即令凉庄道率同凉州府暨各该县，勘断明白，取具两造输服，遵依到日再为核转，相应同前断案一并详赍，合候宪台核示，蒙批：仰即移令凉庄道，率同该府及武永二县，再加确勘审断，取具两造输服，遵依详夺等因准。随于本年七月十二日蒙凉庄道宪同本府及武永二县，亲诣挖坝争水处所，细加勘验，明确批令武永二县审断。兹据该县会审得高头坝地高，乌牛坝地低，高头坝必筑坝，始能收上二泉之水，由东南方能入地。其乌牛坝下二泉之水则顺流而下，是以一经挖坝，势若建瓴，灌注最易。又两坝民户众寡贫富大相悬殊，是以历年挖掘。乌牛之视高头几同几肉，且乌牛坝称额粮二千余石，以为按粮分水，张本而清，田均赋册内，乌牛坝止承粮一千二百余石，实为混开虚捏。即使按粮均水，高头坝承粮二百余石，亦应分乌牛坝五分之一，况乌牛坝除草滩口下二泉之外，尚有响水泉、长沟泉、大泉、脑泉、北小河泉五处，足资挹注，兼有余水卖与富家堡。前道陈以高头坝民原有四泉，乌牛坝已分其二，未便于二泉之外，再行断给，以厌其吞噬之谋。历任各官，俱照前断，亦无异议，准情酌理，洵属平允，判案如山，似难更易。如将高头改筑石坝凿孔分注，诚恐尽皆倾泄不留涓滴，仍起争控之端。莫若遂其所欲，议请将柳树下上二泉，一并断给乌牛坝，即再靠泉筑堤堵水，以朱家地上开沟引入草滩口，汇归下二泉，流入响水沟，毋许乌牛坝民再估大河滩涓滴之水。在高头坝民自揣强弱不敌，受累难支，业经允服，具结存案；至高头坝之上二泉，既经断给乌牛坝，高头坝听资以灌溉者，惟暖泉坝下津漏之水，与河滩内小泉之水浇灌。如乌牛坝再有觊觎，即行按律重治，亦据乌牛坝民人供认，不敢再启争端，自干严究，取结存案等情，详府复加研讯。据高头坝民供称受害不过，愿将上二泉让给乌牛坝，质讯乌牛坝民，亦坚供再不敢起争端等语。该县所断，似属允协。至乌牛坝民叠换状头，屡行挖坝翻控，其初次挖坝之人赵起龙等究处之后，即行改过，后来并未挖坝。但查茹万泽、俞圣言、陆翊贵等，业经议给水利，辄敢将高头坝擅行开挖，恃强肆横，法难轻贷。应如该县所拟，茹万泽率众挖坝，夺取水利，合依故决圩岸坡塘，减故决河防律二等，为首杖八十、徒二年；俞圣言、陆翊贵、蒋献朝各供自认同行挖掘，均依为从律减一等，各杖七十、徒一年半，统请定地发配至配所；责折发落蒋献朝，年已七十，照例收赎；赵伯隆、吕声鳌审明同行挖坝，杖八十，折责三十板。再查乌牛坝水，未经告争之前，向系二十一昼夜依一轮，嗣屡年添水六昼夜。审据杨得隆等，将总出水一昼夜，蒋献朝卖银五百里，呈验契约无异；查即私相买卖，即行与受，同科是否允协？相应据转合候，道宪转移藩宪，详蒙院宪批示：余如详行，仍将杖徒之茹万泽等另详呈请，定地发配，毋违缴令已详，蒙院宪批示定地分发讫等，详由批同移道行府，转饬武、永二县遵照。院批饬令勒石定案，永为遵守。如乌牛坝再有觊觎，即行按律究治。须至勒石者。

　　乾隆九年十月二十日，具结在案人蔺蔚等，系武威县高头坝民人，今于具甘结为遵奉宪断结案事，依奉结得蔚等高头坝之水，被乌牛坝之茹万泽等恃强翻案，纠众抢水。蔚等奔控，府县同道宪率武永二县，三次亲临河所验看，蔚等弱难抗衡，将高头坝之上二泉谕令让给乌牛坝，以武威怀渠朱家地改沟引入草滩口乌牛坝浇灌，定就尺寸，从堵水之堤起，东西至暖泉坝之树下新横岭岗木，经尺一十八丈五尺，南北一十丈，尚有冲断泉眼，乌牛坝民自己浚修遵守，各勒石碑于县衙前，以垂永久，以杜争端。

具结人蔺蔚、蔡生茂、蔡时祚、蔡星祚、严瑀、蔡生相、蔡文科、曹可法、李成秀、何尚宝等。

【注释】

［1］判发武威县高头坝与永昌县乌牛坝用水执照水利碑，清乾隆九年（1744）十月二十日立。原碑佚，今据《武威市水利志》录文。主要著录：《武威市水利志》《武威金石录》。

清敦节俭条约碑[1]

礼有吉凶，已因情而定制；人分贫富，贵损过以就中。故国奢示俭，国俭示礼，权所重也。五凉虽处边地，而土田之膏腴，人民之辐辏，实河西形胜之区。宜乎家给人足，无复贫窭之嗟。乃富者不足十之一二，而贫者即不下十之八九。揆厥所由，实因俗尚奢侈，不知节俭之所致。而其弊始自绅衿富户。夸多斗靡，奢泰滥觞，因而中产以下，亦不自量有无，随声附影，互相效尤。夫风俗之奢俭，关乎人心之淳漓。本府前令兹土，复守是邦，自返德薄能尠，无以易俗移风，深为抱愧。然终不忍斯地人情之日流于伪也，特切举耳闻目睹一切靡妄无益之弊。酌立条约，尤望绅衿士庶，有心善俗者，加力剔除，去奢就俭；则风俗人心，胥相维于淳厚矣。谨列其条约于左。

一丧祭之费用，宜节也。先圣云："礼，与其奢也，宁俭。丧，与其易也，宁戚。"凉郡风俗，竞尚繁文。一遇丧事，多延僧道，盛备声乐，彩楼台阁，以耀观瞻。更无论有服无服，凡吊奠者尽行挂孝。不知此等侈肆，全为己身沽名，于亡者何益？岂惟无益，而以有限之家赀，供非礼之糜费，富尚能支，贫将累债。况鸡蔬不逮夫亲存，而牲鼎徒隆于殁后。亲身有恙，未闻尝药之诚心；一旦归泉，空作荐亡之佛事。衣衾棺椁，视若具文；哭泣擗踊，徒为哀送。此所谓"尽孝不闻甘旨养，哀亲空咏《蓼莪篇》"，亦何裨乎？兹立条约：凡中产以下，勿得破产殡葬，即有力者，亦只于棺椁坚厚，牲醴丰洁，分所应为，中文而中礼。凡待观祭亲友，惟藉现成祭品，酒止数巡，毋得滥用樽簋，杯盘狼藉。其挂孝服，止按《五服图》内，宜有福者，始穿孝服。即戴头孝，亦惟三党姻娅，不得滥及乡邻。作七送终，只须致祭尽哀，不许搬演戏乐。此实反本追始，黜浮崇朴之要图也。遵而行之，既得循礼之名，复收节用之实。久之，而风俗人心，俱有可观矣。

一嫁娶之费用，宜减也。婚嫁以时，礼有明训。男女居室，父母之心，然往往比巨族之华靡，委为无力，以致标梅兴叹，婚嫁愆期。凉郡素称都会，岂无守礼之人？但效尤既众，渐入于奢。如苏席、靠席艳其名，请东、酬东多其费。一姻之举，十日不休。有力之家，尚能支持。无力者治辨无措，必致借贷；借贷无门，必致当卖；甚至待客方毕，债主盈门。逼办妆奁，转聘抵逋。新妇暗泣于青帏，新郎含羞于红烛，必至之情也。其始如此，后何以堪？究其故，或因女家争盛，非华丽无以壮其观；或因妇人图荣，若俭朴即以訾其陋。是以觍颜告助，挖肉补疮，拮据百般，喜忧交集，诚何为哉？再贺客敬礼，亦因主人席丰，故礼数不肯独薄，尝有行一礼而预为措筹，棘手者非借则当。是主既竭其力以往，客复窘其力以来；彼此交损，何所利于奢靡而甘蹈此自困之术也？且男子亲迎，载在《昏礼》。奠雁之后，俟著俟堂；施衿之时，命敬命戒。未闻以妇女摆马，对对艳妆，前引后拥于道路者。凉城岂少读书之家？素晓礼法，但相沿成风，虽明知昼不游庭，为妇道所必谨，亦拘于俗弊而不顾也。兹立条约：凡遇婚嫁事，无论贫富，其待客肴馔汤饭，务宜合礼适中，毋得再行苏靠席桌。且东家定属已亲厚友，万一执事乏人，亦须酌量请酬，无滋多费。其敬礼仪数，宜照往来常规，不必勉强过厚，以致束手。至亲迎之日，除女婿冰人及执事随从人外，只请内亲男客数人，以作迎送，亦不得成联抬桌，夸耀嫁妆也。如此则礼无或缺，情亦可安，既俭而雅，复朴而淳矣。

一酬酢之馔饮，宜简也。夫馈送往来，用全交际，饮食宴会，亦乐嘉宾。此情理之不容已者，但宜达其款洽之意。不可侈其肆筵之丰。今凉地会请亲友，客至，先用乳茶，炉食、油果，高盘满桌；是未饮之前，客已饱饫矣。茶毕，复设果肴，巨觥大瓯，哗然交错，是未饭之先，而客又醉酒矣。已而，上以五碗，佐以四盘，而所盛之物又极丰厚，究之客已醉饱，投箸欲行；是名为敬客，实夸席丰。独不思一客之用，分之可以食一家；一席之财，留之足以食数日。何故以积之祖宗者，耗之孙子；劳之终岁者，罄之一朝耶？语云："眼前徒好看，日后受饥寒。"诚有味乎其言之也！更有甚者，宴会之日，先设赌具，或父兄登场而子帝点注，或尊卑同博而对面呼卢，即好子弟亦相习为固然。一入局中，流荡忘反，而人品因以卑污，财产于焉耗散。谁实使之然哉？兹立条约：凡客至，止用空茶，茶毕饮酒；或用果盘，酒毕即饭。须厚薄相称，荤素相间，不可多品妄费。而设赌为欢，尤宜切戒。如此，既不同于鄙吝，又曲尽乎情文，主免暴殄，客歌醉饱。家何由而贫，欲何由而侈乎。

【注释】

［1］敦节俭条约碑，清乾隆十年（1745）立。欧阳永裿撰文。今据《五凉全志》录文。主要著录：乾隆版《武威县志》《武威金石录》。

清烈女凤姐墓碑[1]

烈女凤姐，双树沟高氏之仆女也。生有慧质，举止端方。主母潘，绝爱怜之，不忍沉埋侪辈，并父母开户，卜居郡城之东隅。女年及笄，许字于乔姓之子，将协伉俪。会高母奄逝，凤姐奔丧，居其室。仆人孙贵，鬼蜮为心，聚麀成性，见他仆女春姐有姿色，强逼求合，女坚拒之，贵蓄恨不灭。二月初三日深夜乘醉持刀潜入内室，欲杀春姐泄忿，时春姐与凤姐、冬姐同侍二幼主母。贵直入丧次，主母王晋其寅夜擅入中堂，大不逊，贵挥刀乱砍，凤姐直前以身蔽主曰：若无礼至此，倘伤主母，粉骨何偿？贵触怒，遂推刀于凤姐，身负重创而死。夫古今来，奋不顾身忠于其主，如嵇绍辛宾陆秀夫辈，皆烈丈夫之所为。

今凤姐，三角女子，出身微贱，非同闺阁之储，有文史之训，亦能以身卫主，至死而不知惧，岂非正气钟于闺门，为烈丈夫之所为，而无愧哉死。如是，死重于泰山，未可以僮仆所出而少之也。余重女之义烈，勒贞珉以表其墓，复为之铭。铭曰：

梯峰巉嶮，瀚水瀛溟。是融是结，巾帼钟灵。慷慨赴义，捐躯幼龄。既活其主，家室复宁。日月争耀，天地委形。有女若此，彤史常青。

【注释】

［1］烈女凤姐墓碑，清乾隆五年至十年（1740—1745）立。欧阳永祹撰文。原碑佚，今据《五凉全志》录文。主要著录：乾隆版《武威县志》《武威金石录》。

清雍正圣旨碑[1]

皇帝制曰：求治在亲民之吏端，重循良，教忠励资敬之忱，聿隆褒奖。尔张振英为广东廉州府知府张珰美之父，提躬淳厚，垂训端严，业可开先式谷，乃宣宥之本，泽堪启后，贻谋裕作牧之方。兹以覃恩封尔为中宪大夫、广东廉州府知府，锡之诰命。于戏！克承清白之风，嘉兹报政，用慰显扬之志，畀以殊荣。

雍正十三年九月初三日。制诰之宝。

乾隆十三年岁次丙寅桂月下浣吉旦。原任广东分巡雷琼兵备道按察使司副使加三级臣张珰美蓦勒上石。

雍正圣旨碑

【注释】

［1］雍正圣旨碑，清乾隆十三年（1748）八月刻。现藏武威大云寺碑林。碑通高 195 厘米，其中碑身高 151 厘米，宽 74 厘米，厚 14 厘米。碑座高 44 厘米。碑身顶部有榫，似应有碑帽，今佚。目前尚未见著录。

清城隍庙甬道学产执照碑记[1]

【碑阳】

是碑之立，缘前任武威县知县欧阳永裿倡众修厘，以为乡会路费计也。

窃惟琢月仙才，端资快斧，凌云健足，务藉长梯，盖鹏图赖培风，豹变先须养雾。夫乃霄腾九万，水击三千，广扬炳蔚之文，大展扶摇之力。我国家文教覃敷，无远弗届，是以家弦户诵，争自濯磨，尽人切附翼之思，多士深攀鳞之想。奈缘遥望斗城，徒悲日近，虚瞻马腹，那得鞭长，皓首穷经，囊锥莫脱，青云有路，蹑履惟艰，此因凡在位仁人所目击垂怜者也。欣遇欧阳大令春辉雪案，监烛萤窗，穷日夜以熟筹，合生徒而会议。乃据公呈城隍庙甬道地基，批五所乡老查覆，审曲面势，不惜躬亲，偃草从风，斯来下应。其时本庙住持吴兴，情愿将甬道西道院一处地基还公，移至二山间内居住，得受工价一十九两五钱。赵友科顶住张威小道院一处，情愿还公，得受工价四十三两。甬道东王建材所住设学房屋二处，前街走道一处、后厕四处，情愿还公，得受工价一百八十三两。贫头后厕一处，情愿还公，得受挪移银一十六两。由是鸿基用廓，湫隘改观。东至粮食市界，西至火庙界，南至官街，北至二山门外，界址既清，营建乃起。甬道西修铺面二十七间，后厕二处，铺面二十七间。西面除铺面四间，两间供本庙香灯，两间供社祭飨。一切余积租赀，为文武乡、会两试，并贡监科举人监路费；其修理工料银两，除欧阳大令捐奉五十两外，俱系阖郡绅矜及盛议耆庶，攒赀合助而成。后因回禄，前道宪张率属捐俸重修山门，绅士借贷重修铺舍，嗣蒙署道宪王，现任县令永捐俸添修铺面一十二间，又除铺面二间供本庙香灯，东临街靠王姓铺修铺面半间，小房四间，前后始无空地。又念巧妇之炊，释愁无米；曾孙之稼，矢报贻谋；慈惠之师，固已好倡仁义；栽培之利，尤期善后图终；樾荫常浓，爰召棠而勿伐；瀛洲续步，趋刘井以相仍；凭口为碑，何若玉珉鉴久；缘心作版，那如梨枣馨香。深荷各宪，赞襄成功，兼赐印照，扛万斛之龙文，著千秋之鸿业，章程启后，永开循吏青看；法宪照来，远杜豪民白占。斯笔嶂同天山而薛业，文澜与瀚海而潆洄；非惟银榜金科，人人感戴，亦且琅函瑶牒，世世流传矣。敬镌各宪印照于后。

乾隆十五年岁次庚辰四月吉日。

赐进士出身原任山西文水县知县加一级苏暻[2]撰。

【碑阴】

乾隆七年九月，蒙凉庄道宪杨批给印照云：捐金倡义，利普后生，积累成高，功开先作。既丕基之式廓，自鸿业之常昭。多才籍以长驱，阮囊勿涩；众士因而益奋，苏侨毋庸。

巨笔惊人，早御桂风九万；奇标命世，捷承桃浪三千。允文允武而咸宜，或远或近而皆足，诚边城之善德，恍文士之良田也。事堪垂后，勒石无妨，虑及豪民，此言永载。本道政事殷繁，不暇搦管；多士文章英俊，正可挥毫。条例斑斑，必与天葩竞采；规模奕奕，俨然地气迁灵。公词真见士心，义举尤征秀色，拭目以俟，尚其免旃。

凉州府正堂梁批给印照云：天山挺秀，稽古不乏英华；瀚海凝波，于今更多珠玉。缘有志之士，半出蓬门，而好学之贤，复甘瓢饮。是以才多抱璞，每艰步阻瀛洲；□□□□□□□□□厘继后，将见凌云直上，藉此非遥；拔帜先登，尽成健足。青灯争励，□□蔚起于将来；雪夜工深，多士云蒸于异日矣。本府叨守斯邦，乐闻义举；批阅公词，已见士风丕振；请施勒石，益征继起先声。合行给照，永为遵守。

武威县正堂欧阳批给印照云：边地途赊，每叹会城之远；文风日盛，常嗟行李之艰。非有泉流不竭之资，难供久违无匮之用。本县因步庙前甬道，可作临街市廛，劝众兴工，先捐薄俸。但创新美举，固须倡率有人，而积累成功，尤赖经营多士。幸施金让地，既有同心，斯庇材鸠工遂成恒业。将一叶之影，分千树以成浓阴；数滴之泉，流百川而为汪泽。文武均赖，不致屈乎长才；乡会咸资，宁犹苦其短费。一朝兴作，百世宏谋；永作志士良田，岂容豪民强占。印呈为照，条例永垂。乾隆二十三年九月，蒙武威县正堂永，给发印照；二门外牌坊里外地基，接续添修补舍，永远遵守。并饬经理斋长，劝慎收贮；暨铺户人等毋得抗违，各宜禀遵。须至执照者。

右碑给执照四张。

【注释】

[1]城隍庙甬道学产执照碑记，碑阳为清乾隆十五年（1750）四月刻。碑阴为乾隆二十三年（1758）九月刻。原碑今佚，《武威县志稿》有录文。主要著录：《武威县志稿》《武威金石录》。

[2]苏暻，清雍正八年（1730）庚戌科三甲进士。

清重清文庙祭田碑记[1]

【碑阳】

重清文庙祭田碑记

圣庙之有祭田，始于前明成化六年庚寅，创其事者为大中丞金都御史徐公廷章，勷其成者为镇凉州监丞陈公善，副总兵都督赵公英，都指挥使刘公晟。自是凡值元旦诞辰，丰洁粢盛博硕肥腯，集衣冠之士而告虔焉。盖与春秋上丁之祀，相为始终也；阅百余年，田邻率非其旧，于是环祭田者，尽为冯氏产；复丁有明末造变，起闯寇，佃人星散，附近之家乘寡侵占。国初又有□□之乱，碑记覆没无可稽考。磨牙凿齿蝇营蚊噆之众，报垦升科，圣人缩祀之物，公然为民产矣。顺治初，道宪苏公铣重修庙貌于荆棘沙砾之中，起获原碑所载丘段、顷亩、租数，历历不爽，乃以塞锄稂莠之法，行护持城堑之心，又鉴附近之佃，易生侵占，招远人承耕，而颠陨荡析之患，庶几获免。未几原佃扇惑下坝民人紊乱水利。至康熙戊子，前斋长郭子伟观、段子华瑜、王子国辅、苏子尔倬，呈控道宪武公厘正给之照，乃定。嗣后佃耕者，不羡得田多取百斛，惟愿得水浇灌己田，浸假而鬻田存水，典水存田，蚕食隐匿，复蹈前辙，以故岁无所收，祀事以废，人皆惜之。己巳八月，阖学公举周子子蔚、张子大烈、田子畛、王子敷为斋长按户稽畛，弊窦丛生，当年环祭田而居，今竟侵祭田而食，而祭田之名存，祭田之实亡矣。爰同府学斋长顾子文光、杜子麟、暨两学诸生呈请学博刘公易旧更新，厘清田界，而旧佃盘据不吐，甚且霸占强种，如同己业。所谓磨牙凿齿蝇营蚊嘈之众，接踵而起，而圣庙之祀于是斩，众乃鸣之县君李公，牒送学博刘公，酌定条约，革退弊佃，另给印照，招佃承耕。学海还合浦之珠，庙祀完连城之璧，非彻底清查，厘剔奸敝，曷克至此。事既竣，阖学诸公嘱余记其事，以昭示来兹。余窃谓圣庙之祭田，犹士大夫家之有义庄义田；义庄义田，赡宗睦族，生养死送，同歌哭而长子孙。而圣庙祭田，三百年来，丘段混淆，沟塍屡易，水利湮失隐匿侵占，不一而足。盖缘主之者未当履亩而核其实，俾佃耕者得以鲸吞虎噬，不能历久而弗替也。今既厘清，勿使附近之家垂涎滋弊，则祭田与春秋上下之祀，乃相永为始终也。至坐落丘段顷亩租数，载在碑阴，无庸复赘，是为记。

大清乾隆十六年岁次辛未花朝月之中浣吉旦。

中宪大夫原任广东巡抚雷琼兵备道按察使司副使加三级纪录三次邑人张昭美薰沐敬撰并书丹。

特授甘肃整饬分守凉庄道按察使司副使，今升山西按察使加三级纪录五次张之浚。

特授甘肃凉州府正堂加三级纪录五次何德新。

凉州府武威县正堂加三级纪录三次李如琎。

凉州府儒学教授张光宗。凉州府儒学训导傅梦弼。武威县儒学教谕刘以璋。

县礼科吏书：段洪禄、祁成伟、段立、李浩春、任云翰、郭良秀、耿锦。

府县学吏书：任敞、刘三省、马成环、韩泽。

门斗：蒋朝觐、□若朝、强得名、郭宗周、魏得相、魏得辅、李伯进、乔印。

石工：赵良相、周成学、周鼎、王成。

【碑阴】

祭田始末具载原碑，历年既久；佃户世继，侵坏挪移之窦不免。府县乡国学众，履亩清正，照原区段绘图如式，以防侵隐约。水利官粮课租招佃议有成规，并附后之劝事者，得以览焉。

乾隆十六年辛未花朝月之吉，乙卯拔贡曾国傃识。

祭田去城东南一十里，在大七渠高坝沟上畦；今查清三段，共三顷三十五亩，约下市斗种二十五石余。其西一段，东上段至冯尧昌地，下段至官沟，西至杨家沟、赵家湾，西北高梗下斜田至冯逬昌地，南至官沟，北至官横路，西北祭田车路一条。东北潦地一所，许众共用。旧有庄房地基一区，横路以南旷地一区，旧号荒学地，冯光时等开垦自种多年，今清查祭地，其地与伊并无粘靠，冯光时等情愿归公，立券合符，给照存案其东独田一段，夹处冯崖头庄、南冯上庄，北东西俱至官沟，南北俱至冯庄墙。又大七坝河崖地十段，东至官河，西至官沟，南至路口，北至崖腰线崖东北。下地一区，东至冯棉昌地，沟渠道路通行周围交界墩二十座；承纳官粮一十六石三斗、无草，亦无杂项差徭役，用大七坝山水三日夜。闸口三尺，每轮开头浇灌，其水分为十四分，内应浇祭田水十分，与本坝里甲水二分，为疏通河道，催办祭田官粮，不准收祭田佃户帮钱。每年轮流更换，俾合坝均沾圣泽，下余水三分，准租坝民，课租市斗小麦一石五斗，糜子一石五斗，其地收租市斗小麦一十石，糜子一十石。租户各给印照一张，限三年换照，六年换地，以防侵吞弊窦。若抗粮负租，立刻革退，另招租户，准循良农民，有力能耕者，妥保具结领照，其租麦限八月十八，租糜限九月十八日全完；须纯色干洁官粮，十月中全完，若逾限不完。革退另招。

监生曾国杰篆额书丹。

（碑阴中部刻文庙祭田分布图，略）

同清祭田举贡生监：孙诚、张延度、刘鉴、王瓒、张冲、李承泽、唐珏、吴迪德、常时□、宣生彪、张洪、吴恒□、张大浩、王容、张□、周子兰、李生茂、孙大□、刘述武、常怀瑜、赵□、赵文、田畅、苏钟麟、蔡士璠、邱向正、田□、赵琳、王泰交、姚仲、李宏勋、郭易、李庆□、冯世经、徐继昌、陈伯□、司永年、孙为缘、冯文□、杨生芳、张源、赵□、李信、高凤栖、何其□、陆文耀、王□、于□、蔡以樵、常怀奇、马□□、王琮、孙为璋、贾□□、马登序、丁大洪、李□□。

镌匠：白士杰、白□采、永□□、王士位、罗□□、王□。

【注释】

[1]重清文庙祭田碑记，清乾隆十六年（1751）二月立。现藏武威文庙。碑高200.5厘米，宽79厘米，厚17厘米。碑座长83.5厘米，宽32.5厘米，高35厘米。该碑为双面刻字，碑阴刻文庙祭田分布图及参与此次清查祭田的人员姓名等。主要著录：《武威金石录》《武威市文物志》。

清凉州严氏世系碑[1]

严氏先世乃亳人也。有祖讳真胜者，从明太宗文皇帝北征，升凉州卫中千户所百户。子讳进者，袭职调署双塔所事，因家焉。其孙讳玺，字朝玉，以功升前职，智勇过人，动皆合义，故当道推署古浪所事，因治古有良将风，遂升甘州奇兵营千把总行都指挥事，后复改为古浪地方兼管所事。此固有双塔堡之劝忠祠可考，碑可稽也。但世远年湮，家谱已失，越至隆万年，有祖讳佐辈等，至今已七世矣。其次世讳国辅者，以武举而擢第。其下虽有先图可识，在□处而湮没者亦孔多矣。嗟呼！家之盛也，人聚而名誉愈隆；家之衰也，人散而姓字不著。故严氏自渡河以来，既家于彼，复插标于此，因姓命地严家沟，至今名焉。

然寄迹不一，托足不常，离合聚散之间，令人感慨系之矣。何者明礼虽有在，而各家其家，因各茔其茔，斯承祧多而会祭者少矣。且斯茔旧有碑碣，年远而字形不真，隐约之中有"昭信校尉严公之墓"八字，但年月不著，名字不传，又何从知其事实之始终也！使为之后者无志修明，将自今以往更不知祖籍何方，先代何人矣。以故族中有七世、八世、九世孙等，心念祖功宗德，志切报本追远；爰聚族公议敬建碑铭，欲后来知其祖贯，明其系派也。今者未有显宦与先人齐名；而农桑为业，诗礼传家，游泮入雍者，亦往上而多兴，不可为非先灵之默佑也。噫！世系如斯，可谓源远流长矣。于此知卜，葬得亦安厝合位，而钟灵毓秀，其后之发祥更未可量也。是为序。

乾隆十六年辛未三月上浣吉旦。

候铨训导复授功加守备唐作极拜撰。郡庠生员杨生连拜书。郡庠生员张继骞、田毓瑗篆额。

本家会七世嗣孙：可奉、可寿、可秀、可忠、可敬、可袭。

八世：国学、思敬、思友、思熙、思表、思杰、思林、思重、思勉、思价、思绪、思锐、思璋、思明、思恺、思英、思仲、思开、思奇、思威、思敬。武生思伦。

九世：珠、德、瑚、我琏、环、其圣。

仝建。

【注释】

[1]凉州严氏世系碑，清乾隆十六年（1751）三月立。今存武威市六坝乡柏树村严家沟。墓志高230厘米，宽约80厘米，厚约70厘米。主要著录：《武威金石录》。

清判发武威高头坝与永昌乌牛坝用水执照水利碑[1]

特授甘肃凉州府正堂加三级纪录五次何，为"再行勒碑申禁，以垂久远遵守事"。案照永昌县乌牛坝民，控争武威县高头坝泉水一案，查武威县高头坝有泉四眼，向系该坝居民使水。自康熙三十三年乌牛坝民依强争控，经前道宪陈，按地分水，以草滩口之下二泉，断给乌牛坝分浇，以柳树下之上二泉仍给高头坝引灌，是四泉之水已分其半矣。讵乌牛坝贪得无厌，于康熙四十、四十一、四十六、四十九、五十四、五十九、六十一等年，及雍正元年、十年、十一年等年，并乾隆三年旋结旋翻，争夺不已。历经各官踏勘审详，以前道宪陈断案为不可易。

迨至乾隆七年间，永邑前任刘令，突有请另立章程之密禀，抚宪黄批饬本府详议。经前府梁同武、永二县亲履查勘，即按粮均水，亦已平允，但以高头坝强弱不敌，随有谕以上二泉之内让给七天之议未果。而乌牛坝突出奸棍革生茹万泽、俞圣言，先后煽惑七堡居民，叠换状首，集众挖坝。又经前府梁，详请另委大员亲勘；嗣甘山道、凉庄道府及武、永二县确勘讯断，议将上二泉一并让给乌牛坝，而高头坝因拖累不已，俯首允从。惟勘明形势，高头坝地属高阜，乌牛坝地居低下，着令靠泉筑坝堵水，以怀渠朱家地上开沟，引入草滩口汇入下二泉统入响水沟，听乌牛坝浇灌。将革生茹万泽、俞圣言等，拟以枷责徒杖完结。乾隆九年间，详允勒石在案，使四泉之水已得其全矣。以后宜其永断葛藤，无复兴讼矣。

无如乌牛坝民贪壑难填，谲谋日出。又于乾隆十五年六月内，据乌牛坝民苏怀信、杨复泰等，言前断由朱家地开沟引汇，地高难行，请改沟由河滩接引等情禀，蒙升道宪张暨本府批，委员查勘。本府复诣该处逐一履勘明确，现在见此地河深渠高，南上北下，水注乌牛坝势若建瓴，若使上二泉果从河滩筑坝顺下，不但高头坝所有暖泉漏水随之北流，而河内零星出水之处，也与之俱北。乃知乌牛坝民惟知利己，不顾损人，奸险深谋，类不可测，必使高头坝不留涓滴而后已。本府相度地形，前守梁断令，在武威怀渠朱家地开沟接上二泉之水，引入下二泉汇流之处，实为剩义，随严谕乌牛坝民照旧在朱家地浚沟引水，毋许妄请。至高头坝民数十年来堤防，亦多疏虚，查坝势高而河流深，仅取草根土块填截其流而逼其上行，姑无论乌牛坝恃强偷挖，设或泛涨，保无冲决。况乎旱涝不时，悍邻在侧，此所以数十年来争夺不已也。随谕令高头坝民采石筑坝，则可久远；而该坝之民甚乐存焉，并取具二坝各遵依存案。

详蒙升道宪张批："浚开沟渠以裕乌牛坝水利，沙河筑堤以别高头坝疆界，似可息历年争端，速催完竣。本道亲往观焉，毋违毋误，此檄。"等因，奉此遵，即督饬建筑石坝在案。

兹据高头坝生员蔺蔚，以石堤工竣，并请勒碑前来本府。伏维事非清源，仅赛其流，于事无济，是以律设大法，原为人心之大防。查乌牛坝之屡争高头坝水利者，批阅原卷，以前之敢于结党搬逃，挟制官长，缴还粮草，敛钱构讼，聚众抢水，私毁石碑，其情罪正合山陕刁民定例。为首者决不待时，为从者拟以纡首，余亦分别拟定例，何等禁严。奈该坝人民愍不畏死，亦由以前审断之员过于宽原，议给泉水，且仅以枷责徒杖完结；此不过止塞其流，暂息一时，原非澄本清源之道。是以乌牛坝民，敢玩法违断者，实有以启之地，盖法不可玩。乾隆十二、三等年，叠奉刁聚众之例，上谕定一面正法，一面具奏，此实大防人心，剪除民蠹辟以止辟不得已之苦也。设前查此乌牛坝革生茹万泽、俞圣言等，于今而犯死无日矣。即若禀请另立章程之前任永邑刘令，袒护其民，肇事寡端，按今例，亦罪不容辞矣！故本府探本清源，特揭严例，恺切申明，冀其嗣勿再犯，实望乌牛坝民之有悛心也。至高头坝民，久著训良，其亦善体此意，慎勿恃此转目罹咎，并勒诸石，以垂法守。其水源沟道开列于后：高头坝于河滩建筑石坝，贮蓄暖泉坝下津漏之水与河滩小泉之水，以资浇灌。乌牛坝水，前府梁断给高头坝上二泉，从武威怀渠朱家地开沟，引入草滩口下二泉汇流浇灌。

乾隆十六年六月日。

【注释】

[1]判发武威高头坝与永昌乌牛坝用水执照水利碑，清乾隆十六年（1751）六月立。原碑佚，今据《武威市水利志》录文。主要著录：《武威市水利志》《武威金石录》。

清茂才刘老先生砖志[1]

清茂才刘公讳定□，……□（武）威县人。生于康熙十□……初九日亥时，雍正三年入□……十八年□□□二月二十三日□时□……于本年三月二六日□□□城东□□□□□□□丙在庄东北半里，巽山乾向，□年□万一。娶李氏之女，生子男二人。长庠生，次俱业儒。女二人。

乾隆十八年三月二十六日谨志。

【注释】

［1］茂才刘老先生砖志，清乾隆十八年（1753）葬。2010年5月，武威市凉州区清源镇刘广村三组搭建蔬菜大棚时出土。砖志共3块，均为正方形，第一、二块边长为30厘米，厚5厘米。第三块边长30厘米，厚5.5厘米。三块砖志均刻有文字，第一块刻有"志石"二字，第二块刻"皇清茂才刘老先生之墓"，第三块右下部残，所刻内容即前面录文。目前尚未见著录。

清文昌宫敬惜字纸会碑记[1]

粤稽结绳，易为书契，文字肇与尚矣。其初书象蝌蚪，体制甚古而结构良，至史籀变为大篆，李斯变为小篆，而程邈又减作隶。隶之云者，便于隶佐，即今楷书权舆也。然书虽称便，犹以漆作字，刻于板简。《考工记》曰："筑氏为削。"《西京杂记》云："杨雄作《方言》，而怀铅提椠，其证明也。"自后汉蔡伦用树皮、麻头、敝布、鱼网如砥石，由是字之镌石碑，列缣素者，并登纸上，较汗青实为简易。顾欲成画册，专赖手缮，或转相乞假，故班定远幼曾为人备书；河间献王书，犹取资民间，谚所谓有借书一瓻，还书一瓻之说。盖笔墨难就，而纂印无资故也。尝读《朱子通鉴纲目》，六朝以前，但纪石经，沿至五代，于后唐书初刻九经板，于后周书九经板成，维时诸子百家之书渐多，刻本印拓可日传万纸而字之用益广。坡公云，昔之君子，见书颇难；今之学者书多且易致，而有书不读为可惜。余为转一解曰：读书而不珍爱其书，更可惜耳。窃思书之有字，先圣昔贤，递相传受，酌古准今，几经变通，乃得便于手而豁于目，是一点一画，圣明之精思寓焉。字之在纸，由三代而至两汉，阅二千余年；赖智巧之士，俾越藤蜀麻，始效能于载籍，故或诏称先生或拜为公，并封为侯，备极推尊，重其纸，实重其有功文字不浅也。乃无知之徒，或以废书易物，旧册糊窗，抑且覆瓶盖瓮，裹笔擦盘，甚至纸虽败而字画宛然，轻掷道途，往来践踏，毫不兴恤；明为读书人，并不思书之由来，是为大愚且大不敬，其取戾有不可胜言者。伏查乾隆十八年山右介公调任武威，善政颇多，忧加意斯文。一日见街道有残废字纸，停肩舆躬亲下拾，更诣文昌帝君惜字十八戒。遂于文昌宫东南隅设立焚化炉，岁登县仓小麦四斛，雇委妥人，遍为采拾，化后即投巨流，意诚善也。

【注释】

[1]文昌宫敬惜字纸会碑记，清乾隆十八年（1753）立。原碑今佚，《武威县志稿》有录文。主要著录：《武威县志稿》《武威金石录》。

清武庙重修碑记[1]

武庙重修碑记

从来名……册……佑民自古不□于□，肃庙貌而……。是故酬德报功□□应然而□□尚……不□可方……列九州……建也……系山□□动□赖列圣……隅成乎□歌乐□而庙……臣立□□功……郡城东南□旧府□百……振武将军孙思克……武庙□楹□伐……遗其创……之际，能□□□总镇王公用……十安耶。时山左徐公……镇立。春讫□是岁九月，神庥□无矣，公而为之记。

时乾隆十八年岁次癸酉……

命镇守陕西凉州等处地方……官……

授甘南整饬分守凉庄道布政使司……

命协镇陕西凉州永昌等处地方□将世袭……

授甘肃凉州府知府加三级纪录五次……

授甘肃凉州理事同知□功□□纪录五次传显奉……

□各宪会□庙内树株，准其轮流在于官水内，每月……

清重修武庙碑记

【注释】

［1］武庙重修碑记，清乾隆十八年（1753）立。现藏武威文庙。碑身高193厘米，宽74.5厘米，厚18.5厘米。碑首高74厘米，宽76.5厘米，厚18.5厘米。碑首上部有残缺，碑额篆书"重修武庙碑记"。碑座高73厘米，上长90厘米，上宽44厘米，下长96厘米，下宽55厘米。主要著录：《武威金石录》。

清乾隆御祭总兵张烈碑[1]

【碑阳】

皇帝谕祭陕西宁夏总兵官都督金事管事加一级张烈之灵曰：鞠躬尽瘁，臣子之芳踪；赐恤报勤，国家之盛典。尔张烈性行纯良，才能称职，方冀遐龄，忽闻长逝，朕用悼焉。

特颁祭葬，以慰幽魂。呜呼！宠锡重墟，庶沐匪躬之报；名垂信史，聿昭不朽之荣。尔如有知，尚克歆享。

巡抚甘肃宁夏临巩等处地方兼理茶马兵部右侍郎兼都察院右副都御史加一级莽鹄立[2]。

陕西平庆临巩等处承宣布政使司布政使加三级纪录三次孔毓璞。

钦授文林郎凉州府知武威县事纪录四次郑松龄[3]。

【碑阴】

《御祭碑》后张君熹题跋

后裔张君熹，为名录仕，欲展馨香之荐，稍酬荫庇之恩。不辞食苦，历诸艰四十余年。讵意驰驱王事，致缺烝尝，事与情违，愿难遽慰。于军务之暇，披览古典，每见古人立业建勋，邀圣朝之龙章，追述明德；功成身退，藉先进之骊翰；用志前徽，思忠孝原非二理。臣子要在自立，未尝不掩卷流涕，有志未逮也。幸熹兄烈，前镇朔方，熹继参戎巴蜀，屡蒙纶綍于明庭，并施珠玑于乡哲。熹惟日夜祇惧，报称无地；何敢妄自张皇，夸耀闾里。但以熹壮岁违坟墓而远去，暮年辞簪笏而归来，中心戚戚，实有不能已于言者。爰追残喘，备录始末，勒石陇下，以明其去来之故，灵爽有凭，必鉴苦衷耳。熹从绾发以来，稍知自爱，不甘匏落，贻祖父忧。特授国学，以为进身之基，恨赋性忪愚，碌碌无成。窃思古人经营四方，必须膂力方刚之日，是以曲为迁就，舍国学而备列戎行。食我祖功宗德，于康熙乙未，拔补天津宁津县汛把总。循分称职，蒙督宪拔识，值县令承办大差远出，二次委理县篆，不敢陨越贻羞。至雍正丙午，升补河间千总。此际不敢自信居官之易，益兢兢自持，练习武政。乙酉，会北丑窃发，乱我边疆，天子临轩，策拜世职傅公为大将军，举兵前往征剿。奉派在内，蒙恩赐宴赏物，祇受之下，夙夜忧惶，恐不胜任，惟竭尽驽骀，冀图报效。壬午，蒙靖边大将军和硕顺成亲王题补四川峨边营守备。甲寅，蒙定边大将军多罗平郡王题补陕西镇羌堡都司。幸而军实无亏，尤赖天威远震，诸羌窜伏荒落，奉檄班师，议叙军功头等。乾隆丁巳岁，蒙恩特授江南寿春游击。夫阅历愈多，中藏愈怯，其训练较前倍加谨饬。幸上游器重，两蒙江督尹预保举陆路游击，人员拣选，送部陛见，蒙恩准保注册，复赏缎定，径发川陕，交与总督张酌量补用。既抵川，正值逆苗跳梁，历委副参印务，并无贻误。己巳，蒙公宪题补绥宁参将，会忠勇公傅来川经略，奉令前驱，勷事左右。及宪辕甫临，大振天威，逆苗怖伏，输诚请罪。熹承令回任，竭蹶供职。迩来年近古稀，筋疲骨衰，难效犬马之力。回思哀哀祖父，教养劬劳，不胜乌乌之情。尚自贪荣慕宠，虚糜厚糈，久废赏祀；孝既缺于前，忠又亏于后，两无所处也。因念长子机，现任江南寿春镇千总，从事戎行，冀酬未报之国恩。熹率季子国学基与孙联璧致仕归里，泥首荒墟，聊伸其未盛之孝思。岁时伏腊，期功毕会，少长咸集，或讲德艺，或课桑麻，或业诗书，或习弧矢。虽才分不同，智力攸异，俾为士为农，莫非有恒之子。在国在野，不作无艺之人。庶几弓冶长昭，箕裘不坠，世世子孙，作忠作孝。将述生平所未能全者，不无有补于方来之愿也。是以泣血陈词，述其去来。降鉴在兹，其不许熹乎？其或许熹乎？

不孝后裔君熹敬勒。

乾隆十九年岁次甲戌清和[4]上浣吉日。

【注释】

［1］乾隆御祭总兵张烈文，清乾隆十九年（1754）五月立。原碑旧在满城东门，后佚。今据《凉州府志备考》录文。主要著录：《凉州府志备考》《武威金石录》。

［2］莽鹄立，字树本，伊尔根觉罗氏，满洲镶黄旗人，清朝大臣。曾祖富拉塔，居叶赫，天聪时来归，隶蒙古正蓝旗。历任理藩院笔帖式、员外郎、右翼监督、浒墅关监督等。

［3］郑松龄，武威文庙有"掌仙桂籍"匾，为郑松龄于乾隆四年题写。武威大云寺有"大棒喝"，匾额两侧书写"曾国侯书。署陕西凉州府知府加一级纪录四次郑松龄。乾隆九年秋。"

［4］清和，即清和月，为农历五月的别称。

清本茔土主神位碑[1]

本茔土主之神位

沈氏宫音丁山癸向。

乾隆岁在甲戌端月[2]吉旦立。

清本茔土主神位碑

【注释】

［1］本茔土主神位碑，清乾隆十九年（1754）正月立。现藏武威市博物馆。碑通高105厘米，宽42厘米，厚10厘米。主要著录：《武威金石录》。

［2］端月，即农历正月的别称。

清赵开府碑[1]

大将一星，主之者太白；河图九阵，总之者元武。盖有山岳精舍，风云气凝，志凌山西，豪冠陇右，晋、郑之头毕白，莫邪无争其锋；胡、代之群不骄，麒麟独奋其亿。桓桓䍜䍜，洸洸言言，汉武谓国之爪牙，世祖曰朕之御侮，谁或得之，则都督赵公宜有述焉。公讳某，西凉人也。家守儒绪，壮尚武略，甘蝇更嬴之射，曾从蒯日贵之剑，中黄五音之术，滋泉翟鸟之秘，莫不成诵在口。从习得师，龙鸟翔于握中，风云屯于帐底，淮南奇材三百，勾吴君子六千，一人当之，彼未云众，有硕福之魁状，无不侯之奇数。阔达慕郭汾阳，乃从武韬之选，劲毅等张万福，遂登翘关之科，明策殿廷，擢美距甲。若夫列宿垂象，羽林所以备非常；周庐卫环，勾陈所以奉太乙，公豹冠锦衣，绯紽绣衲，居则郎将骑都，行则千牛虎士，挽㔸矟，夹俾倪，从甘泉，经回中，猎陈仓，绝軨队，率奔戎七萃之士，严太常九旒之伍，承侍华盖毕罕之下，往来鸡翘雀旄之侧。果锐轩特，英眄彩发，负牙旌玉帐之望，固已久矣。出自禁近，授游击将军、宣府永宁都司。旗鼓佐中军，戈戟耀绝塞，荒漠积雪，孤城界天，穹帐𣞙落，瓶驼水收以时，驿至族布关下，抚之弹之，桔槔火平，瓯脱无事。属王师西讨荒落，元舅大将军八都统，驻师境上，治车甲士械，其大师委备于公，不鞭一贯三，而终旬以毕。上言请自率一队，鏖战皋兰间，鼓少卿敢死之奇，奋舞阳横行之气，廷论以方守要陲，壮而弗许。甲戌，迁参戎闽陬，领台湾南路。岛郡卉服，孤悬海中，波浪迷没，蛇涎鳄腥，夷獠杂桀，驰则易蠢，严亦召衅，因刚因柔，制其俗姓，惠不穷惠，威不罄威，得其理宜，楼船靖焉。己卯，再迁沅路副总兵官。越六年，建大将麾纛，开府于高凉，南越武王之余壤，石龙夫人之旧风，崱岭纠互，阻究深毒，硐贼枭户，箬弩利铣，乘间则狙聚出劫，捕讨则蜂散蚍匿，乃方略既说，而居人夜宁。又以为缦胡之徙，衽革之士，性托于弦刀，习成于强凌，夫必令其知方，然可使之有勇，于是开讲肆于马队，投壶矢于军中，给其廪粟，亲为指说，然后貅虎武罴掷者，始知有《孝经》《论语》《书》，与尊君亲上之义。旋以服去官。起镇岭海，裨弁偏校，及荷殳荎刍者，先闻指挥，皆戢束自振，至之日，幕下肃然，海滨黠凶，或思狂啸，公察先狐鸣，早沃荧光，悬渠首于辕门，焚名书而不治。在镇七载，时当悬车，遂乞致仕。庚戌之岁，仲春之朔，数齿八十，循化大归。公慷慨明略，本乎心怀，服官五十年，由期门散骑至都督，统三军，位一品，而功尤著于辰州。方为副将时，值蛮獠乱，大司马某受脤，帅禁卒会黔、楚、广右三督府征之，笆箐黑合，炎氛厉蒸，鸟首绝于乌栊，鬼门危于人鲊，机雨炮石，斗驱象犀，进者偏殇，拒不可拔。公身当前茅，掩跻险壁，夺天星之寨，破龙蛟之洞，大师克入，馘其雄酋，环耳鸟言之种，上船竹节之裔，咸稽头割面，乞其余生。以是见遇国家，洊用崇任，前后被赐良金之甲，良材之弓，文貂之裘，文绮之服，恩渥属绎，以为昭荣。某年月日，孤子某等，筮葬梁山之原，举骏行之所崇，序景烈而扬焕。既美刊胁之鹿，将示生金之碑。夫据鞍投笔，终始于功名，缓带轻裘，从容于诗礼，鼓鼙听而可寄，风飙闻而足矜，是赞嘉名，爰书神表，馨其华宠，用绍前式。铭曰：

赵世名将，雄于马服。壮侯如山，永昌威蜀。人武空桐，风高代北。罴貔遂腾，亿居笠毂。鬼方西南，槃瓠遗族。蒙蒙未视，群吠相嗾。颇牧星翻，授旗电蹴。锐我前锋，剔其虺蝮。庚铃鳞鳞，镇扞南隩。雅歌围棋，射场蹋鞠。麒麟之袍，百兽之玉。矢则芦矢，锡戈于项。贲以云章，为被勋录。启我家光，庆乃天福。平原阡阡，邱如高屋。栾茂松寒，冈回川伏。惟蹛者龟，泽珉隆告。有辞中存，更世留瞩。

【注释】

[1]赵开府碑，清雍正八年（1730）到乾隆二十三年（1758）刻。胡天游撰文。胡天游（1696—1758），字稚威，号云持，浙江山阴（今绍兴市柯桥区华舍街道）张溇村人。雍正己酉科（1729）副贡，乾隆丙辰科（1736）举博学宏词，补试因病作罢。乾隆己巳科（1749）举经学，又因病再罢，乾隆二十三年（1758）后客死山西。胡天游善作骈体文。代表作有《大夫文种庙铭》《逊国名臣赞序》《柯西石宕记》等。诗学韩愈、孟郊，奇情逸藻，才学相济。主要著录：《凉州府志备考》。

清重修大云寺钟楼台阁碑记[1]

【碑阳】

凉镇八景，大云晓钟其一也。相传创自前凉王张氏，史乘失载，实据莫考。然细按其形之奇异，徐察其声之宏亮，若铜、若铁、若石、若金兼铸其中，真神物也。释教乃称为吉祥，菩萨感应。如响震之，则远闻数十里，发人深省，而为郡脉之一大助云。但历唐宋元明，几经年岁，或兴或废，难以枚举，其间补台建阁者，代有伟人。延至本朝雍正十二年，楼台将圮，仰赖道宪菩、府宗郑，大力敕令五所乡耆等兴工补筑，晏安如故。忽于乾隆二十二年秋，为阴雨淋漓，钟楼北面倾颓大半，东西两面势亦将危。适有本郡国学生李焕彩者，见其风脉攸关，深为惊骇，急欲募化缔造。奈近为大云寺两廊、塔台补修浩繁，屡致十方栴檀，又置军兴旁午，诸物腾贵，实难启齿。因谋及同方善士杨三益、蔡印爵、张鼎臣、杨三景、韩世麒、周肇鼎、张家璇、白受采、郭瀚源、岳之峻、李桢、赵祉、李锦隆，本寺住持僧思善等，筹划善策。众等亦以事难停缓，即推李为首倡，俱情愿协力补筑。及破土修理之日，其工浩大非常，所计锱铢，落落无多。焕采愈加忧恐，日夜焦劳。爰会合本城绅衿纪元伯、张美、龚尔佩、王睿、左璇、冯缙、李生沅、文国华、梁俊、张鹏、秦丕绅、管爱民、王俊选、郭沐原等，齐心进恳本县宅门高翰文、丁世读，转祈正堂老父师永公为作主。公垂赐宏仁，慨然捐助养廉仓斗小麦三十石。李等获此，如屋梁桢干，大有依赖。众等因各助赀囊，以为十方领袖。又复募会镇署掌稿聂敏、王备、张伯璋、王允恭、林翰等，转化镇属游守副府，助施银两。又会五营并城守营提营外委骆士瑜、马应祥、郑邦宁、史言、陈其尧、高举、董继贤等，募化各兵丁助施粮麦。李同众等，又化城内四市、当商、山货、布行、客商、油坊、大街铺面、粮市并绅衿士庶，俱各随缘施助。由是日积月累，绰有余步。遂改念从新，与其循前故辙，土筑遗患，不如上下俱用城砖石条包裹之，坚且久也。于是金谋皆同决意砖砌石嵌，浑如铁柱磐石。上仗佛灵之默佑，下赖众姓之虔诚，未经年而功已告竣。又彩绘楼阁，题额壮威，是以远瞻近仰，规模十倍从前。不但于李焕彩初愿为之一快，即阖郡绅衿士庶无不欢欣称善，以为亿万斯年，永垂不朽。故际功程完满之期，敬勒碑石，用志梗概云尔。

大清乾隆二十五年岁次庚辰四月上浣吉旦公立。

凉州府儒学廪膳生员康伯臣[2]敬撰并书。

【碑阴】

总理主宰募化钱粮、总理经管钱粮并督工、府县署吏书、府县头役、巡役保里：

纪元伯、张鼎臣、文中杰、张鹏、赵祉、曹鼎、查相、贾珍、陈吉德、张福生、师克正、张实、周肇鼎、赵璋、秦丕绅、张家琏、杨荣、刘淑元、蔡生珂、郭重光、王表、万朝贵、李焕彩、左琏、白受采、牛应枢、李馥、李锦隆、陈玫、任雯翮、高应甲、李盛满、齐福、王睿、龚尔佩、方显祖、蓝琮、李馨、孙荣、任建翮、祁成伟、段公翰、白文、常正、蔡印爵、郭瀚源、韩世麟、袁三约、冯佩、张景现、李濬、郭良秀、李元智、刘得亨、管爱民、杨三景、冯绢、杨三益、岳之峻、闫济浩。

同方善士杨聊芳、杨景、顾绍功、万朝栋、蔡恒美、李维翰、刘瑜。

镌字白杰、王士位。石匠严湖、严吉顺。泥匠何君敖。油匠李瑞林。

凉州府僧纲司梁了相。武威县僧正司董海源。

总理厨库大云寺住持僧思善，徒修福、修理、修元，徒孙慧悟。

敕赐大云寺东西两巷房屋院落，俱属随寺常轮，后为故僧或典或赁，以致湮没多年。今有寺庙僧思善，立志恢复，刻积十分赀囊，陆续将两巷房屋赎取入寺，以报国朝设立供佛香灯，并寺僧眷给之意。旧有钟楼台，司钟之人由僧官觅雇，每年眷给，原系本城各寺帮助，深为累事。有思善目睹不安，将赎出东寺巷钟楼台东南角下土房一、小院内房大小三间、粪圈一处，施舍于钟楼，交付本县僧正司经理存案，永为司钟人坐落养给。将历年扰累各寺之役一旦销除殆尽，众僧均沾，功德莫大矣。兹因台阁重修公立碑记，亦复志此以为后人之鉴。

武威县吏员张家琏谨叙。（印章二：张家琏印、重光）

国子监监生李馥谨书。（印章二：李馥、□羌）

重修大云寺钟楼台阁碑记

【注释】

[1]重修大云寺钟楼碑记,清乾隆二十五年(1760)四月刻。现藏武威大云寺钟楼。碑首高83厘米,宽78厘米,厚22.5厘米。碑身高165厘米,宽77.5厘米,厚18厘米。碑座高52厘米,上宽44厘米,下宽56厘米,上长93厘米,下长104厘米。碑阳碑额篆书"万绿重新"。该碑详细记载了乾隆年间对大云寺钟楼的一次修缮活动,并记录了参与此次重修的众多善信的姓名,特别是碑阴所记载的当时大云寺住持思善的事迹,对于深入研究大云寺的历史文化有一定价值。主要著录:《武威金石录》《武威市文物志》。

[2]康伯臣,武威人,其生活年代在乾隆时期前后。武威文庙有"帝德广运"牌匾。为清乾隆年间康伯臣书。此为《书经》句,意为文昌代天行礼乐教化之峻德,如日月之光照天下,如春风时雨泽八方。

清文昌宫置业纳租碑记[1]

乾隆甲戌之春，张觐光偕子监生朝相、生员朝聘、业儒朝会，以旧所典地价银壹佰陆拾两助于文昌宫置业纳租，永为祭祀之费，诚义举也。吾学因美其事，为之勒碑刻珉，以垂不朽。

乾隆二十五年夏五月吉旦立。

经理斋长：邱向正、吴迪德、段开桂、张大烈、陆文耀、唐珏、赵文、赵积泽、刘鉴、樊杰、王容、李生茂、张钟奇、史永年。

文昌宫置业纳租碑记

【注释】

[1] 文昌宫置业纳租碑记，清乾隆二十五年（1760）五月立。现藏武威文庙。碑高
161厘米，宽59厘米，厚12.5厘米。碑额篆书"碑记"。主要著录：《武威金石录》。

清某公遗爱碑[1]

公南阳郡南阳县人也。……公乃宋州望族……诗礼……
大清乾隆廿五年……

某公遗爱碑

【注释】

[1]某公遗爱碑，清乾隆二十五年（1760）刻，今位于凉州区长城乡高沟村沙漠边缘高沟堡故城内。碑高174厘米，宽65厘米，厚12厘米。碑额篆书"去天益咏"。碑现已断为三段，且碑面风化严重，致文字漫漶，不易识别。目前尚未见著录。

清杨老太翁神道碑[1]

【碑阳】

大襄政杨老太翁德寿神道之碑

永下三坝石碑刘魁梧桐马珣等沟矜绅亲谊奉勒

【碑阴】

皇清诰授修□□郎杨公□□恭字子敬墓碑记

子孙而质扬前徽，后人而传述先代，凡在缙绅之家莫不皆然，独难乎乡党？其铭志之也，乡党曷铭志乎公？盖公之盛德有以深入乎人心而不能忘，足以坊表乎一乡而不可泯也□。公少时即其踔躅之姿，虽生垄亩不屑与齐，□□□入府□操刀革，精案牍，才业能，识六体。上宪每依为左右手，凡所建议切中时务，以故在公□□庇荫乎一方□□□□福泽者，实未易仆数，既而勒……请借者，公生慕席者……□□凡义所当为□□当大……为□方教子计……纶音不述于公……□县南浔镇巡检……悬之斗前，后莅北镇者……公益力勤□而……旋即解绶，荣归故里，□州谓□□□勇□者，殆有……举业而精明练达，足维公治□乎。验公文……彰上在人耳目间□□所以不忍□天公……公□在内戚，知公最悉，□□述其梗概并附铭曰：后靠冈□，前临泉佳，城□□兮，翠绕阡繁。

时乾隆三十三年岁次戊子秋九月下浣谷旦奉立。

岁进士候补训导内孙康伯臣顿首拜撰。

儒学博士弟子员愚侄□苗霖顿首拜书。

杨老太翁神道碑阳　　　　　　　　　　　　　杨老太翁神道碑阴

【注释】

[1]杨老太翁神道碑,清乾隆三十三年(1768)九月立。1999年武威市永昌镇石碑沟发现,现藏武威大云寺碑林。碑高202厘米,宽71厘米,厚13厘米。碑阳、碑阴的碑额均为篆书"碑记"二字。该碑正面为神道碑等字样,字迹清晰。背面主要记录杨老太翁的生平事迹等,但因风化等原因,字迹漫漶难辨。主要著录:《武威金石录》。

清重修文庙碑[1]

重修文庙碑

赐进士出身翰林院庶吉士选山东平度州知州加三级纪录五次王化南[2]篆额。

赐进士出身授户部广东清吏司主事兼署河南事加三级邑人张翙[3]撰文。

张蕴枢、拔贡生马开泰书丹。

本朝统一寰区,崇儒重教,缅道脉之有宗,怀渊源之攸自。其尊崇夫先师孔子者,较历代帝王而加隆,故阙里圣庙,时加修葺,土木金碧之费,以数十百万计。而各省府州县之文庙,亦时眷眷焉,猗欤盛哉!凡有守土之责者,孰敢不体此意欤?凉城文庙,始有明正统四年,兵侍徐公晞,迨成化六年,都御史徐公廷璋,重加廓修,数百年来木石犹是,而金碧乏炜焕之观，门庭依然，而阶址多倾圮之虞，至尊经一阁，飘摇尤甚。莅此土者，每动兴修之念，率以工大费繁而中阻。嗟乎！莫为之前，虽美弗彰；莫为之后，虽盛弗传，重新之与鼎建，厥功一也。我明府章老父台莅任，初即以兴修为己任，请诸大宪，捐冰俸八百两、出社粮四百石，并劝绅士，共勷厥工。尊经阁高其瓴脊，大成殿焕其榱题，以及两庑、二祠、棂星、戟门、泮池、照墙等处或补其旧，或宏其规，巍然焕然，炳如蔚如。依墙宫者，瞻美富；探学海者，溯渊源。始于辛卯之春，迄于壬辰之夏，计费四千余金，而大工以竣。于戏！合明日月，圣道为昭；并永地天，皇图云固。今日之殚精竭虑而为之者，所以报先师启牖之功于靡己也，又谁非仰体我皇上崇儒重道之渊衷而为之也哉。

时乾隆三十七年岁次壬辰荷月[4]上澣谷旦立。

分守整饬甘凉兵备道加五级纪录五次顾光旭。甘肃省凉州府知府事加三级纪录三次黄元记。凉州府儒学训导石复贤。凉州府儒学教授王选众。候选府同知凉州府武威县知县加三级纪录五次章攀桂。署凉州府武威县事山丹县知县加三级纪录三次闵鹓元。凉州府武威县儒学教谕葛善应。

督工举贡生监：李汉楹、王统、张裕善、李馥、牛瑾、文国华、郑约、武克勇、李承泽、林济、张其绅、李昌、杨英、郭滮源、张极、陈策、叶永福、王登魁、王录、马综、杨富有、张朝会、杨含彩、石含珠、张镕、高元燮。督工生监：曾国杰、段开桂、李天成、杨生藻、王克明、梁元珍、孟登甲、潘中选、曹尚浩、李发英、王抡书、贺暄、吕金璜、黄钤、宋俌、陈奇训、杨枢。

刊工：白士侗、白士琛、王锐、周勖、郝爱。石工：贾子有、李东。

重修文庙碑

【注释】

[1] 重修文庙碑，清乾隆三十七年（1772）六月立。现藏武威文庙。碑高181厘米，宽74.5厘米，厚16厘米。碑首高82厘米，宽80厘米，厚20厘米。碑额篆书"重修文庙碑记"，共2行，行3字。主要著录：《武威金石录》《武威市文物志》。

[2] 王化南，武威人。乾隆四年（1739）进士，入选翰林。"散馆"后，分到山东任知县，乾隆二十四年任平度知州，直到三十二年（1767）告老还乡。乾隆二十五年（1760），王化南任平度知州期间新建"胶东书院"，培养文士。其离任前，还曾写了《别胶东父老》《别胶东诸生》等诗，可见依依惜别之情。平度旧志中对其事迹多有记载。光绪十四年（1888），王化南入祀平度名宦祠。

[3] 张翔，约生于清乾隆十五年（1750），乾隆三十四年（1769）中进士，授户部主

事，后升为户部郎中，历任江西吉安、湖北荆州、宜昌、郧阳、湖南长沙等府知府。著有《念初堂诗集》4卷，收古近体诗328首；另有吴镇序嘉庆刊本《桐圃诗集》，现存甘肃省图书馆。（参《武威市志》）

[4] 荷月，即农历六月的别称。

清重修安国寺碑记[1]

重修安国寺碑记

伏闻巢巅藤藤，无事庄严；雪岭鹫峰，自传寂灭。虽给孤永留布地之金，而辟支只说无生之谛。盖本空作空，无色为所以为秘密之真，如迦陵之大觉也。然而宝珞浮光，荒三界以闻鹿苑；旃檀散馥，空四大亦著雉园。青鸳作处，兰若宏开；白马来时，丛林用建；寺院之设，由来旧已。凉城安国寺碑残碣杳，未知创自何年，世远代湮莫识兴于谁氏。迨顺治戊子，被毁于逆回之变乱，及康熙癸卯，重新于住持之募修。当时总镇刘公始其事，参议沈公勷其功，都御史刘公视其成，都纲司鉴错董其务。游香国者，共染竺馨；仰花天者，群沾法雨，迄今百有余年，永作三摩福地。但金残碧剥，靡瞻慧日之辉，瓦碎砖蚀，空说慈云之覆。乃有善士高应甲、张裕善、王功、郑纳等发菩提心，动檀那念，破开悭穴，广施舍卫之金；决泄口泉，共种双林之树。仲春兴修，季夏竣事。燦然者其金，璀然者其碧，参差而麟然者其瓦，方正而井然者其砖。而直方丈香积，是处周完，客堂僧寮，一皆齐整。于戏！薪灯不灭，火眉莲眼共垂青，佛日常昭，罗乎卍胸齐现瑞；八功德水，永溢七宝之池；五衍安车，无碍九根之地。则选佛场，可作化人城；而声闻界，何必非欢喜园也哉！

吏部候补直隶州判乙酉拔贡马开泰撰文。凉州府武威县儒学廪膳生员王汝砺书丹。

刻字王锐。

时乾隆三十七年岁次壬辰夷则月[2]吉旦。

阖郡绅矜士庶捐资重修立碑，但因碑狭不能刻讳，另有匾额题名。

督工：曹汉相、陈尔俊、王锡光。住持：刘呪喑、韩叭呾、张呵哇。木匠汤芳，石匠贾自友，泥匠徐有信，油匠李瑞龄，塑匠李沛。

重修安国寺碑记 1　　　　　　　　　　　重修安国寺碑记 2

【注释】

[1]重修安国寺碑记，清乾隆三十七年（1772）七月刻。现藏武威大云寺。碑通高290厘米，宽62厘米，厚15厘米。分碑帽、碑身、碑座。碑额楷书"重建古刹安国寺记"。主要著录：《武威金石录》。

[2]夷则月，即农历七月的别称。

清创修陕西会馆首事督工捐施银两碑[1]

乾隆三十八年创修陕西会馆首事督工捐施银两碑

同州府朝邑县永顺张张□钦捐银一百七十两、凉州府武威县□裕□张□□捐银一百三十五两、西安府三原县□□□□□□捐银一百二十五两、西安府三原县□□□□□□捐银一百二十五两、西安府咸宁县□□□□□□捐银一百一十五两、西安府长安县□□□□□捐银一百一十五两、西安府咸宁县□□□□□捐银一百一十三两、西安府咸宁县世兴德□□纲捐银一百十一两、西安府三原县济兴秀赵暄捐银一百九两、西安府三原县□兴亨刘钰捐银一百一两、西安府三原县□兴加王加恩捐银一百两、西安府□□县义兴相王繁祐捐银一百两、西安府咸宁县信德恒张复祯捐银九十九两、凉州府武威县长裕含张□善捐银九十九两、西安府咸宁县永盛恒陈三益捐银九十九两、……西……西……西……西安府……同州府……凉州府武威……西安府富平县……同州府蒲城县正兴店□□□□□六十五两、同州府蒲城县三益店陈际□捐银六十三两、同州府蒲城县正兴店梁凤□捐银六十二两、同州府蒲城县恒顺店王元善捐银六十二两、西安府咸宁县万全通侯世隆捐银四十四两、凉州府武威县泰昌店丁大灏捐银二十六两、凉州府武威县永裕成刘永忠捐银一十四两四钱。

创修陕西会馆首事督工捐施银两碑

【注释】

[1] 创修陕西会馆首事督工捐施银两碑，清乾隆三十八年（1773）刻。原位于武威陕西会馆，现藏武威大云寺碑林。碑长207厘米，宽73.5厘米，厚15厘米，右下部残。碑额篆书"付日月之未光"，共3行，行2字。目前尚未见著录。

清张公碑记[1]

【碑阳】

自古同风之盛，皆始于一乡，其庄敦任乃之行而精，则及乎礼乐之大矣，古今遥矣。举世赖以匡□□□不绝书者，是皆得志于时□之所为也。求其隐约田间，而仁孝声施□□可为士，于天下后世者，□□□□士元张公昆季洵足当此。而□□，公先世为武邑望族，迨静翁先太公，则保世滋太平，生与始施兴举□夫。子四，伯通翁，仲介翁，□显翁，公其叔子也。公□世豪旷，隐居力田，日偕诸兄弟色养，无一不本继述为兢兢其尤异者。四公克承厥志，既捐□立仕孟于，而于陈春堡亦然，凡一方春□不足者咸赖之。时乾隆十二年春也，际荒歉，刚然出内□□忽而全活者，更□然不独此也。夫兴学养士，振古美之，静翁先太公念乡人之顽且愚也。初命外翰，介翁请学于此，业施化雨于前矣。而四公蹈其志而□之，因置学舍田地为久远计，迄今户谓家绪俾士□长新者，固四公力也。要非善为义述者，不能今□通□，介翁、显翁也相继远世矣，直□士元翁老而益壮，举凡教养二者积欠靡倦，匪特如先太公之存也，而亦无减于兄。若弟之协力，虽书必归诸先正，若不念所有众然先德矣，杨已久如四公者仁，孝性成功，不以隐约稍异心焉。苟得志乘时，其设施为何如也，又为可以不传，其使后之人抚碑鼓□，皆兴仁人之心，孝子之慕。其有闻于世道人心，可为天下后世同风，所谓非浅□也。乡人□勒石以□也，久□故能始末，如此而碑阴则镌置学舍田地，并所施地址以未来者。合堡乡谊公立。

郡学生□□可错石张贵撰。

乾隆四十二年丁酉八月十二日甲午，岁贡候铨训导野石张瑞书。

【碑阴】

计开：张公施义塾学舍五间，随房地址半面，典上小沟田地贰石，价银肆拾捌两。关帝庙地址以庙内外土地祠东南北周围俱是，普济寺东地址半面，以上共价银贰佰两整。

□□乡谊：顾聪、王日美、计开俊、赵士贤、许□钦、黄永显、李□林、□钦……仝勒建。

张公碑记

【注释】

[1] 张公碑记，清乾隆四十二年（1777）八月十二日刻。1989年3月武威市洪祥乡陈喜村征集，现藏武威文庙。碑身高145厘米，宽59厘米，厚18厘米。碑帽高75厘米，宽70厘米，厚22厘米。碑座高59厘米，上长59厘米，上宽35厘米。此碑为双面刻字，碑阳碑额楷书"张公碑记"。主要著录：《武威金石录》。

清创修陕西会馆碑[1]

【碑阳】

创修陕西会馆碑

会馆者何以会众，馆即以馆为会也，曷言乎以会为馆也。工大人则应，独承之不福事顺，□□应道□之□，苟人心之号齐，何大工之克举，故曰以会为馆也。而其以馆为会也，奈何基不一地，人不一心，□□□□□会□耻□车辐辏之地，□□□之陕承□之……

乾隆四十六年岁次辛丑夷则月吉旦立。

赐进士及第吏部左侍郎提督……韩王□文……

赐进士江西吉安府知府□户□福建……

首事督工：武威县张裕□，咸宁县李□香，咸宁县傅□均，武威县南国柱，武威县□□□，咸宁县杨□淳，朝邑县张□□，咸宁县梁博，泾阳县孙翰侠，三原县杨永兆，三原县赵时，咸宁县白濠，三原县王日聪，三原县魏□昌，三原县□□臣，三原县张绣，三原县王宗□，长安县□□□，咸宁县权伯臣，咸宁县王克□，……县王□□，……县宋□□，武威县……成，咸宁县□世隆，□□县冯道周、王尧善，长安县□□勋。白士伦、周勗、白士侗、白钟毓刊。

【碑阴】

创修陕西会馆于乾隆三十八年十二月，凭中杨大仁等说合，用正价纹银一千四百两内，画字纹银五十两。又凉城各项俗弊纹银一百两，税契银四十二两。置买董姓衙署一处，原日房屋地□悉载契内，今将改修殿廊屋宇。墙外火道四至尺寸绘置于兹，以示不朽如左。

（陕西会馆四至图，略）

南至赵府房墙，通长三十四丈。

北至尚、韩二姓房屋，通长三十四丈。

西至骆、马、苏三姓房墙，横计一十四丈。

东至官街，横计一十四丈。

创修陕西会馆碑阳

碑阴 1

碑阴 2

【注释】

[1] 创修陕西会馆碑,清乾隆四十六年(1781)七月刻。原位于武威陕西会馆,今存武威大云寺碑林。碑高213厘米,宽89.5厘米,厚17厘米。上有榫。两面刻字。碑阳记述了乾隆四十六年武威陕西会馆的创建缘由及经过,并记载首事督工众人的姓名,特别是碑阴刻当时陕西会馆的四至图,尤为可贵,对于研究清代武威陕西会馆的历史,特别是其建置规模的演变不无价值。目前尚未见著录。

清重修陕西会馆捐款题名碑[1]

咸宁永盛美王光照捐银三两六钱、三原亿盛惟王曰正捐银二两四钱、富平奂顺恒王步云捐银二两四钱、韩城进成号樊学培捐银一两四钱、临潼义顺德高必华捐银一两二钱、蒲城鱼福捐银一两二钱、韩城权盛号王克巕捐银一两二钱、秦州尤亨捐银一两二钱、三原济奂巨杨士玫捐银一两二钱、邠阳王锡宁捐银一两二钱、郃阳任宏春捐银一两二钱、郃阳范允英捐银一两二钱、郃阳义奂德党念捐银一两二钱、富平从心欲张湖、富平富升李捐银一两二钱、蒲城奂顺号杨坤捐银一两二钱、韩城同田号雷养麟捐银一两二钱、朝邑大顺金李可贵捐银一两二钱、三原吉泰敬常秉义捐银一两二钱、三原冒隆振陈世耀捐银一两二钱、长安同泰李必嘉捐银一两二钱、韩城丰成号三灵和捐银一两二钱、三原李雄捐银一两二钱、韩城合奂老薛文猷捐银一两二钱、韩城万盛薛薛文成捐银一两二钱、宁州广德育王德明捐银一两二钱、蒲城永顺恒李绳萧捐银一两二钱、朝邑同奂苏苏世宋捐银一两二钱、蒲城祯祥裕刘志道捐银一两二钱、南郑恒生永段元臣捐银一两二钱、三原永成世陈世贵捐银一两二钱、渭南郭安民捐银一两二钱、渭南刘帝悦捐银一两二钱、渭南义成铺孙世奂捐银一两二钱、渭南文奂铺捐银一两二钱、渭南王宏贵捐银一两二钱、渭南信成铺捐银一两二钱、渭南骞奂成捐银一两二钱、渭南张延壁捐银一两二钱、渭南道典南忠有捐银一两二钱、长安永盛合桑德捐银一两二钱、三原合顺铺任鉴捐银一两二钱、镇番泰来多白如秀捐银一两二钱、蒲城义生号路建黄捐银一两二钱、韩城永顺吉永江捐银一两二钱、韩城长盛茂纪廉珍捐银一两二钱、韩城恒升胡志泰捐银一两二钱、韩城新盛合董锡德捐银一两二钱、韩城天成杨君誉捐银一两二钱、韩城永成樊允愧捐银一两二钱、韩城长盛史悠远捐银一两二钱、华阴全盛堂李耀先捐银一两二钱、华阴仁隆屈鹤鸣捐银一两二钱、华阴西四明堂张志和捐银一两二钱、华阴新盛堂李文昭捐银一两二钱、华阴太和堂张广龙捐银一两二钱、朝邑合顺公张起宗捐银一两二钱、蒲城泰和公董正溟捐银一两二钱、蒲城永顺恒杨道捐银一两二钱、华阴日盛堂郗体成捐银一两二钱、渭南史希鹏捐银一两二钱、韩城长盛周祥捐银一两二钱、皋兰银器铺魏福永捐银一两二钱、三原王炳捐银一两二钱、三原赵景捐银一两二钱、富平天玺玉高登榜捐银一两二钱、泾阳大兴店田延桂捐银一两二钱、大荔兴隆杨杨栋捐银一两二钱、咸宁徐大撰捐银一两二钱、醴泉高士恺捐银一两二钱、□□张廷华捐银一两二钱、蒲城利顺地世魏世才捐银一两二钱、郃阳德盛公邢建寅捐银一两二钱、郃阳通顺魁贺金兴捐银一两二钱、郃阳任合民捐银一两二钱、郃阳习克志捐银一两二钱、郃阳孙孝捐银一两二钱、泾阳和第成捐银一两二钱。

蒲城□执躬捐银一两、咸宁赵尔临捐银一两、三原赵登元捐银一两、武威李蕙捐银一两、武威李伯祉捐银一两。

蒲城韩毓英捐银六钱、蒲城张克智捐银六钱、咸宁张翊捐银三钱六分、华阴郗乾言捐二钱四分。

大清乾隆四十六年巧月[2]吉旦。

武威石匠贾自有偕男贾生贤、郝爱捐施鼓石银六两刊字。

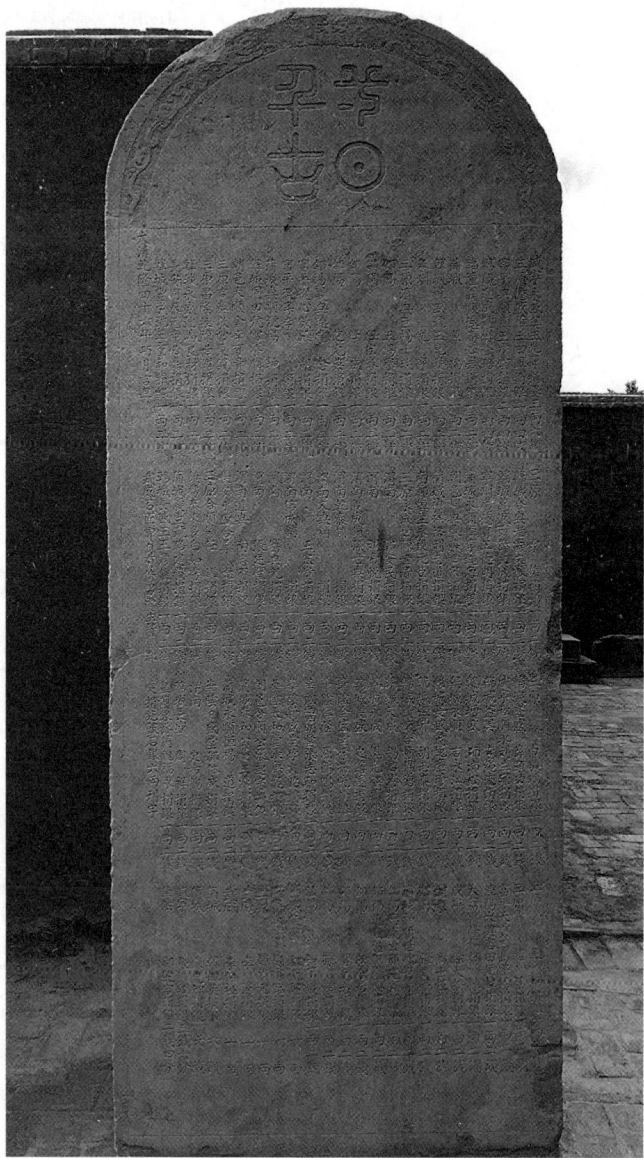

重修陕西会馆捐款题名碑

【注释】

[1] 重修陕西会馆捐款题名碑，清乾隆四十六年（1781）七月刻。原位于武威陕西会馆，现藏武威大云寺碑林。碑通高 206.5 厘米，宽 80 厘米，厚 16 厘米。碑额篆书"一日千古"，共 2 行，行 2 字。目前尚未见著录。

[2] 巧月，即农历七月的别称。

清创修陕西会馆捐助银两碑[1]

乾隆三十八年九月起至四十六年四月止，创修陕西会馆众字号捐助担头银两开列于左：

咸宁永□合银三百六十二两、三原义兴公银三百六十一两、咸宁永盛傅银二百七十六两九钱、秦州顺舒银二百一十两一钱、泾阳永盛公银二百二两、秦州兴隆舒银一百八十七两、蒲城隆泰魁银一百七十八两三钱、蒲城义兴隆银一百四十八两二钱、武威长裕兆银一百五十三两八钱、蒲城正顺振银一百五十三两五钱、蒲城文盛合银一百四十八两二钱、镇番永盛合银一百四十两、蒲城恒盛成银一百三十六两八钱、成固广盛合银一百三十六两一钱、三原永顺承银一百三十四两二钱、富平永盛合银一百二十四两二钱、朝邑天顺张银一百八两五钱、咸宁金盛永银一百六两六钱、长安通顺□银一百五两三钱、蒲城三合党银八十八两九钱、富平增顺和银八十八两一钱、南郑万通公银七十九两八钱、三原济兴亨银七十八两、蒲城正顺玉银七十五两八钱、……银七十五两二钱、……银六十九两六钱、……六十八两一钱、朝邑复兴□□六十□两、长安世盛昌□六十□两七钱、咸宁合盛川银六十一两八钱、咸宁永盛恒银五十六两、泾阳永益顺银四十九两五钱、朝邑全兴张银四十八两二钱、咸宁如松合银四十五两四钱、蒲城日升□银四十四两、武威万□□银四十三两四钱、三原万顺琮银五十三两六钱、三原亿盛桂银四十二两一钱、咸宁信德恒银四十一两四钱、蒲城成立合银四十一两、朝邑顺兴王银四十两九钱、咸宁世□德银四十两七钱、朝邑元盛□银三十九两五钱、富平罗□□银三十八两九钱、咸宁义合永银三十八两一钱、咸宁万全通银三十五两七钱、咸宁德盛牲银三十五两七钱、三原昌兴魁银三十四两七钱、三原万顺宗银二十三两三钱、长安义和龙银三十一两、长安永恒佩银三十两五钱、朝邑大亨穆银三十两二钱、三原义顺成银三十两、朝邑永顺张银二十八两九钱、长安世兴盛银二十七两五钱、朝邑通顺张银二十五两五钱、咸宁顺兴德二十四两九钱、咸宁源隆生银二十三两九钱、朝邑信义王银二十两六钱、武威长裕含银十九两九钱、咸宁义顺合银十九两三钱、大荔□盛恒银十七两六钱、朝邑宝源张银十六两九钱、咸宁和顺德银十六两七钱、咸宁永盛美银十六两七钱、三原和顺英银十六两五钱、朝邑木生张银十四两八钱、朝邑正兴刘银十四两、蒲城复兴统银十一两八分、蒲城正兴成银十一两八钱、通顺兴银十两九钱、成县木松鹤合银九两九钱、富平天玺玉银九两九钱、富平新顺王银九两八钱、咸宁德盛恒银九两、朝邑永顺李银九两五钱、蒲城兴顺杨银八两九钱、咸宁合盛顺银八两五钱、长安通顺信银八两二钱、蒲城三合公银八两、广生三银七两九钱、韩城恒通隆银七两五钱、韩城三合西银七两一钱、蒲城正兴合银七两、富平永盛石银七两、三原三益朱银六两、武威永裕成银六两八钱、咸宁天成祥银六两八钱、新益祥银六两八钱、韩城三合号银六两七钱、长盛公银六两六钱、韩城三合号银六两五钱、三原长隆益银六两二钱、醴泉万盛号银六两二钱、韩城信成樊银六两、咸宁人和盛银六两、韩城兴盛赵银五两九钱、永升薛银五两九钱、三原永顺德银五两九钱、韩城通盛号银五两九钱、朝邑普度勋银五两七钱、日生亨银五两六钱、南郑永茂玉银五两六钱、锡盛号五两六钱、蒲城重庆合银五两四钱、韩城权盛合银五两一钱、永升通银五两、朝邑大全张银五两、义盛樊银四两九钱、南郑郑顺英银四两八钱、富平公义赵银四两七钱、蒲城正兴元银四两七钱、韩城兴盛温四两七钱、张掖益顺茹银四两七钱、永顺岳银四两六钱、富平从心号银四两六钱、韩城长盛号银四两五钱、蒲城三益合银四两四钱、永通泰银四两三钱、三合新银四两三钱、韩城顺兴号银四两二钱、富平永顺惠银四两一钱、天生王银四两一钱、南郑恒顺荣银四两、蒲城正□……渭南……韩城□□□银三……□顺兴银三……韩城□□公银三……韩城天成号银三……朝邑人和王银三……蒲城寿□□银三……义通世银三……增盛师银三……三原永和东银三……韩城益美李银三……韩城兴盛顺银三……韩城元聚高银三……富平复升合银三……韩城益美薛银三……韩城三合薛银二……韩城复兴号银二……韩城新盛樊银二……南郑广盛德银二……长安世盛源银二……韩城合盛樊银二……韩城永顺恒银二……泾阳大丰号银二……韩城东升号银……成顺新银……

创修陕西会馆捐助银两碑

【注释】

[1] 创修陕西会馆众字号捐助银两碑，清乾隆四十六年（1781）刻。原位于武威陕西会馆，今存武威大云寺碑林。碑高212厘米，宽74.5厘米，厚14厘米。碑额篆书"闻风而起"，共2行，行2字。碑文记载了乾隆三十八年（1773）九月起至四十六年（1781）四月，创修陕西会馆期间，陕西各地商号及武威本地各商号的捐款情况，对于研究清中期武威的社会经济具有一定的文献价值。目前尚未见著录。

清刘母李太宜人砖志[1]

皇清诰封太宜人刘母李氏，凉州武威县人，系诰赠奉政大夫鲁斋刘公元配。生于康熙四十二年十二月二十五日寅时，于乾隆四十八年三月二十八日子时疾终，享年八十一岁。

葬庄东半里。子男三，长作垣[2]，辛巳进士，任江南泗州直隶州知州。次作梅，庠生。次作舟，殁，庚寅举人，任福建浔美场[3]盐大使。女三人，俱适儒士。

李太宜人砖志 1

李太宜人砖志 2

李太宜人砖志 3

【注释】

[1] 刘母李太宜人砖志，清乾隆四十八年（1783）葬。2010 年 5 月，武威市凉州区清源镇刘广村三组搭建蔬菜大棚时出土。砖志共 3 块，边长均为 32.5 厘米，厚 7.3 厘米。且三块砖志均刻有文字，第一块刻有"志石"二字，第二块刻"刘太宜人李宜人之墓"，第三块所刻内容即前面录文。目前尚未见著录。

[2] 刘作垣，字星五，武威人。乾隆二十六年（1761）辛巳科进士。乾隆三十五年（1770）任安徽舒城知县。乾隆四十二年（1777），迁泗州知州，后以谳邻县狱诖吏议归。著作有《周礼汇解》《左传阐义》等。武威文庙的"桂宫传箓"牌匾，落款为"清嘉庆二年八月中浣，士庶公建牌坊叩，泗州知州刘作垣敬书"。刘作垣书此匾时，当已还乡。

[3] 浔美场，位于福建晋江，为始置于宋代的盐场，元时浔美场为福建都转运盐使司所下辖的七大盐场之一。明代，各盐场设盐课司，盐课司大使总管场务。明清时期，浔美盐场的发展相对稳定，直到 1958 年，盐场才有较大变化。

清修葺海藏寺碑记[1]

【碑阳】

武邑林泉之美，城北为最，而海藏迤东尤胜。盖唐肃、代时安史之乱，凉州没于吐蕃；宋为元昊所据；元以地界高昌作牧场，凡汉晋六朝以来张轨遗迹及唐初灵钧台池，王维、岑参咏歌所及者，皆湮灭无遗，唯此寺岿然独存。建寺当在宋、元之间。国朝孙公思克规而新之，设影堂以祀，不忘本也。寺僧明彻实印，勤于焚修，赴京请藏经全部，中途遭凶变，际善踵而成之。善才思横绝，为住持时，乡恶慑伏不敢动，数十年之间，诸务毕集，间启禅关，延访善知识为打七参禅之事，以故僧俗仰服，称诵不置。其后经理之人风雨飘摇，渐至废坠。达艺、达苓总寺务，略能就绪，旋即圆寂。寺僧悯其中衰，佥议达贲司田工，悟潭司寺务，僧众劝助，乃补葺修筑，十方喜舍，载在木榜。所不敷钱百余千，粮三十余石，以常住节省余赀足之。山门外彩绘牌坊，则达莃积数年经资所得四十千，独力董成。适檀越宋沛助碑一通成其美，夫段成式所纪兴善汗桐、李岫塑像、王耐儿画壁之事甚详。唐相李绅，剡溪龙宫修真，预言其因，前缘素定矣。但达摩尊者斥为人天小果，寒山谓骅骝捕鼠，不及跛猫。假此余粮，以助焚修开士，勿为破裙吃残齑麭，免似羊公鹤之生觝觺也。咦！吸尽西江一滴水，蟾光终日满前川。献珠龙女来何处，怪得时人识不全。寺僧勉旃。

乾隆五十四年岁在己酉春二月吉旦，赐进士出身原任广东肇庆府阳江县知县邑人孙俌撰（印章"山中"）。邑诸生王录书（印章两枚"王录之印""简心"）。

【碑阴】

本寺住持僧达贲、达莃。徒悟惺、悟燃、悟禅、悟澄、悟宪、悟顺、悟祥、悟性、悟盈、悟敏、悟源、悟忝、悟恒、悟舍、悟习。徒孙真玉、真佩、真修、真俌、真福、真庆、真侗、真俫、真伦、真依。曾孙空秘。

修葺海藏寺碑记

【注释】

[1] 修葺海藏寺碑记，清乾隆五十四年（1789）二月刻，今藏于武威城北海藏寺。碑帽为龙首，高84厘米，宽82厘米；碑身高160厘米，宽70厘米，厚17厘米；底座高65厘米。碑阳碑额篆书"修葺碑记"。碑阴碑额篆书"碑记"。主要著录：《武威县志稿》《武威金石录》《武威市文物志》。

清陕西会馆捐款题名碑[1]

陕西会馆捐助香灯银两字号姓名碑记

大凡事之创者难为力，执之因者易为功，盖创有所由始，而因适以相继，始之不得同于继，犹继不得比于始也。凉郡有陕西会馆，创之于始也，□貌之□□，祀事之严谨，详哉其言也矣。然岁时伏腊名有常享，皆出自当时之备办，而未有久远谋，今有雍之客商经营于此地者，欲伸俎豆之仪……思树脩之献，锱积铢累，得银贰佰肆拾两，付住持大祥以为久远香灯之资。于戏，此美举也，此亦……至于始也。夫创始会馆于前而□继香灯于后，似香灯之举，因馆而设，事有出于因者，然问前……有举而行之者乎，曰：无有，然则□□不得谓非创也。君子曰，美哉始基之矣。爰勒贞珉，以垂不朽。……

大清乾隆五十七年岁次壬子孟冬吉旦。

吏部候铨训导岁贡生王□撰，国学生陈际虞书。

朝邑县大顺张号，澄城县新兴康号，大荔县兴顺张号，朝邑县乾盛王号，朝邑县大亨祥号，朝邑县元盛现号，朝邑县□顺卢号，成纪县兴顺孟号，朝邑县全盛德号，朝邑县大顺连号，朝邑县星雷□号，朝邑县德元张号，朝邑县正兴刘号，大荔县年行扈号，朝邑县恒祥张号，朝邑县大亨和号，朝邑县顺兴王号，朝邑县永顺李号，朝邑县迎顺张号，大荔县宏盛王号，朝邑县信隆高号，朝邑县新兴杨号，朝邑县万顺陶号，朝邑县宝源张号，朝邑县元盛通号，朝邑县复兴甲号，朝邑县信义王号，朝邑县兴顺雷号，朝邑县大生张号，朝邑县隆盛成号，大荔县公信理号，朝邑县大亨穆号，朝邑县德顺张号，朝邑县大兴孙号，朝邑县元盛英号，朝邑县大全张号，朝邑县承顺张号，朝邑县三合薛号，朝邑县天顺王号，朝邑县大亨廷号，朝邑县顺兴元号，朝邑县普□□号，朝邑县大顺金号，朝邑县金□张号，朝邑县元盛廷号，大荔县□来张号。

住持：大祥。徒：千升、千招、千荣。徒孙：普植、普□。

陕西会馆捐款题名碑

【注释】

[1]陕西会馆捐助香灯银两字号姓名碑记,清乾隆五十七年(1792)十月立。现藏武威大云寺碑林。碑高193厘米,宽76厘米,厚14厘米。碑额篆书"永志碑记"。目前尚未见著录。

清泮池水利碑记[1]

泮池水利碑记

泮池者,所以疏通风脉,养育英才,采芹采藻,咸于斯焉。旷典也,亦古制也。五凉为人才薮,建修文庙,即立泮池;有泮池,即有泮池之水;水取自金渠沟,从城南逦迤入池。匝月三轮,计日六周;每遇水期,渠头轮流催送,此其成规,载于凉志,著于铁牌,固历历可考。乃相沿日久,泮池之水,竟为浇灌园圃之水,旧观芜没,罔识遵行。幸逢我道宪刘公、太守沈公、县令朱公尊圣教,因以重泮水溯厥源流,力除积弊,出示晓谕外,复给执照,以成定例。一月轮三,水到沟口,营内兵丁不得拦头截取,宜先尽文庙引满泮池,浇灌树株,从此旧规明,源流以正。《诗》曰:思乐泮水,在此一举。宜乎学校诸士,踊跃争先,咸乐高翔璧水,蜚声黉序,人文蔚起,科第连绵。皆此重新泮水之力也。勒诸贞珉,永垂久远。

凉州府儒学正堂教授加三级赵先甲篆额。

凉州府儒学副堂训导加三级吕篍撰文。

武威县儒学正堂教谕加三级李子秀书丹。

经理斋长:邓瞵、陈映奎、王士珩、田服功、王国祺、武珮、王瑞麟、常盛功、王作霖、叶永副。

刊字:白钟毓、白钟哲。石工:李东。

嘉庆五年岁次庚申六月中浣之吉旦敬立。

泮池水利碑记

【注释】

[1]泮池水利碑记，清嘉庆五年（1800）六月刻。现藏武威文庙。碑高147厘米，宽68厘米，厚16.5厘米。碑首高81厘米，宽74厘米，厚23厘米。碑座高51厘米，上宽42厘米，下宽52厘米。上下长均为75厘米。碑额篆书"泮池水利碑记"。主要著录：《武威金石录》。

清韩自昌神道碑[1]

壬戌春二月朔四进征□匪阵亡总兵，敕建双烈祠。加赏养母资，子嗣俱送部，钦赐春秋祭。敕封武显将军韩自昌之神道碑。

世职骑都尉，承袭永固。

嘉庆七年九月十五日□□。

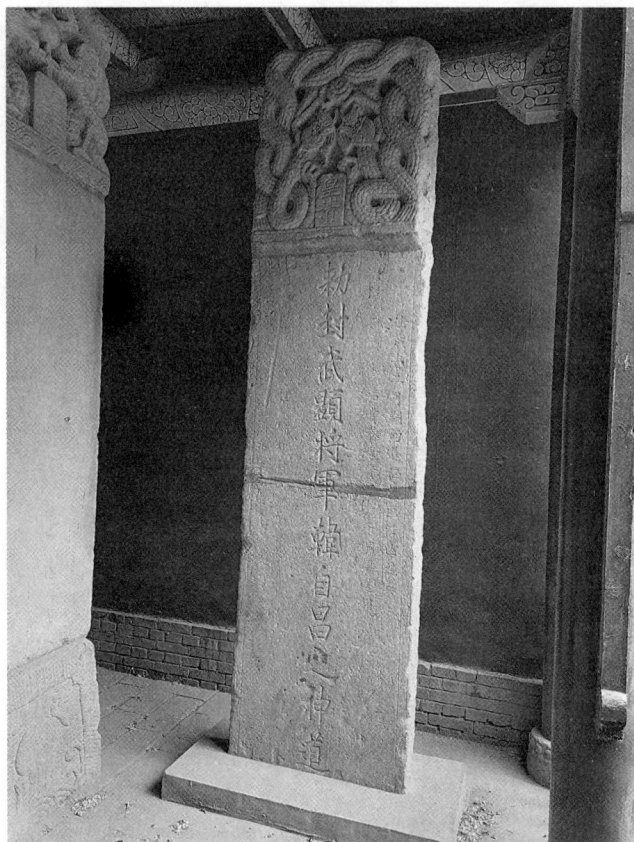

韩自昌神道碑

【注释】

[1] 韩自昌神道碑，清嘉庆七年（1802）九月十五日立。1986年武威皇娘娘台出土，现藏武威文庙。碑通高235厘米，宽82厘米，厚15厘米。碑首高85厘米。碑额楷书"皇清"。主要著录：《武威金石录》。

清重修罗什寺碑 [1]

重修罗什寺碑文

盖闻宝镜花堂，遍礼佛身万亿；玉毫光相，普照世界三千。是以镕金布地，遥传祇陀之园，刻玉为躯，远主师子之国。莫不翦缀天花，濡沾法雨庄严洁饰，顶足皈依。俾善根遍植于恒沙，而慈云周荫乎寰域。

凉郡城北门内罗什寺者，乃姚秦三藏法师鸠摩罗什译经之所也。粤自周室夜明，振雷音于西土；汉庭肇梦，广象教于东都。虽心印密微无关文字，而缁流付授犹待声闻，法师虑音义之讹传，致演说之异趣。增长邪见，坠入迷途。飞锡遥临，用凭五衍之轼；法筵广布，仍开八正之门。缁素云集，辩义风生，幽袚元通，有如星日，爰建灵塔，玲珑倒影，天清日霁，八宝璎珞之珠；锦灿霞明，五色流苏之网。见之者目眩，闻之者心惊，并叹奇观，咸称希有。阅千余岁，不替厥规，永镇姑臧，福兹河右。

然而色相俱超，固有基以勿坏；成毁殊势，亦屡废而递兴。况乎柱石连云，讵免倾圮之患，风雨历劫，宁无催剥之忧，倘非翼教之有人，坐见高轨之难嗣。爰有住持僧广霞，并善信士丁林、李晟、郝子湘、李伯祺，悯古迹之易湮，瞻实相其如在，发心初地，作导群生。士庶骈肩，工商摩踵，共勤檀施，乐倾善橐，神工鬼斧，群巧于焉，毕呈绣礎，花梁众擎，原自易举。嘉庆八年三月初八日兴工，即于次年九月藏事，功费数千，靡所支绌。周迥历览，焕然一新，耸莲座之巍峨，宏开邃宇，缀珠幢之华胜，洞达长廊。楹桷辉飞，俨金翅其舒翼；奂轮难立，如象齿之生花，则有上国名卿，蕃夷君长，胜因凤具，经义纷披，绕栏楯之七重，恍游弥陀净域，析妙帝于三乘，还资古德辩才。苍蔔曼陀之花，伽陵共命之鸟，无不和雅音而演畅，喷妙香而严洁。是知舍离尘界，佛以不住色为布施；愿力宏深，众以不退转为胜果。敢缘兹义，用告来者，并起信心，俾垂勿朽。

赐进士出身文林郎前任河南原武县知县郭楷敬撰。

巩昌府通渭县儒学教谕戊申科举人郝希夒书丹。

凉州府儒学增广生杨培元篆额。

大清嘉庆九年岁次甲子九月初八日甲午建，梓士白钟毓、白钟哲敬刊。

重修罗什寺碑

【注释】

[1] 重修罗什寺碑文，清嘉庆九年甲子（1804）九月初八日刻。1991 年 4 月原武威市公安局院内出土，现藏武威文庙。碑高 155 厘米，宽 66.5 厘米，厚 11.5 厘米。刻于清顺治十一年《重修罗什塔寺宝塔碑记》的背面。主要著录：《武威金石录》《武威市文物志》。

清补葺雷祖庙碑记[1]

补葺雷祖庙碑记

□□□校字

……安雷坛自有明至今补葺者屡未有……所更张，逮嘉庆九年□□□□□□□其间坛授……明殿考道书。

雷祖诰曰：

……邑氏马中驿发愿振铎，有安孝廉□□□□□天伦叙其事，胜于通衢人……□□财贺廷功等相与赞成之，呈请于……其情，而府宪兆更加意经度，俾四……县各捐资有差，遂于道……以象周天之数，三十六户两七十……二庑象一遵古制，中……立雷轴，外运雷轮，其镇物悉本道……书未可以殚述，又创建大……工竣，幸值前岁告丰，今岁更稔，□□……金曰：此兴复雷坛之功也。□□□□□……不可得而名五以归于□□□□□□……元宣精□□□□五行补序，习习祥风，祁祁甘雨。

……史吏科掌印给事中顺天府府尹邑人牛鉴[2]撰文。

丙子科举人邑人张启铭篆额。

募捐者：贺廷功、杨德、□□□、李锐、□□□、安天和、张登科、□□□、王楷、周建基、李枝美、王渊、□□□、王椿、□□□、刘兴禄、高克兴、□□□、刘柱、□□□。

石工：李福。

【注释】

[1] 补葺雷祖庙碑记，清嘉庆九年（1804）刻。《武威金石录》称："今存武威雷台。此碑残，存下半段，高 64 厘米，宽 87 厘米，厚 17 厘米。"今未见原碑。主要著录：《武威金石录》。

[2] 牛鉴，字镜堂，号雪樵，武威人。嘉庆十八年中举，嘉庆十九年，以进士第七名入翰林院为庶吉士，后授编修。道光二年，道光帝召见翰林院编修、检讨，对牛鉴的奏对很赏识，又被单独召见两次。道光十一年，授云南粮储道。道光十三年，调山东按察使。道光十五年补授陕西布政使。道光十九年八月，补授河南巡抚。每到一地，兴利除弊，政绩显著。累官至两江总督。咸丰五年（1855），以年老多病告假还乡。咸丰八年四月二十六日病逝于红崖山庄，即今武威城南牛家花园。

清城隍庙宫隙地及铺面入租佐乡会试碑记[1]

乾隆甲子岁，邑侯庐陵欧阳公矜念寒士，以城隍宫隙创修铺面数十间入租，佐乡会试资斧，其为作养人才，计至深远也。经理责之两学斋长，数十年来，诸先辈遵守弗替，壬申冬斋长寿山许公暨同人告余曰：有利必有弊者，势也。有兴必有废者，时也。酌乎时势之中而制为定数者，经久之道也。今统计三年城隍宫所入房租五百余金，以二百金供乡试，至会试之年，每人给银五两，遇恩科平分其数不得少减外，二百余金足备一切祭祀燕会之用。倘经理者浮费耗正项，则公议其罚以昭画一，庶几负欧阳公作养之苦心，与诸先辈遵守之雅意也。余曰：斯言甚善，爰详细叙之，以识美举，并告来者。

赐进士出身户部湖广司主事、前翰林院庶吉士加一级张美如[2]撰。

赐进士出身翰林院庶吉士尹世衡书。

外刘陞荣所经理字纸会田租，三年共入大钱叁拾陆千文，以作乡试卷价。

广平县知县甲午科举人郑长年，吴堡县教谕辛卯科举人张希孔，通州知州癸卯科举人柯映伊，原武县知县乙卯进士郭楷，礼部员外郎丙辰进士周泰元，阶州学正戊申科举人郑希夔，屏山县知县己未进士前翰林院庶吉士张澍，同官县知县壬戌进士杨增思，江西试用知县乙卯科举人尹世阿，汉中府教授戊辰进士龚溥，国子监学正己巳进士李赍生，武宣县知县己巳进士马廷锡，己巳进士赵廷锡，布政司理问陈琨。

岁贡生：王以涵、李奎标、林起鹏、刘庚元、邓曙、田服功、贾培成、赵升、何耀文、李廷楹。

举人：吴振业、王国祺、吴瑞年、李文藻、白毓华、李映朴、王三益、王述典、韩受生、王德谦、李泂、何建基、侯定远、赵克俊、臧鸣珂、李德元、潘挹奎、王者彦、李来凤、彭鹤龄、张兆亨、张景鲁。

副贡生：李宗义、郭朴、柏含霖、关志友、张储文、张橘云。

拔贡生：马应选、张梦龄、刘墨庄、牛鉴。

合学绅士：刘陞荣、常盛功、杨培元、白维镛、王宠、冯济舟、马佶、刘兆荣、王国祥、王作霖、武瑶、贾彝、白自清、王存枢、李熺、柴安、郝子渊、王瑞麟、范纯学、尹世栋、刘光涧、叶永润、张信、孙揆翰、刘培荣、赵思亮、龚学瀛、王浴汾等。

经理斋长：李如栋、李炳堂、张定邦、刘思良、许鹤年、张润、郝标、王敦伦、王絅、武琚、刘世英、王学濂。

嘉庆十七年岁次壬申小阳月[3]上浣谷旦阖学公立。

城隍庙宫隙地及铺面入租佐乡会试碑

【注释】

[1] 城隍庙宫隙地及铺面入租佐乡会试碑记，清嘉庆十七年（1812）十月。现藏武威文庙。碑为木质，长160厘米，宽73.5厘米。主要著录：《武威金石录》。

[2] 张美如，据蒋宝龄《墨林今话》卷十一载："张美如，字尊五，号玉溪，甘肃武威人。嘉庆戊辰进士，官御史。工山水，澹远似云林，苍厚似大痴。兴之所至，挥翰伸纸，顷刻立就。然不肯多作，故流传绝少。"

[3] 小阳月，即农历十月的别称。

清陕西同州府蒲城县众姓捐资题名碑记[1]

嘉庆二十一年岁次丙子九月丁未朔越九日乙卯陕西同州府蒲城县众姓捐资题名碑记

大丈夫忠愤不酬于尺寸，而庙食滴沛乎九州；功名不留于须臾，而义烈感慨乎千古。普天之下，岂第通都大邑遍建灵祠，即蜗蜒已交，亦不敢虚化其事。盖关圣帝君，精英塞宇宙，声烈焕简编，端人正士敬其忠，武夫劲卒壮其勇；田畯村妪慑其神，行旅商贾凛其义；万古千秋声灵赫济，真可与日月争光矣。我朝定鼎以来，诛逆荡寇，屡显威灵，笔难罄赞。若癸酉滑逆之变，余在京师曾目见之实，有是昭昭不爽者。圣天子崇其号、隆其祀，钜典煌煌颁告天下，猗欤盛哉！非两间正气之浩瀚充溢，曷克臻此。今春视学江西，同乡有贸易五凉者，驰书于余云：凉郡旧有陕西会馆，我邑人从乾隆五十八年间，共捐金二百余两，以作享祀、香火之资，公存行息为久远计焉。第恐积久湮没，有失初举之微忱，咸谋叙其始末，并将原捐姓名勒之贞珉，永垂不朽！因丐文于余，余以为光。若此者借帝君之精英声烈，有以感昭于靡穷也。乃诺其请，遂为文以记云。

赐进士出身资政大夫工部左侍郎兼管钱法堂事务提督、江西全省学院加三级纪录十一次、蒲城王鼎沐手撰文。

武邑诸生杨培元沐手书丹。

隆泰魁捐银十二两四钱。温中和捐银八两七钱。正顺振捐银七两二钱。李成孔捐银六两三钱。广兴任捐银六两。董振元捐银五两一钱。三合公、三合党、陈伯长各捐银四两八钱。渊裕德、陈永儒、李太银、刘骋骥、张凤武各捐银三两九钱。杨圣舆、何荣业、李天兴、胡遵福、王振民各捐银三两六钱。屈梓捐银三两三钱。永顺丰、陈秀儒各捐银三两。辛表捐银二两九钱。张永昌捐银二两六钱。义兴隆、永兴昌、永成隆、王乃□、张酬、张元勋、□钟彦、胡志云、任宏才、党廷玠、陈世杰、恒顺货、德裕店、陈天福、渊树德、冯承德、张树各捐银二两四钱。杨□□捐银二两二钱。王积玉、刘大儒各捐银一两八钱、梁凤冈捐银一两七钱。温清和、景允笃、寇尊模、曹兴科、李天秩、董□□各捐银一两五钱。杨聊芳、齐瑞芝、宋士俊、何九龄、陈遇凤、韩统武、梁景材、通益禧、王庆长、李子秀、冯大用、霍廷彦、刘大□、齐世杰、振兴号、正兴秀、杨颖、杨恭正、蒋育羲、陈永祥、贺文渊、王映辰、杨振儒、同兴合、陈守益、齐世才、陈英泽、王□、董万积、何九经、临盛和、张逊、陈孝友、王大成、渊有泉、杨廷圣、孙连登、王士元、赵德义、任广运、王保源、杨士俊、陈崇□、原湖南、刘致敬、张复兴各捐银一两二钱。郭凤麟、董俊章、景元章、张恒养、屈承先、张登庸、景凌云、胡克仕、刘志还各捐银一两、张桐、张俊德、王大霖、向建显、李宗孔、渊正清、刘鹏戚、屈五典、雷应诚、贺开春、寇淹生、屈清廉、张迪、乔德兴、齐德裕、党宏烈、惠新魁、梁宗第、乔德福、陈成贤、杨秉环、张德厚、张善继、魏国祥、霍廷光、杨增慰各捐银六钱。张立德、史俊山、刘华辉、董鸿凌、张德修、张善述、董万盛各捐银一两二钱。张翰、董万宁、陈成学各捐银一两二钱。春育店捐银四两八钱。顺兴恒捐银二两四钱。

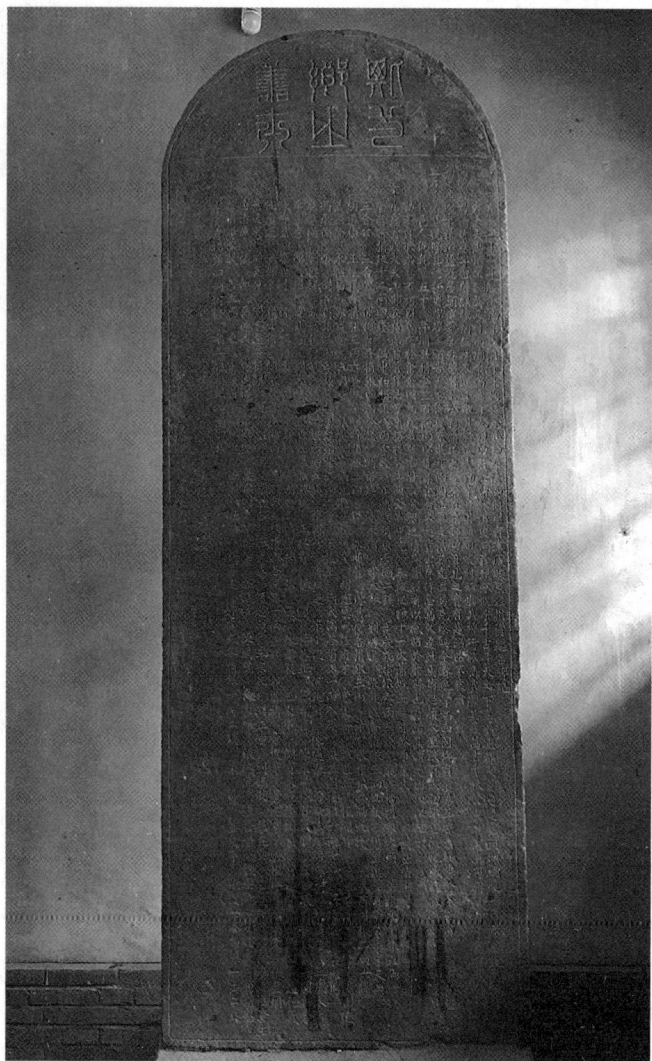

陕西同州府蒲城县众姓捐资题名碑

【注释】

［1］陕西同州府蒲城县众姓捐资题名碑记，清嘉庆二十一年（1816）九月九日刻。现藏武威大云寺碑林。此碑为圆首，碑身高220厘米，宽76厘米，厚13厘米。碑座高73厘米。碑额篆书"斯一乡之善士"。主要著录：《武威金石录》。

清重绘陕西会馆诸建筑题名功德碑[1]

【碑阳】

重绘陕西会馆所建天棚看台、土主神祠钟鼓二神碑亭园亭题名功德碑

从来宏观之起，不□于起之日，□有所由盛哉。制度之隆，不隆千金之□，必有原由，

其大□其大□也。陕西会馆，五凉之名胜也，其创之于前人者，规模也备焉，兹于嘉庆己酉岁，香长□□□、□□□□见□□□□□□坐视，因念二六时中，余记神麻，各发善愿。鸿众公议□殿以前立山门，重□彩绘，后年戏台前建修□□兴□□□此二□神□□□声长而破沉迷也。又起南北□台各五间，碑亭各一间，西向东□等各一间，岂议论台南之纪地，开三楹建立土主神祠，三楹□□□化异□□□苍松□其中，□为寻幽栖□□愿□始裕神祇，故以铺舍同大也，檀越广种福田以结清净缘合者及一载，岁□□善举也。福来□土，□□曰□，岂非神佑哉，□□□养，俾□勒石……以告来者，明典土之难，详诸闻□□顺□不待。嗟乎！□貌一□西北布地之金，一□一□必备善世之力。其□□前人之规，□□后人之□者乎在，故序之。

万恒辛施银壹佰肆拾两，永盛拾施银壹佰壹拾两，潘兴秀施银捌拾两，郝兴亨施银陆拾两，全盛鸿施银肆拾捌两，复春堂施银肆拾捌两，春兴恒施银肆拾捌两，复兴甲施银肆拾捌两，长顺□施银肆拾捌两，起盛顺施银肆拾捌两，新盛店施银肆拾捌两，德益店施银肆拾捌两，通顺刘施银肆拾捌两，元顺□施银肆拾捌两，恒顺王施银肆拾捌两，金盛□施银肆拾捌两，庆裕和施银肆拾肆两，仁裕孔、朝邑会各施银肆拾两，□昌裕施银叁拾陆两，西兴信、恒博店、恒兴元、金兴恒、聿顺张、金兴□各施银叁拾贰两，蒲城会施银叁拾两，德天固施银贰拾捌两，通顺公施银贰拾陆两，永兴昌、公顺星、永庆合、大生张、永盛店、金成德、金典张、信隆□、恒裕和、天合生各捐银贰拾肆两，同兴合、新兴韩、丰兴恒、美□店各施银贰拾两，乾泰明、永丰善各施银壹拾捌两，大原公、起顺张、永顺丰、永顺会各施银壹拾捌两，太成合、恒昌李、恒泰公、合盛茶、增顺□、道王会、各施银壹拾陆两，元信店、太□老各施银壹拾肆两，金□正、东四明堂、元兴王、大□祥、咸□堂、义合永、钜□会、新兴秀、恒昌秀、如松和各施银壹拾贰两，永□年、北四明堂、永庆明、张□眚、永盛合、□□何、永□德各施银壹拾两，广□任施银玖两贰钱，天亨通、庆余章各施银捌两，孟天成、兴顺裕、永盛和、华盛老、同兴成、信成长、□顺陈各施银捌两，西成孔、复兴张、日□雷、公信□、大兴宁、成庆伯、公□魁各施银陆两，余美馆施银伍两，永盛魁、元兴鲜、□典生、绪成老、丘兴合、□盛永、源泉永各施银肆两捌钱，福志堂、美春堂、裕寿堂、三德堂、顺合裕、李维统、隆典店、美顺春各施银肆两，时润公、长仡锐、□□和、张兴六、大□张、□□天、兴盛何、复兴公、长丰堂、正顺新、□孙衣、通盛裕、金□仁、兴盛、孟盛□、三成堂、临城和、同明店、隆成正各施银叁两陆钱，九□公施银叁两，正顺元施银贰两伍钱，顺兴恒、跻春堂、世兴元、任我公、同生堂、长顺公、复盛公、万□恒、正兴昌各施银贰两肆钱，裕□西、永兴盛、凉远□、□裕□、西四□、□□□、东□□、□盛□、各施银贰两肆钱，□□恒施银贰两，汉□恒、义□生、□西明、□兴合、各施银壹两贰钱，长一善施银叁两陆钱。

首事督工：王天瑞、郝良武、王振象、王万年、毛□荣、田敏中、韩进榜、闫文符、马雨兴、韩步瀛、张得、刘长年。

石匠：贾岁、李福；徒：度郡、章训、章相。

嘉庆二十五年岁次上章执徐[2]终皋月之上浣谷旦立。

重绘陕西会馆诸建筑题名功德碑

【注释】

[1] 重绘陕西会馆诸建筑题名功德碑，清嘉庆二十五年（1820）五月刻。原位于武威陕西会馆，现存于大云寺碑林。碑高223厘米，宽77厘米，厚6厘米。碑额篆书"福缘善庆"。目前尚未见著录，今据原碑录文。

[2] 上章执徐，即庚辰的别称。

清武威兴文社当商营运生息碑记[1]

武威文风甲于秦陇，而寒士居多。平居刻意历行，菲枕经史。值乡会试，每以银于资斧，橐不前者有之，即或奋志功名，不惮劳瘁，越阪陇，逾太行，负籍担囊，赢滕裹足，总释跷登朗者，岁有其人。而风尘因顿者，殆不少矣。余每思捐廉俸以激扬士气，而传济为难。

时张玉溪先生主讲天梯书院，徐与之计，玉溪曰："是有基焉，扩而充之可矣。"嘉庆十年绅士杨增思、白之璐、刘丕曾、张琨等，为乡会试并立兴文社，义先资助，合邑率从，其得银叁仟两。时有社长李奎标、刘赓元、陈映奎、赵升、李宗义、杨培元，经理张琨、权衡子母，然责在一家，不可以计长久，谒拟照书院膏火之例，散之当商，则责以分任而轻，利以众出而益，此经久之道也。是说也，余甚是之。计原日本银并息共存叁仟捌佰贰拾贰两，乃传集富商二百七十三家，晓以大义，俾各具领，每家领本纹银壹拾肆两，每月每两按本银出息壹分贰厘。另举社长刘兆荣、李如栋、侯定远、武瑶、陈瑛、刘裕亨、董其炎，由道府县立案以存永远。当商中有不开设者，许本时利银两交付社长，另给新开当商营运。从此应试者，得所藉乎，争著祖鞭。庶几幽壑无藏舟，骏足思长坂，而珠光剑气，常得以炳霄射斗也已。至善作必善成，美始必善终，是所望于后之君子，爰搦管而为之记。

钦命分守甘凉兵备道署甘肃按察司按察使加五级纪录十次荣海撰文。

赐进士出身凉州府知府前户部福建郎中加三级纪录十一次周维垣书丹。

清嘉庆二十五年……。

【注释】

[1]武威兴文社当商营运生息碑记，清嘉庆二十五年（1820）立。《武威金石录》称，由武威市文化馆孙寿龄提供。今据以录文。主要著录：《武威市志》《武威市教育志》《武威金石录》。

清甘肃凉州府圣庙碑铭[1]

分守甘凉兵备道前知凉州府事英启制文并篆额书丹。

予奉命知府凉州，岁当辛巳，恭逢今皇帝嗣位，遣礼官祭告孔林，颁宸翰于大成殿。穆章风化，崇阐文教，于时绚发闾首之民，罔不鼓舞郅治。涵泳圣涯，请义型仁，以光扬闳休于无极。夫治不本于道，末世补苴之术也。学不衷于圣，曲士沟留之技也。惟我孔子，开天明道，绍前圣以启后圣；惟我皇上，正位凝命，法执中以协时中，明明德以新民，其默契于穆穆之表者深也。古者立学，必释奠于先圣先师，然两汉壁雍，周孔并祀，自兹而降，代有兴革，其典礼靡可纪焉。洎唐贞观间，定先圣之位，而门人暨历代诸儒之有功于经学者，尊以为师，陪飨列庑，诏天下州郡，立庙于学。然则凉州之有文庙，由来旧矣。顾庙与学相表里，有宫有墙，有室有序，有圆桥，有判林，有射堂、射圃。凡习礼读书，学于教舞，与夫养老合乐，讲经献捷，皆得有事于其中。使其倾圮不修，荒芜不治，非所以妥神灵而奉宣德意也。予再莅斯土，每逢春秋仲丁，率诸生肃恭行礼，具言朝廷嘉惠海内士，重道尊师，无有中外遐迩。以生以成，特饬有司，董理所治，苟有废弛，得以时举，州之民人，咸歌呼踊跃，感圣德之陶钧，而乐与太守从事也。爰庀材鸠工，经始于辛巳九月十二日，告竣于癸未九月二日。事既，予适膺甘凉守道之命，喜得长与兹邦士大夫，共相砥砺，以仰副菁莪作人之至意，而并期无愧于门墙。乃勒贞珉，永垂来祀。系以铭曰：

惟天佑民，笃生我皇。惟皇牖民，以纪以纲。惟其养之，民以得长兮。惟其教之，民以无疚兮。学以得心，践以躬行。尼山木铎，世用有声。惟圣如天，我皇则之。惟皇敬学，臣工是式。峨峨宫殿，肃肃威灵。以禴以祀，俾尔训而型。

惟道光六年青龙在阉茂霜月[2]之灵皇极之日。

【注释】

[1] 甘肃凉州府圣庙碑铭，清道光六年（1826）七月立。原碑今佚，《武威县志稿》有录文。主要著录：《武威县志稿》《武威金石录》。

[2] 霜月，即农历七月的别称。

清武禹亭碑记[1]

故武义都尉、禹亭武公阵亡后二十五年，道光己丑五月甲辰朔，其孤瓒始持公状诣，捧章再拜曰：府君之死事安平，在嘉庆九年夏四月廿八日丙戌。先是己卯洋匪蔡牵以四十二艘犯安平鹿耳门之北汕，总兵爱新泰闻乱，以水师副将游击等出巡洋，而陆管将弁无可倚托者，乃委府君。府君亦慷慨请往，顾深虑兵少不足以卫守，泰许为刻期调兵至，则应援。乃与守备王维光帅百二十人先往，凡七日，夜雨沮援绝，身被十七创而亡，时年五十有七。府君之至北汕也，贼适他窜，乃以其部备炮台木栅，越三日辛巳，而贼大至。府君从台上望见贼艘蔽海而来，遂饬维光督台卒疾具弹药，然（燃）火机以待。伺贼进岸，猝发三大炮吗，碎其四艘，贼纷纷落海千余人，而余贼犹不可数计。自是贼或日三、四至，或日一、二至，幸东南风阻，不获近岸。然而府君益忧迫甚，望救援益急切。日与维光登台侦伺，夜则令守卒更迭眠息，而独周布栅城外，彳亍泥淖中数十百匝，天平明乃已。二十八日丙戌，日方中而贼大至，府君既使理炮具，益手书目前急状，使巡海千总瓮荣桂求救府城。日落时天忽反风，黑云加黑，水尽立台上，白光如压练，雨溅入炮唇，唇脐尽满腹，药成泥沙，贼于是跣乘风力，而益知炮不能然（燃）发，遂薄栅。是时府君已两中箭伤，而犹力呼维光等守栅，事急下台立潮中，犹各拼死力，手刃贼首十余人，乃同遇害。洎雨息，贼纵火烧栅，火光烛城上，而总兵以下益慑伏不敢出，所谓救援终亦不至。明日有故书吏李继曾者，未及黎明恸哭而入，叱不孝玢、瑷往求尸。继曾汀州人，聪颖有识，夙善事府君，因倚重之，常呼"李先生"而不名。至是闻难驰来，曳玢、瑷求尸海上。出北门里许得之北坛佛寺，僧言畴昔夜有四五人，驾芦舟摇自载是以来，舁入佛殿。玢、瑷与继曾蒲伏入寺，望见果是府君，乃各奉手足号恸，擗踊至以头抢阶，血涔涔下，汔不能任其声。远近村民歔歔呜噎而来者，数十里不绝。继曾于是手具汤为熏濯创痕，细书分记。曰：刃创十一也，项左偏三、颈右偏二、左手二、右胫骨二、腹左右各一。曰：箭创三也，胸一、左腰胁二；曰：长戟创三也，右足二、右胁一。书讫贴扎上，使玢、瑷黼黻衣缝。曰：

大人之难，为无援以陷于死，若当事者自逶罪，恐奏议不实而转坐大人为失律，二子亦将有罪，则扎付创单可用也。又明日，总兵以下千余人来吊，玢、瑷哭受吊，爱新等善抚慰之，为眠治棺殓而去。事闻廷议，以情事不符，命厦门道朱公察情覆奏。朱渡海来北坛惠吊府君，玢、瑷稽颡号恸，持创单扎付以呈，朱乃以实奏。诏赐府君及维光恤荫如例，而罪总兵、道府及水师官有差。府君之死事安平，颠末如此，今距二十余年矣。顾犹窃窃訾当年得失，未之甘心。夫由北汕南十里达鹿耳门，又东北八里即安平。安平东至府西门七里，此其形势原非甚辽阔也。己卯闻寇，辛巳大破之，阅四日，及暮，始遭风雨，其持守时日亦非甚仓猝也。然则府君之亡，人耶！天耶！时不孝瑶、琚、瓒还乡省墓，安平之役竟不获执，羁勒从侍绝缨刲血刃于仇虏之胸，以身分难，痛何如哉！道光壬午不孝瑶已病死，乙酉不孝琚继死，今不孝瓒虽未即死，而颠毛种种脱，一旦溘先翰露，将府君大节久而就湮矣。辱与吾子为昆季交最，以丽牲之，后请为案状。

公武威人，讳克勤，字勉庵，号曰禹亭。年二十有四，以乾隆辛卯进士守备山东高唐州，累迁都司游击，最后迁台湾阵亡，驰驿归葬金渠里别业之东百步。公曾祖略，祖承印，父俊悉赠如公官，姚皆淑人。五子：瑶、琚，元配司宜人出；瓒、玢、瑷，继配王淑人出。孙十人：经文、纬文、绹文、籀文、鸿文、综文、绎文、绥文、世斑、世荣。曾孙二人：钺、鉴。于戏！尝斗者御此之大权也，死生者人臣之大节也。昔孙文正公承宗，卢忠烈公象升，拼命畿辅，厄于周延儒，杨嗣冒之，奸久而始明。今公以裨将海疆效死，虽其忠足以感李书吏、朱观察，而非睿皇帝睿哲天擅，为能辨情伪于数万里外，纤悉若斯此明。所以一遇流寇，中原遂溃烂不可救。我朝法制修明，即间有一、二匪徒，窃弄潢池之贰者，不□踵而诛灭殆尽，斯义尤不可不明于世，乃不辞而为之。铭曰：

以为可以死而死，则公之所以报国者，其心固不止于此。以为不必死而死，则圣主之所以矜恤者，其恩方沦浃而未已。后骋訾之，易言□畴则喻于死生之纪，惟公魂之耿耿兮，常临此飊飓之首□□□哆。

【碑阴】

武威孙广文名揆章[2]，字云方，十有五万，为公作传。

前翰林院庶吉士张君，名兆衡，字雪槎，三万察书。

武德骑尉陈君，名瑛，为采石。王镜山□，二万四千。

戊辰乡荐李君，名德元，字在春，万，为公别著论略。

奉直大夫灵州牧，前武威令梁直绳，企云，万五千。

中宪大夫前凉州太守，天津习贻桂，芗樵，万二千。

凤翔太守故凉州太守，吉安程懋采，万有二千。

监茶同知前武威县令，安徽标林倬奎，五千四百。

户部郎前庶吉士张美如，十万。公女夫，其子拴住。

浙江粮道前翰林庶吉士武威尹世衡，仲平，五万。

吏科给事中前翰林院编修武威牛鉴，镜唐，二万。

县儒学增广生员李君，名炳堂，字在廷，三万五千。

兖州费县令癸未进士永昌蔡发甲，梅崖，万四千。

察举孝廉宁远学训导辛酉乡荐白育华，万二千。

吴堡县儒学教谕辛酉乡荐王三益，字友堂，千。

国子监学生张濬，巨川，万二千；其子嘉楷附生，百。

国子监学生武威张定邦，字茂武，三万二千。

国子监学生武威杨士豫，字乐堂，二万。其人善医。

文林郎戊寅乡荐武威李夑生，字玺如，千二百。

奉直大夫武威陈珮鸣、王子宗、海仲子、宗泽，四万。

县选拔贡生武威马应选，伯青，五千。子曜邦附生。

文林郎己卯乡荐武威张沆，字玺如，四千五百。

陕西富平张世春，字煦菴，四万五千。其人处士。

郡儒学增广生员武威王达，字始泉，二百四十。

县处士武威马赉，字伯卯，百；公女夫其子铜柱，以是年生。

县处士武威张洲，字鸣睢，百；公女夫其子嘉穗，兄子嘉楚。

丁卯乡荐前陇州儒学学正侯定远，字仲班，二百。

宁州训导戊寅科乡荐武威杨士履，礼堂，二万；其弟士容。

候补训导朔县儒学岁贡生王恩湛，字芝露，五千二百。

陕西三原县儒学附生李应运，字青菴，四万八千。

平番县连城土番世袭指麾使蒙古鲁纪勋，字汝嘉，八千。

武翼都尉陈宗洙，万。其从弟宗瀚、宗潮、宗淇、宗渤、宗沏，万。

承德郎县学附生武威张鹤龄，百。府学生武威张篋子。

县儒学增广生员武威王凤翯，仪伯，千。学者王凤岐，千。

武威处士白育芸，翰甫，千。其兄子廷楷，子西宁，归德廪生。

武德郎武威孟兆亨，字宗嘉，三千。学者武威任向荣，千。

候补训导郡岁贡生武威徐修祀，字运长，千。其诸弟络祀。

凉州府儒学廪生武威张兆元，字雪版，千。雪槎太史诸弟。

郡廪生武威孙楠，字晓江，百。其从弟医士栋，百。皆云方侄。

凉州府乙酉选拔贡生武威李德良，字孳夫，百。在春诸弟。

凉州府儒学增广生员武威孙燮友，字济疆，百。云方广文孙。

县儒学增广生员武威陈宗溥，字博泉，百。武德骑尉族子。

候补训导县岁贡生武威刘德暲，字黼堂，千。

候补训导郡岁贡生武威李国栋，四千。其子澄、济，各百。

候补训导古浪县学岁贡生杨映三，字汇川，一千二百。

古浪韩教纪，字肇修，二万。其人武生兄勃伦，弟勃敏、勃道。

华阴处士王裕川，字厚菴，三千。其孙万春，字圣年，千。

学者汪阴，处士韩和洲，字咏霓，二千。

武威处士张镛，在廷，百。

候补训导县贡生武威孟林，字翰云，千。

壬午科乡荐武威曾诚，字元鲁，二百。

乙午科乡荐武威冯鐕，字菩膀，二百。

乙酉古浪县选拔贡生席世恩，光奕，二百。

县增广生武威李钟灵，字淑清，二百。

凉州府儒学廪生武威华进儒，字师鲁，百。

国子监学生武威王克顺，字德从，千二百。

县库曹史武威杨发茂，千。其人习古篆隶。

县儒学附生武威杨发源，字呈海，千二百。

国子监学生武威刘承先，二千。刘绪，千。

郡增广生武威刘学海，字虚月，五千四百。

凉州府儒学附生武威王春，一千二百。

凉州武生武威王荐生，字厚甫，千。始宗侄。

归德学增生张西铭，万。其从弟诰，县附生。

乙酉科乡荐金城刘世系，二万。刘绂千。

迪化州儒学廪生武威张宗文，子远，三千。

凉州处士祁光国，字大观，二千。其兄光曾。

山西太原程掌文，字汝衡，四千。其人处士。

山西夏县牛集云，字千祥，八千。其人处士。

学者张嘉祥，千。公长女子刘绎，千。□女子。

武威梁尚忠，字元夏，二百。其同母弟尚文。

武威故处士赵鹤，字子和，三万。其侄国□□。

艺士任发祥、孟宗、尧浮屠、赵藏悟，各百。

白木和刊字。李福、贾思远琢石。费□□□□。

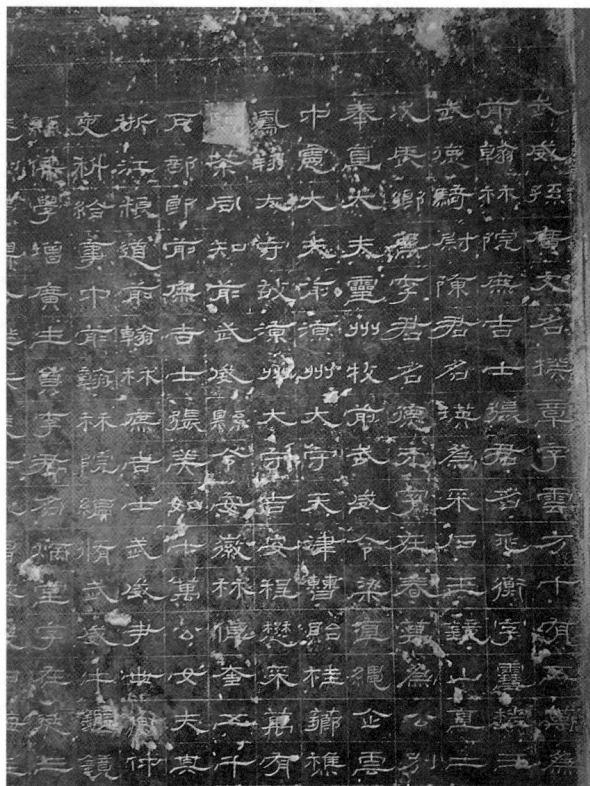

武禹亭碑记（碑阴）

武禹亭碑记

【注释】

［1］武禹亭碑记，清道光九年（1829）五月立。现藏武威文庙。碑高191厘米，宽80厘米，厚18厘米。该碑为正反两面刻字，均为隶书。为武威现存碑刻中为数不多的隶书碑之一。碑阳为孙揆章应武谱所请为其父武克勤（号禹亭）撰写的传记，传中记载武禹亭的事迹甚详，可补史阙。碑阴刻捐资赞助立碑的士庶名姓等。主要著录：《武威市志》《武威金石录》《武威市文物志》。

［2］孙广文名揆章，即孙揆章。秀才，一生未入仕途，有《悟雪斋诗文集》传于世。

清陈贡禹墓表[1]

敕授儒林郎晋封武翼都尉陈君贡禹墓表

赐进士出身户部员外郎前翰林院庶吉士张美如篆额书丹

君讳琨，字贡禹，武威人。陈氏为凉大族，自君父北梓公世其业而张之，衣冠之盛，甲于一郡。君即北梓公之仲子也，幼随父入市肆，举止端重，目不左右眄。先娶韩氏，继高氏，以子职封淑人；又继孙氏，以本生子职封宜人。男四人，长宗洙，嗣其伯兄珽，援例授游击；

次宗瀚，贡生；次宗海，育于弟珮即后焉，援例授员外郎；次宗瀛，业儒而夭，年六十有五，卒于海池里。又十年，乃为文刻诸埏道之石。君尝自语：吾父同怀三人，吾父起家，吾叔父所与共劳苦者，不幸皆先吾父而卒。遗滋藐孤，皆少于吾，吾与之同食共寝。吾爱吾弟，所以事吾叔父也。吾同怀二人，吾兄病瘵，所与吾事吾父者，不幸又先吾而卒，吾以长子继大宗。吾为之慎起居，勤训迪，吾教吾子所以事吾兄也。吾宗近支二，所与吾共功缌者，不幸而掺行不同，群从相视，恐如行路。吾为之建宗祠，置祭田，春秋令节序尊卑、共酒脯，吾收吾宗所以事吾高曾也。夫大功同财，先王因民立法，不以所难责人也。然尽礼以致爱者，吾未尝数数观焉，服制以高曾相属。至后世有祭而无斋布筵奉荐，虽父母有不相接者，推而至于远祖，益觉分之难满，所谓薄于德而礼为虚也。君于所不逮事者，如此则其能尽于所事可知矣。君之报其先者，如此则其食报于后，正未可量矣。古之有名位者，即受之册归，必铭其器。论述其祖宗之德善功烈，以明示后世，此勒诏之所由昉也。然礼爵不上逮自南北朝，以至于唐，始有封赠祖父之典；而自身以上官以递降。郭令公二十四考中书，父止赠太保，权文公官宰相，父止赠郎中。我朝以孝治天下，受封之崇卑，视其所封之人，且破常例以待急公报效者。下得以时请于上而尽其考里之诚，上得以时颁于下而作其忠尽之气。如君之父子、兄弟叠沐恩纶，天章炳曜，斯亦足以慰。仁孝之心光昭世德，而庇荫子孙于无穷也。

道光十二年岁在壬辰秋七月，同里孙揆章谨表。

富平仇文法镌字。

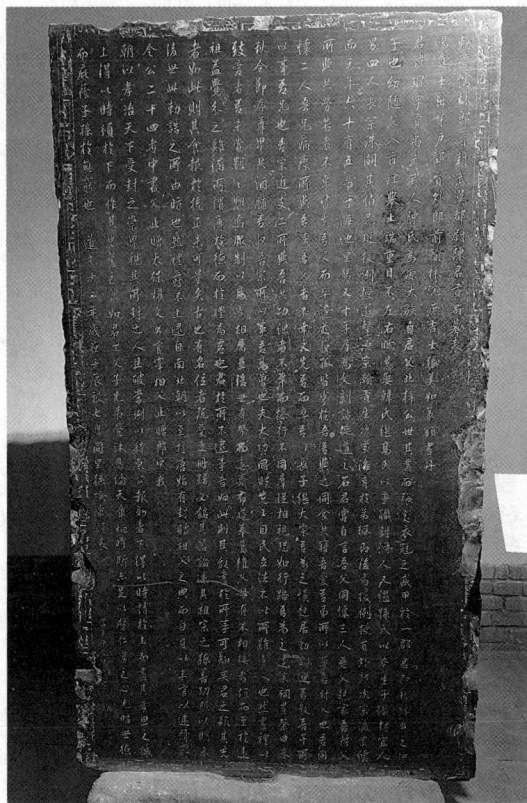

陈贡禹墓表

【注释】

[1] 陈贡禹墓表，清道光十二年（1832）七月刻。现藏武威文庙。墓表高174厘米，高96厘米，厚18厘米，正、反两面刻文。背面刻道光十三年《碑阴书事》，本书予以收录。主要著录：《武威金石录》《武威市文物志》。

清陈贡禹墓表碑阴书事[1]

古者封建之世，死徙无出，是以周礼有族葬之文，吾家自旌表节孝。太高祖母杨太孺（孺）人守志抚孤，高祖君运公克承母志，以勤俭起家，为一乡右族。而太高祖母归骨之地，无从考核，惜乎其无聊曼父之母也，自高曾以下皆葬此土，世次无紊，昭穆可稽。而世泽延长，叠膺丹诏，挺道立石，略为表识，百岁之后，归于室处，则体魄安矣。他日宗祠建、祭田立，不但有以慰吾祖宗在天之灵，即吾父未竟之志，实式凭焉。俾子孙食其德者，春霜秋露，抚兹梧槚，感念松楸，宜何如立身修行，懋勉而弗替也。

道光十三年癸巳四月吉日，裔孙男宗瀚谨识。

陈贡禹碑阴书事

【注释】

[1] 陈贡禹墓表碑阴书事，清道光十三年（1833）四月刻。现藏武威文庙。墓表高174 厘米，高 96 厘米，厚 18 厘米，正、反两面刻文。正面刻道光十二年《陈贡禹墓表》，本书予以收录。主要著录：《武威金石录》《武威市文物志》。

清苍夫子神座祭田碑[1]

苍夫子神座祭田记

武威县儒学生员李如林，将典质金渠左四坝、日畦、头沟刘丙厂科田地贰石，用制钱贰伯（佰）仟文。其地四至、水利、粮草、差徭以典约为据，觅佃户耕种承租，每年承纳麦子玖斗、糜子玖斗，于道光十年冬季捐入学校以作祭田。殊象寺僧月峰姓刘，将典质黄渠、头坝、羊坊沟李德荣科田地肆石伍斗，用制钱壹伯（佰）肆拾仟文。其地四至、水利、粮草、差徭以典约为据，觅佃户耕种承租，每年承纳小麦壹石伍斗，夥夥壹石头伍斗，于道光十二年春季捐入学校以作祭田。以上二项同众公议肃于苍夫子神座前，每岁三月廿八诞辰恭冶牲礼，永为祭祀之用。庶几俎豆常新，神庥广被，李、刘二氏之善举，亦不至湮没矣。待后存余日增，洁粢丰盛，首事诸公谅有同志，是为记。

合学经理：杜裕基、杨珍德、孙揆翰、韩子智、刘德昶、陈瑛、王建勋、李滋荣、陈宗瀚、王秉如。公立。

焚化字纸：张文举。钱笔：李坛。

道光十三年岁次癸巳十一月吉旦。

【注释】

[1] 苍夫子神座祭田碑，清道光十三年癸巳（1833）十一月刻。现藏武威文庙。碑为木质，高 74 厘米，宽 160 厘米。主要著录：《武威金石录》。

清武威武征君李孝廉传[1]

武威武征君李孝廉传

同里孙揆章撰，同里牛鉴书。

征君名瓒，字用侯，邑诸生。武氏为凉右族，世饶于赀。父都尉公讳克勤，以武摘进士，游击台湾，死海寇蔡牵之难，几为当事所抑赖。天子圣明，覆按得实，赠恤有加礼，君感激矢报。少即自振厉欲，有所建树，以为先人光，而屡试报罢，家益落，郁郁不得志以死。死前之数月，余游银夏，从友人书中得病状，迫欲驰归而龃龉未果，既归而君病已不可为，床头握手，欷歔一诀，若忍死须臾，以相待者，俾予视疾临丧，克自尽其生平之责。此张元伯所以谢郅君章，殷子征而惓惓于巨乡也。然则君之神明内照，为不乱己，所居城南别业有花竹圆亭之胜，每际吉日当天绿阴满塌，独拥所聚书数千卷，杂秦汉唐宋篆刻潦倒其中，自朝至夜漏十余刻不休，而君不以为苦、以为常，君所学既有名，而内行纯笃，孚于里党。道光建元，朝廷诏举孝廉方正之士，合郡数百人上其名于观察使者，观察使将核转，先欲面试。君走迁不出，使人具札辞，日三四上。观察使知不可强，愈重之。饬有司给额表其门，欲往一见，且令其友先之，而君亦谢弗应也。君清癯矗立，两手盛夏不暖，而虐用其精神不自爱惜。母夫人以疾断荤肉，君自此不与燕会，强之，辄逡巡去，而终不自言其所以然。丙戌，余既倦游，侨居郡城之北，相距几一舍。君时念予，绕城行风日中过予，盘桓一日。持都尉公手状，循发视予曰：昔管公明揽镜，自伤其不永年，而予也种种然者，脱一旦身先大马阿弥，老先大人节行未彰，则长逝魂魄，恨有穷拯耶。予穷怪其语不详，许为论次复开以事亲，守身大义，不虞其言之验也。余既受状而卒卒未暇，以为又一年始，节其状语，铭而归之。君斋宿告庙，手渺上石，洎成祭告如初，都尉公若将降临，家人有见之者，而君亦委顿，竟至不起，年五十。时道光辛卯五月十八日也。征君死逾年，李孝廉夔生自济南归，约予哭诸墓，且赙其遗子焉。

孝廉李姓，名夔生，字典臣，一字谐如，武威人。父讳作宾，处士，喜读宋儒书，持躬笃实。世父讳作枢，诸生，隐居授徒，足不履城市。孝廉幼禀学世父，又承处士公之身教，务自刻苦，举动异常。见年十四，补学官弟子，颖悟善为文，清折要眇，思入无闻，能言人之所欲言，并能言人所不能言。少长充以问学，纳须弥于众子，针孔中现无量庄严楼阁，超尘绝迹，真不于地上行者而时人弗之尚也。予尝语孝廉：宋人有善为不免手之药者，一以封，一以不免于洴澼絖，非所操之术有工拙，有幸有不幸也。且坚瓠无穷，当以无用罢之耳。今以子之学而尽其所业，以薪夫世人一日之知，其知之于所业无加也，矧其未必知之耶。今息子业而进其所学，不薪夫世人一日之知，其不知于所业无损也，矧其未必不知耶。孝廉立感悟，从予于城西之僧楼，相与究学术之源流，考词章之得失，论风气人才之盛衰，俗窗木塌如是者二年，每有所得，必举似于予，予间有商榷，辄心契无违言，以故声望日重，足迹半天下，所至倾其贤豪，而孝廉终不予易也。岁癸酉，以优行生贡。戊寅举乡试第四人，自此屡试春官不第。丙戌出都门，由幽燕历齐鲁之维扬，听竹西歌，吹泛京口，眺望金焦二山。过嘉兴，访烟雨楼故址，自江而渐（浙），登吴山顶上，南望钱唐（塘）江，北望西湖，俯仰身世，慷慨不自胜，往往西向恸哭，作为诗歌以怀予。予亦赋秋风高招之。尔时已觉其遇之蹇而心之悲也。孝廉性孝友，笃于宗族，拮据三十年，未尝名一钱，耿不绝俗，不轻与人交，苟心许生死以之。少尝与永昌蔡君发甲友善，后蔡成进士，出令山东。因事左迁，旋死。孝廉絜其孤，走告于同官之有力者，清其官累，且集数千金，手载其柩返里。严寒风雪中敝裘一袭，驰驱五六千里，世咸高其义。以比之戴平仲、缪豫公云。孝廉体清羸，怆伤之余，毕累劳瘁而饮食失宜，风寒中于肺腑，水不上养浸淫，以至于失音，无几何竟佗傺以死，年五十，时甲午二月二十八日。死十阅月，而予远游归，亦如孝廉之哭征君者，哭诸孝廉之墓，且以征君遗子之殇并哭征君。然孝廉有子，能读书拜谢成礼。今征君无后，而余同之异日只鸡斗酒，欲求如孝廉之哭征君。余之哭孝廉者，何可得也，而老泪为之倾尽已。

论曰：二子虽未显荣于世，而学成行立，年几中寿，不为不幸也。况孝廉之后能世其业，食报正复何穷，独征君为可痛矣。俗传吾乡风高土薄，其水无源，配石自相戛击，以坟人多磊砢，贤杰易硗折。予弗深信其言，理或然欤。

刘恒堂摹勒。

武征君李孝廉传 1

武征君李孝廉传 2

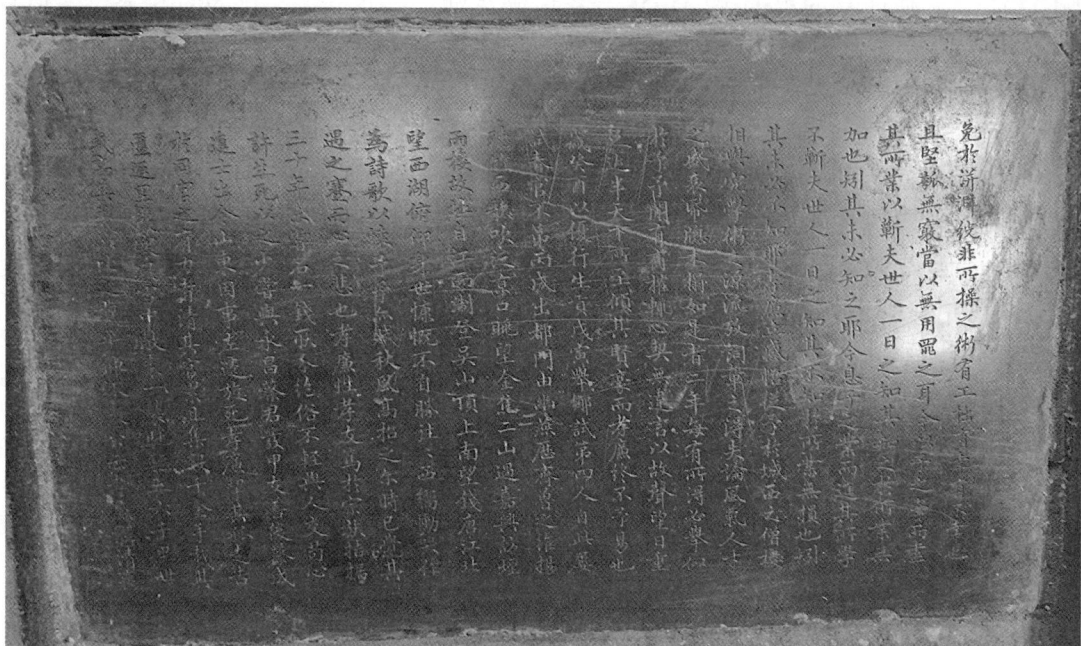

武征君李孝廉传 3

武征君李孝廉传 4

【注释】

[1] 武威武征君李孝廉传，清道光十五年（1835）刻。现藏武威文庙。碑共四块，每块长51厘米，宽31.5厘米。武征君，即武瓒，字用侯，武贡禹之子。李孝廉，即李夔生，字典臣。孙揆章为二人立传，记述他们的生平事迹甚详。主要著录：《武威金石录》。

清重建昭忠祠碑铭并记[1]

祠名昭忠，阐微也。曷言乎阐微？祠以忠名者多矣，褒忠、旌忠、恤忠，皆崇祀也。兹独以昭忠名，盖有微显阐幽之意焉。夫以死勤事则祀之，礼也。然赴死非难，就义为难，人必有尽忠之志存于中，而后轰烈之气著于外，不惟昭于一时，昭于一代，且昭于万世，有历久而常新者。嘉庆八年，皇上轸念川□阵亡官兵，特隆崇祀，俾立祠矣，以昭忧恤，诚盛典也。当时建有昭忠祠，规模略具，不数十年寝以颓坍，祠中后嗣云骑尉武经文、韦福、方栋、白廷佐等，感圣恩之高厚，念先代之忠诚，不忍湮没，各捐世俸，思为重建。请其事于镇宪长、道宪郭、府宪潘、邑侯洪、府儒学正堂张、副堂杨，皆可其请。于是鸠工庀材，于道光廿三年二月起，九月止，越八月而工竣。建正殿三楹，出以卷棚，东西立廊庑各三间，牌楼一座，山门一座，外修斋房一院，气象宏整，栋宇辉煌。殿之中间暨两边间设牌位，以祀川□阵亡官兵。又添祀以祀西宁阵亡、西域阵亡、浙江阵亡之官兵，皆所以慰忠魂而广帝泽也。夫祀死者于前，即以励生者于后，忠尽之忱，不且昭如日星也哉。爰系之铭曰：

乃经崇祠，崇祠故址。庙貌即成，鸿规大起。俎豆莘莘，春秋享祀。义魄忠魂，既招格尔。圣春丕昭，施于孙子。万载千秋，增光古史。

丙子科举人前任泾阳县儒学教谕即补知县蔡含辉敬撰。

凉州府儒学生员王锦兰敬书。

道光二十三年九月上浣谷旦。

【注释】

[1] 重建昭忠祠碑铭并记，清道光二十三年（1843）九月立。原碑今佚，《武威县志稿》有录文。主要著录：《武威县志稿》《武威金石录》。

清莲花山文昌阁重修碑记[1]

吾邑莲花山文昌阁，颓废日久，合学绅士以为此地为文运所关，遂于道光二十二年拨用与文社膏火赈公项银重修。凡殿宇亭台悉举而新之，然庙貌巍峨使不致其禋祀，非特无以答神庥，不且有负重修之胜举耶。兹有本城民人李本枝捐施、吴举借制钱壹伯（佰）陆拾千文，即典吴举怀三坝田地肆石，每年承纳租粮小麦壹石肆斗、谷子壹石肆斗。山西孝义县人刘隆裕捐施银，典韩殿魁、韩多魁杂二坝三畦田地壹石贰斗。随搭房屋园圃树株，典价银壹伯（佰）壹拾肆两，每年承纳租粮小麦壹石贰斗。李兆卿捐施钱，典宁元鹏大渠下双寨田地贰石伍斗，典价制钱壹伯（佰）伍拾千文，每年承纳租粮小麦贰斗、糜子贰石。俱有文券为凭。公议此三项永为莲花山文昌阁祭祀之资、看庙之费，庶几俎豆常昭而文明日盛矣。故特为之记，愿日后毋废厥事也，并为世之乐施者劝。

　　经理生监：王国兰、周光炯、郭耀先、张诏、段继儒、司炳泰、胡宗哲、王成宪、赵正、范清鉴、王国儒、王培林公立。

　　道光二十五年岁次乙巳十月谷旦。

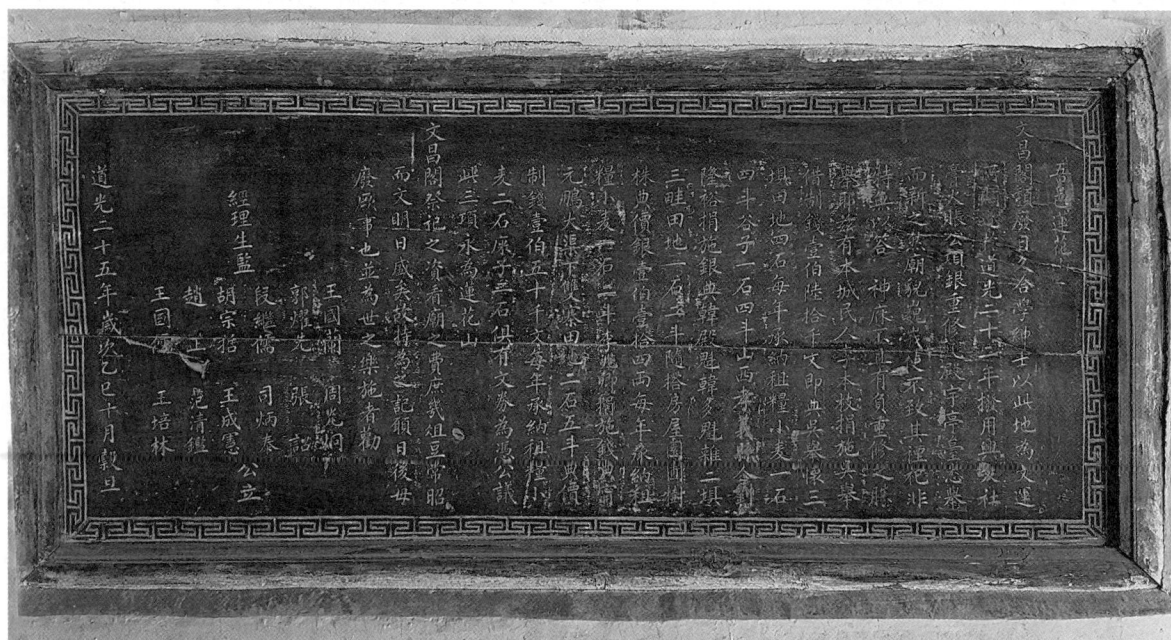

莲花山文昌阁重修碑记

【注释】

　　[1] 莲花山文昌阁重修碑记，清道光二十五年（1845）十月刻。现藏武威文庙。碑为木质，高62厘米，宽143厘米。主要著录：《武威金石录》。

清张雪樵（兆衡）事迹碑 [1]

张公墓志碑阴书事

余读雪樵先生所为公墓表，据事直书，不为藻饰，名德立言，信今传后，公可不死矣。

而以余亲见公行事，有为人所艳称而未得其深，徒令有识者观之。目为一节之长，无足为公重轻而其实所全甚钜，则若断曲沃周氏争产一事。周氏丰于财，甲乙析居。甲死留异（遗）腹子二，乙无子，后死，甲少子当为后。甲后妻主析甲产以益少，其长争执，遂告忤逆。长因以继母不容，情愿出继。申诉中间，宵小、媒孽各出万金居间。当是时天适旱，公方斋戒，步祷停讼。系廉知怃然曰：迟则被赚，是家祸终矣。刻拘至坐，堂皇叱二子曰：长者承祧，不当出继；少者出继，不当携财，理允事均，两无所碍。尔母以偏溺之私致此纷纭，骨肉伤残，徒为他人鱼肉，是尔先人所辛苦居积，以长子孙者竟阶，尔等不慈、不孝、不友、不弟之戾，泉下之人无泪可挥矣。二子涕洟被面，声呜咽不能仰祝。公曰："止止所为如此，犹敢以不义污官，官乐以清白遗子孙，肯使如尔等惨罹此变耶，头上青天，一心可鉴。"因作势欲刑，咸叩头引罪，固求释讼去。是夕雨如注，父老咨嗟，以为数十年来多有此案，从无此判。啧啧然颂公之明而叹公之廉，为不可及。夫明则固然，若第云廉也，廉特一身之事，为当官守职之常。使二子祸心未死，则方受人调唆，拼其重贿以冀一当，亦安能禁其不他往者，而母子兄弟之衅蔓延，固结不复解矣。天下惟天性之良，虽残忍刻薄不容尽泯，公以恺恻之怀，直发其覆，而大动其不忍。二子平日充耳填膺，一切计谋忿恚之私，不知消归何有，顿觉神明在上，刺骨疚心，不堪回首也。仁人之言，其利薄哉。或者曰：此亦服善则然耳，如其顽梗则奈何，是又不然。孟子曰："至诚，而不动者，未之有也；不诚，未有能动者也。"余与公同里，闬对宇居。忆少时数过公家，见公兄弟六人，依依爱悦如左右手，衣服食饮无彼此。太封翁时有遣谪，则相代引服，婉转博亲欢。太安人从旁伺，封翁颜色为缓颊，封翁寻知亦笑置之。尔时心直，谓六人同出，辄叹其难，后与人言，乃知其三则与公异母也，其二则与公同祖也。而太安人则公之继母，公固先太安人所出，早失恃也。嗟夫，世以同父共母，苏氏所谓一人之身者，犹或恣睢忿戾，各不相能，而群从同堂，和乐无间，如公六人者，其至性过人，为何如哉。本仁孝之素处人，骨肉纷难之际，其缠绵悱恻，必有流溢于语言之表者。而二子涕洟呜咽非偶然也，又何顽梗之有焉。公弟兆燕、兆祥，太学生；兆铭、堂弟兆学、兆镛，岁贡生。候选训导告归后，昆仲存者太学及广文。而三白首相对，凄惨增怀，因出所积俸余置几上，呼诸子行十有一人至前，谓之曰：吾兄弟相依，今已半归泉路，座上相看，知复几时，正为尔辈不能忘情耳。君恩波及，视囊时称苟完，门户之忧，于此方大。昔人所云：财相靡，事相诿，俭者不复俭，勤者不复勤，兴言及此，使人怅惘。计吾所有为尔均分，勤则可以自资，惰则势将坐困，后事任尔不复关吾。陆贾作达，初非本愿。呜呼！别籍异财，为朱子厉禁，而本朝李穆堂为未尽善，其说切中事情。盖即末俗之私情，斟酌通变，使无害先王之公义，而相稽相尤，预期未萌，此则仁人君子长虑，却顾曲为保全，不肯胶住养痈，何其明也。而平如鸤鸠，尤第五氏所审量焉，而不敢易言者矣。公以癸巳谒选，癸卯告归，居林下者凡六年，春秋六十有一。有五子，琴居长，仲氏出，太封翁钟爱，念公艰嗣，命子之即嗣焉。廪贡生，候选教谕，从余游，为小友。次璘、次瑢、次玥，俱及门从余学。次瑀，幼。余愧德薄无能为诸孤模范，而以公行事，所积甚厚，其后必昌，且皆聪颖识大义，称其家儿。其为肯堂构无疑，虽然名父之子，众所指目，负荷良不易，诸子勉乎哉！

道光岁次戊申嘉平之月[2]，同里蔡舍辉。

富平仇志立、仇星乙刻。

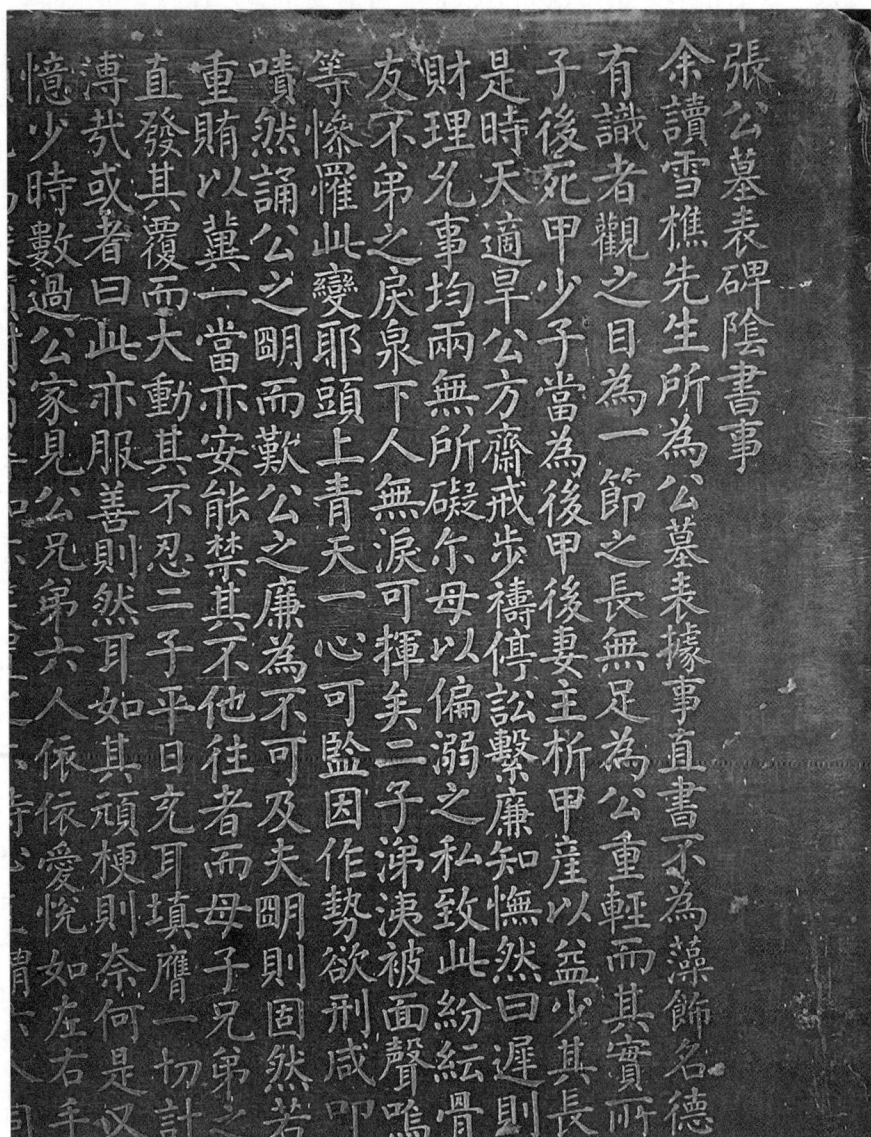

张兆衡（雪樵）事迹碑

【注释】

[1]张雪樵事迹碑，清道光二十八年（1848）十二月立。现藏武威文庙。碑高177.5厘米，宽101厘米，厚19厘米。正、反两面刻字，此为正面，背面刻道光二十九年《张雪樵墓表》，本书予以收录。主要著录：《武威金石录》。

[2]嘉平之月，即农历十二月的别称。

清张兆衡墓表[1]

诰授奉直大夫山西朔州知州前翰林院庶吉士张公墓表

赐进士出身通奉大夫六部主事前两江总督翰林院编修国史馆纂修同里牛鉴撰并书

道光二十有八年龙集戊申夏四月，雪樵先生启手足于里第。其同馆友牛鉴与邦之贤人士大夫哭于其次。日月有时，窀穸襄事，公之孤匍匐请表墓之文。余从史馆后与君游，久知君深，则不获辞，乃胪实位叙其凡。

公讳兆衡，字仲嘉，号雪樵，姓张氏，武威人，世为凉州望族。胜国世庙，时官大同总兵，谥忠刚者，其十一世祖也。簪缨弈叶，世其家声，遭国变中微。考耀文太翁，增怀阀阅，勤念继承，生公昆季四人。公其长，抚犹子二如己出，咸命之学，督课维严。公岐嶷凤成，服训克肖，覃精坟籍，腾实蜚声，以嘉庆庚午举于乡，庚辰成进士，选庶吉士。壬午散馆，改知县需，次铨部请假归觐，上游倾风，延主五泉书院。制府杨忠武侯，重公硕学，复聘主兰山书院。公以其时束修色养，尽欢二人，累裀列鼎，乐不易此。壬午，丁马太安人忧。丁亥，太封翁弃养，公哀毁骨立，诚信如礼。服阕，谒选得山西和顺县，调繁曲沃。充乙未、己亥同考试官，擢升朔州。视事匝月，移疾告归，大府慰留不得。公为治明练，敦大礼，不尚苛细，而剔弊除奸，不少姑息。其莅和顺也，甫下车见道旁隙地，屋败垣颓，问为书院故址，以经费无出，鞠为茂草。公慨然唱捐，闻者竞劝，墙屋既修，膏火充给，延师讲授，蔚然成风。邑额征折色，旧归倾销匠包纳，倚势勒收，浮于市估者几倍，官利其便，民苦无诉。公为复自封投匦之制，宿困顿苏，欢声震野，为立生祠，禁之不得。二漳抱城，仓廒易霉变，藉地需板，旧输诸民，吏胥因缘为奸，岁辄一更。公簿籍其数，令民自经理，领旧易新，失落坐监守，宿弊以绝。土产何首乌，大如栲栳，权贵人珍为大药。下令诛求籍充馈饷，悬崖峭壁，民不堪命。有风以意者，公辄曰：地力几何而不告匮，俟长成即当持献耳。岁乙未，邑大旱，公奉檄入簾，权篆者博上官欢，以六分收报。公彻棘还，心念民困，如此糠核不能自存，顾重以敲，比迫死沟壑耶！乃令安堵毋恐，缓俟来年，而文书依限报完。吏语藉藉为公危，民勃然相谓曰："公活我，公以官活我，所不急公之急者，非人也。"逾年雨旸适时，众争输无后者，循声大著。斯有曲沃之调。曲沃繁庶，邑人庞杂，号难治。积案稠叠，连年不决，讼师蠹役调唆鱼肉。公推详省释，刻限拘提，剖判如流，两造输服，期月无留。隶役以需索不称，折签反诬。立破其奸，登加重惩，众皆股立。王三娃者，邑之臣猾，结党出没，肆暴村墟，人不敢问。公不动声色，突令健役掩执，观者如堵，历数其罪，毙之杖下，阖境称快。一日单骑出，简壮丁尾马后，不命所之，奄至一所喧阗城市。见公至，群相惊窜，分捕无得脱。地为古城壕，僻在一隅，积匪穴据，诓诱淫赌，破家荡产，往往而是吏役为耳目。无由发覆，至是肃清，规其地为考院，绅士踊跃劝成，颂神明焉，其除莠安良，皆此类也。公勤能见事，风发而闻变不扰。赵成、曹顺之乱，各属议征调为备御计，公曰："无庸，乌合势难久，大兵至，当鸟兽散耳。吾辽在万山中，正恐兔脱游魂，藉为逃死之所。"饬各隘口，严为盘诘。其后，直隶、山东擒获匪党讯，果望风畏遁，由平定路逸去，人服其识。己亥揭晓，吏唱第三十九名。监临目司道以下相视笑，两主考惊相诘则，为李春华宿学知名，屡见颛者，张兰沚方伯遽顾吏曰：房考为和顺县否？历激应曰：然。举座叹服，传为佳话。公举业称三，折肱兰山、五泉，亲指授者，无不翘楚一时。至今春秋榜上可指数，以故针芥之契如此。公素开爽，喜交游，宾朋选胜，诗酒留连，呼杯传斝，漏数下不休。入官后顾不尔，公宴酬劝三爵，告不胜，从无继烛宴。尝语余曰："忆吾改官后，侍先君子于兰山，曾从容诏衡曰：'吾初望汝科第起家，荐历清要，有所表见，无忝前人光。今作令，令不易作也。昔人所云"一家饱暖千家怨，半世功名数世冤"，吾心惕焉，汝慎为之。'每念斯言，心筑筑，汗沾两握也。"然则公之矢勤、矢慎、洁己、爱民而畏垒，尸祝于无穷者。夫固有所自来而此，不忍一日死其亲之心，尤足令人叹息流涕，不能自己也已。

道光二十九年岁次己酉五月吉旦。

张兆衡墓表

【注释】

[1] 张兆衡墓表，清道光二十九年（1849）五月立。现藏武威文庙。碑高177.5厘米，宽101厘米，厚19厘米。正、反两面刻字，此为背面面，正面刻道光二十八年《张雪樵事迹碑》，本书予以收录。该碑末尾空白处刻民国二十九年贾坛、唐发科题识，谨录于后："雪樵太史学术政绩，洵堪垂世。其裔式微，不克保守是碑，以二百金售之秦君钟生，唐坛劝钟生慨捐文社，永为保存。亦以太史之人格，镜唐之文若，书旭东之跋，后堪称三善爰树之，以为后学矜式云。中华民国二十年七月既望后学贾坛唐发科谨识。富平仇星乙、仇志立刻。"主要著录：《武威金石录》《武威市文物志》。

清范公祠记碑[1]

县署东范公祠，康熙中阖邑创修，以祀凉州卫监屯同知广陵范公[2]者。按《县志》，公讳仕佳，康熙五十三年莅任，多惠政。五十六年冬，准噶尔蒙古侵西藏，大军自青海御之，道于凉，飞刍輓粟，赋役浩繁，公多方调剂，事集而下不扰，民相倚为命。五十八年，军方凯旋，公已积劳成疾，以其年卒于官。阖邑士庶，条其政绩，既请学宪，祠诸名官矣。又醵金立庙于署左，肖像以祀。迄今百三十余年，堂宇渐圮，旁有市廛一所，其租入本为岁时牲体之资，或且私有之。去岁冬，甘凉观察北平李公，阅《县志》，得其略。阖学因禀请重修，收回市廛，俾学校办公生监，董其祀事，历经久违，期无湮废。观察公深嘉纳之，即蒙批准存案道署，夏六月鸠工庀材，改建堂三楹，广如旧，深加三之一，门垣唐涂悉修治之，闰八月讫工。因撮记颠末，镌木板嵌置于壁，使后之瞻礼者，知公之遗爱。久而弥新，即观察公表章循吏之微意，亦有所考见云。

咸丰元年九月。李铭汉撰。

【注释】

[1] 范公祠记，咸丰元年（1851）九月立。碑为木质，原在武威城内范公祠，今佚。碑文记载了范公在武威任职期间的事迹及范公祠的兴建缘由，特别是记载咸丰元年重修范公祠的经过，对研究明清时期武威历史具有一定价值。主要著录：《武威金石录》。

[2] 凉州卫监屯同知广陵范公，即范仕佳，据《五凉全志·名宦志》载：范仕佳，凉州监屯同知。莅任余年，军兴，凡采买挽运，以催科兼抚字。时大兵屯集，供应浩繁，动与民为难。公调剂有方，上不误公，下不累民，民相倚为命。卒于官，民复建祠署左以祀焉。

清严禁裁卖田产碑记[1]

即补直隶州署凉州府武威县正堂加五级纪录五次朱，为永远严禁事，同治二年五月十九日府县信牌蒙署甘凉兵备道奉批，据本县详请严禁藉免□□裁卖田产各情立案等因，奉此令将严禁□裁卖勒买田宅，藉端复求剥削，并派逆滋掠抢扡车牲等情，从重治罪，除勒存案，仍饬令该业，各自承领□照不得自撰外，所有议拟条款开列于后。计开：

查武邑置卖田房，立存绝卖文契，复行告我，告赎私立、搜求、剥削、裁卖等情□□不一而足，至有剥价□于卖价者，均按平空讹诈律治罪。

一、查武邑积习有种，无赖□徒藉事强拉民间牲畜车辆派送人口，甚至率领妇女骚辱滋闹命者，均按凶无棍□□次生事罪有□据律治罪。

一、查武邑民间凡有已嫁之女及催工伙计因病身死，该尸亲并不确切，查明辄敢以尸死不报等情□控□图□□际，实在服毒自戕及禀条□空有实据者均准其呈验，照例办理其有项情节到案后审出虚证均按藉尸□赖律治罪。

以上三条不拘卖业本人及卖业子孙□者一律照办，各民人执此为据以评指控。

同治三年八月。

严禁裁卖田产碑记

【注释】

[1] 严禁裁卖田产碑记，清同治三年（1864）八月立。现藏武威大云寺。该碑为龙首，碑通高275厘米，宽72厘米，厚14.5厘米。其中碑帽高48厘米，碑额篆书"重修安国寺碑记"。碑身高152厘米，碑座高75厘米。主要著录：《武威金石录》。

清马腾龙等十任凉州镇总兵题名碑[1]

马腾龙，系四川成都府成都人。由陕甘督标中军副将奉旨升补甘肃凉州镇总兵，于道光元年三月初七日到任。于道光三年三月内调补陕安镇总兵。

蔡文瑾，四川宁远府西昌县人。由通关协副将，于道光八年八月内奉上谕调补凉州协副将，十月内到任。于九年二月内奉旨补授汉中镇总兵。

惠庆，系京都正黄旗满州人，由湖南永顺协副将，于道光二十五年九月内奉上谕补授甘肃凉州镇总兵，于道光二十六年闰五月初二日到任。于十月内丁忧回旗。

德克金布，系镶黄旗满州人。由乌枪护军历升副将，于道光三年三月内奉旨补授凉州镇总兵，于道光六年四月内调补河州镇总兵。

马金奎，兴安府安康县人，由中卫协副将委署凉州协副将。赖永贵在喀什葛尔出征遗缺，于道光十年十一月内到任。于十年三月内奉旨补授云南鹤丽镇总兵。

高明德，系山东曲阜县人，寄籍直隶顺天府宛平县。由世职云骑尉历升圆明园副将，于道光六年三月内奉旨补授甘州、凉州镇总兵，五月内到任；旋于本年八月内复奉上谕调补浙江处州镇总兵。

周悦胜，系甘肃兰州府皋兰县人。于道光十二年三月内凉州改协复镇，奉上谕凉州镇总兵员缺，以四川绥定协副将周补授；未经到任，于十四年八月内调补直隶大名镇总兵、升补直隶古北口提督。时升补云南提督。

哈丰阿，系镶黄旗满州人。由浙江处州总兵，于道光六年八月内奉旨调任凉州镇总兵，本年十一月到任。八年六月署理甘肃提督。八月内奉文：总兵缺改设喀噶尔，凉州改镇为协，补汉中镇总兵。复授乌鲁木齐提督。

长年，系京都镶白旗汉军。由云贵督标中军副将，于道光十四年九月内奉上谕补授甘肃凉州镇总兵，于十月初三日到任。于二十五年六月内进京陛见，奉旨留京，赏给□□侍卫。

汪柱元，系贵州贵阳府贵定县学武生。投入新添等营效力田战……马兵，授补外顾□□，升至贵州松桃协副将。同治六年十一月三十日，奉旨补授陕西延绥镇总兵，员缺，奏留贵州□办军务，力克龙者……两□城池。后因丁艰，奏请开缺守制，期满服阙，奏陛见。十一年三月初二日奉上谕补授凉州镇总兵员缺，是年八月初十日到任接印。视□□□□□昌平□□。

马腾龙等十任凉州镇总兵题名碑

【注释】

[1] 马腾龙等十任凉州镇总兵题名碑，清同治十一年（1872）刻。1987年7月武威城内原大衙门（今凉州市场院内）出土，现藏武威文庙。碑高214厘米，宽78.5厘米，厚7厘米。主要著录：《武威金石录》。

清判发三岔、蔡旗、乌牛等坝用水执照水利碑[1]

钦加运同衔陕西补用清军府代理凉州府正堂加五级纪录十次李，为循照旧案复立碑记以杜争坝事。照得武威之三岔，镇番之蔡旗各堡，每年自五月初一时寅时起至初八日寅时止，卸放永属之高头、乌牛、徐信、小沙、高庙等坝全河水七昼夜浇灌田禾。查自前明崇祯年间丁案勒石。迨至我朝康熙初年，由本府派差府役监卸水利迄今，并无异议。前于道光年间即有偷卸争竞等事，一经控府，均照旧案断结。又于同治十一年五月间卸水之期，竟有乌牛坝农民曹兴舜等纠众抢水，经三岔、蔡旗二堡农民王文清等具控到府，当即委员押卸，一面差提为首之曹兴舜、曹世有、李恒元、朱承先四人从重枷责示惩外，查此案水利前明立有碑记。兹有乌牛等坝早将碑记毁弃无存，自应仍照旧案复立石碑。兹本府断罚乌牛坝补出监立碑记大钱一百串文，造刻石碑二道，一竖乌牛坝，一竖府署大堂，以垂永久。如有截坝水利者，短放一日罚补三日，为首之人照例治罪，为此勒石。仰蔡旗、乌牛等坝人等遵照毋违，须至碑者。

同治十三年二月吉旦立。

右仰蔡旗、乌牛等坝农民遵照。

判发三岔、蔡旗、乌牛等坝用水执照水利碑

【注释】

［1］判发三岔、蔡旗、乌牛等坝用水执照水利碑，清同治十三年（1874）二月立。现藏武威文庙，碑高167.5厘米，宽63厘米，厚14厘米。主要著录：《武威市水利志》《武威金石录》。

清怀六坝磨湾泉源水利碑记[1]

怀六坝坪坡断明磨湾泉源水利碑记

从来事之振兴，恒藉乎人力，实关乎时运。时运至而无人力，固不能振作有为，有人力而时运未至，亦不能聿观厥成。况事关百余年之久，敝锢已深，而能拨乱反正，更非人力所可及也。若我怀六坝磨湾泉源水利，细阅前据，原系本坝田地。因明朝洪水涨发冲去地面，而淌出泉源数十处。所冲之地粮草无着，本坝先考察遂缙、史金成等遂开渠引水，修盖油磨坊，以每年所出之资完纳国课，相传至今二百余年矣。前于崇祯十一年，五坝农民张述孔、刘东林等印行争夺，当时鸣官勘验明确，实系六坝水利，不与五坝相涉；即将伊等笞责，讨给执照一张，永远为据。后于康熙十九年，五坝农民张述孔、李润等又复争夺，鸣官查验，断与前同，又给红照一张，至今尚存。不意五坝□□故心侵夺，相沿成习，祖孙相传，怙恶不悛。百余年来屡次争讼，但伊无凭据，未能如愿。偶于嘉庆年间，不知如何蒙混作弊，私立执照，鱼目混珠，蒙蔽聪听；于是喧宾夺主，屡受荼毒，两遭命案，终无完狱。大水不争而自流，怨已结而愈甚，且水势微细，流之磨沟足能打磨浇地，退之大河，不能上沟，五坝人民岂非人情亦何乐而为此哉。盖因坝大人众，贤愚不齐，老成平静者乐于相安无事，内有好事之徒藉事生端，各为争夺水利，实为索诈钱文；无事则私肥己囊，有事则糜费公项，酒食微，遂藉此逍遥，多年滋蔓端为此也。今春又因索诈未遂，挖坝兴讼；幸蒙代理县篆□常公，当堂讯断，明镜高悬，妍媸立断，销毁私照，斩断藤葛，真不啻拨雾而见青天矣。我等冤抑已伸，五坝人民亦心悦诚服，两造具结完案，更请结合同新照，彼此永远遵守，以杜争端。夫百余年未完之案一旦了结，虽之人力岂非时运使之然钦。余特述其梗概，使五、六两坝人民详明巅末，更悉利弊。从此气和心平，相友相助，令好事者自愧故迹，存心向善，再不至安生事端，此余之所厚望也夫。

敕授承德郎钦赐六品顶戴召试，孝廉方正前任泾州灵台县教谕邑人陈炳奎又生撰文书丹。

乡约王大学。坝长工凯。

光绪元年岁次己亥小阳月[2]上浣吉旦。

首事人：陈恒隆、安方顺、刘德成、王天顺、鲁林桂、朱久学同众公立。

【注释】

［1］怀六坝磨湾泉源水利碑记，清光绪元年（1875）十月立。碑额篆书"碑记"。《武

威市水利志》有录文。主要著录：《武威市水利志》《武威金石录》。

　　［2］小阳月，即农历十月的别称。

清永禁采买六渠麦草以除民累碑[1]

【碑阳】

钦命调补西宁道整饬分守甘凉兵备道兼管……于道光年间……武六渠绅耆民（后泐）

【碑阴】

奉宪豁免采买六渠麦草以除民累勒石永禁碑

　　吾邑每岁额征谷草三十万束，向系供支满汉两营，马草及各驿喂马之用。道光间，因满营需用麦草，按照时价发价采买添补，为数无多，原系□时采办。奈何□久年积年增多至二十万束，民间缴不足数，甚至随同额征粮草比追兼有，□□弊大为民累，绅民等赴省禀求藩宪崇行查豁免。奉道宪铁[2]、府宪黄檄前代理县主虞侯叶公查明，详请豁免□晓谕，将永远豁免等情业经在案。本年邑侯夏公莅任，悯念民艰，犹恐斯禁之难持久也，准予立碑永禁。绅民等奉谕之下，欢欣鼓舞，感激无既。邑侯甫经□□兴利祛弊为务，即是举已可见其大概矣。爰述其颠末如左，勒之贞珉以志。

　　武威县六渠绅耆士庶等仝公署

　　大清光绪四年岁次龙集著雍摄提格黄钟月[3]中浣吉旦公立。

永禁采买六渠麦草以除民累碑阳

永禁采买六渠麦草以除民累碑阴

【注释】

[1]禁采买六渠麦草以除民累碑，清光绪四年（1878）十一月立。现藏武威大云寺碑林。碑高176厘米，宽76厘米，厚14.5厘米。碑阳部分大多字迹漫漶，根据残存的内容，可知记述的事与碑阴所记大致相似。主要著录：《武威金石录》。

[2]道宪铁，即铁珊，时任甘肃整敕分守甘凉等处兵备道。《武威市志》载："铁珊，字绍裴，满洲正白旗人，贡生。同治间由知县历升署兰州道，后调甘凉道。为人廉洁而严肃，不阿权势，爱抚百姓，嘉惠士林。很有作为，所至之处，政声炳著，凉州人为其建祠祀奉。"他任甘凉兵备道的时间为光绪元年（1875）至光绪十三年（1887）。

[3]黄钟月，即农历十一月的别称。

清禁革凉甘二州陋规碑 [1]

详明补刊陋规：张掖县摊派苊草及捆草民夫永远禁革；山丹县摊派苊草及捆草民夫永远禁革；摊派析价加增车辆全免；摊派驿马贰拾匹全免。

钦命甘肃整敕分守甘凉等处兵备道兼管水利驿传事务加二级纪录四次铁，为勒石示禁永远裁革事案；查甘凉两属采买马匹、麸料、草束、柴㪗，最为累民，弊政积习，相沿历有年所。武威于额征外采买草肆拾万束，每束仅给钱五文。后于道光年间前道朱任内减去贰拾万束，尚留贰拾万束。每年纳麸子四百捌拾石，向不给价；逢差采买木柴无有定数；驿马捌拾匹，尚留肆拾匹，亦不给价。张掖每年派交麸子市斗壹仟壹佰捌拾捌石壹斗，以二完一，向不发价；每年采买号马贰拾匹，每匹发价七串伍佰文。木柴摊派足数，其余各属或有陋规，或无陋规，或有派交麸子草料，为数多寡不等，发价亦各有参差，总之皆系短价，不及十分之半。本道到任后，即将麦麸、草料禁革，其余以次访查裁免；但恐怕日久弊生，兹复禀请督宪立案，申明前令，严饬甘凉各属，将以上麦麸、草料、马匹、木柴永远停止采买；只准照市价交易，不准渠差头人农约摊买；如有阳奉阴违仍蹈故辙，按因公科敛财物入己，例计赃科罪；恐境内有未周知，特勒石诸垂久远。今将禁革各项各属有无，一体除免，开列于后：凉州府属武威县，前免草贰拾万束，今又免贰拾万束，全免；麸子肆佰捌拾石全免；驿马前免肆拾匹，今又免肆拾匹，全免；逢差摊买木柴无定数全免；永远禁绝巡役拉夫。永昌县麸子壹佰壹拾石全免。镇番县三渠买马全免。古浪县粮料全免，麦麸全免，草束全免。平番县面料麸草柴薪早经禁革。甘州府属张掖县麸子壹仟壹佰捌拾捌石壹斗全免；号马贰拾匹全免；摊派木柴全免；抚彝麦麸贰佰石、料豆壹佰石全免。山丹县麦麸壹仟石全免。东乐县丞麦麸陆拾石，料豆陆拾石。采买马五匹全免；遇差摊派猪羊禁革。以上各项只准照市价随时交易，不准哉令渠差农约头人经手采买。

光绪五年九月十六日立。

禁革凉甘二州陋规碑

【注释】

[1]禁革凉甘二州陋规碑，清光绪五年（1879）九月十六日刻。现藏武威文庙。碑高162厘米，宽63厘米，厚14.5厘米。碑额篆题"皇清"。主要著录：《武威金石录》。

清判武威与镇番农民控争石羊水利碑[1]

本道铁判武威九墩沟民与镇番农民控争石羊河水利一案

勘得：武威属九墩沟民与镇番县农民，互相控争石羊河水利一案，实由武民得陇望蜀所致，几至陇且不保。本道为其因地因时，调停酌断，既不悖古，尤准乎今，两造各无亏损，俾垂久远。合将当年事势，此日情形，以及现时所断之当否是否，略述其概于右。庶他日或有翻异，后我而来者，得清眉目，稍有依据也。九墩沟，即楼儿沟，在郡城东北。石羊河即达达河，其源来自西南，流经九墩地之右面，而又且近此河，所纳西把截之山水，经永、怀各坝轮浇之余，下注已属无多。惟赖郡城西北之校尉营、清水河滩、海藏寺、雷台观等处泉水，常川汇助。再收洪水河正流、白塔、南、北沙河余流，迤逦同注，以资灌此镇邑陆仟余石额粮之地。内除洪水河外，清水河滩尤为正派。当年镇民曾在该处购地立庙，以为崇报表识。迄今，日远年湮，沧桑叠交，仅存庙址而已。九墩沟者，志书载明"泉水浇灌"。但附近之东史家湖与另星小泉，涓涓之流，其来甚微。渠西虽有大史家湖，滩阔水旺，而地势较低，不能搏使过额，似有若无。所仗白塔河泉水，为之挹注成渠。元、明间初垦时，该处仅共额粮伍拾余石。小泉等庄堡，彼皆尚未垦立；分润无人，固足餍余不待久顾之地。其白塔入水之口，即今所谓上沙沟口，开自前明万历四十年春，迄今三百载。本朝定鼎以来，添垦小泉等地，即九墩一沟，已增额粮一百余石。续开下沙沟口，再开水磨沟口，均在上沟之西，两沟下游，仍入九墩。然沟虽加多，地与俱增，水止于此，自愈不敷灌溉矣。嘉庆十三年间，沟民禀准垦开东岗官荒，遂籍田。复在白塔、石羊河汇流之东岸，另挑新沟，潜侵大河之水，因而镇民叠控自府及道，加委永昌孔令，三县会勘。永镇孔、齐二令勘系新沟应饬堵塞；武威杨令，则指为明季所开，应仍其旧，以致官民交哄，两不相下，案悬六年之久，未能结局。缘地属绵沙，新旧之痕迹，原难辨别真确也。至嘉庆十八年，武威王令接任，始经查明，谕令堵塞；而此沟已为流沙壅闭，不能行水；东岗荒地，亦已久经禁垦。是以镇民再未复控，亦未来郡互结，遂成不了了之，相安已有年矣。咸丰同治之交，军务已兴，九墩沟民爰萌故欲：又因前次新沟既为沙平，且河身日刷日低，无能重浚，俯引在于偏坡之下，另挑新道。虽与前口距仅咫尺，究更侵入河内迎流多取矣，而镇民相去一百余里，尚无知觉，并未过问。迨本年春间，偶值偏旱，河水甚小；武民在沟西沙嘴向南又打草坝一道，约长十有余丈，伸入河身，直截中分；并将白塔河口圈入坝内。丁是镇民跟巡来武查明，争夺控理到道，本道亲至履勘，溯本追源，始得根底。盖孔、王两令尹，虽能察知此口，委系新开，却尚未能指出某乃明季旧沟。杨令尹一味负气忿争，未能和衷商办，故致相持不下。原非案属疑难，万难了结耳。兹本道溯查得万历四十年，三岔守备都指挥马，奉饬挑修之原帖内称："本府量夫役于三月廿八日亲领赴工，从下双寨相地开修，至王宦寨止，约长廿余里，于五月三日已经挑挖通完。引水入地"云云。今恰下双寨距上沙沟口，路不及里，此铁门限也。即以形势全卷而评，亦无疑义。矧镇民柄据较多，武民仅止鼓其簧舌耶。惟以事势制宜，却有不能不为通变之局，使可两安本分，免其日后复争者，爰将所以判示于后。庶得水者知意已满，让水者知其有因，不作向隅态耳。盖九墩官荒，自应严行禁止，不得任其私开。然而早年已垦之田，亦难遽复令其荒废。今若泥古不化，不但九墩多少田亩，年年缺水，于国赋民生，两有所碍。且大河前横，踮口而过，镇民遥遥远隔，果能遇其终不对食流涎耶？况王宦一堡，虽属九墩地界，半属镇民，有粮伍拾余石，向归镇邑交纳。则新沟一派，流到九墩，原非尽归武民受享，九墩武民既称不得引用石羊之水，彼王宦镇民独应分浇白塔之水乎？似此畛域愈分，恐必讼蔓益滋矣。第一勺之多，彼盈则此绌。既为武民计将来而通权，亦当为镇民计目前于达变。本道断今九墩此次新开之沟免其闭废，于前次所开新口地方，树立石碣。以为南头之准，宽则仍依府断一丈五尺，排栽木椿，以为西面之界。木椿以东，准武民随时挑挖，限南河身不许再行深浚。仍将椿首沙嘴，斩齐取直。其沙堆帖木桩外首，以资牢固。而明界址及防后旁偷漏之弊，原筑坝址，一律铲平，勿得稍留余迹。并由本道赏发木桁五十根，仰既备车领取，听后委员前往督办。九墩渠西大史家湖，在九墩高阜视之，既难望为止渴之梅，若挑引下注，自能水到成渠，应将此湖全行断给镇民，作为镇番泉源，但须三面挑沟，以为界限，而便行水，不许侵近渠帮，致日久或有渗塌。初次开挖，准派武民协力兴创。以后增添泉眼，任由镇民自来料理，以后委员勘定四至，再行动工。如是以彼易此，不过略为转移。遇山水较旺之年，固觉九墩获益。倘逢亢旱之秋，似反莫若湖水之有把握，故曰两无亏损也。至于《府志》所载水规，杨令尹所禀原词，又不得不略加注释。逐条指驳于后者，欲俾两造得各晓然。后来道府两县，再阅全卷，免留疑窦，非敢好辩也。查志书总说而载"武威西把截山其渠二，怀安、永出川，分水齐浇，各日廿九。顺流下，怀有头坝、二坝、三坝、小二坝、大二坝、五坝、六坝；永有上三坝、下三坝、上四坝、下四坝、上五坝。其乱泉、徐信、回子、温台、高姚、达子、九墩、高头等沟，自熊爪湖诸处发源，泉水浇灌"。此怀、永二渠大略也。后永渠挨水条下，又载"乱泉等沟，俱系泉水浇灌，其源发自熊爪源等处。高头沟其源发自永昌县暖泉坝"等语。以上十二坝俱系专浇山水，以上八沟俱系专浇泉水，志载均已明白暸亮，毋庸赘说。惟"源发熊爪湖"一语，未能按地声说，殊属含混，致启疑团，阅者要知"诸处"等字样。内有他湖、他泉业已包罗矣。只将高头一处指明暖泉者，以其源发永昌地方，故独提出，余则皆属于武地，故不枚举。缘沟名首列乱泉，乱泉应浇熊爪湖水，故泉名亦首称熊爪耳。查熊爪在永昌堡之北，九墩沟之西，不但相距甚远，且有大河之隔，其余流之水，向归沙河，由沙河方入石羊。交汇处所已在九墩之北，三岔以下，于九墩邈不可及，毫无相干。查高头沟，向浇暖泉、乌牛两坝泉水；高姚沟向浇沙河两边泉水；徐信沟向浇魏家泉；温台沟向浇陈家坝泉；回子沟向浇茨湖墩泉；达子沟向浇南北两泉；九墩沟、小泉沟、王宦寨，向浇史家湖、史家庄泉、胡家庄泉、张家宣庄泉。其上脑之白塔湖、三条湖发源在满城东门之东，非其专有，专浇熊爪湖者；惟乱泉一沟，兼浇熊爪湖者，惟达子、上下两沟而已。乃镇民则以九墩原浇史家、熊爪两湖之水，石羊非其应浇为词。武民则以九墩之水发源熊爪，流入石羊，不从石羊引取，岂能越至九墩为词。此皆藉口，志文一则不知熊爪果在何处，一则反因熊爪一语得为口实，可谓互相刺谬矣。故无论熊爪原非九墩之湖，熊爪入河余水能有几何？而竟大开口岸，任情掘灌乎？况泉入总河，即自称为应浇某河水，岂复尚能划出某为熊爪之水哉！杨令尹原禀内称："石羊河迤东有白塔河一道，其流亦汇归石羊河，因此名石羊大河。靠大河东岸有沙沟一道，引石羊河水流入九墩，此系历来引灌水利情形。"又称"《镇番志》载：石羊河水，东收白塔河余流，则九墩之分用石羊河水，亦可云分用白塔河余流也"云云。以为白塔入于石羊，自应由石羊引入九墩。非侵占石羊之水及镇番可浇白塔余流，九墩亦可引浇石羊余流。殊不知白塔汇入石羊，虽有余流之说，每值盛夏需水之时，本无多余。且白塔上流之北岸，已有三沟，截水入口，可至九墩，岂有九墩又在河口东岸，再开沟口逆引东行之理？各处余水，若皆不容一滴下流，有必截还，则镇城以东沙地，向无泉源，为之官者，皆当听其一律旱荒乎？九墩乃据其上游，又乌得谓之分浇余水乎？又称："近因报垦东冈官荒，即从九墩本沟之中腰，另开新沟一道，分引九墩之水，浇灌新屯。镇民王殿一等因而藉此控争"云云。如果仅在九墩本沟中腰分水，于镇番有何关涉，而至构讼六年之久，迄不甘休，既不惮烦，亦不惜吝花费耶！惟以武民藉开官荒，又在大河东另行挑沟引水，是以不得不争耳。又称"《武威志》载：九墩应浇泉水，其源发自熊爪湖等处"。《镇番志》载："熊爪湖水顺流至南沙河，由沙河归入石羊河，是熊爪湖水既不能汇于白塔。则九墩沟之应浇石羊河水，已属有据"。又志云"王宦寨等处，皆仰灌于石羊大河"等语。"王宦寨即在九墩沟地方，即王宦寨应浇石羊河水。九墩沟民以本处源流反不能得沾其润，非特于理不顺，并于镇番分用武威余流之语以为相反"云云。九墩沟本无应浇熊爪情形，前已叙明，毋庸再赘。兹查《镇番志》载："王宦寨居蔡旗南廿里，旧例分浇武威白塔河水，其余统县境内分上下坝，均仰灌于大河"。又载"南沙河自熊爪湖起；北沙河自乌牛坝起；此一支也"等语。并无"王宦寨等处俱仰灌于石羊大河，及熊爪湖顺流"云云字样。是以上两条，杨令尹已将志书原文，全行割裂删改，自不足辩。又查志载"石羊河东收清水、白塔，西收南、北沙河各余流。"又载"河水大小不等，水既发源于武威。则镇邑之水，乃武威分用之余流，遇山水充足，可照牌数轮浇。一值抗旱，武威居其上，先行浇灌。下流微细，往往五六月间，水不敷用"。又载"大河一水，阖邑仰灌"等语。是杨令尹于九墩应浇熊爪一节，既非志载原文，而于其余各条，亦系截去上下要文，并未全录，原亦可以无须置办，然其中情形，尚有不能不驳，不可不剖者。再在如志内所以指明"王宦寨旧例分用白塔河水"一语，正言其仅于九墩小泉分用白塔之水，以别其不与其余俱仰大河水也。王宦之应专浇白塔河者，盖因为当年开沟、开垦，均同派夫会创。且其地方原有武民一半也。不然何不指明尚应分浇石羊河水之语，及连年叠控迄无王宦寨一人出头扛帮耶？则王宦、九墩之不应浇石羊河水，即此不辩自明。若武威余水必仅武民与浇足，则小泉堡地在毗连，亦可抢浇石羊之水，不独九墩矣。下游之九墩，如果例得分浇石羊之水，则何以九墩迤上之校尉营，于雍正三年筑堤引水。九墩迤上之羊下坝，于雍正五年开渠引水，均经官断拆毁永禁乎？熊爪之水入于沙河，再归石羊。九墩即应希冀，则洪水河水亦入石羊，何以康熙六十一年、乾隆三年、八年，抚宪道府皆曾严禁高沟兵民，不许筑坝开垦，恐碍镇民浇灌。并有"镇番一卫，全赖洪水河浇灌"，及"石羊河既系镇番水利，何金羊下坝人民，谋欲侵夺，又滋事端，仰武威县严加禁止"之批乎？至镇番之水，所以谓之余者，其说有二：一山水自南山出口，其上游原应永、怀各坝轮浇。下游余水入于石羊，始属镇番，此其谓之余者一也。清水、白塔一带泉水，就其发源附近之田地先得浇灌，归于石羊者，始属镇番。所以清水河滩，虽云系属镇番源，迄今附近之地，何常并不先浇，此其谓之余者二也。二"余"之义，皆镇番应浇石羊河之证。上游之下，九墩迤上之校尉、羊下，既已不得再浇石羊之水。今在下游之九墩沟，岂得尚以"余"字为词，强欲争浇石羊大河镇番应浇之水哉！又称"王宦寨分用白塔河水"一语，是因武邑小泉沟之上、下沟，俱由白塔河分水，其沟内有九墩沟八昼夜水，故曰"分用"，不言"仰灌"云云。"不知分用者，言彼此分用，并非分用之外，又有应用也"。此语系载镇志，若系武威本境，即可不必声明"分"字矣。若云"分用"与"仰灌"不同，则何不另行注明，尚应仰灌某处之水耶？且"仰灌"二字，志书仅此一见，他本、他页，并无似此字样。

至称"小泉之上下沟"云云。要识上沟初开时，尚无小泉地名。现在上沟之地，虽属小泉，而水期却系五、八昼夜相分。小泉居五，九墩居八，其为小泉分用九墩之水，非九墩分用小泉，不说可知矣。又称"若以石羊取水，沙沟坝寨，而将磨沟断归九墩，磨沟系大渠民人之沟；九墩系永渠所属，隔渠岂能相混"云云，其言尤谬，磨沟虽在大渠地面，不过引水转轮，于水毫无亏损，流至九墩，自可仍旧如数灌地。在大渠用势转轮，不用其水。九墩用水灌地，不用其磨。有何相混、难行？况甘肃磨沟好少，并无不许他渠浇水之事乎？不过春夏之间，上下两灌，一律截水，磨沟向来停轮，原无可浇之水，乃实情耳。若曰隔渠之水，既不应浇，则山水自雪山而来，武、镇两县皆不得浇矣。上下两沙沟口，皆在大渠地面，九墩并不得浇，止应仅浇小史家湖一区之水矣。至于所称"唐元佑等报垦官荒"，前经卑职审讯，原于本沟水利无甚关碍，是以准其移丘；王殿一等既藉此兴讼，不如仍请销案，以免争端。又称"沙沟紧靠大河，随挑随淤，沟形岂有不新之理"云云。则是明知故昧，自作抽薪之计，认属新沟已透春光一线矣。话止于此，不再赘说。仰该承照抄五纸，以及本道所绘旧势新形与现断地址各图，一并分发原被各一张，府县各一张。以凭遵守备案可也。此判。

光绪六年□月。

【注释】

[1]判武威与镇番农民控争石羊水利碑，清光绪六年（1880）立。《武威市水利志》有录文。主要著录：《武威市水利志》《武威金石录》。

清铁道台判武威与民勤两县互控洪水河水源案碑[1]

抄发武镇互控洪水河水源判发交高营两沟百姓以凭执守

钦命分守甘凉兵备道铁，为勘得郡城东北五十五里，即是边墙。又十五里，为洪水上营，其营堡围墙尚存。大致堡之正东，西南崖下，有湖泉一段，周围不及半里，即武镇互争之泉源也。泻水河身，即《武志》所载之红水河；《镇志》所载洪水河也。此河自东南而注西北，流二百余里，至蔡旗堡附近，始与石羊河汇入大河。其沿河两旁，到处皆有渗津小泉，涓涓入河。故发源虽微，而愈远愈涌，积流成河，水到渠成。其河脑第一横坝，为之头坝；与二、三、四、五坝，相距仅共一十五里。五坝至六坝，却有五里之遥；当年尚有新四一坝，原属共坝七道。由六坝以下，西北再行十里地方，河岸迤东另有一湖，即《镇志》水案内载附边之督宪湖也。周围约三里之谱，其中蓄水深处约五六七尺，蒲苇茂生。惜其傍河出水之区，久为颓崖所蔽，未能畅流。此湖西距边墙相对不过半里；东南斜向边内之头墩营，仅二里许，距高沟堡则一十二里。缘高沟堡，系在头墩营南多东少方也。自督宪湖三十里至十七墩，即俗称五墩子者，洪水自此流入边墙，始离高沟地界而达镇番大河。五坝以上，皆系营沟地界；五坝以下，皆系高沟地界。五墩以下，乃下双寨地界。营沟，即唐沟耳，此边墙以外之泉河形向也。自十七墩之界碑地方，向东南溯行，至红水下营一十五里；下营至红水头营，即俗所谓头墩营者，亦一十五里。头营纡行至高沟堡一十里，由高沟堡斜行至红水上营三十里。《武志》村社内载："高沟堡，县东北五十里。红水下营，县东北五十里；红水头营，县东北六十里；红水上营，县东北七十里。"此边墙内之营堡路径也。查高沟堡、唐家营两沟，自明季以来，原浇黑木湖泉水，自南北引，始达其地。嗣因地被风沙壅压，水亦为沙所阻。康熙六十一年间，遂于边墙外，官荒地内，讨照开垦，以弥额赋。爰截洪水河之水，由东西引，逆流济溉，曾经镇民以断绝咽喉申诉，奉宪饬禁。乾隆二年、八年，高沟兵民，又各互相私垦。虽经控禁有案，迄未终止。至乾隆三十三年，因武民在河内陆续筑坝，增至七道，镇民又复控。经前府司详请立案，断令"武民拆去头、三、新四、六共坝四道，并将三坝河东之沟渠填塞，地亩禁耕；只留二、四、五坝三道，准其引灌，乃视水势之大小开分水坝口，彼此分用"。迨三十九年，镇番生员任善士等，违断叠控不休。又经前府司详称："开垦筑坝，原为凑补官粮起见，若河水全归镇邑，唐高居民何所依赖，赋粮何出？请将为首生员任善士，褫革衣顶，究拟完结。"此后九十余载以来，迄未再起争端。至去岁光绪六年，镇民马培源等，突又以违案坝截等词，具控到道，批府查讯；经道府商拟，仍依旧案，略为变通。断将头、二两坝归并为一，将六坝全行平毁。四坝地势平坦，准筑迎水斜坝。二、三、五坝三道，立闸定日，按期开闭，每月共递轮十日，余日之水，尽归镇番。具结申销。随经本道转详督宪，从新立案，讵意前判之墨未干，后讼之呈又至。武民以头墩之督宪湖为镇番水源，并借"红""洪"二字，分别河之上下为辩。镇民则以上营之泉脑为镇番水源，且指上营为头墩，纷纷聚讼，几乱是非，若不断其葛藤，此案终无结局。于是本道府先后亲往，逐悉莅勘。始知乾隆三十三年，及本道府去岁所断，皆缘未尝亲莅勘验，不悉实在有碍难久遵之势，以致讼蔓纠滋，兹将大略情形，分述于后，俾知武民之非狡强违背有因也。盖此河河身甚陡，武民所筑之坝，自上而下，节节横堵，形如梯磴，除头坝所截，系属发源泉水。其余各坝，均系各聚两岸津泉之水，激使入渠，各不相侔。头坝拆去，则水全归二坝；二坝拆去，则水全归三坝。但留五坝一道，即涓涓不可下注于河，是减坝既不能行，归并亦难遵照，且于镇番独无毫益也。兼之崖地极高，河身两岸，皆属沙土，底既不能承石，阔更将及两矢；水非鼓积近丈，坝非高出丈余、厚过两丈，难期涨入沟渠。以及坚固，每次鼓水，决非数日不积，若稍留缺口，不但水即下溢，无能仰激，且一经渗漏成隙，坝即全行刷颓，故开口分水，立闸开闭，皆是不能依从。再查《镇番志书》河源内载："洪水河发源于武威县属之高沟寨北"；《镇志》水案内载："康熙六十一年，武威县属之高沟寨民人，于附边督宪湖内外，讨照开垦，拥据上流"；《府志》碑文内载："洪水河发源于武威县之高沟寨、头墩营、东边外督宪湖之脑。"兹乾隆十年，镇民请立之碑，由是推之，盖康熙末年、乾隆初年，所争者只下游督宪左近之水；自有乾隆三十三年之断，遂致牵扯上游三十里外之源矣。今既勘明督宪湖距边墙仅半里，又恰在高沟东北，则与志载"附边""寨北"各语均相符合。而上营泉源，却在高沟堡东南，离边墙有一十五里之遥，顾毋庸再烦争墩矣。总之，明季国初，边外尚非内地，所产源头之水，任流镇邑，自然全为镇民所得。嗣经武民开辟成田，境在武属，自应瓜分其润。红水河源头，既非镇民买产，又非镇民费工挑挖而来，何得翻旧作新，仍攘为独有。况唐高两沟居民，在彼业经祖孙递聚，沿渠树木，均已合抱。延逾百岁，重土久安。一旦必欲使其田地荒废，三千丁口，迁徙流离，国赋因之无著。今将全河之水，以畀镇邑独擅其利，揆之人情，能乎不能？有是道理，无是道理乎？即质之镇民，一厢情愿者，亦当哑然而止，况兼辖之道府乎？兹本道再三酌核，为尔一刀两断，俾其垂久。断将六坝一道一律铲平，五坝仍因其旧，头、二、三、四坝照前，听其各引各水，六坝东岸之地二十余石，准在五坝上首另开小沟，引用五坝应得之水。从此五坝迤上，永为高营两沟泉源；五坝迤下泉水，全归镇番享受。不许武民再行筑坝侵占，着由武威派夫，听候委员前往董治。并于五坝岸傍立碣为识，以免日后私行下移。督宪湖泉源，由镇番派夫，随同委员指示挑浚，以利畅流。兹后不得仍前故意废修，希图混争上营泉水。是此葛藤一断，则武民稳得五道坝水，足资灌溉。镇民除督宪湖以及下游外，又得五坝以下十五六之津泉贴并，实属两得其平，两无向隅矣。仰府官吏即饬速具结，遵依前来，以凭转详督宪，另立新案，早息端争可也。此判。

高营两沟调理水利士庶人，邑廪生：张润生、杨积林、李含光、李增奉、张廷。

荫生：金成基、李国华、李奋武、盛朝宗、赵登第、李尚智。

绅耆：马世勋、李耀三、李集云、孙大贤、王文龄、张毓成、张中式、王举□、严正元、金光明。

光绪七年八月三十日，本道灯下铁手判案。红判张朋远存。

石工：董数吾、马国祥重刻。

铁道台判武威与民勤两县互控
洪水河水源案碑（第 1 碑）

铁道台判武威与民勤两县互控
洪水河水源案碑（第 2 碑）

【注释】

[1] 铁道台判武威与民勤两县互控洪水河水源案碑，清光绪七年（1881）八月刻。今存凉州区高沟堡故城。碑文刻于两石，第一石高 167 厘米，宽 77 厘米，厚 18 厘米；第二石高 162 厘米，宽 70 厘米，厚 15 厘米。主要著录：《武威市水利志》《武威市志》《武威金石录》。

清中堂宪节捐资养羊济贫碑记 [1]

□□按察使衔甘肃整饬分守甘凉等处兵备道、兼管水利驿传事务加二级记录四次铁，为晓谕事。照得中堂宪节过凉，闵念穷民，饬谕前县今捐钱三千串文。又蒙中堂捐廉赏发银五百两，并交本道，督同凉州府设法顾济。惟通计为款非多，若登时分散，或添办衣粥，不过暂博一时之欢，仿非久长之惠。即或发商生息，亦属得利无几，顾济难周，再四筹商，兹将此项钱文，购买乳羊二千五百只，臊羊二百五十只，并大羊羔二百六十只，检派妥人牧放孳息，庶利广持久，有伸无缩。爰访真正鳏寡孤独、老弱残疾，实在无力营生男妇穷民，先择四百人造册给牌，各准羊本，由官经理收息，待至冬令，按名发给□资衣食。买羊余资，作为本年经费，嗣后孳生蕃衍，获息渐多，或另筹有项，仅可陆续买羊，再行择人增额，以期由少及众，由近及远，用收长流恩溥之效。除将所拟款纳一十七条晓示通衢，传各周知遵守外，合再照抄勒石头，用垂永久。

查府经历公事甚简，应即委令总司其事，每年羊只之孳生倒毙以及收发出息等件，均著按月按期并呈，简明清擢分报道府，以凭查考久。令散发生息钱文时道府亲历监视，并添派委员帮同料理，以期周妥而助繁劳并永远不得假手该署胥役，以免扣捐勒索。

派帐胥一名经理账目，准给乳羊羊本三十只，此羊出息，届期即归承领。所有孳生只单、剪毛斤两以及倒毙与出卖获息羊钱数目，均要随时登记印簿，按月折报经历核明转报查考，如有疏漏及扶同舞弊情事，从重革究。

派牧长二名专司经营，每名亦各准给乳羊羊本三十只，此羊出息概归其各人承领。稽查牧童及羊群之孳生倒毙剪毛牧畜，一切事宜统归料理，如有懒惰偷安以及舞弊情事，察出严加究治。

招募牧童一十二名，每名准给乳羊羊本二十只，此羊出息永归各人承领。牧放羊群，收育羊羔是其常川责任，倘有懒惰，准牧长随时斥责；如群羊孳生有羔以及倒毙，均着登时报知牧长帐胥，以凭登记。报验倘有舞弊偷匿情事，由牧长禀明经历究办。

一、现在访查入册之鳏寡孤独、男女大小穷民共四百人，每名准给乳羊羊本五只；册内注明姓名住址，盖用道印，仍各发给印烙木牌一面。届期以凭执牌报领出息钱文，领钱之期每年男丁定于十月初一日，妇女定于十月初二日，永不更改，庶免传唤不齐之虞。

一、册内穷民设有将牌遗失者，准其随时呈明经历，仍照原名另缮补给。如有无牌者临时来局拥挤，希图倖领，即行责还。

一、入册穷民内如有将腰牌卖给另人顶冒者，查出一并从严惩究。

一、贫民内，倘有远出、亡故等情，查明后将册名注销；另缮新牌发给别人顶补。

一、册内穷民如有病故者，准其亲属、乡保随时报名经历，准给薄材一口，雇夫掩埋；其材价夫工即由死者应得羊息项下提给。俟材价扣清后，再将羊本另准他人。其材由木匠行凭官给价发领，即不准高抬，亦不得少付，以昭公道。并不许胥役经手致滋捐勒。

一、此项畜牧事经创办，本年尚无出息，可以分给经理之人所有。帐胥一名、牧长二名，每日先行准给灰面二斤，每月给工钱一串文；帐胥另给纸笔钱一百文。牧童每名日给灰麸二斤，月给工钱五百文；俟冬季领有生息，即行停止；倘初次出息较少，再行酌量赏犒。如果经理尽心，牧放无误，俟孳生蕃衍生息较多，仍再酌量加好，以示奖励。

一、此项羊只，现择南山水草丰便之处，筑立围墙，分圈朋（棚）牧豢养。并盖房数间，制羊毛帐房数架，以便栖止及随时迁移之需。所得羊毛羊粪臊羔皮肉、羯羊售价等项利息钱文，每年统算若干；分别男女定准于十月初一初二两日按人按本摊算，照册凭牌发给，承领以资御冬衣食。

一、羊只如有倒毙，夏月剥皮，冬月连肉，着牧长随时呈由经历查验；帐胥随时登帐折报，如有捏饰或以干皮抵混，查出严究不贷。

一、此项羊只，均着割豁左耳，以为志记；遇有孳生羊羔，亦即随时割志，庶免混冒、抵换、偷窃等弊，如违并究。

一、羊毛向系按期剪取。届时应由牧长定日，禀请经历前往眼同监收，以免侵蚀。

一、所有余羊大羔二百六十只及騍羊二百五十只之毛息，另外存公以备赒济册外穷黎。但只许由官查访，不准于散息之日自赴公所求乞，以免混杂拥挤。

一、查畜牧群羊，向按九牝一牡。册内穷民每人所准羊本五只，系专以牝羊合给；牡羊则专备生发，并多购之大羊羔，均不在应分羊本之内。牝羊即乳羊；牡羊即騍羊也。

一、以上各条除详请立案外，仍勒石道署。以凭督饬，而免日久更张疏懈。

中堂宪节捐资养羊济贫碑记

【注释】

[1] 中堂宪节捐资养羊济贫碑记，清光绪元年至光绪十三年（1875—1887）立。现藏武威文庙。碑高176厘米，宽80.5厘米，厚16.5厘米。主要著录：《武威金石录》。

清晋筑灵钧台碑[1]

东晋明帝太宁中凉王张茂之古台

晋筑灵钧台

安肃兵备使者摄甘凉道事廷栋立石

晋灵钧台碑

【注释】

[1]晋筑灵钧台碑，清末（1908—1911）立。现藏武威市凉州区海藏寺。碑高110厘米，宽43厘米。1908年，廷栋任安肃道道台，直至清亡。主要著录：《武威金石录》。

清代某氏三代神位碑记[1]

……□氏三代神位碑记

……规模宏敞，今凉郡一大幽胜，历三十年之风雨，而庙貌僋然减色。合会众姓人等发愿捐金，为之补葺而□……貌乃焕然一新，虚□□……历三十年而鲜不如是，是亦人情之常，无足记也。夫三王之祭川也，先河而后海，或源也，或委也，故君子务本。关圣帝君，俨然人杰，当春露……等，恭设……岁时伏腊，先祭之其亦善体。关圣之心者，与吾嘉其意而乐为之记。

经理：李生义、张宗杰、杨应升、崔琚、李成业、王云私。

督工：王正朝、陈习成、温中和、张克智、王士荣、白含耀。

重泉后学魏国祚监刊。

……律中无射中浣谷旦。

……举人例赠文林郎吏部侯铨知县王曰慎[2]撰文并书丹。

永兴昌捐银二十四两、全盛鸿捐银二十四两、统盛永捐银二十四两、新兴秀捐银二十四两、恒顺店捐银二十四两、通顺刘捐银二十四两、元顺公捐银二十四两、泽顺张捐银二十四两、通顺公捐银二十四两、恒裕和捐银二十四两、通顺张捐银二十四两。

屡盛恒捐银一十六两、君盛永捐银一十六两、起盛顺捐银一十六两、万盛老捐银一十六两、新兴合捐银一十六两、全兴恒捐银一十六两、全丰永捐银一十六两、永顺生银一十六两、隆泰魁捐银一十六两、永盛合捐银一十六两、同盛和捐银一十六两、义兴隆捐银一十六两、大生张捐银一十六两、新兴东捐银一十六两、增顺和捐银一十六两、源兴聚捐银一十六两、春育店捐银一十六两、顺兴王捐银一十六两。

如松和捐银一十二两、兴顺裕捐银一十二两、德兴店捐银一十二两、全成德捐银一十二两、恒泰公捐银一十二两、万成店捐银一十二两、永丰善捐银一十二两、源隆牲捐银一十二两、益兴张捐银一十二两。

全兴栗捐银八两、全兴魁捐银八两、长盛公捐银八两、万盛正捐银八两、全兴张捐银八两、全盛生捐银八两、大全张捐银八两、义合永捐银八两、新泰恒捐银八两、景伦捐银八两、顺兴元捐银八两。

广兴任捐银六两、永顺丰捐银六两、三合党捐银六两、□升店捐银六两、希雍成捐银六两、天宝德捐银六两、兴隆舒捐银六两、新盛雷捐银六两、典盛郭捐银六两、松鹤合捐银六两。

长顺兆捐银四两八钱、兴德恒捐银四两八钱、乾兴德捐银四两八钱、明德堂捐银四两八钱、协盛魏捐银四两。

　　裕筹堂捐银三两六钱、复元店捐银三两、□春堂捐银三两六钱、协泰兴捐银三两六钱、复生堂捐银三两六钱、隆庆店捐银三两六钱、隆顺茶捐银三两六钱、万顺东捐银三两六钱、正昌合捐银三两六钱、源德恒捐银三两六钱、元泰和捐银三两六钱、长发合捐银三两六钱、四明堂捐银三两六钱、通盛裕捐银三两六钱、川成和捐银三两六钱、成寿堂捐银三两六钱、李邦栋捐银三两六钱。

　　源成店捐银二两四钱、公信店捐银二两四钱、万安堂捐银二两四钱、三合公捐银二两四钱、东咸寿捐银二两四钱、三德堂捐银二两四钱、元和店捐银二两四钱、通益号捐银二两四钱、永顺号捐银二两四钱、正兴秀捐银二两四钱、北跻春捐银二两四钱、兴盛何捐银二两四钱、长春堂捐银二两四钱、李起标捐银二两四钱、丰兴文捐银二两四钱、忠恕堂捐银二两四钱、益盛铺捐银二两四钱、典盛魁捐银二两四钱、万全西捐银二两四钱、复盛正捐银二两四钱、万育堂捐银二两四钱、德盛公捐银二两四钱、北四明捐银二两四钱、通兴德捐银二两四钱、和顺成捐银二两四钱。

　　济成永捐银二两二钱、育春堂捐银二两二钱。

　　正兴合捐银一两二钱、万义合捐银一两二钱、天昌合捐银一两二钱、惠春堂捐银一两二钱、三益堂捐银一两二钱、仁寿堂捐银一两二钱、太和堂捐银一两二钱、育明堂捐银一两二钱、永兴堂捐银一两二钱、元和□捐银一两二钱、谦益源捐银一两二钱、益成文捐银一两二钱、六生堂捐银一两二钱。

　　住持大祥，徒子：慈、荣、揣、敷，徒孙：晋林、晋桐。

　　匠工：祁士俊、贾生姿、王廷士、侯俊、王廷秀、朱□□、何□。

某氏三代神位碑记

【注释】

[1] □氏三代神位碑记，清乾隆五十四年（1789）之后刊刻。现藏武威大云寺碑林。碑高156厘米，宽80.5厘米，厚14厘米。碑文记述了武威关帝庙的由来兴衰及清中期重修关帝庙等相关事宜。特别是碑中记载了大量当时捐资参与此项工程的武威各商铺名称及捐钱款数，对研究清中期武威的社会经济具有一定意义。目前尚未见著录。

[2] 王曰慎，据《武威市志》载："王曰慎，乾隆己酉科（1789）举人，武威人。"该碑的刊刻时间当在1789年之后。

清重修雷祖台士庶姓名碑[1]

凉郡城北重修雷祖台，上下里外木料砖瓦彩绘金状圣像，城乡士庶姓名开列于后：

道合科、道官班、道伏班、道夜班、道鼓平：李洁白、杨发桂、洪执中、沈致远、李汶、周溥、李效震、严国祥、李伯琴、王标、蒋向元、于栋、程建业、雷汉泽、王延龄、杨之。

府合科、府三班：赵枢、谢琇、蔡生常、刘兆安、何开基、雷升、王永年、铁昌、陈琇、房成贵、张翰、李心灵、朱、李普、王立中、戴亨、李世祯、张延龄、陈长德、张绍康。

县合科、县合班、县六渠：铁成、安遂、王辉、陆生柏、苏伦、王嘉福、王铭、逢胜店、晋胜店、德胜东、庆隆光、崇兴当、聚茋店、义兴店、协来店、惠信店、冯柏年、张纹、张缓。

金渠上本、金渠下本、永渠上本、永渠下本、大渠上本、大渠下本、杂渠上本、杂渠下本、怀渠上本、怀渠下本、黄渠上本、黄渠下本、全羊头沟。

胡宗瑞、赵复通、王合祥、安教祥、赵永年、周永和、赵发祥、孙洁、李宪章、张孝正、张善正、李俊才、李玉章、李仲祺、王琏、宋希贵、宋希福、宋希钊、朱自林、朱贤、宋自顺、宋自权、胡殿勋、胡殿爵、宋积业、陈万升、袁维藩、郑昌、蔡自正、蔡自祥、蔡自省、邱玉会、蔡文辉、侯斑、郭成铎、宋强、袁生兰、袁生成、刘升、陈侗、陈丕基、安科、李长禄、范殿存、马进忠、马万选、徐万年、宋自祯、蔡自福、孙成、陈福、张宗昌、张福、郭宗华、郭宗伦、糖房、许光庆、张作楷、李棱蕡、大兴纸房、公义油店、高添源、李瑷、陈枝、王德、刘生棫、刘生荣、张澜源、姜成英、赵发甲、高登魁、苏中、张大正、曹万贵、万顺琳、田成德、义美局、复成德、何昭、李晨、林福、魏大海、元兴店、义和店、王衍庆、陈镕、天锡木厂、典成木厂、三裕公、马发仁、正兴隆、王栋、杨祯、赵中、张、王成、茂盛远、公益馆、万泰和、天顺油、崇典和、允德成、义元兴、兴顺公、徐鹤年、赵天海、杨美、冯德福、刘德亨、蒋维德、杨生升、任锡祥、李之灼、陈浩、杨相、赵华、德兴永、马福清、马福万、库积德、高兰春、朱晓湖、杨荣、胡标、沈育我、陈殿、高鸢、汤玉、李生禄、李生祥、李源、邱统修、宁兴店、李兆元、陈浩礼、李钟林、天成福、李长庆、白文举、亦春园、杨德、阜泰兴、天丰、永锡堂、山成玉、醉仙国、错张栋、陈春年、张康年。

重修雷祖台士庶姓名碑

【注释】

[1] 重修雷祖台士庶姓名碑，未刻具体年代，我们推测为清代。现藏武威文庙。碑高187厘米，宽74厘米，厚22厘米；下端残缺。《武威金石录》略去"城乡士庶姓名"，今据原碑录。主要著录：《武威金石录》。

清捐款题名碑^[1]

秦□成、柴象支、柴定民、贾谨远、原□槐、刘必欲、孙□、鲜无碧、大顺号、畏顺号、聚盛号、隆升号、王诏、监生马庆、新茂号、新□美、冯明远、王瑾、郝现珍、□文代、冯康、焦福增、王瑾、贾云汉、黄玉章、崔卓、杨建、杨廷玉，各一两二钱。

郭有义、刘俊杰、李振奇、张承寀、贲云龙、屈展伸、侯仙□、□□辟、刘绍汉、石佩玉、奔芳祯、黄荣光、马达、武隆元、杨俊、张丕抚、乔才、武锦秀、杨质爱、伊佑衡、焦启来、屈□绅、王定乾、宋克勤、宋凤喜、吉世富、卢谟、刘安祥，各一两。

白玉、梁倚童、李琛、白□麟、靳洵、林奇玉、杨皇鼎、钟希法、韩诠、薛君臣、汪世龙、赵维珍、白光斗，各九钱。

张如连、秦凤栖、胡耀宗、张丕受、秦度、刘大成、崔通、许辛奇、韩英、孟绍圣、王□芳、屈□、解廷选、任正厅、屈璋玺、成廷、冀保、黄封邑、靳科、杨□实、关伟、王寰、李钦天、张丕显、王□福、郭□全、李恒造、刘孝奉、程学书，各八钱。

王国栋、张麟、魏福龙、张龙、王尔字、阎中正、赵滕臣、屈尔介、赵继舜、郭大有、李从浩、上官庄、蔚有珍、黄异品、薛景宣、王丕业、屈自强、程可武、屈国辅、赵君佐、孟之尧、赵端、张伏夬、马楦、金大运、徐呈祥，各七钱。

续端章、杨桂枢、王大可、黄贵实、□忘□、□□□、王子□、韩桂祯、韩□凤、马仞、郭运瑞、高玢、柴誉蛟、马俊、柴大生、王迹、赵伟吉、崔□琚、李质□、杜永福、靳得耀、梁大任、郝玉玭、杨筹、张大林、秦瑞、裴适、永合铺、尉迟鉴、董宣、张大儒、毛殿、李仰牧、李鸣霖、崔智、□□□、李文魁、张辉如、贾若桂、裴汉、刘枢显、董枕、贾承斗、郑成功、石国弘、裴定国、李森、李廷□、李廷珍、□□□、任□香、于大荣、任廷密、李忠舜、□中仁、严必恭、王镐、尉有宝、柴凤诏、胡承德、张名远、□大臣、于□□、常□□。生员杨□□、张□□、赵□□、武□□、朱□□、马□源、闫凤时、刘承秀、武□□、郭□任、□□□、段奇秀、□大玉、赵孟瑗、贾廷仕、任衡、董祥□、王达、张廷□、梁逢泰、□蔚、张福深、张大杲、李元选、范元宗、杨日新、……韩□□、马文□、……张□□、王承祚、张□□、严大有、范□、秦□周、武宗网、杨永夬、王养澄、郭鼎、黄继、高尚明、高福泉、左绶垣、马淑□、张问胡、张之杰、□□□、杨□□、张凤起、乔冲义、潘献、赵奇瑄、胡岗、刘表德、卫河、成给绅、薛福、秦尚锦、段承庆、李廷臣、李居谦、刘凭□、□文有、王召、□廷臣、成唯全、靳央□、李世□、李□□□、武臣□□端、□□□、马成名、严□塑、张□益、王□□、王□□、杨□□、陈彩、杨□治、柴□臣、阎良□、李□□、范芘□、李生芳、苏天荣、谢瀋、卫□、冀□启、闫仰、李帝□、毛□□、□可际、□敬祥、□□□、□□□、高□□、任□□、……袁□□、杨永夬、□永□、张伟□、秦绍□、梁可用、刘秉礼、侯振夬、黄起、闫河基、王尚玉、□道通、□云□……（下磨泐）

捐款题名碑

【注释】

[1] 捐款题名碑记，清代（1644—1911）立。现藏武威大云寺碑林。碑高182厘米，宽76厘米，厚15.5厘米。碑中部有残缺。碑文所记此次捐款，似与武威陕西会馆有关。目前尚未见著录。

清武威县—永昌县界碑[1]

□□十二年二月十五日立

【注释】

[1] 武威县—永昌县界碑，清代（1644—1911）立。原在武威市凉州区丰乐镇沙城村三组，312国道拐弯处。《武威金石录》称："界碑原有两通，一通佚，今只存一残碑。"碑今皆佚，据《武威金石录》录文。主要著录：《武威金石录》。

民国古浪县长流坝水利碑[1]

特授上大夫监督财政司法调遣警备军队甘凉道道尹马、署理古浪县行政长官兼理司法事务詹，为建立石碑以垂久远事：案查古浪县属长流坝士庶唐国宾等与川七坝冯保元等，因水涉讼，当经委员白，会同前县马秉公办理，按依官定尺式，将川七坝截毁木槽，照旧修复。两造咸服，在案旋据。长流坝唐国宾等以建立碑记，永绝讼端等情，前来除批，状悉据，称长流坝水利与川七坝同一河源，前清康熙五十九年经黄抚宪规定：槽帮高肆寸，槽底宽贰尺捌寸，载明《县志》。今有二坝冯保元、土头坝苏溱、新河坝张文焕、古头坝冯登例、三坝郑定国、四坝胡全贵、五坝丁睿才等纠合各坝，谋反旧章，截毁官定木槽，几酿巨祸。诚恐日久反复，垦请建立石碑，载明尺式。查水利为赋命之源，定章为率由之准，无论时代若何变迁，断无忽焉更改之理。除立案外，合行刊立石碑，为此碑仰长流坝及川七坝士民人等一体遵照。嗣后该坝木槽如有损坏，自应按依碑载附刊官定尺式，照依规定除底帮高肆寸，除帮底宽贰尺捌寸。公同修复长流坝，不得违章加增；川七坝亦不准任意截毁，务宜时常审视，无使损坏。自刊碑之后，川七坝人等，倘敢仍蹈前辙，截毁木槽者，一经告发，定即照律严办，决不姑容。其各周知毋违，须至碑者。

附刊官定尺式。

右碑仰古浪县属长流坝士庶：唐国宾、杨丕勤、张炳蔚、石藏玉、丁祖武、陈正庭、杨大魁、王祝尧、杨洽国。川七坝士庶：秦凤鸣、冯保元、俞进南、胡全贵、张启铭、郑定国、王友仁、苏溱、丁睿才等。准此。

民国五年十二月日谨刊。石工黄茂堂镌。

古浪县长流坝水利碑

【注释】

[1] 古浪县长流坝水利碑，民国五年（1916）十二月刻。碑原位于甘凉道署，现藏武威文庙。民国版《古浪县志》有碑文录文。碑高157厘米，宽81.5厘米，厚17厘米。碑额正书"古浪县长流坝水利碑"。主要著录：民国版《古浪县志》《武威金石录》。

民国建修莲花山百子观音阁碑记 [1]

建修莲花山百子观音阁碑记

住□□□□□□□□□□□□□□□□□余圆不敷募化□□□□□参议会参议员、修志委员会分□□□□□□□□□祖□至正使吴理德□□。甘肃省公立法政专门学校法律科毕业权爱棠书丹。丹缎楄三幅，绸方四幅周全。

　　邑西有莲花山，西乡名胜区也，山多古庙，名刹而尤□。神像八幅，黑虎灵官神二幅，□百子观音阁□最胜。按观音为菩萨名，《法华经》云：菩萨□□□□一心称名菩萨。即时观其音声，皆得□□□是名观世音，唐人读世字，但称观音□□□□用之，然以百子为名，则无考。或谓诗文□云，大□□狱□则百惭男意者大似多男附会□说，亦未可知。又《生民篇》云：克禋克祀，以弗□□（无子）。□门□□初生，即以姜原出，祀郊□而得世□□□，祀百子观音，其殆祀郊祺之意欤。莲花山□□百子观音阁，建于狭山蹊谷，岣岻攀登维□□。兹有杨□师宗山为善信，便于祀祷。□□□□募集工员□□进一间于前山，计大殿三楹□□精舍六间，殿北斋房一院，是役也。经始于□□□成于丁巳，共付工料、国币六万余元，铢□□□不没檀那之力，属记诸贞珉，以垂不朽云。

　　□□丁旭载文□□□□刘□□□□□□

　　玄门杨宗山，从施诚相系刘信德、张信明。

　　□□□□□□大中节□□□□□□□□□□□□□一口钟，一口炉，一座幡杆，一根□□。

建修莲花山百子观音阁碑记

【注释】

　　［1］建修莲花山百子观音阁碑记，民国六年（1917）刻。今存武威市莲花乡莲花山观音殿。碑高124厘米，宽54厘米，厚11厘米。主要著录：《武威金石录》。

民国康陶然生祠记碑[1]

　　四等嘉禾章国务院存记简任职武威县县长康公生祠记

　　武威田制，厥类惟三：一科地，一屯地，一处名地。其赋则屯地较科地倍之，处名地较屯地尤倍之。屯科无论已。处名地者系前明亲贵采邑，有王府、吴府、宋府之别，世禄之家不贯稽事。居民求之弗得，以为种若地，可以省却一切徭役且高出虏齐民。故每亩纳租有三、四斗，至四、五斗不等着。逮明鼎革而袭就湮。我大清入主中国，以租征赋著为令，并令历来承种之佃户处名过割，即可永以为己有，此处名地之所繇来也。夫事出当时金以为便宜孰大，于是积久而考地之肥瘠，原无或异，而第其供之高下，大相悬殊，乐岁粒米狼戾，犹恐不瞻，一有凶歉，以冻馁死、以敲扑死、以转徙流离死，鸿嗷鼠泣，惨不忍闻。乡先正李公云章与甘凉观察使龙公仁陔，前后数上书，卒格于部议，不行此疹也。与嗣君叔坚太史犹丁宁云。会入民国康陶然[2]邑候者，蜀之名廉也，仁明恬静，所之有声，四年乙卯莅我武，甫下车，勤求民瘼，无微弗至。当是时也，军书旁午，谣诼繁兴，公缮城垣、办商团、修理四城门扇，木工铁工焕然一新矣。虽资之于地方而公董劝有方，秉事教易。郡城之西有峰曰莲化，距城三十里而强，每岁夏五，游人如织。公亦忻然往，商会会长王君佑之、赵君小峰亦与焉。其峰之巅有塔曰"金顶"，最上头也。公登临其上，凭眺者久之而曰：方今赤日熛怒，早魃为虐，小民苦矣。如横亘目际之冯良寨，处名地也，苗既就枯，赋尤繁重，其苦不滋甚乎，王若赵问处名云何，公具以告。且曰：顷阅《政府公报》载：鄂之军帮粮玩厥，性质与处名类，彼能去而我独不能去乎！恶为若邑宰责在我也，我不去将畴依，且尝闻叔坚李太史世世引以为病者也。归而与之谋，吾其图之商之，于太史称赞者，再并出先大夫之遗稿见示，于是联名请于公：公据以闻且痛疏其处名病民状。时皖之张公广建都督甘符，陕之雷公多寿长财政，素稔公非市惠者流。委员杨君廷勋覆勘。杨亦廉，得其情而心力从之□。公手订一切核减万□，查处名地向分上中下三等。以屯地上中下例之，上者每亩纳粮五升五合、中三升、下一升五合。经画既定造具册结图说，上之大府，大府匙之，具以请命于中央，令曰：可。是举也，除应征外，共豁免正耗粮千八百石有奇，按《赋役全书》处名地仅四百八十一顷，即征粮三千八百四十余石之多，自今以始不特田赋悬轻并□处名之名色，一朝而廓清之，其功与解，倒悬何殊哉。夫数百年之宿累，公为之除；数千家之痛苦，公为之苏，其有造于斯邦，厥绩甚伟，而于司院应需之办公费四五百金，又出之于廉泉让水，丝毫不取之于百姓，殆所谓民之父母者非欤。夫昌黎著遗爱于瀚州，庙食百世；文翁蒂治行于卤蜀，生佛万家。卖丝绣平原之貌，图扇画放翁之容。古之人崇德报功，穷形尽相，凡以永纪念而昭胖响也。武邑于公，夫何独不然，乃者卜地于雷台，清廉祠庄严璀璨，为一邑冠总；为之肖像于斯，祝长生，禄位于县，穷以民意。□工既讫，邑之父老拟文，以勒诸贞珉，不得不文以辞，爰为之陈述梗概，并发起斯举之缘起。夏谚曰：吾王不游，吾何以休。其倍然□，其□□□。

　　清故□□□□□□□□□司经历庚戌岁贡生邑人胡应瑗顿首撰文。

　　□□□□□□□□□□□□己酉科前甘肃谘议局议员现督军公署军事谘议众议院议员邑人贾坛顿首篆额并书丹。

　　中华民国一十三年□□□□□葳宾月中浣谷旦，武威六渠处名地户公立。

　　石工武威叶树棠镌字。

康陶然生词记碑

【注释】

［1］康陶然生祠记，民国十三年（1924）刻。现藏武威雷台观。碑身高177厘米，宽80厘米，厚17厘米。碑首高89厘米，宽82厘米，厚18厘米。碑座上长94厘米，上宽57厘米，下宽77厘米，下长98厘米。碑额篆书"武威县长康公生祠记"，共3行，行3字。主要著录：《武威金石录》。

［2］康陶然，生卒年不详，清末四川举人。民国四年（1915）起任武威县长，在任期间，修缮城垣、兴办商团、革除更名粮等，颇有政绩。康公离任后，武威六渠更名地户自发在雷台清廉祠为其立碑、塑像。

重修武威文庙碑记[1]

【碑阳】

重修武威文庙碑记

武威自汉武开郡，始见历史。而文庙创始何代，言人人殊，莫衷一是。今观其规模宏大，气象雄壮，知非府县文庙所及。洎读《前凉载记》及《西夏书事》，称其崇儒术，国中大修孔子庙，复尊为帝，并证诸父老传闻，谓肇建于前凉张氏及元昊割据时者近是。历元明清三朝，踵事增华，赓续修葺，载在碑志。乾隆时武威县令章攀桂重修，以曾明经国杰董其事，迄今已逾百年。民国丁卯大地震，为前古未有之奇灾，文庙亦因之倾圮，尊经阁坍塌一角，墙壁随之，使不复建筑，则六经不几扫地乎！大成殿梁木坏，使不增加两柱，则尼父坐奠两楹之梦，将焉托乎！东庑全毁，使不即起恢复，则先贤先儒之灵爽，又何所式凭乎？宫墙间倒，若断若续。使不联络修葺，势必为鸡犬奔逐之场，行人往来之衢。至若甬道鞠为茂草，泮池亦发鴞音，又为事实所必至。黍虽麦秀之歌，岂能免乎？此奉祀官贾子坛所以倡议修复也。斯役开始于戊辰春二月二日起，结束于是年夏六月一日止，共计五阅月。费洋柒佰玖拾贰元，银柒佰捌拾两，制钱叁佰壹拾仟零贰佰伍拾文。泐碑内，记实也。惜功未竣，而六月五日匪变起，西官厅遭回禄，戟门几付之一炬。幸赖军警督察处长蒋德泉氏，率回教徒数十人扑灭之，其有功名教，为不可没。年来民穷财尽，筹款维艰，如被毁之西官厅，摇倒之东西碑亭，以及棂星门牌厦之东柱为蜂所蠹，与周遭墙垣之急需待墁饰垩丹者，尽付阙如。使后之君子，有能竟贾子坛未竟之功，急起而兴复之，则宗庙之美，百官之富，庶可复见于来兹。他如发起诸人，及布施官商士庶，例书碑阴。

民国二十七年，武威修志委员会分纂赵士达撰。

发起人：李作桢、郭文炜、张光文、赵士达、李景才、刘茂龄、李鼎超、王保元、龚集庆、唐发科、杨万均、徐洪庆、张延亨、张进才、胡应瑗等。

经理人文郎奉祀官贾坛。

【碑阴】

武威县长张东瀛捐洋贰佰元。祭祀帐捐银伍佰两。文社捐银贰佰两。李鼎超捐银捌拾两。

商会捐洋贰拾元。农会捐洋贰拾元。第五法院主任王久道捐洋壹拾元。征收局长孟继思捐洋壹拾元。善后局长王恩溥捐洋壹拾元。保商局长徐传钧捐洋壹拾元。电报局长陈海天捐洋壹拾元。师范学校捐洋壹拾元。中学校长田维大捐洋壹拾元。奉祀官贾坛捐钱贰佰肆拾仟。典狱长耿光祖捐洋伍元。西北银行捐洋伍元。平市官钱局捐洋伍元。第四小学校长唐发科捐钱壹拾仟。翰风学校校长张绳武捐钱壹拾贰仟。邮政局捐洋贰元。烟酒局长邓姓捐洋壹元。

以上各机关学校共捐洋叁佰贰拾捌元，银柒佰捌拾两，钱贰佰陆拾贰仟。

赵筱峰、徐杨慰祖、杜尚基、陈锡坤、段永膺。

以上五名每各捐洋拾元，共捐洋伍拾元。

同善公当、永德生、世元员。以上每名陆元，三名共捐洋壹拾捌元。

永记号、郝天舒。以上二名共捐洋拾元。

刘瑞泉、乾元永、万顺和、丰泰昌、同义昶、张濮、义兴恒、义兴盛、天裕生、谦益涌、同兴公、德茂源、同顺生、兴顺长、万镒魁、同盛明、张海、同积永、郭文炜、魁顺店、丰泰店、勤慎店、万仪成、益丰店、赵士达。

以上每名肆元，二十五名共捐洋壹佰元。

永兴元、杨永寿、复兴源、同丰张、天裕成、蔚隆章、万顺德、裕丰厚、复兴隆、福泰长、四箴明、晋川丰、志成店、许新吾。

以上每名叁元，一十四名共捐洋肆拾贰元。

光庆成、天顺德、王璞、正兴隆、同兴泉、中和引、光裕成、复兴隆、敦裕恒、义兴隆、景盛西、永泰谦、德盛和、积庆福、天顺和、合盛成、广茂通、天聚永、余庆和、祥瑞成、会元号、余德隆、乾和裕、天成和、公盛涌、同吉庆、达泉涌、兴盛隆、同丰益、王保元、兴盛店、天顺长、蔚泰昌、煤炭厂、复兴远、毓顺店、世隆丰、张云卿、宁万荣、徐进诚。

以上每名贰元，四十名共捐洋捌拾元。

元顺成、万生永、协济堂、裕兴魁、复生涌、宋贞元、蔚兴合、万兴成、大义魁、永盛和、永庆和、永兴公、永兴恒、敦信远、复兴亨、天顺魁、世泰昌、德兴魁、万泰德、永庆昌、裕泰成、万裕永、福盛成、永隆昌、永隆厚、天德永、福泰恒、余庆昌、复盛恒、复兴魁、双成永、元盛兴、天顺成、正兴隆、复成魁、天兴隆、复兴诚、天兴魁、益泰昌、茂盛昌、德盛发、积盛明、世兴成、祥兴永、段宝亭、聚义德、王培源、永顺和、同丰德、泰源和、广顺昌、福成泰、义成庆、福生茂、世丰永、万盛魁、万裕堂、同济成、同成信、泰兴魁、致仁元、裕华兴、致和成、景德成、庆兰齐、天福成、华昌号、长兴元、泰和兴、福顺德、四美丰、兴盛祥、福泰店、德庆丰、益新昌、聚义恒、茂盛德、万庆德、荣泰当、亨泰西、福成厚、蔚泰德、兴茂魁、万春生、源生茂、万镒新、兴盛昌、全盛德、泉顺永、永和堂、天兴隆、王炳荣、永盛诚、天亿成、忠益成、永聚当、赵仲堂、赵树林、权国范、权国仁、赵法义、赵积裕、冯富元、郭延祐、苏开元、魏树贞、袁喜、宋科、周廷富、周廷佐、杨发厚、刘鹭卿、王振麒。

以上每名壹元，一百一十三名共捐洋壹佰壹拾叁元。

万兴隆、义盛魁、复生永、永盛罗、同兴和、全兴德、德生永、增盛祥、世丰当、复泰昌、源兴昌、庆丰源、玉泰昌、同盛堂、同泰店、长丰泰、万盛福、福兴昌、德兴泉、永益成、永兴德、通顺成。

以上每名伍角，二十二名共捐洋壹拾壹元。

丁世光、析炳焜、顾永清、陆毓芳、安泰堂、赵连城、李宗圣、高积仁、阎金生、杨文铭、徐灏元、张灏年、王鹏年、朱生璞、宁夏学、谢兴德、张复元、宁兴俊、李作文、高象尧、侯殿儁、周殿成、徐殿斌、张万棋、魏廷同、相魁元、相好远。

以上二十七名，共捐钱肆拾捌仟贰佰伍拾文。

赵文林捐小麦壹斗。

【注释】

[1] 重修武威文庙碑记，民国二十七年（1938）六月立。原碑今佚，《武威县志稿》有录文。主要著录：《武威县志稿》《武威金石录》《武威市文物志》。

民国重修文庙创建庙产碑记[1]

重修文庙创建庙产碑记

吾邑文庙，相传肇建于前凉张氏，或云为西夏时所建。代远年湮，传闻异辞。惟自明正统、成化以迄清顺治、康熙、乾隆、道光间赓续葺修，历有碑记可考。迨民国十六年地震，殿宇墙垣强半倾圮，东庑全毁。翌年，都人士倡议修复，推贾君坛主事，刘君茂龄主计，鸠工庀材；牮正尊经阁五楹，大成殿三楹，重修东庑七楹，金声玉振门各一。此外西庑、戟门、泮池、照壁、内外宫墙、东西栅门，均经修补，恢复旧观。二十二年续修东西碑亭；二十六年补葺崇圣祠之大殿两廊及先贤、名宦两祠；三十七年又修棂星门、大牌坊。此皆属于文庙工程也。其他历由文庙会管理之。文昌宫当地震时，东廊房亦毁，土木瓴甓并多隳坏，科与贾君坛督匠重修东廊房七楹，并葺西廊房诸处之残缺者。嗣由本会先后改修戏楼为图书楼，两廊房为图书室；新建东西碑亭各五；并修桂籍殿左之牛公祠、三贤祠；殿右之有恪亭、西厢房，东西廊及补葺大殿山门内外砖瓦，此又文昌宫内工程也。若夫文庙祭田，除先代所有另碑记载外，又于庙西增修房六十一间，节义祠前铺舍九间，法院门左铺房一十六间，价置文庙后与文昌宫东之空地各一块，统计二十年来所需工料钱粮业价等项，约合银币五千余元，系文庙房产租资及本会筹募支付。当此欧化盛行、斯文绝续之交，到处文庙多毁没于兵燹，或改为办公处所，甚有一任颓废为瓦砾场者。而吾邑文庙独克修葺完整，如鲁灵光之岿然独存，夫固邦人君子之热忱毅力所致，抑亦圣道不终晦于天壤间之一证也。爰述重修增置之始末，俾后人有所感与焉，是为记。

邑人唐发科撰文，段永新书丹，丁旭载篆额。

武威文庙管理委员会委员：段永新、赵士达、赵生谟、孟德元、严攸、李科生、唐发科、刘茂龄、丁旭载、郝在中、伊宗尹、徐洪庆。

重修文庙创建庙产碑记

中华民国三十八年岁次己丑夏五月吉旦公立。

住持张宗和，石工黄得元。

【注释】

[1] 重修文庙创建庙产碑记，中华民国三十八年（1949）五月立。现藏武威文庙。碑高165.5厘米，宽69厘米，厚15.5厘米。碑额篆书"重修文庙创建庙产碑"，共3行，行3字。主要著录：《武威金石录》。

民国计开东路甘新公路桥梁沟道数目单[1]

至黄双下起马号（二二九）。朱家坡桥叫寒空洞桥宽三尺（二三○）。杨家扒沟桥叫丙重桥宽五尺，土厚一丈余。李家渠沟桥叫丙重桥宽三尺（二三一）（二三二）。小沙沟桥叫丙重桥宽五尺，土厚四尺（二三三）。杨家沟桥叫丙重桥宽五尺，土厚四尺，深三尺（二三四）。王家上崖桥叫丙重桥宽三尺，下崖桥叫丙重桥宽三尺（二三五）。李家大深沟桥叫丙重桥宽五尺。中沟桥叫丙重桥宽五尺。苏家沟桥叫丙重桥宽五尺。牛家东沟桥叫丙重桥宽三尺。三家西沟桥叫丙重桥宽三尺。大沙沟桥叫天梯桥，两架口上铺木板，两桥顼栏杆（二三六）。王家东沟桥叫丙重桥宽三尺。古城沟桥叫丙重桥宽五尺。王家西沟桥叫丙重桥宽三尺（二三七）。二坝顼沟桥叫丙重桥宽三尺。土沟桥叫丙重桥宽十尺。二坝直沟桥叫丙重桥宽三尺。边沟桥叫丙重桥宽三尺（二三八）。东河沟桥叫丙重桥宽三尺。二坝河桥叫甲重桥宽一丈，高六尺，两邦甲柱板。六坝赵沟桥叫木湘湿桥宽三尺，上铺木板。西沟沟桥叫甲重桥宽六尺，上小土坡（二三九）。杨家直沟桥叫丙重桥宽三尺。娄家沟桥叫丙重桥宽三尺。刘家深沟桥叫甲重桥宽六尺。园子沟桥叫丙重桥宽二尺（二四○）。谢家直沟桥叫丙重桥宽二尺。坝河桥叫甲重桥宽一丈余，高四尺，两邦四柱甲板上木板，桥顼上大木顼。西边直沟桥叫丙重桥宽二尺。西河桥叫甲重桥宽四尺，高五尺。吕家直沟桥叫丙重桥宽三尺（二四一）。邱家沟桥叫丙重桥宽三尺。王家沟桥叫木湘湿桥宽二尺。牟家沟桥叫木湘湿桥宽二尺。涝池沟桥叫木湘湿桥宽二尺。上铺木板（二四二）。家沟桥叫丙重桥宽三尺。四坝黄家沟桥叫丙重桥宽十尺。张家直沟桥叫木湘湿桥宽二尺。张家沟桥家丙重桥宽三尺。（二四三）。□张家中沟桥叫木湘湿桥宽二尺。满家深沟桥叫甲重桥宽四尺，土厚六尺。四坝河桥叫甲重桥宽□尺，高四尺，两邦甲柱板。何家沟桥叫丙重桥宽二尺（二四四）。何家湾桥叫丙重桥宽三尺。五坝河桥叫甲重桥宽□丈，高四尺，两邦甲柱板。张家沟桥叫丙重桥宽三尺。马庄沟桥叫丙重桥宽三尺。张家沟桥叫丙重桥宽三尺。后深沟桥叫甲重桥宽六尺，高五尺。李家沟桥叫丙重桥宽二尺。六坝河桥叫甲重桥宽四尺，高六尺，两邦甲柱板。张家夹沟桥叫木箱式桥宽三尺。祁连沟桥叫甲重桥宽六尺，高五尺。吴家沟桥叫丙重桥宽三尺（二四一）。上沟桥叫丙重桥宽三尺。张家切坡沟桥叫丙重桥宽二尺。六坝中六畦河桥叫甲重桥宽□尺，高四尺，两边甲柱板。二畦沟桥叫木湘湿桥宽三尺。

【注释】

[1] 计开东路甘新公路桥梁沟道数目单，民国（1912—1949）立。原碑今佚，《武威县志稿》有录文。主要著录：《武威县志稿》《武威金石录》。

修建武威大礼堂碑记[1]

武威昔名凉州，位于河西走廊祁连山麓，是甘新公路必经之地。市街宏敞，贸易兴隆，川渠纵横，灌溉便利，农产丰饶，有塞北江南之称。一九四九年秋，我人民解放军以秋风扫落叶之势，一举攻下兰州，继克武威、张掖。马步芳匪军闻风丧胆，狼狈逃窜，致使罪孽昭著，天理难容之。马步芳残匪终于酒泉全部被歼，甘肃全境遂告解放。人民从此得见曙光，莫不欢欣鼓舞。翌年春，我八师全体指战员为响应毛主席生产建设号召，自四月初即全部投入了各种生产战线，经过五个多月的艰苦劳动，除修竣了古丰渠全部、黄羊渠大部，并在乌稍（鞘）岭开荒一万余亩，为国家增加了财富，为人民减轻了负担。特别是为了武威党政军民之需要，征得政府之同意，政府更以大力赞助木料。我八师以师直警卫连、教导队、平剧队、宣传队、分区独立营二十二团一部之人力，在解放市场建筑了庄严魁伟的大礼堂，题名"武威大礼堂"。落成后，各乡群众前来瞻仰者络绎不绝，赞曰："诚武威之第一大建筑，人民解放军之功也！"在河西建设事业上永留光辉。

中国人民解放军第一野战军第三军第八师司令部、政治部。

是礼堂之修建，曾组成建设委员会，以吕佩珣、陈云亭、张钦明、史奋勇、徐干忱、荆清、张心田七位同志负责领导。建筑之进行，历时七月余，自四月中旬开始动工，到十一月止，共用木料九百余根，砖十五万三千余磈（块），石灰六万斤，拉土二千七百余车，蓆子六百二十磈，木椽一千五百八十根，杂工二万九千八百六十六个。计司令部出车五百五十一次，出人工三千五百个。政治部出车五百五十五次，供给部出车一千零二十八次。汽车队出汽车四次。卫生部出车一百六十三次。教导队出人工一万零二百九十七个，宣传队出人工一百六十八个。建设队出人工一千四百工。警卫连出人工八千一百六十九个，另出车六百七十六次。二十四团出车四次，并聘请杨再生、曹福贵、周镒、周生海等为泥木石工。一并在此感谢，特此立碑为记。

一九五零年冬十一月。

【注释】

[1] 修建武威大礼堂碑记，1950 年 11 月立。现藏武威大云寺。碑高 167.5 厘米，宽 83 厘米，厚 16 厘米。该碑记载了武威解放初期，人民解放军在武威地区所进行的如修渠、开荒等事宜，特别是历时七个多月，为武威市修建了大礼堂，当时被群众称之为"武威第一大建筑"。通过碑文我们可以了解到当时参与修筑武威大礼堂的相关军政部门及主要负责同志，对了解建国初期武威解放后的社会生活状况有重要价值。此外，碑阴还刊刻参与此次活动的众多人物的题名。碑中所提到的武威大礼堂，其旧址在今武威市区电信大楼东侧，上世纪七十年代被烧毁，我们只能从碑文的字里行间去体会其庄严魁伟。主要著录：《武威金石录》。

汉武威长史印 [1]

武威长史

【注释】

[1] 武威长史印，汉代（前206—220）铸造。武威出土，今佚。《金石索》载："武威长史，《印萃》。《汉志》武威郡：故匈奴休屠王地，武帝太初四年开，莽曰张掖。"据《陇右金石录》研究："按《汉书·百官表·郡守》：秦官有丞，边郡又有长史，掌兵马。《后汉书·百官志·郡》：当边戍者丞为长史。武威边郡，故置长史也。"主要著录：《金石索》《陇右金石录》《武威金石录》。

汉宣威长印 [1]

宣威长印

【注释】

[1] 宣威长印，汉代（前206—220）铸造。武威出土，今佚。《金石索》载："宣威长印，《印统》。《汉志》宣威，属武威郡。"《陇右金石录》亦援引此记载。主要著录：《金石索》《陇右金石录》《武威金石录》。

汉姑臧右尉印 [1]

姑臧右尉

【注释】

[1] 姑臧右尉印，汉代（前206—220）铸造。武威出土，今佚。《金石索》载："姑臧右尉，《印统》。姑臧，属凉州武威郡，洛阳西三千五百里。"《陇右金石录》所记略同。主要著录：《金石索》《陇右金石录》《武威金石录》。

汉军假司马印[1]

军假司马

【注释】

[1]军假司马印,东汉(25—220)铸造,凉州区东河乡王景寨出土,现藏武威市考古所。据《武威文物精品图集》介绍:该印长2.2厘米,宽2.2厘米,高2.2厘米。铜质,方形,桥形纽,印文阴刻篆书"军假司马"四字。《后汉书·百官志》载:"大将军营五部,部校尉一人,比二千石;军司马一人,比千石。……其不置尉部,但军司马一人。又有军假司马、假侯,皆为副贰。其别营领属为别部司马,其兵多少各随时宜。"主要著录:《武威文物精品图集》第49页。

汉黄羊镜[1]

铭词:胡虏殄灭天下复,风雨时节五谷熟。黄羊作竟四夷服,多贺国家人民息。长保二亲得天力,传告后世乐无极。

【注释】

[1]汉黄羊镜,东汉(25—220)铸造。武威出土,今佚。据《陇右金石录》记载:"汉黄羊镜,出于武威,今存。按:此镜在凉州某家,重约七八两,铜质,作苍青色,四周作回旋花纹。铭词皆小篆,托人访拓之,竟不可得。其铭词与《西清古鉴》汉镜多同,仅异'黄羊'二字。考安帝永初,羌乱,驿骚乱州郡,人民大扰,历数年始渐平息。此镜或为元初己未所造,盖'己'属黄色,而'未'则为羊,是时羌乱初谧,故其铭词如此也。"主要著录:《陇右金石录》《武威金石录》。

北凉临松令印[1]

临松令印

【注释】

[1]临松令印,北凉时(397—439)铸造。1982年武威市文物管理委员会征集,现藏武威市博物馆。此印为铜质,重50克。正方形,边长2厘米,上有鼻钮。黎大祥《甘肃武

威发现北凉"临松令印"》研究：据《晋书·地理志》等载，临松为郡、县名，其治在临松山下的南古城（今属甘肃民乐）。前凉张天锡在此置临松郡，北凉沮渠蒙逊改置临松县，此印或为北凉统治时期，张掖郡属临松县令之印。临松令印的发现，是研究北凉时行政建置、官职及历史的珍贵资料。主要著录：黎大祥《甘肃武威发现北凉"临松令印"》（《文物》1997 年第 9 期）。

民勤县

明金氏先茔碑[1]

……行都司都指挥佥事……于九年甲子九月十一日辰时卒。□生于洪武二十四年□□四月亥时，卒年五十六岁。生子男一十人，长曰□，次曰□，次曰强□□□。女六人，□□岁德而子孙□□□□□镇番先茔之□□□□道之□□公……未死也。善则□久，生子□哉，然其德□不……后世，况□其子□……人也。余故勒于碑，□□□曰焉。

时成化三年岁在丁亥……

金氏先茔碑

【注释】

[1] 金氏先茔碑，明成化三年（1467）刻。现藏武威市民勤县圣容寺内。此碑为正反两面刻字，背面刻金公祠题名碑。该碑残高107厘米，宽65厘米，厚14厘米。碑右下角残阙。主要著录：《民勤县志》。

明重修丽泽宝塔寺碑[1]

重修丽泽宝塔寺记

洪惟我太祖高皇帝龙飞淮甸之初，内设僧录司，外置院刹，其制甚备，其道大兴。释教之盛，亘古未有也。宝塔古刹，卫治西城之原，肇自建邦启土，其来尚矣。正统辛酉，镇守都阃彭公铉[2]□鼎暨僧录司承檄，住持印智乃即旧址捐赀，亲董其事，首建大殿、廊庑，以表其位。次立山门法堂以壮其观。图塑圣容诸像，金碧辉煌，焕然一新。百余年来，民安物阜，四境无虞，既而天顺间，历岁滋久，殿宇倾颓，图像崩坠，惟宝塔存焉。弘治戊午，守备都司李公杰廷，弼同本院住持义坚、义会，思前人鼎建之功，慨然奋重修之志，欲择胜境而改作之。遂卜吉于郡南廓外，风气攸萃、土壤秀丽，可以迁建古刹。乃谋于官属及善信士，大施金帛易地，鸠工输材砻石，躬诣奖励，□力相其成。未几，规模制度严严翼翼，巍然焕然。于正殿重塑佛像法相，山门东西立四大天王，廊庑左右塑伽蓝祖，禅院之前后，树"金声革振"之坊。复建观音□阁，阁后为禅堂，堂侧为方丈，以至僧舍、庖、湢，次第毕举，其宏远倍加于昔。由是□化诞，敷淄流，益足以为一方之所，庇庇依仰。经营于弘治十一年季春，落成于十六年仲秋，所以修废举坠，由二公只顺德意以倡率之，四方善士倾心感化，亦□翕然，乐从为之相焉。此虽佛德之所以能使人归向如此，而望会之流亦岂非□□，然自立而兴起，其教者欤是，岂不为斯刹美盛矣乎？然时移事往，岁久必湮，无以示后来，传之来世。住持本刹祖浩来征文为记。予观其所自，盖可久可固□刹益于世者不小，皆所当书，于是叙其始末建寺之由，俾勒诸石。庶几后之来□来观于斯者，皆知所以劝得，亦有所考焉。

弘治十六年岁次癸亥中秋吉旦。国生凤阳陶德[3]文华撰。酒泉晚学寇源书。

重修丽泽宝塔寺碑记

【注释】

[1] 重修丽泽宝塔寺记，明弘治十六年（1503）八月立。现藏武威市民勤县圣容寺内。该碑高 125 厘米，宽 67 厘米，厚 10.5 厘米。碑额篆书"重修镇边宝塔寺记"。主要著录：《民勤县志》。

[2] 彭铉，江南凤阳人。正统元年调镇番城守备，为王府仪宾。生擒贼银歹等三十三名，战功颇著。建筑城垣，地方赖之。世职镇番。

[3] 陶德，据乾隆版《镇番县志》载，其曾担任四川宁化训导。

明重修苏子卿祠碑[1]

重修汉苏子卿祠记

雍之西，镇番之东，汉苏子卿祠在焉。肇于国初，若干年于兹矣。隘且陋，弗称于苏公。监察御史胡君明善[2]按其地，再拜祠下，叹曰：汉之使节曷如苏公，忠曷如苏公，诚谒如苏公。使臣以苏公而重，中国以苏公而尊，今其祠弗广，漏弗治，谒称乎苏公。乃属有司拓而广之，彻而新之，工既讫，有司以告，分巡按察佥事高君夔曰：祀不举，苏公谒以歉；祠不广，苏公谒以妥。胡君持节观风，首务在兹，高君以告缵宗。缵宗曰：立朝莫大于竭忠，竭忠莫大于尽节，是举也，小以风乎为使者，大以风乎为臣者，于乎休哉。子卿功德于汉远矣，一旦忘身，使千百年知武之节，立风雪于海上也；廿年苦心，使千百世知武之节，卧风雪于窖中也。时律辱矣，赖武之忠而汉尊；陵亦辱矣，使武之节而汉重。故其言曰：尝欲肝脑涂地，虽蒙汤镬，诚甘乐之。曰：屈节辱命，何面以归汉国。曰：请毕今日之欢，效死于目前。夷夏见其真诚，莫不喟然叹、勃然惊。于时，或引佩刀、或举剑而不能下子卿也；或骂律、或叱陵，而不能侮子卿也；或啮雪咽毛而不能动子卿也；或掘地食去鼠而不能困子卿也。孤忠大节，显显赫赫，直与天地争高，日月争明，于乎休哉。侃侃王臣，莫重于斯矣。堂堂中国，莫尊于斯矣。故其时，辱以牧羝，牧矣，乳不乳，不问也；胁以持旌，持矣，旄不旄，不邮也。而其后官武为典属国而人不以为宠，图武于麒麟阁，而人不以为荣，重武也。惟武不辱君命，一代之臣也，不求生以害仁，百代之臣也，是不可以风天下后世也哉。胡君有感于斯，新其祀，明其祀，内以视乎诸夏，外以视乎四夷，其诸异乎人之风也钦？子卿，杜陵人也，谒祀于镇番？镇番，夷夏之交也。祀不举，其谒以昭其地冲；祠不新，其谒以厉故。子卿之风，不系于祀与祠，非祠与祀，其谒以仰是举？惟节式崇，有裨于臣道，惟忠式旌，有补于治道，是不可无祀与祠也。乃因高君之请而记之，亦以告夫嗣是而重苏公者。胡君霍丘人，高君京师人。

【注释】

[1] 重修苏子卿祠碑，明嘉靖八年至九年（1529—1530）立。胡缵宗撰文。碑文存《鸟鼠山人后集》，今据以录文。主要著录：《鸟鼠山人后集》。

[2] 胡君，即胡明善，直隶霍丘县人，嘉靖八年至九年（1529—1530）任巡按甘肃御史。嘉靖八年（1529）刻印过朱升《小四书》5卷。

明奏请添筑西关疏[1]

镇番地方北出凉州二百余里，旷远寥廓，实与宣府独石马营相类。昔人谓于凉州北境碛中，建置城垣，控其冲要，自是寇不敢复至凉州城下，即此地也。乃今风沙壅积，几与城埒。万一猾虏突至，因沙乘城，岂惟凉、永坐撤藩篱，甘肃全镇安危所系。虽尝屡议修筑，只缘无人任事，旋议旋罢。今右参政张玺，欲于镇番添筑关厢，一则消除沙患，一则增置重险。谋之父老，咸谓可行；质之官僚，殊无异议。急当整理，疏允其请。博即饬玺同凉州副总兵萧汉、守备蔡勋等督理修筑，镇邑恃以保障焉。

【注释】

[1] 奏请添筑西关疏，明嘉靖二十五年间（1546）立。时任右佥都御史、巡抚甘肃杨博撰文。文中记载了修筑镇番西关的必要性及可行性，对研究明代西北地区的城镇防御具有一定意义。《国榷》载"（嘉靖二十五年，1546）三月甲子，巡抚甘肃傅凤翔移江西。丙子，山东左参政杨博右佥都御史巡抚甘肃。"张居正撰《杨襄毅公墓志》载："从职方郎中出为山东宪副，升参政。丙午，以佥都御史巡抚甘肃。庚戌，丁母忧。"（载《张太岳文集》卷十三）由上述可知，杨博巡抚甘肃的时间为嘉靖二十五年（1546）三月十九日至嘉靖二十九年（1550），因此这篇奏疏的写作时间也当在此时间段内。乾隆版《镇番县志·建置志》载："后飞沙拥城，嘉靖二十五年，参政张玺申呈都御史杨博，筑西关已堵飞沙。"

撰文者杨博，字惟约，山西蒲州（今山西永济）人。嘉靖八年进士。历兵部职方郎中，随翟銮巡九边，于所在山川形势、土俗好恶、士卒多寡悉加记录。尚书张瓒处理边事，倚博如左右手。帝或中夜降诏，博随事条答，悉能称旨。总督蓟辽，守边有功，进吏部尚书，理兵部事。出任四十余年，始终以兵事著。万历二年卒，赠太傅，谥襄毅。有《本兵疏议》等。主要著录：道光版《镇番县志》；民勤县志编委会《民勤县志》（兰州大学出版社，1994年）。

明补修圣容寺碑记[1]

镇番，古休屠泽也。自汉武斥逐匈奴，降其王归我函夏，渐成文治。唐李陷于吐蕃，宋为赵元昊所据。民物胥而为夷，至胡元为极。我朝圣祖殄歼元憝，廓清寰宇，遣宋国公冯胜统兵下河西，余孽殆尽。爰设为卫，徙内地民戍之。数百年之腥膻，一时汛扫；亿万载之谟业，于斯肇造矣。时遵化马公得，从戎伍征讨，屡成克复大功，历升指挥同知，已而选调于此，以拒胡，继而公麟[2]征剿，多克，进阶都指挥使，镇番赖以守固。又继而公昭[3]累功升都阃，再守兹土，事事造端，有古名将经略。开拓旧城，以广民居；御外侮，疆域既固矣；修车马，备器械，戎事具举矣；添设马营、墩塘，筹牌络绎，斥候则严矣；城楼、角楼、学宫、公廨、铺舍、仓厂与夫城市、坊牌、闾巷相继建立，经营规制若备矣。乃虑夫习仪无所，晨昏无节也。为之卜地，建一寺院，题曰"圣容"[4]。创钟鼓楼于寺前，两台对峙；殿宇门廊，经画维备，屹然一巨观。就中设皇帝万岁金座，为咫尺天威之所。以边俗崇尚巫释，信因果感应之说。事神谨于事官，乃择所敦信者为之地。而习礼仪庶几瞻者起敬，而生忠信诚悫之心。所以治教休明，彝伦攸叙，百蛮效顺，王风大同，皆外攘内治所致，在今一统之有镇番，非马公孰开其始？非马公孰成其终？真可谓社稷臣也。《祭法》曰："以劳定国则祀之"，宜其配享苏、金二公，报功之无尽矣。三世孙马君恩[5]克承厥志，脱颖于卫，为酒泉参戎，诸羌警服。归来，顾瞻兹寺，有倾圮之甚者，捐己资而葺之，盖不忘先人之遗泽也。君子曰："肇基栋宇，非以邀福，所以萃人心而成礼教，有默化边人之机。"是故可以观忠修复梵宫，不惟好异，不忘前人之事业沦胥，以至于敝。是故可以观孝，寄心思于至微，其过人远矣。然建之修之，皆未有记，虽弼成疆理诸务，亦无刻以传。

非固昧之，不欲彰之也。君子之世勋，再荫荣施，即补石征文以记。夫莫为于前，虽美弗彰；莫为于后，虽盛弗传。昔公守土二十余年，鸿功骏业具在人心，著于口碑，至今颂之不衰。固不止此，公之子孙麟趾振振，余庆沛流，固非缘此，遂扬其盛。然仁孝之至，萃于一门，此可推类，以尽其余矣。议者谓：公忠贞盖世，有安攘伟绩。今日之世德无忝，家声丕振，固垂裕致，然天其亦有以报之也。佛力云乎哉，是则斯举也。非侈心淫祀，可以助礼教之所不及；非福其家，所以福吾国吾民于大顺。此固非作者之微意乎。丐词以记，且无乐乎建寺之名，余因其补碑而原其大意，岂敢曰记。

【注释】

［1］补修圣容寺碑记，明嘉靖三十年（1551）立。邑人柳子玠撰。今据道光版《镇番县志》录文。柳子玠，据乾隆版《镇番县志·人物志》载："柳子玠，嘉靖二十一年岁贡生。云南阿迷州，升楚雄府通判。"主要著录：道光版《镇番县志》；民勤县志编委会《民勤县志》。

［2］公麟，即马麟，字应祥，镇番卫人，镇番卫都司马得之子。幼习武韬，勇略过人。任镇番卫指挥时，修缮城垣，开拓疆土，军政有声。明正德六年（1511），蒙古亦朵乃把、罕哈儿炭等侵犯边防，马麟率众抵御，连战皆捷，由卫指挥晋升都指挥佥事。嗣后，以功擢都指挥同知。蒙古阿鲁台之战，马麟率卫指挥张玉，千户王刚抵御，事平，受明朝廷赏赉，升为肃州参将。"（参《镇番县志》）

［3］公昭，即马昭，参将马麟之子，镇番卫人。其祖怀远将军马得为镇番营指挥同知，与元兵战死于阵。昭精于韬略，授镇番守备，累功升为都司。明成化年间，率领军民展筑城池，开学举仕，修缮卫治，一切规制创造居多。尤英勇善战，入阵有飞挝能掣寇于百步之外，百发百中，人呼为"马挝"。后与元兵力战阵亡，封镇国将军。祀忠烈祠。兄弟十人皆杰士，昭尤白眉，大教场鲁绘其像以吓虏。县东下五坝有庙，人谓之"昭爷庙"。（参《镇番县志》）

［4］圣容寺，在城内西南，前明洪武初，指挥陈胜创建于城内东北隅。成化五年，守备马昭移建今地，筑钟楼、鼓楼于寺前。有邑人柳子玠碑记。今鼓无钟存，嘉靖三十年重修。崇正二年卢访李述儒等重修，邑人孟良允碑记。观音堂在大殿东偏，韦陀殿背大殿，藏经阁在其后，康熙六年邑人孟良允建贮藏经二柜，嗣卢敏等改建两廊，有邑人王克兴碑记。（《镇番县志》）

［5］马君恩，即马恩，参将马麟后裔。袭祖职，屡著战功，官至肃州参将，功业显时。封金吾将军。《肃州志》载其功业，与定远同。（参《镇番县志》）

明彭公忠勇祠碑[1]

建修钦依碾伯操守明威将军镇番卫指挥佥事彭公忠勇祠[2]碑记

公讳汝为[3]，字舜举，别号东材，先将仕郎河南汤阴县主簿、诰封明威将军广之子，

□骠骑将军前镇守三关总兵廉之侄也。少补郡庠，□子□□□志弗就□□□□□□□喟然叹曰：昔班超授□总戎□□□□前之□，吾□值此明时□不能□文统武，以裨益国家□名□□耶？□补伯祖□功升总旗。专意弓矢，随补总旗。副戎王公闻□□之战，公凉州征剿扒沙虏众，立斩强虏，□升试百户职，英明渐著。勇空□守备诸公□以先锋是托，凡□追□□郎□□高□□石所向无敌，节次斩虏□五，历升指挥佥事。嘉靖庚戌岁□□御史□公□公京营千总□□□□□千总，累经奖□□□□□□。岁甲寅，巡按御史宋公疏荐，次年钦升碾伯操守、行都指挥事。公上任，外谨斥堠，内练卒伍，禁交通之弊，严克敌之方。番众间有剽刺者，公除率兵穷追外，仍按法钤治，假贷不行。部落惮公威名，不敢侵犯碾到城，碾人用是遂生也。岁丁巳六月初四，恶番嫉公设守过严，□□师□□□□其欲而不得，转谋以计诱。欲相倾□，从西番沟突出，公殊□□□□□□加奋烈直抵赵家寺，□我师渐□渐北。公手总龙□，初无难色，番众蚁集胁之屈。公厉声而□曰："吾受朝廷明命，岂纵尔臊虏为盗耶？今日之事，势（誓）不俱生。"□益奋力斫射。诸番什□□□自久□□□番昏沉，番众忿怒□□□城□攻刺，当伤二十七处，肢解而殒。□□□□时碾邑监生王永春，具呈分巡道副使李公处，以公志节坚贞，形骸异处，相应建祠祭报。□□□纪绪□□□□□□□所给银一十四两□□□□□□闻□□余十八两□问镇番□□□□□□□者□□彭九畴加升指挥佥事俸内资助事尚□。岁壬戌□□□□□□公□□□身□□□而道道亦抚□巡按御史耿公庆龢为□□以□□□□时□□巡抚行分守参政王公□敕□□□□□□□家助祠道大□□□□□□□□□□□□□□□□□□□□□□□□□□□□□卜地于卫南门宝塔寺[4]之西。癸亥岁三月经始，甲子岁六月落成。创建神祠一所，四围以垣，面崻一坊，□□□门居中有殿，殿后有宫，塑列生像。东西内外有庑，图绘历□征战于壁。□元功也，规模壮观，制度完□□□一尝观□祠成，九畴嘱希为记。希以古之建祠，所以崇德报功也。□□□□□□名教□□乃有视国家事为□□□□□功□□为已□而□□□□□以□□无□孤时，死无身孤，后者大不皆是也。公独见理真守义，正上不负君父之托，而宣忠效力；下不愧子臣之分，而杀身成仁。至诚贯日月，正气塞两间，□世之下，虽死犹生。将与子卿、巡□辈同其芳躅矣，岂止血食而已哉！是举也，奔走服劳，虽翼子之孝思，而鸠工命匠矢心玉成。朝夕刻期就绪者，则分守镇番大参翁刘公深预其力也。希不敏，不工于识文，不敢不承其托。谨按公行状，备录公勋庸之始末，用以记岁月之久远云。

　　时嘉靖四十三年岁次甲子五月谷旦。郡人周庭杨孟希[5]子声谨撰。郡掾王辉书。

　　抚镇会选镇番参营中军指挥佥事彭九畴[6]。

彭公忠勇祠碑

【注释】

［1］彭公忠勇祠碑，明嘉靖四十三年（1564）五月立，邑人杨孟希撰文。现藏武威市民勤县圣容寺内。该碑高156厘米，宽68厘米，厚16.5厘米。该碑为两面刻字，碑阳碑额篆书"碑记"。多个版本的镇番（民勤）县志均录有该碑碑阳碑文，但原碑内容比县志所载更为详细，今据原碑过录。碑阴刻题名若干。主要著录：乾隆版《镇番县志》；道光版《镇番县志》；民国版《民勤县志》。

［2］彭公忠勇祠，即彭公祠，在城南门外。嘉靖中建。《通志》作"彭泽祠"，误。

［3］彭汝为，彭林孙、彭廉侄，以祖伯军功世袭指挥佥事。

［4］宝塔寺，道光版《镇番县志·建置考》载："宝塔寺，旧在城西关外，明正统中守备彭铉、千户孟鼎建，邑人陶德有记。顺治甲午，邑人何孔述移建城内西街，邑人孟良允有记。嘉庆二十四年，邑人谢锜、毛建翎、李培简等募化重修，马起凤有记。"

［5］杨孟希，乾隆版《镇番县志·人物志》载："杨孟希，嘉靖四十年岁贡生。四川大竹主簿，升秦府纪善。"

[6] 彭九畴，彭汝为子，以父军功世袭指挥佥事。

明侯翁东莱砖包镇番城垣碑[1]

今寓内谈形胜必首秦。秦四镇，皆扼塞处，而甘肃为最。镇番地最平，漫延无崇岭深谷之险。上御极二年，遴耆硕以义五郡，进东海掖公侯夫子[2]于阙下，手持中丞节授之。公拜命西辕，宣于众曰："余屈首受书，誓以此身报国家。今待罪行间，奉扬明威，兹非时乎？"乃夙夜殚厥精力，以计长策。按部问夷险，至吾邑，视其城仅二三仞，实以舄卤土[3]。四顾川原，求待虏停障，百不能得十一。公为之怃然曰："川兵守国，古王公所不废此。何以哉？"即上疏条便宜事："镇番为蔽凉、永地，当瓯脱塘垣之绸缪，不可须臾懈虏。今且备属国，我得以余日缮治。"报曰："可"。乃敕封人，虑计量功，命曰："石取于山，木取于林，力取于久逸之健儿，犹虑时或得代以去。"自请留，聿观成事，朝为晋秩大司马。七年不移镇。易吾城以陶，高三丈有奇。又为防虏城三百里，起中沙，连绵永昌。相与协、相与谋者，先后藩伯为平原赵公焞、新蔡张公九一、任邱李公汶。张、李二翁居镇，各计二年，往来躬亲劳勋，实倍其栉沐风雨。躬环版筑者，副帅汪公廷臣（佐）[4]之专力也。同知盐山赵公行可、莱州张公柏、通判真定晏公饮、武定胡公松年督役转饷，绩均先后。经始万历三年，告竣于六年。今年秋，虏三帅控弦十万由海西归，过我城垣下，仢仢咋舌，转相告语。此胡以翼如峜如竟，退三十舍而去。邑人都督何君淮[5]、李君震[6]谓刘生道揆曰："公莅吾土，其明见秋毫，而惠溥春雨，七年犹如一日。今为吾兴城垣，不上先登之伐，汗马之勤，坐令胡远徙，使吾免于被发左衽者，吾与尔享赐于未艾也，何以涌茂德哉？"道揆曰："我闻乐只君子，民之父母；小人乐利，没世不忘。请耆石铭之，以告后人"。诸君曰："善"。因不辞芜陋，叙其事而系之铭。

【注释】

[1] 侯翁东莱砖包镇番城垣碑，明万历九年（1581）立。邑人刘道揆撰文。今据乾隆版《镇番县志》。刘道揆，字信甫，万历四年丙子科（1577）举人，因与榜首同经，置亚元。时与众白先生齐名，公车再上，张大参以诗赠之曰："飘然神马来西极，云矣佳人在北方。"不第，卒于道，后人以为诗谶。主要著录：乾隆版《镇番县志》；道光版《镇番县志》；民国版《民勤县志》；民勤县志编委会《民勤县志》。

[2] 东海掖公侯夫子，即侯东莱，字儒宗，一字道宗，号掖川，山东莱州府掖县人。明嘉靖二十九年进士第3甲第106名，赐同进士出身。初任行人司行人，历官南京浙江道监察御史、嘉兴府知府、河南按察使、陕西左右辖、应天府尹、都察院右副都御史、巡抚甘肃。官至兵部右侍郎兼佥都御史、巡抚。《明神宗实录》载："（万历二年）八月癸卯，应天府尹侯东莱右副都御史巡抚甘肃。"《万历实录》载："九年二月丁未，甘肃巡抚侯东莱致仕。"由以上资料可知，侯东莱巡抚甘肃的时间为万历二年（1574）八月至万历九

年（1581）二月。

[3] 舄卤土，指含有盐碱的瘠土。《汉书·沟洫志》："渠成而用溉注填阏之水，溉舄卤之地四万余顷，收皆亩一钟。"颜师古注："言引淤浊之水灌咸卤之田，更令肥美。"

[4] 汪公廷臣（佐），即汪廷佐，甘州指挥，隆庆元年任镇番参将，万历三年砖城有功，升甘州副兵。

[5] 何君淮，即何淮，由生员袭副千户职，任本卫守备，筑西关，练民丁，治国如家。时有民谚曰：清如何淮，不卹乡怨。"镇番初设参将，即以淮升授，历升昌平总兵，年九十余卒，昌平祀之。

[6] 李君震，即李震，字卯泉，以生员袭指挥职，谙练兵机，由本卫升花马池，修边御敌，屡有战功。历升甘肃总兵，挂平羌将军印，砖五郡城垣。

明创修水神庙碑记[1]

我朝先皇隆庆后，万历二年，四海升平，独我邑灾异频仍。若五谷则楛稿而岁不丰登矣；若火灾则时发而民不康乐矣；若边衅则日开而国不奠安矣。时有原任直隶河间府景州儒学学正邱耀[2]来游观，于火神庙中谒神像，乃喟然叹曰：火，南方之阳也；水，北方之阴也。必水火既济，然后阴阳和、福泽降、灾异寝矣。有火神而无水神，可乎？耀于是询谋于钦差分守镇番参将王孟夏[3]，与诸会首李世明、高谭、马廷璋、张文韬、方儒、张邦政等，再三揆度，欲建水神庙[4]焉，众金曰可。于是遂择地于城南外火神庙[5]东，各捐金币，命匠鸠工。首建大殿，次建阁，而龙王宫、真官祠随次建焉，不数月，形色绘彩，辉辉煌煌，焕然为之一新焉。时万历丁酉岁，乡饮宾马应鸾又与会首廷璋等言曰：凡神必有所肇生，若徒作庙以事水神而不推原水神之所肇生，是缺典也。于是应鸾独焦劳拮据，督令会中诸友复捐金币，修建圣公圣母殿一处，彩绘土木之功，视昔更称胜矣。于戏，是庙也，非耀无以创其始，非应鸾无以成其终，非诸会友之赞襄，无以共成厥事也。至是而阴阳协和，五谷丰登，火灾渐灭，边境不耸者，虽神庇佑之力，实耀等感格之所致也。庙落成日，廷璋同会友欲勒诸石以彰盛美，乃命昌祚为文以记。不敢辞，故备述颠末之由，同有劳绩勋伐者并载之碑阴，以垂永久，俾后之来观者知有所自耳。

【注释】

[1] 创修水神庙碑记，明万历二十九年（1601）立，邑人吴昌祚撰文。今据道光版《镇番县志》录文。主要著录：道光版《镇番县志》。

[2] 邱耀，乾隆版《镇番县志·人物志》载："邱耀，嘉靖三十二年岁贡生。山西蔚州训导，升直隶景州学正、山西宁化王府教授。"

[3] 王孟夏，乾隆版《镇番县志·官师志》载："王孟夏，宁武人。"

[4] 水神庙，在南郭内，前明万历二十九年邑人邱耀等创建，吴昌祚有记。清道光四

年，邑人马奥图募化重修，改建山门并阁。

[5]火神庙，在南郭内，创建无考，重修于前明正德元年，清乾隆癸亥，邑人杨大志、聂永寿、谢履缙、吴质聪、杨继濂、张大勇等募化重修，田生蕙有记。

明苏武牧羝处碑[1]

汉中郎将苏武牧羝处

崇祯岁次己卯仲冬

苏武牧羝处碑

【注释】

[1] 苏武牧羝处碑，明崇祯十二年（1639）立。现藏武威市民勤县圣容寺内。该碑高130厘米，宽52厘米，厚17厘米。主要著录：《民勤县志》。

明重修苏公祠忠烈祠记[1]

□□□将苏公□祀记……

国家崇德报功之举，推重忠臣烈士，其能捍牧图靖，以死效事者皆得鼎祀千秋，□以□□风化，振起人心义勇之志者，典至渥也。吾邑苏公祠，即忠烈祠也。苏公使匈奴，仗汉节牧羝边地，艰辛万状，卒宠不辱，君命故至。今庙食不湮，有金公者，休屠王子邑产也，没入宫，终为汉庭托孤之臣，忠勋□□史册，□得与并祀焉。后太守御边陲，□捐躯报国者，皆得奉命禋祀，以其苏公配。有明以来，边烽屡警。宣德乙卯秋，北虏阿合朵犯塞搔动□□，国家长此势趋城郭，无敢撄其锋者，时吾祖讳刚，为本卫千户，使其指挥

苏公祠忠烈祠记

佥事张玉、副千户王□□□□□□□□□□□□□□□曰忠□□□危以苟免，烈士不
毁□□□□□吾□□□志之欲也□□□□□□□□□□□□□□□□□戈深入凶残之冲
□□□□□□□□□□□□□□□今当□□□□□□□□□
□□□□惊□奈……仍……（后残阙）

【注释】

[1]重修苏公祠忠烈祠记碑，明代（1368—1644）立。现藏武威市民勤县圣容寺内。该碑上部及左半部碑面破损严重。该碑高169厘米，宽65厘米，厚13厘米。碑文记述苏武出使匈奴、牧羝北海、不辱使命等事。主要著录：《民勤县志》。

明金公祠题名碑[1]

昔我祖之建此碑也，自成化以至今，历年多矣，其字迹模糊，有□、□□仁等，共□□勒，俾后之□□知所自云。

□□元年仲夏

上□、斯亨、斯振、斯厚、名□、斯□、斯□、上□、斯□、斯□、斯惠、斯勋、斯启、斯荣、斯□、上世、兆图、上□、斯□、斯□、上琏、斯□、斯□、斯高、斯□、斯□、斯□、□□、□□、□□、斯序、斯但、斯佳。生员斯戒、斯□、述祖、绍宗、从宗、耀宗、进宗、嗣宗、宣宗、胤宗、守宗、□仁、□□、□、复宗、顺宗、绪宗、仍宗。生员御辇、宁宗、定宗、贞宗、□宗、□宗、□宗、□□、显宗、永宗、大元、国元、配辇、□辉、□□、□□、□宗、□宗、协宗、德宗、□宗、贵宗、光宗、谷宗、笃宗、如宗、□□、□□、天□、天□、天□、天佑、天锡、天□、天□、天□、天□、天□、天纵、天□、天受、天□、天□、舜群、冠□、天□、天□、迥□、孔□、天□

生员天□、天□、天□、天□、天明、天□、天□、天□、天□、天□、天□、天□、天仁、□□

生员□□、□□、□□

金公祠题名碑

【注释】

[1] 金公祠题名碑，明代（1368—1644）立。现藏武威市民勤县圣容寺内。该碑高97.5 厘米，宽65 厘米，厚13 厘米。碑左下角残阙。目前尚未见著录。

明重修金公祠题名碑^[1]

□□修庙宇金庄
□□金公刚□金身
□□□□□□
学禄、学儒、学周
……文（庠）、□、□、□、□、秀……

重修金公祠碑

【注释】

[1] 重修金公祠题名碑，明代（1368—1644）立。现藏武威市民勤县圣容寺内。目前尚未见著录。该碑刻有众多金氏子孙题名。

清重修关帝庙碑[1]

卫治真武祠西有关帝庙[2]，英灵显赫。凡有祷祈，靡不响应。自明崇祯七年，孟公良允，偕晋客韩一魁等重新。越大清顺治戊子岁，土回作乱，乡士民誓祝帝前，推述同原任参戎马公玘者，倡义盟讨贼。夺门奋战，丑渠遥见旌戟森列市巷城堞上，俱鼠窜庙中，一似神驱之者。须臾庙毁，丑类立尽。曾读帝《辞曹归汉书》云："千里追随，当不计利害谋生死。"今岂惜栖楹，拯庶万生灵哉？爰是偕邑中善士路直、闾统绪等，重修庙貌。虽由众劝，阴藉神扶。又庙宇重新得之革，革之义取于火。已事焚如匪缘薪尽。且帝一生不可及，处在秉烛一节。非独千百世前，潜以褫如鬼之奸，更于千百世后，直以扑几张之焰。帝其善读《春秋》，而精于《易》者与。时述家严，自翼令赋归来，额手镌石，聊志乐事劝功。不日告成之盛，为此事者，借神佑以苏众，萃众虔以报神，天人其胥庆乎！

【注释】

[1] 重修关帝庙碑，清顺治十一年（1654）立，邑人何孔述撰文。今据乾隆版《镇番

县志》录文。何孔述，字述古，镇番卫人。清顺治五年（1648），丁国栋、米喇印组织西
北回军掀起反清斗争。反清队伍约数万，遍及甘肃、宁夏、青海各省。所过之处，杀富济贫，
驱逐官僚。回军至武威后，总兵张鹏翼、副将毛殡被杀。至镇番，回军头领帖清泰逐镇番
参将马玘自立。为捍卫卫城，绅士何孔述和参将马玘协同乡绅王子霱、邓万钟、段可举、
何孔成、卢愈兰等密练民兵一千余人。又借凉州镇兵校尉李士达部官兵数千人，定于农历
五月初二日夜分头起兵。当时，卫城三城门都为帖清泰回军驻扎据守。李士达率兵至城下，
何孔达怂愿民兵李国瑞等拥赴东门，劈门引士达等入城。民兵黄溢灿等作为内应，穿彩衣
为标志。城中回军被俘获。孔述因功受甘肃总督孟乔芳嘉奖，升任镇番营参将。（参《镇
番县志》）主要著录：乾隆版《镇番县志》；道光版《镇番县志》；民国版《民勤县志》。

　　［2］关帝庙，据道光版《镇番县志》载："关帝庙有七。在城东南隅者为大关庙，天
启元年参将官惟贤重修，监司胡大年有记。在南街者为小关庙。在仓街者亦名小关庙。在
城西北隅水洞侧者，旧名古关庙。在局街者为财神庙。在西郭者为西关庙，原建县治南，
嘉靖三十六年，卫守备刘文华移建今地，镇抚卢瑾董工，邑人柳子介有记。在元真观西者
为春秋戊祭武庙，前明众商民建，邑人孟良允于街南建乐楼一座。顺治五年剿回之举，庙
毁于火。十一年，何孔述重修，有碑记。"

清重修学宫记碑[1]

　　吾邑学宫[2]，创自成化己未，历二百年。大启中，孝廉何公、孟公选为修葺，乞（迄）
今四十余载祀。因地基卑湿，年久倾坏。庠生王君慎修目击心伤，恐锤簧将坠。自思年逾七旬，
老于庠，而为修建图，遑问之后人，乃谋于同侪，锐意重修。其时守土王公、印君张公、
阖郡绅衿，各助俸捐资，兴工于孟秋之初。君不辞耄，日夜焦劳，三阅月竣役。凡殿基宅庑，
户扇墙垣，黝垩楹宇，焕然改观矣。爰勒片石，俾后之有志整饬宫墙者，庶有感于斯言云。

　　【注释】

　　［1］重修学宫记碑，清康熙元年至十五年间（1662—1676）立。孟良允撰文。今据乾
隆版《镇番县志》录文。孟良允，字元芳，号淑明，贡生一鲤子。天启元年辛酉科举人，
学行俱优，历任州县，咸有声绩。擢户兵二部主事，升昌平道。顺治元年征召叙用。良允
辞不就，当道力疏荐之，仍补昌平兵备道。二年，升河南按察使。四年，举卓异，升浙江
右布政使，后丁母艰，归里。历官数十年，清风两袖，年七十五卒于家，所著有《最乐编》
《念贫吟》。编纂《镇番卫志》（今佚）。长子祥，拔贡。主要著录：乾隆版《镇番县志》；
道光版《镇番县志》；民国版《民勤县志》；民勤县志编委会《民勤县志》。

　　［2］学宫，即文庙，据道光版《镇番县志》载："文庙在县治东，东近城垣，西通学署，
前明成化十三年，卫训导周琮申请，都御史王明远创建，总兵赵英经营木料，康熙三十八
年，邑人孙克恭、李从政等建坊一。五十七年，卫守备王瀚重修，教授薛乙甲，千总李如

弼重修两庑。雍正七年，知县王联槐、教谕任席珍重修两庑、戟门并台阶砖瓦。九年，知县杜荫建名宦祠。康熙中，邑人孟良允建乡贤祠庙。制南向大殿三楹，前为露台，台下东西两庑各七楹，戟门三楹，棂星门三楹，门南泮池，东西角门各一，中建坊，旧镌'德泽汪洋'，今南题'万仞宫墙'，北题'鱼龙变化'，左右下马牌各一，东南角门为赞扶元化坊，西南门为开辟文明坊。崇圣祠在大成殿东，祠南为敬一亭，后改为圣训亭，又南为忠义祠，皆康熙年建。宰牲堂久废，今省牲所在，圣训亭前疑即故址。魁星楼在东城敌楼上，前明崇祯时邑人何孔述建。康熙十一年邑人张奇斌、段嘉猷重修拜殿筑甬道通文庙内。文昌阁在大殿北，旧名尊经阁，崇祯三年建，后祀文昌，易今名。阁东为文昌三代祠，嘉庆十二年邑令齐正训同邑人马起凤、李凤仪、谢集梧、曹秀彦等创建。十八年，邑人谢集成暨阖学绅士马仲、李霭、谢履缙、甘太和、何培鲁、任扩学、马起凤、李凤仪、曹秀彦、路彩云等募修殿宇宫墙等，所添建宫门外东西木栏，接连照壁，有记。"

清重修城隍庙碑记[1]

昔先王之神道设教也，大要正人心纲，维世道佐彰，瘅刑赏之不逮，而圣贤劝惩之大义微言，亦因之。神其鼓舞通变以宜民，明则有礼乐，幽则有鬼神，此城隍庙之创建。奠皇图、佑民生，所由来远矣，修残补缺，代有成劳，迄今数十年，庙貌倾圮久矣，其怨恫滋惧也。功德化主张思文、李永清、曹允廉、金善信、王经世、方四维等目击其状，爰集众金谋修葺，而倡先捐输，不遗余力。窃喟然叹兴曰：千金之裘，匪一狐之腋也；台榭之榱，匪一木之支也。向十方檀越持钵延门，以共证善果。虽术鲜金砖布地，掷米成珠，乃十室八九随愿捐赀，萃千百人之欢心，襄神功之赫奕。由是早作夜思，鸠厥功庀厥材，量度而经营之。首法相则金妆玉饰，次殿庑檐廊则画栋飞云，彩椽映日。次牖户，次垣墉，涂墍茨矣，则勤丹腰垩黝。次隶卒仆马，则俨若传呼奔腾。次云厨，则创别厦，洁斋供种种维新，焕然改观。兴工于甲子岁之初夏，逾年而始竣。嗟嗟忆忆，会善信之不惜金钱也如此，勤董率也如此，拮据不遑，宁处也如此，猗欤休哉。虽然，尤有进扶翼淳风，惟恃刚大之气，光明直正之人，心常伸万类之上，而防维今古若犹未也。阳慕施舍之名，旦昼所为，不可以告天，生平之行，实机巧百出，不堪对人言，纵诩诩然。维千百舍，维万亿揆，诸福善之天心，果允当焉否。吉人为善，维日不足愿，持兹同善之情，遍告同人，外修其善矣。复励其善于内，目前修善矣，更笃其善于将来，俾后先修建者，共有感于斯云，是为记。

【注释】

[1]重修城隍庙碑记，清康熙二十四年（1685）立。邑人李映棠撰文。今据道光版《镇番县志》录文。李映棠，康熙九年贡生。城隍庙，在镇番城南街。主要著录：道光版《镇番县志》。

清某公德政碑[1]

……

雍正三年

某公德政碑

【注释】

[1] 某公德政碑，清雍正三年（1725）刻。现藏武威市民勤县圣容寺内。碑高178厘米，宽60厘米，厚14厘米。碑额楷书"永垂不朽"四字。为白砂岩质地，碑面风化严重，仅辨得碑文末尾"雍正三年"等几个字，推测此碑当为记载某人功德事迹。目前尚未见著录。

清移建药王庙宫碑[1]

药王宫[2]，始于天启间，邑方伯孟公良允未仕时所建，址在东郭外。国朝顺治二年，置参戎王公学宁与邑绅何公斯美，移建于城内东北隅三官殿之后。但地势上沙下碱，又逼城垣，风沙之沿堞而下者，若水之流；环庙而拥者，若水之豬。先君子少业儒，游艺于医，每与医士岁时骏奔其宇。然斫楹桷于碱土，涂丹臒于沙丘，劳而无补，不待智者知也。尔时即有改建之议而未果。

癸卯冬，逆夷告惊，栋宇檐廊，半为守埤者薪火之供。东鲁医士刘公兴业、庠生孙公枝苼收辑梁木，移请圣像于真观殿寓居。凡三载，众以军需力绵为怯。孙、刘二公乃大声疾呼曰："鹪鹩尚有一枝之托，庇民寿世如圣，而坐视其风雨淫淫乎？"由是，神应所感，人人响应。农官许君廷陈，首倡义举，而梁君栋、马君正元，举欣欣然将伯之助。卜建于关帝之南。三阅年，而次第就理。虽规模尚隘，而营构颇精。较昔之尘沙满面，露处霜栖者远胜矣。

工竣，丐余纪之，余唯唯敬诺曰："神为生灵司命，居妥则功巂，默酿太和之运，潜消疹厉之气者，其在是举乎！惟是以庙言，则先君子之宿债也，藉手诸公以遂。余小子肯堂之志，余不胜愧。"爰述其济世之怀，后先一辙，勒之金石，以见善念之有大同云。

【注释】

[1] 移建药王庙碑，清雍正六年（1728）立。邑人卢生华撰文。今据乾隆版《镇番县志》录文。卢生华，字文锦，明骠骑将军卢镟后裔，名医卢全昌之子。弟生莲为进士，生薰系翰林院庶吉士，生英为举人。生华性聪慧，好学，博通经史。清康熙五十九年（1720）登乡榜。尤工诗文。当时，川陕制府观风全秦，其昆仲俱列高等，倾动河西，制府特加奖赏。当时镇番卫尚隶小学，因生华等文声彪襮，第二年，制府同学政交章奏请为镇番特开大学。生华生平善启后学，诸弟联翩科甲，子侄接踵入泮，皆其陶冶。郡邑之士，闻风而至者倍受教益。因此，桃李天下，多所造就。享年七十岁，终于家。一生未仕，著有《镇番县志》十卷，与其弟生莲、生薰、生英合著《兰言斋诗抄》。以子卢赟贵，赠文林郎。（参《镇番县志》）主要著录：乾隆版《镇番县志》；道光版《镇番县志》；民国版《民勤县志》。

[2] 药王宫，据道光版《镇番县志》载："药王宫，天启时孟良允创建于东郭外，顺治二年参将王学宁、邑绅何斯美移城内东北隅三官庙后，有记。雍正六年，邑人孙枝苼等改建于局街关帝庙之南。嘉庆十八年重修，有记。"

清总龙王庙碑记[1]

　　镇番额粮六千余石，旧赖大河浇灌，大河之水，合石羊、洪水二支而东北注焉。洪水一支发源于武威县属之高沟堡，详载府县公署碑记。石羊河即达达河是也，自蔡旗堡逆溯而上，西收三岔堡、南北沙河之渗漏，东收白塔河之余流。更溯而上，则校尉、深沟等堡诸水，观音堂、三盘磨、雷台观、海藏寺乱泉交汇而下十余里，遂成河。而穷源溯本即以郡城西北清水河滩为吾镇大河之星宿。初设镇番时，镇人于此建龙王庙，置地八亩，粮三斗，上纳镇仓。界属武威，粮归镇邑。故先后相传，名之曰镇番龙王庙[2]。顺治初，营卫总戎王公万成、印主刘公笃生捐资重修，而镇邑绅衿坝民历有匾额，道士胡宗谕焚修主持，三世于兹，但地远年沿（湮），碑迹剥落，基址地亩半为邻民蚕食。兹日因洪水河水利，蒙本县详府，府宪审，详镇道各宪，勒石公署，挪赢余资，重镌碑记，使后之人有所观感云。

　　其庙正殿三间，东廊房五间，西廊房五间，山门、二门各一合，墙垣四围，环庙可耕田四亩有奇。东西阔四十五步，南北长八十二步，庙内原日龙王像一尊，胡道士募塑，土地虫王像二尊，钟鼓俱全，并附志之，以垂不朽。

【注释】

　　[1]总龙王庙碑记，清乾隆十年（1745）立。今据道光版《镇番县志》录文。主要著录：道光版《镇番县志》。

　　[2]镇番龙王，即总龙王庙，在凉州北门外，雷台西，距府城二里许。镇番水源在此，镇人建庙置地，其地东西阔四十五步，南北长八十二步，计四亩有奇。粮隶蔡旗堡仓。

清武威校尉沟、羊下坝、洪水河三案碑记[1]

　　校尉渠案：雍正三年，武威县校尉沟，民人筑木堤数丈，拥清河尾泉沟，镇民数千人呼吁凉州监督府同知张批凉州卫王星、镇番卫洪涣会勘审详，蒙批拆毁木堤，严饬霸党，照旧顺流镇番，令校尉沟无得拦阻。

　　羊下坝案：雍正五年，武威县属之羊下坝民人，谋于石羊河东岸开渠，讨照加垦，具呈道府二宪，蒙批，武威县郑松龄、镇番县杜振宜会查，镇民申诉二县会详。蒙府宪批石羊河既系镇番水利，何金羊下坝民人谋欲侵夺，又兹事端，本应惩究，姑念意虽萌而事未举，暂为宽宥，仰武威县严加禁止，速销前案，仍行申饬缴。

　　洪水河案：康熙六十一年，武威县属之高沟寨民人，于附边督宪湖内，讨给照开垦，奉甘抚委凉州监督同知张、庄浪同知张、会同镇番卫洪涣踏验，绘图呈详。镇民申诉凉、庄二分府，亲诣河岸清查，显系镇番命脉，高沟堡民人毋得雍阻，随会详抚、藩、道、府各宪，蒙抚宪批，据本署司等呈。据庄浪同知呈称：会同凉州厅查得高沟寨原有田地被风沙壅压，是以屯民有开垦之请，殊不知镇番一卫，全赖洪水河浇灌，此湖一开，壅据上流，无怪镇民有断绝咽喉之控，开垦永行禁止。乾隆二年，高沟堡民人赴道宪控讨开垦，本县知县张能第阅《志》申详，寝止。乾隆八年，高沟寨兵民私行开垦，争霸河水，互控镇道、府各宪，蒙府宪批武威县查审，关移本县，并移营讯，严禁高沟寨兵民，停止开垦，不得任其强筑堤坝，窃截水利，随取兵丁永不赌浇甘结。

以上三案，皆关镇番水利。而洪水一案，自康熙六十一年至乾隆八年，高沟堡民屡谋侵夺，乾隆十年阖郡具呈本县转详上宪，准永勒碑府署。校尉、羊下坝案俱载碑记，同时立碑于郡城北门外龙王庙。

【注释】
[1]武威校尉沟、羊下坝、洪水河三案碑记，清乾隆十年（1745）立。今据道光版《镇番县志》录文。主要著录：道光版《镇番县志》；甘肃省档案馆编《甘肃生态环境珍档录（清代至民国）》。

清烈妇杨氏墓碑[1]

烈妇杨氏，镇番民家女也。年十八，于归县民高自勇。高贫无倚，挈佣于冯。时氏年二十，冯承明冀渔色之。每媒以语，弗听；饵以食，弗受。一月之间，诱惑多端。氏已誓有死志矣。曾以兄来，告之故，劝以少待，早完工他逝。

越月，中元后三日，承明乘高在田，求淫，氏正色力拒，终不可犯。承明遂遁去。夫归，羞语涕泣唏嘘。讵声息已闻于明嫂韩氏。韩子大连知其事，以为我强于叔。遂于二十日，窥氏独处，逾垣而入。氏适晚炊，力抵甫脱。大连以氏声扬，一手塞口，一手释裙。氏且挣且詈。大连顿萌杀机，拾坚土投之，中其左胁，倒地殒命。大连惧祸，及举尸作自经状，而外键其门。是氏灵之不昧也。乃犹自谓得计，趋田间召高。绐以入室寻物望见，并语逾垣及门键状。高不察，信为佣主。主利集多人，并通氏兄贿乞和，高寝其事。氏兄玉章告之姑汤，同愬于县。大连走匿。余反复研讯，承明但服罪，不知伤痕之所自也。予思大连潜迹可疑，拘而诘之。至两昼夜，始得其实。告之上官，令发棺视尸，颜色如生，伤痕显著，免检。大连亦泥首无辞。逾年审讫伏罪。宪府以强暴相侵，宁死不辱闻于朝，得旌，准入节孝祠。乾隆十六年七月十六日，鼓吹彩仗，乡之绅士、耆老送氏于祠。余率拜奠焉，以为风化之劝。

先是，高请移葬高原。余于县之西南，择土而丘，树碑而铭之曰：哀哉少妇，行芳志烈。勉随夫佣，谨持素节。力拒二凶，宁死不屈。贫而有穷，坚经百折。泥坯茅索，覆盆以雪。巾帼须眉，永怀纯洁。

今奉旨旌扬，爰补载于志，以励贞守云。

清高节妇墓志铭[1]

节妇姓杨氏，镇番编氓之媳也。字同邑高氏子，年二九于归，操勤井臼，颇克妇道。里有渠户冯承明者，阚氏少艾，意将渔之。爰觅佣作，氏夫以贫窭无聊，偕氏就佣于冯。时戊辰春末，氏年才二十也。冯乘高出作，屡以媟语挑氏，氏辄庄颜以拒。如是，已非一日矣。其未殉之先，氏兄过存，氏泣语故。且言将偕婿去此，否则无生还也。兄为慰喻再四而去。

迨至夏中，冯以禾稼将登，虑有窃损，遣高出守。盖阳为防守计，实欲伺间图氏耳。及时值麦秋，高获于田。冯遂潜入氏室，复为甘言调之。氏遽大声以斥，冯惧而逸。讵意冯侄名大连者，壁听而知。因萌邪，乘隙逾垣过氏，强以相于。氏固坚贞自抱，力拒狂且。而大连情暴方张，即拾块击中要害，遂殒命。复惧罪及，乃以绳系氏项，示若自经，意在嫁祸于承明也。逮经县理，廉得情实，二凶服辜，分别成谳。而邑侯江君，以氏节堪矜，即捐俸葬于城西之陇，且为文勒石，以纪其事。上宪疏请于朝，于辛未秋七月十六日，钦奉恩旨，旌显幽潜。而凶犯冯大连，即丁是日斩决，冯承明亦拟流发遣。呜呼！氏于今日，乃可以报贫窭无聊之夫子矣。若古所称断臂投崖者，于氏以何让哉？边隅得此，亦可以风矣。铭曰：

天山雪，氏方洁。渠水清，氏比贞。山之阳，苏中郎。水之西，金日磾（读密低）。山水钟灵昭史册，节妇于中隆兆宅，文章千古垂金石。

挽言四绝

其一。韩露凄凄泣野坟，芳魂地下耻文君。当涂驻马悲遗事，秋塞天山吐碧云。

其二。两拒狂且泪有痕，投崖断臂敢相论。可怜昏夜承恩者，羞见寒泉一女魂。

其三。木拔沙飞怒未平，道旁高冢气如生。丹心长寄天山月，夜夜清光入镇城。

其四。荒丘凭吊足生哀，边地丹书日下来（辛未秋七月十六日，钦奉恩旨，旌表烈妇。凶犯冯大连于是日斩决）。信有胡儿重死节，悲歌不到李陵台。

武威张玱美曾为何德新《西凉集》作序，序今存《贵州通志·艺文志》。主要著录：乾隆版《镇番县志》。

清重修苏公祠记 [1]

重修苏公祠记

苏公使单于，秉节十九年不屈，盖烈大夫也。明初定国崇神，以金公配享，褒忠旌节风动臣工也。我三世祖昭，袭指挥职，其靖边大节，详载《邑志》。盐池□□旨配享□忠烈报也。光荣□显□□□□□苏公□金公与我祖昭反本王自明三百余年，祀事□举□□□□□□□□□□□□□王□□心□记以我马氏□昭，公□□修建义落成□查并载□名于□□功□也□□□□□□□□□□□□□□□□□我宗裔天扶先□□中展执，西侧地□氏以乃□□□□□配享。雍正癸卯，□□至于祠故□东侧地王氏□□□焉，丙戌□□□□□□□□□□□协力同修，正□□□□丁亥□□□宗丹腾粉□□□□□□□□□□□□人□□马氏□□□六十千，我马氏又建西院廊。今王氏又建□□□□□□□其□八月告竣，□人视□增廊焉。夫春秋之祭，百代常新，而宇或有昭而故，倘□□□而不□时以修葺，将□圮□渐成□墟，丁祭□必不因之而废然则修葺之所关□矣。可毋镌□□，以示后之经修者。

乾隆三十四年己丑秋八月上浣谷旦。

癸酉拔贡十一世裔瑞邦沐手谨撰。邑庠生高尔泉书丹。□裔□名载刊碑阴。

经理刊石后裔：文□、显□、□德、康邦、□□、文□、□阳、朝瑞、□□、文原、□□、□玳、锡□、永盛、锡□、锡□、□□、国□、锡□、明□。

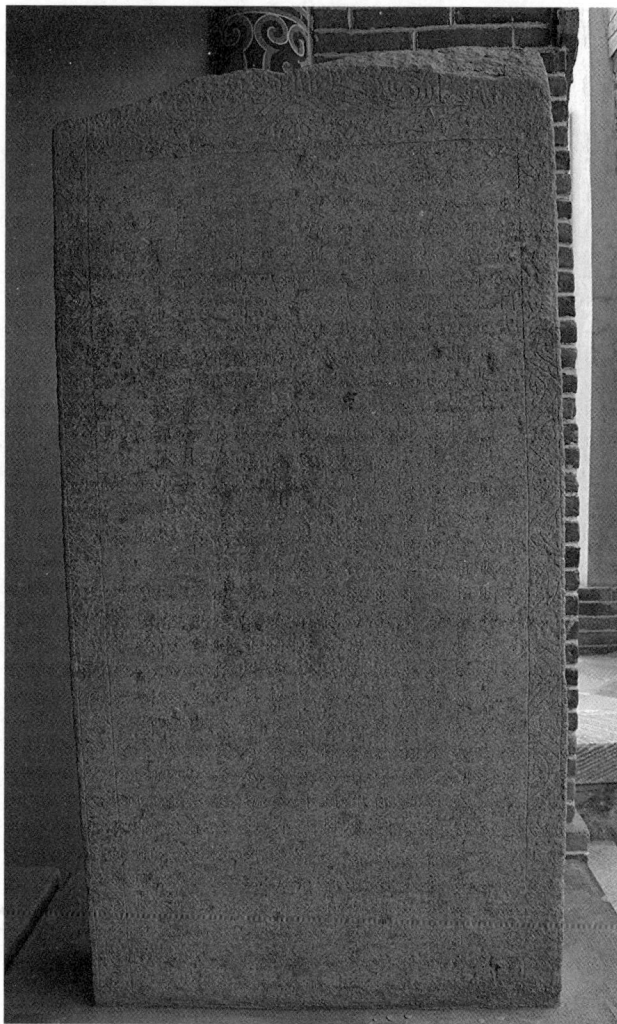

重修苏公祠记

【注释】

[1] 重修苏公祠记，清乾隆三十四年（1769）八月立。现藏武威市民勤县圣容寺内。碑高130厘米，宽68厘米，厚15厘米。主要著录：《民勤县志》。

清重修雷台碑记[1]

重修雷台碑记

县治西郭外有雷祖台[2]，创自嘉靖八年，矩度规模，历久残缺。乾隆壬午，阖邑绅衿士庶咸议重修，维时邑侯黎公[3]是其议，遂发公项银两并捐己赀，而重修之举肇此第。兴工伊始，止建雷祖大殿、风师雨伯两庑，其余未遑计。及丁亥春，乃建三皇殿、龙王宫、土地祠、山门、神道。越年己丑，各楹上下俱一，甃砖砌瓦，其工亦渐繁矣，其工繁斯费大，塑画诸节，彼时不能猝办，观者每苦继美之难。岁壬辰邑侯那公[4]来莅兹土，目击斯工之沉搁，捐俸倡先，重加修葺，委老练诸绅督工，不数月间，凡金身法像，挺埴森森。今岁接踵庄颜，更扩宝塔、戏楼、碑亭、书斋等所，则重修之举，皆焕然可观矣，其后先首事诣君俱有勤劳，其远近随缘信士一粟一丝，无非善果，而集厥成者，实邑侯那公之力也。经营多年，告竣斯日，行见诸灵耀彩，四壁腾辉，五风十雨之征，一穗两岐之瑞，胥于是举，以后卜之，因泐贞珉，以垂不朽。

乾隆三十八年岁次癸巳林钟中浣吉旦。

甘肃凉州府镇番县知县兼理凉□理事同知加三级纪录三次那礼善

廪生……廪生……[5]

重修雷台碑记

【注释】

［1］重修雷台碑记，清乾隆三十八年（1773）立，邑人谢鏊撰文。现藏武威市民勤县圣容寺内。碑高176厘米，宽68厘米，厚16厘米。碑文亦见于道光版《镇番县志》，与原碑略有不同，今按原碑录文。该碑对研究清代古浪雷祖庙的建制规模具有重要的文献价值。主要著录：道光版《镇番县志》。

［2］雷祖庙，据道光版《镇番县志》记载，雷祖庙在城西郭外，嘉靖时守备甘正建，邑人吴滋有记，乾隆三十八年重修，有记。

［3］邑侯黎公，即黎珠，镶白旗举人．乾隆二十五年至二十八年（1760—1763）任镇番知县。乾隆壬午，为乾隆二十七年（1762）。

［4］邑侯那公，即那礼善，镶白旗笔帖式。乾隆三十八年（1773）任镇番知县。

［5］据道光版《镇番县志》可知，此文的撰写者为谢鏊。谢鏊，字文三，少以孝友称名。博通经史，嗜学不倦。其为文力追秦汉，不蹈时蹊。七次应乡试，都没有考中，而他全不在意。设帐授徒，先教作人，后教作文。循循善诱，执政数十年，培养了大量人才。慕名求教者，几千舍不能容。凡得其所授者，皆能中科举。当时同里李宗泌（举人，官教谕）、聂子烈（恩贡，官教谕）、谢登科（进士，官知县）等人皆系谢鏊生徒。其子葆澍、孙集成、集梧皆先后膺乡荐，以振家声。其儿葆澍任山东安丘知县时，他写信教导："行可以告天之事，存无欲害人之心"。常常勉励儿子爱民培士，谆谆教诲儿子要"平性气、体人性"，做清白官吏。由于受父亲的言传身教，葆澍为官廉明，受民拥戴。谢鏊不但教泽美名遐迩，而且生平仗义疏财。同社咸友会文，不吝供给费用；若别人向他借贷，他便把贷券尽为焚毁，从不责偿。士林为之钦敬不已。晚年由岁贡选隆德训导，以年老辞不就。嘉庆五年（1800）正月卒于家，享年八十四岁。

清红沙梁水利碑[1]

特授镇番县正堂加二级纪录三次杨，为□诸石以垂久远事。

乾隆四十年二月朔六日，署甘肃凉州府正堂加五级纪录六次，又军功纪录三次，敕批，据头坝□沙……□□于乾隆四十一年八月十九日奉特授甘肃凉州府正堂加四级纪录六次宗批，前事□□批……田批，行到县。奉此，窃查镇邑红沙梁先年原在头坝纳粮种地……五年，四渠坝士庶呈明前任松，酌地移丘于北边□红沙梁间……系秋水非所亟需，因将头坝长行三四夏水给各坝分施，□□□给□□秋水三十……有甘然在案，后大二坝人民复争秋水，以□两造□□不休。至三十九年，红沙梁……即……批□审，经前县□细□□□修□□□各官俱照初察判，……五昼夜，自白露□六日□至寒露时止，□□□□大二坝……头人□依附卷备录□情具详。供春水四昼夜，清明次日同小忻等沟流灌，乃欲□□红沙梁，秋水内……那宪奉批，敕本县细查原牍，审悉前情□□□□□，仍□□水……案以□修刊云。

四渠坝士庶：任秀士、马朝文等。红沙坝士庶：王克恭等。

乾隆四十二年六月十五日立。

红沙梁水利碑

【注释】

[1] 红沙梁水利碑，清乾隆四十二年（1777）刻。现藏武威市民勤县圣容寺内。该碑高132厘米，宽62厘米，厚15.5厘米。碑额篆书"永远遵守"。碑对研究清代民勤地区的水利事业具有一定价值。主要著录：《民勤县志》。

清建置书院碑记[1]

自古教孝作忠，必以学虞夏商周四代之学。无论已，汉唐英主，莫不以视学释奠为先务。而书院之设，肇自唐元和间，衡州土李宽创"石鼓书院"。时又有少室山人李渤读书于江西之李家山。南唐时，即以其地为"白鹿书院"。后朱文公作《斋规》及《白鹿洞赋》，以示学者外，此而濂溪、横渠、伊川诸先贤，迨元明儒者，莫不因其读书讲学之地为书院。其见于邑乘地志者，亦不能指屈焉。

国朝重熙累洽，文教蒸蒸日上。弦诵之声遍海隅矣。余以谫陋，于辛丑季冬选授镇邑。地虽瘠贫，而嗜学之风闻于五凉，登南宫而膺乡荐者后光辉映焉。余始以沙塞苦寒，边方风土疑之。暇日，偕诸绅士升苏山而眺望。拜子卿之遗像，瞻庙貌而徘徊，慨然想见其为人。昔子卿以丁年来此，流离播迁，餐天上雪，饮月窟冰，持汉节十九年，节旄尽落，始终无二心。幼读其《与李陵河梁赠答》诸篇，为后人五言之祖。此可谓大节不亏，而文采足传于后世者也。昌黎不云乎："莫为之前，虽美不彰；莫为之后，虽盛不传"。因于诸绅士谋建书院，以绵忠孝之气，沐大雅之余烈焉。而邑人亦踊跃乐输，其捐制钱二千串零五十千文，交商营运，每月一分五厘行息，月朔呈交。并设义田四处，得租麦九十六石五斗。以城内司马旧治，改作门堂庐室，大小共四十二间。因题其额曰："苏山书院[2]"。于前岁延师聚徒，廪饩膏火，可以粗备。吾愿诸生由文辞以顾躬行，因讲说以宏器识，深之在性命精缴之间，大之在礼义廉隅之防，锐志琢磨，以卓然自立。异时之捍大难，决大策，为孝子，为良臣，风俗美而人才众多，宁不于是有望乎？若徒以炼时艺，侥幸科名，矜浮华，何以继先哲之休光，树典型于来许也哉？吾犹有望焉，以区区镇邑，余不惮劳瘁，几期年而后成。已详明上宪存案，备入交代，官吏绅士概不得侵渔假贷。后之莅斯土者，以余之心为心，念创造之维艰，俾遵循于勿坠，则苏山之遗踪与书院之化雨，庶其并垂永久云。

首事：谢葆澍、马世玢、严克炤、闫毓芳、王尔哲、王霈、卢荣、甘翊相、谢登瀛、叶质清、马登岱、刘宏镜、魏春霖、惠文英。

【注释】

[1]建置书院碑，清乾隆四十八年（1783）立。邑令王赐均撰文。今据道光版《镇番县志》录文。王赐均，字一斋，陕西神木人。乾隆四十七年以举人选授镇番知县。宅心仁恕，政务宜民，倡建苏山书院，捐募二千余金，以给生童膏火之需。暇辄集士子于讲堂，究所经艺，亲为丹黄而甲乙之嗣。升静宁州知州，官至宁夏府知府。（参《镇番县志》）主要著录：道光版《镇番县志》；民勤县志编委会《民勤县志》。

[2]苏山书院，乾隆四十八年邑令王赐均暨阖邑士庶捐置。

清镇番县大路坝控小二坝争添水利碑[1]

据镇番县大路坝民人汪守库等控小二坝魏龙光争添水利，并红沙梁多占秋水、六坝湖多占冬水一案，蒙批，饬镇番县会同永昌县亲诣勘讯，具详等因，当即会同亲诣勘讯。查镇邑旧额正粮七千余石，除历年各坝开报沙压移垡地粮外，止实正粮五千二百六十余石内，移垡之红柳、小新沟、腰井湖、中六坝、河东八案四处共承粮二百六十二石三斗五合八勺。一年止浇清明次日春水十昼夜四时。四渠坝内首，次四坝、小二坝、更名坝、大二坝、宋寺沟、河东、新沟、大路共分春水十五昼夜八时。又移垡之北，新沟、红沙梁子、大摊三处共承粮六百五十七石九斗八升四合，共分浇秋水三十九昼夜三时。六坝湖浇冬水十昼夜，以上各处共分浇春、秋、冬三轮水利，昼夜并无争端，应仍照旧规，各按节气浇灌，无庸置议。外惟查浇夏水之四渠坝首。次四坝、小二、更名、大二坝、宋寺沟、河东新沟、大路坝七处自立夏前四日起至小满第八日止，共分小红牌夏水二十七昼夜。又自小满第八日起至白露前一日止，大红牌三牌，每牌三十五昼夜零五时，各坝仍照旧规，按时分浇。前据小二坝魏龙光等具呈，经本县查明，按粮清水，减去大路、大二坝水时，以致杨永清、安体贞等于五十四年奔控道辕，蒙委府县饬发武威县沈讯供查核，按粮均水，乃不易成规，当即调取各坝承粮实征红册，查核头坝化音沟承粮二十石二斗五合二勺，随四渠坝常行口岸浇灌，不在控争之内。至四渠各坝，共承粮四千三百四十五石七斗六升六合二勺五秒。小红牌夏水二十七昼夜，按粮摊算，每粮一百石应分水七时三刻六分。大红牌夏水三牌，每牌三十五昼夜五时内。除润河水并籍田水六昼夜二时，外止剩水二十九昼夜三时。每粮一百石应分水八时，按照实征粮数核定分水昼夜时刻。惟查大路、大二坝离河寫远，风沙较重，前断润河水三时四刻，实有不敷。通盘筹酌，在首四坝润河水内划出水三时六刻，小二坝润河水内于前断出水三时四刻外，再划出水二时二刻。更名坝润河水内划出水时二刻。次四坝、中截、六坝湖润河水内划出水四时六刻，共划出水十四时四刻，内断给大二坝润河水五时；大路坝润河水九时四刻，于按粮均水之中，量风沙轻重、水途远近，通融调剂，以杜争端。各坝士民，各愿具结，并请勒石，详经道宪批饬结案。间又经大路坝民人汪守库、杜鳌等奔控督宪行辕，蒙批，道宪饬同永昌县勘讯妥议具详。今本县等细加查勘，该坝并无私垦官地及欺隐田粮、拂移贡赋以高作下等弊，该坝大路实系风沙较重，沟淤道远，争控有因。随饬谕各坝水老，公同酌议，小二坝沟坚柳密，不致停沙。将存留润河水一时二刻让出，首四坝于冬水润河内再划出六时，红沙梁于秋水润河内让出四时，六坝湖于应分冬水牌内让出六时，共让出水一昼夜九时，添给大路五牌分浇。其轮流次序，自清明次一日起至立夏前五日止，春水二十六昼夜内。有移垡之红柳、小新沟、河东等五等，分浇春水十昼夜四时，与柳林湖配搭浇灌，不计外。其余春水十五昼夜八时，四渠坝公分浇灌。小红牌，夏水自立夏前四日起至小满第八日止，二十七昼夜，其中按粮摊算，每粮一百石应分水七时三刻六分。首四坝共承粮八百一十五石八斗一升二合，应分水五昼夜零五刻，次四坝共承粮七百零七石六斗，应分水四昼夜四时。小二坝共承粮一千零七十二石四斗三升五合八勺，应分水六昼夜七时六分。更名坝共承粮三百三十三石八斗三合，应分水二昼夜五刻。大二坝共承粮九百九十五石二斗六升一合五勺，应分水六昼夜一时四刻。宋寺沟共承粮一百零一石，应分水七时三刻。河东、新沟共承粮四十石二斗九升五合五勺，应分水三时。大路坝共承粮二百八十石三斗六升三勺，共分水二昼夜。系小红牌，俱无润河，大红牌，夏水二牌，每牌三十五昼夜五时内。首四坝，每牌按粮应分水五昼夜五时四刻，润河水二昼夜四时四刻，籍田水二时。次四坝按粮应分水四昼夜八时五刻，润河水十时。小二坝按粮应分水七昼夜一时六刻七分。更名坝按粮应分水二昼夜二时六刻，润河水一时六刻。大二坝按粮应分水六昼夜七时六刻，润河水一昼夜八时。宋寺沟按粮应分水八时，润河水一时。河东新沟按粮应分水三时二刻。大路坝按粮应分水一昼夜十时三刻，外加润河水一昼夜一时五刻。第四牌共水二十六昼夜五时，俱均照前牌定例均浇，毋许紊乱。又秋水三十九昼夜三时内。红沙梁应浇秋水二十二昼夜八时，义田水二昼夜。北新沟应浇秋水三昼夜四时，义田水二昼夜，自下而上随红沙梁水尾，接引浇灌大滩。浇秋水九昼夜三时，冬水一牌，自寒露后九日起至立冬后五日止，共水二十五昼夜七时，均各遵例分浇，不得紊乱。自立冬后六日起至小雪日止，六坝冬水九昼夜，义田冬水一昼夜。本县等仍照前详，于按粮均水之中酌为调剂，宁人之意，取结议详，各坝士民俱皆悦服，详蒙督宪批示如详，勒碑永远，遵守浇灌，以息讼揣，以垂久远，须至勒石者。

【注释】

　　[1] 镇番县大路坝控小二坝争添水利碑，又称县署碑记，清乾隆五十四年（1789）立。今据道光版《镇番县志》录文。主要著录：道光版《镇番县志》。

清汉蒙界址碑[1]

　　阿拉善王旺沁班巴尔之祖，系巴图尔厄尔克济农霍尔赖霍硕特之额鲁特，于康熙年间投顺本朝。仰蒙特恩，封为贝勒，令其驻扎阿拉善地方，环居镇番县东北境，连接宁夏边界。总隶贺兰山贝勒部落之下。族类亦繁，捍卫内地，与汉人一体交易。本营兵丁中择能翻译者，谓之通士，说合市评之。蒙古亦有能通汉语者。其俗质直，不谙中华礼教，然粗知忠孝大义，性嗜酒肉。交易至内地，汉人饲以饮食则喜。否则，色艴。汉人至其巢，亦加款接。无房屋，床榻结毡，聚族而居无定所，逐水草为住牧地。故岁常数迁，以蕃育牲畜、征禽角兽为务。冬夏冠，皆皮毛之属。所得谷止以伴茶，不能作饼粥，韦鞲毳幕、羶肉酪浆而已。

　　嗣于康熙二十五年间，蒙古民人互相争告疆界，奉旨差派侍郎拉、提督孙查定：贺兰山六十里之内，作为民人采薪之处；六十里之外，作为蒙古游牧之所。雍正四年，霍尔赖之子多罗郡王和硕额驸阿宝奉旨移驻西宁，所空之地，均作为民人采薪放牧之所。因居西宁三载，不服水土，牲畜倒毙者甚，奉旨复回故地。又赏赐定远城居住。后因额驸阿宝又控告伊之游牧内，有民人等私砍树木，呈请定界一案，经前任总督刘查明：康熙二十五年，所定地方疆界，以阿拉善王居住宁夏所属贺兰山以至额济纳依河等处，均以六十里为界，惟凉州府属永昌县宁远堡属在正北离城七十里。宁远堡再北即昌宁湖，离本堡八十里，以墩为界。东北之平泉儿，离本堡七十里，以泉为界。西北之寺儿沟，离本堡一百二十里，以墩为界。墩、泉以内，系汉民耕牧之地；墩、泉以外，系蒙古游牧之处。与蒙古相去尚远，久相安分，从无争端。至镇番县境界南面与武威毗连，西北与永昌接壤，毋庸议外，其余镇邑左右临边，不过二三十里。口内并无山场树木及产煤处所。自开设地方以来，阖县官民人等日用柴薪樵采，取东西北之边外，以供终年炊爨，实与他地不同。请以边外一二百里之外樵采，以资民生。迨因所议，未分界限。随经驳查，于乾隆六年始指定：正东麻山，离城八十里；东南由苏武山至阿喇骨山，离城六十里；西南之青台山、小青山，离城一百七八十里；正西之榆树沟，又相连西北之独青山，离城一百八十里，俱以山为界。

嗣因柳林、潘家二湖，于雍正十二年奉旨屯田，收获粮石为运供驻凉满营官兵之需。经总理屯务侍郎蒋原勘，地处沙漠、恐数十年之后，禾稼瘠薄，尚有附近柳林湖东面之红冈子、西南之三角城，北面之刘家山，俱尚可耕，以为将来移丘之地，须于屯务有益。是以于乾隆七年议请红冈子、刘家山为界。其余即以前指之青台山、小青山、榆树沟、麻山、阿喇骨山等处，山前定系民人耕牧，山后分为蒙古游牧。倘有越此界限，并越永昌昌宁墩定界以外、黑水寺儿沟通透西山一带，又界外之芦沟套等处樵采，或烦夷人照看牲畜者，自应照宁夏赤水口之例，每车一辆给粟米一升，以酬其劳。其余界内，历系汉民耕牧樵采之地，正与宁夏中卫口外营盘水计程一百八十里之处相同，毋庸议给。咨据宁夏部郎六行知，该旗协理台吉索诺木达什等覆称，原照所议遵守等情由，川陕总督部堂庆题名，各山为界在案。彼时虽指地为界，奏定之后，数十年来汉蒙安业，彼此无争。

无如近年以来，该处地方宽阔，因无专查之员，蒙古等偷行移住，混称汉民越界。在民人则系界内牧放，并无侵占滋扰；而在蒙古，则又坚执边墙外六十里为界，总以侵占游牧为词，强收草头税银。民人以需索无几，隐忍出给，习以为利，贪得无厌，任意索诈。乃年复一年，更欲加倍抽取，以致争端日起。经前任总督福，差委前任凉州镇苏、甘凉道满，会同旺沁班巴尔之办事图萨拉克奇、策伯克、多尔济等，会同酌视；东南一带由苏武山至阿喇骨山、麻山、半个山、红冈子、刘家山竖立界石外，所有西北之独青山，正西之榆树沟，西南之小青山、青台山等处地方，阿拉善办事图萨拉克奇、策伯克、多尔济等推诿抗赖，不肯竖立界石。至五十三年，经总督勒，复委总兵巴、凉州府知府清，前往勘立边界。因策伯克、多尔济等，不遵从前办过之例，竟行旋回游牧，嗣于五十四年，本道因查该王之祖父以来，即以六十里为界之语争执不休，节次会勘，仍以山为界。今旺沁班巴尔复以离边墙六十里一语，哓哓置辨，以致屡次委员会勘。而蒙古差员坚执六十里之辞，终未定局，以致民无耕凿，户缺樵苏，争执纷纷，频频案牍。不知该王游牧之地，皆系皇上恩赏。今若照六十里定界，则镇番一县军民百姓无处樵采牧放，于民生大有关碍。本道亲历其地，逾险越阻，细加踩勘。并检查底案，分晰具详，都宪勒据详咨明理藩院转奏。于五十五年十一月，钦差仓厂总督苏，理藩院侍郎巴，会同都宪亲临查勘，仍照详内原奏所定之址，设立俄卜，以昭信守。阿拉善王俯首无词，汉蒙民人俱各悦服。数十年来，蒙古混执不清之界，一旦判然。从此，民得安居，官无牍扰，洵属一劳永逸之举。庶五凉之民，自今得享耕凿之安矣。至旧志图载，山向多有舛错，如小青山在西面，而载在东南隅，独青山在西北，而讹列在正东是也。必得改正之。又遗漏未载，如东面之麻山，半个山，西南之青台山，北面之榆树沟、刘家山、红冈子山是也，必得增补之。悉得亲勘界限，历历绘图。斯为记。

【注释】

[1] 汉蒙界址碑，清乾隆五十五年（1790）立。甘凉道富巽撰文。今据道光版《镇番县志》录文。主要著录：道光版《镇番县志》；张克复等校注《五凉全志校注》。

清重修二郎庙记[1]

余尝读《江表传》有二郎神之名，土人祀之名曰石印。巫祝有言：石印昭焕，天下太平。如是则神之为灵，昭昭不独富一乡而康庶物也，明矣。镇邑之有二郎神庙[2]，不知创始何年，尝重修于有明天启甲子岁，或于设卫时与社稷并建，高其前殿，后楼与南门相峙，以镇吾邑之风脉者欤。前明以迄我朝，数百年间，兴废不时，修葺亦屡。前人既额而志之矣。独是斯庙基址，逼近沙澜，土碱易眸，不胜堂密。自乾隆四十六年，经榆枌父老捐赀缮莞以来，虽殿宇稍完，墙垣涂墍，旋以经费不支，诸工遂寝。迄今又二十余栽矣，迩以旁风上雨、鸟剥鼠穿，庙貌巍然，神栖间，若登斯楼者，亦几几有栋折榱崩之虑焉。嘉庆七年在壬戌，本街绅士等各矢宏愿，图究厥工，窃谓：裘以集腋而成，塔以聚沙而建。爰协四街、布当、两行诸公，共缔善缘，以襄斯举，皆谓无量为。陀天教主二郎为福世财神，不有以妥侑之神其德我乎？况斯庙为吾邑巨镇，风脉攸关，而顾听其倾圮，可乎？议金同而工始兴焉。顾当土木初动，欲鹜瓦之一新，拟蜂房之尽撤，非栋梁无以资乎大壮，非丹腠无以丽乎观瞻，其难其慎者久之。幸乎首事诸君，共发葵诚，广为劝募，初两行捐赀外，凡本邑士民以及远方信善，靡不捐金助粟，共襄厥成。于是完者仍之，缺者增之，栋桷之残朽者，易而新之，垣墉之颓，委者密而砮之。更新建山门一座，以宏敞之实，与后楼相映，巍峨耸秀以壮大观。噫！此真耳目一新而顿还荣观矣。是役也，其募缘则解囊之助也；其雕刻则剞劂之良也；其庀材程能则日省月试之勤也。不数月间，而楼而殿而两庑而四围以及山门、神道、庖厨、青豆之房，次第以举。逮建瓴甃堦，而后露冷霜寒，百工告辍。越甲子春三月，复绘像于周阿，朱丹其楹栋，诸灵耀彩，四壁腾辉，以视向之，粗具规模者，不且大为巍焕也哉。是工经始于嘉庆八年三月，落成于九年五月，今以六月吉旦行荐福礼，董其事者征序于余，余曰：吾尝观于斯庙之植基，而知北门之锁钥，其在斯乎？诸公此举，是培风脉之深心也，是扶舆脉之远见也，行见瀚海黄沙，频添秀色，栖台烟雨，色壮边陲。黎庶乐利之休，人文科第之盛，未必不由斯举果也，岂第神功默佑，兴财锡福已哉。因为揭其崖略于额，以志诸君子之功德云。

【注释】

[1] 重修二郎庙记，清嘉庆八年（1803）立。邑人谢葆澍撰文。今据道光版《镇番县志》录文。谢葆澍，字雨甘，又字莲湖，谢鳌的长子。清乾隆三十六年（1771）举人。在家乡教学。对维修苏山书院贡献甚大，"士林戴德"。乾隆五十二年（1787），大挑一等，他被分发山东，代理临朐、益都等县知县，不久即任安丘县知县。他勤于民事，善恶分明。兴利除弊，不稍懈怠，尤善断狱。邻县有大案要案，上级往往委派他去审理判决，"明允称一时"。他坚持"崇学校以励俗，锄强暴以卫良，立法严明，恩威并济"。和当地士绅倡修学宫，编写县志，极力振兴文教事业。嘉庆六年（1801），乡试中，他任副考官，发现了一份特异的试卷，便热情推荐；而"主司疑用事或讹"，采取不信任的态度。他引证古籍，据理力争，录取了这个考生。发榜后，才知道该生名桂馥，后来成为著名的学者。安丘东北有郑公乡，系汉儒郑玄的故乡。田被沙压，户口逃亡。他申请免除了沙压田地的赋税，招回了外逃的郑氏后裔，使其安居乐业。主要著录：道光版《镇番县志》。

[2] 二郎神庙，即二郎庙，又称清源观。嘉庆八年重修，有记。

清重修药王宫碑记[1]

药王宫，方伯孟淑明先生所建也。其故址旧在东郭，顺治乙酉参戎王公、同知何云韶先生改置于城之西北隅，与三官殿相配。规模益宏敞矣。但上沙下碱，淤压滋甚，孝廉卢丽滨先生复移于局街之东偏，即今所重修处也。夫自有明天启以来，历世百有余载，而是庙迁徙至再至三，古今沧桑变易，大抵如此。而药王宫之俎豆，卒阅世常新，余以知神恩洽于人心，而乡先辈之竭力修葺者，良有以也。迄于今又八十余年矣，虽栋宇依然，不改前人淳朴之旧；而砖石剥落，墙垣倾欹，且地仅容膝拜，献者每致叹焉。今岁癸酉，父老议欲重修，经营伊始，众谋佥同。首事诸人不惜经费，各抒囊资，继而竭力周旋，多方募化，于是庀材鸠工。于残缺者补修之，于漫漶者丹腹之，而庙貌复见整顿辉煌矣。又相地置宜，于是宫之东建三皇殿，于南建历代明医宫并斋房，于西高建山门，两旁各建铺面，踵事增华。不数月而殿宇特起，宫墙彩焕，倏然而成大观。兹于工竣之日，丐予为记，予窃谓：昔神农尝百草以疗民疾，岐伯继之尚已。逮秦汉以还，即如秦越人太仓公张仲景以及历代名医，称圣称神，光昭史册者不一，而惟孙、韦二真人之在唐也，为尤著。夫圣人奠水土以拯民艰，真人察寒暑以延民寿，掺术不同，而胞与之心则一。今之谋修是宫，并创建陪宇，不惟仰答神庥，亦可谓补乡先辈之所未逮者矣。惟时督工则为张君德清、孔君继钵，董施则为柴君大任、张君大翼、王君延绶、范君玺文、王君士械等，经理银钱则为孙君述秀，因备述于末以诏将来。

时为嘉庆十八年九月九日也。是为记。

【注释】

[1] 重修药王宫碑记，清嘉庆十八年（1813）九月九日立。邑人曹秀珍撰文。今据道光版《镇番县志》录文。曹秀彦，字书升，博学强记，为文奇丽不古。道光五年（1825）中举。官陕西肤施教谕。肤施有士充里长之俗，长官常以平民待士。秀彦到任后，申文力除积弊，一时学风大变，士儒咸知自重。秀彦任满归里，赡养事亲，以孝闻名。咸丰元年（1851）举孝廉方正。三设里塾，重讲苏山书院，尤以敦品励行为先务。教学数十年，科甲蝉联，桃李成荫。如进士傅培峰、卢植桂等均以政绩卓异，闻名当时。他和谢集成等人纂修《镇番县志》，体例严谨，资料翔实。至于建修学宫，劝立文社，凡学校公益，毅然自任，不敢告劳。县令周古渔、李杏南曾联语以表其品学。主要著录：道光版《镇番县志》。

清重修学宫记[1]

国家治安视文教，文教之兴视学校。学校之制，宫殿巍峨，以供先圣先贤。每岁春秋，上丁有司如期致祀，凡与于祭者，莫不循循于笾簋豆登之旁。非由庙宇修而祀典明哉。

镇邑学宫，创始于成化己未，但地处卑湿，随坏随整，难以经久。嘉庆癸酉，余家居守制，仰见庙貌漫漶失色，廊庑门墙，盖瓦半倾，级砖横断其后，崇圣祠、文昌阁等所，颓垣露柱，危如累卵。呜呼！以释菜视礼之地，竟为沙碛蔓草之场，心窃戚焉。爰商同邑宰，会集阖学，公议重修。众皆踊跃乐输，共襄厥事。所由知事之有济也。夫善计事者，木事图厥成，葳事又图可久。往尝惩众志，难协涂泽。卒工，金碧垩彩，外观有耀。曾几易寒暑，每为风雨飘摇，不堪触目。而今之无虑此者，则合一邑之人心，趋承恐后；即合一邑之人力，鼓舞争先。于是鸠工庀材，不数月而厥工告竣。向之漫漶倾危，一旦焕然聿新矣。以章圣教，以宣王化。胥于是乎，在至大道，莫名极于化。初，韩昌黎作处州碑，不及至圣一言，兹何敢誉天地，襄日月，贻柳子非愚，则惑之讥哉。役经始癸酉孟夏，落成仲秋。同事诸君子以余之董其成也，乞识以余言。因敬述其事，而为之记。所有督工捐缙姓氏，则例附如后。

【注释】

[1] 重修学宫记，清嘉庆十八年（1813）立。邑人谢集成撰文。今据道光版《镇番县志》录文。谢集成，字振之，谢葆澍长子。清嘉庆三年戊午科（1798）顺天乡试举人。青年时聪慧好学，文笔颇佳，为文本于经史，父子济美，自成一家。当时，镇番县科甲鼎盛，而谢氏称最。他主讲苏山书院时，与诸生说经论文，循循善诱，孜孜不倦，如父兄诲子，镇番文风大变，学宫倾圮，他倡捐重修，并亲自规划监修。又集资立文社，以为本县参加乡、会试者赞助盘费之用。道光五年（1825），他编修《镇番县志》，事赅文简，内容完备。后任陕西郿州州同，又调任商州知州，代理砖坪厅职八年。所到之处，皆有政声，受民爱戴。后升陕西汉阴厅通判，未履任即卒，士民挥泪，树德政碑。主要著录：道光版《镇番县志》；

民勤县志编委会《民勤县志》。

清建置崇文社碑记^[1]

嘉庆丁丑之首夏，余以州牧摄白亭篆，既下车，整饬庶务，百废渐兴。公余，披阅志乘，镇邑在国初贤良接踵，科第蝉联，文运之盛，甲于河西，后虽继起有人，未免今不逮古。揆厥由来实录，自镇至陕，相距二千余里，制科之士，往往限于资斧，裹足不前，致使皓首穷经，终老牖下者，指不胜屈。余为之恻然，谋所以作兴之策，适邑绅别驾谢柳溪同年，以文社之说进曰：此吾邑孝廉马君栖梧义举也。先是孝廉为诸生时，力以捐置文社为己任，爰偕同志各解私囊，昔九仞之山，功亏一篑，事辄中止。迄今已十有余载矣，望我侯玉成之。余闻而心窃喜焉，因即公庭治具，宴集乐善诸君，克襄义举，而都人士果不逾违，破悭乐输，计捐银一千五百两有奇。未几，东越谢栽亭明府选授兹土，余旋卸县篆，新旧之交，他务未遑，首以此事为惓惓，而谢明府亦欢忻从事，先后其劝捐二千数百余两，实贮崇文社银二千两整。即令殷实大家分具领状，营运生息，用佐乡会资斧之需，议举公正社长二人，专司出入，以重责成，下余银两，备修邑乘。呜呼，邑之有志决科者，可以奋然兴矣。余尝考《宋史·选举志》：熙宁中，上垂意文学，岁赐缗钱两万五千有奇。复诏令州郡取田租屋课，增为学费，凡上舍生，自川广入贡，过二千里者，给券续食，谓之学钱。又咸平三年，亲试进士陈尧咨等百四十人，其下第者，试武艺量才录用，余则赐钱遣还，谓之装钱。斯二者，非惠周寒畯与。我朝崇儒重道，稽古右文，属在边陲，遇春秋闱试例，得乘传观光，湛恩汪秽，覃及儒林，甚盛典也。今体此而行于一郡，由一郡而行于一邑，伫见文运日兴，科名益盛，胥于斯焉。基之虽然，法积久而弊生，利益所在，觊觎易萌，薰心染指，势所必有。诸君勉旃，毋为官吏所侵涣，毋为公私所挪用，庶文社长此终古。余行矣，惜不能为之月要而岁会也。特记以言以诏来者。

首事：马奥图、谢集成、马而诚、马起凤、毛鸣冈、李凤仪、罗起会、曹秀彦、路彩云、马思义、马仲、李霍、谢华、高映桂、甘太和、赵毓荣、毛建翎、李世润、段世芳。

建国君民教学为先，凡学又必建先圣祠宇。唐宋以来，皆以孔子为先圣，自门人以及后世之有功圣门者为祀从，甚盛典也。镇邑学宫创始于前明成化，规模略备，我朝崇重学校，节次修葺，固已增其式廓，轮奂聿新矣。近又设书院，春诵夏弦，有其地置文社，秋乡春会有其资。从此为教为学，必本于人伦，明乎物理，俾士修之家者多懿行，献之廷者多违猷，族党比闾相观，而善型仁讲让，蔚乎诗书礼乐之泽，偕辟雍钟鼓以日崇，岂不休哉。

【注释】

[1]建置崇文社碑记，清嘉庆二十二年（1817）立。邑令李师唐撰文。今据道光版《镇番县志》录文。主要著录：道光版《镇番县志》。

清重修龙王宫记[1]

《易》言：震为龙。震，东方也。其星上应角亢，帝出乎震，所以生万物而长养之者，惟雷霆风雨。龙兴则挟雷伯驱雨师，不崇朝而泽遍枯槁。其潜也或在于渊，其见也则在于田。龙之为灵，固昭昭也在礼山川，能出云雨致润泽，皆在祀典，而龙实尸之。故后代有王号之锡而崇丽其宫以祀之者，亦所在。而有吾邑东关，旧建龙王宫[2]一宇，其创始之年已无所考，凡遇春秋二祭，有司躬亲祀事，以及旱，祷之辄应，胥于斯式凭焉。惟是规模湫隘，实不堪栖灵爽而荐馨香，近复为风雨飘摇，飞沙雍蔽，非及时修葺，败壁颓垣，渐且化为丘墟矣。嘉庆龙飞之十九年，邑侯粤东李明府[3]，以名孝廉来莅兹土，依例修祀，目击凋残之状，喟然叹曰：镇邑地瘠民贫，全赖水利以资浇灌，沉神职司水府，尤为生民所永赖。今竟任其剥落而弗思勤其丹腹，虽长民者之责，亦邑人士之咎也。饮水思泉，可不图所以报之乎？谋即率作以兴，因虑俭岁来，民气未苏，事得暂罢。越二载，倾危益甚势不能久，需时日，但修废举坠，工费浩繁，独力难成。众擎易举，爰命川湖渠坝首领绅士、农保、水老，各导其乡谕，以事关利赖所在，自必乐输。而众果踊跃急公，按粮助费。于是鸠工庀材，共建大殿三楹，拜殿三楹，構栌节棁，悉緜以朱漆，四壁云气影起，肖神像其中，冕旒袍笏，秀发俨然。左右廊殿六楹，肖风伯雷电诸神像，拥卫正殿。余若山门、戏台、庖厨、斋舍，依次聿整。备前人之所未备，增后人之所欲增，丹楹刻桷，金碧辉煌，洵巍巍乎一大观也哉。是役经始于丙子孟夏，落成于丁丑季秋。首倡盛举实邑侯李公，始终董事则有生员魏景南，监生韩乙科，生员谢葆春、吴振南，农官周成，水老胡其卓、吴良华等。至协赞之姓名，捐赀之多寡，另书于额，用告方来。工甫竣，董事诸君子备述颠末，乞余文以记之，余窃闻古人有言曰：鬼神非人实亲，惟德是依。又曰：黍稷非馨，明德惟馨。信是言也。神所凭依，将在德欤。今日者，使吾邑之人修五教、务三时，行见东方职生而神栖焉，于以成变化施霖雨，固将不祈求而自应惠，庸有已乎。不然纵八宝以为庄严，百珍以供祭祀，其何福之有。余既为文以纪其事矣。复为之歌曰：有龙矫矫，发迹天池。乘风破浪，云行雨施。黍苗被泽，江海流斯。为国济旱，四民赖之。

【注释】

[1]重修龙王宫记，清嘉庆二十二年（1817）立，邑人谢集成撰文。今据道光版《镇番县志》录文。主要著录：道光版《镇番县志》。

[2]龙王宫，在东关外，原址无考，嘉庆二十二年阖邑重修，有记。道光二年，知县谢培添建云雨殿、牌坊、乐楼。

[3]李明府，即李荣曾，广州嘉应州举人。嘉庆十九年任镇番知县。

清生员守则碑[1]

顺治九年题准刊立卧碑，置于明伦堂左，晓示生员。

朝廷建立学校，选取生员，免其丁粮，厚以廪膳。设学院、学道、学官以教之，各衙门官，以礼相待，全要养成贤才，以供朝廷之用。诸生皆当上报国恩，下立人品，所有教条，开列于后：

一、生员之家，父母贤智者，子当受教；父母愚鲁或有非为者，子既读书明理，当再三恳告，使父母不陷危亡。

一、生员立志，当学为忠臣清官。书史所载忠靖事迹，务须互相讲究；凡利国爱民之事，更宜留心。

一、生员居心忠厚正直，读书方有实用，出仕必作良吏；若心术邪刻，读书必无成就，为官必取祸患。行害人之事者，往往自杀其身，常宜思省。

一、生员不可干求官长、交结势要，希图进身。若果心善德全，上天知之，必加以福。

一、生员当爱身忍性，凡有司官衙门，不可轻入；即有切己之事，只许家人代告。不许干与他人词讼，他人亦不许牵连生员作证。

一、为学当尊敬先生，若讲说皆须诚心听受；如有未明，从容再问，毋妄行辨难。为师亦当尽心教训，勿致怠惰。

一、军民一切利病，不须生员上书陈言；如有一言建白，以违制论，黜革治罪。

一、生员不许纠党多人，立盟结社，把持官府，武断乡曲，所作文字，不许妄行刊刻，

生员守则碑

违者听提调官治罪。

嘉庆二十四年己卯孟夏谷旦□。

【注释】

［1］生员守则碑，又称颁行御制卧碑，清顺治九年（1652）初刊，嘉庆二十四年（1819）重刻。原置于明伦堂，1979年武威市民勤一中院内发现，现藏武威市民勤县圣容寺内。碑高186厘米，宽75厘米，厚14厘米。该碑对于研究清代民勤教育史有一定帮助。主要著录：道光版《镇番县志》《民勤县志》。

清建修文星阁记[1]

城上旧无文昌阁，乾隆丙申建魁星阁于城东南隅，嗣城垣倾圮，阁遂坍醰。增生马君登岱协诸绅检收楹桷，为改建文昌阁计，艰于赀未果，已廿余年矣。夫文昌列宿紫垣六星戴斗，司人间文事功，令列学宫，春秋丁祭。仁庙御极之初，诏制州县重修宫宇，颁特祭。煌煌巨典，昭如日星，学士文人可弗钦崇与。而据形家之说，南方地下宜文星，补之以培文气，则有关于形势之宜，非徒学者之崇奉云尔也。今有公赀六百金，可为经始费，而不敷者尚半，余与孝廉马君起凤、曹君秀彦、马监生之子，监生而诚暨阖学生监等，欲共成多年未举之工，爰邀绅耆及慕义善士醵金，又得其半焉。于是卜于南郭门故址，因其台基建楼三重，陶砖凿石以图永久，而并于左侧水神庙之隙地筑斋舍数楹。今春三月经始，九月落成。黝垩丹漆，金碧辉煌，实镇城一巨观也。余考古无堪舆之说，而有休咎之言，有休咎故有相卜。国初镇邑文风甲河西，今则稍衰矣，体关建置事，属斯文不有以培植之，乌乎可夫？形家之说可信与否，不具论第，有功德于民则祀之，则夫神道设教，亦先王之所有事也。既落成，祀文昌梓潼帝君于阁上，南其向，北仍祀奎星，昭其旧也。台之上祀关帝，培文振武。庶几科第蝉联，如昔盛时，或未可量也。自兹而后，登临其上者，眺列山耸翠，则有得气韵之沉雄；顾大河环流，则有得词源之充溢。俯眴城中，咫尺间万户千门，花圃锦簇，高下参差，历落如画，于以拓心胸而长识力，有若神助者然，亦登斯阁之一大快也。斯举也，督工者出入无月，浮匠作悉坚固，是皆诸君子兴举之劳，而其朝夕监督，备劳心力则马君，而诚为承先志，而不告劬也。厥功懋矣，孰不乐观厥成乎。余因志其颠末，而捐缗姓氏得备书，以告来者。至于文昌星宿之说，固无庸求其故以实之也。

【注释】

［1］建修文星阁记，清道光三年（1823）立。邑人谢集梧撰文。今据道光版《镇番县志》录文。谢集梧，字东园，谢葆澍次子，清嘉庆十二年丁卯科（1807）举人，中式第五十一名。性方正，学有根底。道光五年（1825）与兄集成纂修《镇番县志》，网罗故实，参以见闻，事竣付梓。倡募巨金，修葺圣庙、学宫。为当时士林所推崇。任陕西渭南县教谕时，刊立学规，

秩序严整，言传身教，为人师表，为当地百姓所称道。主要著录：道光版《镇番县志》。

清吴志斋德政碑[1]

恭维诰授武信骑尉[2]志斋吴大老爷德政碑记

镇番旧额□营马六十八匹，夏则六分□□厂□则六分……岁约费麸、豆各计五六十石，□□交……豆一斗……二千文。每麸一斗，发给钱六十文。历年久远，□始于何时，兵丁前任特公粗知其弊，禀请上宪，蒙批，每豆一斗发给□□一斗半，发给小麦一斗，永远遵行。等因自此赔帖数抄，阖□□□德□。吴大老爷到任之始，阅案及此，谓夫麦换麸豆，虽若相敌□，物得不齐，并欲不如因物话值，给价之为平也。盖革旧规，公赀公用，□上宪永远遵守。凡我阖营之戴德者，不但铭心刻志，且愿勒诸贞［珉］，不朽也。用是实，纪其事，树立堂上，以告来者。

正署镇番营千把外委潘殿英、李树南、李树昌、霍尔保、□吉祥。

暨总领书传旗公立，□□□刊石。

大清咸丰五年岁次乙卯菊月上浣谷旦。

吴志斋德政碑

【注释】

［1］吴志斋德政碑，清咸丰五年（1855）年九月刻。现藏武威市民勤县圣容寺内。碑高122厘米，宽71厘米，厚13厘米。主要著录：《民勤县志》。

［2］武信骑尉，散阶称号。清朝武职正七品之封赠。初，武职中属绿营者正七品封奋勇校尉，乾隆二十年（1755）改奋武郎，属八旗者正七品封文林郎。三十二年（1765），统一改为奋武郎。五十一年（1786），改此称，遂为定制。

清武威县镇番县白塔河石羊河水案[1]

光绪六年，武威县属之九墩沟人民，因侵占白塔河水利，筑堵草坝伸入河身，镇民数千人呼吁凉州府宪刘断令将所筑草坝拆毁，其沟口只准一丈五尺，如遇天旱雨微，只准在本沟挑深，不得在大河盘沙堵水。而九墩民旋断旋翻，复经道宪亲旨履勘，饬令所开沟口仍依府断一丈五尺，排裁木桩，明定界址，将原筑草坝一律差评，详院咨司立案。七年，九墩民私行拆去界桩，复由石羊河冲水中流挖沟引水，复经道宪铁提案惩办断令，在沟口及石羊河草岗下头安插柳篓为界，不准九墩民于水口外堵坝挑浚，并不许拆去岗头柳篓。八年，就蹲敏复由草岗柳篓南头，新挖引水沟一道，引石羊河之水，截入九墩沟口，镇民巡之争闹，将九墩民门窗打毁。复经道宪铁讯究，以九墩民不应违案截水，镇民不应滋生事端，同予责罚，仍归旧案。九年，九墩民又在草岗柳篓南头挖坎，宽六七尺，复经道宪雅委保甲局常令查勘，谕令九墩民自行填闭。十年，九墩民又将原断一丈五尺水口，宽开二丈有余，岸旁所镶柳篓偷拆，并将原设柳篓之草岗下头深挖沙坎，宽至一丈五六，将横截河身、逼水西流之柳篓拆毁，以致大河水势皆注于东。镇民赴诉府宪倭，转详道宪龙批云：九墩沟水源，向由熊爪湖开浚浇灌，不惟于石羊河毫无干涉，及白塔河亦非其所。该处所垦田亩，本道例应详请督宪咨部豁免钱粮，作为官荒。姑念该处垦地已久，生聚日繁，不忍遽行驱逐，札饬凉州府督同武威县、镇番县前往九墩沟查勘，变通办理。但不得于镇番稍有妨碍，旋即查明禀复，断令九墩民仍照原案行水，并将私口一律填塞，永为定例。

【注释】

［1］清武威县镇番县白塔河石羊河水案，清光绪十年（1884）立。今据宣统版《镇番县志》录文。主要著录：宣统版《镇番县志》；甘肃省档案馆编《甘肃生态环境珍档录（清代至民国）》。

清重修玄真阁碑[1]

重修玄真阁碑记

......

【注释】

[1]重修玄真阁碑，清代（1644—1911）刊刻。现藏武威市民勤县圣容寺内。碑高126厘米，宽60厘米，厚13厘米。碑额楷书"重修碑"，四周刻云纹、凤纹。碑面漫漶，字迹不易识读。目前尚未见著录。

民国县图书馆石匾[1]

民国二十三年

图书馆

教育局

图书馆石匾

【注释】

[1]图书馆石匾，民国二十三年（1934）刻。现藏武威市民勤县圣容寺内。该石匾长138厘米，宽61厘米，厚14厘米。背面亦刻有文字，漫漶不清，可识别者有"万历三十□年"等几个字，当是对明代石碑的二次利用。

古浪县

明劝忠祠碑记[1]

劝忠祠胡为而建？抚军李公为阵亡千户严公建也。公讳玺，字朝玉。其先世亳人，祖真胜，从文皇帝北征，升凉州卫中千户所百户。父进，袭职，调署双塔所事，因家焉。公以功擢前职。童时辄有大志，既冠，体貌魁梧，智勇过人，善骑射，习孙吴兵法，当道器重之。署古浪所事，克尽厥职，爱恤军士，教练武勇，人乐于战斗，屹然为一方保障。

古浪密迩番族，先时恒出入为患，田多荒芜，公私匮乏。公曰：足食，然后足兵；食不足，何以作士气也？始垦荒田以给军饷，凿河渠以通水利，三年之后，人皆足食。更远侦探、严圻堠、斩溪隧、掘陷井，俾番人不得近我境。公屡立战功，番族畏服。且周贫恤孤，婚姻相助，凡有益于地方者，靡不为之。正德庚午，北套入虏，逼近本所，住牧抢掠。公昼夜不解甲，往来提督防御，贼觇知有备，不敢薄城。公募敢死士，夜入贼营，乘怠掩击，斩馘级夺回马牛，遂以遁去，一方保全。由是智勇著闻，当道交章荐举，以为堪任将领之重，其词曰：谋勇兼优，号令明肃。抚下有恩而军士服，却敌有勇而番人惧。位卑而名显，兵寡而功多。遂拔为甘州奇兵营千总，行都指挥事。

公既为当道所知，益展布心力，修整戎务。后因鲁番为患，安远一带道路梗涩。当道会议，非公不足以保御。遂改为古浪操守兼管所事。公稔知地方险夷，伏兵要害之处，以邀击番族，自兹不敢肆毒，商旅得通，耕牧有赖。丙子秋，因防送行客，追缴贼番，力战而死。当道咸痛惜之，命所司致祭营葬，厚恤其家。后会东冈李公巡抚河西，职峗激扬，闻公忠义，命度地于本堡南门外建祠，捐金助之，颜其额曰：劝忠祠。时余谪官陕藩，分守河西，命援笔作记。是举也，考之祀典，既无不宜，而激劝之下，有关风教，岂小补哉！

正德戊寅正月吉旦，赐进士出身、承宣布政司使晋城孟春撰。

【注释】

[1]劝忠祠碑记，明正德十三年（1518）正月立。孟春撰文。今据乾隆版《古浪县志》录文。主要著录：乾隆版《古浪县志》；民国版《古浪县志》《五凉全志校注》。

明孝行碑记^[1]

嘉靖丁未冬，山丹卫儒学训导石公卒于官。时抚军杨公博，重其无忝乃职，助白金给驿递夫马，舁丧以归。且素闻其孝行，命璉作文以记之。

先生讳韫璧，字德辉。其先本浙东鄞人，曾祖官茂，从戎和戎，因家焉。先生六岁而孤，鞠于母张氏。生而颖秀，少长即知向学。后更负笈游湟中，择师事之，得授《尚书》。越数载还凉，补博士弟子员，益励学。事母至孝，遭庶母丧，于西山下园内停柩三载，孤身庐守。猛虎时夜入，未尝遇害，以为孝感所致。性刚毅，有气概，至恤穷拯患，诸事无不为之。尤善剖析是非，乡人推服。博览载籍，见前哲格言，必兴慨慕，属文悉抒独见，发挥无蹈陈言。徙居凉十余载，朋侪乐与游户外，受业者恒满。后复来和戎卜居，其舍旁手植奇花异卉，每出游，放情山水。累试省院不利，以嘉靖癸卯贡礼部，始授前职。至山丹，以作人励俗为念，立程限、严考课，始终不倦。生徒初惮其条教之密，既而人人乐从其化，屡为当道所称。和戎地处小隅，人多武尚，自先生崛起寻常，以读书起家，乡之人皆感奋。就业至数百人。和戎文学自此始。昔子舆氏曰：豪杰之士，虽无文王，犹兴先生，内无庭训，外无渐染，乃能立身，以扬其名。斯亦豪杰也哉。是为记。

时嘉靖戊申仲春，后学胡璉撰。

【注释】

[1] 孝行碑记，明嘉靖二十七年（1548）二月立。胡璉撰文。今据乾隆版《古浪县志》录文。主要著录：乾隆版《古浪县志》；民国版《古浪县志》《五凉全志校注》。

明甘酒石颂^[1]

古浪城南，入峡十五里，道左有石，与两山脉趾弗连，屹立突起，如崇台巨屋，居人酿酸者劙片炽入酒中，即变佳酝，因名"酸酒石"。余曰：酸酒石者，酸在酒也，因石而得甘，是甘者，石之功也，乃更名"甘酒石"。古浪穷徼，自来寒苦之地，而得生养和厚之气，以嘘煦之斯，变寒苦而俾跻仁寿之域，讵止一石之甘已耶？余既学三大书，刻于石上且为之颂曰：

维石岩岩，厥德则甘。甘性温厚，甘体滋涵。其坚如珉，其白似玉。玉镇天开，标兹奇躅。甘施于物，五味斯调。甘施于化，万类能陶。气协沴消，人安物顺。军食自充，军威自振。帝施甘泽，天降甘霖。五郡沾渥，千部讴吟。是岂甘酒，所甘惟政。品物呈祥，休征兆庆。镇曰甘肃，水曰甘泉。匪石之功，甘酒安全。万里宁戢，一人垂拱。四夷咸宾，皇图益巩。

嘉靖壬子岁，刑部郎中恤刑，陕西鄠陵文冈陈棐书。

【注释】

[1] 甘酒石颂，明嘉靖三十一年（1552）刻。陈棐撰文。"甘酒石"石刻，位于武威市古浪县十八里堡乡十八里堡村居民区西北 1000 米处，东距古浪县水泥厂 1000 米，南临国道 312 线，西距滴泪崖 2000 米，北临十八里堡河。文字刻于不规则青白巨石上，东西长 6.5 米、南北宽 6.6 米、高 5 米，占地面积 42.25 平方米。明指挥王国泰题"甘酒石"三字阴刻于宽 0.6 米、长 1.42 米的石块平面上，字体为楷书，0.3 米见方。在题字右侧，在宽 0.3 米，高 0.5 米的平面上，有阴刻"□□丙戌年□□"等字，字 0.06 米见方。《旧唐书》《五凉全志·古浪县志》有记载。2006 年，古浪县旅游局在"甘酒石"石刻西侧修建凉亭，树碑一块，对"甘酒石"石刻修围栏保护，对周边环境进行美化。该石刻为古浪县著名旅游景点。主要著录：乾隆版《古浪县志》；民国版《古浪县志》。

明胡公及刘孺人胡孺人合葬墓志[1]

明故恩荣寿官双河胡公始配刘孺人继配胡孺人合葬墓志铭

直隶广平府广平县知县碧泉李宾题盖并撰，凉庠生□冈徐□书。

尝谓天之生人，继之者善，成之者兴，同得此生□□□□□□□而不恶也。□形□□发之后知诱物化失，其正右多失。予亲家胡翁讳□□，字□大，号□□，原任直隶□□府宣城县，国初名隆保□□事谪凉，遂为凉州双塔所人。保生宜，宜生□□□□□□□□□□至今世系，镇生纪，配俞孺人，生□子，长文通，次□□□存心□行□皆□□□□□□行之失。予大子□伯为其婿，其所抚厚鞠育，海□□□□□□□□□□□□□效于尽。月初六□终，讣告一至，□家无不伤悼□□□□□□□□□□而言曰：吾父存日，立德深重，世所共知，然知之者莫公若也，诚为志，所以□□□□则存殁感德。辞不获，乃曰：君子之论人也，贵纪其实而承事也。毋泛其事□□□人外虽质朴，若无可观，内实聪慧，有过人焉。承父家教始读儒书□宋氏□□□□识□性□沉疴，惟以利济为心，无一毫贵利态，富贵贫贱，远近亲疏，一视同仁。凡乡之□□呻吟感□公以有□，且孝父母、友兄弟、睦族□、□邻里、教子孙、治生业，无一□不尽善。或可谓无黍于维善成性之良，而仁人君子不多谏也。由是家道丰裕，田地□□，如□如□，宅舍光明，美仑美奂，德□□□□一□以故朝廷优老之政，一布翁以高年有德，首被冠□□□非倖致也。呜呼异哉。初配刘孺人，真静幽闲，□诚庄一，翁□内助。刘□以之不□□□□而卒。继娶胡氏，亦佳配也，□□亦卒。翁不复再娶，与侧□王氏相与□□以□□□大，翁之德如是。宜耄耋期颐，□□上寿未艾也，何遽至是哉。□公生于正德辛未十月初九未时，卒万历壬午十二月初六亥时，享年七十有二。刘亦生辛未九月十八酉时，卒加（嘉）靖辛酉九月初八未时。胡亦生辛未七月十三戌时，卒隆庆庚午二月二十三日。刘生二子，长耶谅，为侯门侍读，娶白氏。次耶诏，授太医院吏目，娶朱氏。生女三，一适指挥戴世勋，一适舍人周世隆，一适监生李时化。王生子二，曰诰，娶郑氏。曰□，迎王氏尚未聘。生女三，俱幼。谅生子二，曰久□，娶唐氏，生孙二。曰久献，定□氏，尚未聘。□□生女三，一适舍人张鉴，一适户□周国卿，一尚幼。□生子一女一，俱幼。□呼□□子孙□满眼族属姻亲盛大，如此天之报施可□□□□□□□古稀不□人子之□□□□恨于终天也。虽然，葬□□□□□不可□□□□□。是年二月二日□葬于先茔之次。以布孝思之万一□□之铭，铭曰：

　　□□□□，天□□□。生之□□，付之□□。不□□□，□□□□。不规以利，惟仁是德。□□□□，不□□□。皇天□□□，家□□□。云仍相继，子孙□□。□□□□，□□□□。胡为□□，□□□□。视之不见，听之无声。□□□府，□□□□。□□□□，□□□□。□□千载，遗恨无□。

　　孝子谅、诏、诰□。孝孙久贡……年孟夏□。

胡公及刘孺人胡孺人合葬墓志盖

胡公及刘孺人胡孺人合葬墓志石

【注释】

[1] 寿官胡公及刘孺人胡孺人合葬墓志，明万历十一年（1583）葬。直隶广平府广平县知县李宾题盖并撰文，凉州府庠生徐某书。古浪县胡氏家族墓地出土，现藏古浪县博物馆。志石为正方形，边长53厘米，厚12厘米。志盖正书"明故寿官胡公、刘孺人、胡孺人合葬之枢"。志文共34行，满行34字，正书。碑文记载寿官胡公的家族世系、生平履历及婚姻子嗣等情况甚详，是研究古浪地方文化及家族史的重要资料。

明凉庄保障石匾[1]

□□□（凉州）分守道右参议李际春[2]书

凉庄保障

万历癸巳游击将军赵希云[3]立

凉庄保障石匾

【注释】

[1] 凉庄保障石匾，明万历二十一年（1593）刻。原镶嵌于黑松驿古城的南城门，2017 年 10 月出土于武威市古浪县黑松驿镇黑松驿村二组，今存镇政府后院。石匾长 164 厘米，宽 71 厘米，厚 19 厘米。主要著录：顾鸿庆《"凉庄保障"石匾之浅考》（《古浪文苑》2001 年第 3 期）；赵燕翼《黑松驿石匾之谜》（古浪县政协教科文卫体史委员会编《古浪文史》第 3 辑，2004 年）。

[2] 李际春（1552—1615）字和元，号鉴池，隆庆四年（1570）中秀才。万历元年（1573）中举。万历五年（1577）丁丑科第 3 甲第 98 名进士。万历十五年（1587）到兰州督办军饷。万历二十年（1592）四月升任陕西布政司右参议。

[3] 赵希云，生卒年不详，万历十五年（1587）任指挥佥事时，参与修建了永昌县钟鼓楼。万历二十一年（1593，癸巳）春，时任游击将军，动工修筑了黑松堡城，并雕刻"凉庄保障"石匾，镶嵌于南城门上。万历二十六年（1598），时任西宁参将，阵殁于西宁之战。

明松山平鲁碑 [1]

明万历二十六年春三月，兔鲁既平，松山底定。凉州右参议张蒲为之碑，肃州兵备右布政司崔鹏为之序曰：

翊庙堂者必修文德，任疆场者必奋武功。武以济文，乃盛世不得已而用之者也。桀酋阿赤兔，倚松山为三窟，纠合宰僧寇五凉，自擅宜讨之罪久矣。今荧惑愈甚，早识逆鲁之衰。戊戌正统年，又犯秦关之险。时总制、太子太傅李公文（汶），运筹玉幄；巡抚、兵部尚书田公乐，借箸金符；西宁兵备右布政使刘敏宽，挥戈青海之南；又属庄浪兵备按察使梁云龙，控弦乌岭之北；属甘州副使李景元，率两河壮士由黄羊川；又属甘肃总兵都督同知，提五郡官将于黑马圈；属西宁同知龙应坚，振军旅在前；又属凉州通判使王伦，挽刍粟在后。于是田公秉钺扬麾，自发令公之骑，鹏等鸣弓环甲，重列冠军之营，督七校以顺天机，统六师而摇地轴；叱咤则风云是阵，张我虎队之威；战斗则草木皆兵，夺彼犬戎之魄。诛悍酋赤、哈等八百级，投降番夷黄金［什］等九千人。浑邪悬头，不啻绝居延之漠；先零落胆，岂徒留湟野之屯。三军奏凯而还，二公露布以进。朝廷嘉丕绩，赐圭封龙骧之侯；边塞勒奇勋，载笔效燕然之椽。只赖军威远畅，敢云臣力遐宣。此文征武战之功，二百年来不数见者也。鹏敬赋诗数首，用以传信八弦已尔。

李牧安边临上郡，田丹移节镇甘州。人来赵垒闲金虎，地转秦城纵火牛。仗钺拥旄春寂寂，投胶挟纩日悠悠。谩言青海长传箭，遥指黄河并运筹。

其二

都尉春耕陇麦闲，胡儿烽起大松山。若非睥睨燕支塞，便是凭陵骆谷关。雾集戈矛屯岔口，风传鼙鼓振军颜。从来玉帐饶奇策，不遣匈奴匹马还。

其三

建牙吹角过边疆，积雪惊风冷战场。元老指挥白羽扇，中军超距绿沉枪。剑冲月窟西追兔，弓挽天弧北逐狼。独倚辕门听号令，马前先伏左贤王。

其四

桓桓虎队出车期，漠漠龙沙奏凯时。鲁灭全收唐土地，兵回争拥汉旌旗。葡萄酒冷征人醉，苜蓿花深戍马迟。听取琵琶弹夜月，短箫长笛咽凉圻。

【注释】

［1］松山平鲁碑，明万历二十六年（1598）三月立。今据乾隆版《古浪县志》录文。主要著录：乾隆版《古浪县志》；民国版《古浪县志》《五凉全志校注》。

明定松山碑[1]

松山延亘两河，为阿赤兔等所窃据者百十年矣。明万历二十六年秋九月，巡抚甘肃兵部尚书田公乐，谋谐帝幄，师应天弧，属鹏与西宁兵备右布政刘敏宽、庄浪兵备按察使梁云龙、甘州兵粮分巡副使李景元、凉州粮储分守右参议张蒲，分旄五道；又署甘肃总兵都督同知达云、甘州副总兵马应龙、凉州副总兵姜河、永昌副总兵王铁块、镇番参将葛赖、洪水镇夷凉庄游击保定徐龙、朱启来、张守信等，带甲万人，剿除兔虏，恢复松山。宣庙略于河西，靖胡尘于漠北；奏龙沙之捷，屯虎城之田；业与方台争流，名与天壤俱永。遂相与勒之琬琰，以记岁月云。

整饬肃州兵备、陕西承宣布政使司右布政使崔鹏谨书。树石于大靖察院。

【注释】

[1] 定松山碑，明万历二十六年（1598）九月立。肃州兵备、陕西右布政使崔鹏撰文。今据顺治版《凉镇志》录文。主要著录：顺治版《凉镇志》；乾隆版《古浪县志》；民国版《古浪县志》《五凉全志校注》。

明土门镇大明碑[1]

钦差巡抚甘肃地方赞理军务、都察院右佥都御史徐批允，又同钦差巡抚甘肃地方赞理军务都察院右副都御史□□□□□（兵部尚书田）会钦差总督陕西三边军务兼理粮饷□□□□□□□□□（都察院左副都御史少保李）题过新边扒沙、土门二处新务戍军，凡军民新开田亩，永不起科。

万历二十八年二月二十五日。

钦差督理粮储屯田水利、陕西布政使分守西宁□□□□（凉州参议）张蒲[2]，南京湖广道监察御史□□□立石。

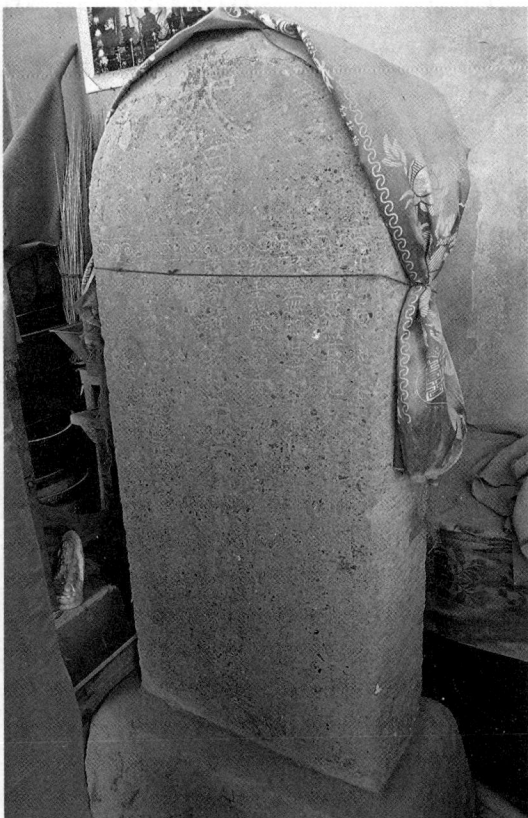

土门镇大明碑阳

土门镇大明碑阴

【注释】

[1] 土门镇大明碑，明万历二十八年（1600）二月二十五日立。现存于古浪县土门镇罗汉楼。据杨文科《古浪县土门大明碑校补》称：该碑为淡红色砂砾石质，高1.2米，宽0.8米，厚0.2米，圆额，正中双线勾勒"大明"二字，故名。正文楷体引文，计7行，满行25字，计132字，字2厘米见方，局部漫漶不清，周饰卷云纹。通高1.73米，碑身高1.28米，宽0.57米，厚0.18米。碑座为覆斗形，高0.44米。正面上宽0.73米，下宽0.84米，浮雕火珠纹，侧面上宽0.4米，下宽0.78米，浮雕火珠纹。碑为正反两面刻字。背面文字大多漫漶不清，残存文字记录了万历二十七年（1599）三月，平羌将军达云率军收复松山后，筑打土门城、开荒给地、引水灌溉等事宜。由土门守备立石。该碑对研究新边、松山战役及明代甘肃军事、屯田等具有重要价值。相关研究参杨文科《古浪县土门大明碑校补》（《丝绸之路》2016年第16期）。

[2] 张蒲，据乾隆版《武威县志》记载，张蒲为河南偃师人，万历癸酉举人。明万历二十四年，任凉州府参议。入古邑名宦。

明参戎王公碑记[1]

窃闻人臣析圭担爵，世膺朝命，当马革裹尸，以图报效于万一。予自垂髫时，习弓矢韬略事，从戎二十余年，叨沐（沐）简命，承乏大靖参将。然才埒鼯鼠，性同鸠拙，膺兹分守帅师之任，殊抱短绠深汲之虞。大都时政之所先，惟宜务实之为上，民力竭矣。深惟茧丝之难，河波厄尔，敢昧衣袽之戒。

大靖，何地也？一墙之外，豺虎丛噪之区。山光黯淡，云气苍茫，幽窈荒凉，石田沙碛，盖西南一绝域也。不佞于崇祯九年十二月内莅任，目击黄沙扑面，塞草惊心。荷戈守边之士，菜色骨立；鹑衣枵腹之军，称贷无门。其困惫景象，何敢悠悠忽忽，任其踕敝习陋，而不思所以整顿之耶？用是数年之内，唯守一切，痴肠认真实做。今姑将任内已行事款，勒之于石。后之同袍君子，幸勿揶揄云。

一、本府莅任，营马仅存六十匹。请会府、道，汰军二百名，每月贮饷买马一十四匹，共计三年，买过马三百余匹，解验骑征。

一、营军老弱充伍，不堪御敌。逐一查黜，节次更补壮丁七百余名，不致糜费粮饷，得以实充营伍。

一、鲁番窃掠，为患匪小。亲赴各水头踏看地里，议筑堡寨二十六处，以便收敛人畜，使番鲁不敢窥视。

一、议开西门一座，打瓮城一处，以兴地利。从此内外有备。

一、开垦酸茨沟荒地，请道院安民拨军，驻防布种，增粮百石，以资课税。

一、城中日用之水，搬运甚艰。厢（镶）井三眼，引河水入聚，可备鲁患。

一、夹山堡离水三十余里，往返劳苦。督修水窖三处，一遇雪雨收藏，可以足用。

一、建盖墩房子一十一间，以便守兵栖住，不受风寒，瞭望有赖。

一、修猛雨冲倒边柞水口百十余丈，堪以阻鲁。

一、年来北鲁犯边，提兵对垒，大挫贼气，斩级夺马，鲁自是不敢垂涎，地方可保无虞。

一、统兵勤王，留蓟镇共保无虞。具呈题请，颁降河西五镇参、游、都守官员印信四十四颗，并本府钦印一颗。

一、捐俸建修玉皇阁、城隍庙、衙东马王殿塑像，装饰地方，永仗默保，边疆乂安。

崇祯十三年岁次庚辰腊月朔八日，分守大靖副总兵官神木王孟颜立石。

【注释】

[1]参戎王公碑记，明崇祯十三年（1640）十二月八日刻。王孟颜立石。今据乾隆版《古浪县志》录文。主要著录：乾隆版《古浪县志》；民国版《古浪县志》《五凉全志校注》。

清奶子佛寺碑 [1]

系因丙吉、丙兔酉带领部队神帐，住牧约有水头十三处，而此寺原名扒沙寺……万历二十年间，巡抚田公名乐，与总镇达公者创议兴兵，恢复崧（松）山，驱逐外□……入寺见喇嘛圣像巍然端坐不起，触怒被害，见白气冲天，血成白乳，并无红色……系一属彝无故立死，用彰果报。后改设大靖营屯扎兵马，城内往往失火，延烧无……皆，妄害喇嘛圣僧之过，故肆令郁结未散，化为火征，急置装塑供奉忏悔，火患庶……火灾兹，寺所以有喇嘛圣像也。其事年代未远，传闻颇众，予初抵甘肃询诸故，……予心志之。迨康熙十四年春间，滇黔告变，西羌叛乱，河东郡县望风沦陷，予时随……索桥渡河，恢复靖远卫，师旅屯宿大靖四日。予因亲诣兹寺瞻礼……廊庑间暗昧不显，金身大多剥落，予恻然心动，因与守府戴君讳加义、监厅于君……创建殿宇，重妆金身以志崇奉香火，今运典未已，输輓维艰，军民力役，不得休息。……中营署参将戴君讳玉者，以署事赴大靖营，鸠工庀材，朝夕拮据，且妆塑彩画，悉……君之力居多焉。于蒲月朔日谷旦讽经拜潜以完成善事。是役也，始藉守府戴君……以荣观厥成，要知二戴君其与喇嘛圣僧前世，盖有夙缘也，不然何与相遇凑合……于其成功也。特请命于都督孙公爱□笔立石，以为之记。庶几垂示不朽云。

……旦。凉庠生：郭三佐、吴大受、唐建勋、高选。

住持僧：从淋。……沐。

功德主：董正宦、俞登隆、赵华、□心谨、惠善义、王大谟、李吉明、王玉佩。

……暨大靖军民仝立。

经理：傅存仁、□自祥、陈友海、王仲南。

奶子佛寺碑

【注释】

[1] 奶子佛寺碑，清康熙十四年至十八年（1675—1679）之间刻。碑原立于古浪县大靖镇政府院内，现藏古浪县博物馆。碑残长75厘米，宽58厘米，厚18厘米。碑文记载了奶子佛寺的历史由来、人文典故及康熙年间的重修情况，是研究古浪地方史地的重要文献资料。主要著录：政协古浪县委员会《古浪名胜古迹选编》（内部刊物，2000年）；古浪县志编纂委员会编《古浪县志1991—2007》（方志出版社，2011年）。

清大靖参戎边公德政碑记^[1]

大靖旧为夷牧地，明万历中，大司马田公始恢复为内境。因设官兵若干员名，而以参戎统之。盖此地控贺兰之隘，抗北海之喉，用以独当一面，而使凉镇无东北之虑者，不啻泰山之倚也。康熙十一年，当事者忽持臆议，以大靖一军移驻安远。时识者即藉藉以为不便。未几，丽泽遭创，烽火延漫，樵苏俱废。幸赖张大将军会疏入告，复迁其兵于大靖，时康熙十九年也。

我参戎边老副台，适即莅镇于兹。公汗马血战，屡著奇功，由骑尉晋守戎，由守戎晋游府。民力资其宽恤，流亡赖以复业。至于给散官田、均分水利一事，尤为高出前人。盖官田旧为参戎养廉之资，取水于众坝，而赋税不与焉。而公竟以田散民间，水归众坝，永杜厉民之阶。如此，靖之人能不尸体祝也哉。用是，记公功德，垂诸贞珉，以示不忘。公讳永昌，榆林人。后家武威，自公始。

岁进士王宏荫书。

【注释】

[1]大靖参戎边公德政，清康熙十九年（1680）立。王宏荫书。今据乾隆版《古浪县志》录文。主要著录：乾隆版《古浪县志》；民国版《古浪县志》《五凉全志校注》。

清王氏祖茔碑[1]

王氏祖茔碑

自古孝子□孙，□光前裕后者，□由先人□□□树德于滋□□要□□人、振家声者，则先人亦□□不传者是也。若求古有□元王翁者，先代经世□□。曾祖恺，□□山西平阳府[2]□，于洪武年钦授河南归德卫千户，传袭子孙，生子三。于万历年，长翁讳守□，字□□，昆仲□□□□官产于古渠坝大□，至今□开创之圣人也。四祖翁讳守员，字□壮，原任古浪守御，不□□而宁，民戴德□□□。乃祖翁讳□，□祖讳□□□，有康衢之高风，乡人称焉，隐君子也。生子二，长即□翁父也，讳弘□，次讳□□、□四，祖卓……性慷慨，豁达好施焉。爱结交，终年缺晕，乐善不倦，乡里皆所敬服。□生子三，长讳□□……宽厚有□，帐□同居，老练多识，治家以勤，处世由公平，德行素著，□言服人，道所知而守德……，□德守法，诚齐家□因之人也。生子二，长永熙，讳选，国学；次□□翁。仲弟讳忠世，孝友天成，耕读□务……次永□、永仁翁。季翁名平世，先入国学，素行忠厚，练□老诚，生子二，长永□、次永信。□若侄念翁，□先前后克……以言不朽云。

岁贡生侯铨教谕李如玉顿首拜撰。（印章一枚，漫漶）

国庠学生周之璠顿首拜书。（印章一枚，之璠）

大清康熙六十一年岁次壬寅十月癸丑朔日立碣。

嫡男平世、忠世、经世，孙永明……

王氏祖茔碑额

王氏祖茔碑身

【注释】

[1] 王氏祖茔碑，清康熙六十一年（1722）十月立。今存古浪县泗水镇上四坝村王大庄组居民区东侧王经世家族墓地北端。该墓群呈长方形，东西长 60 米，南北宽 60 米，面积 3600 平方米。该碑碑身高 140 厘米，宽 72 厘米，厚 13 厘米。碑首高 53 厘米，宽 74 厘米，厚 13 厘米。碑座为覆斗形，高 40 厘米，宽 77 厘米，高 40 厘米。碑为青砂石质，碑首为半圆形，碑额阴刻"王氏祖茔"四字。左右阴刻仙鹤、折线纹、卷云纹等图案。碑文内容主要记述王氏家族历史，对于研究明清时期地方家族的迁徙具有一定文献价值。

[2] 平阳府，宋政和六年（1116）以晋州改置，治所在临汾县（今山西临汾市）。元初改为平阳路，大德九年（1305）改为晋宁路。明洪武初复改为平阳府。

清重修关帝庙碑[1]

重修关帝庙[2]碑

……大□□间……西□□□……勒石以垂不朽。

木匠……石匠……

乾隆五年姑洗月中浣。

重修关帝庙碑

【注释】

[1] 重修关帝庙碑，清乾隆五年（1740）三月刻。今存古浪县土门镇青萍小学内。该碑刻高158厘米，宽54厘米，厚14厘米。双面刻字，碑阳碑额篆书"大清"。碑文主要记载了乾隆年间重修关帝庙的经过等，碑阴刊刻参与此次重修的人员题名等。该碑对研究土门镇关帝庙的发展演变及结构规模等具有一定价值。惜碑文漫漶，几不能识。

[2] 关帝庙，据乾隆版《古浪县志》记载：关帝庙，在东郭，顺治五年建。1936年11月，中国工农红军西路军在这里召开群众大会。建国后为土门镇卫生院，原建筑拆毁于二十世纪七十年代，现庙址为土门镇卫生院家属院，关帝庙是忠义文化的传播地，也是红色革命纪念地，是研究古浪宗教分布和西路红军革命史的资料。

清渠坝水利碑[1]

古浪处在山谷，土瘠风高，其平原之地，赖水滋灌，各坝称利。向例使水之家，但立水簿，开载额粮，暨用水时刻，如有坍塌淤塞，即据此以派修浚，无论绅衿士庶，俱按粮出夫，并无优免之例。历年以来，虽亦无甚争端，然犹未得经久之道也。兹蒙抚宪大人黄矜恤民瘼，加意水利，饬令各分水渠口俱立石碣，用垂久远，以防偏枯兼并之弊，良法美意，所以为群黎计者，至详且尽。凡兹士庶，莫不踊跃乐从，欢欣载道矣。兹遵宪示，将各坝额粮额水并分水渠口长阔以及流灌备由刊刻于此。

一、各坝渠口广狭不等，各载于后。

一、各坝粮草多寡不一，各载于后。

一、各坝各使水花户册一样二本钤印，一本存县，一本管水乡老收执，稍有不均，据簿查对。

一、各坝水利乡老，务于渠道上下时巡视，倘彼山水涨发冲坏，或因天雨坍塌以及淤塞、浅窄，催令急为修整，不得漠视。

一、各坝水利乡老，务要不时劝谕，化导农民，若非已水，不得强行邀截混争，如违，禀县处治。

一、各坝修浚渠道，绅衿士庶俱按粮派夫，如有管水乡老派夫不均，致有偏枯受累之家，禀县拿究。

乾隆八年四月十八日邑令安泰勒石。

【注释】

[1] 清渠坝水利碑，乾隆八年（1743）四月十八日立。邑令安泰勒石。今据乾隆版《古浪县志》录文。主要著录：乾隆版《古浪县志》；民国版《古浪县志》《五凉全志校注》。

清增建义学记[1]

古者党庠家塾，莫不择有德行者为之师。其事洒扫应对，其业礼乐诗书，其行孝友睦姻任恤。自八岁即入小学，至十有五岁而后入大学焉。盖养之于童稚之年，其天良未雕未琢，故善言易入，耰锄之子成誉髦也。

古浪旧有义学一所，在邑之东北郭。盖因有讼田者，度势不可得，以田为学资，岁入不多，供一学而未足也。余览而心动焉，择其勤业者益以膏火，而四乡之士，如黑松、安远则去邑或三四十里，或六七十里；如土门、大靖则相距并七八十里，更百有五六十里。如是而欲其以总角之年，担簦负笈以从事于邑厘城关中难矣。余故曰：学不可以不广也。于是乎捐俸资、聘贤士，于土门建学，于大靖建学，于安远、黑松建学。盖尝于课桑视稼之余，单车减从，进弟子而导之，示以礼让，诹以课程。其稍通文艺者，则为之讲解论说，授以读书亲师之旨，彬彬然可观者，亦时有其一二焉。呜呼，何其难也。

记云：时过后学，则勤苦难成。又云：独学无友，则寡闻孤陋。余之设是学也夫，亦愿诸弟子之胥及其时，更得于其地，群萃州处，互相观摩，庶几不至于燕僻废学，则士风之盛，雅化之成，未必不基于此也。是为记。

【注释】

[1]增建义学记，清乾隆九年（1744）立。邑令徐思靖撰文。今据乾隆版《古浪县志》录文。徐思靖，字哲次，江南举人。乾隆九年任古浪县。创建义学，倡捐社仓，至今民力赖之。莅任之始，邑有老人者，凡采买輓输供支之役，无不与焉，其实蒙官病民，弊莫大焉。靖知其为官蠹，为民贼也，毅然革之，勒诸石，以示永禁，至今百有余年，无此弊。《古浪县志》久未纂辑，靖于莅任之三年，奋然举行，任邑举人赵璘纂修，越年志成，靖为鉴定，至今百余年，赖此为文献之征。主要著录：乾隆版《古浪县志》；民国版《古浪县志》；古浪县志编委会编《古浪县志》《五凉全志校注》。

清倡捐社仓记[1]

古浪设仓，前之莅是邑者，亦行之屡矣，按其籍仅得谷二石。余览而异之，以身先之捐麦七十余石。由是士民辐辏，有捐至二十余石或十余石并数石者，即减至升斗，亦听其输纳，无苛求勒取之患。且听其就近藏贮，拣一二老成殷实者董之，其为数约至三千石有零，散列四乡，总其出纳。余于是怃然而言于众曰：此非创之难也，守之实难。因立五家相保之法，一家贷而不归则四家并偿，其有终不克偿还者，自后不得复贷。社长或一岁或二岁而更其交相代也，与有司授受等。由是春散秋敛，省其耕种则籽种可以无虞，省其敛则口粮可以不乏。且水旱有备，不待发仓赈粟，有往返控告，羁滞不及时之患。于是书诸坝，各贮多寡之数于右，以示来兹云。

【注释】

［1］倡捐社仓记，清乾隆九年（1744）立。邑令徐思靖撰文。今据乾隆版《古浪县志》录文。主要著录：乾隆版《古浪县志》；民国版《古浪县志》；古浪县志编委会编《古浪县志》《五凉全志校注》。

清禁革老人记[1]

晋称绛县老人，纪年也；汉有壶关三老，纪职也。孰有职同舆隶年非耆耋，而称为老人者，乃入关以来在在有之，至军兴而后为尤甚，凡采买挽输之役，无不隶焉。按田公派，共历十二时之水地，以充一年之役，有不能充者，则敛钱资助之。一坝之地，共出钱三十余贯，古邑二十余坝，则出钱将六七百贯矣。弹丸小邑，何以堪诸。且一遇采买，则领官银若干。今岁出，明岁尚不果纳，穷民利其缓也，趋之若鹜，老人则更立其求之急也。虽屡屡扣克而不以为病，及其纳也，又往往假手于老人，辄私收以果其腹，官事大沮。思靖下车之始，未之悉也，骤值供支，若非老人无以办者，追事甫竣而深知其奸。喟然叹曰：是官蠹也，是民贼也，尚可一日留哉。爰禀诸宪革之，泐诸石以示永禁焉。

【注释】

［1］禁革老人记，清乾隆九年（1744）立。邑令徐思靖撰文。今据乾隆版《古浪县志》录文。主要著录：乾隆版《古浪县志》；古浪县志编委会编《古浪县志》《五凉全志校注》。

清关帝显圣处碑[1]

帝君显圣实记载，庙宇记慈不复赘。
关帝显圣处
大明万历己未年安远营都司朱竟创建
大清嘉庆辛酉年护岔口营都司韩建功重修

关帝显圣处碑

【注释】

[1] 关帝显圣碑，清嘉庆六年（1801）重刻。原立于古浪县十八里堡乡关帝庙村西500米关帝庙内，因2003年新修兰新铁路复线通过关帝庙，遂移至今十八里堡乡十八里堡村关帝庙组居民区西侧。碑身高243厘米，宽88.5厘米，厚15厘米。碑座长120厘米，宽80厘米，厚15厘米。碑为白砂岩质地。该碑刻对研究明清军事、书法具有一定文献价值。

清长流川六坝水利碑记[1]

古浪报耕开渠，由来久矣。案自乾隆八年，蒙抚宪黄设法定制，刊勒碑记，照粮拨水。长流承粮贰佰玖拾余石，川六坝承粮叁仟柒佰余石。同一总河分水，因长流坝缠山仰沟漏沙悬崖，于断崖处设木槽一通，除底帮高肆寸，除帮底宽贰尺捌寸，引水浇灌，定以成规，刊勒碑记，不容紊乱，并载志书，迄今七十余载，相安无事。无如近年以来，林木渐败，河水微细，浇灌俱艰，川坝之水，各坝分散，更兼润下弯远。若无阴雨，其涸立待长流，离河甚近水之所流，无有不到之处。兹因水夫经理不善，于嘉庆二十年，两造争讼，蒙县主唐堂判，按粮均水，固属公允。有长流坝杨振川等控禀在府，蒙抚宪马大老爷堂断，仍遵照乾隆八年碑刊旧制。木槽宽高尺寸相符，定立合同，各执一张，但木槽首高尾底，平陡不一，于二十一年用六坝贾朝环等禀明府县，移文本县主陈看验，饬令首高尾底之处，令其下平，府县案下，各具遵结，以息争端。不意于二十二年春，长流坝魏光甲等将川坝河口填塞，木槽又复陡安。川六坝胡国玺等控禀在案，蒙县主陈准究看验堂判，饬令拆毁陡安之木槽，首尾俱平，填塞之河口，草石尽去。嗣后无论河水钜细，听其自然。倘渠口淤塞，同公疏浚，不得私行挑挖木槽，日久损坏。着川六坝水利乡老，眼同补修，两造悦服，具结在案。倘该坝仍蹈前辙，不遵合同碑记者，鸣官纠治，庶可安农业而杜争源。川坝恐长流反复滋事，复禀县主，设立碑记，蒙批准如所禀，令设石碣，以示垂久不朽云。

嘉庆二十二年岁次丁丑六月中浣谷旦立。

【注释】

[1] 长流川六坝水利碑记，清嘉庆二十二年（1817）六月立。原在县署大堂，今佚。民国版《古浪县志》记载：考县府档案，川六坝与长流坝人民争水之控案，自昔已然。近年以来，天夺苦旱，争端因之愈甚，亦水利为人民生命所关，使之然也。主要著录：民国版《古浪县志》。

清创建古浪龙山书院碑记[1]

从来文运之兴，虽由气数而人才所出，端赖栽培。圣天子大化翔洽，文教覃敷，凡通都大邑以及穷乡僻壤，无不家诵户弦，此各县郡所以皆□……□无。考之《县志》，古浪旧属卫所，雍正三年始改为县地，近西戎，俗尚武健，读书之士咸欲建兴而未果。嘉庆丙子岁，新宁陈公权篆斯邑，捐廉二百金，为阖县士民共□……□资，乃卜吉于城西建书院焉，远望天梯、笔架诸山，隐然环列，近则岗峦起伏，如龙逶迤□……□松柏，因锡之嘉名曰"龙山书院"，志胜概也。而束修膏火之需，独未筹及，不无遗憾。丁丑□……□而肄业乏人，为慨然者久之。广文王公亦屡以为言，谓：创于前，不可不继于后也。因与□……□士民咸踊跃捐输，集有成数，即付之当商生息，为膏火束修等项之资。自是行之永久□……□不虚矣。异日人文蔚起，科第联翩，斯邑之幸也，亦守土者之光也。然非阖邑诸君子襄助□……

敕授文林郎知古浪县事戊寅科陕甘乡试同考官前署泾州直隶州靖远安定灵台城县事□……□。

敕授修职郎凉州府古浪县复设训导加一级韩城玉。

书院经费附

主讲龙山书院山长，必延名师，岁订束修大钱一百二十千文，聘银四两。本学监院，每岁公费大钱一十千文。

每年经理首士二人，在公项内交使大钱四千文。肄业生童膏火，岁额十六名，自二月起至十一月止，每名月支大钱五百文，共大钱八十千文。

礼房每年纸工大钱八千文。

院夫一名工食大钱六千文。

每月官课一次所需内外课、生童奖赏并修补书院房屋等费，随时动用。

嘉庆二十五年岁次庚辰六月吉日。

【注释】

　　[1]创建古浪龙山书院碑记，清嘉庆二十五年（1820）六月立。今据民国版《古浪县志》录文。碑文记载了清嘉庆年间古浪县创建龙山书院的缘由及经过，并在后附书院经费等开支。对于研究清代武威地区教育事业的发展有一定的文献价值。主要著录：民国版《古浪县志》。

清兴文社碑记[1]

兴文社碑记条款附

武威举人沦渠张启铭撰文

皇上御极之元年，特开恩榜，广额名数，士生其间，靡不踊跃观光，仰副圣天子作人之至意，真昌会也。时明府李公宰古邑五稔矣，本经术以致治，政简刑清，知无不为，为无不尽。古邑地瘠民贫，而公为省徭役、宽征催、捐粥厂、散放花，种种善绩，固无日不以民生为念，而于学校，尤加意栽培。往岁劝谕阖邑士民共捐制钱一千八百五十文，发给当商生息，为书院束修膏火之费。既又轸念士之寒竣者，有志掇科而囊底羞涩，犹不能以无憾，于是集阖邑绅耆，设立兴文社。绅耆等觅得负郭水地二处，需价若干，以请于公，公即慨然捐廉一千金，促使成之，可谓乐善不倦者矣。先是邑人樊明府立夫者，于嘉庆十六年捐银四百两整，置地出租，为乡会试之需，已历有年。今李公增其经费，一时闻风慕义者，遂勃然而起，若张明府平山、暨明经张公倬、国学张公□□、武庠张公洁、国学董公以正、庠文马公理章、吏员宁公国枢、文庠石公东元、国学张公尔范，各捐资不等，皆将置地以为兴文社助行，见乡会两试资斧有余，而万里云程不至窘步，而返将来人文蔚起，科甲联翩，其所以储国家桢干之选者，即其体李公与诸乡绅栽培之意也。岂不懿哉。故列叙其事并题条款于左，以垂不朽。

　　一、社内公举品行端方、家道殷实斋长四人，学师各给札付，经管社事。每逢乡试之年，七月内替换，将出入银粮算□□□倘旧斋长经手，有亏缺之处，新斋长即禀明学师并县主，押追治罪，如新斋长狥情接收，即惟接收之人是问，不得□行藉口推诿□□□□□□

　　一、社内租粮务须干圆洁净，每年秋收后，租户送到学署，用市斗平面量交。该年斋长封锁本学斋房内与门□□□□□□石作为看守之费。

一、社粮于乡试年四五月内变价，以三分之二为西安乡试士子盘费，着入闱老成人，带至西安，分散□□□□□分为会试文武士子盘费。若无会试之人，此项留为下届会试之用，或积存生息，仍增置田地，添补公项，以为扩充地步。

道光元年岁次辛巳八月吉日，武庠生漪泉姚殿元书丹。

【注释】

［1］兴文社碑记，清道光元年（1821）八月立。张启铭撰文，姚殿元书丹。今据民国版《古浪县志》录文。主要著录：民国版《古浪县志》。

清张仲杰墓碑[1]

张仲杰，字俊吾，本郡人，原任双井堡把总。

匠人车天宝。

皇清授进义校尉张公神道

道光十年二月初六日，众户人等建立碑。

张仲杰墓碑阳

张仲杰墓碑阴

【注释】

[1] 张仲杰墓碑，清道光十年（1830）二月刻。今存古浪县新堡乡崖头村双井子组居民区西 1000 米沙河北岸。有碑刻 1 通，碑刻为，该碑碑身高 89 厘米，宽 50 厘米，厚 12.5 厘米。碑座长 64 厘米，宽 45 厘米，高 32 厘米。碑刻为青砂石质。碑座浮雕太极图、犀牛望月、鹿鹤等图案。该碑是研究清代军事、古浪地方史等的新资料，丰富了古浪县文物内涵。目前尚未见著录。

清张淮寅墓碑[1]

皇清诰封中宪大夫显考强寿行一清斋府君、诰封恭人旌表节孝显妣稀寿唐太恭人之墓。
道光二十六年二月上浣吉旦立。
男张育琳奉祀。

张淮寅墓碑

【注释】

[1] 张淮寅墓碑，清道光二十六年（1846）二月刻。今存古浪县古浪镇先锋村张家后庄组西北 100 米、平顶山东麓张道台家族墓地。该碑高 68 厘米，宽 48 厘米，厚 9 厘米。该碑对于研究清代暖泉张氏家族具有重要价值。

清祁门知县张进南墓碑[1]

皇清敕封文林郎、晋封奉政大夫、安徽祁门县知县[2]平山祖考、□封宜人祖妣曹太宜人、敕封孺人晋封宜人祖妣王太宜人之墓。

承重孙张育琳、不孝男起鹓[3]奉祀。

张进南墓碑

【注释】

　　[1] 张进南墓碑，此碑的刊刻时间当为清代道光年间（1821—1850）。今存武威市古浪县古浪镇先锋村张家后庄组西北100米、平顶山东麓张道台家族墓地。该碑高123厘米，宽70厘米，厚12厘米。张道台家族墓地东西长30米，南北宽50米，面积1500平方米。有墓冢17个，碑刻8通（含张道台神道碑）。墓冢东西向按辈分排列，顶部有石雕莲花，埋葬有安徽祁门知县张进南、天津道道台张起鹓等。该家族墓碑刻多为青白砂石质，立碑时间为清道光至光绪年间。

　　[2] 张进南，据民国版《古浪县志》记载，其为乾隆四十五年庚子（1781）举人，初任安徽祁门县知县，历署太和、颍上等县事。在任期间政平讼理，卓有政声。

　　[3] 张起鹓，字子斑，祁门知县张进南之子。古浪监生，官直隶天津道道台，历任永定河道、直隶永平知府、顺天府尹等。《清实录》中多有其事迹的记载。

清咸丰本茔土主碑[1]

本茔土主神□
咸丰岁次丙辰吉旦立
癸山丁向

本茔土主碑

【注释】

　　[1]本茔土主碑，清咸丰六年（1856）刻，位于武威市古浪县古丰乡。该碑高120厘米，宽75厘米，厚15.5厘米。碑额楷书"德配乾元"。

清年氏碑志[1]

【碑阳】

年氏碑志序

　　盖闻：建祠所以报本，亦可以崇德也，故古者世家巨族莫不修宗祠、敦本枝，俾后世子孙咸知祖宗功德于不衰，相与敦宗睦族以成风。癸巳春，余舌耕贵邑，与年亲敬宗等援古证今，谈暨宗祠一事。敬宗遂以建祠之由慨然有请曰：我始祖原系临洮北乡人，既而往居，爰立室家，即今平番一撮毛是，已越百年，历六世矣。始讳原姓严，或曰岩，乃汉明帝之讳，宜避改，然《孟子》云："讳名不讳姓。"况汉帝已属万古，尤非本朝，圣□□拟改姓之说，似亦无据。第以邑近边鄙，小识诗书误写严而为闫，已三世矣。近又□□□□语，讹读闫为年姓者，迄今未改，或亦取《尔雅》云"周曰年"之义，故抑亦取《灵宝经》云"□□□（随劫轮）转，与天齐年。"之义，次未可知也。念我祖力农传家，本支渐以蕃衍，敬与兄欲建宗□□□，敦本睦族，有志而未逮以不意。道光壬辰岁在伏腊，合族咸集，敬对少长而议曰：□□□，以昭雍睦，圣谕列为第二条而笃之，条中不外夫立家庙以荐蒸尝，修族谱□□□□远者诚，以祖宗之本主奉于私室最易失次，设为公祠，咸知爰敬。春露秋霜之□□□之辈，入是祠者，宗派之支庶，无不明且晰焉。敦睦之志，意无不感而生焉《戴礼》云："□□（尊祖）故敬宗，敬宗故收族。"道在是耳。合族欣然有同志焉。敬遂将置买岳姓地址熟屋，木□为捐助，合族又更为捐助，以建斯业。愿以勒诸石而昭来兹焉。余县谢不敏，然情不容□固辞也，爰染翰而志曰：公等之修宗祠，荐时食其志，可谓大矣，敢不仅陈其浅言，以伸公等念昔先人示诸后世之意云尔。

　　明经博士兰邑眷弟冯世瑂顿首拜撰。

【碑阴】

　　年松栢（柏）助大钱二串文，年希宗注（助）大钱十一串文，年大忠助大钱十一串八百文，年荣宗助大钱五串九百文，年大□助大钱十串文，年秀宗助大钱五串七百文，年大孝助钱三串五百文，年述宗助大钱四串三百文，折有早年所存大钱八串三百文，年昌宗助大钱十一串□百文。

　　诚心照管建修，六世孙年述宗。

　　年希宗、年昌宗诚心捐施□川田地一段，永为祠堂香……

　　祠大门□土木铁石，年希宗、年耀宗、年昌宗诚心……

　　祠地址田地官粮四合，阖族承纳。

　　拽迁石碑琢磨匠工年九龄、年万龄诚心□立。

攻石亲友闫世俊、高威凤顿首拜勒。

七世孙婿高登岱顿首拜书。

咸丰八年戊午岁姑洗月谷旦立。

年氏碑志（百世其昌碑）

【注释】

［1］年氏碑志，又称百世其昌碑，清咸丰八年（1858）三月刻。今存武威市古浪县新堡乡一座磨村西上组居民区内。碑身长176厘米，宽70厘米，厚12厘米。碑座高30厘米，长88厘米，厚50厘米。碑座浮雕松树、佛手等纹饰。该碑为圆首方身，碑阳碑额刻楷书"皇清"和"永言孝思"，两侧分别刻龙纹及凤纹。碑阴篆额"寿"字和楷书"百世其昌"。该碑对研究明清时期西北地区地方家族的迁徙衍变等具有一定的文献价值。

清张母田太夫人墓碑[1]

咸丰岁次戊午七月吉旦立。

皇清敕赠安人、诰赠太恭人强寿显妣田太夫人之墓。

男张璸 / 珊 / 球[2] / 瑚 / 玫奉祀。

张母田太夫人墓碑

【注释】

[1] 张母田太夫人墓碑，清咸丰八年（1858）七月刻。今存武威市古浪县古浪镇先锋村张家后庄组西北 100 米、平顶山东麓张道台家族墓地。该碑高 72 厘米，宽 45 厘米，厚 11 厘米。该碑对于研究清代暖泉张氏家族具有重要价值。

[2] 张球，据民国版《古浪县志》记载，咸丰辛亥科（1851）举人，任江苏淮安府知府。

清顺天府尹张起鹓神道碑[1]

皇清诰授通奉大夫赏顶戴花翎布政使衔顺天府府尹张公之神道

张起鹓及张门节孝碑

张起鹓神道碑

【注释】

［1］张起鹇神道碑，清咸丰八年（1858）刻。今存武威市古浪县古浪镇小桥村西沟组居民区东 200 米道路旁。与旌表张门节孝碑立于同一地点。该碑高 246 厘米、宽 91 厘米。墓主张起鹇，历任永宁河道、顺天府尹、天津道道台等。该碑对于研究清代暖泉张氏家族具有重要价值。

清张母杨恭人墓碑[1]

皇清诰封恭人显妣杨恭人□□

光绪岁次壬午十二□（月）……

男张作□／作□／作□／作□／作□奉祀。

张母杨恭人墓碑

【注释】

[1] 张母杨恭人墓碑，清光绪八年（1882）十二月刻。今存武威市古浪县古浪镇先锋村张家后庄组西北 100 米、平顶山东麓张道台家族墓地。该碑高 66 厘米，宽 45 厘米，厚 9 厘米。该碑对于研究清代暖泉张氏家族具有重要价值。

清张抟九墓碑[1]

光绪岁次壬午十二月吉旦立。

皇清诰授朝议大夫显考抟府君，敕封安人、诰赠太恭人显妣贾太恭人之墓。

男张璸/珊/球/瑚/玫奉祀。

张抟九墓碑

【注释】

[1] 张抟九墓碑，清光绪八年（1882）十二月刻。今存武威市古浪县古浪镇先锋村张家后庄组西北100米、平顶山东麓张道台家族墓地。该碑高86厘米，宽38厘米，厚13厘米。该碑对于研究清代暖泉张氏家族具有重要价值。

清张子班墓碑[1]

光绪岁次壬午十二月吉日立。

皇清诰授通政大夫显考子班府君、诰封夫人显妣尹太夫人之墓。

男张珩／玙／琛[2]／瑜／璠／琪／璟／珹奉祀。

张子班墓碑

【注释】

[1] 张子班墓碑，清光绪八年（1882）十二月刻。今存武威市古浪县古浪镇先锋村张家后庄组西北 100 米、平顶山东麓张道台家族墓地。该碑高 95 厘米，宽 53 厘米，厚 13 厘米。该碑对于研究清代暖泉张氏家族具有重要价值。

[2] 张琛，据民国版《古浪县志》记载，道光己酉（1849）顺天乡试，任广西柳州府知府，候补道。

清裴家营水利雨源池塘碑^[1]

裴家堡水利雨源池塘碑记

盖我邑泉水，发源出自大滩，灌池塘、浇田园，轮流接派按时浇灌，已历年矣。如我处及花庄堡通计时刻水四十八昼夜，合时辰五百七十六个，惟裴堡计灌时水三百一十五个，内沙河坝时辰水一百二十个；驼岭坝派时辰水一百二十三个，中川坝派时辰水七十二个，不计纱。惟灌池塘时不定数，向系人物啖饮、塘号驿马，皆赖池塘之水，不定时刻者，是此故也。每岁二月初吉派水为期，无论花庄、我邑。时水先灌池塘，后浇地亩，倘池塘十日充实十日足，月半盈溢月半止，此一定不移之规也。迨至咸丰初年，彼此私议曰：已有山下泉源，不虞涌竭之苦，池塘水准其三昼夜，以多而减少者，由此而定评也。洄溯道光中叶，在邑南之陈家山畔角之下掘一泉源，挑沟修至汤房路巷，被伊阻扰损派等语，随而典讼。蒙前县陈断，令绕道而过，名为玉带水，劝留两眼，过水源以系雨便之人情，遵断息讼，有案可考。迨后功竣十年之久，费钱六千余串，屡屡巨款非易摅挡。适贡五王公讳瑊字瑜卿先生与仁讲让，急公好义，不啻昔之彦方，而复见于今日也。况且先生家道殷实，意气慷慨，念池水之冬积臭污不堪，叹川流之莫接，饥渴有害，而先生观其流泉，度其里南，惟挹破而注，总欲利用而厚生，无如相距遥远，为之恐不易也。然而先生磊磊落落，果敢有为而正身以率，督责经营。于是约我同人，和衷共瀣，富者捐赀，贫者纳工，无不相应以心相投，以气何论乎功之大钜，矻矻孜孜，成而后安，乃阖邑欣欣然而相告曰：先生任重道远，不辞劳瘁，今果决其源泉，混混不舍昼夜，俨如八功德。水既甘且美而永世均受其福者，皆先生移山倒海之力欤。噫！微先生其谁与归？忆自同治乙丑兵燹而后百事俱废，是以辑五孝廉先生，弟继兄而仍旧，贯沟渠补其缺陷，泉流复其池塘。先生不惮劳怨，首倡修补，倏焉无殊于当初，是两先生之创于前因，于后征德荫芳，声誉并隆，浃髓沦肌，岂浅鲜哉？能不追溯水利雨源，公颂缘由，刊石永垂不朽，以志其不忘也夫。

分省选用典史愚晚李垚钦顿首拜撰丹书。

光绪二十三年十月谷旦立。

阖堡：王万安、吴荣、李峰阳、徐开甲、王猷黼、吴进德谨刊。

裴家堡水利雨源池塘碑

【注释】

[1] 裴家堡水利雨源池塘碑，清光绪二十三年（1897）十月立。今存武威市古浪县裴家营镇裴家营村王家祠堂内。该碑碑身高147厘米，宽61.5厘米，厚16.5厘米。碑为白砂岩质，由碑身、碑座两部分组成，通高193厘米。碑额楷书"皇清"二字，四周刻双龙纹。碑文记载了裴堡雨源池塘修建经过，是研究清代古浪裴家营地区水利建设的重要文献资料。

清裴堡池塘水利碑[1]

裴堡池塘水利碑记

水为一方生灵之命脉，其所系固非浅矣，如裴堡池塘兵马口水，由大靖数十里之遥远引流，非易是（事）也。是以□沟濬池，隔数载而举行焉。今幸得农官王公讳悦字兑之者，轻财好义人也。堡众举为水老，督率经理，不惮劳瘁，轮派人夫，自用干馈馐以佐其令。公竟不吝己囊为资助焉。且乘公水难济，必须沟深畅达，欲速下流而大水至池塘俱满，是意气之感天，亦为之巧施也。虽在点水之济，人莫不被其泽，因勒石以志旌，更俟后之君子，有能如公好义者取法焉。是为之颂曰：

佩公之德，服公之功。天光云影，永照池中。

乾隆四十五年岁在庚子阳月谷旦刊勒。

乡进士吏部即选教谕。

光绪二十三年岁在丁酉嘉平月谷旦，阖邑重刊。

五品军功凉州府平番县儒学增广生员五世族孙王锡桐谷旦重录。

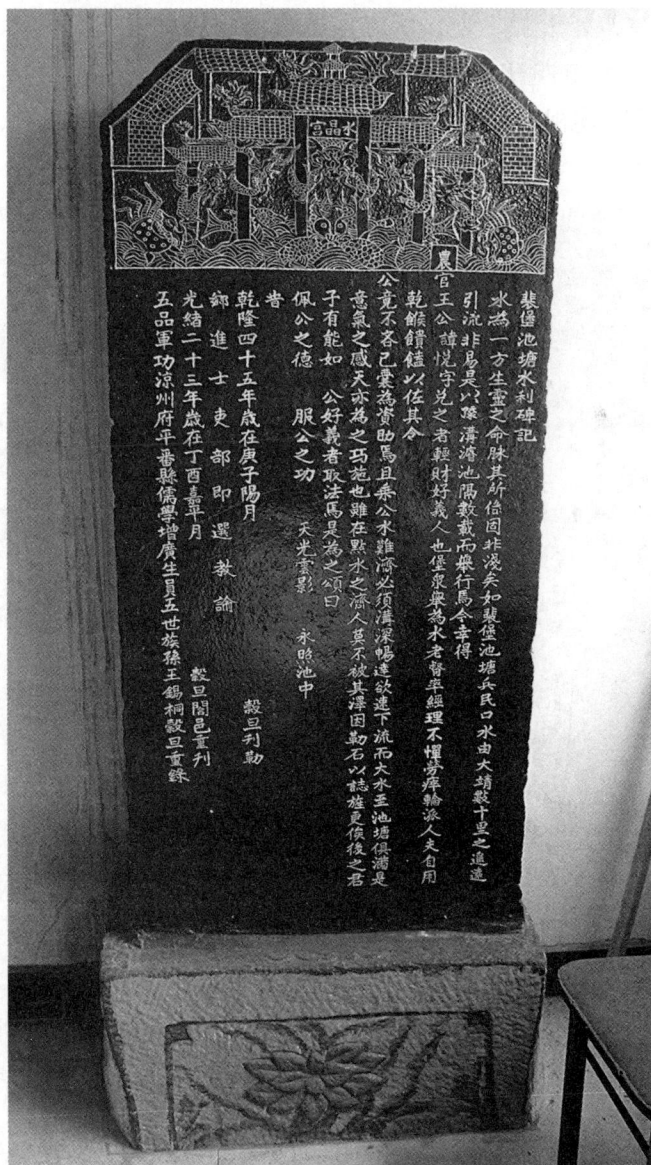

裴堡池塘水利碑

【注释】

[1]裴堡池塘水利碑，乾隆四十五年（1780）初刻，光绪二十三年（1897）十二月重刻。今存武威市古浪县裴家营镇裴家营村东北王家祠堂内。该碑高154厘米，宽63厘米，厚16厘米。碑额刻水晶宫、龙等图案。

清旌表张门节孝碑^[1]

皇清旌表张门节孝故处士淮寅之妻，职员育琳之母唐孺人[2]、处士育璠之妻，翰林编修澂[3]之母王宜人[4]，处士灏之妻，增广生员耀祖之母李孺人[5]三世同操合建碑。

光绪三十二年三月上旬吉日立。

李孺人之子张耀祖、述祖，率孙崇德、崇儒、崇仁、崇智、崇信、崇勤，曾孙启铭、东铭建。

旌表张门节孝碑

【注释】

[1] 旌表张门节孝碑,清光绪三十二年（1906）刊刻。今存武威市古浪县古浪镇小桥村西沟组居民区东200米道路旁。该碑原树立于旧312国道西侧,民国时期在修建该公路时,因拓宽路面向西移动,建国后,在破"四旧"时,张氏后裔掩埋于地下,二十世纪八十年代,树立于今址。与张道台神道碑立于同一地点。该碑高185厘米,宽76厘米。碑帽刻浮雕双龙图案,碑额楷书"圣旨"。该碑对于研究清代暖泉张氏家族具有重要价值。

[2] 唐孺人,据民国版《古浪县志·列女传》载:"唐氏,处士张淮寅之妻,守节三十一年,道光十年请旌。"

[3] 张澂,据民国版《古浪县志》记载:"张澂,字雁初,进南曾孙。其为光绪乙酉科（1885）举人,己丑科（1889）进士,官翰林院编修,历任福建泉州、建宁等府知府。心般报国,志在爱民。"

[4] 王宜人,据民国版《古浪县志·列女传》载:"王氏,处士张璠之妻,翰林编修澂之母,守节三十年,光绪六年请旌。"

[5] 李孺人,据民国版《古浪县志·列女传》载:"李氏,童生张灏之妻,守节三十二年,光绪十八年请旌。"

清本茔土主碑[1]

本茔……

本茔土主碑

【注释】

[1] 本茔土主碑，今存武威市古浪县古浪镇先锋村张道台家族墓地。该碑高80厘米，宽69厘米，厚10厘米。此碑的刊刻时间当为清代道光至光绪年间。

民国供奉当方土主碑[1]

供奉当方土主益农护国福德奠

□□［中华］民国十四年五月吉日立

供奉当方土主碑

【注释】

[1] 供奉当方土主碑，民国十四年（1925）五月刻。今存武威市古浪县干城乡东大滩村史家寺沟组西800米的大碑台山顶。碑刻高167厘米，宽82厘米，厚7厘米。该碑刻以往未见著录或公布，系三普调查新发现，是研究古浪县民国时期宗教、风俗的新资料。

民国供奉霜神碑[1]

供奉青女使者肃杀霜神之位

中华民国二十六年桂月中浣众姓立。

供奉霜神碑

【注释】

[1]供奉霜神碑，民国二十六年（1937）八月刻。今存武威市古浪县干城乡东大滩村史家寺沟组西800米的大碑台山顶。该碑高146厘米，宽67.5厘米，厚9厘米。此碑刻以往未见著录或公布，系三普调查新发现，是研究古浪县民国时期宗教、风俗的新资料。

橐籥石石刻[1]

橐籥石

橐篝石石刻

【注释】

[1]橐篝石石刻，年代不详。今存武威市古浪县黄羊川镇周家庄村七西组居民区西100米山脚。该石刻为青石质自然石片，高130厘米，底宽120厘米，上宽60厘米，厚40—60厘米不等，正面阴刻楷书"橐篝石"三字，字约14厘米见方。书法方整遒劲，背面无文字。

汉关内侯印[1]

关内侯印

【注释】

[1]关内侯印,汉代(前206—220)铸造。古浪县泗水镇爷爷山遗址出土,现藏古浪县博物馆。据《武威文物精品图集》介绍:该印长2.3厘米,宽2.3厘米,高2.3厘米。铜质,正方形底座,正面阴刻篆书"关内侯印",背部正中以昂首立龟为纽,龟身有刻线纹饰及鎏金痕迹。据《后汉书·百官志》载:"关内侯,承秦赐爵十九等,为关内侯,无土,寄食在所县,民租多少,各有户数为限。"关内侯,爵位名,秦汉二十等爵位中第十九等。关内侯有其号,但无封国,一般是对立有军功将领的奖励,封有食邑数户,有按规定户数征收租税之权。主要著录:《武威文物精品图集》。

天祝县

明光明女佛石刻造像[1]

ༀ༔རྗེ་བཙུན་འོད་ཟེར་ཅན་མ་ལ་ན་མོ།།

（汉译"光明女佛"）

刻于明永乐十七年（背面铭文）。

光明女佛造像

【注释】

［1］光明女佛石刻造像，明永乐十七年（1419）刻，今存武威市天祝县石门镇石门村石门寺内。该碑高75厘米，宽63厘米，厚24厘米。青砂石质。用浅浮雕技法在正面雕刻佛龛，龛内女佛头戴宝冠，赤双足坐于莲花座上，乘坐七猪拉车；身着半披肩袈裟，右臂自然下垂置于右膝上，左手持莲花枝于胸前。佛龛外饰云纹，左上角刻明月，右上角刻太阳。该石刻造像是该地区现存年代较早的藏传佛教造像之一，对于研究明代该地区的佛教文化具有一定的历史与艺术价值。1989年被天祝县人民政府公布为县级文物保护单位。

清番汉交界碑[1]

乾隆八年七月吉日置
番汉交界
北至白土嘴

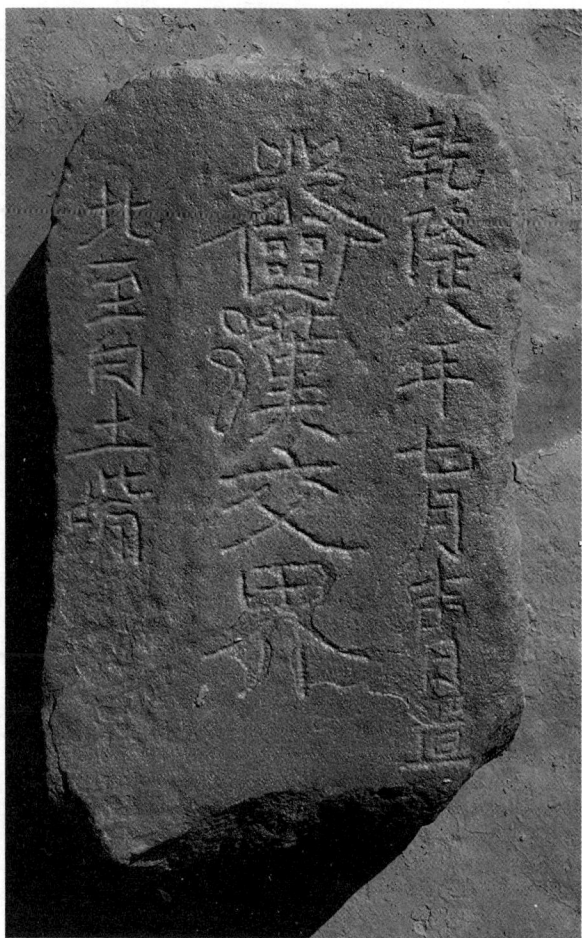

番汉交界碑

【注释】

[1] 番汉交界碑,清乾隆八年(1743)七月刻。1995年出土于武威市天祝县华藏寺镇何家台村东2000米处的烟洞沟口一小山顶,为何家台村村民唐功生在该处取土时发现。碑刻长55厘米,宽33厘米,厚13厘米。红砂石质地。该碑是研究清代中期天祝藏区边界划分的重要实物资料,具有一定的文物文献价值。

清古城村番汉交界碑[1]

管束庄浪土官土军世……二日准署凉州府平番县正堂何……调□前县程,移交西□□……凉州府正堂田,信□蒙藩宪尹宪牌,据平番县民人……□平邑地方番汉交错,界域永清,于乾隆十年间……前府宪□阳亲勘定界,将古城沟熟地……□□详蒙各宪批允,久经遵奉在案。尚元良□登……载,"东至马路"字样,尚元良等辄萌觊觎,于前□间越过下……等遂捏控番民□界□帐占地、阻种等词辩,经越控……凉州府正堂田,并控……藩宪尹,蒙饬前升县叶、调署皋兰县……道王禄照内并凭□下之分。自定界以来二十余年,汉民从未……研讯,该犯俯首□□其为汉侵番界无疑,乃该犯等讦讼……折责三十板,业已奉批发落。番民且令多尔只等并无越境……因无上下字样之分,以致年久滋讼,并请将该犯等现存执……

一、……番民住牧外所有。

王禄原承额粮二石,丈给地四……士运地为界,北至野狐川岭为界。

一、巨鹏等原承额粮四……古城沟口为界,北□野狐川岭脊为界。

兹奉上宪令,其仍照原断勒石定界,永远遵守。……觊觎侵越界址,致启争端者,三尺具在,不能稍贷也。各□……。

乾隆三十九年六月立。

古城村番汉交界碑

【注释】

[1] 古城村番汉交界碑，清乾隆三十九年（1774）六月立。原位于武威市天祝县赛什斯镇上古城村北 500 米道路南侧。碑刻为青石质地，分为碑额、碑身两部分，碑额呈梯形，高 94 厘米，宽 117 厘米，厚 14 厘米。碑身呈长方形，已断为两截，上半部分长 107 厘米，下半部分长 25 厘米，宽 111 厘米，厚 14 厘米，有青石碑座。该碑后被破坏，现仅存碑身下半部。今据天祝县三普资料图片并结合现存残碑录文。该碑是为当时凉州府与庄浪军为划定番汉地界而刊立的，是研究清代天祝藏区边界划分的重要文献资料。

清马厂番汉界碑[1]

【碑阳】

署平凉府庄浪茶马分府裕，奉同知衔平番县正堂胡，奉凉州□副□统兴、甘凉金宪王，奉协办大学士陕甘阎督部堂琦，奉谕旨，查办庄浪满营马厂，勘定界址以及马厂里□□，故民田界址，开载于后。

【碑阴】

东自界头起，向西照直□二墩后止。东西计宽二□三分，南为马厂，北为阿□盖族番地。

马厂番界碑阳

马厂番界碑阴

咸丰元年六月二十八日

【注释】

[1] 马厂番汉界碑，清咸丰元年（1851）六月立。今存武威市天祝县松山镇华芨芨滩村新圈组西北2000米，松山镇政府北10千米处公路东侧草原上。碑高160厘米，宽59厘米，厚22厘米，碑身两面均镌刻有碑文。碑为砂石质。该碑是研究清代松山草原地界划分的重要的实献资料。松山镇政府还存放有一块番汉界碑，碑阳内容与此相同，仅碑阴四至不同，当为同一时间刊刻，立于汉地与番地各一块。

清松山番汉界碑[1]

【碑阳】

署平凉府庄浪茶马分府裕，奉同知衔平番县正堂胡，奉凉州□副□统兴、甘凉金宪王，奉协办大学士陕甘阁督部堂琦，奉谕旨，查办庄浪满营马厂，勘定界址以及马厂里□□，故民田界址，开载于后。

【碑阴】

南自界头起，向东□二□中□止。东西宽二□□□，北为马厂，南为民田。

咸丰元年六月二十八日

松山番汉界碑阳

松山番汉界碑阴

【注释】

[1]松山番汉界碑，清咸丰元年（1851）六月立。今存武威市天祝县松山镇政府院内。碑高160厘米，宽59厘米，厚22厘米，碑身两面均镌刻有碑文。碑为砂石质。该碑是研究清代松山草原地界划分的重要的实献资料。松山镇政府北10千米处公路东侧草原上还存放有一块番汉界碑，碑阳内容与此相同，仅碑阴四至不同，当为同一时间刊刻。

清韩祖庙碑[1]

平番、古浪之交有乌沙岭焉，上接祁连，下起贺兰。岭东麓曰镇羌驿，其西曰龙沟堡，相距六十里。岭高而寒，时有怪风雪，行者虽盛暑必衣皮，余两度陇逾岭者四，而皆晴和。巅有庙，乡人奉昌黎伯从孙湘子，以时致祭。不知始于何时，今更曰韩祖庙，岁久失修，益以兵燹庙圮。余以光绪十九年春出巡两路，营伍时苦旱，谒庙祷于神，乞甘霖以苏民困。行抵凉州大雨，抵甘州又雨，转歉为丰，民大悦，则神造福，于是拜者诚非浅也。神事迹书不多见，惟送文公至秦岭，事载潜确类书，韩集有示侄孙湘诗，今秦岭蓝桥有湘子洞，林木苍翠也。三人多以养其修道之学，归美于神，兹不具论。惟灵迹在秦，今隆于斯邦，人赖人斯亦奇矣。东坡尝云："神之在天犹水之在地，故无往而不在乎。"昔昌黎祷于衡岳而云开，今祷于斯而雨降，余诚下敢上拟昌黎而神之，上承家学，用兴垂桥之苗活芸芸之众，其理固有，确然无疑者，神之功德若此，而妥侑之地硕凌替，若彼是大不可。爰亟筹资，饬镇羌营游击黄文新，新神之庙以光绪二十年冬落成，文新以碑文请，遂濡笔而为之记。

总制陕甘使者湘乡杨昌浚[2]谨撰。

赏戴花翎副将衔以恭将尽补用小南岳石泉堂陶成谨书。

署理甘肃凉州镇属镇羌营游击噶晋什香阿把图鲁李鸣鸾敬立。

【注释】

[1]韩祖庙碑，清光绪二十年（1894）刻。杨昌浚撰文，陶成书丹，李鸣鸾立。据《天祝县志》载：此碑高6尺8寸，宽2尺8寸，厚5寸。碑文由永登县志办公室赵鹏翥提供。韩祖庙，也称湘子庙，供奉韩湘子，庙址在今乌鞘岭气象站内。清代曾有道人十余人。后大殿坍塌。光绪十九年（1893）陕甘总督杨昌浚令镇羌游击黄文新重修。当时香火极盛，"过往者皆驻足礼拜，并求谶语"。民国时有乾道七人，坤道一人。1949年后有道人二人。1958年庙观被拆，道人返回原籍。（参《天祝县志》）主要著录：天祝县志编委会编《天祝县志》。

[2]杨昌浚，字石泉，湖南湘乡人。他以秀才身份从军，逐步升官到浙江巡抚，因故被罢职。左宗棠奏请起用，帮助左一起治理福建、浙江军队，不久又总督闽、浙。左宗棠为陕甘总督时，又奏请赏给杨昌浚四品顶戴，襄理陕甘军务。在陕甘时期，左宗棠极为欣赏。后来杨昌浚官至陕甘总督，又因故被罢官。他的生平大约与左宗棠相终始，二人交往也甚为密切。（参《历代西域诗选注》）

下　部

外地出土武威相关金石

汉魏元丕碑^[1]

　　君讳□，字元丕，京兆虎牙都尉之□□□□□□□□□□□□□□□□□有毕万^[2]者，仙去仕晋，逢勋封魏。秦□□□□□□□□□□□□□□□□□□良。爰暨于君，禀乾气之纯懿，履辎奚之□□□□□齿类□圣喆□□□□□苞容，允执虔恭。其仕州郡也，躬素忠謇，犯而勿欺，兼综宪法，通识百典。□□□□察孝廉，除郎中、尚书侍郎、右丞，遭泰夫人忧，服阕^[3]，还台，拜尚书侍郎，秉总□□□□廷升绩，特拜左丞。每在选举，逊让匪石，钻前忍后，遂耽思旧章，寻微贯□□□□。枢衡匡弼，九年而罔愆，西羌放动，余类未辑，訽咨群僚，惟德是与。拜凉州刺史，□流以荡邪。志乐季文粟帛之介，公仪彻织庖园之节，崇文德以来，远斑□□□□下，彝戎宾服，干戈戢藏。施舍弗券，求善弗厌，举不失选，官不易方，百工惟时，□□有优。洋洋奂乎若德，光燿冠乎诸牧。盖四时之序，功成则退。君屡辞以疾，三□□无穷而垂式，度不可革，蔽苇其纵^[4]，而眉耆不往，徂疾来升，春秋六十，光和四年□，民失慈父，四海之内，莫匪摧伤。于是故吏茂才、云中^[5]大守、汉阳^[6]□胄从事□□□威牧琰等。不远万里，断制襁裳，感恩奔哀，乃与门生平原曹徨等，□山□石□□。

　　于戏使君^[7]，既膺浼德，贡蹑帝宇。入参文昌，出化西土。仁义充衍，泽洽□德，世记其轨。辞疾轻居，弃荣潜处，不卒符宿，究是台辅。三方失□，不□黯□，□□徂落，不留舜禹，二书之应，臻于己丑。辰五盈亏，犹有代序，□兹后土，光耀□□。

　　尚书令弘农宜阳周嘉彦英，故并州刺史伯柳彦高，故豫州刺史朱虚炅褒公迁，故东莱大守梁国砀陈□□□，乐浪大守剧腾述元才，议郎河南巩王暹元胤，海阳令逢牧□左伯，□□令沛国公邱周龙幼兴，簿令剧皇修恭义，胶东令东莱黄李（下阙）仲真（下阙），尚书郎番寻轨上□，故广宗长淳于孙典礼，故孝廉剧严□景□，故□□□部司□河南张修□□

魏元丕碑碑额

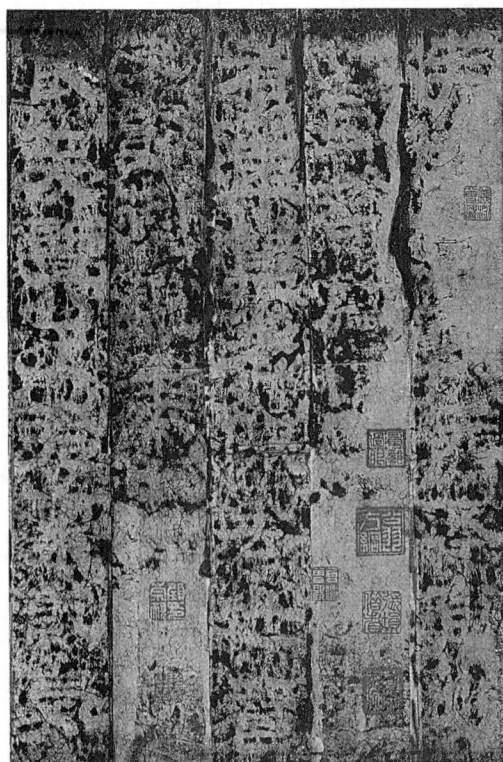

魏元丕碑 2

魏元丕碑 3

魏元丕碑 4

魏元丕碑 5

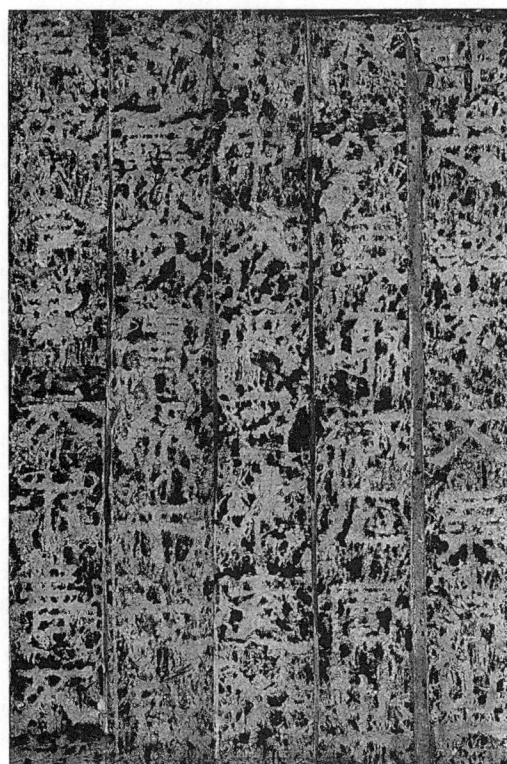

魏元丕碑 6

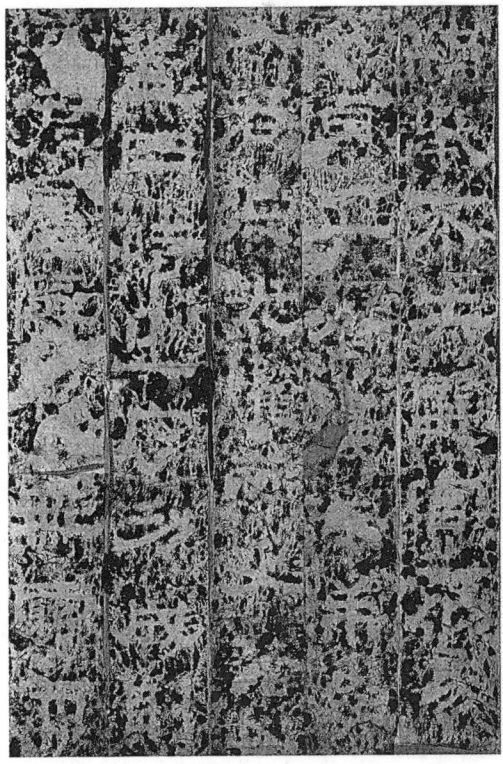

魏元丕碑 7

魏元丕碑 8

魏元丕碑 9

魏元丕碑 10

魏元丕碑 11

魏元丕碑 12　　　　　　　　　　魏元丕碑 13　　　　　　　魏元丕碑 14

【注释】

[1]魏元丕碑,又称凉州刺史魏元丕碑,刊刻于东汉光和四年(181)。山东省潍坊市出土,原石早佚,拓本极希。故宫博物院藏有宋拓本,是为孤本。拓本上有名家题跋、观款等,钤印54方。碑额篆书"汉故凉州刺史魏君之碑",共2行,行5字。现存宋拓本为剪条裱,共18页,每页4行,行8字。每页尺寸纵33.3厘米,横18厘米。宋洪适《隶续·碑式》云,其碑文"十六行,石已断剥,所存者行三十一字,题名四行,行四人"。今人袁维春《秦汉碑述》则言,行28字,题名4列,列4行。后有清翁方纲题跋:"是碑朴质苍劲,微似《张迁碑》,而加之流逸,又间出以参差错落之致,汉隶能品也。"陆增祥《八琼室金石补正》卷六有摹本。碑文主要记述了魏元丕的履历政绩,特别是其在凉州刺史任上,采取多种措施,为稳定边疆作出重要贡献。主要著录:《金石录》《隶释》《汉隶字源》《宝刻丛编》《小蓬莱阁金石目》《两汉金石记》《汉碑全集》第5册第1704页;《汉魏六朝碑刻校注》第2册第39页;《蓬莱宿约:故宫藏黄易汉魏碑刻特集》第106页;《秦汉碑述》《碑帖叙录》《善本碑帖录》等。

[2]毕万,春秋晋国大夫,周开国勋臣毕公高之后。晋献公十六年(前661)灭魏(今山西芮城东北),他受命为魏大夫,是魏氏之祖。

[3]服阕,守丧期满除服。阕,终。蔡邕《贞节先生陈留范史云铭》:"举孝廉,除郎中君莱芜长,未出京师,丧母行服。故事,服阕后还郎中君。"

［4］蔽芾，茂盛貌。《诗经·召南·甘棠》："蔽芾甘棠，勿翦勿伐。"蔽芾其纵，表示繁华茂盛，已经逝去。

［5］云中，赵国赵武灵王置云中郡，秦时治所在云中县（今内蒙古托克托县东北）。东汉末废。

［6］汉阳，东汉永平十七年（74）以天水郡改名，治所在冀县（今甘肃甘谷县东）。三国魏仍改名天水郡。

［7］于戏，感叹词。使君，州长官，刺史也。

汉桥玄碑^{［1］}

公讳玄，字公祖，梁国睢阳人也。大鸿胪之曾孙，广川相之孙，东莱太守之元子也^{［2］}。膺受纯性，诞有特表，岐嶷而超等，总角而逸群^{［3］}。至于初绅^{［4］}，高明卓异，为众杰雄。其性疾华尚朴，有百折不挠^{［5］}、临大节而不可夺之风。经艺传记，周览博涉，瑰奇在前，靡所不识。当世是以服重器，归高名。州郡交请，待以访断，历端首则义可行，处爪牙而威以布。察孝廉，除郎中、洛阳左尉，以公事去。辟司徒，举高第侍御史，直道而往，用光其任。辟大将军，西府表拜凉州刺史，迁齐相，以公事去。诏书印绶，即家拜上谷^{［6］}太守，迁汉阳太守，征拜议郎、司徒长史、巨鹿^{［7］}太守。被诏书为将作大匠，为受罚者所章，拜议郎，即征拜度辽将军，迁河南尹、少府、大鸿胪，遂陟司空、司徒。托疴逊位。起家拜尚书令，以疾笃请，拜光禄大夫。后拜太尉，久病白替。复为少府太中大夫。春秋七十五，光和七年五月甲寅薨。公性质直，不惮强御，在宪台则有尽规之忠，领州郡则有虎胕之威。其拔贤如旋流，讨恶如霆击。每所临向，清风先翔，远近豫震，兹可谓超越众庶、彰于远迩者已。于是，故吏司徒博陵崔烈、廷尉河南吴整等，以为至德在己，扬之由人，苟不曒迹，夫何考焉。乃共勒嘉石，永昭芳烈。遂作颂曰：

赫矣桥公，秉文握武。内为宗干，出为藩辅。在宪弹枉，竟由厥矩。允牧于凉，刈彼裔土。爰将度辽，亦用齐斧。敷教四畿，旋统京宇。敦兹五服，众庶是与。膺践七命，翼我哲圣。登空补衮，陟徒训敬。尹尉清宸，熙帝之政。终始为贞，典章以定。遗爱在民，皇哀其命。立石刊铭，莫遁斯听。魂而有灵，万亿其盛。

【注释】

［1］太尉桥玄碑，东汉光和七年（184）立。今主要根据《蔡中郎集》卷二录文。《水经·睢水注》桥玄墓列数碑，其二即此碑也。据《水经注碑录》所记：睢阳城北五六里，有汉太尉桥玄墓。冢列数碑：一碑是汉朝群儒、英才、哲士感桥氏德行之美，乃共刊石立碑，以示后世。一碑是故司徒博陵崔列，廷尉河南吴整等以为"至德在已，扬之由人，苟不曒述，夫何考焉。乃共勒嘉石，昭明芳烈。"一碑是陇西枹罕北次陌砀守长鹭为、左尉汉阳豲道赵冯孝高，以桥公尝牧凉州，"感三纲之义，慕将顺之烈，以为公之勋美，宜宣旧邦，乃

树碑颂，以昭令德。"光和七年主记掾李友字仲僚作碑文。碑阴有右鼎文，建宁三年拜司空。又有中鼎文，建宁四年拜司徒。又有左鼎文，光和元年拜太尉。鼎铭文曰："故臣门人相与述公之行，咨度礼则，文德铭于三鼎，武功勒于钲钺。书于碑阴，以昭光懿。"又有钺文，称"是用镂石假象，作兹钲钺军鼓，陈之于东阶，亦以昭公文武之勋焉。"庙南列二柱，柱东有二石羊，羊北有二石虎。庙前东北有二石驼。驼西北有二石马。皆高大，亦不甚凋毁，惟庙颓构□，粗传遗墉，石鼓仍存，钺今不知所在。（睢水篇）。《太平寰宇记》云："桥玄墓在宋城县北十里，墓前碑云'汉故太尉桥公之碑'。云'玄字公祖'。至皇朝乾德三年，敕改为汉太尉桥公庙也。"《通志·金石略》亦著录《汉桥玄碑》。《广川书跋》亦有记载。以上宋人纪录三段，可知蔡中郎撰桥玄墓碑，宋初犹在墓前，至董广川得拓本时，义断缺矣。欧阳修、赵明诚、洪适均未得此碑，遂无一言及之。至其他二碑，殆宋以前已亡失矣。（施蛰存《水经注碑录》，天津古籍出版社，1987年）主要著录：《艺文类聚》卷四十六；《蔡中郎集》卷二；施蛰存《水经注碑录》卷六等。

　　[2]大鸿胪，即乔玄七世祖乔仁，汉成帝时曾担任大鸿胪。广川相，即乔玄祖父乔基，曾任广陵太守。东莱太守，即乔玄父亲乔肃，曾任东莱太守。

　　[3]岐嶷，峻茂之状。后多以"岐嶷"形容幼年聪慧。《诗经·大雅·生民》："诞实匍匐，克岐克嶷。"总角，古时儿童束发为两结，向上分开，形状如角，故称总角。《诗经·齐风·甫田》："婉兮娈兮，总角丱兮。"此二句均表示乔玄年少时便聪慧异常。

　　[4]《艺文类聚》此处作"至矣乎初绅"。

　　[5]《艺文类聚》此处作"其性庄，疾尚华朴，有折而不挠"。

　　[6]上谷，战国燕置上谷郡。秦时治所在沮阳县（今河北怀来县东南）。北魏废。

　　[7]巨鹿，秦始皇二十五年（前222）置巨鹿郡，治所在巨鹿县（今河北平乡县西南）。东汉移治瘿陶县（今河北宁晋县西南），西晋改为国。

大夏田嬰墓志[1]

　　唯大夏二年[2]岁庚申正月丙戌朔廿八日癸丑，故建威将军、散骑侍郎、凉州都督护、光烈将军、北地尹、将作大匠、凉州刺史武威田嬰之铭。

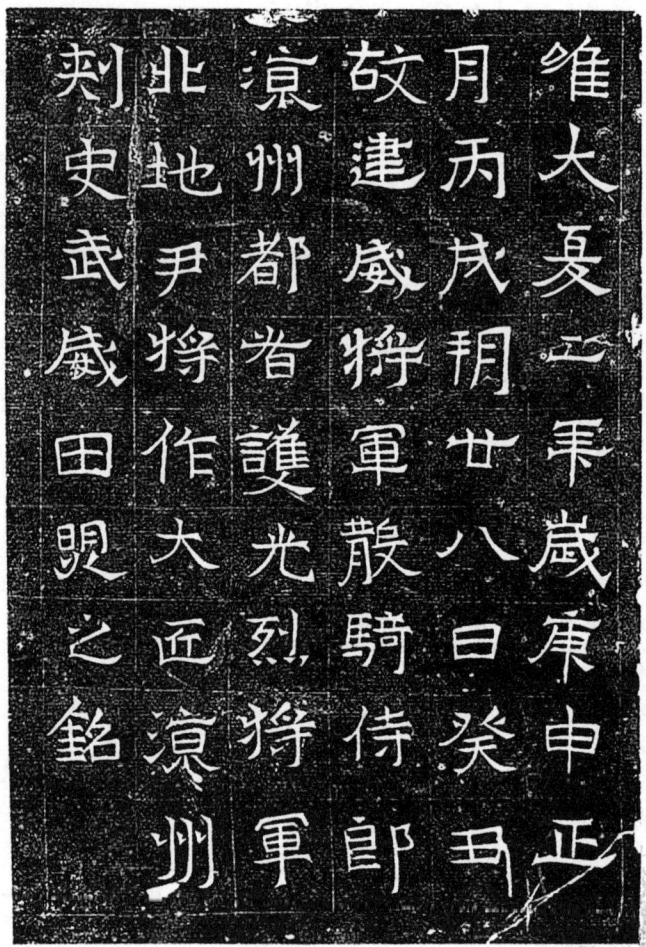

田昣墓志

【注释】

[1] 田昣墓志，大夏二年（420？）正月二十八日葬。1992年内蒙古乌审旗纳林河乡郭梁村墓葬出土，现藏内蒙古文物考古研究所。墓志为砖质，宽54厘米，厚5厘米。相关报道参《内蒙古发现大夏国纪年墓志铭》（《内蒙古社会科学（文史哲版）》1993年第1期，摘自《内蒙古日报》1992年12月25日第1版）；《内蒙古首次发现大夏国墓群》（《内蒙古社会科学（文史哲版）》1993年第3期）；王大方《内蒙古自治区的重大考古成果综述》（《内蒙古社会科学》1999年第1期）。主要著录：上海博物馆编《草原瑰宝——内蒙古文物考古精品》第94页；罗新、叶炜《新出魏晋南北朝墓志疏证（修订本）》第33页。

[2] 大夏，十六国时北方政权，南匈奴屠各种铁弗部赫连勃勃所建，故史家又称赫连夏、胡夏，国都统万城（今陕西靖边县北）。东晋义熙三年（407）赫连勃勃大夏天王、大单于，建立大夏政权。末帝赫连定胜光四年（431），为吐谷浑所灭。而关于"大夏二年"究竟为哪一年，学界目前有两种说法，以传统说法来看，赫连勃勃建元于407年，则二年为408年；然又一说为420年。结合相关史实，我们认为后一种说法更为准确，相关研究详参［日］

三崎良章《"大夏紀年墓誌銘"に見える"大夏二年"の意味》，《早稻田大學本莊高等
學院研究紀要》第 20 號，2002 年。《新出魏晋南北朝墓志疏证（修订本）》一书中称这是
迄今所出赫连夏唯一的墓志。

北魏建康长公主墓志[1]

　　大代延兴四年[2]岁次甲寅三月壬申朔十一日壬午,凉[3]故平远将军、建康昌松二郡太守、
驸马都尉、永安侯、西安郡万岁县谢过酋念妻建康长公主大沮渠树舄之铭。

谢过西妻建康长公主墓志

【注释】

[1] 谢过茜念妻建康长公主墓志，北魏延兴四年（474）三月十一日葬。现藏北朝艺术研究院。墓志长47.5厘米，高31厘米。志文共6行，行2—13字不等，楷书。主要著录：大同北朝艺术研究院编著《北朝艺术研究院藏品图录：墓志》第76页。

[2] 代，北魏故号。东晋初，拓跋猗卢始为代王，道武帝拓跋珪于385年复国号代，次年改号魏，此后，"魏"亦可惯称"代"。延兴四年，即孝文帝延兴四年（474）。

[3] 凉，此指北凉，匈奴卢水胡部沮渠蒙逊（或言汉人段业）所建，都姑臧（今甘肃武威），哀王沮渠牧健建平三年（439）为北魏所灭，后又有沮渠无讳与沮渠安周先后延国于酒泉、高昌，460年终。墓主建康长公主之夫谢过茜念，即仕于北凉末年。

北魏廉凉州妻姚齐姬墓志[1]

廉凉州妻姚齐姬墓

太和廿三年岁次己卯七月廿八日记。

廉凉州妻姚齐姬墓志

【注释】

［1］廉君妻姚齐姬墓志，北魏太和二十三年（499）七月二十八日葬。1986 年出土于内蒙古包头市东土右族萨拉齐镇北约 2 公里处。墓志长 33 厘米，宽 15 厘米。背面压印着粗绳纹。志文共 2 行，行字数不等。隶书，兼正书笔意。"凉州"前的"廉"字，应该是姓，此人当是墓主姚齐姬的丈夫。廉凉州，或是在凉州任职的廉姓官吏，或是祖籍凉州在北魏任职的廉姓官吏。（参郑隆《内蒙古包头市北魏姚齐姬墓》）主要著录：《全北魏东魏西魏文补遗》第 86 页；《中国古代砖刻铭文集》编号 930；《内蒙古通史》第 344 页。相关研究参郑隆《内蒙古包头市北魏姚齐姬墓》（《考古》1988 年第 9 期）。

北魏元鸾墓志[1]

魏故使持节城阳怀王元鸾[2]，字宣明，河南洛阳人。少橺标奇□，长而弥笃，虚心玄宗，妙贯佛理。为善越东平，柔顺踰万石。出为凉州刺史。高祖定鼎伊洛，河内典守，兆亲勿居，乃擢君为冠军将军、河内太守。又迁并州刺史。后转青州平东。复迁定州安北。履历四牧，清风一□。年卅八，以正始二年三月廿五日，薨于官。赠镇北、冀州，谥曰怀王。十一月十七日卜窆北芒之营。铭记：

河海之精，恒代之灵。降祥摛宝，诞世之馨。岐嶷童抱，世誉将成。九行飞称，七德树名。作牧四蕃，洱风有洙。心若父日，言兼目长。政则可摹，教则不费。先人已远，三异自贵。唯夫辅善，唯寿与仁。如何不吊，歼我国珍。痛摒霜孤，惟□慈亲。故刊幽石，传美来辞。

元鸾墓志

【注释】

[1] 城阳怀王元鸾墓志，北魏正始二年（505）十一月十七日葬。1919 年，河南洛阳城北海资村出土，曾归天津徐世昌，今佚。国家图书馆、洛阳市文物工作队等单位收藏有拓片。无志盖。志石长 42 厘米，宽 22 厘米。志文共 9 行，行约 28 字，正书。主要著录：《汉魏南北朝墓志集释》图 144；《石刻题跋索引（增订本）》132 页右；《六朝墓志检要（修订版）》第 39 页；《北京图书馆藏中国历代石刻拓本汇编》第 3 册第 86 页；《洛阳出土北魏墓志选编》编号正始 3；《复刻洛阳出土时地记——附解说·所载墓志碑刻目录》编号 51；《汉魏南北朝墓志汇编》第 46 页；《汉魏六朝碑刻校注》第 4 册第 51 页；《全北魏东魏西魏文补遗》第 96 页；《故宫博物馆藏历代墓志汇编》第 1 册第 54 页；《洛阳出土少数民族墓志汇编》第 24 页。

［2］元鸾，城阳康王拓跋长寿子，景穆帝拓跋晃孙，《魏书》载正始二年薨，年三十八，与墓志同。

北魏彭成兴墓志[1]

大代魏帝孝文时，使持节、大都督、清（青）徐交广四州诸军事、振武大将军，归赵王安定[2]彭王虎孙成兴，帝授溜（袭）爵征西将军，领护六夷校尉、武威太守、东宫赦（舍）人、卢水[3]统酋。（以上第一石）

永平二年岁次己丑正月己卯朔廿九日丁未，赵平郡鹑觚县彭成兴以此日福尽命终。（以上第一石侧面）

大代魏帝孝文时，使持节、大都督、清（青）徐交广四州诸军事、振武将军，归赵王安定彭王虎孙成兴，帝授习（袭）爵征西将军，领护六夷校尉、武威太守、东宫赦（舍）人、卢水统酋。永平二年太岁在己丑三月戊寅朔廿九日丁未，赵平郡鹑觚县[4]彭成兴。（以上第二石）。

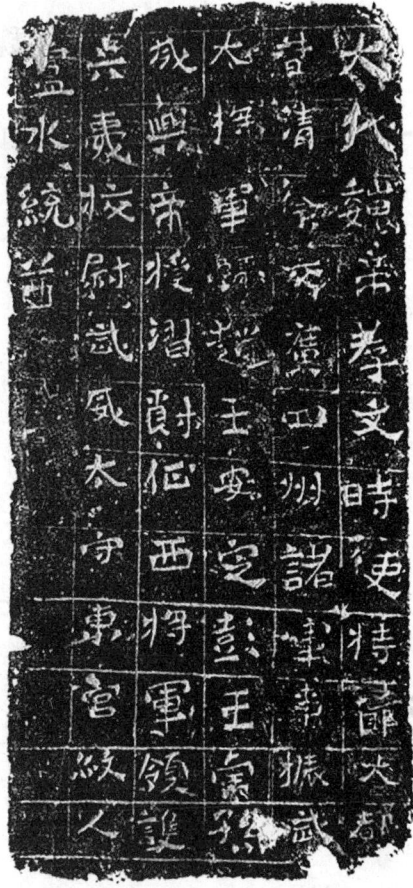

彭成兴墓志

【注释】

[1]武威太守彭成兴墓志，北魏永平二年（509）三月二十九日葬。20世纪70年代初陕西省麟游县丈八乡出土，现藏麟游县博物馆。志石共两方，均长31.5厘米，宽14.5厘米，厚5厘米。砖质。第一方正面志文6行，满行12字；侧面志文2行，行14—20字不等。第二方正面志文7行，满行14字。字体均为隶正之间。据《晋书》卷60《贾疋传》载："疋奔泸水，与胡彭荡仲及氐窦首结为兄弟，聚众攻班。"彭氏为卢水胡首领，故彭定兴可能出自卢水胡，且为其首领。主要著录：《新中国出土墓志·陕西（三）》编号4。

[2]安定，即安定郡，西汉至隋郡名。北魏时为泾州治所（今甘肃泾川县）。

[3]卢水，即卢水胡，匈奴的一支。关于其族源，目前有三种观点，一是它起自湟中；二是起自北地或安定；三是起自张掖。赵向群研究认为：卢水胡的真正源起地即张掖临松山一带，而湟中、安定、北地等地的卢水胡是流。（参赵向群著、贾小军修订《五凉史》，社会科学文献出版社，2019年）自西汉至北魏，活动于河西，卢水胡沮渠蒙逊曾建国北凉。

[4]赵平郡，后赵建武十年（344）置，治鹑觚县（今甘肃灵台县）。约废于北周天和四年（569）。

北魏万福荣造像记[1]

大魏永平四年岁次辛卯十月十有七日，持节、督凉州诸军事、讨虏将军[2]、凉州刺史万福荣，敬造牟尼像一区。上祝皇帝，国土康宁，兵戈休息。并愿一切兄弟妻子眷属安善。仰赖三宝永隆，国祚延长，五谷丰登，人民乐业。普及众生，同享斯庆。

大魏永平四年十月。

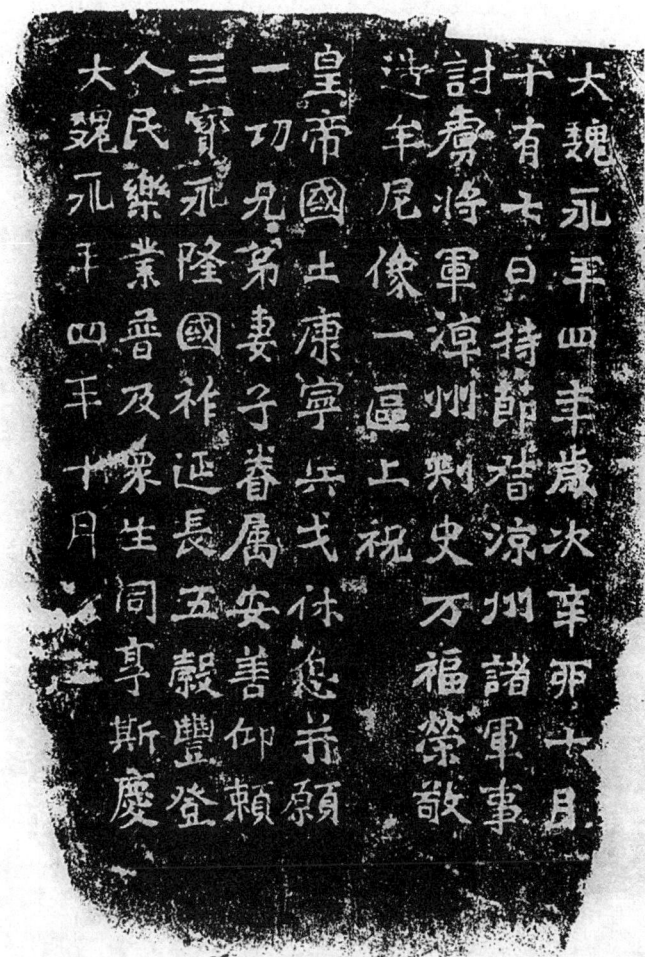

万福荣造像记

【注释】

［1］凉州刺史万福荣造像记，北魏永平四年（511）十月十七日刻。河南洛阳出土。拓片高38厘米，宽24厘米。正文共9行，满行12字，正书。主要著录：《北京图书馆藏中国历代石刻拓本汇编》第3册第143页。

［2］讨虏将军，官名。东汉献帝建安（196—220）初置，建安五年，曹操表孙权任职，领会稽太守。建安末，刘备亦任黄忠为之。西晋、十六国汉沿置。北魏孝文帝太和十七年（493）定为七品中，二十三年复次职令，七品。

北魏元诠墓志[1]

魏使持节骠骑将军冀州刺史尚书左仆射安乐王墓志铭

王讳诠，字休贤[2]，高宗文成皇帝之孙，大司马公安乐王之子[3]。少袭王爵，加征西大将军，寻拜光爵，又以本官领太子中庶子。及皇居徙御，诏王以光爵领员外散骑常侍，赍铜虎符。驰传往代，申劳留台公卿，奉迎七庙[4]。顷之，敕兼侍中，寻除持节、督凉州诸军事、冠军将军、凉州刺史，寻又进号平西将军。正始之中，南寇侵境，诏王使持节、都督南讨诸军事、平南将军，攻围钟离。以振旅之功，除使持节、都督定州诸军事、平北将军、定州刺史。岁属灾馑，王乃开公廪，舍秩粟数百万斛，以饩饥民。元愉滔天，王忠诚首告，表请亲征。敕王都督定、瀛二州诸军事，余如故。氛雾克清，除侍中。又以安社稷之勋，除尚书左仆射，增封三百户。春秋卅有六，永平五年太岁壬辰三月廿八日戊午遘疾薨于第。诏赐东园秘器[5]，朝服一具，绢布七百匹，礼也。追赠使持节、骠骑将军、冀州刺史、仆射，王如故，谥曰武康。粤八月廿六日甲申窆[6]于河阴县[7]西芒山。

精纬晒灵，兰殖帝庭。是惟盛德，有馥其馨。玄猷岳峻，雅量川渟。堂堂武略，焕焕文经。缨绂两禁，珩组二蕃。金锵玉响，秋镜春暄。重加惠弁，再抚寅轩。彝伦式序，海水澄源。允膺纳策，且既宾门。报施徒闻，仁寿谁觊。一梦两楹，长沦七尺。痛缠枢宸，哀震衢陌。遄哉夕菟，迅矣晨乌。龟筮袭吉，毁躏戒途。哀笳北转，楚挽西徂。羡扃既掩，兰釭已灭。泉夜冥冥，松飔屑屑。天地长久，陵谷或亏。惟功与德，不朽传斯。

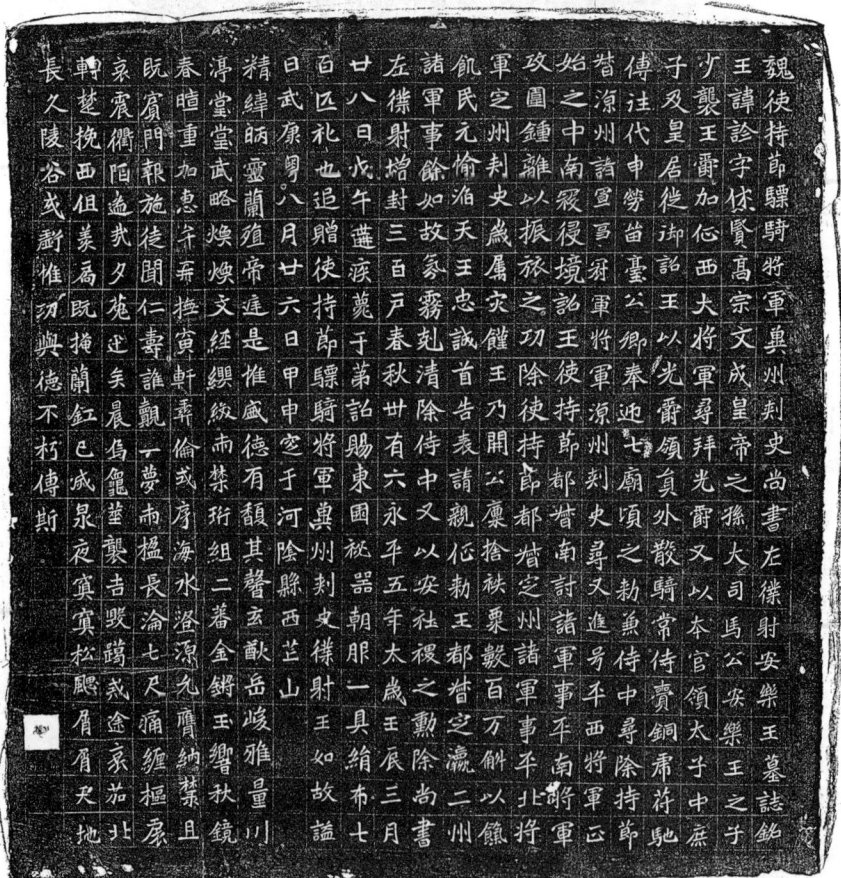

元诠志石

【注释】

[1]安乐王元诠墓志,北魏延昌元年(512)八月二十六日葬。河南洛阳出土,陈仲通旧藏,现藏上海博物馆。志盖佚。志石长80厘米,宽76厘米。志文共22行,满行23字,正书。主要著录:《汉魏南北朝墓志集释》图160;《石刻题跋索引(增订本)》第134页左;《鲁迅辑校石刻手稿》第3函第55页;《北京图书馆藏中国历代石刻拓本汇编》第4册第1页;《六朝墓志精华》(中国书店,1990年)第13页;《中国金石集萃》第7函编号14;《北朝墓志选粹》图版11;《洛阳出土北魏墓志选编》编号延昌4;《复刻洛阳出土时地记——附解说·所载墓志碑刻目录》编号74;《北魏皇家墓志二十品》编号7;《中国北朝石刻拓片精品集第40页;《六朝墓志检要(修订版)》第49页;《魏晋南北朝墓志汇编》第64—65页;《汉魏六朝碑刻校注》第4册第213页;《全北魏东魏西魏文补遗》第115页;《洛阳出土少数民族墓志汇编》第32—33页。相关研究参:刘汉东《关于北魏〈元诠墓志〉几个问题的考订》(郑州大学历史研究所编《史学论集》,中州古籍出版社,1985年)。

[2]元诠字休贤,《魏书·元诠传》载为"搜贤"。

[3]高宗文成皇帝,即北魏文成帝拓跋濬,墓主祖父;大司马公安乐王,即安乐厉王拓跋长乐,墓主父。

[4]七庙,泛指帝王供奉祖先的宗庙,也可代称社稷。《礼记·王制》:"天子七庙,三昭三穆,与太祖之庙而七。"即指四亲庙(父、祖、曾祖、高祖)、二祧(远祖)和始祖庙。

[5]东园秘器,指皇室、显宦死后用的棺材。《汉书·佞幸传·董贤》:"及至东园秘器,珠襦玉柙,豫以赐贤,无不备具。"

[6]窆,下葬。《周礼·地官司徒》:"及窆,执斧以莅匠师"。

[7]河阴县,三国魏黄初中改平阴县置,治所在今河南洛阳东北。北魏初废,正始三年(506)复置。隋开皇初移治今河南宜阳县东,大业初废入洛阳县。

北魏戴双受墓志[1]

维大代熙平元年岁次丙申二月廿四日凉州槃和郡民戴双受之墓。

戴双受墓志

【注释】

　　［1］戴双受墓志，北魏熙平元年（516）二月二十四日葬。2005 年出土于宁夏固原市原州区羊坊村二组北魏墓。该墓志为砖质，长 34 厘米，宽 19 厘米，厚 6 厘米。志文共 3 行，行 4—10 字不等。同墓还出土有其妻墓志，亦为砖质，志文为"□□（熙）平二年岁次丁酉三月九日戴□福母塚。"主要著录：宁夏回族自治区文物考古研究所《固原南郊北魏墓发掘简报》（《中原文物》2020 年第 5 期）

　　［2］槃和县，或即番禾县，为志主之郡望或籍贯，戴双受及其家族有可能是北魏灭北凉后迁徙到原州地区的。《魏书·地形志》凉州条载：番和郡，领彰、燕支二县。《元和郡县图志》凉州条载：天宝县，本汉番（音盘）禾县，属张掖郡，北凉沮渠蒙逊立为番禾郡，后魏太武帝平凉，罢郡置军。

北魏王昌墓志[1]

魏故威远将军凉州长史长乐侯王君墓志铭

　　君讳昌，字天兴，太原祁县高贵乡吉千里人也。魏故使持节、都督幽州诸军事、镇东将军、幽州刺史汝南庄公之孙，散骑常侍、中书监、内行尚书、使持节、镇东将军、都督幽州诸军事、幽州刺史长乐定公之子。玉根肇于子晋[2]，金枝光于太原，弈叶冠华，领袖当世。君禀日月之辉，含川岳之曜。孝敬之道，雍穆于闺庭；礼让之德，显英于邦国。敖游仁义之林，栖迟文藻之泽。远气萧条，叔度无以比其量；雅怀沉毅，文饶未足［夺］齐操。君幼节居丧，孝闵宗国，童齿袭爵，誉播才训。年十有三，起家中散，抽贤之举，转员外散骑侍郎，寻加襄威将军。冠缨东省，蹈礼斯处，遂除威远将军、凉州长史。届时未旬，歼此名德，春秋卅七，延昌四年[3]十二月廿六日卒于凉州。熙平元年三月十七日窆于洛阳北芒之山。乃作铭曰：

　　崑丘英绪，丹陵妙枝。唯君诞载，缀萼云池。桂落秋月，兰雕上日。贞躯难往，刊铭芳质。

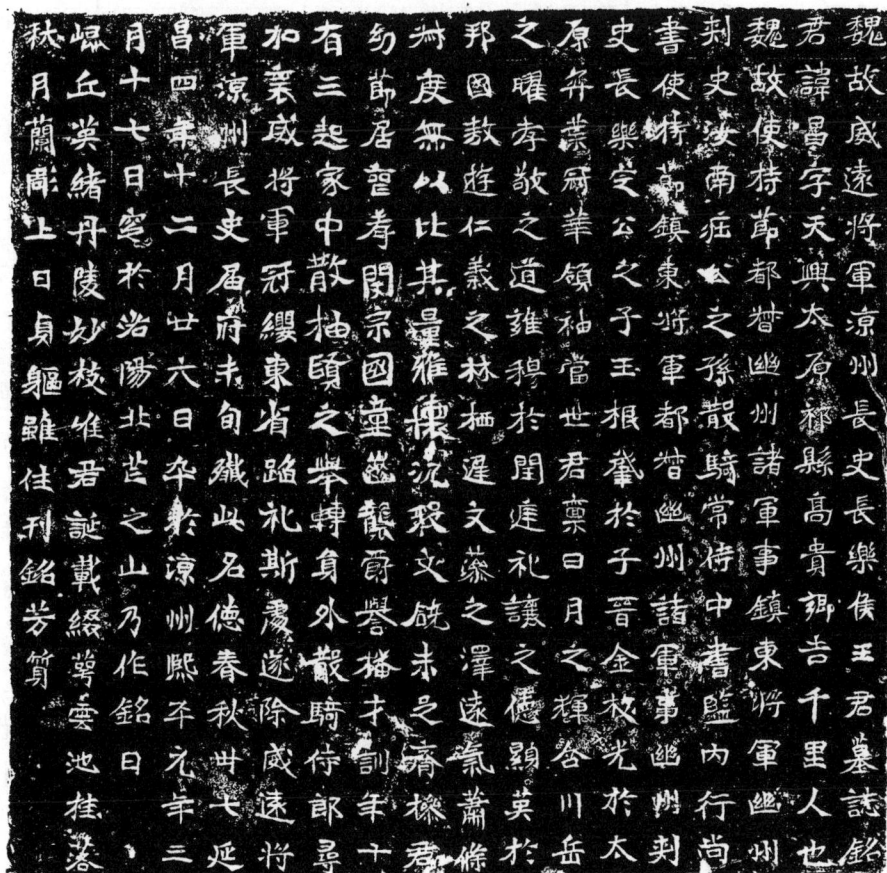

王昌志石

【注释】

［1］王昌墓志，北魏熙平元年（516）三月十七日葬。1929年出土于河南洛阳城东北太仓村。志盖佚。志石为正方形，边长45厘米。志文共18行，满行18字，正书。主要著录：《汉魏南北朝墓志集释》图219；《石刻题跋索引（增订本）》第135页右；《北魏墓志百种》第3辑；《北京图书馆藏中国历代石刻拓本汇编》第4册第31页；《洛阳出土北魏墓志选编》编号熙平1；《复刻洛阳出土时地记——附解说·所载墓志碑刻目录》编号90；《六朝墓志检要（修订版）》第57页；《魏晋南北朝墓志汇编》第84页；《汉魏六朝碑刻校注》第4册第300页；《全北魏东魏西魏文补遗》第130页。

［2］子晋，即太子晋，周灵王太子，名晋，字子乔，人称太子晋。因被奉为王氏始祖，所以后世又称王子晋、王子乔。

［3］延昌四年，即柔然阿那瓌可汗延昌四年（515）。墓主于515年冬十二月卒于凉州，次年三月归葬于洛阳。

北魏贾思伯墓碑[1]

夫璇□□□,因方祇以□绪;□因既启,廉尚□□□德。□□□□□□风□□□□□□□□□□使□□源遐缅，睿邺崇深。识照天玑，冲光警智，冰清玉映，有夷齐[2]之操。苉政□化，□□□□□□□□竹□□□□□□□。作捍青番，流爱屋之歌；垂芳河济，欣来苏之咏，可谓动众化□□□□□□□□□□盛□□□□□□□□刊，方来何述？前治中从事史、东平内史、□昌伯东平□祖髦长□□。又史山□□□□□□□威将军、治中从事史吴兴沈预民□徐贞思等镂石镌□□徽万□□□□□□□□□□□□□□□□□。

君讳思伯，字士休[3]，武威姑臧人也。晋太师贾他[4]之后，□□太傅谊□□□□□□□□□□□九世祖□□，魏青龙中为幽州刺史，行达□州，□州□□丧亡，遂□□□□□□□□□□□州刺史。高祖腾，□燕冀州别驾、宜都王司马。曾祖弘，少有令誉，未宦早亡。祖□□□□□□遂□青州□□，录本州中正、州主簿，齐郡太守。君童龀之中，卓然歧嶷，亲邻纨绮，□□□□。□善文赋，慷慨□志，□□张良，□□超怅。致魏太和中，起家为奉朝请。尊□□□得，优游雅素，逍遥集□□□□□高谊□求。虽年始弱冠，便□然公辅之□。□稍迁扬烈将军、□□校尉、□前军将军，□拜。仍授辅国将□，□□□□□左□□□□夜勤王，匪躬斯著。遐迩钦风，缙绅引领，除河内太守，以亲老□。又除□□□□□寻□□□将□一载，召拜荥阳太守，辞不获己，遂恭所授。在任未期，风教逮□□□□□□不□□□□□泽渐□年，方之我君，有惭德矣。寻除持节、都督南青州诸军事、征房将军、南青州刺史。□□□□□□□之□□□□所□。丁父忧。复召拜光禄少卿，将军如故。君谅暗在躬，宿昔皓发，继□□□，几□毁□□□□哀

□□□尝□□□□□□财赈施，亲疏周给，门侄长幼，靡不赡恤。等其荣悴，均其丰约，土□□□。除持节、□兖州诸军事、左□□、□州□□□□。州土荒馑，连岁不登。又境上之民，好怀去□，君按之以□，□之□□□□□在优平赋□□其之间□□□岁稔。□□既实，礼义用兴，阖境怀仁，外邻□附。民庶欣歌，士女□咏，仰□□徽，□铭金石：

照灼英徽，蝉联□□。德楷世□，仁惟□矩。声溢遐□，芳流远举。动□□□，化□□□。□□□谟，资□韶气。绘藻□华，绮缋雕思。三□□辨，淄渑别味。思□二省，□□□□。内绩既□，□□□良。海沂换□，□郑怀芳。□□□□，□□义彰。咏兼丝管，□昃甘棠。抚□河济，饬光□服。治隆王赵，才超张陆[5]。化湛烟翔，风□□属。□□既领，宪□以穆。宽猛相资，惠和并布。威历秋霜，泽孚春露。严栖以空，邱园知慕。异域□恩，□邻禩附。□歌载□，声教□□。□□□□，民庶未融。敬惟德化，于此知隆。□□□□，永馥芳风。

神龟二年岁次己亥四月戊辰朔廿日丁亥讫功。

大义主翟旭仁，□义主□文令曹安乐，义主姜甫德。

贾思伯墓碑

【注释】

[1] 贾思伯墓碑，北魏神龟二年（519）四月葬。碑旧立于山东兖州府学。据拓片碑阳通高 175 厘米，宽 83 厘米。碑阴拓片通高 158 厘米，宽 70 厘米。碑侧高 139 厘米，宽 20 厘米。碑文正书。碑阳碑额刻"魏兖州贾使君之碑"。碑阴刻宋绍圣二年温益题记及元至正十二年丘镇等建碑记，侧刻康熙五十九年夏金一凤等跋。另有贾思伯墓志，1973 年 12 月出土于寿光县，本书予以收录。贾思伯，《魏书》卷 72 有传。《潜研堂金石文跋尾》称：右兖州贾思伯碑，文多残，失立碑之岁月，赵明诚云神龟二年四月，今不可考矣。康有为《广艺舟双楫》评价此碑说：意态跳宕，长短大小，各因其体，分行布白，自妙其致，寓变化于整齐之中，藏奇崛于方平之内，皆极精彩。主要著录：《金石萃编》《全后魏文》《凉州府志备考》《潜研堂金石文跋尾》《北京图书馆藏中国历代石刻拓本汇编》第 4 册第 65 页；《汉魏六朝碑刻校注》第 5 册第 17 页；《武威金石录》第 16 页。

[2] 士林，而《魏书》《北史》，皆作"仕休"，当从石刻。其书"休"为"烋"，俗字也。

[3] 贾他，即贾佗，春秋晋国大夫。《左传》载，其早年跟随公子重耳流亡，晋灵公时期任太师，曾接受赵盾制定的刑法，使行于晋国。《姓苑》载，周康王封唐叔虞幼子公明贾国，称贾伯，为附庸。后贾国为晋国所灭，公明之后以原国名"贾"为氏，贾佗，即其后也。九世祖□，即贾玑。《新唐书·宰相世系表》："贾诩，魏太尉、肃侯。生玑，驸马都尉关内侯，又徙长乐。"此碑"九世祖"下似是"玑"字，又有因忠丧亡之语，官位亦与《唐表》不合，未审其是否。然另孝昌元年贾思伯墓志，此作"机"，即与"玑"为互借，可证。

[4] 夷齐，即伯夷、叔齐兄弟。《庄子》《吕氏春秋》《史记》等载有伯夷、叔齐兄弟推位让国和不食周粟，饿死首阳山之事。后以夷齐二人比喻节操高尚之人。

北魏高植墓志[1]

故济青相凉朔恒六州刺史……

君讳植，字子建，渤海条人也。……茂烈，皆备之国籍家传，不复更录。……司……之子。君禀灵原之秀……慧□□□机先变者。顾赐之……求至道于匈衿，悟此……宣武皇帝□……皇帝寻……卫……□……理沉□□□……绝白驹之……若……我以□方，约我以……心始□奸诈之辈。……君在□之□□尝……神龟……□神□翻然……□□□甘泉……至德□虚，麇……名山。□衢□……龙飞凤舞……赎兮，□道□河。……豪痛。彼苍者天，丧此明公，琼矣哲人，惟义是依。每见我君，终始许师。

大魏神龟□年岁次庚[2]……

高植墓志

【注释】

[1] 高植墓志，北魏神龟三年（520）葬。清康熙年间河北景县高氏墓群出土。今佚。据拓片知志文共 21 行，满行约 22 字，正书。今据原石拓片录文。主要著录：《汉魏南北朝墓志集释》图 227；《全后魏文》（中华书局，1958 年）卷 57 第 3799 页；《石刻题跋索引（增订本）》第 137 页右；《六朝墓志检要（修订版）》第 68 页；《汉魏南北朝墓志汇编》第 112—113 页；《汉魏六朝碑刻校注》第 5 册第 69 页；《燕赵碑刻：先秦秦汉魏晋南北朝卷》（天津人民出版社，2015 年）第 512—513 页。相关研究参「北朝石刻资料の研究」班《北朝石刻资料选注（三）》（《東方學報》第 88 册，2013 年，第 273—285 页）。

[2] "大魏神龟年岁次"后有一字，我们录作庚。按北魏孝明帝神龟元年为戊戌年，神龟二年为己亥年，神龟三年为庚子年。而神龟三年的七月改元正光，因此该墓志的刊刻时间当在神龟三年七月之前也。

北魏沮渠悯墓志[1]

故凉州武威太守沮渠悯之墓志

公讳悯，字伏念，凉州武威人也。其先沙州刺史、河西王蒙逊之苗胄。高祖提，以分枝景极，识度渊凝，授凉州牧、敦煌伯。祖双，袭爵。值百水运穷，日月改照，遂归大魏，被赐女郎，霍光之宗胤。公禀纯和之气，生而雅正，志亮高明。圣世板召武威太守。辞疾疗养，神不降德。岁次辛丑，时年五十九，薨于伊阙。右带高丘，左傍洪流。傲游栖息，闲居之处。而以为墓记述铭，颂其辞曰：

公之立德，唯贞唯洁。文雄武健，雅志超世。威猛难犯，慈柔多悦。性若松竹，寒霜守节。寒霜守节。三阳代谢，四序流速。灾风暴扇，枉折樑木。缁素号悼，哀动山岳。铭记千载，永传道俗。

【注释】

[1]沮渠悯墓志，北魏正光二年（521）卒。河南洛阳出土，现藏河南千唐志斋。今据《全唐文补遗·千唐志斋新藏专辑》录文。主要著录：《全唐文补遗·千唐志斋新藏专辑》（三秦出版社，2006年）第436—437页；王素《近年来中国出土文献整理与研究》（《唐代史研究》第9号，2006年）；《洛阳出土少数民族墓志汇编》第263页。

北魏贾思伯墓志[1]

魏故散骑常侍尚书右仆射使持节镇东将军青州使君贾君墓志铭

君讳思伯，字士休，齐郡益都县[2]钓台里人也。其先乃武威之冠族。远祖谊，英情高迈，才峻汉朝。十世祖文和，佐命黄运，经纶魏道。九世祖机，作牧幽蓟，中途值乱，避地东徙，遂宅中齐，为四履冠冕[3]。考道最，州主簿、州中正、本郡太守。伯父元寿，中书侍郎、追赠青州刺史。自太傅已降，贤明间出。君之生也，海岱萃灵[4]，含章式载。十岁能诵书诗，成童敦悦礼传，备阅流略之书，多识前古之载。工草隶、善辞赋，文苑儒宗，遐迩归属，学优来士，游宦北都。年廿一，释褐奉朝请。时齐使继好，来聘上国，以君造次清机，有端木之辨[5]，命对南客，应西华之选。稍迁步兵校尉，转中书郎，如纶之诏，擅美一时。太和廿三年，高祖躬总六军，五牛南指[6]。时扈行间，参谋帷幕。凯旋之交，文皇不预，革辂奄次，大渐弥流，唯机之际，执笔记言，导扬未命，顾托宣于君手。宫车晏驾，武皇继统，以君事往奉居，忠照大节，除辅国将军、河内太守。非其好也，改授鸿胪少卿。正始二年，丁母忧，去职。服阙，除荥（荥）阳太守。岁序云周，策授持节、征虏将军、南青州刺史，莅政未期，遭父艰，离任。君性纯孝，善执丧，四载之间，再集荼蓼，哀毁骨立，未曾见齿。

终丧，除光禄少卿，迁左将军、兖州刺史。班条邹鲁，化行如神。征给事黄门侍郎，转凉州刺史，未拜，除太尉公清河府长史。俄迁廷尉卿，转卫尉，迁太常兼度支尚书、摄都官七兵二局，真（直）殿中尚书。司管帝阍，邀巡警柝。克谐金石，礼畅乐和，献替莫连，敷奏无隐。元凯润世弘多，号称武库，子□直道不回，未旬三陟。抚绩筹人，千载非二。加安东将军、青州大中正，斟酌乡部，氏□区分，抑扬易替，洿隆唯允。俄除侍读，讲《杜氏春秋》于显阳前殿。接筵御座，东面挥尘，讨论经传，博举宗致，言约义敷，辞高旨远。在己斯逸，帝功伊倍，爱业尊师，日隆其敬。虽营丘之训周王，安昌之师汉主[7]，礼顾隆崇，亦不是过。方当服衮台阶，位穷三吏，奉文思之君，陪升中之礼，而降年不永，春秋五十八，以孝昌元年七月甲辰朔十六日，薨于洛阳怀仁里。一人恸情，百僚轸泣。齐桓之追仲父，况此非酸；汉明之悼子良，方兹未切[8]。惟君禀实明之略，载询直之姿，含利主之道，负经国之器，忠以奉帝，孝以承亲，守虚嘿以藏声，不炫能而求誉。凡典二郡，牧两州，历五县，迳三省，莫不廉白持身，平恕宰物，加以温侔冬日，润等春云，穆若清风，淡如白水，厥德可依，其人可仰。不幸早世，呼可悲矣。即以其年十一月，归葬于青州。追赠散骑常侍、尚书右仆射、使持节、镇东将军、青州刺史。虽歌颂被于管弦，容像存于图画，但缣彩无弗杅（朽）之姿，玄石有永全之质。撰载芳猷，贻之九泉。其辞曰：

惟君笃生，命世抽英。岐嶷初载，气秀神清。行高童稚，业峻弱龄。体兼明淑，遒骏有声。文极辞宗，学穷稽古。怀□引系，钟鸣齐鲁。运属飞龙，时乘九五。□潜入仕，利见高祖。释褐素枢，衣冠象阙。陟降承明，负映日月。类彼腾虯，易鳞化骨。位缘德道，劳无一代。列隶骤升，纳言亟践。鲍恩饫泽，丰荣醉显。作守登州，自青徂兖。爰结民思，黎歌勿煎。训商者伊，师周唯吕。道贵名尊，阿衡尚父[9]。允穆具瞻，乃膺斯举。东面旷□，□来入□。阴阳竚变，望实修□。垂乘台路，将启黄扉。可言天道，福善如疑。□焉没世，□□□□。□川泻海，翻潮不息。浮河□济，埋灵乡域。萧瑟松声，苍芒云色。将同万古，丘陵谁识。

贾思伯志石

【注释】

[1] 贾思伯墓志，北魏孝昌元年（525）十一月葬。1973年12月出土于山东省寿光县城关镇李二村贾思伯夫妇合葬墓中，现藏寿光市博物馆。墓志为青石质地。志盖为盝顶，素面，出土后遗失。志石高58厘米，宽57.2厘米。志文共34行，满行33字，志石左侧亦刻有一行文字，楷书。其夫人的墓志也于同墓出土，现藏寿光市博物馆。贾思伯，《魏书》卷72、《北史》卷47有传。主要著录：《山东寿光北魏贾思伯墓》（《文物》1992年第8期）第15—19+99页；《寿光县志》第443页；《山东石刻艺术选粹·历代墓志卷》编号7；《齐鲁碑刻墓志研究》第291页；《魏晋南北朝墓志疏证》存目；《汉魏六朝碑刻校注》第5册第370页；《全北魏东魏西魏文补遗》第221页；《稀见北朝墓志辑录》（《東アジア石刻研究》5，2013年）。

[2] 齐郡益都县，即北魏青州齐郡益都县。献文帝时，攻占原属南朝的山东诸地，其

后设青州，治齐郡益都县（今山东青州市）。

［3］远祖谊，即西汉文帝时大臣、政治家、文学家贾谊，为墓主二十二世祖。十世祖文和，即曹魏名臣贾诩，字文和。据《贾氏武威郡宗谱》载，贾谊九世孙贾秀玉，东汉时任武威太守，自此居于武威郡。子贾衍任兖州刺史，贾衍子贾龚为轻骑将军，居武威，生二子，长子贾彩，次子贾诩。九世祖机，即贾玑，为贾诩三子。

［4］海岱，即青州。意为渤海黄海至泰山间地带。《尚书·禹贡》："海岱惟青州"。海岱萃灵，指墓主是青州俊杰灵秀之才。

［5］端木，即孔子弟子子贡，姓端木，名赐。端木之辩，指子贡机辩之才，《论语·先进》："言语：宰我，子贡。"此处表示墓主言语机辩之才。

［6］高祖躬总六军，五牛南指，指高祖孝文帝太和二十三年三月南征齐国之役，发兵不久，孝文帝病逝，即后文所谓"文皇不预……宫车晏驾"。

［7］营丘之训周王，安昌之师汉主：营丘，周武王克商，封太公望于营丘，为齐侯，则"营丘"代指姜太公；训周王，指姜太公指导帮助周武王伐纣、建国治国。安昌，指安昌侯张禹，为汉成帝师。此处均比喻墓主有帝师之功德。

［8］齐桓之追仲父，况此非酸；汉明之悼子良，方兹未切：齐桓追仲父，指春秋时齐桓公追悼仲父（桓公称管仲为"仲父"）。汉明悼子良，指汉明帝追悼师傅包成；包成，字子良，据《后汉书·儒林传》载，包成为汉明帝太子时之师，包成病重临终，汉明帝亲驾临视。此处均表示宣武帝元恪（即上文谓"武皇"）对老师贾思伯的悼念。

［9］训商者伊，师周唯吕。道贵名尊，阿衡尚父：伊、阿衡，即伊尹，为商代开国元勋，商汤之辅，称阿衡、保衡。吕、尚父，即太公望，姜姓，吕氏（或申氏），名望，字牙（或子牙），为周文王、武王重臣，元勋，师傅，封为齐侯，谥"太公"，可称姜尚、吕尚、尚父、师尚父、吕公望、申公望、太公望、齐太公、姜子牙等。此两句，亦赞墓主有帝师之功德。

北魏贾祥墓志[1]

魏故武威太守贾君墓志铭

君讳祥，字延庆，武威姑臧人也。武威太守之孙，济州刺史之子。望表河右，衣缨世袭。崇基峻举，层构陵云。君起家奉朝请，本州别驾、本州长史。直己当官，深闲治道，毗赞之美，骤闻朝德。帝嘉其能，又除本郡太守。春秋卅七，以孝昌二年二月十日卒于洛阳肃民乡德宫里。其月廿七日，葬于芒山之阳。乃作铭曰：

贾伯蕃周[2]，寿乡赞魏。庆绪联绵，焕乎传记。若人诞灵，实禀冲气。誉发韶年，幼挺英志。升高能赋，临池展思。行成名立，释巾登仕。曳锦画游，具瞻斯美。蕙性云浮，兰衿风靡。乃茝别驾，亦职长史。帝曰唯良，共治是倚。出守本邦，操刀制绮。算有短长，命故罕言。当春摧茂，歼此良根。礼数云及，将即松门。孀孤泣血，僚友悲奔。泉庭夜仞，寒陇昼昏。镂兹玄石，徽猷永存。

妻，镇南府默曹参军、积射将军武威段灵念之女。息元良，年十一。

贾祥志盖

贾祥志石

【注释】

[1]贾祥墓志，北魏孝昌二年（526）二月二十七日葬。河南洛阳出土，现藏河北墨香阁。志盖为正方形，边长39厘米。志盖篆题"魏故贾府君之墓志"，共3行，满行3字。志石为正方形，边长43厘米。志文共18行，满行17字，正书。主要著录：《秦晋豫新出墓志搜佚》第1册第26页；《洛阳新获七朝墓志》编号20；《洛阳新见墓志》第20页；《1996—2012北京大学图书馆新藏金石拓本精华》第87页；《墨香阁藏北朝墓志》第22页。

[2]贾伯蕃周，指周康王封叔父唐叔虞幼子公明于贾（今山西襄汾西南），后来迁至贾（今陕西蒲城西南），史称"贾伯"，成为西周诸侯。春秋时晋国灭贾，其后以贾为姓。

北魏张斌墓志[1]

魏故左将军银青光禄大夫太仆卿赠使持节都督青州诸军事抚军将军□青州刺史张君墓志铭

君讳斌，字伯友，凉州敦煌人也。其围山匝海之根，秀玉炎于轩皇；昂天覆月之干，□金辉于汉祖。涌清源而濯南阳，注洪波而灌濛汜。列岳分川，遂跨凉土。是晋凉州刺史、敦煌公四世之孙，大魏敦煌镇将、酒泉公[2]之少子也。绂冕递冠，珪璋世袭，月胄唯新，星苗转蔚，连珠叠绣，不可得而言矣。君挺气贞纯，禀度清远，巨海不足洁其心，崐阆未能高其志。芳韵早闻，琼风凤著，令问迈自童年，逸响标于稚日。仪范从容，环玮特达，故能光赞二京，弼谐四帝。年十有九，为内行内小，出为骎驱校尉。君性爱虚闲，竹素每邀，志存静泊，简书恒逼。正始年中，世宗宣武皇帝以恒岳旧都，望苞嵩洛，齐民导政，非清忠弗寄，遂因传节之际，旨兼恒州刺史。君抚奖素明，厘烦凤晓，慈风一扇，草木泽心，猛气暂张，金石战胆。遂使夜犬止音，奸夫屏迹。去国闻诏，未足为佳，返邦正乐，何必加焉。还京授龙骧将军、中散大夫，领□染都将，俄迁征虏将军、太仆少卿。正光年中，君孤骑辞京，以时绥巡，值牧竖侏亻张，猃狁纷扰[3]，汗马朔南，扬尘漠北，遂威君以死生，协君为盟主。君乃坚志不回，忠诚弥笃，遥想雁书，感同发白。群恶识心，乘舟卫送，留慕之情，人人涕目。将由慈泽凤深，仁风先厚，故使皮服思恩，刍驹恋德。昔桓谭入狱，礼加被发；今君敷诱，义感旆裘。然后扫雪知花，披霜识叶。朝廷尚其清高，主上钦其远节，还授左将军，仍太仆少卿，寻转东中郎将，俄征银青光禄大夫、太仆卿。君性越子文，情逾柳惠，不以□品益容，未言降阶损色。恩授高官，若鹘羽腾霄，旨斑下位，状虹鳞磻沼，故能三登九藋，再谢公卿，方之古人，超然独颖。丞相高阳王[4]可谓琼台锦萼，贵同辰极。乃付款卯年，绸缪早岁。玉剑互传，轻裘递服，或接袖柏堂，或清谈廊庙。及闻君薨，王变貌恸容，潸然增涕，良久言曰："天亡我德，陨兹三益。宝箧自投，琴弦命绝！"哀感倍常，吊赠过礼，断金之交，于焉始二。君希言若神，德润八方；谦虚若水，恩沾四海，□应阐闢台门，调和鼎味，何期暴露摧兰，严霜折桂。精与白日并晖，形随明月俱暗。春秋六十有七，大魏孝昌三年岁次鹑火四月十一日，遇疾而薨，二圣[5]悲悼，王侯恻念，慕善追仁，哀扬有司，赠君使持节、都督青州诸军事、抚军将军、青州刺史，其年十月廿六日窆于瀍洛之内。旐苏始建，玉帛满庭，龙辒即辙，华盖塞路，妻子躃踊，则烟沉四川；骨肉号咷，则云飞五岭。哀此哀中哀，痛此痛中痛！寄玉石以传音，铭泉堂而图颂。辞曰：

天垂景宿，地载山川。诞生夫子，玉洁冰鲜。心游月上，志卧云边。扬晖舜日，悴彩尧年。惟仁抚物，惟德自将。巧舒巧卷，能柔能刚。恩加朔野，义感寒乡。美苞嵩洛，声振岐阳。嘉祥冥陟，灾运暗钟。如林折桂，如岭摧松。咨嗟二圣，怅快群公。□□□□，□□□踪。

大魏孝昌三年十月廿六日铭。

张斌志盖

张斌志石

【注释】

[1] 张斌墓志，北魏孝昌三年（527）十月二十六日葬。2001年2月河南洛阳出土，志石现藏洛阳张海书法艺术馆。志盖为正方形，边长51厘米，篆题"大魏故张使君之铭"3行，前后两行各3字，中间一行2字。志盖今佚。志石高62厘米，宽63厘米。志文共32行，满行32字，正书，有界格。主要著录：赵君平编《邙洛碑志三百种》（中华书局，2004年）第21—22页编号20；张海书法艺术馆编《张海书法艺术馆馆藏石刻选》（2016年）有图版及录文。相关研究参胡湛《张海书法艺术馆藏北朝墓志校考及其书艺特征与价值》（《中国书法》2016年第12期）等。

[2] 大魏敦煌镇将、酒泉公，疑即张显，张湛之父。《魏书》《北史》有张湛传。据《北史·张湛传》记载："父显，……位至酒泉太守"从世系上推断，墓主张斌应为张湛的兄弟。

　　[3] 值牧竖侏偁，狯犹纷扰，据《魏书》载：正光四年，蠕蠕主阿那环率众犯塞。胡湛认为，张斌或许正是在这次边患中，被威逼利诱，但始终不为所动，保持对魏朝廷的忠诚。

　　[4] 高阳王，即元雍，《魏书》有传。张斌年轻时与之交往甚密，常相往来。

　　[5] 二圣，指当时专权的胡太后和北魏孝明帝元诩。

北魏源延伯墓志[1]

　　魏故使持节都督凉州诸军事平北将军凉州刺史浮阳县开国伯源侯墓志铭

　　君讳，字延伯，凉州西平人也。其先神元皇帝[2]有昆曰托后跋匹弥[3]，略地河西、遂王凉州，君其后也。积世绵绵，自小而大。迄高祖秃发褥但[4]，为乞伏炽槃所灭。曾祖太尉[5]，避难东归，还复旧京，即拜为西平侯，后改封陇西王。祖司徒、父仪同。君应天淑姿，承家休庆，忠孝内发，仁信外彰，色养尽于二亲，逊第率于乡党。玩述经艺，与齿俱成，俭于多言，丰于赈施。年十五，辟司空参军事。及其长也，壮气冲心，雄猛恢廓，志荡瑕秽，心烦拨乱。正光之季，蚌起高阙，祸延夏壤。考仪同，时收夏蕃，为贼围逼，朝廷即拜君威远将军，西征统军，横戈静暴，挥剑摧敌，功效并立，朝野有闻。于时州城被围，首尾二年，粮廪既竭，民人相食，长蛇满道，台援莫至。仪同留君守城，自率将士诣东夏取粮食，贼众我寡，为贼所虏。复授持节、龙骧将军、行夏州事、当州都督。但胡戎叛涣、纵毒疆场、质父招子，巡城约降。君奕世忠贞，废亲忧国，父有陵姊之敕，子执伍员之略。拜书长号，拔剑奋勇，率御在城，身自挫敌，令群胡丧胆，蚁徒冰泮。夏岳既全，父亦无滥。圣上以君忠孝并著，功济隆崇，遂开国浮阳，爵班三等。复除谏议大夫、持节、冠军将军、北讨都督，所在克捷，遐迩清夷。降年不永，秀而不实，春秋廿有四，以孝昌三年岁次丁未十二月庚寅朔廿七日丙辰，卒于冀州行阵之中。于是主上有或毁之痛，邦国有殄悴之哀。依许男故，礼优以殊赏，追赠使持节、平北将军、凉州刺史。越以永安元年岁次戊申十一月甲寅朔八日辛酉，祔葬于皇祖惠公旧山之所。于时季父子恭作牧豫州，任限边城，弗获临诀，遥想坟栢，北望摧裂，卿题厥状，铭之玄石。其词曰：

　　天鉴有魏，叠构重基。本枝百世，惟君诞兹。总辔腰剑，唯命所之。胡凶克殄，戎竖用微。眇眇弱龄，丕丕济时。乃牧夏岳，兼掌戎武。升彼岵山，瞻望严父。孝心烈烈，泣涕如雨。烽烟无滥，言提其旅。回车北顾，启土浮阳。龙蟠行阵，虎冀方[□]。经略广设，奇兵始张。神其未遂，奄丧贞良。辞此华幕，适彼玄堂。临穴悼慄，眷言孔伤。身徂名逸，传之无疆。

源延伯志石

【注释】

［1］凉州刺史源延伯墓志，北魏永安元年（528）十一月八日葬。河南洛阳孟津县出土，现藏洛阳九朝刻石文字博物馆。志石为正方形，边长59厘米。志文共27行，满行27字，正书。主要著录：《洛阳新见墓志》第8页；《洛阳出土少数民族墓志汇编》第354页；《洛阳新获七朝墓志》编号28；《秦晋豫新出墓志搜佚》第1册第31页；《稀见北朝墓志辑录》；《洛阳九朝刻石文字博物馆》第16页；《1996—2017北京大学图书馆新藏金石拓本菁华（续编）》第134页；《北魏源延伯墓志（初拓本）》。

［2］神元皇帝，即北魏始祖拓跋力微，北魏道武帝拓跋珪称帝时，追谥其为神元皇帝，庙号为始祖。

［3］托后跋匹弥，即秃发匹孤，拓跋、秃发、托后跋，为一词多译。神元皇帝拓跋力微兄，圣武皇帝拓跋诘汾子，生于东汉末，河西鲜卑酋长，为南凉武王秃发乌孤八世祖。

［4］秃发褥但，即南凉景王秃发傉檀（365—415），武王秃发乌孤及康王秃发利鹿孤弟。

南凉建和三年（402），康王死，傉檀继立，自称凉王，改元弘昌，迁都乐都。嘉平七年（414）被西秦所灭，降。西秦永康四年（415）傉檀被女婿西秦王乞伏炽磐所杀，谥景王。

［5］曾祖太尉，即秃发破羌（403—479），鲜卑名贺豆跋，太和改姓后名源贺，南凉景王秃发傉檀子，南凉灭后投北魏，随明元帝、太武帝统一北方，又辅佐文成帝、献文帝、孝文帝，功勋卓著。官至太尉，封陇西王，谥宣王。

北魏源模墓志[1]

魏故尚书郎中源君墓志铭

君讳模，字士则，凉州西平人也。司徒惠公之孙，车骑、仪同之子。君洞禀英灵之哲，体悟（悟）聪睿之机，清凝凤迈，温恭自远，神茂载璋，业隆始传。故能少澄久思之亮，长洞六言之美。年十有二，辟为司空参军事，翼调水土，物有其庸。虽年在童龄，如绩倅黄老，古人凤成，何以加焉。至于恭己事上，宽仁接下。朝廷以阎阎致喻，乡党以恂恂取饰。倾盖修然若旧，久要璨尔如新。所谓岁寒不改操，霜年之后凋者也。但天不吊善，早逝斯哲。即以其孝昌二年，岁在丙午，七月十三日，遭疾如殒。于是朝野痛逸骥方驱，长路告迹。追赠尚书郎中，以祛至烈。登以永安元年岁次戊申十一月甲寅朔八日辛酉，窆于司徒墓左，北芒南岗之所。馆客来士和，既伤修桂没夏，芳兰夭春，埋璧幽壤，纳贾荒坟。图山著美，刊石标仁。其词曰：

洪源峻迈，启自玄基。弈世垂芳，累叶传辉。余庆有章，斯仁诞归。如风始偃，如日初晞。六言无简，九思唯凝。五美难量，三变可称。翼政台府，水土斯澄。等松之茂，齐月之升。世称不实，宗言千里。倾盖犹旧，久要如始。苗焉不秀，数刃云祢。白日寥寥，幽泉寂寂。如何不吊，忽焉逝隙。王孙蔽影，苍舒奄迹。虑矣君子，虚传金石。

源模志石

【注释】

［1］源模墓志，北魏永安元年（528）十一月八日葬。2005 年河南省洛阳市孟津县出土，石旋归洛阳李氏，现藏千唐志斋博物馆。志石高 55.5 厘米，宽 56.5 厘米，厚 13 厘米。志文共 20 行，满行 21 字，正书。主要著录：《秦晋豫新出墓志搜佚》第 1 册第 32 页；《洛阳新获七朝墓志》编号 29。相关研究参殷宪《〈源模墓志〉书迹以及志文所及北魏源氏的几个相关问题》（收入西安碑林博物馆编《第七届中国书法史论国际研讨会论文集》，文物出版社，2009 年）；宫万瑜《邙洛近年出土冯聿、源模、张懋三方北魏墓志略考》（《中原文物》2012 年第 5 期）。

北魏贾瑾墓志[1]

贾散骑之墓志

君讳瑾，字德瑜，武威姑臧人也。祖父天符，以才地高腴，仕宋为本州主簿、□□府中兵参军、条县令、高阳太守。父敬伯，旗美才华，州辟主簿，频翼二政，后转别驾，入府为司马，出广川、平原、济南、魏郡、太原、高阳六郡太守，皆以才效升转。君禀玄中之妙气，资海岳之冲精，生而秀异，伟貌端雅，龆年敏悟，志度开廓，严尔有望畏之威，怡然有就恩之惠。学不师授，理无隐伏，越数刃入孔公之富室，披玄奥开李老之妙门[2]。性仁恕、好博施，上泛爱、贵久要，性至孝、谨瞻候。待疾尝药，同痛疡于一体；进膳奉餐，共虚饱于五内。恩恭悌顺，协穆闺门，弘和肃整，禀悦邦邑。尔其九思[3]愍懃，三端锋锐，清谈写注，则吻间泉涌；执管造素，则笔端火然。于是声发丘园，响闻京国，为皇宗英彦元恒之所友爱，就家逼引为征东府中兵参军。进入省为散骑侍郎，端静守分，不阘权门，时或游集，必是四方英彦。后为帝兄梁州抑为录事参军。凡所履历，皆非意趣，负气郁快，才志不申而时无德操，令栖凤榇翼，不遇徐崔，故卧龙睡伏，祸不甄善，年卅而终。主君哀恸，僚友悲惜，未婚无子，兄胶州以第二息晶为嗣。晶字士光，幼而聪令，龆年后淑，庭野有闻，罢祖之童，古今而异。其业尚英骏，识智刚决，志学之年，稽三经之奥；弱冠之岁，精五典之原[4]。言谈清婉，若齿间含镜；援豪投默，则素上缀珠，才为时□。就家征奉朝请，俄转通直散骑侍郎、直寝。方立效明世，树德当年，因使暂归，卒于家，时廿一。即见悲悼与闻，嗟惜！胶州痛弟息之早终，悲志业不遂，惟缘情以折中，述二亡之存意，故二枢而一坟，乃镌石而作志云尔：

峨峨灵岳，浩浩东溟。昭昭君子，含气诞生。资天树义，禀日开明。不德之德，可名之名。咨嗟五孝，优矛六经。行唯道迹，兴言德音。州闾敬羡，京国祇钦。文如错宝，□若砥金。遐贤凑访，述彦臻寻。朋实兰薮，友必芳林。伉俪未媾，胤嗣将替。伊何继体，若子唯侄。云谁克堪，在兹令哲。烝尝肃恭，享荐芳洁。义形沉沦，声芳不灭。

大魏普泰元年岁次辛亥十月丁酉朔十三日己酉。

贾瑾墓志

【注释】

[1] 贾瑾墓志，北魏普泰元年（531）十月十三日葬。清光绪年间出土于山东长山，今不知藏处。志石为圭形，高93厘米，宽57厘米。圭首处刻"贾散骑之墓志"，共2行，行2字。志文共24行，满行30字，隶书。主要著录：《汉魏南北朝墓志集释》图279；《鲁迅辑校石刻手稿》第3函第235页；《石刻题跋索引（增订本）》145右；《北京图书馆藏中国古代石刻拓本汇编》第5册第152页；《北京大学图书馆藏历代金石拓本菁华》图版204；《北朝墓志选粹》图版44；《齐鲁碑刻墓志研究》第365页；《六朝墓志检要（修订本）》第120页；《汉魏南北朝墓志汇编》第281页；《汉魏六朝碑刻校注》第6册第336页；《全北魏东魏西魏文补遗》第313页；《山东石刻分类全集·历代墓志》第34页。

〔2〕越数刃入孔公之富室，披玄奥开李老之妙门。形容志主精通儒道之学，孔公即孔子，李老即老子。

〔3〕九思懋勲，三端锋锐。形容志主才思敏捷，文思泉涌。九思，《论语·季氏》：君子有九思：视思明；听思聪；色思温；貌思恭；言思忠；事思敬；疑思问；忿思难；见得思义。三端，《韩诗外传》：是以君子避三端，避文士之笔端，避武士之锋端，避辩士之舌端。

〔4〕志学之年，稽三经之奥；弱冠之岁，精五典之原。指志主年少好学有成，三经、五典，应为三坟五典，北朝时无"三经"之说。三坟五典，相传为上古三皇五帝时经典，《左传·昭公十二年》：是能读《三坟》《五典》《八索》《九丘》。

北魏乞伏宝墓志[1]

魏故使持节都督河凉二州诸军事卫大将军河州刺史宁国伯乞伏君墓志

君讳宝，字菩萨，金城郡榆中县[2]人也。冠冕蝉连，英贤世济，故已传诸史策，不复详焉。祖尚书，清规雅量，藉甚前朝。父豫州，据德依仁，传芳后世。君资和余庆，禀灵峻极，岐嶷表于弄璋，明悟形于负剑。及其器宇恬憺（淡），风猷闲远，愠憙无异于色，雷霆岂变其神。高祖文皇[3]以君名家之子，爰在绮纨，调居禁内。后袭侯爵，仍除中散。属惟新在运，解而更张，普改群官，降侯为伯。俄迁给事中，寻转威远将军、羽林监。顷之，拜步兵校尉，随班例也。蕞尔西戎，蠢焉东向，侵凌关塞，摇荡边居。帝乃赫怒，言思薄罚。便为统军，假号宁朔。君受麾阙庭，跃马阃外，色有难犯，志在勤王。韫六奇之谋，申三令之法，赴汤火而不顾，望旗鼓而争先。鲸鲵于焉用剪，凯歌于是还国。又信都尘起[4]，不逞潜图，置凤鸟而为妖，画龙播以相或。四鄙由其入保，百姓以此骚然。乃为持节、假振武将军、井邢关都将。星言出宿，蓐食遄征，张犄角之势，振御侮之威。用使丑徒泥首，凶渠就戮，冀北无警，君有力焉。还除显武将军、左中郎将，俄迁鄯善镇将，将军、伯如故。以母忧解任，泣血茹忧，几将毁灭。日月未终，起莅南中郎将。君既体袭衰麻，理乖缨绂，固陈哀苦，终以公事见违。后征拜武卫将军，仍兼左卫。又除平南将军、银青光禄大夫、太府卿。山海之税，供养为难，乃属于君，物议不起。鸿胪任掌诸侯，职兼归义，自非尚德厚贤，莫能居此，乃以君为大鸿胪卿。赞引九宾，敷礼郊庙。府仰咸则，容止可模。虽暨号宿德而来践，宣云称职而驰名，对而为言，曾何足尚。南中地接荆蛮，面临淮沔，镇卫尤重，所寄非轻，以君膺彼物情，还除斯任，监蕃察部，刺举称难，调风化俗，其人不易。乃以君行广州事，望境若真，决遣无滞，及罢朱骖，言归绛阙，靡不当九逵而卧辙，追五里而攀车。未几，复除镇南将军、襄州刺史，褰帷广眺，肃厉之声已彰；布政期月，仁明之谣复起，烦荷自除，贤愚知敬。景山西抚，匹此非优；子虞北临，比之更劣。君居家能孝，事君尽忠，华夷服其德音，朝野钦其令望。方当极台鼎之位，穷献替之美，逝川不留，梁木斯坏。以太昌元年十一月薨。冕旒衔酸，缙绅殒涕。乃赠使持节、卫大将军、河州刺史，以永熙二年三月廿一日窆于北邙之西岭。天道既远，大夜难晨，式刊玄石，用勒清尘。乃作铭曰：

公侯必复，山岳降神。膺此余庆，挺兹哲人。称奇月旦，见异日新。冲年来仕，少袭缨绅。屦步不息，翰飞讵己。入厘九棘，出裁万里。化洽政平，治高讼理。绩用遂成，民谣载起。方期眉寿，遽等若体。华堂旦发，泉室夕留。永同万古，终为一丘。愿言可作，于此相求。

乞伏宝志石

【注释】

[1]乞伏宝墓志,北魏永熙二年(533)三月廿一日葬。1928年洛阳城北白鹿庄南出土。曾归于右任,现藏西安碑林博物馆。志石为正方形,边长62厘米。志文共30行,满行30字,正书。主要著录:《汉魏南北朝墓志集释》图284;《石刻题跋索引(增订本)》146页左;《北京图书馆藏中国历代石刻拓本汇编》第5册第185页;《北魏墓志百种》第9辑;《北朝墓志英华》编号111;《鸳鸯七志斋藏石》编号132;《西安碑林全集》第65卷第859页;《洛阳出土北魏墓志选编》编号永熙2;《洛阳出土墓志目录》第39页;《复刻洛阳出土时地记——附解说·所载墓志碑刻目录》编号267;《六朝墓志检要(修订版)》第126页;《汉魏南北朝墓志汇编》第304—305页;《西北民族大学图书馆于右任旧藏金石拓片精选》第53页;《汉魏六朝碑刻校注》第7册第50页;《彭州博物馆藏李宗昉集北朝隋唐碑拓》第107页;《全北魏东魏西魏文补遗》第338页;《洛阳出土少数民族墓志汇编》第13页。

[2]金城郡榆中县,385年,乞伏国仁在陇西称大单于,前秦封其为苑川王,都金城勇士川(今甘肃榆中),故乞伏氏籍在金城榆中。

[3]高祖文皇,即北魏高祖孝文皇帝拓跋宏。

[4]信都风起,应为京兆王元愉叛乱。元愉为孝文帝第三子,宣武帝元恪异母弟。宣武帝永平元年(508)八月,元愉在冀州谋反称帝。九月壬辰,定州刺史、安乐王元诠大破元愉于信都北,又攻克信都,俘元愉。

东魏刘懿墓志[1]

魏故使持节侍中骠骑大将军太保太尉公录尚书事都督冀定瀛殷并凉汾晋建郏肆十一州诸军事冀州刺史郏肆二州大中正第一酋长敷城县开国公刘君墓志铭

君讳懿,字贵珍[2],弘农华阴人也。自蜫龙启胄,赤鸟降祥,磐石相连,犬牙交错,长原远叶,繁衍不穷,斧衣朱绂,蝉联奕世。祖给事,德润于身,民誉斯在。父肆州,行成于己,名高当世。君体局强正,气干雄立,刚柔并运,方圆备举。弃置书剑,宿有英豪之志;指画山泽,早怀将率□心。起家拜大将军府骑兵参军、第一酋长。庄帝[3]之初,以勋参义举,封敷城县开国伯,食邑五百户;除直阁将军、左中郎将、左将军、太中大夫。帝图时意,以为未尽,进爵为公,□□五百,拜散骑常侍、抚军将军;乃除使持节、都督凉州诸军事、本将军、凉州□□(刺史)、假镇西将军,常侍、开国如故。又为征南将军、金紫光禄大夫、兼尚书右仆射、西南大行台。复除使持节、都督二汾晋三州诸军事、骠骑将军、晋州刺史。又行汾州事。大丞相勃海王[4]命世挺生,应期霸世。君既同德比义,事等鱼水,乃除使持节、都督肆州诸军事、本将军、肆州刺史,又加骠骑大将军、仪同三司,余如故。及圣明启运,定鼎邺宫,乃睠西顾,权烽未息。遂以君为使持节、都督郏州诸军事、本将军、郏州刺史,仪同、开国如故。又以本秩为御史中尉。复兼尚书仆射、西南道行台、加开府,余如故。式遏奸寇,镇静河洛,复路还朝,仍居本位。君自解巾入仕,抚剑从戎,威略有闻，强毅著称。其犹高松，有栋梁之质；类如金石，怀坚刚之性。既时逢多难，世属愍忧，群飞竞起，横流未歇。折衡行阵之间，运筹帷幄之内。雄图庄志，与韩白连衡；将略兵权，共孙吴合契[5]。猛烈同于夏日，严厉等于秋霜。去草逐雀，怀鸧鹰之气；诛豺制兕，起卧龙之威。降年不永，奄从晨露，以兴和元年十一月辛亥朔十七日丁卯薨于邺都。追赠使持节、侍中、太保、太尉公、录尚书事、都督冀定瀛殷并五州诸军事、冀州刺史，余官如故。粤以二年岁在庚申正月庚戌朔廿四日癸酉葬于肆卢乡孝义里。乃作铭曰：

森森长澜，岩岩峻趾。就日成德，聚星效祉。家风未沬，世禄不已。于穆夫君，一日千里。昂昂风气，烈烈霜威。进退有度，信义无违。行高州里，声满邦畿。抗足高骛，理隔奋飞。秉麾执铎，南临北抚。肃清邦国，折冲疆寓。骏足未穷，逸翮方举。奄异金石，遂同草莽。眷言归奔，有嗟临穴。荆棘方生，松槚将列。千秋万古，光沉影绝。陵谷若亏，声芳有晰。

夫人常山王之孙，尚书左仆射元生之女。长子抚军将军、银青光禄大夫、都督肆州诸军事、肆州刺史元孙。妻骠骑大将军司徒公元恭之女。世子散骑常侍千牛备身洪徽。妻大丞相勃海高王之第三女。次子肆州主簿徽彦。少子徽祖。

刘懿志石

【注释】

[1]刘懿墓志,东魏兴和二年(540)正月二十四日葬。清道光初年于山西忻县出土,曾归忻县焦氏、太谷温氏,现藏山西省博物馆。志盖阙。墓志高58厘米,宽56厘米。志文共32行,满行33字,正书。其子刘洪徽墓志也已出土,其中志盖现存山东淄博拿云博物馆。刘洪徽之妻勃海高王第三女(即长乐长公主)高征(阿难)的墓志已出土,志盖、志石均藏于山东淄博拿云博物馆。主要著录:《汉魏南北朝墓志集释》图版294;《石刻题跋索引(增订本)》第147页右;《六朝墓志检要(修订本)》第135页;《北京图书馆藏中国历代石刻拓本汇编》第6册第59页;《汉魏南北朝墓志汇编》第335页;《全北魏东魏西魏文补遗》第363页;《汉魏六朝碑刻校注》第7册第240页;《越缦堂读书记》第1081页;《鲁迅辑校石刻手稿》第3函第355页;《中国金石集萃》第7函编号77;《山西碑碣》第16页;《晋阳古刻选——北朝墓志卷》第31页;张建华、刘国华编著《山西省艺术博物馆馆藏碑志集萃》(山西经济出版社,2016年)第6—7页;高维德《刘懿墓志考辨》(《晋阳学刊》1984年第2期)。

[2]刘懿,《北史·刘贵传》作"刘贵",传云:"刘贵,秀容阳曲人也。刚格有气断。历尔朱荣府骑兵参军。荣性猛急,贵尤严峻,任使多惬荣心。普泰初,行汾州事,弃戍归齐神武。累迁御史中尉、肆州大中正,加开府、西道行台仆射。贵所历,莫不肆其威酷,非理杀害,视下如草芥。性峭直,攻讦无所回避。虽非佐命元功,然与神武布衣旧,特见亲重。卒,赠太保、太尉公、录尚书事,谥忠武。齐受禅,诏祭告其墓。皇建中,配享神武庙庭。次子洪徽嗣乐县男。卒,赠都督、燕州刺史。"志文所记,详于正史,可互为补充。

[3]庄帝,即北魏孝庄帝元子攸。

[4]大丞相勃海王,即高欢,东魏时秉政,封渤海王。

[5]雄图庄志,与韩白连衡;将略兵权,共孙吴合契。此句赞扬志主之武功,韩白者,韩信、白起;孙吴者,孙武、吴起,皆战汉时名将。

东魏段渊墓志[1]

魏故镇东将军金紫光禄大夫段君墓志之铭

君讳渊,字海智,武威之苗裔。其生,荫灵根于都邑,摧琼樾于莫土。奕世之业,蔚密云书;踬武之贤,纷纶乌笑。祖征南将军,以风韵迈古,独秀当时。父代郡太守,威明俊爽,孤雄一代。君资妙气于神源,诞英襟于灵绪。至其尧昂风举之性,犹青峰斩天;镜洁霞襄之心,若素月破汉。故能挥刃千里,克成功于在周;虎苞左军,拥洪麾于帝阙。君轻尺璧,重功名,虽先光向倾,悬车已谢,未尝不谳。扬旌西海,纂属国之奇勋;代鼓南溟,建伏波之殊效。[2]使名勒景钟,躬图麟观[3]。而昊天不吊,良木摧岩,令百年在节。徒殒于渊泉。春秋七十有五。天平二年三月十七日薨于京师乡孝义里,以兴和二年岁在庚申二月己卯朔廿八日丙午,窆于青林之夕阳。长川浩汗,岩岭岊藏。铭英名于竹素,勒茂实于陵岗。其辞曰:

绵绵感运，物以运通。云栖峻岳，风集高松。琼岩曜紫，锦海抽红。玉照三岫，珠明九重。矫矫我君，蔚为时标。如烟栖海，如月垂霄。七雄并轨，八俊齐镳。道跨四海，风秀一朝。昂昂虬逝，翩翩凤来。烈云吐电[4]。

段渊志石

【注释】

[1] 段渊墓志，东魏兴和二年（540）二月二十八日葬。河北临漳县出土。志盖佚，志石高 70 厘米，宽 58 厘米，有残缺。志文现存 20 行，满行 19 字，正书。主要著录：《文化安丰》第 169 页；《金石拓本题跋集萃》第 53 页；《燕赵碑刻：先秦秦汉魏晋南北朝卷》

第 592 页。

　　[2]扬旌西海，纂属国之奇勋；代鼓南溟，建伏波之殊效。此句为颂扬志主之功勋。西海，即北海，属国，即汉昭帝时属国都尉苏武，曾牧羊北海，臣节扬名。南溟，即南海，伏波，即伏波将军马援，汉光武帝时名将，曾南征西南夷，濒临南海。

　　[3]名勒景钟，躬图麟观。指志主功载图志，青史留名。景钟，即春秋晋景公所铸之钟。《国语·晋语七》：昔克潞之役，秦来图败晋功，魏颗以其身却退秦师于辅氏，亲止杜回，其勋铭于景钟。后以"景钟"为襃功的典实。麟观，即麒麟阁，汉未央宫中，宣帝时曾图霍光等十一功臣像于阁上，以表扬其功绩。后表示卓越功勋和最高的荣誉。

　　[3]此句似未完，疑下缺。

东魏阴宝墓志[1]

　　魏故征东将军金紫光禄大夫阴君墓志铭

　　君讳宝，字伏愿，武威人也。君以积庆凝身，累仁成性。慧乃生知，德唯天授。五典蕴于匈衿，百氏恣于怀抱。文实时宗，武唯世桀。逍遥良价，善沽来游。弱冠释褐员外散骑侍郎、行台郎中。佩兰清禁，含香戎幕。纵容雅对，屈指应机。裨益成功，动有千计。还除代名郡太守。君践境行化，犹如春风。下车布政，又若时雨。于是归雁盈轩，训雉阗郊。黄龚善治，远有惭德。限毕还都，除征东将军、金紫光禄大夫。春秋七十五，以武定二年二月八日，卒于临漳县[2]轨俗里。至四年岁次丙寅五月壬寅朔八日己酉，迁窆于邺城西南。但以星纪徂流，朝市互逼。略申景行，勒之泉户。其词曰：

　　桂质含馥，君体资灵。弱而聪慧，幼有大成。出朝入仕，振德杨名。如何光景，运转不停。一辞高馆，毕此泉茔。

魏故伏東将軍金紫光祿大夫陰君墓誌銘

君諱寶字伏顛武威人也君以積慶濬身累仁成性慧乃生知德唯天授五世典良於匈河價祸蘭古恣於遊弱冠抱又寳時宗蔽騎侍郎行臺郎中道遙良来遊懷抱又褐縱容外散武侍清禁舍香戎幕代名雅對屈拘應機裸益成功聞春動有千計車布還政又名郡太守君戢境盈都陈仁東将難軍金紫光祿大夫遠有春秋七十五以武定二年歲次丙寅二五月八日卒於鄴城市子逼漳縣軌略自遷窆於鄴城西南户其以日星紀徂流朝入仕振德揚名如何光景運轉卨俌一辭高館朝畢此泉塋桂寳含顏君體資靈弱而聰慧矣有大戊出朝

阴宝志石

【注释】

［1］阴宝墓志，东魏武定四年（546）五月八日葬。河南安阳出土，现藏河北墨香阁。志盖阙。志石为正方形，边长30厘米。志文共17行，满行18字，正书。主要著录：《文化安丰》第199页；《新见北朝墓志集释》第96页；《墨香阁藏北朝墓志》第64页。

［2］临漳县，西晋建兴初改邺县置，治所即今河北临漳县西南邺镇。寻废。东魏天平初复置。北周建德六年（577）移治今临漳县西南旧县村。

北齐段通墓志[1]

【志石一】

齐故陵江将军段府君墓志

君讳通，字灵德，雁门广武人也。其先出自帝少昊，魏高士木之后[2]。十九世祖会宗[3]，汉西域都护、长萝侯。十世祖颍[4]，汉太尉。九世祖昭，遭家难，自武威避地辽左，世为燕王。后并于晋，遂居雁门之广武焉。七世祖君石，晋东平太守。高祖渊，燕散骑常侍。曾祖霸[5]，昭邻机极，识征先觉，去燕归魏，历官黄门侍郎、殿中尚书、许昌侯、护军将军，加领太子少傅，进爵武陵公，使持节、开府仪同三司，都督定州诸军事、安东大将军、定州刺史。还，授中、南部尚书，兼尚书令。祖邕，官至内行阿干。父憘，龙骧将军、凉州刺史、凉州都将、原平公。君承藉先德，世雄燕赵，家富门豪，轻[6]重义，机警敏悟，邦国异焉。儿童时已有远大之量，每登句注岭，望楼烦马邑而叹曰："若使吾生于汉世，为万骑将，岂使虏马南入，李陵北渡哉。"魏太师彭城王、镇南将军王肃南讨，闻其名，谓人曰："此必有丈夫节气。"辟书交至，引为募人军主。首登石城，一战独克。孝文皇帝嘉其功，解御白绸袍并金带赐之，谓君曰："卿今日何谢张飞、关羽也。"君答曰："若天假臣年，得尽其力，将为大魏功臣，岂同伪蜀小鼠！"帝□曰："卿有太尉之风，岂直燕王、武陵公耳。"即授宣威将军，复为千骑直荡军主。解寿春之围，授陵江将军。救奚康生于楚城，频中流矢，遂为固疾。□叹曰："天生如此人，竟不得展其用，有志无时，命矣夫！"春秋七十，魏孝昌二年三月十五日，卒于南京洛阳。齐天保二年十一月廿七日窆于邺成西豹祀之西岗。铭石泉阴，其辞曰：

【志石二】

河陇冠族，奕世联声。将相有门，夫君挺生。秉操慷慨，弱冠知名。哲王托意，时宰写诚。士死知几，臣思效主。戎昭果毅，舍文用武。六军未动，千骑独举。一克全城，百民安堵。天子念功，解裘锡职。显授徽号，频烦升陟。方骋逸足，康衢效力。横海挫鳞，垂天坠翼。茫茫泉夜，郁郁西陵。悲回云鸟，泪结宾朋。体同山坠，气等霞升。谓仁必寿，如何勿征。

第二儿宁远将军、奉车督尉段穆，字庆和，陵江府君墓西。

第四儿骠骑大将军、番郡太守段援，字伏波，次墓北。

第五儿右将军、太中大夫段绍叔，字宗仁，次墓东。

段通志石一

段通志石二

【注释】

［1］段通墓志，北齐天保二年（551）十一月二十七日葬。河南安阳一带出土，现藏河北墨香阁。墓志均为正方形，边长42厘米。志石一志文共23行，满行23字。志石二志文共14行，满行16字。主要著录：《文化安丰》第216—217页（为志石一的图版及未标点录文）；《墨香阁藏北朝墓志》第90页。

［2］魏高士木，即段干木，战国魏人，少贫贱，师子夏，不仕。魏文侯造访，段干木逾墙避之。后人有改姓段者，故为段姓始祖。

［3］十九世祖会宗，即西汉名将段会宗（前84—前10），字子松。汉元帝时，任杜陵令、西域都护、沛郡、雁门太守。后西域各族上书请求，再度出任都护，后任金城太守。又征为左曹中郎将、光禄大夫，率兵安定乌孙贵族的内争，赐关内侯。后病死于乌孙。

［4］十世祖颍，即东汉名将段颍（？—179），字纪明。与皇甫规（字威明）、张奂（字然明）合称"凉州三明"。曾任辽东属国都尉，曾大败鲜卑。桓帝时为中郎将，镇压琅邪东郭窦起义。任护羌校尉，身经数百战，屡败诸羌，收降万余落，为新丰侯。灵帝时凡两任太尉，后因阿附宦官王甫自杀狱中。

［5］曾祖霸，即北魏名宦段霸，《北史·恩幸列传》：道武帝略地雁门，霸年幼被执，受宫刑。以谨敏见知，历中常侍，官至定州刺史。

［6］此处似脱一字。

［7］魏太师彭城王、镇南将军王肃，即北魏末名将、宗室元肃。北魏景穆太子拓跋晃曾孙，南安王拓跋桢孙，扶风王元怡子。《魏书·安南王传》有载。

北齐张攀墓志[1]

骠骑将军左光禄大夫治书侍御史张君墓志

君讳攀，字子业，清河武城人。先景云作瑞，枢电擒祥，庆钟昌绪，合德列宿，以道承家，资灵命氏，师尧导禹，历夏逾商，砺带周秦，羽仪汉魏，公侯卿相，代彼天工，史牒已详，可得从略。五世祖纯，纯子秉，以典午不竞[2]，鼎业缀旒，五识错峙，九州幅裂，爰自冀壤来适天齐。谋而后动，盖惟避地，亦既来迁，迨限燕政，义均援手，俛从濡足。纯建旗万里，作镇徐方。秉恋厘九棘，兼尸枢密，海岱苏赖，实有力焉。曾祖泰，河涧太守。祖灵宇，本州别驾，并宋世通显。父休祖，魏本州治中，闺门友悌，邦邑归仁。君合灵诞质，资神启秀，兰桂生而自芬，珪璋挺而朗润。经文纬武，行仁励德，器号时英，声隆俗俊。起家本州治中，寻除别驾，首赞望端，流称清远，改授凉州长史，带黄河太守，才高秩下，非所职焉。追拜骠骑将军、光禄大夫，金章紫绶，式彝群辟。但冀部奥壤，海陆唯错，纲纪神州，非贤不委，虽曰左迁，实唯仁寄。转除冀州别驾，余如故。分乘作辅，康歌封国，钦若伟才，久佐外甸，绩简帝心，征拜治书侍御史。整翮入朝，直绳宪职。权门贵戚，避骢马于都畿，势家近习，惮绣衣于京辇。假桓暴止歌，董鲍息颂，功绩不殊，身名何异。

君志量标于万顷，崖岸格于千刃，方磨青穹以振羽，跃仓海而激鳞，天道不吊，云亡奄及，春秋五十五，遘病终于官。良木其摧，岂不殄悴。呜呼哀哉！以齐天保三年三月五日，葬于石屋山里。松崩千丈，玉碎连城，盛德不朽，勒美山亭。其辞曰：

电绕枢光，繁绪载昌。流祚无疆，爰师帝唐。级图崑岗，绵历夏商。或公或王，汉魏增芳。乃祖援手，建斾徐方。自兹已降，世挺珪璋。高曾祖祢，玉润金箱。恋官縻爵，绩著名扬。于昭夫子，克构先堂。爰初弹弁，濯缨周行。如鸿欲渐，似鹭斯翔。分乘流咏，宪职威强。逸融方矫，永赞时康。道修世促，溘随朝霜。卜兹辰远，袭此龟长。薤露[3]悽咽，松雾苍茫。白日暂照，玄夜未央。式铭泉路，德音不忘。

张攀志石

【注释】

[1] 张攀墓志，北齐天保三年（552）三月五日葬。民国年间出土于山东益都县（今青州市）。原藏益都县民众教育馆，后移入文庙，1962年（一说1960年）移藏青州博物馆。墓志为青石质，盖佚。志石长60厘米，宽57厘米。志文共25行，满行约30字，正书。主要著录：《山东石刻艺术选粹·历代墓志卷》编号18；《青州博物馆》第203页；《齐鲁碑刻墓志研究》第308页；李森《北齐张攀墓志考鉴》（《中国文物报》2004年10月13日版）；《山东石刻分类全集·历代墓志卷》第58页；《稀见北朝墓志辑录》。

[2] 典午不竞，指晋代衰亡。典午，"司马"的隐语；《三国志·蜀志·谯周传》："周语次，因书版示立曰：典午忽兮，月酉没兮。典午者，谓司马也。"晋帝姓司马氏，后以"典午"指晋朝。

[3] 薤露，是古代的挽歌，乐府《相和曲》名。战国楚宋玉《对楚王问》：其为《阳阿》《薤露》，国中属而和者数百人。

北齐段荣墓志[1]

王讳荣[2]，字子茂，武威姑臧人。昔凤司之帝，资大星而克产；马啄之臣，感休云而致育。别有气通关令，德迈玄天，道胜文侯，义光厚地，所以嶕峣峻构，与概日而争隆；浩森长原，共疏河而譬远。祖征西将军、敦煌镇将信，神姿杰出，志思横飞，鹊起来朝，龙光载委。父立节将军、安北府司马连，金精外发，水德傍潭，言满四方，行高一世，而凤鹯[3]斯诞，多从凤穴；麒麟所出，并自麟洲。王禀兹秀气，降彼维岳，祐落匈怀，深沉墙宇，洞晓兵符，弗劳玄女之术；生知将略，未假黄公之纪。正光之后，祸兴边朔，南瞻帝县昏沉，遂拥王忠为令。德义感神明，果自扶携，载飞寥廓。时大都督尔朱荣将夷巨患，式加优宠，以王为法曹参军，续以世途纷扰，神州荡析，假地称天，裂冠毁冕。太祖献武皇帝受灵雀之符，收宝鸡之命，将欲弭飞浪于东海，扑炽火于西崑。以王为大行台右丞，寻加大都督，王阐弘经略，董辖戎机，光影未迁，声名以振。转镇远将军、显州刺史，出为西北道大行台慰劳大使。唯彼邺城，汤池□绕，太祖愤然作色，亲事攻围，以王为四面大都督，于信都留守，寻除使持节、都督定州诸军事、镇北将军、定州刺史。于时邺城不下，糜费实多，转输之劳，我其称最。乃封姑臧县开国侯，食邑八百户，寻转车骑将军、左光禄大夫，复除定州刺史。始则群童策竹，悦我来频；末则众老攀车，恨其去数。转授瀛州刺史，敷衽陈辞，竟不述职。又为大都督、大行台，镇抚梁郡。未儿，行相州事，寻除济州刺史。属陈猗肆逆，栾大称妖，王乃怀之以文，眘之以武。然砥柱之北，龙津以南，乃上国之西门，诚伪境之东面，仍除泰州刺史，俄转山东大行台、领六州流民大都督，加仪同三司。方当任钟一相，扈金辂于宗山；第处三真，上玉名于仙籍。此途不遂，抑唯命也。以元象元年六月，薨于中山，时年六十一。赠使持节、侍中、都督定冀瀛沧四州诸军事、大将军、定州刺史、太尉公、尚书左仆射。以大齐大宁元年十一月癸卯朔十九日辛酉，改葬于邺城东北一百五十里斥章城西南三里。皇上眇想前朝，追远未洽，爰发中诏，特加殊礼，赠使持节、侍中、都督恒朔云燕冀瀛沧定八州诸军事、骠骑大将军、定州刺史、大司马、尚书令、武威王，谥曰"昭景"。惟王体道经世，秉德纬民，孤抽积雪之岩，独立终风之穴。及翼赞曹武，光启晋文，业尽一心，功成四目，而槐路未殚，松崩奄至。若乃滕公之马[4]，验佳城之欲开；令威之鹄，嗟旧郭之虚是。大海有扬尘之日，名都有奔浪之期，而不述美三泉，孰可飞芬万叶。乃作铭云：

胄启金天，虹星照焉。繇为大理[5]，聃为上仙。兹焉以降，何世无贤。诞生奇上，迈后光前。体兼龙散，文同豹别。奋迅英规，纵横胆烈。才堪国栋，艺为人杰。猛则兼宽，刚不可折。玄精中妃，幽都告衅。果不同恶，排云高引。世难未已，妖徒继进。望阙抽戈，瞻辇举刃。爰扶首霸，是赞兴王。拂翮鸾矫，刷羽雁扬。运彼三略，成兹一匡。海宁飞浪，河浮瑞光。管乐非遥，良平可匹。穷恩极宠，腾声播实。郭冕屡彰，贾帷频出。回车降雨，张旗蔽日。公望斯在，台仪载加。荣均邓骘，府类张华。东流忽往，西晖骤斜。栋梁焉托，殄悴空嗟。诏葬如何，哀荣具表。日临丹旆，风荣素旐。垅径无晨，泉门讵晓。一辞照世，万春长了。

段荣志盖

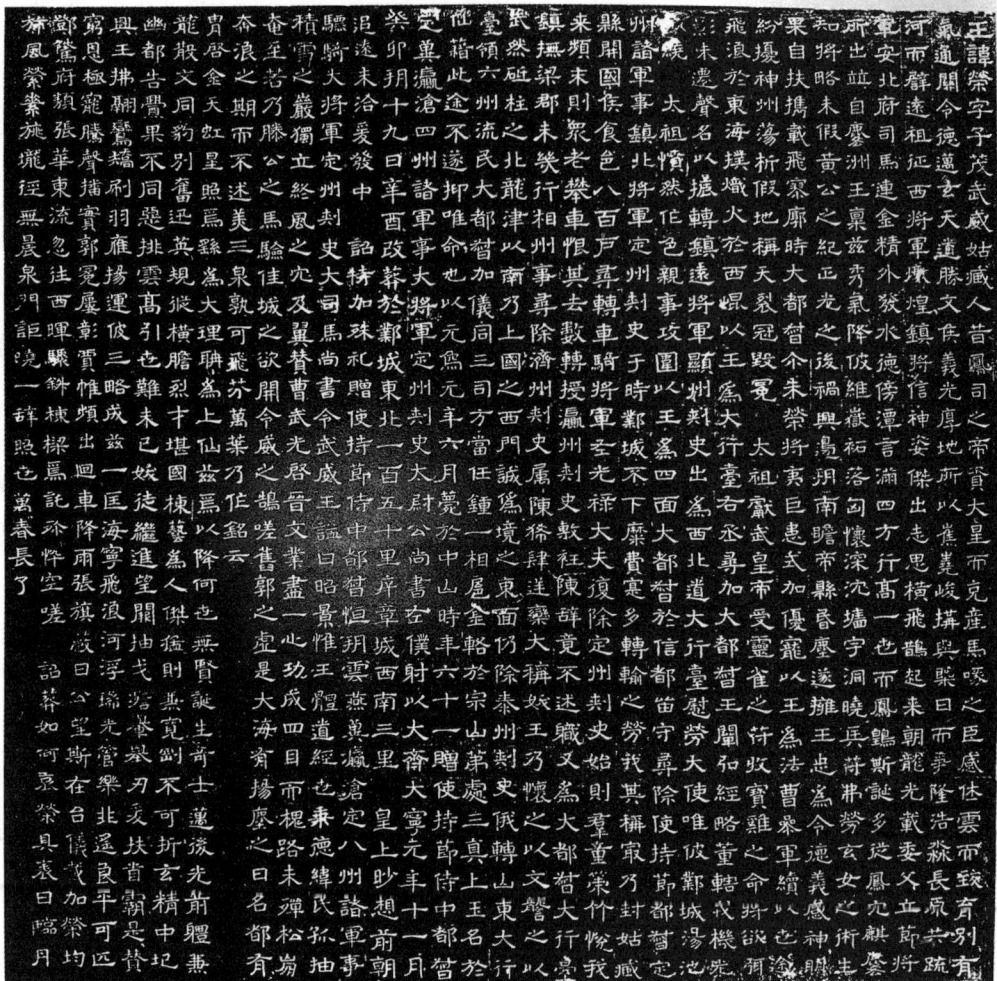

段荣志石

【注释】

［1］段荣墓志，北齐大宁元年（561）十一月十九日改葬。1994年出土于河北曲周县北油村。志盖、志石均为正方形，边长83.6厘米。志盖呈覆斗形，顶面阳刻篆书"齐故大司马武威昭景王段君之墓志铭"，共4行，行4字。志石共32行，满行34字，志文为带有隶意的楷书，有界格。主要著录：《北齐武威王墓志》（《文物春秋》1997年第2期）；《邯郸碑刻》第16页；梶山智史《稀见北朝墓志辑录》；《燕赵碑刻：先秦秦汉魏晋南北朝卷》第748页。

［2］段荣，北齐名将、贵胄，封武威王，谥昭景。其与齐神武帝高欢为连襟，与子段韶同为北齐开国功臣，家族地位显赫。《北齐书》《北史》皆有传。

［3］凤鷐，即凤凰，"鷐"为"凰"之异体，《集韵》有字例。

［4］縣为大理，指舜禹时，皋陶（咎縣）为大理官，此句以追溯先祖。皋陶为理姓之祖，商末时因避祸改姓李。李姓，亦是段氏之源，老子之子李宗仕晋，食采于段干，世为段干氏，

子孙去干为段氏。

[5]滕公之马，喻指勘开墓穴。西汉开国功臣滕公夏侯婴乘车外出，至长安东门时，马嘶鸣不行，以蹄刨地，滕公命士卒掘地，得一石椁。上有古蝌蚪文："佳城郁郁，三千年见白日，吁嗟滕公居此室！"后滕公果葬于此。

北周贺兰祥墓志[1]

□□□（周故使）持节太师柱国大将军大都督大司马十二州诸军事同州刺史凉国景公贺兰祥[2]墓志

祖讳乌多侯，夫人库狄氏。考讳初真，使持节、太傅、柱国大将军常山郡开国公。凉国太夫人宇文氏，建安郡大长公主。

公讳祥，字盛乐，河南洛阳人。魏氏南徙，有卅六国[3]，贺兰国第四焉。肺腑之功，备列前史。公即太祖之甥[4]，幼遭世乱，长于舅氏。太祖特加慈爱，笃训倍常。东西王役，未曾暂离。故清水公贺拔岳[5]，方伯关右。于时太祖龙德在田，携公以从，岳睹公奇异，引侍左右，即纳甥女叱何罗氏，为公夫人。太祖自夏来赴岳难，公时在平凉，中路奔逆，具述时事安危大机。太祖了然，曰："吾意决矣。"因以都督从平侯莫陈悦[6]。魏孝武入关，以迎驾功，封抚夷县开国伯，即侍孝武。魏文帝登位，进爵为侯，除征虏将军，主衣都统，寻迁领左右，进爵为公。大统三年，拜武卫将军，仍迁右卫将军。河桥之役，太祖率大军前行，公翊卫魏帝继进。战日，公力战先登，大破贼军。还拜大都督，加散骑常侍，拜使持节、车骑大将军、仪同三司。从解玉璧围，邙山之役，实有力焉。众军沦湑，公亦分谤。侯景据颍川告款，公又率骑众□（解）围。还拜骠骑大将军、开府仪同三司，改封博陵郡开国公，加侍中，除三荆襄雍平信江隋二郢浙十二州诸军事、荆州刺史。拜大将军行华州，又除同州诸军事、同州刺史，入拜尚书左仆射。六官建，册小司马。周有天下，元年，拜柱国大将军、大司马。吐谷浑乘凉州不备，入寇，害凉州刺史洞城公是云宝，遂为边患。武成元年，公受命率大将军侯吕陵果、大将军宇文盛、大将军越勤宽、大将军宇文广、大将军库狄昌、大将军独孤浑贞等讨焉。路出左南，取其洪和、洮阳二大镇，户将十万，是浑之沃壤，谷畜所资，留兵拒守而还。浑人并□远逃，不敢弯弓报复，因举国告降，请除前恶，乞寻旧好，使驿相属，朝廷然后许焉。西境大宁，实公之力。军还，论功封凉国公，邑万户。公禀性温和、器度弘广，自少及长，俨然方正。一生之内，未见以大声厉色，造次加人。谦恭谨慎，小心翼翼，不以寒暑变容，不以疏贱改意。周室之始，艰难荐及。公左提右契，尽力毗赞，发踪指授，实居其首。是以内外谋谟，军国两政，公之所发，每得厥衷，主相凭倚，百僚属望。公常叹不能自勤，不能下物。日旰忘食，夜分忘寝，专以公事为任，不以家事经怀。诠授文品，量叙戎将，得者无言荷恩，复者亦无怨色。挈挈率下，官属相化，耻有不及，人人自修。无问贵贱，爰及蛮狢，闻公言者，未尝称厌，睹公行者，未尝见恶。信是万顷之陂，千仞之宇，方称兹九伐，翊平海内。而天道茫昧，与善无征。以保定二年岁次壬午二月壬申朔廿七日戊戌甲夜，忽遇暴风疾。越人无验，秦医驻手。翌日己亥，薨于长安里第，春秋卅有八。主相震恸，百司出涕。当薨之日，闾巷庶士，爰及童仆，闻者莫不行哭失声，咸称殄悴。古之遗爱，孰曰能加。庚子，皇上大临东堂，文武毕集，礼也。公以懿亲当佐命之任，穷荣极宠卅余年。临薨之日，家业疏迥。季文之节，于此方见。上下同酸，久而不息。诏命有司，监营丧事，凡所资给，加乎恒典。易名既请，降诏曰：故使持节、柱国大将军、大都督、大司马、凉国公祥，雅量冲邃，风猷峻杰，载德如毛，从善犹水。弘仁杖义，非礼不行，故以道著寰中，誉流海外。方赖亲贤，光赞衮职，奄焉不永，朕用伤悼于厥心。即远戒期，考终有典，宜崇□器，□旌徽烈。可赠使持节、太师、柱国大将军、大都督、同岐泾华宜敷宁陇夏灵恒朔十二州诸军事、同州刺史。封依旧，谥曰景公。以其年三月辛丑朔廿日辛酉，窆乎洪突原。高岸为谷，深谷为陵。爰志公绩，幽显斯恒。

夫人叱何罗氏。世子敬，字撝折罗，使持节、骠骑大将军、开府仪同三司、大都督、化隆县开国侯。次子让，字库莫奚，使持节、车骑大将军、仪同三司、大都督、西华县开国侯。次子粲，字吴提，宣阳县开国侯。次子师，字契单大，博陵郡开国公。次子字吐蕃提，次子字厌带提，次子字丘兹提。长女嫡拓跋氏，次女嫡达奚氏，次女嫡擒拔氏，次女嫡乙弗氏，次女嫡拓跋氏，次女嫡豆卢氏，次女嫡大野氏。

贺兰祥志盖

贺兰祥志石

【注释】

[1] 贺兰祥墓志，北周保定二年（562）三月二十日葬。1965 年出土于陕西省咸阳市周陵乡贺家村，与其妻刘氏墓志同时出土，现藏咸阳市博物馆。志盖为盝顶正方形，边长86 厘米，厚 13 厘米。盖文篆题“周故太师柱国大司马凉国景公之墓志”，共 4 行，行 4 字。志石亦正方形，边长 86 厘米，厚 14 厘米。志文共 40 行，满行 40 字，正书。主要著录：《咸阳碑石》第 5 页；《西北石刻集录续编》第 1 册第 61 页；《新中国出土墓志·陕西（一）》上 21 页图、下 17 页文；《渭城文物志》第 215 页；《汉魏六朝碑刻校注》第 10 册第 160 页；《新出魏晋南北朝墓志疏证（修订版）》第 236 页。相关研究参刘晓华《北周贺兰祥墓志及其相关问题》（《咸阳师范学院学报》2001 年第 5 期）。

[2] 贺兰祥，字盛乐，代郡武川人，鲜卑族，西魏、北周时名将、名臣，宇文泰外甥，

随宇文泰长期征战，功勋卓著。后都督荆襄，安抚南族，政绩卓然。北周建立后，受任重职，又平定吐谷浑。《北史》《周书》皆有传。

　　[3] 魏氏南徙，有卅六国，即随北魏南迁的鲜卑原三十六姓。《魏书》："至成皇帝讳（拓跋）毛立，聪明武略，远近所推，统国三十六，大姓九十九，威振北方，莫不率服。"

　　[4] 太祖之甥，即贺兰祥为北周太祖文皇帝宇文泰外甥，贺兰祥母亲为宇文泰姊建安长公主。

　　[5] 贺拔岳，字阿斗泥，北魏名将。先为怀朔镇军主，后尔朱荣，扶持孝庄帝即位。永安三年（530），随尔朱天光平定万俟丑奴，收复三秦、河陇，封清水郡公。永熙三年（534），在平凉被侯莫陈悦所杀，残部为宇文泰所收。《魏书》《北史》皆有传。

　　[6] 侯莫陈悦，东魏将领，豪强，先后跟随尔朱荣、尔朱天光、贺拔岳，后在平凉杀贺拔岳，终为宇文泰所杀。《魏书》《北史》皆有传。

北齐韩裔墓志[1]

　　君讳裔，字永兴，齐国昌黎宾屠人也。自祖潜鸟鼻，灵发虎眉，灭三妖于有成，致五精于虏宋。其后垂缨戴冕，剖符锡爵，朱轮画毂，踵武高门。祖冠军将军，鼎贵一时，德充寰宇。父大司空公，畜价怀宝，声高海内。公降灵纯粹，禀质冲和。行合礼仪，动中规矩。含风雷之姿，蕴云霞之气。自负材力，罕有缔交，释宣威将军给事中。逮魏失其鹿，中原鼎沸，赤县之内，豆剖瓜分。我神武皇帝，握玄女之兵，得黄人之祉，驱熊罴于朔野，蒸生民于涂炭。陈平縲身亡楚，孙通削迹辞秦。千载一时，见机而作。遂托身奔走，中分麾下，真将军也。好出奇兵，以功除冠军将军、中散大夫、帐中领民正都督、秦州武阳县伯。元象年，除假节、督西荆州诸军事、本将军、西荆州刺史。寻安东将军、银青光禄大夫、宁州诸军事、宁州刺史。寻除中军将军、故城都督。是时边烽亟动，羽檄屡惊，淮济之间，不臣衿带。以公为南道都督，征侯景于涡阳。公受釐于社，建节南辕。拥貔虎之师，勒次飞之士。虽降城制邑，未藉苏张之辞；屠军获虏，实假孙吴之法。还除骠骑将军、仪同三司、临泾县开国公、故城大都督。天保元年，除开府仪同三司，别封康城县开国子，使持节、凉州诸军事、凉州刺史。迁三角领民正都督，又迁新城正都督，除使持节、建州诸军[事]、本将军、建州刺史。此地则北临汾水，南面黄河，斜指函谷之关，傍接飞狐之口，山川重叠，凶寇往来，马未解鞍，人不安席。公抚孤恤老，蔑臧宫之居广陵；偃旗寝甲，忽黎彤之守辽东。进封高密郡开国公，迁东朔州刺史，食并州乡郡干。天统元年，除特进、使持节、青州诸军事、骠骑大将军、青州刺史。地有十二之险，俗承五家之法。车击毂于途，人摩肩于市。斗鸡走狗，弹筝蹋鞠，自成千邑，奸伪丛生。公将弘一变，申之五礼。民忻时雨，吏惧严霜。惟体握芝兰，门承旧业。盛范传于乡曲，清徽播于朝野。每及叶零秋苑，花发春池，鞞鼓笙簧，纷纶间起。自策名公府，执笏王朝，出镇入守，留连羁勒。至于人疲马邑，军乏龙城，祷石祈泉，飞流沠涌。故得开襜千里，锡珪一方，凭骥足于康衢，托鹏翼于四海。而日移庭午，月亏蓂叶，风烛不停，百年遽尽。以天统三年正月十三日，卒于青州治所，春秋五十四。诏赠使持节、瀛沧幽三州诸军事、中书监、三州刺史。四时虽往，地轴不倾。故千秋岁，勒此鸿名。其词曰：

三圣开基，二神弘胤。归塘譬广，削城方峻。地奄荆蛮，位高邘晋。嘉栎见封，宝剑无斉。自南自北，乃公乃侯。门传卿相，世业箕裘。笃生伟器，独步无俦。润被崖涘，精通斗牛。驰气关右，腾声河外。五兵并时，两鞬双带。战亡否合，兵无小大。不避风雨，未持轩盖。眷言出镇，执羔秉璲。朱旗赫弈，文马和銮。风摧阶蕙，霜败庭兰。遂闻仙鸟，来呼子安。沉沉古墓，寥寥荒陇。思鸟悲鸣，哀筇互动。青松丛摇，白杨齐耸。一下幽扃，长乖瞻奉。

韩裔志盖

韩裔志石

【注释】

[1] 韩裔墓志，北齐天统三年（567）刻石。1973年出土于山西省祁县白圭镇东南，现藏山西省考古研究院。志盖长82厘米，宽81厘米，厚12厘米。篆书"齐故特进韩公之墓志"，共3行，行3字。志石为正方形，边长82厘米，厚12厘米。志文共28行，满行34字，隶书。主要著录：陶正刚《山西祁县白圭北齐韩裔墓》（《文物》1975年第4期）；《汉魏南北朝墓志汇编》第435页；《汉魏六朝碑刻校注》第9册第255页；《全北齐文北周文补遗》第101页；《六朝墓志检要（修订本）》第158页；《晋阳古刻选·北朝墓志卷》第243页；《山西省艺术博物馆馆藏碑志集萃》第4—5页。

北周俟吕陵褒墓志[1]

公讳褒[2]，字洪显，燕州昌平苦水人也。俟吕陵国姓出自漠北，匹也头辱纥酋长之胄焉。魏并州刺史、北平公斤曾孙。魏泾州刺史、安定公环孙。魏大都督、河州金城郡守、长乡子演仲子。魏灵泾东秦三州刺史、仪同三司、彭城伯、惠公悦长弟。公起家奉朝请、强弩将军。大昌年中，授前将军、大中大夫。永熙三年，入关任大行台左丞、大丞相府录事参军，赏三水县开国男，邑一百户转属。大统元年，授中军将军、银青光禄大夫，增邑二百户，进男为子。二年，授镇南将军、相府从事中郎，转左府司马。三年孟冬，高欢渡河，连阵沙菀，飞锋竞进[3]。公时预策先登，进讨劝流军渭北，置兵死地，占风候气，随机摧破其后，曰轻使。公入夏州，矫称已擒元首焉。镇城许和，斩其刺史归附，沙菀制阵，诡服夏州，从容谈笑，立功公之功焉。增邑三百，通前合六百户，进子为伯，授卫大将军、北雍州刺史。五年，征入，任给事黄门侍郎。九年，迁侍中。十年，任大仆卿。十二年，授使持节、都督西凉州诸军事、本将军、西凉州刺史。十六年，授大都督，行凉州事。魏废帝元年，授使持节、车骑大将军、仪同三司、大都督、会州诸军事、会州刺史。周二年，授骠骑大将军、开府，增邑五百，合一千一百户，进伯为侯。武成元年，追入授大吏部。三年，转大御伯。保定二年，任司仓。三年，授汾州诸军事、汾州刺史。四年，大军东行，转防河州三州六防诸军事、河州刺史。天和二年，增邑五百，合一千六百；其年，授凤州刺史，增邑三百，合一千九百户，进侯封公。五年九月，授少保。其月构疾，春秋七十三，十月廿四日薨于位。诏赠本官，燕岐泾三州诸军事、燕州刺史，封如故，谥贞公。六年正月廿三日，葬万年县堺羊牧原。世子恒贵，兄弟缠悲霜露，流动风枝，家号德门，居为孝里，朝野同哀。乃为之铭曰：

署功立节，名建身荣。兢兢敬上，荐辂振缨。文有奇策，武奋敌平。入赞二代，出牧七蕃。职兼内外，称论无偏。呜呼哲人，构疾缠绵。医疗无降，奄丧良贤。悲废朝市，哀停农田。龟敕支易，卜宅占坟。遇卦膺乾，其后将忻。金玉宝璧，积润唯派。窀房埏隧，上仞百寻。华表人虎，羊础如林。堂宇雕饰，石门冥谧。幄帐帷衾，明器满谥。乎嗟少保，葬安此室。

俟吕陵褒志盖

俟吕陵褒志石

【注释】

[1]俟吕陵褒墓志，又称韩褒墓志，北周天和六年（571）正月二十三日葬。出土时地不详，据云 21 世纪初出土于陕西西安。志盖为正方形，边长 43.8 厘米。志盖楷书"大周少保开府三水贞公之墓志铭并序"，共 4 行，行 4 字。志石为正方形，边长 57 厘米。志文共 27 行，满行 27 字，正书。主要著录：《秦晋豫新出墓志搜佚续编》第 1 册第 146 页；《珍稀墓志百品》第 24 页；《西南大学新藏墓志集释》第 89 页。

[2]俟吕陵褒，即韩褒。《北史·韩褒传》载："韩褒，字弘业，颍川颍阳人也。祖环，魏平凉郡守、安定郡公。父演，恒州刺史。……（宇文泰）及为丞相，引（褒）为录事参军。赐姓侯吕陵氏（即侯吕陵氏）。"《传》所载韩褒祖、父名皆与志文同，又言改姓事。

[3]三年孟冬，高欢渡河，连阵沙苑，飞锋竟进。此处所载为沙苑之战，为北朝后期东魏与西魏间进行的一次重要战役。西魏大统三年（537，东魏天平四年）八月，丞相宇文泰率军攻克东魏之恒农郡，东魏丞相高欢亲自率军二十万反攻，宇文泰所部退回关中。东魏军渡黄河，逼长安。十月，西魏军至沙苑（今陕西大荔南，洛、渭二水之间），与东魏军拒，东魏军扑沙苑，西魏军伏击之，东魏军大败，东逃渡河归。沙苑一战，东魏丧士八万，元气大伤。

北齐徐显秀墓志[1]

王讳颖，字显秀，忠义人也。昔启宗淮沂，或王或子，致哈矢于鲁邦，留宝剑于坟树。亦有美貌盛颜，擅高名于齐北，洁心苦志，标绝操于海隅。自兹以降，分源弥广，扬声朔野，繁如椒实。祖安，怀戎镇将，温良简素，行在言先。考珍，司徒，蕴异韬奇，礼申运后。王上禀雷精，旁承金气，阚如貙虎，烈似冰霜，宏量恢然，独恣心赏。关下豪杰，尽慕侠风，边地少年，同归壮概。既而北服尘飞，中原云扰，尔朱天柱，始辑勤王，宿挹英异，厚相招结，籝粮杖剑，遂参麾鼓。颜行别将，咸必冠军，搏战致师，无不陷敌。授前锋都督[2]，马邑县开国伯、太中大夫[3]。高祖定业，除抚军将军[4]、银青光禄大夫、直阁将军[5]、帐内正都督、凉州刺史、新城大都督，复除使持节、都督朔州诸军事、朔州刺史。一从真主，驰展英规，常冲死地，屡入虎口。体兼伤以方厉，衣浴血而逾猛，多陵始阵，每殿还师。是曰九军之雄，实唯万夫之特，盟府已盈，赏典斯茂。除仪同三司、桑干县开国子。天保初，加开府，仍除骠骑大将军、汾州刺史，转肆州[6]刺史，清惠为资，高明成用，两部均咏，二蕃同偓，赐食平原郡干，加特进，除成州[7]刺史，封金门郡开国公。大宁初，别封武乡县开国伯，除宜州[8]刺史。伪邻不逞，连祸作寇，南倾巴濮，西尽牢烧，士若渭沙，戈犹林木，盛輴櫓于金埤，舒旌旆于芒皋。救兵未会，元戎始交，多少相悬，车徒异势。王跃马抽剑，独奋孤挺，遂破百万之师，仍解危城之急。功大礼殊，业隆袟茂，乃封武安王，除徐州刺史、大行台尚书右仆射，閫民多术，宣威有庸。骖传不停，除南朔州刺史，食赵郡干，俄转食南兖州干，拜司空公。冬官崇邈，懿德是推，我膺逾往，下台增耀。迁太尉公。

西鼎隆绝，非贤莫允，式从休命，阴阳以调。惟王灵府凝深，天机俊发，慷慨衷于顾眄，义列形于音旨，难不爱身，胜无伐善，故能立此元功，开兹荣业。轹天衢以长迈，腾太阶而上驰。宜其整遗，永锡斯保。树风不静，奄以武平二年正月七日，遘疾薨于晋阳之里第，时年七十。诏赠使持节、都督冀瀛沧赵齐济汾七州诸军事、冀州刺史、太保、尚书令，祭以太牢。太常谥曰，礼也。以其年十一月乙巳朔十七日辛酉，葬于晋阳[9]城东北卅余里。敬勒徽猷，寄之泉路。其铭曰：

　　峻岳播祉，贤宿降精。应时为世，粹在人英。公表王骨，将气雄名。耳垂吴坂，锷蕴丰城。世道威夷，天方长乱。怀剑入楚，捐躯从汉。时遇始基，事逢多难。聿为心膂，兼称贞干。匈奴合骑，点羌连党。奋身迥入，提卒孤往。平城解围，崤函复象。懿勋光绩，大赉超赏。四衣公衮，八振蕃麾。绛灌等烈，黥彭并施。申酉易没，舟壑俄移。始类辞家，终同成郢。国伤旧齿，朝追后命。典册并褒，赠物俱盛。一棺永往，九泉无竟。

徐显秀志盖

徐显秀志石

【注释】

[1] 徐显秀墓志，北齐武平二年（571）十一月十七日葬。2002年出土于山西太原市迎泽区郝庄乡王家峰村。志盖为盝顶，长54厘米，宽54厘米。顶面篆书"齐故太尉公太保尚书令徐武安王墓志"，共4行，行4字。志石长71厘米，宽72厘米，厚21.3厘米。志文共30行，满行30字，隶书。主要著录：常一民、裴静蓉等《太原北齐徐显秀墓发掘简报》（《文物》2003年第10期）；岩本笃志《徐显秀墓出土贵石印章与北齐政权》（《史滴》第27号，2005年）；常一民《北齐徐显秀墓发掘记》（《文物世界》2006年第4期）；《晋阳古刻选·北朝墓志卷》第311页；《全北齐北周文补遗》第126页；《汉魏六朝碑刻校注》第9册第394页；《新出魏晋南北朝墓志疏证（修订本）》第201页。相关研究参刘丹《徐显秀墓志、厍狄迥洛夫妇墓志校释——兼论北齐政治中的"胡汉"问题》（南京大学硕士学位论文，2011年）等。

［2］前锋都督，官名。两晋十六国汉、前秦、后燕及北魏置。大军出征时，统率前锋部队。《晋书·陆云传》："（成都王司马）颖将讨齐王冏，以云为前锋都督。"《晋书·苻坚载记上》："（苻）坚率中外精锐以付之，以其前将军杨安、镇军毛盛等为前锋都督。"

［3］太中大夫，官名。亦作"大中大夫"。秦、西汉初位居诸大夫之首，武帝太初元年（前104）以后次于光禄大夫，秩比千石。侍从皇帝左右，掌顾问应对，参谋议政，奉诏出使，多以宠臣贵戚充任。北魏孝文帝太和十七年（493）定为三品下，二十三年改为从三品，北齐从三品。北魏亦用作加官、兼官，或供朝廷临时差遣。北周为散官，七命。

［4］抚军将军，官名。三国蜀后主建兴八年（230）置。晋朝定为三品。十六国前凉、北燕亦置。南朝宋为三品。齐时位在四征将军之上。梁亦置。北魏孝文帝太和十七年（493）定为从一品下，二十三年复次职令，降为从二品，北齐时多以武职罢任者为之，从二品。

［5］直阁将军，官名。南朝及北魏、北齐置之。为皇帝左右侍卫之官，地位显要，在南朝宫廷政变中举足轻重。南朝梁时亦领兵出征。北魏时，以宗室任此职。北齐时为左右卫府直阁属官。北魏孝文帝太和十七年（493）定为从三品下，北齐为从四品。

［6］肆州，北魏太平真君七年（446）置，治所在今山西忻县西北。后移治九原城（今忻县）。北周移治广武县（今代县）。

［7］成州，西魏废帝三年（554）以南秦州改名，治所在今甘肃西和县西南。隋大业初废。

［8］宜州，西魏废帝三年（554）以北雍州改名，治所即今陕西耀县。隋大业初废。

［9］晋阳，秦置晋阳县，治所即今山西太原市西南古城营西古城。北齐河清四年（565）移治古城营东汾水之东。隋开皇十年（590）移还古城营西古城。

北齐范粹墓志[1]

齐故骠骑大将军开府仪同三司凉州刺史范公墓志

公讳粹，字景纯，边城郡边城县[2]人也。自肇迹陶唐，启邑随范。士多以矜丧见美，文子因知人取誉。仍兹厥后，世禄相承，旧德前基，风猷弥郁。公资灵川岳，禀气辰昂。方逞龙骨，已振凤毛。爰自千里，超拟三事。将许比德钟繇，伦功邓禹，共羊祜以连镳，与卫清而并骛。旻天不吊，人之云亡。以武平六年，四月廿日薨于邺都之天宫坊，春秋廿有七。以五月一日迁厝于豹祠[3]之西南十有五里。庶传不朽，用镌玄石。乃为铭曰：

新除东雍州刺史、太傅卿。既资帝喾，又纂唐尧。御龙夏世，知人晋朝。承口建国，在社笙茅。雄图骞骞，德音昭昭。公侯载诞，神仪允穆。节比贞松，才侔劲竹。歼我良人，如何不淑。方都佳域，悬生拱木。人路飞泡，世事难希。涂车菊马，器魂衣[4]。云起朱盖，风拂素旗。埏门忽掩，何日言归。

范粹志石

【注释】

［1］范粹墓志，北齐武平六年（575）五月一日葬。1971年出土于河南省安阳市洪河屯乡洪河屯村。现藏河南博物院。志盖为正方形，边长46厘米，素面无文，今佚。志石亦正方形，边长46厘米。志文共17行，满行18字，隶书。主要著录：《六朝墓志检要（修订本）》第165页；《汉魏南北朝墓志汇编》第469页；《全北齐文北周文补遗》第143页；《汉魏六朝碑刻校注》第10册第79页；《新中国出土墓志·河南一》第1页；《中国金石集萃》第7第97页；《河南安阳县发现一座北齐墓》（《考古》1972年第1期）。

［2］边城县，南朝宋置，治所在今河南商城县东。隋开皇初改名期思县。

［3］豹祠，即西门豹祠的简称，也称西门君祠，其周围是邺城地区一处重要的墓葬群。据李杲、王银田《东魏高唐县开国男穆瑜及夫人陆氏墓志考释》研究：西门豹祠，兴和三年（541）《李挺墓志》载"葬于邺城之西南七里，豹祠之东南三里半。"据此可知西门豹祠在邺城的西南方。武平五年（574）《魏懿墓志》载："窆于邺漳之阴，西门豹祠之西南"。

"漳之阴"即漳河之南。可知西门豹祠在漳河以南。西门豹祠有二，一处位于河南安阳市安丰乡北丰村。另一处在河北省临漳县西南仁寿村，其中，前者既满足在邺城之西南，又满足在漳河之南。许作民在《丰乐镇西门豹祠考》一文中运用文献与考古资料对北丰村的西门豹祠进行了考证，认为最晚建于东汉，至1924年毁于战火。是比较可信的。北丰村的西门豹祠基本可以断定为东魏、北齐墓志中提到的西门豹祠。古邺城西面的低山丘陵为东魏、北齐墓葬区。以漳河为界，以北为帝陵和勋贵墓地，以南为一般贵族墓地，西门豹祠和野马岗都处于这个范围内，构成了邺西南墓地的主体。野马岗和西门豹祠墓群也反映了邺城在历史上的兴衰。相关研究参李杲、王银田《东魏高唐县开国男穆瑜及夫人陆氏墓志考释》（《暨南史学》2015年第2期）近年出土的北齐《陆净墓志》也记载"窆于邺县西门君祠之西四里所"。

[4]"器"上原刻当脱一字。

北周安伽墓志[1]

大周大都督同州萨保安君墓志铭

君讳伽，字大伽，姑臧昌松[2]人。其先黄帝之苗裔，分族因居命氏，世济门风，代增家庆。父突建，冠军将军、眉州[3]刺史。幼擅嘉声，长标望实，履仁蹈义，忠君信友。母杜氏，昌松县君，婉兹四德，弘此三从，肃睦闺闱，师仪乡邑。君诞之宿祉，蔚其早令，不同流俗，不杂嚣尘，绩宣朝野，见推里闬。遂除同州萨保[4]。君政抚闲合，远迩祇恩，德盛位隆，于义斯在。俄除大都督。董兹戎政，肃是军容，志效鸡鸣，身期马革。而芒芒天道，杳杳神祇，福善之言，一何无验？周大象元年五月，遘疾终于家，春秋六十二。其年岁次己亥十月己未朔，厝于长安之东，距城七里。但陵谷易徙，居诸难息，佳城有斁，镌勒□无亏。其词曰：

基遥转固，派久弥清。光踰照虎，价重连城。方鸿节鸷，譬骥齐征。如何天道，奄墬泉扃。寒原寂寞，旷野萧条。岱山终砺，拱木俄樵。佳城郁[□]，陇月昭昭。缣□易[□]，金石难销。

安伽志盖

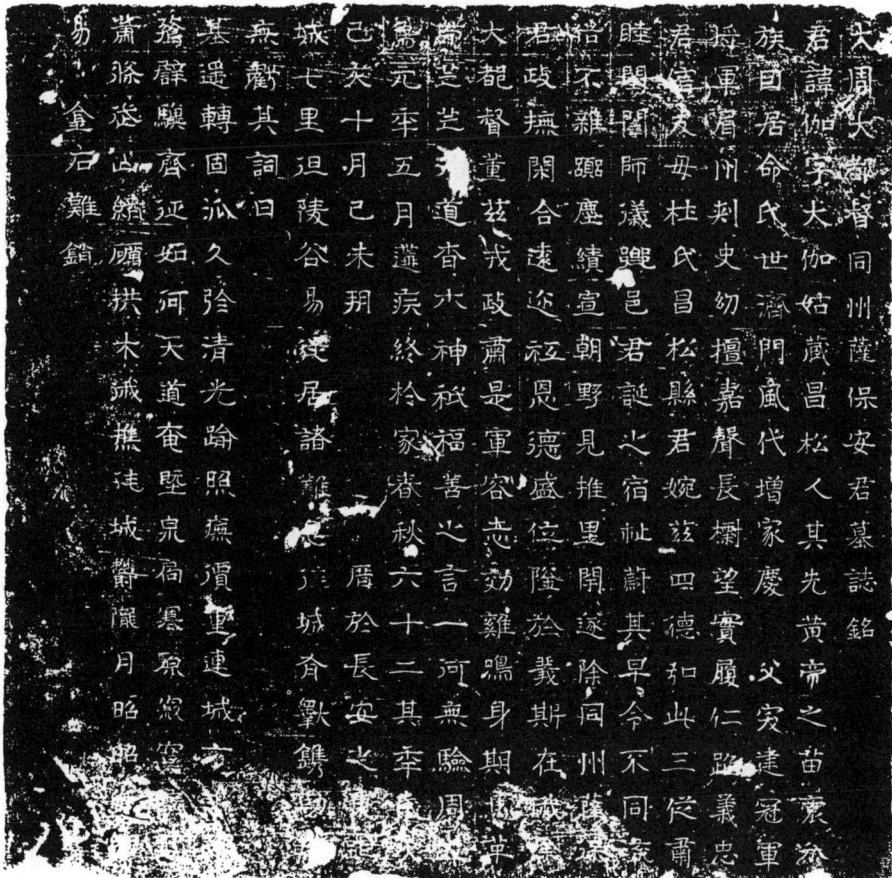

安伽志石

【注释】

[1]安伽墓志，北周大象元年（579）十月初一日葬。2000年出土于陕西西安大明宫乡炕底寨村西北。现藏陕西省考古研究所。志盖、志石均为正方形，边长均为47厘米，均厚7.5厘米。志盖撰书"大周同州萨保安君之墓志记"，共3行，行4字。志文共18行，满行19字，正书，有界格。主要著录：尹申平等《西安北郊北周安伽墓发掘简报》（《考古与文物》2000年第6期）；尹申平等《西安发现的北周安伽墓》（《文物》2001年第1期）；刘文锁《〈安伽墓志〉与"关中本位政策"》（《中山大学学报（社会科学版）》2003年第1期）；《西安北周安伽墓》第59页；《从撒马尔干到长安——粟特人在中国的文化遗迹》第66页；《全北齐北周文补遗》第43页；《汉魏六朝碑刻校注》第10册第324页；《新中国出土书迹》第288页；《新出魏晋南北朝墓志疏证（修订版）》第291页。

[2]昌松，据《隋书·地理志》载武威郡统县四，即有昌松县。昌松，后魏置昌松郡，后周废郡，以揟次县入。开皇初改县为永世，后改曰昌松。其治所在今甘肃武威东南汉苍松县南十里。

[3]眉州，西魏废帝三年（554）以营州改名，治所在齐通县（即今四川眉山县）。北周改为青州，又改为嘉州。隋大业初复改为眉州，寻废。

[4]同州，西魏废帝三年（554）以华州改名，治所在武乡县（隋改名冯翊县，今陕西大荔县）。隋大业三年（607）废。萨保，又称萨甫、萨宝，是由中央政府任命，负责管理来中国进行贸易的胡商及定居内地的各种外来人员，此外还管祭祀等宗教活动。北魏在京师设萨保，各地设周一级的萨保。此后西魏北周、东魏北齐都继承了此制度。目前在传世文献及出土文献中见到的有凉州萨保、甘州萨保、同州萨保、并州萨保、定州萨保等。

北周史君碑铭[1]

【汉文】

大周凉州［萨］保史君石堂

君［讳□，其先］史国[2]人也。本居西域，土［□□□□□□］及延，迁居长安。目他有［□□□□□］永远应期，中原显美。□（？）［□□□］日昌（？）具德。祖阿史盘陀，为本国萨保；父阿奴伽，并怀瑾握踰（瑜），重规叠矩。秀杰不群，立功立事。少挺［□］石，又擅英声。而君秉灵山岳，［□□□］志，大统之初，乡闾推挹，出身为萨保判事曹主。［□□］五年，诏授凉州萨保。而天道芒芒，沉芳永岁。大象元年［五］月七日，薨于家，年八十六。妻康氏，其［□□□□□］（同年六月七）日薨。以其年二年岁次庚子正月丁亥朔廿三日己酉，合葬永□县界，［礼也］。长子毗沙，次维摩，次富□多，并有孝行，乃为父造石堂一区，刊碑墓道，永播□□。

【粟特文】

1　mz'yxw［t'］y cw t'y z'nw δw'

2　srδ pr m［w］š srδy prtmy

3　m'x 'wyh 23yh KZNH ZY

4　wm"t（k）šy'n'k kwtr'k

5　kc"n（'）［..］'ntk cnn βγp'wr

6　［ ］tβry［ ］（.）rt kc'nc'n'k srtp'w

7　（.）［　　］（t?）pr sγwδyk-stn

8　'st'm δ'r wyrk'k n'mt ZK

9　wn'wk BRY wn'wk ZK rštβntk

10　srtp'w BRY rty ZKh kty-"βr synpyn

11　z't（c）h wy'wsyh n'mt rty wyrk'k

12　sr（t）p'w k'w synpyn pr k's srδ

13　wxwšwmy m'xy 'βt（s）［γth x］（r）γwš'k

14　myδy kty"βr pr'yβtw（δ'）［rt ］（r）ty

15　pytsrδ myδ' xwmt'n xwty pr k's

16　srδ p（nc）my m'xw 'βtsγth βγr（w'n）

17　'krty rty šy ms ZKh kty"βr pr

18　wxwšw-my m'xy 'βtsγtsγtyh xr（γwš'k）

19　myδy βγrw'n 'krth pr 'yδ pcβγtk

20　srδ 'yδ m'xw 'yδ myδy rty nyst w'tδ'r

21　'kytn "z'y ZKZY 'myδry 'prtk L' "y rt（y）

22　ms šk'wrδ ZK zw'ntδ'my zmnh 'nw（γ）wth

23　cnn 'prth pyšt 'wn'kw šk'wrtr

24　'kyt pr mrt（x）m'k δ'my 'yδ srδ 'yδ·m'x（y）

25　'yδ myδ wyr' wδh prwh L' ptz'n

26　pr"w wy-n'nt ms k'w 'xwštm'xw

27　pr 'yδ zmn' 'nγwth pr'yw "（zw）n

28　β'y（空）

29　'krty ywn'k snkyn'k βγkt'k

30　βr'yšmnβntk δrymtβntk

31　pr'wtβntk ws"n 'BY'（?）

32　m'δryh sc'w wy"kh

33　（空）

粟特文汉译：

［1—3行］（时在）大周大象二年，岁在于（鼠）年第一月第二十三日（＝公元580年2月23日）。

［3—14行］有一位出身史氏家族的人，［定居？］在一个（叫）姑臧（的城市），他从皇帝那里［得到？］凉州萨保的［称号？］，（并且是）粟特地区的一个显贵（?）。他

名叫尉各伽（Wirkak），阿奴伽（Wanūk）之子。阿奴伽是萨保阿史盘陀（Rashtvantak）之子。他的妻子生于西平（Senpen），名叫维耶尉思（Wiyusī）。尉各伽与其妻在西平（Senpen）于亥（猪）年第六月第七日（兔日）结为连理。

［15—17行］后来，在亥（猪）年第五月第七日（=579年6月16日），在胡姆丹（Khumtan=长安）这里，他本人去世。

［17—20行］此后在第六月的第七日（兔日），他的妻子也去世，就在此年此月此日（=579年7月15日）。

［20—28行］凡生于此世间之人，无一能避免死亡（即无人能逃脱死亡的命运）。

［22行］人们也难以完满地度过这一人世生活阶段（即人们难以活过人生之大限）。然而，更难的是在人间（或地上的世界），一位丈夫和一位妻子无意识（即无心或偶然）地相互守望（即共同生活？），走过这年年岁岁、日日夜夜，甚至他们还将在天堂里拂手共度这段岁月。

［29—32行］此石制坟墓（即神之居所）是由毗黎沙漫盘陀（Vrēshmanvandak）、射勿盘陀（Zhenmvandak）和拂卤吐盘陀（Parōtvandak）为了他们的父母的安全而在合适的地方建造的。

史君碑铭1

史君碑铭 2

【注释】

［1］凉州萨保史君碑铭，北周大象二年（580）正月二十三日葬，2003 年出土于陕西西安。现藏西安市文物保护考古研究院。该碑铭长 88 厘米，宽 23 厘米，共有竖刻文字 50 行，其中粟特文 32 行，汉文 18 行。粟特文转写及汉译引自吉田丰《西安新出史君墓志的粟特文部分考释》。主要著录：杨军凯等《西安北周凉州萨保史君墓发掘简报》（《文物》2005 年第 3 期）；孙福喜《西安史君墓粟特文汉文双语题铭汉文考释》（《粟特人在中国——历史、考古、语言的新探索》，中华书局，2005 年）；吉田丰《西安新出史君墓志的粟特文部分考释》（《粟特人在中国——历史、考古、语言的新探索》，中华书局，2005 年）；杨军凯《北周史君墓双语铭文及相关问题》（《文物》2013 年第 8 期）；《北周史君墓》（文物出版社，2014 年）。

［2］史国，即"佉沙"，亦称"羯霜那"。粟特九姓胡所建的国家之一，在今乌兹别克斯坦撒马尔罕附近。隋大业中，遣使贡方物。唐显庆时，以其地为佉沙州。

隋阴云（寿）墓志 [1]

大隋使持节柱国司空公赵郡武公阴使君墓志铭

公讳云，字罗云，金明广乐（洛）[2] 人也。若乃郊垂电色，龙鳞所以成字；房连星影，凤啄于是衔书。大夫入荆，非吹律而命氏；金吾辅汉，表佐旃而立功。自是家传珪璧，润林发长虹之彩；人擅珠玑，折水坎神骊之气。曾祖志足，魏镇远将军[3]、武威太守。祖买仁，银州[4]刺史。或器宇深沉，或风鉴散朗，世载厥美，何期茂欤。父嵩，周使持节、骠骑大将军、开府仪同三司、夏州[5]刺史、利仁县侯。以雄杰之姿，遭时来之会。魏武迁播，颇劳羁靮，周文匡弼，亦寄爪牙。公惟岳降神，实川兴气，山庭表异，月准呈祥。孝敬纯深，得汝郁之字；艺业周备，如顾雍之名。长社横前，朝闻精义，下邳汜上，夜授兵书。晋荡公宇文护，周之宰辅，引公为内亲信，俄授都督。捎云之干，豪末而升；正风之律，忽微以数。寻转大都督、内外府骑兵曹。既领马政，亦禁蚕书，故以骅骝繁滋，坰牧充溢。巫侠复岭，夷蜑逆命，柱国陆腾，总兵南伐。晋公遣公监军，为其进止。于是兵不血刃，举无遗策。督卸之道，无复豺狼；使君之叹，不惊鳞介。寻除使持节、车骑大将军、仪同三司。靳歃戎号，邓骘台衮，一举二美，公实兼之。未几，除内外府掾。郭奉孝[6]之谋猷，阮千里[7]之酬对，隔代连辉，差无惭色。从周武帝东伐，师出河阴，彼以山川形胜，水陆抗拒，公率一舸，乱流而出，烧其船舰，无复遗余。润下之流，不妨炎上；未济之火，翻得焚舟。又从平齐，晋州[8]力战，摩垒致师，陵城折馘。次勋居最，复超荣序，授使持节、开府仪同大将军、东光县开国公，邑一千户，隆绝漠之府，开誓河之国。宇文神举之镇并州[9]，诏授公总府长史，用兹轻典，缉彼新邦，军谋政绩，实资毗赞。又随神举破突厥于三堆，遂使阴馆无尘，阳关息警，远振威风，公参其力。俄而木德将谢，燀祇降灵。皇上初开霸基，梦想英杰，驰驿召公，授相府掾，齐衡十乱，篆迹五臣。于时，崇顾未服，袁董放命，尉迥煽动清齐，据有彰邺，遣郧国公宽勒兵问罪，令公总护，诸将咸取节焉。一举而武陟平，再战而临漳定，氛祲既消，廓清斯在，策授使持节、柱国、赵郡公，邑三千户。又转相府司录[10]，加授少司空。国乱既治，邦事载立，仰洞天象，俯画舆图。暨揖让之初，厘革伊始，九牧之金虽徙，万国之玉未朝。兼山东初服，犹多斁弊，诏公勒兵一万，以威乱邦，专侯伯之征，操煞生之柄。公十策六奇，远来迩肃，觊觎既绝，反侧自安。又权检校幽州总管事，带幽州[11]刺史。俄而突厥入边，大为民患，所经之地，飞走绝音，所纵之兵，风电无迹。公便宜从事，一切取威，率三总管兵，度长城三百里，与虏战于赤柯泊，大破之，斩馘既多，禽获甚众。射雕之手，不暇弯弓；乘骊之王，仅能飞辔。自是胡兵洒泣，惧耿忧之战；狄人丧气，畏郅都之象。若夫十万横行，樊舞阳之虚议；五千深入，李都尉之无功。比拟二贤，斯绩盛矣。高宝宁，齐之裔姓，周之遗贼，连结北狄，久据黄龙，缓颊莫来，长鞭不及，诏公率八总管讨而平之，宝宁单骑遁走，入于突厥，二代逋逃，一朝荡定。既而将陈凯乐，奄致虞歌；未预泥银，忽嗟焚玉。开皇三年五月廿日遘疾薨于幽州，春秋卅有一。皇上兴悲，叹鼓鼙之辍响；人伦轸恨，惜桃李之不言。以其年岁次癸卯十一月丙申朔廿五日，反葬于京兆郡长安县乡里[12]。诏赠司空公、幽安平营易蔚六州诸军事、六州刺史，谨曰武，礼也。公居敬行简，依仁迈德。自然锋锷，非因砥砺；直置波澜，讵劳疏凿。无亏百行，实洞三端。游殷若逢，许以方伯之器；何颙傥见，识其王佐之才。趋府升朝，莅官行法，不以深刻损物，不以爱憎违理。居室莫扫，有澄清之志；登山兴叹，蕴纵横之略。既遇风云，仍合鱼水。冲冠之气，执雕虎而倚太行；制敌之谋，驱画龙而全即墨。充国论兵，唯希一见；子公计虏，无假三思。势弥高而志愈下，国益肥而家不润，善始令终，斯之谓矣。将恐桑移东海，一旦成田，纟匈固南山，千秋有隙，式旌景行，为铭云尔：

　　轩台峻极，姬水源深。云名云纪，如玉如金。祖迁宗易，九畹八林。洋洋美誉，龊龊廉心。
惟公载德，应兹星象。凌霜独秀，抟风直上。滔滔远迹，峨峨高掌。纯衿内恕，温仪外朗。
位由己立，才为世生。相君辟命，霸府飞名。聘旗展用，殪兕标诚。文高北讨，策茂南征。
世属云雷，时逢缔构。介彼樊郦，参于耿寇。膺扬逐鸟，人功指兽。甲令既书，宝镂仍镂。
建旗箕野，推毂燕都。属城解印，莫府推租。兵凌北貉，气骇东胡。玄菟自伏，黄龙易屠。
金石难保，琼瑰遽落。背兹异县，归于旧郭。容卫荒凉，风神寂漠。赠印宠张，陈兵葬霍。
茔通洛汭，坟削卢峰。愁云入陇，野雾低松。空悲兽迹，无复人踪。唯当雕篆，承志勋庸。

阴云志盖

阴云志石

【注释】

[1]阴云（寿）墓志，隋开皇三年（583）十一月二十五日葬。2003年初出土于西安市长安县郭杜镇，现藏西安市文物保护考古研究院。志盖、志石均为正方形，边长70.5厘米，厚10厘米。盖文篆书"大隋柱国司空公赵武公阴使君墓志铭"，共4行，行4字。志盖左下角残缺，四杀刻四神纹。志文共39行，满行40字，正书。结合志主生平可知，阴云即阴寿，《隋书》有《阴寿传》，记载其为武威人。主要著录：《隋代墓志铭汇考》第1册第110页；杨宏毅《隋〈阴云墓志〉考》（《碑林集刊》第13辑，陕西人民美术出版社，2008年）；韩昇《从〈阴云墓志〉论周隋之际的政局》（《碑林集刊》第15辑，三秦出版社，2009年）；韩昇《新発见隋代陰壽の墓誌》（《汲古》第56號，汲古書院，2009年）。

[2] 广乐（洛），北魏太平真君十年（449）置，治所即今陕西安塞县（真武洞）东南旧安塞。隋仁寿元年（601）改名金明县。

[3] 镇远将军，官名。新莽置，因事而设，事迄即罢。十六国后秦、南朝梁亦置。北魏孝文帝太和十七年（493）定为从三品下，二十三年改为四品。北齐四品上。北周正六命。隋初列为散号将军，正七品上，炀帝大业三年（607）罢。

[4] 银州，北周保定三年（563）置，治所即今陕西横山县东党岔。隋大业二年（606）废。

[5] 夏州，北魏太和十一年（487）升统万镇置，治所在岩绿县（今陕西靖边县东北白城子）。隋大业三年（607）改为朔方郡。

[6] 郭奉孝，即郭嘉，字奉孝，三国时曹操谋士。颍川阳翟（今河南禹县）人。少有远见，深有韬略。初投袁绍，认为绍好谋无决，难于成事。后由荀彧推荐，归曹操，任司空军师祭酒。官渡之战前，曾分析绍有十败，操有十胜，断定曹操必胜。他从征十一年，运筹策划，为曹操统一北方立下大功。

[7] 阮千里，即阮瞻，字千里，西晋名士，陈留尉氏（今河南尉氏）人。阮咸之子。善抚琴。东海王司马越镇许昌（今河南许昌市东），命为记室参军。永嘉中，任太子舍人。坚持“无鬼论”，对历代圣贤所传有关鬼神之说均表怀疑，后病卒于仓垣（今河南开封北）。曾有集二卷，已佚。今存《上巳会赋》，载《艺文类聚》。

[8] 晋州，北魏建义元年（528）以唐州改名，治所在白马城（今山西临汾市）。北齐后废。

[9] 并州，西汉武帝置，为“十三刺史部”之一。东汉治所在晋阳县（在今山西太原市西南）。魏晋至北朝仍于其地置并州。

[10] 司录，西魏、北周置。大丞相府、都督中外诸军事府及开府将军、诸州府重要僚属，总录一府之事。位在长史、司马下。置于大丞相府、都督中外诸军事府者地位尤重。命品同长史、司马。州府所置自六命至四命。

[11] 幽州，古九州之一。幽州在燕地，今河北省北部及辽宁省一带。西汉元封五年（前106），全国十三州刺史部中即有幽州。魏晋以后，辖区缩小。

[12] 乡、里二字前各空两字未刻。

隋贾崧墓志 [1]

夫府君姓贾，原绪武威，因官赵国，遂入常山。祖猛，魏宁远将军 [2]，神州之略，赤县之基，君临长乐，去虏休枭，英风不遂，翠竹逢彫。父智，魏平东将军 [3]，文伏荆吴，武威戎狄，化临平原，息盗去兵，光颜萎悴，六合亏明。君名崧，字双高，魏宣威将军 [4]、南邨县令，武超三才，神朗独寫，民歌桑麦，击壤谣途，令响升台，光风遍国。寻加镇远将军、巨阳郡守。乃君空船赠竹，单犊归庐，珠还合浦，泣送长江，令德不遐，奄摧筠柏，黎庶悲号，华林变白。前聘郡君，傅毅之裔，霜叶早颓，风华隙逝。后娶夫人，渤海张氏，幼诠四德，长怀三徙（从）。大隋开皇九年岁次大梁八月壬戌朔廿三日，窆在恒州[5]城北三里安乐向（乡）。府君冥祉，仍被百年。刊兹金石，万古留铭。黄龟蓍筮，贵及摹篆。

贾崧墓志 1

贾崧墓志 2

【注释】

[1] 贾崧墓志，隋开皇九年（589）八月二十三日葬。近年出土于河北正定，现藏河北正定县。志石呈长方形，高59厘米，宽32厘米，厚10厘米。一面正书"贾府君之神碑"，共2行，行3字。背面志文共12行，满行21字，正书，有方界格。主要著录：许万顺《新发现隋开皇九年贾府君之神碑》（《中国书法》2006年第7期）；《隋代墓志铭汇考》第1册第289页。

[2]宁远将军，官名。将军名号。三国魏置。魏、晋阶五品。十六国后凉、西凉，南朝宋、梁、陈亦置。北魏孝文帝太和十七年（493）定为正五品上，北周正五命。隋初列为散号将军，从七品上，炀帝大业三年（607）罢。

[3]平东将军，官名。东汉献帝建安（196—220）初置。魏、晋皆三品。十六国前凉、前秦、西秦，南朝宋、梁、陈亦置。北魏孝文帝太和十七年（493）定为从二品上，二十三年改为三品。北齐为褒赏军功勋臣的闲职，三品。北周正七命。隋初列为散号将军，从六品上，炀帝大业三年（607）罢。

[4]宣威将军，官名。三国魏置，为杂号将军。晋及南朝宋废置不常。北朝北魏、北周亦置。魏、晋、宋八品（一说魏五品），北魏孝文帝太和十七年（493）职员令定为六品上，北周正四命。隋初置为散号将军，正八品上，炀帝大业三年（607）置。

[5]恒州，北周宣政元年（578）置，治所在真定县（今河北正定县南，唐初移治正定县）。

隋虞弘墓志[1]

公讳弘，字莫潘，鱼国尉纥驎城人也。高阳驭运，迁陆海□□□；□□膺箓，徙赤县于蒲坂。奕业繁昌，派枝西域，倜傥人物，漂注□□。祖□奴栖，鱼国领民酉长。父君陀，茹茹国莫贺去汾，达官，使魏□□□□朔州刺史。公承斯庆裔，幼怀劲质。紫唇燕颔，白耳龟行。凤子□□□之文，洞闲时务；龙儿带烟霞之气，迥拔枢机。扬乌荷戟之龄，□□□月之岁，以公校德，彼有惭焉。茹茹国王，邻精未协，志崇通药，□□□忒。年十三，任莫贺弗，衔命波斯、吐谷浑。转莫缘，仍使齐国。文宣□□，焕烂披云，拘萦内参，弗令返国。太上控览，砂碛烟尘，授直突都督。□使折旋，歙谐边款，加轻车将军、直斋、直荡都督，寻迁使持节、都督凉州诸军事、凉州刺史、射声校尉。贾逵专持严毅，未足称优；郭汲垂信里儿，讵应拟娓。简陪闱阖，奋叱惊遁。功振卷舒，理署僚府。除假仪同三司、游击将军。貂珰容良之形，佩山玄玉之势，郑袤加赏，五十万余。张华腹心，同途异世。百员亲信，无所愧也。武平既鹿丧纲颓，建德遂蚕食关左。收珠弃蚌，更悛琴瑟。乃授使持节、仪同大将军、广兴县开国伯，邑六百户。体饰金章，衔缀簪笏，诏充可比大使，兼领乡团。大象末左丞相府，迁领并、代、介三州乡团，检校萨保府。开皇转仪同三司，敕领左帐内，镇押并部。天道茫昧，灾眚斜流。九转未成，刘兰溢尽。春秋五十有九，薨于并第。以开皇十二年十一月十八日葬于唐叔虞坟东三里。月皎皎于隧前，风肃肃于松里，镌盛德于长夜，播徽猷于万祀。乃为铭曰：

水行驭历，重瞳号奇。隆基布政，派胤云驰。润光安息，辉临月支。簪缨组绶，冠盖羽仪。桂辛非地，兰馨异土。翱翔数国，勤诚十主。扣响成钟，应声如鼓。蕴怀仁智，纂斯文武。缓步丹墀，陪游紫阁。志闲规矩，心无□□。秋夜挥弦，春朝命酌。彩威鳞凤，寿非龟鹤。前鸣箫吹，后引旗旌。□□□□，宏奏新声。日昏霜白，云暗松青。□河□树，永闭台扃。

虞弘志盖

虞弘志石

【注释】

[1] 虞弘墓志，隋开皇十二年（592）十一月十八日葬。1999 年 7 月出土于山西省太原市晋源区王郭村。现存山西博物院。志盖为砂石质，呈正方形，边长 73 厘米，厚约 8 厘米。盝顶，志盖篆题"大隋故仪同虞公墓志"，共 3 行，行 3 字。四杀刻忍冬及带叶莲花图案，四侧刻蔓草纹饰。志石亦为正方形，边长 73 厘米，厚 7.5 厘米，志文共 25 行，满行 26 字，隶书。志石右下部缺一角。虞弘夫人的墓志也于同墓出土，惜残存五块，其内容约为原墓志的四分之一强，现存文字 111 字。志石四侧刻蔓草纹饰。虞弘夫人潘氏墓志也于同墓出土，录文参见《太原隋虞弘墓》第 94 页。主要著录：《隋代墓志铭汇考》第 2 册第 95—98 页；《新出魏晋南北朝墓志疏证（修订版）》第 391—392 页；《全隋文补遗》第 147 页；《晋祠碑碣》（山西人民出版社，2001 年）第 435 页；《从撒马尔干到长安——粟特人在中国的文化遗迹》第 78 页；《太原隋虞弘墓》（文物出版社，2005 年）第 86 页；张庆捷等《太原隋代虞弘墓清理简报》（《文物》2001 年第 1 期）；张庆捷《〈虞弘墓志〉中的几个问题》（《文物》2001 年第 1 期）；张庆捷《虞弘墓志考释》（《唐研究》第 7 卷，北京大学出版社，2001 年）；林梅村《稽胡史迹考——太原新出隋代虞弘墓志的几个问题》（中国史研究》2002 年第 1 期）；罗丰《一件关于柔然民族的重要史料——隋虞弘墓志考》（《文物》2002 年第 6 期）；周伟洲《隋〈虞弘墓志〉释证》（《中外关系史：新史料与新问题》，科学出版社，2004 年）；《胡汉之间——"丝绸之路"与西北历史考古》（文物出版社，2004 年）第 405 页；杨晓春《隋〈虞弘墓志〉所见史事系年考证》（《文物》2004 年第 9 期）；郭平梁《〈虞弘墓志〉新考》（《民族研究》2006 年第 4 期）。

高昌卫孝恭妻袁氏墓志[1]

延昌卅三年水丑岁十一月朔丁酉上旬七日，□惟癸卯，交河内散望将卫孝恭妻源州武威袁氏，春秋六十有七，□□此，十月晦日奄背殡丧，灵柩葬表文。

【注释】

[1] 卫孝恭妻袁氏墓志，高昌延昌三十三年（593）十一月七日葬。1930 年黄文弼于新疆吐鲁番雅尔湖挖掘。1956 年文物局拨交北京大学文物，现藏故宫博物院。砖质，高 35 厘米，宽 35 厘米。朱书，6 行共 60 字。主要著录：《高昌专集》文 55；《高昌专录》编号 59；《高昌砖集（增订本）》文 52；《故宫博物院藏历代墓志汇编》第 3 册第 594 页。

隋修北周段威墓志[1]

周故开府仪同三司洮甘二州刺史新阳段公墓志铭

公讳威，字杀鬼，北海期原人也，其先自武威徙焉。昔西域都护[2]建效于昆山，破羌将军[3]立功于鲜水，本枝傍绪，英豪接迹，载德象贤，轩冕不坠。大父爰自海隅，聿来朝野。渎上之地，更为武川；北方之强，矫焉杰立。考寿，沧州[4]刺史。并宇量宏远，气节高迈，展志业于当年，树风声于没后。而玉山珠泽，孕宝含珍，丹穴兰池，奇毛骏骨。公襟神早昇，体貌不恒，倜傥出俗士之规，恢廓有丈夫之操。控连钱而横宛转，凌狡兽而落轻禽，固亦似画若飞，超前绝后。至如兵称三略，阵有八图，藏天隐地之形，左奎右角之势，洞晓机变，潜运怀抱。尔朱天柱[5]奋武建旗，取威定霸，虚襟侧席，延纳奇士。乃引居麾下，委以折冲，每涉戎行，亟展殊效，自奉朝请迁征虏将军[6]、内散大夫[7]。齐神武匡朝作宰，复加礼命，除朔州[8]长史。沙苑失律，预在军俘，周太祖昔经接闻，释缚相礼，以为帐内都督，转征虏将军、太中大夫。又授抚军将军、通直散骑常侍、旅贲大夫。周受禅，转虎贲大夫，除使持节、洮州诸军事、洮州[9]刺史。地迩边裔，俗杂戎羌，服叛不恒，犷黠难驭。公怀远以德，制强用武，曾未期稔，部内肃然。就拜骠骑大将军、开府仪同三司，进爵为公，定封一千五百户。沙塞之外，自古不属，班朔和戎，朝寄为重，乃以公为突厥使。燕山瀚海之地，宣以华风；龙庭蹛林之长，展其蕃敬。还除甘州诸军事、甘州[10]刺史。绛节既转，方赴竹马之期；朱轩且驾，忽共日车同没。春秋六十有七，以建德四年七月十七日寝疾，薨于长安城之私第。赠使持节、河兆（洮）二州诸军事、兆（洮）州刺史。夫人刘氏，讳妙容，弘农人。祖康，魏恒州刺史。父遵，仪同三司、荆州刺史。世传冠冕，门垂礼训，夫人凤神凝粹，性质端谨，始弘妇德，终擅母仪。以大隋开皇十年四月十三日遇患薨，时年六十三。胤子上开府仪同三司、大鸿胪、河兰云石四州刺史、云兰二总管、太仆卿、龙岗公文振等，凤承教义，克荷析薪，永惟岵屺，哀缠霜露。以十五年岁次乙卯十月丙戌朔廿四日己酉，合厝于洪渎川奉贤乡大和里。乃为铭曰：

洪宗盛绪，固柢深根。炳灵前叶，钟庆后昆。乘轩之里，纳驷之门。挺兹髦杰，玉璞金浑。志气抑扬，风飚散逸。猇略书圃，纵横剑术。霸后历三，诚心唯一。屡锡茅社，频升戎秩。巷满幡旗，门施梐枑。高车右转，长河西渡。鼓叠玄云，笳吟朱鹭。民吏咸静，威恩并布。世同阅水，生类栖尘。塞亡光禄，城绝夫人。泉扃积土，陇树行银。垂芳腾实，万古千春。

段威志盖

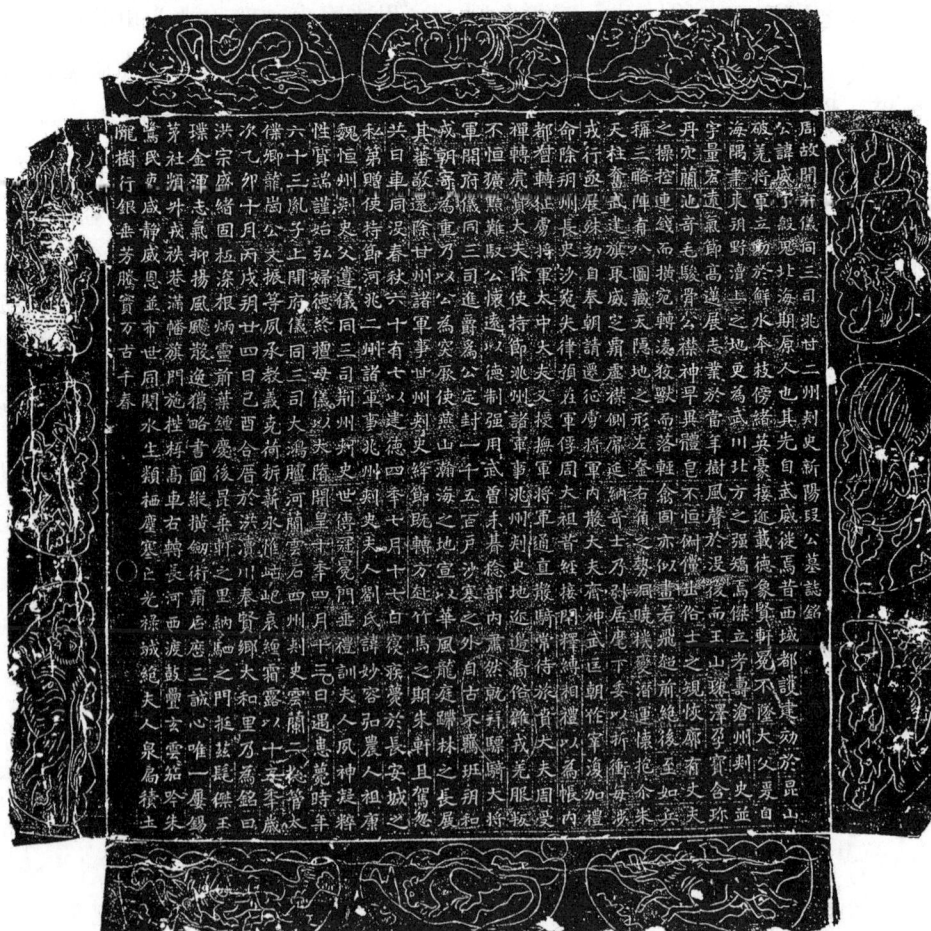

段威志石

【注释】

［1］段威及妻刘妙容墓志，隋开皇十五年（595）十月二十四日葬。1953年陕西咸阳底张湾出土，曾存西北历史博物馆，现藏中国国家博物馆。志盖、志石均为正方形，边长均为69厘米。盖呈覆斗形，顶面篆题"周故使持节骠骑大将军开府仪同三司甘河洮三州诸军事三州刺史新阳公段君之墓志"，共6行，行6字。四杀刻四神图案。志文共29行，满行29字，正书，有方界格。志石四侧刻壸门十二辰。主要著录：《中国墓志精华》编号70；《碑帖叙录》第117页；《北京图书馆藏中国历代石刻拓本汇编》第9册第101页；《隋唐五代墓志汇编（陕西卷）》第1册第2页；《西安碑林全集》第67卷第1185页；《中国西北地区历代石刻汇编》第1册第112页；《中国书法全集30：隋唐五代墓志卷》编号4；《新中国出土墓志·陕西（二）》上8页图、下6页文；《全隋文补遗》第155页；《隋代墓志铭汇考》第2册第196页；《新出魏晋南北朝墓志疏证（修订本）》第419页。

［2］西域都护，官名。西汉始置，亦称都护西域、使西域都护，主管西域地区军政事务。宣帝神爵（前61—前58）中，以郑吉并护鄯善以西南道、车师以西北道，称都护西域骑都尉，于乌垒设府，监护西域诸国。十六国前凉亦置，领营兵，为沙州刺史所辖三郡三营之一，职权不同于汉。前秦时符坚亦任张天锡为此职。

［3］破羌将军，官名。西汉宣帝神爵元年（前61）置，征讨西北地区叛乱的羌族，拜酒泉太守辛武贤为之，后省。东汉献帝建安（196—220）中曹操复置，任张绣为之。

［4］沧州，北魏熙平二年（517）置，治所在饶安县（今河北盐山县西南）。隋大业初废。

［5］尔朱天柱，即尔朱荣，字天宝，北秀容（今山西忻州西北）契胡人。继父为部落酋帅。六镇起义后，荣招集兵马为魏战。以战功至仪同三司，擅据肆州。武泰元年（528），灵太后毒死明帝。荣举兵向洛阳，拥立庄帝。于河阴杀太后、少主及宗室、大臣等二千余人。后又出兵滏口，击败葛荣军，擒葛荣送洛阳。屯兵晋阳，遥执朝政。遣军破元颢，擒萧宝夤、万俟丑奴。自为大丞相、天柱大将军，封太原王。庄帝恶其逼迫，乘朝会时诛杀。

［6］征虏将军，官名。三国、魏、晋、南朝宋、齐、梁及北魏为武官，亦作为高级文职官员的加官。北魏孝文帝太和十七年（493）定为第三品上，太和二十三年改为从三品。

［7］内散大夫，即中散大夫，隋朝讳忠字，故时人修墓志时改中散大夫为此。中散大夫，官名。西汉平帝置。三国、两晋、南北朝沿置，多养老疾，无职事。孝文帝太和十七年（493）定为四品上，二十三年改为四品下；北齐四品下；北周七命。

［8］朔州，北齐天保六年（555）置，治所在新城县（今山西朔州市西南）。八年（557）徙治招远县（隋改为善阳县，即今朔州市）。隋大业初改置代郡，寻改为马邑郡。

［9］洮州，北周置，治所在美相县（今甘肃临潭县）。隋大业三年（607）废。

［10］甘州，西魏废帝时以西凉州改名，治所在永平县（今甘肃张掖西北）。隋大业三年（607）废。

隋独孤罗墓志[1]

大隋故使持节大将军凉州总管诸军事凉州刺史赵国独孤德公墓志铭

公讳罗，字罗仁，云内[2]盛乐人，后居河南之洛阳县。昔魏膺天箓，肇基朔野，同德迈于十人，从王逾于七姓。公灵根惠叶，遥胄华宗，犹贾邓之出穰宛，若萧曹之居丰沛。大父太尉恭公，逸气标举，高情磊落，公才夭于垄隧，衮职贲于松槚。父信，太师、上柱国、赵国景公，攸纵自天，略不世出，秉文经武，匡国济时，实有魏之栋甍，生民之龟镜。公即景公之元子，今皇后之长兄也。骏骨天挺，幼有绝电之姿；全璞不雕，自成希世之宝。永熙之末，强臣擅命，长戟南指，銮旆西巡。景公捐家奉国，秉诚卫主。公遂播越两河，流离三魏，而神剑虽隐，紫气恒存，宝鼎自沉，黄云不灭。周平东夏，区宇一统，分悲之鸟，重集于桓山；韡盛之华，更茂于棣树。大象元年，授楚安郡守，导德齐礼，吏静民和。大象二年秋八月，除仪同大将军。皇隋上叶五精，光临四海，繁数缛礼，义归贤戚。开皇元年三月，除使持节、上开府仪同大将军，寻除领左右大将军。冬十一月，转右武卫将军。二年，袭爵赵国公，邑一万户。十二年，拜大将军、太子右卫率。绛阙丹墀，尊同就日，凤条鹤钥，义比前星。公宦成二宫，名重百辟，文武并运，声实并举。十三年，除使持节、总管凉甘瓜三州诸军事、凉州刺史。十八年，食益州阳安县封一千户。此蕃路出玉门，山连梓岭，地多关塞，俗杂华戎。秋月满而胡骑嘶，朔风动而边笳咽。公威能制寇，道足庇民，布政宣风，远怀迩服。而朝光夕影，未息于铜壶；却死还年，空传于金灶。春秋六十有六，以十九年二月六日寝疾，薨于位。陟岗靡见，哀结于椒宫；辍膳兴嗟，悼深于黼扆。粤廿年岁次庚申二月庚申朔十四日癸酉，厝于雍州泾阳县洪渎原奉贤乡静民里。王人吊祭，谥曰德公，礼也。惟公善风仪，有器度，混臧否于外迹，苞阳秋于内府。物我莫见其异，愠喜不形于色，故能持盈若虚，在终如始。可大可久，道著于生前；遗直遗爱，声传于殁后。而陇松百尺，讵免于摧残；华表千年，终归于灰烬。乃为铭曰：

邈矣崇基，猗欤远系。焉弈轩冕，婵连胤裔。于穆景公，英威冠世。濡足授手，师王友帝。圆魄降灵，方祇荐祉，以兹鼎族，郁为戚里。惟公挺秀，渊渟岳峙。凤羽时戢，龙翰终起。时逢启圣，运属惟新。升降丹陛，警卫紫宸。黼衣朱绂，畅毂文茵。宣威振远，树德临民。千月未穷，一生俄毕。哀铎夜动，灵骖晓出。霍凑黄肠，滕铭白日。今来古往，飞声标实。

独孤罗志盖

独孤罗志石

【注释】

［1］凉州总管独孤罗墓志，隋开皇二十年（600）二月十四日葬。1953年陕西咸阳市东北底张湾出土。现藏中国国家博物馆。志盖拓片长101厘米，宽100厘米。顶面篆题“隋使持节大将军赵国德公独孤君墓志”，共4行，行4字。四杀、四侧及盖题四周刻四神与卷草连珠花纹。志石拓片长107厘米，宽106厘米。志文共28行，满行30字，正书。志石四侧刻壸门十二辰图案。据王其祎研究：志主独孤罗为隋文帝独孤后长兄，《周书》卷一六、《隋书》卷七九、《北史》卷六一有传。其父独孤信，《周书》卷一六、《隋书》卷七九、《北史》卷六一均有传。独孤氏盖出匈奴族，北朝时最为旺盛，齐周隋唐，多有显宦。关于独孤氏世系的考证，参见姚薇元《北朝胡姓考》内篇第二勋臣八姓‘刘氏’与岑仲勉《金史论丛·金石证史》‘独孤奉先为信曾孙’条。”主要著录：《北京图书馆藏中国历代石刻拓本汇编》第9册第126页；《隋唐五代墓志汇编（北京卷附辽宁卷）》第1册第10页；《全隋文补遗》第171页；《隋代墓志铭汇考》第2册第312页；《新出魏晋南北朝墓志疏证（修订版）》第441页；《西北石刻续编》第1册第120页；《渭城文物志》第232页。相关研究参夏鼐《咸阳底张湾隋墓出土的东罗马金币》（《考古学报》1959年第3期）；［日］山下将司《隋唐・初期の独孤氏と八柱国問題再考—開皇二十年「独孤羅墓誌」を手がかりとして》（早稲田大学教育学部《学術研究（地理学・歴史学・社会科学編）》第51卷，2003年）；赵强等《隋独孤罗墓的发现和研究》（《华夏考古》2017年第2期）；吴洪琳《关于中古时期独孤氏的几个问题》（《唐史论丛》第20辑，2015年）等。

［2］云内，即云中，因避隋文帝父杨忠讳而改字。

隋孟显达墓碑[1]

夫名不虚立，德岂假求，故名者□□□可则者矣。

君讳显达，字令迁，武威人也。开源肇系，起自高辛，兴业承基，传之后稷，泉□□八世，十有□君，国史备祥（详），世家并载。至于庆父，以长庶称孟，因以孟而为氏焉。或位居周辅，或职在鲁卿。尝则擅美汉朝，宗乃誉光吴世，冠冕蝉联，缙绅接武，可得而略，无俟具论。祖天龙，少有文武才略，早为乡闾所敬。行已廉谨，立身清白，尽节奉上，竭孝事亲，容止可观，进退有则。释褐光初主簿，稍迁蓝田县[2]令，时称善政，俗号神君，故接润琳琅，连阴杞梓。父肆，少而聪赡，发自绨绮，倜傥大度，弗坠家声。章句纯儒，非其所好；雕虫小道，壮夫不为。爱结子孙，信交朋友，萧散自娱，风云意得，性好宾游，留连赏会，斑荆把臂，匪夕伊朝。故当世名贤，衣车毕至，未及贵士，奄从风烛。以厥子经州，功业早著，勋荣再袭，追远□临，爰加宠赠，赠假节、骠骑将军、鄯州[3]刺史。母彭城刘氏，追赠秦州南由县君。承素胄于唐帝，发洪基于汉祖，含章履善，秉智怀仁。女德载弘，非资保母；妇礼爰备，无因师范。艺穷纂祖，工弹杼柚，经心靡失，遇目不遗，珪璋在弄。诞兹英喆，训同三徒，戒甚池官，故得窃彼存亡，荣兼内外。君即鄯州使君之长子也。年在髫龀，卓然独立，执经庠序之间，超迈诸生之右。以深识机权，妙闲术略，斩将搴旗之勇，六奇八策之谋，皆暗由匈府，取诸帷幄，岂至访兵广武，请讨蒯道而已哉。以永熙二年三月廿一日，起家蒙授清水公国侍郎，在职恭勤，处事廉洁。到大统元年四月，蒙授荡难将军[4]。三年闰月，又迁讨寇将军[5]。四年七月，累转水曹参军、羽林监，加宁远将军。十三年十二月，蒙授豳州长史、大都督府兼仓曹参军。到十五年十月蒙授功曹参军，加辅国将军。十六年，吏部转授都督、内固将军、奉车都尉，积勋累效，荣赏日崇。其年十月，蒙授辅国将军[6]、中散大夫[7]，有隆时选，金允得人。外见戎章之重，内显大夫之贵。于时魏室分争，兵戈竞起疆场，彼此邀亭翻覆，刀斗继向，烽燧连光，以君策冠良平，勇均吴白，用推心膂，式寄爪牙。以大统元年十月被魏武帝敕使，随元帅贺拔太师讨平沙苑、河桥、弘农、豆军、北呈等五处，受脈载驰，不日而届。于是云梯晓合，地鼓夜鸣，剑色如霜，箭飞若雨。君乃执锐挥鞭，身先士卒，锋镝才交，妖氛克殄，势同摧朽，易甚转圆，声效日驰，畴庸增懋，勤公奉上，简在帝心。方骋力康衢，立功报主，道长世短，与善无征，春秋卌有二，魏后二年五月十一日终于私宅。皇情悼轸，爰加礼赠。诏曰："故辅国将军中散大夫都督孟显达，有劳行阵，不幸丧逝，可赠假节龙骧将军泾州刺史，余并如故。"君孝友纯至，谅非外奖，德操特立，其实天资，弱不好弄，长逾恭敞，箕裘两习，堂构再隆，信结乡间，恩流道俗，闻丧之日，莫不释末停机，辍春罢市。以开皇廿年太岁庚申十月丁巳朔廿八日甲申，窆于雍州大兴县浐川乡[8]长乐里之原。长子辉，孝笃闵曾，友逾元季，身勤负土，躬务栽松，训励子孙，家门邕睦。每虑谷贸陵迁，桑移海变，非勒功于彝器，纪德于丰碑，岂播此芳尘，扬名遐代，命以庸浅，用铭实录，敢拒来请，聊述徽猷。庶随天地而靡穷，与金石而同固。其词云尔：

悠哉华绪，旷矣长津。麟齿来圣，履迹兴神。序由季孟，氏自斯因。绰高魏老，宗盛吴臣。蓝田松秀，骠骑兰春。积善累德，归之若人。凤资韶令，长事恭勤。尽节奉主，分荣逮亲。二魏交争，两雄未决。朝选帷筹，国慕英杰。壮情斯聘，丑徒仍灭。舍爵策勋，允归明哲。光赫戎章，威绥符节。向臻槐棘，方陈钟鼎。于嗟猛气，遽落高春。宠赠□□，□□□□。□□□□，□□□□。

隋孟显达墓碑

【注释】

[1] 孟显达墓碑，隋开皇二十年（600）十月二十八日刻。清宣统二年（1910）西安长安南里王村唐韦顼墓内出土，1948年移藏西安碑林。是碑林目前陈列的唯一一座隋代碑石。碑为螭首，趺佚，通高250厘米，宽67厘米，厚31厘米。碑额篆书题“魏故假节龙骧将军中散大夫泾州刺史孟君之碑”，共4行，行5字。碑文共26行，满行48字，正书。首行缺36字，末行缺14字。该墓碑曾作为韦顼石棺之顶石用，故碑阴被雕为屋脊形。故宫博物院藏有清拓本。西北民族大学图书馆藏于右任旧藏拓片。主要著录：《陕西金石志》

卷7；《续修陕西通志稿》卷141；《北京图书馆藏中国历代石刻拓本汇编》第9册第130页；《西安碑林全集》第3卷第261页；《中国西北地区历代石刻汇编》第1册第121页；《全隋文补遗》第71—73页；《长安碑刻》第349—350页。

［2］蓝田县，战国秦献公六年（前379）置，治所在今陕西蓝田县西灞河西岸。北周建德二年（573）移治今峣柳城。

［3］鄯州，北魏孝昌二年（526）改鄯善镇置，治所在西都县（今青海乐都县）。隋大业初改置西平郡。

［4］荡难将军，官名。将军名号。东汉末及三国魏置，十六国前凉亦置。南朝宋八品。北魏孝文帝太和十七年（493）定为七品下，二十三年改为从七品上。北周定为三命。隋初列为散号将军，从八品下，炀帝大业三年（607）罢。

［5］讨寇将军，官名。三国魏、蜀皆置，统兵出征或作为太守等地方长官的加官。魏、晋、南朝宋皆八品（一说魏为五品）。北魏沿置，孝文帝太和十七年（493）定为七品中，二十三年复次职令，为七品，隋初列为散号将军，降为从八品上，炀帝大业三年（607）罢。

［6］辅国将军，官名。将军名号。东汉献帝建安元年（196）置，仪比三司。三国、两晋沿之，魏、晋皆三品。十六国后秦、后凉、北凉亦置。北魏置，孝文帝太和十七年（493）定为三品上，二十三年改为从三品。北齐从三品。北周七命。隋初置为散号将军，从六品，炀帝大业三年（607）罢。

［7］中散大夫，官名。西汉平帝置。三国、两晋、南北朝沿置，多养老疾，无职事。魏、晋皆七品。孝文帝太和十七年（493）定为四品上，二十三年改四品下；北齐四品下；北周七命。

［8］大兴县，隋开皇三年（583）以万年县改名，与长安县同城而治，即今陕西西安市。唐武德元年（618）复名万年县。浐川乡，目前所见隋代碑志，除本志外，葬地在浐川乡的还有：开皇十六年（596）《罗达志》"葬于大兴县浐川乡长乐里白鹿原"；开皇二十年（600）《孟显达碑》"窆于雍州大兴县浐川乡长乐里之原"；大业七年（611）《田德元志》"归葬于大兴县浐川乡白鹿原"；大业十一年（615）《吴弘暨妻高氏志》"合葬于大兴县产川乡白禄之原"；大业十一年《刘世恭志》"葬于城东白鹿原浐川乡之原"；大业十一年《冯淹志》"葬于大兴县浐川乡白鹿之原"。由于这些墓志均出土于今西安东郊一带，因此可推测隋代的浐川乡，大致范围为西起韩森寨，东到郭家滩浐河东西两岸这一区域，概因浐水得名。唐代也有浐川乡，武伯纶《唐万年、长安县乡里考》有论及，他认为唐代的浐川乡也是地跨浐河东西两岸。可知，唐代的浐川乡概承隋之旧。唐代墓志中记载葬于浐川乡的为数不少，兹举数例，神龙元年（705）《李思贞志》"迁窆于雍州万年县浐川乡务政里长乐原"；神龙三年（707）《严君妻任氏志》"权殡于雍州万年县浐川乡之白鹿原"；天宝三载（744）《史思礼志》"迁窆于京兆府万年县浐川乡白鹿之原"；元和十二年（817）《贾府君志》"殡于万年县界浐川之乡原"；咸通四年（863）《吴德墉妻赵氏志》"葬于万年县浐川乡南姚村。"（参《片石千秋：隋代墓志铭与隋代历史文化》）

隋贾善墓志[1]

君讳善，字徽道，西凉武威人，汉左中郎将逵[2]之后。深根重扦，西京盛于冠冕；强枝茂叶，轩盖累自东都。曾祖诃，器度标远，雄才特秀，为魏征西将军[3]、银青光禄大夫、持节都督、仁州刺史。祖兴，体姿文武，果毅当时，魏孝昌年从师立功，除建威将军[4]、谏议大夫[5]、白狼镇将、辽东[6]太守，因宦海隅，子孙家焉。君性自芬芳，动静多则，怀文狎武，待用于时。武定年初，陆史君[7]辟为西曹书佐，启除镇远将军、司兵参军。一历府州，日驰声誉。齐大宁年，率旅讨胡，立战而卒，春秋六十三。夫人陇西董氏，建德郡主薄延之季女，禀质幽闲，行重四德。武平年遇患而终，甲子七十六。今合迁窆龙山西狼河左。乃为铭粤：

哀哉喆人，痛嗟良士。光赞十部，参戎实美。其一。夕阳原地，岁变春秋。生劳俱往，寂灭长休。其二。游神天际，魂思邑里。圹虚廖落，疏无朝市。其三。山烟暝下，河雾朝升。昼夜昏冥，常闲丘陵。其四。风悲岭树，月浮川野。舞鸡晨鸣，讵醒泉下。其五。

【志盖右侧】大隋开皇廿年岁次庚申十一月丙戌朔十一日丙申。

【注释】

[1] 贾善及妻董氏墓志铭，隋开皇二十年（600）十一月十一日葬。1997年辽宁朝阳市新华路双塔区文管所出土，现藏朝阳市双塔区文管所。志盖、志铭均为青砂石质地，呈正方形，边长50厘米，厚13厘米。盖呈覆斗形，志盖正书"营州故镇远将军司兵参军贾君墓志铭"，共4行，满行4字。志盖右侧刻一行文字，亦正书。志文共18行，满行18字，正书。志盖右侧刻字一行，亦正书。主要著录：《隋代墓志铭汇编》第2册第346页；《辽宁碑志》第323页。

[2] 贾逵，字景伯，扶风平陵（今陕西咸阳）人。少传父业，明习《左氏春秋》《国语》《周官》《毛诗》等，兼通五家《谷梁》。为当时著名古文经学家，被称为儒宗。曾任侍中及左中郎将等职。明帝时上书要求置《左传》博士。著有《春秋左氏传解诂》《国语解诂》《周官解故》等书。

[3] 征西将军，官名。东汉和帝永元（89—105）中，刘尚曾任之。当时地位不很高，与偏、裨、杂号将军同。魏、西晋时多授予都督雍、凉二州诸军事者，驻长安，三品，若为持节都督，则进为二品。其后亦多授予出镇方面的持节都督。十六国汉、西秦、大夏沿置。南朝、北魏地位仍显要，北齐时已成为褒赏军功勋臣的闲职。

[4] 建威将军，官名。西汉末新莽时设，为领兵之官。东汉，三国魏、吴、晋，南朝宋、齐、梁，十六国成汉、前秦、后秦、后燕、西秦及北魏均置。南朝时为五威将军之一。魏、晋、宋为四品。北魏孝文帝太和十七年（493）定为第四品中，二十三年改为从四品。

[5] 谏议大夫，官名。秦置，专掌论议。西汉初废，武帝时置谏大夫。东汉光武帝复

置谏议大夫。北魏置七十人，隶集书省，掌谏诤议论，孝文帝太和十七年（493）定为四品下，二十三年改从四品下。

［6］辽东，战国燕置，治所在襄平县（今辽宁辽阳市老城区）。西晋改为辽东国，后复为郡。十六国后燕末地入高句骊。北燕又侨置辽东郡于今辽宁西部，北魏废。

［7］陆史君，当为陆士懋，字元伟，希道子。此人在东魏武定年间为平东将军、营州刺史。《魏书》卷40、《北史》卷28有传。

隋裴觊墓志[1]

君讳觊，字道将，河东闻憙（喜）[2]人□（也）。□□（冀州）刺史徽[3]之后也。八世祖苞，秦、晋二州刺史。丹毂龙旗之盛，朱衣旒冕之华。台铉相承而隆，冠盖重云之极。司空济济，八王等嵩岭而齐峰；太尉堂堂，十政同澥流而并浚。故以光于前史，铭诸世碑，今略言焉，无由详载。祖照善，魏征西将军、金紫光禄大夫。文经武略，挺世天才。政俨德清，羽仪人物。父叔念，魏冠军将军[4]。节操冲虚，志玄幽寂。才踰廊庙，器逸瑚琏。授光州[5]司马，匡赞玑衡，翼兹方岳。时有南金之号，世曰东箭之名。又除安乐郡太守，敬德爱民，礼仪唯治。君少□文雅，长慕斑生。性好武雄，情高剑气。怀笼四海，意控三河。揿□自天，无因匠学。齐皇建年，释褐殄难将军[6]，然鸣弦落雁，抚箭啼猨。权有梦菁之谋，略足公明之术。加径武将军，驰鞍起檄，未愧元瑜；阁下备书，无惭杨祖。至武平岁，加广德将军[7]，授洛州铠曹参军。佢指南奇器，智并姬吕之能；密阁云梯，每叹公输之制。至周建德年，加扫难将军[8]、武威司马。君识图知命，意去嚣尘。不以烦辱在怀，翻以丘园养志。今大隋唐日，又加明威将军[9]。君屡握捥而嗟曰："当今车书一混，万里无尘。丈夫之志，老无申矣。"春秋年七十有七，以仁寿二年九月廿五日遇痾，奄然不禄，可谓岷山粉碎，钟岭成尘。火燎桂林，灰填合浦。悲酸行路，切感知仁。其年十一月十一日葬此洛阳通儒里。何悟星间宝剑，重奄酆泉；海壁明珠，再沉幽滓。倾河之力，此日长沦；拔山之功，于斯绝矣。镌金刊石，记以功名。铭诸墓门，传芳不朽。其词曰：

汪汪万倾，峨峨千刃。至德珪模，风神雅振。允文怀武，唯诚与信。声盖二龙，名超八俊。情雄挺世，逸气陵云。翻随电影，方遂泡魂。谣传万古，寄铭流芬。悲哉荒隧，永没荆珉。

裴觊志盖

裴觊志石

【注释】

［1］裴觊墓志，隋仁寿二年（602）十一月十一日葬。2005年河南洛阳孟津县出土，现藏洛阳豫深文博城某氏。志盖拓片长62.5厘米，宽63.5厘米，盝顶长49厘米，宽49.5厘米。志盖篆书"隋故广德将军洛州铠曹参军裴君墓铭"，共4行，行4字。志石拓片长61厘米，宽61.5厘米。志文共24行，满行24字，正书。主要著录：《河洛墓志拾零》第53页；《隋代墓志铭汇考》第3册第51页；《龙门区系石刻文萃》第437页。

［2］闻喜，汉武帝元鼎六年（前111）置闻喜县，治所在今山西闻喜县东北。东汉移治今闻喜县。北周武帝移治今新绛县西南。隋开皇十年（590）移治今闻喜县东北东镇。

［3］裴徽，字文季。三国魏河东闻喜人。裴潜弟。才理清明，善言玄理。精《老》《庄》及《易》。时傅嘏与荀粲玄谈，宗旨虽同，时有扞格，每共语，辄相争，徽为通二家之意，常使两情皆得。历仕吏部郎、冀州刺史。

［4］冠军将军，官名。东汉献帝建安（196—220）中置，三国魏、吴沿置。十六国后赵、前秦、后燕、南燕、西秦、北凉皆置。北魏孝文帝太和二十三年（499）定为从三品，北齐仍从三品，北周七命。隋初列为散号将军，从六品下，炀帝大业三年（607）罢。

［5］光州，北魏皇兴四年（470）置，治所在掖县（今山东掖县）。隋开皇五年（585）改为莱州。

［6］殄难将军，官名。东汉末及三国魏置，两晋、南朝宋省置无常，八品，为杂号将军中地位较低者。北魏孝文帝太和十七年（493）定为八品上，北周改为正二命。隋初列为散号将军，正九品上，炀帝大业三年（607）罢。

［7］广德将军，官名。北齐置，用以褒赏军功勋臣，无职事。五品。

［8］扫难将军，官名。将军名号。三国魏置。晋、南朝宋省、置无常。宋八品。北魏孝文帝太和十七年（493）定为八品中，二十三年复次职令，改为从八品上阶，北周二命，隋初列为散号将军，正九品，炀帝大业三年（607）罢。

［9］明威将军，官名。西汉末隗嚣曾置。西晋、南朝齐、梁、陈及北魏、北齐、北周皆置为杂号将军名号。北魏六品上；北齐六品；北周正四命。

隋修东魏孟庆墓志[1]

故魏直寝将军孟公墓志铭

公讳庆，字贵和，陇西武威人也。帝颛顼之苗，契戏之胤。上祖俱则周王校尉，轲则晋帝司徒。花萼相丞，冠缨累叠。祖世庶，凉州主簿，释褐奉朝请，迁永安郡守，除使持节、凉州诸军事、凉州刺史、中山郡开国公。诏令就封，因住定州[2]。薨，赠青州[3]刺史。父凤，定州州都，出身皇帝挽郎，加员外散骑常侍，除河北郡[4]守。公起家积射将军[5]，转直寝将军[6]。公风仪俊雅，智术高明，孝养无穷，位居亲侍。春秋五十有三，以齐天保五年二月廿五日，薨于相邺。夫人张氏，南阳人也。夫人受制三从，偏明四德，母仪弘训，礼教为先。时年八十有一，隋仁寿三年二月廿八日，卒于相州邺县[7]神光里。至仁寿四年岁次甲子十一月癸巳朔廿八日庚申，合葬邺城之西卅里，漳水之南二里。恐山移海覆，地久天长，勒石刊铭。乃为词曰：

州将之孙，郡守之子。能孝能官，有终有始。处居世俗，不离生死。远播高名，流芳帝史。真真长夜，杳杳深泉。谁言在后，谁在于前。掩扉今日，开更无年。痛抽心髓，叩地号天。乃移东海，可覆西山。神躯永别，叵见慈颜。坟无晓日，地有重关。遗风在石，刊记辞远。

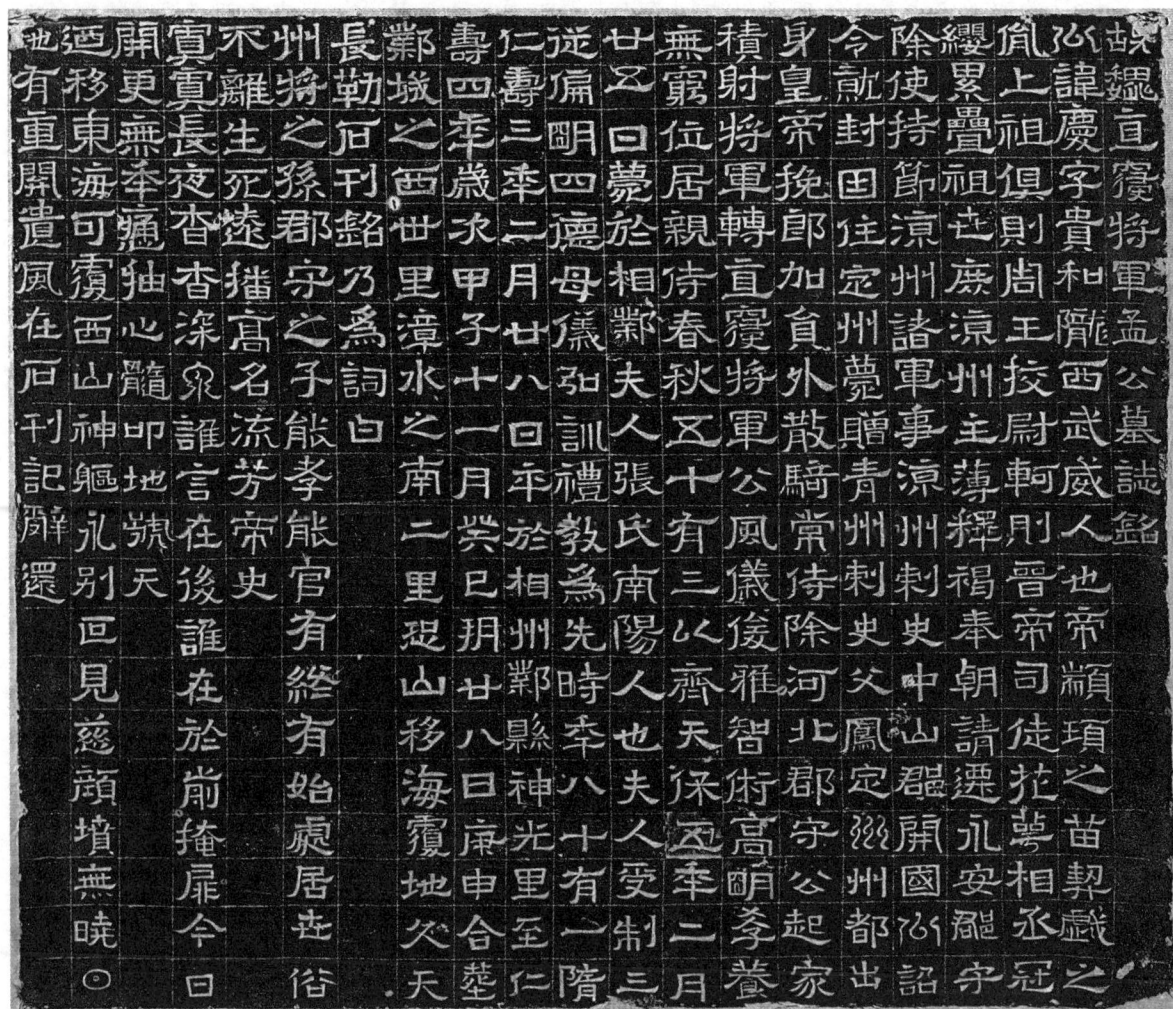

孟庆墓志

【注释】

［1］孟庆墓志，隋仁寿四年（604）十一月二十八日葬。1998年河南安阳出土，现藏河北墨香阁。志石高41厘米，宽40厘米。志文共21行，满行21字，魏碑体。主要著录：《文化安丰》第144页；《墨香阁藏北朝墓志》第228页。

［2］定州，北魏天兴三年（400）改安州置，治所在卢奴县（北齐改为安喜县，即今河北定县）。隋大业三年（607）改为博陵郡，九年又改高阳郡。

［3］青州，西汉武帝置，为"十三刺史部"之一。东汉治所在临菑县（今山东淄博临淄北）。东晋移治东阳城（北齐置益都县）。

［4］河北郡，十六国后秦置，治所在河北县（今山西芮城县西）。北魏太和十一年（487）移治大阳县（今平陆县西南）。北周天和二年（567）又移治至河北县（今平陆县西南平陆城），后废。

［5］积射将军，官名。东汉初置。西晋武帝太康十年（289）复置，东晋沿之。十六国西秦亦置。北魏孝文帝太和二十三年（499）定为七品上。北齐时属左右卫府，员二十五人，七品上。

［6］直寝将军，官名。南北朝时代，宿卫宫廷之领兵官。此外，还有"直阁""斋帅""直斋""直后"等将军名，与"直寝将军"等级相同。

［7］邺县，战国魏置，治所即今河北临漳县西南邺镇。西晋建兴初改名临漳县，寻复名邺县。北周大象二年（580）移治安阳城（今河南安阳市），原址改置灵芝县。隋开皇十年（590）改邺县为安阳县，复改灵芝县为邺县。

隋修北周段模墓志[1]

周故仪同大将军府参军事段君墓志铭并序

君讳模，字神光。其先出自西凉，后居雁门，今为河南洛阳人也。自周适晋，蕃魏折秦，世有通贤，其声不殒。祖道伦，磐阳镇[2]将、清河郡[3]太守，薨赠北肆州刺史。道标上哲，没有余荣。父凝，仪同三司、太子中庶子。德迈缙绅，一时推尚。君藉气层峰，禀灵庆绪。爱敬本自生知，友于得之天性。质比乔松，冠绝岩而迥秀；心拟贞筠，涉寒岁而无改。齐文成王、周仪同大将军二蕃，并道尊望重，钦贤侧席，闻风乃引为参军事。曳裾东阁，游醮西园，造次不遗，居其厚礼。而上玄冥昧，倚伏寂寥，福善无征，俄从大化。以大业六年太岁庚午八月庚寅朔十五日甲辰，寝疾终于洛阳县之怀仁里宅。春秋六十有八。即以其年十二月丁巳朔五日辛酉，窆于北邙之上。尔其山原爽垲，地理安谧，详其宅兆，是用终焉。其子森仁、君操、师仁、玄羲等，并令问令望，如金如璧，慕结过庭，哀缠陟岵，仰图胜范，镂石泉门。其铭曰：

圆方合契，川岳炳灵。嘉觌不已，伊人挺生。绍膺世德，载荷民英。登朝适务，振紫飞青。粤惟后昆，允兹元吉。山苞海量，春华秋实。升龙之门，居兰之室。宾友琴觞，池台风日。叶斯天爵，仰弘人宝。屦步康衢，载驰周道。阅水催夜，崦嵫迫早。影忽生灵，曾何寿考。

郭门路转，丹旍前飞。道长世短，涂殚志违。佳城郁郁，野雾霏霏。何当蝉蜕，复袭云衣。

段模志石

【注释】

［1］段模墓志，隋大业六年（610）十二月五日葬。1923 年洛阳城北凤凰村南出土，志盖今佚，志石现藏辽宁省博物馆。志盖篆题"段君墓志"。志石为正方形，边长 47 厘米。志文共 21 行，满行 22 字，正书。主要著录：《芒洛冢墓遗文四编》；《满洲金石志别录》；《汉魏南北朝墓志集释》图 444；《石刻题跋索引（增订本）》第 159 页左；《北京图书馆藏中国历代石刻拓本汇编》第 10 册第 43 页；《隋唐五代墓志汇编（洛阳卷）》第 1 册第 59 页；《碑帖鉴定》第 225 页；《辽宁省博物馆藏碑志精粹》第 122 页；《复刻洛阳出土时地记——附解说·所载墓志碑刻目录》编号 345；《全隋文补遗》第 257 页；《隋代墓志铭汇考》第

4 册第 121 页；《六朝墓志检要（修订本）》第 209 页。

　　[2]磐阳镇，疑即盘阳镇。据严耕望《北魏军镇制度考》研究：盘阳镇。《魏书·崔光传》：子劢，"宁远将军、清河太守，带盘阳镇将。为逆贼崔景安所害。"按光以正光四年卒，年七十三，有十一子，劢行第三。由此推之，劢为镇将被害，当仍在魏未分东西前。又《房法寿传》：房士隆，"兴和中，东清河太守，带盘阳镇将。"是至东魏仍见置也。检《地形志》中，齐州东清河郡"刘裕置，魏因之，治盘阳城。"《通典》180，淄州"后魏置东清河郡。"淄川县"汉般阳县。"是盘阳即东清河所治也。杨图在今山东淄川县。亦即盘阳镇与东清河郡同置且同治所也。

　　[3]清河郡，西汉置，治所在清阳县（今河北清河县东南）。东汉改为国，移治甘陵县（后改名清河县，今山东临清东北）。三国魏复为郡。西晋又改为国。北魏又复为郡。北齐移治武城县（今清河县西北，隋改名清河县，唐移今址）。隋开皇初废，大业及唐天宝、乾元间又改贝州为清河郡。

隋姚辩墓志[1]

随故左屯卫大将军左光禄大夫姚恭公墓志铭并序
内史侍郎虞世基撰文，太常博士欧阳询书丹。

公姓姚，讳辩，字思辩，武威人也。导清源于妫汭，肇崇构于轩丘，世隶斯土。五世祖泓，为晋所灭；子孙播越，居于武威。曾祖赞，抚军左军将军、武威太守。以硕量伟才，佐时匡国。父宝，散骑常侍。钟孕山川，降神象纬，幼而风韵开爽，志节通亮。弓殚百步之奇，剑敌万人之气，驰名遂以材官入选。周保定四年，起家宗侍下士。天和二年，伐敌亏胜，群帅见囚，公频进奇谋，竟弗能用。乃以舟师先济，朝廷攸赖统营校。公抚养士卒，劝课农桑，莫不家实廪食，人知礼节。保定五年，从周武平定晋州，摧殄高壁。十二月，进屠并州，既陷，公独为后距，转战不衰，皇舆获安，公之力也，频蒙优赏。六年，从定相州，以前后功授大都督，封安养县[2]开国子，邑四百户，检校武侯兵事。又命公随上柱国既拔崇于武陟合战；又于野马相济，实繁有徒。公建旆旋征，摄弓言迈，推锋接战，充著奇功。开皇元年，授上开府仪同三司，进爵为公，增邑为一千户。自治所届，即事戎车。公诚勇奋发，义同阃外；屡出奇兵，频摧丑虏，建勋天府。凡厥赏赐，散之士卒。二年，匈奴复入凉州，诏以公为行军都督，前后冲击，尽夜攻围。校尉之井既枯，将军之泉又竭，空有思梅之鞭。以亡为存，策勋命赏，理在不次。五年，授右武卫骠骑将军，霍去病之功蔑如也。六年，授云州道水军总管。戈船掩渚，巨舰浮州，河浇肃整，匪曰崇墉棋跱。耸堞相望，边杵弗腾，控弦远逝。其年，授使持节，河中化若神明。十年，检校叠州总管、河州刺史，行叠州[3]刺史事。公才略俊敏，宽弘政教，安民和众，于是乎在。十二年，转授左武侯将军，寻为凉州总管、凉州牧。边烽寝候，毳幕旃裘，望风敛迹。十六年，使持节、灵州总管诸军事，公顷俗易风移，政成期月。十八年，授原州道行军总管。十九年，授环州道行军总管。公屡总戎律，特精边事。每秋风起塞，胡骑扬尘，折冲之任，非公莫能。大业二年，授左武侯大将军，进爵蔡阳郡[4]开国公，食邑一千五百户。大启皇丘，钦明御箓，睿圣纂图。特荷天眷，恩遇隆重，密勿禁候，知无不为。乃与子威等同进位大将军，左武侯大将军如故。三年，以母忧去官。其年，有警。公孝性自天，几于毁灭，僶俛王事，杖而后起。四年，以官方草创，授金紫光禄大夫，上光禄大夫如故。车驾北巡，诸番朝朔，以旧典纠察，整肃军［容］。乃令公建［节］，旌门洞张，内外肃然，事严细柳[5]。吐谷浑大保五期尼乐周等率众归附，使銮跸西幸，底定浑国，以公为郁卑道将军。旌鼓所振，莫不摧殄。俘献，授右光禄大夫，左屯卫大将军如故。乃献凯庙廷，礼崇备物，六军之长。车驾南巡江都，以公京师留守。职居爪牙，任惟心膂，出处崇重，朝野荣之。大业七年三月遘疾，十九日薨于京兆郡，春秋六十有六。惟公体量宏达，倡仁兴义，造次弗违，虚己推贤，始终同致。加以雄图恢廓，

姚辩墓志 1

奇略弘远，气有余勇，莫之与抗。善于御抚，得士卒之心；长于政术，致廉平之美。自入统禁旅，出总戎所，夙夜匪懈，简在帝心。至于敬友穆亲，轻财贵义，家禀诚孝，奉以周旋。训与不善，遽此归全；知与不知，莫不流涕。粤以其年十月癸丑朔二十一日葬。有诏："故左屯卫大将军、右光禄大夫姚思辩，性理和谨，秉心恭慎；历仕无玷，式表哀荣，可赠左光禄大夫。"又蒙赐物八百段，粟麦一千石，谥曰"恭公"。乃为之铭。铭曰：

长澜若水，远馥熏风。时贤继及，世德攸降。勒王成务，启霸垂功。炳灵不已，玄宫冥照。落雁穷能，通猿尽妙。蹶张选勇，期门待诏。职分七萃，官联五营。入登陪卫，出拥高旌。汜水兵略，常山陈势。卓荦明谋，沉深节制。功有必取，算无遗计。累膺恩宠，显赫身名。执恭履慎，守满持盈。方陪祀岳，遽掩佳城。游魂不归，逝川何既。春秋递代，徽猷勿替。

万文韶刻字。

姚辩墓志 2

【注释】

［1］姚辩墓志，隋大业七年（611）十月二十一日葬。陕西长安出土，原石佚。尺寸不详。北京大学图书馆所藏拓片志文共40行，满行33字，正书，为一石两面刻字。今据北大图书馆藏拓录文。主要著录：《集古录》卷4；《金石录》卷3；《宝刻丛编》卷8；《金石文字记》卷2；《潜研堂金石文跋尾》卷3；《观妙斋藏金石文考略》卷5；《金薤琳琅》卷8；《集古求真》卷2；《碑版文广例》卷7；《汉魏六朝墓铭纂例》卷4；《汉魏六朝志墓金石例》卷2；《全隋文》卷14；《古墨斋金石跋》卷2；《汉石经室金石跋尾》《古志石华》卷4；《咸宁长安两县续志》卷12《金石考上》《望堂金石》《香南精舍金石契》《平津读碑记》卷3；《读碑小笺（增订本）》《碑帖跋》《陕西金石志》卷7；《全隋文》卷14；《凉州府志备考》艺文卷2；《石刻题跋索引》第159页；《六朝墓志检要（修订本）》第212页；《隋代墓志铭汇考》第4册第152页；《碑帖叙录》第126页；《武威金石录》第19页；《积石访碑录》第25页；顾铁符《隋姚辩墓志铭传本小议》（《故宫博物院院刊》1991年第2期）等。

［2］安养县，西魏置，治所在今湖北襄樊市北。唐天宝元年（742）改名临汉县。

［3］叠州，《隋书》卷29《地理志上》临洮郡条载：叠川。后周置叠州、叠川县。开皇四年置总管府，大业元年府废。有洮水、流水。

［4］蔡阳郡，南朝齐置，治所在今湖北枣阳县西南，后废。

［5］细柳，汉代周亚夫屯军细柳，军令严明，后因以"细柳营"或"细柳"称纪律严明的军营。事见《史记·绛侯周勃世家》。唐代王维《观猎》诗："忽过新丰市，还归细柳营。"清代孔尚任《桃花扇·投辕》："你坐在细柳营，手握着虎龙韬"。

隋田德元墓志[1]

隋故豫章郡掾田府君墓志

君讳德元，字龙光，平凉百泉县[2]人也。妫水长源，姚墟盛绪，延年定策，名高中兴，子泰推功，声驰域外。并详史牒，可略言矣。祖广略，周柱国、太保，观国襄公。父仁恭，隋上柱国、司空公，观国敬公。世载勋贤，门袭卿宰，比韦家于西汉，譬袁氏于东京。故以德冠前修，庆流后裔。君禀灵温粹，天姿孝友。青裳辩日，髫龀参玄，气调云霞，风仪韶韵。雅好琴书，近得梁君之赏；性爱虚白，远叶嵇生之志。宾游满坐，无亏方外之神；史籍盈前，转莹胸中之宝。仁寿二年，起家授凉州总管府[3]掾。从容上席，剖决如流；优游胜曹，衿怀多暇。总管安丰公窦津公，深挹风猷，尤相敬礼。曾未期月，声绩已高。姑藏殷实，控接遐裔，拳握之珍，足为郑室。君讨日受俸，官烛稀燃；冰水之心，终始若一。及秩满言旋，单车就路，清分之声，见称西土。于是幅巾冶袖，遂其疏淡之情，散帙下帷，穷其讨论之致。既而朝思栋朴，时访能官。大业三年，授豫章郡[4]西曹掾。君频居右职，明练逾高，誉浃邻邦，绩陈王府。官曹无拥，常闻主诺之喑；薄领或繁，弥见机神之敏。

南方山水，登临所以思归；西州乡国，瞻贮于焉悽怆。加以土风卑湿，寒暑乖宜，疹疾弥留，奄然长往。大业七年六月廿二日，终于官舍，春秋卅有一。惟君早称髦秀，凤播清规，博综文史，枕席仁义。朋交推其款信，气类挹其风仪，坐有嘉宾，门多好事。良晨美景，命醑酒而开筵；胜地名游，赋清篇而自得。莫不辞高金谷，趣极兰亭。万古奚言，一朝埋玉，鸣呼哀哉！曰以七年十二月壬子朔廿二日癸酉归葬于大兴县浐川乡白鹿原[5]。车回南郭，听薤露之悲哥；马送东都，切鸣箫之哀管。欲使桑移碧海，尚表丰碑，谷变樊山，犹传余烈。铭曰：

　　王龚之孙，曜卿之子。显允夫君，还追昔美。博闻强记，敦诗悦史。器表墙仞，神标名理。弱冠升序，能声早振。织介无私，脂膏不润。飞走依仁，氓黎仰信。方期瑚琏，将登庙堂。一朝已矣，万代韬光。松深寒雾，挽功晨霜。勒兹玄石，无绝遗芳。

田德元志盖

田德元志石

【注释】

[1]田德元墓志，隋大业七年（611）十二月二十二日葬。1954年西安市东郊郭家滩沪河东白鹿原西麓出土，现藏西安碑林博物馆。志盖高43.2厘米，宽43.7厘米。志盖篆题"大隋故豫章郡西曹掾田府君之墓志铭"，共4行，行4字，有界格。志石高44厘米，宽43厘米。志文共27行，满行26字，正书。主要著录：《西安郭家滩隋墓清理简报》（《文物参考资料》1957年第8期）；《碑帖叙录》第46页；《北京图书馆藏中国历代石刻拓本汇编》第10册第55页；《隋唐五代墓志汇编（陕西卷）》第1册第3页；《碑帖鉴定》第226页；《西安碑林全集》第69卷第1424页；《中国西北地区历代石刻汇编》第1册第133页；《新

中国出土墓志·陕西（二）》上第 9 页图、下第 7 页文；《全隋文补遗》第 268 页；《隋代墓志铭汇考》第 4 册第 188 页；《六朝墓志检要（修订版）》第 340 页；《新出魏晋南北朝墓志疏证（修订版）》第 544 页等。

［2］百泉县，隋以长城县改名，治所在今宁夏固原县南。唐武德八年（625）移治今固原县东南。

［3］凉州总管府，北周孝闵帝二年（558），置凉州总管府，辖武威、广武二郡，州、郡治姑臧。隋初撤武威郡，置凉州总管府，治姑臧。大业十三年（617），李轨割据姑臧，自称河西大凉王。唐武德二年（619），平定李轨，置凉州总管府，治姑臧；七年改总管府为都督府。

［4］豫章郡，西汉高祖六年（前 201）分九江郡置，治所在南昌县（今江西南昌市）。隋开皇中改为洪州，大业三年（607）复为豫章郡。唐武德五年（622）改为洪州。

［5］白鹿原，一名霸陵原。在今陕西蓝田县西灞、浐二水之间，南连秦岭，北止灞岸，东西十五里，南北四十里。

隋李肃墓志[1]

随故使持节都督镇军大将军凉州诸军事凉州刺史李君墓志铭

君讳肃，字奇谋，临齐人也。扬卫大将军、兰州太守通，永昌县令杰之第七子也。以光盛业焉。原夫仙窟延祉，吞鼋昭庆。因风范千里，仰其谈柄。玉质金箱，探赜索隐，没而不朽，其惟都督凉州诸军事、凉州刺史、镇军大将军[2]，令朝散大夫、通事舍人[3]，又赠左武卫安国大将军。操履冰霜，断石之差。以大业元年岁次壬子十二月十六日辛亥，春秋卌有六，遘疾薨于古孝安里，岁次壬申二月己未十一日辛酉，窆于平原县[4]西南源沙峻领。制曰：悼往无亏。铭曰：

东井苍苍，西土茫茫。拚开分野，垦列封疆。门多英毅，代产忠良。昭昭余庆，刊石[□□]。

李肃志石

【注释】

[1]李肃墓志，隋大业八年（612）二月十一日葬。早年出土于山东邹平，今不知藏处。志盖佚。志石高56厘米，宽53厘米。志文共15行，满行16字，正书，有界格。主要著录：《北京图书馆藏中国历代石刻拓本汇编》第10册第59页；《隋唐五代墓志铭汇编（江苏山东卷）》第1册第8页；《齐鲁碑刻墓志研究》第369页；《隋代墓志铭汇考》第4册第205页；《六朝墓志检要（修订本）》第214页；《山东石刻分类全集·历代墓志卷》第110页。

[2]镇军大将军，官名。三国魏文帝黄初六年（225）置，不常设，权任很重，二品。两晋二品，开府者位从公，进为一品。南朝宋二品，南齐位从公，开府仪同如公。北魏二品，在四征将军上。

［3］通事舍人，隋初置为内史省（中书省的改称）属官，员十六人。职如前朝谒者，掌承旨传宣之事，从六品上。文帝开皇三年（583）增为二十四员。炀帝大业三年（607）改名通事谒者，从六品，隶谒者台。

［4］平原县，南朝宋置，治所在今山东邹平东南。北齐移治今邹平东北。旋废。

隋张寿墓志[1]

隋故光禄大夫右翊卫大将军张公墓志

公讳寿，字安乐，武威姑臧人也。五世佐韩，忠义高于战国；七叶侍汉，冠冕盛于西都。代有清贤，家传雅素，风流相踵，无之当时。祖谊，魏仪同大将军，再临凉州刺史。父温，周开府仪同三司、凉州刺史。门承分竹，世雄河右，或参论道之尊，且著威边之效。故以功勒太常，□怀殊俗，既称良将，实谓名臣，备书国典，可略言矣。

公霄气金行，早擅山西之勇；禀灵崐岳，幼挺陵（凌）云之志。岩岩孤耸，骎骎绝群。万刃表于髫年，千里成于绮岁。周武成元年，起家宿卫。保定四年，蒙授都督。天和五年，迁大都督。公久居禁旅，周慎有闻；夙奉岩廊，恪勤无替。虽复身事三君，而心惟一德。建德五年，诏授使持节、仪同大将军，封襄乐县开国公，食邑一千二百户，又进封冀州信都县开国公，进位开府、仪同大将军。爵启千室，荣参八命。登朝结紫，揖让重于周行；出邸鏦金，葆吹喧于里邑。高祖膺箓受图，即仍旧封。汉川夷叟，和合荆蛮，未式王度，时然后服。公授律徂征，南方底定，始贡宝琛，遂观渝舞。以勋迁上开府、仪同大将军。三年，诏授骠骑将军。景丹功业，乃造斯阶；卫青勋宠，初闻此授。望古畴庸，固无惭色。江表分疆，时更五代，旄节虽通，巢车未息。文皇帝抚兹兴业，有志括囊。于是，下粟三巴，征兵六郡，舻舳翳川，旌旗覆野。董戎之任，爰在得人，以公智足谋师，威能制胜。八年，伐陈，策授行军总管。公素明三略，已擅奇正之机；夙怀七德，且见投醪之爱。恩同挟纩，人思致死，故能攻靡金汤，敌无精悍。十年，拜岐州[2]诸军事、岐州刺，仍领宫监。左辅密迩京圻，古称繁剧，兼以西通河陇，舟车辐凑，内多豪族，外引名商，求请万端，奸回千变。公振纲持领，既不失于韦弦；长耳飞目，且无遗于猾蠹。民仰廉平，吏推摘伏，天子闻而嘉之，故久于其任。圣上初建承华，群僚革选，以公耆义旧劳，宜参德举。廿年，入授太子右卫副率[3]。荆州南控岷峨，东连吴会，五方枕倚，四民昌阜。方面之重，非贤弗居，乃辍禁闱，尹兹蕃岳。二年，策拜荆州[4]刺史，信都公如故，进位大将军。公治繁以简，化薄以淳，外习守御之容，内勤耕织之务。期月有闻，复在斯日。大君临朝称赏，褒厉百城，肱股之寄虽深，爪牙之任攸切。二年，入拜左御卫大将军[5]，改授金紫光禄大夫。吐谷浑负恃遐荒，敢违职贡，亟结西戎，时骋南牧。朝旨悯彼边隅，爝烽为警，爰整六师，龚行三伐。公翊卫皇舆，实馨心膂。五年，进位左光禄大夫。九年，转授右翊卫大将军[6]。天子问罪辽东，宿兵海外，以公诚武之臣，任参镇抚，分玉握符，于东都留守。枭玄感恶稔祸盈，纵其狂狡，反闻始闻，凶徒遄暨。公投袂而起，亲先士卒，妖氛挫气，公有力焉。逆虏既亡，策功为最。

十年，诏授光禄大夫。方欲刊德燕山，陪銮岱礼，天不愁遗，奄辞明世。其年七月二日薨，春秋七十有六。即以十一年二月廿二日迁葬于河南郡河南县之北芒山。呜呼哀哉，世孙义诚，惧扶桑或变，高楸难纪，式镌盛业，永志无疆。铭曰：

七叶荣汉，五世相韩。盛哉华绪，涣矣遥澜。家传丹毂，门袭高冠。显允君侯，载隆堂构。勇冠黥张，功齐耿窦。居号虎臣，出为良守。方期克壮，济此大名。如何与善，忽闭佳城。朝悲丧霍，士叹亡彭。荒野传呼，遥山剑骑。云低昼柳，风惊短吹。虽白日之难期，庶遗芳之永真。

张寿志盖

张寿志石

【注释】

[1] 张寿墓志，隋大业十一年（615）二月二十二日葬。1925年12月河南洛阳前海资村西出土，现藏西安碑林博物馆。志盖、志石均为正方形，边长均为57厘米。志盖篆题"隋故光禄大夫右翊卫大将军张公墓志"，共4行，行4字。志盖四边刻十二辰图案，左上角、右上角刻方形四叶纹饰，左下角刻三足乌图案，右下角刻桂树蟾蜍玉兔捣药图案。志文共33行，满行34字，正书。今据原石拓片录文。主要著录：《汉魏南北朝墓志集释》图491；《石刻题跋索引（增订本）》161页右中；《北京图书馆藏中国历代石刻拓本汇编》第10册第122页；《中国金石集萃》第9函编号14；《鸳鸯七志斋藏石》第223页；《西安碑林全集》第71卷第1691页；《复刻洛阳出土时地记——附解说·所载墓志碑刻目录》第398页；《隋唐五代墓志汇编（洛阳卷）》第1册第138页；《全隋文补遗》第329页；《六朝墓志检要（修订本）》第232页；《隋代墓志铭汇考》第5册第147页；《碑帖鉴定》

第 230 页。

　　[2]岐州，北魏太和十一年（487）置，治所在雍县（今陕西凤翔县东南义坞堡）。隋开皇元年（581）随县移治今凤翔县，大业三年（607）改置扶风郡。

　　[3]太子右卫副率，官名。隋朝始置，为太子右卫率副贰，二员，从四品上。炀帝大业三年（607）改名右侍副率。

　　[4]荆州，西汉武帝置，为"十三刺史部"之一。东汉治汉寿县（今湖南常德市东北）。其后屡经迁移，东晋时定治江陵县（今湖北江陵县）。

　　[5]左御卫大将军，官名。隋炀帝大业三年（607）置，为十二卫大将军之一，置一员，正三品，总其府事，并统诸鹰扬府。

　　[6]右翊卫大将军，官名。隋炀帝大业三年（607）改右卫大将军（右卫之长）为右翊卫大将军，总府事，并统诸鹰扬府。

隋段济墓志[1]

　　大隋故银青光禄大夫始扶汴蔡四州刺史段使君墓志铭

　　公讳济，字德堪，武威姑臧人也。自夫汉朝都尉，名扬于京辅；晋室议郎，声著于宛洛[2]。自时厥后，代有人焉。曾祖连[3]，魏立节将军[4]、安北司马[5]、建康晋昌二郡太守，赐爵姑臧子。既登尺木，天爵以高。附凤攀龙，发踪于燕代；从王佐帝，远徙于嵩瀍。祖荣[6]，魏六州刺史、姑臧侯、左光禄大夫，齐特进、武威王、司空公、侍中、尚书左仆射、尚书令、赠左丞相、假黄钺、录尚书事、太师、大司马、太尉公，谥昭景王。齐氏飞名帝箓，割据山东。公吁谟佐命，克成王业，乃当时之管晏，实异代之良平。父孝先[7]，齐左丞相、司空公、大将军、司徒公、尚书令、平原王、大司马、录尚书事、太傅、太师，赠假黄钺、相国、太尉公，谥忠武王。玄成丞相之子，世为台辅；仲宣王公之孙，早标令誉。以今方古，彼亦何人。公则平原王之第七子也。幼而岐嶷，聪敏夙成，从师问道，乐群敬业。以胄子知名，追为东宫侍学。皇建二年，以父任封真定县开国男。齐王登庸，为上台侍读。又封父爵武德郡开国公，俄迁散骑侍郎[8]。以宫闱禁重、警夜巡昼，扞城之寄，允属腹心。为直荡正都督[9]，直阁将军。天统元年，遥授华州刺史、越骑校尉[10]，不之任。武平四年，以公器干可称，具瞻遐迩，宪章往彦，比曜台仪，乃授仪同三司，骁骑将军[11]。六年，又以公家门籍甚，勋庸莫二，眷言谳德，宜隆复命，转授为开府仪同三司。炎汉勋臣，邓骘先蒙此授；中兴台辅，陶侃独荷恩荣。公之册拜，实光余祉。又转武卫大将军，浚仪县开国公。其年，周武帝亲御六戎，扫平东夏。于时，齐主遁逃，唯公一人经营辇毂，公竭诚所事，与有勋焉。隆化之初，授上郡王。建德六年，周武引见，特以名德之胤，诚孝著闻，乃授开府仪同大将军。既而，周历告终，皇隋肇建，蛮貊作梗，侵扰樊邓。开皇元年，乃诏公总率偏裨，随机讨扑。减灶增灶，暗合孙吴；龙韬豹韬，妙尽兵略。曾未旬月，擒其酋长，以勋授上开府仪同三司。庭列棨戟，门施行马，重加台曜，绰有余荣。二年，擢任石灰镇将，防遏北边，獯戎款塞。七年，转授使持节、扶州诸军事、扶州刺史。宣条布政，民俗乂安。转任始州[12]刺史。未几，以太夫人年高，乞解蕃任，所司以辞荣归侍，诚孝可嘉，别敕听许。俄授骠骑将军，常在京上下，色养温清，不亏朝夕。以开皇廿年正月丁太夫人忧，情礼过度，非人扶不起。大业元年，以梁汴路冲，往来巡幸，水陆浑杂，浇俗难治，乃授使持节、汴州[13]诸军事、汴州刺史。二年正月，汴州省废，又授使持节、蔡州[14]诸军事、蔡州刺史。平舆人物，汝南耆旧；地接荆郢，商旅殷繁。亦既下车，俯求民瘼。席皮留犊之誉，无愧胡威；褰帷按部之明，岂惭朱博。三年，以例改授银青光禄大夫。于时，新都草创，卜食伊瀍。以公屡典戎韬，频司禁旅，转授左翊卫府虎贲郎将[15]，宿卫长上。至十一年三月，驾幸太原，在都留守。春秋六十有三，九月二日遘疾浃辰，奄然薨逝。公沉静有器度，口不论人短，温柔雅恕，不妄交游。美容仪，善谈谑，致久敬于友朋，不怠慢于妻子。性不谲诡，不求闻达。是以清白之操，罕为人知，垂缨散珮，向卅余年。家无担石之储，室有屡空之厄，丧事阙棺，求诸邻里。朝廷闻而哀叹，即加赗赠。王人吊祭，率由恒典。以大业十二年正月廿二日权葬于洛阳东北马安山西凤台乡界。将军之树，空有前名，校尉之营，唯余故垒。乃为铭曰：

系于帝营，发自有周。乃祖乃考，累相重侯。蝉联舄奕，服衮衣裳。一人贪亮，万事咸休。诞兹令哲，世称奇士。仁著髫年，名彰稚齿。虹玉朗外，骊珠照里。丞相之孙，令君之子。飞鸿渐陆，鸣鹤在阴。爪牙彼寄，禁卫腹心。出总戎律，荆蛮是擒。入承文诰，出牧光□。罢镇关榆，坐帷棠树。风随扇动，雨依车霆。麦穗有岐，桑枝不附。除烦革弊，礼行刑厝。忽随化往，人世长分。辒行旧路，旐入新坟。野塞沈景，松气霾云。空传千载，诏葬将军。

大业十二年岁次丙子正月戊子朔廿二日己酉。

段济志盖

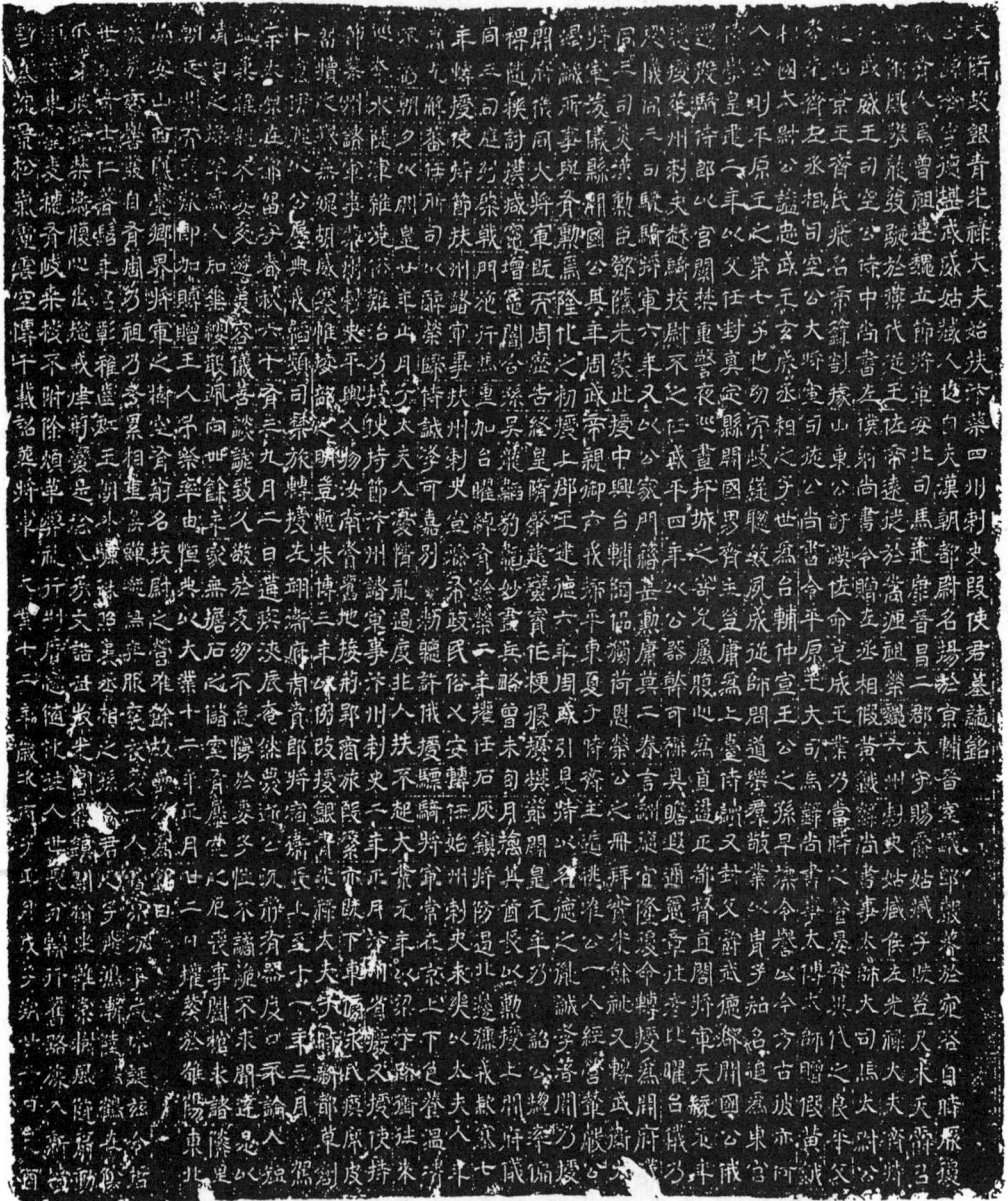

段济志石

【注释】

[1] 段济墓志，隋大业十二年（616）正月二十二日葬。1920年河南洛阳城东北凤凰台村出土，曾归绍兴周氏。志盖为盝顶，高55厘米，宽54厘米。志盖篆题"大隋故银青光禄大夫段使君墓志之铭"，共4行，行4字。志石为正方形，边长65.5厘米。志文共36行，满行36字，隶书，有方界格。主要著录：《汉魏南北朝墓志集释》图506；《石刻题跋索引（增订本）》162页右、163页右；《北京图书馆藏中国历代石刻拓本汇编》第10册第141页；《隋唐五代墓志汇编（洛阳卷）》第1册第156页；《复刻洛阳出土时地记——附解说·所载

墓志碑刻目录》第 414 页；《全隋文补遗》第 347 页；《六朝墓志检要（修订本）》第 239 页；《隋代墓志铭汇考》第 5 册第 282 页。

　　[2]夫汉朝都尉，名扬于京辅，晋室议郎，声著于宛洛。此句言志主先世。"汉朝都尉"，即西汉北地都尉段印，为武威段氏之祖，《新唐书·宰相世系表》载："段氏出自姬姓。郑武公子共叔段，其孙以王父字为氏。汉有北地都尉印，世居武威。"又"晋室议郎"，即曹魏末西晋初敦煌议郎段灼，果直有才辩。魏末为邓艾镇西司马，随邓艾破蜀有功。后邓艾被钟会等诬害而死，晋武帝时，段灼上疏追理邓艾之冤，复表陈时宜，并见嘉许。后擢为明威将军、魏兴太守。

　　[3]段连，正史无传，《北史·段荣传》《北齐书·段荣传》有载曰：（荣）"父连，安北府司马。"此与墓志所载略同。

　　[4]立节将军，官名。十六国后秦置。北魏孝文帝太和十七年（493）定为从三品下，太和二十三年复次职令，改为四品。

　　[5]安北司马，官名。三国魏、晋、宋皆定为三品。十六国汉、后秦、西秦、前凉亦置。北魏孝文帝太和十七年（493）定为二品下，二十三年复次职令，改为三品，北齐仍三品。

　　[6]段荣，北齐勋臣、贵胄，与高欢为连襟，与其子段韶同为北齐开国功臣，《北齐书》《北史》有传，前文有北齐太宁元年段荣墓志铭文。

　　[7]段孝先，即北齐段韶，字孝先，小名铁伐，段荣长子。东魏时随高欢战于邙山，又从战于玉璧。历事北齐高澄、文宣帝、废帝、孝昭帝、武成帝、后主。武成帝时曾总督齐军大破周军于晋阳。官至左丞相、封平原郡王，卒于军中，谥忠武。《北齐书》《北史》有传，与墓志所载基本相同。

　　[8]散骑常侍，官名。三国魏置，员四人，五品。隶散骑省，吴国亦置。西晋因魏制。北魏孝文帝太和十七年（493）定为四品上，二十三年改五品上。北齐集书省置六品，其下起居省置一员，皆五品。隋初并属门下省，掌值朝陪从，正五品上。炀帝大业三年（607）废。

　　[9]直荡正都督，官名。北齐置。为左、右卫府直荡属官，负责舆驾出入之侍卫。领直荡副都督。四品上。

　　[10]越骑校尉，官名。西汉武帝始置，为北军八校尉之一。十六国多置。北魏孝文帝太和十七年（493）定为从三品中，二十三年改五品，北齐从四品。

　　[11]骠骑将军，官名。西汉置，东汉沿之，为杂号将军。魏、晋皆定为四品。十六国成汉、前秦、后秦、后凉皆置。北魏孝文帝太和十七年（493）定为从三品上，二十三年改为四品上。北齐时属左、右卫府，四品上。

　　[12]始州，西魏以安州改名，治所在普安县（今四川剑阁县）。隋大业初改为普安郡。

　　[13]汴州，北周宣帝改梁州置，治所在浚仪县（今河南开封市西北）。隋大业初废，义宁元年（617）复置。

　　[14]蔡州，隋大业初改溱州置，治所在汝阳县（今河南汝南县）。后改为汝南郡。

　　[15]虎贲郎将，官名。北魏置，统率虎贲郎担当侍卫皇帝之任。太和十七年（493）定为从五品上，二十三年复次职令，未载。

隋宋永贵墓志[1]

隋故左御卫府长史通议大夫宋君墓志铭

君讳永贵，字道生，西河郡[2]人也。卨以敬敷五教，锡茅土而封商汤，以来苏八迁，徙先王而居亳。洪源括地，与悬米争深；高峰极天，共云丘比峻。时称冠族，世挺民英，楚客多才，周宾在位，昌则参谋，代邸夜拜九卿；弘乃变辅，中兴职登三事，箕裘必继。堂构莫亏，舄奕连华，衣缨累袭。曾祖丞，桑干郡[3]守、恒州刺史。祖业，河州[4]刺史。褰帷作牧分竹，出守布政，有感则秾麦，兴哥遗爱，在民则甘棠勿翦。父晖，使持节、车骑大将军、仪同三司、乡伯大夫、万年县开国子，持节假奉使之威，将军实爪牙是任，苴茅土而开国，均仪服于台阶，光覆五宗，贵延百世。君擢干芳菀，耀质骊渊，禀庭训而知言，奉家声而立德，风神闲雅，播目龆年，书剑明能，闻诸学岁，既而振缨来仕。解褐登朝，以周天和四年，出身授殄寇将军[5]、强弩司马[6]。大象元年，任右宫伯、右侍散二命士。二年，迁大驭都下士，力堪引强，威能殄寇。虽非右职，允此嘉名，所奉二君，历应四选，既仕不择时，官未为达，旷大才于高位；沉英俊于下僚，周德之衰，所由来矣。及皇基肇创，神武膺期，则哲自天，官人有叙。开皇六年，引授殿内将军[7]。九年，诏授蒲坂县开国子，其年加授仪同三司，出为蕃禾镇将。殿内则出入卧内，仪同则具拟台司，将军朝廷之虎臣，镇将京畿之虎落，出抚则旌旄叠映，入侍乃环珮交晖。十四年，蒙授婺州长史。十七年，诏授观州司马。大业三年，改授庆州[8]司马，累迁朝请大夫、汉川[9]赞治。赞邦佐治，自郡迁州，慈惠以抚细民，温恭而待国士。示睒以俭，纠猛以宽，煦之以春阳，威之以秋霜，润洽傍邻，时称善政。五年，入为左御卫长史，三军务重，六卫为最，总管营校，兼临卒伍，教战勿失，阅武以时。八年，天子亲临辽队，问罪燕郊，分命方叔，长驱被练，四纲周设，一发而摧，以勋进授通议大夫[10]，长史如故。十年，从驾北巡，言经朔野，不幸构疾，终于楼烦郡[11]，春秋五十有四。君少而沉懋，长而宏深，英猛冠时，清华映世。堤封峻而不测，墙宇高而莫窥，自国自家，至诚至孝，可畏可爱，为政为德，清白以遗子弟，淡雅以交友朋。入其室者，郁若芝兰之芳；与其游者，目染未蓝之色。历官两代，从宦十迁，在军在国之容，允武允文之艺。出临九县，九则民吏扇其风；入佐六军，则貔虎资其略。何常不竭诚尽义，虔奉宪章，谨龊劳谦以全名节，九德备举，百行无亏，可谓令问令望有始有卒者矣。以大业十二年岁次丙子十一月岁次丙子十一月癸丑朔廿一日癸酉归葬于京兆郡长安县龙首乡之山，柏庭遐阻，蒿里幽深。九原无可作之期，千年绝见日之义。人间易远，身世难追，岁月不居，山河莫故。世子匡节，酷此茹荼，崩心泣血，风树之感，万古踊深，霜露之悲，百身弥切，庶传盛德，敬勒泉隅。文曰：

天降玄鸟，神呈白狼。佐禹惟卨，革夏伊商。极天峻峙，控地灵长。或升或降，且公且王。有客有容，俾建其侯。祚土于宋，作宾于周。礼乐尚在，英灵可求。郢都赏赋，代国申谋。爰泉乃祖，褰帷出抚。奕世载德，重规叠矩。显考标秀，扬庭接武。服衮仪司，苴茅开宇。

惟君笃生，惟民之英。松柏在性，金石有声。允谐文武，藉甚公卿。表光内润，入孝出诚。妙季筮仕，飞缨即政。为臣择君，去危归圣。饰像三台，官成四命。行标世范，德流民咏。昊天不憗，折桂销芳。泉幽隧古，风悲树凉。寒来暑谢，地久天长。遗德不朽，斯文永彰。

宋永贵志盖

宋永贵志石

【注释】

[1] 宋永贵墓志，隋大业十二年（616）十一月二十一日葬。陕西西安东郊郭家滩出土，现藏西安碑林博物馆。志石拓片为正方形，边长 57 厘米。志盖亦正方形，边长 55.5 厘米。志盖篆书"隋故通议大夫宋君志"，共 3 行，行 3 字。志文共 34 行，满行 34 字，正书。主要著录：《古志石华续编》卷 1；《八琼室金石补正》卷 28；《关中金石文字存逸考》卷 1；《汉魏南北朝墓志集释》图 520；《石刻题跋索引（增订本）》163 页左；《北京图书馆藏中国历代石刻拓本汇编》第 10 册第 160 页；《西安碑林全集》第 72 卷第 1794 页；《隋唐五代墓志汇编（陕西卷）》第 1 册第 5 页；《全隋文补遗》第 363 页；《六朝墓志检要（修订本）》第 244 页；《隋代墓志铭汇考》第 5 册第 384 页；《鲁迅辑校石刻手稿》第 3

辑第 811 页；《中国西北地区历代石刻汇编》第 1 册第 143 页；《隋墓志选粹》编号 31。

　　[2] 西河郡，西汉元朔四年（前 125）置，治所在平定县（今内蒙古东胜县境）。东汉永和五年（140）移治离石县（山西离石县）。三国魏黄初二年（221）移治兹氏县（西晋改隰城县，今山西汾阳），后复还治离石县。西晋改为西河国，后废。北魏太和八年（484）复置西河郡。隋初废，大业初又改介州为西河郡。

　　[3] 桑干郡，北魏置，治所在桑干县（今山西山阴县东南）。后废。

　　[4] 河州，十六国前凉置，治所在枹罕县（今甘肃临夏县西南）。北魏改为枹罕镇，移治今临夏县，太和十六年（492）仍改河州。隋大业三年（607）改为枹罕郡。

　　[5] 殄寇将军，官名。东汉献帝兴平（194—195）中置。晋、南朝宋沿置，八品。北魏孝文帝太和十七年（493）定为八品上，北周改为正二命。隋初列为散号将军，正九品上，炀帝大业三年（607）罢。

　　[6] 强弩司马，官名。西晋置。为宿卫禁军将领之一，侍卫皇帝。北周亦置，为无职掌的散官，亦可作为起家官，正二命。

　　[7] 殿内将军，官名。即殿中将军，隋朝因避讳改。左、右卫各置十五员，正八品上，参列军府，出使劳问，文帝开皇六年（586）罢。

　　[8] 庆州，隋开皇十六年（596）置，治所在合水县（今甘肃庆阳）。大业三年（607）改为弘化郡。

　　[9] 汉川，当为汉中，因避隋文帝父杨忠讳而改。又隋大业三年（607）改梁州置汉川郡，治所在南郑县（今陕西汉中）。

　　[10] 通议大夫，散官名号。隋炀帝始置，为从四品文散官。炀帝大业三年（607）罢。

　　[11] 楼烦郡，隋大业四年（608）置，治所在静乐县（即今山西静乐县）。

隋孟常墓志[1]

隋故泾阳府旅帅[2]孟君墓志

　　君讳常，字子常，武威人也。重黎之后，是曰羲和。司天司地之职，咸其上叶。至于有周肇祚，封邑孟郊，因土命氏，可略言矣。祖宗，魏使持节、蒙州[3]刺史。屈产之俗，频临 [□] 虢之兵；垂棘之壤，非无绝秦之路。公乃云旗亘野，月阵遍山。服叛威边，举无遗策。父崇，太保公。蜀栾性徒规，仪形合轨，星精体德，温□俱义。君少析戎旅，偿班超之愿；幼冀儒心，尚孙弘之学。虽□□非□謇，恒延陶侃之宾；气齐斗牛，即有张华之剑。大业九年授旅帅。十年徙总管，北征胡寇。于时三军士卒，各表所能。君以明略佐时，授为司骑。入陪帷帐，应变之计无穷；出侠旌旆，谋猷之权罕匹。加以单于侵塞，践逼京圻。君以雄烈之□，□军击讨。十三年九月七日，遂薨于阵，春秋五十有七。夫人吕氏、赵氏，英华胄族，轩冕当朝，箴训无亏，四德斯备。开皇十二年，撂尽房笼。即于十月八日合葬于永□之里。呜呼哀哉，乃为铭曰：

南正司天，北正司地。羲和所掌，重黎之嗣。周鼎肇兴，封荣斯至。黼黻传兹，英模远众。愧登方伯，弘宣今轨。拥麾为将，存休珍郘。控竹来迎，信无虚圮。威加斯俗，恩敷故□。睢阳落景，金谷秋云。英规世挺，雄杰并群。芳徽永瘗，□声余芬。幽垧一阻，垄月长分。

孟常志石

【注释】

[1] 孟常墓志，隋大业十三年（617）十月八日葬。陕西西安出土。志石长40厘米、宽42.6厘米。志文共20行，满行21字，正书。主要著录：《汉魏南北朝墓志集释》图523；《石刻题跋索引（增订本）》第163页；《复刻洛阳出土时地记——附解说·所载墓志碑刻目录》第313页；《全隋文补遗》第143页；《六朝墓志检要（修订本）》第246页；《隋代墓志铭汇考》第5册第418页。

[2] 泾阳府，隋唐时期泾州折冲府之一。据张沛研究，泾阳府在泾州，并隶于左卫。秦置泾阳县，西晋废，十六国后赵复置，北周废。此泾阳县治所在今甘肃平凉市西北，疑泾阳府亦在其处。旅帅，官名。隋炀帝大业三年（607），十二卫改帅都督为旅帅，为一旅之长。

[3] 蒙州，西魏置，治所在武川县（今河南南召县东南）。隋仁寿中改名淯州。

隋德阳公梁君碑[1]

□□□□□□□□□□□□□□□□□□□[2]

若夫□□人达（下阙）未始□以一心可事百君□□□□□□楚材□□晋用然后书功竹素，□铭钟鼎，□□合□□其（下阙）乌氏人也。晋为盟主，宏乃戎御；汉□□□，松□受邑。□□□传芳于拙隐□擅若□□□□□□，可得而言矣。祖□□□武卫将军（下阙）□□□□，谥□公。运属兴王，时逢卜洛，存握□于禁□□□□□□□□□□□□□大总管府沧州刺史，除司空，公有□□杰殊，称□梦□三刀，遂增荣于六府。公秉□冲气，□神□岳□□继礼悟迈□□□，超□□□□□□□□□□□郎，有巢阿之□，早为太祖所知，□□文宣□□处时。年才□学，智已大成，蹉武□□，追踪卫霍，岂直□□之□□□□□□□□□□益寻□□□□□□赠□□□□魏□□□□□论□□□□□（下阙）□见亲厚，俄除骧威将军、员外奉朝请，宠光□号荣□二□□□□□□□□□簪□□服□□□□□□□□□□（下阙）不□时，推食解衣，赏无虚日。授御库真直长，□□荡□□卫职□闻□□□之力，莫不□其衔□□□□□□□□□谦光，每授受之次，必深存扲挹。俄□□剑无□，故爵位未□□内犹真，齐都督□□□□□□将军旧□□□□□其□从于内寝，捍□□□□□□□□岳国，齐王率众东伐，师次伊川，公领骑北芒，兵交洛汭，击□将之决独□□□□□□□□男爵，授都督雍州诸军事、雍州刺史，封平□□□伯。拥旄扬旆，□群牧之□；鸣玉折珪，表诸侯之贡。寻加骠骑大将军、□□直阁□□□仪同三司。霍□姚之出塞，切□绝□；□□□之居□，十二卫。□周武帝亲鸣钲鼓，躬驭貔狁。孟津有再驾之师，晋阳无□校之□。齐□□□行□窘□□□□□勇亡□□率所领备身，并皆用□□□□。□□寿春之报，无救夷陵之祸。于是计□力屈，释甲投戈。[3]初从文御之礼，更荷纯臣之遇。周□使持节□、开府仪同、大将军，封德阳郡公，食邑一千五百户。□□□燕入赵，昌国君[4]之爵命；背楚□汉，淮阴侯[5]之典□，拟必□伦，斯之谓也。俄□□□□虎贲中太□黄扉金印已□□□仪槐而比棘，青组银章，复乘轩而□□□，□□□□。尉□迥傲扰三魏，叛换两河，引天齐而包地□，寒成皋而临□□。□其□理众均□□□□上时推纳揆□开霸业□庙□□□动节之兵□□□□□□□□（下阙）□□□□□□□□□□七之戎斯授，乃以公为行军总管。公密运豹韬，深□虎穴，纵□□□识成□□之势，克□□猾，实□□□，授大将军，寻转柱国，□封一子□□□□□□□□（下阙）任专屯□，柏梁有镇抚之辞，官如丞相，衬人有□□□之秩。固乃以□□而非真□，前拜□□□光□。谈者为荣，泪乎俗变弦歌；□逢树□，□□□□□□。□□（下阙）□□□同出羽仪□攀鲭，卫王以帝弟之尊，镇之陇右，[6]凡□□□妙选英杰□□，诏用公以□王之副，仍带□官，别道行军。公□略有方，□□□□□□桥之警，荒服来款关之贡。朝旨褒称，宣示遐迩。凉□□□□□□□州□我戍□北阙，路通西域，接流沙于千里，统强兵于五郡。自□□□□□□□□□（下阙）持节、总管凉甘瓜三州诸军事、凉州刺史。临飞□之城，□□□之地，护羌校尉，非无别□；居延属国，总入宣条。公正身率下，乘□奉上。□□□□□□□□□□□□（下阙）□远安迩肃，风移俗改，烽侯不□□□□□□□□□□□□□寇恂之借□□□□月十四日薨于京第，春秋七十有九。惟公经文□□□□□□□□□（下阙）□□坟素，锐意兵戈，价□三□□□雨□□□□□□□□□之，其抚□昔在□□□□□□举□□□□属□荣，爰及□□□□□□□□□□□□□（下阙）由□□□比大□□何之□，以其年□□月廿九日，厝于九嶕山□□茔之□□□□□□也。嗣子武泉郡开国公孝让□□□□□□□□遵之□□□□（下阙）欲旌德十庙，□乃□碑于神道。其辞曰：

□□□□，□□□□。□□□□，□□□□。□□□□，□□□□。□□□□，（下阙）星辰降祉。□□□□，玉田流润，□豌□芳。□猗欤□。德继□前，□□□□。□□岁□，□□技□。知□心通，理□□□。□袖渔□，□□□□，□□□□，□□□□，□□（下阙）礼度，从□□□。仁者必勇，□者不□。出□入□，自家形国。□□柔，□□□□。□□□□，□司□感。升降密□，□□□□，□□□□□，□□□□，□□（下阙）威名远张，震□□泉。□□楚降。□之□，□□□槐。□□□□，□□□□，□其□，下□□内。□声华，□□西寄。□□□□，□□□（下阙）之金。□含荣□，无犯无侵。□□□□，□□音□。□□□光阴□□□□□□□□□□□武库□唐□陵松□□□令□□□□□□□□□□□（下阙）□□□□□□□□□□□□□□。

【注释】

[1] 德阳公梁君碑，隋代（581—618）葬。该碑原在陕西礼泉昭陵基田之内，一说原在礼泉县叱干村（距县九十里），今佚。碑篆书题"大隋柱国德阳公之碑"。今据《关中石刻文字新编》录文。《昭陵碑考》称：考北朝梁氏为安定乌氏人，德阳公或亦梁姓也。

主要著录：《关中石刻文字新编》《关中石刻文字存逸考》《昭陵碑考》《陕西金石志》《全

隋文补遗》第 76 页；《陕西石刻文献目录集存》第 31 页。

　　[2]《关中石刻文字新编》无此行首题，据《昭陵碑考》补。

　　[3]据《昭陵碑考》称：此指周武帝建德五年（577）十月，总戎伐齐事。《北史·武帝纪》云：十二月，齐王自将轻骑走邺，周主诏齐王公以下示以顺逆之道，于是齐将帅降者相继。

　　[4]昌国君，即乐毅。中山国灵寿（今河北灵寿）人。魏将乐羊的后代。通晓兵法。初在赵，后去赵往魏，燕昭王时入燕任亚卿。燕昭王二十八年（前284），拜上将军，联合赵、韩、魏、楚等国率军击齐，大败齐军于济西。攻入齐都临淄，先后攻下七十多城，因功封于昌国，号昌国君。惠王即位，燕中齐反间计，改用骑劫为将，毅出奔至赵，封为望诸君。后卒于赵。

　　[5]淮阴侯，即韩信，秦末汉初淮阴（今属江苏）人。初属项羽为郎中，后投奔刘邦，被任为大将。楚汉战争时，为刘邦立下汗马功劳，被刘邦封为齐王。前202年，率军与刘邦会师，击灭项羽于垓下。汉朝建立，改封楚王。后有人告他谋反，被降为淮阴侯。后又被人告发与叛将陈豨勾结谋反，为吕后所杀。著有《兵法》三篇，已佚。

　　[6]据《昭陵碑考》称：此指在隋所除之官，考《北史》隋文帝子秦王俊，开皇三年迁秦州总管，陇右诸州尽隶焉，即碑所谓"帝弟之尊，镇之陇右"是也。德阳公亦在所隶也。

隋成公君墓志盖[1]

大隋同州仪同姑藏（臧）郡大守成公□□志铭

成公君志盖

【注释】

[1] 成公君墓志盖，隋代（581—618）葬。明嘉靖年间陕西同州出土，原存普照寺，今佚。志盖为正方形，边长31.5厘米，左上部残缺。共4行，行4字，正书。第三行"成"字下补刻"公"字。主要著录：《汉魏南北朝墓志集释》图版612；《石刻题跋索引（增订本）》163右；《六朝墓志检要（修订本）》第248页；《隋代墓志铭汇考》第6册第47页。

唐南安懿公张琮碑[1]

唐□□□［故银青］光□□□□□刺史上柱□□□□□光禄大夫□□□□庶子黎阳公于□□撰

夫□□□烝龙兴豹□□天立极夷难开□□□。□多士以经纶，驾群雄以戡翦。然则轻车飞将，靡刺举作之方；拥节塞帷，无折冲之略。其能入陪乘石，戎章肃于钩陈。出抚名藩，文德被于江介。总英谋以挺秀，敷善政以遐征，见之使君南安公矣。君讳琮，字文瑾，武威姑臧人也。夫运筹帷幄，名□三杰之先；立效井陉，功居八王之首。属金行不竞，寓县分崩，凉王建安乱之勋，成割地之业。洪源将导江而俱远，层构与干云而共高。龟组相晖，青紫交映，备在简牒，可略言焉。曾祖谊，魏骠骑将军、凉州刺史、黄门侍郎、散骑常侍、武威郡公。剖符作牧，恩重玺书，执戟从官，荣隆夕拜。祖嵩，周骠骑将军、鄜城郡太守，死王事，赠上柱国、瀛州总管、河北庄公。分竹宰民，化光露冕，临难殒命，节重结缨。父辩，随上柱国、使持节、秦州诸军事、秦州总管、潭州总管、左武卫大将军、河北郡开国公。建旗江表，恩结湘流，横剑禁中，声高文陛。惟公总烟霞之秀气，秉川岳之淑精，器寓深沉，风调爽逸。文□叶上将之略，大树表将军之威。幼挺纵横，缀幡为戏。少怀慷慨，聚米成图。超武安以振威，迈淮阴以贾勇。加以琢磨道德，黼藻仁义，砥名励行，闻诸乡党。资孝为忠，形乎家国，少习文史，尤工骑射。沉沙减灶，既练之于兵书；持短入长，亦精之于剑术。公释褐随奋武尉[2]，于时东夷未宾，阻辽水以为固，频扰黄龙之戍[3]，亟侵玄菟之城[4]。随炀帝亲驭貔貅，以诛枭獍。公壮踰投石，捷类塞旗，命赏畴庸，以居其最，特蒙标异，授朝散大夫，寻除新郑县[5]令。公济以宽猛，施以韦绖，遂使单父兴谣，蒲蒲息盗。善政既著，俄迁颍川郡丞。此乃魏室之旧都，胡公之故国，元冠成列，朱轮接轸。公绥之以淳化，肃之以严威。千里扬风，百城仰德。时属随人委驭，海县沸腾，或裂壤而鸱张，或分星而□视。丹野涂地，漂杵溺骖，徒怀王允之心，空轸贾生之哭。既而晋野降白云之瑞，秦川开赤玉之图。稷契于是迁虞，张陈所以归汉。高祖太武皇帝御紫极而统天，坐玄扈而则地。文为治本，资德教以化民；武以除残，藉干戈以静难。择贤分职，量器授官，除公骠骑将军，仍加上开府。昔霍氏勋高沙塞，任重中权；黄君望亚鼎司，宠光□府。以今方古，彼何足云，寻改授左卫中郎将。刘武周称兵马邑，结援龙城，挺祸汾阴，连横河曲。今上龚行天罚，公陪从戎麾，蒙授左三总管。公智包三略，勇冠六军，运奇谋以抗千里，舞劲剑而摧八阵。凶徒既殄，反旆还京，除左卫长史，其中郎将如故。王世充早事随□委以戎旃，曾无勤王之心，翻肆问鼎之志，莽卓未足方其罪，浞豷岂得比其辜，遂使宗社沦胥，怀生板荡。窦建德同恶相济，共为犄角。王师运九变之谋，总□□之士，风驰电扫，拉朽摧枯。公预官度之勋，参崤陵之捷，校功追赏，超绝等伦。刘黑闼、建德余孽，尚蓄狼心，拥兵赵魏，构难漳滏，骋其豕突，未革鸮音，□□□□，纂此一戎，遂清九宇。于是稽天息浸，飞岳锁尘，饮至策勋，蒙授上柱国，封南安县开国侯，食邑七百户。又检校参旗军副，又检校左领左右中郎将，储闱□□卫率近臣，侍奉委之以正人，爪牙寄之以心膂。贞观元年，授太子左卫率，又检校右武卫将军。左领军将军。四年，蒙授云麾将军，行左卫率如故。于是警□□坊恪勤晨夕，标羽仪于甲观，擅风流于望苑。十年，授银青光禄大夫、行睦州[6]刺史。方当班六条于劲越，哥两岐于全吴。望俗变文身，风移凿齿。绍远珠于□□，追降凤于颍川。岂谓日□难翻，阅川不息。忽感何祗之梦，遂同声伯之悲。贞观十一年十二月之任，在道寝疾，薨于宋州[7]馆舍，春秋五十有五。痛结寮执□□，行人孝行受名，谥曰"懿公"，礼也。即以十三年二月十一日，迁厝于始平之原。惟公德方琬琰，照荆岫而腾晖；材挺栋梁，茂邓林而耸干。破楚入郢之略，平□□齐之谋，弹压之奇，笼盖十策。陈力草昧之始，立效云雷之初。功著升陑，勋高战牧。执戟武帐，八舍禀其军容。受律戎轩，四校仜其神算。加以地居右戚，望□□卿，帝乡近亲，莫之比盛。祖母李，景皇帝之女，赠信都郡大长公主。母窦，隋文帝之甥。夫人长孙，文德皇后之姊。尚主嫔王，光华帝戚，鱼轩鹤□，掩映濯龙。未尝富贵矫人，恒以盛满为戒。方应骖八骏之驾，高宴瑶池；陪七佐之游，问道襄野。岂谓九转之方莫效，十枝之景难留。奄切颓山，忽悲幽壤。子□□子振等，恐炎凉迭代，星纪循环，海变三山，谷迁九地。所以镌金勒石，播美腾芳。譬东都之前，永识滕公之墓；潼亭之侧，长标太尉之坟。乃为铭曰：

　　□□茂绪，眇眇长澜。七叶辅汉，五世相韩。绩参经启，业预艰难。代总衡辔，世袭衣冠。山渍降灵，烟霞诞祉。比德珪璧，齐芳兰芷。冲斗浮光，照车蕴美。纵横韬略，□□图史。运属交丧，时逢屯剥。争窃宝符，竞窥帝篆。礼废禋祀，□毁龟玉。凶甚拔山，暴逾比角。天地初辟，光华方旦。破袁奇策，灭项神算。受脤除残，执柯静难。□□三杰，绩邻十乱。雾彻云销，功成治定。屡典交戟，频膺宠命。裂壤恩隆，分麾礼盛。储坊述职，江皋从政。岁月易度，生涯若浮。夕峰隐景，夜壑迁舟。雕龙转斾，□□回辀。式镌翠石，永树芳猷。

【注释】

[1]南安懿公张琮碑，唐贞观十三年（639）二月十一日葬。《金石萃编》卷45收录，今据以录文。《金石萃编》载：碑高七尺二寸三分，广三尺六寸三分。三十行，行六十字，正书。额题"唐故□□光禄大□张府君碑"十二字，篆书，在咸阳县双照村。志主张琮，两《唐书》有传。主要著录：《全唐文》卷145；《金石萃编》《金石萃编校补》《寰宇贞石图》《凉州府志备考》《武威金石录》第25页等。

[2]奋武尉，官名。隋炀帝大业三年（607）新置散职八尉之一，从六品。

[3]黄龙之戍，即黄龙城，一名龙城、和龙城、龙都。即今辽宁朝阳县。东晋咸康七年（341）慕容皝筑，次年自棘城迁都于此。隆安元年（397）后燕慕容宝复以此为都。义熙五年（409）

冯跋语此建立北燕。北魏太延二年（436）攻克此城后改置营州。

[4]玄菟之城，西汉元封三年（前108）置玄菟郡，治所在沃沮县（今朝鲜咸镜南道咸兴）始终元五年（前82）徙治高句骊县（今辽宁新宾县西南京兴老城附近）。东汉安帝时与高句骊县同移治今辽宁沈阳市东（一说今辽宁抚顺市东）。十六国时复移治辽西（今址未详）。北魏延和元年（432）又徙治幽州界，后废。

[5]新郑县，秦置，治所即今河南新郑县。西晋废。隋开皇十六年（596）复置，移治今县。

[6]睦州，隋仁寿三年（603）置，治所在雉山县（今浙江淳安县西淳城镇西南）。大业初改为遂安郡。唐武德四年（621）复为睦州，七年（624）又改名东睦州，八年（625）复名睦州，万岁通天二年（697）移州治建德县（今浙江建德县东北梅城镇），天宝元年（742）改为新定郡，乾元元年（758）复为睦州。

[7]宋州，隋开皇十六年（596）置，治所在睢阳县（开皇十八年改名宋城县，今河南商丘），大业初改为梁郡。唐武德四年（621）复为宋州，天宝初改为睢阳郡，乾元初复为宋州。

唐阴弘道墓志[1]

大唐故奉义郎行太常博士骑都尉阴府君墓志铭并序

公讳弘道，字彦卿，武威姑臧人，汉大将军识[2]之后也。曾祖子春[3]，梁侍中、左卫将军、梁秦二州刺史。祖荣，梁散骑常侍、新州[4]刺史。父颢，梁尚书、金部郎，随仪同大将军、昌城县[5]令，以儒学知名。公天才奇伟，命世挺生，一见不遗，五行俱览，九流七略，莫不穷其妙赜，尽其精微。年十七举秀才，随蜀王号曰神童。留而不遗，雅相期遇，敬之若宾。及大唐龙兴，公亲率义兵归诚圣化，蒙授正议大夫[6]、临溪县[7]令。贞观元年，诏赐束征，令定历，除国子助教。七年，又征授太常博士，制《大唐新礼》[8]，又加奉义郎，奉敕为大学士，于弘文馆修书。十四年二月三日遘疾，卒于京师长兴里[9]之私第，春秋六十有七。公著书论、算术、诗赋凡百余卷，盛行于世。名位未迁，壑舟遽徙，呜呼天道，与善如何。即以其月廿九日旋葬于长安之高阳原，乃为铭曰：

立言不朽，德上新成。于穆夫子，含章挺生。儒宗表誉，学府腾声。优柔经籍，推测章程。帝历载昌，王猷远被。屡降弓旌，频加招贲。羲官正日，稷嗣参议。逸翮未冲，西光已夕。精气不留，魂兮何适。陵谷迁贸，桑田改易。清徽无泯，寄之圆石。

贞观十四年庚子二月戊辰朔廿九日丙申。

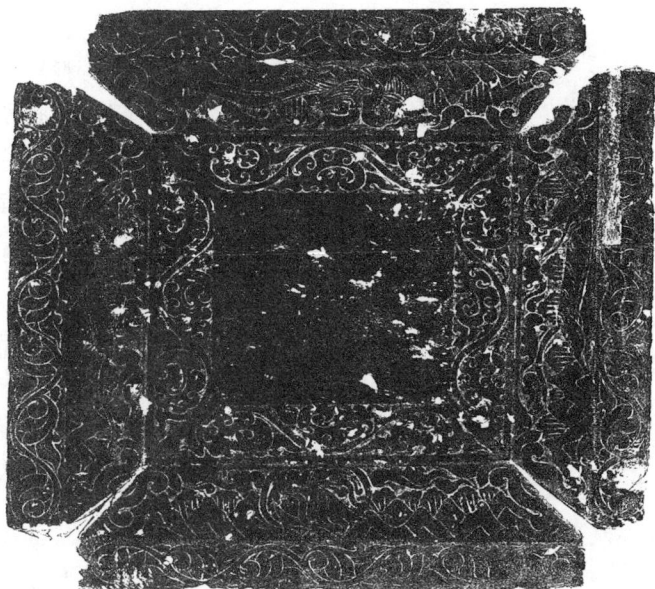

阴弘道志盖

阴弘道志石

【注释】

［1］阴弘道墓志，唐贞观十四年（640）二月二十九日葬，2004年5月11日出土于西北大学长安校区工地2号墓（发掘编号2004CXDM2）。现藏陕西省考古研究院。墓志为青石质，志、盖均为正方形，边长均为44厘米。志盖为盝顶，厚9厘米，顶面未刻字，四刹刻四神及忍冬纹图案。志石厚11厘米。志文共20行，满行20字，正书，有界格。四侧刻壶门十二生肖图案。主要著录：《长安高阳原新出隋唐墓志》第52页。

［2］阴识，字次伯，东汉南阳新野人。阴皇后之兄。从刘縯起兵，更始时以功封阴德侯，行大将军事。光武即位，迁侍中，封原鹿侯。帝每巡郡国，常留识守京师，委以禁兵，守执金吾。明帝时拜执金吾。卒谥贞。

［3］阴子春，字幼文，武威姑臧人。曾祖自晋末南迁江南。初为梁西阳太守，历迁为南梁州刺史，梁、秦二州刺史。侯景乱时，率军随左卫将军徐文盛东讨侯景，屡败景军。后以郢州陷没，退归江陵，大宝二年卒。

［4］新州，南朝梁普通中置，治所即今四川三合县。隋开皇末改为梓州。

［5］昌城县，西魏以新昌县（或作新城县，待考）改名，治所即今四川三合县。隋大业初改为郪县。

［6］正议大夫，官名。隋炀帝大业三年（607）始置，正四品。唐沿置为正四品上文散官。

［7］临溪县，西魏恭帝二年（555）置，治所在今四川蒲江县北五十里西来镇西。一说在今四川名山县东晏家坝。隋属临邛郡。唐属邛州。

［8］《大唐新礼》，唐太宗贞观年间，房玄龄奉诏与魏徵等礼官学士修改旧礼，最后定著五礼，总138篇，分为100卷，名为《大唐新礼》，也称《贞观礼》。阴弘道时为太常博士，亦参与此事。

［9］长兴里，即长兴坊。据《唐两京城坊考》记载，朱雀门街东第二街，从北第三为长兴坊。坊内有"礼宾院。乾元观。左领军大将军房仁裕宅。东北隅，侍中、驸马都尉杨师道宅。坊内横街之南，中书令张嘉贞宅。宅西，太子宾客元行冲宅。次北隔街，礼部尚书致仕王邱宅。纪国大长公主宅。河南尹、驸马都尉郑颢宅。同平章事、驸马都尉于琮宅。工部尚书致仕、晋昌郡王辛京杲宅。黄门侍郎、同中书门下平章事杜鸿渐宅。太子右庶子韦聿宅。国子祭酒郑伸宅。礼部侍郎裴士淹宅。镇海军节度使、同中书门下平章事路随宅。河南节度使王璠宅。左神武统军史宪忠宅。赠太原郡夫人王氏宅。户部尚书李峘宅。镇州进奏院。毕罗店。旅馆。雍州乾封县丞崔汲宅。夏官郎中慕容氏宅。右庶子韦聿宅。给事郎守国子监国子助教卢知宗宅。光禄卿赠左散骑常侍范传正宅。检校尚书右仆射兼吏部尚书崔群宅。河阳三城节度观察处置等使、怀州刺史检校尚书左仆射兼御史大夫沣州长史开国男上柱国李泳宅。叠州密恭县丞杨师善宅。中书舍人杜牧宅。"

唐杨温墓志[1]

大唐故特进观国公墓志

维贞观十三年龙集己亥十二月己巳一日，特进、观国公薨于京城安定里[2]第，春秋七十二。丧揭日之明，坠培风之翼，贤哲莫能免，鬼神不之测。呜呼哀哉！公姓杨氏，讳温，字恭仁，弘农华阴人也。汉太尉震十八世孙。玉环门庆，贻兰菊于终古；金铉世功，望台阶以增峻。曾祖绍，魏新兴、雁门太守，光禄大夫。安边训俗，箸循良于南史；大父大将军、觉城信公，蹈义履仁，擅徽猷于西魏。显考随雍州牧、司徒、观德王，远符台象，必复公门；纬武经文，书勋王府。铭钟镂鼎，从享清庙。公感华岳之英灵，应昴宿以分星。折冲樽俎，极杜镇南之武库；从容廊庙，冠王丞相之仪形。其体国经野之方，安上治人之术，皆详诸典策，昭备管弦，虽杨确而言之，盖言之不能尽也。周大象二年，以功臣子赐爵武阳县开国公，寻授仪同大将军。开皇元年，进封成安郡开国公，后授左宗卫车骑将军。仁寿三年，除甘州刺史。绥边怀远，式清寇虐。其年，征授宗正少卿[3]。尊祖敬宗，载光朝典。五年，迁工部侍郎。六年，徙吏部侍郎。工役之地，未允具瞻；铨衡之举，用谐物议。公明略川回，灵心镜澈，符浚冲之简要，得茂曾之清远，近代小选，未之有焉。九年，授谒者大夫。十年，破杨玄感于洛城之北，追至阌乡，以功授正议大夫。十一年，授辽东道行军总管，破高丽军三万人，拜银青光禄大夫。军还，授河南道黜陟大使，仍从炀帝巡幸江都。及逆臣纵毒，遂为宇文化及维絷。寻拔难归朝，仍以魏州反正，拜上柱国，袭爵观国公。武德二年春三月，仍除黄门侍郎[4]，十月，迁纳言。三年，改授侍中。出纳纶诰，典综枢机。享鲜之要，游刃斯在。王化伊始，西域未宾，授公河西道安抚大使、检校凉州总管，管内刺史以下，皆得便宜从事，随方选补。李轨窃据凉州，不宾王命。黄河之右，尽为鲸敌。公连筹制胜，克平西夏。李轨[5]枭悬，远戎纳贡。于是赤水安流，玄珠重译，俯窥崐阆，远廓神州。又平逆贼贺拔威，朝延将弘赏典，公乃表请回授第六弟威骑都尉。六年四月，拜吏部尚书。式镜九流，悬衡百姓。巨源之盛德不孤，卢毓之清尘未远。寻授右卫大将军、鼓旗军将，领京城以西六十余府。九年，拜雍州牧。帝京务切，神州任重，近代以来，天孙帝子之职，异姓所居，唯德王及公而已。世掌天官，未可连类。仍世作相，裁得拟仪。贞观五年，检校左领军大将军事。公志尚虚简，性履冲邈。功成身退，义叶天道。方启黄阁，言追赤松。固请悬车，抗表天阙。圣旨重违公意，赐以优闲，以列侯奉朝，加位特进。八年，以公为河北道大使，表贤良、退贪猾，使还闻奏，深合上旨。黜陟之美，为当时第一。寻除使持节、都督洛怀郑汝四州诸军事、洛州刺史。未几，又谢病言归。公精彩标映，性履沉密。其道寂，其神凝。虚而应有，静以居躁。学以昭德，寓景福于灵心；行以顾言，运枢机于神化。尽儒则于礼容，极人文于系表。其孝悌之方，忠贞之操，足以轨仪当世，模楷搢绅，为一代之宗臣，追往古之遗爱。昆季龙光，亲姻凤举。弟以奇才贵胄，厘降王姬；侄以淑德华宗，怀芳椒掖。声飞帝载，望高天下，冠冕百辟，岂徒然哉。属扩之辰，乘舆临幸。感切神衷，挥涕而别。公辞情恳至，备闻旒扆。内安社稷，外抚要荒。尘露之益，有足称美，仍赐帛五百匹。及生崖长往，皇情震悼，赠布一千端，给东园秘器。凶事资须，悉敕所司供给。仍遣将作少匠[6]李道裕监护丧事，使鸿胪卿刘善因策赠开府仪同三司、使持节、潭州等七州都督、潭州[7]刺史，谥曰孝公，礼也。有诏倍（陪）葬昭陵。粤以十四年三月戊戌朔十二日己酉，安厝真宅。琴书旧迹，哥吹余声。风月讵几，池台已平。昭昭世范，灼灼修名。终图云阁，空闭佳城。叹逝怀音，乃为铭曰：

伟哉世德，赫矣名臣。功书策府，道照彝伦。孔门齐圣，帝室连姻。近隆基构，远嗣声尘。爰始濯缨，上仪台象。藏器待问，成文效响。皎皎华月，亭亭仙掌。切汉昭回，凌云直上。识符先觉，远属兴王。长离宛宛，威凤锵锵。鼎门百世，衮职连章。王畿千里，雍牧重光。方岳镇野，文昌司会。义叶化成，道光时泰。赫赫纶绂，悠悠旌旆。誉满禁中，威稜荒外。光阴遽促，人世随新。纷纷诏葬，寂寂虚神。材倾大夏，道丧贞臣。遗风余烈，万古今辰。

杨温志盖

杨温志石

【注释】

　　[1]杨温墓志,唐贞观十四年(640)三月十二日葬。1979年陕西省醴泉县烟霞乡山底村沟东村东约700米处出土,现藏昭陵博物馆。志盖、志石均为正方形,边长均为87厘米。志盖为盝顶,厚13.8厘米。顶面篆书"大唐故特进观国公杨君墓志",共3行,行4字。盖文周边刻缠枝卷花纹及连珠纹,四杀刻四神图案,间有云、山、树木等纹饰。志文共38行,满行37字,正书。志石四侧刻十二壸门,内刻异兽,间饰卷云纹。主要著录:《新中国出土墓志·陕西(一)》上28页图、下256页文;《隋唐五代墓志汇编(陕西卷)》第1册第11页;《唐代墓志汇编续集》贞观021;《全唐文新编》第20册第13784页;《全唐文补遗》第1辑第482页;《全唐文补编》下册第2155页;《中国西北地区历代石刻汇编》第1册第174页;《昭陵碑石》图3。

　　［2］安定里，即安定坊。据《最新增订唐两京城坊考》载，朱雀门西第四街，街西从北第一为安定坊。坊内有"东南隅，千福寺。西南隅，福林寺。东北隅，五通观。右神策军护军中尉第五守进宅。左领军丰润府左果毅永县男若干志定宅。安定里长者焦君夫人杨媛宅。陪戎副尉刘师宅。云麾将军右领军卫将军上柱国北平县开国公鲜于庭诲宅。检校冯翊郡沙苑监三马坊使索思礼宅。左神武军使奉天定难功臣右卫大将军梁州元从骠骑大将军弘农郡开国公梁升卿宅。神策军散兵马兼押衙银青光禄大夫行沔王友兼监察御史上柱国乔师锡宅。右神策军正将李万林宅。朝请郎行内侍省掖庭局宫教博士上柱国张叔遵宅。"

　　［3］宗正少卿，官名。北魏、北齐为"大宗正少卿"的省称。隋、唐、五代为宗正寺次官，亦称"宗正寺少卿"，通判本寺事务。隋初置一员，正四品上；炀帝增为二员，从四品。唐初一员，后增为二员，从四品上。高宗、武则天时曾随本寺改名司空少卿、司属少卿，寻各复旧。初或任外姓，玄宗开元二十年（732）后由宗室专任。

　　［4］黄门侍郎，官名。秦、西汉为郎官加"给事黄门"省称。亦称"黄门郎"，无员数。东汉与给事黄门合为一官，遂成为"给事黄门侍郎"省称。隋炀帝大业三年（607）去"给事"置为门下省次官，设二员，正四品上。唐朝沿置。玄宗以后侍中渐成空衔，门下省事务实由其主持，任职者多加"同中书门下平章事"衔出任宰相。

　　［5］李轨，字处则，武威姑臧人。家富而乐施。隋末任本郡鹰扬府司马。大业十三年与曹珍等起兵，自称河西大凉王，攻据河西五郡之地。次年称帝，以户部尚书安修仁掌握枢密。唐密遣修仁兄兴贵入凉，他任为左右卫大将军。后为修仁兄弟所擒，被杀于长安。

　　［6］将作少匠，官名。即将作少监，隋文帝将作寺次官，开皇二十年（600）改称少监，炀帝大业三年（607）复名少匠，五年又改为少监，十三年改名少令。唐高祖武德（618—626）初改名少匠，玄宗天宝十一载（752）定名将作少监。

　　［7］潭州，隋开皇九年（589）改湘州为潭州，治所在长沙县（今湖南长沙市）。大业初改为长沙郡。唐武德四年（621）复为潭州，天宝初又改为长沙郡，乾元初复为潭州。

唐宇文士及碑[1]

　　（首行泐）……腾□□鳞纵壑，清猷独暎，不亦远哉。公讳……运属……宗伯，使持节、延盐绥丹泾五州诸军事，延□泾……大□赠司空、上柱国、许恭公。顾……日，泣血三年，号慕之声，行路……神佩鞴之□□□遵……齐□□，克简帝心，□□风咏……性。十三年，特诏□起拜鸿胪少……之□恨患趣舍之□殊，将灭同气……于□道，又以早蒙睠□□参龙□……光县主，宗支良媛，伪夫……之河屡涉。勋□既翦，华夏底平，散……谈者伟之。□□清华朱丝……天，万物咸□。凤皇改历，八统惟……凉州都督。元□既除，方隅静晏。□……贞观二年，敕使持节、蒲州诸军事……右卫大将军、□□翼□□□投……多所机敏……典□□则竭形劳……年……凉州诸军事、凉州刺史，□□所……则金石洞开，□动云飞，则英华□……君……勒□□铭曰：

……光华始宣，名冠众臣。□宜多难，金……结统部，效彰所莅，吏归整饬，物……飨期颐。阳禽庚止，□鸟告时。空……杳□玄隧□空□梁□（下泐）

宇文士及碑（局部）

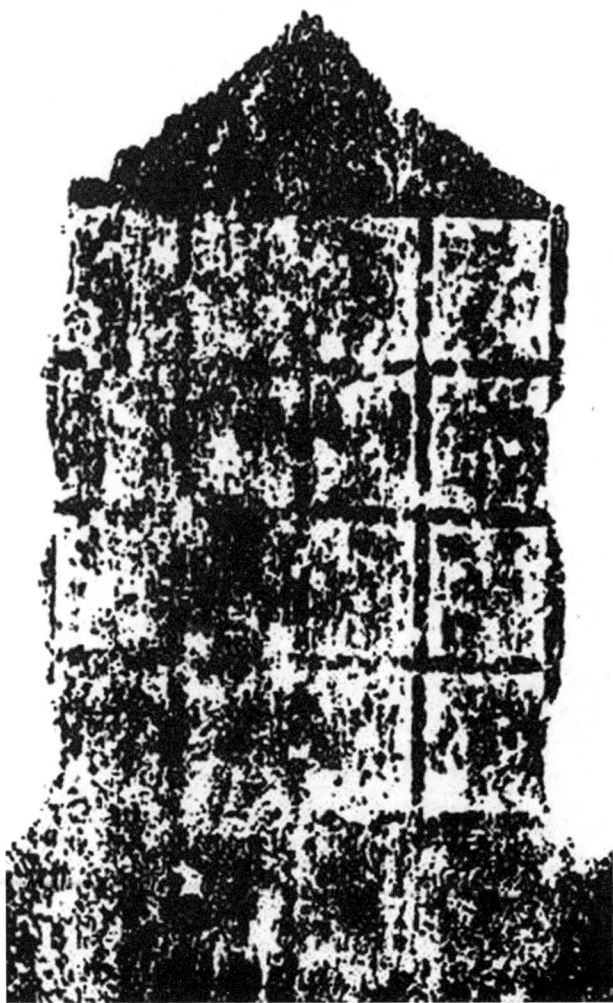

宇文士及碑额

宇文士及碑身

【注释】

[1] 宇文士及碑，唐贞观十六年（642）立。原立于陕西省礼泉县北屯乡西页沟村南约100米处宇文士及墓前，1975年入藏昭陵博物馆。碑身、碑首总高295厘米，碑身下宽104厘米，厚32厘米。碑额共4行，行4字，字已漫漶。碑文共33行，满行字数不详。该碑中部以上漫漶，现存碑身下部文字，约占原碑文的三分之一强。据李子春《新拓唐昭陵宇文士及碑》称："清末，日人大谷光瑞掘出之，日人内藤虎考证为宇文士及碑。罗振玉又加考释，印入所著昭陵碑录补。"宇文士及，为宇文化及之弟，两《唐书》有传，他在唐太宗时期，曾检校凉州都督。与碑文所记"凉州诸军事、凉州刺史"暗合。据《旧唐书·宇文士及传》记载："太宗即位，代封伦为中书令，真食益州七百户。寻以本官检校凉州都督。时突厥屡为边寇，士及欲立威以镇边服，每出入陈兵，盛位容卫，又折节礼士，凉土服其威惠。"主要著录：《昭陵碑录补》《昭陵碑石》图5。相关研究参李子春《新拓唐昭陵宇文士及碑》

（《考古》1960 年第 7 期）。

唐修隋竺让妻段氏墓志[1]

随燕王府录事段夫人之志铭并序

夫人姓段，陇西武威人也。其先出于有周，郑共叔之后，引派天潢，分枝阆苑，琼峰百丈，骊泉千仞，仰之者未识其终，窥之者眇然无际。或富仁宠义，偃息于西河；或乘危殉节，亡身于北地。纪明秀出，实东汉之宗臣；龟龙英跱，乃西凉之文府。声华映于遥篆，弈叶焕于绵图，世不乏贤，同夫兰菊。祖安，魏华州长史；父龙，随定州行唐[2]令；并道高州里，望重一时，脱落荣宠，沉冥儒素。夫人承积德之余祉，禀兹训于闺庭。少而贞慧，长逾明淑，风范韶令，姿望端详，语必中规，动无违礼。鼓钟易响，兰幽更芳，甫应三星，言归百两。年十七，适于高平竺氏。望同王谢，睦等潘杨，德礼既齐，和鸣斯远。君讳让，字道逊，隋燕王府录事参军[3]。属大业之初，营都瀍洛，衣冠□族，多有迁移。君既策名英府，陪随藩邸，席卷桑梓，因即家焉。今为洛阳人也。俄而随运奔腾，关河荡析，屏弃荣禄，终老于家。夫人属此时屯，婴斯不造，携□孤幼，备历艰危，经今卌余载矣。方欲享兹遐寿，永保无疆，福善无征，奄从迁化，鸣呼哀哉！春秋七十有三。即以永徽之元［年］五月廿三日，迁葬于北芒谷城之南原也。坟茔□启，楸槚成行，白日不晨，玄台无晓。长子嗣宗，□劬劳□罔极，痛陈骊之遄征，泣血累旬，绝浆十日。恐陵谷亏贸，桑海推移，迨□芳猷，勒之幽壤，鸣呼哀哉！乃为铭曰：

蔼蔼遥源，昭昭远胄。阆苑飞芳，琼枝层构。盛德不朽，远而弥茂。干木蕃魏，纪明匡汉。德用止戈，威能静难。弈世芬芳，英华蔼烂。门钟积庆，久而逾盛。降生贞淑，端祥柔令。阃送靡逾，阃言斯正。□星既曜，百两斯聘。之子言归，凤凰于飞。出言有则，率礼无违。良人不永，早世潜晖。悲城茕室，恤纬嫠机。昔离世季，今属时平。惟孙惟子，定省昏明。温席扇枕，蒸蒸至情。如何不祐，即是幽冥。玄台已掩，白日无光。坟楸方树，陇柏成行。泪枝夏落，泣笋冬长。勒兹贞石，永永无疆。鸣呼哀哉！

竺让妻段氏志石

【注释】

[1]竺让妻段氏墓志,唐永徽元年(650)五月二十三日葬。河南洛阳出土,曾为张钫所藏,现石藏河南千唐志斋。志盖佚。志石呈正方形,边长59厘米。志文共25行,满行26字,正书。主要著录:《北京图书馆藏中国历代石刻拓本汇编》第12册第6页;《唐代墓志铭汇编附考》第2册第161页;《隋唐五代墓志汇编(洛阳卷)》第3册第4页;《千唐志斋藏志》第57页;《北京大学图书馆馆藏历代墓志拓片目录》编号01243;《唐代墓志汇编》永徽005;《全唐文新编》第20册第13871页;《全唐文补遗》第2辑第104页。

[2]定州行唐县,北魏改南行唐县置,属常山郡,治所在今河北行唐县东北。太和十四年(490)于县置唐郡。熙平中移治犊乾城(今行唐县)。隋属恒山郡,唐属恒州,长寿二年(693)改为章武县,神龙元年(705)复为行唐县。

[3]录事参军,官名。西晋丞相府始置,为录事曹长官。东晋、南朝皆置。北魏至唐又称为录事参军事,隋、唐置于州者为诸州长官重要僚佐而非署曹之官署。玄宗开元六年(713)后西都等府改名司录参军事,其他依旧,从七品下至正九品上。

唐安延墓志[1]

唐故上开府上大将军安府君墓志铭并序

君讳延，字贵薛，河西武威人也。灵源浚沼，浪发崐峰；茂林森蔚，华敷积石。跃银鞍而得俊，飞白羽而称雄。故得冠冕酋豪，因家洛俟。祖真健，后周大都督；父比失，随上仪同、平南将军[2]；并睿哲早闻，雄豪凤著，高列将，名冠通侯。君连跰茂族，疏干华宗，挺特幼彰，仁孝天性。不畴弓矢，百中之妙逸群；无意诗书，四始之义宏达。及皇运伊始，宣力义旗，授上开府、上大将军，振迹五营，功逾四校。虽奉诚以著，名未上闻，何误中曦，奄然落照，以贞观十六年七月廿日终于私第，春秋八十四。夫人刘氏，望高西楚，作妇东周，嫔德既彰，母仪斯则。桃源尚远，俄见迁舟，以永徽四年四月七日，终于弘敬里[3]私第，春秋八十三。以其月廿八日合窆于北邙之阳，礼也。晓撤樽俎，凤驾灵輴，盖飘飘兮北上，魂悦悦兮南移。刊德音于玄石，庶弥久而无遗。词曰：

望重玉关，族高崐岳，俊哲齐颖，英髦挺懿。连芳茂族，分尊华宗，仁标早岁，孝积唯童。立志乡间，功流秘阁，兰菊传芳，光景西落。碧雾起兮昏泉扃，清风吟兮悲白杨，去昭昭之华屋，处寂寞之玄堂。

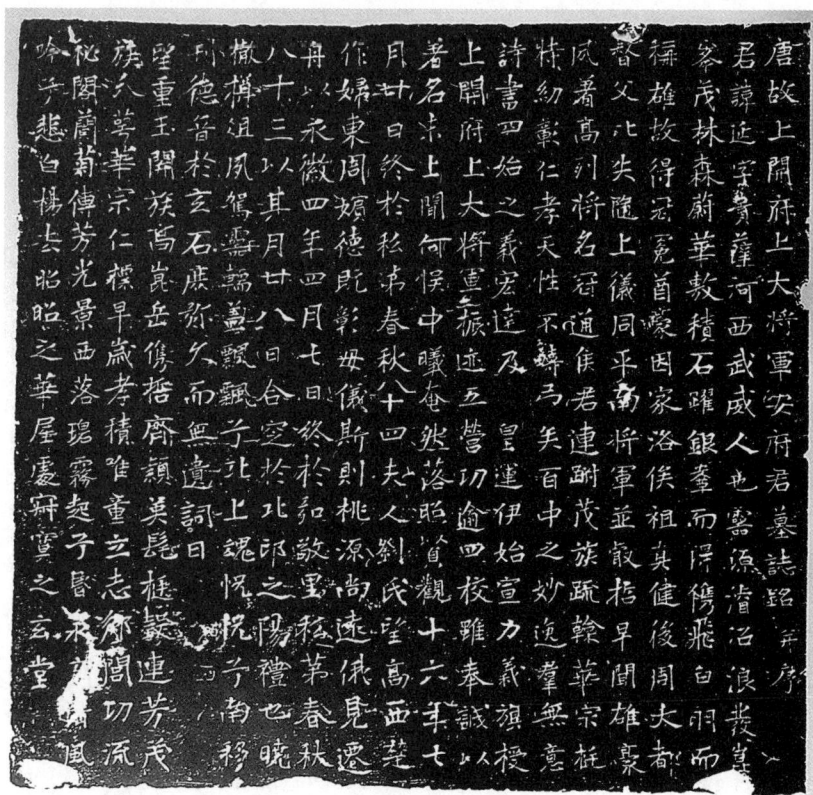

安延志石

【注释】

[1]安延墓志,唐永徽四年(653)四月二十八日葬。河南洛阳出土,现藏中国历史博物馆。志盖失。志石为正方形,边长49厘米。志文共20行,满行19字,正书。主要著录:《石刻题跋索引(增订本)》166页右下;《北京图书馆藏中国历代石刻拓本汇编》第12册第87页;《唐代墓志铭汇编附考》第3册编号222;《隋唐五代墓志汇编(洛阳卷)》第3册第68页;《洛阳出土少数民族墓志汇编》第215页;《北京大学图书馆馆藏历代墓志拓片目录》编号01314;《唐代墓志汇编》永徽076;《全唐文新编》第20册第13917页;《全唐文补遗》第4辑第328页;《从撒马尔干到长安:粟特人在中国的文化遗迹》编号29。

[2]平南将军,官名。东汉已有。两晋沿置,魏、晋皆三品。十六国前秦亦置。北魏孝文帝太和十七年(493)定为从二品上,二十三年改为三品。北齐三品,北周正七命。隋初列为散号将军,从六品上,炀帝大业三年(607)罢。

[3]弘敬里,即弘敬坊。据李健超研究:徐松《唐两京城坊考》,唐、韦述《两京新记》及《元河南志》等书中东都均不载弘敬里,但安延夫人刘氏永徽四年终于弘敬里(《芒洛冢墓遗文》)。王夫人总章三年卒于弘敬里;孙阿贵夫人须摩提大足元年卒于神都弘敬里(以上二志见《千唐志斋藏志》)。如果东都确无弘敬里。那么,这些墓志为什么如此记载呢?如果有,位置应在哪里?《旧唐书·五行志》永淳元年六月十六日,"连日大雨,至二十三日,洛水大涨,漂损河南立德、弘敬,洛阳景行等坊二百余家,坏天津桥及中桥"。五行志中不仅确证东都有弘敬里,而且它与立德和景行并列。但文献资料与立德、景行并列的是归义坊,因此推论归义坊原名弘敬坊,为避讳高宗"天皇大圣大弘孝皇帝"之号而改名。如西京的弘化坊为崇化坊,东都的弘教坊改为宣教坊就是其例。《最新增订唐两京城坊考》载,"东城之东,第二南北街,北当徽安门东街,从南第一曰归义坊。"坊内有"太平寺,秘书监致仕穆宁宅。福建观察使李贻孙宅。文林郎张氏宅。王宅。周游击将军左武威卫永嘉府左果毅都尉长上直营缮监上柱国孙阿贵宅。杨奉宅。赠游击将军董嘉斤宅。太仆寺丞王楚宾宅。徐州录事参军王庭玉宅。右监门卫大将军李仪凤宅。宣义郎行曹州乘氏县尉薛懋宅。李夫人严氏真如海宅。太子文学王太贞宅。秘书监崔望之宅。"

唐李君妻孟秤墓志[1]

大唐故李君夫人孟氏墓志铭并序

夫人讳秤,字大娘,武威人也。昔待客三千,称谣七善,感天至孝,冬笋为生。岂不万代传名,千龄著矣。蝉联奕业,冠盖缣绅。夫人体质容华,淑姿琬琰,六行不阙,四德有闻,好客宾迎,□曾亏礼。至于妇仪嫔则,帷教家风,岂轨度于闺门,抑赗□于邦族。巧笑似梁国之妻,守志如卫子之妇。月落恒娥之影,星收婺女之光。既而积善无征,辅仁虚说,梁木斯坏,哲人其萎。以显庆元年六月六日卒于福善里[2]之私第,春秋六十。其月廿八日迁窆于邙山之阳,礼也。恐陵谷无常,丘垄磨灭,纪兹玄石,永志泉门。呜呼哀哉,乃为铭曰：

三星始夕，百两言归。容华窈窕，妇法无亏。门传好客，孝感何违。魂兮一去，此逝长飞。其一。恒娥落影，婺女收光。忽离代俗，归凑亡堂。红颜歇李，白发无方。隙驹难驻，倏尔何常。其二。暑来寒往，递□相迎。日从西没，水流东行。山丘无窆，恐畏□平。□镌玄石，必保长生。其三。

李君妻孟秤志石

【注释】

[1] 李君夫人孟秤墓志，唐显庆元年（656）六月二十八日葬。河南洛阳出土，现藏洛阳市文物考古研究院。志石为正方形，边长36厘米。志文共18行，满行18字，正书。主要著录：《北京图书馆藏中国历代石刻拓本汇编》第13册第12页；《唐代墓志铭汇编附考》第3册第294页；《隋唐五代墓志汇编（洛阳卷）》第3册第152页；《洛阳出土历代墓志辑绳》第196页；《北京大学图书馆馆藏历代墓志拓片目录》编号01420；《唐代墓志汇编》显庆011；《全唐文新编》第20册第13977页；《全唐文补遗》第3辑第357页。

[2] 福善里，即福善坊。据《最新增订两京城坊考》载，长夏门之东第一街，从南第六坊为福善坊。坊内有"隋朝散大夫田仕宅。朝散大夫郭善积宅。解才宅。隋朝散大夫牛君宅。周师宅。右监门直张达宅。王进宅。王楷宅。隋奉诚尉邢晋宅。冀州南宫县尉武骑尉邢弼宅。史信宅。马弘基宅。处士张海宅。处士张伯陇宅。飞骑尉田博宅。郭君夫人刘贤宅。路昭宅。左卫亲卫史敬博宅。上轻车都尉马怀宅。抚州司法参军□赏宅。处士王韬宅。处士王君宅。瀛洲束城县令郑赡宅。上骑都尉施氏宅。崔锐宅。上骑都尉赵阿文宅。河间邢君夫人刘达宅。少府监织染署令王君妻张法式宅。游击将军上柱国萧贞亮宅。吏部常选李敬固宅。朝议郎行扬州大都督府仓曹参军豆卢液宅。上柱国司马元礼宅。绛州龙门县尉严仁宅。酋长康国大首领因使入朝检校折冲都尉康公宅。路江宅。于光明宅。李夫人王氏宅。郭渭宅。河南府文学权易容宅。处士蒋建宅。朝散大夫试光禄寺丞能政宅。留守右厢都押衙都虞候黄州长史兼监察御史银青光禄大夫检校太子宾客上柱国魏顼宅。罗绍威宅。罗林军□银青光禄大夫行尚书兵部侍郎知制诰上柱国范阳县开国食邑三百户户卢文度宅。安重遇宅。周幽州卢龙军右教练关钦裕宅。"

唐韩赟墓志[1]

唐故朝议郎行魏州贵乡县上柱国韩公墓志并序

公讳赟，字玄懿，雍州长安人也。周朝祚土，晋室代卿，茂绪洪源，详诸史册。祖贤，郧州刺史。父相，洪州弘德县令。焉奕簪缨，蝉联龟组。襄帷制锦，代有英明。公川岳降灵，厥生令哲。器宇超俗，精爽拔伦。爰洎过庭，该罗艺术，出忠入孝，履义基仁。学海无涯，词锋峻极。起家任右虞候率府仓曹，寻转凉州姑臧县令，又任并州晋阳县令，又转任魏州贵乡县令。地望高萃，文物纷委。韦弦两佩，实允其人。乳雉可驯，今不失之于古；流蝗能殚，古可得之于今。始练操刀，方和鼎味。望玄云而坠翼，赴苍海而戢鳞。夜泣琼瑰，朝歌梁木。白驹其逝，黄鸟宁逍。以显庆元年十月廿日，构疾卒于贵乡，春秋六十有者。即以六年二月十九日，葬于万年神和之原[2]。呜呼哀哉！夜台蒿里，长昏而不曙；佳城赤山，一去而无返。恐陵谷迁贸，人代推移，岂使丘陇堙沉，芳猷歇灭矣。式镌幽石，不昧将来。乃为铭曰：

析珪于周，列职于晋。嶷嶷崇基，滔滔远胤。枝叶扶疏，胄绪隆振。代有超逸，惟公挺生。

夷途骋足，昌旦长鸣。历宰名都，将班朝列。始露丹心，遽摧贞节。纵壑鳞潜，摩天羽折。陇首云愁，松门风咽。秋兰春菊，芬馨靡绝。

韩赟志盖

韩赟志石

【注释】

[1] 韩赟墓志，唐显庆六年（661）二月十九日葬。陕西西安出土，2009 年入藏大唐西市博物馆。志盖高 39 厘米，宽 38 厘米，厚 8 厘米。盝顶，顶面篆题"唐故晋阳县令韩君墓志之铭"，共 3 行，行 4 字。四杀刻卷叶纹。志石高 39 厘米，宽 38.5 厘米，厚 8 厘米。志文共 20 行，满行 20 字，正书。四侧刻卷叶纹。主要著录：《大唐西市博物馆藏墓志》第 144 页。

[2] 神和之原，即神和原，也作神禾原，位于唐长安城南约三十里处，是樊川和御宿川之间的高地，相传古代这里曾生长过六斤重的谷穗，故以"神禾"为名。该原南接南五台，北至碌碡堰，为滈水界断。

唐段洽墓志[1]

大唐故将仕郎段府君墓志铭

君讳洽，字孝该，武威姑臧人也。西域宣威，始基华于五府；东京游侠，终显誉于三明。炳发缃图，可略言矣。君玉山孤秀，映直上之稽松；瑶巘分光，叠联晖之潘璧。闻诗闻礼，早洽趋庭之训；如珪如璋，幼警入榛之诗。祖光，随承荫任城王府记室参军，寻除幽州兵曹参军事。父玄义，高蹈风云，道配贞吉。早游函谷，真人之气夙彰；晓映少微，隐士之星先表。君地惟膏润，门乃桂芳，映崐岭以腾辉，指邓林而掩秀。忠孝之德，因心必践；仁义之道，率由斯至。授将仕郎。俄而庆善匪忱，歼良奄及。道该令德，遂飞传于皇华；义烈致身，遽惊悲于丹旒。遂使长沙怪鸟，因贾谊以兴妖；建邺灾卢，为应生而作疹。粤以龙朔元年岁次辛酉七月甲午朔十五日戊申感疾，途次江州，卒于逆旅，是为王事，春秋卅。即以其年十一月壬辰朔十一日壬寅卜崖于北芒之山，礼也。二子元珪、元璟，中和共淳粹并凝，仁孝与义方俱洽，情深三失，恨极千钟。痛罔极以因心，殆伤生而灭性。悲夫！金壶易尽，川阅水以东滔；玉烛难停，景迅日而西骛。恐溟波变壑，俄化成桑之田；高岸沦峰，遽嗟为谷之野。敬刊砆砆[2]，式旌文雅。其词曰：

岩岩峻趾，绵绵远系。干木相侯，子松辅帝。载诞英哲，式光前裔。气淑风兰，华腾月桂。飞卸洛浦，投传汉东。吉涂辍迈，凶卫俨容。晨开旧羡，暮掩新封。霜凝宿草，风悲故松。水谐哥管，树靡咸阳。挽临风而自切，缦陵空而独杨。佳城窅郁，丘垄荒芒，月明泉间，地久天长。

段洽志石

【注释】

[1] 段洽墓志，唐龙朔元年（661）十一月十一日葬。河南洛阳出土，张钫旧藏，现藏千唐志斋。志石长 46.5 厘米，宽 46 厘米。志文共 23 行，满行 24 字，正书。主要著录：《北京图书馆藏历代石刻拓本汇编》第 14 册第 27 页；《唐代墓志铭汇编附考》第 5 册第 461 页；《千唐志斋藏志》第 175 页；《北京大学图书馆馆藏历代墓志拓片目录》编号 01635；《唐代墓志汇编》龙朔 024；《全唐文新编》第 20 册第 14083 页；《全唐文补遗》第 2 辑第 175 页。

[2] 碔砆，似玉之石。亦作"珷玞"，又作"碔砆"。《文选》中司马相如《子虚赋》："碝石碔砆。"李善注引张揖曰："碝石、碔砆，皆石之次玉者。碝石，白者如冰，半有赤色。碔砆，赤地白采，葱茏白黑不分。"

唐杨思讷墓志[1]

大唐故凤州刺史杨府君墓志铭并序

君讳思讷，字慎言，弘农华阴人也。仙岳开莲，奠蘍鹑之奥壤；灵河委箭，疏遭马之长波。韫瑞而珠璧潜珍，降神而英贤秀出。是以赤泉演派，控瑶源而浴景。黄花效祉，郁琼干以临霄。海甸辞金，昭四知而洁操；江濆镂础，辨八款而通幽。绿简所以传芳，朱轮由其叠轨。曾祖绍，周大将军、敷幽燕成汶扶洮邓八州刺史、燕州大都督、开府仪同三司、上柱国、倪城郡开国公，谥曰信。杖钺申威，衔珠兆贶。棠阴阐六涤之化，茅赋畴千室之荣。祖雄，随京兆尹、太子太傅、长平[2]等十郡太守、雍州牧、司空、司徒、观王，谥曰德。族均鲁卫，绩峻韩彭。喻三善于铜扉，调五滋于玉铉。父恭仁，皇朝侍中、吏部尚书、雍州牧、特进、开府仪同三司、上柱国、观国公，谥曰孝。武帐参筹，独光于专对。文昌演鉴，事俌于兼掌。管辖帝畿，丹青景化。□黄中诞粹，素履开神。羝羊触藩，擅髻响于荷棘。孔雀綷羽，飞绮誉于训梅。业综邹环，学殚汾箧。怀锥发颖，韫器驰声。释褐左千牛，资华胄也。虔襟凤宸，肃景龙闱。甫擅芳翘，俄悲集蓼。哀缠五社，痛感吴邻。朝暮一溢，服勤三载。重授右千牛。于时辰埦逆命，带方肆毒，天驷东临，神镳西引。陪麾菀嵲，开偃月之仙营；扈旆狼河，蘍奔星之妖阵。凯旋之日，畴庸命赏，蒙授骑都尉，以旌殊绩。永徽初，除纪王府录事参军。曳裾柳馆，托乘梧宫。宠埒赐田，恩深置醴。三年，诏授朝散大夫、行益州德阳县令。道播鸣弦，警琴台而擅响。功宣袭锦，掩江波而沐惠。俯屈涵牛，载光狎雉。而风枝难静，霜荼遽切。岠峿缠负米之哀，岷峨结攀辕之恋。显庆元年，授郦州司马，转凉州司马。亟光首席，累著题轩。化偃二邦，名韬四见。若乃剖符之寄，实为政本；露冕之林，必归人望。五年，授凤州[3]刺史。褰帷鉴俗，察缕绳违。导五德以惩邪，总三科而御黠。仁风潜扇，闻乳兽之迁郊；惠政遐通，见翔鸐之集境。凌寇贾而长骛，跨廉邵以孤骞。实谓二鹿随车，将耀彩于槐路；岂期双鸿赴陇，遽沉景于蒿泉。以龙朔元年六月五日，终于安定里第，春秋卌有二。惟公承耀台华，摛灵岳秀。韶姿冠于荀玉，重器轶于山金。缉礼成举，架仁开里。迟光依柳，温润之彩斯融；清吹吟松，朗素之标弥峻。属心群艺，栖景多能。学海浮天，总波潮而为长。思风迥日，泛丝管而成文。彤弧绣羽之奇，置杯命的；翠管花牋之妙，悬帐留□。文武兼优，声芳载远。故得早游绮禁，夙奉朱庭。纡乃睠于九天，叶惟良于十部。重以地高戚里，门接丽城。歌堂舞阁之辉，似分霞日；宝马香车之盛，如会风雷。处隆贵而不骄，负贤才而逾挹。方膺梦憬，望黄阁以严装；遽切摧梁，指玄庐以息驾。夫人郑氏，荥阳开封人，沛公元璹之女也。分辉鼎室，挺兰蕙之芳姿；降美巫台，泛云霞之秀彩。作嫔时杰，式擅闺仪。隙马不留，剑龙先逝。粤以龙朔三年十月，合葬于咸阳洪度旧茔，礼也。绿龟开兆，缟骊移辂。薤露结而九原寒，杨风惊而双旐乱。怅玄泉之方冽，慨白日之长违。爰镂虹珪，载标鹤隧。其铭曰：

箭源演派，桃塞疏峰。光涵瑞马，气集犹龙。地灵韫庆，人英启材。图芳戈鼎，济美笙镛。
玉胤传华，金声擅响。峻节霜厉，清规月上。业茂情沉，词彬思往。积波取浚，成山资壤。
誉挺三端，荣班一命。鸣琴莅职，题舆俟政。泽殷露冕，明覃插镜。伐棘腾谣，留棠在咏。
薤晞晨露，舟迁夜壑。雁扰归轮，蚁开幽幕。千秋永谢，九京宁作。谁谓吊宾，空嗟仙鹤。

杨思讷志石

【注释】

［1］杨思讷墓志，唐龙朔三年（663）十月葬。1986—1990年陕西咸阳底张机场杨思讷墓出土，现藏陕西省考古研究院。志石为正方形，边长74厘米，厚15厘米。四侧刻莲籽纹。志文共34行，满行34字，正书。主要著录：《全唐文补遗》第7辑第268页；《渭城文物志》第239页。

［2］长平郡，北魏永安中置，治所在玄氏县（今山西高平市）。北齐废。

［3］凤州，西魏废帝三年（554）以南岐州改名，治所在梁泉县（今陕西凤县东北凤州镇）。《元和志》卷22凤州："因州境有狭义鹫鹫山为名。"隋大业三年改为河池郡。唐武德元年（618）复改凤州，天宝元年（742）又改河池郡，乾元元年（758）仍改凤州。

唐郑广墓志铭[1]

大唐故右武卫大将军使持节都督凉甘肃伊瓜沙等六州诸军事凉州刺史上柱国同安郡开国公郑府君墓志铭并序

公讳广，字仁泰，荥阳开封人也[2]。丹羽疏祥，宅幽郊而启祚；繢衣流咏，基圃田而创趾。邦族所以传华，人英由其叠秀。汉宫擅响，先纤听履之荣；晋野翘谋，爰峻同舆之礼。誉光遐祀，道被绵书。曾祖景，齐金紫光禄大夫、阳平太守、荥阳郡公，赠司州刺史；清规纬俗，逸响雄邦，剖竹光于百城，分符重于千赋。祖继叔，齐□阳王记室参军，推毂儒门，蹑奇踪于武库；擅场词菀，掌逸翰于文房。父德通，随眉州录事参□，皇朝赠使持节平州诸军事，平州刺史；雅志不申，屈涵牛之巨星；其后必大，侈纳驷之□闳。种德攸基，是钟英胤。公骊泉孕祉，鸥穴疏祯，郁秀气以横旻，照清襟而毓景。幼殚剑术，蓄□勇于仁衢；早究钤微，辩灵心于智域。由是侠徒竦辔，趋季诺以轻金；义士摩肩，企陈风而委漆。芳驰帝宇，志期王佐，譬诸鲲化，仰曾穹以希矫；均彼龙媒，傃长飙而仁驾。未光簪仕，遽属屯蒙，饵石腾氛，拔山纵毒，吠尧助桀，争践畏途；托隗依袁，俱迷覆轨。公情机独照，智绪无端，察东井之祥星，辩南春之佳气，义旗初奋，首参幕府，情切逾梁，事符归亳。太宗龙田未矫，屈天飞于五官；豹略穷微，纵神兵于九伐。引公为腹心，左右荐扈龚行。武德二年，从长春宫留守。是岁，从平刘武周、宋金刚于汾晋之野，三年，从讨王充、窦德于瀍洛之郊，莫不贾勇推锋，先鸣衄锐。马陵削树，初陷绿林之丑；鹤列疏营，爰体绛官之略，虽禀圣算，盖亦公之助焉。五年，授帐内旅帅。于时储闱阶乱，裼极庾园，季邸挺妖，蠹殷傲象。兵缠丹掖，趍集紫宸，公奉睿略于小堂，肃严诛于大义，二凶式殄，谅有力焉。其年授游击将军，赐爵归政县侯，邑七百户，别食绵州，实封二百户。贞观四年，除丰浩府左别将，进爵为公，邑一千户。七年，迁归政府统军。十三年，改封宿松县公，别食舒州，实封邑户如故。十七年，拜左卫翊一府中郎将，加授护军。寻授胜州道行军副总管，进授忠武将军。任切司阶，寄齐分阃，肃鸾闱而载警，竦鹗弁以申威。辰服稽诛，偷安鲲壑，帝赫斯怒，亲总龙韬，敕公检校右领军将军，仍押左飞骑仗，又领右五马军总管。开营偰月，掩玄兔以屠城；挥刃浮星，逾白狼而静祲。凯旋之日，诏检校右武候将军，加上柱国。寻授左屯卫将军，改封同安郡公，邑二千户。洎乎大横启繇，下武承天，载伫惟良，式求人瘼，永徽四年，授银青光禄大夫，使持节灵、盐二州都督。寄深杖钺，叶潜祯于八翘；境接控弦；静边尘于十角。绥藩之要，实重汉飞；登坛之礼，终思赵服。显庆二年，入为右武卫大将军，仍检校右卫、右领二大将军。寻以龚奴怙乱，命公为卢山、降水、铁勒三大总管，甘山、葛水隶焉。飞旌榆塞，誓军麦壤。承庙略于玉堂，翦獯酋于银峤。绝漠之地，式清绛节，流沙之野，伫辟丹帷。除公为凉甘肃伊瓜沙六州诸军事、凉州刺史，时龙朔三年。扇转扬仁，初降随轮之雨；剑鸣告沴，俄悲折旆之风。以龙朔三年岁次癸亥十一月十九日，遘疾薨于官舍，春秋六十有三。冤旒轸悼，下诏褒崇，赠使持节代忻朔蔚四州诸军事、代州刺史，仍令陪葬昭陵，丧事所资，随由官给；鼓吹仪仗，送至墓所；五品一人监护。粤以麟德元年十月廿三日窆于九嵏山之南麓，旌勋旧也。有子山雄，瞻楹嗣范，望岵缠哀，以为姬籀书芳，空传蠹简；燕峰勒美，俄迁夜滢。镂贞础于泉扉，庶清猷之不昧。其铭曰：

杖钺飞英，衔珠降祯，猗欤上哲，独擅雄名。绮龄振彩，冠岁腾声，雕虫驰虑，跨马纤情。早逢运闭，先征社鸣，功申横草，绩亮披荆。纵鳞水击，矫翰宵征，化甄榆塞，威腾薤城。金微祲静，玉帐尘清，犀轩□轫，鹝珥影缨。伫希升璧，俄嗟梦琼，小棠寝讼，细柳虚营。宸襟悼往，缛礼昭荣。谷林陪□，□□启茔，霜凝素幰，风断丹旌。悲玄扃之不曙，勒翠琬以题贞。

郑仁泰志盖

郑仁泰志石

【注释】

[1] 郑广墓志，唐麟德元年（664）十月二十三日葬。石于 1972 年 2 月出土于陕西省醴泉县烟霞乡，现藏昭陵博物馆。志盖残缺，底边长 72 厘米，厚 12 厘米，篆题“大唐右武卫大将军使持节凉（下缺）”。志石呈方形，边长 72 厘米，厚 13.5 厘米。志文共 37 行，满行 37 字，正书。此外，其子郑玄果的墓志也已出土，《故宫博物院藏历代墓志铭汇编》等书收录有图版。主要著录：《唐代墓志铭汇编附考》第 6 册编号 540；《新中国出土墓志·陕西（一）》上 56 页图、下 56—57 页文；《隋唐五代墓志汇编（陕西卷）》第 1 册第 36 页；《北京大学图书馆藏历代墓志拓片目录》编号 01721；《唐代墓志汇编》麟德 018；《全唐文新

编》第 20 册第 14139 页；《全唐文补遗》第 2 辑第 192 页；《中国西北地区历代石刻汇编》第 2 册第 46 页；《昭陵碑石》编号 44；《西安碑林全集》第 195 册第 988 页；相关研究参陕西省博物馆、礼泉县文教局唐墓发掘组《唐郑仁泰墓发掘简报》（《文物》1972 年第 7 期）；周伟州《从郑仁泰墓出土的乐舞俑谈唐代音乐和礼仪制度》（《文物》1980 年第 2 期）等。

　　[2]墓主人郑广，字仁泰，两《唐书》无传。但是墓志所记载个人生平甚详，可补史阙。《旧唐书·长孙无忌传》作"郑仁泰"，《新唐书·长孙无忌传》作"郑仁恭"，所述同为玄武门事，以志证之，可知《新唐书》之"恭"为"泰"之误。根据墓志记载，"义旗初奋，首参幕府"他在年轻时就早早的加入了反隋大军的行列。唐朝建立以后，武德年间，参加了讨伐刘武周、宋金刚、王世充、窦建德等的战争，因战功卓著成为李世民的"腹心"，特别是在"玄武门之变"前后，他作为李世民集团的一方，"二凶式殄，谅有力焉"，对李世民的帮助不小。在贞观年间，得以升官赐爵。唐太宗死后，高宗也很欣赏他的军事才干，委以军事重任。永徽四年，担任灵、盐二州都督。显庆二年，以龚奴怙乱，命公为卢山、降水、铁勒三大总管，其率部众败铁勒于天山，九姓平定。他在龙朔三年，开始担任"凉、甘、肃、伊、瓜、沙六州诸军事，凉州刺史"，并最终死于凉州刺史任上，死后陪葬昭陵。

唐段赜及妻蔺氏墓志[1]

　　大唐故段府君夫人墓志铭并序

　　君讳赜，字义玄，武威姑臧人也。西河处士，藩魏抗秦；北岳将军，据燕崇晋。犹繁景牒，可略风流。祖凝，齐豫州刺史。父光，随袭荫，文成王府记室参军事。并崇墉桀立，神机特秀，风摇袁扇，质劲嵇松。君玉润崐山，珠明汉水，桂峰含月，兰室薰飙。方腾绝电之姿，欲矫排霄之翰。属以有随失御，君子道消；洎宝历有归，金塘尚梗。公乃诚归化，识变从风，授都督，非其志也。君素植淹和，玄托夷远，守约为泰，立言逾默。载郁游真之气，还彰聚德之星，徒标入洛之雄，遽嗟归岱之魄。以贞观三年十二月廿五日，奄捐里第，春秋卅一。以其年十二月卅日，窆于北芒之山。夫人河南蔺氏，幼彰妇道，蕴四德以流芳；凤禀母仪，著七篇而擅美。而阳台仙质，随行雨而不归；洛浦灵姿，共流风而长往。以麟德元年六月十八日，卒于里第，时年六十有一。以其年十一月乙巳朔五日己酉合葬于旧茔，礼也。佳城郁郁，泣想平陵之东；垄树苍苍，悲睇芒山之北。嗣子孝德，迷心集蓼，染泪凋松，玄龟袭吉，青鸟云相。感蓬山之沦岳，恐桑海之移田，纪玄岁之昭烈，寄丹籍以冥筌。

　　绵绵遐胄，翘翘远新。显晦周史，偃息魏君。裕流前烈，庆滋后昆。盼响无昧，英灵有存。其一。庆钟余德，义诞崇基。方龙并卧，比虎齐飞。颜鬓才飒，邹霜遽霏。百龄长谢，九转徒依。其二。婉彼淑德，归于好仇。潘杨载穆，蘋藻克修。悲惊减瑟，誓守泛舟。英徽如在，芳灵若休。其三。洛城四望，芒山北回。青鸟已相，白马行来。草衰霜积，松古风哀。徒旋容卫，永闭泉台。

段赜及妻蔺氏志石

【注释】

[1] 段赜及夫人蔺氏墓志，唐麟德元年（664）十一月五日葬。河南洛阳出土，现藏开封博物馆。志石为正方形，边长49厘米。志文共23行，满行23字，正书。主要著录：《北京图书馆藏中国历代石刻拓本汇编》第14册第119页；《唐代墓志铭汇编附考》第6册第542页；《隋唐五代墓志汇编（洛阳卷）》第4册第169页；《北京大学图书馆馆藏历代墓志拓片目录》编号01724；《唐代墓志汇编》麟德021；《全唐文补编》第20册第14142页；《全唐文补遗》第6辑第299页；《唐宋墓志：远东学院藏拓片图录》编号115；《施蛰存北窗唐志选粹》第60页。

唐杨缄墓志[1]

大唐凉州都督府故长史上柱国华阳公杨府君墓志铭并序

公讳缄，字缄，弘农华阴人也。分寿丘之峻阯，派姬水之清源。故得庆叶衔鳣，盛中京之轩冕；地临仙掌，降英灵于载德。蝉联赫弈，无待言焉。曾祖俭，周侍中、骠骑大将军、开府仪同三司、使持节、华雍秦三州诸军事、雍州刺史、夏阳静公。祖伟，随骠骑将军、开府仪同三司、使持节、温州刺史、永平公。并缔构王猷，缉熙帝载。文能纬俗，武赞霸图。鼎望攸归，图华斯在。父积，随殿内直长、并州阳直[2]令。神悟英爽，琼襟朗澈。凤簪中禁，景暖于朝伦；荣耀铜章，誉闻于杨历。中衢税驾，故人爵未优也。公凭基岱岳，托润琼田。辟雷门而震声，映丹穴而摛彩。雄图倜傥，重然诺于百金；淡泊琴书，总风骚于雅什。胄筵璧水，锦带横经。备阅词林，历观书奥。爱雕篆，工尺牍。于时，道士辅相，擅名庄老，每与公讨论玄理，未尝不深相叹服。年廿，自太学生进士举，试策高第，补校书郎。转右卫兵曹，特授通事舍人。怀铅芸阁，伏奏玉阶。才望兼华，庶僚钦属。又历邢、益、洪三州佐。爰纡上德，齿迹郡曹。剖析滞疑，列城取则。又授扬州江阳[3]令、雍州新丰[4]令。淮海惟杨，枌乡槁服。操刀之寄，历选为难。公政杂刚柔，镇繁以简。鸣琴在御，同子贱之清规；乳雉来驯，踪仲康之异化。绩闻天听，特授都官员外郎。方为鸿渐之资，始运抟空之羽。应诏武举，授左卫郎将。西京庆忌，东汉伯喈，望古俦今，彼多惭德。属辽阳放命，戎车薄伐。沧波浩荡，伫楼船以济师；百万长驱，资赢粮于漕运。奉敕充大使，于江淮已南造船，仍除少府少监，兼支度军粮入辽。频奉手敕，深蒙慰劳。军还，勋加上柱国，封华阳县开国伯，食邑五百户。必复其始，表公侯之子孙；锡壤开封，期山河于带砺。又奉敕东都造封禅羽仪，兼检校洛州长史、外府卿。又奉敕于西京造封禅羽仪，诏授雍州司马，又加中散大夫，勋封并如故。荣班亚棘，宠洽上才。展骥神州，道光簪冕。出为凉州都督府长史，勋封并如故。莅官未几，政绩有闻。州部行谣，方期于实赖；中楹之梦，忽叹于颓山。乌呼哀哉！麟德二年六月十日，薨于官舍，春秋五十有八。惟公毓德高门，驰声天下。风规素论，倾揖于缙绅；善政公方，见称于清白。即以乾封元年三月十八日，葬于华州华阴县[5]潼乡太平原，礼也。乌呼哀哉！长辞兰室，永托松阡。寂寂九京，悠悠万古。式扬徽烈，乃作铭云：

周德灵长，分枝克昌。伯侨启邑，锡胤无疆。赤泉佐汉，休有烈光。三鳣祚祉，五叶名扬。乃曾乃祖，连骞玉羽。道映廊庙，名高策府。累袭戎章，代隆台辅。显考温裕，飞声单父。壤连河澳，峰临削成。山川感会，载诞人英。青襟敬业，璧水经横。芸阁跻步，怀铅擅名。辞奏玉阶，杨历藩务。既纡铜墨，仍临槁赋。仁风载远，鸣琴在御。擢职礼闱，公平昭著。入司兰锜，寄重兵权。荣班亚棘，将命楼船。荡清辽海，漕运功宣。分茅疏爵，代袭攸传。运属昌期，时开圣历。岱宗盛礼，羽仪准的。雍洛两京，咸摽异绩。出临凉部，风清讼寂。方歌实赖，忽叹归全。驷影过隙，长波逝川。与仁遽爽，如何彼天。生荣永谢，华馆长捐。

卜远戒期，寿堂已闚。庭撤祖奠，车回隧陌。悽断薤歌，悲凉陈迹。千龄万古，式封幽圹。

【注释】

［1］杨缄墓志，唐乾封元年（666）三月十八日葬。陕西出土，现藏千唐志斋博物馆。尺寸不详。今据北京大学图书馆所藏拓片并参考《全唐文补遗·千唐专辑》录文。其妻怀德县主（李神通之女）、子滁州刺史杨魏成的墓志均已出土。主要著录：《北京大学图书馆馆藏历代墓志拓片目录》编号01795；《全唐文补遗·千唐专辑》第23页。

［2］阳直县，隋开皇三年（583）以阳曲县改名，治所在今山西太原市北阳曲镇南四里。十年（590）移治今阳曲县东北故县村，十六年（596）改名汾阳；大业末复名阳直县，移至阳曲镇。唐武德七年（624）废。

［3］江阳县，隋大业初以邗江县改名，治所即今江苏扬州市，后废。唐贞观十八年（644）复置。五代南唐改名广陵县。

［4］新丰县，西汉高祖十年（前197）以骊邑县改名，治所即今陕西临潼县东北阴盘城。东汉灵帝末阴盘县寄治于此，因徙其县于故城东二十里冷川河侧。北周闵帝元年（557）移治今临潼县东北新丰镇东南。隋大业六年（610）移治今新丰镇。唐垂拱二年（686）改名庆山，神龙元年（705）复名新丰，天宝七年（748）废。

［5］华阴县，西汉高祖六年（前201）以宁秦邑改置，治所在今陕西华阴县东南。北魏太和十一年（487）移治今大荔县，孝昌二年（526）复还旧治。隋大业五年（609）移今址。唐垂拱元年（685）改名仙掌，神龙元年（705）复名华阴，上元二年（761）改名太阴，宝应元年（762）仍为华阴县。

唐成月公主墓志[1]

大唐兴圣寺尼成月公主氏墓志

若夫千轮谢色，寂悬解于重昏；百影留龛，沈妙门于积晦。阅定流而逝彩，遽移鲲壑；扑慧灯而掩照，久闭龙衔。其有独鉴玄宗，得髻珠于罔象；穷幽粹理，架心台于囊钥，仁舟广汎，其在我法师乎。成月公主讳，吐溶（谷）浑可汗海国王慕容钵第二女也。尔其浚源惊箭，孕蠙宝而涵漪；乔屺披莲，挺虹珪而积仞。固以银黄叠映，驾八虬而齐轸；轩冕交阴，凌三凤而遐躒。祖及父并嫡嫡相承海国王，并襟情爽秀，风局清敞。望东山而辟府，价蕴连城；耿南州而飞锋，光合剸草。法师仪真独运，乘玄庚止。珠胎既剖，即开明月之晖；玉树初标，远擢甘泉之秀。在乎髫龀，识昭空寂。仰化城而警策，绝想鹓台；去火宅以骈驰，栖神鹿野。自落发缋服，虔精玄观，沈研九部，既无懈于晨昏；翘赞千莲，固忘劬于凉暑。至若龙宫妙典，贝谭英词第一，解脱之门不二。难思之赜，莫不探微总隩，似万流之赴金枢；撼实遗宾，若千象之开玉镜。故能摈情尘滓，淡想真如。坐灯玉之床，自标先觉；启维摩之室，爰称独步。所谈唯空慧，不以俗网婴怀；所务止玄虚，每用无为入赏。岂非形存理胜，望宝阶而咫尺；神凝道寂，俯金地而邻畿者哉。既而水月澄规，未驻惊波之色；空云卷霭，遽灭从风之影。以总章元年四月七日，卒于兴圣寺[2]，春秋廿三。仍以其年十一月廿二日，葬于明堂县[3]少陵原[4]。呜呼泡影，遂志铭曰：

玄津产玉，法海韬玑。自开虹照，还吐骊晖。偶质齐光，联文合绚。泛华兰掖，飞芳枫殿。乘真诣理，控解穷幽。曾攀道树，虚泛仁舟。香岩委崿，涟河阅水。方去花台，永遵蒿里。鹤林霜积，鱼山梵空。魂兮莫返，泣尽秋风。

成月公主志盖

成月公主志石

【注释】

[1] 成月公主墓志，唐总章元年（668）十一月二十二日葬。陕西西安出土，现藏陕西夏州丝绸之路博物馆。志盖为覆斗形，底边长71厘米，上54厘米。篆题"大唐成月公主墓志铭"，共3行，行3字。志石为正方形，边长71厘米。志文共24行，满行24字，正书。成月公主，为慕容诺贺钵及弘化公主之女。按其卒年之年纪往上推，可知其当生于贞观二十年（646）。主要著录：李浩《新见唐代吐谷浑公主墓志的初步整理与研究》（《中华文史论丛》2018年第3期）。

[2] 兴圣寺，寺院名，唐代长安尼寺之一。位于唐长安城通义坊西南隅。为唐高祖李渊昔日旧宅。武德元年（618）李渊称帝后立此为通义宫，贞观元年（627）立为寺。寺有

高祖寝堂。彭王志暕有《兴圣寺主尼法澄塔铭》。（《唐代长安词典》）

[3]明堂县，唐乾封元年（666）置，治所在今陕西西安市城南。长安三年（703）废。

[4]少陵原，又名鸿固原。秦代在此地曾置杜城。后来，西汉宣帝营陵于此，名曰杜陵，故该原又称杜陵原。汉宣帝许皇后葬于杜陵之南，其坟较杜陵为小，名曰少陵，故该原又名少陵原。位于唐长安城东南，为滴、沪两河间的高地。南起司马村，北至何将军山林（今名何家营），曲屈约四十余里。唐玄宗开元年间为增加曲江池水量而开凿的黄渠，就是由少陵原导引沪水流入曲江的。（《唐代长安词典》）

唐段玮墓志[1]

唐故随奉车都尉姑臧段君墓志铭并序

君讳玮，字文钦，武威姑臧人也。若夫迥郁望宗，敷道括于三极；缅疏贤□，富义光其四海。暨乎太尉匡燮，负日月而增耀；将军驰算，拥星旄以遐指。虽金河森森，喻昌原以韬浚；玉垒峨峨，比灵基而失险。高祖缘，魏骠骑大将军、通直散骑常侍、司空、雁门郡公。虎石标奇，雁峰疏瑞。曾祖严，周右卫大将军、开府仪同三司、左光禄大夫、朔州刺史、襄垣县简穆公。授钺翔英，随轮洒渥。祖达，随右骁卫大将军、襄垣县公。清凤阙之九城肃龙荒于万里。父师，随左千牛东宫左内率、太常卿、殷州刺史；承明紫禁，擢寀青宫。结芳实于棘林，竦贞凝以分竹。惟君韦珠写耀，镜骊囷之夜辉；卫王开华，朗虹圮之晨色。宅和天发，佩道冥符，翔翠鸥于词条，孕苍虬于文海。隋大业十年，解巾建节尉[2]。风骐始骜，云鹤初骞，贲德逾冲，鸣谦载穆，杖□奇迈，倏践华司。至十二年，授奉车都尉[3]。祇卫宸居，侍玄极而星拱；承辉驰道，陪翠辇以大行。俄而运丧玉羊，时亡金虎，王充鹊起，窃凭龟沕。君之大父，连据小平。暨夫唐日开辉，圭野赖昌明之运，郑氛奄撤，台宗落缨緌之绪。君已凋青紫，栖襟玄白，安恬取逸，削智乘贞，庶期德水澄华，长清万顷，不谓仁山迥耸，遽摧千仞。以咸亨元年八月卅日，遘疾卒于私第，享年七十有二。则以其年岁次庚午十一月庚子朔十日己酉，窆于邙山之阳，礼也。嗣子怀节，芝华引馥，铣鉴韬明，溃魄霞晨，崩心火夕。恐鳌峰落仞，鲸壑迁波，式纪素猷，镌芳绀琬。其词曰：

浮关景族，式间昌胄。槐庭擅美，棘门标秀。叠灼青绡，连光紫绶。琼崿疏趾，璇波引溜。其一。烈祖韶迈，显考温芳。陈星聚彩，阙月流光。分茅五色，牵丝一方。振华少海，铭勋太常。其二。联晖载德，诞生材令。贲玄遥举，毓清孤映。神虚牝壑，心悬堂镜。鹤鼎承宗，凤门从政。其三。麟伤掩日，龙战腾氛。白波惊浪，乌阵连群。俄开尧景，署引虞薰。圭瓅荡裼，构落承云。其四。簪缨既替，声华遂屏。落尘遗杂，栖闲任静。霞酌陶灵，雪弦□□。紫芝方秀，青梧摧颖。其五。马辕齐白，斾影飘丹。行悲奠桂，永绝游兰。□□风急，山空月寒。式旌幽壤，明德斯刊。其六。

段玮志石

【注释】

［1］段玮墓志，唐咸亨元年（670）十一月十日葬。河南洛阳出土，现藏千唐志斋博物馆。志盖佚。志石为正方形，边长56.5厘米。志文共27行，满行27字，正书。主要著录：《北京图书馆藏历代石刻拓本汇编》第15册第141页；《唐代墓志铭汇编附考》第8册编号710；《隋唐五代墓志汇编（洛阳卷）》第5册第108页；《千唐志斋藏志》第264页；《北京大学图书馆藏历代墓志拓片目录》编号01962；《唐代墓志汇编》咸亨025；《全唐文新编》第20册第14269页；《全唐文补遗》第2辑第230页。

［2］建节尉，官名。隋炀帝大业三年（607）新置散职八尉之一，正六品。

［3］奉车都尉，西汉武帝始置。北魏列为冗职，孝文帝太和十七年（493）定为从四品上，二十三年改为从五品上。北齐为从五品。北周为五命。隋初左、右卫沿置，员六人，掌驭副车，从五品上，炀帝大业三年废。唐朝复置，从五品下。

唐赵孝颙墓志[1]

大唐雍州咸阳县延陵乡故人建节尉赵孝颙墓志石一合

若夫二仪言固，三灾之起洞然。况此坯形，焉能久住。生存则德坚金石，守信则譬彼贞松。品物共依，若百川归海。遂逢随季，文武干戈。忠孝不亏，功高勒石。以义宁二年四月十五日太武神尧皇帝授官建节尉。至显庆四年，皇朝授凉州昌松县令。至龙朔二年，又授兰州金城县[2]令。至乾封元年三月十八日，奉敕授陇州汧源县[3]令。君讳士通，任随朝帅都督，嗣武灵王之后，天水人也。春秋卒于八十有八。妻陈氏、鲍氏、杨氏。君讳伯闰，任随朝大督。胤子文殊，任皇朝旅帅。妻魏氏。君讳贵德，任皇朝折冲。

【另一石】

以上元二年十月廿七日卜占吉兆，送亲于此，同葬此坟。一安永固。前葬后达，愿相移避。父母恩深，与君无二。幸不遗其嘱，天必祐之。

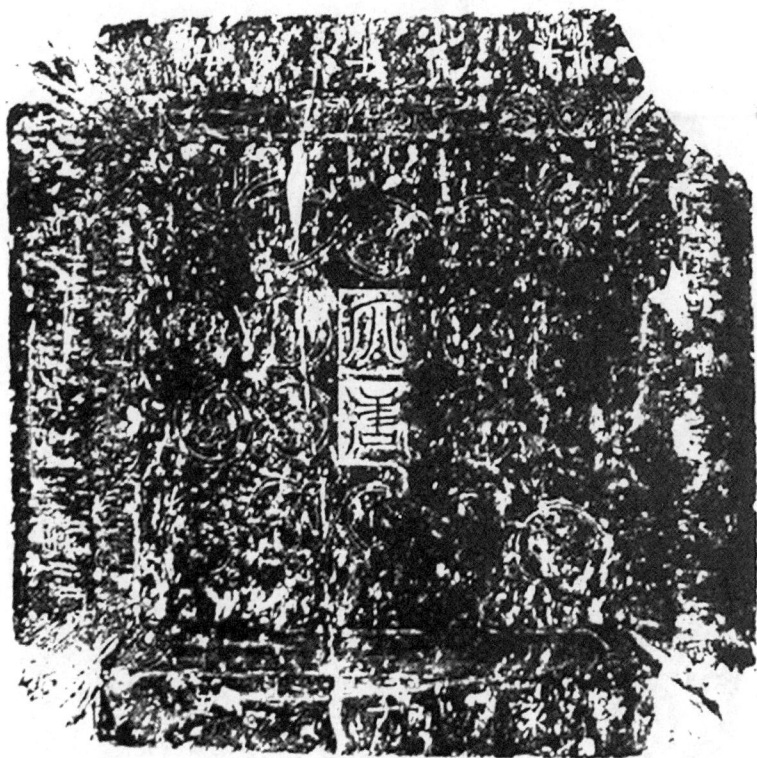

赵孝颙志盖

赵孝颙志石阳

赵孝颙志石阴

【注释】

[1] 赵孝颙墓志，唐上元二年（675）十月二十七日葬。建国后，陕西咸阳出土，现藏陕西省咸阳市渭城区文物管理所。志盖为正方形，边长43厘米，厚8厘米。顶面阳刻篆书"大唐"二字。志石有两方，一石为正方形，边长为43厘米。志文共15行，满行15字，有界格，正书。四侧刻十二生肖。另一石长40.5厘米，宽41厘米。志文共7行，满行8字，有界格，正书。主要著录：《新中国出土墓志·陕西（一）》上75页图、下83页文；《隋唐五代墓志汇编（陕西卷）》第3册第84页；《唐代墓志汇编续集》上元008；《全唐文新编》第21册第14347页；《全唐文补遗》第3辑第432页；《全唐文新编》下册第1836页；《咸阳碑刻》编号29；《渭城文物志》第242页。

[2] 金城县，西汉置，治所在今甘肃兰州市西北黄河南岸。北魏改金城县为子城县，另置金城县于今青海民和县东南，后废。隋开皇初移子城县治今甘肃兰州市，大业初改为金城县，后又改为五泉县。唐咸亨二年（671）复名金城，天宝元年（742）又改为五泉县。

[3] 汧源县，隋开皇五年（585）以汧阴县改名，治所即今陕西陇县。

唐孟运墓志[1]

唐故处士孟府君墓志铭并序

君讳运，字穆瑯，陇[西]武威人也。宦游漂泊，因寓河南之洛阳，遂为县人焉。曾祖献，魏太中大夫、左将军。祖景和，齐金紫光禄大夫；父洪度，随方州石梁县令，并材冠邓楚，曜掩随珠，茂叶郁于云柯，芳枝垂于日干。惟君毓质幽真，诞灵虚寂，仁慈植性，孝友居心，志尚谦光，情希嘉豚。是以名韬白屋，迹匿青岩，乍转□于松林，时玩琴于桂圃。自可嗽流枕石，采菊纽兰。不谓日色□□，□悴崐峰之□；□□夜掩，俄□汉水之□。□以仪凤元年十二月廿四日，遘疾卒于私第，春秋八十有六。即以其二年岁次丁丑正月乙丑朔九日癸酉，权殡于北芒之原，礼也。孤子神业等，罔极□□，思慕难居。伤返哺之□长辞，痛□□之情永诀。恐□□峻崿，海□清流，铭镌琬□，式□风休。千载传其芳烈，万古挹其嘉猷。乃为铭曰：

周藩析祚，□□开封。列姓受氏，启邑承宗。疏源汉派，垒萼云峰。风侵宿竹，操逸寒松。其一。惟君宅兆是卜，魂兮是措。幽隐泉门，荒凉茔路。勒兹丰石，式光□□。□将月魄而长□，松与日光兮俱暮。其二。三百□□□□

孟运志盖

孟运志石

【注释】

[1] 孟运墓志，唐仪凤二年（677）正月九日葬。河南洛阳出土，现藏河南省洛阳古代艺术馆。志盖为正方形，据拓片顶面边长23厘米。顶面楷书"唐故孟府君之墓志铭"，共3行，行3字。志石亦正方形，边长38厘米。志文共19行，满行19字，正书。主要著录：《北京图书馆藏中国历代石刻拓本汇编》第16册第50页；《唐代墓志铭汇编附考》第9册编号840；《隋唐五代墓志汇编（洛阳卷）》第6册第2页；《北京大学图书馆馆藏历代墓志拓片目录》编号02152；《唐代墓志汇编》仪凤003；《全唐文新编》第21册第14378页；《全唐文补遗》第4辑第375页。

唐安神俨墓志[1]

唐故安君墓志铭并序

君讳神俨，河南新安[2]人也。原夫吹律命系，肇迹姑臧，因土分枝，建旗强魏。英贤接武，光备管弦。祖君恪，随任永嘉府[3]鹰阳（扬）。父德，左屯卫别将。并风格遐远，清猷载穆。爪牙之任，实擅于五营；干略之能，威加于七萃。公禀和交泰，感质贞明，志局开朗，心神警发。仁惠之道，资训自天；孝友之方，无假因习。销声幽薮，晦迹山池，啸傲于林泉，优游于里闬。不以夷险易操，不以利害变情。齿暮年移，忽瘿沉痼，两楹入梦，二竖为灾，药物无施，奄从风烛。以调露二年正月廿六日卒于嘉善里之私第，春秋五十有八。夫人史氏。承懿方池，蕴资圆水，贞顺闲雅，令范端详，受训公宫，偶兹嘉室。俄潜月浦，奄翳巫山，以咸亨五年正月廿五日倏焉长逝，春秋五十有三。还以调露二年二月廿八，改祔于邙山。嗣子敬忠，集蓼迷心，结终身之痛，悲夜台之难曙，嗟白日之长词。略铨德行，乃为铭曰：

列土姑臧，分枝元魏。乃祖乃考，为将为帅。累德基仁，行标忠义。代袭衣冠，见称闾里。其一。惟君沉静，不规名利。兰杜栖迟，逍遥仁智。心依泉石，志怀经史。操慕松筠，交希淡水。其二。隙驹飘忽，风树难停。遽从运往，俄掩泉扃。痛两剑之归匣，悲双鹤之游庭。既返真于土壤，雅合符于道情。其三。

调露二年二月廿八日。

安神俨志石

【注释】

[1]安神俨墓志,唐调露二年(680)二月二十八日葬。河南洛阳出土,现藏开封市博物馆。志石高53厘米,宽53.5厘米。志文共21行,满行22字,正书。主要著录:《石刻题跋索引(增订本)》174页右中;《北京图书馆藏历代石刻拓本汇编》第16册第121页;《唐代墓志铭汇编附考》第10册编号901;《隋唐五代墓志汇编(洛阳卷)》第6册第51页;《洛阳出土历代墓志辑绳》编号364;《洛阳出土少数民族墓志汇编》第218页;《洛阳出土丝绸之路文物》第119页;《北京大学图书馆馆藏历代墓志拓片目录》编号02235;《唐代墓志汇编》调露024;《全唐文新编》第21册第14418页;《全唐文补遗》第3辑第449页;

《唐宋墓志：远东学院藏拓片图录》编号 198；《施蛰存北窗唐志选萃》第 116 页。

[2] 新安，秦置新安县，治所在今河南渑池县东。隋大业初移治今河南新安县。

[3] 永嘉府，隋唐时期河南府所辖军府之一。据《新唐书·地理志》记载河南府有府三十九，即有永嘉府。《唐张岳墓志》署题"永嘉府羽林宣威将军"。《唐张羊墓志》：永徽四年，授永嘉府队副。《格善妻斛斯氏墓志》有永嘉府司仓参军事。《周孙阿贵夫人竹须摩提墓志》题署"大周游骑将军左武威卫永嘉府左果毅都尉长上直营缮监上柱国孙阿贵"。《唐董弘墓志》：长子大智，上护军、永嘉府校尉。

唐何摩诃墓志[1]

唐故何君墓志铭并序

君讳摩诃，字迦，其先东海郯人也，因官遂居姑臧太平之乡。原夫含章挺秀，振清规于汉朝；硕学标奇，展英声于魏阙。其后珪璋叠映，槐棘骈阴，详诸家素，可略言矣。曾祖瞻，齐为骠骑，七札居心。祖陀，梁元校尉，六奇在念。父底，随授仪同，弯弧写月，矫矢飞星。惟君不以冠缨在念，轩冕留心，惩襟定水之前，栖志禅林之上。不谓庄壑迁舟，孔川流箭，俄见止隅之祸，终闻属纩之悲。与善无征，夜台奄及，以调露二年二月十六日，遘疾卒于洛阳界嘉善[2]之私第也，春秋五十有一。以其年二月廿八日窆于北邙之山平乐之[原]，礼也。所恐田成碧海，地变苍山，故勒泉碑。乃为铭曰：

黄河东逝，白日西沈。百年未及，驷马悲心。幽泉长夜，松柏清音。叹时易往，痛结难任。

调露二年二月廿八日镌。

何摩诃志石

【注释】

[1] 何摩诃墓志，唐调露二年（680）二月二十八日葬。河南洛阳出土，现藏千唐志斋博物馆。志石为正方形，边长48厘米。志文共17行，满行18字，正书。主要著录：《北京图书馆藏历代石刻拓本汇编》第16册第122页；《唐代墓志铭汇编附考》第10册编号902；《隋唐五代墓志汇编（洛阳卷）》第6册第52页；《千唐志斋藏志》第325页；《洛阳出土少数民族墓志汇编》第240页；《洛阳出土丝绸之路文物》第142页；《北京大学图书馆馆藏历代墓志拓片目录》编号02234；《唐代墓志汇编》调露025；《全唐文新编》第21册第14419页；《全唐文补遗》第2辑第276页。

[2] 嘉善坊，据《最新增订唐两京城坊考》记载，长夏门之东第二街，从南往北第四

坊为嘉善坊。坊内有"菏泽寺经坊。郑果宅。嗣虢王邕宅。秘书监苏践言宅。长寿寺。崔上师妻封夫人宅。张波宅。端氏县令程谐宅。夫人薄氏宅。处士张运才宅。万年县尉孔长宁宅。左翊卫斛斯师德宅。游击将军吴孝宅。斛斯夫人索相儿宅。路基宅。田玉宅。吴素宅。台登县令李君姚夫人宅。处士王行宅。司户桓锐宅。徐师宅。将仕郎王积善宅。州城令张君宅。郑公典签潘德行宅。蜀王府队正安师宅。彭城刘夫人宅。隋幽州先贤府车骑王昭仁宅。左领军翊府亲卫刘朗宅。隋车骑将军吕道宅。夫人史氏宅。安神俨宅。司卫正卿田府君夫人窦琰宅。赤水军大使、兼知河西已西营田兵马事、左玉钤卫将军、上柱国、固安县开国公男孙仁贵宅。上柱国陈玄宅。云骑尉牛阿师宅。朝散大夫、行常州晋陵县令李全节宅。汝州司马萧安亲宅。朝散大夫、卢州司马刘公夫人崔尚德宅。处士李端宅。刘秀璋宅。仇通宅。袁惟承宅。周广与夫人戎氏宅。银青光禄大夫、检校太子宾客、兼监察御史上柱国杨铤宅。张氏宅。左龙武军大将军曹仁宅。大燕游击将军守左威卫翊府左郎将员外置同正员内外供奉上柱国赐紫金鱼袋曹公宅。郑滑节度十将孟维宅。通议大夫检校国子祭酒行蔚州司马兼侍御史上柱国崔璘宅。"

唐安附国神道碑[1]

唐维州刺史安侯神道碑

夫招摇东指，寰区识天下之春；滇涨北临，川谷有朝宗之地。况乎皇明发而万物睹，天衢享而四隩宅，故以骧险浮深，同文协轨者也。若乃壤邻骄子，家号名王。握葱野之瑰奇，漱蒲源之粹液。井蛙自许，既累噬乎越子；风鸿且遇，仍嗣美乎秅侯。则大将军安侯其人矣。

侯讳附国，其先出自安息，以国为姓。有隋失驭，中原无何；突厥乘时，籍雄沙漠。侯祖乌唤，为颉利吐发，番中官品，称为第二。王庭虽踆，方冠射雕之勇；帝乡何远？空郁冲牛之气。父胐汗，望日月于中衢，奋羽毛于边服。势同鹊起，功随豹变。贞观初，率所部五千余人朝，诏置维州[2]，即以胐汗为刺史，拜左武卫将军，累授左卫、右监门卫二大将军，封定襄郡公。寄等连城，荣超合垒，析圭胙土，时议称之。侯运偶千年，才标一日，服太阿而善断，览介石以知机。有顾鹡笼，实怀先觉，乃心凤宸，奚叹后予。于是拔迹泥沙，翻飞霄汉，亦以贞观四年，与父俱诣阙下，时年一十有八。太宗见而异之，即擢为左领军府左郎将，寻令与鸿胪丞赵德楷谕旨于吐谷浑。虏安鶗鴂之巢，敢恃螳螂之斧，旅拒成命，逼迫行人，遇困加威胁，举步逢艰阻。侯以命有所系，静以体之，节不可失，贞以守之，虽弦矢屡移，而铁石无改。既而加兵一荡，凶氛四彻，竟获全归，金以为苏武、郑众，不独高于前代矣。玺书叹述，迁本府中郎将，赍布帛五百段，又加秩为忠武将军，行本职。十九年，太宗扬銮暂抚，清海俗于三韩；驻跸聊麾，骇天声于六汉。侯功参末将，绩预元戎，诏论功授上柱国，封驹虞县开国男，食邑三百户。永徽元年，拜右领军将军，余如故。荷元天之广运，承湛露以晞阳，蒲璧开南面之尊，兰锜盛北军之宠。门驱四马，匦纽双龟。薄暮归来，辉光不独于三子；辨色而入，前后方参于五侯。叠盖流轩，徽枝岌嶪，足以震辉都鄙，讴谣氓庶。寻丁定襄公忧，执丧无替于少连，让爵自先于季札。及其字人按部，和风布政，使幼艾不怀，酋渠不惊。非树其长，莫谙其俗。以此高乎，兼本官，复拜为使持节维州诸军事、维州刺史。朝咨良牧之能，物喜吾君之子。入虔戎政，缛共宿于星庐；出变夷歌，扇重晖于日域。龙朔中，随府易名，改为左戎卫将军。总章年，进为右戎卫大将军，刺史勋封并如故。日观崇岩，云封峻霄，三五之声已邈，八九之迹难追。天子洁坛场，疏圭璧，报功崇德，腾茂实于石间。侯亦励熊罴，从金鼓，前清后御，馨忠勤于玉帐。咸亨初，追封斯阀，仍本封进爵为子，加邑四百户。方当降锡上罇，行升右地，啸洪崖而自狎，挹浮邱以曾举。而殷相肇梦，晋寝成妖。古谢今形，仙禽致是非之难；寒凝暑退，大椿属摇落之期。哀哉！奄以调露二年二月十八日，寝疾终于神都，春秋八十有三。永隆二年二月二十三日，葬于雍州长安县孝悌乡之原，礼也。

　　惟侯绪茂膏梁，基循鼎胄。绛河潜润，每孕倾都之宝；丹野成章，必矫冠群之翼。弱便英迈，长实宏远。剑连三术，道蒙史以前驱；德包五善，揖楚臣于下席。从吾所好，方尽锐于戈予；在物或遗，故无资于笔砚。加以动会规楷，性非因习，泣画象于离宫，真资孝敬；感飞泉于异域，雅蹈忠诚。利以义通，功以济物。故能凤攀阊阖，亟奉钩钤；效心膂于中年，享高明于暮景。左右深率从之奇，始终无纤芥之隙。行师则训兵以律，受任则执礼无违。非才优体二，道恭感一，惟微惟熙，至公至平者，畴能与于此哉。悲夫。琴心辍奏，去高堂而不留；筮氏观龟，创幽窆而期兆。鼓秋风于古树，谁识将军；思白日于荒邻，空怀中散。宾御旋兮寒野暮，池馆静兮浮云阴。可作无时，与归何想。长子故右玉钤卫将军北平县公思祇，藻身淑慎，流声奕叶，繁滋遽委，危露先飘。次子鲁州刺史思恭等，趋表阙以擗心，涉礼庭而收泗，荐兰之诚徒切，集蓼之哀永萃。思所以仿佛形容，揄扬清懿，托问词于广陌，播雄名于大隧。乃为铭曰：

　　阆风秀迥，河气灵长。于昭化毓，实延英芳。稜飞玉塞，势轶沙场。家承有土，祚历无疆。分源何从，扬飚南入。削衽荒庭，杀凶大邑。孝乎何取？忠焉是袭。花绶遥遥，云冠岌岌。敷命河首，逢羁海裔。云天变色，乡关无际。虎噬徒交，壮心益励。卒延衰谦，岂嗟拘滞。作固兰陛，仍分竹符。盟申带砺，礼盛传呼。岩廊夕警，秘宇晨趋。还便后殿，出必前驱。本枝隐蔽，宣条求瘼。惠起人谣，清惟主诺。野乃闻劳，门非藉恶。是听夏声，谙知戎落。旋增厚秩，亦追崇封。逸豫斯邑，车服以庸。庭纷舞篿，室韵歌钟。宁悲昃景，遽落高峰。梁木应悲，大星俄殒。广川去楫，修途废轸。倏兮已丧，萧兮而尽。神乎不测，天乎何忍。永背青皋，即安元夜。泉台构壤，山门反驾。野吹方喧，荣辉不借。德虽隆于九原，神岂奄于万化。

【注释】

[1] 安附国神道碑，唐永隆二年（681）二月二十三日葬。李至远撰文。李至远，至远始名鹏，赵州高邑人，上元时制策高第，历司勋吏部员外郎中，迁天官侍郎，出为壁州刺史，卒年四十八。今据《凉州府志备考》录文。主要著录：《全唐文》卷435；《凉州府志备考》卷7。

　　[2]维州，唐武德七年（624）置，治所在薛城县（五代前蜀改名保宁县，在今四川理县东北）。后入吐蕃，称无忧城。

唐安元寿墓志[1]

大唐故右威卫将军上柱国安府君墓志铭并序

国子监祭酒郭正一[2]撰。

　　盖天分景宿，文昌垂列将之名；地括群流，师贞建丈人之号。故隆周启统，掌兵属于司武；炎刘御历，制众在于将军。然则简材以任爪牙，选士而为心膂。稽之旧典，代有其人。君讳元寿，字茂龄，凉州姑臧人也。川横玉塞，人多刚悍之风；地枕金方，俗负坚贞之气。关西骑士，武贤之代习兵符；陇右良家，充国之门传剑术。曾祖弼，周朝服侯。幼挺人英，夙标时望。丹山綷羽，响振朝阳；紫阙腾鳞，光流下稷。祖罗，周开府仪同三司，隋石州[3]刺史、贵乡县开国公。质表珪璋，器惟瑚琏。衣冠佐夏，道叶调梅。锺鼎迁周，化□分竹。父兴贵[4]，皇朝右骁卫将军、左武卫将军、冠军将军、上柱国、凉公、别食绵、归二州，实封六百户。克施在封，六百户克施在操，匪躬成节。以功诏爵，爰颁锡壤之荣；以德命官，载启衔珠之秩。公庆门贻祉，华宗诞秀。践忠信以立身，执恭谦而待物。博通才术，备闲道艺。星飞楚剑，见水裔之浮蛟；月上燕弧，睹云衢之落雁。聚壤为阵，少怀军伍之心；裂帛成旗，早习兵戈之用。年始弱冠，时属经纶。效款河西，同窦融之归国；韬光陇右，等葛亮之须期。武德五年，奉秦王教，追入幕府，即授右库真[5]。托身凤邸，泽厚命车；飞名菀园，恩均置醴。于时皇基肇建，二凶构逆。公特蒙驱使，委以腹心，奉敕被甲于嘉猷门[6]宿卫。既而内难克除，太宗践极。爵禄攸设，先酬摆甲之劳；赏命所加，用答披荆之勤。特拜公右千牛备身。贞观元年，突厥颉利可汗[7]拥徒卌万众来寇便桥，太宗亲率精兵出讨。吉利遣使乞降，请屏左右，太宗独将公一人于帐中自卫。其所亲信，多类此也。至三年，凉公以河右初宾，家业殷重，表请公归贯检校，有诏听许。公优游乡曲十有余年，后奉恩敕，遣公充使西域，册拜东罗可汗。皇华远迈，声浃于殊荒；天节高麾，威加于绝域。使还，诏授左领军卫妫泉府[8]果毅都尉。任参五校，允属于典戎；职总千夫，实资于御侮。寻丁凉公忧去职。茹荼泣血，殆将灭性。服阕，转授左屯卫蕲川府[9]果毅。公以太夫人年老，请解职归侍，恩敕以公藩府旧僚，特令带官就养。复丁内忧解任。灰琯未周，墨缞旋及，夺情蒙授益州武威府[10]果毅。至永徽年中，贺鲁叛常，惊扰沙塞。贰师振旅，将荡毡裘之孽；五道分麾，实藉偏裨之伍。别敕差公充葱河道检校军马使。贼平军回，加授右武卫义仁府折冲都尉。押玉同贞，壶冰比洁。明以察政，黠吏无以匿其情；直以当官，邪人不能挠其法。肃戈紫掖，惟才是寄；司戟玉阶，任人尤切。龙朔三年，迁授右骁卫郎将。麟德元年，又加授左监门卫中郎将。二年，告禅云郊，升中岱岳，公亲于坛上供奉，恩诏加授忠武将军[11]。咸亨元年，又加云麾将军[12]。董兵栏锜，先仁于干能；掌卫宸轩，必资于忠勇。三年，加拜右骁卫将军。上元元年，又迁授右威卫将军。竭诚莅政，勤著于六戎；励节富官，功宣于八校。然以逝川不驻，藏壑易迁，方延刻玉之期，奄遘盈瑰之衅。以永淳二年八月四日，遇疾薨于东都河南里之私第，春秋七十有七。天不兴善，叹轸簪裾；人之云亡，悲感行路。恩诏以公藩朝左右，备立勋庸。特令陪葬昭陵，以申惟旧。葬事所须，并宜官给。晋臣疏隧，自居芒阜之前；汉将开坟，终依茂陵之侧。胤子右武卫良社府[13]果毅神感等，充穷剡思，孺慕婴心。擗地无追，号天罔极。龙璋篆宅，俾安厝于千古；凤篆图铭，庶腾芳于万叶。铭曰：

　　妫水导源，凉土开国。星垂兽象，地分龙勒。家挺异人，门传令德。旷野崇训，仪台阐则。其一。运钟标季，时逢会昌。天临万宇，云罗八荒。显考投袂，爰归圣皇。惟君奋节，亦奉兴王。其二。帝图肇创，国步犹阻。十角外侵，二凶内侮。任参戈戟，寄同心膂。玉帐斯卫，金门载御。其三。继明登历，仪乾缵构。逐菟论功，攀鳞录旧。赏谥恩洽，荣因宠授。白羽肃兵，青旗荡寇。其四。武贲务总，鹰扬望华。力能禁暴，威足闲邪。电发铜首，星飞镆铘。宏谋聚石，妙算□沙。其五。紫绶升班，金章列位。长衢曜戟，高门纳驷。爰士分车，倾宾辍馈。弃玉成宝，遗财立义。其六。虞谷驰辉，鲁川阅水。道飙易灭，夜河难恃。大树云摧，哲人其萎。悼深捐织，悲逾罢市。其七。听鞞兴感，抚屡伤情。泽均诏葬，恩侔赐茔。祁山构象，夏屋成形。道被存没，礼极哀荣。其八。生也有涯，死而不作。缋车宵警，铜池晓跃。桥阳是寓，狄阴攸托。路转悲骖，庭骞吊鹤。其九。诞生厥胤，至性纯深。循陔茹泣，望屺崩心。规坟月岫，架陇云岑。敬勒铭于金石，庶永播于徽音。其十。

　　光宅元年岁次甲申十月己卯朔廿四日壬寅奄葬。

安元寿志石

【注释】

[1] 安元寿墓志，唐光宅元年（684）十月二十四日葬。1972年陕西醴泉县烟霞乡马寨村西南约700米处出土，石藏昭陵博物馆。志盖佚。志石为正方形，边长87厘米，厚12.5厘米。志文共39行，满行39字，正书。志石四侧刻缠枝牡丹纹。其夫人翟六娘墓志也已出土。主要著录：《新中国出土墓志·陕西（一）》编号89；《隋唐五代墓志汇编（陕西卷）》第3册第98页；《唐代墓志汇编续集》光宅003；《全唐文新编》第3册第1958年；《全唐文补遗》第1辑第67页；《全唐文补编》第226页；《中国西北地区历代石刻汇编》第2册第110页；《陕西碑石精华》第74页；《昭陵碑石》编号73。相关研究参陈志谦《唐安元寿夫妇墓发掘简报》（《文物》1988年第12期）；陈志谦《安元寿及夫人翟氏墓志考

述》（《文博》1989 年第 2 期）；牛致功《〈安元寿墓志铭〉中的几个问题》（《史学月刊》1999 年第 3 期）。

［2］郭正一，定州鼓城（今河北晋州市）人。贞观中举进士。累转中书舍人，弘文馆学士。永隆二年，迁秘书少监，检校中书侍郎，与魏玄同等并为同中书门下平章事。宰相以平章事为名，自正一等始也。因有词学，制敕多出其手。则天时，出为晋州刺史。后受酷吏陷害，放逐岭南时卒。现存诗一首《奉和太子纳妃太平公主出降》：桂宫初服冕，兰掖早升笄。礼盛亲迎晋，声芬出降齐。金龟开瑞钮，宝翟上仙袿（一作梯）。转扇承宵月，扬旌照夕蜺。

［3］石州，北周建德六年（577）以西汾州改名，治所在离石县（今山西离石县）。隋大业初废。唐武德复置，天宝初改为昌化郡，乾元元年（758）复为石州。

［4］安兴贵，粟特安国后裔，后贯籍武威。安修仁之兄。唐初为李渊手下幕僚，因参与平定河西大凉王李轨有功，封凉国公。

［5］右库真，据杜文玉《从唐初官制看李世民夺位的基本条件》研究，库真即库直。《旧唐书·职官志一》载："又有库直及驱咥直（库直隶亲事府，驱咥直隶帐内府）。"右库真即隶于右亲事府的库直，既以骠骑将军为其长官，当属一种特殊的军府，很可能就设置在京城之内。

［6］嘉猷门，据杨鸿年《隋唐宫廷建筑考》研究，《长安志》卷六《西内太极宫》："四面二门，南曰通明门，北曰嘉猷门。"《长安与洛阳》地图及与太极宫有关诸图都在上述部位画有嘉猷门。《太平御览》卷一八三引韦述记，除说太极宫西面偏北部位有嘉猷门外，又说承天门次北有个嘉猷门，因承天门次北为嘉德门，所以这个嘉猷门为嘉德门之误。此外，《唐六典》卷七也明言太极宫有嘉猷门。《玉海》卷一七〇《历代门名》隋唐都有此门。

［7］突厥颉利可汗，名咄苾，处罗可汗弟。初为莫贺咄设。即位后频年大雪，牲畜多死，课敛繁重，所属多叛。多次率军攻扰唐边地，一度兵临毗邻长安的武功。唐初刘武周、苑君璋及刘黑闼等武装集团亦受其羁縻。后因内部被唐离间，诸部携贰。贞观四年被唐军俘送长安。八年卒，谥荒。

［8］妫泉府，唐代妫州所辖军府之一。《陈秀墓志》：加定远将军，改授左卫妫泉府左果毅都尉。据张沛研究，《全唐文补遗》以为"左""右"果毅都尉"两处必有一误"。疑志文不误。盖先授右果毅都尉，后守左果毅都尉。文中省述守左果毅都尉之事。妫泉府疑在怀戎县（治所在今河北怀来县东南）境。又，《新唐书·地理志》以密云、白檀二府属妫州误，说详檀州。

［9］蕲川府，唐代蕲州所辖军府之一。《唐苏威墓志》：左授蕲川府右果毅。《唐炽侯弘福墓志》：贬蕲川府折冲，仍为集州和集镇副。《唐权毅墓志》：解褐授蕲州蕲川府左果毅。据张沛研究，《太平寰宇记》：蕲州有蕲水县。"以县界蕲水所出为名"。疑蕲川府因蕲水得名，在唐蕲水县（治所即今湖北浠水县）境。此府《新唐书·地理志》失载，可以补史。

［10］武威府，唐代成都府（益州）所辖军府之一。此府《新唐书·地理志》失载，可补史阙。

［11］忠武将军，官名。南朝梁武帝天监七年（508）置，为诸名号将军中地位较高者。陈为四品。唐高祖武德七年（624）置为正四品上武散官。

［12］云麾将军，官名。南朝梁武帝天监七年（508）置为将军名号。陈为四品。唐高祖武德七年（624）置为从三品散号将军，以加武士之无职事者。

［13］良社府，唐代邠州所辖军府之一。《唐孔公浮图功德铭》：曾祖唐朝谞（即邠之讹）州良社府折冲都尉。《周柳行满墓志》：唐授虢州开方府车骑、豳州良社府统军。《唐秦朝俭墓志》：年十三为玄宗殿前射生将，后破郭千仞及收复西都，皆领偏师，共成茂绩。故自邠州良社府折冲，累迁至云麾将军、试太常卿。

武周崔安敬墓志[1]

大周故朝散大夫行台州宁海县令崔君墓志铭并序

君讳安敬，字安敬，博陵安平人也。列山耸构，积庆绪于千云；负海澄源，导昌基于浴日。亭伯之高才令问，事炳汉图；季珪之雅望清规，道昭魏简。若乃兰薰桂馥，纯质琼相，槐铉重晖，珪符叠映。固以详诸史笔，代有人焉。曾祖子信，齐太子舍人，随熊州宜阳县[2]令。祖少重，随杭州余杭县[3]丞。并业盛淹中，声高日下，行为人范，言成士则。父义起，唐左成务、司元少常伯兼殷王府司马。风格峻整，器宇端凝，中台仰其骏逸，左辖资其驳正。礼闱务重，藩邸寄隆，兼摄之宜，实称繄［系］赖。君腾光贝阙，毓彩崐峰，五色标风穴之姿，千寻挺龙门之干。下帷蕴三冬之用，悬帐推八体之工；珝弧穷落雁之奇，实剑尽飞猿之术。夫搏霄之羽毛，渐鸿陆而上征；击水之鳞，泳龙津而高迈。爰以门阀，入待岩廊，执戟武闱，腰鞬兰锜，往来绮禁，晖映紫庭。解褐授凉州昌松县令。地接金微之右，涂分玉塞之音。蕴求辖以弘风，阐问松而演教。故能家给人足，导德简刑，来晚之谣熟，可同年而语矣。时河湟之地，屡警权烽。命将分麾，言申吊代，兵机务总，军旅事殷。资胜略以谋谟，伫宏材而燮赞。以君为青海道行军长史[4]。得人斯在，时望攸归。俄以内忧，自兹去职。既移灰管，将变苴麻。未穷集蓼之哀，又结茹茶之苦。服阕，授普州乐至县[5]令。邑带岩险，俗居溪谷。视事旬月，有寇来侵。君亲率勇夫，素闲戎略，策无遗算，织厥渠魁，枹鼓不鸣，重门罢柝。秩满，迁太仆寺主簿。九棘之署，六闲之司，薄领纷回，实资乿正。既而群牧寄切，军国攸资，以君干能，光膺斯举。仍于陇右检校官牧。年终论最，君实居多。转益州双流县[6]令，寻加五品。李冰沉犀之所，张陵驭鹤之乡，既称杂俗，号为难理。君敷兹惠化，畅彼仁风，游刃盘错之间，理绳浩攘之际。何止术称无讼，德表不期者欤？又除洛州缑氏县[7]令。未几，以他事授宣州宣城县[8]令，又转台州宁海县[9]令。君命舛中年，位居下邑，虽怀坦荡，终倦推迁。以载初元年七月五日卒于宁海之官舍，春秋六十有六。夫人北平阳氏，青州刺史文瓘之孙，蓟州[10]长史大均之女。柔闲表质，符汉曲之翘薪；好合作嫔，掩太山之孤竹。俄而翰林解翼，空切媚闺，义驭驰光，遽从风烛。以天授二年六月十三日终于泗州徐城县[11]。即以长寿二年二月十三日合葬于故缑氏原旧茔，礼也。有子翁庆等，终天罔极，扣地无追。

惧谷徙陵迁，桑移海变，勒兹翠琬，永志玄扄。乃为铭曰：

赫赫四履，庆流千祀。代富簪裾，人多杞梓。诞兹上德，乃膺遐祉。质美珪璋，学优文史。其一。解巾从政，结绶登朝。鼓鳞纵壑，刷羽冲霄。铜章播美，棘署兴谣。德怀人吏，誉合朋僚。其二。屡屈牛刀，亟飞凫舄。化高弭蝗，道光驯翟。散虑春朝，忘怀秋夕。孔融置酒，郑庄开驿。其三。时康连否，道泰途穷。惜哉不遇，命也难通。壑舟潜徙，馆舍俄空。言沉两剑，遂落双桐。其四。哀挽晨警，容车晓发。方启滕城，长辞魏阙。松悲迥吹，垄寒孤月。秋菊春兰，传芳无歇。其五。

崔安敬志盖

崔安敬志石

【注释】

[1]崔安敬墓志，武周长寿二年（693）二月十三日葬。2007年冬，河南洛阳出土，旋归洛阳某氏。志盖高76.5厘米，宽77厘米，顶面篆书"大周故崔府君墓志铭"，共3行，行3字。志石为正方形，边长73厘米。志文共32行，满行32字，正书。主要著录：《秦晋豫新出墓志搜佚》编号236；《洛阳新获七朝墓志》编号114；《洛阳流散唐代墓志汇编》编号046；《北京大学图书馆馆藏墓志拓片目录》编号02565。

[2]宜阳县，北周明帝二年（558）置，治所即今河南宜阳县西福昌镇。唐武德二年（619）改名福昌县。

[3]余杭县，秦置，治所在今浙江余杭区西南余杭镇南之苕溪南岸。东汉熹平中迁治今余杭区西南余杭镇苕溪北，后复还治苕溪南。

　　[4] 行军长史，官名。东汉末曹操丞相府高级僚属，出征则置，掌管行营事务。至隋，历代多沿置。唐初用兵，各总管府亦置。亲王遥领，则以行军长史主其军事。

　　[5] 乐至县，唐武德三年（620）置，治所即今四川乐至县。

　　[6] 双流县，隋仁寿元年（601）置，治所即今四川双流县。

　　[7] 缑氏县，秦置，治所在今河南偃师东南，北魏太和十七年（493）废。东魏天平元年（534）复置。隋开皇十六年（596）废，大业初复置。

　　[8] 宣城县，隋大业初改宛陵县置，治所即今安徽宣城市。

　　[9] 宁海县，东晋永和三年（347）置，治所即今浙江宁海东。隋开皇九年（589）废。唐武德四年（621）复置，七年（624）又废，永昌元年又置，移治今浙江宁海县。

　　[10] 蕲州，北周以罗州改置，治所在齐昌县（隋改为蕲春县，在今湖北蕲春北）。

　　[11] 徐城县，隋开皇八年（588）以高平县改名，治所在今江苏盱眙县西北。

武周冯师训碑[1]

　　唐故左武威卫将军上柱国张掖郡公冯府君碑并序

　　族弟前恭陵丞直麟台观正院供奉敦直撰

　　若夫清浊分仪，覆载以圆天方地；阴阳陶铸，造化以众像群形。故兆庶颙然，资圣皇以亭毒；一人端拱，仵良彦而财成。遂有旦奭之流，匡周建隆平之业；张陈之辈，佐汉兴莫大之功。岂若天启巨唐，英灵秀挺，宏才堪干国，景策可安边，谁其人哉，我君侯当之矣。君讳师训，字邦基，其先长乐郡[2]人也，周文王之苗，毕公高之裔。食邑冯城，因而命氏。清源森漫，析润于银河；鼎族森梢，分芳于玉树。洎乎东西两汉，卿相鹭振而盈朝；南北二燕，帝业龙翔而继王。既而国祚斯改，宗社倏迁。燕王仕魏雍州刺史，子孙随宦，因为郡人。成于此乡，已九代矣。曾祖和，隋任嘉州峨嵋县[3]令，恩流彩翟，驰美誉于毕鸡。祖荣，隋任魏郡赞持，德礼调人，扇清风于河朔。考行，唐赠陕州司马，特隆天涣，峻徽班于邵南。公川岳降灵，星辰效祉，聪明神授，勇智天资。贞观十三年，起家应材官之选，释褐拜左屯营飞骑队正，累迁飞骑校尉。顷以扶余之国，地僻辰韩。据鲸海而不宾，恃鳌山而阙贡。显庆四年，鸡林道大总管苏定方[4]受制专征，聊由薄伐。知公英略冠众，奏请同征。挫敌摧凶，果无与匹；册勋命赏，功最居多。五年，除游击将军，守左武候辅贤府左果毅都尉，寻加勋官上柱国，封休宁县开国公，食邑一千户。关内道司隶大使、吏部尚书刘祥道[5]奉制明扬，搜访英俊。见公机神跌宕，器宇昂藏，顾问言谈，深相礼遇，以为卫霍以上将，良平之流人。特以名闻，旋蒙追入。麟德二年，擢拜右骁卫郎将，令北门侍奉，押左营飞骑。又，高丽小丑，崇我大猷，蜂飞玄兔之乡，猬聚白狼之侧。欲申吊伐，朝选为难。公以誉表良家，名高宿将。乾封元年，制为积利道总管，统彼舟军。既而荡滓标功，乘波展效，克彰懿绩，进级增茅。总章元年，迁封张掖郡开国公，食邑二千户。公肃戈中禁，誉重司阶；奉职外兵，勤□统旅。二年，加宣威将军，守右监门卫中郎将。敕于浑衙镇压，并于兰、凉、鄯、廓、甘、瓜等州经略叛浑，讨击山贼。公喻之以恩惠，申之以威严，数岁之间，晏然清怗。寻以弘农太君尊年抱疾，久从征戍，阙奉多时。咸亨三年，抗疏求侍。上以边隅寄重，不然其请，遥转右武卫中郎将，旌勤王也。仪凤二年，太君即代，凶向邃往，驰传赴哀。公至孝醇深，居丧过礼，绝粒增恸，殆将毁灭。迁奉才毕，寻被夺情。三年，除太子左监门副率，敕于京皇城留守。四年，进守右清道率。忽属狼山猾虏，侵轶边陲，烽燧屡惊，飞表请救。公奉制驰往，潜运机谋。乘其不虞，扼喉抚背。贼徒奔溃，雾廓云销。克捷既多，计劳增秩。永淳元年，加壮武将军，守右领军卫将军，使于昭陵宿卫，并赐其嫡子嘉绩勋官上柱国。即转守右监门卫将军。文明元年，加忠武将军，守旧职。垂拱元年，正除右监门将军，依旧于昭陵宿卫，给亲事帐内七十人，朱门列戟。又赐其仲息延祚勋官上柱国。公以一违帝城，八迁寒暑。高宗晏驾，拜泄麾申；圣母临人，朝觐久阙。驰恋之甚，信百恒情。至四年春，表请宿卫，天恩允许，追赴神都。又为吐蕃未平，西偏尚警。以公耆旧名将，谙委军容。制为赤水军大总管，凉州镇守，统河源、积石、洮河等三军；遍帅瓜、沙、甘、肃等四州兵马并受节度。公以入侍日浅，出镇年深，愿奉玉阶，辞以获免。即属呵贞败德，结衅维城。地接荆河，蔡叔流言之所；境邻桐柏，淮夷数叛之郊。既迩王畿，稍惊圣虑。皇赫斯怒，爰命讨除。公以任切爪牙，职参心吕。制为栎亭军总管，以左玉钤卫郎将赵克忠为副。于是承兹庙算，整彼神兵，电举上都，□驰下国。骋黑熊之锐略，阐龙豹之权谋。讵得展其威棱，倏冰销而瓦解。凯旋，蒙徙右武威卫将军，又封其季胤延景信都县开国子，食邑四百户。永昌元年，转左武威卫将军，并勋封如故。惟公怀桔之岁，风彩异伦；衣绮之年，英雄拔俗。至如矫箭乌号之妙，鄙有穷而未工；操翰鸾惊之奇，哂张君之为拙。六韬七略，吐纳于胸襟；鹤翼鱼丽，抑扬于怀抱。故能清氛扫祲，树德标功。开国承家，光亲显祖。爰从下位，迄至高班。奉事三朝，咸申一德。始验松筠之操，沐岁寒而益贞；金石之怀，历长久而弥固。《诗》云：赳赳武夫，公侯干城。君之谓矣。顷以年登幕齿，景落崦峰，屡犯风霜，积劳成恢，气分钟漏，息彼夜游，累表陈情，方回圣鉴。奉载初元年一月九日敕曰：左武威卫将军、上柱国、张掖郡开国公冯师训，早经驱策，夙厕戎麾，期寄特隆，诚绩斯显。宦成名遂，方从紫艾之游；知止诫盈，愿追赤松之契。固陈衰老，深请退归，询旧礼于悬车，蹑清尘于挂冕。眷言雅志，难以重违，宜听致仕。召入宴别，赐以杂缯。曲泽殊恩，宠遇如此。于是解印北阙，饬驾西旋。放旷丘园，耀德星于左右，优游亭沼，披朗月于襟怀。用遣徂年，聊以水日。既而隙驹易往，羲驭难停。奄彰梦奠之征，俄属感兰之妖。享寿七十有五，以大周如意元年四月廿五日薨于里第。夫人蓝氏，北平著姓，魏鸿胪寺卿霞之孙，隋绛郡东曹掾韶之女。家传礼义，代袭芝兰。幼挺天聪，誉表闻弦之岁；少标贞淑，芳流对雪之年。鲂鲤称珍，秦晋素匹，鸣凤入兆，薰琴遂调。始自红颜，终于白首；闺门雍穆，相敬如宾。大将军位望既隆，阃内亦随而转贵，蒙以所出之望，封北平郡夫人。惟夫人体貌谦恭，志怀宽裕，深明奥理，妙达玄宗，敬育大乘，朝夕无倦。为妇能孝，为母能慈。间闼仰其清规，宗族钦其雅范。曹子毅之堂上，仅可连踪；希负羁之闺中，宁云比德。所冀佑仁不爽，保延寿于椿龄；谁言福善无微，倏游魂于薨里。春秋与府君齐年，亦以其岁五月十七日薨。嫡子游击将军嘉勣等伯仲叔季，并孝悌温恭，从弱龄而早见；

仁义爱敬，及成长而弥殷。屡属屯凶，痛深荼蓼。恨风枝之不静，忽丧慈颜；思顾复之难酬，昊天罔极。粤以长寿三年五月十九日，迁窆麓苑之西原，遵孝章也。其地盘礴宏敞，周游达观。前临八水，萦纡亘地之流；却枕九峻，峻竦侵天之险。西瞻陇坂，思白马之初来；东望函关，想青牛之已去。大汉一十二帝之坟阙，磊硌相望；皇秦卅六所之离宫，依希在瞩。语夫自古圣哲，历代忠良，或鳞次齐茔，或差迟接域。谅游神之胜境，诚宅兆之名区，陵皋之中，此焉为最。又天恩允洽，礼赠载光。版筑所资，咸是官给。饬终之典，有裕于当时；送往之仪，实优于前古。呜呼哀哉！更无远日，启殡此晨，卜人戒程，司仪导礼。陈祖奠于牺象，容卫俨然；迁神枢于龙慌；薤歌酸咽。逶逶迟迟，素盖徐移；犹犹豫豫，弦驹难去。恍忽兮辞兰室，冥漠兮入佳城。亲族颠跋而雷恸，宾戚迸泪而失声。叹重泉之欸闷，竟地长昏；嗟厚穸之俄扃，终天靡旦。白杨四面，悲风萧瑟而中□；翠柏千行，愁云黤黮而伤虑。乃有国司丞令，公府官僚，相与咨谋，白于余曰：大将军志业孤峻，声绩靡俦，一旦薨亡，九流酸感。虽云台之上，已饰像于丹青；而神阙之前，岂不彰乎赞颂。倘年深代久，宿草茂而长松凋；地是人非，田畯轻而牧竖慢。惟公祠光绮绚，思逸江河。愿少启悲襟，振烟霞之缛藻；暂飞柔翰，扬带砺之洪勋。表迹茔门，传芳后裔，俾有遵仰，不亦宜乎。余答曰：敦直猥以眇身，幸承恩友，忽乖覆荫，栖恋增深。所恨性乏文才，学无经史。将军足道德深秘，难以形容。恐言不逮心，岂敢辞也。于是采珍碧于蓝岫，购奇巧于郢中。爰琢爰雕，为龙为凤，敬宣实录，乃作铭云：

　　森森盛绪，弈弈高门。文王之胤，毕公之孙。因采命氏，以德居尊。图史久播，徽犹备存。自兹厥后，常享禄秩。卿相连踪，王侯继出。数君佐汉，流晕汉日。两帝承燕，腾芳燕室。惟祖惟父，允文允武。并践清资，俱升望府。言谐轨则，动应规矩。爽朗机神，深沉器宇。川岳降灵，君侯诞生。幼彰聪颖，长振英声。方玉之洁，如冰之清。雄襟独峻，壮节孤贞。天挺忠规，神资孝性。跌宕机警，抑扬词令。绩逾卫霍，功侔晋郑。允执一心，奉康三圣。夷污未清，胡尘尚惊。君侯受脉，建节横行。先摧马邑，却扫龙庭。别有祆虺，闻风丧精。既茂庸勋，还承嘉庆。爵隆五等，班齐九命。花绶逶迤，星冠掩映。誉流台阁，声传歌咏。乌穆夫人，少标淑慎。来仪公族，椒兰益振。虑合龟耆，言符印信。鹊巢表德，螽斯繁胤。岁弦斯急，波箭□催。乌兔飞走，暄凉递来。俄凋大树，倏掩琼瑰。循环两月，重叠双哀。茕茕嗣子，悠悠靡诉。抚梾攒忧，倚庐增慕。痛深骨髓，悲缠霜露。爰启松茔，聿遵安措。祖筵奠桂，灵驭移辒。骓骖偃蹇，旌旆逶巡。箫鼓鼎沸，号恸雷震。吁嗟□穸，藏兹哲人。翁郁佳城，严凝隧路。高坟隐日，长松宿雾。猛兽奋威，介夫含怒。勿剪勿伐，将军□□。虽千秋与万岁，地久天长；亦何圣而不灭，何人不亡。高陵徙兮为谷，巨海变兮生桑。敬图徽于贞琰，庶永永而垂芳。

【注释】
　　[1] 冯师训碑，武周长寿三年（694）葬。今据《高陵碑石》录文。碑文由冯敦直撰。志主冯师训，两《唐书》未载，故颇具史料价值。主要著录：《高陵碑石》第107页。
　　[2] 长乐郡，北魏改长乐国置，治所在信都县（今河北冀县）。隋开皇初废。

　　[3] 峨嵋县，隋开皇三年（583）以平羌县改名，治所即今四川乐山市。九年（589）改为青衣县。

　　[4] 苏定方，冀州武邑（今属河北）人，名烈，以字行。隋末镇压农民起事，后从窦建德，为其部将高雅贤养子，雅贤死后归乡。太宗贞观四年为李靖军前锋，击败东突厥颉利可汗，以功擢左武侯中郎将。高宗显庆二年为伊丽道行军大总管，击败西突厥沙钵罗可汗，策功拜左骁卫大将军，封邢国公。又降思结阙俟斤都曼，破百济。累拜凉州安集大使。卒谥庄。

　　[5] 刘祥道，魏州观城（今山东阳谷）人，字同寿。刘林甫子。少袭爵，历御史中丞。高宗显庆中迁吏部黄门侍郎，知选事，上疏陈官吏选拔中存在弊病者六，稍迁司刑太常伯。高宗麟德元年拜右相，数陈老病，罢为司刑太常伯，封广平郡公。卒谥宣。

武周杨君妻贾通墓志[1]

　　故舒州司法杨君夫人贾氏墓志铭

　　夫人讳通，其先武威人也。夫宣室良谈，汉文以之前席；天下知信，魏武由其执手。英贤继踵，代有人焉。曾祖琮，周任襄阳县令，龟蛇曳旆，蝗翟开祥。祖哲，隋任韩州司户[2]，黎元阜滋，构塍垦辟。父子通，唐朝请大夫、守河阳县[3]令。政融宽猛，不亻韦弦之诚；狱有明察，自无桐棘之冤。夫人余庆膺灵，韶仪禀粹。梅其在矣，淑女驰芳；葛之覃兮，良人喜匹。以兹六行之美，光乎九族之中。既而和凤辍音，联翩孤影；猗桐半死，顦顇余枝。悲歌共黄鹤齐鸣，白玉与清心并映。训垂断织，恩洽徒邻，无亏教子之方，卒有润身之学。所冀板舆行乐，方欣捧檄之荣；岂其隙驷不留，俄轸惊飚之叹。奄以证圣元年三月十二日，以疾卒于章善里[4]之私第，春秋七十有二。即以其月廿六日，殡于北邙之阜翟村东南平乐里，礼也。呜呼哀哉！清风罢拂，逝水不回，贞操可传，乃为铭曰：

　　朝云禀瑞，夜月降灵。功茂絺綌，行铄丹青。逝川渺渺，长夜冥冥。风悲草树，雾塞泉扃。一瞻蒿里，空听松声。遗芳余烈，桂馘兰馨。

　　大周证圣元年岁次乙未三月戊申朔廿六日癸酉。

【注释】

　　[1] 杨君妻贾通墓志，武周证圣元年（695）三月二十六日葬。该墓志尺寸行款，据《芒洛冢墓遗文续编》记载：高一尺八寸，广一尺七寸。共20行，行20字。志盖"故贾夫人"，正书。《石刻名汇》云"今藏河南开封郿氏"。主要著录：《石刻题跋索引（增订本）》178页左中；《唐代墓志铭汇编附考》第12册编号1171；《唐代墓志汇编》证圣011；《全唐文新编》第20册第14630；《全唐文补遗》第7辑第325页。

　　[2] 韩州，北周建德六年（577）置，治所在襄垣县（今山西襄垣县）。隋开皇初废。唐武德元年（618）复置，贞观十七年（643）废。司户，官名。即司户参军事的省称。隋文帝开皇三年（583）由诸王府、诸州户曹参军事改名，炀帝大业三年（607）均改为司户

书佐。唐高祖武德（618—626）诸王府所置复名户曹参军事，诸府、州并改此名，三都、六府各置一至二员，正七品下；上州置二员，从七品下；中州置一员，正八品下；下州置一员，从八品下。

[3] 河阳县，西汉置。治所在今河南孟州西北。西晋末废。北魏孝昌中复置。北齐废入温、轵二县。隋开皇十六年（596）复置，移治今孟州南。

[4] 章善里，即章善坊。据《最新增订唐两京城坊考》载，长夏门之东第三街，从南第四为章善坊。坊内有"太子少傅、豳国公窦希瑊宅。洛州参军事殷子恩宅。圣善寺。隋荆州刺史姚太宅。陪戎副尉康武通宅。隰州永和县令韩才宅。颜瑰宅。将仕郎刘裕宅。张肃宅。并州祁县令成徵宅。徐氏路夫人宅。韩端宅。尚书都事颜某宅。文林郎桓万基宅。将仕郎张懿宅。焦宝宅。护军李远宅。勋官飞骑尉兰德宅。瀛洲河涧县令乐达宅。康敬本宅。韩昱宅。中牟县令封玄朗宅。王师宅。仪同三司董仁宅。曹夫人何氏宅。陪戎副尉罗甑生宅。武骑尉李慎宅。左威卫洛汭府队副上柱国韩德信宅。李威宅。马君妻石二娘宅。文林郎上护军韩仁惠宅。舒州司法杨行襃宅。左金吾卫函谷府左果毅都尉上柱国杜宝宅。银青光禄大夫行薛王府长史柳儒宅。宣议郎行尚书省主事郭崼宅。赵庄宅。太常寺主簿孙视宅。汴宋亳等州观察判官监察御史里行李胤之宅。张义方宅。"

武周冉实神道碑[1]

河州刺史冉府君神道碑

昔者尧舜既没，文武将坠，天纵孔圣，诞敷皇极。于是乎恢六艺而正王道，举十哲而阐微言。雍也为德行之目，求也为政事之首，吾见乎龙翰凤音，百代而共贯；虎符犀节，重世而增华，明德之后，知其必大。公讳寔，字茂实，其先鲁国邹人也。古天子有相氏，宅于相土，实曰冉姓，盖氏族之兴旧矣，不常厥所，今为河南人焉。五代祖睢阳公讳道周，尚齐南康公主，位平南将、军散骑常侍、荆州刺史、信州都督。高祖讳鉁，仕梁太子左内率、荆州刺史。齐梁之间，荆巫重镇，世善其职，江汉宜之。曾大父义城公讳黎，在梁云麾将军、湖州刺史，入周拜骠骑开府仪同，至隋开皇中为旭州[2]刺史。大父黄国庄公讳安昌，隋启平城祚之穀壁，唐分蜀国瑞以桓圭，其后改封于黄，授信州刺史，历潭州总管，赠夔州[3]都督。烈考天水郡果公讳仁才，秩金紫光禄大夫，婚皇室汉南县主泾浦澧表江陵永，凡六州刺史，伟矣哉。承家善庆，历代名臣，风流载于史官，勋业藏于王府。公即果公季子，天王自出，内禀胎教，混成之姿，外被门风，式瞻之训，从容合度，造次皆法。生而知之孝悌也；学而知之礼乐也。德义如山，文章如泉，缙绅之士，仰焉宗焉。弱冠太学生，进士擢第。遭家不造，府君捐馆，五日绝浆，三年泣血，虽麻葛就礼而栾棘加人。服阕，调并州大都督府参军事。丁太夫人忧，过哀终丧，有如前制。应八科举，策问高第，授绵州[4]司户参军，转扬州大都督府仓曹参军，又举四科，敷言简帝，除益州导江县令，鸿渐二镇，翰飞三蜀，府中之孙子，荆郡内之岑。公孝用能据淮距海，我庾如坻，岷山导江，入境先叹。

加朝散大夫，除鄜州长史，仍加关内道支度使。去青城之洞府，来白帝之鄜州，命服有辉，使车何重。除婺州司马，入谢于武城殿[5]，主上以边庭有事，喜问陈汤，宣室清言，思逢贾谊。公上对醖籍，谋虑深长，眷甚前席，恩加后命，因改恒州长史。于时四镇未复，三蕃犹梗，屯田绕塞，戎马生郊。代郡藏符，临冀北而诚重；汉家张掖，比西河而还轻。乃徙拜凉州都督府长史，仍知赤水军兵马、河西诸军支度使。地壮伏龙，城雄飞鸟，位居刺史，总全边。公仍利沟洫、懋藨蓘、庤茭藁、积糇粮，均转输程，力役宽御。悦使授方任能，人胥忘其久劳，兵不远其长戍。虽金方气侯，风雨不交之地；碛路沙霾，草木不植之所，莫不丰滞穗于垌牧，厌甘瓜于戍时，朝庭赖之。迁使持节、河州刺史，仍知营田使。崆峒连五郡之壤，积石控九河之源。公夙奉皇华，政闻行路，高车未至，阖境相欢。既见君子，温其如玉，率性仁爱，由衷易简，推是心也。物感斯应，睹恭肃而无竞，见礼义而兴行，不言而庶事熙，非教而群下顺。故得大田多稼，人和岁丰，饷军廪师，处勤余裕。计偕入朝，侍宴于长寿殿[6]上，谓公曰：河州军镇要冲，屯田最多，卿以足食为心，朕无西顾之忧矣。侑以彩币，锡以文枪。及公还州也，玺书劳勉，王人相继，国家经流沙、梁弱水、收西域、护南庭，连百里之兵以济事于外，不一日而乏者，则公之力也。无骇入极，可谓费庅父胜之杜预平吾（吴），盖知羊叔子功尔。宜登元老，作二天朝，止于边服，实孤人望，享年七十有一，证圣元年二月十日，寝疾终于官舍。天子悼焉，凶费丧归，悉命官给。是日，河湟耆老，山谷羌夷，反首劙面，号奔州邑。虽国亡子产，吏哭蔡遵，岂能过也。恺悌之化，人之父母，及其殁也，哀亦如之，信矣。夫人金城郡君陇西李氏，江夏王道宗[7]之女也。宜此象服，烂其盈门，嗣先姑之徽音，立庶姬之范则。蕣华前落，薧瘵城隅，以证圣二年正月合葬于河南之定鼎原，礼也。天使马悲，启滕公之室；人看鹤舞，闭玉女之坟。松栢接于邙山，丘陵对于伊阙，石麒将斗，华表何年。有子曰祖雍，景龙初擢给事中、兼侍御史内供奉。追惟皇考，孝于奉亲，忠于事君，恭于立身，惠于临人，总是四行，旁通具美，贻厥孙谋，以燕翼子，故老之口既绝，竹帛之文又灭，扬名兮奈何，刊石兮来裔。其词曰：

倬哉冉氏，世有仲弓。铁冠绣服，给事于中。克昭遗懿，树之家风。于皇严孝，高明有融。德冈不遵，艺何不涉。嗣武先正，思文载协。建旗千里，逮君六叶。龟顾印房，蛇盘绶箧。官以勤积，业因时峻。宰号神明，掾称亲信。骥足既展，[熊]轩即轫。邦国海康，京师河润。出车西域，我君谟之。屯田北假，我君获之。六军有馈，其谁度之。一人无忧，其谁乐之。猛兽避德，均迁所苴。灵鸟依仁，霸升执事。以今视古，名齐绩类。天不慭遗，山颓此位。陇首回望，秦川断肠。吏人攀緌，哀雁随丧。虚灵奠野，行临惟堂。庙立边郡，魂归故乡。王姬祔葬，礼之终也。水合蛟龙，坟同石马。地积霜露，烟攒松槚。千载九原，高碑泪下。

【注释】

[1]冉实神道碑，武周证圣二年（696）正月立。张说撰。今据《文苑英华》录文。主要著录：《文苑英华》卷920；《全唐文》卷228；《张燕公集》卷19。

[2]旭州，据《北周地理志》载：旭州，治金城（今甘肃碌曲县东）。北周置。《周书·武帝纪》：建德六年六月，于河州鸡鸣防置旭州。《隋书·地理志》：洮源，后周置曰金城，

并立旭州。领郡二：通义郡、广恩郡。

[3] 夔州，唐武德二年（619）以信州改名，治所在人复县（贞观改为奉节县，今四川奉节县东白帝）。天宝元年（742）改为云安郡，乾元元年（758）复改为夔州。

[4] 绵州，隋开皇五年（585）置，治所在巴西县（今四川绵阳东）。大业初改为金山郡。唐武德元年（618）复改为绵州，天宝元年（742）改为巴西郡，乾元元年（758）仍改为绵州。

[5] 武城殿，当为武成殿。据《隋唐宫廷建筑考》研究，《玉海》卷一六一《历代殿名》隋唐二条均有此殿，可见该殿是隋建唐代沿用。据《唐六典》卷七及《旧唐书·地理志》，殿在东都洛阳宫内，位于该宫正殿乾元殿，也就是明堂之西，为常日听政之所。《全唐文》卷二〇九陈子昂《为乔补阙庆武成殿表》中有段话说："（高宗）降问，洛阳宫室皆隋唐营制，岁月久远，方有堕颓，楼阁内殿，凋落者众，补一坏百，无可施工，唯此武城，确然端立，土木丹缲，光彩如新，不知何故，得以如此？"据此，是唐高宗时洛阳隋建殿阁纷纷破败之时，而武成殿却仍然完好。旧籍提到该殿的还有《全唐文》卷一六所载《中宗即位赦文》。玄宗陈仪、宴官之后，唐代帝王就不在该殿活动了。

[6] 长寿殿，据《隋唐宫廷建筑考》研究，长寿殿在洛阳宫。《玉海》卷一五七《洛阳宫》引《唐六典》说："武成（殿）之北，曰长寿殿。"

[7] 李道宗，字承范，李渊堂侄。十七岁从李世民与窦建德起义军作战。武德五年（622）任灵州总管，屡败突厥，数有战功，封任城王。太宗即位，从李靖攻突厥，俘颉利可汗，擢刑部尚书，后迁礼部尚书，封江夏王。贞观十五年（641）送文成公主至吐蕃与松赞干布成婚。高宗永徽初，为长孙无忌所诬，流象州（今广西柳州东南），途中病死。

武周崔玄籍墓志[1]

大周故银青光禄大夫使持节利州诸军事行利州刺史上柱国清河县开国子崔君墓志铭并序

君名玄籍，字嗣宗，清河东武城人也。炎帝之尝草木，利尽生人；太公之运韬钤，功申佐命。克昌于后，遂起宗邑之名；无忝厥先，是标大族之望。掩四海而独步，经百代而高视。曾祖彦升，宇文朝太子洗马、上开府仪同三司、荆州大总管府长史、恒州刺史、光城县开国公，随赠冀州刺史。宏材旷度，博闻多识。当时重其弘益，任遇特隆；后王想其风采，褒崇不暇。祖至仁，随袭爵光城县公、尚书右丞、太子右庶子，改封白水县开国公。括囊政术，经纬邦家。通藉两宫，将军或迁于太傅；食邑二代，富平封于武始。父善福，唐秦王府库真上大将军。折冲良将，莫府元勋，册韩信而登坛，拜宋昌于前殿。曰功曰事，藏于东观之书；惟旧惟贤，列在南宫之画。君天地间气，公侯异表，润之以珪璋，文之以礼乐。百行斯总，仁义攸先；六艺是该，书射尤妙。引旗为戏，早推方牧之才；芜室闲居，便蕴澄清之志。起家文德皇后挽郎，寻授婺州司功参军事。属祅贼陈硕真挟持鬼道，摇动人心，以女子持弓之术，为丈夫辍耕之事。沴气浮于江波，凶徒次于州境，凡在僚属，莫能拒捍。刺史清河公崔义玄察君智勇，委令讨击。君用寡犯众，以正摧邪，破张鲁于汉中，殄卢循于海曲。功无与让，赏不逾时，永徽四年，加游击将军守右武卫崇节府果毅都尉。已而吐蕃扬言，将出于蜀。彼之小国，且未通和，我之边郡，兹焉预视。乃除君雅州长史。攻守之际，策谋居多，疆境获安，军国攸赖。龙朔三年，除陇州[2]长史，仍奉使凉州巡抚契苾部落。衔国朝之命，悦归附之心，马牛被野而不惊，吏人按堵而如故。麟德初，万方作乂，八使观风，杖节持斧，扬清激浊。关内道大使司刑大常伯刘祥道以君精于吏职，清畏人知，表奏天庭，扬其善政。太山东岳，属登封降祥之秋；兖土外台，重别驾持中之选。仍除兖州都督府长史，专知坛埠及储峙事。乾封元年，加中散大夫、守归州刺史，寻检校荆州大都督府司马。朝发白帝，暮宿江陵，荆门之险万重，巫峡之涂千里。专城按部，威令久行，大府题舆，政声弥远。遂使长江舻舳，往来无剽夺之虞；倚市锥刀，朝夕罕惰游之利。总章元年，丁内忧，痛婴创巨，性几毁灭，虽日月之云既，在笙歌而不成。咸亨元年，除蔚州刺史。范迁材略，胡骑远渔阳之城；陶硕威名，羌人避雁门之境。嗟乎，执心正直，邪佞之所必憎；持法严明，贪残之所同疾。留落不偶，坐滞于十年；谗匿弘多，竟迁于五岭。仪凤三年，授循州刺史。吴隐石门之路，地迩贪泉；马授铜柱之郊，川临涨海。颁其教令，复群盗于尧人；宣以制书，被皇风于越俗。开耀元年，除袁州刺史。永淳二年，除文州刺史。垂拱初，以公事免。天授二年，迁茂州都督府长史。张敞受诬，遂停乡里；杨璿见释，乃拜议郎。长寿二年，迁巴州刺史。证圣元年，除黄州刺史。万岁登封元年，封清河县开国男。万岁通天元年，加银青光禄大夫。二年，除利州刺史。圣历元年，进封清河县开国子。良二千石，太平之基，下人待之以获安，明主用之如不及。信臣之风行上蔡，复徙南阳；延寿之绩著颍川，更迁东郡。公之理繁驭黠，简帝闻天，章绶赫弈而相加，轺传周流而不息。所居人富，所去人□，虎浮于河，蝗入于海。细侯恩信，已闻童子之言；广汉贤明，方在名臣之选。增其命秩，官品第三；锡以土田，封建□五。既而奉计最，谒承明，授礼文，抗诚请。天子有命，未遂于悬车；神道何冤，忽悲于税驾。春秋七十有九，圣历元年岁次戊戌三月六酉朔十四日甲戌薨于通远坊[3]之私第。奉敕吊祭，并许度家三人。常赗之余，别加优赠。惟君理精心密，气高调远，负邦国之大材，兼文武之宏略。仕明时而取富贵，励美志而成功名。展骥足者六州，建隼旟者八部。优俸厚禄，散之宗亲；广宅良田，未曾留意。宾客满座，共敦名教之乐；子弟成列，无违孝谨之□。□于势利，绝于造谒。安仁再免，曾靡愠容；慈明九迁，每除矜色。方当升上公于台鼎，养元老于胶庠。天不慭留，人将安仰。夫人屈突氏，河南人，唐尚书右仆射通之女也。名公贵胄，君子好述，才实贤明，行成轨则。林间只鸟，才闻潘掾之篇；水上双龙，竟等张公之叹。春秋卌有六，以咸亨二年五月十七日卒于蔚州之官舍。粤以圣历二年岁次己亥一月丁巳朔廿八日甲申，合葬于洛州合宫县之昭觉原，礼也。嗣子隆州阆中县丞恽、邛州参军慎、怀州司法恪、魏州司士憬、益州参军恂等，痛昊天之缅邈，擗厚地而充穷。初不胜丧，哀感者礼之大；竟能负土，安厝者孝之终。洛水之北，首山之东，铭志沉兮虚隧掩，宾徒散兮严野空。词曰：

姜水之帝，太岳之臣。贤圣丕显，宜于下人。表海之国，清河之郡。子孙繁昌，垂厥令问。光城存没，异代哀荣。白水升降，两宫功名。将军受律，方叔是程。钟此余庆，君乎挺生。

环伟其仪，寥廓其度。德以润己，材以膺务。家令智囊，尚□武库。鸾凤将矫，骐骝始步。江袄扫定，长山之傍。边祲宁谧，严道之乡。牧守称重，青绶银章。公侯为贵，锡社分疆。清静是居，谦冲是执。宗族赒饩，宾朋引汲。舆服不营，栋宇不葺。黄金方散，赤松可揖。帝惜分忧，天乖与善。庶神祇之保佑，忽令昔之悠缅。失藩部之循良，丧士林之冠冕。于嗟令胤，式遵先典。此时丘垄，见宿草之将芜；历职吏人，有甘棠之勿翦。

崔玄籍志盖

崔玄籍志石

【注释】

[1] 崔玄籍墓志，武周圣历二年（699）正月二十八日葬。河南洛阳出土，现藏千唐志斋博物馆。志盖长、宽均为 76 厘米。志盖题"大周故银青光禄大夫行利州刺史崔府君墓志铭"，共 5 行，行 4 字。志石长 80 厘米，宽 79 厘米。志文共 42 行，满行 43 字，正书。崔玄籍后妻李氏、长子韶和次子歆墓志，均已出土，都为同日而葬。墓志均存千唐志斋博物馆。主要著录：《北京图书馆藏中国历代石刻拓本汇编》第 18 册第 141 页；《唐代墓志铭汇编附考》第 13 册编号 1236；《隋唐五代墓志汇编（洛阳卷）》第 7 册第 136 页；《千唐志斋藏志》第 453 页；《北京大学图书馆馆藏历代墓志拓片目录》编号 02736；《唐代墓志汇编》圣历 010；《全唐文新编》第 21 册第 14682 页；《全唐文补遗》第 3 辑第 507 页。

　　[2]陇州，西魏废帝三年（554）以东秦州改名，治所在汧阴县（今陕西陇县东南）。北周明帝二年（558）随县移治汧源县（今陇县）。隋大业三年（607）废。唐武德元年（618）复置，天宝元年（742）改名汧阳郡，乾元元年（758）复为陇州。

　　[3]通远坊，据《唐两京城坊考》记载，东城之东，第六南北街，从南第四为通远坊。坊内有"乐工李龟年宅。忠武将军左卫翊一府郎将傅节宅。处士成恽宅。楚州司马桓归秦宅。庄州都督李敬宅。银青光禄大夫恒州刺史上柱国湖城县开国公仇克义宅。崔守约宅。右监门卫中郎将高嵘宅。银青光禄大夫左庶子河内郡开国公苏晋宅。丁韶宅。壮武将军判左威卫将军上柱国平陵县开国男留守苏君宅。"

武周元仁惠石柱铭[1]

　　唐故凉州长史元君石柱铭并序

　　公讳仁惠，字某，河南洛阳人也。昔帝轩命子，爰宅幽都，天神降祚，遂荒北岳。其后日月运行，云雷经始，坛场郫洛，据天地之图；带砺山河，建王侯之国。公即魏昭成皇帝之十代孙，中书令[2]濮阳王顺之曾孙也。大父雄，魏濮阳王，后改封武陵王。昆吾伯嗣，越在濮阳之墟；琅琊王子，别封武陵之郡。宇文朝降为武陵公太府卿秦州总管。微子去国，不替旧章；絷侯来朝，于焉降等。父胄，隋豪、豫二州刺史右卫大将军，袭封武陵公。翼亮隋室，弘济王基，有佐命之元勋，承异朝之延赏。文武藉甚，贻燕深长。公受金行之正性，承冠代之隆烈，幼见岐嶷，夙闻声器。灵台云秀，绳墨之宰无施；雅韵天成，金石之师何力？属隋纲弛紊，神弃不歆，卿族衣冠，日失其序。独疢瘵宿，永怀盘涧之人；藏器待时，未射高埔之隼。唐祖龙飞天宇，鹤版岩林，授公右千牛录事，簧闱之恩旧也。高皇邑子，既与卢绾同衣；光武学徒，则有严陵共宿。久之，以公事免为巂州[3]法曹，又历循州河源[4]、滑州灵昌[5]二县令。克己为政，蛮貊化忠信之言；直道与人，仕已无喜愠之色。永徽在历，硕真构难，群凶既蒇，江界萧条，帝念疲甿，畴兹俾乂，乃授公睦州稚山县令。乘驲而往，下车作则，江逋海盗，革面来威，然后简纲鸠人，峻策羁吏。闲田尽辟，鳏寡委犬彘之余；绝涧无游，豪猾屏蚕渔之气。我有礼乐，达于山川鬼神；物应休祯，孚于鸟兽草木。朝廷异之，拜朝散大夫，行隆州阆中[6]令，未至，改授雍州渭南[7]令，观人设教，异邑同风。迁隆州司马，寻加朝散大夫，守凉［州］都督府长史。分乘两蕃，人康颂作，化澄巴濮，无侵橘柚之园；教溢河湟，不饮蒲萄之酒。离歌就衰，岁梦临辰，命踬修途，荣惭厚德。总章二年，终于官舍，春秋七十有三。夫人安定梁氏，文伯之妻，君子以为知礼；孟轲之母，良史称其能贤：齐德茂于昭涂，合祔期于幽隧。有子怀贞，斧藻《诗》《礼》，佩践义方，承家有馥，芝兰如也。历官右司员外郎太子舍人，而罹事徒居，复归旧土。芦嶔露于三纪，无改素冠之行；违桑梓于十载，还守青门之田。勤孝在乎追远，丰感思乎备物。武陵公之茔域，今顺陵柏城之内也，山园有禁，奉瞻靡及。粤以圣历二年岁次月朔，别卜宅于咸阳县肺浮原[8]合葬焉。公孝友纯深。风标峻起，门无杂客，家有严君。而佐郡为邦，宏风迈德，执法不挠，去邪勿疑。仲由之政事，叔向之遗直，岂称论之典有阙，范则之容将坠？仰惟代姻。恭承哀托，郭有道之故事，无丑蔡邕；赵文子之将游，永怀随会。寓词楹石，式题贤垄。其铭曰：

大哉乾元，我族资始。有国伊魏，曰天之子。皇羲姓风，帝姬氏水。创业垂统，郁乎旧史。崇德象贤，允也重轨。贞涵玉性，润结璇源。武公之子，平王之孙。川流长直，光气熊浑。孝深柏颖，义重荆璠。白珪比节，黄金敌言。行实刚简，游无谄黩。学妙神教，书能鬼哭。避彼屯运，盘桓空谷。四海有王，一旦明目。佩此芳草，迁于乔木。亦既从政，淑问克宣。秉心如水，临事如弦。历宰四邑，高芬属天。元僚两郡，汪化流泉。江河秦蜀，嘉声在焉。三光西没，百川东度。天道运回，人随代故。倏忽三纪，悲凉千露。帝葬桥山，傍壖祖墓。天断旧域，地开新路。路即咸阳，阡惟京兆。坤气云蠹，长冈龙抱。窀掩铜人，茔留石鸟。尘歇径灭，山飞海少。篆刻扬名，亭亭华表。

【注释】

［1］元仁惠石柱铭，武周圣历二年（699）某月葬。张说撰。今据《全唐文》录文。主要著录：《全唐文》卷232；《张燕公集》卷22；《凉州府志备考》艺文卷3。

［2］中书令，魏晋南北朝为中书省长官之一。北魏孝文帝太和十七年（493）定为二品中，二十三年改三品。

［3］巂州，南朝梁于越巂郡置，寻废。隋复置，寻改曰越巂郡。唐复置，寻置都督府，没于吐蕃，贞元中收复，仍置巂州。宋属大理。故治即今四川省西昌。

［4］河源县，南朝齐置，治所即今广东河源县。

［5］灵昌县，隋开皇十六年（596）置，治所在今河南滑县西南。五代唐改灵河县。

［6］阆中县，战国秦惠文王置，治所即今四川阆中县。隋改为阆内县。唐复改为阆中县。

［7］渭南县，十六国前秦置，治所在今陕西渭南市北。后废。西魏废帝三年（554）另改南新丰县为渭南县，治所在今渭南市东南。隋开皇十四年（594）移治今址。

［8］肺浮原，又名奉政原，即毕郢原北略低之原，在咸阳县北二十五里。

武周孙仁贵墓志[1]

大周故赤水军大使兼知河已（以）西营田兵马事左玉钤卫将军上柱国固安县开国男孙公墓志铭并序

公讳仁贵，字士稜，范阳涿人也。陪奉陵邑，旧称豪侈。第宅京都，居多贵族。今又贯于洛州陆浑县焉。昔者兵机振颖，天齐居六国之雄；霸道克宣，昌门兴万乘之主。登为尚德，遁典午而鸾哥；资乃徇才，集当涂于凤沼。贞徽盛烈，焕乎史册。曾祖瑾，北齐左卫大将军、宜阳郡开国公。大父琰，随开府仪同三司、辅国大将军、昌平郡开国公。并雄才盖世，英略冠时。资忠孝以扬名，仗义勇而成业。显考朗，唐右武卫大将军、营州都督、柳城郡开国公。栖偃仁义，宪章诗礼。克嗣良治，终传世业。公志识渊远，襟神爽晤。幼而岐嶷，穆然君子之风。长而端雅，壮矣丈夫之节。经史存乎大略，渊默擅于中权。而虚己好贤，疾恶乐善。对足訾粟斯之议，目所不经。遇孝乎友于之徒，膝乃过席。善谈谑，工骑射。怀才而不矜，博施而不纪。暨乎金壶跃柘，妙洽千娇。玉靶开檀，工蹹百发。浑金璞玉，莫识厥器。瑶林琼树，但钦其宝。总章初元，以门荫补弘文生。敕授洛州参军事。便充辽东道行军判官。子卿有命，参卿军事。景与高才，终从入幕。旋以军功，授游击将军、岐州洛邑府[2]左果毅。调露中，转同州相原府[3]折冲都尉。西临地乳，东界灵河。是三辅之襟带，董千夫之雄伯。垂拱二祀，迁右豹韬卫遵德府长上折冲。四年，转右豹韬卫左郎将。公屡总戒律，频临边塞。度青衣而款白门，系烧当而擒秃发。加上柱国、固安县开国男。天册万岁元年，转左鹰扬卫右郎将，寻加右鹰扬卫中郎将。曹洪以帝戚之重，方莅鹰扬之司；山涛以人伦之宗，载奉中郎之职。以今方古，曾何让仁。然葱山小丑，候朔吹以飞魂。蒲海余氛，践边埃而假息。凭遐恃险，候播正朔。月氍天山，暂愆琛责。李少卿之志意，愿扫疆场；霍去病之横行，无存第宅。于是天子授律，将军出师。撤细柳之营，指楼兰之境。帝咨畴克，金曰尔谐。乃加左玉钤卫将军、赤水军大使、兼知河（以）西营田及兵马事。有征无战，麾白羽而高枕。先食后兵，俟青旗而播谷。司马懿一周之策，欲系藁街；诸葛亮五丈之营，遽归蒿里。春秋五十有八，以圣历三年三月十二日，寝疾薨于凉州赤水军之官舍。悼深朝野，痛结军师。吊祭备于乌城，容卫旋于龟洛。夫人河南斛律氏，北齐中书令、义宁郡王、随户部尚书、山南道行台尚书右仆射孝卿之曾孙，唐豫州别驾礼文之孙，大周上柱国、赠舒州刺史照泰之长女。夫人芝田擢秀，桂畹流芳。操理柔明，风规端丽。昔年蘋藻，背三从以忽诸。今日松萝，共千秋而已矣。春秋卅有二，以长寿二年十月廿九日，薨于洛州嘉善之里第。即以久视元年七月廿六日，合衬于洛州合宫县[4]龙门乡之平原，礼也。嗣子希庄等，茹荼蓼以多艰，陟岵屺而罔极。履霜露而增感，托琬琰而旌德。乃为铭曰：

膑居六国，英谟允最。权跃三江，霸图昌会。世传钟鼎，门趋冠盖。惟国惟家，可久可大。挺生厥德，世济伊人。言成月旦，道乃日新。神韬义勇，志静风尘。攻守惟策，才智非贫。将军位□，中郎号美。贵实由德，功亦自己。卫霍不俦，孙吴是拟。方陪东禅，遽沉西略。□门一恸，借容空伤。爱留沙漠，魂归帝乡。哀哀□嗣，泣露披霜。亭亭高表，地久天长。

孙仁贵志石

【注释】

[1] 孙仁贵墓志，武周久视元年（700）七月二十六日葬。2001 年 9 月河南洛阳龙门镇柿沟村出土，同年 11 月洛阳龙门村征集，现藏千唐志斋博物馆。志石长 65.5 厘米，宽 63 厘米。志文共 34 行，满行 33 字，正书。志石四侧刻卷草纹。主要著录：《新中国出土墓志·河南三》编号 68；《北京大学图书馆馆藏历代墓志拓片目录》编号 02796；《全唐文补遗·千唐志斋新藏专辑》第 82 页。

[2] 洛邑府，唐代岐州所辖折冲府之一。《新唐书·宰相世系表五》：钟山操，洛邑府统军。《元和姓纂》同。《元和郡县图志》：虢县本为洛邑县，隋改名虢县，贞观八年废，天授二年再置。《唐王修福墓志》：应举及第，转岐州洛邑府左果毅。先天二年，御

史大夫李杰奏称清谨过人，授本府（洛邑府）折冲。据张沛研究，洛邑府盖因洛邑县得名，在今陕西宝鸡市陈仓区治所虢镇镇。

　　[3]相原府，隋唐时期军府之一。隋鹰扬府虎符有右御卫相原府，是此府乃承隋之旧。又龙门有唐相原府校尉王宝为亡父造观音象记。《八琼室金石补正》三一："□州□□□相原府校尉"注云："州上字缺，当是'华'字，斯因上刘氏作幸审之似'乘'。"《新唐书·地理志》亦作华州，劳氏据《长安志》属之京兆府，疑《（八琼室）金石补正》所云"审之似'乘'"，"乘"字或为"雍"字。墓志载同州相原府，恐误。

　　[4]合宫县，唐永昌元年（689）改河南县置，治所在今河南洛阳市西郊。神龙元年（705）改名河南县，三年（707）又改为合宫县，景龙元年（707）复名河南县。

武周柳惇墓志[1]

　　大周故河东柳府君墓志铭并序

　　君讳惇，字依仁，河东解人也。流之永矣，控姬水之灵源；善之积矣，基鲁臣之庆族。垂缨拖组，跨七叶之公门；物范时桢，蹠五世之卿族。鸿徽焉奕，可胜言哉。曾祖止戈，随上仪同、散骑常侍、平南将军、洛昌通和四州刺史、平凉公。政行全楚，骛熊轼之荣。绩着平吴，有龙骧之寄。祖艮，冀州别驾、绵州长史，隋尚义丰公主。循良之化，道屈于□舆。通德之门，荣加于筑馆。父实，绵州昌隆[2]令、湖州长史。才贯光时，位不充量。公含五常之秀气，承白代之休烈，宽和足以容众，方直足以闲耶。尔□宗器也，沛焉犹长河之东注；观其为德也，嶷然似灵岳之西峙。望其仪表，润珪璧以生光。挹其风猷，披云天而见日。于时升平旦暮，千载一时。捡玉梁甫，泥金岱岳。乃以门调选□为辇郎。捧日登山，攀鳞止汉。例授邵州司户，迁隰州[3]司户、凉州都督府士曹事。盖通人乐道，尚不屑于时荣。君子安贫，讵有辞于卑位。公祗勤簿领，剖剧官曹。列局着其能名，累藩称于善最。寻迁资州资阳县[4]令。公雅达从政，深明理体。莅三巴之奥壤，不染脂膏；泛二江之清流，唯闻饮水。惜乎福僭眉寿，天忘与仁。屈重价于铜章，瘵深肩于玉质。以长寿二年七月二日，终于长安武功[5]之里第，春秋五十五。呜呼哀哉。粤以长安二年岁次壬寅五月丁卯朔廿九日乙未，迁窆于河南龙门乡清河原，礼也。有子景之等，强学据德，履道淳至，始于事亲，终于追远。将图不朽之事，以申南极之哀。其铭曰：

　　源分姬水，族茂河滨。忠贞命氏，社稷为臣。国英人范，曳组垂绅。悠哉积德，孰与为邻。于穆英彦，猗欤秀杰。道屈邦组，誉光时哲。岳崎川淳，兰摧玉折。唯令名之可久，与终古而无绝。

柳惇志盖

柳惇志石

【注释】

[1] 柳惇墓志，武周长安二年（702）五月二十九日葬。2000 年 4 月河南洛阳龙门镇张沟村出土，同年 5 月洛阳龙门镇张沟村征集，现藏千唐志斋博物馆。志盖、志石均长 46 厘米，宽 47.5 厘米。志盖篆题"大周故柳君墓志之铭"，共 3 行，行 3 字。志文共 24 行，满行 24 字，正书。

[2] 昌隆，西魏以汉昌县改名昌隆县，治所即今四川江油太平震。唐先天元年（712）改为昌明县。

[3] 隰州，隋开皇五年（585）以西汾州改名，治所在长寿县（今山西隰县）。大业初改置龙泉郡。唐武德元年（618）复为隰州，天宝元年（742）改为大宁郡，乾元元年（758）仍改为隰州。

[4] 资阳县，北周武成二年（560）置，治所即今四川资阳。

[5] 武功，战国秦孝公置武功县，治所在今陕西眉县东四十里渭河南岸。东汉永平八年（65）移治废藁县（今陕西扶风县东南）。北魏太平真君七年（446）废。北周建德三年（574）别置武功县于中亭川（今陕西武功县西北武功镇）。

唐安令节墓志[1]

大唐故公士安君墓志铭并序

进士将仕郎荧（荥）阳郑休文撰

禀淳和以为人，含神爽以为用，在家为孝子，在国为忠臣，于乡党而则恂恂，于富贵而不汲汲，谐大隐于朝市，笑独行于山林，斯则安君见之矣。君讳令节，字令节，先武威姑臧人，出自安息国[2]王子，入侍于汉，因而家焉。历后魏、周、随，仕于京洛，故今为幽州宜禄[3]人也。若夫澶旌鼓吹，西临白兽之蹮；国界城池，北拒玄龙之塞。钟山瑶树，所以齐其积德；闾阖金精，所以生其壮气。汉年侍子，先处乌城之域；魏代侍中，爰列蝉冠之地。亦由班家十纪，初则朔野扬声；金氏七貂，终以近臣为盛。祖赡，皇唐左卫潞川府[4]左果毅。武人贞吉，智果为毅，或奇或正，知王帐之兵雄；千夫百夫，识金坛之卒劲。父生，上柱国。南荆则昭阳始居，西楚则共敖初作，战功所与，今古荣之。君星辰河汉之精，泰一终南之气，鸿鹤羽翼，云骞风博；松柏枝条，霜封雪抱，处长安游侠之窟，深鄙末流；出京兆礼教之门，雅好儒业。温良泛爱之德，振人趋急之心，固以发自冥机，关诸天性者矣。属天地大有，朝野多欢，梁上银蛇，余祥末竭；地中犀犬，积庆仍传。开北阮之居，接南邻之第，翟门引客，不空文举之座；孙馆延才，还置当时之驿。金鞍玉帖，连骑而不以骄人；画卯乳狄，陈鼎而未为矜俗。加以冯良居室，端肃如对于严宾；仇览定交，矜庄岂闻于蝶狎。义之所去，纵千乘而犹轻，道之所存，虽一介而犹重。声高郡国，名动京师，岂独柳市万章，贵人争揖；茂陵原涉，群公慕之。惜夫静树含悲，坏梁多恨，鸰书来赴，忽游司命之天；鸠杖有仪，不及乡亭之岁。以长安四年十一月廿三日，疾终醴泉里[5]之私第，春秋六十。

有子如岳、国臣、武臣等，丧以过哀，几于灭性。邻母听哭，投著而辍餐；枥马闻号，衔苕而落泪。即以神龙元年三月五日葬于长安县之龙首原[6]，礼也。迤逦平原，参差拱树，三千年之见日，马识幽泉；一千岁之来归，鹤知荒冢。乃为铭曰：

猗远祖之扬名，桂馥松贞；粤夫君兮挺异，珠明剑利。宿昔何从？礼教为容。平生何托？琴樽聚乐。月之望，年之辰。石折智士，山颓哲人。短歌送葬，长笛哀邻。坟横凤绶，冢次龙鳞。夜台长夜，春非我春。

渤海石抱璧书。

安令节志石

【注释】

[1] 安令节墓志, 唐神龙元年 (705) 三月五日葬。陕西西安出土。志盖佚。志石高58厘米, 宽56厘米。志文共27行, 满行27字, 正书。郑休文撰, 石抱璧书。哈佛大学图书馆等单位藏有拓片。主要著录:《新中国出土墓志·河南三》编号71;《北京大学图书馆馆藏历代墓志拓片目录》编号02853;《全唐文补遗·千唐志斋新藏专辑》第89页。主要著录:《陶斋藏石记》卷21;《关中石刻文字新编》卷3;《石刻题跋索引(增订本)》180页右上;《北京图书馆藏中国历代石刻拓本汇编》第20册第6页;《唐代墓志铭汇编附考》第14册第1383页;《隋唐五代墓志汇编(北大卷)》第1册第109页;《北京大学图书馆藏历代墓志拓片目录》编号02961;《唐代墓志汇编》神龙004;《全唐文新编》第4册第2396页;《全唐文补遗》第3辑第36页;《中国西北地区历代石刻汇编》第2册第156页;《从撒马尔干到长安——粟特人在中国的文化遗迹》编号45;《施蛰存北窗碑帖选粹》第238页。

[2] 安息国, 也称阿尔萨息王朝或帕提亚帝国, 其地约位于今伊朗地区, 是伊朗地区古典时期的奴隶制国家。其名始见于《汉书·西域传》:"安息国, 王治番兜城, 去长安万一千六百里, 不属都护。"

[3] 宜禄县, 西魏废帝三年 (554) 以东阴盘县改名, 治所即今陕西长武县。北周废, 唐贞观二年 (628) 复置。

[4] 潞川府, 唐代潞州所辖折冲府之一。张说《平冀州贼契丹等露布》有左卫潞川府果毅、员外置同正阿史皎。《士如珪墓志》: 转拜潞州潞川府别将。《水经注》有潞县, 亦有潞川。《唐李君之铭》: 改授潞川府右果毅、上柱国、游击将军。据长子之城, 守壶关之塞。据张沛研究, 此"李君"名阙。《元和郡县志》: 潞城县有漳水, 一名潞水, 在县北。可知潞水即漳水, 即今山西浊漳水。潞川府疑在今长治市附近浊漳水沿岸某处。与《李君之铭》所谓"据长子(在浊漳水西)之城, 守壶关(在浊漳水东)之塞"相符。

[5] 醴泉里, 即醴泉坊。据《增订唐两京城坊考》记载, 朱雀门西第四街, 街西从北第四为醴泉坊。坊内有"西南隅, 三洞女冠观。观北, 妙胜尼寺。十字街北之西, 醴泉寺。十字街南之东, 旧波斯胡寺。西门之南, 袄祠。东南隅, 太平公主宅。南门之东, 中书令宗楚客宅。烈士台。辅国大将军、右卫大将军、扬州都督、褒国公段志玄宅。王安仁宅。孝子郭思训宅。游击将军张希古宅。隋太尉晋王府录事参军任轨宅。隋珍寇将军奋武尉右屯卫步兵校尉解方保宅。左监门将军衡琳宅。荆州松资县令汤君妻伤大妃氏宅。文林郎王夫人柏氏宅。朝散大夫行定王府掾独孤思敬宅。左万骑使薛莫宅。翊府右郎同正员上柱国康景云宅。冠军大将军行右威卫将军上柱国金城郡开国公李仁德宅。特进右卫大将军雁门郡开国公俾失十囊宅。明威将军左龙武军中郎将徐承嗣宅。王玼宅。昭武校尉守右金吾卫绛州周阳府折冲都尉右羽林军上下赏紫金鱼袋上柱国冯和璧宅。右神策军马军大将军押衙银青光禄大夫检校太子宾客上柱国罗叔玠宅。左神策军散副将游击将军守武卫大将军米继芬宅。灵台司辰官高公宅。救度寺。"

[6] 龙首原, 唐长安城北、渭水以南高地。相传秦时有黑龙从南山北行, 头入渭水,

尾达樊川，其龙首处因成土山，故取名龙首原。唐代的大明宫和禁苑皆建于原上。

唐郑君神道碑[1]

大唐中散大夫行淄州司马郑府君神道碑

五岳可陟，惟德也，谓之崇高；万物皆化，惟名也，谓之不朽。若夫行欲盖而德彰，道无求而名立，常闻其语，今见其人。公讳某，荥阳人也，华州刺史襄城公伟之曾孙，蒲阳太守大济之孙，荆州刺史乾奖之子。在昔周王敦序九族，封懿亲于郑。维时郑伯敬敷五教，赋善职于周。其后蕃衍儒门，光华士族，威行西域，名震京师，入则天子授经，出则单于抗礼。公揭日月，表山川，体二气之清淳，纳百代之层庆，越在岐嶷，异于常童，既以冠带，游皆长者。初以门子宿卫，解褐凉州参军，转嘉州司士，又宰钟离[2]、当阳[3]二县，皆秩满，兼摄江陵期月。政不改俗官不易方，群盗出奔，远人来附。其所处也，入境闻恺悌之声；其所去也，扶路有郁陶之思。非夫忠信以结之，法令以齐之，易简以业之，仁义以肥之，孰能顺人如此其理者乎。神皇玉册受天，金坛拜洛，顿网而鹤书下，辟门而群龙至。公待诏公车，召议宣室，目以奇士，承一顾之恩。许其正人，参四率之属。乃墨制除太子右清道长史，寻加中散大夫，行淄州[4]司马。负士元之才，于是拜职；遇丘明之疾，从兹挂冠。洛汭闲居，漳滨沉痼，优游卒岁，福应愆期。岂非朋友之哭，将见神仙之吊。享年七十有九，神龙二年夏六月十五日，终于洛阳之私第。冬十月一日，归葬于荥阳[5]之旧原，成先志也。公执亲之丧，三年泣血，以闻州里，不亦孝乎。先人余业，一物不有，以让兄弟，不亦悌乎。加以振穷纾急，隐德阴施，惠人由己，反身待物，是用气类益亲，声谈载路。善击剑，好投壶，尽五射之妙巧，究六书之体势。此盖行有余力，则以多能，位不充量，天之命也。有子曰博古，曰博雅，曰嘉征，曰嘉庆，曰嘉重。生极其养，没过乎戚，恭惟皇考，安宅灵丘。盛德备于卑位，家风缺于国史，伐石他山，寄哀词客。子产遗爱，得无叔誉之言；公业不亡，实有荀攸之叹。式撰鸿烈，垂之后昆。铭曰：

大君有命，桓公封郑。世执王政，其后不竞。为韩所并，以国成姓。沇水截河，溢为荥波。荆山之阿，胜气实多。高门峨峨，衮服委佗。猗嗟君子，世济其美。动如义市，居成仁里。凤集文史，猿啼弧矢。美政当官，惟人所安。救危拯越，劳而不伐。大运奄忽，芳留形没。高陇既封，深泉又重。径无人踪，苍苔岁浓。哀哀丘陇，堕泪青松。

【注释】

[1]郑君神道碑，唐神龙二年（706）十月一日葬。碑文存《全唐文》，今据以录文。张说撰文。主要著录：《全唐文》《张说之文集》《张燕公集》。

[2]钟离，秦置钟离县，治所在今安徽凤阳东北临淮关。东汉改为侯国。三国魏废。西晋太康二年（281）复置。东晋安帝时改为燕县。北齐复为钟离县。

[3]当阳，西汉置当阳县，治所在今湖北荆门西南。东晋时迁治今当阳县。

　　[4]淄州,隋开皇十六年(596)置,治所在贝丘县(后改淄川县,即今山东淄博市淄川区)。大业二年(606)废。唐武德元年(618)复置,天宝元年(742)改为淄川郡,乾元元年(758)复为淄州。

　　[5]荥阳,秦置荥阳县,治所在今河南荥阳东北。北魏太和中徙治今县,武周天授初改名武泰县,神龙初复名荥阳县。

唐贾㯫墓志[1]

　　大唐龙兴故处士贾□□志铭并序

　　君讳㯫,字贤,武威人也。周文王之苗裔,唐叔虞之胤胄,自兹以后,源流实繁,望重褰帷,秀传简素,因官此地。今为上党县人矣。曾祖谦,随任洛阳主簿。祖兴,任太原县尉。父德,朝散大夫。并鸣弦□政,冰镜登心。慎扬子之四知,全家臣之两宝。惟君朗彻陈星,精通阙月,文穷吐凤,武重穿杨。守恬淡以自居,慕耕耘而养性,不贪荣于禄利,时荡思于举樽。西园之赏未盈,东逝之波俄及。以景龙二年七月廿三日,卒于私第,春秋七十八。夫人廉氏,四德凝姿,女篇垂□,和邻训子,举案承天。锵锵悦于千飞,穆穆谐于唱和。番安仁之翰鸟,遽隔双栖;雷孔章之蛟龙,终当重合。垂拱二年十一月一日,命归大夜,春秋五十一。即以景龙二年岁次戊申闰九月庚申朔廿三日壬午,合葬于州城南廿里之原,礼。嗣子元方,哀结蓼莪,衃流风树,双鱼既跃,生平感姜氏之泉;驷马将驱,死也得□公之地。据兹龙岫,启彼乌坟。恐盛德而不传,勒清□而作托。其词曰:

　　齐之多士,□之英贤。珠□荔浦,玉润蓝田。仰之弥高,钻之弥坚。生灵未几,折□何迁。悲风拂地,苦雾笼天。长辞白日,永□黄泉。

贾㮣志石

【注释】

[1]贾㮣墓志,唐景龙二年(708)九月二十三日葬。2005年山西长治出土,旋归洛阳某氏。志石长50.5厘米,宽50厘米。志文共20行,满行20字,正书。主要著录:《秦晋豫新出墓志搜佚》第2册编号307。

唐杨思齐墓志[1]

大唐银青光禄大夫使持节代州诸军事代州刺史上柱国恒农郡开国公杨君墓志铭并序

公讳思齐,恒农华阴人也。其先有周之胤,是曰伯侨,胙土于杨,因以命氏。原夫金城天府之地，陆海奥区之所。朱宫紫贝森其源，高掌远跖崇其镇。感降奇杰，特挺异人。白玉以之传音，朱轮以之继响。昔周上卿款秦将军端、汉太尉震、晋尚书瑶，皆其上叶也。曾祖昇，随工部尚书、昌乐公。祖峻，随瀛州[2]刺史。考立，皇朝隆州奉国县[3]令。居八座之重，开五等之封。握铜虎之符，悬金龟之印。鄱阳虞溥，唯闻集枣之鸟；中牟鲁恭，自见驯桑之雉。公挺拔俗之姿，拥旷代之奇。袭衣冠之焉弈，传珪组之陆离。腾星之气，出自剑泉。亏月之珍，生于珠泽。以文章为江海，横吞百川；以德化为烟云，曲成万物。怀蛟入梦，自彰繁露之词；振鹭于飞，遂矫抟风之翰。以门荫授左卫翊卫。属泥金日观，捡玉云亭，以材望兼华，擢充辇脚。调补带州司马，渐转龙支县[4]令。究松知盗，系芋彰清。学中唯见乎舞鸾，境内岂闻乎喧鹊。迁岷州司马。治中别驾，始展士元之才。邦国海沂，更伫休征之化。加游击将军，敕授右武卫清硖府右果毅长上。名参周卫，荣列戎章，载沐洪私，累酬殊级。迁朝散大夫、守瓜州刺史，兼玉门等诸军大使。建旗作牧，扬旆遄征，直度龙堆，横行狼岫。被七重之犀甲，持四尺之蛇矛。呼吸而下贵霜，叱咤而空小月。入领右卫翊一府[5]中郎将。橐鞬十载，颜弓六钧。部七萃而按五营，卫钧陈而侍拦锜。制公招慰吐蕃。膏屑发润，自令沙塞含春。绥颊陈辞，更使开河动色。遽变豺狼之性，岂劳熊武之师。同食其之下东齐，等仲连之却西帝。使回，检校胜州都督，兼游弈军大使。林胡旧国，榆塞长城，羽檄交驰，燧烽互爇。以算无遗略，战必先鸣。摄帻则神气弥雄，搴旗则所向无敌。俄丁忧去职，寻起服胜州都督，依前知诸军事。襄帷践境，杖节临戎。垂雨露而抚千圻，凭风云而举八翅。停车而理宿讼，驻马而候幼童。牵子经则善具安边，桓伯绪则威能振敌。拜右领军卫将军，兼胜州都督，依前知诸军事。下当分阃之任，上膺列宿之精。坐玉帐而申威，启金坛而纵略。邓攸将去，先闻五鼓之歌；王濬迁官，更兆三刀之梦。迁凉州都督，兼陇右诸军大使。却连龙勒，傍枕鹯阴。襄帷而肃百城，发书而贞十部。同贾宗之理郡，北狄则岂复犯边；嗣徐邈之临州，西域则还闻入贡。迁秦州都督。山横积石，水导昆仑。入境杨其惠风，随轩洒其甘雨。吏人之呼号涕泣，愿得耿纯；老幼之卧辙攀辕，乞留侯霸。拜右武卫将军，再迁胜州都督，依前知诸军事。拥连率之班秩，鸣上将之鼓鞞。马跃长风，剑横水影。银谷金河之表，慕义而感恩。白狼玄兔之前，畏威而怀德。加银青光禄大夫，迁代州[6]刺史。关连明月，塞绕浮云。接南皮公子之大川，对北岳天孙之巨镇。以仁惠为体，政靡问羊。以麋襄为先，时无佩楟。迁瀛州刺史。东临沧海，北跨幽燕。赵广汉所以设钩拒之方，龚少卿所以致乱绳之术。既而借寇之议，还彻于帝闾；留葛之情，复通乎宸纩。再迁代州刺史，封恒农郡开国公，食邑二千户。咏流伐枳，礼盛分茅。姑苏结其去思，燕然歌其来暮。属匈奴迷津瀚海，养毒阴山。摇动塞垣，窥觇亭障。朝廷深惟吊伐，出师以临之。乃拜公充天兵中军大使。出虎门，参龙膝，摇玉勒，转金鞍。拥其引弓之群，摧其鸣镝之众。既而司徒伫拜，庶广闻入梦之三禾。不谓太守云亡，忽见从车之两雁。呜呼哀哉。舟楫之量，随阅川之迅流；大厦之材，蹉摧梁而永谢。粤以景龙元年九月十二日，遘疾薨于并州阳曲之传舍，春秋六十有九。即以三年己酉二月戊子朔十五日壬寅，安厝于华阴之丰原，礼也。子前左卫雍北府[7]左果毅都尉待封等，高柴泣血，吴隐痛心。攀宰树而缠哀，仰邹衢而缔感。空山回首，唯余郁郁佳城；荒郊一望，但见亭亭华表。阴沟寂寂兮永夕，玄陇沉沉兮不晓。

式开白鹤之茔，爰定青乌之兆。矧夫黄金生字，终传贾氏之征；白瓦裁文，敢述郑公之德。其铭曰：

生于稷，封于唐。仕于晋，食于杨。因命氏，开土疆。莲峰峻，箭流长。降奇杰，毓贤良。朱轮响，白玉芳。公之秀，国之光。传轩冕，拥珪璋。电烂烂，陂汪汪。局令长，绍鲁康。为别驾，赖王祥。牧千里，专一方。自留檀，还席羊。辑中夏，绥遐荒。宠旌节，整戎章。迈玄兔，越白狼。清獯粥，翦烧当。叹蒙鼊，悲梦肠。迁夏屋，奄便房。开燕隧，吊鸾岗。旌裔裔兮輴锵锵，山严严兮野苍苍。泉台杳杳兮罢昼，穸室冥冥兮不旸。孤坟岿然已古，松槚森以成行。唯徽猷与贞石，共地久兮天长。

杨思齐志盖

杨思齐志石

【注释】

[1] 杨思齐墓志，景龙三年（709）二月十五日葬。2000 年元月陕西华阴出土，旋归文博城金氏，后归千唐志斋博物馆。志盖为正方形，顶面边长 63 厘米。志盖篆书"大唐故代州都督杨公之墓志"，共 3 行，行 4 字。志石亦正方形，边长 88 厘米。志文共 39 行，满行 39 字，正书。主要著录：《秦晋豫新出墓志搜佚》编号 310；《全唐文补遗·千唐志斋新藏专辑》第 108 页。

[2] 瀛洲，北魏太和十一年（487）分定、冀二州置，治所在赵都军城（隋置河间县，即今河北河间）。隋大业初改为河间郡。唐武德四年（621）复为瀛洲，天宝元年（742）又改为河间郡，乾元元年（758）又复为瀛洲。

[3] 奉国县，西魏恭帝二年（555）改义阳郡置，治所在今四川阆中东北。

　　[4] 龙支县，西魏以金城县改名，治所在今青海民和县东南。唐上元后地入吐蕃废。

　　[5] 翊一府，《唐萧贞亮墓志》：起家授上（尚）药奉御，转迁左卫翊一府翊卫、游击将军。《唐白知礼墓志》：起家为左卫翊一府亲卫、直殿中省。《唐江璀墓志》：调授左卫翊一府队正长上。《唐萧贞亮墓志》：有子左卫翊一府翊卫……上柱国元珪。《周康宜德墓志》题署"大周故左卫翊一府翊卫康府君"。

　　[6] 代州，隋开皇五年（585）以肆州改名，治所在广武县（十八年改为雁门县，即今山西代县）。大业初改为雁门郡。唐武德元年（618）复改为代州，天宝初又改为雁门郡，乾元初仍改为代州。

　　[7] 雍北府，隋唐时期扶风郡（凤翔府）所辖折冲府之一。颜真卿《唐郭敬之碑》：转雍北府右果毅，加游击将军。《魏书·地形志》：岐州治雍城镇。《新唐书·地理志》：天兴县本雍县。《太平寰宇记》：雍水在天兴县东一百步。《唐屈元寿墓志》：嗣子翊麾校尉、扶风郡雍北府别将乾意。据张沛研究，此府系承隋续置。当在今陕西凤翔县城附近。

唐王齐丘墓志[1]

　　故右台殿中侍御史王君墓志铭并序

　　君讳齐丘，字尚一，本太原人。八代祖遵业，为魏黄门侍郎，生安喜。安喜为河东太守，子孙家焉，故今为郡人也。昔后稷深仁，基其长发之绪；周文圣德，诞受皇天之命。至于灵王，有太子晋，吹笙洛滨，得玉京之道，回谢城阙，举手白云，祚我王氏，绵厥载矣。祖士昂，父彦威，咸积润重华，济于世美，休誉被物，清风动时。君敦庞冲愿，徽烈英曜，夫其孝悌之德，仁义之方，盖天生而知也；礼乐之则，文章之盛，斯又博学而达也。大周有制，察天下文儒，朝廷荐君，词标文苑，对策高第。解褐越州会稽县[2]尉，寻为右拾遗[3]。时皇上龙飞在天，诞敷声教，选众而举，俾康下人。神龙初，以君为右御史台监察御史。执简在朝，正色无挠，天宪之府，秋霜凛如。属西戎未康，师出于外，乃以君殿中御史，充赤水军司马，又敕监凉府仓库。君理卒乘，练甲兵；修屯田之宜，制财用之节；行阵辑睦，师人以和。然后讲武曜威，羌戎震服，河湟乂宁，君之力也。帝嘉其庸，将锡朝命，昊天不吊，奄忽徂迁，春秋五十有九。以景龙三年二月十三日，终于凉府。及将殁，其言不忘于王事，斯不亦忠矣乎！夫言可以立于世，理可以济于时，有一于此，是称不朽。君子谓若人者，斯可谓矣。以其年五月廿九日，归其柩于洛阳。呜呼！傍无期功，下绝遗胤，祭则谁主？魂而靡依。夫人西河蔺氏，有杞妇之感，誓恭姜之节，课则展禽加惠，谥则黔娄以康。殉而不辞，恐缺吾君之义；能守其祀，实在未亡之人。粤以其年十月廿六日，卜宅葬于洛州永昌县北邙原，从先茔，礼也。铭曰：

　　我有君子，英英御史。仪形多士，维国之纪。乃辑戎垒，保宁边鄙。郡邑用理，羌夷顺轨。为仁由己，膺受多祉。神亦斯诡，而不我俾。曾是短晷，景命中记。茫茫千祀，播厥余美。

　　朝散大夫行都官员外郎路敬潜[4]词。

王齐丘志石

【注释】

[1] 王齐丘墓志，唐景龙三年（709）十月二十六日葬。河南洛阳出土，石藏千唐志斋博物馆。志盖佚。志石为正方形，边长51厘米。志文共25行，满行26字，正书。路敬潜撰文。主要著录：《北京图书馆藏历代石刻拓本汇编》第20册第92页；《唐代墓志铭汇编附考》第15册编号1468；《隋唐五代墓志汇编（洛阳卷）》第8册第129页；《千唐志斋藏志》第543页；《北京大学图书馆藏历代墓志拓片目录》编号03085；《唐代墓志汇编》景龙029；《全唐文新编》第21册第14849页；《全唐文补遗》第1辑第89页。

[2] 越州会稽县，隋开皇九年（589）置，治所即今浙江绍兴。

[3] 右拾遗，官名。唐武则天垂拱元年（685）始置，员二人，从八品上，属中书省，掌供奉讽谏。天授二年（691）增至五人，后除授渐滥，有"拾遗平斗量"之讥。

[4] 路敬潜，贝州清河人。路敬淳弟。少与兄齐名，任怀州录事参军，坐綦连耀事系

狱，免死，起为遂安令。终官中书舍人。《新唐书》有传。

唐韦君妻贾氏玄堂志[1]

直秘书省□□□□□□（韦君妻贾氏）玄堂志

夫人姓贾氏，武威姑臧人。怀州刺史、赠秘书监颍川公之孙，秘书少监、寿安□膺福之长女也。生而韶秀，幼而淳洁。□规外畅，柔范内凝。婉娩尽懿淑之容，悠闲叶图史之训。年十有七，出适韦氏。礼已成于他族，犹待年于本宗。晨昏展就养之方，琴瑟叶移天之契。欢流三族，庆结二宗。何图降此鞠凶，遘兹灾厉。以景龙四年二月二十二日，寝疾终于万年安兴里[2]第，春秋廿九。粤以其年廿八日，迁殡于长乐坡[3]之北原，礼也。归于其居，方合周人之礼；饰棺以輤，权依杜氏之阶。呜呼哀哉！余识惭季子，达愧东门。未得忘情之几，徒切伤心之痛。故勒斯志，爰寄哀辞。

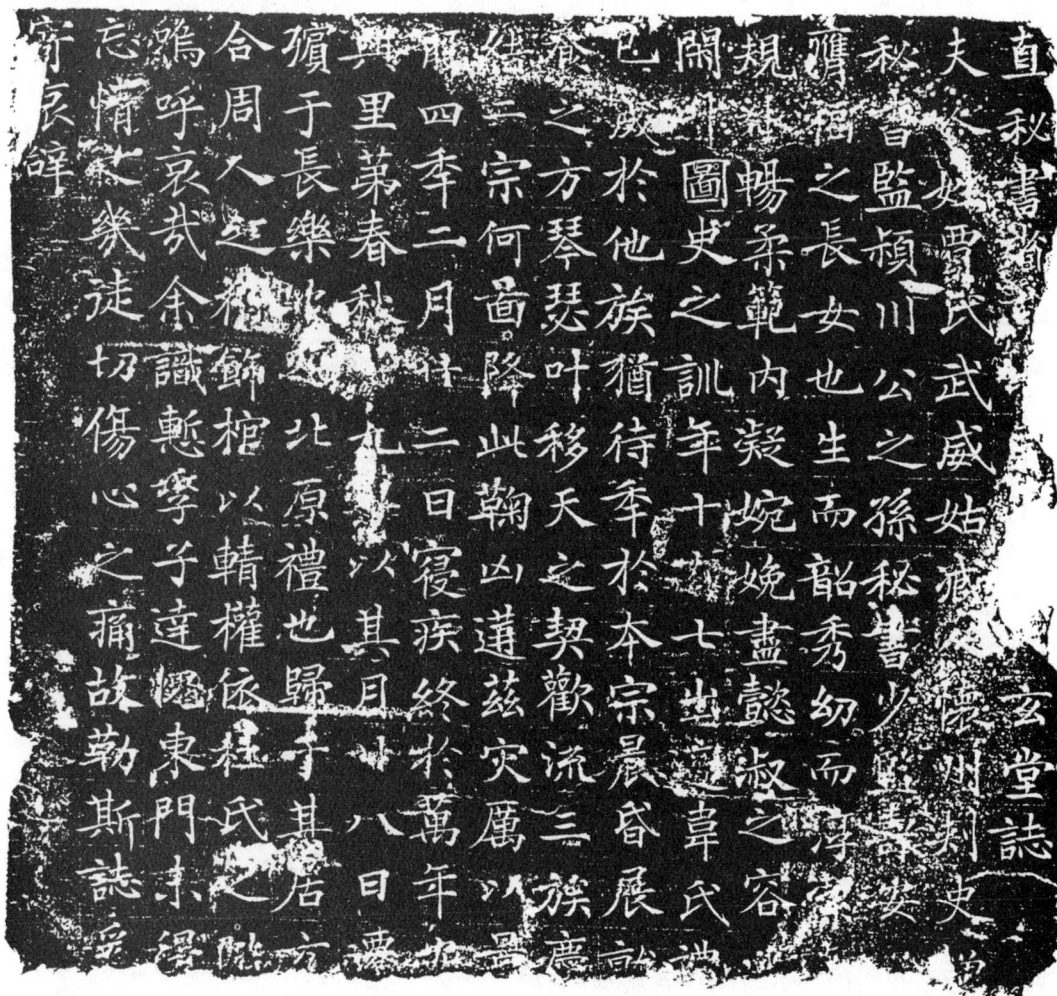

韦君妻贾氏玄堂志石

【注释】

［1］韦君妻贾氏玄堂志，唐景龙四年（710）二月二十八日葬。陕西省西安市郊区出土，石藏陕西省考古研究所。志石拓片长27厘米，宽29厘米。志文共16行，满行15字，正书。主要著录：《隋唐五代墓志汇编（陕西卷）》第3册第135页；《唐代墓志汇编续集》景龙020；《全唐文新编》第21册第14857页；《全唐文补遗》第5辑第300页；《中国西北地区历代石刻汇编》第3册第9页；《陕西省考古研究院新入藏墓志》第258页。

［2］安兴里，即安兴坊。据《增订唐两京城坊考》记载，朱雀门街东第四街，街东从北第三为安兴坊。坊内有"玉山营。乐官院。南门之东，申王㧑宅。宅以东，岐王范宅。太子少保、户部尚书韩仲良宅。西门之北，户部尚书陆象先宅。次北，开府仪同三司宋璟宅。河南府参军、赠秘书丞郭揆宅。曹州司法参军、秘书省丽正殿二学士殷践猷宅。恒安郡王宅。尚书兵部侍郎李岩宅。亳州刺史致仕王同旺宅。左卫上将军、内侍监致仕仇士良宅。内侍省内常侍孙常楷宅。内侍省内给事、员外同正员王文幹宅。六军十二卫观军容使杨复恭宅。同昌公主宅。行内侍省内仆局丞、员外置同正员、上柱国李从证宅。义阳公主宅。岐阳公主宅。右散骑常侍、轻车都尉柳浑宅。检校尚书左仆射、同中书门下平章事韩滉宅。十字街之西北净住寺。十字街之东，尚书左仆射、郧国公韦安石宅。驸马都尉沈蚁·宣城公主宅。同昌公主宅。邠州别驾陇西李绍宅。太子故左内率司马睿宅。殿中侍御医蒋少卿宅。壮武将军守右骁卫将军上柱国元武寿宅。宫府大夫兼检校司驭少卿裴皓宅。忠武将军右卫率邓温宅。太原王孟玉宅。直秘书省韦氏宅。雍州美原县令李允宅。云麾将军左监门卫将军上柱国赵国公长孙元翼宅。将军左武卫中郎将郭温宅。朝议郎行河南府士曹参军张仲辉宅。太上皇三从弟朝议大夫行右卫长史上柱国李府君宅。太子少师赠扬州大都督韩休宅。银青光禄大夫行内侍省内侍员外置同正员、上柱国苏思勖宅。四品子尉迟阿道宅。左金吾卫胄曹参军陆振宅。中大夫行盛王府咨议直集贤院朱元昊宅。范阳郡君卢尊师起信宅。左威卫武威郡洪池府左果毅都尉赵府君夫人李氏宅。中散大夫给事中太子中允赞皇县开国男李收宅。王涓宅。天水县开国子赵公夫人张氏宅。内侍省内给事骆明珣宅。洪州都督府司马毛钊宅。内侍局内仆丞李从证宅。右神策军护军副使朝散大夫行内侍省掖庭局令员外置同正员上柱国闾知诚宅。银青光禄大夫、左羽林军大将军知军事兼御史中丞上柱国赠右散骑常侍韩处章宅。旗亭。"

［3］长乐坡，隋文帝以浐坡改名，在今陕西西安市东北浐河西岸。白居易《长乐坡送人赋得愁字》："终日坡前恨离别，谩名长乐是长愁。"

唐李浑金墓志[1]

大唐故通直郎行并州阳曲县令陇西李府君墓志铭并序

朝议郎行洛州缑氏县丞范阳卢若虚[2]撰

君讳浑金，字全真，陇西姑臧人也。其先出自帝颛顼，及陶唐氏咎繇为理，宥五宅清三就，画冠不犯，以授于虞。世载其肤，则有官族，盛德必嗣，懋功克昌。指李臣周，仙宗降于魁极；祚茅师赵，世祷叶于人谋。至于鸿勋美事，轩裳接武，典谋史策，披卷有之。六代祖虔，魏太尉，休其家声，和其饪实。曾祖子谭，齐广德将军、秦州司马。祖德基，皇朝雍州同官县[3]丞。父思贞，上骑都尉[4]。并融心舆道，故大位不跻。君体醇稣之精，蕴上德之粹，故盱覃岐嶷之质，诗书篆隶之工，天与其真，不待保傅。弱岁而孤，养于舅氏，棘心栾栾，殆不胜也。年廿一，乃求古岐嶓，访道巴汉，行至城都，作《春江眺望》诗，曰："明发眺江滨，年华入望新。地文生草树，天色列星辰。烟雾澄空碧，池塘变晓春，别有栖遑者，东西南北人。"时蜀中有李崇嗣[5]、陈子昂[6]者，并文章之伯，高迹当代，见君藻翰，遂丧魄褫精，不敢举笔。则天闻其风而悦之，追直弘文馆学士，先曰九流纷纶，百氏杂习。君阐其微旨，振其颓纲，刊削数周，鲁侯斯辩，敕授相州安阳县[7]丞，仍旧直馆。又迁北都清源县[8]丞，佑理畿甸，俗以化宁，遗爱不忘，立碑颂德。俄护寿阳县令，惠不惠，茂不茂，刑以礼，格政以简，从帝曰俞哉。优尔阶袟，正除阳曲县[9]令，方期补兹衮职，归老上庠，禀命不融，春秋五十一，以景云元年九月十四日，遘疾终于官舍。僚吏哀悼，搢绅时恫，家无遗禄，唯书法数百卷。呜呼，可谓能以素业[10]遗子孙矣。夫人中山张氏，右仆射行成之孙，隆山令希謇之女。承钟鼎之胤，席柔嘉之资，惠心有孚，洵美昭铄，天夺其寿，碧树先秋。年四十，君前而殁，以其年十二月卅日，合葬于洛阳之茔，礼也。嗣子岳，循屺岵以泣血，唫蓼莪以永墓，惧世范家风，迁于陵谷，乃镌纪琬琰，以垂无穷。若虚忝预，斗间之宾，备闻笃行，见询以铭勒之事，安敢不作。其辞曰：

于昭茂绪，灵庆氤氲。奕世绍业，载缵其勋。为龙为光，允武允文。延祚积善，钟美于君。涉汙惟君，舍秀育德。孝友昭融，柔嘉伊则。浩气泉铄，玄机精默。志高运短，莫不伤恻。云台往履，曰观今倾。偶鹤先逝，沉龙此井。他山寂寂，孤子茕茕。敢题幽石，式寄神茔。

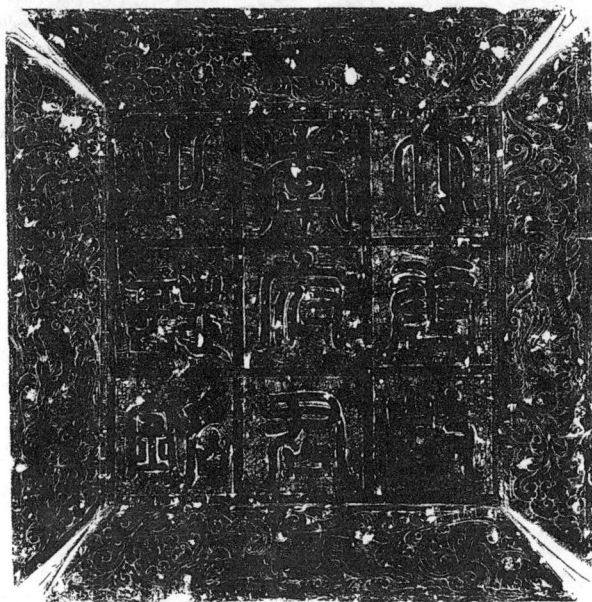

李浑金志盖

李浑金志石

【注释】

[1]李浑金墓志，唐景云元年（710）十二月三十日葬。出土时地不详，据称出土于河南洛阳。志盖为正方形，盝顶，边长76厘米。顶面篆书"大唐故李府君之志铭"，共3行，行3字。志石亦正方形，边长73厘米，厚17厘米。志文共28行，满行28字，隶书。主要著录：《秦晋豫新出墓志搜佚续编》第2册编号387；《洛阳流散唐代墓志汇编续集》编号067。

[2]卢若虚，幽州范阳（今河北涿州）人。卢藏用弟。多才博物。有人获异鼠，豹首虎臆，大如拳，若虚谓是鼸鼠，众人惊服。开元十九年（731），任集贤院修撰。博综经史，

尤明族姓。著有《南宫故事》。

[3] 同官县，北周建德四年（575）以铜官县改名，治所即今陕西铜川市北城关镇。

[4] 上骑都尉，勋官号。唐高祖武德七年（624）置为六转勋官，比正五品。

[5] 李崇嗣，唐高宗末官许州参军，奉使至蜀。曾与陈子昂唱和。武后时任奉宸府主簿。武周圣历（698—700）中，曾与沈佺期等奉敕于东观修书，见沈佺期《黄口赞序》。《全唐诗》卷100存其诗三首：《寒食（一作沈佺期诗）》：普天皆灭焰，匝地尽藏烟。不知何处火，来（一作向或促）就客心然。《览镜（一作李嗣宗诗）》：岁去红颜尽，愁来白发新。今朝开镜匣，疑是别逢（一作逢故）人。《独愁》：闻道成都酒，无钱亦可求。不知将几斗（一作午），销得此来愁。

[6] 陈子昂，字伯玉，梓州射洪（今属四川）人。陈元敬子。少年时尚气任侠。睿宗文明元年（684）登进士第。擢第后，数向武后陈事，得拜麟台正字、右拾遗。后辞官还乡，又被县令段简收拘狱中，忧愤而卒。善作文，文词宏丽，甚为当时所重，是唐代诗歌革新的先驱。有《陈子昂集》，存诗一百二十余首，其《感遇诗》三十八首最著名。

[7] 安阳县，西晋置，治所在今河南安阳西南。东魏天平初废入邺县。隋开皇十年（590）复置，移治今安阳市。

[8] 清源县，隋开皇十六年（596）置，治所即今山西清徐县。大业二年（606）废。唐武德元年（618）复置。

[9] 阳曲县，西汉置，治所即今山西定襄县东南侍阳。东汉末移治今山西太原市北阳曲镇。北魏移治今阳曲镇南。隋开皇三年（583）改为阳直县。唐武德七年（624）又改汾阳县为阳曲县，治所在今阳曲镇。

[10] 素业，清素之业，即士族所从事的儒业。颜之推《颜氏家训》："有志尚者，遂能磨砺，以就素业。"

唐卢玢墓志[1]

大唐故左屯卫将军卢府君墓志铭并序

君讳玢，字子玉，同州府君之次子也。自先君尚父，逮汉侍中，迄于周唐，克济明德，代碑国籍，备其详矣。君凤负令图，幼秉持操，风力耸迈，干具宏杰，为文猎于百氏，学剑推其万人。上元中，敬皇上仙，以门选为挽郎[2]。复土之后，授相州[3]参军。未几，敕授凉州都督府兵曹参军事，转幽州都督府功曹参军、怀州司兵参军。僶俛从事，咸著声术，从容下寮，未展名器。阎知微之役也，君奉使北庭。寻而天骄作梗，节毛既尽，汉礼仍全，空拳屡张，胡山日远。君以家国之义，志期死节，遂中夜徒行，溃围而遁；追者百数，马步相资，皆手搏力制，莫不退衄。于是昼视山川，意国朝于鸟路；夜瞻星象，辩烽候于人烟。义感幽都，诚贯白日，归朝复命，天子嘉焉。廷拜朝散大夫，行通事舍人。君风仪伟秀，词令清辩，出内丝纶，抑扬轩禁，金声玉振，时论荣之。迁尚舍奉御[4]、左卫郎将。

文武所归，爪牙是寄。未几，出为鄜州刺史。畤时旧郊，回中古郡，北通河塞，戎马岁殷；南接都畿，征税日给。俗有赢锄之弊，人多挽粟之勤。君猛以济宽，信而导德，哀多益寡，恤隐固存，期而有成，遂臻耻格，朝论休之。征拜右卫副率，迁右卫中郎将。春闱选贤，且寄心膂，寻除右监门卫将军。恒农近关，旧称难理，以君素有威重，遂拜虢州[5]刺史。下车肃然，不严而理，岁课称最，用优品秩。加银青光禄大夫，累迁贝州[6]刺史、绛州[7]刺史。政不移前，恒为计首。又征拜左骁卫将军，俄除并州大都督府长史。未及祗命，以居守之重，拜左屯卫将军、东都留守[8]、兼判左卫及太常卿事。君任总韬钤，寄深中外，威名日著，令问惟休。方将舟楫巨川，粉泽玄化，享年不永，春秋五十有四，景云元年十一月廿九日，遘疾终于东都官舍。呜呼哀哉！惟君素风英迈，伟略标举，涉猎群言，优游众艺。守清白之操，秉谦和之德。故出入京辇，累历都畿，时惟干城，实作邦翰。非令问端懿，孰能臻兹？雄誉未申，歼良奄及，德修运促，畴不痛而！粤以明年四月归葬于洛阳河阴之旧茔，礼也。洛京南望，城池满目，琴觞尚在，无复青春之游；容卫空还，独悲玄夜之久。有子全质等，祗循训诫，泣血终天。惧迁陵谷，将坠风范，遂读述旧行。其词曰：

于穆我祖，平厥水土。洎乎太公，泱泱齐风。重圣叠懿，代济其功。降及有汉，克生侍中。不陨厥美，联华图史。黄门迈德，文为代轨。率更载光，功宣有唐。肃机踵武，终然允臧。于惟我君，躬荷先德。孝友温敏，谦恭仁侧。允文允武，有典有则。徽猷孔嘉，其仪不忒。徽猷伊何？绩宣数郡。其仪伊何？轩墀淑问。邦有遗爱，人禀余训。如何彼苍，促我长运。邙山何有？青青旧茔。薤挽哀送，郁郁佳城。琴杯不享，原野无声。空余贞石，长镌令名。

景云二年岁次辛亥四月景子朔九日甲申。

卢玠志石

【注释】

[1]卢玠墓志，唐景云二年（711）四月九日葬。解放前出土于河南洛阳，今藏辽宁省博物馆。志盖佚。志石为正方形，拓片边长88厘米。志文共31行，满行31字，正书。主要著录：《石刻题跋索引（增订本）》181页右下；《北京图书馆藏历代石刻拓本汇编》第20册第127页；《唐代墓志铭汇编附考》第16册编号1505；《隋唐五代墓志汇编（洛阳卷）》第8册第154页；《北京大学图书馆馆藏历代墓志拓片目录》编号03138；《唐代墓志汇编》景云014；《全唐文新编》第21册第14865页；《全唐文补遗》第6辑第377页；《辽宁省博物馆藏碑志精粹》编号55；《满洲金石志别录》。

[2]挽郎，出殡时牵引灵柩唱挽歌的人，多以门荫子弟担任。《晋书·礼志中》："成

帝咸康七年，皇后杜氏崩……有司又奏，依旧选公卿以下六品子弟六十人为挽郎。"南朝宋刘义庆《世说新语·纰漏》："武帝崩，选百二十挽郎，一时之秀彦，育长亦在其中。"

［3］相州，北魏天兴四年（401）分冀州置，治所在邺县（今河北临漳县西南邺镇）。东魏天平元年（534）改名司州。北周建德六年（577）复名相州，大象二年（580）移治安阳县（今河南安阳市南）。隋移治今安阳市，大业初州废。唐武德元年（618）复置。

［4］尚舍奉御，官名。隋炀帝大业三年（607）殿内省置为尚舍局长官，二员，正五品。唐朝殿中省沿置，二员，从五品上。掌殿庭祭祀张设、汤沐、灯烛、汛扫。高宗龙朔二年（662）改名奉房大夫，咸亨元年（670）复归。

［5］虢州，隋开皇三年（583）置，治所在卢氏县（今河南卢氏县）。大业初废。唐武德元年（618）复置，贞观八年（634）移治弘农县（今河南灵宝县）。

［6］贝州，北周宣政元年（578）分相州置，治所在武城县（今河北清河县西北）。隋大业初改为清河郡。唐武德四年（621）复为贝州，天宝元年（742）又改为清河郡，乾元元年（758）复为贝州，咸通元年（860）移治今清河县西。

［7］绛州，北周武成二年（560）以东雍州改名，治所在龙头城（今山西闻喜县东北）。隋大业初改为绛郡。唐武德元年（618）复改为绛州，治所在正平县（今新绛县）。

［8］东都留守，官名。唐朝以洛阳为东都，皇帝不在东都时，则置留守。先以朝廷大臣充任，玄宗开元元年（713）改长史为尹，即以河南府尹为留守。玄宗天宝（742—756）间改东都为东京，又称东京留守，肃宗复名东都。

唐休璟神道碑[1]

右仆射太子少师唐璿神道碑

钦若于天者，谓之代工；覆冒于人者，谓之成务。则调元气，法三象，鼓洪炉，宜万物，其代工成务之本也。简大僚所以服其事，明先正所以诏其功，卜熊罴所以占其兆，从龙虎所以合其应：匪徒然而已哉，有唐元老宋公侯矣。公讳璿，字休璟，晋昌酒泉人也。昔在夏商，大夫陈其氏姓；洎迁汾晋，季子听其声乐：岂轩之后、唐之遗乎？既仕楚而闻魏，亦家秦而灭项。凉武昭王揽中州之杰，居右地之盟，七代祖晋昌宣王和，佐厥威霸，守其夷险，故累为郡之首族。粤宣王逮我曾祖骠骑大将军开府仪同三司赠充（一作襄）州刺史讳某，世位大将军二千石。大父洛阳令朔方郡赞特赠秦州都督讳某，烈考咸阳令赠岐州刺史讳某：操斧钺、班珪瑞者，耀洪烈于四世，垂余风于百里：于穆不已，莫之与京。

公初髫而孤，入则孝，出则悌，承于母兄之旨；及冠而立，学以聚，问以辨，从于师党之言焉。张嘉运先授于《易》，森然可见者万象；贾公彦[2]次授于《礼》，坦然可观者百度。射策高第，初补吴王典签，历绵州巴西尉、同州冯翊主簿，弗之好也。尝欲屠郅支，刺楼兰，执浑邪，逐呼韩，始自谋于将帅，终见器于公辅，遂为疏勒道行军从事，策勋至上柱国。授营州都督府户曹参军，寻以朝散大夫检校朔州刺史。盖养能而成绩矣，转安西副都护检校庭州[3]刺史。长寿中，武威军大总管王孝杰之复四镇，实赖其谋，表公为西州刺史。涉龟沙，薄乌垒，矛精绝，尉渠犁，此之谓也。公至则扶厥伤止其擅，因所利补其阙，故西州之士，刻石而建碑焉。无何，迁灵州都督新昌军[4]防御营田等使。入萧关，杀都尉，绝梓岭，讨符离，此之谓也。公至则城彼方要其险，狎诸野垦其实，故北地之大者，有备而无讨矣。就加银青光禄大夫，入拜左豹韬将军，迁司卫卿。未几，摄右肃政大夫、检校凉州都尉、假节陇右诸军事。参警夜之肃，严不时之禁，事典之常者，惟公是迁；受南宪之宠，总西方之役，邦家之急者，繄公是任。其年，麴莽布支率种落数万寇于洪源也，公训征镯完甲兵以御之。虏见积尸之凶，我悬斩级之赏，遁则忘草，在而蒙棘，他他籍籍，不可胜云。[5]朝实休之，除右武卫、右金吾二大将军，俾仍旧镇，虽贵而不留中也。先后稽六官之本，思五法之要，自我聪明，惟天照鉴，乃拜公文昌夏官尚书同凤阁鸾台平章事。隐心而行，正色不挠，功多微管，议切安刘。

中宗之践副君，旁求中庶，特转公太子右庶子，加金紫光禄大夫，知政如故，召绮里而称叔孙也。属驾言北垂，薄伐东鄙，复公为夏官尚书、兼幽管二州都督、安东都护，按河北之州军，自比郦巡辽碣。贪夫廉而忌法，战士逸而待寇，且有伦要，而无怨讟俭。神功初征拜辅国大将军同中书门下三品，迁特进尚书右仆射，食实封三百户，已而居守秦雍。今之揆路，古曰台司，百寮师师，万事理也。分郡关而典之，镇京师以留之，岂富人之始封，亦郇侯之大任。位益高而勇退，年愈迈而思止，抗闻旒扆，密奏封章。久之，听致仕，进封宋国公，朝朔望。天子方崇文太学，讲武宣扬，延首鸿儒，倾心硕老，复以公为太子少师监修国史，乞言而书法也。景云初，匈奴请公主盟使臣，为约未坚，致辞或给，因命公为特进、检校御史大夫、朔方军[6]大总管以御之。仗宸威，肃戎令，人莫闻于吠犬，骑宁惮于射雕。举则全师，还而罢事，将简弃轩冕，神明艺术，然邦有大礼乐、大政刑，率由典谟，罔不咨度。享年八十有六，景命不造，延和元年七月戊子，薨于长安怀真里[7]第。呜呼哀哉！

皇上闻哀撤悬，出次挥涕，追柳庄而亟命，思郑产而安归。制赠使持节、都督荆州诸军事、荆州刺史，赠物四百段，米粟四百石，丧事官给，仍差官四品一人监护，有加等也。太常考行，谥曰忠。《书》不云："殷之得传，用训朕志，而承其道"。《雅》不云："周之命程，是用戒我师而就其绪"。于戏！惟公浚明前典，允迪古训，总而成之。入则献规，出不言政，石建、孔光之比；决胜千里，通知四夷，子房、充国之亚。为将军，尊重于位，而谢宾客，公之不敢专；为丞相，开陈其端，以归人主，公之不敢伐：如是则镂彝器，图旂常，载史官，列盟府矣。夫翠鹄犀象，非不鸷也，有其用则不全；麟凤龟龙，非不灵也，无其时则不至。若乃时已偕，用不竭，身已康，名不灭者，既明而且哲也。公上惟祖祢，傍至功缌，顷于槐里之间，董原之右，卜其兆，图其域，各以族而为之度焉。临薨，戒诸子曰："俭则自完，孝不忘本，吾之志矣。"嗣子陈州刺史先眘、左千牛中郎将先择等，克奉遗命，能循懿业，以年月日，葬于旧茔，亡夫人太原王氏从祔，礼也。昔禽息进里奚于秦，而穆公之政厚；虞邱进叔敖于楚，而庄王之力霸：故有代祀而代禄焉。则我师臣计功，允子宏风，小彼秦楚之事，大哉韦平之烈。谋可久者，敢作铭曰：

稽古陶唐，惟帝之初。迁虞事夏，俾侯而居。曾盘峻崎，令德之祉。亦曰绵系，诞生君子。君子伊何，邦之宰臣。宰臣伊何，秉我洪钧。登于庙堂，王则是保。服于戎狄，公常致讨。事惟一心，恭乃三命。崇让颐老，归闲体正。天也不憖，人之云亡。大夫掌域，群公会丧。咸阳北坂，渭水南渡。其如邢山，永此防墓。

【注释】

[1]唐休璟神道碑，唐延和元年（712）七月葬。碑文存《全唐文》卷257，今据以录文。苏颋撰文。苏颋，字廷硕，宰相环子。举进士，拜中书舍人，知制诰。景云中，袭爵许国公。开元四年，迁紫微侍郎同紫微黄门平章事。八年，罢为礼部尚书、检校益州大都督府长史。开元十五年卒，年五十八。赠尚书右丞，谥曰文宪。

[2]贾公彦，洺州永年（今属河北）人。永徽时官至太学博士，撰《周礼义疏》及《仪礼义疏》。

[3]庭州，唐贞观中置，治所在金满县（今新疆吉木萨尔县北破城子）。后废。

[4]新泉军，唐军府名。唐初置，疑在今宁夏平罗县北，系关内道九军府之一。天宝（742—755）后废。

[5]据《资治通鉴》卷207载：（久视元年，闰七月）丁酉，麹莽布支寇凉州，围昌松，陇右诸军大使唐休璟与战于港（洪）源谷。麹莽布支兵甲鲜华，休璟谓诸将曰："诸论既死，麹莽布支新为将，不习军事，望之虽如精锐，实易与耳，请为诸君破之。"乃披甲先陷陈，六战皆捷，吐蕃大奔，斩首二千五百级，获二裨将而还。

[6]朔方军，唐方镇名。唐开元九年（721）置，为玄宗时边防卜节度使之一。治所在灵州（今宁夏吴忠市北）。《旧唐书·地理志》："朔方节度使，捍御北狄，统经略、丰安、定远、西受降城、东受降城、安北都护、振武等七军府。"初期辖境较广，其后逐渐减缩，长期领有今宁夏地（不含盐池县）。光启三年（887）后为韩遵、韩逊等割据。五代后唐天成四年（929），为后唐所并。

[7]怀真里，即怀贞坊。据《最新增订唐两京城坊考》载，朱雀门街西第二街，街西从北第五为怀贞坊，坊内有"东北隅，废乾封县廨。户部尚书毕构宅。西南隅，介公苗。横街之北，尚书右仆射唐休璟宅。惠昭太子庙。义成军节度使、驸马都尉韦让宅。王郎中宅。板授郑州荥阳县令陈子绰宅。雍北府果毅都尉萧怀举宅。乾封主簿樊浮丘宅。朝请大夫守都水使者郑齐丘宅。银青光禄大夫彭州刺史韦慎名宅。渤海郡君高氏宅。朝议大夫行尚书膳部员外郎上柱国崔藏之宅。凤翔道巡覆军粮史判官殿中侍御史内供奉魏式宅。薛涣宅。守监察御史薛临宅。"

唐契苾明墓碑[1]

大周故镇军大将军行左鹰扬卫大将军兼贺兰州都督上柱国凉国公契苾府君之碑铭并序

肃政御史上柱国娄师德[2]制文，左肃政御史殷元祚[3]书。

原夫哲后时乘，圣人贞观，必俟风云之应，以光朝列；尤资栋干之材，式隆王道。若乃杰出文武，挺生才俊，道符忠孝，性与清白，高视于寇、贾之前，独步于韩、彭之上。肸响名教，蝉联簪组，许史焉可俦，金张莫能匹。四海慕其风范，千里仰其谈柄。玉质金相，探赜索隐，没而不朽，其惟贺兰都督凉国公之谓哉。

君讳明，字若水，本出武威，姑臧人也。圣朝爰始，赐贯神京而香逐芝兰，辛随姜桂，今属洛州永昌县[4]，以光盛业焉。原夫仙窟延祉，吞霆昭庆，因白鹿而上腾；事光图谋，遇奇峰而南逝。义隆缣简，邑怛于是亡精，鲜卑由其褫魄，恤胤于前凉之境，茂族于洪源之地，良史载焉，此可略而志也。曾祖哥论易勿施莫贺可汗，递袭珪璜，凤传弓冶，共栖梧而比翼，与良玉而齐价。濯如春柳，劲逾霜竹，英名振白山，雄图光紫塞。祖继莫贺特勒，积代为英杰之先，光图绚史；保家为名教之首，揆今超昔。弘材胶葛，洪源浩汗，映竹史而腾芬，缀绵书而擅响。父何力，镇军大将军、行左卫大将军、检校鸿胪卿、检校左羽林大将军、上柱国、凉国公，赠辅国大将军，使持节并、汾、箕、岚四州诸军事、并州大都督，谥曰毅。

公地积膏腴，门标英伟，发言会规矩，动容成楷则。学该流略，文超贾、马，威青海而安白道，光三部而截九夷。揆务机司，为群僚之宗匠；荣膺兰锜，成五戎之准的。而钟漏斯尽，天赠崇班，聿加千里之荣，俄处六条之位。哀荣之礼既洽，朝野式瞻；送终之典更隆，搢绅翘德。公赤野生姿，青田矫翰，家蓄古贤之操，门传高士之节。年甫一岁，起家授上柱国，封渔阳县开国公，食邑一千户。八岁，起家授太子左千牛。十一，称朝散大夫、太子通事舍人里行。十二，授奉辇大夫[5]。若夫紫禁青规之所，必则贤而方授；玉阶金阙之前，实高门之能处。所以荣加髫卯，泽及绮纨。鸣玉锵金，光前映后，乃人物之仪表，实衣冠之领袖。重以河山险要，惟贤是居，爪牙任功，非亲莫委，麟德年中，授左武卫大将军、贺兰州都督。自非承家奕叶，累代衣缨，焉可内奉钩陈，外膺刺举者矣。相府在藩，为凉州道元帅，以公为左阙军总管。侍中姜恪为凉州镇守大使，以公为副。然则朝端妙选，实伫异能，望重材高，胤膺金属。后以鳌海未清，蛇川尚阻，戎车所及，尤俟英将。从中书令李敬元征吐蕃，公为海道经略使。于是南讨吐蕃，北征突厥，累摧凶丑，勋绩居多。后狼山及单于余党复相聚结，奉制讨击，应时平殄。前后赏劳，不可胜纪。改称左骁卫大将军，袭爵凉国公，食邑三千户。赐锦袍、宝带、金银器物、杂采、绫锦等数千件，授长男从三品，以酬功也，仍改为燕然道镇守大使，检校九姓及契苾部落。

公俶装遵远，望赤水而前驱；劲骑腾空，指白兰而长骛。左萦右拂，八校于是争先；斩将搴旗，三军以之作气。遂得降丝言以隆爵命，自天府而锡珍奇，金贝咸纡，缯锦交集。列鼎而光祖祢，分茅以惠子孙。策勋居最，又授鸡田道大总管，自乌德鞬山南，招降二万余帐。宗使李牧宁部，充国和戎，推昔揆今，当年罔二，寻授右豹韬卫大将军。未几，复改授左豹韬卫将军，并充怀远军经略大使，又依旧知燕然道大使。功高望重，亟膺奖擢，得人之誉，闻于朝野。

惟大周革命，重悬□□，擢授镇军大将军、行左鹰扬卫大将军，余并如故。有制曰：镇军大将军、行左鹰扬卫大将军兼贺兰州都督契苾明妻凉国夫人李，柔顺成姿，幽闲植性，聿修妇德，每勤于□□叶赞夫家，必存于忠义。既竭由衷之请，宜覃赐族之恩，并及母临洮县主，并蒙赐姓武氏。公侯必复，河洛胄贤，属宝运之开基，接仙潢而锡派。忠贞无替，声振金氏，表里承恩，勋高石窬。后授朔方道总管，兼凉、甘、肃、瓜、沙五州经略使。度玉关而去张掖，弃置一生；瞰弱水而望沙场，横行万里。幄中有策，阃外宣威，岂直操履冰霜，固亦心符筠玉。名高一代，气逸九霄者矣。既而司寇逝川，俄结颓山之恨；将军大树，行闻断石之嗟。悲夫！以证圣元年腊月廿三日，遘疾薨于凉州姑臧县之里第，春秋卌有六。

制曰：悼往赠荣，经邦之懿典；饰终加等，列代之徽猷。谅以褒德劝能，念劳迫旧者也。故镇军大将军、行左鹰扬卫大将军、兼贺兰州都督、上柱国、凉国公契苾明，理识开举，局量沈雄，家著勤诚，代彰忠恩；早膺朝宠，夙绍庭规；秩峻衔珠，寄隆赐钺。入参巡警，淑慎之誉必闻；出绥藩落，威惠之声兼济。日暂不留，夜舟俄徙。未穷远略，遽谢昭途。载想嘉庸，良深矜叹。宜申殊泽，式旌幽壤。可赠使持节都督凉州诸军事、凉州刺史如故。赐物三百段，便于凉州给付。所缘葬一事以上，并令官供。仍差凉州都督府长史元仁俨监护，仍令朝散大夫通事舍人内供奉边怀秀吊祭。既而居诸易远，宅兆攸资；金凫泛泉，玉鸡伺旦。粤以大周万岁通天元年岁次景申八月庚午朔十五日甲申，葬于咸阳县[6]之先茔，礼也。礼司谥曰：公夙承门阀，早践通班。茂绩昭宣，声望显著。学该流略，艺总兵钤。以孝安亲，以忠奉国。终始如一，存没不渝。旌善易名，宜凭典宝。按谥法：宽乐令终曰靖。请谥曰靖公。惟公降淳粹而蓄环奇，禀清忠而挺才望；韶仪淹雅，难窥于得失；逸调清通，不测其涯涘。抑扬人杰，雕缋士林；等桃李之无言，若朱蓝之在性。先人而后己，鄙利而尚贤。亭亭有千丈之干，其高非易仰；汪汪如万顷之陂，其深不可测。有硕学焉，有令闻焉。擅班马之雄辩，蓄灵蛇之雅化；逸气上烟霞之表，高名振朝野之际。五公七侯之盛，仅可执鞭；曜蝉鸣玉之荣，才堪捧毂。如杨彪之承伯起，若班固之嗣叔皮。加以悬榻翘贤，分庭接士，衣裘鞍马，朝成夕废，兼济之性，光映人物，乃构厦之良材，映车之名宝者矣。

夫人唐胶西公孝义之长女也，齐辉蒦彩，擢干琼枝，庄敬率由于自然，抑扬女史；温柔禀之于本性，光辉内则。既而雄剑潜锋，崩城起恨；毁瘠逾于大礼，攀号泊乎翦发。夷夏足其悲哀，搢绅增其惨懑。屈己而遵女诫，饬躬而宣妇道。可谓承家禀训，执仁组行者欤。长子左豹韬卫大将军、兼贺兰州都督、上柱国、凉国公樅；次子右武威卫郎将、上柱国、姑臧县开国子嵩；右玉钤卫郎将、上柱国、番禾县开国子崇等，并早涉义方，夙延庭训，孝心冥奖，至德纯深。仍候气缠忧，先尝空□。充穷盈感，孺慕增悲，棘儿由乎绝□，柴毁几于灭性。可谓至道冠幽明，穷途伤骨髓。哀号擗踊，独超前辈。虽冈极之诚，践霜露而逾感；相质之重，映今占而垂裕。是用傍求翠琬，式树丰碑；家风祖德，居然在斯。用以光士行，用以芳枝本。历千秋兮无斁，经百代兮无亏。铭曰：

东井苍苍，西土茫茫。天开分野，地列封疆。门多英毅，代产忠良。伟哉人物，纷乎典章。其一。前凉后凉，乃祖乃父。赫奕冠盖，蝉联文武。金相玉质，光台映辅；至德符孝，贞心翼主。其二。可汗嗣立，抑扬流辈；业盛后昆，道隆前载。逶迤钦挹，夷夏欣载；四海英髦，共推贞概。其三。特勤垂裕，搏风振翼。孔席申欢，稽松比直。智水游泳，仁山止息。

讨本寻源，斯标岐嶷。其四。毅公雅节，莫之与京。既忠且孝，王佐人英。研精流略，损□良平。昭昭余庆，恤胤膺荣。其五。挺生异材，韶年振响。未盈小学，亟承恩奖。门阀易隆，墙仞难仰。学行无斁，名实逾广。其六。露冕关河，式清边徼。遽宣威德，聿敷名教。肃彼夷落，镇兹襟要。人扬德宇，穷微尽妙。其七。绥边寄重，尤资望族。显允奇材，悠然嗣福。外清荒憬，内膺荣禄。总戎之寄，声连秘牍。其八。诜诜于显，屡警边城。侵□跃马，概□扬旌。横云列阵，背水开营。未经千日，俄梦两楹。其九。驾□难留，居诸易促。旋悲□珮，遽伤埋玉。松荫陇兮均青，草荣坟兮吐绿。式镌贞琬，以光胜触。其十。

先天元年岁次壬子十二月十六日辛亥，孤子息特进上柱国凉国公嵩［7］立。

【注释】

［1］契苾明墓碑，唐先天元年（712）十二月十六日立。该碑原在陕西咸阳以北双泉洞（又称药王洞）契苾明墓前，1962年移入咸阳博物馆。《全唐文》卷187收录，今据以录文。碑通高470厘米、厚40厘米，上宽147厘米、下宽153厘米。其中碑首高142厘米，碑额篆书"大唐故大将军凉国公契苾府君之碑"，共3行，行5字。碑文共37行，满行77字，正书。娄师德撰文，殷元祚书丹。主要著录：《全唐文》《金石萃编》《关中金石记》《雍州金石记》《凉州府志备考》；《渭城文物志》第180页；《武威金石录》第30页；《西域碑铭录》第107页；解峰、马先登《唐契苾明墓发掘记》（《文博》1998年第5期）；陈根远《舒逸峻拔瘦劲可观——殷玄祚书〈契苾明碑〉》（《书法》2018年第2期）等。

［2］娄师德，字宗仁，郑州原武人。第进士，调江都尉。上元初，为监察御史。长寿元年，累授夏官侍郎。进同凤阁鸾台平章事。出为河源、积石、怀远军及河、兰、鄯、廓州检校营田大使。入迁秋官尚书、原武县男，改左肃政御史大夫，并知政事。证圣中，拒吐蕃于洮州，败绩，贬原州员外司马。万岁通天二年，入为凤阁侍郎，复知政事，进纳言，更封谯县子陇右诸军大使。圣历三年，突厥入寇，诏检校并州长史、天兵军大总管，卒，年七十，赠幽州都督，谥曰贞。

［3］殷元祚（一作玄祚，生卒年不详），睿宗时书法家，陈郡长平（今河南济源）人。为著名书法家殷令名之孙，殷仲容之子。殷氏族孙三代以书法名于时。殷元祚书丹的《契苾明碑》为楷书，其笔法虽不及其祖上之冠冕雍穆，亦自瘦劲可观，不落俗格。（周倜主编《中国历代书法鉴赏大辞典》，北京燕山出版社，1990年）

［4］洛州永昌县，唐垂拱四年（688）置，治所即今河南洛阳市。神龙元年（705）废，神龙二年（706）改洛阳为永昌县。

［5］奉辇大夫，官名。即尚辇奉御。隋炀帝大业三年（607）殿内省尚辇局置为长官，二员，正五品。唐朝殿中省尚辇局沿置，二员，从五品上。高宗龙朔二年（662）改名奉辇大夫，咸亨元年（670）复旧。

［6］咸阳县，在今陕西咸阳市东北聂家沟一带。秦孝公十二年（350）自栎阳迁都于此，遂置为县。西汉改名新城县。隋开皇九年（589）复改泾阳县为咸阳县，治所即今陕西泾阳县，十一年（591）移治今咸阳市东北聂家沟，大业三年（607）废。唐初复置，移治杜邮亭（今

咸阳市东北）。

[7] 契苾嵩，字义节，契苾何力之孙，契苾明之子。承袭父爵，官至右领军卫大将军、赤水军副持节。开元十八年（730）六月薨于任所，同年十一月葬于咸阳洪渎原旧茔之侧。其墓志已出土，国家图书馆等单位藏拓。岑仲勉先生进行过研究，见《契苾嵩墓志拓本校注》，收入《突厥史集》（中华书局，1958年）。

唐孟玄一墓志[1]

大唐故渭州刺史将作少匠孟府君墓志铭并序

懿夫海沂之上，有儒宗焉。恭仲之前，菴蔼于帝籍；子居以降，氤氲乎国史。公讳玄一，字味真，琅琊平昌人也。中叶从宦，迁居洛阳。祖嵩，朝散大夫、唐州长史，声芳随日。父颢，朝请郎、太子中允，望蔼唐年。公根积德之芬，蒂重贤之叶，素风掩月，清韵罩时，弱冠以孝廉对策高第，试徐王府参军，寻正授焉。方邹枚而无舛，比应刘而有裕。秩满，迁左监门卫率府兵曹。未几丁太夫人忧，水浆不咽，历旬逾朔，至孝之情，韬曾越闵。服阕，授左宗卫铠曹参军，又转左司御铠曹能军。风耸其芳，日新其德。秩满，授长安县主簿。戚里权豪，侯家矜侈，挟耶为蠹，席宠作威，誼誼公庭，日数十接。公申明柱直，不避奸回，事美当时，芳流满岁，人怀我德，重授此官。秩满，迁司农寺主簿[2]。举要是司，声华载远，名闻天听，制授万年县丞。从赵壹之任，才郡俱优；著梁竦之书，情言同愤。乃充兵部尚书裴行俭持节口官。瀚海既静，燕山遂封，旋凯酬庸，授雍州司仓参军，寻加朝散大夫，转栎阳令。我泽如雨，人爱犹春，寻迁潞州司马兼朔方支度大使。位渐高而效广，才既用而声芳，乃拜凉州司马，复充河源赤水军支度营田大使[3]，俄迁朝请大夫、绵州长史。吏人饮化，巴汉以淳。汧陇戎羌，特难检御，将求共理，实寄惟良，寻拜公使持节渭州诸军事、渭州[4]刺史。卧理之化，曾未浃辰。有制征还，授将作少匠。星文拱极，方助耀于中阶；岁运在展，竟歼衣于外郡。以长寿元年十二月十二日，遘疾终于州镇，春秋五十有六。大厦沦构，泰山摧峰，国悴时英，家倾天范，紫宸兴悼，尉使相望。惟公缉道根心，树德阶性，萧洒风尘之外，英威霜月之华。学行孤高，声实双秀，爰自弹冠之日，泊乎露冕之辰。化逐时来，俗从风偃。湮沦障塞，遂成异域之魂；迢递乡关，空余同穴之偶。夫人吴兴顾氏，制授吴县君，杭州司马彪之孙，河南府伊阙[5]主簿文雅之女。柔蓉宛秀，雅范端庄，先衔孤剑之悲，终灭回鸾之彩。以先天二年七月十一日，终于河南府济源县[6]之私第，春秋七十有三。嗣子裕，幽府士曹参军。孝自天心，行为人范。及吴县君之捐馆舍，遂哀毁灭身。呜呼彼苍，仁何不寿？孝孙谦、询、该等，情切为尸，义深尊祖。粤以开元三年四月九日，奉迁窆于邙山之阳，礼也。缟驷酸嘶，玄扃幽翳，薤露云唱，松风最悲。惧陵谷之再迁，志风范之万一。铭曰：

河之南，洛之北，中有邙山，瘗纯德兮。纯德伊何？东蒙灵来朝京国。名位成兮百行备，练播声尘，千月方半遽湮沦兮。玄夜宵宵几时春？白杨萧萧愁煞人兮！

孟玄一志石

【注释】

[1]孟玄一墓志，唐开元三年（715）四月九日葬。河南洛阳出土，现藏千唐志斋博物馆。志盖佚。志石为正方形，边长74厘米。志文共29行，满行30字，正书。志主与妻顾氏合葬，其子孟裕墓志，亦藏于千唐志斋博物馆，父子二人同日而葬。主要著录：《北京图书馆藏历代石刻拓本汇编》第21册第35页；《唐代墓志铭汇编附考》第16册编号1550；《隋唐五代墓志汇编（洛阳卷）》第8册第196页；《千唐志斋藏志》第577页；《北京大学图书馆馆藏历代墓志拓片目录》编号03241；《唐代墓志汇编》开元019；《全唐文新编》第21册第14902页；《全唐文补遗》第2辑第420页。

　　[2]司农寺主簿，司农寺事务官。司农寺，官署名。北齐始置，是管理仓储市易，供应朝廷粮食薪菜、百官禄廪的事务机关。历代沿置。隋初置卿、少卿各一员为长贰，属官有丞五员及主簿、录事等。唐朝因之，又辖诸屯、屯监。

　　[3]支度营田大使，支度使，官名。唐朝天下边军皆置，以计度军资粮仗。睿宗景云元年（710）置河西节度、支度、营田等使，领凉、甘、肃、伊、瓜、沙、西等七州，治凉州。节度不兼支度者，以支度自为一司，有遣运判官、巡官各一人；其兼支度者，则节度使自领支度事，有副使、判官各一人。

　　[4]渭州，隋开皇三年（583）置，治所在襄武县（今甘肃陇西县东南）。大业三年（607）改置陇西郡。唐初复改渭州，天宝元年改为陇西郡，乾元元年（758）仍改渭州。后废。

　　[5]伊阙，隋开皇十八年（598）改新城县置伊阙县，治所在今河南伊川县西南。

　　[6]济源县，隋开皇十六年（596）分轵县置，治所即今河南济源县。

唐萧祎墓志[1]

　　大唐故朝散大夫并州大都督府榆次县令上柱国萧公墓志铭并序
　　朝议郎行京兆府万年县主簿河南元莹文
　　大夫讳祎，字令臣，南兰陵人也。开元三年岁次乙卯十二月己酉朔廿九日丁丑，遘疾卒于官舍，春秋六十。于戏！伊适云寿，厥惟上公。皇穹匪仁，降年不永，闻而呜呜者多矣。嗟其清猷树业，秀气腾范。标格凛凛，英规焯焯。夙探典籍，深懿菁华。寡欲恬闲，不婴世利。身长六尺五寸，衣冠甚伟，温恭谦肃，威仪矜庄。貌不为文饰改容，词不为喜怒易旨。同侪群议，必正色后言，无洩狎之交者终世。齐太祖高皇帝道成[2]，公之七代祖也。高祖彪，周特进、少保，齐贞公。曾祖亨，周散骑常侍，随昌州刺史、大将军，沛郡公。祖俨，皇朝骠骑将军、洵虞二州刺史，江阴县开国男。父行璪，朝散大夫、濮州[3]长史。继天龙跃，副相鹏飞。襜帷刺举，海沂歌作。膺期诞哲，惟神降灵。以公有缪彤之质，于是乎补廓州[4]司仓；以公有孟尝之理，于是乎转凉州法曹；以公有戴就之用，于是乎改宜州司仓；以公有陈蕃之量，于是乎授汴州司士；以公有言偃之能，于是乎宰宋州襄邑[5]；以公有仲由之术，于是乎禄并州榆次[6]。畴庸加等，居大夫之秩；移风易俗，列子男之地。卹人以惠，为吏以简。凡所到官，贪蠹是革，豪猾斯屏。日给无留，岁教有则。咎谋□计，奸禄悛心。后之从政者，必法而行之，奉而循之。夫五福之征，何亏乎仁恕；三命之拜，何负乎贤良。庆不从善者，天欤？数有乘奇者，命欤！天也，命也，泉明老于彭泽；贤也，良也，仲弓卒于太业。粤以开元五年岁次丁巳二月壬申朔十三日甲申，葬于京兆府万年县洪原乡[7]之少陵原，礼奄窆也。嗣子颖，茾瘵余赢，坟茔告列。宵宵玄夜，松风与山原共永；绵绵清芬，蕙馥将江河不绝。铭石阴壤，式昭泉户。词曰：
　　倬哉贵族，厥乃世禄，镜象昭昭丰其屋。洪裔渊玄，器为人先，含光暖暖师其贤。山原溰朗，榛芜莽苍，新封全全松烟上。秦城窈窕兮京路尘，钟歌剑戟兮人辞人。于戏！夫子兮何无春，至精至精兮归其真。

萧祎志石

【注释】

[1] 萧祎墓志，唐开元五年（717）二月十三日葬。陕西西安出土，2009年入藏大唐西市博物馆。志盖佚。志石为正方形，边长59.5厘米，厚10厘米。志文共26行，满行26字，正书。主要著录：《大唐西市博物馆藏墓志》编号173。

[2] 萧道成，字绍伯，小名斗将，庙号太祖，南兰陵（今江苏常州西北）人。南朝宋末历任建康令、南兖州刺史、左卫将军，乘宋皇族自相残杀，执掌军政大权。升明元年（477）

杀后废帝昱，立顺帝准，自封相国、齐王。升明三年，废刘准，自立为帝，改国号为齐。执政后注意减免道租宿债，改变宋奢靡之风，在位四年卒。

[3]濮州，隋开皇十六年（596）置，治所在鄄城县（今山东鄄城县北旧城集）。大业初废。唐武德四年（621）复置，天宝初改为濮阳郡，乾元初复为濮州。

[4]廓州，北周建德五年（576）取吐谷浑河南地置，治所在浇河城（今青海贵德县）。隋大业初改置浇河郡。唐武德二年（619）复置，移治化隆县（今青海尖扎县北）。天宝元年改为宁塞郡，乾元元年（758）复为廓州，后为吐蕃所据。

[5]襄邑，秦置襄邑县，治所即今河南睢县。南朝宋废。北魏景明元年（500）复置。北齐废。隋开皇十六年（596）复置。

[6]榆次，西汉置榆次县，治所即今山西榆次县。北魏太平真君九年（448）废，景明元年（500）复置。北齐废，而移中都县治此。隋开皇十年（590）改名榆次。

[7]洪原乡，位于唐京兆府万年县山北乡之南，即今西安城南兴教寺北原庞留土附近。1958年在该地出土的至德二年（757）《寿王第六女赠清源县主墓志铭》和杜牧的《自撰墓志铭》中，均注明葬于此乡。由此可知，杜牧的祖茔在此乡。（《唐代长安词典》）

唐贾伯卿墓志[1]

唐故朝议大夫陈州长史贾君墓志铭并序

君讳伯卿，字伯卿，武威姑臧人也。昔周之列国，贾实懿亲，宅土而有平阳，出师而加曲沃。盖先王之烈，故后嗣其昌。曾祖暨，齐济阳郡守。祖式，随鄱阳县[2]令。郡守之政，县师所理，史谍载其吏能，子孙传其□法。父敦实，怀州刺史、颍川县男。吏二千石上，分天子之忧；界五十里下，任诸侯之职。君则使君之□十子也。风规秀逸，器识沉正。一日千里，自称希代之才；三倾五城，早获当时之价。弱冠崇文馆明经擢第，解巾秘书省著作局校书郎[3]，历左领军、左王（玉）钤二卫胄曹，荆州大都督府兵曹，恒王府掾，并州晋阳丞，并州太谷[4]、怀州河内、河南府缑氏、福昌[5]四县令，贝州司马，陈州长史。夫秘省校天下之文献，军司国中之武，四府之为重镇，两畿之谓近郊，持中俟庞统之才，别驾总陈蕃之任。君历升其职，金有令名，驭俗而游刃皆虚，在□而遗珠尽得，将以超拜岳牧，入为卿相而福兮祸倚，命也。奈何叹李广之数奇，悲屈原之放逐，先天二年，以亲累流富州[6]。开元六年十一月，遘疾卒于徙所，春秋六十有六。惟君天性孝友，博涉文学，柔而能立，宽而有礼。居官善政，人不忍欺，代传清白，家风不坠。未及生还，奄嗟长往。夫人京兆韦氏，怀州刺史太真[7]之女也。门阀且高，德容兼备，夭桃之岁，玉树先秋，以圣历三年六月十二日，先卒于河内县，越开元八年二月十七日合葬于河南县西邙之北原，礼也。长子延昌、次子延鼎，方流在外。幼子延祚、延璋及女前通事舍人周宪妻等，执丧焉。呜呼，涂车以载，潜隧将封。哀昊天之罔极，叩下地而何从。且欲纂芳烈、贻终古，式刻是铭于泉之下。其词曰：

古之贾国，今为贾氏。爰此世家，实生才子。天资德义，学兼文史。弱冠知名，中年入仕。

校文秘阁，执兵戎垒。四宰邦畿，再毗州里。方加大征，以介丕祉。天命我欺，人斯中圮。始哀流窜，俄悲殁齿。返葬东周，归魂南纪。洛阳新邑，邙山旧阯。玄石一刊，黄泉终始。

贾伯卿志石

【注释】

［1］贾伯卿墓志，唐开元八年（720）二月十七日葬。2005 年 10 月，河南省洛阳市孟津县出土，旋归李氏。志盖佚。志石为正方形，边长 53.5 厘米。志文共 26 行，满行 26 字，正书。主要著录：《河洛墓刻拾零》编号 184；《洛阳新获七朝墓志》编号 173；《北京大学图书馆馆藏历代墓志拓片目录》编号 03383。

［2］鄱阳县，西汉时以番阳县改名，治所在今江西鄱阳县东北。三国吴赤乌八年（245）

徒治今鄱阳县。

[3] 校书郎，官名。东汉置，即以郎官典校皇家秘籍图书。十六国北凉及北魏、北齐沿置。隋、唐秘书省及著作局皆置，掌校雠典籍，为文士起家之良选。唐朝秘书省置十人，著作局置二人，皆正九品上。德宗贞元八年（792）分二员隶集贤书院。弘文馆、崇文馆亦各置二人，从九品上、下不等。

[4] 太谷县，隋开皇十八年（598）以阳邑县改名，治所即今山西太谷县。

[5] 福昌县，唐武德二年（619）改宜阳县置，治所在今河南宜阳县西。五代唐改名福庆县。

[6] 富州，唐贞观八年（634）以静州改名，治所在龙平县（今广西昭平县）。天宝元年（742）又改为开江郡，乾元元年（758）复名富州。

[7] 韦太真，又作泰真、真泰，京兆杜陵人。高宗咸亨元年官太子通事舍人。历户部郎中。武则天时或中宗初，官户部侍郎。《册府元龟》卷105《帝王部·惠民一》载："咸亨元年九月辛未，诏赞善大夫崔承福、通事舍人韦太真、司卫承鉏、甼知正等使往江西南运粮以济贫乏。"

唐杨献墓志 [1]

大唐故右威卫将军银青光禄大夫定州刺史上柱国杨公墓志铭并序

卫尉少卿 [2] 兼修国史弘文馆学士长垣县开国男陈留吴兢 [3] 撰

公讳献，字贞己，弘农华阴人也。其先以食菜于杨，因而命氏。若乃四代五公之天爵，太华长河之地灵，蝉联相辉，磊砢间出，实亦代有其人焉。岂止太冲属诗，美张门之七叶；马彪著史，纪陈氏之三君，若斯而已矣。曾祖初，隋宗正卿 [4]，皇朝左光禄大夫，华山郡公，食邑二千五百户。茂先之才名盖代，方荷兹荣；荀勖之谋猷允诚，乃膺斯授。朱轮华毂，照耀一时。铭常镂鼎，氤氲千载。祖善会 [5]，隋清河郡通守 [6]。大业末，率兵讨捕窦建德 [7]，军败被执，辞色不挠，竟遇害，事具《隋书·诚节传》。志烈冰霜，操坚金石。竭忠徇主，杀身成名。焕乎史册，载谣人口。父行敦，皇朝洺州 [8] 司马、太中大夫、霍王府司马。邦国之咏，实赖王祥；社稷之才，岂唯庞统。小言能赋，还锡云梦之田；大雅既传，终置穆生之醴。公兴运而出，象贤而生。容止可观，言行可复。悦礼乐，敦诗书，究乎圣贤之雅诰，穷乎天地之至迹。休声孔彰，人伦属望。弱冠时，中书令裴炎雅相叹揖，尝谓人曰：近见杨子，所见逾于所闻，若生于立功之时，坐谈可为将相。又从父兄炯，时以文才著称，炎亦甚重焉，故尝呼为弘农二俊。昔二龙擅美于平舆，三武联芳于贾室。以今方古，我实过之。寻以门荫，解褐授蓬州司法参军。秩满，巡察使表荐其清白强干，迁晋州洪洞县丞，冀州司户参军。以清白闻，敕授凉州武威县令。寻加朝散大夫，除胜州都督府司马，迁夏州都督府长史。景龙二年，朔方道行军大总管张仁愿 [9] 奏充行军司马，兼置三城使。城池作固，沙漠无虞，繄公之力也。寻拜朔州刺史，仍充朔方道行军长史。公恒思杜预，儒学从军，复壮盖延，左右驰射。欲使不坠于文武，扫清于胡羯。于是董司戎律，参预兵机。举必全功，筹无失策。

剑锋三尺，下平陆而剚犀；弓势六钧，对高墉而射隼。转胜州都督，仍充东受降城[10]使，兼借紫。公自拥节临边，捍御之道斯极；分麾鞠旅，方面之绩居多。功若丘山，屡形中旨；心如铁石，且降王言。自非惟几以成务，其孰能与于是也？开元三年，又特敕追赴京，频召与语，赐以绛绢数百段，并衣服一称。昔魏绛和戎，晋悼赐之以倡乐；郭伋讨贼，汉光赏之以车马。未若惠泽滂流，仰天子之穆穆；锡赖繁渥，加束帛之戋戋者乎。寻进位银青光禄大夫。其年，按察使崔琬[11]以清白强干名闻，召拜左领军将军。未几，除右威卫将军。岁余，授定州刺史，兼岳岭军使。入司兰锜，参五戎七萃之要；出剖竹符，总连帅惟良之重。为政以德，导人以礼。庭有余闲，府无留事。清洁之操，振古莫俦。皇家已来，未为易遇。方期海运，讵见山颓。享年六十有五，以开元八年二月廿九日癸丑，遘疾终于官舍。即以其年十有一月廿三日壬申，窆于华阴仙坛乡之灵仙原，礼也。惟公袭孝为忠，体仁成勇。运虚舟于神府，敞明镜于灵台。未曾悦媚取容，唯以孤直自立。闺庭之内，人无间言。十起流慈，抚孤之情昭著；三荆变色，友于之义冥通。道在则尊，交不苟合。其有高才博学、树德行道者，虽布衣韦带，必与之游焉。或分宅以字其孤，或忘生以济其难。若乃好夸尚胜，徇利矜荣，心不则德义之经，口不谈忠信之说者，虽执钧操轴，视之蔑如也。允所为建功立事，善始令终，兼臧文之不朽，等郑侨之遗爱者矣。惜乎不登九列，践三阶，调元气，论王道，树大功于区宇，陈鲠议于朝堂。识达之士莫不叹有余恨也。有二子，长曰潜，左金吾卫兵曹参军，早卒。次子波，五常具美，三衅飞声。崩心陟岵，见海人之孝；洒血春秋，怀君子之感。且志者，盖以记其实行，不贵繁文。故直陈德要，纪之泉壤。其铭曰：

河岳孕灵，人杰挺生。恢弘器宇，散朗神情。言成物范，行白天经。观书自得，学剑先成。郑家公业，荀氏慈明。渐陆方翥，拔茅汇征。克树勋业，频膺宠荣。鹰扬戎幕，鹗视虏庭。入司七萃，出总百城。拥旄杖节，化洽风清。开物成务，为代作程。朝献允穆，伫赞台衡。代移万古，人穷百岭。智石云折，大厦斯倾。悲缠旒扆，恨结簪缨。白马趋吊，青鸟相茔。松苦风急，野晦云平。寒笳凄唳，晓挽哀惊。山虽藏于白泽，海且变于重濠。唯余兰菊，终古逾馨。

是日也，太岁上章之涒滩，月历之辜，朔遇素火，其辰玄猨，地户爰空，事同乎时。

杨献志盖

杨献志石

【注释】

[1] 杨献墓志，唐开元八年（720）十一月二十三日葬。陕西出土，2007 年入藏大唐西市博物馆。志盖为盝顶，高 85 厘米，宽 86 厘米，厚 16 厘米，顶面篆题"大唐故定州刺史杨府君墓志之铭"，共 4 行，满行 4 字。四杀刻云纹图案，四侧刻宝相花纹。志石为正方形，边长 89 厘米，厚 22 厘米。志文共 40 行，满行 40 字，正书。四侧刻卷叶纹。主要著录：《大唐西市博物馆藏墓志》编号 180；《北京大学图书馆馆藏历代墓志拓片目录》编号 03407。

[2] 卫尉少卿，官名。秦汉皆置丞为卫尉副贰，北魏始置少卿，位在丞上，四品上。北齐沿置，为卫尉寺次官，四品。隋炀帝增为员二人，从四品。唐、五代因之，从四品上。唐高宗、武则天时曾随本寺改名司卫大夫、司卫少卿，后各复旧。

[3] 吴兢，汴州浚仪（今河南开封）人。唐代史学家。武则天执政时，初入史馆。开元时官至谏议大夫、州刺史。先与刘知几等同修《则天实录》，被时人誉为当世董狐。后又私撰《唐书》《唐春秋》《贞观政要》等书。其中《贞观政要》是现存研究唐初历史的重要文献史料。

[4] 宗正卿，官名。汉、魏、两晋为"宗正"尊称。隋朝置为宗正寺长官，历代沿置，亦称"宗正寺卿"。隋初正三品，炀帝改从三品。唐初因之，玄宗天宝（742—756）初改正三品。高宗、武则天时曾随本寺改名司宗正卿、司属卿，寻各复旧。

[5] 杨善会，字敬仁，弘农华阳（今陕西华阴）人。炀帝大业中为鄃（今山东夏津）令，有清正之称。后率兵攻高士达、张金称等民军，积功为清河通守。守清河，被窦建德擒获。劝降，不从。终被建德杀死。

[6] 通守，官名。隋炀帝大业三年（607）以后，诸郡加置一员，位次太守，协助掌本郡政务；京兆、河南所置则谓之内史。

[7] 窦建德，贝州漳南（今河北故城）人。少任侠。隋炀帝大业七年，任二百人长。因助孙安祖等起事，族家，遂率部投高鸡泊义军领袖高士达，任司兵，后为军司马。士达死，继为领袖，称将军，拥众十余万。大业十三年于河间乐寿称长乐王，年号丁丑，克信都、清河诸郡县。次年称夏王，建都乐寿，改元五凤，国号夏。明年杀宇文化及，迁都洺州。唐高祖武德三年，李世民讨王世充，建德驰援世充。后为李世民所败，被杀于长安。

[8] 洺州，北周宣政元年（578）置，治所在广年县（今河北永年县东南）。隋大业初改为武安郡。唐武德初复为洺州，天宝初改为广平郡，乾元初复为州。

[9] 张仁愿，华州下邽（今陕西渭南）人。本名仁亶，避唐睿宗李旦名讳，改名仁愿。武周万岁通天二年，廷奏孙承景罔上之罪，擢肃政台中丞、检校幽州都督。中宗神龙中为洛州长史，代朔方总管，出兵大败突厥。又于黄河北岸，筑东、西、中三受降城，以固边防。曾举荐张敬忠等七人，均以文吏著称，多至大官，时论称其有"知人之鉴"。景龙三年，拜左卫大将军、同中书门下三品，封韩国公。

[10] 东受降城，唐置，在今内蒙古托克托县西南黄河东岸。

[11] 崔琬，生卒年里不详。中宗景龙二年（709）为监察御史，劾宗楚客等。中宗诏与二人结兄以解之。开元初，以宁州刺史迁关内道按察使。《全唐文》录其文一篇。

唐史君妻契苾氏墓志[1]

唐故契苾夫人墓志铭并序

夫人姓契苾氏，本阴山贵族，今为凉州姑臧人也。地则二凉继轨，人则十族分源，通蒲类之大泽，接不周之天柱。父何力[2]，镇军大将军、凉国公。料敌制胜，算无遗策，平辽之功，公乃称最。夫人即公之第六女也。幼而闲婉，长无矜贵，穆如兰蕙，骞若鸿龙。并受自天姿，非因外奖，以妙年归我右金吾将军、常山县开国公史氏。环珮有则，迤盥无懈，览彼樛木，执心以自持，于以采蘋，恭勤不失职，可谓思弘君子矣。及其比翼将雏，和鸣乎椅梧，家与其黩，宁过乎严肃，又积星岁矣。岂期府君先殒，双飞遽只，藐是诸孤，孑焉无怙。夫人以断织垂训[3]，折葼示严[4]，禁其浮荡，至于成立，以开元八年五月廿二日，遘疾终于居德里[5]私第，春秋六十有六。呜呼哀哉！夫人涓洁助容，祎褕合礼，宜尔振振，被之祁祁。老莱以童戏承颜，期于眉寿[6]；仲由以负米兴念，遽切风枝[7]。痛深栾棘，茕茕在疚。仰惟同穴之义，敬遵合祔之典，即以九年二月廿五日归厝，陪于昭陵旧茔，从先礼也。女床之鸟，虽存亡而暂隔；延平之剑，竟先后而俱沉。恐虑城陷山移，故勒铭于贞石。

彼苍者悠悠，运天阙兮不休。人寓世兮如浮，世送人兮如流。何徒自矜兮固若嵩丘，曾不知有力者以负其舟。一从委质空山幽，唯闻风树日飔飔，天长地久千万秋。

契苾夫人志盖

契苾夫人志石

【注释】

[1] 契苾夫人墓志，唐开元九年（721）二月二十五日葬。1973 年，陕西省醴泉县烟霞乡兴隆村出土，现藏昭陵博物馆。志盖为盝顶正方形，边长 71 厘米，厚 13.2 厘米。顶面楷书"唐故契苾夫人墓志铭"，共 3 行，行 3 字。周边及四刹刻曲枝卷花纹，四边为流云纹。志石亦正方形，边长 71 厘米，厚 11.8 厘米，志文共 22 行，满行 22 字，正书。周边刻十二生肖，间有曲枝卷化纹，四边为曲枝卷花纹。主要著录：《新中国出土墓志·陕西（一）》编号 118；《隋唐五代墓志汇编（陕西卷）》第 1 册第 99 页；《秦晋豫新出墓志搜佚》编号 371；《唐代墓志汇编续集》开元 036；《全唐文新编》第 21 册第 14956 页；《全唐文补遗》第 2 辑第 442 页；《全唐文补编》下册第 2193 页；《中国西北地区历代石刻汇编》第 3 册第 38 页；《昭陵碑石》编号 84；《西安碑林全集》第 196 册第 1094 页。

[2]契苾何力，铁勒部人。父葛，隋末为莫贺咄特勒。继父位，号大俟利发。贞观六年（632），与母率众千余众到沙州归唐，被安置在甘、凉二州。何力入京，授左领军将军。从讨吐谷浑、定高昌、击龟兹，两次攻高丽，均有大功。封凉国公，官至镇军大将军、行左卫大将军。卒赠辅国大将军、并州大都督，谥曰毅，陪葬昭陵。

[3]断织垂训，化用孟母断织的典故。孟子的母亲斩断织布以教导儿子，使他明白读书不可半途而废。后来形容母亲对子女的有益教导。

[4]折葰示严，即慈母严格管教自己的子女。折葰，原意是折取细枝。扬雄《方言》记载："木细枝谓之杪，江、淮、陈、楚之內谓之篾，青、齐、兖、冀之间谓之葰，燕之北鄙朝鲜、洌水之间谓之策。故《传》曰：'慈母之怒子也，虽折葰笞之，其惠存焉。'"郭璞注："言教在其中也。"《唐孔桃栓墓志》中有"夫人邓氏，……训子励于折葰，事姑闻于泉涌。"

[5]居德里，即居德坊。据《最新增订唐两京城坊考》载，朱雀门街西第五街，街西从北第四为居德坊。坊内有"汉圆丘余址。东南隅，先天寺。西北隅，普集寺。南门之西，奉恩寺。南门之东，司礼太常伯刘祥道宅。房州刺史杜元徽宅。左骁卫将军折氏宅。杨士贵宅。洗马苏君宅。阿史那思摩宅。隋朝散大夫挚开绪宅。闻喜县主宅。文林郎桓表宅。云麾将军右龙武军将军何德宅。安北都护格承恩宅。云麾将军右龙武军将军何德宅。"

[6]老莱以童戏承颜，期于眉寿，即老莱戏彩娱亲的典故，二十四孝之一。周老莱子至孝，奉二亲极其甘脆。行年七十，言不称老。常著五色斑斓之衣为婴儿，学戏于亲侧；又尝取水下堂，诈跌卧地，作婴儿啼，以娱亲意。诗曰：七旬犹著彩衣襟，故作婴儿喜笑音。别有椿萱能并茂，也应随处得欢心。

[7]仲由以负米兴念，遽切风枝，即仲由为亲负米的典故，二十四孝之一。周仲由，字子路。家贫，常食藜藿之食，为亲负米百里之外。亲殁，南游于楚，从车百乘，积粟万钟，累茵而坐，列鼎而食，乃叹曰：虽欲食藜藿，为亲负米，不可得也。诗曰：负米供亲贫日事，愿甘藜藿真情挚。与其风木有余悲，孰若晨昏尽孝思。

唐论弓仁碑[1]

拔川郡王碑

张说奉敕撰

珠玉无远而登辇辂之饰，宝也；松栝（柏）无幽而入殿堂之构，才也；物贵其用，人亦如之。拔川王者，源出于匹末城[2]，吐蕃赞普之王族也。曾祖赞、祖尊、父陵，代相蕃国，号为东赞，戎言谓宰曰"论"，因而氏焉。公有由余之深识，日䃅之先见[3]，陋偏荒之韦毳，慕上国之衣冠。圣历二年，以所统吐浑七千帐归于我。是岁吐蕃大下，公勒兵境上，纵谍招之，其吐浑以论家世恩，又曰"仁人东矣"，从之者七千人。朝嘉大勋，授左玉铃卫将军，封酒泉郡开国公，食邑二千户。《周语》曰："犬戎树郭，守终纯固。"今其俗犷而轻死，其法折而不挠，故前代无降人，中土无僮仆。自公拔身向化，守（首）变华风，泽潞之间，始见戎州矣。若夫河南胡苑，坰牧所利，每岁冰合，虏骑是虞，中军必谋于元老，亚将固选于时杰。神龙三年以为朔方军前锋游奕使[4]，景龙二年换右骁骑将军，开元五年兼归德州都督，使皆如故。八年［迁］本卫大将军，改朔方节度副大使。公之理兵也，坚三革，利五刃，偶拳勇，齐力信，罚分甘苦，六辔如手赏，千夫一心。接獯猃犹蚊蚋，卧沙塞如衽席，荐居露食，垂二十年。雨毕而成师，冰泮而休卒，寒气入于肌骨，夜霜出于鬓须，人不堪其勤，公不改其节。

韩公之建三城也[5]，公洗兵诸真之水[6]，刷马草心之山，以为外斥，而版徒安堵；郑卿之和默啜也[7]，公授馆李陵之台，致饔光禄之塞，以为内侯，而宾至如归。九姓之乱也，公四月度碛，过白柽林，收火拔部帐，纳多真种落[8]，弥川蒲野，怀惠忘亡，汉南诸军，魋其计也；降户之叛河曲也[9]，公千骑奋击，万虏奔走，戡翦略定，师旅方旋。而延陀复相啸聚，上军败于青刚岭，元帅没于赤柳涧[10]。公越自新堡，奔命冠场，赢粮之徒，不满五百，凶丑四合，众寡万倍。公杀牛为垒，啖寇为饷，决命再宿，冲溃重围，连兵蹀踱，千里转战，合薛讷于河外，反知运于寇手[11]，朔方诸军，壮其战矣。斫摩之奔也，邀于黑山口，覆其精锐；布惠之背也，追至红桃帐，掩其辎重。乳泊之会，刺兰池之狂胡；禾盘之役，缲方渠之逋寇。凡前后大战数十，小战数百，算无遗策，兵有全胜。是以六狄逃遁，三垂乂宁，声暴露于天下，业光华于代载，信皇威之所加，亦武臣之力也。故锦衣宝玉，允答戎功；甲第良田，丕承锡命：语其智效，未甚优宠，黄头黑齿，比价齐名。积战多疮，累劳生疹，恩命尚药，驰往诊之，晋竖已深，秦医无及。十一年四月五日，薨于位，享年六十。制：赠为拨川王，称故国，志其本也；太常议谥曰忠，由旧典昭其行也。长子卢，袭官封、继事业；次子旧久，特拜郎将。十二年四月，诏葬于京城之南，怀远人也。大路鼓吹，介士龙旆，虎帐貔裘，封犂殉马，吉凶之仪举，夷夏之物备。长安令总徒以护事，鸿胪卿序宾以观礼，哀荣之道极矣，君臣之义厚矣。有命国史，立碑表墓，吾尝同僚，敢昧遗烈。铭曰：

黄河接天，清海殊壤。举世安俗，拔俗谁放？倬哉论侯，利有攸往。奋飞横绝，搏空直上。以众款塞，因敌立勋。吐蕃万户，今（吟）啸成群。精感天地，气合风云。既封酒泉，乃位将军。朔方阴塞，直彼獯虏。帝命先锋，阚如虓虎。山北加电，汉南击鼓。十数年间，耀国威武。我有师旅，将军掬之。我有边甿，将军育之。柳涧亡师，一剑复之。兰池叛胡，三战覆之。武节方壮，朝露不待。王爵送终，宿恩未改。时来世去，人物如在。铭勋谥忠，以告四海。

【注释】

［1］拔川郡王论弓仁碑，唐开元十二年（724）四月立。张说撰文。今据四部丛刊本《张说之文集》录文。主要著录：四部丛刊本《张说之文集》；四库本《张燕公集》《全唐文》《凉州府志备考》。相关研究参王尧《吐蕃大相嫡孙唐拔川郡王事迹考》（收入金雅声等主编《敦煌古藏文文献论文集》，上海古籍出版社，2007年）

［2］匹末城，《通典》作匹播城，一译跋布川、拔布海。即今西藏穷结县。为七世纪吐蕃迁都逻些以前的旧都。迁都后仍为赞普夏令牙帐所在。

［3］由余之深识，日碑之先见，据王尧《吐蕃大相嫡孙唐拔川郡王事迹考》研究，由余本晋人，亡入戎，能操晋言。闻秦缪公贤，使由余观察。缪公与之语言，以为贤，留而不遣，遗戎王以女乐而间之。后，由余降秦，为秦谋伐戎之策，益国十二，开地千里，遂霸西戎。事见《史记·秦本纪第五》。日碑本匈奴休屠王太子，字翁叔，没入官初为马监，汉武帝奇其貌，拜为侍中、驸马都尉、光禄大夫，数十年无过失，笃慎为帝所信爱，拜车骑将军。莽何罗谋反，日碑缚而诛之，以功封禾它侯。武帝崩，与霍光同受遗诏辅政，卒谥"敏"，以休屠作金人为祭天主，故赐姓金氏。

［4］游奕使，使职名。唐中期以后用兵，兵多地广者则置，主巡营、防遏事。肃宗乾元二年（759）河阳决战中，郭子仪遣都游奕使灵武韩游环将五百骑前趣河阳。

［5］韩公之建三城也，据王尧研究，《新唐书》卷111《张仁愿传》，仁愿华州下邽人，本名仁亶，以睿宗讳音近避之，神龙中进左屯卫大将军，兼检校洛州长史。先是贾敦颐尝为长史，有政绩，时人为之语曰："洛有前贾后张，敌京兆三王。"仁愿于河北筑三受降城。以拂云为中城，南直朔方，西城南直灵武，东城南直榆林。景龙二年，拜左卫大将军，同中书门下三品，封韩国公。

［6］公洗兵诸真之水，据王尧研究，《资治通鉴》景龙二年（708）：以左玉钤卫将军论弓仁为朔方军前锋游奕使，戍诸真水为逻卫（胡三省注：游奕使，领游兵以巡奕者也）。中受降城西二百里为大同川，北行二百四十余里至步越多山，又东北三百余里至帝割达城，又东北至诸真水。

［7］郑卿之和默啜也，据王尧研究，默啜可汗（？—716）东突厥后朝可汗，唐封之为"特进颉跌利施大单于立功报国可汗"。697年，唐给以河曲六州突厥降户及种子、农具、铁等，社会生产力迅速发展，武后至玄宗间屡屡扰唐，拓地万余里，有兵四十万，为颉利可汗以后最强盛时代。开元四年（716）大破拔野古，归途中为拔野古残众所杀。郑卿，或指太常卿郑元璹和突厥之事，待考。

［8］收火拔部帐，纳多真种落，据王尧研究，《旧唐书·突厥传》"（默啜妹婿）火拔颉利发石阿失毕率精骑围逼北庭。右骁卫将军郭虔瓘婴城固守，俄而出兵擒同俄特勒于城下，斩之，虏因退缩，火拔惧，不敢归，携其妻来奔。制授左卫大将军，封燕北郡王，封其妻为金山公主，赐宅一区，奴婢十人，马十匹，物千段。"

［9］降户之叛河曲也，据王尧研究，《旧唐书·突厥传》："明年，十姓部落左厢五咄六啜，右厢五弩失毕五俟斤及子婿高丽莫离支高文简，跌跌都督跌跌思泰等各率其众，相继来降，前后总万余帐。制令居河南之旧地。……俄而降户阿悉烂、跌跌思泰等复自河曲叛归。"

［10］上军败于青刚岭，元帅没于赤柳涧，据王尧研究，《旧唐书·突厥传》："……张之运既不设备，与降户战于青刚岭，为降户所败，临阵生擒知运，拟送与突厥，朔方总管薛讷率兵追讨之。"

［11］合薛讷于河外，反知运于寇手，据王尧研究，《旧唐书·突厥传》：朔方总管薛讷（仁贵子，字慎言，新旧《唐书》有传，附仁贵传后）率兵追讨之，贼至大斌县，又为将军郭

知运所击，贼众大溃，散投黑山呼延谷，释张知运而去。

唐薛君妻李大都墓志[1]

　　大唐故□武将军右领军卫翊府中郎将薛君夫人陇西郡君李氏墓志

　　夫人字大都，陇西姑臧人也。曾祖奇，随宿松县[2]令。祖玄鉴，皇朝齐州[3]长史。父崇棋，皇朝银青光禄大夫、大理卿兼安国相府长史、陇西县开国伯、上柱国、赠刑部尚书。夫人以开元十四年岁次景寅七月丁丑朔五日辛巳，构疾终于河南府河南县尚贤坊[4]之私第，春秋五十有二，以其年八月景午朔十五日庚申，权殡于洛阳县平阴乡从新里之原，官道北四里。

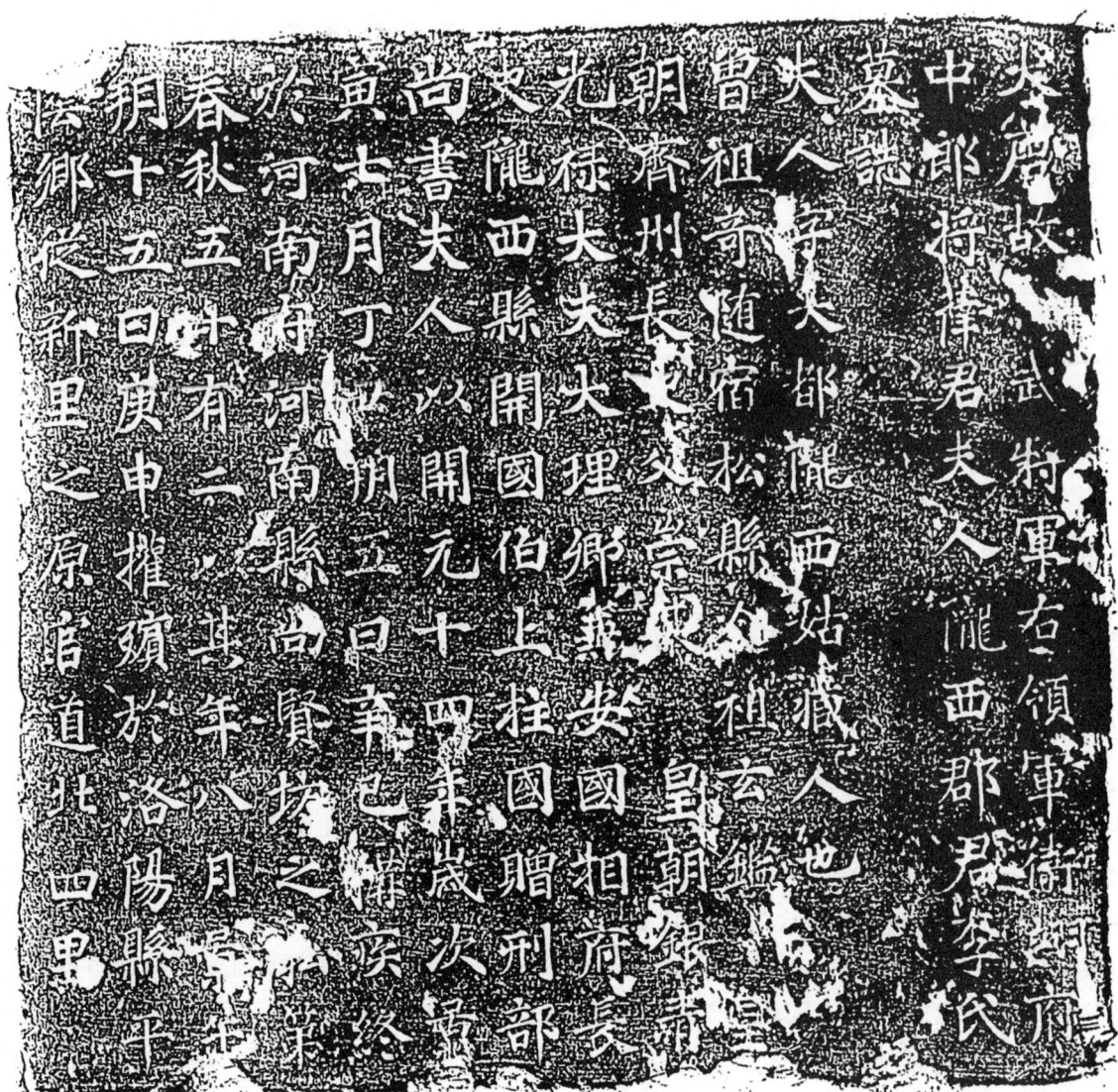

薛君妻李大都志石

【注释】

[1]薛君妻李大都墓志,唐开元十四年(726)八月十五日葬。1995年河南洛阳出土。志盖佚。志石高36.5厘米,宽37厘米。志文共14行,满行13字,正书。主要著录:《邙洛碑志三百种》编号122。

[2]宿松县,隋开皇十八年(598)改高塘县置,治所即今安徽宿松县。

[3]齐州,北魏皇兴三年(469)改冀州置,治所在历城县(今山东济南)。隋大业初改为齐郡。唐武德元年(618)改为齐州,天宝初改为临淄郡,旋改齐郡,乾元初复为齐州。

[4]尚贤坊,据《最新增订唐两京城坊考》载,定鼎门街东第三街,从南第一曰尚贤坊。坊内有"天官侍郎张锡宅。建安王武攸宜宅。检校纳言、兼肃政台御史大夫狄仁杰宅。大理卿裴谈宅。崔明眘宅。河东节度使韦凑宅。左卫将军、范阳郡公张知謇宅。信安县主宅。中散大夫楚邓陇魏四州刺史鸾台侍郎清平县开国男皇甫文亮宅。豫州敬参军夫人封延宅。怀州获嘉县令房府君夫人李静容宅。朝散大夫少府监高慈宅。明琰及夫人刘氏宅。宣义郎行河东郡永乐县主簿裴志宅。中散大夫庆王府司马李夷吾宅。处士赵应宅。陕虢等州防御判官文林郎试大理司直兼殿中侍御史吴筹宅。银青光禄大夫行光禄少卿上柱国渤海郡开国公高惩宅。河南府河清县丞曲元缜宅。"

唐杨执一墓志[1]

大唐故金紫光禄大夫行郴州刺史赠户部尚书上柱国河东忠公杨府君墓志铭并序

右庶子集贤学士贺知章[2]撰

夫神则无方,庆惟有积,故善人为纪,种德幽潜,君子慎独,用心微隐,由是丹书玉环之祉,慎知去惑之仁。种德用心,其义弘矣;启源畀谷,侯其远欤。府君讳执一,字太初,弘农华阴人也。自十九代祖汉太尉震暨曾祖随司空观王雄,灵河开积石之宗,太华作坤元之镇,家声籍甚于海内,国史纷纶于天府,固可略而言焉。祖续,皇郓州[3]刺史、都水使者、弘农公。考思止,皇司驭、司卫二寺卿,德、潞二州刺史,湖城公;咸积德藏用,分竹苴茅。府君岱岳桂林,汉池明月,幼罹凶闵,毁瘠加人。由是颛学礼经,深明丧服,虽两戴之所未达,二郑之所盘疑,皆劈肌分缕,膏润冰释。尤好左史传及班史,该览询求,备征师说。性束亮方直,能犯颜谠言。当天后朝,以献书讽谏,解褐特授左玉钤卫兵曹参军,盖贲贤也。常以攀槛抗词,削草论奏,遂为贼臣张易之所忌,黜授洛州伊川府[4]左果毅都尉,长鸣必在于远途,左退适成其跐足。次当禁卫,复以封事上闻,天后深纳恳诚,亟蒙召见。趋奉轩阤,咫尺天威,载犯骊龙之鳞,爰求断马之剑,衷见于外,朝廷嘉焉。擢拜游击将军,迁右卫郎将,俄除左清道率,转右卫中郎将押千骑使。既而长乐弛政,辟阳僭权,压钮之兆未从,左祖之诚先发,安刘必勃,望古斯崇。中宗践祚,以佐命匡复勋,加云麾将军,迁右鹰扬卫将军,封弘农县公,食邑一千,实赋四百,赐绢二千匹,杂彩五百段,金银器物十事。无何,进封河东郡公,增邑二千户,加冠军大将军,特赐铁券,恕死者十,并厩马、金、银、瑞锦之类。昔周武建邦，贤人所以表海；汉高创业，功臣所以誓河。魏绛锡重于和戎，甘宁宠加于克隽，无以尚也。府君秉心直道，奉上尽忠，虽穷鉴水之规，犹勖维尘之诚。初为武三思所恧，出为常州刺史，后转晋州，又谮与王同皎图废韦氏，复贬沁州[5]。久之，三思以无礼自及，府君许归侍京第。景龙四载，维帝念功，擢拜卫尉卿，还复勋爵，俄除剑州[6]刺史。丁内忧，创钜逾。昔今上载怀王业，将幸晋阳，起府君为汾州刺史。虽苴篡外改，而栾棘内殷，心既忧而理深，言不文而人化。清静之政，上叶圣暮，征拜凉州都督兼左卫将军河西诸军州节度督察等大使。府君安人和众，利用厚生，怀之若椒兰，爱之若亲戚，不战而犬羊自服，用德而烽候无虞。河右之戎，葱西之旅，解辫屈膝，关塞相望，殆五六年矣。于是降颉利发，败乞力徐，玺书慰勉，相继道路。乃加兼御史中丞，赐绢二千匹，金银缯彩，更优恒数。久之，转原州都督，未赴，复授凉州。前爱已殷，新教逾穆。寻复右卫将军，余官如故。府君怀柳惠之直，任汲黯之气，或忤时政，颇不见容，出许州刺史。属单于犯关，上急边任，复授右卫将军，检校胜州都督，处置降户等使。府君德以绥之，宽以莅之，边氓用安，外户不闭。寻还本官，复兼原州都督，以功征拜左威卫大将军，寻检校右金吾卫大将军，无何即真。皇上蒲卢荒憬，蚊虻夷狄，听鞞思将，授钺推贤。府君扞城已多，克胜者众，属河塞殇殪，军实屡空，复命为朔方元帅兼御史大夫，慰抚凋亡，纠绳滥窃，攘缲逾于巨万，盗骏轶于千蹄，而皆社鼠稷蜂，咸乃倾巢熏穴。竟以黄金见铄，白玉成磷，遂移疾朔方，来思右戟，复为右卫大将军，寻除右金吾大将军。朝论未惬，俄拜金紫光禄大夫行鄜州刺史。时北郡亢旱，农夫辍耒。既而下车雨降，负耒云趋，邑有箱哥，人无菜色。属城流咏，邻郡怀仁。方冀伊鼎调风，虞庠养德，岂期道悠运促，终古同哀，人之云亡，雅俗斯弥。呜呼哀哉！以开元十四年正月二日，遘疾薨于官舍，享年六十有五。岂止罢南荆之市，息东里之相，礼辍当祭，哭甚趋车而已哉！郡司上闻，圣君悯悼，乃诏赠户部尚书，赐绢百匹，米粟各百石，官给灵舆递还，葬日官借手力幰幕，盖圣人优贤悼终之令典也。以十五年九月三日与故夫人独孤氏同祔于京兆府咸阳县洪渎原，礼也。夫人本系李氏，陇西成纪人。祖楷，随开皇中有功，锡以后族，因为今姓，官至开府仪同三司，骠骑大将军，并、益、原三州大总管汝阳郡公。父卿云，皇右威卫大将军上柱国，袭汝阳郡公，赠益州大都督；迈德休祉，咸劭洪勋。夫人姆教凤成，妇礼冥立，友于琴瑟，恭于蘋藻。景龙中，封新城郡夫人，从府君之贵也。悲夫！不克偕老，奄先长逝，呜呼哀哉！以开元四年三月卅日，终平康里[7]第，春秋卌有八。嗣濯、汪、洞、汲、汶等，茹荼泣血，伊蒿增劻。以为藏泽迁夜，佳城无晓，爰勒琬琰，志夫徽烈，敬因佩德，敢作铭云：

天道祚德，地灵潜祉。一君作义，百世必祀。于铄杨侯，周宣之子。避居西岳，远迹商址。其一。太尉台汉，德王佐隋。积庆二十，长源逶迤。玉环照烂，朱轮陆离。盛烈无已，高门在斯。其二。猗欤祖考，徽业靡坠。苴茅侯服，列棘卿寺。渤海仁君，河渠贤使。降生才子，洪勋重位。其三。爱在幼齿，学如不及。逮乎成童，孝以冥立。柴骨如毁，饮血而泣。苴蕈仅胜，水浆不入。其四。明主理夺，忠臣直难。千祀一会，兴言结叹。惟公秉列，抗议朝端。利见攀槛，肇允弹冠。其五。官序初卑，德声已盛。冕旒虚受，簪黻推敬。君子道兴，佞臣所病。贞石可转，寒松本性。其六。仁由造次，圣启殷忧。北军诛吕，左祖安刘。云雨感义，经纶献谋。弓矢命锡，山河胙侯。其七。行直虽毁，功著终录。远出江介，载临汾曲。骥乃赎辕，蝇非污玉。十城善价，千里良足。其八。大君出震，天下文明。三顾缪墨，万里长城。我旅爰奋，我綦用精。帝泽无远，王师有征。其九。屯则小往，享为大来，总戎北塞。专席南台。击海自远，抟风上培。泉鱼炯察，谿翅迟回。其十。德谓不亡，人亦谁久？十五虎竹，二六龟钮。黄金饰吾，紫文飞绶。存荣终□，忠公不朽。其十一。夫人邦媛，德惟展如。命服飞翟，文轩尽鱼。长簟先委，孤坟已芜。周礼从袝，咸阳故墟。其十二。秦郊苍莽，渭川□□。别馆北临，横桥南度。秋日无影，寒禽相顾。孝子之亭，忠臣之墓。其十三。

　　季子汲书。

杨执一志盖

【注释】

[1]杨执一墓志，唐开元十五年（727）九月三日葬。1951年陕西省咸阳市底张湾出土，现藏西安碑林博物馆。志盖为盝顶正方形，边长91厘米。盖文篆刻"大唐故杨府君墓志铭"，共3行，行3字。四周刻宝箱花纹，四杀刻二兽，间刻蔓草纹。志石亦正方形，边长92厘米。志文共45行，满行45字，正书。杨执一妻子独孤开的墓志也于同墓出土，现存西安碑林博物馆。杨执一神道碑在2010年夏出土于陕西咸阳，石藏陕西咸阳顺陵文管所。主要著录：《唐代墓志铭汇编附考》第18册编号1790；《新中国出土墓志·陕西（二）》编号87；《隋唐五代墓志汇编（陕西卷）》第1册第108页；《北京大学图书馆馆藏历代墓志拓片目录》编号03636；《唐代墓志汇编》开元263；《全唐文新编》第6册第3396页；《全唐文补遗》第1辑第114页；《中国西北地区历代石刻汇编》第3册第66页；《陕西碑石精华》编号97；《西安碑林全集》第79册第2614页。相关研究参：贺忠辉《唐〈杨执一墓志〉记事考补》（《碑林辑刊》第2辑，1994年）；杨斌《论唐〈杨执一墓志〉的文献价值》（《广州广播电视大学学报》2014年第4期）。

[2]贺知章，字季真，自号四明狂客，越州永兴（今浙江萧山西）人。少以文辞知名，证圣年间进士，官至银青光禄大夫、兼正授秘书监。性放达，善谈笑。酒醉后属词，动成卷轴，文不加点。又精熟草、隶二书，与张旭相善，为"吴中四士"之一，今存诗二十首。代表诗作有《回乡偶书》等。其诗以绝句见长，除祭神乐章、应酬诗外，其写景、抒怀之作风格独特，清新潇洒。天宝初奏请为道士，还归故里，舍本宅为观，旋卒。

[3]郓州，隋开皇十年（590）置，治所在万安县（后改郓城县，今山东郓城县东）。大业初改为东平郡。唐武德初复改为郓州，贞观八年（634）移治须昌县（今山东东平县西北），天宝初复改东平郡，乾元初复为郓州。

[4]伊川府，唐代洛州所辖折冲府之一。柳贲《唐张嘉祐墓志》：转伊川府折冲。《元和郡县志》六：伊阙县伊川，西自陆浑县界流入。《唐刘玄豹夫人高氏墓志》：转右屯卫洛州伊川府果毅，借绯、赤绶。又端忠敏公（方）藏洛州伊川府队副张仁廓为父造象。《冯安墓志》：身冯安，上柱国、伊川府校尉。《买德茂墓志》：隋仁寿中有伊川府校尉与长史。伊川（府）亦承隋旧。《唐王希俊墓志》题署"唐故左卫伊川府长史太原王府君"。《唐郑府君夫人安定胡氏墓志》题署"唐故伊川府长史郑府君"。据张沛研究，唐伊川府疑在今河南伊川县境。

[5]沁州，隋开皇十六年（596）置，治所在沁源县（今山西沁源县）。大业初废。唐武德元年（618）复置，天宝元年（742）改置阳城郡，乾元元年（758）复为沁州。

[6]剑州，唐先天二年（713）以始州改名，治所在普安县（今四川剑阁县）。天宝初改为普安郡，乾元初复改为剑州。

[7]平康里，即平康坊。据《最新增订唐两京城坊考》载，朱雀门街东第三街，街东从北第五为平康坊。坊内有"南门之东，菩提寺。十字街之北，阳化寺。万安观。嘉猷观。西北隅，隋太师、申国公李穆宅。西南隅，国子祭酒韦澄宅。兰陵长公主宅。太子右庶子、银青光禄大夫、国子祭酒、上护军孔颖达宅。西门之南，尚书左仆射、河南郡公褚遂良宅。

南门之西，刑部尚书王志愔宅。次北，户部尚书崔泰之宅。侍中裴光庭宅。左羽林大将军臧怀亮宅。东南隅，右相李林甫宅。太子宾客分司东都张弘靖宅。虔州刺史王哲宅。汧阳郡太守王备宅。霍国夫人王氏宅。校书郎陈苌宅。河南府录事赵虔章宅。马震宅。邢凤宅。同、华、河中、河阳、襄、徐、魏、泾原、灵武、夏州、昭义、浙西东、容州进奏院。三曲。王哲宅。华封观。陈小凤宅。潞府留后院。上骑都尉李政宅。彭城公夫人尔朱氏宅。朝散大夫上柱国行司府寺东市署令张堪宅。大中大夫司农少卿上柱国温思暕宅。朝散大夫尚书司勋郎中吉浑宅。银青光禄大夫守工部尚书赠荆州大都督清河郡开国公上柱国崔泰之宅。臧怀亮宅。朔州马邑县丞苏涉宅。李著宅。原朝议郎行蜀州晋原县尉薛锐宅。宣义郎裴公夫人卢婉宅。银青光禄大夫延王傅李齐之宅。诺思计宅。承议郎行临海郡宁海县令陈祎宅。太子典设郎郑公宅。游击将军行蜀州金堤府左果毅都尉张翚宅。左神策军先锋突将兵马使开府仪同三司试太子宾客兼御史中丞洋川郡王权秀宅。将作监丞班翼宅。国子监太学博士班繇宅。奉义郎行洪州南昌县丞杨士真宅。画家张彦远宅。楚州司马杨纮夫人李雅宅。下邽县令赠卫州司马杜斑终于平康里之官舍。客舍。"

唐杨执一神道碑[1]

　　大唐故冠军大将□□□□□□□□□□大夫持节朔方道行军节度大总管关内支度营田蕃落盐□（池）等大使□□□（金紫光）禄大夫行鄜州刺史赠户部尚书上柱国河东郡开国忠公杨府君（卜阙）

　　特进行尚书右丞相兼中书令集贤院大学士上柱国燕国公范阳张说撰
　　尚书兵部郎中安定梁升卿[2]书

　　若夫孝在扬名，忠归令德。事□□□，气概生焉；时逢屯难，勋业成焉。桃李灼灼，不自言于蹊迳；松柏青青，不受令于霜雪。穷独善而无挠，达兼善而无矜：子曰"君子哉！"若人，斯吾河东公之谓也。公讳执□（一），□（字）太初，弘农华阴人也。汉太尉震十九代孙，随司徒观王雄之□□□（曾孙），□□□□（郓州弘农）公□（续）之孙，潞州湖城公思止之□（子），□□□（户部尚）书相国执柔之弟，观公侍中恭仁，公之伯祖也；安□（德）公尚书令师道，公之叔祖也：在隋则二代五公，在唐则一门三相。

　　公台辅积庆，□□（禀清）明之□（识）；□□□□（河岳会灵），□□□（资磊落）之气。体刚毅深于城府，蕴规略长于襟带。戏为军□（阵），敌国之势幼成；请学兵书，长城之望早集。年甫十六，先君捐馆，七日绝饮，三年泣血。□□（缟綖）有制，□□□□□（儒家叹其从礼）；□□□□（柴棘加等），□□（议者）忧其死孝。清门祖德，势胄能贫，太夫人在□（堂），有致力之养：非躬艺黍稷，不以供甘旨；非手树桑麻，不以荐絺纩。年逾一纪，勤不知劳，□□（既极）安亲之心，方□□（展事）君之节。乃□□□□（濯缨璜渚），献策金门，干当代之圣□（君），论天下之成败。秦皇览奏，屏左右而与谋；汉帝闻言，膝前席而不觉。一见拔玉□□□（钤兵曹），再见□□□（取尚食）直长，三见寘典□□（设郎）。□（骤）进直词，深触权嬖，为易之兄弟所嫉，左授伊□（川）府果毅。又上封章，帝用嘉纳，加游击将军右卫郎将，历清道率，换右卫中郎押千骑使。总□□□（统貔武），便□□□（繁肘腋），□□（故得）协心五王，戡剿二竖，奋飞北落。推戴中宗，嗣唐配天，不失旧物，以匡复勋，拜云麾将军、右鹰扬将军，封弘农县公。赏未充庸。且有后命，增冠军大将军、右威卫将军，进河东郡公，邑二千户，赋四百室，□（俾）之铁券，恕其十死；又赐天马瑞锦，珠盘宝爵，彩纹五百，缣素三千。分三土之上腴，处五等之高列，珥戈紫绶，□□（环卫）于钩陈；玉□□□（瓒黄流），侍祠于清庙。岂知衅结梁鲁，政回艳□（哲），里克纳惠而为戮，苌叔成周而见咎。彼五绩之摧颓，此三黜之屯邅。出为常州[3]刺史，以太夫人嬴老，乞避卑湿，特降中旨，转牧晋州。驸马都尉琅琊王同皎，□（亲）贤地切，休戚图深，安刘之策未遂，锺室之灾先及：吏扇纷狱，公陷关通。贬徙沁州刺史不知事仍长□（任）。夜魂九逝，非北首而无归；昼户重扃，异南冠而同絷。果能推分荣□（辱），忘怀生死，人不堪其忧，公不改其操。久之，尽削官封，放还侍母。梁山雨雪，不隔曾氏之思；王畿风景，来就潘园之养。

　　寻而大勋不废，天道复反，归既夺之井邑，起故时之□（将）军，擢卫尉卿，复初封爵。岩岩剑阁，蜀之险要，嗷嗷飞雁，人未安居，饥渴仁明，辑绥凋弊，又授公剑州刺史，蔚彼黍苗，乐我膏泽。内忧远讣，殒绝绝时，于是搏膺星奔，徒跣□（永）路，雨不接乘，夜不解缫，□（因）心过礼，朝流钦叹。有命夺情，除汾州刺史知团结兵马，哀诉不允，金革无违。中国简稽而有备，单于遁逃而远迹，诏征为凉州都督兼左卫将□（军）河西诸军州节度督察九姓赤水军等大使。公富以农政，和以师律，彰信蕃部，赫怒军容。断匈奴之臂，碛路安而不警；张汉家之掖，雪山开而无寇。遂兼御史中丞，玺书劳徕，缛赏稠叠。又牧原州[4]，未发，复授凉州都督，改右卫将军，使悉如故。寻移许州[5]刺史，未到，以单于款关，授右卫将军检校胜州都督兼处置降户使。怀柔以德，□（种）落宜之，征还本官，又兼原州都督。旋属降户翻叛，河南俶扰，边城耸譬，诸将无功，强循连率夏州，按察关内，羽书日夜，俾还群牧。公按甲待敌，确乎不动，虏骑畏威，竟无□（来）掠。向使回避行于一步，则攘窃启于万端，十将耗五，数年未复。既而强公追丑，朝端延赏，征拜左威卫大将军，进检校右金吾大将军，寻而即真，禁卫肃然，异于他日也。皇上哀庶戮之不辜，念群胡之自孽，大军之后，荆棘生焉，乃命公兼御史大夫，为朔方元帅。公刚肠疾恶，擒奸摘罪，曩将之所弥缝，宿吏之所干没，匿□（赃）散廪，一征百万，矫枉过正，众口嚣然。改右卫大将军，无何，复右金吾大将军。金刀更新，匏鞘仍旧，岩廊益峻，微道增清。改金紫光禄大夫鄜州刺史，人宽吏急，犹前政□（也）。享年六十有五，开元十四年正月二日，薨于官舍。阃境发丧，列城望祭，古之遗爱，何以加焉？

　　天子伤之，下诏曰："故金紫光禄大夫行鄜州刺史上□（柱）国河东郡开国公杨执一，夙负名义，早著勋庸，居内外之职，备文武之任。忠勤匪懈，诚节无渝，奄焉殂没，情深悲悼。可赠户部尚书，归赗成丧，有加恒数。"维公以孝敷闻，□（以）忠特达，以干述职，以能典兵，凡领郡十四，将军十二，再杖节钺，三执金吾，一至九卿，二兼独坐；俨有直色，侃无媚辞，银艾复乎旧德，珪爵传乎祚胤，全志节于夷险，与福禄而始终，谥曰忠公，朝之令典也。夫人新城郡夫人独孤氏，左威卫大将军赠益州都督卿云[6]之女也。妇德母仪，中外师范，开元四载，先公即岁。以今十五年六月合葬于咸阳之洪渎川，礼也。其孤濯、汪、□、汲、汶等，衔恤靡诉，托辞畴识，感称伐之垂文，哀劬劳之冈阆极。铭曰：

堂堂杨公，神密气雄。苦身难□（孝），□（正）国危忠。落彼狡童，树此帝功。昔称关西，今也河东。观王华裔，珠蕡玉葆。重世牧京，三朝匡帝。韡韡七德，诜诜六艺。公之亢宗，郁为世济。凉镇西隅，朔临北□（胡）。天子授斧，将军剖符。青蛇入笥，白兽衔珠。去持玉节，来执金吾。转余爪士，守于郦畤。明察号神，仁恩名子。武都石折，文昌星死。素盖归飞，黄泉已矣。卜葬卷阿，哀荣孔多。尚书鼓吹，太平虞歌。碑流雨迹，松引风过。独传茅土，长誓山河。

开元十有五年岁在丁卯十一月己亥二旬戊午建。

杨执一志石

杨执一神道碑

【注释】

　　［1］杨执一神道碑，唐开元十五年（727）十一月二十日立。2010年夏出土于陕西咸阳，石藏陕西咸阳顺陵文管所。神道碑通高300厘米、宽104厘米、厚30厘米，其中碑额高85厘米，碑榫长62厘米。碑额篆书"大唐故河东忠公杨府君之碑"，共3行，行4字。碑文共30行，满行65字，隶书。碑上半部断裂，右下部字迹漫漶。1952年，陕西咸阳底张湾村出土《杨执一墓志》及《杨执一妻独孤开墓志》，今藏西安碑林博物馆。其内容可

与神道碑相互印证补充。主要著录：《全唐文》卷 229；《1996—2017 北京大学图书馆新藏金石拓本菁华（续编）》第 212 页。相关研究参李小勇《唐杨执一神道碑考释》（《文博》2014 年第 4 期）。

[2]梁升卿，生卒年不详。玄宗开元中初仕奉天县尉，擢侍御史内供奉，迁祠部员外郎、户部郎中。后官至广州都督，太子右庶子，约天宝初年卒。与张九龄友善。博学工书，以隶书名世，体格甚古。传世的书迹有泰山摩崖《东岳朝觐颂》（已毁）《御史台精舍碑》等。碑文载其时任官职为尚书兵部郎中，可补史阙。

[3]常州，隋开皇九年（589）置，治所在常熟县（今江苏常熟西北），后移州治晋陵县（今江苏常州市）。大业初改为毗陵郡。唐武德三年（620）复名常州，天宝元年（742）又改为晋陵郡，乾元元年（758）复为常州。

[4]原州，北魏正光五年（524）改高平镇置，治所在高平县（今宁夏固原）。西魏废帝时改高平县为平高。隋大业三年（607）州废为平凉郡。唐初复改为原州，天宝元年（742）改平凉郡，乾元元年（758）改为原州，贞元十九年（803）徙治平凉县，元和三年（808）又徙治临泾县（今甘肃镇原），大中三年（849）仍移治平高县。

[5]许州，北周大定元年（581）改郑州置，治所在长社县（今河南许昌市）。隋大业初废。唐复置。

[6]独孤卿云，京兆（今陕西西安）人。隋代名臣独孤楷之子。据《唐东征将士事迹考》研究，张说《右豹韬卫大将军赠益州大都督汝阳公独孤公燕郡夫人李氏墓志铭》所载独孤卿云的入仕履历，说："府君更郎将、中郎将、各一将军，大军将凡四，前后领左右羽林二军禁营，青海、鸭绿二道总管。天于元老，自首兵栏，腹心爪牙，朝无与二"。可见其生平大概。以上所引见《张燕公集》卷 24，其任左羽林卫大将军，亦见《续编》大和○一○《唐故润州司马赐绯鱼袋独孤府君墓志铭并序》。显庆三年，为右武将军，担任青海总管。乾封元年，担任鸭绿道行军总管，从李勣攻高丽。龙朔二年，任江陵府大都督。三年，为右武卫将军，从郑仁泰屯凉州，以备吐蕃。官终右屯卫大将军。其子独孤怀节，任怀州长史，赠兵部尚书。

唐安忠敬神道碑[1]

河西节度副大使鄯州都督安神道碑

公讳忠敬，字某，武威人也。轩辕帝孙，降君弱水，安息王子以国为姓，世高之违。汉季自河南而适辽东，高阳之受魏封，由阴山而宅凉土。高阳王冈生尚书左仆射河涧公原晤其，河间生建节将军[2]西平公缅徒正，西平王生龙骧将军黄门侍郎广宗侯薛晤征，累叶勋华，载于魏史。高祖何藏器，广宗之子也，周开府仪同三司、宁远将军、肃州[3]刺史、张掖郡公。曾祖罗方，大隋开府仪同三司、皇朝赠石州刺史、贵乡公。祖兴贵，右武侯大将军、凉州刺史，徙封荣凉归三国公。考文生，不仕。凉公皇运经纶，首平李轨，大举河湟之地，远通城郭之国，宠锡蕃度，冠绝等彝，水出渥洼之神文马者二千乘，山得崆峒之曳朱纶者四十人。公育荣盛之门，郁豪爽之气，孝友天至，清华玉立。幼聚童儿，必为军阵之戏；长交英俊，唯谈韬略之书。始以良家子，仆射常公待价引于帐下，安息将建奇绩。解褐授游击将军、临洮府[4]右果毅，复以善部统御史大夫唐休璟[5]处之前锋洪源谷[6]，立异效。迁右威卫朔府右郎将兼新泉军使，进本衙中郎将、赤水军副使兼赤水新泉两军监牧，改会州[7]刺史、营田使，换松州[8]都督、防御使，迁左司御率兼河西节度副大使、临洮军使，转鄯州都督使如故。其在军州，倾心下士，视人如子，无约而亲附，不言而条理。其在农牧，大田多稼，如茨如梁，思马斯材，有骊有皇。轮力四朝，历官三纪，名参禁卫，身仕疆场，以静总繁，以逸待寇，我无亡镞之费，敌有不战之屈，兹所谓一方之千城者也。享年六十有六，开元十四年十一月二十八日寝疾，终于位。知与不知，莫不陨涕。十五年某月，葬于乌城之南志公乡，附先茔也。公览以御重，卑以自牧，直而无讦，廉而无刿，朋友不闻臧否之言，家人不见喜愠之色，加以心敬三业，躬勤八戒，推是而行，何往不济。初甘州有舍利涉多禅师道场之四果也，尝云：檀越德充于内，神护于外，虽冒锋镝永无害也，及百战之后，启手归全，西州之士人，闻之激励。有子仲璋、如璋、季璋、金璋、重璋，庭袭芝兰，丧过栾棘，敬奉窀穸，备礼仪于文武，撰述家风，刻功勋于金石。词曰：

玉关气爽，金波秋彻。凉野萧条，寒山积雪。授灵产义，精劲才杰。孝固纯深，忠惟刚烈。负羽从军，奋飞青云。麾幢按部，惠流时雨。总军扶郡，入文出武。三十年间，式遏式虏。疆场务静，非公莫镇。金鼓气雄，非公莫震。神山与镞，龙池取骏。霹雳陷营，冲风入阵。勇将知时，仁兵善待。反耕去战，王者之师。牧马如云，屯瘦如坻。西军方壮，东首长辞。振古同嗟，没而不死。所谓明德，永传神理。钟鼎题门，珠玉名子。信言丰石，令闻不已。

【注释】

［1］安忠敬神道碑，唐开元十五年（727）某月立。今据《文苑英华》录文。主要著录：《文苑英华》《张说文集》《全唐文》。

［2］建节将军，官名。东汉献帝建安（196—220）末曹操置，三国魏，十六国前秦、后秦，西秦北魏及仇池杨难当沿置。后秦时列为第三品，北魏孝文帝太和十七年（493）定为从三品下，二十三年复次职令，改为四品。

［3］肃州，隋仁寿二年（602）置，治所在福禄县（今甘肃酒泉）。大业初废。唐武德二年（619）复置，天宝元年（742）改为酒泉郡，乾元元年（758）仍改肃州。

［4］临洮府，唐代岷州所属折冲府之一。《旧唐书·地理志》：溢乐县，秦临洮县，后魏改为溢乐，隋复改临洮。义宁二年改名溢乐。敦煌文献《唐沙州图经》张芝墨池条有"壮武将军、行右屯卫嵋州临洮府折冲都尉、上柱国张燕客。"据张沛研究，临洮府得名于临洮郡和临洮县，郡、县治所均在今甘肃岷县，临洮府疑即在此。嵋同岷。《沙州图经》嵋州即岷州。

［5］唐休璟，京兆始平（今陕西兴平）人。少以明经擢第。调露中，征讨突厥，斩获甚众，超拜丰州司马。垂拱中，迁安西副都护。久视初，吐蕃寇凉州，休璟往击之，大破

吐蕃，擢右武威、右金吾二卫大将军。后迁夏官尚书、同凤阁鸾台三品。中宗即位，召拜辅国大将军、同中书门下三品，封酒泉郡公，累封宋国公。后以年老辞官。景龙时又依附颇干国政的尚宫贺娄氏。景云元年，加特进，充朔方道行军大总管，以备突厥。旋致仕。卒赠荆州大都督，谥曰忠。

［6］洪源谷，在今甘肃武威市东南。《资治通鉴》卷260：武后圣历二年（699），吐蕃论赞婆来降，"以为右卫大将军，使将其众守洪源谷"。胡三省注："洪源谷在凉州昌松县界。"

［7］会州，西魏置，治所即今甘肃靖远县。北周保定二年（562）改置会宁防。隋开皇元年（581）改名会宁镇。唐武德二年（619）升置西会州，贞观八年（634）改名粟州，同年又改会州，后废。

［8］松州，唐武德元年（618）置，治所在嘉诚县（今四川松潘县），广德初废。

唐薛莫墓志[1]

大唐故右骁卫大将军雁门县开国公上柱国左万骑使河东薛君故武昌郡夫人史氏合葬墓志铭并序

公讳莫，字武强，河东人也。隋末丧乱，徙居凉州。曾贞，隋任统军；祖政，隋右金吾卫将军；父智，开十年赠郎将；或干戈挺拔，或松楤增光。夫人讳字，武昌人也。洎周室衰微，迁于陇右。祖藏，左骁卫中郎摄肃州刺史；父，夏州长史；兄思谦，右领军卫大将军；或忠懿范设，或奇谋轨施。公至骤（麟）德年中旋车本郡，解褐授左金吾卫绛州夏台府[2]别将，借绯鱼袋。孝和皇帝复授左领军卫蒲州奉信府[3]折冲，便留宿卫。属以官闱作孽，赤心从谋，景云元年，授云麾将军、上柱国、赤水军防御使[4]，俄授左羽林军大将军雁门县开国伯。三年，又进封开国公，食邑二千户。十三年，宴设，赐马、金银器皿，仍令少府监。丹青图写，将以功最。帝撰赞文，又封镇军大将军押左万骑使。十四年，复进右骁卫大将军闻喜县开国子，食邑四百户。风威肃肃，若巨阙对于冬霜；神气棱棱，状雕鹗飞于云汉。岂图运数俄及，贤良钟祸，十五年十二月十一日，薨于醴泉里之私第也。天皇轸悼，赗吊连续，前赠杂物三百五十段，后赠米粟各一百石。夫人五年封武昌郡夫人。钦四德之优美，叹百年之俄及。十二年六月，薨于醴泉里之寝室也。权葬于万年县长乐乡界龙首之原。今发棺枢，简择良日，开元十六年岁次戊辰四月丁巳朔卅日景申，合葬于夫人旧墓之傍，礼也。西临京阙，恨近日而长阴；东俯浐河，观逝川而增悼。次子左领军卫坊州仁里府[5]折冲、上柱国仙童；次子左羽林军中候、闻喜县开国子、上柱国仙鹤。恋慕无及，攀号罔迨；恐变桑田，式以修志。乃为铭曰：

河东望族，联冠冕兮。武昌淑胄，崇弈叶兮。讵图染疾，偕倾逝兮。千秋万岁，痛无穷兮。

薛莫志盖

薛莫志石

【注释】

[1] 薛莫墓志，唐开元十六年（728）四月三十日葬。1995 年陕西省西安市东郊韩森寨东北出土，今藏西安碑林博物馆。志盖、志石均为正方形，边长均为 72 厘米。志盖篆题"大唐故薛府君墓志铭"，共 3 行，行 3 字。盖文四周及四杀刻蔓草纹。志文共 25 行，满行 25 字，行书。志石四侧刻蔓草纹。主要著录：《新中国出土墓志·陕西（二）》编号 89；《隋唐五代墓志汇编（陕西卷）》第 1 册第 110 页；《唐代墓志汇编》开元 274；《全唐文补遗》第 22 册第 15045 页；《全唐文补编》第 5 辑第 349 页；《中国西北地区历代石刻汇编》第 3 册第 69 页；《西安碑林全集》第 79 册第 2647 页；《河东望族万荣薛氏》第 256 页；陕西省文物管理委员会《西安东郊唐墓清理记》（《考古通讯》1956 年第 6 期）。

[2] 夏台府，唐代绛州所辖折冲府之一。《太平寰宇记》：夏禹台在夏县西北十五里。《唐李君夫人严氏墓志》：祖果，游击将军、绛州夏台府折冲。据张沛研究，夏台在今山西夏县西北。府因台名，疑在其地。据《旧唐书·地理志》，大足元年，乾元元年曾先后两次割绛州之夏县属陕州，《新唐书·地理志》以夏台府属陕州，不为无据。

[3] 奉信府，唐代蒲州所辖折冲府之一。《唐马延徽墓志》：转河东郡奉信府左果毅都尉、右羽林军长上。

[4] 防御使，官名。武则天圣历（698—700）中始以夏州领防御使。安史之乱期间，置于大郡要害之地，或称防御守捉使。掌本区军事防务，位在团练使下。唐朝后期，诸州刺史不带团练使者多加此衔，或与团练使互兼。诸道不设节度使处，亦或置都防御使以领军事。

[5] 仁里府，唐代坊州所辖折冲府之一。《唐茹守福墓志》：武太后时选补右领军卫长上，考满，授坊州仁里府别将。

唐王君㚟神道碑[1]

右羽林大将军王君㚟神道碑

张说[2]奉敕撰

维大唐开元十五年闰九月二十三日庚申，右羽林大将军、持节河西陇右两道节度使、营田九姓转运十副大使、兼赤水大使专知节度事、摄御史中丞、判凉州都督、上柱国、晋昌伯薨于巩窀亭，故也。夫事君效命之谓忠，杀敌荣亲之谓勇，干星袭月之谓气，逐日拔山之谓力。有一于此，名犹盖代，矧兼其四，人何间焉？是晋昌所以错落将星，峥嵘山岳者也。

公讳君㚟，字威明，瓜州常乐[3]人也。父寿，因公建绩，致位九卿，临难守死，褒赠特进。审塞翁之倚伏，达蒙叟之浮休，老而益壮，没而立名者矣。公威声发于雷泉，武毅标于峒岭。小头锐上，猿臂虬须。龙剑摧百胜之锋，蛇矛得万人之敌。拔自行阵，果有吕蒙[4]之才；拜于坛场，不爽韩信[5]之用。始任镇戍，历班外府，及郎将中郎至军副率，虽骤移官守，而恒在疆场。郭知运[6]推毂河源，握符陇右。公未登一命，事主将之旌麾；不出十年，代总戎之节钺。慷慨之士，以为美谈。于是自骁卫将军迁羽林大将军，既督陇右，兼统河西，绾塞垣之十军，佩节制之两印。大田多稼，而屯廪百亿；搜乘籍马，而铁骑数万。乃蹈赤山，焚蘮幕，猎青鸟，驱犁牛，暗鸣而七戎辟易，烜赫则千里震动。亭候恃其长城，庙堂赖其神将，月献戎捷，岁行军赏。王侯无种，屠狗起于将军；战伐有功，烂羊超于都尉。前后翻飞幕下，奋跃行闲，跨军典郡，腰金冠玉者，数十百人矣。每至入朝奏谒，升殿论边，山川险易，立成于聚米；攻守方略，一决于前筹。遥诏置兵，先合汉光之旨；新书从事，暗同魏武之心。故得延誉上腾，风云郁其气色；恩荣下沓，日月借其光辉。当斯时也，踌躇攘袂，三垂可以气压，百蛮可以力制。即叙者，老生之常谈，和亲者，竖儒之怯计，安足为神武非常之主道哉？誓请先拔犬戎，次系猃狁，尽区域于西海，辟郡县于北荒，辉皇灵于天外，图壮节于云阁。其事如果，旷古未传。惟君知臣，保斯言之可复；何神与善？负厥志而无成。

　　是年秋八月，吐蕃犯边，瓜州失守，盗憎吾将，执致其亲。[7]公以为背父立威，非孝也；顿兵从敌，非忠也。大义逼而忘家，方寸乱而供国，其定计也。成列而出讨贼，尽狄而退杀身。忠在孝先，将之道也。公驰驿要谍，而回纥内叛，以八九之从人，当数百之强虏，然犹虓唬击射，杀伤略半，亭狐兵尽，流矢横及，所谓仆而余威，折而不挠矣。嗟乎！尝胆之愤空结，啖肝之怨莫雠。天子闻之，黯然兴叹。人言以命许国，夫岂忘其言哉？苟收必死之忠，焉问不虞之过？至矣！盖圣主推仁恕于天下，悬大信于后人，爱欲其生，惩晋侯再克之喜；恶伤其没，抱秦伯犹用之诚。婉独见之端，岂常情所逮？谋臣饮恩于望表，猛将感德于事外，然后任人之固，众可知也。乃下诏追赠特进荆州大都督，礼命窀穸，加常二等，死事之经也。公之伉俪曰武威郡夫人夏氏，韩母筑城之智，孟光举曰之材。拔棘解围，三军慑其健妇；崩城恸哭，四海伤其孝妻：此又闲代之一奇，一家之两绝者也。嗣子尚衣奉御[8]承荣，天奖赐兰，星祥名宝，礼义形于桥梓，哀戚过于缞麻，禀训帷堂，克持门户。特奉恩旨，收其二荫，饰枢玉关，归魂上国。以十六年十月，诏葬于万年县见子之原。卤簿齐列，方相双引，京尹护丧，史官颂石。千乘送葬，观骠骑之威仪；十里开茔，识龙骧之丘墓。铭曰：

　　合众在仁，正兵惟义。将为天目，国命所寄。曲乃老师，轻实儿戏。安我封略，才难不易。赳赳将军，貔貅绝群。超腾白地，骞翥青云。朝盛勇爵，家荣战勋。众声飞誉，帝曰予闻。子闻伊何？甲兵缮肃。屯积万庾，马量百谷。甘心犬戎，指掌猃狁。大毕当趾，单于可掬。壮计先达，王师未张。城隳孤塞，寇及高堂。忠先孝后，取敌而亡。外仇易复，内变难防。克日将战，呼天不假。岑彭诈客，张飞帐下。流镝何人？交钱去马。苍皇反复，哀哉命也！美矣姑臧，宠归芷阳。东都门外，南登路傍。高坟累累，列树行行。父子同兆，何殊故乡？诏刻金石，义形意气。隐善必书，殇魂不讳。事弃忠在，生轻节贵。嗟尔明灵，衔恩永慰。

【注释】

　　[1]王君㚟神道碑，唐开元十六年（728）十月立。张说撰。今据《文苑英华》录文。主要著录：《文苑英华》《张说之文集》《张燕公集》《全唐文》。

　　[2]张说，字道济，又字说之。其先范阳人，徙家河南之洛阳。弱冠应诏举，对策乙第。

授太子校书。中宗朝，历工部、兵部侍郎，加弘文馆学士，睿宗景云二年，同中书门下平掌事，转尚书左丞，罢知政事，征拜中书令，出为相州刺史。开元九年，拜兵部尚书同中书门下三品，为朔方军节度大使。十三年，授集贤院学士知院事。将东封，授右丞相兼中书令。致仕，在家修史。十七年，复拜尚书左丞相，加开府仪同三司。十八年卒，年六十四。追赠太师，谥曰文贞。

[3] 常乐，隋开皇四年（584）以凉兴县改名常乐县，治所即今甘肃瓜州县东南锁阳城。唐武德四年（621）改名晋昌县。

[4] 吕蒙，字子明，三国吴汝南富陂（今安徽阜南）人。初依孙权部将邓当，受权赏识，当死，代统其众。多次征战有功，历拜平北都尉、虎威将军等。鲁肃死，代领其军，乘关羽围樊城之际，袭占江陵，孙吴自此据有荆州之地。官至南郡太守、封孱陵侯。不久病卒。

[5] 韩信，西汉淮阴（今属江苏）人。秦二世二年（208），从项羽，为郎中，不受重用。亡归刘邦，任连敖、治粟都尉。经萧何力荐，任大将军。建议刘邦东向以图天下，将兵击魏破代，下燕取齐。汉四年（203）任相国，次年为齐王。继与刘邦围歼项羽于垓下。西汉立，改封楚王，都下邳。有告信谋反，高祖伪游云梦而执之，贬为淮阴侯。高祖十年（197），陈豨反，与信暗通声气。其舍人举报信谋发兵袭吕后、太子。为吕后与相国萧何计诱入长乐宫，被斩。著有《兵法》三篇，已佚。

[6] 郭知运，字逢时，瓜州晋昌（今甘肃瓜州县东南）人。初为秦州三度府果毅，以功累迁伊吾军使。玄宗开元年间的瀚海军经略使及伊州刺史兼伊吾军使。开元二年（714），从郭虔瓘在北庭击败突厥，加右骁卫将军，封介休县公。吐蕃入渭源，与薛讷等相掎角，败之。除陇右诸军节度大使、鄯州都督，寻兼陇右经略使，营柳城，大败吐蕃。六州胡康待宾反唐，率军平之，拜左武卫大将军。开元九年（721）卒于军，赠凉州都督，谥曰威。

[7] 此事据《册府元龟》卷453《将帅部·怯懦》记载：王君㚟判梁（凉）州都督，时吐蕃寇陷瓜州，执刺史田仁献及㚟父寿，杀掠人户，并取军资及仓粮，又进攻玉门军及长（常）乐县，仍纵僧徒使归梁（凉）州谓君㚟曰："将军常欲以忠勇报国，今日何不一战！"君㚟闻父被执，登陴西向而哭，竟不敢出兵。

[8] 尚衣奉御，官名。隋炀帝大业三年（607）殿内省尚衣局置为长官，二员，正五品。唐朝殿中省尚衣局沿置，二员，从五品上，掌供冕服，几案；高宗龙朔二年（622）改名奉冕大夫，咸亨元年（670）复旧。

唐契苾嵩墓志[1]

大唐故特进凉国公行道州别驾契苾公墓志铭并序

公讳嵩，字义节，先祖海女之子，出于漠北，□乌德建山焉。祖何力，苍天不征，年幼偏露。母谓公曰：观汝志大，在此荒隅，非是养德。比闻大唐圣君，六合归之，四夷慕义，将汝归附，汝意如何？公跪而言曰：实有诚心，若至中华，死而不恨。将部落入朝，姑臧安置，后移京兆，望乃万年。授右领军卫将军。高昌不宾，授□葱岭道总管，破国虏王。尚临洮县主，封张掖郡公。燕颔为将，班超酬西域之侯；麟阁图形，公建勋诚之节。高丽逆命，王师问罪，先锋直进，斩首数千，苦战被伤，通中者七。主上亲问，入帐傅药。太宗晏驾，陵侧割耳。为下过礼，奉制追入屯营检校。龙朔元年，诏为辽东道行军大总管，于时九月，水陆两军，大会平壤。兵至鸭渌，波涛浩瀚，无舟可济。恐失王期，仰天而跪，具申忠志。寒风四起，流渐立合。军众才渡，冰随后销，高丽谓神。耿恭拜井[2]，鲁杨麾戈，精诚所感，信非谬也。旋师录功，赐甲第一区，加凉国公，拜长子明朝散大夫太子舍人。北蕃公子，归帝京而得名；南阳武侯，惧中华而不入。授公父明为都督，检校部落。南御鲜零，北防凶虏，征战不息，迁至右鹰卫大将军。授公兄崧为都督。狼星角怒，群羊虏云，不夕即朝，时无可识。凶奴大下，公兄频胜，为虏所擒，荒外身亡，骸留不返。主上矜念，褒赠荣官。部落有余，授公为都督，检校征战。累功迁至右领军卫大将军、赤水军[3]副持节。吐蕃频扰，领兵不千，轻入青海，破军斩将。叙录功绩，授公为特进。表请入朝侍奉，留子检校部落。轻兵陷阵，耿第□可同年；坐指白麾，谢艾方应可匹。为子娇逸，言误侍臣，众口非金，石浮被谪，□□连州别驾[4]。南观冬柳，愁伤叶乃寒生；北望春梅，叹恶花分半发。结气成疾，虐□相仍，自寿不长，还来服鸟。迁至道州[5]别驾。两住炎中，连绵四载，望居坎北，放至山南，既济有文，终正则乱，其道穷也。开元十八年岁次庚午六月辛未，薨于任所。珠洋从得，殁后难申；玉斧香来，无由再起。天命已毕，大数而归；二万七千，同盟而至。其命十一月廿二日，葬于咸阳洪渎原[6]茔之侧。呜呼哀哉！孀妻恸哭，伤于杞梁城崩；孝子悲深，表上图形厉俗。乃为铭曰：

张仓被法，王陵见祺。身殁之后，福及妻儿。三代为将，道家忌之。损殪贤良，诚之□思。刘实性俭，子夏情非。残林被类，谪逝魂归。柏靡西顾，白杨风悲，从今永往，唯□葛累。[7]

契苾嵩志盖

契苾嵩志石

【注释】

[1] 契苾嵩墓志，唐开元十八年（730）十一月二十二日葬。陕西咸阳出土。拓片志盖为正方形，边长78厘米。志盖篆书"大唐故契苾公墓志铭"，共3行，行3字。拓片志石亦正方形，边长74厘米。志文共28行，满行31字，行书。主要著录：《北京图书馆藏中国历代石刻拓本汇编》第23册第36页；《隋唐五代墓志汇编（北京卷附辽宁卷）》第1册第159页；《唐代墓志汇编》开元314；《全唐文新编》第22册第15064页；《全唐文补遗》第6辑第413页；《中国西北地区历代石刻汇编》第3册第81页。相关研究参岑仲勉《契苾嵩墓志拓本校注》（收入《突厥史集》，中华书局，1958年）。

[2] 耿恭拜井，典故，讲的是东汉耿恭拜井，干井涌清水之事。事出《后汉书·耿弇传》：耿恭字伯宗，慷慨多大略，有将帅之才。永平十七年（74）冬，官拜戊己校尉，屯兵西域金蒲城。明年三月，北单于攻金蒲城，恭领军击之，匈奴退。恭以疏勒城傍有涧水，

可长期固守，五月，引兵据之。七月，匈奴复攻恭，于城下断涧水。城中乏水，恭于城中穿井十五丈不得水，吏士渴乏，笮马粪汁而饮之。恭仰天叹云："闻昔李广利将军伐大宛，拔佩刀刺山，飞泉涌出，今汉德神明，岂有穷哉。"乃整衣向井再拜，为吏士祷。有顷，水泉奔出，众皆呼万岁，乃令吏士扬水以示虏，虏以为神明，遂退去。

[3] 赤水军，唐置，在今甘肃永登县西南。开元十六年（728）置大斗军，移赤水军于今甘肃武威。《元和郡县图志》："军之大者莫如赤水，幅员五千一百八十里，前拒吐蕃，北临突厥。"

[4] 连州，隋开皇十年（590）置，治所在桂阳县（今广东连州市）。大业初改为熙平郡。唐武德四年（621）复名连州，天宝元年（742）又改为连山郡，乾元元年（758）复为连州。别驾，官名，汉代始置。魏、晋、北魏前期，别驾例用本州人，由刺史自辟，后期渐由朝廷任命。自北周始，州、府佐吏渐混为一系。隋、唐为府州上佐之一，迭与长史互改名称，亦或并置，并无实际职任，因品高俸厚，多以位置贬谪大臣，时有废罢。

[5] 道州，唐贞观八年（634）改南营州置，治所在营道县（今湖南道县西）。天宝初改为江华郡，治所在弘道县（今道县，宋改为营道县），乾元初复为道州。

[6] 洪渎原，在隋唐时范围较大，包括今秦都区平陵乡，渭城区周陵、底张两镇及双照、北杜的一部分，南到今高干渠。（《渭城文物志》）

[7] 据岑仲勉先生研究：《酉阳杂俎》称突厥之先，妻海神之女，志云"海女之子"，则初唐已有此传说。《旧书·何力传》、何力父初居热海之上，此云乌德建山，盖已转而袭用突厥部落之传说。"姑臧安置"与明碑"姑臧人也"同。何力之右领军卫将军、旧新《传》均作左，葱岭道总管均作葱山道副大总管，初封张掖郡公，《传》则未详。屯营检校、《传》叙在贞观十四年之前。明迁至右鹰扬卫大将军，此志"鹰"下脱"扬"字，"右"、明碑及两传均作"左"。据此志，信得崧原袭爵，因死于突厥，故以嵩承之，旧日疑团，可以冰释。嵩子何名，志不提及，以余揣之，应即《旧·王君㚟》之契苾承明，嵩即入朝，留承明检校部落，因回纥承宗案长流藤州，志所谓"为子娇逸"者也。嵩于开元十五年贬连州，至十八年为四岁，故志云"连绵四载"。唐人字体，不大拘泥，如匈奴作凶奴，李勣碑又作凶奴，是也。（《突厥史集》）

唐阴行先墓志 [1]

邠王府长史阴府君墓志

公讳某 [2]，字某，武威姑臧人也。昔恭王之裔，别封于管，有夷吾者，能霸桓公。则平周辞上卿之礼，适楚践大夫之职，以地命氏，授于阴城。新野之凉，皆为著族。贵则重族二后，荣则一门四侯，道则山纪神仙，行则理题忠义。建名崇德，世有其人。公高祖湘东内史铿，梁州之子，属词比事，天下宗之。曾祖江州刺史、通道馆学士颢，祖朝请大夫、国子博士弘道。考某官景明，贻范清白，纂烈文史，累善所征，及公而盛。公承礼乐之峻胄，禀清明之异姿，天生粹灵，气合真素，下帷专思，重席擅业。至人藏用，有道德之乡；君子为儒，无荣辱之境。尚东郭以自逸，与南容之不废。调补陈州司仓[2]，征其志也。以为非足利时，不俟终秩。遂优游初服，述祖移年，嘿志玄言，洞心清律。常手操经籍，耳练宫商，淡有怡神，坦无婴虑。是可忘机造化，岂徒屑意公卿而已哉？故德充以外形，才全以内济，委怀从运，与道无名。寻拜命宜城公主府记室参军[3]，退一隅而无闷，进三府而交辟。署宰长河，曲资而往，曰：惠人无小，吾所从之。其至也，去恶如救焚，急贤如济渴，遇物风偃，推心理裕；平其志而异物不迁，一其诚而万情咸括。清猷美绩，克存余咏；飞狐之地，戎马生郊。俾公为蔚州[4]别驾，则惠化所存，勇且知方，肇建天人，懋官灵器。入为庆王友，转太子中允，又拜国子司业[5]、邠王府长史[6]。或举德以进，或尚闲而退，不失其正，达识推高。某年月日寝疾东都，终于永丰第[7]，春秋七十有五。惟公率心经于义德，检口绝于臧否，秉礼乐而视正直，蕴文藻而含清真，可不谓才全而蹈道者欤？位不兼济，惜也。夫人范阳县君张氏，丞相燕公之妹，元帅妙德，嫔风女师，梁氏义轻于前志，曹门克贻于后范。府君之丧，纪缞将缟，昼哭成疾，恐流年之易除，恸累月而云逝。没而不朽者，非礼节绝伦之道乎？春秋若干，以某年月日，合葬于龙门南陵原，礼也。公无子，有二女，咸以淑行著于通门，成葬克家，感戚行路。子婿吏部郎中[8]吴兴张珦、度支员外郎[9]陇西李恺，永怀清冰，缅托贞石。庶乎时迁陵谷，犹征少女之词；道在宗亲，不昧诸姑之德。大人为颂，俾小子序焉。

问哉阴侯，孝友仁信。符彩外发，清真内镇。史门文宗，国子儒胤。克家踵武，金声玉振。结发筮仕，利用劝心。稚驯风化，鹿赋文章。函杖礼乐，雷门纪纲。微言教胄，直道匡王。年惟大耋，克茂精爽。疾不弥留，怡然长往。世比过隙，生犹绝响。契均范张，会阻天壤。通家自昔，永怀厥初。昏姻之故，言就我居。富同鼎食，穷共园蔬。动心规戒，言成著书。夺我良友，天其丧余。南望龙门，东都九原。万籁酸骨，千霜断魂。琴瑟都尽，埙篪半存。葬收子婿，碑传外孙。人生到此，天道何言？

[注释]

[1]阴行先墓志，唐开元十八年（730）之前葬。《全唐文》卷408载，今据以录文。《全唐文》记为张均所撰，《文苑英华》卷903记撰者为"张说，《集》无"，当误。今按《全唐文》。其祖父阴弘道的墓志于长安高阳原出土，本书亦收录。《全唐诗》存阴行先诗一首《和张燕公湘中九日登高》："重阳初启节，无射正飞灰。寂寞风蝉至，连翩霜雁来。山棠红叶下，岸菊紫花开。今日桓公座，多愧孟嘉才。"主要著录：《文苑英华》《全唐文》《武威金石录》第60页。

[2]志主当为阴行先，据寒石《〈唐两京城坊考增补〉质疑》研究，邠王府长史阴公夫人即燕公之妹。按燕公即张说。据《旧唐书》卷一八七《李憕传》："说乃以女妻岩，妹婿阴行真女妻于憕。"《元和姓纂》卷五"武威阴"："行光，国子司业，即燕公妹婿也。"又《张说之文集》卷九，《唐诗纪事》卷十七载有阴行先《九日陪燕公登高》诗，《全唐诗》卷八七有张说《幽州别阴长河行先》诗，可知此阴府君当及阴行先，先字作光或真系笔误。

　　[3]陈州，北周武帝改信州置，治所在秣陵县（今河南沈丘县南）。隋移治宛丘县（今河南淮阳县）。司仓，隋文帝开皇三年（583）改仓曹置，置于诸卫、诸率、诸王府，长官为参军，炀帝大业三年（607）改参军为书佐，诸郡亦置。唐高祖武德（618—626）中，诸王府复置为仓曹，长官为参军事；玄宗开元元年（713）诸卫、诸率府亦复置为仓曹，长官为参军事；诸州仍称司仓，长官为参军事，诸县亦置，有佐官。记室参军，官名。又称记室参军事。西晋始置，为记室曹长官，掌文疏表奏。南北朝时，皇弟皇子府、嗣王蕃王府、公府、持节都督府皆置，品级自七品至九品不等。隋置于亲王府，从六品。唐因之，从六品上。

　　[4]蔚州，北魏永安中以怀荒、御夷二镇（分别在今河北张北县与赤城县北）置，后移治今山西平遥县北。北周移治灵丘县（今山西灵丘县）。隋大业初废。唐武德六年（623）复置，寄治阳曲县（今山西太原市北阳曲镇），次年移治繁畤县（今山西繁畤县西），八年（625）移治秀荣县北恒州城（今山西忻县西北），贞观五年（631）还治灵丘县，开元初移治安边县（即今河北蔚县）。

　　[5]国子司业，官名。隋炀帝大业三年（607）于国子监始置，为次官，一员，从四品。唐高祖武德初省，太宗贞观六年（632）复置，从四品下，高宗龙朔二年（662）改名少司成，咸亨元年（670）复旧；武则天垂拱元年（685）改名成均司业，中宗神龙元年（705）复旧；睿宗太极元年（712）加置为二员。

　　[6]长史，官名。战国秦置，掌顾问参谋。西汉时为所在官署掾属之长，秩皆千石。隋、唐长史有三类：诸都护府、诸都督府、诸州长史，中央南衙诸卫、北衙诸卫、诸折冲府（隋鹰扬府）、东宫诸率府长史及诸王府长史。员额、品秩各有不同，皆为幕僚之长，故有元僚之称，除大都督府如扬州、益州长史秩从三品，中叶以后例兼本镇节度使外，其余长史并无实际职任，时或废罢，多以位置闲散及贬谪官员。

　　[7]永丰，即永丰坊，据《最新增订唐两京城坊考》载：长夏门之东第一街，从南向北第三坊为永丰坊。坊内有"尚书右仆射杨再思宅。户部尚书崔泰之宅。吴师道宅。太子宾客杜氏宅。西南隅，柳树。昌黎王府长史王逊宅。桃林县令王衮宅。临清县令王宏宅。常州无锡县令杨府君夫人王俱夷宅。泽王府户曹参军裴自强宅。太子左卫率府中郎将贺兰府君夫人杨氏宅。淮阳公主李花山宅。使持节巂州都督上柱国东平县开国男河南陆仁俭宅。果州西充县令张希会宅。中书令赠荆州大都督崔知温宅。朝议郎润州司功李魏相宅。陪戎副尉赵敬玄宅。陆大亨宅。客舍。润州司功参军李氏夫人张氏宅。忠王府录事参军李元雄宅。中大夫行都水使者上柱国李元绎宅。宣义郎行邵州司法参军薛府君夫人周严顺宅。朝议大夫泉州刺史鄱阳县开国男云遂宅。朝散郎守太子典设郎郑阐宅。鹤台府果毅马延徽宅。魏州临黄县尉卢之翰宅。舒州司法李谥宅。扶风窦氏袁夫人宅。登仕郎河南府福昌县尉云骑尉李综宅。淮安郡参卿崔宠宅。太子左赞善大夫裴遘宅。原城府别将裴铣宅。将仕郎守尚书都官员外郎王高宅。大中大夫殿中少监致仕骑都尉王汶宅。天平军节度随军将仕郎试左内率府兵曹参军李惟一宅。张瑗夫人杨氏宅。杨公甫宅。王弘礼宅。朝散大夫河南县令柱国李烛宅。"

　　[8]吏部郎中，官名。吏部头司吏部司长官。唐高祖武德三年（620）改选部郎置，员二人。

一掌考定核实文官资历档案班秩阶品告身，一掌选补流外官。高宗、武则天时曾随本司改名司列大夫、天官郎中，寻各复旧。初为正四品上，贞观二年（628）改为从五品上。五代因之。

［9］度支员外郎，官名。隋文帝开皇六年（586）始置，为民部度支司次官，炀帝大业三年（607）改置承务郎。唐朝复名员外郎，员一人，从六品上，隶户部（度支、司元）。高宗时曾随本司改名司度员外郎，寻复旧。五代因之。

唐段嗣基墓志[1]

唐故沧州东光县令段府君墓志铭并序

府君讳，字嗣基，武威姑臧人也。周之宗盟实启郑国，武公之子有大叔段，因而氏焉。当春秋时，世济不陨，及秦削诸侯为郡县，故徙于关。西汉太守会宗、后汉太尉颎，遂为郡著姓。自太尉十四代以至府君，奕叶明德。曾祖孝先，齐左丞相、平原王。大父德堪，上郡王，入随扶、始、汴、蔡四州刺史。考宝玄，给事中、刑部侍郎、尚书左丞、银青光禄大夫、大理卿、洛州长史、越州都督。府君地承丕构，家传礼乐，体二气之清纯，究六艺之渊奥。因心孝友，发言忠信，乡党宗焉，朋友义焉。始以门子宿卫选韩王府功曹，王虚心礼遇，勤见咨访，君不乐王吏，思保休闲，而王母彭城夫人在堂，义资奉养。补润州[2]司士，无何，以内艰去职，忧毁之至，有加于人。服阕，调沧州东光[3]令。渤海旧俗，亦号乱绳，爰自下车，累著威惠。惟府君委心体命，动匪干求，学不为人，将以明道官耻，苟进必在济时，不希世以取客，独浩然而养正，物忌高洁，故大位不跻，享年五十有七。永淳二年十二月十五日捐背于县廨。明年，奉灵榇殡于河南北山。夫人荥阳郑氏，相州滏阳[4]令行感之女也，渐庆华育，夙习义方，训育诸孤，实赖而立。春秋卌五，垂拱二年，寝疾弃背于都恭安里[5]，是年三月安厝于府君茔侧。次子崇简，右金吾将军；次崇古，猴氏丞；季崇节，朝请大夫、睦州司马。遭家不造，衅罚所钟，越在稚年，再集荼蓼。苟□而禄不逮，色养之辰，抱志时深。未申迁祔之礼。孔怀相泣，毒痛肝情。开元十九年十一月十五日，克葬我府君夫人郑氏于洛阳县平阴乡□□，从周制也。初府君前夫人范阳卢氏，麟德间殂化，假殡于邙山。生崇素，早亡，失其地域，故不得从也。继室以夫人遂合祔焉。先是有术者卜宅于兹山，既而曰：此地却抱重岗，前直平皋地，峻于乾，戊势坦于东岗，占曰宜之。遂创茔阙，小子不夭，夙亏庭诂，得自故老之遗述，敢测往行之高深，揽牍衔哀，罔知诠序。铭曰：

皇矣严考，体自生知。始仁□孝，履俭宣慈。发迹王国，出佐江圻。宰兹东土，人用靖绥。柳下直道，长岑□卑。惟今望昔，异世同时。哀哀母氏，鞠我劳瘁。殷斯勤斯，训导昭示。方□终养，中年委弃。不吊昊天，糜肝血泪。逦迤连岗，阡惟北邙。原平异位，岫起乾方。卜筮载叶，人谋允咸。百灵幽赞，神用宁康。髫发曰浅，忧慕时长。于戏罔极，永世摧伤。

段嗣基志石

【注释】

[1]段嗣基墓志，唐开元十九年（731）十一月十五日葬。河南洛阳出土。志石为正方形，边长70厘米。志文共29行，满行29字，正书。主要著录：《秦晋豫新出墓志搜佚续编》编号468；《洛阳新获七朝墓志》编号201；《北京大学图书馆藏历代墓志拓片目录》编号03766。

[2]润州，隋开皇十五年（595）置，治所在延陵县（今江苏镇江市）。大业三年（607）州废。唐武德三年（620）复置润州，治所在丹徒县，天宝元年（742）改为丹阳郡，乾元元年（758）复名润州。

[3]东光，西汉置东光县，治所在今河北东光县东。北齐天保七年（556）移治今东光县东南。隋开皇三年（583）移治今东光县。

[4]滏阳，北周析临水县置滏阳县，为成安郡治。治所即今河北磁县。《元和郡县图志》卷15滏阳县："以城在滏水之阳，亦曰滏阳。"隋开皇初为磁州治。大业初属魏郡。唐武

德元年（618）复为滋州治。贞观元年（627）州废，属相州。永泰元年（765）复为滋州治。

　　[5] 恭安里，即恭安坊。据《最新增订唐两京城坊考》载，定鼎门街东第三街，从南第五为恭安坊。坊内有"太子仆寺。右散骑常侍、舒国公褚无量宅。礼部侍郎贾曾宅。魏奉古宅。王怡宅。明威将军守太子左司御卫率护军井陉县开国公刘孝节宅。怀州修武县令卢普德宅。荆府兵曹参军刘崇嗣宅。太庙斋郎吏部常选郭怿宅。居士李知宅。右威卫兵曹参军王冷然宅。京兆府武功县令蔡郑客宅。幽州范阳里县丞严立德宅。魏郡昌乐县尉李无谲宅。清河郡宗城县尉李迪宅。家令丞张献节宅。吏部侍郎慕容询宅。虢州司兵参军李仲舒宅。尚书省比部主事索道庄宅。河南府福昌县丞李孔明宅。朝散大夫河南府户曹参军陈诸宅。光禄大夫太子太保赐司徒杨元卿宅。兴元府参军杨行立宅。光禄卿致仕赠工部尚书苗询宅。河南府河南县尉李琯宅。宁远将军左卫郎将刘某宅。"

唐契苾尚宾墓志[1]

　　大唐故三品孙吏部常选契苾府君墓志并序

　　君讳尚宾，其先则武威著姓，今即河南人也。廿岁聪敏，习君子之风；弱冠纵才，有词人之德。历览前史，文章日新。高道自升，风尘不杂。廉洁敦厚，戚里称贤。至孝竭于事亲，信行存于用友。曾祖何力，唐镇军大将军、左卫大将军、兼鸿胪卿、羽林军上下、上柱国、凉国公，赠辅国大将军、并州都督。祖光，唐冠军大将军、右武卫大将军、上柱国、武威郡开国公，赠左威卫大将军。父嶔，前太子通事舍人、张掖县开国男。君即舍人之次了也。开元廿一年春正月遇疾，□药无效。□□□月九日，卒于长安里舍，春秋廿有八。以其年岁次癸酉八月乙未朔廿日甲寅，殡于咸阳北原，礼也。呜呼哀哉。德行俱殁，雄心亦□。松户一掩，千秋不闻。未婚媾兮绝嗣，叹悲魂兮泉台。乃为铭曰：

　　生涯有期，死将无日。忽遭殃祸，幽冥委质。一代英贤，百灵永□。想风□而长号，睹坟茔而心平。

　　堂兄宣德郎、行都太公庙丞、骑都尉、敦煌县开国男梁宾词并书。

【注释】

　　[1] 契苾尚宾墓志，唐开元二十一年（733）八月二十日葬。文革时期出土于陕西省咸阳市渭城区周陵镇黄家寨子村北原坡地墓葬中，1999年冬征集到秦咸阳宫遗址博物馆收藏。墓志为正方形，边长38厘米，厚9厘米。青石质地。志石四侧阴刻蔓草纹。志文共19行，满行19字，正书。契苾梁宾撰文。主要著录：《全唐文补遗》第8辑第27页。相关研究参王晓谋、李朝阳《唐契苾尚宾墓志考释》（《文博》2002年第1期）。

唐阴叔玉墓志[1]

唐故邢州平乡县尉阴府君墓志铭并序

君讳叔玉，字儿儿，武威郡人也。其先管仲孙士世，自齐适楚，封阴大夫，因以为氏。金吾推留镇之重，卫尉总征伐之权。积德累勋，盛于图谍矣。曾祖澍，邓州[2]刺史、南阳郡公。祖稠，洋州兴道县[3]令。父果，灵州长史。或谋或哲，休有烈光。君孝以扬名，文以会友。道惟一贯，学乃专门。年二十六，以明经擢第，调补邢州平乡县[4]尉。宽而栗，愿而恭。清实畏知，刚亦不吐。宜昊天是祐，岂朝露溘先。以开元二十二年十月二日己丑，遇疾终于颁政里[5]第，春秋五十。呜呼！两楹之奠，则吾安做；九京之后，而谁与归。以开元二十二年冬十一月十五日壬申葬于高阳之原[6]，礼也。嗣子潭等，礼多孺泣，性增柴毁。思播芳猷，式镌贞石。词曰：

咨文德生，王国人之令仪。邦之司直，怀其道，发其英。始从黄绶，俄殒鸿名。冬之夜，夏之日。悠悠千年，寝于巨室。

朝散郎行长安县尉裴士淹撰。

开元廿二年十月廿日孤子潭书。

阴叔玉志石

【注释】

[1] 阴叔玉墓志，唐开元二十二年（734）十一月二十日葬。出土时地不详，据志文推测当出土于陕西西安。志石为正方形，边长36厘米。志文共19行，满行18字，正书。裴士淹撰文，阴潭书。主要著录：《秦晋豫新出墓志搜佚续编》编号482。

[2] 邓州，隋开皇七年（587）改荆州置，治所在穰县（今河南邓县）。大业初改置南阳郡。唐武德初复置邓州，天宝初又改南阳郡，乾元初复改邓州。

[3] 兴道县，唐贞观二十三年（649）以兴势县改名，治所即今陕西洋县。

[4] 平乡县，西汉置，治所在今河北平乡县西南。西晋后废。北魏景明二年（501）复置，移治今平乡县西南平乡。

[5] 颂政里，即颂政坊。据《最新增订唐两京城坊考》载，朱雀门街西第三街，即皇城西之第一街，街西从北第三为颂政坊。坊内有"右军巡院。南门之东，龙兴寺。十字街东之北，建法尼寺。十字街北之东，证空尼寺。西北隅，昭成观。西南隅，尚书左仆射、芮国公豆卢钦望宅。崇明观。东南隅，右散骑常侍徐坚宅。护国天王院。左卫翊卫武骑尉王行威宅。恒州长史张承休宅。朝议郎、行凤州司仓参军、上柱国司马宗宅。工部尚书驸马都尉纪国公段纶宅。登仕郎刘府君妻赵客女琛宅。朝散郎上骑都尉王伊宅。燕国夫人窦淑宅。内给事邓公夫人王氏宅。银青光禄大夫太仆卿上柱国张去逸宅。正议大夫内常侍辅公夫人米氏宅。朝散大夫硖州司马刘宗义宅。朝议郎行茂王府参军李昌汶宅。右神策军正将兼护军中尉押衙银青光禄大夫检校太子宾客兼侍御史上柱国安定县开国子尹倬宅。奉天定难功臣兴元元从朝议郎行内侍省奚官局令丁承义宅。刘公夫人马氏宅。王颙宅。餫饨曲。苏公宅。染坊使中大夫行内侍省宫闱令上柱国赐紫金鱼袋王彦真宅。银青光禄大夫检校国子祭酒兼广州都督府长史侍御史陈公宅。"

[6] 高阳原，位于隋大兴唐长安城西南郊，出长安城安化门向西南十里。其地在今西安市长安区韦曲街道以西，至郭杜街道全境。高阳原的名称早在北朝就已出现，如北周天和五年（570）《尔朱绵永墓志》，即葬于京城南高阳原高司里。至隋唐，此地埋葬者多为中下级官吏及平民，亦有亲王及郡王。目前高阳原出土的墓志数量众多，详参《长安高阳原新出隋唐墓志》等书。

唐安优婆姨塔铭[1]

大唐故安优婆姨塔铭并序

优婆姨姓安，凉府姑臧人也。自开元十七之岁，已届□□王畿，遂闻有普别两种佛法耳。虽闻有药，未沾身，唐捐二周，俄经三载，后遇良友，为演一乘之妙理，启凡俗之迷心，誓毕三祇，当阐正法。以开元廿四年二月廿五日，遘疾终于群贤坊[2]私第里也，春秋六十有一。即以三月二日，迁枢于终南山大善知识林[3]侧，起塔焉。男思□、善智等，遵遗命也。呜呼哀哉。乃为铭曰：

□□□真，佛子以智慧明厌生死□□□□□。

开元廿七年岁次己卯二月十五日建。

［粟特文转写］：

1　　　　　　].᾽p[wr]sty ᾽[᾽]n kwtr᾽ ᾽wp᾽y᾽h xypδ ᾽st᾽wp n᾽mδ᾽n
2　　　　　　].᾽yδ ᾽᾽n kwtr᾽ ᾽wp᾽y᾽h kc᾽n ᾽sky γw᾽n cyk mrtxm᾽k
3　m᾽t x᾽y ᾽nkwyn 10-6② myk srδy kw xwmt᾽n ᾽᾽yt w᾽nw ptγwšδ᾽rt ᾽δw znk᾽n
4　pwty pδkh ᾽sty mrxy ZY pt᾽yn styw w᾽n ptγwšδ᾽rt m᾽t myδ᾽kk r᾽β šyr[y]
5　rwr᾽ ᾽sty pyšt šy w᾽nw(?) prγn(?) L᾽ ᾽krty ᾽yc xwrt wn᾽yty kδ ZY šy ZKw γr᾽yw
6　᾽᾽γ᾽yrwt᾽y ᾽δw ᾽δry srδ pyšm ᾽nβ᾽nty m᾽yδ zrn᾽k(?) ZY w᾽r᾽k xrt cyw᾽yδ pštrw
7　šyr᾽nk᾽ry ptz᾽ncyk pcwšty ZKZY šy ᾽yw prβ᾽r p᾽r᾽γz nšk᾽rt prβ᾽yr w᾽ywš(?) myδ᾽kk
8　xypδ p᾽zn ᾽ns᾽ky δrm xyδ w᾽n ᾽᾽γδ᾽y xwšδ᾽rt m᾽t r᾽m᾽nt 100 krp ᾽δry ᾽᾽s᾽nky
9　wzrw(?) pδkh pcwz᾽n ZY pt᾽γwš᾽n ZY ywxs᾽n ZY šw᾽n ptsrδ x᾽y ᾽nkwyn 20-4 myk srδ r᾽βk᾽w
10　᾽krty δβty m᾽xy 20-5 s᾽γty nym᾽k myδ s_᾽w᾽n(?) xwyr tx᾽yz ᾽wy kwn᾽yn β᾽nk xypδ x᾽n᾽y pw᾽rsty
11　᾽krty 20-20-20-1 myk srδy cšty m᾽x ᾽δ[wsγt]y βrw᾽rty kw n᾽mš᾽n᾽y RBk šyr᾽nk᾽r᾽k ptz᾽ncyky
12　xypδ ᾽st᾽wpy …… βrt(?) ᾽st᾽wp mx᾽yz᾽nt xypδ wyry wy᾽ws ‘M ᾽δry z᾽tk srδm᾽n
13　ZY ᾽᾽δprn ZY ᾽M pwtyδβ᾽r pr᾽yw myδ c᾽nw pšt᾽wn m᾽t z᾽t᾽yt ᾽nxwh zγwy m᾽r᾽yxk cn
14　m᾽tyh …ry……᾽ p᾽rZY cnn wys᾽᾽k③ pwty mγ᾽wn m᾽tyh yw᾽yštym ᾽M RBk ᾽βzy᾽
15　pcw᾽štym rty mn(?) kδ z᾽wr βwt᾽y rty ᾽βt rtnyn᾽k ᾽st᾽wp wn᾽yt᾽ym tym kβny m᾽t pyšt
16　………… snkyn᾽k ᾽st᾽wp m᾽yδ(?) m᾽ryxc n᾽᾽ prm᾽r ᾽krty
17　᾽yn᾽k ᾽st᾽wp x᾽y ᾽nkwyn 20-7 my srδ δβty m᾽x 10-5
　　　　　　　　　　　᾽krty

［粟特文汉译］：

1［大唐］故安优婆姨塔铭 2……

安氏优婆姨，凉州上县（姑臧）人也。3开元十七年（729）来至长安，得闻有两种4佛法：普法与别法。虽闻于凡俗之病，此中有良5药，然一念（？）未生，可使服（其药），以沾其身，6二年三载而为唐捐。后7遇良友，启（？）以一乘之妙理，其法8恰适凡俗之心。乃发誓愿，百劫三祇，9愿常遇正法，闻习奉行。以开元廿四年（736）遭疾，10至二月廿五日午时终于西市（？）西群贤坊之私第，11—13春秋六十有一。即以三月二日移柩于南山大善知识塔……其夫 Wiyus 偕三子 Sardhmān、Ādh—farn 及 puti—thvār 遵遗命起塔。诸子痛彻心髓，14皆因母之［亡逝］，遂曰："与似佛之母 Wisāk 永隔，我等大不幸也。

15 若可，纵得建七宝塔一座，亦微不足道也！然 16……［于此］石塔中，母已为不悲不恼之人。"

17 此塔开元廿七年（739）二月十五日建。

安优婆姨塔铭粟特文

安优婆姨塔铭

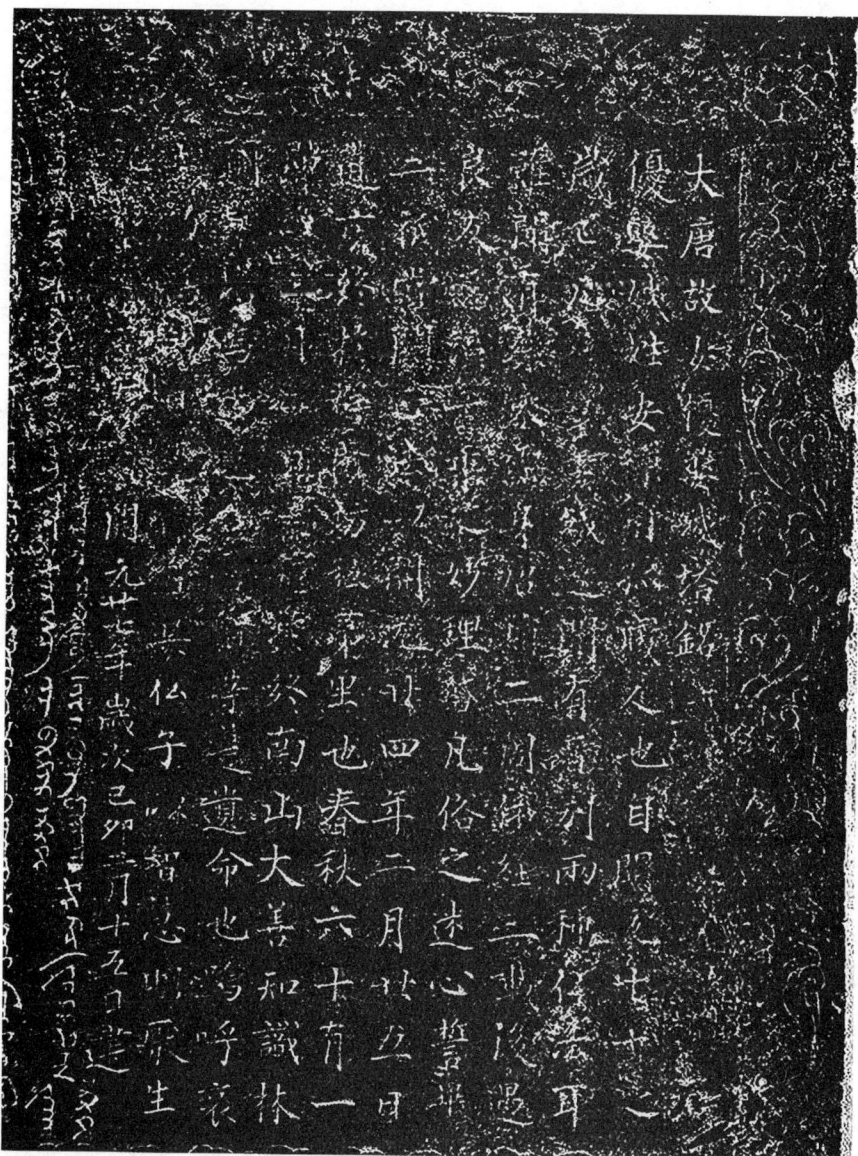

安优婆姨塔铭汉文

【注释】

[1] 安优婆姨塔铭，唐开元二十七年（739）二月十五日刻。2019 年陕西出土，现藏陕西省榆林市榆阳区古代碑刻艺术博物馆。此塔铭为汉文—粟特文双语。志主安优婆姨，其族属为粟特安国人，后内迁至凉州姑臧，因著籍。再迁至长安，居住于接近西市的群贤坊。志文记载了安优婆姨的生平经历、宗教信仰及卒葬地等信息。在长安，安优婆姨开始接触并信仰三阶教，卒后葬于终南山，并在三阶教祖师信行禅师塔侧。粟特文铭文与汉语铭文在个别表述上有所不同，且前者在具体细节的表达上略为精确。汉文录文参李浩《新见唐代安优婆姨塔铭汉文部分释读》（《文献》2020 年第 3 期）；粟特文录文及汉译参毕波、辛维廉《新发现安优婆姨双语塔铭之粟特文铭文初释》（《文献》2020 年第 3 期）。

[2] 群贤坊，据《最新增订唐两京城坊考》载，朱雀门街西第五街，街西从北第五坊为群贤坊。坊内有"东门之东，真心尼寺。十字街东之北，真化尼寺。东南隅，中宗昭容上官氏宅。处士程元景宅。内供奉强琼宅。华州参军柳生宅。秦养祖夫人陶氏宅。上仪同胡忤宅。洋州刺史独孤思行宅。瀚海都督右领军卫大将军经略军使回纥琼宅。沈智果宅。处士程玄景宅。石崇俊宅。安乡县主宅。"

[3] 大善知识林，据李浩《新见唐代安优婆姨塔铭汉文部分释读》研究，按照越王李贞撰、薛稷书的《隋大善知识信行禅师兴教之碑》，信行禅师被称为"大善知识"。信行禅师归葬之处为楩梓谷，亦称便子谷。李健超《长安三阶教寺院与终南山三阶教圣地》考证楩子谷名称的来历，是因该为黄楩树丛生之处，所以其林是黄楩树林，其地当在今西安市长安区天子峪口。

唐王友鸾墓志[1]

唐故右卫阳樊府右果毅都尉王府君墓志铭

君讳友鸾，字崇业，琅琊临沂人也。锡类于睢陵，成能于文宪，以至于乃曾随骠骑大将军，开府仪同三司、阳安县公迪。累世而无违，夫四时以震曜为纲，七德以戡定为用，莫或供二，谁能废一。而君之大父，朝散大夫、相州司马良。显考鸿胪寺丞预，亦既世懿文德而经之矣，宜乎济以武事而董之矣。君生有龙骧之大志，安国之任气，颜如渥赭，力比中黄。习材官之骁发，善致师之御靡，休则折关以格兽，张侯以序爵，博饮起舞，和筑高歌，才气如是，可以取富贵于中身，立功名于异域也。始以军功授绛州崇乐府[2]别将，转代州崞城府右果毅。郡当我隩，城临藏宝，屡统偏军，深入右地。避汉飞之号，远斥候之明，卒不见虏，傍偟而复。又转蒲州之绥化[3]、河南之岩邑[4]、阳樊[5]等府果毅。敕差凉州白山守捉使[6]。开元廿六年五月十一日，遘疾终于官舍，春秋六十有六。河右将士皆为流涕。固知名不登于麟台，身独悲于马革者，有矣夫。嗣子徽，奉丧而归，动中于礼，以开元廿七年四月卅日，迁窆于洛阳三川乡之原，从理命也。呜呼铭曰：李广之奇，伏波之叹。壮气萎绝，良图愤惋。二室巍峨兮三川澶漫，于嗟静寐兮何时复旦。

王友鸾志盖

王友鸾志石

【注释】

[1] 王友鸾墓志，唐开元二十七年（739）四月三十日葬。2008 年河南洛阳出土，旋归洛阳某氏。志盖为正方形，边长 34.5 厘米。志盖篆书"大唐故王府君墓志铭"，共 3 行，行 3 字。志石高 33 厘米、宽 32.5 厘米。志文共 20 行，满行 22 字，正书。主要著录：《秦晋豫新出墓志搜佚》编号 469；《洛阳流散唐代墓志汇编》编号 143；《北京大学图书馆藏历代墓志拓片目录》编号 04026。

[2] 崇乐府，唐代绛州所辖折冲府之一。《贾元恭墓志》：季子绛州崇乐府右果毅福祥。《唐狄玄懃夫人骆氏墓志》：次子任门下省驱使官、宣节校尉、守陈州崇乐府折冲乾佑。据张沛研究，《新唐书·地理志》，陕州、绛州均有崇乐府。据《旧唐书·地理志》，夏县旧属虞州，贞观十七年改隶绛州，乾元元年改隶陕州。由此可知，崇乐府初属虞州，贞观十七年改隶绛州，乾元元年，又改隶陕州，是崇乐府与夏台、古亭诸府相同，均各为一府，在夏县境内，非有二府。此《狄玄懃夫人骆氏墓志》所谓"陈州崇乐府"疑为"陕州崇乐府"之误书。

[3] 绥化府，唐代蒲州所辖折冲府之一。《太平寰宇记》卷四十六：虞乡县有绥化故城，后魏绥化郡及绥化县所理也。在县西北三十里，周废。据张沛研究，唐虞乡县绥化故城即今山西永济县东北南故城。绥化府得名于绥化故城，府疑在其处。

[4] 岩邑府，唐代河南府所辖折冲府之一。《唐刘庭训墓志》：寻迁岩邑府果毅。又《唐刘玄豹夫人高氏墓志》：又改授右卫岩邑府折冲。《括地志》：洛州汜水县，古东虢国，亦郑之制邑，汉之成皋。《史记正义》引。按《左传》云：制，岩邑也。岩邑府当在汜水县。张沛称：唐汜水县治所在今河南荥阳市西北汜水镇，岩邑府疑在其处。《唐萧行群墓志》：长曰弘宣，前任孟州岩邑府果毅。据张沛研究，《旧唐书·地理志》，孟州"本属怀州，显庆二年，割属河南府"。故此志称孟州岩邑府。

[5] 阳樊府，唐代河南府所辖折冲府之一。《太平寰宇记》：皮城在济源城东三十八里，即春秋时阳樊邑。据张沛研究，阳樊邑一作樊邑，在今河南济源县西南。阳樊府疑在其地。

[6] 白山守捉使，疑为白亭守捉使。凉州五守捉：交城、张掖、白亭、赤水、乌城。白亭守捉，《新唐书·地理志》凉州武威郡条：凉州"西北五百里有白亭军，本白亭守捉，天宝十四载为军"。《资治通鉴》卷二一五天宝元年条所载同。守捉使，使职名。唐初于边要之地置军屯防，大者设军，小者设守捉、城、镇，而总领于道。守捉置使以领其属。安史之乱起，诸郡当冲者皆置防御守捉使。肃宗乾元元年（758）置团练守捉使、都团练守捉使。其后，刺史皆得兼团练守捉使，代宗大历十二年（777）罢天下州团练守捉使名。

唐格承恩墓志[1]

大唐故安北都护格君墓志铭

君讳承恩，字思复，冯翊澄城人也。玚火开源，成汤命氏，遗芳余烈，史荣存焉。曾祖，随光禄大夫、凉州总管。一纵一横，有文有武。随失其鹿，金镜传于晋阳；唐运兴龙，宝刀没于神乌。祖遐，云麾将军、左卫中郎将。秀出风尘，气稜魋醨，生荔不束，修竹孤高。父信，朝议郎、凉州姑臧县丞。赤水西流，龙巢掩其贞二；黑山北望，鸢舍肃其良毗。君性质坚刚，情标峻爽。艺术精博，膂力绝群。舞莲花于水心，盖有万人之妙；穿杨叶于月魄，非无百中之工。从祖辅元，特加赏异，尔乃锱铢笔砚，洞彻孙吴。风驰塞垣，霜扫沙漠，转战千里，连势三城。天子葵之北门，单于不敢南御。功最典、冀弥崇，加游击将军，判安北都护[2]，转赤水军节度副大使，兼新泉军[3]营田大使。自常吉府[4]别将，至于新泉，历官十二。刀斗所届，备有能声。卜年不永，位不配德。开元廿七年太岁己卯四月辛卯，殁于长安居德里之私舍，春秋六十有六。远近哀悼，内外称嗟。以其年十月甲申葬于城西任阳原，礼也。有子先进，泣血茹荼。夫人王氏，安西都护[5]永康公之中女也。痛孤鸾之有素，悲独鹤之无依。谓予墨客，托纪黄壤。词曰：

长河九曲，太华孤峰。池涵紫兽，林卧苍龙。降生右将，克荷中庸。智矣明远，温而允恭。其一。凛凛霜标，亭亭云干。表里齐洁，刚柔共贯。鼍鼓发挥，龙泉雄断。戎夷俯偻，咸夏称赞。其二。青骊骏马，白玉佳人。雪映罗缦，香飘锦茵。歌钟永夕，琴酒怡春。今日冥寞，悠哉色尘。其三。武帐云卷，文昌星动。呜呼彼苍，歼瘥鸾凤。孤月上昏，双泉下冻。英英松柏，肃肃哀痛。

格承恩志石

【注释】

　　[1] 格承恩墓志，唐开元二十七年（739）十月二十五日葬。陕西省西安市三桥镇简家村出土，2001年10月入藏陕西历史博物馆。志石高58.5厘米，宽57.5厘米。志文共23行，满行24字，正书。主要著录：《风引薤歌：陕西历史博物馆藏墓志萃编》编号026。

　　[2] 安北都护，即安北都护府长官。安北都护府为唐六都护府之一。唐总章二年（669）以瀚海都护府改名，治所在大同镇（今内蒙古额尔济纳旗东南）。垂拱元年（685）移治西安城（今甘肃民乐县西北）。景龙二年（708）移治西受降城（今内蒙古乌拉特中后旗西南）。开元十年（722）移治中受降城（今内蒙古包头市西南）。天宝八年（749）移治横塞军（今

乌拉特中后旗西北），十二年（753）移治天安军（今乌拉特前旗东北）。至德元年（756）改名镇北都护府。

[3]新泉军，河西节度所统军之一，治所在今甘肃景泰县境。《元和郡县图志》卷四十陇右道凉州条下曰："新泉军，会州西北二百里。大足初郭元振置。管兵七千人。西去理所四百里也。"《旧唐书·地理志》《通典·州郡典》所记略同。仅统兵人数作"千人"。严耕望先生称：考唐苑玄亮墓志（芒洛冢墓遗文中），"迁龙勒府折卫、新泉军大使"。是前期固为一大军，后盖削弱之。据李宗俊研究，大足为武周后期的一个年号，仅大足元年（701）一年。郭元振于武周大足元年始为凉州都督，在任期间对河西的军事防卫颇多建树，为了保障凉州的安全，还曾于南界硖石（今古浪县境）置和戎城，北界碛中置白亭军。以上典籍皆谓新泉军为郭元振于大足初置，说明也是他为加强河西的军防而置此军。这样，关于新泉军的建置时间为"大足元年"（701），此记载应该是准确的。

[4]常吉府，唐代宕州所辖折冲府之一。《新唐书·地理志》宕州条载：县二。有府二，曰同归、常吉。唐开元三年（715）《张思及妻宋氏墓志》：唐游骑将军右武卫常吉府折冲都尉意满之子。敦煌文献S.514《唐大历四年（749）沙州敦煌县悬泉乡宜和里手实》载：户主索仁亮年三十八岁，守左领军卫宕州常吉府别将。

[5]安西都护，即安西都护府长官。安西都护府为唐六都护府之一。唐贞观十四年（640）置，治所在西州（今新疆吐鲁番东南高昌故城）。显庆三年（658）移治龟兹都督府（今新疆库车县东郊皮朗旧城）。辖境约包括今阿尔泰山以西，咸海以东以及阿姆河流域、葱岭东西、塔里木盆地大部地区。咸亨元年（670）以后，又移治碎叶镇（今吉尔吉斯斯坦托克马克），长寿二年（693）还治龟兹都督府。贞元六年（790）后其城为吐蕃攻占，遂废。

唐贾七墓志[1]

唐故岷州刺史贾府君墓志铭并序

君讳七，字，武威人也。周文王之苗裔，贾谊之后，因官此土，上党家焉。自巨檊骈芳，名芬洛阳，词润金石，邦之栋梁。曾祖坦，逸志英灵，琴书间情。祖合，讴哥（歌）悦性，桂醑恒盈。父，制授岷州[2]刺史，居家治理，冰镜晖清。君也正直朗然，刚柔里闲，无偏无党，遐钦遐赞。恣醇酣嵇阮之朋，泛兰镈刘灵之伴。岁惟鲐背，圣恩浩汗，红粟频沐，素绵□段。冀谓岳之齐固，松之不凋，何期霜萎蒲柳，风烛俄飘，春秋八十又九。开元廿六年八月廿三日，卒于私第。夫人董氏，季质凝姿，花颜婉艳，饁饷之礼无亏，举桉之情轸念。嗟矣沉玉，降年何速，春秋卅又七，开十三年四月十八日终于私室。粤以开廿八年岁次戊子三月丁亥朔廿三日己酉，合葬于潞州[3]大都督府东贾村西北百步之原，礼也。嗣子刚、次子进，哀鱼冰跃[4]，泣笋冬抽[5]。呜呼，奄佳城而永闭，纪万岁而千秋。其词曰：

贾七志石

【注释】

[1] 贾七墓志，唐开元二十八年（740）三月二十三日葬。2002年春，山西长治出土，旋归洛阳古玩城某氏。志盖佚，志石高46.5厘米，宽47厘米。志文共17行，行19—22字不等。墓志结尾为"其词曰"，无铭词，似未刻完。主要著录：《秦晋豫新出墓志搜佚》编号481；《北京大学图书馆藏历代墓志拓片目录》编号04071。

[2] 岷州，西魏置，治所即今甘肃岷县。隋大业初废，义宁二年（618）复置，唐天宝元年（742）改名和政郡，乾元元年（758）复改岷州，上元二年（761）废。

[3] 潞州，北周宣政元年（578）置，治所在上党郡（今山西长治市北古驿）。隋大业初改为上党郡。唐武德元年（618）复为潞州，治所在上党县（今长治市），天宝初复改为上党郡，乾元元年（758）复为潞州。

［4］哀鱼冰跃，乃化用王祥卧冰求鲤的典故，二十四孝之一。晋王祥，字休征。早丧母，继母朱氏不慈。父前数谮之，由是失爱于父，母尝欲食鲜鱼，时天寒冰冻，祥解衣，卧冰求之。冰忽自解，双鲤跃出，持归奉母。诗曰：一片诚求愿不虚，敢令继母食无鱼。坚冰可解心难解，双鲤旋飞出冻余。

［5］泣笋冬抽，实化用孟宗哭竹生笋的典故，二十四孝之一。晋孟宗，少丧父，母老病笃，冬日要笋作羹。宗无计可得，乃往山林中，抱竹而泣。孝感天地，须臾地裂出笋新茎，持归作羹奉母，食毕病愈。诗曰：抱竹哀吟泪点浓，天怜孝子为情钟。而今到处冬生笋，记否当初有孟宗。

唐苑玄亮墓志[1]

唐故正议大夫行袁州别驾上柱国苑府君墓志铭并序

公讳玄亮，其先南阳人也，曾祖偘，皇代州长[2]。祖璋，安州刺史。父师本，晋州刺[3]。并昭彰一时，郁映千古，纡青拖紫，为龙为光，既侯且伯。实乃邦彦，才惟代雄，名类史谍。不有君子，其谁曰克复□浚者乎？则公为师本之第六子也。幼颖星象之秀，山岳之灵；长蕴磊落之绝纵，骋风云之秀势。学唯意外，交必心奇。若田文之聚宾，俾□市义；同季布之然诺，不贵黄金。年登冠仪[4]，宿卫王事，支左屈右，百发无爽，取近没远，五容毕陈。解褐授秦州三渡府[5]别将。为凉州都督杨执一[6]所器，遂从将军总管绝漠[7]，时天骄肆虿，戎骑临军，公以匹马视□，为千夫之长，气之所向，虏无旋戈。将军拜功，公赏为右，恩敕迁吉安府左果毅，赐绯鱼袋、上柱国，迁龙勒府折冲、新泉军大使[8]。当是时也，蕃王无亲，狼虎其性，长驱挫敌，短兵交锋，异李牧之备塞，同广利之深入。天子嘉之，赐紫金鱼袋，迁济北、唐安二府[9]折冲，试松州别驾、都知剑南道节度兵马使。战争必克，若卫青之开碁；蛮貊是服，信马援之南征。朝廷闻之，以公守姚州别驾，未几，因计最京县，出入龙楼，迁资州别驾。纶言未旬，边境多寇，加拜夏州都督府别驾、定远城使，知十将兵马，但以清冰是□，不以黄金为累。属元帅信安郡王[10]英威不鉴，货贿是求，因怀遂鸟之心，颇畜吓□之忿，奏贬为锦州别驾。公以忠见谪，思贾谊之长沙；地临汨罗，吊屈平于湘水。属帝上尊号，恩波无私，量移袁州别驾。光华不驻，星岁云周，慈连珠玉之欢，祸起琼环之梦，曜脿是殆，听莹不聪，扶持晤言，及枕而殁，是开元廿九年三月廿三日宜春郡之宫舍。时年七十矣。呜呼哀哉，以公之才，岂无霄汉之致；以公之用，岂无子男之封。盖所谓时将命违，道兴位远矣。夫人陇西李氏，绮罗钟鼓，琴瑟笙竽，嬿尔双飞，每盛宜家之宠；嗎然相敬，永深偕老之仪。及公先亡，孤魂吊影，朝临气咽于晨鸡，暮偯涕零于携雉，南北乡关，春秋节序。长子赡，次子贻，次子赈，次子惟谨，并学宦东西之游，未曰奔丧之礼。夫人奉灵榇之归路，即艅艎于江流，因依洛川，营护丧事。且二孤之未立，非夫人者，岂谁而行诸。式从窀穸之仪，爰卜青龙之兆，即以天宝元年十一月十九日安葬于东京平阴乡之原，礼也。孀妻永恸，送长□之冥冥，宾朋奠终，睇荒芜之杳杳。第五子惟慎，次子惟明，侄庭宾皆泣血茹涕，击胸抚心，思罔极于蓼莪，祈孝感于大鸟。铭曰：

彬彬君子兮，才学盖代兮。泠泠风鉴，道德相继。鸣镝弯狐（弧）兮，武之绝艺。精光满匣，明不可蔽。名之大兮宦仍翳，命不利兮时已逝。凄清夜月，萧瑟秋风。哀哀送此，天路何穷！

吏部常选梁普文。

苑玄亮志石

【注释】

［1］苑玄亮墓志，唐天宝元年（742）十一月十九日葬。河南洛阳出土，今藏河南省开封博物馆。志石高52.5厘米，宽53厘米。志文共31行，满行31字，正书。主要著录：《石刻题跋索引（增订本）》188左下；《北京图书馆藏历代石刻拓本汇编》第25册第25页；《隋唐五代墓志汇编（洛阳卷）》第11册第21页；《北京大学图书馆藏历代墓志拓片目录》编号04165；《唐代墓志汇编》天宝019；《全唐文新编》第7册第4648页；《全唐文补遗》第4辑第31页；《唐宋墓志：远东学院藏拓片图录》编号315；《施蛰存北窗唐志选萃》第212—213页。相关研究参赵振华《谈武周苑嘉宾墓志与告身——以新见石刻资料为中心》（《唐史论丛》2014年第1期）。

［2］代州长，当为"代州长史"。《全唐文补遗》径录作"代州长史"，而未出注。

［3］原碑刻作"晋州刺"，当为"晋州刺史"的省称，与前文"代州长"的称法相类似。《唐代墓志汇编》径录作"晋州刺史"。

［4］年登冠仪，有的墓志中也作"始登冠礼"，即"始冠"，刚年满二十岁。

［5］三渡府，殆即"三度府"，《唐代墓志汇编》及《全唐文补遗》均录作"□渡府"。三度府为秦州府兵的六府之一。据《赠凉州都督上柱国太原郡开国公郭知运碑》记载："解褐，以善战授昭武校尉秦州三度府左果毅。"

［6］凉州都督，《唐代墓志汇编》录作"□州都督"，经过仔细核对图版，我们认为应该是"凉州都督"。通过查阅吴廷燮的《唐方镇年表》可以得知，从开元二年到开元四年，该时段内，杨执一担任凉州都督、河西节度使。杨执一，字太初，弘农华阴（今陕西华阴）人。屡因武功官至凉州都督、右卫大将军、金紫光禄大夫、鄜州刺史。开元十四年（726）正月二日卒，诏赠户部尚书。开元十五年（727）九月三日葬，由贺知章撰写墓志铭。两《唐书》有相关记载。其墓志于1951年在陕西咸阳出土，石藏西安碑林。

［7］遂从将军总管绝漠，"从"，《唐代墓志汇编》及《全唐文补遗》均录作"徙"，联系下文"式从窀穸之仪"的"从"字与此字相同，今据碑文录。这句话的意思是，苑玄亮跟随杨执一总管绝漠。有学者认为"总管绝漠"是指他被调入凉州境内，来防御当时被称为"天骄"的突厥铁骑。

［8］新泉军，据《唐会要》卷78记载属于河西节度使所管辖的军包括：赤水、新泉、大斗、健康、宁寇，玉门、墨离、豆卢、白亭9军。其中"新泉军，大足元年（701）郭元振奏置，开元五年（717）改为守捉。"（《唐会要》卷78）《通典》中记载了新泉军的方位及兵力设置，"会宁郡西北二百里。……管兵千人，西去理所四百里"（《通典》卷172）新泉军最初设立的目的，就是为了防御北部突厥的入侵。结合《旧唐书》《资治通鉴》等相关史料记载可以得知，安忠敬因在久视元年（700）再与吐蕃的战争中立有洪源谷之功因此被任命为首任新泉军使。因此，苑玄亮担任新泉军大使的时间当在杨执一担任凉州都督期间，即开元二年（714）到开元四年（716）之间，那么其担任龙勒府折冲的时间也当在此时间范围内。

［9］济北府，属同州，据张沛《唐折冲府汇考》研究："谷霁光《唐折冲府考校补》

以济北府得名于济水，又引《元和郡县志》谓济水在河南济源县西北三里，而是不以济北府在同州明矣。《唐张守珪墓志》：大父……同州济北府折冲都尉才。《苑玄亮墓志》又以济北、唐安二府并提，可证《新唐书·地理志》以济北府属同州当有所据。"张沛认为此府系承隋续置。唐安府，亦属同州。《唐来慈墓志》：起家擢授盖松、唐安二府都尉。《唐史思礼墓志》：考满，授冯翊郡唐安左果毅都尉。

[10] 信安郡王，即李祎，太宗第三子吴王恪之孙，开元时期在唐北部对外军事上起过重要作用。开元十二年，改封信安郡王。十五年，拜左金吾卫大将军、朔方节度副大使、知节度事，兼摄御史大夫。寻迁礼部尚书，仍充朔方军节度使。二十二年，迁兵部尚书，入为朔方节度大使。天宝二年薨，年八十余。苑玄亮担任夏州都督府别驾、定远城使的时间，应该是在开元十五年到开元二十四年，信安郡王李祎担任朔方节度使之际。

唐史思礼墓志[1]

唐故壮武将军右龙武军翊府中郎将武威郡史府君墓志铭并序
应集贤院校理三史陈留郡申屠泚撰文并书

君讳思礼，字伯珪，武威人也。其先辅周克殷，展九鼎之宝；佐魏理邺，绾百里之印。自是以来，含章间出，柔嘉挺生。西汉全盛之时，月以外戚居宠；东京陵夷之日，弼以直臣见知。代不绝贤，门休厥德。曾祖爽，皇任翊麾校尉[2]、右卫中候；安卑守道，从谦效官；禄位逾微，名实弥著。祖感，皇任昭武副尉、右卫司戈，论剑比肩，习武继踵，侍以严更之署，巡以周庐之区。父岳，皇赠青州司马，恩锡珠私，宠加存没。莱尼上佐之郡，海岱半刺之城，可谓政及幽灵，化沾朽骨。昔于公阴德而高其门，张贺行仁而尊其家。方诸圣代，未可同年而语哉！君盖右卫司戈之元孙，青州司马之长子也。素多奇节，罕拘小谨，临难不易其操，见危不顾其身。志在雄飞，岂能雌伏？属唐元初载六月廿日，巨猾开衅，邪孽乱常，戮褒姒于周京，斩吕禄于汉阙。班赐获级，俾勤赏功。至七月十三日，恩敕授君平阳郡仁寿府[3]左果毅都尉，借绯，以旌社稷之勋，用表河山之绩也。考满，授冯翊郡唐安府[4]左果毅都尉，重任两政。考满，又选授伏龙[5]、洪泉[6]二府折冲。考满，加游击将军，授京兆神鼎府[7]折冲都尉。训兵养士，秣马脂车，计不后时，算无遗策。寻加宁远将军、守左武卫翊府右郎将，赐紫金鱼袋，又转右龙武军翊府右郎将，累迁明威将军。无何又迁壮武将军、右龙武军翊府中郎将、上柱国。北军开壁垒之营，南宫列钩陈之卫。君以爪牙王室，羽翼圣朝，同韩彭而推高，方耿寇而见重。至若倾心于下，接物于众，寮友取则，雅望攸归。生也有涯，彼苍不憖。呜呼哀哉！以天宝三载岁在甲申八月辛卯朔廿日庚戌，终于兴宁里[8]之私第，春秋七十有七焉。君尊贤慕道，好德善邻，以廉正居官，以忠勇报国。壮志未弭，良图忽诸。夫人武功郡君，苏氏之女也。母以子贵，妻以夫荣，悲龙剑而一存，伤风梧之半死。以其载十一月庚申朔廿三日壬午，迁窆于京兆府万年县浐川乡[9]白鹿之原，礼也。水临灞岸，山接芷阳。风传长乐之钟，日下新丰之树。嗣子元柬，宣节副尉、长上宿卫，仍委检校闲厩修造使；次子元亮，御侮校尉、右武卫绛郡神泉府[10]别将；次子元忠，翊麾校尉、右武卫仁寿府别将等，哀不胜丧，毁几灭性，能举孝道，咸遵令仪，勒其精珉，纪夫幽壤。铭曰：

　　负俗之才，希代之宝。出逢大运，以兴王道。其一。国章优渥，宠命频繁。光我会府，耀彼期门。其二。天奚不仁，殄兹明哲，长河未干，大树先折。其三。孤坟闭迹，拱木剑魂，人生到此，饮恨何言。其四。

史思礼志盖

史思礼志石

【注释】

[1] 史思礼墓志，唐天宝三载（744）十一月二十三日葬。1955年陕西省西安市东郊郭家滩出土，今藏西安碑林博物馆。志盖、志石均为正方形，边长58厘米。志盖篆题"大唐故史府君墓志铭"，共3行，行3字。盖文四周刻牡丹纹，四杀刻四神纹。志文共30行，满行30字，隶书。志石四侧刻牡丹花纹。主要著录：《新中国出土墓志·陕西（二）》编号111；《隋唐五代墓志汇编（陕西卷）》第1册第128页；《唐代墓志汇编续集》天宝019；《全唐文新编》第7册第4716页；《全唐文补遗》第3辑第75页；《中国西北地区历代石刻汇编》第3册第112页；《西安碑林全集》第80册第2780页。

[2] 翊麾校尉，官名。唐太宗贞观十一年（637）置为从七品上武散官。

[3] 仁寿府，唐晋州（平阳郡）所辖折冲府之一。《张燕公集》：张说《为河内郡王武懿宗平冀州贼契丹等露布》有晋州仁寿府果毅侯义威。

[4]唐安府，唐同州（冯翊郡）所辖折冲府之一。《唐苑玄亮墓志》：迁济北、唐安二府折冲。《唐来慈墓志》：起家擢授盖松、唐安二府都尉。

[5]伏龙府，唐同州（冯翊郡）所辖折冲府之一。戴少平《唐王荣碑》：迁同州伏龙府折冲，赐紫金鱼袋，本军宿卫。《括地志》：伏龙祠在同州冯翊县西北四十里。据张沛研究，《括地志》谓汉穿渠得龙骨，其后立祠，因以伏龙为名。伏龙府当因祠得名，即在其处。《关中胜迹图志》谓在今陕西澄城县南五十里，当有所据。

[6]洪泉府，唐同州（冯翊郡）所辖折冲府之一。贾彦璿《唐李无虑墓志》：改授同州洪泉府左果毅。仍令长上。《唐高德墓志》：俄迁陕州之万岁、降（绛）州之长平、正平、怀州之怀仁、同州之洪泉等五府折冲。

[7]神鼎府，唐京兆府所辖折冲府之一。李邕《唐任府君碑》嗣子神鼎府左果毅武贞。《八琼金石补正》五七：《大奉国寺守忠龛记》有神鼎府左果毅。《唐于琎墓志》：历京兆云泉、神鼎二府折冲都尉、游击将军、上柱国。据张沛研究，劳氏、谷氏补神鼎府，均未详所属。据此可知其为京兆逸府。

[8]兴宁里，即兴宁坊。据《最新增订唐两京城坊考》载，朱雀门街东第五街，街东从北第二为兴宁坊。坊内有"大中报圣寺。南门之东，清禅寺。华封观。西南隅，开府仪同三司姚元崇宅。安西都护郭虔瓘宅。宅北，特进王毛仲宅。东南隅，左卫大将军泉男生宅。太子少保崔琳宅。赠安州都督王仁忠宅。淄青节度使、同中书门下平章事李愬宅。太平公主宅。泉男生宅。修慈寺陆法师贞慧宅。顺妃韦秀迁神于兴宁里官舍。太平公主第二女永和县主武氏宅。婕妤高氏移殡兴宁里。镇军大将军行右骁卫大将军上柱国岳阳县开国公范安及宅。公馆。国子司业王谅宅。别馆。十王院。朝散大夫行内侍省内给事周惠宅。元从朝议郎行内侍省内府局令刘奇秀宅。内侍省内给事假延信宅。永穆道观。刘夫人宋氏宅。平卢节度使检校工部尚书郑光宅。宣德郎行内侍省内府局丞杨居实宅。赠朝散大夫奚官局令杨公夫人左太君宅。银青光禄大夫检校太子宾客守泾州长史兼侍御史王季初宅。"

[9]浐川乡，据《唐代长安词典》浐川乡条记：唐京兆府万年县属乡。东临白鹿原，西接东城垣，跨有浐河东西两岸之地，是唐代长安城东郊的一个重要墓葬区。新中国成立后，在属于该乡的今郭家滩、韩森寨和高楼村等地先后出土过唐代仕人和宦官的墓志约四十余方，其中大多是宦官之墓。属于此乡的里名约有崇义里、观台里、务政里、郑村里和长乐里等。

[10]神泉府，唐代绛州所辖折冲府之一。《新唐书·地理志》载有此府，然未得其实，此墓志所记可证之。据张沛研究，《元和郡县图志》：绛州万泉县东谷中有井泉百余区。神泉府是否因此得名，不得而知。

唐程承寂玄堂记[1]

大唐故宁远将军守武威郡洪池府折冲右羽林军宿卫东京北衙右屯营副使上柱国借鱼袋程府君玄堂记

公讳承寂，字冲，其先广平郡人也。始祖别业嵩北，今为巩人焉。曾祖肇，皇东牟郡[2]参军。祖弘，皇清源郡南安县[3]令。父钦，皇伊吾郡[4]长史。并积学光身，誉流乡曲。刷鸿渐之翼，应迁乔之咏。参卿入仕，传六条之政；弦歌抚化，有百里之能。公性好弓矢，少习孙吴，才艺多方，临敌机变，趑趑见用，扬名圣朝。前后历官，累迁游击将军、右武卫灵州静戎府[5]折冲、右羽林军宿卫。其年，圣人四幸，忧念东京，选择使臣，无加于公也。其载八月二十四日，别敕委留东京北衙右屯营副使，宿卫勋借如故。公自临使司，昼巡夜警，抚养士卒。不求备于人，冰镜居心；常耿介特立，政声远播。迁右武卫洛交郡洛安府[6]折冲。俄加游骑将军，勋使如故。再迁宁远将军、右威卫武卫郡洪池府[7]折冲，勋使如故。公居家孝友，事主忠贞。出身三十年，历官六政。弹冠入仕，朱绂荣身。所任皆以艺升，不躁求于超进，何图景命不融，奄见倾落？以天宝五载六月二十七日，终于时邕坊[8]私第，时春秋五十有九。且识与不识，亲与不亲，闻者咸悲，见者泫目。以八月辛巳朔二十二日壬寅，礼措于洛阳县清风乡平乐里之北原。其原也，南睹嵩丘，见峻峰之特秀；西临帝城，望丹阙而凌霞。嗣子瑶等，痛风树之早秋，伤逝川之太速。恐陵谷迁易，乃刻石为铭。其词曰：

我唐开国，贤良是阜。崇崇厥先，郁为人首。弦歌佐郡，光前照后。有子必复，银章朱绂。名高易传，德深难朽。卜葬习吉，朝发京阳。魂舆空掩，總幕虚凉。露泣青蓮，悲风白杨。前瞻曲洛，却倚眠岗。勒铭神户。

程承寂玄堂记盖

程承寂玄堂记

【注释】

[1] 程承寂玄堂记，唐天宝五载（746）八月二十三日葬。2001 年 3 月孟津县平乐村村北出土，同年 5 月 3 日孟津县平乐村征集，今藏千唐志斋博物馆。志盖、志石均长 45.6 厘米，宽 46 厘米。志盖为盝顶，顶面篆书"大唐故程府君墓志铭"，共 3 行，行 3 字。周边刻花卉纹，四杀刻花草纹。志文共 24 行，满行 24 字，正书。四侧亦刻花草纹。主要著录：《新中国出土墓志·河南（三）》编号 156；《全唐文补遗·千唐志斋新藏专辑》第 204 页。

[2] 东牟郡，西晋置，旋废。北魏孝昌四年（528）复置，移治黄县（今山东龙口市东）。北齐天保七年（556）废。

[3] 南安县，隋开皇九年（589）以晋安县改名，治所在今福建南安市东丰州。

[4] 伊吾郡，隋大业六年（610）置，治所在新伊吾县（今新疆哈密）。后废。唐天宝元年（742）复改伊州为伊吾郡，乾元元年（758）仍为伊州。

［5］静戎府，《新唐书·地理志》载灵州有府五，"曰武略、河间、静城、鸣沙、万春。"墓志作"静戎府"，疑为"静城府"之讹。静城府，据张沛研究，《元和郡县图志》：灵州保静县本汉富平县地，后魏立弘静镇，徙关东汉人以充屯田，俗谓之汉城。隋改置弘静县，神龙元年改为安静，至德元年改为保静。唐保静县治所在今宁夏永宁县东北黄河西。疑静城府在保静县治（即北魏汉城）。

［6］洛安府，唐代鄜州（洛交郡）所辖折冲府之一。《唐魏德墓志》：贞观十八年转任鄜州洛安府果毅。《唐董怀墓志》：转洛安府折冲。

［7］洪池府，唐代凉州（武威郡）所辖折冲府之一。《唐王承裕墓志》：皇明威将军、武威郡洪池府果毅嚞之孙。案，凉州天宝元年改武威郡。《唐赵府君夫人李氏墓志》题名有"大唐故左威卫武威郡洪池府果毅都尉赵府君"。

［8］时邕里，即时邕坊，据《最新增订唐两京城坊考》载：东城之东，第四南北街，北当安喜门东街，从南第一曰时泰坊，其东时邕坊。坊内有"郑王宅。户部尚书致仕崔俊宅。旅舍。隋纳言开府仪同三司光禄大夫苏威宅。王玉儿宅。飞骑尉王则宅。苏州吴县丞杜荣宅。孔业宅。牛通宅。处士张义宅。谷水乡君张伯宅。处士赵嘉宅。张伽宅。仁勇校尉飞骑尉张贞宅。蒲津关令云骑尉张仁宅。开府索玄宅。右监门直长罗伯宅。宗夫人宅。文林郎支敬伦宅。游击将军信义府果毅都尉韩逻宅。汴州中牟县丞乐玄宅。处士索行宅。朝散大夫尹达宅。文林郎柱国张贵宽宅。上柱国成伦宅。朝散大夫行大学博士贾玄赞宅。周左豹韬卫将军高牟宅。瓜州常乐县尉登仕郎胡义宅。亳州山桑县令王府主簿乐鉴虚宅。武骑尉王羊仁宅。朝议郎行卫尉寺丞柳顺宅。朝请郎行定王府国尉李明远宅。朝散郎行苏州嘉兴尉谈昕宅。扬州海陵县令李贞宅。上柱国段亮宅。元府君夫人来氏宅。宣节校尉守左卫河南府湨梁府左果毅都尉胡肃宅。安定郡参军陆丰妻胡夫人宅。张遂宅。杭州余杭县令李士式宅。河南府汜水县丞邢倨宅。朝议郎前行曹州司法参军上柱国李宏宅。旅舍。王翱宅。崔缊宅。登仕郎守河南府颍阳县丞摄洛阳县尉李君夏宅。盐铁东都分巡给纳官兼勾押将仕郎试左金吾卫兵曹参军赵余宅。光州刺史李潘宅。"

唐程玄封墓志[1]

大唐故朝请大夫行寻阳郡司马上柱国摄豫章郡司马程府君墓志铭并序
朝议郎前行寿春郡行唐县卫菜撰。

府君讳玄封，字谅，巨鹿广平人也。其先颛顼水德，祝融火正。垄为鼻祖，森有遗烈。故于周则休父戒徐，在汉而不识摧狄。创魏者昱，辅吴则普。自时厥后，贤贤伙若。曾祖弘节，隋东莱郡诸军事、守东莱郡[2]太守、上柱国。祖士高，皇上开府大将军、上柱国。父仁本，皇扶风郡郿邑府[3]折冲。并鼐鼎蝉联，文武祖洽。理乱绎而政肃，握强兵以威远。俾六条用张，正色率下。伍符允协，私养致缋。虽古循吏名将，岂系尚兹。公尝鸠车徇游，知蚁术难进。学不存章句，大义发明；仕奚必醇儒，策勋则可。遂投班超笔，请终童缨。登浚稽，绝大漠，铲瓯脱，鏖皋兰。欲使淳维系颈，煎靡累足。偳谋玉帐，西域乃屈指可图。吹律铜管，南风则闻音不竞。势成破竹，功极横草。以决胜着绩，解巾授卫王府典吁。裾曳宫门，幡传教命。郢阳上疏，务竭忠鲠。王式诵诗，足为鉴诫。主君以屡懦不断，比周凶慝。无篋舆以明白，惧桐偶而啬祸。矫虔诖误，株送底剧。穷持党与，抵谰淫刑。公以宫寮连坐，贬授泸川郡泸川县[4]尉。谪宦谈指，华夷半杂。近接岷峨，财力心赡。公其清若水，其介于石。苦节攸利，嘉声飘飘。剑南道按察使、益府长史毕构[5]，先朝精吏也，闻其干蛊，擢在轺□。按验奸脏，不失圭撮。黠吏则多解印绶，豪家而空执锄櫌。岁终奏课，请理繁剧。优未及叙，唐元初，敕节愍太子宫寮，特宜依旧资还官，寻授凉州都督府户曹参军事。秃发遗甿，罕开趄壤。咽喉憬俗，襟带雄镇。充国文陈于农战，延寿武断于疆场。奇赆潜通，御寇式备。节度使杨执一[6]、杨敬述[7]等，以公恪勤厥职，差充支度营田。宴设九姓判官，计兵峙粮，度地积谷。运舸命算，发骓联轨。俯视夷伤，躬巡士卒。犹是边人赖其安堵，元师杖而殷敌，加以炙骑交进，酒车递酹。察贰嗛空，举白引满。而使服匿有盈肉，穹卢厌浮虮。既醉既饱，不吴不杨。能革面而向化，亦忬神而输款，公元力焉。秩满，会府考绩，授齐州章丘县[8]令。东秦营丘，负海藏疾。习俗狙诈，古风傥荡。下车则齐儿急缮，正幅、乃姜氏辜洁。时多隙地沉岸，不生稻粱。枝渠股引，润我稼穑。假令池阳荷锸，邺县浇田，俾硗作肥，永锡不匮，方斯篾如也。异时颇猛兽□害，贪蝗荐食。夭阏生物，贼伤苗稼。公莅邑无几，群灾弥灭，吁可怪乎。开元十三载，天子封泰山、禅梁父。相如献革，玉带上图。滋液渗漉，歆介攸止。数肆眚于遐迩，贻千官以班级。加拜朝散大夫，兼施墨绶，方来朱绂。位崇朝渥，荣冠私门。秩满，制授寻阳郡司马。江皋上流，溢口巨防。水偷恃其囊橐，山伐资以赘聚。持中平镌，群下知禁。本道采访处置使班景倩毛鸷为理，闻而嘉尚。奏摄豫章郡司马，兼摄判官，分察鄱阳、庐陵、南康等数郡。彭蠡天险，桂阳地络。火耕水耨，居多告窳。沟分塍直，旱则耗斁。时深浦可揭，□人不粒。连率思与计偕，抑其损免。小吏难于拒命，曷敢纵臾。犹是豺狼赋征，虺蜴黎献。饿殍贸贸，道路以目。公摘覛虚张，揣摩实数。有投蚖攻螫，必审详以情。若便文自营，则元载尔伪。乃大其户，列而上闻。皇明烛幽，国廪救乏。流庸尽复，附落咸义。非公无所回避，秉斯峭直，孰能计数郡之长短耶。至开元廿一载，增朝请大夫，旌涣汗也。自解印寻阳，悬车故里。散金诸子，无溷于击鲜；分财九族，有孚于博施。云卧稠林，水嬉孤渚。合中樽而命友，宛长袖而留客，不亦乐乎。岂期白日过隙，明星在雷。匪晋卿谒玩，思贾傅控抟。罹厥负薪，当乎易箦。及炯诚遗约，俾资忠履孝。舍此二事，吾何以观。彼苍不仁，言终而卒。以天宝六载岁次丁三月廿日庚申，终于洛阳县北部乡之别馆，春秋八十有五。呜呼哀哉。公动必合礼，举无遗策，入官准绳，见事肤敏。行为士则，乡曲誉其和义。达自天机，朝廷钦其果断。谦以受禄，贵而不骄，夫然克保于终吉矣。夫人太原王氏，封平遥县君。国有五姓，门先万族。作配好仇，唯贤是与。自结缡家室，主馈煎和。奉尊章以甘脆，貌诸孤而鞠育。尤于己子，惠及旁亲。婉嬺有淑，闺房特秀。躬浣濯以训下，勤组紃而励节。发挥贞烈，仪范壸闱。凤降闵凶，早沦厚夜。粤以其载七月廿八日壬寅，合葬于洛阳城东北部乡之原，水土在辰，礼也。掘窀戒期，登輀祖载。丹旐翩以启路，素绋引而劝防。柳饰池荒，茵加绥泽。断挽呜咽，幽灵旭卉。邑子举音以过哀，故人停车而沃酹。安措届止，山川杳冥。卜诹远辰，相合良穴。八将舒迹，四禽交位。掩龙腹而疏茔，建马鬣而复土。西瞻禁掖，城阙九重。北枕崇邙，丘陵万古。墓门一闭，草露滋深。野陌前临，杨风愁绪。泉扃不寤，幽穸何长。郁可悲矣。次子希玠，河南府寿安县[9]主簿。少子瑁，相州内黄县[10]尉。并珪璋特达，杞梓宏干。用文饰吏，以学润身。青畿许其生角，紫陌谈不容口。天夺其寿，先公而逝。哀哉。陕郡硖石县丞英俊，公之元嗣也。率履不越，含章可贞。瑟兮僩兮，令问令望。顷毗赞雄邑，有声两京。色难慈颜，常服五彩。弄鸟不倦，巢鷰奄及。陟云岵以茹感，仰风枝而结欷。故栾棘疢貌，昏荒余喘。嗌不容粒，杖以辅病。既修宅兆，允迪吉康。拒南阳赙财，成士安薄葬。恐高岸深谷，恒阅水于桑田。书谥纪功，敬勒铭于苔石。其词曰：

洪惟高门，垂裕后昆。生此王国。食其旧德。物官中外有异声，力政操持无不平。左朱幡兮崇盛饰，加赤绂兮居宠荣。钟鸣漏尽，夜行告息。挂冕休闲，悬车启迪。昊天不吊，祝降丧亡。褫幽魄于东岱，失慈颜乎北堂。遗胤号檗，深交劝防。柬车肃路，廞卫成行。瘗刍灵而神在，发薤挽乎心伤。沉沉厚夜，查杳孤穸。丘槚烟惨，坟蟂露积。埋玉树而兴嗟，闭金骨而衔感。诔行增怆，铭功自昔。既启佳城，永刊贞石。

程玄封志盖

程玄封志石

【注释】

[1]程玄封墓志，唐天宝六载（747）七月二十八日葬。1997年，河南洛阳市孟津县出土。志盖为正方形，边长83厘米。志盖篆书"大唐故程府君墓志铭"，共3行，行3字。志石亦正方形，边长77厘米，厚17厘米。志文共44行，满行44字，正书。卫莱撰文。卫莱，生平不详，玄宗时擢书判拔萃科。主要著录：《洛阳新获墓志续编》编号145；《河洛墓刻拾零》编号277；《新出唐墓志百种》第190页；《全唐文补遗》第8辑第51页。

[2]东莱郡，汉高帝置，治所在掖县（今山东莱州）。东汉移治黄县。西晋改为国，还治掖县。南朝宋复为郡。隋开皇初废，大业初复改莱州置。唐武德四年（621）改为莱州，天宝初复为东莱郡，乾元初改为莱州。

[3] 郿邑府，唐代扶风郡（凤翔府）所辖折冲府之一。《唐邓温墓志》：改授郿邑左果毅都尉。据张沛研究，此府《新唐书·地理志》失载。郿邑在今陕西眉县东渭河北岸。《诗·大雅·崧高》"申伯信迈，王饯于郿"即此。郿邑府亦当在此。

[4] 泸川县，隋大业初以江阳县改名，治所即今四川泸州市。

[5] 毕构，字隆择，唐代大臣。原籍郓州须昌，后迁居河南偃师。进士科第不详。史载少举进士，唐神龙元年迁中书舍人。唐睿宗时任吏部尚书、广州都督。唐睿宗景云时历任陕州刺史、益州大都督府长史，兼充剑南道按察使，所任均有治绩，曾受睿宗玺书嘉奖，后任御史大夫，封魏县男。唐玄宗时官至河南尹、户部尚书。卒赠黄门监，谥曰景。（参《毕氏进士》）

[6] 杨执一，字太初，弘农华阴人。历任左玉钤卫兵曹参军、洛州伊川府左果毅都尉、右卫郎将、右鹰扬卫将军、常州刺史、晋州刺史、凉州都督、河西节度使、原州都督、胜州都督、郦州刺史等职。开元十四年卒于官，赠户部尚书。开元十五年葬于京兆府咸阳县洪渎原。其墓志于1951年在陕西省咸阳市底张湾出土，今藏西安碑林博物馆。记载其生平事迹甚详。

[7] 杨敬述，武则天时曾任右玉钤卫郎将、左奉宸内供奉、右羽林将军兼凉州都督赤水军大使，玄宗开元四年（716）为河西道大总管，九年以败于突厥而削官，以白衣检校凉州都督。能诗；玄宗时进婆罗门曲，玄宗乃据以制成霓裳羽衣曲。《全唐诗》存其诗一首《奉和圣制夏日游石淙山》："山中别有神仙地，屈曲幽深碧涧垂。岩前暂驻黄金辇，席上还飞白玉卮。远近风泉俱合杂，高低云石共参差。林壑偏能留睿赏，长天莫遽下丹曦。"（参《全唐诗大辞典》）《文苑英华》收录有苏颋作《授杨敬述右羽林将军制》："黄门：瞻彼玄阙，卫于丹禁，命将择人，制军为旅。云麾将军、检校右羽林将军、上柱国杨敬述，心坚铁石，器蕴珪璋，以俊颖之才，有温谦之美。附枝中叶，则艺极于雕弓；咀实含英，则词弹于彩札。自五营高选，千庐入侍，中而作训，勤以宣威，俾宠谁何，正其名秩。可右羽林军将军，勋封如故。"

[8] 章丘县，隋开皇十六年（596）改高唐县置，治所在今山东章丘区西北。

[9] 寿安县，隋仁寿四年（604）改甘棠县置，治所在今河南宜阳县东。义宁元年（617）移治九曲城（今宜阳县西北）。唐贞观七年（633）移治今宜阳县，贞观十八年（644）废，上元初复置。

[10] 内黄县，西汉置，治所在今河南内黄县西北。东魏天平初废。隋开皇六年（586）复置，移治今县。

唐韦衢墓志[1]

大唐故正议大夫殿中监闲厩使群牧都使贬南平郡司马韦府君墓志铭并序

公讳衢，字藏之，京兆杜陵人也。其先逍遥公夐之玄孙，先祖儒素之风，宏达之节，激昂时代，遗逸当朝，仰之弥高，挹之不竭，前史之伟矣。逮兹数世，洪源悠远，庆绪绵长，勋业崇高，令范清素，累叶不坠，宗嗣晶然。曾祖彤，随齐陵随三州刺史。祖彦方，皇德兖二州司马、苏州长史、修武县开国男。父征，皇棣州蒲台县[2]令，袭修武县开国男，继和顺县主。公宰君季子也。天姿孤特，毓质贞灵，早敦名节，少闻仁义。未学趋庭之□，呱泣所天；常吟陟岵之诗，疾忧慈母。尊贤敬长之操，挺自生知；信友廉财之风，□□傍习。不染俗累，径然自高，洞识深仁，孰不仰止。瞻言外戚，上达于紫宸；长自高□，宠崇于丹禁。十四诸亲出身，弱冠参郦城符节，妙年从政，利物兴、谣辞满，辟牧使□西使丞，转授□州录事参军，总核六曹，冰壶洞照，纪纲十部，清风袭人。从此陇右支度使奏支度判官转成州司马，元戎拭目，清白贯时，輓粟飞蒭，克□委积，奏凉府员外司马，河西支度营田副使，赏以功能，能以轨物，纳千厢以足食，信一道之丰□。转正员司马，旋奏授凉府长史，又迁凉府别驾。国之西门，足称重镇，首末四任，逾历□年度，使彼仓赓日盈月积。迁会州刺史，剖符共理，扇扬仁风，黎庶仰二天之歌，熊轼旌千里之最。迁陈王府长史，闲厩、宫苑等副使，曳裾于□苑，乘天驷于正门，驭六龙而简帝心，卫千门而叶中禁，朝承圣旨，夕仰龙颜。国□之于频惊，锡命异方之宝。屡浃私恩，迁殿中少监，闲厩、宫苑等使[3]，赐紫金鱼袋。青宫近侍，云阁恩深，荣贵列于朝斑（班），德政深于中外。迁殿中太监□群牧都使，天书日捧，制使星临。知臣者君，宠命逾于九锡；为臣不易，忠爵馨于一心。君亲臣忠，无以加也。昔继祖宗之福祉，配嗣子之姻亲。祸始潜来，衅由胎构，坐因新妇杨氏，即御史中丞慎矜之侄，洛阳令杨睿名之女，亲累贬南平郡[4]司马。拜丝纶于北阙，惧让犹轻；驰星骑于南邛，戴恩弥重。金珮将解，曾不动容，爱子纷飞，略无私念，宠辱之志，于焉可观。谴不因身，犹期浚烛，运禄将泯，龄齿不修，俄而寝疾，奄以天宝七载八月十日终于南平郡公馆，时载六十有四。生涯尽于蜀国，永叹异乡；丹旐返于邙山，魂归故里。以天宝八载岁次己丑二月景申朔廿五日庚申，卜葬于东京北邙山之阳，礼也。先茔同于原陌，松槚相望，塋垄列于弟兄，丘墟连接。铭曰：

桢干千寻，长源万里。玉润身肥，土膏稼美。庆绪绵长，洪源寫奕。性蕴冰霜，声昭金石。家国之祚，挺生夫君。徽迹叠于黄绶，崇充朝于紫宸。礼乐周旋，肃恭诚慎。祸始潜及，匪躬匪胤。金珮将解，否泰卷舒。行藏道在，瑕不掩瑜。舟壑迁变，陵谷颓谢。寂寞光阴，宦宦长夜。

男大理评事贬临贺郡桂岭县[5]尉交颖。女十八娘鸷国子主簿窦叔明于日安厝。堂弟衎。谪任修武县开国男交云并书。

韦衢志盖

韦衢志石

【注释】

[1]韦衢墓志,唐天宝八载(749)二月二十五日葬。1997年冬,河南省洛阳市孟津县出土。志盖高64厘米,宽64.5厘米,顶面楷书"大唐故韦府君墓志铭",共3行,行3字。四刹刻飞鸟、花卉等图案。志石长56.5厘米,宽59厘米,厚13厘米。志文共32行,满行32字,正书。四侧刻卷草、花鸟等图案。主要著录:《洛阳新获墓志续编》编号148;《河洛墓刻拾零》编号282;《全唐文补遗》第8辑第398页。

[2]蒲台县,隋开皇十六年(596)置,治所即今山东滨州东南蒲台。唐贞观六年(632)废,七年(633)复置。

[3]闲厩使,使职名。武周圣历三年(700)二月置,掌仗内六厩,管理御用马匹,以受宠的殿中监充任,夺殿中省、太仆寺部分职权。玄宗开元初,闲厩马至万余匹,骆驼、巨象皆养,以驼、马隶之,殿中监尚乘局只名存而已。闲厩使押五坊,以供时狩:一为雕坊,二为鹘坊,三为鹞坊,四为鹰坊,五为狗坊。宫苑使,官名,唐朝中期始置,以宦官充任。五代后梁亦置,掌京城苑囿园地。

[4]南平郡,唐天宝初改渝州置,治所在巴县(今重庆市区)。乾元初复改为渝州。

[5]桂岭县,隋开皇十八年(598)以兴安县改名,治所即今广西贺县东北桂岭。

唐郭虚己墓志[1]

唐故工部尚书赠太子太师郭公墓志铭并序

剑南节度孔目官征仕郎行太仆寺典厩署丞张庭询检校,朝议郎行殿中侍御史颜真卿撰并书

维唐天宝八载太岁己丑夏六月甲午朔十有五日戊申,银青光禄大夫、守工部尚书、兼御史大夫、蜀郡大都督府长史、上柱国郭公,薨于蜀郡之官舍,春秋五十有九。皇上闻而悼焉,诏赠太子太师,赙物千匹,米粟千石,官给灵舆,递还东京,所缘葬事,量事官供。明年青龙庚寅夏五月戊子朔十五日壬寅,葬于偃师县之首阳原先茔之东,礼也。

呜呼!公讳虚己,字虚己,太原人也。其先虢叔之后,虢或为郭,因而姓焉。巨况泰璞,蝉联史氏。公即隋骠骑大将军、开府仪同三司昶之玄,皇朝泾州[2]刺史、朔方道大总管、赠荆州都督、谥曰忠澄之曾,朝散大夫、太子洗马琰之孙,朝议大夫、赠郑州刺史义之子也。自骠骑至于郑州,世济鸿休,有嘉闻而不陨名矣!公粹精元和,禀秀星象,蹈道深至,安仁峻极,孝悌发于岐嶷,德行沦于骨髓。幼怀开济之心,长有将明之望。十岁诵《老》《庄》,即能讲解,枭诸经典,一览无遗。十一,丁郑州府君忧,泣血斋诵,三年不息。太夫人在堂,终鲜兄弟,左右就养,朝夕无违,六亲感叹焉。未冠,授左司御率府兵曹。秩满,授邠州[3]司功,充河西支度营田判官,拜监察御史里行,改充节度使判官,正除监察御史,转殿中侍御史,判官仍旧属。吐蕃入寇瓜、沙,军城凶惧,公躬率将士,大殄戎师,

皇帝闻而壮之，拜侍御史。俄迁虞部员外郎[4]、检校凉州长史、河西行军司马，转本司郎中，余如故。转驾部郎中，兼侍御史，充朔方行军司马。开元廿四载，以本官兼御史中丞、关内道采访处置使，加朝散大夫、太子左庶子，兼中丞使如故。数年，迁工部侍郎。顷之，充河南道黜陟使，转户部侍郎，赐紫金鱼袋。天宝五载，以本官兼御史大夫、蜀郡长史、剑南节度支度营田副大使、本道并山南西道采访处置使。清静寡欲，不言而化，施宽大之政，变绞讦之风，不戮一人，吏亦无犯。省繇（徭）费，蠲力役，巴蜀之士，燠然生春。前后摧破吐蕃，不可胜纪。有羌豪董哥罗者，屡怀翻覆，公奏诛之，而西山底定，特加银青光禄大夫、工部尚书。七载，又破千碉城，擒其宰相。八载三月，破其摩弥、咄霸等八国卅余城，置金川都护府以镇之。深涉贼庭，蒙犯冷瘴，夏六月舆归蜀郡，旬有五日而薨。

呜呼！公秉文武之姿，竭公忠之节，德无不济，道无不周，宜其丹青。盛时登翼王室，大命不至，殁于王事，上阻圣君之心，下孤苍生之志，不其惜欤！至若幕府之士，荐延同升，则中丞张公、鲜于公，持节钺而受方面矣；司马垂、刘璀、陆众、韩洽，布台阁而立朝廷矣。其余十数士，皆国之闻人，信可谓能举善也已矣！有子五人：长曰揆，河南府参军，先公而卒，赠秘书丞；次曰恕，右金吾卫兵曹；次曰弼，太原府参军；次曰彦，左威卫骑曹；季曰枢，冲年未仕。皆修洁克家，祇荷崇构，柴毁孺慕，累然衔恤。以真卿宪台之属，尝饱德音，见托则深感忘论。撰铭曰：

天降时雨，山川出云。帝思俾乂，闲气生君。君公戬毅，国之威宝。有赫其德，无竟伊道。道妙德充，如岳之崧。七司天宪，六践南宫。澄清关辅，节制巴寶。雨人夏雨，风物春风。仁惠载孚，典刑克举。吐蕃叛德，王师振旅。公实征之，宷入其阻。平国都护，首恢吾圉。蒙疾西山，吉往凶还。孰云剑阁，翻同玉关。皇鉴丕绩，爰申宠锡。师范元良，以嘉魂魄。归葬于何？首阳之阿。嶕嶢坟阙，牢落山河。气咽箫鼓，风凄薤歌。行人必拜，屑泪滂沱。

郭虚己志盖

郭虚己志石

【注释】

［1］郭虚己墓志，唐天宝九载（750）五月十五日葬。1997年出土于河南偃师。志盖高107厘米，宽104厘米，篆题"唐故工部尚书赠太子太师郭公墓志铭"，共4行，行4字。志石高104.8厘米，宽106厘米，厚16厘米。志文共35行，满行34字，正书。颜真卿撰并书。主要著录：《邙洛碑刻三百种》编号179；《新出唐墓志百种》第198页；《北京大学图书馆藏历代墓志拓片目录》编号04440；《全唐文补遗》第8辑第56页；《1996—2012北京大学图书馆新藏金石拓本精华》编号133；《新中国出土书迹》第306页。相关研究参樊有升、鲍虎欣《偃师出土颜真卿撰并书郭虚己墓志》（《文物》2000年第10期）；李献奇、周铮《颜真卿撰书郭虚己墓志考述》（收入河南省文物考古学会编《中原文物考古研究》，

大象出版社，2003 年）；黄寿成《〈郭虚己墓志〉发微》（《唐史论丛》2012 年第 1 期）等。

[2] 泾州，北魏置，治所在临泾县（今甘肃镇原县东南）。后移治安定县（今甘肃泾川县北泾河北岸）。隋大业三年（607）改为安定郡。唐复改名泾州，天宝元年（742）改名安定郡，至德元年（756）又改为保定郡，乾元元年（758）复改为泾州，大历三年（768）置泾源节度（后又改彰义军节度）治此。

[3] 邠州，唐开元十三年（725）以豳州改名，治所在新平县（今陕西彬县）天宝元年（742）改置新平郡，乾元元年（758）复为邠州。

[4] 虞部员外郎，隋文帝开皇六年（586）始置，炀帝大业三年（607）改置承务郎。唐高祖武德三年（620）复旧，从六品上。实闲简无事。高宗、玄宗时曾随本司改名司虞员外郎，寻各复旧。

唐慕容轮（曦轮）墓志[1]

唐故中郎将开国伯慕容府君墓志铭并序

公讳轮，字曦轮，昌黎棘城人也。燕文明皇帝皝[2]之后，紫蒙之野始其邑焉，鲜卑之山发其原也。家承簪绂，姓氏因冠。门习干戈，英威动晋，备乎国史，可得而详。祖忠，右卫大将军。列在王庭，则人臣之首；退居河朔，为异方至尊。父宣超，赠骠骑大将军，兼范阳郡[3]大都督。出自高峰，偏当秀气，恭承玉册，保寿金章。公兰桂之下，芳香自然，幼志凤成，风神早慧。年十一则治兵阁门，横行瀚海，留情三略，独运六奇，遂得宠入勋司，位高勇将。开元七载，解褐左武卫郎将，兼阁门府都督，借紫金鱼袋。甘罗上卿之岁，然在青襟；张强侍中之年，虽无弱冠。方之早仕，彼而有惭。公以明略佐时，雄图务赞，参谋武帐，洞晓兵机，事君荣君，则为官族，将门有将，还入公臣。廿二载迁左武卫中郎将。其少也以智谋见拔，其壮也以雄才入选。伏石为虎，无以拟其弯弧；竹林逢猿，不足当其舞剑。加以铸鼎世袭，廊庙相传，公侯子孙，必复其始。廿七载有诏册封乌地野拔勤豆可汗兼安乐州[4]都督，吐谷浑使命将用于昭阳，欲苞卷于六合，登坛取于韩信，拟清平于天下，公之此授，君有心焉。实深抚御之能，不无身手之用。西山盗贼，秋尘不飞；北塞匈胡，不敢论战。所部偏僻，地实崎岖；名不训之人，有无君之政。公示之以德，威之以刑，莫不向日而倾，从威而偃。名振四海，声闻六夷。往岁在桑乾用兵，与王忠嗣同为裨将，朋交契洽，忽尔开怀，聚石图营，浇沙结垒，加临向背，一时尽申。彼惭谋短智穷，不能屈色下问，恶居其上，苞藏祸心，及秉节制，飞言害德。天宝元载贬授播川郡牂柯镇将。江东八千子弟，从项藉而不归；海岛五百军人，为田横而俱死。公麾下亡叛，拟于其伦，达人知命，曾无愠色。背阙怀楚，扁舟入吴，镇山静江，乐得其性；诗礼化俗，歌咏犹传。君子至之，名不朽也。天子上凌烟之阁，先忆旧臣，闻鞞鼓之音，实思良将。八载除房陵郡志成府[5]别将。既备边鄙之才，方委爪牙之任。霸陵渐近，词气逾高；朝端有期，冲冠弥勇。直以鹈入其舍，桑生井中，不遂凤心，奄然过隙。其载八月十七日遘疾暴增，薨于房陵郡之宾馆，春秋卅有三。荆衡流涕，如祠武候之庙；老幼掩泣，似望羊公之碑。十载辛卯岁二月十九日，寄瘗于京兆长安县高阳原之，礼也。遊魂羁旅，足伤温序之心，玄夜思归，终有苏韶之梦。抚孤修葬，同气尽心，训子承家，孀妻克意。胤子政等至性居丧，泪久松枯，声哀乌集。式旌泉壤，乃述铭云：

鲜山别岭，余水分流。率部归汉，拥骑凌周。幽赵二国，传誉千秋。山川雄状，美丽优柔。乃祖乃父，为王为候。其一。晋初度陇，唐元入宠。婚纳帝系，卓荦龙种。金柯暐晔，王叶森耸。海内振威，河朔贾勇。灵武十将，异方一统。其二。迁镇大江，名留越乡。房陵萎命，宾馆停丧。栋梁摧折，志士沦亡。明主痛惜，亲友哀伤。枢归北里，魂往西凉。其三。风光催促，旌旆引速。衰柳寒亭，残花空谷。周勃有悲，田横歌哭。孀妻誓寡，胤子继族。封土植柏，刻石铭德。其四。

慕容轮（曦轮）志石

【注释】

[1]慕容轮（曦轮）墓志，唐天宝十载（751）二月十九日葬。陕西西安出土。志盖佚，志石为正方形，边长57厘米。志文共31行，满行33字，正书。主要著录：王国玉、王河松《唐〈慕容曦轮墓志〉考辩》（《书法丛刊》2018年第4期）；濮仲远《唐代慕容曦轮墓志考释》（《青海师范大学学报（哲学社会科学版）》2019年第1期）。

[2]燕文明皇帝皝，即慕容皝，十六国前燕国君。字元真，鲜卑族。昌黎棘城（今辽宁义县西北）人。慕容廆子。建武三年（337）称燕王，不断扩张土地，招徕流亡农民耕种，成为东北强大的割据政权。后迁都龙城（今辽宁朝阳）。死后，子儁继位称帝，追谥为文明皇帝。

[3]范阳郡，唐天宝元年（742）改幽州为范阳郡，治所在蓟县（今北京城西南）。乾元元年（758）复改为幽州。

[4]安乐州，唐咸亨三年（672）置，治所即今宁夏同心县东北韦州。大中三年（849）改名威州。

[5]房陵郡，东汉建安末置，治所在房陵县（在今湖北房县）。三国魏改为新城郡。隋大业三年（607）复置房陵郡。唐武德元年（618）改为迁州，天宝初复为房陵郡，乾元初改为房州。志成府，当为唐代房陵郡所辖折冲府之一，史籍未载，可补阙

唐李萱墓志[1]

唐故陇西李府君孝廉墓志并序

登仕郎前灵昌郡韦城县[2]尉李□撰

君讳萱，字颜，其先陇西姑臧人也。若夫保姓受氏，即咎繇老君之子孙。钟鼎衣冠，又汉将军凉昭王之胤嗣。曾祖仲山，皇齐州临邑县[3]丞。善理聊摄之人，雅称六安之职。祖意期，性好林泉，尤重琴史，有汉阴□阳之志，没身于箕颍之间。父余俊，皇洪州建昌县[4]令。龟蛇拜位，清白临人。有单父之风，表中牟之异。夫人太原□氏，□子乔之庆绪，曹大家之令德。君即建昌之门子，仙人之外孙。生而岐嶷，非礼勿动，天与纯孝，唯贤是亲。同孟轲之少孤，善事□母；异伯鱼之独立，晚□学诗。业成因三从之恩，才美无十上之弊。孝廉□□，弱冠登科，官无中人，达求诸己，目不妄视，口不妄言。孤贞有柳下惠之风，内无姬妾；言信得鲍叔牙之美，能事友朋。择良偶而未婚，无子殊于叔向；恶秽行而绝俗，清节甚于林宗。五美是尊，百行无黜，以为天道不谢，常与善人。而潘岳之年，染伯牙之疾，秦医莫救，丘祷无征，以大唐天宝十载九月七日，终于洛阳之客舍，享年卅有二。有子路一身，独寡兄弟；颜回短命，今也则亡。以载十月十八日迁厝于故都城北平乐乡之北原，礼也。邑延陵之子，葬嬴博之间，同伯起之贤，归华阴之下。夫铭以表德，志以旌能，徒知郭泰之才，多愧蔡邕之笔。铭曰：

人生有像，像而有终。其一。喻比朝露，万代皆空。其二。河山作固，宅兆斯崇。其

三。哀挽一发，幽泉讵通。其四。洛水东流，邙山北抱。其五。风悲拱木，露下宿草。其六。陵谷终迁，唯名可保。其七。斯理尔骨，其朽何早。其八。□□于天，归骨于土。其九。声芳难歇，松栢易古。其十。□焉无兄，□孙别□。□□□天一诀，永闭泉户。

李萱志石

【注释】

[1]李萱墓志，唐天宝十载（751）十月十八日葬。2013年春河南省洛阳市孟津县出土，旋归某氏。志石高36厘米，宽35厘米。志文共23行，满行25字，正书。主要著录：《秦晋豫新出墓志搜佚续编》编号585。

[2]韦城县，隋开皇十六年（596）年分白马县置，治所在今河南滑县东南。隋末瓦岗军领导人翟让出生地。金时圮于水，后废入白马县。

[3]临邑县，南朝宋孝建二年（455）侨置，治所在今山东济阳县西南。北宋建隆元年（960）移治今山东临邑县。

[4]建昌县，东汉永元十六年（104）分海昏县置，治所在今江西奉新县西。南朝宋元嘉二年（425）徙治今永修县西北艾城。

唐段承宗墓志[1]

大唐故朝请大夫行晋陵郡长史护军段府君墓志铭并序

著作郎[2]孔崇道撰

君讳承宗，字承宗，恭叔之后也。命姓之始，肇于魏封，封于段干，因以为氏，避地之后，世居武威，今为京兆人也。高祖偃师，皇卫尉卿、左常侍兼礼部尚书，加光禄大夫、益郡县开国公，谥曰忠信公。掌宫御卫，犹遵马叔之风；典礼仪曹，尚著杨雄之政。曾祖志玄，辅国大将军、褒国公、食封九百户，谥曰忠烈公，陪葬昭陵，松槚成□；□□烟阁，形神俨然。大父□瓘，朝散大夫、符玺郎。父怀昶，□梓潼郡[3]参军。绛冠朝服，自楚而行；参谋国章，乃秦而有。公即参军之嗣子也。入仕绵州参军，参卿有则，军事必资。次授越府仓曹，[□]廪是司，尤称出纳之吝；庖厨攸掌，颇有君子之嫌。朝圣忧人，情存抚字，遂转苏州长洲县[4]令。有子路之三善，人也不偷；类君鱼之一同，膏也宁润。转授桑□县令，弹琴自理，制锦无为，三异岂谢于中牟，双□乃同于叶县。时选良佐，迁授余姚郡[5]司马。既未雄飞，且从雌伏，身仍就列，名已闻天。又迁晋陵郡[6]长史，治中之任，佐理惟贤；帝下之官，赞扬公命。于戏！府君性与淳深，识禀弘泰。照有心镜，不妍蚩于万物；智若涌泉，齐是非于一指。虽出身荣荫，而入仕异能，随手众妙，应权因心。而所为合度，绩茂百越，名闻九天。江路逶迤，千寻见底，蜀门孤峻，数仞难窥。在邦必闻，所理皆化，□□亦冀。门积可久之虹，家传必复之业。□才申知，已而命屈当时，叹隙驹之若流，泣梁木而将坏。以天宝十二载六月十六日，寝疾终于晋陵官舍，时春秋六十八。以天宝十三载闰十一月十一日，葬于洛阳原，礼也。呜呼！卧龙未起，蘩萼先凋；舞凤犹栖，桐华已逝。第二子铣，泣血居丧，形消气竭，嗷嗷乌乌，何处依林；皎皎白驹，空悲过隙。篆刻遗美，庶存斯文。铭曰：

昔哉夫子，忠孝竭力。先人后己，怀贞抱直。颜敏之行，臧文之德。物是人非，哀哀异域。

段承宗志石

【注释】

[1] 段承宗墓志，唐天宝十三载（754）闰十一月十一日葬。河南洛阳出土。李根源曲石精庐旧藏，后赠苏州文管会，现藏南京博物院。志石为正方形，边长54厘米。志文共25行，满行27字，正书。主要著录：《北京图书馆藏历代石刻拓本汇编》第26册第122页；《隋唐五代墓志汇编（洛阳卷）》第11册第218页；《北京大学图书馆藏历代墓志拓片目录》编号04619；《唐代墓志汇编》天宝255；《全唐文新编》第7册第4816页；《全唐文补遗》第1辑第188页；《曲石精庐藏唐墓志》编号62；《南京博物院藏〈唐代墓志〉》编号64。

[2] 著作郎，三国魏始置，为著作局长官，隶中书省。在西晋、南北朝时为清要之官，出任者多为有名望的文学之士，亦有以司空、侍中、尚书等官领、典者。唐武德四年（621），

改著作曹为著作局，仍为长官。高宗龙朔二年（662），改称司文郎中，咸亨元年（670）复旧。掌修撰碑志、祝文、祭文，与著作佐郎分判局事，不再掌国史修撰之事。

　　[3]梓潼郡，唐天宝元年（742）以梓州改置，治所在郪县（今四川三台县）。乾元元年（758）复改为梓州。

　　[4]长洲县，武周万岁通天元年（696）置，治所即今江苏苏州市。

　　[5]余姚郡，唐天宝元年（742）以明州改名，治所在鄮县（今浙江宁波市南鄞江南岸）。乾元元年（758）复为明州。

　　[6]晋陵郡，西晋永嘉五年（311）以毗陵郡改名，治所在丹徒县（今江苏镇江市东南丹徒镇）。东晋大兴初移治京口（今江苏镇江市）。义熙九年（413）又移治晋陵县（今江苏常州市）。隋开皇九年（589）废。唐天宝元年（742）又改常州为晋陵郡，乾元元年（758）复为常州。

唐郭千里神道碑[1]

云麾将军郭公神道碑

　　山之西出将，地之右主兵。故前有辛、李之雄，后称周、郭之盛。四族者，魏武其人，风云其气，出入千载，戎狄忧之。皇唐一宇宙之初，数蛮夷之罪，太白上而天兵利，阴精盛而神将出。于是郭氏之室，世并五侯，丹华毂者三十人，分采地者三千户。剑骑鼎食，气盖关山。开阁而珠履成行，宴享而山玄满座。中兴之后，鸿胪间出，始以　剑而震清海，年未三十名冠云台，位为国之长城，身主人之大命。铭旗羽葆，小韩侯之故事；龙旆青社，增召伯之旧封。则祖宗之盛，未始闻也。鸿胪即世，关陇不震，天其永思戡定之代，故盛业集于金吾。金吾名千里，即鸿胪之孙，出于荆蓝之中，长于松柏之下。虎头骈胁，曲踊雷声，猿臂过挟辀之材，鹰扬表下韝之志，始以将门子往还陇上。开元中，西讨石国[2]，负羽先登，特拜游击将军[3]、折冲都尉。驾龙媒于殷路，舞双剑于前席。二十六载，诏公与中使刘玄复开葱岭，以功胜，虏不能军。班师，授左卫武将军，特赐甲一副，超才也。后五载，有苑门之役，走射雕之群，拜左卫将军。岭岩入阵，既成列而破；石城天险，不待战而降。累迁左金吾卫大将军。骤兼玉门军[4]使，未行而遭疾。嗟乎！病生刮骨，志屈啖肝，累喉白刃之中，垂翅青云之上。以天宝十一载二月薨于武威之地，春秋若干。夫人弘农郡君杨氏，绛郡[5]长史之孙，临洮军[6]使云之女。河华茂气，齐姜盛族，和于鸣凤而外姻致驾，宜尔干母而君子好逑。始于龙剑双飞，中而云虹独感。春秋若干。有子一人曰某，果毅都尉[7]。山西将种，塞下雄儿，周郎之豪勇冠军，终子之精魂先返。年二十一，先公而夭。郭氏本自周王之穆，其在昔也，汉有司徒、司空，魏有车骑、骠骑。或竹马垂信，或金玉称豪。世后佐汉以补天，贤王筑馆而为道。其在今也，一门三载，六叶七侯，伊吾反昭于前，鸿胪特坐于后。长河万里，敌国四方。每宾祭往来，搜除大阅，望带袋者知宗庙之盛，执金鼓者成父子之军。世德后来，公其济美。则勋配祀典，中乏主祭之名；哀及路人，内无朝哭之位。此窈窕之数，熟可问哉。犹子子鸾，善达礼以继门族，乐主辨以济险艰，荀令君为不亡，赵将军其有子。以十三载某月，葬我公于武威东原，非缓也，实卜年也。龙蟠天井，冈伏山形。闭星象于玄宫，起风烟于松阙。将军鼓吹，回过细柳之营；天子辂车，出祖茂陵之道。铭曰：

壮哉强魂，凛然风雨。一剑刽鲸，空攀搏虎。锡以翻鼓，觞觚条玲。骁骑佩组，华彼庄姜。[8]揄狄珩璜。言念君子，乃心无忘。精返太白，魂归故乡。双坟巍然，流水汤汤。秦云如牛，涧石如羊。二龙于此，父子同冈。

【注释】

[1] 郭千里神道碑，杨炎撰于唐天宝十三载（754）某月。《全唐文》卷422收录，今据以录文。主要著录：《全唐文》《凉州府志备考》《武威金石录》第53页。

[2] 石国，粟特人聚居的中亚古国之一，其地在今乌兹别克斯坦的塔什干附近。史籍中又作赭时、者舌、柘枝等。六世纪中叶，称为西突厥属地。唐灭西突厥后，在其地设大宛都督府及军府，唐后期为大食所征服。中古时期，粟特石国人入华以后，有时以内地聚居地地名为郡望，如《石崇俊墓志》称：府君以曾门奉使，至自西域，寄家于秦，今为张掖郡人也。《石神福墓志》称：金谷郡人也。《石忠政墓志》称：京兆万年县人也。

[3] 游击将军，官名，汉朝始置，为杂号将军之一。魏、晋为禁军将领，掌宿卫之职。十六国前凉、北燕亦置。唐高祖武德七年（624）置为从五品下武散官。

[4] 玉门军，在肃州（今甘肃酒泉）西200里，有兵5200人，马600匹。（《元和郡县图志》载，兵300人，马同。）开元中，废玉门县置玉门军，天宝十三载（755）又改为县。玉门军在成立以后，在防御吐蕃方面起到重要作用。担任玉门军使，见于史籍记载者还有汤嘉惠，其任玉门军使、肃州刺史，时间在唐中宗景龙三年（709）前后。此外，敦煌文献中也记载有玉门军使，如S.619V《悬泉镇遏使行玉门军使曹子盈状》、S.11343《衙内都押衙守玉门军使曹仁裕献酒状》。

[5] 绛郡，隋大业初以绛州改置，治所在正平县（今山西新绛县）。唐武德元年（618）复改为绛州。

[6] 临洮军，武则天久视元年（700）初置，驻所在今甘肃临洮。开元中移至陇右节度使衙门，与鄯州同治，位于今青海乐都。临洮军是陇右节度所辖诸军中最大的军，管兵15000人，马8400匹。唐至德二年（757）陷于吐蕃。（《青海百科大辞典》）

[7] 果毅都尉，官名。隋禁卫军中有折冲、果毅诸郎将官。唐于府兵各折冲府置折冲都尉一员，为其长官，掌管本府府兵的操演、调度和宿卫京师等事务，必要时也领兵戍边或作战；置左右果毅都尉各一人，为其副职。

[8] 此处似缺一句。

唐康太和墓志[1]

大唐故左羽林军大将军康府君墓志铭并序

公讳琮，敕改太和，字金砖，汲郡人也。其先承颛顼之苗胄，周文王之胤绪，康叔之后，象贤崇德，兰芬桂芳。原乎炎汉大魏，洎乎北齐西晋，畴庸率职，国史家谍详焉。属随（隋）季乱离，官僚紊叙，高祖怀，祖锋，武威郡磻和府[2]果毅，以才调班，以文从政，莅蜀郡城都县尉，蹑南昌之令誉，伫东阁之嘉征，景福不昌，遽从物化。考庆，负淮阴侯之智策，蓄傅介子之奇谋。威武驰声，佩豭申勇，擢授武威郡磻和府折冲。公以弈代鹰扬，将门骁果，解褐补洮州赤岭戍主[3]，转扶州重博镇将，员外置同正员，从班例也。戎幕无点，防御有功，超升右威卫鄯州柔远府[4]左果毅、上柱国、赐绯鱼袋、内供奉射生。力用可甄，阶级方进。拜游击将军、右领军卫扶风郡通济府[5]左果毅，转安定郡蒲川府[6]折冲，授定远将军、纯德府[7]折冲，赐紫金鱼袋。又转明威将军、左卫扶风岐山[8]折冲。又授忠武将军、右卫京兆仲山府[9]折。又进大明府[10]折冲，并准前供奉。警卫忠谨，爪牙勤恪。又授左武卫中郎将。又转左司御率府副率，充大斗军使。勋效过人，部伍超众。拔授忠武将军、大斗军[11]使、河西节度副使、右清道率府率。又云麾将军，充河源军[12]使。天宝二载，授右骁卫大将军、关西都知兵马使、都虞候、河源军使、节度副使。五载，授左羽林大将军，留宿卫。竭诚奉国，殊赏见优。特封姑臧县开国伯，食邑七百户。皇上以六叶开元，五圣垂裕，相兼伊、吕，将列韩、彭，轮桷不遗，夷夏同用。公宿卫卅载，历职十五迁，铁石居心，松竹标性，颁赐稠叠，朱紫繁荣，莅职清平，福祚坚贞。家室以之昌宁，宗族以之元亨，得不谓从微至著，善始令终乎？噫！否泰无恒，倚伏奚准。以天宝十二载十二月四日，遘疾终于昭应县[13]行从私第，享载七十。敕别赠绢一百匹、粟一百石。即以十四载乙未二月十二日壬寅葬于京兆咸宁县[14]崇道乡之原，礼也。白马驰送，朱旐晓引。九原之路，埋景增悲；三春之衢，雨泪多感。夫人太原阎氏，辅佐君子，郁有声芳。嗣子承奎，历任有功，授咸宁郡长松府[15]折冲，赐紫金鱼袋、上柱国；次子承宥，武部常选；少子承业，武部常选。并绝子思之浆，同泣高柴之血。相与策苴杖，饬桐棺。访儒术以昭志，卜宅兆以辛酸。车马饯以云郁，缟素悲泣以林欑；镌翠琰以表德，缵鸿烈以纪官，俾贤门之英胄，绍元勋兮不刊。其铭曰：

海变山移兮四序催，地久天长兮万象回。惟达人兮符命合，奉明君兮封禄开。魂灵归兮掩东岱，胤息衔恨兮泣南陔。子孙子孙兮袭宠禄，枝枝叶叶兮□氛埃。

康太和志盖

康太和志石

【注释】

[1] 康太和墓志，天宝十四载（755）二月十二日葬。陕西西安出土，今藏陕西省考古研究院。志盖为盝顶形，盖长 58 厘米，宽 56 厘米，厚 6 厘米。盖文篆书"大唐故康府君墓志铭"，共 3 行，满行 3 字。盖顶四周线刻牡丹，四隅线刻柿蒂纹，四刹线刻四神，衬以花卉。志石长 60 厘米，宽 60 厘米、厚 8 厘米。志文共 30 行，满行 29 字，正书。四侧线刻壶门十二生肖。兽首人身，持笏而坐，衬以如意云纹。主要著录：《陕西省考古研究院新入藏墓志》第 74 页；赵世金、马振颖《新刊〈康太和墓志〉考释——兼论敦煌文书 P.3885 中的唐蕃之战》（《西夏研究》2020 年第 1 期）等。

[2] 磻和府，即番禾府，隋唐时期武威军府之一。《旧唐书·地理志》：天宝县，汉番禾县。天宝三年改为天宝县。《新唐书·地理志》同。据张沛研究：番禾府以故番禾县得名。番禾县及天宝县治所均在今甘肃永昌县，番禾府疑即在其处。据刘志华研究：武威近年新出土的《阴神护墓志》，志文首题为"大唐故昭武校尉番禾府校尉阴公墓志铭并序"，又有"父德，右威卫番禾府校尉。"《新唐书·地理志》记有此府。今得其实，此可证史。敦煌莫高窟第 217 窟主室题记，补齐缺字为"副尉、右威卫凉州番禾府别将……"陕西出土《宋永贵墓志》："（开皇）九年，诏授蒲坂县开国子。其年，加授仪同三司，出为蕃禾镇将。"隋开皇九年时武威郡有蕃禾镇，而目前尚未见有隋置鹰扬府之证据，推测入唐后改镇而置府。

[3] 赤岭，即今日月山，在青海湟源县西，地当中原通往西南地区与西域的交通要冲。唐代自陇右入吐蕃，取道于此。开元中以此与吐蕃分界，并立界碑于岭上。根据李宗俊研究，认为赤岭为唐洮州西境南北纵观洮河两岸，主要由今甘南碌曲县拉仁观乡境内的额尔琼山（红砂石山）、道格尔桑尺郭山、杰姆则雅杂山、道格尔玛格山等组成的一系列赤红色山脉，赤岭之名因此而得。戍主，谓屯兵守于要害之处，主守者名为戍主，戍主为下层武官，品级较低，分为上戍、中戍、下戍，分别为正八品、从八品、正九品。

[4] 柔远府，唐代鄯州军府之一。《旧唐书·地理志》：伊州柔远县，贞观四年置，取县东柔远故城为名。又福禄州柔远县，总章二年置，本安远，至德二年改。《新唐书·地理志》同。张说《平冀州贼契丹等露布》有右豹韬卫柔远府长上果毅吐火罗决斯。《唐张奉璋墓志》：诏授鄯州柔远府左果毅。据张沛研究：此府《新唐书·地理志》失载，劳氏补之，未详所属。其所列伊州、福禄州及武定州诸柔远县疑皆非石。今据《张奉璋墓志》隶鄯州，既可补唐史之阙，又足释劳氏之疑。又，鄯州与吐蕃相邻，州属后没于吐蕃。唐朝于此置兵府，称曰柔远，可谓宜乎其名。

[5] 通济府，唐代扶风郡所辖军府之一。《唐折冲府考》等书失载，今据此墓志补。此外，贞元元年（785）《权顺墓志》：公随元戎王公收复京邑，授凤翔通济府果毅。

[6] 蒲川府，宁州（北地郡）所辖军府之一，墓志所载"安定郡"，疑误。杨炯《周梁待宾碑》：永淳二年二月四日制授昭节校尉、守右卫蒲州（川）府佐（左）果毅，仍令长上，兼上阳、洛城等门供奉。《唐李汪墓志》：贞观十七年改任宁州蒲川府果毅都尉，随班例也。

[7] 纯德府，唐代安定郡所辖军府之一。《新唐书·宰相世系表四下》：唐万寿，纯

德府果毅。《唐张德墓志》：次任右领军卫泾州纯德府折冲。又《唐邢思贤墓志》：授忠武将军、行右领军卫泾州纯德府折冲都尉、上柱国，奉敕九成宫留守，又充京故城使。《唐郭韬墓志》：授右领军卫泾州纯德府折冲。据张沛研究：据《唐张伏敬墓志》，大业三年张伏敬任右武卫纯德府鹰扬副郎将。是此府系承隋之旧。

　　[8]岐山，唐代扶风郡所辖军府之一。《新唐书·地理志》载有府十三，曰岐山、雍北、道清、洛邑、留谷、岐阳、文城、郊邑、三交、凤泉、望苑、邵吉、山泉。《唐安思节墓志》题署"岐州岐山府果毅安府君"。据张沛研究：志文云："帝感用之，擢授祁州祁山府果毅。"此"祁州祁山"与题署不同，当为"祁州祁山"之讹。《唐张知感墓志》：加游击将军，迁祁州岐山府折冲都尉。《括地志》：岐山在岐州岐山县东北十里。

　　[9]仲山府，京兆府所辖军府之一。《长安志》二十：云阳县有仲山府。杨炯《唐李楚才碑》：武德六年转仲山府左列（别将）。《唐彭城刘府君墓志》：祖履谦，游击将军、

　　[10]大明府，雍州（京兆府）所辖军府之一。《唐冠军大将军许公之碑》：武德九年授大明府别将，寻转本府统军。《唐刘君妻郝氏墓志》题署其夫为"雍州万年县大明府校尉刘君"。《唐校尉世通墓铭》题署"雍州万年县故大明府校尉"。《唐施宝墓志》：次历右卫京兆大明等五府折冲都尉。《唐张登山墓志》：开（元）十五载，授京兆大名府折告（冲）、壮武将军。据张沛研究：劳氏补此府名，然未详府属。新补资料不仅可确认其在雍州万年县，而且知其隶于右卫大将军府。唐长安城东北有大明宫，在万年县境。又据《吕昙残砖墓记》，万年县有大明乡。疑大明府因宫或乡得名，在大明宫附近。

　　[11]大斗军，唐军镇名。开元十六年（728），以赤水守捉改置。在今甘肃永昌县西。因大斗拔谷为名。为当时河西走廊重要屯田地。敦煌文献S.87《金刚般若波罗蜜经》有题记：圣历三年五月廿三日大斗拔谷副使上柱国南阳郡开国公阴仁协，写为金轮圣神皇帝及七世父母，合家大小。得六品，发愿月别许写一卷，得五品，月别写经两卷，久为征行，未办纸墨，不从本愿，今办写得，普发一切转诵。

　　[12]河源军，唐仪凤二年（677）置，在今青海西宁市。宝应元年（762）地入吐蕃，废。

　　[13]昭应县，唐天宝七载（748）以会昌县改名，治所在今陕西临潼区。北宋大中祥符八年（1015）改今名。

　　[14]咸宁县，唐天宝七载（748）以万年县改名，与长安县同城而治，即今陕西西安市。乾元元年（758）复名万年县。

　　[15]长松府，唐代咸宁郡所辖军府之一。《新唐书·地理志》载有府五，曰宜城、通天、同化、丹阳、长松。《新唐书·宗室世系表一下》：江王房有丹州长松府折冲都尉尚容。《于邵田司马传》：改长松府折冲。（《文苑英华》）《旧唐书·地理志》：咸宁县景龙二年移治长松川。《唐崔崿墓志》：父志，丹州长松府折冲。又《唐阴处士公修功德记》：皇考讳伯伦，游击将军、丹州长松府左果毅都尉。又《孔公浮图功德铭》：祖讳崇云，丹州长从府折冲都尉。长从殆长松之讹。又《张德墓志》：有子三人，曰荣琮，任左领军卫咸宁郡长松府左果毅。案，丹州天宝元年为咸宁郡。据张沛研究：长松府盖得名于长松川（在今陕西宜川县西南）。

唐段延福墓志[1]

大唐故武威段府君墓志铭并序

□贵族荣姻，名留后裔。芳传戚里，继袭承宗。曾祖君逸，皇云麾将军。祖仁庆，坊州[2]司马。父崇嗣，宣威将军，守左监门将军。君讳延福，字训。君□性本谦柔，薰猶不杂，芳兰有议，而独无为。春秋一十八，孝廉擢第，词同白雪，调逸青云。廿二，亳州临涣县[3]尉。无何，迁洺州临洺县丞。为政之述，颇著公清。五十，授泽州司仓。自居曹掾，气变炎凉。松筠之心，铁石弥固。文词利用，寮友推先。藏器于身，候时而动。何竖婴灾，百殃来集。吉凶同域，祸福无门。黄熊作□，空惊入梦之征；白马呈祥，遂应庚年之祟。时春秋六十四，即以天宝十三载七月，卒于浐川乡之私第。比属狂寇乱常，妖氛作逆。恨以阻隔，无申孝感之心；天地无私，得展虔诚之至。用乾元元年二月十二日，陪先茔，葬于凤栖原[4]，礼也。郁郁松柏，峨峨□茔，百身奚赎，刊石为石。乃为铭曰：

其一。猗欤段公，□理精锐。道不相间，恩慙恺悌。有礼有义，多才多艺。其二。天长地遥，时迁路陌。邑屋不居，因兹永隔。□兮自安，□以为容。

乾元元年二月十一日□□

段延福志盖

段延福志石

【注释】

[1] 段延福墓志，唐乾元元年（758）二月十一日葬。陕西西安出土。志盖、志石均为正方形，边长均为36厘米。志盖楷书"大唐故段府君墓志铭"，共3行，行3字。志文共19行，满行19字，正书。主要著录：《珍稀墓志百品》编号58；《洛阳新获墓志二〇一五》编号218。

[2] 坊州，唐武德二年（619）置，治所在中部县（今陕西黄陵县西南故邑）。天宝元年（742）改置中部郡，乾元元年（758）复为坊州。

[3] 临涣县，北齐改涣北县置，治所在今安徽宿州西南。隋大业十年（614）移治今宿州西北临涣集。唐贞观十年（636）复还旧治，十七年（643）移治今宿州西北临涣集。

[4] 凤栖原，亦名栖凤原。其地在今西安市长安区大兆乡。唐京兆万年县韦曲附近的高地。东接少陵原，西到勋阴坡。唐中宗时，宰相韦嗣立曾在此原建立山庄，邀中宗和韦

后临幸。嗣立被封为"逍遥公"，又改"凤栖原"为"清虚原"。

唐慕容威墓志[1]

大唐故左领军卫大将军慕容府君墓志铭并序

原州都督府功曹参军赵恒撰。

君讳威，字神威，其先昌黎人也，即前燕高祖武宣皇帝廆之后。君以瑰才，抚生奕荒，济美盛德，不坠荣勋。惟贤曾祖钵[2]，尚太宗文武圣皇帝女弘化公主，拜驸马都尉，封河源郡王，食邑三千户，寻进封青海国王，食邑一万户，特赐实封三百户，赠洮国□王，食邑二万户。姻连戚里，锡锡桐珪，燕□翼于子孙，衣冠盛于门阀。祖忠，特袭封青海国王，拜右武卫大将军，封成王，降金城县主，即陇西郡王之长女也。承家赫奕，继业曾高，时秀有闻，国华诞宝。父宣彻，封辅国王，圣历初拜领军卫大将军，匡赞社稷，翌戴圣明，着定业之功，当建侯之会。夫人博陵崔氏，特承恩制，封博陵郡太夫人。家传典则，天锡荣号，庆流胤嗣，义阐闺庭。

君学该人伦，性禀岐嶷，孝友内行，□忠外节，文可以纬俗，武足以经邦，以材略闻天，特承恩奖，解褐拜左武卫郎将。勇高制胜，气逸清边，举必合权，智无遗策，迁左领军卫大将军，仍充长乐州[3]游奕副使。将统戎旅，辑宁沙塞，弋人务于东作，虏马耆于南向，由是息奸屏佞，静以怀仁，委责输深，霭其从化，虞衡得顺时之利，网罟无□令之采。君以艺超卫、霍，识拟孙、吴，矛戟森然，俎豆斯在，风姿耿介，有难犯之色。礼乐闲和，□好贤誉。弱冠慕奇术，壮年益书剑，虽友于间，奇卓立杰，心不外物，学常□师，器宇苞借筹之能，功名得搴旗之揿。顷岁，天子嘉之，朝廷闻之，士林仰之，兄弟爱之。君子以为得贤继，繄君克似其先失，方将侍丹禁，趋紫宸，出青琐，乘朱轮，是同萧、曹之位，岂居绛、灌之列。于戏！昊穹不惜，哲人其萎，以至德元年正月五日婴疾，春秋六十有二，终于长乐州私馆。

□人封氏，封平阳郡夫人，武周魏王承嗣之孙，太仆寺卿、燕国延寿之女，学冠曹室，文推谢庭，孀幼成居，冰雪其操，鄙念斋洁，自捐形生，专心真如，不息昼夜，俄而遘疾，享年。乾元元年七月十日，终于私第。长子全，袭左领军卫大将军。次子亿，拜信王□。季子造，种（冲）幼未仕，唯而不□，识礼知节，哀集蓼莪，恸深龟兆，逾曹参之纟纹浆，类高柴之血。存没永隔，空悲穗帐虚悬；孤弱相依，尽为鸰原所育。金谓孝感天地，义通神明。爰征古礼，是托茔域，即以乾元元年十月庚子朔十日己酉，同窆于州南之原，礼也。灵车告行，睦挽将发，天惨陇雾，风悲松月，邑人以之罢市，过客由其膊骖，仆素钦仁贤，作掾邻境，昭仰遗爱，直书斯文，用传不朽，以志贞石。词曰：

锡姓命氏，茂德其昌。以封以袭，为侯为王。庆承宝系，姻美银璜。朝列旧德，邦家宠光。间出仁贤，才兼文武。艰危著节，社稷匡主。凛凛冠军，英英幕府。轩墀入卫，戎夏宣抚。凤承荣奖，初拜虎贲。赫奕人望，声名后昆。时称壮勇，天降殊恩。茅土□慕，光华一门。

火岂传薪，人从逝水。送终附葬，奠酌禋祀。扰扰行彻，哀哀胤子。埋志石于泉途，颂德音之不已。

乾元元年十月十日己酉。

慕容威志石

【注释】

［1］慕容威墓志，唐乾元元年（758）十月一日葬。1974年宁夏同心县出土，今藏宁夏博物馆。墓志长81厘米，宽87厘米，厚15厘米。志文共33行，满行31字，行书。主要著录：《宁夏历代碑刻集》第38页；《吐谷浑资料辑录（增订本）》第69页；钟侃《唐代慕容威墓志浅释》（《考古与文物》1983年第2期）。

［2］曾祖钵，当即慕容诺曷钵的省称。

［3］长乐州，《新唐书》卷64《方镇表》载：开元二十二年（734）唐以"安乐二州隶原州"，《资治通鉴》卷221胡注引《方镇表》内，此句作"以……安乐、长乐二州隶原州"。

又《新唐书·地理志》"威州"条记长乐州设于灵州之鸣沙县地，而据《元和郡县图志》卷四"灵州回乐县"条记，此县有"长乐川"，"旧吐谷浑部落所居"。故知安乐、长乐为二州，安乐州应在今宁夏中卫鸣沙乡，长乐州即在今慕容威墓北，今宁夏同心韦州乡境。盖因唐先设安乐州，后因吐谷浑部落的发展，又于东长乐川设长乐州以处之。（参周伟洲《吐谷浑资料辑录（增订本）》）

唐慕容仪墓志[1]

故交河郡夫人慕容氏墓志序

夫人讳仪，字辅贤，昌黎人也。其先可汗、青海国王（下泐约4字）超，皇任骠骑大将军，赠持节都督。夫人（下泐约6字）也室由天，父崇女德，于宗盟出奉（下泐约10字）配德和鸣，内范嫔嫱，外标礼义，盛族贵裔，荣选（下泐约5字）肤气引银河之媛用，能温肃恭懿，宣慈惠和孝（下泐约5字）素柔，而贞令淑远，闻嘉声克著。虽寝疾移昝（下泐约6字）弥留，亦闺训不弥，□将哀也，忒并宗子，训及来孙（下泐约4字）贵而能贫，无□□□，人无怙富，而卑上及其（下泐约5字）□□□□木短长□也，生死命焉。言毕遂终。（下泐约6字）八月一日薨于金城郡[2]私第。嗣子朝议郎、守太仆卿（下泐约6字）荣国□□吾卫大将军嵩等，知生也有涯，死而无（下泐约7字）流□□□无讶，慈亲之不待。洎于十一月廿七日（下泐约6字）□□□□此郡东南九十里薄寒山[3]之北原也。粤（下泐约6字）□□□□也，死葬之以礼，归于义，终也。犹恐暮（下泐约6字）□□□□内极二三子金曰：然则何以记德，斫其（下泐约5字）□□□□□成风□□□器纵□回溪谷（下泐约7字）□□不朽矣。其铭曰：

□□荣兮，死而可哀。远感□□，□□□□。□□家兮，塞霜朝催。美比□□，□□□□。□□人兮，垂裆后来。□□□□，□□□□。

【注释】

[1]慕容仪墓志，葬年不详。1973年8月，甘肃省榆中县朱家湾村外出土。出土后即破碎流失，后寻回8块，拼接后知志石高约56厘米，宽61厘米，厚5.5厘米。志文共21行，满行约23字，正书。据周伟洲研究，慕容仪之卒年和墓志年代当在742—758年之间。其当为慕容宣超之女。主要著录：孙永乐《交河郡夫人墓·高昌·吐鲁番——兼述高昌与中原的关系》（《中国边疆史地研究》1994年第3期）；李维贵《交河郡夫人慕容氏墓志序碑文——兼与孙永乐先生商榷》（《中国边疆史地研究》1995年第1期）；周伟洲《甘肃榆中出土唐交河郡夫人慕容氏墓志释证》（收入《西北民族论丛》第1辑，中国社会科学出版社，2002年）；周伟洲《吐谷浑资料辑录（增订本）》第77页。

[2]金城郡，西汉始元六年（前81）置，治所在允吾县（今甘肃永靖县西北湟水南岸）。三国魏移治榆中县（今甘肃榆中县西北黄河南岸）。十六国前凉移治金城县（今甘肃兰州

市西北黄河南岸）。隋开皇初废，大业初复置，仍治金城县（今甘肃兰州市）。唐武德初改置兰州，天宝元年（742）复为金城郡，乾元元年（758）改置兰州。

［3］薄寒山，又称"康狼山""嵝岷山""地薄汗山"，该墓志的出土，可知唐代的薄寒山，即在今兰州东南七十公里之兴隆山一带。（参周伟洲《甘肃榆中出土唐交河郡夫人慕容氏墓志释证》）。

唐李志忠墓志[1]

左金吾卫大将军陇西李公墓志并序

公讳志忠，字怀礼，本姓安，彭原人也。夫意兹决策，齐侯独使；乘轩奉春，献谋汉后，偏以赐姓，公所以今为陇西人也。曾祖让，祖信，父遵，原州都督，皆蓄德蕴仁，尚义敦信。招贤不倦，名重于当时；好善无厌，庆流于后嗣，信有之矣。公七德禀于家风，六艺由于天性。中镮破等，未足方奇，列猎贯石，与之齐德。爰自弱岁，武略有闻。初命为凉州明威府别将，所以骠骑出塞，常在于先锋；凶奴息师，实畏于飞将。逮至狂寇为暴，天下嚣然，相国杖戈而先征，繄公用矛而有克。故得二京静谧，万里清夷。以元勋茂绩，加公云麾将军、守左金吾卫大将军。凶慝既诛，党类未殄，复收余烬，以保邺城。公乃忿之，奋不顾命，方无存勇而求战，若狼瞫怒以从师。乾元元年十月廿三日，春秋年六十二，斩首计万，力尽而薨。呜呼！冠军来予，用嘉忠节，圣主宠赠，以慰存亡。仍辍朝一日，则古今希也。以乾元二年四月廿五日，迁窆于高阳原，礼也。嗣子良俊，左骁卫将军，忠烈克彰，令名早著。思弥庸之报怨，念灌夫之复仇。实唯忠孝之门，是荷弓裘之业。次子良佐，京兆府崇仁府[2]折冲等，恭承教义，哀感路衢。岂荀偃之不瞑，知臧孙之有后。乃为铭曰：

称贤勇兮壮军容，为健将兮当先锋。能电激兮声如钟，破劲虏兮摧群凶。名不陨兮表忠节，石可镂兮彰盛烈。

胜光寺[3]沙门贞迅书。京兆府进士张骥撰。

李志忠志盖

李志忠志石

【注释】

[1] 李志忠墓志，唐乾元二年（759）四月二十五日葬。2003年5月13日出土于紫薇田园都市住宅小区二三九号墓（发掘编号2003CZTM239）。现藏陕西省考古研究院。墓志为青石质，志盖、志石均为正方形，边长44厘米。志盖为盝顶，厚6厘米，右上部残缺，顶面阴刻篆书"□（大）唐故李府君墓志铭"，共3行，行3字。四刹刻忍冬纹。志石厚8厘米。志文共22行，满行22字，正书，有界格。四侧刻忍冬纹。主要著录：《长安高阳原新出隋唐墓志》编号80。

[2] 崇仁府，唐代京兆府所辖军府之一。颜真卿《唐臧怀恪碑》：公子游击将军、崇仁府折冲希崇。《唐都督杨公纪功碑》有"绛州同乡、京兆崇仁二府折冲"。《唐施宝墓志》：次子历"左卫京兆崇仁……等五府折冲都尉"。《唐米继芬墓志》：公有二男，长曰国进，任右神威军散将、宁远将军，守京兆崇仁府折冲都尉，同正。《唐河间宋夫人墓志》：季子崇仁府折冲都尉泰谦。据张沛研究，崇仁府隶京兆府已有确证。劳氏《府考补遗》末条以镌像记跋云"麟德时河内修武县慈仁乡开元时改为崇仁乡"，意"此府当属怀州"，显然不妥。

[3] 胜光寺，据《唐代长安词典》所记，胜光寺位于唐长安城光德坊西南隅。此地原为隋幽州总管燕荣宅。隋炀帝大业元年（605），从丰乐坊徙胜光寺于此。寺中西院有贞观初年中书令王定所画行僧及团花，为京城所重。另《名画记》载：胜光寺有王定、杨仙乔、尹琳画，塔东南院有周昉画水月观音自在菩萨，又有刘整画掩障菩萨圆光及竹。贞观初有印度高僧波颇住此寺译经，译有《般若灯论》《大庄严论》等，贞观七年（633）圆寂于胜光寺。

唐若干元墓志[1]

大唐若干君墓志铭

君讳元，字忠，武威郡人也。曾祖仁甫君，银青光禄大夫，帝之扞城也。祖智山甫君，崇儒府[2]果毅，因官而宅彼汾也。父大方甫君，清机不仕。君素节相循，撼扬不忘，其好阴流水，每吟于川逝，以开元十九年二月七日，终于私第，春秋卅八矣。人皆曰：沉我玉山于重泉也。夫人太原郭氏，素质俄俄，四德[3]不阙，红颜专美，百行[4]皆闻。守志□秋，行年二万日，忽流涕而谓长子渤海曰：吾闻汝之父言，生事以礼，死葬以礼，吾今白发如丝，□又明文孙局小子则拨乱河北，群女尽礼娉高门。吾又欲亲观之，汝岂无葬乎。子遂拂衣昌言，再拜慈顺曰：子之孝，母之教也。敢不敬从？遂乞墨灵龟[5]，起攻穿于平陆；尸兰李女，求必敬于蘋藻。椁于是，棺于是，不愧于乾坤；车如云，马如云，无惭于拜送，以宝应元年岁次壬寅十一月景子朔廿七日壬寅，葬于平遥城西二里新茔，礼也。子渤海等，痛长夜之不曙，哀明月之长苦，将神不语，唯小子当何述焉。因立志铭，以为不朽。

前长道兮后孤坟，树森森兮烟不分。神不语兮寂无闻，有子孙兮徒若云。虽鹤声辽戾，终龙气氤氲。

若干元志盖

若干元志石

【注释】

［1］若干元墓志，唐宝应元年（762）十一月二十七日葬。山西省平遥县出土，今藏山西省博物馆。志石拓片为正方形，边长50厘米。志盖拓片亦为正方形，边长36厘米。志盖篆书"若干君墓志"，其中"若干"二字合写为一字。志文共19行，行约22字，行书。主要著录：《隋唐五代墓志汇编（山西卷）》第130页；《唐代墓志汇编续集》宝应001；《全唐文新编》第22册第15302页；《全唐文补遗》第6辑第450页；《山西碑碣》第101页；《山西省艺术博物馆馆藏碑志集萃》第32—33页。

［2］崇儒府，唐代汾州所辖折冲府之一。《唐三门主刘承恩等题名》：汾州崇儒府左果毅刘承恩。《郑仁颖墓志》：为汾州崇儒府折冲都尉。张沛认为，《新唐书·地理志》：无崇儒府而有崇德府。谷氏以为"崇德"乃"崇儒"之误。待考。

［3］四德，古代妇女的四种传统德行。《周礼·天官·九嫔》：掌妇学之法，以教九御妇德、妇言、妇容、妇功。

［4］百行，各种品行。嵇康《与山巨源绝交书》：故君子百行，殊途而同致。

［5］灵龟，龟的一种，即蠵，亦指有灵应的龟兆。《易·颐》：舍尔灵龟，观我朵颐。孔颖达疏：灵龟，谓神灵明鉴之龟兆。

唐任齐闵墓志[1]

大唐故楚州司马任府君墓志铭并序

□陈憍撰

府君讳齐闵，字孝恭，其先乐安人也。昔公子遗迹，大钧取适魏献直于文侯，汉侯时于廿祖周□日宣人。若朝于薛，不敢与诸任齿，若兹族茂，其来久矣。曾祖愃，自大理寺丞，贬和州[2]司马。叹长沙之卑湿，同贾谊之伤年。祖，多至公之心，有字人之术，特掩中牟之职，宁谢桐乡之政，终鲁山县令。父元朗，弓裘继业，贞白检身，终颍州[3]别驾，赠庐州刺史。府君即刺史第二子也。童而歧然，长而嶷然，体德魁梧，神宇爽秀。五昆第侯伯，小祢公之一鹗，晒陆家之二龙。年十二，太庙斋郎出身，初拜陇州参卿。再迁坊州仓掾，皆以明鉴毫发，利剸犀象。充采访使内作、节度等三判官，为姑臧、神鸟、邺、梁等四邑宰。或以按剑不滥，或以绢绶有方，问望著名，课最褒德。在梁之日，有采访使、御史中丞卢奕[4]外生者，昒睐摧贵，广占膏腴，恣行侵渔，性好凶愎。公不以法贷而掊击之。卢公恚而奏闻，旋贬楚州司马。同李密之无援，迁在汉中；类屈平之好直，黜于江畔。[5]本道节度使邓景山[6]异其节、嘉其善，差摄滁州长史、知州事。属幽燕尘飞，寇我淮甸，兼充防御使，训练兵甲，虏不敢扞。遇理乱之咸称，蕴文武之足用。于戏！乾元元年三月七日寝疾于楚州官舍，时春秋五十有九。盖以戈戟林攒，歧路榛没，遂权殡于楚州。夫人安定胡氏，坤象克柔，闺训有礼，超恭姜[7]之德，冠孟母之贤。天宝十二年二月廿八日寝疾于西京道政[8]之私第，时春秋卌有八。嗣子朝议郎、守著作郎、兼太常少卿、赐绯鱼袋怣，哀深顾生，孝感丁氏，咏兰陔于千里，悬棘心于两乡，亲迎枢车，徂楚暨镐。以大历元年十一月廿日合祔于石桥原之先茔，礼也。且文以纪平事，石以存乎坚。虽陵谷变移，俾盛德不朽矣。铭曰：

堂堂昂昂，繄我任公。遵嶨干空，棠礜制蓬。临人练卒，文武之雄。夫人淑慎，德备君子。全掩夜台，双从逝水。平生荣乐，一朝已矣。塚近先茔，魂归乡陌。映此吉地，苍翠寒栢。千载何有，悲风槭槭。

任齐闵志盖

任齐闵志石

【注释】

［1］任齐闵墓志，唐大历元年（766）十一月二十日葬。出土时地不详，据称出土于陕西西安。志盖为正方形，边长31厘米，楷书"大唐故任府君墓志铭"，共3行，行3字。志石亦正方形，边长47.5厘米。志文共26行，满行26字，正书。主要著录：《秦晋豫新出墓志搜佚续编》编号640；《北京大学图书馆藏历代墓志拓片目录》编号04715。

［2］和州，北齐置，治所在历阳县（今安徽和县）。隋大业初改为历阳郡。唐武德三年（620）复为和州，天宝初改为历阳郡，乾元初复为和州。

［3］颍州，北魏孝昌四年（528）置，治所在汝阴县（今安徽阜阳）。北齐废，唐武德四年（621）改置信州，六年复为颍州，天宝初改为汝阴郡，乾元初复为颍州。

［4］卢奕，唐时节臣。天宝时为御史中丞，后留台东都。安禄山陷东都，卢奕遣妻子怀藏印信归长安，自己朝服坐台，被执。将杀，数安禄山罪，骂不绝口。后赠礼部尚书，谥贞烈。《旧唐书》有传。

［5］同李密之无援，迁在汉中；类屈平之好直，黜于江畔。此言志主怀才不遇，屈才偏居。西晋初李密屈才任职汉中，《晋书·李密传》："密有才能，常望内转，而朝廷无援，乃迁汉中太守。"战国时楚屈原为怀王罢黜，归于汉沔。

［6］邓景山，唐曹州人，累官至监察御史。至德初，擢为青齐节度使，徙淮南节度使。宋州刺史刘展反，景山因讨展有功，拜尚书左丞，复出为太原尹，封南阳郡公。治下过严，军士怒而作乱，终为部下所害。《旧唐书》有传。

［7］恭姜，春秋卫世子恭伯之妻，恭伯早死，恭妻不再嫁。后泛指誓不再嫁的寡妇。《诗经·鄘风·柏舟序》："《柏舟》，共姜自誓也，卫世子共伯蚤死，其妻守义，父母欲夺而嫁之，誓而弗许，作是诗以绝之。"

［8］道政坊，据《最新增订唐两京城坊考》载，朱雀门街东第五街，街东从北第五坊为道政坊。坊内有"宝应寺。北门之西，吏部尚书侯君集宅。南门之西，尚书左仆射张行成宅。宅西，罗国公张平高宅。东门之北，工部尚书刘知柔宅。隰川县令李嘉宅。镇国大将军王荣宅。东平进奏院。旅馆。处士王贤宅。亳州长史元君夫人郭淑宅。国子监大学生武骑尉崔韶宅。上柱国宋感宅。文林郎杜俨宅。博士太子中舍人刘浚宅。左金吾卫将军襄武县开国男赵文皎宅。朝请大夫行尚书考功员外郎邵炅宅。京兆长安县尉韦最宅。宁远将军守右司御率上柱国张令晖宅。左龙武将军梁约宅。韦正己宅。大中大夫行殿中省尚药奉御孙嘉宾宅。安禄山宅。济阳郡东阿县主簿陈添宅。朝散大夫太子左赞善大夫李朏宅。曹元意宅。马倩宅。礼部尚书左龙武军统军赠尚书左仆射史旻宅。宣武军节度押衙兼右器仗都头兵马使银青光禄大夫检校太子宾客上柱国李太均宅。赵仕良宅。幽州节度衙前兵马使王承宗妻李元素宅。左卫翊府左郎将兼监察御史包筚孚宅。光州长史检校国子祭酒上柱国边諴宅。道政门里，酒楼。"

唐慕容曦皓墓志[1]

唐故大同军使云麾将军左武卫大将军宁朔县开国伯慕容公墓志铭并序

朝请郎殿中侍御史内供奉孙成撰

朝议郎守楚州功曹参军直集贤翰林供奉刘朝书

公讳曦皓，字曦皓，京兆长安人。故属昌黎，僻在辽右。玄宗朝，特发音诰，隶于神州。并汉楼船将军徙关之明比也。肇基命氏，首于□□，而盛于晋魏。自二燕启祚[2]，叶布拔流，特为茂族，世以勋烈，□□□朝，自梁迄今，至公六代，代为帝属所出，虽百世九流，殊门异说，而地望显赫，冠冒当时。公即□化公主[3]曾孙，姑臧县主次子。曾祖□[4]，大父忠，烈考宣超，世袭可汗，□青海国王，咸以忠顺显名先朝，其德洪休，彪焕锺册。及君之身，岁奉成构。少以强，荫补千牛备身，授尚舍直长。于时西戎为国□敌，势倾山海，蕃邦病之，附落请公追继前绪。制授押蕃浑使。转足前蹈，戎亭罢警。朝庭□禄报功，超拜尚衣奉御。无何，匈奴远离巢窟，至于太原。公遂逞胜图，□除此患。繇是北门寝扃，玉关静柝。累转左武卫大将军、大同军[5]使。尔后开门延敌，讫不复至。公统武行师，大抵以检身禁暴为军志。士□甘乐放纵者，或未便之；然履忠蹈义之人，亦为公殚力。凡所著绩□□劳而成。以宝应元年九月十二日遘疾，终于任，春秋五十五。以大历四年岁次己酉二月十日，自太原启殡，卜于长安县高阳原，礼也。嗣子崇、信、岗、述、近、迥、邀、遂等，狎贯义方，不损休绪，乃粗述景行，访余缀集。是用酌考声称，溢于人听者，以镌纪焉。铭曰：

　　步摇之族，基于帝轩。天锡义烈，世为国蕃。雄才虎将，继出其门。氏族之本，洪河等源。庆延于公，才武而忠。北倾猃狁，西走獯戎。谋无与辈，功王与同。刊纪素行，垂之无穷。

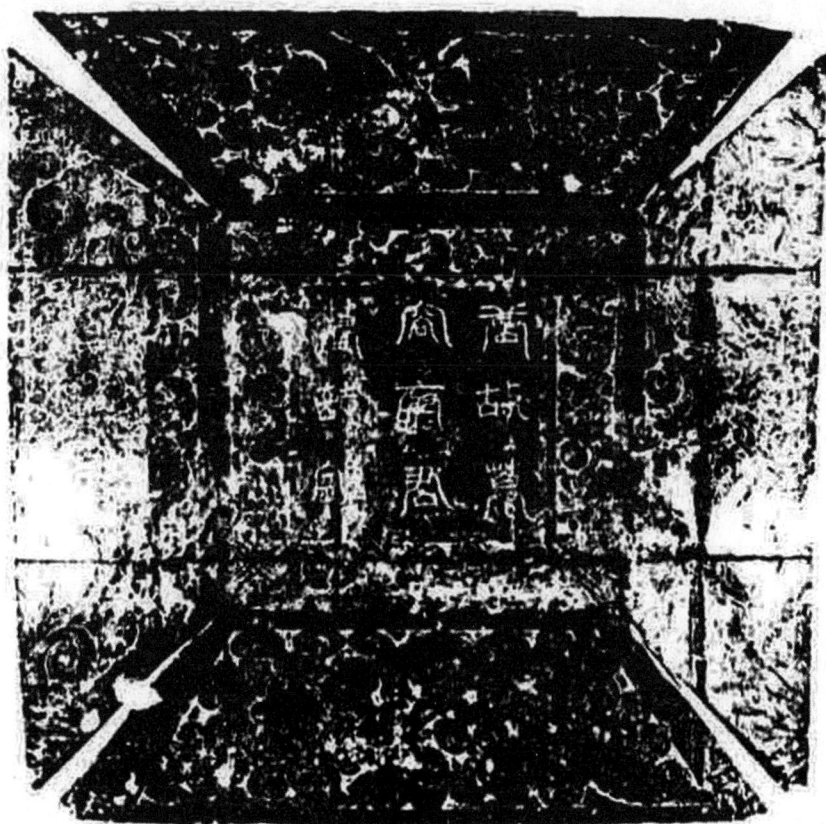

慕容曦皓志盖

慕容曦皓志石

【注释】

[1] 慕容曦皓墓志，唐大历四年（769）二月十日葬。20世纪90年代陕西西安出土，今藏西安市小雁塔保管所。据拓片志盖高61厘米，宽58厘米。盖文篆书"唐故慕容府君墓志铭"，共3行，行3字。志石高63厘米，宽60厘米。志文共25行，满行26字，行书。孙成撰，刘朝书。主要著录：《隋唐五代墓志汇编（陕西卷）》第4册第37页；《唐代墓志汇编续集》大历008；《全唐文新编》第8册第5212页；《全唐文补遗》第2辑第28页；《中国西北地区历代石刻汇编》第4册第40页；《吐谷浑资料辑录（增订本）》第75页。相关研究参靳翠萍《唐与吐谷浑和亲关系始末考》（《敦煌学辑刊》1998年第1期）；杜林渊《从出土墓志谈唐与吐谷浑的和亲关系》（《考古》2002年第2期）；孙瑜《唐慕容曦皓墓志考释》（《山西师大学报（社会科学版）》2010年第3期）。

[2] 二燕启祚，言吐谷浑祖慕容燕兴，盛于十六国前燕、后燕时期。吐谷浑为前燕奠

基者宣武皇帝慕容廆庶兄，率众西迁至河湟，兴族立国，为吐谷浑汗国。

[3] □化公主，即弘化公主，唐太宗女，志主曾祖母。贞观十四年（640）二月，太宗遣淮阳王李道明及右武卫将军慕容宝送弘化公主入吐谷浑，嫁其国王诺曷钵。武周时赐姓武，封西平大长公主。有墓志。

[4] 曾祖□，应为"曾祖钵"，即诺曷钵（？—688），吐谷浑首长，志主曾祖。幼年嗣位时，大臣争权，国中大乱。唐太宗遣军援之，并封为河源郡王，授乌地也拔勒豆可汗，尚以弘化公主。高宗时，其地为吐蕃吞并，遂奔凉州。唐徙其部众于灵州之地，置安乐州，以其为刺史，子忠，孙宣超。两《唐书·吐谷浑传》有载。

[5] 大同军，武周大足元年（701）以平狄军改名，治所即今山西朔县东北马邑。后废。

唐王忠嗣神道碑[1]

唐故朔方河东河西陇右节度御史大夫赠兵部尚书太子太师清源公王府君神道碑铭并序

银青光禄大夫守中书侍郎同中书门下平章事集贤殿崇文馆大学士修国史颍川郡开国公元载[2]撰。金紫光禄大夫门下侍郎同中书门下平章事太清太薇宫使、弘文崇玄馆大学士、上柱国、齐国公王缙[3]书。

玄宗再受命，宅帝位三十有五载，兵加幽都，讨平匈奴，大将军载戈税弓，来朝献功，天子劳旋告成。回虑西戎，乃制诏丞相、御史："咨尔朔方、河东节度支度采访使、安北单于大都护、御史大夫、清源公王忠嗣，统我六师，万方皆全，磔裂单于，封狼居山，归马漠南，列郡祁连，抚兹北荒，厥功茂焉。犬戎睚眦，作虐西裔，攘据石堡，渔猎青海。皇天震怒，以时致罪。"公拜稽首，敢留王诛！猖狂先零，国怨家仇。建牙榆溪树羽河源，东缀飞狐，西蹴阳关。本天下劲兵，制缘边万里，徂长毂，动雷驷，旌旄蟠搓，干云蔽地，款流沙而瞰乌弋，岋昆仑而瞵濛汜。方且缮完补缺，劝稿戒车，图全遗近功，尽敌非一战。陈章立论，别白甚明。以孤特之姿，失贵臣之意。安禄山保奸伺变，忌公宿名；李林甫居逼示专，嫌公不附。寝营平之奏，沮乐毅之谋。内隙外谗，阴中交讪，卒从吏议，竟罗大狱。虽钊温肆爪牙之毒，而哥舒有折槛之争，辩牙门之至冤，逢匡石之排妒。黜守沔上，没于汉东，涸我横海鳞，年终四十五。羯胡得力并云朔，荏祸幽燕。纵鸣镝于两都，投大艰于区宇。悲夫！父龙颜之英主，感风云之早契，散祸于微，图坚在脆。乾坤改施，忠邪易地，谪放窜落，离披困畏，人之云亡，邦国殄瘁。狩皇舆于巴蜀，劫宫庙于蛇虺，如倒持而授柄，岂天意与人事？今上抚军，用公旧校，士留残愤，将有余雄，谓诸葛之犹生，走仲达而知惧。及肃清东土，正位北宸，伤闻鼓鞞，载感风烈，追赠兵部尚书太子太师。边吏增气，三军激节。盖念功悼枉，国之经也；义明运诎，神所劳也。

公本太原祁人。六代祖仕后魏为青州刺史，北齐为白道镇[4]将。五代祖随周武帝入关，署冯翊掾，因徙家于郑，今为华阴人也。皇考讳海宾[5]，九原太守，安抚朔方诸蕃部落兼丰安军使。开元二年七月，以骑士屯萧关。盛秋临垧牧，秃发举卅万众东逾狄道。郭知运节制陇右，委稼啖寇，婴城不动，遂得践围西使，驱掠马牛，爝火照平凉，羽书惊朔塞。公召将校计事，皆曰众寡不敌，利病相悬，济河外之兵，征凉州之援。公以为羌虏入盗，吞噬腹心，扫国马而西归，不崇朝而事去。方为四夷耻，终遗大汉羞。职守封疆，身为障蔽，辞难就易，进熟偷安，而无后咎余责者，微诸公谁不乐此？乃拔勇简材，轻赍益马，有气敢往，不满千人。雷动飙移，自辰徂亥，垂六百里，突掩贼营。纵吾奇兵，乘彼不意，披猖受戮，横溃宵驰。终夜追奔，迟明会食，剿归师于壕口，殄困兽于达毗。糇辎之所残，戈矛之所毙，积尸将崆峒侔厚，漂血与洮河争流。气盛忘衔橛之虞，战酣无存变之意，苍黄颠仆，落于戎手，亦足以暴威武于天下，憺洪棱于蛮貊。五十年间，犬羊迁迹。不敢觇边以取当，咸皆失地而远客。勋映古烈，名垂壮籍。初玄宗省书废朝，问故流悼，伟其心而大其节，哀其殁而念其忠。褒赠开府仪同三司安北大都护，俾给事中倪若水乘驲吊祭，命许国公苏颋为之文以致意焉。轻车介士，麾儿属将，饰枢护丧，封坟宠葬。

公之遘闵，年初九岁，诏复朝散大夫、尚辇奉御，特令中贵扶入内殿。意苦而羸形绝地，辞哀而进血沾衣，左右动容，上亦歔欷，因抚而谓曰："此去病之孤，吾当壮而将之，万户侯不足得也。"衣之以朱绂，锡名曰忠嗣。部曲主家，后宫收视。每随诸王问安否，独与肃宗同卧起。至尊以子育，储后以兄事。公亦惟专惟直，不倾不堕，未尝迕目，孰云有过。每岁天子练戎整旅，冬狩秋田，翼辔奉车，越莽凌阡。格麟长杨，掩兔黄山，蹴履轻狡，流离往还。斫累益奋，搏捷无前，出而有获，多不自贤。上既知公有日磾之纯固，加李广之材气，义形于主，确然秉志。少而侍中，虑不省事，乃试守代州别驾、大同军戎副。干法大豪，闭门自敛；卖功老将，俯伏听令。凉秋八月，桑乾草腓，方侪白登外，驰突长城下。单戈指虏，轻骑犯胡，有向必摧，能当辄破。往往射雕者，居公掌握中，匈奴惮边，不敢抵当。肃宗为上泣曰："王忠嗣负材敢战，必恐亡之。"即日征还，守未央卫尉。入侍之岁，时方就冠。元献皇太后降家人之慈，盛择配之礼，命之主馈，恩情甚厚。公以仇耻未雪，激愤逾深，每对案忘餐，或独居掩涕，玄宗虽欲大其伸而全其屈，终亦观其志而感其衷，俾以中郎将官从徐公萧嵩出塞。但使通知四夷事，饱习军阵，容不得先启行，无令当一队。且有后命，虞其夭阏，枕戈假寐。如诏三年，及徐公将入觐京师，改辕张掖。公曰："无以归报，愿一甘心。"乃候月乘风，卷旗鞭马，精兵七百弩，深入郁标川。遇赞普牙官，践更角武，戈铤山立，介马云屯。雾雨忽开，旌旗相接，将校失色，犹欲引驰。公谓："一足未移，追射且尽，无敢妄动，观吾破之。"乃超乘贯甲，当前皆废，吐蕃大将，临高整旅。公陷胸走腹，曲折回旋，取白马于众中，舍大黄而益振。肩倚膝踦，蹈藉蹙圯，錧轶机骇，群挤乱坠。提刀四顾，如土委地，网决纲漏，逋诛久矣。既伐且吊，当而勿喜，芟夷之又蕴崇焉，系累之亦焚燎焉。执讯获丑，何啻数千；牵羊縶驹，殆将万计。拥戎州以入塞，积京观而徐回。幕府上功，贰师奏状，上益叹息，诏令凯旋。天子御勤政楼，亲阅军实，太常稽宪度，奖授执金吾。上亦多元戎，因为右丞相，仍令图写，置于座隅。自兹厥后，恒当重任。赵承先之败于怒皆也，支轮不返。公度紫乾河[6]，虏其全部，复失亡之车重。杜希望之辑盐泉也，戎侵宇下，三帅受擒。公独溃坚围，护经时之板筑。信安王之临辽碣也，用武于卢龙塞[7]，朝鲜盛刊垒之功；韦光乘之征骆驼峡也，会援于李陵台，河朔受全军之惠。

　　初佐戎关陇，分镇河湟。一之岁，拔新城，走莽布，夷烽垒，烧积聚。二之岁，开九曲，夺三桥，梁洪河，溯西海，搉雷鼓，勇士厉，指蹶振耀，傍偟塞裔。开元之末，拥旌汾、代。天宝之始，兼统朔方。獯鬻内离，九姓横叛。大单于控弦度漠，声言来附；拔悉蜜引弓乘后，克日会师。中使遽闻，帝思泼荡。受降尽狄，屈指犹迟，亟决急装，天书百下。公以为：出疆之任，得守便宜。冒顿北方之强，未当屈折；叛胡畏服大种，不轻用兵。势阔言甘，可虞他变。盛师临木刺，致饩出兰山。含垢并容，两存视隙。全威持重，闭壁坚营。无名王大人到辕门受事，绝单车匹马报候吏前期。防密虑周，诈穷情见，果穿庐桀黠，将侵镐及方。右地郅支，已解仇交质，几欲图成大祸，宁唯向化未醇。于是设间以散其从，肆谍以离其约，二虏不合，遁逃远舍。天子使绣衣御史问："后将军不念中国之费，乘机之速，其上畏懦优游之故，且陈支解戎丑之谋。苟事得其中，如将军素料，又匈奴何时可灭？"公条对："不羁之虏，易以计破，难以兵碎。彼有乖离之渐，我知贪利之戒。威加幽荒，武畅阴海，土崩归德，不二三岁。"因白逗留未决之状，备列平戎一十八策。玺书还报，从公所画。突厥前有畏汉之偪，后有事仇之恐，缩岣迁徙，散亡贫破。遭罹瘥堕之患，傍缘谕告之辞，朝不及夕，以候王师，受言而去者什二三，委辫而降者五千帐。明年秋，引军度碛，定计乘虚至多罗斯，坏巢焚聚。涉洎昆水，下将降旗，皆倒戟自残，舆尸请命。斩白眉可汗之首，传置槀街，系葛督禄娑匍可敦，献于阙下。阿波达干持爱妾宵遁，乘六赢突围。啸聚东蕃，迫胁小种。立乌苏为君长，自尊任为贤王，保萨河刌山，据丁零古塞。谓中国有碛卤之限，官军无可到之期，按甲休徒，击鲜高会，思归故地，卒复大名。间岁方暮，严冬仲月，公出白道誓众，自单于北伐。俾仆固怀恩、阿布斯为乡导，觇视井泉；命王思礼、李光弼为游军，收罗服听。顾万里若俄顷，过山川如枕席，岂百舍之敢休，不再旬而履狄。夜驱胡马，暗合戎围，自丑至辰，头驱面缚，乘无物故，士蓄余怒，羁虏全国，永清朔土。告类上帝，荐功皇祖。三代之盛，猃狁孔炽，方叔、吉甫，驱之而已。勤霍倦卫，蒙亦终毙，倾秦筑怨，縻汉偿费。虽张愿列三城，卫公擒颉利，才遏乘冰之势，但雪泾阳之耻。则自命将已来，肃将天刑，诛而不伐，素定庙胜，阵而不战。龙荒绝贵种，大漠无王庭，恢武节而振天声，未有如公之比。公始以马邑镇军，守在代北，外襟带以自隘，弃奔冲而蹙国；河东乃城大同于云中，徙清塞横野，张吾左翼；朔方则并受降为振武，筑静边云内，直彼獯虏。巨防周设，崇墉万堵，开阳闭阴，拓迹爰土，藏山掩陆，磅礴固护。西自五凉，东暨渔阳，南并阴山，北临大荒，联烽接守，乘高掎要。塞风扬沙，绝漠起鸟，悉数于瞬息，传置于晷刻。玄黄不得杂其象，秋毫无以逃其状。矧袭侵与牧马，敢凌遽而南向？冰河风牡，车甲鳞萃，谁何疆理。千长百帅，秦将隶于降虏，汉卒羁于戎骑。公乃衡悬华裔，势分众寡，由中制外，长御远驾。恢我朔边有如彼，图难于易又如此。当秉钧之颛国也，巧文伤诋，网密事丛，借公为资，动摇国本，讽操危法，言酷意诬。虽丞相置辞，犹惊狱吏；而贯高长者，竟出吾王。成公谪居，人无不恨。方逆胡之兆乱也，意并河东，伪筑雄武、常山、临代、飞狐，扼塞制夷夏之亢，抚崤函之背。征邻请助，邀公赴会，将欲诡遇买欢，冀得兵留镇废。公先期应诏，未觐而退，奏论本末之难，指切未然之戒。危辞泄露，凶党交害，摘抉排折，俾公终败。公之始仕也，自家移孝，孤童被识，策虑奋发，义勇偪亿。其受任也，厉三军之气，同万夫之力。致诛则百蛮竦，振武则暴强服。支离约已，尽悴事国。呜呼哀哉！惟公明迈激朗，信廉仁勇，机敏神速，内和外重。处盛权不得以非理挠，临大节不可以危亡动。道将世连，器与时屯。折冲厌难之臣，旋踵及身，不淄不磷之坚，挫于刀笔之前。此慷慨义烈之士，所以掩泣而流涟。矧我依仁，受赐托姻，逮予守官，秉策司勤。运恒功在，诚存理冤，明没河渭。苍迈古原，左掌太华，邪睨鸿门，刊铭路隅，庶慰精魂。其词曰：

古人有言，兵者凶器，战实危事。三代为将，道家所忌。得非好胜乐杀，欺降嗜利？绝域剒李，杜邮悲起。每原始而要终，吾固知其所以。温温清源，幼寤圣君。勇必顾礼，质而能文。摧刚为柔，塞兑解纷。破虏忘□，平戎让勋。肃致天讨，义诛不顺。密谋神断，四回六奋。火烈风扫，霆驰电震。舍服解网，知成示信。胥胈归尧，三苗格舜。有守矜功，谓之不克。井堙木刊，孰云非贼？惟后将军，古训是式。先计后战，贵和贱力。哀胜不敢，持全制极。遭罹难故，颇僻反侧。苍鹰厉吻，鸡鹜争食。颠倒静迈，汩陈白黑。威暴都赖，功隳即墨。浩歌沧浪，饮恨南国。希仁圣之遒畅兮，亦管诛而蔡殛；谓贤哲之悔亡兮，颜与冉又不得。桓尊周而灭项，犹存功而掩慝。苟思人以爱树，将十世而宥直。如为虏而报仇，使快谗而失职。顾汧城以流恸，投潘诔而太息。贾生徒惊于纠缠，北叟焉知其倚伏？松凋玉缺，直冈贞蹶。竟埋干将，终碎明月。宿草陈根，芜没苍坟。垂清风于颂石，兴终古而存存。

大历十年四月三日建，太中大夫、行少府少监、集贤殿学士赵恶篆额。

王忠嗣碑 1

王忠嗣碑 2

王忠嗣碑 3

王忠嗣碑 4

【注释】

[1] 王忠嗣神道碑，全称唐故朔方河东河西陇右节度御史大夫赠兵部尚书太子太师清源公王府君神道碑铭并序，唐大历十年（775）四月三日立。元载撰文、王缙书丹、赵惷篆额。碑原存陕西渭南乡贤祠，解放后被毁。今有拓本流传，拓本高314厘米，宽144厘米。碑文共42行，满行90字，楷书。碑额失拓。主要著录：《石刻题跋索引（增订版）》84左下；《北京图书馆藏中国历代石刻拓本汇编》27册第140页；《京都大学人文科学研究所藏唐

代碑刻文字拓本（三）》。相关研究参徐伟、吴景山《〈王忠嗣碑〉校正》（《敦煌学辑刊》2015 年第 2 期）；徐伟、吴疆《〈王忠嗣碑〉所见吐蕃史料钩沉》（《中国藏学》2015 年第 2 期）；李荣辉《王忠嗣墓志中紫乾河及怒皆部考》（《北方文物》2018 年第 1 期）等。

［2］元载，字公辅，唐宰相，王忠嗣女婿。肃宗时任户部侍郎、度支并诸道转运使，后迁同中书门下平章事。大历年间与代宗密谋诛杀鱼朝恩。后权势日重，并交通宦官，与王缙等结党行恶，事发赐死。两《唐书》有传。

［3］王缙，字夏卿，王维弟，唐宰相。好文学，与兄维俱以文名。起于玄宗时，安史之乱时任太原少尹以佐李光弼。代宗广德二年（764），拜黄门侍郎、同中书门下平章事，为相。王缙性贪冒好财，附元载为党，坐元载罪贬括州刺史。

［4］白道镇，据牟发松《北魏军镇考补》研究，周一良《北魏镇戍制度考及续考》、严耕望《魏晋南北朝地方行政制度史》并无此镇。《汉魏南北朝墓志集释·郑子尚墓志》（图版 349）："祖万，白道镇将，云中太守。"子尚卒于北齐武平五年，而其祖万任白道镇将当在魏后期。该镇直到北齐犹存，见《清源公王府君神道碑》（《北周地理志》页 1074）。白道为云中出塞之要道。《魏书·太宗纪》泰常四年十二月癸亥条："西巡，至云中，逾白道北，猎野马于辱孤山"。《水经注》卷三河水注："芒干水又西南，迳白道南谷口，有城在右，萦带长城，背山面泽，谓之白道城，自城北出，有高陂，谓之白道岭"。掘上述，知镇城在云中北、白道岭南。（参据《中国历史地图集》四、47 页②3 所标白道城。）按白道与武川极近，不容同时有二镇。白道镇盖于魏之极末，即武川镇因六镇起义荒废后所置。故北齐时有白道镇而无武川。

［5］王海滨，忠嗣父。曾任太子右卫率、丰安军使，以骁勇闻名陇上。开元二年七月从薛讷等讨伐入寇的吐蕃，战死于武阶驿。

［6］紫乾河，古水名。又称紫河。即今内蒙古自治区和林格尔县南、清水河北浑河，蒙古语称乌兰穆伦河。上游有两水：北为内蒙古自治区凉城县的宁远水，南为山西省右玉县的兔毛河。两水在内蒙古自治区杀虎口外汇合西流，经清水河县与清水合，西流入黄河。《隋书·炀帝纪》：大业三年（607）秋七月，"发丁男百余万筑长城，西距榆林，东至紫河"，即此。

［7］卢龙塞，在今河北迁西县北喜峰口一带。古有塞道，自今蓟县东北经遵化县，循滦河河谷出塞，折东趋大凌河流域，为河北平原通向东北的交通要道。《三国志·魏书·武帝纪》：东汉建安十二年（207）北征乌丸，"引军出卢龙塞，塞外道绝不通，乃堑山堙谷五百余里"。《水经·濡水注》："濡水又东南径卢龙塞，塞道自无终县东出，渡濡水，向林兰陉，东至清陉。卢龙之险，峻坂萦折，故有九崢之名矣。燕景昭元玺二年，遣将军步浑治卢龙塞道，樊山刊石，令通方轨，刻石岭上，以记事功，其铭尚存。"皆此道。（《中国历史地名大辞典》）

唐薛坦墓志[1]

唐故金紫光禄大夫持节蔚州诸军事守蔚州刺史横野军钱监等使上柱国河东薛公墓志铭并序

公讳坦，字应，河东汾阴人也。其先以国封姓，因而氏焉。德盛前周，让滕侯争长；[2]名雄往汉，谏武帝抗言。所以茂德流宗，香名继世。曾祖炅，银青光禄大夫、卫尉卿、赠秦州刺史，谥曰献。祖彦，举太子舍人，赠绵州刺史。父庆，朝散大夫、太子家令、汾阴县开国侯。公汾阴第二子也。艺学成性，端严是仪，家尚温恭，时推才貌，早工书剑，愿济艰难，以勋策名，署左卫执戟。至德初，河西节度使周贲辟公以戎掾，咨谋军事，累至凉州司马。群胡作难，伐叛有功。诏授左卫中郎将、赤水军副使。陇右军帅高升[3]以公仁勇必备，文武克全，征荐左金吾卫将军、节度副使、知武州[4]刺史事、招讨团练等使。邻邑连陷，我城且完。拜银青光禄大夫、领卫卿。相国司字凉公更镇河陇，酬公旧勋，加金紫光禄大夫，本官如故。大历中，贸马，屈于并州；杂虏互市，扰于境上。北州诸侯，实难其任。公之仲兄领河东道韩公举不避亲，表蔚州[5]刺史、横野军[6]钱监等使。致理和平，塞清军肃。属河朔多故，气填于膺，呼吸安危，愤忧成疾。以大历十一年岁次丙辰十二月廿三日丙午，终于晋阳私第，享年卌八。惜哉悲哉！命不长也！公交必高人，游必奇士。举酒征会，援琴赋诗。悉是当时髦乂也。门无杂宾，家无余产。唱和之集，凡成数卷，可传于世。公早娶陇西辛氏夫人，安南都护子言之孙，凤翔少尹灌之长女。备闲礼则，早归于公，诞二男两女。长男曰浼，次曰潕，皆存孝行。长女适弘农杨鐬，次女少卒。夫人先公而逝。以大历十三年岁次戊午正月戊申朔廿六日癸酉启故，合祔先茔永寿毕原，从周之礼也。后娶太原郭氏夫人，冠盖高门，勋贤盛族，单于都护幼贤[7]之长女，中书令汾阳郡王之介侄。柔明礼容，贞顺懿德。育子孙以慈爱，穆亲戚以雍和。早勤纂组之工，竟生蘩藻之荐。不坠家业，翳夫人有焉。铭曰：

长河积善，条山降灵。公侯继业，名德惟馨。宝剑空挂，松门已扃。冰雪为容，珪璋是器。骅骝之逸，干将之利。允武允文，不失不坠。虎节临州，蔚人享福。我无北笱，虏绝南枚。至今朔风，犹闻恸哭。旧瑟早□，高梧半死。河汾丧宝，军州罢市，晋惜长材，宗悲千里。左旋右掩，兽踞鸟翔。玉润重案，气秀连岗。启隧铭德，子孙其昌。

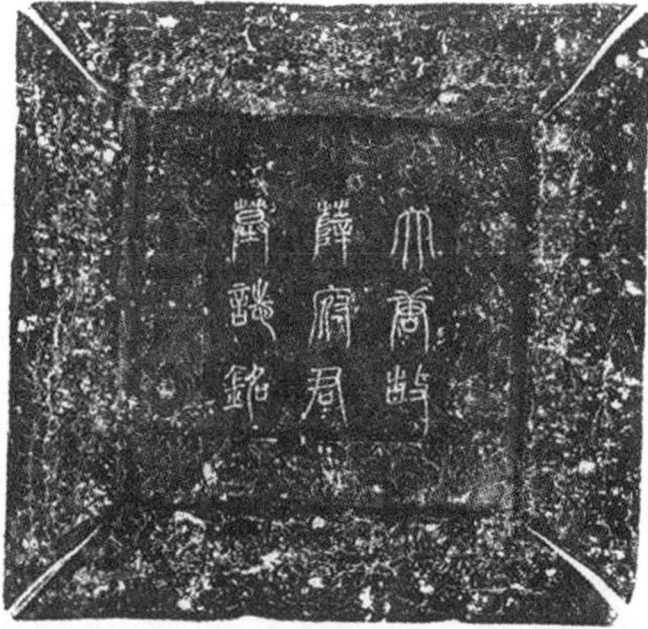

薛坦志盖

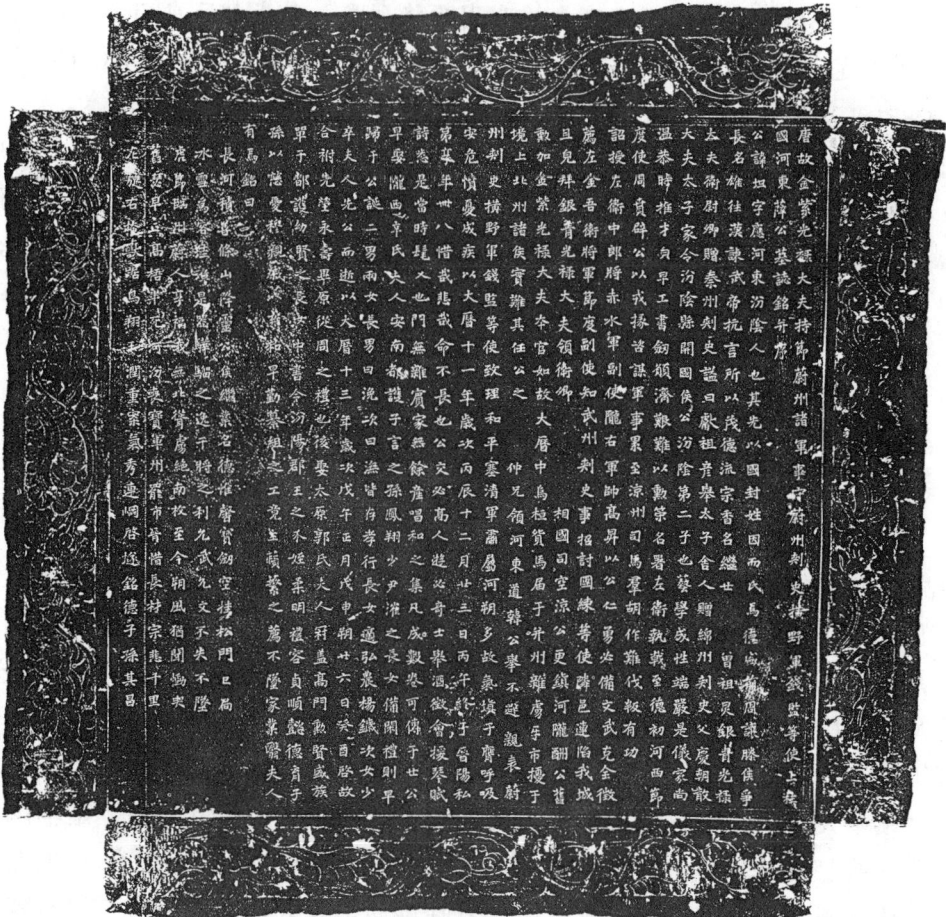

薛坦志石

【注释】

[1] 薛坦墓志，唐大历十三年（778）正月二十六日葬。陕西西安出土，今藏西安市文物保护考古所。志盖为盝顶正方形，边长58厘米。顶面篆书"大唐故薛府君墓志铭"，共3行，行3字。志盖四周及四杀刻宝相花纹。志石为正方形，边长60.5厘米。志文共29行，满行29字，正书。志石四侧刻缠枝花纹。志文中记载了大历时期唐与乌桓的边贸诸事，对研究唐代中外关系有一定参考价值。主要著录：《隋唐五代墓志汇编（陕西卷）》第4册第44页；《唐代墓志汇编续集》大历035；《全唐文新编》第22册第15329页；《全唐文补遗》第7辑第395页；《陕西碑石精华》编号132；《河东望族万荣薛氏》第286页。

[2] 德盛前周，让滕侯争长。指春秋时，滕侯、薛侯朝鲁，争长次，薛侯最终明礼让之，此处以赞薛氏先祖之品行。《左传·隐公十一年》：十一年春，滕侯、薛侯来朝，争长。薛侯曰："我先封。"滕侯曰："我，周之卜正也。薛，庶姓也，我不可以后之。"（鲁隐）公使羽父请于薛侯曰："君与滕君辱在寡人。周谚有之曰：山有木，工则度之；宾有礼，主则择之。周之宗盟，异姓为后。寡人若朝于薛，不敢与诸任齿。君若辱贶寡人，则愿以滕君为请。"薛侯许之，乃长滕侯。

[3] 高升，中唐将领，史无传，曾任凤翔节度使，上元间曾随郭子仪备回纥。

[4] 武州，西魏废帝置。治安育县（北周改将利县。今武都区东南）。辖境相当今甘肃武都区附近白龙江流城。唐属陇右道。安史之乱后地入吐蕃废。大历二年（767）置行武州，大中五年（851）复故地后移治覆津县（今武都区东南）。

[5] 蔚州，北魏永安中以怀荒、御夷二镇置，后移治今山西平遥县西北。北周移治灵丘县。隋大业初废。唐武德六年（623）复置，寄治阳曲县（今山西太原市北阳曲镇），次年移治繁畤县，八年移治秀容县北恒州城，贞观五年（631）还治灵丘县，开元初移治安边县。

[6] 横野军，唐置，治所即今山西天镇县。乾元元年（758）废。

[7] 郭幼贤，汾阳郡王郭子仪弟，《新唐书·宰相世系表》有载。

唐段承宗墓志[1]

大唐故朝议大夫行晋陵长史段府君志铭并序

将仕郎前守青州北海县尉张讽撰

兼山者艮，层峰岹峨而千仞；洊水者坎，澄陂漱濑而万顷。庆流崇浚，有自来矣。公讳承宗，河西武威人也。其先郑武公之子共叔段[2]之后，诸侯以字为谥（氏），因以为族，食邑受姓，多历年代。或偃息以蕃魏，或勤劳而屏唐，继世策勋，咸载国史，言方更仆，不可略而详焉。皇镇军大将军、行右卫大将军、上柱国、褒国公，食邑九百户，赠辅国大将军，杨和滁润常宣歙七州诸军事、七州刺史，扬州大都督，谥曰忠壮公讳志玄[3]府君之曾孙。在昔有随灭德作威，天夺神器，群雄窃命，万姓毒痛。我太宗文武皇帝是以有陕东之师。府君义贾穹苍，谋深巨海，毖身徇忠贞之节，奋勇著干城之勋。较而论功，与日月争明可矣。

皇鸾台符玺郎讳璀府君之孙，皇梓州[4]参军讳怀昶府君之元子，俱以弱龄从宦，微禄早世，虽卜偃知毕万之数终，仲尼叹颜渊之命。[5]余庆亹亹，及公而隆。公体道玄默，性理明敏，多识前贤之哲行，先圣之微言，遵而行诸，终显令誉，解褐授绵州参军，后调补越府掾，次宰二县，又佐两郡，凡所至之邦，必闻其政；所去之邑，必颂其德。享年六十有八，终于晋陵之官舍。呜呼！禄维纯嘏而天运忽倾，位正缉熙而梁木斯坏。夫人姑臧县君契苾氏，皇云麾将军、守左威卫大将军、武威郡开国公釜之季女。禀性温惠，秉心塞渊，静执谦和，动为柔范。当府君朱绂之岁，则受封邑，更能检身节用，亲事组绩。手成朝祭之服，躬采蘋藻之荐。内则充乎茂行，外姻畅乎佳声。暨梧桐半枯，凤鸟将殒。再期昼哭，能持穆伯之丧[6]；三徙其居，终成孟子之教。后公而殁，今乃祔焉。第三子铣，前怀州河内县[7]尉；第四子全交，试太仆卿；第五子镇；皆当世贤良，节义攸著。行参颜闵，孝烈参柴。[8]号彼有旻，泣报恩之罔极；启兹宅兆，将安窆于可期。粤以大历十三年岁次戊午五月景午朔十五日庚申，迁祔于雒阳北邙山南先君之旧茔，礼有终也。灵輀既驾，痛危旌之偏偏；荒隧重开，纳神躬于窀穸。夜台此闭，无复春秋，玄寝永安，邈终天地。式旌往行，敢终斯文，刻石幽泉，亦云不朽。铭曰：

维德届天，厥生大贤。庆流后裔，于万斯年。赫赫冠盖，一门攸传。雕雕礼容，百世攸全。其一。节彼邙山，有槚依依。郁彼荒丘，万族攸归。精灵双谢，身世两违，蕣华朝落，薤露晨晞。其二。维岩之下，有烈孤坟。黄泉靡昼，白日如曛。柏暗山雾，松昏垅云。千龄兮万代，永瘗兮夫君。其三。

段承宗志石

【注释】

[1] 段承宗墓志，唐大历十三年（778）五月十五日葬。河南洛阳出土。李根源曲石精庐旧藏，后赠苏州文管会，今藏南京博物院。志石长 42 厘米，宽 43 厘米。志文共 25 行，满行约 37 字，正书。主要著录：《北京图书馆藏历代石刻拓本汇编》第 27 册第 174 页；《隋唐五代墓志汇编（洛阳卷）》第 12 册第 77 页；《北京大学图书馆藏历代墓志拓片目录》编号 04854；《唐代墓志汇编》大历 066；《全唐文新编》第 13 册第 8639 页；《全唐文补遗》第 1 辑第 207 页；《曲石精庐藏唐墓志》编号 70；《南京博物院藏〈唐代墓志〉》编号 71。

[2] 共叔段，即春秋时郑武公子、郑庄公弟京城太叔段，与兄庄公交恶，《左传·隐公元年》有载"郑伯克段于鄢"事，共叔段兵败，死于共国，其后之后有以其名为姓者。

[3]段志玄，唐初名将，齐州临淄人，即志主曾祖。大业末，段志玄以千人从李渊起兵，有功勋。后于据屈突通、讨王世充、破窦建德等战事中，建立殊勋，有勇名。贞观中迁左骁卫大将军，征吐谷浑有功，封褒国公，卒，谥壮肃。两《唐书》有传。

[4]梓州，隋开皇末以新州改名，治所在昌城县（大业初改为郪县，即今四川三台县）。大业初改为新城郡。唐武德元年（618）复改为梓州，天宝元年（742）改为梓潼郡。乾元元年（758）仍改为梓州。

[5]卜偃知毕万之数终，仲尼叹颜渊之命：用以哀叹志主之将终，亦为其后代繁盛之表。晋卜偃曾预测毕万之后，《左传·闵公二年》："卜偃曰：'毕万之后必大。万，盈数也；魏，大名也；以是始赏，天启之矣。天子曰兆民，诸侯曰万民。今名之大，以从盈数，其必有众。'"孔子有哀悼颜回之丧，《论语·先进》："颜渊死，子哭之恸。从者曰：'子恸矣。'曰：'有恸乎？非夫人之为恸而谁为！'"

[6]能持穆伯之丧，穆伯，即孟穆伯，名公孙敖，鲁桓公孙，庆父子，《左传》载穆伯流亡于莒，死于齐，最终归葬于鲁，于此表达志主之丧葬合礼。

[7]河内县，隋开皇十六年（596）改野王县置，治所在河南沁阳县。

[8]行参颜闵，孝烈参柴。即赞扬志主以颜渊、闵损为行为榜样，以曾参、高柴为行孝标准。此四人皆为孔子弟子，然颜渊、高柴以德行闻名，闵损、曾参以行孝闻名，志文此处应有讹误。

唐段行琛神道碑[1]

赠扬州大都督段行琛神道碑

巨唐大历己未岁春正月，段府君之子，四镇、北庭、泾、原、郑、颍等州节度使，开府仪同三司、御史大夫、张掖郡王曰秀实，追琢贞石，光昭先考，展孝思，旌休烈也。夫流浚者其源长，德充者其后大，更八姓而丕膺五福，府君其人焉。君讳行琛，字行琛。宗周柱史垂其裔，前汉都尉昌其业，太尉之威怀戎落，骠骑之光启冀方。四燕两魏，高位硕德，扶疏于史牒者，向二百人。以至高门平原忠武王孝先，弼亮北齐，奄荒东夏，恢武经而抗衡西帝，揆文教而师尹南宫。曾祖德潘，初罹否运，播迁陇坻，度地肯堂，郁为望姓。在周辟奉朝请[2]，入隋值文林馆，靖恭厥位，获没先朝。大父操，握机未发，早龄即世。考达，从调夏官，艺极龙豹，致果为毅，职统熊罴，皆保家之良主。府君生知六行之美，学究三经之奥。既齿乡赋，高标甲科，简修独耀于锦衣，从事仍屈于黄绶。学有著位。我实当之；郡有子弟，我实诲之。自陇及岐，鼎新儒行，虽东里子产，西蜀文翁，诚存物应，盖未之比。厥有成绩，闻于家邦，厌名位而知止，贲丘园而用晦。我国家虽右断匈奴之臂，时修大刑于绝漠之表，旁求百夫之特，永清万里之外。府君顾谓子张掖王曰："尔居能服勤，性成惟孝，出可承命，游且有方。虎穴不探，龟组何获？尔之元昆介弟，可以供指使；我之先人遗业，可以终余齿。忠不择事，安实败名。"因割慈以激昂，俾宣力以勤远，君子谓府君知有爱子之道矣。王投笔占募，驰驿徂征，坐筹必胜之略，动获前禽之利。洎王宦登通贵，佐律副军，银章已绾，玉关未入。府君温其在邑，乐且有仪。九流百氏，经目辄诵；四忧十义，因心必达。然犹深居自琛，与物为春，希言中伦，知几其神。内葆光以恬真，外行简以倚仁。子获奉亲之禄，欲养而不待；身寄有涯之生，迁化而无悷。天宝九载，夏之季序，遘疾于汧阳[3]御史里之第。乙酉，奄归无物，其年于斯七十五稔。夫人乐平狄氏，吴山县[4]丞哲第六之女，心婉志柔，静专动直。承筐而繁衍其实，主奠而敬恭无忒。下寿初登，先时永逝。门子祥颖、仲子秀成、季子同颖等，柴立长号，稽谋宅兆。明年春孟序辛亥，迁皇祖乃诸父之无后者，偕葬于陇山东麓柏谷掌。次列五坟，同施一域，送终之礼备矣。属岁旅天朔，尘惊蓟门，征会沙场之右，珍歼铁额之丑。王飞邮及国，擗地崩心，夷凶难遂于情理，哭墓复随于军正。既清海裔，又牧回中，一莅疲人，荐彰丕续。广德二年秋九月乙未，诏追赠府君秘书省著作郎，夫人太原县太君。恩深殁后之宠，庆表生前之训。上又以王翊亮三节，绥御七戎，致位崇独坐之班，成军雪多垒之耻，大历十年夏五月，诏加赠府君婺州[5]刺史，夫人太原郡太夫人。十一年冬，旧使尚书左仆射、扶风郡王马璘遘疾弥留，表王请贞师律，诏仍迁御史大夫。既操二重之权，克施五利之策。平凉、安定曲荷其亭育；先零、罕开遥服其威信。四封无筭，三务有成。十三年五月，命朝丹禁，画疆戎索，帝曰："朕，翁孙也。俾写真麟阁，橐拔而遗焉。"及季夏壬寅，又赠府君扬州大都督，夫人忻国太夫人。荣亲扬名，二美兼著。《传》曰："子之能仕，父教之忠。"[6]《诗》曰："惟其有之，是以似之。"[7]见于府君矣。虽封植无改，而铭颂未刻，过听谬采于刍荛，修祠愧陈于质要。铭曰：

于穆端士，神所劳矣。贞惠资身，义方训子。育德无倦，徇名知止。宜其后昆，式是繁祉。繁祉伊何，后昆则然。西服戎胡，东定幽燕。殊绩克著，湛恩上延。赠光三锡，庆洽重泉。熊轼增宠，牛冈启繇。北控泾原，西凭陇岫。列茔如始，纪石增旧。淑德清婉，终矢永茂。

【注释】

[1]赠扬州大都督段行琛神道碑，唐大历十四年（779）正月立。撰文者张增，大历十四年检校尚书刑部员外郎，兼凤翔少尹侍御史。《全唐文》卷445收录，今据以录文。主要著录：《全唐文》《凉州府志备考》《武威金石录》第50页。

[2]奉朝请，两汉朝廷给予退休大臣、列侯、宗室、外戚等的一种政治优待。东晋独立为官，亦作加官。北魏亦为冗散官，有俸无职。北齐改为职事官，掌献纳谏诤，隶集书省，从七品。北周列为散官，四命。

[3]汧阳，唐天宝元年（742）以陇州改置汧阳县，治所在汧源县（今陕西陇县）。乾元元年（758）复为陇州。

[4]吴山县，隋开皇十八年（598）以长蛇县改名，治所即今陕西宝鸡西北县功镇。后废，义宁元年（617）复置长蛇县。唐贞观元年（627）复改名吴山县，上元二年（675）改名华山县，后又改名吴山县。

[5]婺州，隋开皇中置，治所在吴宁县（今浙江金华市）。大业初改为东阳郡。唐武

德四年（621）复为婺州，治所在金华县（今浙江金华市）。天宝元年（742）又改为东阳郡，乾元元年（758）复名婺州。

　　［6］出自《左传·僖公二十三年》：冬，怀公执狐突曰："子来则免。"对曰："子之能仕，父教之忠，古之制也。策名、委质，贰乃辟也。今臣之子，名在重耳，有年数矣。若又召之，教之贰也。父教子贰，何以事君？刑之不滥，君之明也，臣之愿也。淫刑以逞，谁则无罪？臣闻命矣。"乃杀之。

　　［7］出自《诗经·小雅·裳裳者华》。大意是惟善人有此美德，故而他的后代能继承此善。

唐高耀墓志[1]

大唐伊西庭支度营田副使银青光禄大夫试卫尉卿上柱国渤海高公墓志铭并序
节……述

□□积善上家，必有余庆，□吾见诸高氏矣。公讳耀，字……□□国，源流广大，莫与□也。祖讳德方，皇朝散大夫，守安西副都护、上柱国。累□积行，下惟□经，衡镜署州县之间，临人有冰霜之操，介然类耀，垂范将来。父讳玄琇，皇中大夫，守北庭副都护、上柱国，赐紫金鱼袋。风神疏朗，瞻（胆）略纵横，□□□九鸣，累畴荣级，清风不坠，克著令闻。爰从戴鹖之资，遂阶建□之副。公少□谦谨，长有令名，德茂三端，道弘二柄，□可以传理，策可以御戎，佐登坛之征，□忘家之诚节。开元廿四年，乌桓不虔，皇赫斯丧，公以身许国，杖剑前驱。[2]解褐授昭武校尉、凉州丽水府别将。天宝中，频著战功，领二都尉，志未得也，所谓龙盘沮泽，未暇兴云，骥伏盐车，安能蹑电。天宝七载，拥旌使太原王公[3]，气禀河岳，识洞神明，简贤任能，推才慎择。上闻宸宸，特降纶言，授公朝议郎[4]、北庭都护府司马，专知仓库，赐紫金鱼袋。用心廉洁，益励公勤，平均粟帛之等，夷不能进寸而得尺。名既就，政亦成矣，俄迁副都护，恪勤力政，丕构高闻□等，胡威继质之复，玄成绍贤之□。至德初，除朝散大夫，守太子率更令，充管内勾覆仓库使，威而□猛，宽而以和，鉴征则明月入像，决滞则龙泉在手。上元二年，加朝散大夫，守将作监。公德业日新，嘉声远播。宝应二年，特加银青光禄大夫，试卫尉卿，充伊西庭支度营田副使。年二监而登九列，佐帷幄而运良谋。辟充国之田，敖庾委积；阐弘羊之计，帑藏其殷。[5]未舟楫于巨川，忽随流于逝水，以广德四年四月十七日薨于北庭。公年六十有五，公□恭身近，执德不回，去雄守雌，难进易退。威仪棣棣，友爱怡怡，不诌□以躁求，不容私而述职。是以位登棘署，道合安贞，声实闻天，锦衣照地。家传剑履，三业副郑吉之荣[6]；奕世流芳，百身保令终之美。公从官卅载，享龄六十五，而竟先与后浈，命屈于时，哲人之亡，邦家殄瘁，以建中三年十二月廿八日葬于前庭东原，礼也。副子曰裕，趋庭闻礼，早禀义方。辍堂上之鸣琴，骈治中之□□，长□闵□，恩报劬劳，将祔葬于先茔，遂□挥于丧纪。往年瀚□，黄鸟悽止棘之□，今宅交河，青鸟□□伺冢之所。铭曰：

望表渤海，家于交河。簪裾籍地，□□□□。光照百行，学茂四□。拾青道□，袍素□多。志则廉平，名高朔塞。利以拆滞，□无瑕类。克副司□，业霈鸿霈。执高守位，□□□□。□□□□，德合文□。□四百□，弘益二庭。惜哉国宝，不享遐龄。未祔先茔，且言权措。……副子前□□马……附火山，……今地惟□□而（下缺）

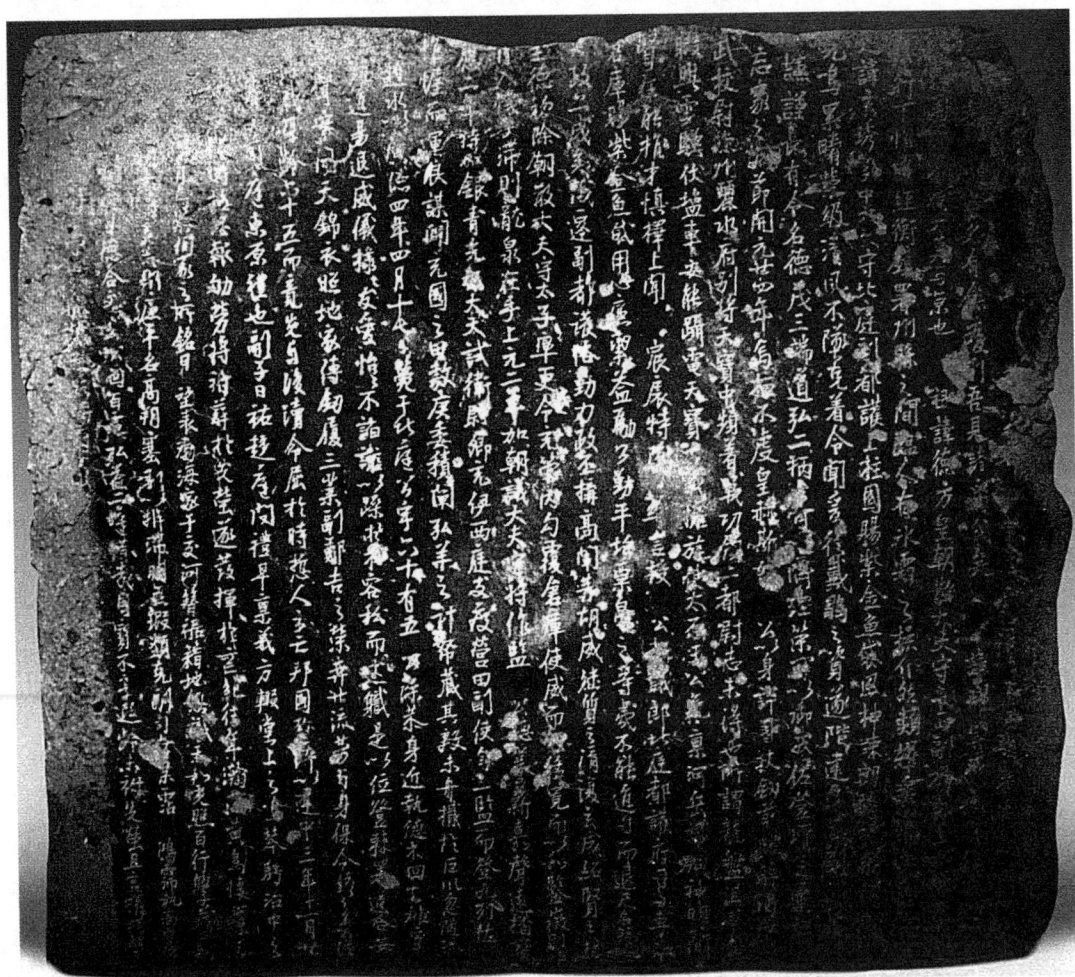

高耀志石

【注释】

[1] 高耀墓志，唐建中三年（782）十二月二十八日葬。墓志为砖质，1984年出土于新疆吐鲁番哈拉和卓古墓群，现藏吐鲁番博物馆。据《唐北庭副都护高耀墓发掘简报》称："墓志一合，上有志盖，志盖表面无图案无文字。墓志出土时，表层已风化，有暴起脱落现象。"志石长70厘米，宽77厘米，厚14厘米。志文共30行，行约32字，行书。主要著录：《隋唐五代墓志汇编（北京卷附辽宁卷）》第2册第3页；《唐代墓志汇编续集》建中008；《全唐文新编》第22册第15345页；《全唐文补遗》第8辑第91页；《全唐文补编》下册第1886页；《吐鲁番出土砖志集注》编号316；《吐鲁番文物精粹》第144页；

柳洪亮《唐北庭副都护高耀墓发掘简报》（《新疆社会科学》1985 年第 4 期）。

［2］开元廿四年，乌桓不虔，皇赫斯衰，公以身许国，杖剑前驱。此句所载应为开元二十四年（736）契丹、奚内侵之事。

［3］太原王公，应为王正见，天宝七载（748）为北庭节度使，十载为安西节度使。

［4］朝议郎，官名。隋文帝开皇六年（586）吏部别置散官八郎之一，炀帝大业三年（607）罢。唐朝又置为正六品上文散官。

［5］佐帷幄而运良谋，辟充国之田；敖庾委积，阐弘羊之计：此处赞扬志主有汉赵充国屯田之能，桑弘羊经济之功。汉武帝后期，桑弘羊任治粟都尉、大农丞，管盐铁之利，作平准之法，使得经济富饶。汉宣帝时期，赵充国为护羌校尉，屯田陇西，上《屯田十二策》，使得羌族归附，陇右安宁。

［6］副郑吉之荣，指志主之功勋堪比西汉西域都护郑吉，宣帝时，郑吉攻破车师、败匈奴日逐王，为首任西域都护，有威名。

唐李国珍墓志[1]

唐故宝应功臣开府仪同三司试太常卿上柱国陇西郡开国公兼射生使李府君墓志铭并序
乡贡进士李休甫撰并书

钧天广乐，奇丽何穷，帝室皇居，琼瑶匪一。所以勋贤并用，纲纪攸张。非文不足济其时，非武不足戡其难。公将门令族，本姓安氏，讳玮，字暐，武威郡人也。天宝中，以忠勇见进，武艺知名，莅职有恪勤之劳，理行为时辈所范。及燕虏犯阙，二圣蒙尘，[2] 公奉肃宗以爪牙从事，由是得罄其肝胆，稍沐洪恩，特赐嘉名，改氏皇姓。出生入死，实为士卒之先；执锐被坚，颇历日月之久。其改讳曰国珍，则有以见宠渥器重之义矣。肃宗升遐，大宗即圣，初奸臣嬖女，构祸宸衷。[3] 公于危急之时，共定其难，故有宝应功臣之号。累迁卿监，屡接光辉。而志莫苟求，位不充量。尝时麾下偏将，亦有持节连帅者。而公优游自若，岂非德能守谦哉。呜呼！逝川流景之不可驻也，以兴元元年九月四日薨于长安县光德里[4]。朋友出涕，邻里罢春，知生者吊其非年，知厄者伤其不禄。去岁朱泚大逆，俶乱京华。公时寝疾绵绵，且乖出从羁鞿，抚床恸哭，籲天见志。比疾有间，为贼征求，托卧沉疴，寻又困重，怀忠饮恨，乃中膏肓。皇上克复，后而终焉。公春秋六十有二。其年十一月十二日，葬于万年县长安乡，而备礼焉。夫人河南独孤氏，高门淑德，中年入道，以是不祔。嗣子有四。继室弘农杨氏。长男秀容，次曰秀逸、秀奇、秀贞，皆雍睦天质，雅有父风。容最知名，既孝且友；居丧每过乎礼，检身必近乎仁。君子谓李氏其后□矣。虑父德阙载，山形易忘，命余刻石以文，式为厥训。铭曰：

公之美兮可崇，赳赳其雄，名以守信，节以全忠，有定难之功。公之盛兮可尚，烈烈为将。君锡名氏，人钦弘量，实当时之望。公之武兮邦国之良，嘉猷孔彰，持弧发矢，撤札穿杨，为羽林之强。呜呼！没有遗风，生备方正，劲节立身，怀忠绝命，而感悼于明圣。天运有数，代不永居。掩瘗芳蔼，长乐丘墟。令室爱子，寝苦在庐。松柏既植，日月其除。谁不痛哲人之所如。

李国珍志盖

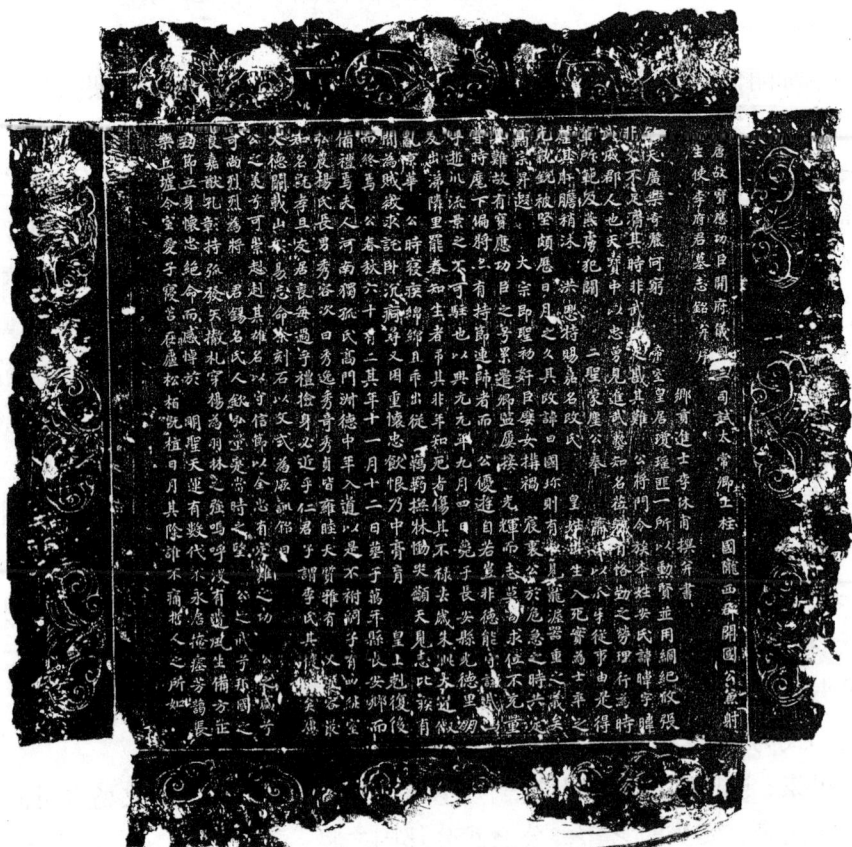

李国珍志石

【注释】

[1]李国珍墓志，也称安玮墓志，唐兴元元年（784）十一月十二日葬。陕西西安出土，现藏陕西省西安市文物保护考古所。志盖为正方形，边长58厘米。志石长58厘米，宽56厘米。志盖篆书"大唐故李府君墓志铭"，共3行，行3字。四杀刻卷云纹。志文共26行，满行28字，正书。李休甫撰并书。志石四侧刻团花图案。主要著录：《隋唐五代墓志汇编（陕西卷）》第4册第50页；《唐代墓志汇编续集》兴元003；《全唐文新编》第8册第5412页；《全唐文补遗》第2辑第30页；《中国西北地区历代石刻汇编》第4册第85页；《陕西碑石精华》编号136。

[2]燕虏犯阙，二圣蒙尘：即安史之乱，安禄山、史思明起于幽燕之地，玄宗逃蜀，肃宗继位于灵武。

[3]奸臣嬖女，构祸宸衷：指肃宗张皇后，毒杀肃宗，又欲废太子（代宗），宦官李辅国等奉立代宗，秉持国政，称尚父，此即奸臣嬖女。

[4]光德里，即光德坊。据《最新增订唐两京城坊考》载，朱雀门街西第三街，即皇城西之第一街。街西从北第六为光德坊。坊内有"东南隅，京兆府廨。西南隅，胜光寺。十字街之东，慈悲寺。南门之东，尚书左仆射刘仁轨宅。鄱阳公主邑司。太子宾客裴垍宅。朝议郎、行尚书祠部员外郎裴稹宅。吏部尚书崔邠宅。兵部尚书刘崇望宅。司空、兼门下侍郎、同平章事、赠太尉孔纬宅。潘将军宅。张氏宅。南街。右拾遗郑谷宅。右补阙张茂枢宅。庆善宫大监樊方宅。隋通事舍人长孙仁（安世）宅。文林郎刘伏宝宅。郭药树宅。上护军振威校尉武傅宅。奉常寺太医署医监上骑都尉吕文强宅。地官□□刘府君夫人罗四无量宅。朝请大夫行嘉州长史萧寰尤宅。司农卿刘公宅。右卫勋卫柱国陈少游宅。定远将军右威卫翊府左郎将罗炅宅。尚书祠部员外郎裴稹宅。赵怀正宅。试左武卫兵曹参军谢詹宅。阳城县主应玄宅。居士常臻宅。正议大夫行衢王府咨议参军上柱国赵群宅。尚书驾部员外郎裴锽宅。"

唐段秀实纪功碑[1]

赠太尉段秀实纪功碑

立人之道，曰君与臣；为臣之义，曰忠与节。忠莫极于卫国，节莫大于忘身。存其诚德，贯乎天地；致其功用，施于社稷。独断剿凶愍之命，沈谋安宇宙之危；其智勇足以拯时，其义烈足以弘教。非昊穹锡庆，敷佑皇家，重振纪纲，再激污俗；何遭迍之会，而获见斯人。开府仪同三司、检校礼部尚书[2]、兼司农卿[3]、上柱国[4]、张掖郡王段氏，名秀实，字成公。应期降生，扶翼唐祚，禀阴阳之粹气，备刚柔之全德。体正明道，从时卷舒，蓄为淳和，发为功烈。朕宅帝位之五载，孟冬十月，贼臣朱泚，反天悖人，因时多虞，乘我无备，诱聚叛卒，作乱于京师。朕深惟罪己之诚，远遵避狄之义；驾自中禁，狩于近坰。贼阴谋为奸，阳言示顺，以公尝任泾帅，素得士心，采诸众情，引以自助。公感时悲愤，思定大业。谓复国安人由己，不可以顾私；谓开物变化在权，不可以虚死。略匹夫之褊介，蕴旷代之宏规，内贞其心，外混其迹，且探察元恶情状，将因而图之。贼果不疑，委以心腹，遽发凶党，谋袭我帅。公诡说以词，止之不可；乃窃取官印，假为兵符，急追寇军，不远而复。销祸纾难，阴阳若神。于时物情危疑，忠邪莫判；卒乘未辑，军旅未完；微公之谋，吾几蔑济。既而密结勇敢，誓歼寇仇，决策克期，中外发应。会贼泚召公计事，引入阁中，露其奸情，言及僭窃。公气填胸臆，植发冲冠。仰天大呼："元鉴何昧，孰为臣子，而忍是心！"语未绝音，奋笏前击，凶徒败面，既踬而奔。左右愕然，初未敢动，继者不至，事遂无成，逆徒交锋，因而遇害。嗟乎！天生万物，惟人最灵。禀元气之精，钟五行之秀，是宜守正居顺，移孝资忠，君君臣臣、父父子子，各履于达道，同臻于太和。天乎不融，生彼狂悖；神乎不惠，丧我忠贞。静言思之，辍馈忘寐，详求其理，抑有以焉。兹朕不明，败德招损，故列圣垂祐，儆戒于予，则泚之乱，所以惩既往，勖将来，礼教陵夷，风俗讹弊，故上帝玄鉴，眚动于人，则段公之死，所以励当今，传不朽也。访彼前史，稽诸昔贤，全大节者不必成功，建大功者或未立节。非节不可以裨教，非功不可以持危。义实相须，事难并备。吉甫以文武翼周室，宣王中兴；绛侯以智谋安刘氏，文皇绍立。茂功著矣，而节未可称。董卓胁国以擅威，伍孚刺之而不畏；王敦拥众以称乱。周𫖮折之而无疑。奇节伟矣，而功竟不就。至若屈伸合变，进退知机，智以遂其谋，勇以决其死；功与时并，节与名偕，中古已还，无公俦比，贞烈之至，通于神明。桀骜闻之而动心，仇雠感之而不怨。死于义而义著，忘其家而家全。行路兴悲，懦夫增气，矧予之恸，其可弭忘。且人之所爱者，身也；国之所重者，位也。公能杀身徇国，朕得不以重位报之哉！乃诏有司，册赠太尉，谥曰"忠烈"，赐实封五百户，庄、宅各一所。嗣子授三品正员官，诸子各授五品正员官。表其闾里，护其丧葬，官立祠宇，史载忠勋。哀荣之典备矣，君臣之义极矣。公始以天宝四载，奋笔从戎，才为时生，官为才达。得司马战阵之法，参将军帷幄之筹。累典方州，更践台寺，出拥旌节，入为卿士；位历十七，岁逾三纪，封王列于异姓，开府比于台司。参职六官，食赋百室，言不伐善，虑常下人。恒持顺信之规，罔居疑悔之地。利刃在手，投节皆虚；贞松有心，老而弥劲。吞大憝于方寸之内，定危疑于晷刻之间，力可屈而志不可迁，身可杀而节不可夺，所谓有始有卒，为臣之极致者欤！日月有期，宅兆云毕；身殁功在，凛然如山。勒铭传芳，终古不灭；以志吾过，且旌善人。铭曰：

浩浩上天，四序唯均。气或堙郁，过为灾氛。否不可终，必复元亨。洗以膏雨，播之祥云。济济蒸人，五常是则。时或迍难，乃生凶慝。乱必有定，允归皇极。极以茂勋，辅之明德。勋德克崇，兹惟段公。宝天降灵，宁保朕躬。日月蔽亏，宇宙昏蒙。冏然明识，独誓深忠。豺狼为群，狺狺逞志。咆哮奔突，乘我未备。公飞尺符，横制丑类。变化若神，邦家不坠。元恶大憝，诱奸作狂。窃器僭名，反易天常。公独挺身，奋击强暴。烈烈英武，殁而弥彰。义振名教，功存社稷。赠极上台，赏延真食。省咎祗畏，怀贤悯恻。刻铭丰碑，昭示万国。

【注释】

[1]段秀实纪功碑，唐德宗撰于兴元元年（784）。《全唐文》卷55收录，今据以录文。

主要著录：《全唐文》《凉州府志备考》《武威金石录》第 51 页；《西域碑铭录》第 178 页。

［2］检校，官制用语。初谓代理，隋及唐初皆有。《资治通鉴·唐高祖武德三年》："诏（李）仲文检校并州总管。"胡三省注："检校官未为真。"即尚未实授其官，但已掌其职事。中唐以后，使职、外官多带中央台省官衔，其加三公、尚书仆射、尚书、丞郎等高级官衔者，称检校官，为寄衔之意，仅表示官品高下，不掌其职事。（《中国历代官制大辞典》）礼部尚书，官名。北魏始置，为礼部之长官。西魏初为尚书省十二部尚书之一。隋朝设一人，正三品，属尚书省，为中央行政机构六部之一礼部的最高行政长官，掌礼仪、祭祀、宴享及学校之政令，总判部属各司事，自此地位提高，历代相沿不变。唐朝置一人，正三品。高宗龙朔二年（662）改称司礼太常伯，咸亨元年（670）复旧。武则天光宅元年（684）改春官尚书，中宗神龙元年（705）复旧。玄宗开元二十四年（736）以后，又兼管贡举事。唐中叶以后，诸部尚书多为外官兼官，渐成不治部务之空衔，故本部事务多由侍郎主之。

［3］司农卿，官名。两晋时为"大司农"别称。南朝梁武帝天监七年（508），改大司农为司农卿，职掌劝农、仓储、园苑、供应宫廷膳馐，十一班，有丞。领太仓、导官、籍田、上林令，乐游、北苑丞，左右中部三仓丞，荥库、荻库、箸库丞、湖西诸屯主等，九年又置劝农谒者。陈因之，三品、中二千石。北齐置为司农寺长官，三品。历代沿置，亦称"司农寺卿"，隋改正三品，炀帝改从三品，唐因之。唐高宗时曾随本寺改名司稼正卿，旋复旧。（《中国历代官制大辞典》）

［4］上柱国，官名。战国楚国置，位极尊，仅次于令尹，掌军政，主征战。秦末，项梁曾拜楚王、上柱国，陈胜以上蔡人房君蔡赐为上柱国。北周武帝建德四年（575），置为最高级勋官，正九命。隋朝置为从一品散实官，炀帝大业三年（607）罢。唐高祖武德七年（624）置为十二转勋官，比正二品。（《中国历代官制大辞典》）

唐李弼墓志[1]

唐故开府仪同三司试太子宾客上柱国建康县开国公李公墓志铭并序

公讳弼，字季良，其先武威安氏，后家京兆，今为长安人也。唐凉州都督、封归国公讳兴贵之云孙，郇国公讳修仁之来孙，左卫大将军讳元寿之孙，[2]考右金吾卫翊府郎将讳姜，公即弟八子。乃祖乃父，勤王建勋。传九流七德之业，袭三代四公之庆。天宝末，禄山紊纪，戎马生郊，三从叔讳抱玉[3]充河西陇右副元帅，总圣朝师旅，扫奸寇戈鋋，爵禄难答其殊功，帝族用旌于极宠，改李氏焉。公早年从仕，久镇朔方。建中之初，改充昭义军[4]十将[5]。从叔本军节度兼司空、嗣郇国公奏：归国、郇国二公之后，请准臣例，编附宗正。公以忠贞结操，孝义传家。文藻锵躬，武略静难。建中三年，从云麾将军、试太常卿，加开府仪同三司，封建康县开国男，食邑三百户。残凶余孽，籍公洗清。其年寻加开国公，试太子宾客，食邑一千五百户。元戎以犹子之寄，迁后院随身十将，寻迁兵马副使，镇临洺要冲。岂期积德则昌，命禄奚促。薨于彼之官宅，时贞元五年二月五日，春秋五十有七。以其年四月七日迁于潞府城西南五里上党太平之原，礼也。元戎赠钱五万，米面油酒柴炭诸杂兼葬具，一切官为供备。夫人张氏，柔仪玉洁，阃范冰清，不终偕老之欢，遽遭孀嫠之祸。嗣子文颖，生孝以礼，趋庭极温清之养；死葬以礼，他乡尽泣血之悲。竟叙门风，冀传不朽，刊此贞石。乃为铭曰：

门传将相兮气秀河岳，文优经济兮武赡韬略。勋庸绝代兮锡族酬酢，叶附金枝兮花连琼萼。乘时豹变兮冀写麟阁，华露朝晞兮剑星夜落。佳城郁蔼兮泉户冥寞，万古千秋兮松风萧索。

李弼志石

【注释】

　　[1]李弼墓志，唐贞元五年（789）四月七日葬。山西长治出土，今藏洛阳龙门博物馆。志石据拓片长47厘米，宽46厘米。志文共20行，行18—30字不等，行书。目前尚未见著录。

　　[2]归国公讳兴贵之云孙，邠国公讳修仁之来孙，左卫大将军讳元寿之孙：安兴贵、安修仁兄弟，为武德功臣，本为凉州李轨臣，后归唐。事见两《唐书·李轨传》。安元寿，《安元寿墓志》，言："父兴贵，皇朝右骁卫将军、左武卫将军、冠军将军……"（志文见陈志谦《唐安元寿夫妇墓发掘简报》，《文物》1988年第12期，第45—47页，下文同）即为安兴贵之子，宜从。则志主为安兴贵曾孙，安修仁从曾孙。云孙者，来孙之曾孙，为八世孙，亦可泛指远孙；来孙者，五世孙，亦可泛指远孙。志主本为安兴、安修仁之曾孙辈，仅三代之差，此处却讹为来孙、云孙之远，大为舛误。另安元寿，据其墓志言，卒于永淳二年（683），寿七十七，则其生于隋大业三年（607）。而李弼卒于贞元五年（789），寿五十七，则其生于开元二十一年（733），祖孙之间，相差126岁，实难接受。加之前文所言世系之混乱，故此墓志所载世系，存在舛误，不可证史。

　　[3]从叔抱玉：即李抱玉，本姓安，名重璋。盛、中唐名臣，安兴贵后裔，勇武有谋。安禄山乱，抱玉上书言耻与逆臣共宗，诏赐姓，举族以李为氏（即《李弼墓志》所言"帝族用旌于极宠，改李氏焉"）。屡建勋绩，进至陈、郑、颍、亳节度使。又授司空，兼兵部尚书，武威郡王。徙凉国公，进司徒。代宗朝，抱玉兼三节度、三副元帅，任位崇重。镇凤翔十余年。卒，谥昭武。两《唐书》有传。

　　[4]昭义军，唐五代方镇名。广德元年（763）置相卫节度使，治所在相州（今河南安阳市）。大历元年（766）号昭义军，后与泽潞节度使合为一镇。建中元年（780）移治潞州（今山西长治市）。中和后因李克用据泽、潞二州，昭义军曾分为二：一治邢州（今河北邢台市），一仍治潞州。天复初又合为一，仍治潞州。五代梁改名匡义军，唐又改名安义军，晋复名昭义。北宋太平兴国二年（977）废。

　　[5]十将，官名。唐朝元帅、都统、招讨使所总诸军属官，位兵马使下。宋朝为禁军中低级军职，隶属都一级统兵官，由都头、副都头或军使，副兵马使管辖，位都头、副都头下，将虞侯上。

李元谅功德颂碑[1]

　　大唐潼州镇国军陇右节度使检校尚书右仆射兼御史大夫华州刺史武康郡王李公楸功昭德颂并序[2]

　　中大夫行中书舍人上骑都尉昌平县开国男张濛[3]撰。朝散大夫守卫尉少卿淮阳县开国男韩秀弼[4]书。朝散大夫守宗正寺丞李彝篆额。

　　圣唐九叶，皇帝平内盗，攘外夷，建中兴永图，以崇王业。乃命潼关镇国军节度使检校尚书右仆射兼御史大夫华州[5]刺史武康郡王李元谅，整兵陇右，分镇京西。朝野訢以为宜，军州翕而益重。复我洮罕，期在于兹。且谓分星辰之精，山河之灵，或穆英明，为国而生者也。于是行军司马兼御史中丞董叔经[6]，以州人感公救其涂炭，荷公拯其瘰疠，露表群言，赞于云堤。曰：臣闻鼓天下之大节，莫先于忠义；却天下之大难，莫出于才能；奏勋庸，播金石，以为天下表，莫盛于碑版。然则陛下宗臣元谅，雄杰英勇，沈断明谋，虎身之望凤成，龙额之封果及。武齐七德，而克用为模；文有九功，而能举为法。故炳烛方邵，秕稗韩彭，桓桓然徇国之功，皆可揭而昌言也。

昔陛下薄狩郊甸，爰幸巴梁，蛇虺畜而毒生，豺狼饱而害作，内衅宫阙，党与诪张。何望之垦掘咸林敬缸，窥觎蒲坂，同逆相扇，倾陷巨州。元谅时以散员，副戎关镇，无一廛之土，无一旅之众，感愤而发，招辑白徒，斩贼使于潼津，破贼将于敷谷，乘胜连击，遂克城池。间阎载安，室家相庆。此其徇国之功一也。勇而重闭，以备不虞，创绩墉堤，是征板幹，环回裹于修郭，延衺截于通衢。冀防驰突之锋，庶窒搜牢之掠，四封辐辏，不震不惊。益凶竖东顾之忧，壮义夫西讨之势。此其徇国之功二也。州之器备，自昔其空，乃剔镂鼓为兵，撤毡帟为甲，剡蒿揉为弩，载篑巩为排。严约誓于五申，肃部队于三令，劳逸斯共，甘苦必分。德以导其怀，刑以齐其力，义以启其愤，忠以发其诚。由是士皆向方，乐公战矣。此其徇国之功三也。籍马蒐乘，补卒济师，始编簿者二千，终载书者一万。进次昭应，禀命于副元帅之军，列屯兴泰，分援于尚可孤之垒。元凶恃众，犯我中营，或麾旌而来，或掉鞅而去。因其去也，霆激飙冲，分翼夹驰，邀核其阵，血斗浐川之水，尸膏灞岸之田。狡势迷穷，不能复振。此其徇国之功四也。苍茫御苑，横矗长云，摧百堵而洞开，拥三军而径入。姚令言望旗而溃，张光晟弃甲而奔。毂骑争追，若燎于薮。贼泚忧迫，躬率全军，驱其恟恟之徒，挥我堂堂之众，一鼓而北，审死真宁。氛祲廓而黄道清，腥秽消而彤庭肃。顿师章敬，都邑晏如。迎大驾复于咸秦，还大兵散于阴晋。此其徇国之功五也。李怀光阻河拒命，窃弄戈鋋，北连绛台，南抵黄巷，选朔方之健将，保朝邑之离宫。陛下特诏攻围，重鞠戎旅，总于经略，丕冒平凉。或掎击其救兵，或邀绝其馈卒，力殚命窘，因乃求降。未歼当道之豺，且磔吠篱之犬。此其徇国之功六也。进屯河县，接逻官桥。虽竹缆已焚，而木罂将渡，大慝知窘，犹怀斗心。乘时出奇，幸于有胜；迟明遇伏，卒以无归。恚蹙穷城，因绞中阁，三条以谧，二辅斯宁。此其徇国之功七也。戎羌不道，俶扰西陲，骤掠邠泾，深入盐夏，狃其横猾，淹暑仍留。苟不用权，若何攘暴。乃励我鹰扬之旅，乘其马瘠之时，张皇军形，缓俘令逸，然后排烽结队，加灶翻营，师未逾于洛源，寇已还于河曲。此其徇国之功八也。娄娄藩虏，匿诈求和，重违修好之言，用许寻盟之约，诸军毕会，是烛沈疑，陈其不诚，请以为备。且曰："古者诸侯相见，兵卫不撤，警也。今犬羊反覆，未可以端拱待之。"乃距平凉二十里所，栅为壁，堑为壕，设晋师敖前之伏，修楚臣劲后之殿。练锐三千，涉泾式遏。既而升坛将歃，果以恶来，声若河翻，势如山进，望我旗鼓，惊眙而还。御侮之道既弘，折冲之威亦著。此其徇国之功九也。良原县间在泾陇，西压穷边，罹彼烟尘，翦除荆棘，事未经启。密命兴功，遂发轸而遽行，即建标而特起，恢其制度，峻以规模，役不二旬，隐然岳立。乃修庐井，乃辟田畴，商旅载通，流庸偕附。烽堠交于塞表，保障连于峡右。虽周筑虎牢，汉凭马邑，遏亏乱略，曾何足云！此其徇国之功十也。

朝廷所以降丕命，策高勋，重位以崇之，丰爵以荣之，歌钟以乐之，邸宅以宁之。

自建中以来，卫社稷之臣，秉旄钺之将，除宰辅董戎外，其孰能畴匹于此哉！况明允豪贤，勤于理要；清恕以康黎献，简恤以裕公私；推信诚，弘敬让；薄九赋，励三农；抑浮窳之风，兴廉正之教。一年而人知禁，二年而人知惠，三年而人知爱，四年而人知诵。夫然，又安可使楙功昭德，沉隐无闻者欤！愿听华人，篆之乐石。制曰："可。"于是耆寿荔非升古、沙门释僧惠、道士游方外等，千乃心，万乃口，喜从所欲，祈我笔端，乃约奏章，以篆成绩。

公本名元光，姓骆氏，武威姑臧人，盖黄轩帝孙，降居安息，高阳王裔，留宅姑臧。仆射元魏之股肱，武卫巨唐之牙爪，世济其贵。公又昌明，而弱岁羁孤，感于知已□□□之族，从骆统之□□，镇潼关者五年矣。既申武节，克建戎勋。天子以敦淳可亲，诚明可信，更名赐氏，以昭实焉。《书》所谓：践修厥猷，灵承多宠者矣。若夫校功王府，撰德侯家，虽冯异扬言，已传徽于昔岁，而吉甫作颂，庶弘美于今辰。词曰：

洸洸武康兮有虔秉钺，即戎临敌兮原火烈烈。队如星兮阵如雪，进如流兮止如截。转电激兮冲风发，坏苑垣兮复宫阙。既东征兮又西伐，鼙鼓雄兮才气杰。涤昏霾兮扫妖孽，河渎清兮渭源澈。功既成兮恩亦结，倚铁防兮赍金穴。华山丽兮敷水濙，惠汪濊兮威凛冽。庶甿安兮群盗绝，舞稚童兮歌大耋。城崒云兮营偃月，望麾幢兮想旌节。树丰碑兮颂英哲，词不愧兮勋不灭。

贞元五年八月十一日建。

明万历六年冬十一月二十一日赐进士第华州知州丹阳石友麟[7]重建。

李元谅功德颂碑额

李元谅功德颂碑

【注释】

[1] 李元谅功德颂碑，唐贞元五年（789）八月十一日刻。碑现存陕西华县人民政府大门东侧。碑通高445厘米，宽157厘米，厚41厘米。其中碑身高295厘米，碑额高83.5厘米，宽60厘米。碑首为螭形，四周刻蔓草纹饰。碑额篆书"大唐镇国军陇右节度使右仆射李公懋功昭德颂"，共4行，行5字。碑文共32行，满行65字，隶书。国家图书馆藏有拓片，碑身拓片高283厘米，宽153厘米；碑额刻字部分高70厘米，宽52厘米。张濛撰文，

韩秀弼隶书，李彝篆额。末尾刻明万历六年十一月二十一日华州知州石友麟重建题字。唐贞元四年，李元谅调任陇右节度使，在离开华州之际，华州百姓非常怀念，将李元谅的事迹通过行军司马董叔经上报朝廷，请求为其立碑树功。唐德宗应允，故有是碑。主要著录：《全唐文》《金石萃编》《雍州金石记》《陕西碑石精华》编号 137；刘合心《李元谅碑与杨明堂先生》（《文博》2007 年第 5 期）。

　　[2]首题，《全唐文》中作"镇国军节度使李公功德颂并序"，且未载书者及篆额者姓名。

　　[3]张濛，唐玄宗相张说孙。德宗贞元二年，任库部郎中、知制诰。四年，行中书舍人。五年，授礼部侍郎。六年，知贡举。能诗。两《唐书》有附传。

　　[4]韩秀弼，唐扬州广陵人。为唐肃宗、代宗时名臣、昌黎郡公、书法家韩择木子，亦工书法，与兄韩秀荣、韩秀实并名。

　　[5]华州，西魏废帝三年（554）以东雍州改名，治所在郑县（今陕西华县）。隋大业三年（607）废。唐武德初复置，垂拱初改名太州，神龙初复为华州，天宝初又改置华阴郡，乾元初复为华州，乾宁四年（897）升为兴德府，光化元年（898）仍为华州。

　　[6]董叔经，唐幽州范阳人。德宗贞元三年，为检校太子左庶子。五年，为行军司马。累迁汾州刺史。宪宗元和元年，拜京兆尹，卒于任。

　　[7]《全唐文》未记载立碑及重建时间。《金石萃编》记载"石麟"，当为"石友麟"。

唐李体微墓志[1]

唐故修行寺主大德律和上体微墓志
前河南县主簿郑位撰
　　律和上俗姓李氏，其先陇西姑臧人也。曾祖玄挺，皇朝银青光禄大夫潞州刺史。祖尚辞，上洛郡[2]太守。父践曾，益州大都督府录事参军。律和上即益府府君之长女，先夫人京兆王氏。并蝉联官婚，荣耀邦国，王大父之拜潞州也。除书所载，一门独甲于当朝，十代连芳于刺史，故世为高门。律和上含二德之和，禀五常之秀，孝乃天至，道实生知，爱自幼冲，心尚真谛，喜愠俱遣，荣辱两忘。三聚净诚，严持轨范，四禅妙旨，深照根尘，由是行冠道门，德宣京邑，遐迩瞻仰，岂不盛欤。呜呼哀哉，律和上云亡，缁徒[3]殄瘁都城，道俗莫不雷恸。贞元七年正月十九日怛化[4]于河阴县，春秋七十二，僧腊[5]卅二，临坛廿四。粤以贞元九年二月十七日景寅返葬于龙门天竺寺[6]西原。高项延望先师茔塔，及约藏事务，从省俭，盖遵遗志也。弟子智诠、广诠等，吞恨茹荼，昊天罔极，惧陵谷迁变，乃刻贞石，以纪徽烈。

唐故循行寺主大德律和上體微禪墓記
前河南縣主簿鄭位撰

李体微志石

【注释】

[1]李体微墓志，唐贞元九年（793）二月十七日葬。1998年冬出土于河南洛阳，曾归文博城刘氏。志石为正方形，边长36厘米。志文共17行，满行20字，正书。郑位撰文。主要著录：《邙洛碑志三百种》编号212；《龙门区系石刻文萃》第287页。

[2]上洛郡，西晋泰始二年（266）置，治所在上洛县（今陕西商州区）。隋开皇三年（583）废。唐天宝元年（742）复置，乾元元年（758）改置商州。

[3]缁徒，僧侣别称，因着缁衣，故名。孟浩然《陪张丞相祠紫盖山途经玉泉寺》诗："皂盖依松憩，缁徒拥锡迎。"

[4]恒化，人死之别称。《庄子·大宗师》："俄而子来有病，喘喘然将死，其妻子

环而泣之。子犁往问之，曰：'叱！避，无怛化！'"郭象注曰："夫死生犹寤寐耳，于理当寐，不愿人惊之，将化而死，亦宜无为怛之也。"唐《薛刚墓志》："而积善无征，俄惊怛化。"

［5］僧腊：僧尼受戒后的年岁。韩翃《题荐福寺衡岳暕师房》诗："僧腊阶前树，禅心江上山。"

［6］龙门天竺寺，最早由睿宗年间来华高僧宝思惟请建，其位置在龙门东山北段濒临伊水的河滨一带，开元十年（722）伊水泛滥，天竺寺被毁，后来改建于龙门西山。盛唐以降龙门地区的天竺寺，实际包含伊阙东、西两山开元十年前后先后建立的两处遗产。相关的文献资料有苏颋《唐龙门天竺寺被》等。唐人诗词中，也有讽吟天竺寺掌故、意境者。此外，《贞元录》《宋高僧传》《太平广记》、李邕《大照禅师塔铭》等亦有涉及该寺文化史迹的记载。（参张乃翥《佛教石窟与丝绸之路》）

唐石艺君墓志[1]

故君石氏墓志

祖讳艺君，□□在武威郡，因官历任代州五台县[2]西南界廿五里，因为石村人也。今至贞元九年二月廿三日，石村□五百步平原，礼也。上祖龙封于此，尽身为□。君乃守道有志，不求荣禄，潜光于世，其盛也左邻丘壑，鸳鹓[3]奋迅之郊；右控平埋，□马骈开之路。南连东冶，漘水滔洋；北枕西峨，崇岗崒嶷，坟建其所，隽石留之，庶万古千龄，与白□□而同□尽。其词曰：

山□东峻，地势西倾。漘波入汉，峨峰□□。其右车马之路，其左驴夷[4]之城。臻林灌□，猨门孤声。室□宅地，而建坟茔。愿□残□，乃隽石为铭。

石艺君志石

【注释】

［1］石艺君墓志，唐贞元九年（793）二月二十三日葬。2007 年出土于山西省忻州市五台县东冶镇永安唐墓。志盖、志石均高 40 厘米，宽 36 厘米，厚 4.5 厘米。均为砖质。志文为墨书，共 12 行，行 6—20 字不等，行书。主要著录：山西省考古研究所、忻州市文物管理处编《忻阜高速公路考古发掘报告》第 144 页。

［2］五台县，隋大业二年（606）以驴夷县改名，治所即今山西五台县。

［3］鸳鹕，即鹓鹕，鸾凤类鸟。《庄子·秋水》："夫鹓鹕，发于南海而飞于北海，非梧桐不止，非练实不食，非醴泉不饮。"

［4］驴夷，北魏太和十一年（487）置驴夷县，治所即今山西五台县。隋大业二年（606）改为五台县。

唐李抱真墓志铭[1]

相国义阳郡王李抱真墓志铭

皇唐九叶，天启元圣，运并中否。盖有苗不恭，舜德于是乎盛；猃狁孔炽，周道于是乎兴。而我相国太保义阳王文武命代，经纶应期，柱石将倾，舟楫未济，腹心王略，爪牙天罚，芟夷大慝，覆冒生人。

公讳抱真，字太真，本姓安氏，世为凉州盛族。高祖修仁，佐太宗征伐，益大其家，宠位本州，启封申国。曾祖永达，开府仪同三司、左骁卫大将军。祖怀恪，陈州司马，赠兵部尚书。考齐管，赠太子太保。或才光于时，或道屈于命。从父兄司徒、凉国公抱玉，事肃宗、代宗，勋著王室，锡以天姓。代宗之初，仆固怀恩怙兵犯顺，公时再命汾州[2]别驾，随州陷焉。怀恩雅奇公才，而惧公之不同，所以待公与卫公者偕切。公竟以智勇自脱，投身京师。上方以怀恩为忧，不啻于禄山、思明之难，遣公进讨。公曰："郭子仪领朔方之众，人多思之。怀恩因人之心，以邀其势，绐其众曰：'子仪为鱼朝恩所戮。'劫而用之。今若复子仪之位，可不战而克。"上嘉而纳之。其后怀恩父子皆败，朔方有众，洎西北两蕃，望子仪而顿伏，皆如公策。拜殿中少监[3]，擢缨清列，泽盛当时。卿大夫贤者从之游，朝论美价，于斯为重。大驾幸陕，欲遂都洛阳。公入陈娄敬、子房之说，且曰："臣见犬戎今已遁去。"翌日，长安告至，如公之言。代宗器公之才，将试其用，诏兼御史中丞[4]、充陈郑泽潞节度留后。公以所奉之主，则从父兄司徒公，乃深惟大雅明哲之义，罢请留府，愿效列郡。优诏从之，拜泽州[5]，换罩怀，二邦之人，得公失公，皆如父母。未几，复统留府之政，累加御史中丞、左散骑常侍，并领磁、邢二州。增秩加邑，国之报也。

今上即位，用聪明神武照临不庭，命方叔召虎镇卫四国。是用授以黄钺，俾以专征。而方命之徒，畏威先举，田悦以暴兵五万，寇我东鄙，劫邢州[6]，围临洺[7]。守将乘城，如山不拔。忿志且耻，既悉索境内，且乞师于邻。掘地干云，壕垒数合，上绝飞鸟，下及黄泉。公躬执钲鼓，屡挫其锐。诏命太原节度使。今侍中马公与公合从，且曰尽敌。由是摧坚阵于双冈，释重围于二城，歼逆徒于洹水。凡三战三北，退伏于魏，窘如囚拘。逆将朱滔，诱今司徒王公，合范阳、恒山之众，来为悦援。公与马公洎群帅屯于魏桥，相持卒岁。无何，京师有朱泚之乱，銮舆外次。群帅失图，苍黄还师，惟恐在后。公徐统士马，退次洺州。旋奉诏书，俾勤所职。于时将卒倦戍久矣，及其还也，如川壅而溃，势不可遏。公以至诚大义，发为号令，俾四郊激勤王之志，三军忘思归之心，进师漳河，独压强寇。先是，与公勠力太原、朔方、盟津，洎神策四帅十万之旅，一朝雨散，孤军特立，天下危之。公忠贯天地，机先鬼神，动如雷霆，峙若山岳；销难于未眹，成功于无战。氛祲四廓，豺狼坐驯。上在奉天，躬禹、汤勃兴之德，曰："万方有罪，罪予一人。"发号改元，与人更始。公奉扬天泽，浃于四邻，增日月之明，广雷雨之施。由公而复爵位者，今司徒王公洎魏博、青、齐三帅，凡三道数十州百万旅，归于圣理，公之功也。

朱滔以幽燕劲卒。獯虏骁骑，将欲横行咸、洛，崛强中原，辅其兄泚，窥伺神器。公以奇谋正义，间说成德，成德与滔，契重婚姻，事同艰阻，与公交锋对垒，积为敌仇。乃为国为公，忿滔如响，将欲自竭，先诚于公。投我以可疑，报之以必信。公与王公之相见也，王公旌旆车骑，亘如长云，晦日蔽天，风驱而至，公以数骑，径造其前。王公叱去左右，跃鞍而下，交臂号呼，声闻昊天。即日两军亿万之师，悉如兄弟。公遂入其垒，授之以画。明日合势，大破滔军于泾城之西，滔鼠窜旧巢，至死不振。逆泚折臂，群凶夺魄。诸将闻风益壮，踊武献功。既而妖彗灭，星缠复，鲸鲵戮，海水清，而振曜灵威，兴复昌运，自我而始。其天启与？

公使将如臂，使卒如指，决胜于千里之外者，则河中拔，淮夷殄，分彼成功，什三四焉。初临洺之解，迁工部尚书；洹水之胜，转兵部；魏桥之勤，加右仆射；漳滨之固，转左仆射、同中书门下平章事；朱滔之败，迁司空[8]，食实封五百户。贞元初，上有事于上帝列祖，公得请会朝。宣室受厘，明堂布政，对扬丕显，钦命蕃庶，方寄股肱而藩屏是切，方属周召而桓文是赖。数月，受命还镇。公之镇于潞也，垂三十年，抚五郡四封之人，作之医，作之师，生成之，富庶之。耆老诣阙，愿刊金石，诏俾时宰，扬其颂声。

乃者大梁东平，二帅交恶，金使上介，质正于公。公以天道助顺，神明与直，裁而辨之。司徒王公以不二心合公一德，资禀明略，有如元龟。议者谓上党之俗，地狭尚力，气寒坚冰，盖战国武卒之余也，故长于步。冀之北土，马之所生，故长于骑。而公与王公，天下之杰也，各因其俗之所长，以伯诸侯。

呜呼！使公将步，王公将骑，以征四方，以奖王室，乱臣贼子，谁敢萌心！上天为何，而降公疾。愿守谦损，固辞崇高，请罢二公，拜章七还。天子重违宗臣之请，又迫苍生之望，退授仆射，而安危注意之任，犹以烦之。十年六月一日，薨于位，春秋六十有二。皇上震悼，辍朝三日。所以赠襚之品，礼极数弹，中贵护丧，达于洛泗。冬十月九日，葬于渑池[9]，祔先君太保之茔，礼也。

公自生勋门，幼被儒术，长览太史公、班孟坚书，服从衡之言。至于兵法，尤其天性。而体乾之刚，利坤之贞，煦春之仁，厉秋之义，蹈礼之节，包乐之和。是以文昭扶翊，武著戡清。行备九德，政成百度。忠与勋偕，业与时并。兵符相印，与身终始；开国传家，与国无穷，盛矣哉。公再娶于郑，华宗令德，其偶如一。前夫人荥阳郡夫人，皇洛阳令伋之子也，不幸早世。后夫人沂国夫人，皇洛州壶关[10]令巩之子也，昔以贤辅贵，今以哀报荣，既大公门，且肥公室。初公之弃三军也，嗣子前殿中侍御史缄，为堕泪所迫，俾嗣公位，缄曰："为先人之嗣者，苟生非忠，冒死非孝。深惟自免之计，既而忠孝全焉。"次子幼成，季子幼清。次女适清河崔宏，雅有干父裕母之美。长女幼女，并从西方之教，各得其旨。缄等以公成功盛德，列于史策，流于歌颂，传于故老之口。巍巍乎其不朽矣。若丘壑迁化，岁序超忽，则贞石是赖，不可以不识焉。爰假菲词，俾铺玄壤。铭曰：

阴阳成岁，百物以生。圣贤抚运，天下以平。神武嗣统，朝阳启明。照临万邦，震曜不庭。蠢彼昏迷，乃命祖征。风行王化，雷动天声。靡守不固，何攻不倾。猃猲豺武，率驯忠真。茫茫氛祲，于变廓清，入觐于王，惟周之桢。帝念藩翰，复我长城。宜锡虽老，以主夏盟。

奈何昊穹，天枳壮龄。善积存没，报穹哀荣。勒勋王府，遗业生灵。归我真宅，封山表茔。永闭泉户，与天壤并。

【注释】

[1]李抱真墓志，唐贞元十年（794）十月九日葬。穆员撰文。穆员，字舆直，秘书监宁子。杜亚留守东都，署佐其府，授侍御史。《全唐文》卷784收录，今据以录文。主要著录：《全唐文》《凉州府志备考》《武威金石录》第54页。

[2]汾州，北魏太和十二年（488）置，治所在蒲子城（今山西隰县）。孝昌时移治隰城县（今山西汾阳县）。北齐改为南朔州。唐武德三年（620）又以浩州改名，治所仍在隰城县。

[3]殿中少监，殿中省次官，唐高祖武德三年（620）改殿内少监置，员二人，从四品上。协助殿中监掌供奉皇帝生活事务。高宗龙朔二年（662）随本省改名中御少监，咸亨元年（670）复旧。

[4]御史中丞，官名。西汉始置，为御史大夫副贰。东汉独立为御史台长官。北魏改名御史中尉，北齐复旧，从三品。隋朝因避文帝讳，改置御史大夫为御史台长官。唐初因之，高宗时因避讳，改御史台次官治书侍御史为御史中丞，员二人，佐御史大夫监察弹劾百官，为清要之选。初为正五品上，武宗会昌二年（842）升正四品下。中唐以后，御史大夫常缺而不授，中丞权任甚重，亦用作外官所带宪衔，然御史台日常事务实由诸侍御史主持。

[5]泽州，隋开皇初以建州改名，治所在丹川县（今山西晋城市东北）。大业初改为长平郡。唐武德元年（618）别置泽州，治所在濩泽县（今山西阳城县），八年（625）移治晋城县，天宝初改为高平郡，乾元元年（758）复改泽州。

[6]邢州，隋开皇十三年（593）置，治所在龙冈县（北宋末改为邢台县，今河北邢台市）。大业初改为襄国郡。唐武德元年（618）复为邢州，天宝初改为巨鹿郡，乾元初复为邢州。

[7]临洺，隋开皇十年（590）置，治所即今河北永年县（临洺关）。

[8]司空，三公之一。西汉成帝绥和元年（前8）改御史大夫为大司空，东汉光武帝建武二十七年（51）改名司空，与太尉、司徒并为三公，分掌宰相职能。历代沿置，名列三公之末。隋朝名义上参议大政，其位多旷，遇有典礼，以他官摄行其事，如置，则坐于尚书都省，正一品。唐朝亦为大臣加官，正一品。晚唐五代用为藩镇甲观，遂至冗滥。

[9]渑池，一作黾池。秦置，治所在今河南渑池县西。三国魏移治西蠡城（今河南洛宁西）。北魏移今渑池县西。隋大业元年（605）移今县东，十二年（616）又移治大鴈城（今渑池县北）。唐贞观三年（629）移治双桥，即今渑池县治。

[10]壶关，秦置，治所在今山西长治市北。北魏太和十三年（489）移治今山西壶关县东南。隋大业初废。唐武德四年（621）复置，移治今壶关县西，贞观十七年（643）移治今址。

唐李元谅（安元光）墓志[1]

大唐故华州潼关镇国军陇右节度支度营田观察处置临洮军等使开府仪同三司检校尚书左仆射兼华州刺史御史大夫武康郡王赠司空李公墓志铭并序

朝议大夫守国子司业上轻车都尉杜确[2]篆。

公本安姓，讳元光，其先安息王之胄也。轩辕氏廿五子在四裔者，此其一焉。立国传祚，历祀绵远。及归中土，犹宅西垂，家于凉州，代为著姓。三明盛族，每联姻媾；五凉霸图，累分珪组。曾祖羡，皇左骁卫将军。祖延，左武卫翊府中郎将，赠代州都督。考塞多，易州遂城府[3]折冲、赠幽州大都督。武习将门，文传儒行，载德不陨，贻庆无疆。公神爽气雄，量弘识远。鹗立其峻，鹰扬其威。环奇拓落之才，感激踪横之志，烧牛爇马之变，沉船破釜之决。动必合宜，举无遗算。实惟天假，匡我王国。少居幽蓟，历职塞垣，否倾泰授，方归京邑。以才干见推，列在环卫；以将校是选，爰副戎昭。迁太子詹事，充潼关镇国军[4]防御副使。元戎在州，实总留事，训练绥抚，俾知向方，凡十数岁矣。建中末，贼泚伪署何望之等轻骑奄至，陷我郡城。公纠合师徒，鼓行电击，扑灭收复，曾不崇朝。深惟远图，莫若持久是用。大蒐卒乘，创立城池，被练盈于万人，登陴逾于百雉。诏加御史中丞，寻迁御史大夫、华州刺史、潼关防御使、镇国军使，又加工部尚书。庸勋且使能也。夏五月，诏公与副元帅李晟[5]进收上都。师次浐川，垒培未设，贼众悉出，以逸待劳。公成列先驰，所向皆靡，是日之捷，独冠诸军。进次苑东。公又前合，凌峻巘，隮缭垣，骑翼舒，步云会。凶党决死，既精且坚。公以小利啖之，奇阵误之，鼓儳疾驱，旗靡毒逐。曾未晌息，杂然奔溃，元恶突走，胁从降附。宫省已静，都人未知。清帝座于太阶，候皂舆于平道。秋七月，大驾还宫，诏加尚书右仆射，实封九百户，锡以甲第，申之女乐。旌殊效也。怀光携贰，蒲津阻绝，[6]相府东讨，俾公副之。累建长策，竟歼大憝。盟戎之役，实领后军。戎以恶来，我以整待，贼不敢蹑，全师以归。寻丁内艰，毁瘠过甚，诏旨频降，起入视事，累表陈乞，天心莫从。加右金吾卫上将军，复领旧职，寻又赐姓李氏，同属籍也。改名元谅，昭诚节也。四年春，诏加陇右节度支度营田观察处置临洮军等使。良原古城，陇东要塞，虏骑入寇，于焉中休。诏公移镇以遏侵轶。迁尚书左仆射。诸侯戍兵，爰俾总统。规李牧守边之议，择充国屯田之谋。[7]驱狐狸，剪榛棘，补残堞，浚旧隍，筑新台，毂连弩。扑断陶旐，垦发耕耘，岁收甫田数十万斛。寻又进据便地，更营新城，辟土开疆，日引月长。贼来寇抄，师辄击却。由是幽泾汧陇，人获按堵矣。岁月逾迈，霜露云侵，美疢发于生疡，凶灾成于梦竖。太医御药，频降自天，有加无瘳，鸣呼不淑。贞元癸酉岁十有一月十五日，薨于良原镇之公馆，享年六十七。诏赠司空，哀有功也。圣情震悼，废朝追念，爰命使臣宣制临吊，赙赠粟帛，加于常等，归于上都开化里[8]之正寝。其明年十一月一廿八日灵輀启路，祔于华阴县潼乡原之新茔，礼也。笳箫鼓吹，戮瞿干卤，骑士介夫，夹道卫毂，哀荣之典，于焉毕备。生惟徇节，殁也归全，忠孝并矣。油幢启戟，胙土命氏，功业茂矣。参佐皆当时之选，偏裨亦百夫之特，殊俗耆其威声，部人怀其惠爱，皆名臣之大节也。周曰申甫，汉惟耿贾，[9]异时共贯，我何谢焉。夫人河南阿史那氏，北海郡夫人，代北著姓也。建国沙朔，为汉藩辅，言德工容，克遵典礼，蘋蘩沼沚，允叶南风。以大历六年十月廿七日先公早终，谋于箸龟，乃建兆域。遗命祔葬，勿令改迁。长子朝散大夫、前太子右赞善大夫平，次子朝请郎、前将作监主簿莘，令德孝恭，有闻于代。虔卜远日，复启旧埏，爰命不才，式铭洪列。词曰：

　　天祚圣代，挺生良臣。俾蕴明略，以康时屯。建中之难，狂寇窃发。天临下都，盗入北阙。能以众正，肃将□□。推锋决机，既昼亦月。克复本郡，增修外城。叶力渭汭，进图上京。击败凶党，前临贼营。坏垣突入，敦阵骈衡。渗气席卷，泰阶砥平。河东险涩，承制诛讨。胜在战前，师临电扫。陇外犹梗，授公拥旄。东连折撌，西尽临洮。增修保鄣，芟薙蓬蒿。戎马迁迹，舆徒不劳。在镇累载，休有成绩。董领众军，师长百辟。寒暑外侵，勤劳中积。远图未申，大限俄迫。将星坠耀，关月复魄。圣心震悼，邦人痛惜。天子三吏，实惟司空。优诏追赠，以酬茂功。郁郁佳城，式昭令终。巍巍太华，长与比崇。颂我遗烈，凛然清风。贞石不朽，嘉名无穷。

　　孤子平书。

李元谅（安元光）志石

【注释】

[1] 李元谅（安元光）墓志，唐贞元十年（794）十一月二十八日葬。1984年陕西省潼关县高桥出土。现藏陕西省潼关县文物管理委员会。志盖、志铭均为正方形，边长92厘米。志盖篆书"大唐故尚书左仆射赠司空李公墓志铭"，共4行，行4字。四杀刻卷草纹。志文共40行，满行45字，正书。志文为杜确撰，李平书。主要著录：《新中国出土墓志·陕西（一）》编号141；《隋唐五代墓志汇编》陕西卷第4册第56页；《北京大学图书馆藏历代墓志拓片目录》编号05059；《唐代墓志汇编续集》贞元030；《中国西北地区历代石刻汇编》第4册第103页；《珍稀墓志百品》编号附10；《西南大学新藏石刻拓本汇释》编号200。相关研究参侯养民、呼林贵等《唐李元谅墓志及其相关问题》（《文博》1998年第2期）。

[2] 杜确，河南偃师人，唐德宗贞元中，为兵部员外郎、太常卿，出为同州刺史、河中尹、河中观察使。卒于镇。著有《楚宝传》，又编《岑参集》，为之序。

[3] 遂城府，唐代易州所辖折冲府之一。《新唐书·地理志》载，（易州）县六。有府九，曰遂城、安义、修武、德行、新安、古亭、武遂、长乐、龙水。《旧唐书·刘昌传》：安禄山反，昌始从河南节度使张介然授易州遂城府左果毅。《新唐书》本传同。权德舆《刘公纪功碑》：未弱冠，从河南节度使张介然东讨林胡，以劳署易州遂城府左果毅。樊衡《为幽州长史薛楚玉破契丹露布》有平卢军摄副使、遂城县折冲桓善珍。《文苑英华》。案，"县"疑"府"之误。张贲然《忠武将军茹公神道碑》：子元颢，皇易州遂城府左果毅。《旧唐书·地理志》：易州有遂城县。《唐刘谈墓志》：祖讳敬宗，皇遂城府折冲。《唐李侯墓志》：起家授右卫遂城府别将。张沛认为，遂城府盖因县得名。唐遂城县治所在今河北徐水县西北遂城，遂城府疑在其境。

[4] 镇国军，唐方镇名。上元二年（761）置，治所在华州（今陕西华县）。广德元年（763）废，光化元年（898）复置，后二年废。

[5] 李晟，字良器，陇右临洮人，中唐名将。初从王忠嗣等击败吐蕃，授右神策都将。德宗时率军讨伐藩镇田悦、朱滔、王武俊，又击败叛据长安的朱泚，收复京师，拜司徒、兼中书令。任凤翔陇右节度等使兼四镇北庭行营兵马副元帅，安定泾州。以功拜司徒兼中书令，改封西平郡王。德宗尝曰："天生李晟，为社稷万人，非为朕也。"卒，谥忠武。两《唐书》有传。

[6] 怀光携贰，蒲津阻绝：指泾原兵变后李怀光叛乱之事。李怀光，中唐名将、叛将，渤海靺鞨人，肃、代时有著功。德宗时，徙镇朔方，朱泚叛乱，怀光解帝围于奉天，进加副元帅、中书令。兴元元年，诏封太尉，因卢杞言，德宗派送其铁券，李怀光以为德宗怀疑其反叛，后反叛，德宗以马璘、浑瑊、李晟等平之。

[7] 规李牧守边之议，择充国屯田之谋：赞志主有李牧、赵充国定边之能。战国赵国悼襄王、赵王迁时，名将李牧镇守北疆，修长城，却匈奴，有著功；西汉宣帝时，老将赵充国为护羌校尉，屯田于陇西、河湟，羌人归服，西境安宁富庶。

[8] 开化里，即开化坊，据《最新增订唐两京城坊考》载，万年县所领朱雀门街之东，

从北第二为开化坊，坊内有"半以南，大荐福寺。西门之北，法寿尼寺。太傅盖文达宅。右武卫将军柳嘉泰宅。国子祭酒韩洄宅。尚书左仆射令狐楚宅。户部尚书马总宅。河东节度使、兼侍中李光颜宅。尚书吏部侍郎沈传师宅。前司徒、兼侍中崔垂林宅。开府仪同三司、守司空、魏国公崔允宅。大荐福寺东院放生池。令狐楚宅。马总宅。西门北壁上第二板门王家。员外散骑侍郎、司农寺丞郭敬（敬善）宅。左羽林卫将军上柱国定阳郡开国公阳玄基宅。朝议郎、行尚书屯田员外郎于申宅。太中大夫、行中书舍人裴璟宅。右拾遗崔敘宅。大荐福寺大德恒思律师。寿春公故宅。韦循（审己）宅。凤翔节度使银青光禄大夫检校兵部尚书右卫上将军兼御史大夫赠太子少保上柱国陈君奕宅。洋州录事参军段淙宅。太中大夫王汶宅。酒肆。客舍。通议大夫尚书左丞赠兵部尚书张读宅。"

[9]周曰申甫，汉惟耿贾：赞扬志主有周之申伯、仲山甫，汉之耿弇、贾复之功。申甫，周名臣申伯和仲山甫的并称，借指贤辅之臣。《诗经·大雅·崧高》"维申及甫，维周之翰。"《梁书·元帝纪》："大国有蕃，申甫惟翰。"耿贾，东汉初名臣耿弇和贾复的并称，杜甫《述古》之三："耿贾亦宗臣，羽翼共徘徊。"

唐李抱真德政碑[1]

昭义军节度支度营田兼泽潞磁（磁）邢洺等州观察处置等使光禄大夫检校司空同中书门下平掌事兼潞州大都督府长史上柱国义阳郡王李公德政碑铭并序

银青光禄大夫守门下侍郎□□门下平章事上柱国陇西县开国伯董晋奉敕撰

银青光禄大夫守户部尚书□度支及诸道盐铁转运等副使上柱国扶风郡开国公班宏奉敕书

朝散大夫守□□府长□□阳县开国男韩秀弼奉敕篆额

唐之元臣曰义阳郡王抱真，字太玄，皇开府仪同三司、凉州都督、河兰鄯廓瓜沙甘肃九州大总管申国公修仁之玄孙，开府仪同三司左武卫大将军永之曾孙，□兵部尚书怀恪之孙，赠太子太保齐管之子。蓄河岳之秀，业祖考之庆，克生鸿才，以佐元后，殊勋茂绩，可得而称也。公体仁执忠，抱素专直，威厉霜雪，气凌云霓。沉毅足以建功，宽裕足以安众。召公相武之智，申伯翊宣之筹。尚父六韬之奇，夷吾九合之业。未冠，公皆建之，果为从父兄故相国[2]抱玉所重期，以远大荐于肃宗，授汾州别驾。仆固怀恩之平史盗也，伐虏刘之功，恣暴戾之性，不率朝典，潜怀异图。公发冲危冠，愤激忠节，间道诣阙，溃其奸谋而渠魁疾颠，汾浒底定，而代宗奇之。拜殿中少监。永泰初，又兼御史中丞，充陈郑怀泽潞等五州节度留后。恩光荐及，辉耀当时。谦不奉诏，累有陈让，上大器之，改泽州刺史兼侍御史，充节度副使巡内五州都团练使[3]。泽人欣欣，如戴父母。公虔奉圣旨，专精吏职，一年而流移复、田壤辟，军给人阜，风淳俗美。时属散卒，聚钟鼓山肆其猖狂，逞以驱劫，议者请兵逐之。公谓之曰："夫人禀元和以生，奉五常以立，无不思顺，无不惧逆。理乱之道，实由于政，政和则礼让兴、仁义著；政败则刑罚滋、盗贼起，使其叛乱，是德之不修也。

始务自咎，岂可加兵。"乃申以祸福之门，引以开泰之路，投戈籣矢，休簸岩荡，慰劳加等，仁风载扬。遂迁怀州[4]刺史。泽人去思之愤，凝为愁云；怀人来苏之庆，霡若膏雨。政未几，怀如泽焉。天子宠文翁之能，旌龚遂之美，以节使司徒公备戎于西方。乃授检校秘书监[5]、兼侍御史，权知行军司马[6]，充泽潞节度支度营田观察处置使留后仍知潞州大都督府事。公以殊恩寄任，留务浩穰，徘徊化源，独与心计，乃约故实，财成庶政。禁暴以安物，薄赋以养农，省徭以息孤茕，均调以资士卒。孝悌闻于乡党，学校兴于里间，刑戮废于戎行，鞭朴弛于官署。阖境之内不日而化焉。建中元年，特授节制并廉察本道兼领潞州大都督府长史。练勤王之师，修守土之备。内劝耕食，外扬武威。布大君之诚，以睦藩屏；导圣朝之化，以释危疑。由是上泽得以下流，下情得以上达，君臣无间，臻于太和，公之力也。属军戎之后，虫旱为灾，公请罪神祇，忧见于色，精感而飞蝗越境，诚恳而霖雨应期，稼穑获全，异于他部。古之循吏，何以加焉。公前后历官一十八政，再为侍御史、中丞、尚书、常侍，三领郡守，一登亚相，两践端揆，封义阳郡王，食实封六百户。命为承弼同平章事[7]，俾平水土，兼领司空，量宏而深，识达而朗。常执虚以惊宠，不求援而取贵。起题舆、登补衮，简自皇极，爵为元臣。非德及苍生，忠贯白日，则何以臻此。潞之缁黄耆老诣阙陈请，愿勒贞石。帝嘉乃诚，诏门下侍郎平章事董晋撰文，以昭其功。铭曰：

皇矣上帝，降祚有唐。蕴粹孕灵，克生义阳。明明天子，贤能是奖。乃命义阳，镇于上党。烈烈义阳，惟国之祯。屹若崇山，隐如长城。用极于正，性根于忠。英风外驰，明谟内融。王度克遵，惠此众人。以德代刑，散浇为淳。军以威雄，凶以定慑。恢振皇纲，辅弼天业。帝曰抱真，允文允武。俾登鼎铉，锡之茅土。名高方召，道贯申甫。刊石纪功，用驾终古。

监工上党县□郭□仁。

有元至正五年冬至日，奉议大夫、潞州知州张野仙，化得此断碑于岱岳庙瓦砾中，重建于此，故记之耳。

【碑阴】

唐故义阳王碑阴记

至正三年十月，同知潞州事前进士东平周泰记。

供给潞州儒学正张菜。直学杜惟一。

监□州吏□□州杨思温。贴书申直方。上党县典史杨自新。

上党县尹靳居仁。晋宁路吏目祁□。

敦武校尉晋宁路同知潞州事周泰。

奉议大夫晋宁路潞州知州兼署诸军奥鲁劝农事张野仙布化。

武德将军晋宁路潞州达鲁花赤兼本军奥鲁劝农事颜钧。

承德郎晋宁路潞州达鲁花赤兼本州奥鲁劝农事伯帖木儿。

【注释】

［1］李抱真德政碑，唐贞元十年（794）刊刻，元至正年间于岱岳庙瓦砾中，被重新树立，现存于山西省长治市城区解放西街长治一中院内，为市级重点文物保护单位。碑座

已毁，碑首、碑身高 3.96 米，宽 1.78 米，厚 0.56 米。董晋撰文，班宏书丹，韩秀弼篆额。碑文颂扬李抱真任职期间的政绩。碑阴刻元代至正年间参与重立此功德碑的官员题名。今依据光绪版《长治县志·金石志》及《金石萃编》录文。据《金石萃编》记载，此碑原石文二十八行，行五十四字。篆额十五字，分三行书。主要著录：《全唐文》《金石萃编》《潜研堂金石跋尾》《凉州府志备考》《武威金石录》第 57 页。

[2] 相国，初为春秋战国时期对宰辅大臣的尊称。后渐成官称，多作相邦。居宰辅之位，为百官之长，与丞相略同而位稍尊。魏晋南北朝不常置，位尊于丞相，职权品秩略同，非寻常人臣之职。隋、唐以来多用作对宰相的尊称。

[3] 都团练使，官名。唐肃宗乾元元年（758）置，亦称都团练守捉使，大者领州十余，小者二三州，以保境、安民、惩奸为务。德宗时，行营亦置。

[4] 怀州，北魏天安二年（467）置，治所在野王县（隋改名河内县，今河南沁阳县）。太和八年（484）废。东魏天平初复置。隋大业初废。唐武德二年（619）复置。

[5] 秘书监，官名。东汉桓帝延熹二年（159），置员一名，掌典图书秘记，校订文字，属太常。十六国后赵、前秦、后燕亦置。南北朝时为秘书省长官，仍掌图书经籍之事，领著作省。隋朝领著作、太史二曹，初为正三品，炀帝大业三年（607）改为从三品，后改名秘书令。唐高祖武德（618—626）初，复改秘书监，从二品。高宗龙朔二年（662）改称兰台太史，咸亨元年（670）复旧。武后天授（690—692）初，改称麟台监，中宗神龙元年（705）复旧。

[6] 行军司马，官名。西魏、北周时有军事行动时临时设置，事迄即罢。唐、五代时置为节度使主要幕僚，掌本镇军符号令、军籍、兵械、粮廪、赐予等事务，权任甚重。唐德宗以后，常继位为节度使，有"副倅"之称。文宗开成（836—840）时一度省罢，晚唐复置。元帅、都统开府时亦置，所掌同。

[7] 同平章事，官名。全称"同中书门下平章事"。唐初以尚书令、仆射、中书令、侍中为正宰相，太宗时或以他官加此名义行宰相事，入政事堂议政。贞观八年（634）诏李靖三两日一至中书门下平章事，始有"平章事"之名。高宗永淳元年（682）以黄门侍郎郭待举、兵部侍郎岑长倩同中书门下平章事，始以"同平章事"入衔。玄宗以后，逐渐成为宰相专称，迄五代不改。藩镇节度使带此号则称"使相"。

唐张游艺墓志[1]

唐故相州临河县尉张府君墓志铭并序

维唐贞元十八年十一月七日，前延州都督张延诚号泣于汤阴，启先府君之殡，以其年十二月一日，归葬于洛阳县北原迏先茔，夫人傅氏祔焉，礼也。呜呼！昔西汉夏侯太傅尝谓诸生曰：士苟明一经，取青紫[2]，如俯拾地芥。盖所谓蹈先王之典坟[3]，知五帝之旨趣，自然必得其禄，必得其名。若名高而位不至于大，亦由天地有时而功不全者也。府君讳游艺，清河贝人。授氏浸远，官婚嗣续，以至于大父钢，隋千牛卫录事参军，生王父伦，皇朝沙州长史。公即长史之元子也。幼以经术升第，由凉州番禾主簿膺辟于安西，以参节制之画，授相州临河[4]尉。当天宝之中，方镇雄盛，若非名芳行著，无以膺是选，宜其拖服青紫，辉华典坟，而位止于再命，寿殁于中年，将太傅之言或谬欤？而天地之功果不全欤？公娶同郡傅氏，有子六人：长曰延诚，延州都督；次曰延议，丹州门山县[5]主簿；次曰延诚，次曰延识，并先公而殁；次曰延训，盐州[6]功曹参军；次曰延谠，左卫兵曹参军；咸以仁和保乃厥位。女三人：长适太原王氏，次适于高阳齐氏，次适太原王氏。齐氏有三子，长曰暤，试秘书省校书郎；次曰巊，监察御史；皆以文第于春官，并佐戎府。次曰煦，又膺秀士之选。夫孝者德本，时讹道浇，人罕能至，而校书以根心之孝，延于外家，佐舅氏展奉终之仪，俾北原有合祔之垗，仁乎哉！弘规幼学于史，或知前言。校书垂仁，以文见待，祇是顾也，勉复词焉。铭曰：

茫茫邙山，堨原倚伏。行楸列列，谁辩其族？都督张公，送终行哭。琢石寄词，用虞陵谷。
渤海高弘规撰。

张游艺志盖

张游艺志石

【注释】

[1] 张游艺墓志,唐贞元十八年（802）十二月一日葬。河南洛阳出土,今藏河南开封博物馆。志盖为盝顶正方形,顶面边长为19厘米,楷书"唐故张府君墓志之铭",共3行,行3字。志石长35厘米,宽36厘米。志文共25行,行约22字,正书。高弘规撰文。主要著录:《北京图书馆藏历代石刻拓本汇编》第28册第173页;《隋唐五代墓志汇编（洛阳卷）》第12册第178页;《北京大学图书馆藏历代墓志拓片目录》编号05183;《唐代墓志汇编》贞元119;《全唐文新编》第9册第5729页;《全唐文补遗》第6辑第121页;《唐宋墓志:远东学院藏拓片图录》编号339。

[2] 青紫,为公卿绶带之色,因指高官显爵,或借指显贵之服。《汉书·夏侯胜传》:"胜每讲授,常谓诸生曰:'士病不明经术;经术苟明,其取青紫如俛拾地芥耳。'"

[3] 典坟,或称"坟典"《三坟》《五典》的省称,为三皇五帝时史书,后可泛指各种古代文籍。《淮南子·齐俗训》:"衣足以覆形,从典坟,虚循挠便身体,适行步。"

［4］临河，隋开皇六年（586）改东黎县置临河县，治所在今河南浚县东北。

［5］门山县，北周大象元年（579）置，治所屡有迁移，皆在今陕西宜川县东北。

［6］盐州，西魏废帝三年（554）以西安州改名，治所即今陕西定边县。隋大业三年（607）改名盐川郡。唐初复改为盐州，天宝元年（742）改名五原郡。乾元元年（758）复为盐州。

唐段岩墓志^[1]

唐幽州节度使步军将段骠骑墓志铭并序

儒林郎守涿州^[2]录事参军赏绯鱼袋李术撰

呜呼，此有唐骠骑之墓。贞元十有九年秋八月戊子，幽州节度步军将兼涿州马步都虞侯、骠骑大将军、试殿中监段君，长逝于涿城焯叙里之官舍，享年六十有一。悲夫，主帅念其忠，交游怀其信，部曲哭其仁，举是而言，可见乎平昔之为行也。公讳岩，字栖岩，其先我玄元之次子宗^[3]，高尚吾道，魏文我师强名而封之为段干木，大夫时号段君，胙土命氏，因而姓焉，代为姑臧上族，彼武威录共叔之裔，辽西系正碑之胄，莫我方也。洎乎中叶，遐慕真仙，尝游苏门，因家相土，今为滏阳人也。曾祖举正，皇恒王府参军。祖瞻，河东节度衙前将、冠军大将军、试太常卿。父宙，冀州阜城县^[4]丞，文武不坠，忠良继生。骠骑即阜城府君之长子，貌盈六尺，剑敌万人，哂小计之雕虫，奋英才于尽虏。少年任侠，中岁成名。金鼓凿门^[5]，出主前茅之寄；旌旗入塞，还司候奄之雄宠。至若惊寂，来斯遏克，使乎卒忘娇堕，将必辑睦，每躬率千夫，若臂挥一指，大略以忠义，誓己温良待人，故能取勋于锋镝之间，归全于衽席之上，鲜矣。夫人安定胡氏，痛深未亡，哀尽昼哭。惧东西南北之多故，关山乡国之阻修，得牛腹之清岗，封马鬣之玄宅。^[6]以其年闰月己酉^[7]窆于涿之巽，维五里所孝义之原，礼从宜也。有子五人，长曰仲钊，次曰仲荣，三曰仲儒，四曰仲雅，五曰仲则。居丧而性至，曾柴事亲而孝阹郭孟，才多继象代岂乏贤术，学春秋之徒也，直笔题墓，以旌忠良。铭曰：

涿川汤汤野苍苍，将军出葬东南岗。长矛雄剑安在哉，白马素车归夜台。夜台一闭成万古，人散风悲月明苦。

段岩志盖

段岩志石

【注释】

［1］段岩墓志，唐贞元十九年（803）闰十月二日葬。河北省涿州市范阳路立交桥工地出土，今藏涿州市文物保管所。志盖呈正方形，边长62.5厘米，厚4厘米。顶面篆书"段公墓志"，共2行，行2字。志石亦正方形，边长62.5厘米，厚9厘米。志文共17行，满行约35字，正书。主要著录：《新中国出土墓志·河北（一）》编号97；《隋唐五代墓志汇编（河北卷）》第86页；《唐代墓志汇编续集》贞元075；《全唐文新编》第9册第5733页；《全唐文补遗》第4辑第84页；《保定出土墓志选注》编号14；《涿州贞石录》第118页；《涿州文物志》第152页。

［2］涿州，唐大历四年（769）置，治所在范阳县（今河北涿州）。

［3］玄元之次子宗，即唐始祖玄元皇帝老子李耳之子李宗，战国时任魏国将，封于段干，为段氏之祖。

［4］阜城县，西汉置，治所在今河北阜城县东。东汉废。西晋复置。北齐天保七年（556）移治今阜城县，唐天祐二年（905）改为汉阜县。五代汉复名阜城县。

［5］金鼓凿门：即军事阵列金鼓、凿门之并称。金鼓，四金和六鼓。四金指錞、镯、铙、铎。六鼓指雷鼓、灵鼓、路鼓、鼖鼓、鼛鼓、晋鼓。金鼓用以节声乐，和军旅，正田役。见《周礼·地官·鼓人》。凿门，即凿凶门，出征时，凿一北向门而出，以示必死的决心。《淮南子·兵略训》："凿凶门而出。"

［6］得牛腹之清岗，封马鬣之玄宅：此言志主死葬坟墓。牛腹、马鬣，为坟墓封土形状，亦指坟墓。李白《上留田行》："蓬科马鬣今已平，昔之弟死兄不葬。"

［7］志文称闰月己酉，贞元十九年只有一个闰月，即闰十月，该月初一日为戊申，故己酉为初二日。《隋唐五代墓志汇编（河北卷）》作"二十九日"，误。

唐裴郾墓志[1]

唐故衢州刺史河东裴公墓铭并序
朝议郎守尚书吏部郎中赐绯鱼袋李郾撰

有唐河东裴公讳郾，字颖叔，闻喜人也。十六代祖徽，仕凉，子孙因之，遂为西眷[2]。高祖玄本，司农少卿。生岚州宜芳县[3]令知久，知久生少府少监安期，安期生左赞善大夫修己。公即赞善之少子也。始以门荫补太常礼直，解褐参蒲州军事，转羽林兵曹，大理评事，洛阳县丞。皆以恪慎官次，惟精惟简而已。迁汾州平遥县令，以威肃制豪右，以慈仁恤惸单[3]，人歌舞之矣。转宣州南陵县[4]令，邑屋万井，福员千里。其土沃衍，其俗鏊果[5]。公临之以简，御之以宽。大抵如平遥，而劫假废居者，不敢加于小人矣。满岁，调京兆府户曹参军。属盗起毂下，銮舆巡幸，前此诏朔方节度使李怀光讨魏州。闻难斑（班）师，赴行在所。表公从仕，加户部员外郎，兼侍御史。事无大小，皆关决于公。及怀光猜贰叛换，谋犹洞穴。东辕反斾，保据蒲坂。公义形于色，愤激于衷。溃灼周身，楚毒备至。怀光使腹心觊伺，知公之疾之诈。命军侯以凶威劫胁，公誓心指日，呼天泣血。虽元恶狙犷剥乱，竟不能加害于公。岂非誠（诚）感通于神明，精诚贯于天地。不然，几不免于虎口哉。及銮驾反正，元凶授首，副元帅扶风公列上公之忠勇节概，朝廷望公之风彩者，皆动容拭目。恩授太子中舍，议者以为非报忠激节之义，寻改建州刺史。而廉察使失御下之道，其将郝戒溢殆其众以叛。公传檄县道，遏其乱略，无亡失遗镞之费，而一方底定，公之力也。以功转衢州刺史。彼都以蕉葛升越仰给公上，前后守宰渔夺其利。民之困穷者，不能保抱鞠（鞠）子而鬻之。公聆其污俗，乃阅视符籍，得贸为臧获者，三百余人。反其所偿以赎之，无盖藏者，官为假之。未朞而褼负归之者如市。举下缅上，政可知矣。而于是邦也，不免其身。何神理之谬戾欤。以贞元九年八月十三日，终于官舍，享五十四年。郡之男女，如婴儿失其父母，岂唯劈面流涕、罢社辍春而已哉。以十年十一月十一日，卜葬万年县凤栖原之茔。廿年二月廿七日，改葬高平乡凤栖原，令龟曰吉，神介景福。夫人金乡县君琅琊颜氏，国子司业允南之女也。德心秉彝，礼道弘训。备六行以敦睦内外，正十义以协和长幼。贤明之号，殁而弥彰。以贞元十九年八月一日，终于长安通化里[6]，春秋六十。明年二月廿七日，合祔于先子之茔，礼也。嗣子廉，忠贞继业，礼让承家。痛茶蓼于终天，泣蓍龟于远日。以余父之执也，见托刊石。事不虚美，言无愧词。铭曰：

　　源长系远，派别隧分。奕业弥昌，扬光飞文。肇允翻翰，策名河汾。评刑无害，宰邑有闻。贼泄首恶，萧墙难作。朔将伐叛，繄公画诺。凶慝萌抵，扶持钻凿。亦既革面，斯为改图。苟生非义，守死不渝。堪毒作伪，溃灼为痛。元恶蓄憾，将余肆虐。履武不咥，蹈火不铄。天违寇仇，神遏乱略。朝嘉其节，帝锡尔庸。建章通籍，列郡受封。闽禺不宁，叛将穷凶。传檄倒戈，实公之功。信安换郡，室家相庆。有守割下，人不堪命。弃妻鬻男，傒公来定。归彼臧获，复为子姓。比屋慰止，填街歌咏。忠贞全节，竹帛垂芳。大位不跻兮，身殁名扬；大时不齐兮，茫茫彼苍。于嗟！裴公盛德，斯不忘。

裴郾志盖

裴堰志石

【注释】

［1］裴郾墓志，唐贞元二十年（804）二月二十七日葬。陕西西安出土，2010年入藏大唐西市博物馆。志盖为盝顶，长62.5厘米，宽62厘米，厚12厘米。顶面篆题"唐故衢州刺史裴府君墓志铭"，共3行，行4字。四周、四刹刻莲花纹。志石长62.5厘米，宽63厘米，厚14厘米。志文共29行，满行38字，正书。四侧刻持笏十二生肖图案。主要著录：《大唐西市博物馆藏墓志》编号334。

［2］西眷，据《新唐书》卷71上《宰相世系表一上》裴氏条载：西眷裴氏出自阳吉侯茂长子徽，字文秀，魏冀州刺史、兰陵武公，以其子孙多仕西凉者，故号西眷。四子：黎、康、楷、绰。黎字伯宗，一名演，游击将军、秘书监。二子粹、苞。粹，晋武威太守。二子：诜、暅。诜，太常卿，避地凉州，及苻坚克河西，复还解县，生劭，劭生和，和生钟，钟生景惠。

［3］宜芳县，唐武德四年（621）以岚城县改名，治所即今山西岚县北岚城。

［4］平遥县，北魏太武帝时以平陶县改名，治所即今山西平遥县。

［5］惸单，孤独之人。惸，即无兄弟之人。《周礼·秋官·大司寇》："凡远、近、惸、独、老、幼之欲有复于上，而其长弗达者，立于肺石。"郑玄注："无兄弟曰惸。"

［6］南陵县，南朝梁普通六年（525）置，治所在今安徽贵池县西南。隋开皇十九年（599）移治今贵池县西南秋浦。唐武德初移治今安徽繁昌县西，长安四年（704）移治今安徽南陵县。

［7］銎悍，即銎悍，心地偏狭而行为果敢。《文选·左思〈魏都赋〉》："风俗以銎悍为炉，人物以残害为艺。"

［8］通化里，即通化坊。黄永年据《类编长安志》等考证，朱雀门街西从北向南第一、第二坊当为善和、通化坊，《唐两京城坊考》臆测为光禄、殖业坊，后人多从之，实误。《最新增订唐两京城坊考》载，通化坊内有"东门之北，都亭驿。十字街之北，净影寺。东南隅，行台左仆射、郧国公殷开山宅。西门之北，秘书监颜师古宅。太常少卿欧阳询宅。著作郎沈越宾宅。郑国夫人杨氏宅。京兆尹韦武宅。中书主书冯承素宅。通议大夫行麟台丞上柱国建安县开国子殷仲容宅。曹州司法参军、秘书省丽正殿二学士殷践猷宅。恒安郡王宅。京兆府美原县丞元复业宅。武功苏澄宅。银青光禄大夫检校工部尚书韦少华宅。华原县主簿田沼妻班氏宅。太原郡夫人郭氏宅。乡贡进士韦暎宅。国子监礼记博士赵君旨宅。进士孟启宅。游击将军守左领军卫翊府郎将曹惠琳宅。唐故杜氏陇西李夫人宅。光禄卿韦师真宅。韦武宅。"据辛德勇考证，都亭驿、净影寺等也在通化坊。相关研究参辛德勇《都亭驿考辨——兼述〈长安志〉通化坊阙文》，（收入《隋唐两京丛考》，三秦出版社，2006年）；史睿《唐代长安通化坊江南士族的书学传承与法书收藏》（《大唐西市博物馆藏墓志研究续一》，陕西师范大学出版社，2013年）。

唐韦夏卿妻武威段氏墓志[1]

有唐武威段夫人墓志铭

监察御史元稹述

唐少保赠仆射韦公幼子左千牛珮，母曰段夫人，家本武威人也。其四代祖褒国公、扬州都督、赠辅国大将军讳志玄，有战功，在国史。大将军生曾祖宣州[2]长史讳弘圭，弘圭生大父郦州[3]刺史讳怀本。怀本生王父衢州[4]司田参军讳发。夫人司田之第二女也。先是，仆射裴夫人早世，女抱子幼，思所以仁之者，实命夫人主视之。始长安令，至于都留守，持门户、主婚嫁者殆十五岁。当贵大之家，处谦嫌之势，然而不怨不偪，礼得其宜，信难矣。居仆射丧，益不失［礼］，非盛勋烈之后，其孰能如此哉。元和四年九月十九日，暴疾终于履信第[5]，享年四十。定其年十二月二日，葬于河南县[6]龙门乡之午桥村。凡韦氏之族姻闻其丧，莫不亲者悲，疏者叹，岂不善处其身哉。故仆射诸子泪诸女，皆服兄弟之母服，而哀有加焉。始余亡妻生不月而先夫人殁，免水火之灾，成习柔之性，用至于妆栉、针组、书诫、瑟琴之事无遗训，诚有以赖焉。是以余妻之言于余曰："离则思，思则梦，梦则悲，疾则泣，恋恋然，余不知其异所亲矣。"决余之际，且以始终于敬为托焉。今日之志其终乎？铭曰：

母以子贵，贵称夫人。人本乎祖，祖盛厥勋。昔我雅室，实怀其仁。仁莫之报，没而有云。今复已矣，报之斯文。

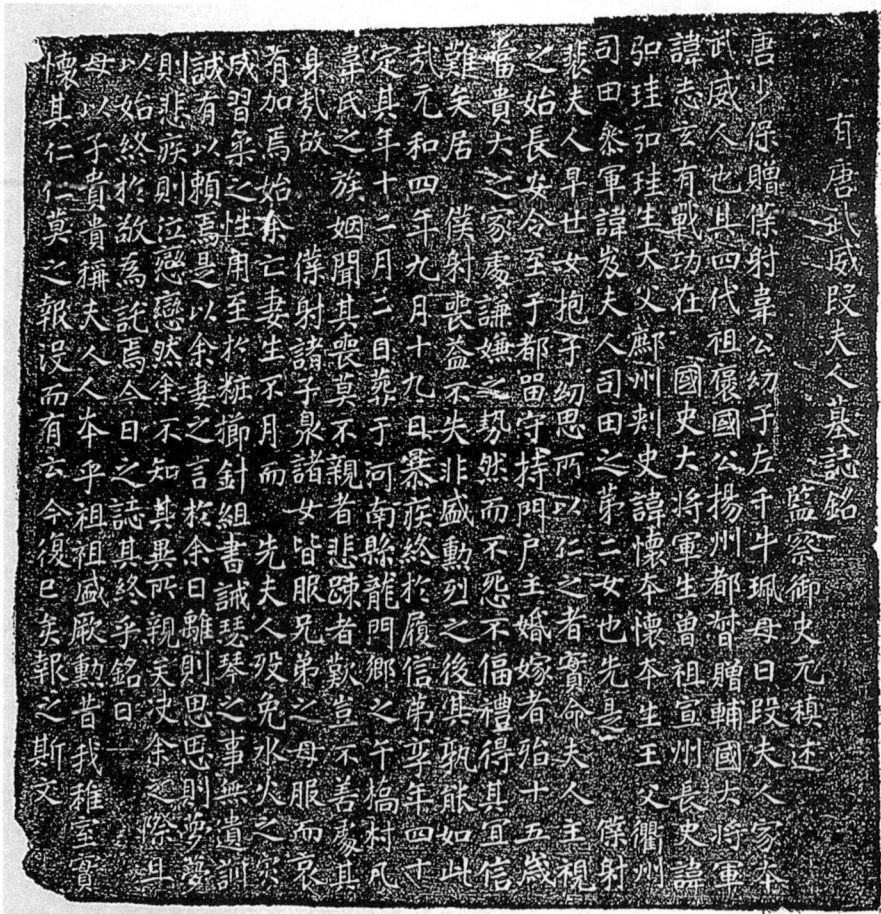

韦夏卿妻武威段氏志石

【注释】

［1］韦夏卿妻武威段夫人墓志，唐元和四年（809）十二月二日葬。元稹撰文。据称1997年冬河南洛阳伊阙北原关林村北地出土。志石为正方形，边长39厘米。志文共22行，满行21字，正书。《元氏长庆集》收录此墓志，多有异文。今据原墓志录文。主要著录：《新出唐志百种》第264页；《邙洛碑刻三百种》编号226；《龙门区系石刻文萃》第303页；《凉州府志备考》；《武威金石录》第60页；程章灿《从〈有唐武威段夫人墓志铭〉看元稹为人》（《中国典籍与文化》1995年第3期）；周相录《元稹真的是一个势力小人吗——〈从《有唐武威段夫人墓志铭》看元稹为人〉商榷》（《中国典籍与文化》2009年第12期）；吴伟斌《元稹〈有唐武威段夫人墓志铭〉新解》（《西夏研究》2014年第4期）。

［2］宣州，隋开皇九年（589）改南豫州置，治所在宣城县（今安徽宣城市）。大业初改为宣城郡。唐武德三年（620）复为宣州，天宝元年（742）改为宣城郡，乾元元年（758），复为宣州。

［3］鄜州，西魏废帝三年（554）以北华州改名，治所在杏城（今陕西黄陵县西南故邑）。隋大业三年（607）移治洛交县。天宝元年（742）改置洛交郡，乾元元年（758）复为鄜州。

［4］衢州，唐武德四年（621）置，治所在信安县（今浙江衢州市）。六年（623）废，垂拱二年（686）复置，天宝元年（742）改名信安郡，乾元元年（758）复为衢州。

［5］履信第，即履信坊，据《最新增订唐两京城坊考》载，长夏门之东第四街，从南往北第三为履信坊，坊内有"邠王守礼宅。馆陶公主宅。太子少保韦夏卿宅。武昌军节度使元稹宅。太子宾客李仍淑宅。陕虢观察使卢岳宅。左千牛韦珮宅。将军柳当宅。韦氏宅。元稹池馆。慕容君妻张顺宅。项城令邢郭宅。陪戎副尉安怀宅。右卫翊卫吏部常选宁思真宅。汾州隰城县令丞裴兰宅。资州丹丘县主簿杨君宅。临汝郡司兵参军冯忻宅。丰王府户曹李复宅。朝议郎试和州司马飞骑尉崔超宅。宣义郎守唐州慈丘县令邵公宅。亳州真源县令李君夫人云氏宅。永州司马卢峤宅。王士真宅。卫尉卿赠左散骑常侍柏元封寓居。河南府济源县尉陆发宅。魏处厚宅。苏州昆山县令孙嗣初宅。朝议郎权知光王傅上柱国赐绯鱼袋分司东都田聿宅。朝散郎行大理评事李谟宅。李德裕兄子李从质宅。张三英宅。"

［6］河南县，西汉置，治所在今河南洛阳市西郊涧水东岸。西晋永嘉后废。东魏天平初改置宜迁县。北周复改河南县。唐永昌元年（689）改名合宫县，神龙元年（705）复名河南县，三年（707）改名合宫县，景龙元年（707）复改为河南县。

唐王君妻段氏墓志[1]

　　□□□武军节度征马将云麾将军守左金吾卫大将□□殿中监封太原县开国男食邑三百户王公故夫人武威段氏墓志铭并序

　　夫人其先郑恭叔[2]之后，泊武威得氏，簪冕联绵，故西秦有海侯深，南有征君懿，玉叶茂盛，虚源派深，清华一门，忠义□□。定州刺史崇间，即夫人五代祖也。食菜于博陵，子孙因而家焉。今为义丰人也。皇祖日新，硕门传庆，克生哲人，天与聪明，郁为时秀；志好耽玩，学富群书。养闲丘园，三征不仕。父庭佺，袭先人之风，脱略冠冕；宇量沉远，□鉴通明。修礼义以资身，履谦和而秉志。夫人即处士之长女也。柔□□绚，秾柰敷荣。严训不坠于闺庭，芳风尤彰于内则。标梅[3]之岁，作嫔高门，主馈宜家，益见如宾之敬；明诗阅礼，庶弘淑□之贤。岂谓风烛不□，元和八年三月廿七日，终于崇仙里之私第，春秋卅有九。呜呼哀哉！□□雨侵，茂月桂荣，宗姻怀仁，里闬挥涕。即以其年四月廿一日葬于府第西北四里永定之原，礼也。夫人有子六人，男四人：长曰再德，仲曰再茂，□曰再立、再晟。女二人：十娘、十一娘，年俱幼种，遽钟偏罚，泣血相视，荼蓼[4]居□，孺慕哀号，感深罢社。外王公礼同庐杖，哀异鼓盆，称家有无，竭营葬事，追其主祀之贵，备崇饰终之仪。纪诸贵芳，勒石玄壤。铭曰：

昭昭淑姬，穆穆令仪。既配君子，实曰良□。主祀宜家，阅礼明诗。珪璋比德，容止成规。逝水东流，落景西驰。九原长夜，终古伤悲。

王公妻段氏志盖

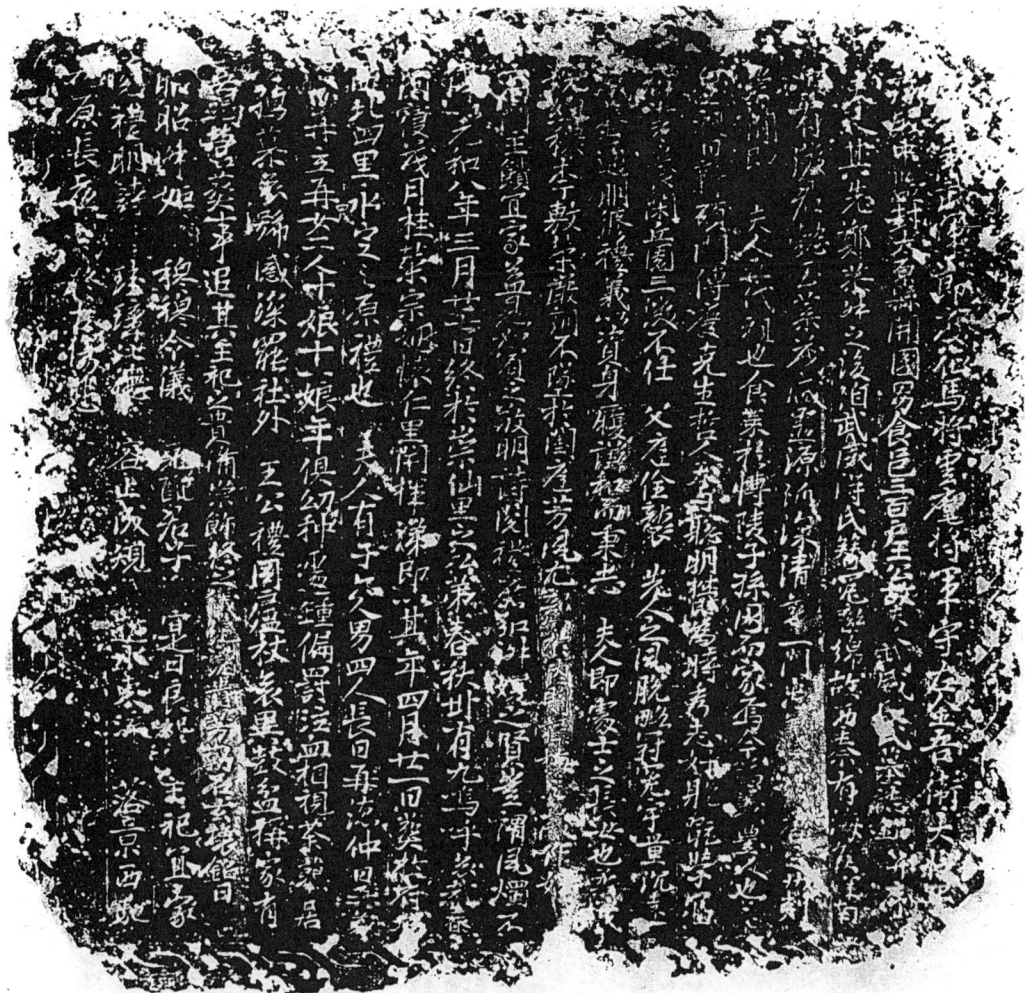

王公妻段氏志石

【注释】

[1] 王君妻段氏墓志，唐元和八年（813）四月二十一日葬。河北省定州市孔家庄出土，今藏河北省文物研究所。志盖长52厘米，宽51厘米。顶面篆书"唐故夫人段氏墓志铭"，共3行，行3字。志石拓片为正方形，边长51厘米。志文共19行，满行约28字。主要著录：《隋唐五代墓志汇编（河北卷）》第92页；《唐代墓志汇编续集》元和043；《全唐文新编》第22册第15399页；《全唐文补遗》第5辑第423页。

[2] 郑恭叔，即郑共叔段，段氏之祖。

[3] 标梅，即摽梅，比喻女子到婚龄。《诗经·召南·摽有梅》："摽有梅，其实七兮；求我庶士，迨其吉兮。"

[4] 荼蓼：荼味苦，蓼味辛，因喻艰难困苦。颜之推《颜氏家训·序致》："年始九岁，便丁荼蓼，家涂离散，百口索然。"

唐贾府君墓志[1]

贾府君墓志

本居堎土凉州武威郡也。上祖先宗，久任高职，献辅忠勤。近代堂伯讳身，久居卿相。是百代之玄孙，以至苗裔不绝。□□者德，为将者师。烈名于讼堂之前，形画以在功臣之阁。温父久处库司，知密要之德。父□薨亡，温等不孝罪逆，殃衅尤深，不胜屠楚。男有二人，并皆年幼，未辩东西。蒙兄孤养，并不阙违。亲老尊年，霜瑟守志卅余年。所生一女，犹未成人。礼聘党氏为妻，以经卅载矣。夫又逝亡，莫知号诉。二弟孝心，每供衣食。温等何期兄忽染微患，寝卧数旬，药饵重医，渐加无效。年寿春秋卅有九，今月七日，以终永兴之里[2]也。嫂庞氏，为妻以经数载，福浅殃深，祸延夫丧。其年卜兆，克用八月廿七日，殡于万年县界浐川之乡原，礼也。外生党寓等，少失父荫，阙恃养亲，每蒙舅氏严训，教习典章。寓等殃深福浅，祸延舅氏。寓等恐海山代易，人变烟[3]，故勒名焉，永记遐耳。

元和十二年丁酉岁八月廿七日记。

贾府君志石

【注释】

［1］贾府君墓志，唐元和十二年（817）八月二十七日葬。1954年陕西省西安市东郊郭家滩出土，今藏西安碑林博物馆。墓志为砖质，正方形，边长33厘米。志文共14行，行15—25字不等，正书。主要著录：《新中国出土墓志·陕西（二）》编号218；《唐代墓志汇编续集》元和069；《全唐文新编》第22册第15407页；《全唐文补遗》第5辑第428页；《中国古代砖刻铭文集》编号1203。

［2］永兴之里，即永兴坊。据《最新增订唐两京城坊考》载：朱雀门街东第三街，街西从北第三为永兴坊。坊内有"西南隅，左金吾卫。十字街西之北，荷恩寺。西门之北，太子太师、郑国公魏徵宅。左龙武军统军咸宁郡王戴休颜宅。右豹韬卫长史赠丹州刺史任丹宅。云麾将军左龙武将军刘感宅。凤翔、陈许、湖南进奏院。太常乐工宅。民家。殿中侍医孙回璞宅。许偘宅。广福寺。清都观。太原寺。主客郎中李立言宅。太子中舍人蓨县公夫人魏郡君长孙弄珪宅。太学博士弘文馆学士陆士季宅。骑都尉公士赵行安宅。银青光禄大夫行左监门卫将军王睿宅。大夫国子司业上柱国开休元宅。李府君夫人段慈顺宅。行内侍省内侍伯李元则宅。壮武将军左龙武将军万行宅。将作录事兼内作判官郭玉宅。左金吾卫昌化郡善训府左果毅蔺元亮宅。云麾将军右龙武大将军上柱国封介休县开国男王思庄宅。秀才赵何一宅。梓州司马马朝阳宅。淮阳郡开国公陈守礼宅。王府参军武从晟宅。宜都公主宅。扈从监右银台门进奏使朝议郎守内侍省掖庭局丞张明进宅。杨丞宅。吕氏夫人宅。旅舍。阎志和、朱惟亮、周文晟、杨文晟宅。游击将军守右金吾卫翊府左郎将第五修宅。朝议郎卫尉寺丞杨峄宅。普安公主及夫郑何宅。朝请大夫翼王府长史充左街副使田鍴宅。湖南监军使正议大夫行内侍省内府局丞上柱国王府君宅。十六宅使彭君宅。银青光禄大夫检校太子宾客上柱国阳武县开国子充右神策军衔前正将专知两市回易贾温宅。宣威将军右骁卫翊府左郎将李叔夏宅。汝州襄郏等城群牧使朝议郎行内侍省内侍局令上柱国王志用宅。朝散大夫行鸿胪寺丞雷讽宅。试右内率府长史军器使推官赵文信宅。银青光禄大夫行内侍省掖庭局令弘农县开国侯赠内侍省内侍杨玄略宅。翰林待诏朝散大夫守洪州都督府长史陈克敬宅。裴氏故夫人时氏宅。兴元少尹翟勋宅。南内留后使承奉郎行内侍省内仆局令上柱国李令崇宅。贾湘宅。"

［3］"人变烟"此句疑脱一字。

唐安玉墓志[1]

唐故安府君墓志铭并序

府君讳玉，字珍，武威郡人也。累叶荣曜，冠冕联华，备于家传，今略而不书。公雅操神咨，幼彰令誉，守谦履道，与世优游。恬淡熙怡，高尚其志，德行称于乡党，信义闻于亲知。礼乐立身，博物君子。冀凭积善，永保遐龄，不幸以元和十三年二月五日，寝疾终于洛阳县彰善坊[2]之私第，享年七十有六。夫人彭城刘氏，盛族令仪，闺门淑媛。六姻和睦，为世母师，主馈荣家，无亏妇道，旻天不祐，早降鞠凶。有子二人，长曰弘庆，次曰弘度，并令德温良，孝友谨恪，居丧过礼，血泣茹荼。呜呼！元契龟筮，人谋金同，会葬有期，外姻适至。以元和十四年二月廿四日壬申，启夫人之旧茔，祔葬府君之同穴，礼也。恐陵谷迁改，松栢摧残，刻石玄扃，志之泉户。[2]铭曰：

粲然硕德命自安，名宦不顾今实难。礼仪备体忠孝全，如何大夜丧流年。峨峨青坟映孤月，萧萧悲风云暮结。六姻号恸伤此时，嗣子崩摧涟泣血。夜台寂寂洛城东，双棺并椁永同封。会礼葬之云毕，刻斯石兮告终。

张惟政镌字。

安玉志石

【注释】

［1］安玉墓志，唐元和十四年（819）二月二十四日葬。2013 年春河南省洛阳市洛龙区李楼乡出土，旋流散。志石为正方形，边长 35 厘米。志文共 19 行，满行 20 字，正书。张惟政镌字。主要著录：《秦晋豫新出墓志搜佚续编》编号 775；《洛阳流散唐代墓志汇编》编号 262。

［2］彰善坊，《唐两京城坊考》未载此坊，具体位置不详。不过洛阳出土的其他几方墓志中也记载到该坊。后唐同光二年（924）《王璠墓志》载"终于洛阳彰善坊私第"；后唐清泰二年（935）《高氏墓志》载"终于洛京彰善坊之私第"。

［3］刻石玄扃，志之泉户：即立石刻志于墓门。泉户、玄扃，皆为墓门之别称。唐陈元光《太母魏氏半径题石》："乔岳标仙迹，玄扃妥寿姬。"唐包佶《昭德泉后挽歌词》："龟兆开泉户，禽巢闭画梁。"

唐慕容瑰墓志[1]

故朔方副元帅防秋兵马使金紫光禄大夫张掖郡王慕容府君墓志铭并序

孤子举进士汤撰并书

府君讳瑰，字琢璧，其先紫蒙之裔，昌黎棘城人也。当十六代祖，前燕析居白兰之阴[2]，遂为东西慕容[3]。代袭后雄，盛出于戎狄。常与华皇联姻通好，故其王闾户之内讨典则，礼类乎华邦。若临彼部，异服殊音，以亲俗也。自后魏至梁、隋、唐，每代尚主，婚连皇戚，侈贵崇极。高祖志烈，字诺［曷］钵，唐使尚书唐俭册可汗、青海国王、驸马都尉。姃西平大长公主。曾祖忠，字大海，嗣可汗、青海国王、工部尚书。姃金城县主。祖宣超，字上仙，唐使卫尉卿唐休璟[4]持节册嗣可汗、青海国王。姃姑臧县主。[5]父相，字千寻，改就字。一子出身，历太仆少卿。属胡逆乱邦，公素概有略，乃脱朝服，缉本部，东讨旋斾。肃宗以动殊，泽越诸将。广德年遇疾，终原州。诏俾羽葆，葬国城西南隅之义阳乡南姜里，赐扬州大都督。姃河南穆氏。府君，卿之第四子。性果愤吞，河源誓殄。一子出身，不就选。年十八，为千夫之长。垂铤朔望，陲迹著闻，乃授阶列。呜呼！冥茫不辅于诚，降疾去职。贞元十七年二月，终池阳墅第，时年四十八。兆吉凶，厝于堂。今元和十四年八月廿六日，乃吉，启殡迁于卿之阙里庚穴。有子三人：孟曰汤，仲曰著，不幸早世。季曰苌。汤等䏁酷，微生苟存，爱嗣奠享。不才之文，粗纪先世，谨为铭曰：

伊昔祖先，系于轩皇。继踵后长，迄于我唐。我唐穆穆，我姻帝族。我姻之荣，孰不来庭。边徽不虞，王室以宁。惟祖之基，萌于来裔。剿乱是专，灭戎为誓。于戏天目，靡视于德。俾同睎露，美志终塞。孤嗣蓼心，亲朋悯默。松枯森吟，怜乎王国。九尺之坟，终南之北。其原曰高阳原。

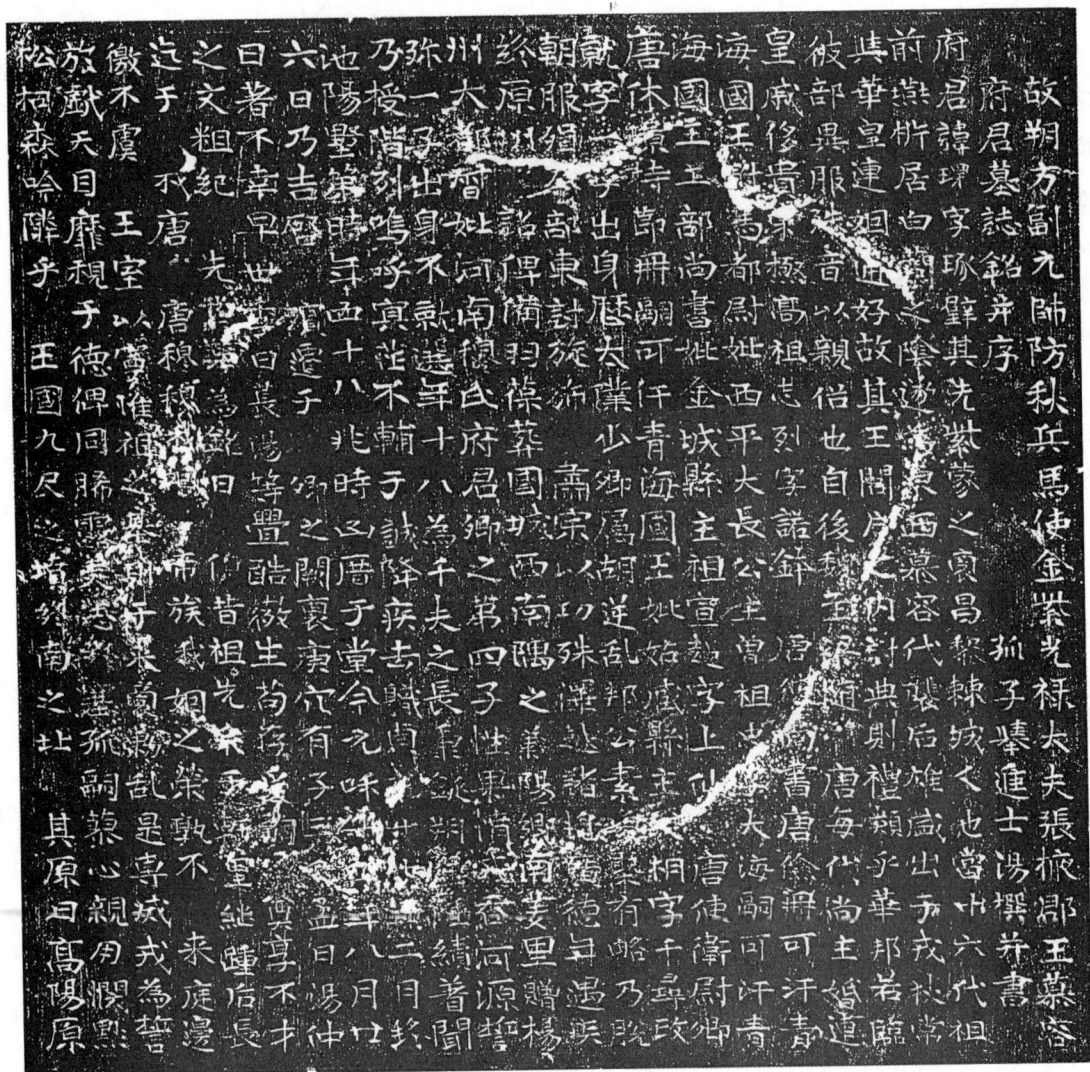

慕容瑰志石

【注释】

[1]慕容瑰墓志，唐元和十四年（819）八月二十六日葬。今藏陕西长安博物馆。志盖佚。志石为正方形，边长39厘米。志文24行，满行24字，正书。主要著录：《长安新出墓志》第239页；《长安碑刻》第164页；《吐谷浑资料辑录（增订本）》第78页。相关研究参陈玮《新出唐吐谷浑王族慕容环墓志研究》（《中国边疆史地研究》2014年第4期）。

[2]白兰之阴，即白兰山之西北，今青海省青海湖西南都兰一带，白兰山即今青海布尔汗布达山，原为羌族故地，吐谷浑服之。

[3]东西慕容，此云原辽东慕容部鲜卑，西迁吐谷浑一支与后入主中原建前燕慕容氏一支，分为"东西慕容"。（参周伟洲《吐谷浑资料辑录（增订本）》）

[4]唐休璟，京兆始平（今陕西兴平东南）人，名璿，以字行。举明经擢第。高宗时，

为营州户曹参军，与突厥战于独护山，败之。武则天垂拱中，授灵州都督，陈方略，请复四镇。武周圣历时，为凉州都督，大败吐蕃。休璟以儒者号知兵，自碛石逾四镇，绵亘万里，山川要害皆能言之。迁夏官尚书、同凤阁鸾台三品。中宗立，累拜太子少师。卒谥忠。

[5]诺曷钵与西平大长公主（弘化公主）夫妇、慕容忠与金城县主夫妇、慕容宣超与姑臧县主夫妇，为志主高祖父母、曾祖父母、祖父母，前《慕容曦皓墓志》等皆有注解。

唐李府君墓志[1]

大唐故袁州宜春县尉陇西李府君墓志铭并序

子婿朝请郎使持节忠州诸军事守忠州刺史赐绯鱼袋王玄同[2]撰

维大唐元和十五年龙集[3]庚子十一月甲午朔十六日己酉，有宜春郡宜春县尉李府君，遘疾捐馆于邑之官舍，春秋五十七。粤以长庆元年三月十三日，公长男居贞，次男居简，自宜春扶护旅榇，侍奉夫人，来自荆楚，权居夷陵。家贫路远，未克营办，冀望亲知之救，以图窆窀[4]之事。是岁仲秋月，公夫人荥阳郑氏又以哀迫形瘁，感深神伤，幽愤莫伸，由此遘厉，以是月中旬十六日辛巳又殁于硖州，享寿五十二。凶酷并钟，一家寄寓，行路闻之，犹且嗟叹，况亲爱之心乎？

公讳，字[5]，陇西姑臧人也。曾祖千石，皇[6]河南府陆浑县令。祖湍，皇瀛州乐寿县丞。父荣，皇定州北平县令。洎[7]乾元初，公祖乐寿府君以经明行修春官上第，又从调集，始受一命之官，方自洛移家，且縻禄秩，俾孤霜有托，岂计高卑。才高位下，姻族伤惜，有文集数卷行于代。生北平府君。顷因流寓，便家定州，娶荥阳郑氏，即故相荥阳公余庆[8]之堂妹，公即荥阳之甥也。公生长河朔，早习诗书，器量深厚，言辞温雅。时太尉王公节制镇冀，以名高勋著，显重当世，开幕辟士，无非才俊。秘书少监兼御史中丞郑公濡，为盛府行军司马。以公族望清美，衣冠人物，景慕之厚，遂以次女妻公，得因军功奏官，累受冀州司兵参军。公以诸舅皆在清显，遂罄室入秦，用申觐谒。途经泽潞，又为节使王公虔休所留，委以剧务，冀有绩用，欲遂荐闻。未几而王公即世，公徘徊不遇，而愤发累句，且曰：丈夫生世岂长郁郁如此！欲遗脱名利，以养浩然，徙居江淮，遂其高尚。路出曹濮，又为淄青连帅所辟，既不获已，且从所知，一见而礼待加等，再见而署为从事。公感深知遇，累抗直言，缕陈大体，辞颇激切，乃奏授兼监察御史。及侍中薨谢，季弟继领旌旄，心怀异图，丑正恶直，遂出公为权知沂州司马，又徙为曹州司马。及元凶词旨不顺，朝廷加兵，公遂称疾阖门，坚卧不起。半岁余，凶徒歼殄，东郡清泰，公为□□所累，责授袁州宜春县尉。中朝公卿，皆知至屈，方因恩荡，得为称别，众议褒□□□未行，何天乎不仁，奄弃昭世。夫人荥阳郑氏，家之轩冕，见于谱牒。为妇之贤，仪表中外；为母之德，辉光姻族。曾未周星，相次殂落，积善无报，仁人惑焉。长女适忠州刺史王玄同，次女适兼侍御史王元度，在室者二人。以长庆二年太岁壬寅，公长男居贞、次男居简、小男居约，虽官宦未达，且皆才人，文行立身，卓有名望。《传》曰：有明德者，不昌于世，其后必有达人。[9]见于斯矣，号哭徒行二千余里，远之洛，克遂归窆，以其年五月七日，安厝于河南府洛阳县清风乡诸葛村芒山原，礼也。秀才等永虞陵谷，见托铭志，玄同猥以鄙陋之质，得为门间之宾，悲来填膺，牵率书事，辞达而已，愧其不文。铭曰：

洪钧[10]无私，镕铸万类。清浊寿夭，物难求备。公之令德，世济其美。识略宏达，轻于禄仕。造次礼乐，颠沛仁义。高步公卿，下视青紫。鼓吹六籍，笙簧文史。篇题咏歌，宝玉参厕[11]。渗漉英华，委弃尘滓。如敷缛绣，五彩鲜备。如奏弦歌，宫商开起。陶然耽乐，流年如驶。未骋骥骝，已惊哀领。自兹厥后，达命弃机。委顺遗形，酾歌赋诗。饮水曲肱[12]，倏然自怡。乘兴巾车，往往忘归。不纪年岁之遒尽，时运之推移。是以唱高和寡，知我者稀。婉婉夫人，德行弘懿。佩服茝兰，繁茂桃李。怡情琴瑟，以干中馈。展敬岁时，以丰祭祀。人之师表，时之仪轨。如何不淑，咸惊殄瘁。丹旐双引，辒车相次[13]。远涉江山，归还故里。州间叹息，亲知堕泪。盛烈余芳，千秋万祀。

孤子居贞书。

李府君志石

【注释】

［1］李府君墓志，唐长庆二年（822）五月七日葬。河南洛阳出土，张钫旧藏，今藏千唐志斋博物馆。志盖佚。志石为正方形，边长64厘米。志文共36行，满行35字，正书。王玄同撰，李居贞书。主要著录：《北京图书馆藏历代石刻拓本汇编》第30册第15页；《隋唐五代墓志汇编（北京卷附辽宁卷）》第2册第62页；《千唐志斋藏志》第1020页；《北京大学图书馆藏历代墓志拓片目录》编号05535；《唐代墓志汇编》长庆008；《全唐文新编》第13册第8468页；《全唐文补遗》第1辑第276页。

［2］王玄同，宪宗时人，工正书。元和十五年段文昌所撰《唐土洲记》，为其所书。

［3］龙集，即岁次。龙，指岁星；集，次于。汉王莽《铜权铭》："岁在太梁，龙集戊辰。"

［4］窀穸，亦作"窀夕"，埋葬，代指死亡。《左传·襄公十三年》："若以大夫之灵，获保首领以殁于地，惟是春秋窀穸之事，所以从先君于祢庙者，请为'灵'若'厉'，大夫择焉。"

［5］墓主字号皆避而不书，此为常例。

［6］皇，代指本朝，此即唐朝。古文章加"皇"于国号之前，以表尊抬，如"皇唐""皇宋""皇明""皇清"等，皆常见于文章、碑铭。

［7］洎，自从。

［8］余庆，即郑余庆，墓主舅父，唐宰相，字居业，郑州荥阳人。大历十一年进士，贞元十四年，拜中书侍郎，同中书门下平章事。宪宗时，为尚书左仆射。永贞元年八月同平章事，元和元年五月罢相。元和三年以检校兵部尚书兼东都留守。官至凤翔节度使，封荥阳郡公。卒谥贞。

［9］"有明德者，不昌于世，其后必有达人。"见于《左传·昭公十七年》，原作"圣人有明德者，若不当世，其后必有达人。"意为：圣人之美德如果未在当世产生影响，以后也定会有通达明德之人。

［10］洪钧，天也，《文选·答何劭》："洪钧陶万类，大块禀群生。"道教之"鸿钧老祖"，原意即此。

［11］参厕，参与，置身于。《魏书·乐志五》："臣等以愚昧参厕问道，呈御之日，伏增惶惧。"

［12］饮水曲肱，指简单快乐的生活。《论语·述而》：'子曰："饭疏食饮水，曲肱而枕之，乐亦在其中矣。'"

［13］丹旐双引，辒车相次，描述送葬场景。《文选·寡妇赋》："龙辒俨其星驾兮，飞旐翩以启路。"旐，即招魂幡；辒，即载运灵柩的车。

唐贾光及妻陈氏墓志[1]

唐故朝议郎内供奉守庆州司马上柱国赐紫金鱼袋贾公故夫人颍（颖）川县太君陈氏墓志铭并序

公讳光，其先武威人也。皇考讳仲素，不仕。公江山秀气，闲生为人。风神散朗，德义资身。性惟忠直，言必三思。清慎居心，与物无竞。在官克勤志理，有襦袴之风[2]；在私克俭于家。实盈于仓廪。训子弟习之以礼乐，教之以义方。与朋友交，言而必信。实可以为人之师也。岂谓中宵坠露，曻且收光。大厦折其栋梁，江海沉乎舟楫。夫人颍（颖）川县太君陈氏，四德咸备，六行[3]无亏，妇礼母仪，殊过前史。三从之义，九族皆知。仿之者如云，敩之者如雨。何期逝川不息，落日难留，倏忽之间，恩慈永隔。子有数人，且奔亡之外，唯有一存，即存者温也。至孝用心，苦凭佛力，错磨贞石，雕写经文，尊胜真言，立于坟侧。辍哀就礼，孝道克全，竭产罄资，用修丧事。以宝历二年十月十五日，迁葬于京兆府万年县浐川乡郑村。奇哉孝子，时当孝理，无计报于劬劳，空志之于坟邃。铭曰：

公书剑资用，雄声未解。内之供奉，外之司马。勤事于公，餐饮无暇。君子人与，君子人也。夫人德为妇首，行可母师。择邻训子，所见皆奇。可观兮容止，不忒兮其仪[4]。

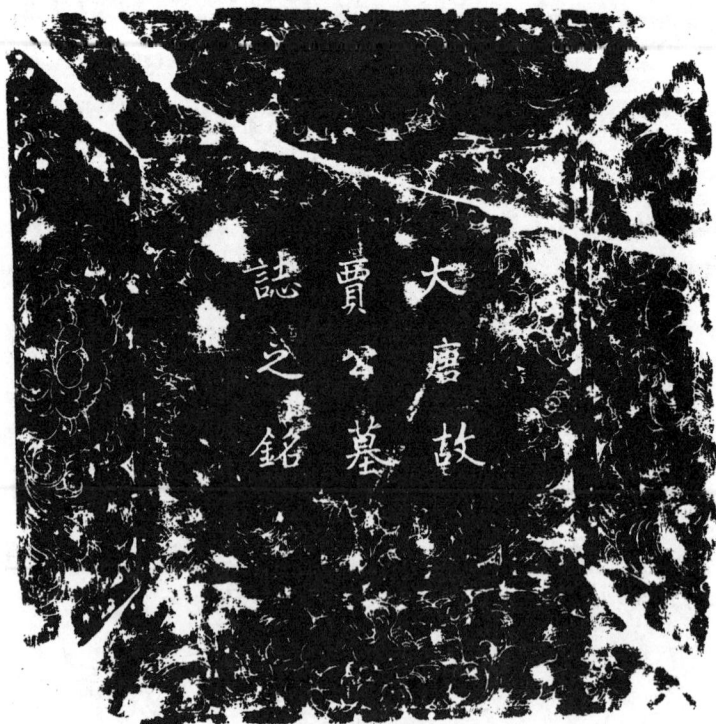

贾光及妻陈氏志盖

贾光及妻陈氏志石

【注释】

［1］贾光及妻陈氏墓志，唐宝历二年（826）十月十五日葬。1956 年西安市东郊韩森寨东北出土，今藏西安碑林博物馆。志盖、志石均为正方形，边长 53 厘米。盖文题"大唐故贾公墓志之铭"，共 3 行，满行 3 字，正书。四刹为牡丹花纹。志文共 20 行，满行 25 字，正书。四侧为流云纹。主要著录：《新中国出土墓志·陕西（二）》编号 223；《隋唐五代墓志汇编（陕西卷）》第 2 册第 54 页；《唐代墓志汇编续集》宝历 009；《全唐文新编》第 13 册第 8613 页；《全唐文补遗》第 3 辑第 188 页；《中国西北地区历代石刻汇编》第 5 册第 29 页；《西安碑林全集》第 86 册第 3594 页。

［2］襦袴之风，东汉廉范为蜀郡太守，政治清明，百姓富庶，时人作歌颂扬之："廉叔度，来何暮？不禁火，民安作。平生无襦，今五袴。"后遂用"襦袴歌"称颂官吏德政惠民。

［3］六行，指传统六善。《周礼·地官·大司徒》："六行：孝、友、睦、姻、任、恤。"

［4］可观兮容止，不忒兮其仪，《孝经·圣治章》："言思可道，行思可乐，德义可尊，作事可法，容止可观，进退可度，以临其民。……《诗》云：淑人君子，其仪不忒。"表示君子形容端庄善正。

唐贾廿娘墓志[1]

贾氏中殇室女第廿娘墓志

唐大和三年岁次己酉正月十有三日，武威贾氏中殇室女第廿娘殀于东都康俗里[2]之私第。呜呼惜乎！吾见其聪明仁孝，温和令淑。器度闲雅，智识渊默。宜其成人，大享荣贵，胡然脆促，十四而没。呜呼哀哉！自唐叔分国，受氏二千余年，公侯贤哲，簪缨礼乐，备诸古今史牒。汝五代祖洛州长史，永徽中与汝五代伯祖前后为洛州。休绩似续，东京并棠棣之碑。四代祖夏官郎中。曾祖丹徒县丞。祖徐州录事参军，赠工部侍郎。祖妣京兆杜氏，赠扶风郡夫人。宗族以汝幼禀女德，先灵降祉。汝父、汝叔视之如伤，恩爱慈念，特异于诸子。爱而去我，其痛何居。苍苍嘿嘿，惋毒奚诉？以儒家通理，修短定分；以释氏真观，泡幻不住。强以抑哀，哀可抑乎？以明月廿二日窆于龙门伊汭乡中梁里之西原，礼也。临穴抚棺，肝肠几绝。晦冥千秋，父子永诀。父秘书省著作佐郎竦扙血衔酸，哽咽为志。

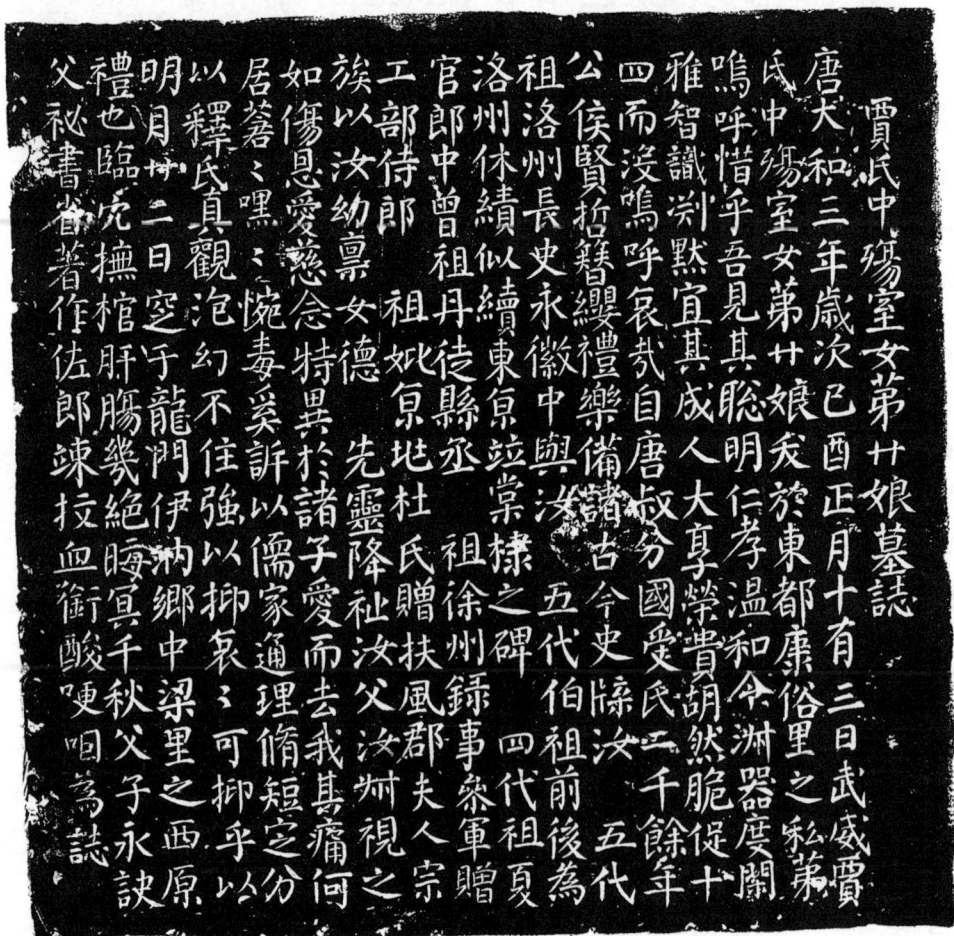

贾廿娘志石

【注释】

[1] 贾廿娘墓志，唐大和三年（829）二月二十二日葬。河南洛阳出土，现藏洛阳师范学院图书馆。志石长62厘米，宽61.5厘米。志文共18行，满行18字，正书。主要著录：《洛阳流散唐代墓志汇编续集》编号309。

[2] 康俗里，即康俗坊。据《最新增订唐两京城坊考》载，定鼎门街东第四街，即长夏门之西街，从南第二曰康俗坊。坊内有"左丞相、燕国公张说宅。太子詹事陆余庆宅。尚书右丞、工部尚书、东都留守刘知柔宅。前亳州刺史卢瑗宅。成都功曹萧公宅。婺州永康县令乐平县开国男窦知节宅。河南府寿安县主簿郑翰宅。大中大夫、行定州长史李谦宅。郑州刺史源光俗宅。忠王府范阳公张光宅。梓州司户参军彭绍宅。陈留郡陈留县尉薛襄宅。桂州刺史兼御史中丞孙成宅。衡王府长史石解宅。太常寺奉礼郎卢赡宅。秦州上邽县令豆卢氏宅。许州长葛县尉郑炼宅。太常寺太祝卢直宅。朝议郎行大理评事上柱国卢方宅。兖海沂密等州观察推官文林郎试大理事杨牢宅。崔氏夫人徐玉京宅。刘知柔宅。"

唐曹洽墓志 [1]

唐故河东节度厢副使曹公墓铭志并序

元凉州武威郡人也。曾讳□。祖讳俊，归义府长史。父讳洽，节度九州厢副使、守左金吾卫大将军、试太常卿、上柱国。猗欤 [2] 曹侯，堂堂异貌。有教其道，退微缊德。心不违道，口不利言。废书而叹：斯人前哲，文明缊恭。允塞心荷，明格身辅。时风谓功微职薄，愧悚皇天。谋猷格于视听，启沃彰于荣奉。王父归州长史，功成退迹，讷利言词，重实含弘，去奢从约。通和气而养正，激清流而荡邪，河湄之以说情。赖是时孤竹大人，诸夏忙忙。烽橹戈锦，赓扬递续。卒用大略，以虞于岷。饶骑数广，若虓虎而奔前。瞳瞳交橹，苍黄之际，狐穷矢竭之时，如蝉如蜕。嗣子宗正，哀号叩地，倚门日夕，悲酸如刀剜脾胃，昆季如缠步 [3] 流涕，若颜子之贤，其殆庶几乎！能应天顺物，能解天常以垂日，思无邪夫者何远，身之惧权者何应，物之去谦者何君子之府，颂者何正直之□。夫人史氏，有从人之者也。和柔博爱，风以彩苹汜，肃慎清兰，侍侮之义。将合窆 [4]，此时迁袝于原，礼。大和六年四月五日大葬云州南神堆界常宁村北七里之域矣。恐年岁久，桑谷变移，故刊石为记。铭曰：

亢龙勿用 [5]，下蟠绿泉。凤皇于飞，上摩苍天 [6]。于奭君子，养贞自闲。仗剑弦矢，献书中权。二又，孔父明文，吾岂匏瓜，悬而不食 [7]。朝恭甘棠 [8]，慕修□德。独立三朝，作藩二国。才丰位鲜，功著言默。三，□衔赤乌，隼动朱轮。斗弟□裳，祸苦盈门。物在人谢，年亡道存。刻□顽固，□诸子孙。四，时不可再，青门之阿。古魏之戍，桑干陵波。此时□□，□□□□，□□潫萝，喈喈黄鸟，悲风来过，魂冥杳杳，伤如之何。

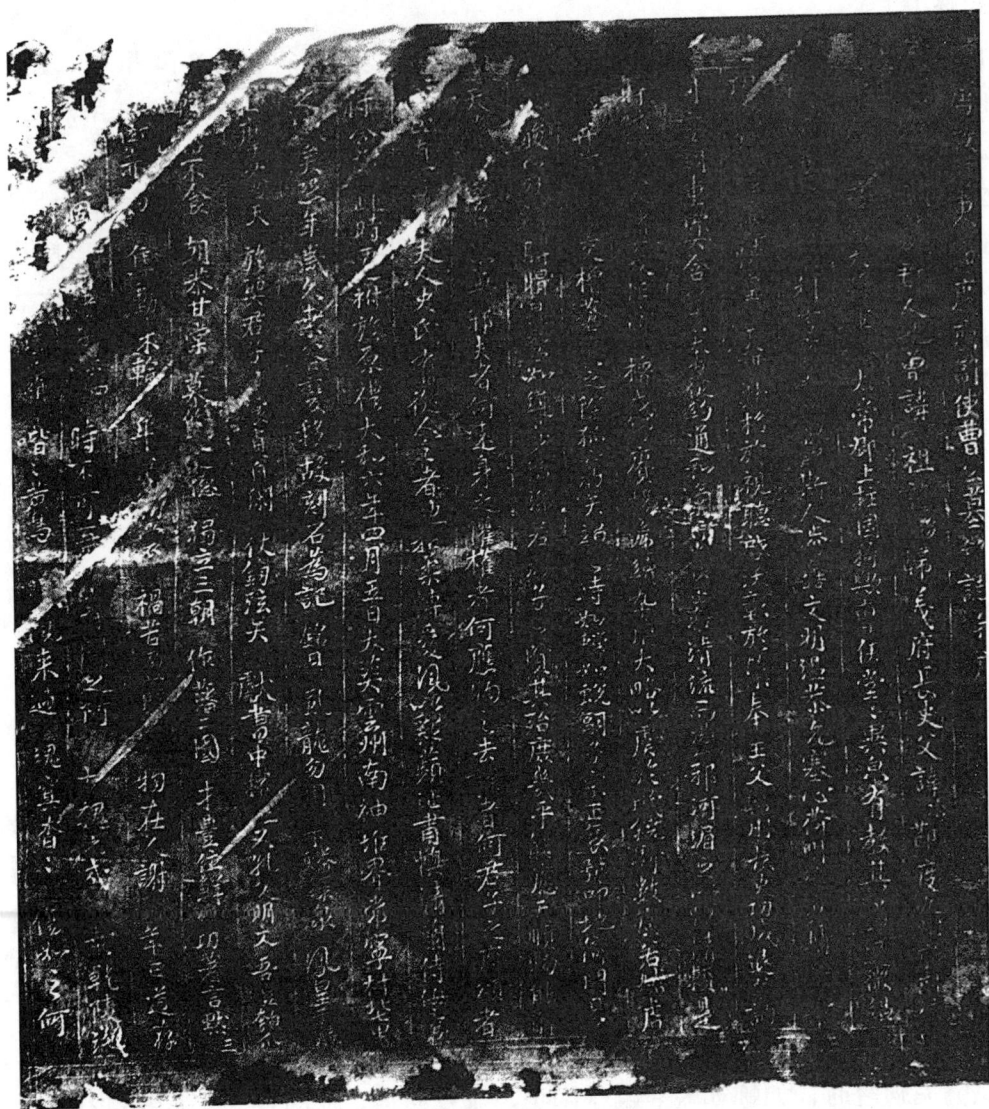

曹洽志石

【注释】

[1] 曹洽墓志，唐大和六年（832）四月五日葬。2008 年出土于大同。志石为正方形，边长 54 厘米。志文共 18 行，满行 32 字，正书。主要著录：《大同新出唐辽金元志石新解》第 83 页。

[2] 猗欤，即猗与，叹词，表赞美。《诗经·周颂·潜》："猗与漆沮，潜有多鱼。"

[3] 縺步，即连步，行走时，后足迈至与前足相齐，再迈前足。《礼记·曲礼上》："拾级聚足，连步以上。"此表示连缀不断。

[4] 合卺，婚礼仪式。剖瓠为两瓢，新婚夫妇各执一瓢，斟酒以饮。后多以"合卺"代指成婚。《礼记·昏义》："妇至，婿揖妇以入，共牢而食，合卺而酳。"

[5] 亢龙勿用，即"潜龙勿用，亢龙有悔。"《周易·乾》："初九：潜龙，勿用。……

上九，亢龙有悔。"潜龙勿用，喻物发在初，需行谨慎。亢龙有悔，戒居高位而知谦退，以免败亡之悔。本句形容志主知高下进退。

〔6〕凤皇于飞，指凤和凰相偕而飞，喻夫妻相亲相爱。《诗经·大雅·卷阿》："凤皇于飞，刿刿其羽。"

〔7〕孔父明文：吾岂匏瓜，悬而不食，即《论语·阳货》："子曰：……吾岂匏瓜也哉？焉能系而不食？"引孔子语，表示志当有用之人。

〔8〕甘棠，《诗经·召南·甘棠》："蔽芾甘棠，勿翦勿伐，召伯所茇。"比喻志主如同召伯之功业。

唐贾温墓志[1]

大唐故银青光禄大夫检校太子宾客上柱国阳武县开国子充右神策军衙前正将专知两市回易武威贾公墓志铭有序

乡贡进士李抱一文。乡贡进士周启书并篆。

一气分三才，形能高能固，尚几乎息。剞我公负坤抱阳，范尊模亲，随缺戾连，区嘘寝道，而能贞以质，清以骨，则前闻未之有欤。曾晁，祖仲谦。咸高道林泉，贞尚沉逸，不仕于代，时靡之称。皇考光，任庆州司马，纡朱饰银。公即司马中子，讳温，武威人。生而奇，幼而惠，邑传灵骨，家庆弄璋[2]。志学之年，琴书静惬，古之端艺，靡不默通。冠壮之间，魁梧骯髒[3]。公之姊适党氏，党之表妹王氏，适前护军中尉、开府马公。当权左校之日，荐公以能。默纪群货，心计百利。俾之总双郫贾贸。未几，裨军实十五万贯。酬以衙前正将，奏以阳武国子。公之义兄，常侍吕公褒之曰：昔郯侯，马不汗，刃不血，而书勋称首，惟公有之[4]。是以累政戎统，靡不思奖擢。金以所代，传斑（班）三品。指公之效，必继乎踵。暨壮岁，娶张氏，早卒。次娶张氏，复卒。三娶王氏，即今之夫人也。懿范淑顺，令美有闻。竹不让坚，冰惟共洁。丧所天，瘠骨，抚提孩以骇神。长男元楚，陟岵[5]无见，号天必闻。虽丧注尽哀，罢笏绥任，而毁不灭性，就军戎职，兑（充）兖州曲阜县尉、署右军衙前正将。次男元集、元爽，俱龆龀年。长男娶魏氏，长女适张氏。并四德自秉，三从有归。外生党惟诚，尝览诗，感渭阳之义，无不三复。乃饬躬子，事公亦父视。一稔侍疾，劳恙疚怀。洎公终天，斩苦毕具，亲识者无不重焉。公以大和八年二月十日，寝疾终于万年县永兴里之私第，享年五十有三。至九年二月十五日，归葬于本县龙首原之茔，礼也。存殁之志，党之所称，得纪于石。铭曰：

乾孕坤毓，享福寿禄。长龄谓卜，大夜何促。霜凝寒竹，火燬昆玉。于惟孝子，永悲陵谷。噫嘁吁[6]，孰不为君兮□哭。

贾温志盖

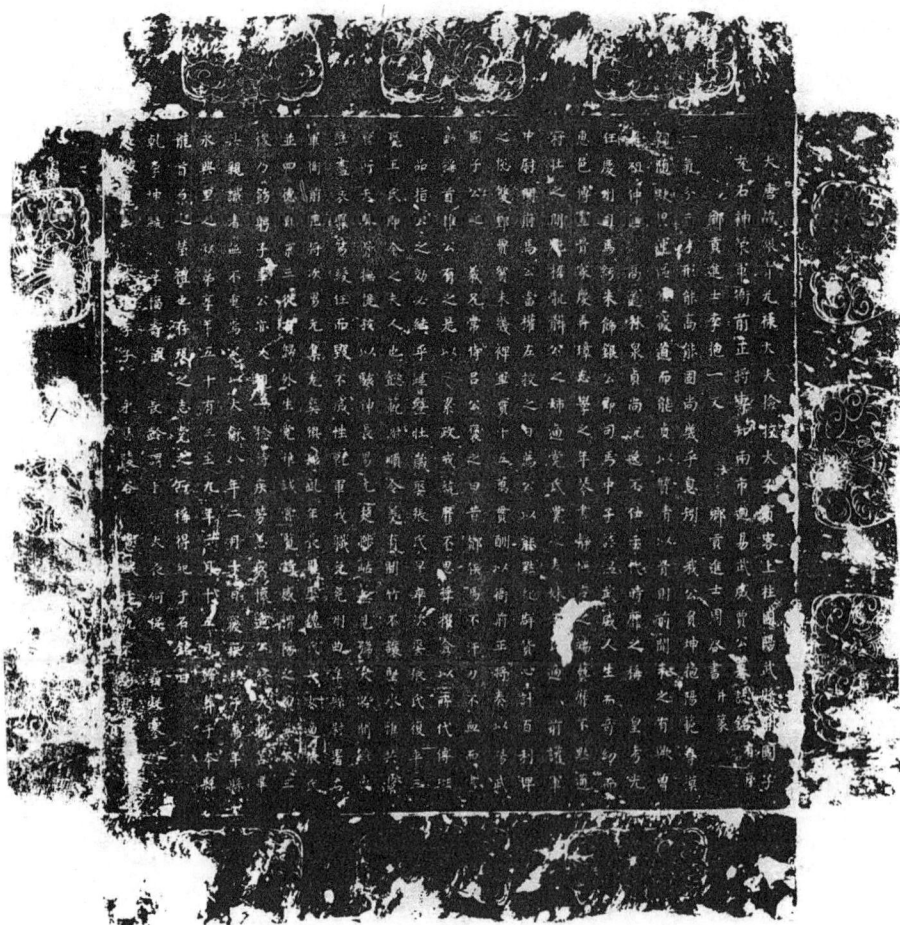

贾温志石

【注释】

［1］贾温墓志，唐大和九年（835）二月十五日葬。1956 年陕西省西安市东郊韩森寨东北出土，今藏西安碑林博物馆。志盖、志石均为正方形，边长均为 58 厘米。志盖篆书"大唐故贾府君墓志铭"，共 3 行，行 3 字。周边刻宝相花纹，四杀刻四神纹。志文共 25 行，满行 25 字，正书。四侧刻十二生肖纹。李抱一撰文，周启书丹并篆盖。主要著录：《新中国出土墓志·陕西（二）》上 231 页图、下 187 页文；《唐代墓志汇编续集》大和 052；《全唐文新编》第 13 册第 8793 页；《全唐文补遗》第 6 辑第 148 页；《西安碑林全集》第 87 册第 3680 页。

［2］邑传灵骨，家庆弄璋，灵骨，即仙人之躯。梁江淹《云山赞·阴长生》："阴君惜灵骨，珪璧讵为宝。"弄璋，《诗经·小雅·斯干》："乃生男子，载寝之床，载衣之裳，载弄之璋。"意祝男子成长后为王侯，执圭璧，故称生男为"弄璋"。本句意在表达志主出生之高贵奇异。

［3］骯髒，同肮脏，高亢刚直貌。汉赵壹《疾邪诗》："伊优北堂上，肮脏倚门边。"

［4］酂侯，即萧何，沛郡丰邑人，西汉开贵元勋，名相，汉初三杰之一。高祖分封，为酂侯，惠帝二年卒，谥"文终"。此句用以赞扬志主之才德功业。

［5］陟岵，陟，登升，岵，多草之山。《诗经·魏风·陟岵》："陟彼岵兮，瞻望父兮。"后以"陟岵"表思父之情。

［6］噫戯吁，叹词。

唐贾雄墓志[1]

唐故昭武校尉守朔州尚德府折冲都尉上柱国贾府君墓志铭并序

朝议郎行吉州司功参军上柱国翰林待诏毛伯贞撰并书

公讳雄，字，其先望于武威，权舆[2]自周姬贾伯[3]之后。泪源流分派，略不备书，今即京兆兴平人也。曾祖，王父庆，烈考乔。并贲于丘园，晦迹高尚。公即处士之元嗣也。性惟端厚，行资中和。爰自幼冲，风骨奇耸。逮于强仕，果著勋名。贞元之初，以武艺绝伦，授朔州尚德府折冲都尉，以奖其能也。未逾星纪，公志乐云林，游心物外。尝谓流辈曰：仕无中人，不如归田。乃罢懋官，蕴迹泉石。膏腴可尚，冠冕徒荣。公性讷于言而敏于行，抱其器而逃于名。《礼》曰：仁者必得其寿。公之谓欤？呜呼！修短之期，彭殇共贯[4]；有终之义，今昔同归。公以开成元年夏末遘疾。于是穷和扁之术[5]，针石不疗；凭释氏之门[6]，祈之罔及。以七月一日，殁于兴平县延寿乡临泉里之别业，享龄八十有一。即以其年景辰岁十月十九日，迁窆于本县延寿乡之川，近先茔侧，礼也。夫人任氏，德逾孟母，才奄斑（班）姬[7]。承夫多举桉（案）之仪，训子有卜邻之誉[8]。有子三人：长曰公轸，翰林都知兼扬州大都督府兵曹，赐绯鱼袋；仲曰公甫，虔州大庾主簿；幼曰公素，果州南充主簿等，咸以因心之孝，达于神明。泣血号天，殆存余气。哀诚敛涕，请述斯文。铭曰：

茫茫大造，散气流形。潜分万类，人最为灵。厥有令终，瘗[9]兹佳城。神辜积善，天丧其英。时属孟冬，寒风骚屑。古陌萧条，新松惨切。青鸟告兆，黄壤开阡。人辞爱景，墓奄荒田。唯余纪石，悠久存焉。

贾雄志盖

贾雄志石

【注释】

［1］贾雄墓志，唐开成元年（836）十月十九日葬。1956年陕西省兴平县西郊月斯村出土，今藏西安碑林博物馆。志盖、志石均为正方形，边长均为45厘米。志盖篆书“大唐故贾府君墓志铭”，共3行，行3字。周边及四杀刻牡丹花纹。志文共23行，满行23字，正书。毛伯贞撰文并书丹。主要著录：《新中国出土墓志·陕西（二）》编号236；《隋唐五代墓志汇编（陕西卷）》第2册第66页；《唐代墓志汇编续集》开成005；《全唐文新编》第13册第8918页；《全唐文新编》第3辑第203页；《中国西北地区历代石刻汇编》第5册第69页；《西安碑林全集》第87册第3724页。

［2］权舆，起始。《诗经·秦风·权舆》：“今也每食无余，于嗟乎！不承权舆。”

［3］贾伯，姬姓，名公明，西周贾国第一任君主。周康王封唐叔虞幼子公明于贾，史称“贾伯”，春秋时为晋所吞并，其后以贾为姓，奉公明为始祖。

［4］修短之期，彭殇共贯，修，长也；彭，指彭祖，名籛铿，相传寿八百岁；殇，未成年而死。修短、彭殇，指寿命长短不同。

［5］和扁之术，指（优良）医术。和扁，古良医秦和与扁鹊的合称。《汉书·艺文志》：“太古有岐伯、俞拊，中世有扁鹊、秦和。”

［6］释氏之门，即释门，佛教。

［7］才奄班姬，指才能超过班姬。班姬，即班昭，字惠班，东汉扶风安陵人，父班彪，兄班固、班超，其才能超众，曾继父兄之任，整理续成《汉书》。

［8］承夫多举案之仪，训子有卜邻之誉，举案，指汉司马相如与妻卓王孙举案齐眉之事；卜邻，指战国孟子之母因邻三迁之事。此均赞誉志主先母相夫教子之德。

［9］瘗，埋葬。

唐李德余墓志[1]

唐故通直郎行左春坊太子内直郎李府君墓志铭并序

朝议郎行京兆府法曹参军上柱国赵衮撰

姑臧人也，姓骆氏。大父元光[2]，韬钤妙略，短长奇术，横亘千古，神将无上。禄山之际[3]，脱去伪职，归为唐臣。又属贼泚犯跸[4]，天下危动，公得兵一旅，斩酋二千级，拜华州镇国军节度使。公与诸将克掎留相应管于光泰门，其曰贼兵悉出，公迎击，大破之，夜至苑东穴墙五，五百步，迟明而入，刹人如刈麻，泚以匹马而遁，是以收复京师，载安宗社，策励第一，兼拜陇右节度使，赐姓李氏，易名元谅。谅生莘，王府长史，莘生府君，讳德余，字，由门荫得率更寺主簿，又得丹王府功曹，又得右威卫长史，又得太子内直。公嗜学乐静，事亲以孝闻。当大和九年，贼注贼凤十有余辈，以金吾卫士指诣乘舆，事未就诛，朝野震慄。公视邢夫人，故凤翔节度君牙[5]之女，垂白抱恙，惝怳[6]若狂，公使墐[7]其外户，入舆童稚戏弄于前，曰：事止矣，不止当大喧呼，今且无闻，可以验也，逮乎底宁，讫无忧患。

公之色养，悉如是。及夫人薨，公家困穷，哭罢则营丧，且步□而忘食，故得疾于中路，才能饮水，又起务事，竟以疾终，年卅。公有园池宾阁、列书万卷，与朋友共甘苦，故四方来者如归市。衮受公孝谨乐善，以兄之子妻之，有子三人，皆卒于龆龀。女一人，尚幼在家。赵氏以浣濯事，始以柔和宜室，又冠人伦。当公沉绵将葬，邢夫人蓬头不荆，布裙不曳，必躬亲营办。□公卒逾岁力不能窆，则剪伐树卖以足事，以会昌三年十一月卅日葬于万年县神和原[8]，祔先茔也。铭曰：

萧萧寒风，惨渗寒月。左松楸而右橡栗。于嗟呼滕公居此室。有侄僧郎、汉郎。庶子厌□。

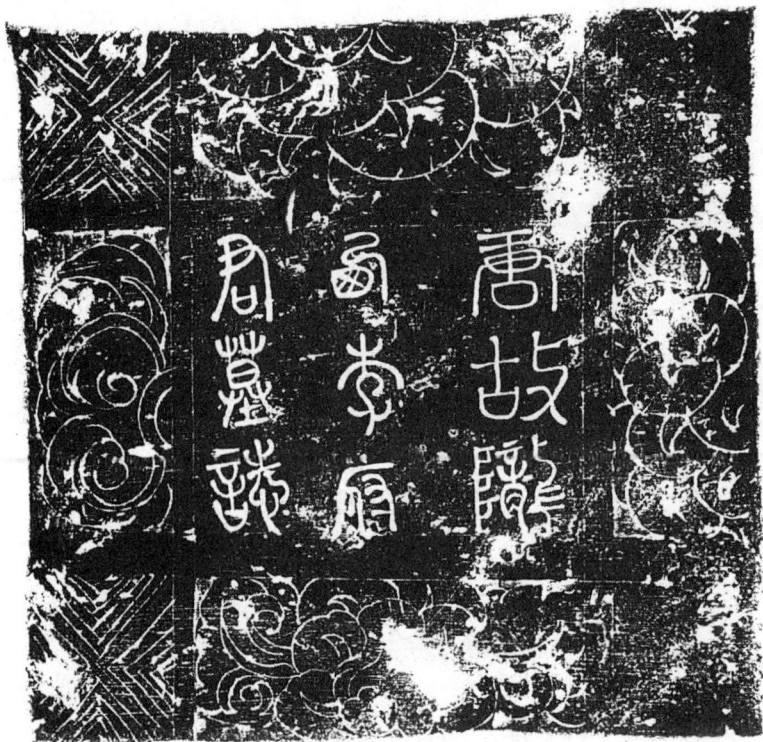

李德余志盖

李德余志石

【注释】

［1］李德余墓志，唐会昌三年（843）十一月三十日葬。陕西西安出土。志盖、志石均为正方形，边长均为48厘米。志盖篆书"唐故陇西李府君墓志"，共3行，行3字。志文共24行，满行24字，正书。赵衮撰文。主要著录：《洛阳新获墓志二〇一五》第322页。

［2］骆元光，志主大父（祖父），即李元谅，中唐名将，本姓安，安息人，因为宦官骆奉先养子，故姓骆，后因战功，赐国姓李。德宗时任华州刺史兼镇国军节度使，平定"朱泚之乱"立著功。

［3］禄山之际，指天宝十四载（755），范阳、平卢、河东节度使安禄山，发汉、同罗、奚、契丹、室韦兵共十五万，以"忧国之危"、奉诏讨杨国忠为借口在范阳起兵反叛，延至宝应二年（763）止，史称"安史之乱"。

［4］贼泚犯跸，即"朱泚之乱"，又称"泾原兵变"。建中四年（783）八月，淮西节度使李希烈兵攻襄阳，德宗诏令泾原等各道兵马援救襄城，泾原兵抵长安，冻饿少犒，遂哗变，攻入京城，拥立朱泚为主帅，称帝，与河北各镇遥相呼应。德宗与宗室出逃奉天（今陕西乾县），后为李晟、李怀光、李元谅等平定。

　　[5]邢君牙，瀛州乐寿人，唐朝将领，为平定安史之乱、交战吐蕃功臣，官至凤翔节度使，封河间郡公。

　　[6]悄怳，亦作"悄恍"，惆怅伤感之意。《楚辞·远游》："步徙倚而遥思兮，怊悄怳而乖怀。"

　　[7]墐，用泥涂塞。

　　[8]神和原，也作神禾原，位于唐长安城南约30里处，是樊川和御宿川之间的高地，相传古代这里曾生长过六斤重的谷穗，故以"神禾"为名。该原南接南五台，北至碌碡堰，为潏水界断。

唐段文绚墓志[1]

　　唐故朝议郎守殿中省尚药奉御翰林供奉上柱国赐绯鱼袋段府君墓志铭并序

　　国子监三史张舜公撰并书

　　府君讳文绚，字礼成。其先武威人，长于京兆。得姓自周朝柱下史伯阳甫[2]之后裔，封于段干，故因氏焉。当魏文侯礼下贤者，时有段干木为文侯师，文侯厚礼之。每过其闾，未尝不式（轼）[3]。厥后，胤嗣历汉、魏、晋、宋、齐、梁、陈、隋，咸居卿大夫位不继。逮国朝，府君曾大父讳简，太常寺协律。大父讳镖，常州长史。皇考讳元度，梓州涪城县令。居位皆以礼教化人，通明史治，宽猛得众，变俗移风，诚与古贤同心异代而谈也。府君荫第出身，少即慕道，性敏而和。孝于家，信于友。究远祖之遗文，根越人之深旨。至于佐王经国字人之策画，君皆蕴之。元和中，释褐授均王府参军。开成初，授右武卫兵曹参军。洎武皇御极，乃选府君待诏翰林，拜许州司户参军。知者相谓曰：君将应募，帝贵得仁。再授河中府户曹参军。今上龙飞，擢徙府君待诏宣徽，迁殿中省尚药奉御，赐绯鱼袋[4]。爵位弥盛，密地转升。奉上勤公，夙夜无怠。恩渥屡降，同列莫侔。呜戏！府君心知止足，将退林泉。志与愿远，俄遭斯疹。大中三年二月廿二日，终于永乐里[5]之私第，享年止乎五十有六。其年八月十五日，祔于万年县浐川乡西先大茔也。仲弟二人：长曰振，左清道率府录事参军。清廉自守，莅事唯能。大位未居，旋归泉壤。次曰淙，饶州余干县主簿。气略当时，知鉴辽迥。理家有慈惠之誉，任官绝奸猾之俦。况明代急贤，即期超擢。府君取庐江何氏女。有男子一，女子一。男曰璩，年才弱冠，奄随逝波。女适濮阳仲氏子曰师可。懿德清规，莫能备纪。再娶上谷寇氏女。有男子一，曰白泽，襁褓未离，学语学步。二夫人皆柔顺风姿，敬上慈下。并先殁于府君。后娶范阳张氏女，肃慎承家，孤贞秉操。母仪妇道，九族咸称。府君遗言，以侄璲，前右内率府兵曹参军事承嗣。居丧轨范，备合礼经。瘠毁不形，言宁见齿。舜公沐仇香中外之分，感府君生平之知。寄迹门庭，已逾星岁。常洽笑语，具阅风仪。见托为文，敢不从命。自恶菲薄，刊于贞珉[6]。铭曰：

　　河岳降灵兮生哲人，少而慕道兮全其真。穷越人术[7]兮侍紫宸，九天恩泽兮谁可与伦。都门之东兮浐之濒，森森松槚兮上齐苍旻。中有君坟兮知者伤心，泉扉一闭兮莫知秋复春。

段文绚志盖

段文绚志石

【注释】

[1] 段文绚墓志，唐大中三年（849）八月十五日葬。1956年陕西省西安市东郊韩森寨东出土，今藏西安碑林博物馆。志盖、志石均为正方形，边长均为52厘米。志盖题"大唐故段府君墓志铭"，共3行，行3字。周边刻牡丹花纹，四刹刻四神纹。志文共28行，满行29字，正书。四侧刻十二生肖纹。张舜公撰文并书丹。主要著录：《新中国出土墓志·陕西（二）》编号254；《隋唐五代墓志汇编（陕西卷）》第2册第83页；《唐代墓志汇编续集》大中020；《全唐文新编》第14册第9464页；《全唐文补遗》第3辑第223页；《中国西北地区历代石刻汇编》第5册第135页；《西安碑林全集》第89册第3903页。

[2] 伯阳甫，即伯阳，指老子，段氏出自老子之子李宗之后。李宗为魏将，先后被封地"段"，"干"两地，子孙遂有二姓。

[3] 段干木，战国初魏名士，魏文侯数访不得，每过其门而把轼停车。

[4] 绯鱼袋，指绯衣与鱼符袋。唐制，官五品以上绯袍，佩银鱼袋；五品以上官方佩鱼符袋。

[5] 永乐里，即永乐坊，据《最新增订唐两京城坊考》载，朱雀门街东第二街，街东从北第四为永乐坊，坊内有"西南隅，废明堂县廨。县东，清都观。观东，永寿寺。坊内横街之北，资敬尼寺。东南隅，左丞相、燕国公张说宅。东门之南，夏官尚书王璇宅。兵部尚书、判户部事王绍宅。司徒、中书令、晋国公裴度宅。大理卿崔升宅。左监门卫上将军李思忠宅。尚书兵部侍郎、同中书门下平章事萧真宅。冀州刺史苏遇宅。前京兆尹杨凭别宅。侍中王珪家庙。赵蝦宅。崔生宅。古冢。旅舍。相国李石宅。兰陵长公主宅。王绍宅林园。宣德郎行左鹰扬卫兵曹归仁县开国男王中孚宅。大理卿崔升夫人郑氏宅。泗州刺史王同人宅。右补阙翰林学士梁肃宅。秘书省秘书郎崔遂宅。朗州司马窦靖宅。给事郎行右神武军兵曹参军许慕贤宅。开元观旅舍。唐故朝议郎行尚书司封员外郎柱国清河崔用恕宅。精舍。乡贡进士孙备宅。官舍。朝议郎使持节都督银州诸军事守银州刺史兼度支营田使蔡勋宅银青光禄大夫、检校国子祭酒、蔡州司马柱国郭宣宅。泾原节度押衙知进奏银青光禄大夫检校太子宾客右金吾卫长史兼殿中侍御史上柱国王幼虞宅。"

[6] 贞珉，即坚石。贞，坚；珉，如玉之石。常用作碑石的美称。

[7] 越人术，即医术。越人，即扁鹊，名秦越人。

李君妻安氏墓志[1]

唐故武威郡安氏夫人墓志铭并序

夫人本望武威，周文王之苗裔也。承苑公之后，始祖宗祧，食封潞邑。夫人徽猷早著，令淑已彰。幼闲妇道，长弘母仪。洎乎笄年，嫔于盛族，和鸣于陇西李公。聿修妇德，六姻[2]仰则，诚训有方，鸾鹤皆飞，贞筠茂彩。岂期修短定分，疾在膏肓，医疗不瘳，魂随逝水。

享年五十有二，以大中五载甲辰□月丁卯日终于私第。嗟呼，义夫之切，奄尘镜以悲伤；爱子断肠，想慈颜兮永隔。使攀号兮叩地，血泪盈襟，哀恸酸楚，哽噎痛心。长男弘操，女十六娘、十七娘、十八娘，孝妇万氏等，并以哀毁，食止不甘。不避毁形，爰崇殡礼。卜兆从吉，克其年癸卯月辛酉日迁殡于紫府城西三里古原，礼也。东连壶岫[3]，西接衡渡金津，北望三陲之峰，前跳黎侯之岭[4]。哀歌逦迤，旋渡金津。恐陵谷该移，刊石纪德，用旌不朽：

　　昭昭令德，亭亭素容。赞弼良友，密扇闺风。其一。
　　六姻咸羡，九族钦美。诚训有方，俄随逝水。其二。
　　爱子泣血，孤女碎形。克修殡礼，已彰孝诚。其三。
　　垒垒古原，青青柳茔。对松月兮千秋，祐子孙兮万龄。

李公妻安氏志石

【注释】

[1] 李君妻安氏墓志，唐大中五年（851）四月十九日葬。出土时地不详，2006年10月入藏西安碑林博物馆。志盖佚。志石为正方形，边长39厘米。志文共19行，满行17—21字不等，正书。志石四侧刻牡丹纹。主要著录：《西安碑林博物馆新藏墓志汇编》编号294。

[2] 六姻，即六亲。《北史·杨椿传》："故六姻朋友无憾焉。"

[3] 壶岫，即壶关，《水经注·漳水》："漳水又东北迳壶关县故城西，又屈迳其城北。故黎国也，有黎亭。县有壶口关，故曰壶关矣。"

[4] 黎侯之岭，即黎侯岭，在山西长治故县西，因汉黎国得名。汉文帝十年（前170），封齐王国相召平之子召奴为黎侯，置黎侯国。清光绪版《长治县志》载："黎侯岭，县西南三十里，黎泉出焉，有黎侯亭。"

唐孟秀荣墓志[1]

唐故振武麟胜等州监军使给事郎行内侍省内仆局丞员外置同正员上柱国赐绯鱼袋武威郡孟公府君墓志铭并序

府君大夫讳秀荣，鲁桓公子仲孙之胤也[2]。家以书剑名闻。卓哉。鲁公苗裔，伯诸仲子。动皆中礼，言必依经。善倪宽之强学，守晏婴之清俭。幼习诗礼之教，夙彰忠孝之名。曾祖讳恪，高道不仕。祖讳光礼，皇任襄州别敕判官、朝散大夫、行内侍省内谒者监、赐绿、员外置同正员、上柱国。贞元十二年九月廿日，授甲头骆介励。故事周盈于内庭，茂勋纪列于淮楚。大夫元和三年正月六日，授凤翔府仇将军小判官、上轻车都尉。宝历三年正月十七日，赐绿，充东头承旨、上骑都尉。大和二年正月廿六日，又转阶授将仕郎、行内侍省掖庭局宫教博士、员外置同正员。大和四年十一月廿六日，转阶登仕郎、行内侍省掖庭局博士、员外置同正员、上柱国。大和八年八月卅日，从承旨，赐绯鱼袋，充东头高班。九年正月十日，除东头法曲使。开成二年二月十日，又除含光使。三年十月卅日，除湖南都团练兵马监军使、文林郎、行内侍省内仆局丞，员外置同正员、上柱国，赐绯鱼袋。劳谦自牧，诲人不倦。会昌三年正月六日，从湖南监军、著蕃高班。其年正月八日，除左神策军护军中尉判官，兼左街功德使判官。四年十二月廿六日，左神策军都判官，除武德副使。五年九月七日，为王妃连累，贬在东都恭陵，已夺朱绂。六年四月廿七日，奉恩命追赐绿，在南衙。大中元年正月三日，除内养。历天墀而接武，守紫闼之劳效。绵历东西，奉诏南北。大中元年十二月三日，赐绯鱼袋，著蕃高班。当年四月廿二日，从殿前高班，除授营幕使、承奉郎、行内侍省内仆局丞，员外置同正员、上柱国，赐绯鱼袋。三年四月十日，除授振武麟胜等州监军。历官十政，授诏八封。武经早立效于禁闱，久承荣于内壶。动多忠益，诚保谦光。三端自备，六艺全幽。江山秀气，河岳优游。委任方隅，监总留务。元戎情同伯仲，宴语毯赏不时。三年延日，风猷树于藩□，功利不终夷夏。给事崇勋，柱国美谥，践历六朝，始终□致。寒暑生疾，绵连徂秋，有加□疗。救药之术，于何不周。大中六年正月十九日，薨任于振武馆舍，享龄六十有八。其年十一月十日卜葬于京兆府万年县浐川乡北姚村[3]里。夫人丹阳纪氏，光禄大夫之后。温柔懿美，淑顺妇容。四德流芳，三从作则。执心恭谦，节行不亏。呜呼，摧伤风树之悲[4]，痛结陇云之断。公有四子：长子再丰，中散大夫、行内侍省内府局令、上柱国、东都总监判官。次子公干，前振武等州节度同正兵马使、银青光禄大夫、检校太子宾客、上柱国。于家有孝，于国有忠。饰身文学，妙略韬钤。振武爪牙，军前师傅。次子骁骑尉公漼，充高班小判官。次子骁骑尉公浩，充仗内曹院。女廿一娘，光仪内则，意范无疋。哀号擗踊，杖而能起。悉禀义方之训，闻诗闻礼，孝让修身。恭护丧事，泣涕过毁。涂蒭设路[5]，厚夜有期。圣人之礼道备矣，孝子之事亲终矣。恐陵谷变移，水泛山颓，纪石之厥臧，其于不朽。乃为铭曰：

武威郡望凉，确归松柏行。潺湲听幽水，叠嶂有春光。凤栖东去近，灞浐足山岗。□嗟冥寞后，哀向陇云长。薤露殷勒送，家肥岁月良。平原好处所，永与子孙昌。

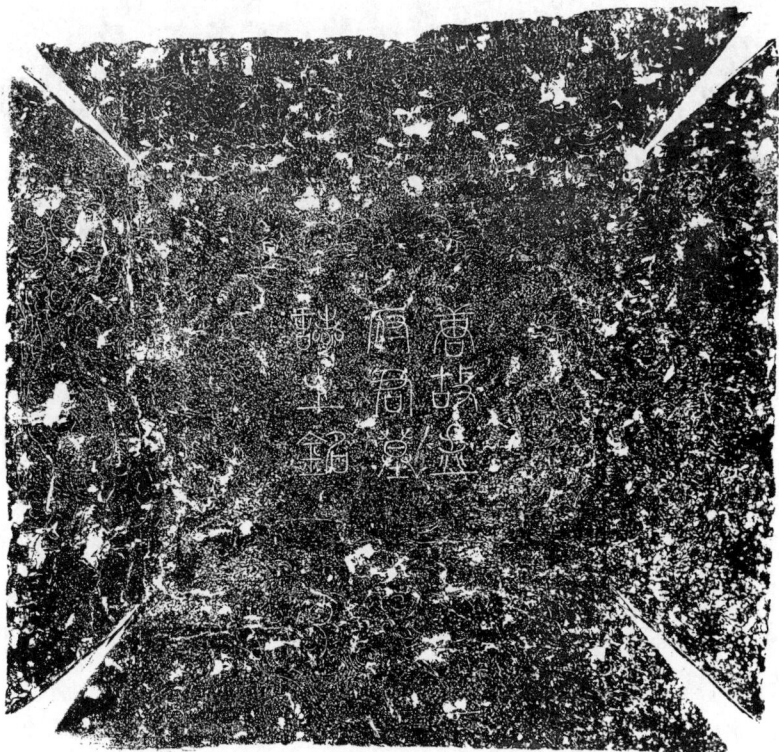

孟秀荣志盖

孟秀荣志石

【注释】

[1]孟秀荣墓志，唐大中六年（852）十一月十日葬。1983年陕西省西安市东郊十里铺张家坡二队出土，同年入藏西安碑林博物馆。志盖、志石均长73.5厘米，宽75厘米。志盖篆题"唐故孟府君墓志之铭"，共3行，行3字。盖题四周刻云纹，四刹刻四神图案。志文共33行，满行33字，正书。主要著录：《唐代墓志汇编续集》大中035；《全唐文新编》第22册第15469页；《全唐文补遗》第6辑第487页；《西安碑林全集》第89册第3987页；《西安碑林博物馆新藏墓志汇编》编号297。

[2]仲孙之胤，即孟姓，鲁仲孙之后。鲁仲孙，即孟孙氏，鲁国三桓之一，出于鲁桓公，桓公生公子庆父，其后为孟孙氏，此为孟姓之祖。

[3]"里"字前空二字未刻。

[4]风树之悲，比喻因父母亡故，不能奉养之悲伤。《韩诗外传》卷九："树欲静而风不止，子欲养而亲不待。"

[5] 涂蒭设路，即铺草于路送葬，蒭，同刍，刍草。

唐张怀清妻石氏墓志[1]

唐故清河郡张府君夫人武威郡石氏墓志铭并序

夫大道兴废，运数有期。万物致乎盛衰，日月有乎盈缩，乃天地之常度，况人伦生殁者哉！爰有清河张公，即黄石公之胤绪也。公讳怀清。皇父希进公，夙从戎伍，名列上军，孝悌承家，芳兰垂嗣。辕门仰德，闾里推仁。自元和中，因王事从边，沉殁矢石。时稚子公勉，未分怀抱，孺幼何依。夫人石氏，年华尚早，治行才成，方施令淑之仪，忽坠双鸾之影。乃守贞姿于松竹，四序难侵；立节行于遗魂，星霜不变。孤养嗣子，教之以义方，抚之以慈爱，至于成立，道行果全，备忠信于乡间，标三端于上府，位列使宅亲军，辅旌幢之肘腋。今至孝公勉者也。奈何夫人不保甘膳，忽染沉疾，以倾背于大中七祀[2]八月五日，享年八十。今启新圹于九原，备周仪于阡陌，招府君之遗魂，同处窀穸，冀其永安。以大中九年岁次乙亥二月庚戌朔廿三日壬申，改卜于县城北百步之原，礼也。呜呼！忠烈成节，行义流名，曷神道之寡识，掩双美于泉庭。魂兮魂兮，孰不悲盈。其铭曰：

神道兮何茫茫，掩蕖琼[3]兮折忠良。弃甘旨[4]兮离北堂，辞白日兮归夜长。

又曰：

凄凄原野，嬺嬺芳春。花悲露泣，烟淡风匀。憧憧来往，谁不沾巾。掩随泉壤，巨肯同尘。昭昭令德，穆穆无名。输忠赴难，尽节边城。星剑沉没，山岳颓倾。行路远近，减总悲盈。遥奠遐裔，招请遗魂。礼备旌兆，启祔九原。砂封莹玉，草没兰荪。哀哉哀哉，冥冥衔冤。

其茔地于任初处买准，布午三端，契云九亩，麻田内任拣二亩充，四面并至地主。

张怀清妻石氏志盖

张怀清妻石氏志文

【注释】

[1] 张怀清妻石氏墓志，唐大中九年（855）二月二十三日葬。1990 年 10 月山西省沁县故县镇出土，现藏山西沁县文物馆。据拓片志盖长 47 厘米，宽 48 厘米。盖文篆书"清河郡张府君夫人武威郡石氏墓志铭"，共 4 行，行 4 字。四周刻"阴风吹黄蒿，苍苍渡春水。贯哭痛哀声，孤坟月明□。"据拓片志石长 43 厘米，宽 46 厘米。志文共 21 行，行 26 字左右，行书。主要著录：《隋唐五代墓志汇编（山西卷）》第 162 页；《唐代墓志汇编续集》大中 048；《全唐文新编》第 22 册第 15476 页；《全唐文补遗》第 7 辑第 416 页；《沁州碑铭集》第 177 页。

[2] 祀，年，商代称年为祀，后代或有从。

[3] 蕖琼，蕖，芙蕖，荷花；琼，美玉，均指美好事物。

[4] 甘旨，甜美。汉晁错《论贵粟疏》："夫寒之于衣，不待轻暖；饥之于食，不待甘旨。"

唐段宏墓志[1]

唐故文敬太子庙令段公墓志铭并序

乡贡进士范邻撰，处士高硕书。

公讳宏，字弘之，其先陇西武威人也。魏文侯之师干木有裔居于武威者，因为郡人。曾祖子英，皇任泾王府傅。祖寂，皇任宋州别驾。父颙，皇任大理评事。公即评事府君之次子。幼负才器，倜傥不群。操比松筠，志坚金石。少以资荫补挽郎，调授左卫率府录事参军。秩满，复调文敬太子庙令。恭事长兄，闺门雍穆。恬默静处，不競于时。吟啸自怡，琴书为友。常叹曰："丈夫生于世，登科第，由清途。或处谏垣[2]，或由宪府[3]，历枢辖[4]而升台辅[5]。处谏垣，则规天子之得失；由宪府，则行王者之纪纲。历枢辖，则端总百揆，铨擢人才；升台辅，则调燮阴阳，镇抚风俗。致一人如尧舜，俾九土之清平，乃丈夫之上志也。次不由科名，不历显贯。则封侯万里，立功三边。旌幢前驱，貔貅后拥。形模麟阁，铭勒燕然。威震于紫塞之中，名书于青史之上，亦乃丈夫之次愿也。今我年仅强仕，未窥一途，尚以常调求一级一资。屑屑于红尘之中，碌碌于青衫之下，非大丈夫之所为也。"俄属尚书丁公除浙右，与公有通旧，招随旌旆，欲奏转一官。丁公曰："文武之道未坠于地，亦贤者见机而作矣。公能掷手板，佩金章，发迹于江镇之间，立勋于边陲之上，直取富贵而可乎？"公私谓友曰："我之昔论，岂非契乎？"遂授军职，自散员而至衙都矣。检身谦冲，奉上抚下，有安人和众之誉，无克暴便媚之名，廿余年矣。属海内晏清，江表无事。竟不遂展筹略于帐幕之下，立勋业烟尘之中。则鲸鲵涸于干谿，舻航阻于旱浦焉，能鼓鬐鬣[6]而动帆樯哉。呜呼！以大中四年八月十五日，终于润州之旅馆，春秋六十二。夫人南阳范氏，即故司徒之孙，左赞善大夫怀贞之女。懿德天资，淑性凤备。适人为妇之表范，孀居作母之令仪。三女未适，皆婉雅敏丽，淑慧过人。女工生知，诗书幼爱。二男，长曰郜，次曰邦。温恭受性，慈孝立身。有口不谭其是非，有手不离于书卷。自公沦世，益孝慈亲。雍和两院之弟兄，不辨异父之骨肉。郜等旋护公丧，归于京。属年未通便，权厝[7]于大茔之侧。今以大中九年八月十四日，卜葬于万年县义善乡[8]旧茔之原，礼也。铭曰：

噫古之人，死生齐理。奚今之人，死哀不已。呜呼段公，有材无气。投笔辕门，俄及二纪。白发虚垂，青云不至。抱愤明时，竟终江涘。宅依先茔，家有令子。魂兮魄兮，靡恨兮已矣。

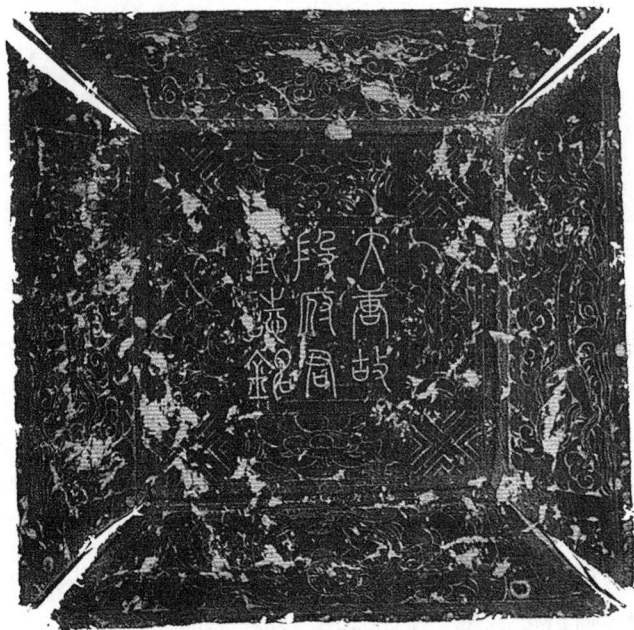

段宏志盖

段宏志石

【注释】

[1] 段宏墓志，唐大中九年（855）八月十四日葬。陕西西安出土，2009年入藏大唐西市博物馆。志盖为盝顶，正方形，边长47厘米，厚7厘米。盖文篆书"大唐故段府君墓志铭"，共3行，行3字。四周刻莲花纹、十字纹，四刹刻四神。志石亦正方形，边长47厘米，厚12厘米。志文共30行，满行30字，正书。范邻撰文，高硕书丹。主要著录：《大唐西市博物馆藏墓志》编号429。

[2] 谏垣，指谏官官署。

[3] 宪府，御史台。唐杜甫《哭长孙侍御》诗："礼闱曾擢桂，宪府屡乘骢。"

[4] 枢辖，指中央政权的机要部门。《周书·崔谦传》："谦明练时事，及居枢辖，时论以为得人。"

[5] 台辅，三公宰辅之位。《后汉书·张奋传》："臣累世台辅，而大典未定，私窃惟忧，不忘寝食。"

[6] 鬐鬣，鱼、龙的脊鳍。《文选·海赋》："巨鳞插云，鬐鬣刺天。"

[7] 权厝，临时置棺待葬。

[8] 义善乡，唐京兆府万年县属乡。位于县南十余里。贞观十九年（645）曾在此乡修建了一座义善寺，此乡得名当与此有关。陕西省博物馆藏乾符三年（876）《汉州刺史推贤墓志》中，注明葬于此乡大仵村凤栖原。（《唐代长安词典》）

唐段彝墓志[1]

唐故朝散大夫滑州长史段公墓志铭并序

乡贡进士范邻撰。处士高硕书并篆额。

段氏其先出自魏文侯之师，段干木之后，其后子孙有家于陇右者因为武威郡人，代有贤良爵位，此不繁述也。曾祖子英，皇任泾王府傅。祖寂，皇任宋州别家。父颙，皇任大理评事。公讳彝，字子修，公即评事府君之长子也。幼而岐嶷，秉性端方，酷爱诗书，精专罕比。慕古人白首穷经之道，衣青襟蔼儒者之风，因业两籍之书，竟登四科之弟（第），调授左司御率府胄曹参军。袟竟[2]，复调左卫兵曹参军。京曹无事，讽读自娱，不趋权门，不交势友，乐天固道，知命安时，洗心于典坟之间，结舌无是非之说。里闾誉满，门风道高，恬旷倏然，若自得也。累应书判，竟不拔其萃，复调授京兆府好畤县主簿。公以莅职，明以临人，乿辖[3]六曹，清肃一署，奸吏敛迹，同僚敬伏，赋税绝逋欠之名，薄书无稽留之责，可谓得主簿之职也。转醴泉尉，历三原丞，皆奉陵之剧邑也。有中官内嫔之供馈，有陵曹镇杂之杂居，稍慢其官，必闻天听，公处之中道，人伏其能，不昵不亲，各归礼介。袟罢之日，人无异辞，匪洁己而能混，众流安有免尤悔之说也。转将作监丞属，准敕修七陵陵寝宫署，公职志主焉，勤功并力，节用省财，不剥下以困丘人，不占虚以修余羡。修陵功毕，有司以闻，迁滑州长史。公自恃莅事已来，刻里奉职，未尝易官，有失厥度异。其理一大邑，葺一小州，抚绥凋残苏息，疲庶上以副圣天子之忧，轸下以展心胸之惠慈。今授我以长马之官，是實我于不材之辈，命矣。常怏怏不乐，俄婴[4]风疾，四五年间，虽医药备臻，而修短有定，以大中九年三月二日捐馆于务本里[5]之私弟（第），享年六十九。夫人范阳卢氏，先公而殁，即故宣州泾河县令公石之女也。有息[6]三人，长曰邻，次曰郜，曰鄂，皆天资至性，孝悌生知。耽嗜诗书，动由仁礼，需者公卧疾于寝，若颠若狂，求药访医，叔出季处，每服一药，饲一饭，未尝遣僮婢之执，皆躬自捧侍也。洎公殁世，毁瘠过人，号泣无时，邻里知感，夕俟祭奠，昼读佛书，不昧荤辛，异答罔极。侍养季母，过事慈亲，相诚兢兢，曾无懈怠。有女一人未适。今以其年八月十四日归祔葬于万年县义善乡东仵村卢氏夫人之旧茔，礼也。铭曰：

　　武威段公，经明入仕。三历甸服[7]，两参军事。孝爱孤遗，雍和昆季。语必有程，言皆及义。积善方报，寿未高年。梦竖何验，良医不痊。玄龟卜宅，丹旐云旋。魂归旧域，树列新阡。

　　天水赵君政刻。

段彝志盖

段彝志石

【注释】

[1] 段彝墓志，唐大中九年（855）八月十四日葬。陕西西安出土。志盖、志石均为正方形，边长 56 厘米。志盖篆题"大唐故段府君墓志铭"，共 3 行，行 3 字。志文共 31 行，满行 31 字，正书。范邻撰文，高硕书丹并篆盖，赵君政刻字。主要著录：《洛阳新获墓志二〇一五》第 342 页。

[2] 袟竟，指任职满期。

[3] 乣辖，即纠辖，指纠错管辖治理。

[4] 婴，触，缠绕。婴疾，即染疾。

[5] 务本里，即务本坊。据《最新增订唐两京城坊考》载，朱雀门街东第二街，街东从北第一务本坊。坊内有"半以西，国子监，领国子监、太学、四门、律、书、算六学。坊内南街之北，先天观。左龙武统军、归诚郡王程怀直宅。河中节度使、兼中书令、延德郡王张茂昭宅。左散骑常侍于德晦宅。岭南节度判官宗义仲宅。检校司徒、同中书门下平章事卢钧宅。西川、齐州进奏院。旅舍。鬼市。度支郎中彭思德宅。益州都督府法曹大理

丞毕正义宅。韦鼎宅。虢国公男故右卫长上校尉上柱国张君母樊氏宅。朝散大夫卢俚宅。杜佑宅。杨准宅。监察御史李俊素宅。左补阙内供奉崔岩宅。吉州司法参军黄弘远宅。大中大夫行虢州长史李元玢宅。范阳卢韬宅。韩炼师孝恭宅。朝散大夫□成都府司录参军徐公宅。"

[6] 息，子，子息。《三国志·蜀志·张裔传》："恭之子息长大，为之娶妇，买田宅产业，使立门户。"

[7] 甸服，王城五百里内区域。《尚书·禹贡》："锡土姓，祗台德先，不距朕行，五百里甸服。"后泛指近京之地。

唐李毗墓志[1]

唐故朝散大夫尚书兵部郎中柱国李公墓志铭并序

朝议郎行太常博士柱国卫增撰

公讳毗，字佑臣，其先姑臧人也。婚娶德行，冠于士林。晋魏已来，世世修立，未尝乏其名人也。故后魏文帝尤重其事。四姓遂分[2]，中且清别，即李之姑臧，崔之清河是也。公族姑臧人也。曾祖讳谨，衢州常山县令。祖讳洎，荆南节度推官、试大理司直。皇考讳滋，以处士赠工部郎中。公即正郎之长子。以司直从职，因家于荆。属正郎高尚所适，诗酒自娱，一水一山，游玩移岁。每曰：我得之所多，宁龊龊宦名为意者耶。遂薄世心，几成风俗。公始为婴孩，心有所悸，昼以綵衣怡养，夜则编蒲为学。逮于成童，经史穷矣。又访诸家文集，备见作者宗旨，师苏元而佩韩柳，各为陈述，以附其体，故于四先生之业皆所类焉。既成人，冠而生髭。乡里识面，骨状耸秀，神气孤清。荆之令人，目为名器，荆之士子，家录文章，声芳蔼然，须进上国。公既闻其议，虑乡荐所迫，亟焚弃冠裳，愿朝夕宁侍。虽高车及门，曾无面也。又数岁，家藏余力增学。正郎公以人情难抑，迫而趋名。公乃泣拜请留，愿获终侍，后荆人深诮于正郎者多矣。繇是叱而遣去，家之贫者，遽为裹粮。公乃杖策驱僮，负笈徒进。辞北堂而血涕，执群弟而魂伤。里巷闻之，为其泣下。既达京师，声问藉藉，朝列名贤，争为推荐。虽偶不中第，皆败于垂成。丐食归宁，冬暮随贡。寒苦贞介，拥雪穷栖。人不谓生，公方怡处。于是兼有独行之称，岂奥学精文之所多也。至会昌二年登第甲科，为楚州团练使卢公弘止[3]辟为团练巡官，后调补秘书正字。韦丞相琮知名，以集贤校理拜之。改蓝田尉，即升朝为监察御史。属南方多颂，讞狱逾年，公衔命即讯，经月而辨。旋丁正郎之丧，居疚毁形，人所不忍。丧阙，复拜察视。又为京西覆按，事挂宾介，处之所难。公能体理俱祥，清濯遂别，有才多识，难所兼焉。时之重人，叹以精敏，即转殿中侍御史，拜起居舍人。职业之难，公论雅称。又迁驾、库二员外，出守汉东。以术化人，数月清静。苟有不治，闭门自贻。因感民心，率自悛革，期岁一无事矣。廉使上闻，特请褒异。秩满迁都官正郎，加朝散大夫，转刑曹、兵部二郎中。忽以臃疽[4]发于右乳，五浃辰[5]而迫于不治。呜呼哀哉，以咸通二年十一月六日终于长安兴化里[6]私第也，享年五十有二。呜呼，公幼负志气，无不经营，有孔明之才，类叔实之介。虽擢高第，历清贯而未伸其志也。忽忽不乐，多效梁父之吟，时人亦以孔明为比也。凡自封禅书至于经画戎夷制诏，及指挥兵事、农务教令，起藁约一百余篇，无不雄健精简，造化所臻，真王佐之才也。故未尝一日宁处，专勤晓夜，寝食俱忘。神用若有其殆寿之不永宜哉，则孔明五十四而殁，公之夭年亦有所类，而又何恨焉。太夫人张氏，封清河郡太君，始受其养，今护其丧。先娶故京兆府法曹卢传素之女为夫人，有子三人，长曰衮儿，次曰阿师，幼曰仇八。虽在婴稚，至性且深。行学贞勤，可以继美。呜呼哀哉，以咸通三年正月廿八日祔卢夫人之营（茔）于京兆府万年县善义乡小仵里，未归于荆，拘时也。友人河东卫增受公遗言，获叙其事。承命哀恸，莫祗所闻。属公之兄灵武从事踠持简，以太夫人得治命是托，宁所辜乎。遂让之不获，抑悲具纪，铭曰：

姑臧佑臣，实负才气。孜孜勤求，艰难自致。家以世贫，流荡无倚。丈人道高，不营不治。公之有知，当其童稚。内顾疚心，因发其志。构家立名，不无克遂。示行表仪，皆能克己。读学为文，营营寸晷。管葛功名，期之在指。呜呼哀哉，天之不祐。徒赋其才，不与其寿。有业未伸，有志不就。王道莫张，大厦安构。公骨虽尘，公名不朽。其得既多，古人所厚。呜呼哀哉，慈亲在堂。嗣子皆幼，人之所悲。岂唯亲友，苍苍且高。莫问其咎，时欤命欤。□□之有，呜呼哀哉。

李毗志盖

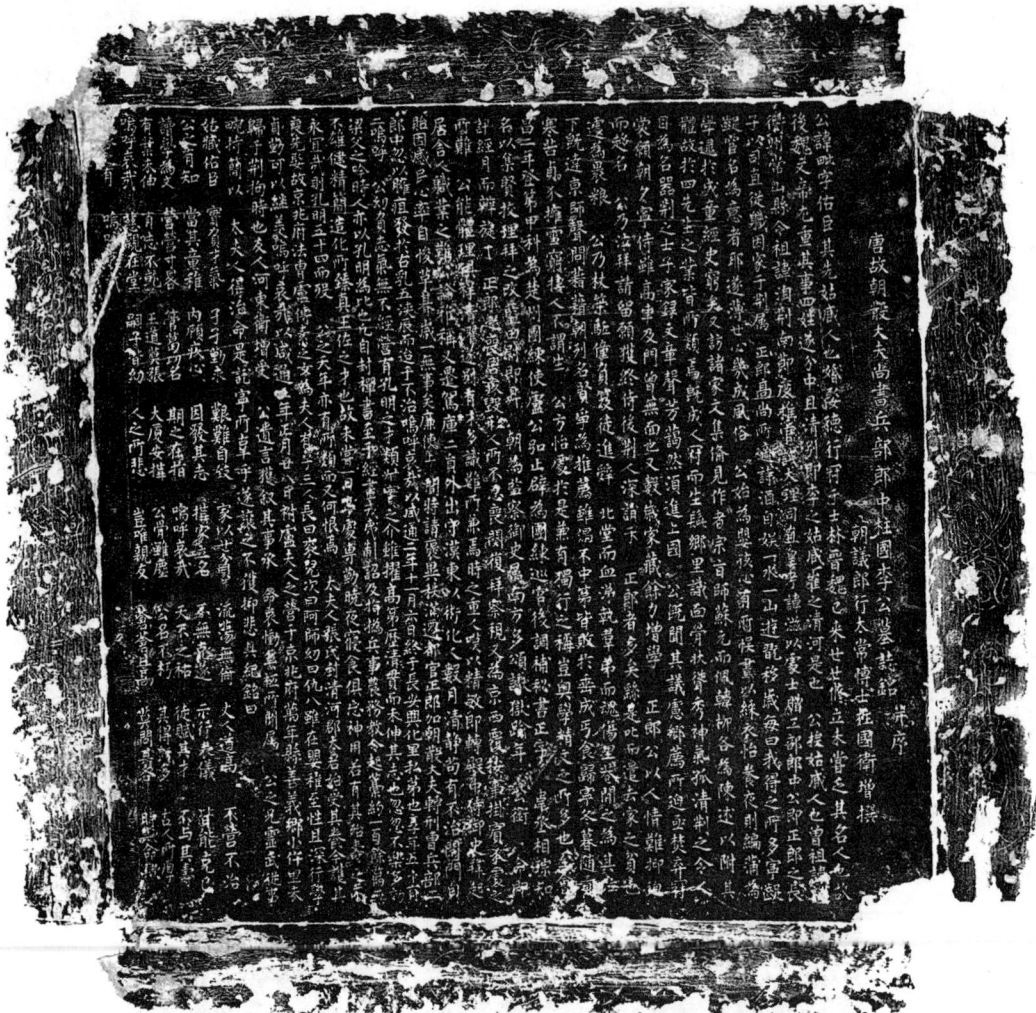

李毗志石

【注释】

[1] 李毗墓志，唐咸通三年（862）正月二十八日葬。陕西省西安市长安区出土，出土时间不详，2012年10月12日入藏西安碑林博物馆。志盖长62.5厘米，宽63.7厘米，厚5厘米。篆题"大唐故陇西郡李府君墓志铭"，共3行，行4字。盖题四角刻几何图案，四边及四杀刻团花纹。志石长61.5厘米，宽61.8厘米，厚7厘米。志文共36行，行35字左右，正书。志石四侧刻团花图案。卫增撰文。主要著录：《秦晋豫新出墓志搜佚续编》编号896；《北京大学图书馆藏历代墓志拓片目录》编号06354；《西安碑林博物馆馆藏墓志续编》编号201。

[2] 四姓遂分，指北魏孝文帝时，有四大著姓崔、卢、郑、王，均为皇室姻亲，清河崔氏，以崔宗伯为首，范阳卢氏，以卢敏为首，太原王氏，以王琼为首，荥阳郑氏，以郑羲为首。

[3] 卢弘止，一作"卢弘正"。唐河中蒲州人，元和进士。会昌末奉命宣谕河北三镇。大中初转户部侍郎，充盐铁、转运使，改安邑、解县两地盐法，课入加倍，后世多守其法。

大中三年任为武宁节度使，治军有方，诛"银刀军"骄悍之首恶者，军情以安。后迁宣武军节度使。

〔4〕臃疽，即痈疽，毒疮名。汉桓宽《盐铁论·申韩》："若痈疽之相泞，色淫之相连，一节动而百枝摇。"

〔5〕浃辰，十二日，干支纪日，称自子至亥一周十二日为浃辰。《左传·成公九年》："浃辰之间，而楚克其三都。"

〔6〕兴化里，即兴化坊。据《最新增订唐两京城坊考》载，朱雀门街西第二街，街西从北第三为兴化坊。坊内有"西南隅，空观寺。寺东，尚书右仆射、密国公封德彝宅。西门之北，邠王守礼宅。东门之南，京兆尹孟温礼宅。租庸使刘震宅。晋国公裴度池亭。都官郎中窦皋宅。长安主簿李少安宅。职方郎中萧彻宅。处士陈玄德宅。朝请大夫行雍州蓝田县令上柱国始安郡开国公李炯宅。正议大夫行仪王傅上柱国奉明县开国子赐紫金鱼袋韦济宅。朝散大夫守太仆少卿萧遇宅。光禄卿赠右散骑常侍萧偿宅。同州白水县令萧府君夫人韦氏宅。兴化坊寄第。华州参军萧君妻张氏宅。"

唐安士和墓志〔1〕

唐故车营十将定远将军试太仆卿武威安公墓志铭

公讳士和，上党潞城人也。祖已上衔讳，阙而不录。考讳良素，儒林鸿业，学富九经〔2〕。实德长材，闻一知十。不趋名利，靡谒王侯。公禄不窥，安闲乐道，时人号"三教通玄先生"。公即先生之第二子也。门传孝悌，礼乐成家。恭俭致身，恪谨崇信。幼立奇节，智识坚强。确乎不拔，是非不载。大和首岁，军踞邢台。激励治生，创营别业。身当捍勇，御寇无时。赡有金帛，家唯巨实。行遵五教，名动雄藩。处约修身，不行奢侈。大和中，尊夫人赵氏崩，擗踊扈丧，来臻之潞，合祔于潞城旧域，表孝道之终也。军职至右平射军将虞侯。大中初年，使司藉以干能，改署车营十将，馈运军储，辇毂相次，莅公奉职，杜绝猜嫌。大中末年，长子昭与新妇王氏，桃李之年〔3〕，花而未实。芳姿艳曳，俱夭泉台。稚女贵娘，以存嫡嗣。迩后年将衰朽，风疾聚临，针药被陈，医疗无遗。职禄将罢，闲庭自怡，门无车马之宾，堂绝骄矜之客。呜呼哀哉！平生壮武，退老休功。宴默寂寥，悲风感思。不觉老之将至，俄钟大夜之期。以咸通七年八月廿二日终于上党私第，春秋七十有三。嫡室乐安任氏，故步探散将英秀之令女也。贞姿婉娩，淑性怡和，结缡当年，齐眉白首。女适廉氏，不幸夫倾。孙男公立、师立，聪敏自天，飞腾不远。于是具陈宅兆，即以其年丙戌十月癸酉将殡于郡城西五里太平乡祔子茔之庚穴也。墨龟先卜，丹旐□□，佋穆〔4〕等差，松柏成列，犹虞桑田改革，丘垄难原，乃琢贞石，□表千载。其词曰：

伟哉安公，磊落仪容。昂藏秀质，挺拔才雄。威稜迥表，乔木□□。少兴英武，早效成功。暴风欻起，将折乔松。天青云霭，苦雾曚眬。寒霜夜白，霰雪朝浓。女弟□托，委运西东。嵇绍不孤，山涛无子〔5〕。子立孤孙，传芳后嗣。千载丘陵，铭存终始。

安士和志石

【注释】

[1] 安士和墓志，唐咸通七年（866）十月葬。山西出土，2006年7月13日入藏西安碑林博物馆。志盖佚。志石长46厘米，宽45.5厘米。四侧刻壶门纹。志文共23行，行24—31字不等，行书。主要著录：《西安碑林博物馆新藏墓志汇编》编号321。

[2] 九经，九部儒家经典。在唐时应为陆德明《经典释文录》所指《易》《书》《诗》《周礼》《仪礼》《礼记》《春秋》《孝经》《论语》。

[3] 桃李之年，即桃李年华，指女子二十岁。

[4] 召穆，即昭穆，宗法之制，宗庙神主排列次序，始祖居中，以下父子（祖、父）递为昭穆，左为昭，右为穆；也可代指父子。《周礼·春官·小宗伯》："辨庙祧之昭穆。"

[5] 嵇绍不孤，山涛无子，指西晋嵇康早死，托付幼子嵇绍于山涛。指虽失其父，却有所依。

唐卢宗和妻李氏墓志[1]

唐范阳卢府君故夫人李氏墓志铭并叙

乡贡进士李仁伟撰

若夫柔嘉允塞，淑质含章，作闺阃[2]之令仪，为亲戚之懿范者，莫如故郑州中牟县尉范阳卢府君之夫人也。夫人李氏，其先皆圣祖伯阳[3]之裔，厥后派分，世为姑臧郡人也。历世显名，载在谱牒，此盖略之也。曾祖瑾，皇朝请大夫、太子司议。祖频，皇陈州司功。父行约，皇河南府司录。夫人即司录第四女也。夫人居幼承婉娩之慈教，挺兰玉之薰洁。既谐凤鸣之吉，遂应鹊巢之诗。故归为中牟之室，正位辅德，助祭承家。符礼文而环珮有声，抱和气而寒暄不变。妇道妇德，斯焉取斯。宜乎享从爵之荣，受因子之贵，而皆不幸，无子，有女二人，复又早孀，衔未亡之戚。由是抚孤女以殷奠祀，申号慕而感神明。及礼变吉凶，德彰中外，虽姬姜之行，淑烈之风，无以过也。不期遭疾，药石乖念[4]，以咸通十年十月十日奄终于东都康俗里之第，享年五十八。呜呼！修短之分，难穷于古今；孝敬之心，谅推于禀受。得不惑于穹苍，歼我贤哲，哀哉哀哉！长女适清河崔瓒，早亡。次女初笄，未事行媒，而载罹荼蓼。凡夫人平生资用，皆小娘子贤叔见任棣州使君之所给也。从初殁之备，逮营窆之礼，一无阙焉。先远将至，使君专遣长男进士万自棣来，以主其事，即使君之奉亡嫂、邮孤侄之情可见矣。中牟府君先厝于河南府洛阳县平阴乡北陶里，府君之族望、官序、德行、文章，具有前志，不复云云。即以夫人所终之明年二月二日，合祔于府君之茔，礼也。何则幽壤豁开，玄宫永秘。是六亲雪涕之日，当百岁同归之期。拱木生风，送车动销魂之感；长天落日，路人兴惨目之悲。夫人之生，进士卢鹏知，仁伟业于斯文，惠然见托，将求自试，固无辞焉。但愧非才，不能扬美，惧迁陵谷，敢阙为铭。铭曰：

盛族良姻，合好结亲。辅赞君子，式序人伦。温恭守礼，柔惠行身。馨香有裕，懿美无邻。瞻彼北邙[6]，繁华是息。府君之茔，于焉在侧。松楸成行，阡陌载直。夫人归之，用勒贞石。

乡贡进士卢田书。

卢宗和及妻李氏志石

【注释】

［1］卢宗和妻李氏墓志铭，唐咸通十一年（870）二月二日葬。2004年10月，河南孟津出土，旋归洛阳古玩城张氏。志盖为正方形，顶面边长28.5厘米。楷书"唐故卢府君夫人墓铭"，共3行，行3字。志石长46.5厘米，宽47厘米。志文共28行，满行28字，正书。李仁伟撰文，卢田书丹。主要著录：《河洛墓刻拾零》编号461；《洛阳出土鸳鸯志辑录》编号55—2；《北京大学图书馆藏历代墓志拓片目录》编号06516。

［2］闺阃，指后宫、内室，即妇女所居住之地。汉班固《白虎通·嫁娶》："闺阃之内，衽席之上，朋友之道也。"

［3］圣祖伯阳，即唐先祖老子，字伯阳。天宝二年（743），尊老子庙号大圣祖，谥号玄元皇帝，天宝八载（749）册"圣祖大道玄元皇帝"，十三载（754）尊"大圣祖高上大广道金阙玄元天皇大帝"。

［4］乖念，无效，无缓和。念，同"纾"，缓和，解除。
［5］北邙，即邙山，因在洛阳之北，故名。汉魏隋唐王侯公卿多葬于此。汉梁鸿《五噫歌》："陟彼北芒兮，噫！顾瞻帝京兮，噫！"

唐曹弘立及妻石氏墓志[1]

唐故□州押衙靖边将中大夫检校太子詹事□□郡曹公武威石氏夫人合祔墓

元氏镇步□左六钧将张可行撰

公讳弘立，字弘立，族望谯郡人也。其先汉相[2]之裔，□□大魏之后，令业清勋，不□□纪。曾祖治，皇易州□将。祖玉，皇□州衙前兵马使、银青光禄大夫、检校太子宾客。烈考长，皇易州衙前将、试太仆卿。公即卿之子也。幼□诗书，长闲韬略，文可以经济，武可以匡时，进退可观，威仪□克。公以开成年中旅于边塞而访友人，时故□州刺史武公一见，喜倍于□，欢宴连晨，为□□□。公以畴昔之切，然□□□授公□兵马使。才高位小，未称良能。□逾二期，迁任授□州押衙兼靖边将、中大夫、检校太子詹事。身□右□，名列宪班，衷□益开，不□□□。事君父而尽忠尽节，奉宾朋而唯默唯谦，名冠古今，声扬郡□。作□之□，莫可□其能；应奉之才，无以颂其德。公性本□逸，不慕□□，闺□却□，□□于此。呜呼！彼苍罔惠，遐寿非昌，日□慕景，桂折秋霜，以咸通五年四月一日，卒于赵州元氏县□劳坊之私第也，享年五十有九。夫人武威石氏，代袭珪璋，门传余庆[3]，礼于公，于公先殁。见居夫人高氏，哀号痛切，声感一□。将泣诉于昊天，念伯兮而先往，有子一人□□清□□□绝浆。未答劬劳[4]之□，空积树风之感，以咸通十二年七月七日，葬于神岩乡寒台村之原，礼也。虑以久地长扃□□□□□□□之泯坠，故炫美于贞珉。其铭曰：

□□□□，惟公是奇。闲潜韬略，为人所知。文成七步，武□由基[5]。□□□□□□□□痛双亲之永逝，伤冥冥其何依。

曹弘立及妻石氏志石

【注释】

［1］曹弘立及妻石氏墓志，唐咸通十二年（871）七月七日葬。出土时地不详。据拓片志石长63厘米，宽64厘米。志文共24行，行25字左右，行书。张可行撰文。主要著录：《隋唐五代墓志汇编（河南卷）》第124页；《隋唐五代墓志汇编（北京大学卷）》第2册第152页；《北京大学图书馆藏历代墓志拓片目录》编号06546；《唐代墓志汇编》咸通092；《全唐文新编》第15册第9994页；《全唐文补遗》第7辑第148页。

［2］汉相，此指曹参，谯郡沛县人，汉开国功臣，名将、名相。随高祖起兵于沛，屡建战功，爵平阳侯。惠帝时官至丞相，为汉魏大姓曹氏之祖。

［3］代袭珪璋，门传余庆，指勋禄才德世代相传。珪璋，玉制礼器，用于朝聘、祭祀；余庆，指留给子孙之德泽。《易经·坤》"积善之家，必有余庆。"

　　[4] 劬劳：劳累、劳苦，多之父母养育之劳。《诗经·小雅·蓼莪》："哀哀父母，生我劬劳。"

　　[5] 文成七步，武□由基，指文才比曹植，武才比养由基。七步，魏曹植七步成诗，后常以"七步"形容才思敏捷。南朝梁任昉《齐竟陵文宣王行状》："淮南取贵于食时，陈思见称于七步，方斯蔑如也。"养由基，春秋楚国善射之人，《战国策·西周策》载："楚有养由基者，善射，去柳叶百步而射之，百发百中。"

唐段庚墓志[1]

大唐故乡贡进士段府君墓志铭并序

堂弟乡贡进士雍撰

段氏将葬其季，事前十九日，其元兄新授温州[2]刺史庆谓诸父弟雍曰：我亡弟窀岁有日矣。凡我弟所以立身行道，既不偶于时，轗轲以殁。我今安忍以吾弟之事轻语于他人耶。惟以是铭命汝。雍闻而伏且哭，不忍听命。复谓雍曰：尔无以也。尔焉能以一不忍使尔兄弟不足于千秋万岁欤。且尔苟有生平不尽语矣，今日得尽语，使幽阴有知，宁能不慰于下泉耶。雍再哭而受命，退而伏想兄昔居池阳[3]时，尝谓雍曰：吾前日病且亟矣，将从先人于地下。凡有生平始终之迹，衷心欲以尔为托。噫！兄今殁矣，易箦之辰，而雍不克见也。得无前日池阳之言耶。惟是前日之事则雍非宜敢让，含痛而书，用报池阳之意耳。呜呼！君讳庚，字甚夷，武威人也。曾王父皇庆州刺史讳琦，生泽原节度观察使、检校兵部尚书讳祐[4]，尚书生先公淄王府长史讳少真。先夫人河东薛氏，外王父乡贡进士讳友翼。君昆仲八人，君实其次，才气天假，自龆龀至成人，所谓善事，皆不学而能，进退周旋，雅有规矩。非周公孔子教不出口，非仁义礼智信不萌心。其志在五字句诗，常为中外亲所指，曰：是人也，必为天大报之呼。呜呼！立身三十年，希一名于有司。甘辛苦而乐饥寒，冀伸其道，而终不得志，旅游且病。以咸通十二年闰八月廿六日，年五十六，殁于云中客舍。盖天之所报也如此。呜呼！天不与其成足矣，忍复夺其寿耶。天不与其寿足矣，忍复使去其乡，离其亲，穷厄其身，以至戾底耶。终之日：有家不得归也，有儿女不得饭啗也，有兄弟不得□隧也。天之报善人也如此，为善者其惧哉。以其年十月廿四日还窆京兆府万年县古城里祔先茔，礼也。生一男曰和年，五岁。女二人，曰龙，曰婉，未笄。惟雍也少与兄同志，长与兄同道。由是鸰原友悌之爱，于斯为深。虽刭其心血以铭之，不足以报吾兄之德。呜呼哀哉！铭曰：

甚夷甚夷，性太澹，不合于时，故近于奇。甚夷甚夷，才太高，不偶于卑，故寡于知。甚夷甚夷，不为天之福，而为天之欺。今其往矣，复何言之。所存者道，所殁者身。身殁者世谁免矣，道存者万惟一人。甚夷甚夷，终天永归。虑陵迁谷变兮，德感其遗，是用刻其石而铭之。载诔其德，载伸其悲。呜呼呜呼！已而已而。

段庚志盖

段庚志石

【注释】

［1］段庚墓志，唐咸通十二年（871）十月二十四日葬。陕西西安出土，石藏陕西省西安市小雁塔保管所。拓片志石与志盖长、宽均为40厘米。志盖篆书"乡贡进士段府君墓铭"，共3行，行3字。志文共29行，满行29字，正书。段雍撰文。主要著录：《隋唐五代墓志汇编（陕西卷）》第4册第160页；《唐代墓志汇编续集》咸通083；《全唐文新编》第15册第9996页；《全唐文补遗》第2辑第74页。

［2］温州，唐上元元年（674）置，治所在永嘉县（今浙江温州市）。天宝元年（742）改为永嘉郡，乾元元年（758）复名温州。

［3］池阳，唐武德四年（621）以三原县改名池阳县，治所在今陕西三原县北清水峪南。六年（623）改名华池县，贞观元年（627）复为池阳县，移治今泾阳县北云和镇，八年废。

［4］段祐，名或作佑。少事郭子仪为牙将，从征边朔，以勇敢知名，战绩甚著。累迁泾原节度使，练卒保边，颇为西蕃畏惮。官终右神策大将军。

唐安玄朗墓志[1]

唐故容管经略押衙银青光禄大夫检校太子宾客上柱国武威安府君墓志铭

乡贡进士颜钦撰

夫士之处世，各有其志，或艺文以取荣达，或讲武以建功名，然后移孝资忠，自家形国，积善余庆，岂□□哉！公讳玄朗，字子远，其先武威人也。其命氏启胤，则国史家谍之所详焉，今可得而略也。曾祖菩，奉天定难功臣[2]、华州镇国军同关镇遏使；大父靖，朝散大夫、检校秘书监、使持节潘州诸军事、守潘州刺史、兼监察御史；烈考贯言，守容州普宁县令，又招讨巡官、知顺州军州事，皆宗彝重器，崇构宏材，或竭股肱之力，以夷天步；或居牧守之位，以著人谣。庆灵湮郁，光启后嗣。公幼挺节操，夙砺锋铓，气蕴风云，志怀霜雪。□穰苴之法令，敦郗谷之诗书[3]。爰自弱龄，乃登戎秩，机谋屡中，班序浸加，频预偏俾，亟彰勋绩。属者□连鸡洞，境接交邕[4]，蛮蜑[5]类繁，烽鼓岁警。藉其式遏，必在良能。前政廉问，以公负统众之才，出于流辈，委帅师之任，允谓得人。乃命公充海门防戍军都知兵马使。公深图密虑，物莫能窥，洁己励躬，众皆攸仰。至于缮儿戈甲，训练师徒，故得士识廉平，人知礼信。方期慰荐，以被宠荣，竟□與□□焉遘疾，医箴不乏，药祷无征，俄钟梦楹，奄叹游岱。以乾符二年八月廿三日，终于海门军营官舍，享年四十有七。其年十一月廿三日，归祔于普宁县安育乡思传里录启原之大茔，礼也。夫人河东柳氏。簪裾茂族，珪璋贞□，德叶礼经，言契诗教。居室亟闻其义让，宜家将极其显荣。妇道既敦，母仪且励，誓舟之后，择邻有□，必能享□贵之荣，俟期颐[6]之寿。有男一人曰图，年方髫龀[7]，志已孤高，天爵聿修，家构当克，必复之庆，其在兹乎？有女三人，长未及笄，幼仍襁褓，兰薰玉莹，钟美储休，于归之期，必获其所。呜呼！逝日何长？生年何浅？曾未□□，□逝阅川。将铭令猷，宜篆幽础。其辞曰：

于休（音乌）府君，生德自天。储精武备，委□□□。谦和附众，谅宜亲贤。忠壮之烈，克绍其先。治逾二纪，犹佩双鞭[8]。飏声[9]夷落，防戍海壖[10]。□□□□，忽殒中年。輤车归祔，葬宅荒阡。容山峨峨，容水涟涟。旧茔斯在，新陇建焉。□虎成列，□□□□。□容永闭，令问长传。

衙前虞候杨遵书。散将冼亚镌。

安玄朗志石

【注释】

［1］安玄朗墓志，唐乾符二年（875）十一月二十三日葬。广西容县出土。志石拓片长62厘米，宽87厘米。志文共20行，满行约43字，正书。颜钦撰文，杨遵书丹，冼亚镌字。主要著录：《隋唐五代墓志汇编（北京大学卷）》第2册第158页；《北京大学图书馆藏历代墓志拓片目录》编号06604；《唐代墓志汇编续集》乾符006；《全唐文新编》第15册第10044；《全唐文补遗》第7辑第153页；《全唐文新编》中册第1023页；《中国西南地区历代石刻汇编》第4册第3页。

［2］奉天定难功臣，即平定"泾原兵变"的功臣。建中四年（783）八月，唐德宗诏令泾原等各道兵马援救淮西节度使李希烈所攻襄城，泾原兵抵长安，冻饿少犒，遂哗变，攻入京城，拥立朱泚为主帅，称帝，与河北各镇遥相呼应。德宗与宗室出逃奉天（今陕西乾县），后为李晟、李怀光、李元谅等平定。朝廷降《赐将士名奉天定难功臣诏》，以赏将士。

［3］□穰苴之法令，敦郤谷之诗书，穰苴，即司马穰苴，军事家。春秋齐国名将、大司马，著有《司马法》，"武庙十哲"之一。郤谷，即郤縠，春秋晋国名将，《国语·晋语四》："文公问元帅于赵衰，对曰：'郤縠可，行年五十矣，守学弥惇。'"郤縠好学诗书，故有诗曰："人言郤縠诗书帅，自有孙卿仁义兵。"

［4］□连鸡洞，境接交邕，即今两广之地。鸡洞，在今广西都安；交邕，即唐交州、邕宁节度使之地。

［5］蛮蜑，南方少数民族名。多船居，称蜑户，也称蛋户。《陈书·徐世谱传》："世居荆州为主帅，征伐蛮蜑。"

［6］期颐，指一百岁。《礼记·曲礼上》："百年曰期、颐。"

［7］髫龀，指幼年，髫，孩童头上扎起的下垂头发；龀，幼童换牙。《后汉书·文苑传下·边让》："髫龀凤孤，不尽家训。"

［8］双鞬，两弓袋，指善射，可左右开弓。鞬：马上的盛弓器。

［9］飏声，即"扬声"，闻名。

［10］海壖，亦作"海堧"，海边地，指沿海地区。

唐段琼墓志[1]

唐故翰林供奉朝散大夫前守右千牛卫将军上柱国赐紫金鱼袋段府君墓志铭并序
乡贡进士牛延翰撰

府君讳琼，字德光，其先武威人也。氏族冠冕，已具图谍，代有其人，不可刊纪。曾祖常州长史锽，锽生大父梓州涪城令元度。度生先父左清道率府录事参军振。皆抱材蕴气，纳粹融和，俟命而昌，故莫登显位而已。始先大夫夫人清河县君张氏，有二子，皆禀令秀，府君即第二子也。爰自羁卯[2]，颖悟学术，探和、扁之，挺张、吴之誉。神圣工巧，莫可而伦，岂与夫末俗浅学，论其胜负哉！才逾壮室，荣入禁林，供奉天庭，首出尽瘁。与元昆季弟齐名于时，而府君避德让贤，每全其道。始任果州西充主簿，才罢，转金州西城丞。稍迁太仆丞，又转殿中省尚衣尚辇奉御。乾符首岁六月，以能擢居列侍，专承睿旨，密奉皇躬。于是尤异禄秩，便蕃锡赏，发能效用，益副帝俞。其年九月，荣赐银章，二年八月，又宠金紫。继迁广王府长史，授右千牛卫将军。与夫皆级勋资，莫不兼盛。自起家至乎环卫，逾十五年，其间茂德芳尘，可为播于远近。会同列疾以独异，为其排斥。上意不悟，暂移散秩，府君亦弘止足之分，久求退免，于是优游卒岁，寄傲云表。不料微痾缠胲，药饵无征，久而莫瘳[3]，奄至游岱。以乾符六年正月十日终于长安招国里[4]之私第，享年五十三。惊骇四邻，痛伤知友，岂天命何？岂夭枉何？府君率性勤厚，宽弘济物，孝于上，义于昆，穆于亲，爱于众。兴居燕息，未尝不系于安否动静，舒惨存亡，稍乖常程，莫遑寝食。御小恤下，必本寒暄，宽猛恩威，无或失所。少有酒德，不辜风月，尝连霄接昼，百榼千钟，有定国之益明，无檀乡之悖乱。兢兢业业，不怠于爱敬仁和。可谓器量天资，慈良神授。或者似欲远大其程也，何赋性之优而赋命之劣，不登上寿，奄谢明时而已哉！其告逝之日，少大亲族及有识来吊，莫不长号惋痛，感义悲仁，其报施之道，未可知也。元昆鸿胪少卿致仕璨，明时杰出，间代挺生，顷建捧日之荣，尝备捵天之艺。而能方崇恩异，退荏惧全。存贤哲之所，高古今之难。并季弟秋浦丞球，即世父之子，早由门业，荣列内庭，名德宠光，差以为盛。粤自髫龀，托体同堂，故有善急难，恩义无二。而方息偅蕃众，门户兴隆，继我祖宗，岂将陵替。始娶夫人黄氏，即皇蕲二府司马，御史大夫守则之长女，无子。次娶夫人同氏，即皇献陵丞册之长女，生一男，小字阿师。二夫人并推容德，皆早没世。后娶夫人张氏，即皇太常寺协律郎景之长女，生一男，字曰沙弥。夫人体性弘厚，禀质端贞，四德无怨，三从不怠，宜家之道，冠乎人伦。故府君雅重，待如实敬。二子皆鞠圯。夫人忍斯夜哭，抚视如一，存孤成嗣，勉喻丧礼，日月所利，遽择先远。以乾符六年六月廿四日，卜筮于万年县浐川乡郑村始娶夫人黄氏之次，吉也。延翰幸因亲懿，早熟门庭，世德行名，备闻始末。而伯仲犹子，皆推茂实，见请宣扬，用率荒词，以勉遵命，刻于贞石，志之下庭。其文曰：

五纬毓灵，三世为名。农皇启秘，卢扁融情[5]。秩秩素风，英英端士。侍圣亲君，腰金拖紫。仁能恕己，义可睦亲。天道福善，翻降祸因。既兆阡原，既铭令德。已矣休战，永安真宅。

段琼志盖

段琼志石

【注释】

[1] 段琼墓志，唐乾符六年（879）二月二十四日葬。1956 年陕西省西安市东郊韩森寨东南出土，今藏西安碑林博物馆。志盖、志石均为正方形，边长均为 56 厘米。志盖篆题"唐故武威段府君墓志"共 3 行，行 3 字。四杀刻四神纹。志文共 35 行，满行 35 字，正书。四侧刻十二生肖图案。主要著录：《新中国出土墓志·陕西（二）》编号 323；《隋唐五代墓志汇编（陕西卷）》第 2 册第 135 页；《唐代墓志汇编续集》乾符 024；《全唐文新编》第 15 册第 10110 页；《全唐文补遗》第 283 页；《中国西北地区历代石刻汇编》第 6 册第 56 页；《西安碑林全集》第 93 册第 4460 页。

[2] 羁丱，指童年。即羁角，丱，儿童发髻的样式。唐颜真卿《茅山玄靖先生广陵李君碑铭》："羁丱好静处诵习坟典。"

[3] 瘳，痊愈。

[4] 招国里，疑为昭国里，即昭国坊。据《最新增订唐两京城坊考》载，朱雀门街东第三街，街东从北第十坊为昭国坊。坊内有"西南隅，崇济寺。太府少卿裴子余宅。前进士李蒙宅。南门内，太子太傅致仕郑絪宅。检校司徒、兼太子少师郑余庆宅。尚书右丞庾敬休宅。将军韦青宅。刑部尚书白居易宅。夏、绥、宥等州节度使李寰宅。山南西道节度使崔琯宅。集贤院直院官、荣王府长史程修己宅。泾原节度使段祐宅。李家南园。左翊卫柳璧宅。苏州刺史韦应物宅。水部郎中李羽宅。郁久闾浩宅。左散骑常侍致仕赠越州都督崔颋宅。大理司直史承式宅。崔公夫人王流谦宅。秘书郎庾叔颖宅。秘书郎韦洧宅。易定节度押衙充知军兼监察御史上柱国张锋宅。集贤直院官荣王府长史程修己宅。朝散大夫行尚书司勋员外郎柱国苗绅宅。守魏王府长史段璲宅。朝议郎前行秘书省校书郎庾慎思宅。钱氏祖庙。"

[5] 农皇启秘，卢扁融情，指传习医术。农皇，即神农氏皇；卢扁，即卢医与扁鹊。

唐石善达墓志[1]

大唐北京[2]太原府朔州兴唐军石府君墓志

府君善达公。高皇本自凉州武威郡人也。承司徒□□□，□季伦[3]之胤绪。是以宗族芳荣，枝连勋业。因官随□，□□□□地。树封松竹，颇历年岁。公气概凌云，英彦竭俊。为人也，允□□□；为官也，功赏宽刑。乡间传济济之名，郡邑标闾阎之信。何图□□□□，太□夜台。府君年六十八，以光化二年十二月十五日终于私第。□□□□亡夫人经（泾）州安定郡安氏。笄初化冠之□，□□聘事□□。（义）适三从，奉君子之齐眉；礼备四德，敬举案之钦供。将燕□，□[过]庭之训；育女也，著班姬之德。岂谓大夜忽临，命奄泉扃[4]。去□□□九，以龙记（纪）元年五月日，终于私室，权瘗室仪，嗣子等各冠雄才，□□□□。挈想生前膝下之恩，冬□□□；抽思殁后纳梦之极，水鳞罢跃。□□□□之全，行有亏违之道。将以粉骨尽刑，焉能效答。唯兹合□□□灵，用酬鞠养之微报。遂乃卜其宅兆，龟筮荐从。

以天复元□□□（年十月）己卯朔十九日丁酉，兴唐军东东八里村西北黄花堆菀□萝□，□□。是阙也，山连三重，坟高二丈。鱼灯曜石，□火□岗。跨西阜以□□，左右之青龙、白虎，前后之朱雀、玄武。四神周备，灵爽其中。铭石□□，□悲歌之恸哭；旌旐□□，乡间之伤惶。嗣子号叫，睹灵□□戚涕，连恨青天之水。□以桑田海变，陵谷零移。故刊石以□□□冀祀。其词曰：

　　□□黪黮，星沉月落。森林松竹，魂归夜□。

　　□郎年卅八，振武节度押衙。迪光，年卅五。千郎，卅九。夫子王氏，何氏，康氏，史[氏]。

石善达志石

【注释】

[1] 石善达墓志，唐天复元年（901）十月十九日葬。山西大同出土，2000 年发现于山西应县粟家坊村农户家中。志石残长 35 厘米，宽 42 厘米。志文共 20 行，行 21 字左右，正书。主要著录：《大同新出辽金元志石新解》第 117 页。相关研究参殷宪《石善达墓志考》（收入《唐研究》第 12 卷，2006 年）。

[2] 北京，此即太原，唐高祖起兵于太原，为唐代陪都之一。唐开元十一年，又置北都，改并州为太原府。天宝元年，改北都为北京，又为河东节度使治所。

[3] 季伦，即石崇，西晋富豪，字季伦，为志主先祖。

[4] 泉扃，即黄泉之门，墓门。亦指阴曹地府。南朝梁江淹《萧太傅谢追赠父祖表》："宠辉泉扃，恩凝松石。"

唐安修仁墓志[1]

（上阙）苗裔也，夫其构峰外区，方葱岭之西跱，导流中土，侔德水之东注。故能福禄攸降，枝干克昌。虽金钩表祥，见称于张氏，玉田贻祉，著美于阳族，方之蔑如也。祖讳，魏雍州萨保。父讳，隋开府仪同三司，贵乡县开国公，赠石州刺史。或望重河右，搁计然之要术；或声驰海内，受司勋之赏典。韩宣之问孟献，未埒其名；庄辛之对楚王，实符其实。公感灵秀气，受教中和，蹈荀、何之淳德，慕颜、冉之淑行。静归真道，动合虚舟。体备柔弱，宪白璧而吐闰；心安忠恕，仪丹桂而扬芬。是以金城之右，犹颍川之仰叔度；玉关之外，若卫人之宗端木。岂止输财见称，事高于西汉；削契推重，声振于东都而已哉。隋开皇中，起家为蜀王秀库真，迁都督检校仪同兵。及秀废，又为大都督领本乡兵。韬玉左官，徒悲卞和之宝；绊骥下僚，宁辩孙阳之骏。譬犹凌寒之干，负严霜而表（下阙）

【注释】

[1] 安修仁墓志，唐初葬。文存《文馆词林》，阙题，苏航、山下将司考证为安修仁墓志。今据《日藏弘仁本文馆词林校证》卷 455 录文。本文云"及秀废，又为大都督领本乡兵"，《隋书》卷 2《高祖本纪》载，仁寿二年"十二月癸巳，上柱国、益州总管、蜀王秀废为庶人。"韩理洲认为，此文必作于仁寿二年（602）十二月后。主要著录：《日藏弘仁本文馆词林校证》卷四五五；《全隋文补遗》第 191 页。相关研究参山下将司《隋·唐初の河西ソグド人军团—天理图书馆藏『文馆词林』「安修仁墓碑铭」残卷をめぐって》（《東方學》第 110 辑，2005 年）；苏航《北朝末期至隋末唐初粟特聚落乡团武装论述》（《文史》2005 年第 4 期）。

唐段瑗墓志[1]

大唐故左光禄大夫段公志铭

公讳瑗，字子玉，武威人也。鸿绪配天，玄丘构其远叶；崇基就日，邢国注其长源。若夫峻峙之风，岩崖之业，遗芳余烈，曩册烂然。曾祖寿，魏龙骧将军、南北部二曹尚书。器宇澄深，风神洞察。祖威[2]，周使持节骠骑大将军、洮河渭甘四州刺史、新阳公。识量宏远，英姿挺拔。父总，隋谏议大夫。神仪瑰杰，天资秀异。德冠□□，才超雅俗。月穴之岫，灵凤恒翔。平与之川，神龙每出。□□□□髦彦，惟公挺生。纵德自天，禀灵诞昂。□□□耸，謇謇不群。孝敬著于寰中，仁义于海外。□□史谍，笃志縑缃。耽味五千之言，沈湎一乘之说。雕龙□列范掞，碧鸡[3]翔乎舌端。玉润蓝田，珠明汉水。日者随□失驭，宇宙崩隳。荼毒备于氓藜，膏齿流于原野。□□□□龙兴晋水，凤举咸阳。公识鉴遐深，早知天命。爰背唐□，□义京都。武帝创届长安，欣兹归附。延升共席，述以亲姻之情。相对话言，语以经纶之事。遂授公银青光禄大夫，任之军副。仍遣于城南讨击。□妙善六韬之方，尤精六奇之术。乌号一发，七札俱通。龙泉一挥，方人无拟。嘉谋已出，矢石躬当，曾未浃辰，城寻糜溃。公□帜先登，挥戈独进。勋居第一，受赏无双。转为右光禄大夫，赐物五千段，□米□□。又授左骁卫骠骑将□。皇业权□，□难斯任。寻令其兄纪国公[4]入蜀招慰。岷嶓嘉其来苏，□□□相庆。于时一畿虽静，四表犹尘。驯俗调风，实资明口。武德二年，都督邓国公窦琎[5]乃屈公为益州清城县令，并检校□□□□新津等四县。治丝不繁，□□必□□□风□□□□月之间，风移俗易，虽复□□。母号邵信，父名□□。

【注释】

[1]段瑗墓志，唐代（618—907）葬。河南洛阳出土，现藏河南洛阳古代艺术馆。志石为正方形，边长59厘米。志文共24行，满行24字，正书。主要著录：《隋唐五代墓志汇编（洛阳卷）》第15册第24页；《全唐文新编》第20册第13868页；《全唐文补遗》第7辑第239页。

[2]段威，北周隋名将段文振之父，正史载骠骑大将军、开府仪同三司、甘洮二州刺史、新阳县公，与志文相近。即志主祖父。志主即段文振之侄。

[3]碧鸡，神物。《汉书·郊祀志下》："或言益州有金马、碧鸡之神，可醮祭而致。"

[4]纪国公，即段纶，段文振子，志主堂兄，唐高祖之婿，尚高密公主。段纶隋朝时任左亲卫，少以侠气闻名。高祖起兵后逃往蓝田，聚兵万人以迎唐军。后至纪国公、蜀郡太守、剑南道招慰大使，曾招谕南宁西爨蛮。赠晋昌郡王。

[5]窦琎，窦抗弟，字之推，性沈厚。隋大业末，为扶风太守。唐兵起，以郡归，历民部尚书。从秦王平薛仁杲，赐锦袍。寻镇益州，时蜀盗贼多，皆讨平之。……授秘书监，封邓国公。……卒，赠礼部尚书，谥曰安。……武德中，与太常少卿祖孝孙受诏定雅乐，

是正钟律云。两《唐书》有传。

唐段子墓志[1]

唐故相王府队正段公墓志铭并序

君讳子，字守谦，其先出自武威，因官河北，今为安阳县人也。氏何由命，因京邑而开家；望何由兴，自都护而著族。曾祖偘，隋左卫率。龙楼晓辟，陈武旅而司阶；鹤钥宵严，清兰墀而执戟。祖善慈，皇朝长乐府[2]别将。雄情动俗，峻节惊人，虽韫异于当年，竟沉沦于下位。父□珪，上柱国吏部□选。山川器局，铁石心神，鸿飞发渐陆之资，鹍谷□迁乔之望。君□灵玉润，粹珠明，妙誉凤彰，得自□玄□日奇志早□□□□之年□□□□□□斋郎容台合□幸供奉□□□□□□□□□□□□□□□王府队正□别□敕渔□□□□□□□□□□□□□□□□□□□□□□□□□□□□□□九月三日□□于□□□□□□□□□□□□□□蔚□□□□□□□□□□□□□□□□□□□不足扶□□士□□□□□□□□□□金之珍殆□□□□君□□□□□□□□□□□□□越以二年十一月十九日□□□□□□泉台重壤异□窟□□□□□□□□□□之□有子征□□□□□陶匍匐之□厚岁□哀□□□□□□□□□□□碎惜庭玉之俄□思图□□□□□□□□□□当□深怀有恸之悲，爰旌不朽。□□

　　□□□□，泲泲汪荣。□□□□，□□□□。□□□服，□□西冥。家□□□，贻厥有经。其一。□庙□□，□□□□。□□□□，允膺嘉辟。□□□侍，天涣俄锡。□□□，□□□□。□□清易，黄泉易没。□□长违，掌珠落影。□□□□，□□□□。□□□□，□□□□。□幽□□，□年剑飞。

【注释】

[1] 段子墓志，唐代（618—907）葬。河南出土，今佚。现据罗振玉《邺下冢墓遗文二编》录文。主要著录：《邺下冢墓遗文二编》；《石刻题跋索引（增订本）》219左中；《唐代墓志汇编》残志014；《全唐文新编》第22册第15551页。

[2] 长乐府，唐代易州所辖军府之一。《新唐书·地理志》：（易州）县六。有府九，曰遂城、安义、修武、德行、新安、古亭、武遂、长乐、龙水。《唐高如泉墓志》：再任易州长乐府折冲。《唐执失奉节墓志》题署"大唐右领军卫常乐府果毅执失府君"，文曰："又转授常乐府左果毅都尉，散官如故。"张沛认为，"常乐"疑即"长乐"。

后梁石彦辞墓志[1]

梁故靖难功臣金紫光禄大夫检校司空前守右金吾卫大将军充街使兼御史大夫上柱国武威县开国男食邑三百户石府君墓志铭并序

从侄朝议郎尚书驾部员外郎判度支案赐绯鱼袋戳篆盖

朝请大夫尚书司封郎中柱国胡裳吉撰

孔目官前左骁卫长史李昭远书

噫！夫躔纬不能免流逸，日月不能无晦明。天之垂象，犹复亏夺，而其况于纷纶世故，众万相纠。是以大厦坏木，物有依凭之失；夜壑藏舟，时感超忽之异。环回辐凑，无得而逾，古往今来，咸壹其叹。

公讳彦辞，字匡臣。按石氏，其先出五帝之初，洪源巨派，昭贯天壤。梦符庆谍，云龙有必感之征，璧契祥经，神灵无虚应之瑞。《春秋左氏传》云："因生以赐姓，胙之土以命之氏。"其是之谓乎？曾祖饶，唐左神策军司隶兼右威卫中郎将。缵戎前裔，起家之道忽兴；启迪后人，嗣世之光间出。祖贞，袭曾大父之职，累迁兼御史司宪。荣能叠振，建邦将万石君同；谋有必谐，殖货与千户侯等。皇考盛，雄略沉毅，首冠麾下，列土外荐，名级内升，累迁检校左散骑常侍、越州别驾、赠刑部尚书。兼命掖垣，既处珥貂[2]之贵；题舆涮水，俄终署剑之荣。先是，尚书公以才勇过人，机画迈众，耿秉[3]之列阵立就，亚夫[4]之坚卧不惊。官渡馈粮，分十道而方入[5]；齐师去旆，连七里而不知[6]。军志有闻，武功克备。皇妣宋氏，追封广平县太君，训擅择邻，戒思胜己。事吴未毕，遽焕于屏帷；相莒却还，犹坚于纺绩。嫔则壶范，绰有余裕。公乃先尚书长子也。星辰降耀，紫髯之质早彰；旗鼓相参，黑稍之威自峻。材巨则楩楠合抱，量远则江海通流。张飞万人，剧孟一国[7]。唐中和辛丑岁，公之嫡妹以懿淑出人，今圣上奇表积于芒砀，佳气集于丰沛，方臻令耦，竟奉天姻。则岂比夫张玄友于，空见敌于道韫；徐吾钟爱，止获配于子南而已哉？公妹即圣上第二夫人，封武威郡君，年三十四，早亡。公中和乙巳，职宣武军，同节度副使兼御史司宪。霸府右校，法秩兼衔，垂橐自肃于戎容，执简且光于乌集。其年迁首列，授宋州长史兼御史大夫。宠分崇级，位迩中权，况参半刺之荣，复就亚台之选。光启丙午年，转右千牛卫将军、检校右散骑常侍、亳州别驾。继专军旅，益动风云。树艺无伤，晋乐鍼则尝闻楚子；矫激不作，魏无忌则徒扼秦军。龙纪己酉岁，加检校工部尚书、右威卫将军，迁节院使。乾宁甲寅，加金紫光禄大夫、检校户部尚书。丁巳，转天平军左都押衙。景福癸亥，加检校司空、守台州刺史，拱卫秩高，阶序势极。两迁八座，郑崇则啸傲会府；一举六条，寇恂则周旋河内。时以事殷雄镇，行驻隼旟。虽指路莫陈，未睹麾旌之列；而蕴化将布，已兴襦袴之咏。天复甲子，授右羽林军大将军，转金吾将军，加爵邑，充飞龙监牧使。陈师鞠旅，既迈于威德；锡壤疏封，且隆其班爵。公望适高于环尹，司坰复振于马官，道契新朝，事符往制。我梁开平二年，建国之初，庶务修明，群伦思举，有便于时教者，莫不来之。于是擢公为右金吾大将军、充街使。禁御肃清，壮晨趋之列；辇毂按堵，无夜吠之音，黉阶深秘于九重，兰锜横臻于两仗，可谓济时雄度，当代英姿，鉴夺未然，智周无际。先是，公以许国之暇、官守之余，率以浮屠氏及玄元太一之法志于心腑间，每清朝朗夕，佛谛道念。恒河指喻，俨究于空王；真诰取征，颇齐于羽客。而且常精药诀，每集灵方。天外星辰，必通香火；鼎中龙虎，实变丹砂。惠周应病之仁，情极恤贫之爱，方且更期福祐，益保延长。淮阴之设斋坛，大汉之重推毂，将申报国，适用殿邦。无何，六气相攻，五邪竟构，齐大夫才忧龋齿，阳虚侯止虑覆杯。无何，效寝针砭，力摧寒暑。一日，将甚困，因故谓夫人曰："凡生居禄秩，不谓不贵矣；殁有班白，不谓不寿矣。但雨露之恩既厚，君父之德未报，生平之恨，唯此而已矣。吾厩有良马而帑有兼金，馨进玉阶，粗达臣节。"言讫奄然而息。即以开平四年七月四日寝疾薨于延福里[10]之第，享年五十八。

夫人昌黎韩氏，益深齐体，痛极所天。感汉庭遗肉之仪，痛必越礼；许晋代拜公之日，哀实过制。殆阖堂共恸，举室同悲，春相无闻，巷歌不奏。翌日，尽以付托，委从表侄虢州司马杨观昌，提笔奉遗表，具以骐骥金璧之类，列于王庭，敬前命也。夫人之裔，其世族出自姬周之际，前诰所谓邗晋应韩，武之穆也，于斯可见。宣子适鲁，厥实御戎，其宗派由来远矣。况又风德清举，懿淑昭焕，奉家道而无所不理，当庶务而皆出有余。训缉之方，殆若神助，执丧礼之至，举葬备之大。虽百其绪而迄今无为者，具命斫他山之石，写作志状，演摩诃之偈，砻为宝幢。告龟筮以求通，问牛眠而演变。松楸可待，东武之胤遥临；茔阙至高，柳季之樵不入。辒车结轸，羁鞅所以追踪；墙翣[8]塞衢，蒿薤[9]由其叠响。自近代已来，士大夫之家葬礼庀事之备，稀有及此者。即以其年九月四日葬于河南府洛阳县平乐乡朱杨村，礼也。

长子昌业，年十八，守左千牛卫备身；次子昌能，年十六，以斋郎调补，方在格限。昆弟皆神姿秀爽，生知孝爰。穀也那也，保家之道迭兴；伯兮叔兮，吐哺之仁早著。鄙无后也，真有子哉。幼子丑汉，方迓髫龀，而啼快之音，固近天性。长女大宝，次女小宝，皆未及笄年，而训诫有闻。令弟朗，皇检校工部尚书，友爱所钟，叶于棣萼；爵禄之贵，均在急难。吁！今则已矣。裳吉，同里巷也，类于他宅，居为切邻，早奉班行，实探平昔。今辱哀旨，俾当勒铭，愧其学昧该详，才非著叙。伯喈甚远，难追绝妙之文；希逸谁加，空羡美终之诔。铭曰：

肃穆宗周，英特全晋。大河千寻，灵岳万仞。祥云若铺，旭日如印。光前绝后，永永不泯。其一。

邈哉伟度，莹若澄怀。高期底柱，煦小春台。蹈海巨楫，创厦宏材。匡时命世，固无所偕。其二。

戎机无前，军法无隐。不资探简，期必授脉。斥候靡差，刁斗潜振。墨子九攻，武侯八阵。其三。

雄姿独高，秀气相簇。孟仲之间，公侯之禄。六尺身躯，十围腰腹。时惧季梁，人钦却縠。其四。

义则无前，才实具美。祭遵文学，养由弓矢。疾足谁遇，怒飞难已。雕鹗重霄，骐骎[11]千里。其五。

天姿全德，允文允武。只畏国经，周旋王度。环卫有仪，神州有序。师之耳目，在我旗鼓。其六。

松桂奇姿，风云间气。功业出入，烟霄得意。醉袖夜归，朝缨晓起。雨露之恩，无所不至。其七。

束带余闲，玄门是勉。煎金煮石，昼夜忘倦。俾生且延，俾病莫变。周穷济乏，不仁者远。其八。

功德甚广，基构甚繁。以是余庆，当福后昆。三子克荷，二女称贤。主祯奉祀，不绝绵绵。其九。

清洛之表，素野之前。豪家贵邸，弥迤相连。卜葬既就，属词既全。刻于坚珉，以永千年。其十。

镌玉册官李延辉刻字。

【注释】

［1］石彦辞墓志，后梁开平四年（910）九月四日葬。河南洛阳出土。志盖为正方形，边长94厘米，篆题"梁故武威石公墓志铭"，共3行，行3字。盖文四周刻宝相花纹等。志石亦正方形，边长93厘米。志文共50行，满行50字，正书。胡裳吉撰文，李昭远书丹，石戬篆盖，李延辉刻字。主要著录：《隋唐五代墓志汇编（北京大学卷）》第2册第173页；《鸳鸯七志斋藏石》编号315；《西安碑林全集》第93册第4514页；《全唐文补遗》第7辑第170页；《全唐文补编》中册第1146页；《五代墓志汇考》第16页。相关研究参陈忠凯《石彦辞墓志探疑》（《文博》1997年第5期）；虞万里《〈石彦辞墓志〉文句正读和史事索隐》（《史林》2009年第6期）。

［2］珥貂，插戴貂尾，汉代侍中、中常侍于冠上插貂尾为饰，指皇帝之近臣。曹植《王仲宣诔》："戴蝉珥貂，朱衣皓带。入侍帷幄，出拥华盖。"

［3］耿秉，东汉名将，扶风茂陵人，字伯初，耿国子。善兵法，好将帅之略。明帝永平中拜谒者仆射。永平十五年拜驸马都尉，次年与窦固击匈奴，十七年，破车师。章帝章和二年，与窦宪击破北匈奴，刻石勒铭燕然山。

［4］亚夫，即周亚夫，西汉名将，沛人，周勃子。文帝后六年，匈奴侵边，以河内太守为将军，防守细柳，帝劳军，不得入，称其军纪严明。景帝前元三年，吴、楚反，以太尉平七国之乱。

［5］官渡馈粮，分十道而方入，指王莽十道征伐匈奴。《汉书·匈奴列传》："莽新即位，怙府库之富欲立威，乃拜十二部将率，发郡国勇士，武库精兵，各有所屯守，转委输于边。议满三十万众，赍三百日粮，同时十道并出，穷追匈奴，内之于丁令，因分其地，立呼韩邪十五子。"

［6］齐师去箱，连七里而不知，指春秋时齐军救郑之事，齐军善进军。《左传·哀公二十七年》"晋荀瑶帅师伐郑，次于桐丘。郑驷弘请救于齐。……乃救郑。及留舒，违谷七里，谷人不知。……知伯闻之，乃还，曰：我卜伐郑，不卜敌齐。"

[7] 张飞万人，剧孟一国，均指武才。汉末张飞为"万人之敌"；剧孟为西汉初游侠，太尉周亚夫奉命率军平七国之乱，将至河南，闻吴楚叛军没有和他勾结，大喜。及至河南，迅速召见，并加笼络。汉将得之如同得一敌国。

[8] 墙翣，棺饰，其形似扇。《后汉书·赵咨传》："复重以墙翣之饰，表以旌铭之仪。"

[9] 蒿蔖，《蒿里》和《蔖露》，古挽歌名。亦借指墓地。

[10] 延福里，即延福坊，位于洛水南岸，据最新《增订唐两京城坊考》记载，长夏门之东第三街，从南第七为延福坊。坊内有"福先寺。处士张运才宅。陇州吴山县丞王立宅。王夫人宅。处士李英宅。周师宅。张珪宅。周氏成夫人宅。并州晋阳县令李美宅。东宫左勋卫骑都尉宣义郎吉怀恽宅。上骑都尉李琮宅。衢州龙丘县尉张行德宅。颍州颍上县尉朱归浦宅。潞州黎城县令孔珪宅。左威卫丹州通化府折冲都尉袁秀岩宅。朝散郎守珍王府录事参军飞骑尉乘著宅。秀士史乔如宅。萧符宅。礼部尚书致仕赠太子少保李德休宅。"

[11] 駒騟，良马名。《逸周书·王会》："禺氏駒騟。"

后周袁彦进墓志[1]

大周故输诚效议功臣光禄大夫检校太保前行宁州刺史权知阶州军州事濮阳郡开国侯食邑一千户袁公墓志并序

公，振武人也，讳彦进。曾祖璠，不仕。曾祖母张氏，生祖讳殷一子，曾为本州将吏，迁至左都押衙。祖母薛氏，亦生一男。父讳宗庆，少仕武皇，初从戎伍，军功继立，相次递迁，充铁林指挥使。至大祐三年正月二日柏乡阵殁，终身王事。至天福八年十二月日，奉敕赠左监门卫将军。母王氏，与父同□，礼娶之妻，相次灭亡，亦与父同时追赠太原县君。公当父殁之时，年才十四岁，奉庄宗皇帝诏旨□保卫小底。公年十九，母与礼婚康氏为妻，妻父讳行儒，幼事明皇，殁身军阵，更无儿女，亦绝弟兄。妻母徐氏，唯生一女，经十年，绝继后昆。至唐末晋兴，龙蹲虎踞，当玉石难分之日，在英雄未辨之秋，事势咸归，军心多易，即数营将首，皆忘其家，悉于清泰三年六月十九日，涂叹于河内耶。公自后颇经任使，累历艰辛，每临大敌之时，皆立功于阵所。至大晋天福初，制超授检校工部尚书。又二年四月十九日，准宣□奉德衙队都军使，转授指挥使，同年月转授检校刑部尚书。公又至四十五岁，再娶杨氏为妻，妻父讳敏，邢州人也。妻母宋氏，只生一女，仪容美丽，处世温柔，荆玉难藏，独有辉华之色，骊珠易隐，迥超出室之光。公饮之芳妍，坚慕求矣。娶生四子，二已长成。至开运二年正月一日，加弘农县君。又至乾祐元年，再加弘农郡君。长子名继忠，字仁节，次子名继文，字智通，皆前宁州衙内指挥使及衙内都虞侯，各授银青光禄大夫、检校太子宾客兼殿中侍御史。二子住哥、四哥，皆幼小耳。长子礼婚王氏为妻，妻父讳环，任凤州防御副史，妻母高氏。次子亦礼婚定杨氏为妻，妻父讳保孙，前右千牛卫将军，妻母佐氏，并居门荫，未经迎礼，公身已薨。又至晋少帝，胡尘竞起，华夏未宁，常领禁师，以静边陲，每于阵所，无不成功。至八年八月日，转授忠贞保卫功臣、护圣右第六军都虞侯、检校户部尚书。又至开运元年七月日转授殿前散员散指挥使、左右厢都虞侯、检校兵部尚书。同年，授武威都指挥使。同年十一月日，转授护圣左第五军都指挥使、使持节勋州刺史。二年六月日，转授右护四军都指挥使、检校尚书右仆射。同年十月廿六日，转授左第四军都指挥使。又天福十二年，大汉初立，方构丕基，委以兵权，特加渥泽。九月日，改授忠贞佐圣功臣、右第三军都指挥使、检校司空、使持节饶州刺史、濮阳县开国男，食邑三百户。同年十二月日，超授左第二军都指挥使。又乾祐元年正月日，汉少主登先帝之位，覃及远方，赐臣下之恩，皆露草木。公三月日，转授右厢都指挥使、检校司徒、使持节果州防御使、开国子，食邑五百户。二年九月日，转授左厢都指挥使、检校太保、使持节阆州防御使。又广顺元年，大周丕构，肇启洪基，既四赦于寰中，乃覃恩于臣下。公知难而退，欲离将权，心以言而口不言，首虽免而身不免，三月日，加金紫光禄大夫阶，同年四月日，改授输诚效义功臣，除左骁卫大将军。公得其无事，乐在班行，犹奉敕谍，同征鲁地。三年三月日，除授宁州刺史。公到郡未期，大周奄弃，少主登位，又加爵秩。显德元年二月日，加开国伯，食邑七百户。同年八月日，转授光禄大夫、濮阳郡开国侯，食邑一千户。二年五月日罢郡归阙，六月十七日朝参，未及两旬，又委兵柄，令于川界权任阶州。公平生节俭，常诚贪叨，五德之中绝于奢逸，三惑之内酒乐难迷，自幼及耆，坐论知足。方当葺理[2]，以赞明时，忽二竖来缠，觉三魂去爽，其于针药，无能及焉。享年六十五，显德二年十一月二十二日薨于阶州，长子继忠知之倾丧，泊远奔扶，歧路毁身，不泯残息。至凤翔府，有知判孔目官张绍节，在衙都部署关从诲等，号天叩地，护从辒车，虽食旨不甘，且闻乐不乐，同随神櫬，归于洛京。乃命良师，择其茔域，依周公之礼制，备方伯之威仪，旗旐[3]启行，薤辂相次[4]，至显德三年丙辰岁七月辛卯朔十三日癸卯葬于河南县宣武乡。乃为铭曰：

皇天无亲兮唯德是辅，高而不危兮以长守富，昔龚遂到兮别布六条，今袁公来兮民歌五袴，公之德也。击长蛇阵兮公有奇作，百战百胜兮血流沟壑，肃静边疆兮戎犬不侵，唐晋汉周兮总图凌阁，公之功也。临危不变兮忘家忘身，自执刚斫兮知伪知真，禀帝代命兮何吝百世，心怀铁石兮冈惧三分，公之忠也。并食亡身兮不顾全生，齐君焚券兮□□知名，推梨之士兮情犹未让，断金永弃兮史册难轻，公之义也。《陟岵》诗言兮幼禀义方，《南陔》篇述兮不闻于墙[5]，五起视枕兮知衣厚薄，三牲日煞兮公意非良，公之孝也。玄宫一闭兮古柏苍苍，逝水东流兮波注茫茫，魂魄杳杳兮骨肉空念，号咷咽咽兮日月无光，回首繐帷兮凝神不语，重泉之下地久天长。

显德三年七月十三日。

前摄宁州军事卫衙推韩桂撰。孔目官张绍节书。

【注释】

[1]袁彦进墓志，后周显德三年（956）七月十三日葬。1927年出土于河南洛阳市沟上村，现藏千唐志斋博物馆。志盖佚。志石长63厘米，宽64.5厘米。志文共41行，满行41字，正书。韩桂撰文，张绍节书丹。主要著录：《北京图书馆藏中国历代石刻拓本汇编》第36册第144页；《隋唐五代墓志汇编（洛阳卷）》第15册第181页；《千唐志斋藏志》第1236页；《全

唐文补遗》第 1 辑第 456 页；《全唐文补编》中册第 1344 页；《五代墓志汇考》第 580 页。

［2］葺理，修理。《后汉书·独行传·雷义》："后葺理屋宇，乃得之。"

［3］旟旐，泛指旌旗，此指铭旌。《诗经·小雅·出车》："彼旟旐斯，胡不旆旆。"

［4］薤辂相次，指《薤露》（灵歌）和灵车（辂）前后相继。

［5］《南陔》篇述兮不阋于墙，南陔，《诗经·小雅》篇名，为孝子相戒之诗，有目无诗。《诗经·小雅·南陔序》："《南陔》，孝子相戒以养也。"《南陔》篇述兮不阋于墙，指以《南陔》之诗告诫诸子，不可兄弟阋墙。

北宋贾遇墓志[1]

武威郡贾府君墓志

府君讳遇，其妻霍氏，纯精孕质，秀气钟神。达阴阳之玄妙，明祸福之深源。不幸夭寿，绝其嗣也。有弟延斌，勤学妙术，为阴阳家流综也。娶李氏，生三男一女，一名冯郎妇，长男怀玉，襟灵冲粹，心府坦夷。勤以干家，廉以奉己。先娶杨氏，遂生三男一女，长曰文应，次曰文普，小曰满仓。其妻杨氏，惜其中寿，亦以疾终。再娶元氏，其小娘子，情和雅态，惟善风流。元施四德之能，终蕴三从之妙。其弟怀义，投于军门；小弟怀政，俱殁。其世侄男文吉在家，其母□氏，于今年闰四二十二日寝疾，终于家，年八十有三，哀子怀玉、孝妇元氏、孙男文应，同营葬事于阳曲县武台乡盈村里南原，礼也。乃为铭曰：

汾水滔滔，东流不已。蒙山巍巍，西来其北。里曰盈社，兹焉胜地。府君葬之，福流千祀。

时大宋景祐四年岁次丁丑八月庚午朔三日壬申，故记耳。卖地人白训计地二亩，封围二座，价钱一十四贯文□□。

贾遇志石

【注释】

[1] 贾遇墓志，北宋景祐四年（1037）八月三日葬。今存山西省太原市迎泽区纯阳宫。墓志长60厘米，宽50厘米。墓志青石质。首刻"墓志一所"4字。志文行书。主要著录：《三晋石刻大全·太原市迎泽区卷》第33页；《山西省艺术博物馆馆藏碑志集萃》第64—65页。

金段季良墓表[1]

大金故武威姑臧段公墓表

段氏之兴，其来远矣。世居武威，在汉则北地都尉印[2]，在魏则晋兴太守纷[3]，至于有唐，尤为显焕，身居将相，公望岩岩，则文昌其人也。笃击奸邪，英烈言言，则秀实[4]其人也。其余特书史籍，乃署周行者，亦不可缕数。降及前宋，则我司理参军出焉。参军讳应规，乡于绛之稷山，门族蕃大，连甍接闬，相望屹然，邑人号司理庄，以别之尔。后埋光种德，疆畎相承，不替其绪者累叶矣！四世孙季良，字公善，乃故赠中奉大夫、武威郡侯矩之父也，故华州防御使铎之祖也。昆季五人，兄曰季先、季亨，弟曰季昌、季连，侄五人：彻、整、衡、术、衍，量材授事，各有所主。或私门干蛊，或黉宇治经，俾皆不失其性分。公生而敦敏，不喜儿嬉，长而厚重，不悦纷华，壮而负长材，远度耻为龊龌，近步以尊常守故而已。人有劝其仕进者，笑而不答，私谓所亲曰："丈夫居世，岂能以太仓一粒为人所役哉？姑山之阳，汾水之曲，世有善田数顷许，足以馨祭祀、奉甘旨，备岁时伏腊之礼，给子孙诗书之费，孝乎惟孝友于兄弟，善于乡里，是亦为政。奚其为为政哉！劝者知退。事兄季亨尤为尽礼，季亨之子整，与宾贡之书升于太学，绛之距汴，不啻千里，始我往矣，琴书仆马，无不毕备，及至之日，津遣以时，俾忘倦游。整亦不负叔父之志，晓窗夜烛，克终其业，为时闻人。娶故洗马杨君孙女，天资仁淑，司我中馈。其侄整，后以文艺擢知太平县事，人皆归美贤叔之致。居无何，昆弟中有求分异者，公拒而不诺者，再三至，不得已泣而告曰："一斗粟，尚可舂；一尺布，尚可缝；同枝连气，何遽如是。中外资产，任君等所取，一无所争。吾主张门阀，培树德善，积有年矣，天实有之，其肯贫我？"呜呼！公之言真，仁人之言哉，如其敦好本业，不务外饰，轻财重义，乐善好施，求之古人中，十无二三。享年六十有五，实天眷元年七月十七日也。松区已剪矣，壤厦已安矣，孝孙之心犹以为不足，远采它山之石，树立丰碑，图不朽计，愈晚生询之耆旧，参以耳目之所接，犹得详言之而为铭。铭曰：

姬姓分封，郑武公子。段氏之兴，自兹伊始。枝叶相承，多历年所。乃武乃文，或出或处。厥惟我公，稷山巨族。乐守农田，耻修边幅。孝弟睦姻，得之自然。朋友称信，族党称贤。昆季之间，有求异爨。推肥取瘠，曾无竞畔。哀此哲人，生而有死。天监孔明，子孙受祉。

泰和二年四月二十日立石。

平仓事、飞骑尉、口口口开国男、食邑三百户、赐紫金鱼袋裴国器书丹并篆额。

上护军、陇西郡开国侯、食邑一千户食、实封一百户、赐紫金鱼袋李愈撰。

【注释】

[1]段季良墓表，金泰和二年（1202）四月二十日葬。原在稷山县。据《山右石刻丛编》卷22载："石高五尺三寸八分，广二尺八寸一分。二十二行，行四十五字，正书。"李愈撰文，裴国器书丹并篆额。主要著录：《山右石刻丛编》卷22；同治版《稷山县志》卷8；《辽金元石刻文献全编》第1册第215页。

[2]北地都尉，即汉文帝时北地郡都尉段印，为段氏之祖《新唐书·宰相世系表》载："段氏出自姬姓。郑武公子共叔段，其孙以王父字为氏。汉有北地都尉印，世居武威。"又《史记·文帝本纪》载："十四年冬，匈奴谋入边为寇，攻朝那塞，杀北地都尉（段）印。"又《冯唐列传》《匈奴列传》皆有载。

[3]段纷，北魏晋兴太守。《元和姓纂》载："印十九代孙纷（《新唐书·宰相世系表》"十九代"作"十四代"），后魏晋兴太守。"

[4]段秀实，原名颜，中唐名将、名臣，字成公。玄宗天宝时任安西府别将，先后从高仙芝、封常清治军事，转绥德府折冲都尉。肃宗时，累官泾州刺史。代宗大历中，官至四镇北庭行军泾原郑颍节度使。泾源兵变时，以笏击破叛臣朱泚面颊，遂遇害，谥忠烈。《旧

唐书》《新唐书》皆有传。

明和赏公墓志[1]

　　故怀远将军高昌卫同知指挥使司事和赏公坟记

　　公讳和赏，畏兀氏，世居高昌。曾祖纽怜，事元世祖有功，封高昌王。祖帖木儿不花[2]，中书左丞相[3]。父不答失里，中书平章政事，皆袭王爵。母也先忽都封王夫人。公性警敏，能知时达变，幼亦绍王，封镇永昌。洪武三年，大兵下兰州，公赍印绶自永昌率府属诣辕门内附，诏授怀远将军[4]、高昌卫同知、指挥使司事，世袭其职。公乃开设官署，招集降卒数百人，会宋国公冯公胜[5]奉敕征甘肃，命公移镇西凉，转输馈饷无乏，朝廷嘉之，不幸以七年九月二十八日卒于南京之寓舍，年二十有八，以十月八日葬江宁县[6]聚宝门[7]外五里吕氏花园。上遣使者祭奠，恩礼优渥，人皆以为荣。公妻曰都坚，子一人太平，女二人在室。惟公生于王家，暨入国朝，荣膺显爵，方以事功自见，而赋年不永，惜哉！因为疏其世系及卒葬大概，纳于墓，以志其哀。

【注释】

　　[1]亦都护高昌王和赏公墓志，明洪武七年（1374）十月葬。志文存宋濂《宋学士文集》卷28，今据以录文。墓主和赏，为帖木儿不花之孙，不答失里之子，世袭亦都护高昌王，为末代亦都护。明人叶盛的《水东日记》卷27载："和赏嗣亦都护高昌王，镇甘肃，国朝洪武三年，宋国公西征，全部士马金即归附，除和阳卫指挥同知，洪武七年卒，赐葬聚宝门外"。主要著录：《宋学士文集》卷28。

　　[2]帖木儿不花，元时有名臣帖木儿不花二人，一为世祖忽必烈孙、镇南王脱欢第四子，后嗣为镇南王；另有灭宋将领帖木儿不花，世祖至元七年（1270）率兵赴襄阳，与宋将范文虎大战灌子滩（今属襄阳），取胜。后从伯颜伐宋，取建康、平江、临安等地，又入福建、广东诸郡县。十六年（1279）追宋将张世杰于香山岛（今属广东），获众数千人。因功为中书左丞、都元帅等职。志主祖父盖后者。

　　[3]中书左丞相，官名。元世祖中统二年（1261）置，属中书省，与中书左丞同号"左右辖"，协助宰相裁成庶务，位居执政。正二品。初员额不定，至文宗至顺元年（1330）定置一员。行中书省亦置，员数、品级同中书省。明初沿置，制如元朝，洪武十三年（1380）废。

　　[4]怀远将军，官名。东汉献帝建安（196—220）间曹操置，为杂号将军，第五品，位在奋武将军之上。金、元置，有武散官怀远大将军。明沿置，改怀远将军，从三品，初授。

　　[5]宋国公冯公胜，即冯胜，明朝开国名将。元末结寨自保，后归朱元璋，积功为元帅。先后参与击陈友谅、张士诚，北取山东、河南，西平陕西诸役。又大破西北、辽东残元势力。封宋国公，名列明开国功臣第三。后以功高遭太祖猜忌，赐死。

[6]江宁县，西晋太康二年（281）以临江县改名，治所即今江苏江宁区西南江宁镇。隋开皇十年（590）移治冶城（即今江苏南京市）。唐武德三年（620）改名归化县，贞观九年（635）复改白下县为江宁县，上元二年（781）又改为上元县，五代梁贞明三年（917）杨吴又析上元县地复置江宁县，与上元县同城而治。

[7]聚宝门，即明南京城正南门，后称"中华门"，历史可追溯到南唐都城江宁府和南宋陪都建康府城南门旧址，明洪武二至八年（1369—1375）扩建而成。

明宋晟神道碑[1]

故推诚辅运宣忠效力武臣特进荣禄大夫柱国后军都督府左都督西宁侯宋公神道碑铭

荣禄大夫少傅兵部尚书兼华盖殿大学士庐陵杨士奇[2]撰

资善大夫少傅刑部尚书古汴赵羾[3]书丹

文林郎监察御史毗陵陈耘[4]篆额

永乐五年七月初二日，推诚辅运宣忠效力武臣，特进、荣禄大夫、柱国、后军都督府左都督，西宁侯宋公终于肃州。讣闻，天子悼叹，遣官赐祭，敕有司给传，还其丧。明年夏，至京师，葬聚宝门外其考之茔之次。公讳晟，洪武中所赐名，其字景旸，宋□□家凤阳之定远。元季，我太祖皇帝龙兴，岁壬辰，公随父朝用、兄国兴来归。明年，从克濠州，又从战败贾鲁兵。父兄，并以功授万户。甲午，从张天祐□五河、泗州盱眙，又并进总管。乙未，从上克和州，渡江，下采石，太平总管邵荣等潜有异谋，国兴察知以闻，荣等伏诛。从克溧阳，进攻南台，国兴战没，命公袭兄职□□从攻陈也。先水寨克之，遂从克南台。公父升□□□□□随广德公克宣州，还，改广德公、天宁冀元帅，以老留建康。公从邓愈克徽州，受功赏。戊戌，召入侍卫。己亥，袭天宁冀元帅。庚子，调征饶州及江西诸郡，以次平，赐袭衣文绮，命充□总兵官□诸山寨。洪武元年，克建宁，遂留守御，实授武德将军、建宁卫正千户。四年，升怀远将军、建宁□□挥使司都指挥同知。冬召还，升江西都指挥□□□□□□都指挥使，授龙虎将军。十一年，调陕西都指挥使所。至，治兵抚民，不严而肃。十二年，掌凉州卫。十三年，逐北虏至白城，获其人马甚众。十五年，父病，诏公还侍。又三年，父殁。既襄事，复往镇凉州。虏时数为边患，公率兵讨之，追至亦集乃之地，斩其凶渠。也速儿监等及其众□□余悉生絷送京师。又招降□□□□吴把都□□□□□而送其酋长工不答儿等百五十人诣京师，简其壮者付卒伍，余悉处之善地，俾耕牧自便。驿召公还京，奖谕再四，赐赍甚厚。复镇凉州。十九年，复召还，升骠骑将军、右军都督府都□□□赐钞文绮，以其官赠其三代。仍往镇凉州。二十三年夏，遣中使就赐白金及钞。至秋，复三遣赐钞文绮，授制谕，充总兵官。征哈密里，破之。哈密里者，去肃州千余里，虏所城也。诛其伪王子别列怯等三十余人，获虏众千三百人及金□□□□□□□□□□将□□□□□□□总兵官，征罕东、西番叛寇，诛禽（擒）七千五百余人，获马二千五百，牛羊十万，遂还京师。二十七年，调中军都督府。

是岁，虏寇辽东，命充副总兵，率兵讨之，遇诸脑温江，获虏众千余，马倍之。明年，广□西□□□□□□□□□□□□□□□□□□□□□余人，贼平，还京。又明年，复总羽林等八卫兵往平五开、龙里十三洞之寇。三十一年，率师城、万全诸卫归。二年，出镇甘肃。太宗皇帝初凛御，公朝京师，升后军都督府左都督。永乐元年，授平羌将军，充总兵官，仍镇甘肃。二年，虏日益聚近边，公遣人谕以朝廷德意，其酋长把都帖木儿、伦笃儿灰，率部众五千、马驼万六千来归，边境底宁。事闻，赐敕奖谕，命都督徐膺绪、尚书赵羾持节军中，封西宁侯，赐推诚辅运宣忠效力武臣特进荣禄大夫柱国，仍后军都督府左都督，食禄千一百石，加赐田若干顷。又二年以秋□□□□六十有五。子男七人：茂、瑄、瑜、琥、玘、瑛、瑾。瑄，府军右卫□□使。琥，驸马都尉，尚安成公主。瑛，驸马都尉，尚咸宁长公主。永乐中，琥袭西宁侯。仁宗皇帝嗣位，琥坐事。改命瑛袭西宁侯，署宗人府事，仍给原禄，子孙世袭。今上即位，改元宣德，始加赠祖考一公□朝门皆为西宁侯。祖妣□氏、妣陈氏，皆为西宁侯夫人。公之配丁氏、叶氏、许氏，皆赐西宁侯夫人。茂、瑄、瑜、玘、瑾皆先□□□厉祯、张镇、彭铉、□□、张益，其婿也。孙男十人：福寿、杰、智坚、伟、智满、俊、俨、佑、佐、吉祥，蒙赐名。除杰金吾左卫指挥使。伟，羽林右卫指挥同知。俊，天策卫指挥佥事。俨，旗手卫正千户。佑，龙骧卫正千户。孙女八人，陈□□瞿能，其孙婿也。曾孙二人，兴□□□。呜呼！公勋著国家贵□，岁里庆泽，彼所以□□□□于无穷，固本义于际遇，圣明千载之幸会，亦必其忠义之行，闳远之材，克勤始终，有以迓承之矣。故既述其事于碑文，□之铭曰：

天建皇明，龙兴淮土。魁智杰能，如云从附。定远密比，犹汉沛丰。父兄偕来，有伟宋公。□□所向，□□□□。神武□□，□迎降□。□□□□，金陵定鼎。分命肱股，□□四境。于宣□□，于番及闽。公从总戎，声威日震。既宁既靖，公留奠之。进奠藩垣，大江之西。云中在左，分陕在右。公来镇抚，煌煌旌□。虏窥□□，□□□□。□縈其□，招怀其余。□胡辽阳，□□岭表。□□□□，如铁摧朽。马迹所历，几周四遐。桓桓之志，无康于家。文王临御，亲任旧老。自西来朝，苍颜白首。天子曰嘻，卿宜在廷。□□西顾，孰乎愈卿。公曰臣职，□臣未□。西人欣欣，迓□复□。□□尽瘁，遑敢怠宁。边人□□，□□□□。上德恩□，洽□遐外。□□毕归，如川赴海。天子曰□，维时茂勋。□□丰禄，予慰乃勤。□公遭际，□□□□。□□贤称，□而□□。□□□□，□□□□。□□□□。太史述铭，永□□□。

宣德元年岁次丙午月日，孝男驸马都尉西宁侯瑛立石。

宋晟神道碑

宋晟神道碑碑额

【注释】

［1］西宁侯宋晟神道碑，明宣德元年（1426）刻。现位于江苏省南京市雨花台区雨花西路43号。神道碑通高510厘米，其中碑身高290厘米，宽125厘米，厚37厘米。碑额篆书"明故特进荣禄大夫柱国西宁侯宋公神道碑"，共3行，行6字。四周刻双龙及卷云图案。志文共39行，满行99字，正书。明代杨士奇《东里文集》卷12收录有该神道碑，文字略有出入，可相比勘。其中文集中所记载的铭词为："天建皇明，龙兴淮土。魁智杰能，如云从附。定远密比，犹汉沛丰。父兄偕来，有伟宋公。义旗所向，仗剑先驱。神武不杀，迎降欢呼。长江飞渡，金陵定鼎。分命肱股，出绥四境。于宣于歙，于番于闽。公从总戎，声威日震。既宁既靖，公留奠之。进莫藩垣，大江之西。云中在左，分陕在右。公来填（镇）抚，煌煌旌棨。房窥西陲，公往过之。斩絷其渠，招怀其余。系胡辽阳，薙薙岭表。如燎灭枯，如铁摧朽。马迹所历，几周四遐。桓桓之志，无康于家。文皇临御，亲任旧老。自西来朝，苍颜白首。天子曰嘻，卿宜在廷。纾予西顾，孰乎愈卿。公曰臣职，及臣未衰。西人欣欣，迓公复来。鞠躬尽瘁，遑敢怠宁。边人恃公，屹然长城。宣上德恩，洽于遐外。耄倪毕归，如川赴海。天子曰□，维时茂勋。崇爵丰禄，予慰乃勤。维公遭际，实多父兄。伟绩贤称，晚而益闳。存没荣哀，师从先兆。来世莫京，繄公所肇。墓道有石，其崇九尺。太史述铭，永耀无极。"其内容，可补碑石之阙。宋晟共有三位夫人，其中丁氏生于至正元年（1341），长宋晟一岁，至正十三年（1353）嫁与宋晟，是年宋晟十二岁，是宋晟的第一位夫人，卒于永乐二十二年（1424），生子宋瑜；第二位夫人叶氏生于元至正十六年（1356），年十七（1372）嫁给宋晟，卒于永乐十九年（1421），生子宋琥、宋玘；第三位夫人许氏，生于至正二十

年（1360），年十八岁（1377）嫁给宋晟，卒于永乐十六年（1418），生子宋瑄、宋瑛、宋瑾。主要著录：《南京历代碑刻集成》编号060。相关研究参龚巨平《南京明代西宁侯宋晟家族墓及相关问题》（收入南京市博物馆著《学耕文获集：南京市博物馆论文选》，江苏人民出版社，2008年）。

　　[2] 杨士奇，名寓，泰和（今属江西）人，少孤。建文初，荐入翰林，充任编纂，撰写《太祖实录》，不久试用吏部。永乐时官左春坊大学士、少傅。正统中任少师。善于知人，为官廉洁能干。著有《三朝圣谕录》《奏对录》《历代名臣奏议》《文渊阁书目》。因其子稷下狱，忧虑死。赠太师，谥文贞。《明史》有传。

　　[3] 赵羾，字云翰，夏县（今河南夏邑）人。洪武中，由乡举进入太学，授兵部职方司主事，升为员外郎。建文初，任浙江参政，献捕海寇计策有功。永乐二年（1404）出使交址，称旨。历升为刑、工、礼部侍郎、礼部尚书。后改任兵部尚书，专门管理塞外兵事。仁宗时任南京刑部尚书。宣德五年（1430）被弹劾致仕。《明史》有传。

　　[4] 陈耘，永乐至宣德时御史，《明太宗实录》《明英宗实录》有载其事迹。

明宋晟行状碑^[1]

行状

推诚辅运宣忠效力武臣特进荣禄大夫柱国后军都督府左都督西宁侯宋公行状。

公赐名晟^[2]，字景旸，姓宋氏，凤阳之定远人。祖讳，父朝用。昔者元运将终，群雄四阒，民不安生，天命我太祖高皇帝起于淮右，以平僭乱。当时豪杰之士，云合风从。朝用遇太祖于田里，慷慨出见，再拜叹曰：诚真主也。于是偕公与公之兄国兴就事。太祖以朝用之贤，命参谋，议于帷幄。壬辰，从征克濠州，覆贾鲁营寨。朝用授管军万户。甲午，征五河、泗州盱眙，克之。朝用与国兴皆授总管。乙未，从太祖取和州，渡江克采石，破蛮子海牙水寨。总管邵荣阴谋叛逆，国兴知而发其祸，荣事泄，伏诛。克溧阳，攻南台，国兴力战失援，没于行阵。公袭国兴职，为总管。丙申，平方山陈埜先，遂定南台。朝用升广德元帅。丁酉，克宣州，改天宁冀。公从邓愈征徽州有功而还。戊戌，公入侍卫。己亥，朝用致事。公袭天宁冀元帅，征饶州、江西诸郡县，既平，赐公金帛衣服，命为统兵，征东南附山寨。洪武元年，平建宁公建宁卫正千户。四年，都司，以公为都指挥同知。是年冬，升江西都司都指挥使。九年，调大同都司，进龙虎将军。十一年，调陕西都司。公宽仁大度，西北军民爱戴如父母。十二年，守凉州。十三年，哨白城获虏人马归。十八年，朝用卒，公归。治葬事竣，复镇凉州。虏寇犯边，公讨之，斩也速而等于益（亦）集乃，余悉絷送京师。纳降虏吴把都等万八千人，以附编籍。丁壮者收居行五，千者择地处之，从其耕牧，太祖皇帝闻而嘉之，赐劳褒奖再三。十九年，召升骠骑将军、右军都督府都督佥事，仍加赐劳，追赠三代以官。二十三年，制充总兵官，征哈密，擒名窃位者列怯等三十余人，金印一颗、银印二颗，余众悉降，兴等振旅班师。二十年，复征罕东，平之，由是西番诸部落臣顺无异志。

二十七年，召还，调中军都督佥事，命领兵征辽东，虏于脑温江[3]，悉获其众。二十八年，征广西洞寨。三十年，征五开、龙里。三十二年，率师城、万全开设护卫所。壬午，太宗皇帝入继大统，公朝京师，升后军都督府左都督。永乐元年，平羌将军印，充总兵官，镇守甘肃。既至，以朝廷怀之意，以谕其境外之长虏把都帖木儿与伦都儿灰率众来归者五千人，献驼马一万六千。太宗皇帝嘉其功，命都督徐膂绪，尚书赵羾持节即军中，封公为西宁侯，赐勋推诚辅运宣忠效力武臣，散官特进荣禄大夫，阶柱国，仍后军都督府左都督，食禄一千一百石，田若干顷，授以铁券。永乐五年以疾终，享年六十有五。归葬于南京聚宝门外雷家庄先公之茔次，葬费皆出朝廷之所赠。配丁氏、叶氏、许氏。子男七人，曰茂、曰瑄、曰瑜、曰琥、曰玘、曰瑛、曰瑾。瑄，任府军右卫指挥使。琥，尚安成公主[4]，驸马都尉，袭西宁侯。瑛，驸马都尉，尚咸宁公主[5]。甲辰，仁宗皇帝即位，琥坐事夺爵。命瑛袭西宁侯。宣德改元，追封祖一公、父朝用皆为西宁侯。祖母朱氏，母陈氏，与公之配皆为西宁侯夫人。女五人，适厉祯，适张镇，适彭铉[6]，适徐昕，适张益。孙男曰铉、铎、镐、镛、杰、伟、俊、俨、佑、仪、僖、杰，金吾左卫指挥使。伟，羽林左卫指挥同知。俊，天策卫指挥佥事。俨，旗手卫正千户。佑，龙骧卫正千户，皆瑛之子也。孙女八人，曾孙男二人兴先公乘机应会，树名，事已载于国史其墓所固宜有表神于道也。是故述其大概以备采择焉。

奉政大夫修政尹、通政使司参议，知制诰宜黄吴余庆[7]述。

宋晟行状碑

【注释】：

[1] 宋晟行状碑，明宣德年间（1426—1435）刻，现位于江苏省南京市雨花台区雨花西路113号。此碑通高508厘米，碑身高286厘米，宽114厘米，厚31厘米。碑阳为《追封西宁侯宋公墓碑》，碑额篆书"追封西宁侯宋公墓碑"，共3行，行3字。行状碑碑文共27行，满行78字，正书。由杨荣撰文，胡濙篆额。碑文见录于杨荣《文敏集》。碑阴刻宋晟行状。在碑阳所刻写的《追封西宁侯宋公墓碑》中，刻上了圆形句读符号。这是目前南京发现的除中山王徐达神道碑之外的一通刻有句读符号的碑刻，具有一定研究的研究意义。这通墓碑，或云是宋恺所立，如《南京中华门外明墓清理简报》《江苏文物综录》《雨花台区文物志》均认为是宋恺立碑；或云宋琥立碑，如《金陵胜迹大全》认为是宋琥所立。（参《南京明代西宁侯宋晟家族墓及相关问题》）主要著录：《南京历代碑刻集成》编号086；相关研究龚巨平《南京明代西宁侯宋晟家族墓及相关问题》（收入南京市博物馆著《学耕文获集：南京市博物馆论文选》，江苏人民出版社，2008年）。

[2] 宋晟，字景阳，明朝开国将领，定远人。父朝用，兄国兴，并从渡江，皆积功至元帅。后经太祖、建文帝、成祖三帝，长期出镇甘肃。《明史》有传。

[3] 脑温江，即今嫩江，古名难水，明代称脑温江。

[4] 安成公主，明成祖第三女，母徐皇后（徐达女）。成祖即位后，即封为安成公主，嫁西宁侯宋晟之子宋琥。宣德初加号安成长公主，正统初加号为安成大长公主，正统八年（1443年）逝世。

[5] 咸宁公主，明成祖第四女，母徐皇后。永乐元年（1403）封咸宁公主，嫁宋晟子宋瑛。正统二年加封为咸宁大长公主。正统五年（1440）逝世。

[6] 彭铉，明英宗时曾任都指挥佥事，《明英宗实录》有载事迹。

[7] 吴余庆，字彦积，号斯白，宜黄（今江西宜黄）人。永乐六年（1408）以荐除中书舍人，历右通政兼知制诰。能诗文，善真、草、篆、隶。《明英宗实录》有载事迹。

明梁玉墓志[1]

明故御马监太监梁公墓志铭

光禄大夫柱国少傅兼太子太傅吏部尚书谨身殿大学士南海梁储[2]撰。

敕提督三千营总兵官掌中军都督府事侍经筵太子太傅成国公凤阳朱辅[3]篆。

赐进士第通议大夫刑部左侍郎前大理寺卿侍经筵都察院右佥都御史宣城张纶[4]书。

公讳玉，字德润，姓梁氏，系出湖广襄阳南昌之望族。高、曾、祖俱有潜德。父讳真，尤谨饬，甘隐不仕。母张氏，庄静慈淑，乡党称无间言。生公。自幼天资颖秀，气宇轩昂，所谓桂林一枝，崐山片玉者，公其拟之。厥后于成化丁亥，有司荐入内府。成化丙申，宪宗命公分理兵仗局事。成化己亥，复有抱关之责。成化癸卯，升奉御。丁未，宪宗升遐。孝宗嗣统，改元戊申。迨乙卯年五月十八日，升都知监右监丞。次日，简明分守凉州，恩至渥矣。越八载癸亥，历升本监左少监，仍守凉城。而四境冲突，且近番虏，公则处之无难。寻添设墩台，挑挖壕堑、斩削山崖，重整武备。故数年之间，凶奴远遁，居民晏安。弘治乙丑，孝宗宾天。今上登极改元丙寅，遂升太监，命镇陕西，特荣以蟒衣、玉带之赐。公在陕右不数月，而诸司百职靡不企仰，郡黎百姓咸有称颂。是年十月三十日，钦命回京，督理惜薪司、南厂。至已巳，改御马监太监，复命镇守大同。公则益奋勇力，愈固谋猷，若夫擒斩之功，不可胜计。又于要害处所，则以增墩台，防范有方，而凶奴不敢猖獗，皆公之力也。故闻于上，特敕便宜行事。复遣官赍蟒衣三、玉带一，以劳公之忠诚。及壬申，朝廷又以公德望素著，远夷久服，因移镇甘肃。特以公素知其地，轻车熟路，凡贼势有犯，易为御侮。三四年间，威名大振于西羌，眷顾愈动乎九重。奈何公寿聿暮景，正德甲戌十月二十日，卒于斯地。逾年乙亥正月十六日，讣闻。上震悼不已，辄遣官赍敕，往迎公枢至京，赐以宝钞，谕祭葬、祠额。官其公素所爱者数人、勇士十人，仍遣御马监右少监刘祥，内官监奉御韩让董其事。二公素在公爱下，知公行实，具状请予铭，义不可辞。公生于景泰甲戌十二月初七日，享年六十有二。公名下二：即刘、韩二公。侄男五：梁锐，锦衣千户。梁富，锦衣百户。梁能、梁贵、梁仓，俱总旗。皆森然玉立，承继无忝。呜乎！梁公其生也荣，其死也哀，终始一致，功业伟哉。今年六月六日，择葬于西直门[5]外香山乡白石桥之原。因为之铭。铭曰：

　　瑞气呈祥，著于南昌。笃生伟器，恭侍明皇。潜心事业，夙夜弗荒。始终遭遇，宠渥汪洋。内辅君德，外殿边疆。上下悦服，名誉昭彰。寿逾卦数，星陨忠良。西山晚翠，松柏严霜。孤云出岫，鸟倦莫翔。刻兹金石，千古流芳。

梁玉志盖

梁玉志石

【注释】

　　[1]梁玉墓志，明正德十年（1515）六月六日葬。1949年后北京市海淀区出土，现藏海淀区文物管理所。志盖长70厘米，宽69厘米，厚14厘米。盖文篆题"明故御马监太监梁公墓志铭"，共4行，行3字。志石为正方形，边长70.5厘米，厚14厘米。志文共34行，满行36字，正书。梁储撰文，朱辅篆盖，张纶书丹。梁玉，《明武宗实录》《明经世文编》有载事迹。又《名山藏》有载"使甘肃镇守太监宋彬、大同镇守太监梁玉互调换"事，与志文所述合。主要著录：《新中国出土墓志·北京（一）》上183页图、下册156页文。

　　[2]梁储，可作梁储，广东顺德人，明中期宰辅，字叔厚，晚号郁洲。成化十四年(1478)进士第一，授编修。正德时为吏部尚书，华盖殿大学士，内阁首辅。宁王叛，武宗南征，储扈从。世宗时被劾乞归。谥文康，有《郁洲遗稿》。《明史》有传。

［3］朱辅，明开国成国公朱能曾孙，成国公平阴武愍王朱勇孙，《明史》《明世宗实录》《明神宗实录》等皆有载事迹。

［4］张纶，《明史》《明世宗实录》等皆有载事迹，曾任都察院右都御史、河南按察司副使、大理寺侧卿等职。

［5］西直门，原名和义门，为元大都城西垣中门。明初，易今名，为明清北京内城西垣北门，在阜成门北，西向。始建于元代，明前期加固城垣，改城门为砖砌筒壳式。正统四年（1439）城门楼修成。门外有正方形瓮城，瓮城南垣设门，西垣正中设箭楼。明清时，因皇宫用玉泉山泉水每自北门车载运入，故又名"水门"。清初定正红旗居门内。城门及箭楼于 1969 年城市建设中拆除，原址今为西直门立交桥。（参《北京史志文化备要》）

清尹世衡墓志[1]

皇清诰授中宪大夫江苏苏松太仓江南淮扬兵备道浙江督粮道金衢严道前翰林院庶吉士仲平尹公之墓志铭。受业蒋方正题笺。

皇清诰授中宪大夫江苏苏松太仓江南淮扬兵备道浙江督粮道金衢严道前翰林院庶吉士仲平尹公墓志铭

赐进士出身诰授振威将军兵部侍郎兼都察院右副都御史巡抚河南等处地方兼提督衔节制全省军务并驻防满营官兵兼理河道前顺天府尹刑科掌印给事中掌京畿道监察御史翰林院编修年家眷侍生牛鉴[2]篆额。

赐进士出身陕西洛南县知县历署耀州知州商州直隶州知州篆务前浙江安吉县知县陕西安定县知县加三级皖桐许丽京制文。

赐进士出身诰授中议大夫两浙江南等处盐法都转盐运使司管通省驿传水利加三级前掌京畿道监察御史翰林院编修受业常大淳谨书。

呜呼！贤人之穷于命久矣。幸有其人焉，必遏抑而摧折之，枯槁于山林。然岂无力自振拔，上结朝宁之知，仗节拥旄，飞刍輓粟，塞帷按部，所至有声？乃阻于时势，进不能大其用，退又不克永其年，抑（以上第一石）独何叹？此可为抚膺而悼叹也。公讳世衡，字仲平，号仲舆，甘肃武威人，世为望族。曾祖讳诰，康熙辛卯举人，任四川渠县知县。曾祖妣辛孺人。祖讳思任，乾隆丁卯拔贡，以公贵，赠中宪大夫。祖妣王氏、于氏、吴氏，俱赠恭人。承嗣父讳彩，庠生；本生父讳绾，廪膳生。俱诰赠如公官。承嗣母李氏、本生母柴氏，俱诰赠恭人。胞兄世阿，乾隆乙卯举人，大挑江西知县，借补藩库大使，历署县事。胞弟世清，道光乙酉举人，任陕西蒲城县训导，保举知县。俱先公卒。公生质颖敏，少承庭训。于书无所不读，尤精帖括，试辄冠军。弱冠后，频丁内外艰，家道拮据，间游幕以资薪水。中嘉庆庚午科陕甘乡试举人，连捷进士。选庶常，散馆，改部签分吏部考功司行走。嘉庆二十三年，补文选司主政。道光二年，升文选司员外郎，掌稽勋司。考功司印。逾年，升考功司郎中。五年，京察一等，奉旨记名，以道府用。是年俸满，截取繁缺知府。凡稽核

部务十余载，专持大体不（以上第二石）（下阙七行）□□□□□□□□□□□□□顾积重
□□□□□□□□□公。八年，奏奉□□□□缺道员，改补，循例入觐，返浙署金衢严道一次
十三年，告假回籍，途次青门，疾作，遂侨寓焉。方冀医治就瘳，讵项瘿未愈，而目障旋生；
目障未除，而周痹遂作。年复一年，至于痰塞而疾不可为矣。公生于乾隆四十四年十一月
十一日子时，卒于道光二十一年三月初四日戌时，享年六十有三。生平遇人以礼，见品学
端粹者，虽后辈滋益恭。孝友之行，规矩之度，不可胜书。而每奋于善举，捐修淮扬堤工，
沿堤七村赖以安堵。重修浙杭云林寺，倡捐多缗，绅商云集，工藉告竣。他如赈难民，邮孤寡
厚故旧，皆其荦荦大者。夫君子之仕也，所以利人济物也。公駸駸响用，偏以（以上第三石）
（下阙第四石志文）

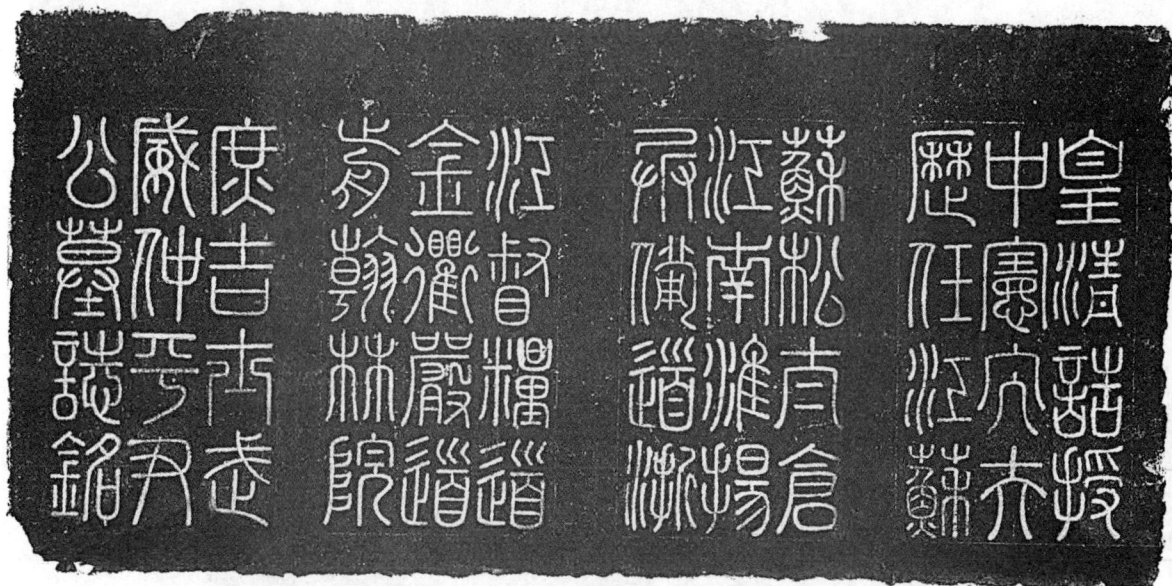

尹世衡墓志 1

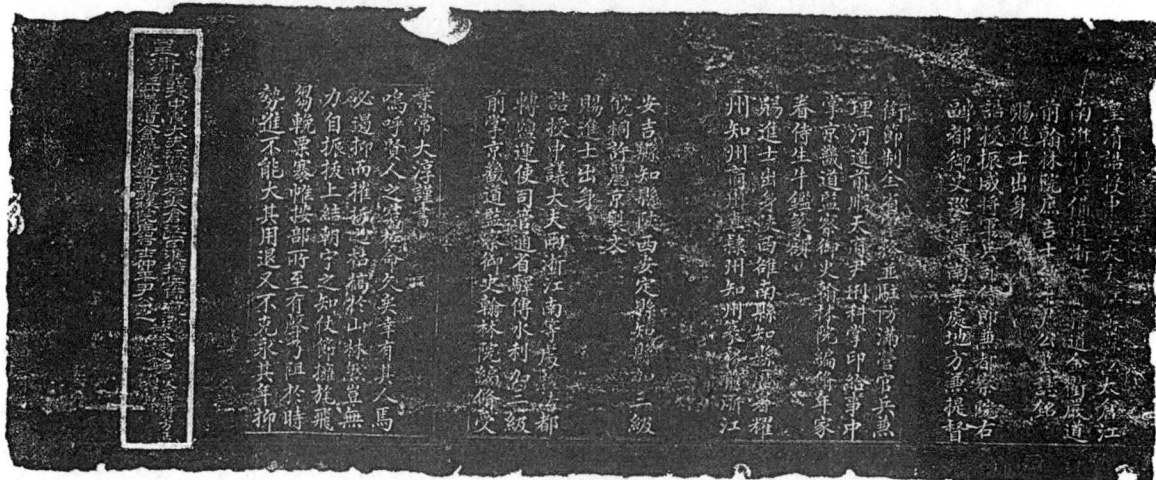

尹世衡墓志 2

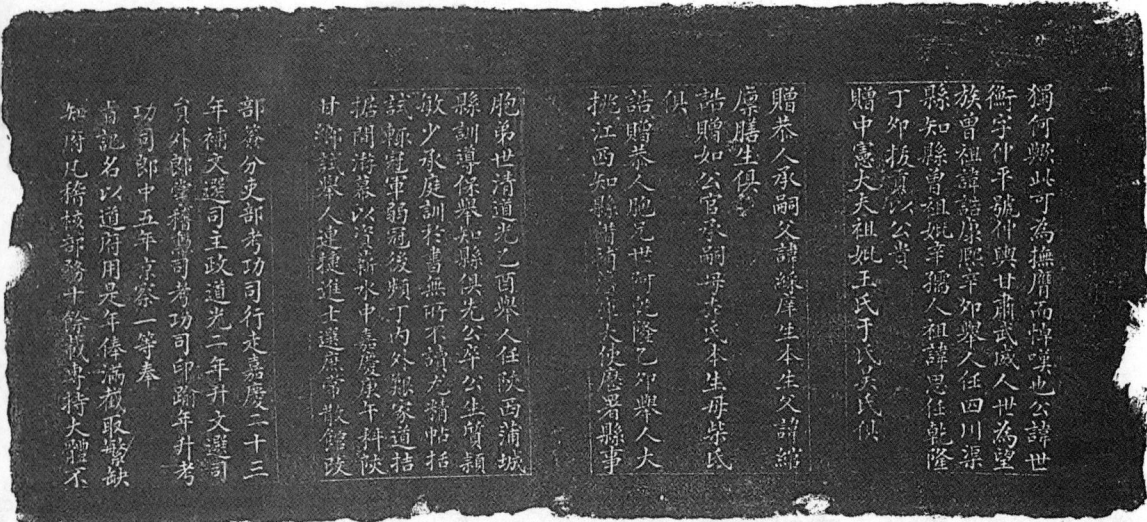

尹世衡墓志 3

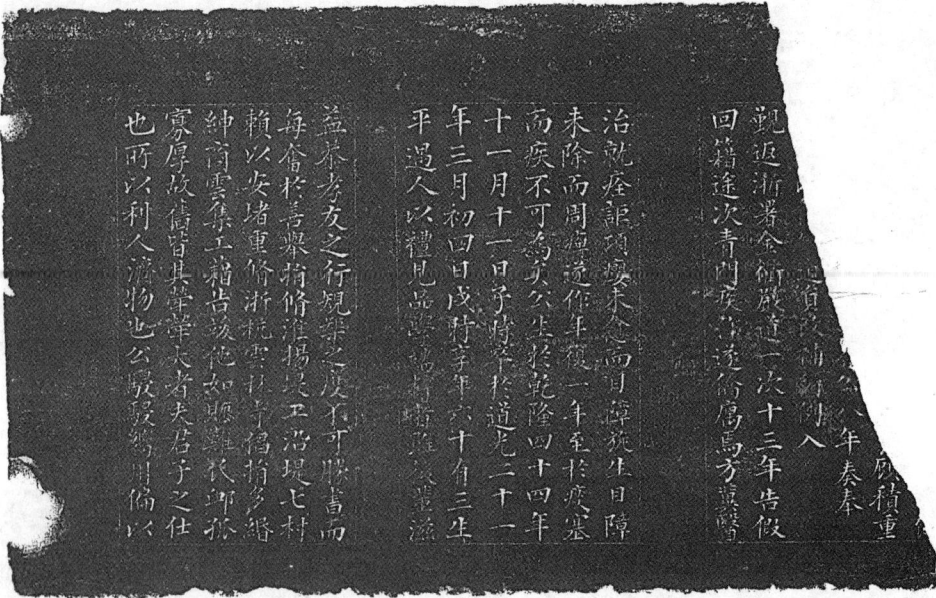

尹世衡墓志 4

【注释】

[1]尹世衡墓志，清道光二十一年（1841）葬。1949年后陕西省西安市南郊长安区出土，现藏长安区博物馆。志盖、志石共五方。均高25，宽50—55厘米。每方四部分，以单线框间隔。第一方为志盖，篆题"皇清诰授中宪大夫历任江苏苏松太仓江南淮扬兵备道浙江督粮道金衢严道前翰林院庶吉士武威仲平尹公墓志铭"，共12行，满行4字。第四方右部残缺，第五方佚。现存志文71行，满行15字，正书。牛鉴篆额，许丽京撰文，常大淳书丹，

蒋方正题笺。主要著录：《新中国出土墓志·陕西卷（三）》上 364 页图、下 322 页文。

　　[2] 牛鉴，字镜堂，号雪樵。甘肃武威人。嘉庆十九年 (1814) 中进士。历任布政使、巡抚等职。道光二十一年 (1841) 任两江总督。次年，英军攻吴淞，牛鉴企图求和，遭陈化成坚决反对，遂移驻城外校场，欲以"督战"之名邀功。遭英军炮击后，混迹于士兵中逃往太仓，旋奔昆山。英军进逼镇江后，再次逃跑，弃城奔江宁（今江苏南京）致使英军长驱直入，攻陷镇江。英舰集结江宁后，牛鉴派人向英军求和，并飞书急请耆英、伊里布速赴江宁与英军议和。同年，随耆英、伊里布与英军代表璞鼎查签订《南京条约》。后被革职拿问，二十四年，获释。咸丰四年（1854），参与镇压捻军起义。八年病卒。（参《中国将帅名录（五代至清代卷）》）

清武威军各营频年种树记碑[1]

　　在昔西陲构祸，陇东为烈，甚至道周树木存者寥寥，满目荒凉，不堪回忆。自银夏河湟平，人民渐集，土地渐开。制府左侯相檄各防军夹道植柳，意为居民聚材用、庇行人，以复承平景象而畅皇风也。惟时搜采枝干，越山度壑，负运艰苦。树艺伊始，每为游民窃拔，牲畜践履，暵干枯朽，乃培其根柢，柞其权枒，谕禁之、守护之、灌溉之、补栽之。始于同治十二年，今六载矣。吏士暴露，不知几费经营。武威分屯，初自泾州瓦云至瓦亭，隆德至静宁界石铺，其间瓦亭至隆德，界石至会宁城东，为精选中路两军分驻。光绪纪元，悉属余防，复营植之，迄来邮程六百余里，不下二十万株。郁青青以邕茂，纷冉冉而陆离，已有可观。庆环一路则所部镇固、环捷两营植焉。水卤原高，多不宜树，生机亦蔚然间发矣。噫，万物本乾坤钟毓，而成之在人。再越数年，纵不逮淮徐之桐，海岱之松，荆衡之杻干栝柏，上列贡物，积蓄久而菁华发，当亦绿阴夹道，居者、行者相与游憩于其间，社稷河山皆为之生色。有问于余者，曰："公树木亦得树人之道乎？"余曰："树人固吾职也。"忆自戡乱招徕，以养以教，于今十载，其与道合耶？否耶？吾不得而知。闻君言，使吾忽然惭，复恍然悟。夫树木亦多术矣，乘时而莳，不先不后，必顺其天也。抟埴而种，勿助勿忘，必致其性也。办曲直以为弃取，度燥湿以勤变调，审蛰息以笃栽培，仿虞衡以严防卫，于是人事尽而地灵萃，天道允从，雨日润暄，风雷散动，则木之硕且茂，寿且蕃，将有不期然而然者。坚韧之质，栋梁之器，廊庙之材，皆于是乎出。虽然胚胎不容或坏，长养尤不容稍疏。倘竭心力缔构于前，后人罔知爱惜，其不至于摧折也几何。问者笑曰："公言树木即树人之道也，独不见奇姿挺生，其磅礴郁积于阴崖峭崿之区，其峭竦抶疏于夐巇峻嶒之上，不恃人力而干霄蔽日，迥非群材所可几及，抑又何也？"余乃为之辩曰："此幽巇邃壑间气所钟，夫安得以寻常较视。"

　　时光绪四年戊寅秋八月。

　　钦加二品顶戴按察使衔统领武威马步全军分巡甘肃平庆泾固盐法兵备道西林巴图鲁邵阳魏光焘[2]撰书。

武威軍各營頻年種樹記

周樹木存者寥寥滿目荒涼不堪回憶自銀夏河湟平人民漸集土地漸開

在昔西陲摭禍隴東為烈甚至道植柳意為居民聚材用庇行人以復承平景象而暢茂枯朽迤邐培其根柢柞其枝杈論余防鎮

禁之瓦亭之通來為郵程六百餘里其間瓦亭至隆德界石鋪運艱苦樹藝伊始同治十二年今為六載矣吏士霸拔性畚踐履暵乾不知幾費經營威分屯駐慶光緒元年則兩部鎮余防雲

制府左侯相檄各防軍夾道植柳意為居民聚材用庇行人以復承平景象而暢茂枯朽迤邐培其根柢柞其枝杈論余防鎮

復營捷雨營之橅海岱之松荊衡之枬會寧城東為精選中路雨軍分屯駐慶環一路則兩部鎮余防

至瓦亭之通來為郵程六百餘原高多不宜樹者柏上列貢物亦得久矣憶萬物本乾坤鍾毓巳有而成道之在人行者相與乘時以

其間社稷河山皆為之與道合而種勿忘而地靈萃天下出雨日潤暄風雷散動則木燥涇以勤變調審孳息以

建淮徐橅之河十載其是人事盡材皆於君言使吾之道居也亦多衢自戰亂招徠時不

養以不散於冷必順其天也摶埴而種耶吾余不得而知其性也辨曲直以為棄取度養龍且稍竦心力稜縮

不先者堅韌之賢棟梁之器廊廟之材幾何問之者笑曰公言樹木即樹人之道乎余悟夫吾胸中變遷將有也余

然而防虞衡以嚴防衛於摧折於叟嶬崚嶒以尋常較視時光雲即雷敝日迥非蕈材斫可幾及抑又何怠余

於前後同知愛惜其不至於疏於上不恃人力而干霄截日迥非蕈材斫可幾及抑又何怠余

積於陰崖岵嶸之區幽邃堅間氣馬焂崒軍分巡甘肅平慶涇回監法兵備道西林巴圖魯邰陽魏光燾撰書

乃為之辦曰此日迥非蕈材斫可幾及抑又何怠余

欽加二品頂戴按察使銜統領武威馬步全軍分巡甘肅平慶涇回監法兵備道西林巴圖魯邰陽魏光燾撰書

皇風也

武威军各营频年种树记碑

【注释】

［1］武威军各营频年种树记碑，清光绪四年（1878）八月刻。原位于平凉北门内西侧的平庆泾固盐法兵备道衙署旧址——今崆峒区政府院内，现藏平凉市崆峒区博物馆。碑高129厘米，宽60厘米，厚12厘米。魏光焘撰文并书。主要著录：吴景山《丝绸之路考察散记》（民族出版社，1995年）；《武威金石录》；吴景山《崆峒山金石校释》（甘肃文化出版社，2014年）。

［2］魏光焘，为平庆泾固盐法兵备道第一任道台，后迁甘肃总督。民国版《平凉县志·职官志》载："魏光焘，湖南监生，培植士子不遗余力，后擢甘肃总督。"

清陈才芳墓志[1]

皇清诰授中宪大夫故甘肃凉州府知府陈公墓志铭

赐进士出身诰授通议大夫花翎陕西分巡陕安兵备道前翰林院编修国史馆纂修功臣馆总纂戊子科陕西乡试正考官年侍生钱塘戴兆春[2]撰文

赐进士出身诰授中宪大夫知府用陕西候补直隶州知州前户部江南司主事乡年愚弟贵州冯嗣元篆盖

赐进士出身诰授通奉大夫花翎二品升衔在任候补军法便宜行事总理兴汉防练水陆各军警务处三品衔汉中府知府前翰林院编修掌广西道监察御史巡视西藏全权大臣随员镶理陕西分巡陕安兵备道馆年侍生常熟杨崇伊[3]书丹

余履陕安道任之三年，岁壬寅，前辈陈春亭太守卒，余闻耗，不怿者久之。君讳才芳[4]，字春亭，陕西汉中府宁羌州人也。先世以厚德称，自鄂迁陕，遂籍焉。曾祖孟麟，祖公智，父汝惠，以君贵，赠如例。兄弟三人，君居长，幼惠敏至孝。同治初，粤匪窜扰汉中，土匪乘之。郡城陷，君以诸生被虏，逸，贼追刺之，创甚，尚未知母耗，乃以窖金给贼，得入城见母。时父已故，设法脱母于难，后亦故。事平，君自贼归，改葬父母如礼，乡里金称为诚孝。癸酉以选拔登贤书，甲戌联捷成进士，改官翰林散馆，授职编修，历充国史馆协修、纂修，功臣馆纂修、总纂，庚辰、癸未会试磨勘官，京察一等记名。乙酉，简政甘肃凉州府知府。五凉自遭兵燹，元气凋残。君清厘赋额，减差徭，均水利，裕仓储，民遂复业。以凉州士风壮毅，虑乱后失学，为风俗人心患，乃饬各属教官宣讲《圣谕广训》暨《御制训饬士子文》。平时训士，尤以敦品励行、通经致用为先。凉无蚕桑之利，君设局种桑，逾岁皆成，给百姓分植之。凉地荒瘠苦寒，严冬穷窭多冻毙者。君捐廉制棉衣，周给之，复剂公款赢余垂久远，全活颇多。他如举节孝、正婚姻、禁赌博、惩刁猾，凡利于民者，行之不遗余力。武威县李姓毒毙嗣子一案，事涉暧昧，县令不究。君讯得实，论如律，西凉至今称之。署西偏葺屋五楹，颜曰"退思"，书"进思尽忠，退思补过；俭以养德，静以修身"一联悬座右，其中之所存可知矣。壬辰冬，因劳致疾，几不起，以宗祠未立为恨，盖君原籍鄂之兴国州，宗祠在焉。自君祖添福公徙武昌，祖德谋公旋客宁羌，于州之梨坪置别业。君有志建祠，绌于力，至是计乃决，明年遂告修墓。去日，百姓攀辕留之不可得。及归，寄居郡城，先于华庙坊建宗祠，筑室其旁，以便祭扫。俸余无多，皆购祀产，恤宗族。时当事创立同善堂，施种牛痘及医药、棺木，延君主其事。君首倡，乡人士踊跃乐输，共得千余金，乃设分局以便民。观察高义亭前辈复于堂增敬节会，君益孜孜不倦，真急公好义，盖出于天性。自顷世变日，非老成凋谢，求一难进易退，知木本水源之谊者，殊不多睹。志君之墓，不能无慨于中也。君生于道光二十三年四月二十七日，卒于光绪二十八年十二月二十日。元配郑氏，壬戌殉难。继配颜氏，生子三：思霖，监生；思承，廪膳生；思朴，业儒。张氏。女二：长适城固卢景植，颜出；次适城固史扬芬，张出。孙二。将以癸卯四月朔日葬君于黄家河之大湾岭，壬首丙向。先期思霖等持行状来征铭。铭曰：

俪松柏之节操兮，历霜雪而弥坚。比兰薰之芬郁兮，承雨露而弥鲜。矢至性以磨浩劫兮，既孝行之充传。以词臣为循吏兮，复政绩之可镌。矧知止之不殆兮，早解组以归田。寄高风于林下兮，方娱乐乎天年。胡为乎神鹤一去不复还兮，使我不禁徘徊企望而益慕幽人贞履之纯全。

陈才芳志盖

陈才芳志石

【注释】

[1]陈才芳墓志，清光绪二十九年（1903）四月一日葬。2003年1月，汉中地方志办公室郭鹏与南郑县办公室同仁发现于南郑县忍水乡黄家河村农户家中。志盖篆书"皇清诰授中宪大夫故凉州府知府陈公墓志铭"，共6行，满行4字。志文共36行，满行37字，正书。主要著录：《汉中地区志》第1987页；《鸿爪集》第123—124页；《太平天国西征军暨李蓝义军陕南战事史料汇编》第207—208页。

[2]戴兆春，光绪时国史馆纂修、陕西乡试正考官，《清德宗（光绪）实录》有载事迹。

[3]杨崇伊，光绪六年（1880）进士，字莘伯，江苏常熟人，由庶常授编修。光绪廿一年（1895）授御史，随之在戊戌变法中劾康有为、梁启超在北京所创设的强学会。次年，又疏参翰林院侍读学士文廷式，使其革逐回籍。为慈禧太后戊戌政变中立著功。《清史稿》《清德宗（光绪）实录》等皆载其事。

[4]陈才芳，字春亭，号梅峰，祖籍湖北兴国州，后寄居陕西汉中宁羌州。光绪十一年至十九年（1885—1893）任凉州知府，勤政为民，亲自教农民植桑养蚕，招徕苏杭匠工

设机于官署，教民以缫丝纺织之法。整顿书院学规，使武威人文蔚起。他于光绪十一年所著《思痛录》，详细记录了其亲身经历的太平军攻打汉中的实况，是研究太平军西征军的重要资料。

参考文献

一、古代典籍

（汉）司马迁撰《史记》，北京：中华书局，1959 年。

（汉）班固撰《汉书》，北京：中华书局，1962 年。

（汉）蔡邕《蔡中郎集》，上海：中华书局，1936 年。

（南朝宋）范晔撰，（唐）李贤等注《后汉书》，北京：中华书局，1965 年。

（晋）陈寿撰，（南朝宋）裴松之注《三国志》，北京：中华书局，1959 年。

（北魏）郦道元著，陈桥驿校证《水经注校证》，北京：中华书局，2013 年。

（南朝梁）萧统编、（唐）李善注《文选》，上海：上海古籍出版社，1986 年。

（南朝梁）沈约撰《宋书》，北京：中华书局，1974 年。

（南朝梁）萧子显撰《南齐书》，北京：中华书局，1972 年。

（北齐）魏收撰《魏书》，北京：中华书局，1974 年。

（唐）欧阳询撰，汪绍楹校《艺文类聚》，上海：上海古籍出版社，1982 年。

（唐）李百药撰《北齐书》，北京：中华书局，1972 年。

（唐）姚思廉撰《梁书》，北京：中华书局，1973 年。

（唐）姚思廉撰《陈书》，北京：中华书局，1972 年。

（唐）令狐德棻等撰《周书》，北京：中华书局，1971 年。

（唐）房玄龄等撰《晋书》，北京：中华书局，1974 年。

（唐）魏徵等撰《隋书》，北京：中华书局，1973 年。

（唐）李延寿撰《北史》，北京：中华书局，1974 年。

（唐）李泰等著，贺次君辑校《括地志辑校》，北京：中华书局，1980 年。

（唐）陈子昂撰，徐鹏校点《陈子昂集（修订本）》，上海：上海古籍出版社，2013 年。

（唐）许敬宗编，罗国威整理《日藏弘仁本文馆词林校证》，北京：中华书局，2001 年。

（唐）张说撰《张说之文集》，上海：商务印书馆，1922 年。

（唐）张说撰《张燕公集》，《四库唐人文集丛刊》，上海：上海古籍出版社，1992 年。

（唐）李林甫等撰，陈仲夫点校《唐六典》，北京：中华书局，1992 年。

（唐）杜佑撰，王文锦等点校《通典》，北京：中华书局，1988 年。

（唐）李吉甫撰，贺次君点校《元和郡县图志》，北京：中华书局，1983 年。

（唐）林宝撰；岑仲勉校记；郁贤皓，陶敏整理；孙望审订《元和姓纂（附四校记）》，北京：中华书局，1994 年。

（唐）段成式撰，方南生点校《酉阳杂俎》，北京：中华书局，1981 年。

（后晋）刘昫等撰《旧唐书》，北京：中华书局，1975 年。

（宋）李昉等撰《太平御览》，北京：中华书局，1960 年。

（宋）李昉等编《文苑英华》，北京：中华书局，1966 年。

（宋）乐史撰，王文楚等点校《太平寰宇记》，北京：中华书局，2007 年。

（宋）王钦若等编《册府元龟》，北京：中华书局，1960 年。

（宋）王钦若等编，周勋初等校订《册府元龟（校订本）》，南京：凤凰出版社，2006 年。

（宋）邵思撰《姓解》，北宋景祐年间（1034—1037）刊本。

（宋）欧阳修、宋祁撰《新唐书》，北京：中华书局，1975 年。

（宋）司马光编著、（元）胡三省音注《资治通鉴》，北京：中华书局，1956 年。

（宋）赵明诚撰，金文明校证《金石录校证》，南宁：广西师范大学出版社，2005 年。

（宋）洪适《隶释》，北京：中华书局影印本，1985 年。

（宋）洪适《隶续》，北京：中华书局影印本，1985 年。

（宋）娄机《汉隶字源》，清汲古阁刻本。

（宋）邓名世撰，王力平点校《古今姓氏书辨证》，南昌：江西人民出版社，2006 年。

（宋）郑樵撰，王树民点校《通志二十略》，北京：中华书局，1992 年。

（宋）王应麟辑《玉海》，南京：江苏古籍出版社；上海：上海书店，1987 年。

（元）脱脱等撰《宋史》，北京：中华书局，1977 年。

（元）骆天骧撰，黄永年点校《类编长安志》，西安：三秦出版社，2006 年。

（元）虞集《道园学古录》，明景泰七年（1456）翻刻元小字本，哈佛大学燕京图书馆藏本。

（明）宋濂等撰《元史》，北京：中华书局，1976 年。

（明）宋濂撰《宋学士文集》，《四部丛刊初编》集部，上海：商务印书馆，1933 年。

（明）杨荣撰《文敏集》，明正德十年（1515）刻本，沈乃文主编《明别集丛刊》第 1 辑第 29 册，合肥：黄山书社，2013 年。

（明）杨士奇撰《东里文集》，明万历戊午（1598）刊本，哈佛大学燕京图书馆藏本。

（明）叶盛撰《水东日记》，北京：中华书局，1980 年。

（明）谈迁著、张宗祥校点《国榷》，北京：中华书局，1958 年。

（明）胡缵宗撰《鸟鼠山人后集》，明嘉靖刻本，沈乃文主编《明别集丛刊》第 2 辑第 10 册，合肥：黄山书社，2016 年。

（明）杨博撰、张志江点校《杨博奏疏集》，上海：上海古籍出版社，2018 年。

（明）张居正撰《张太岳文集》，清刻本，沈乃文主编《明别集丛刊》第 3 辑第 27 册，合肥：黄山书社，2016 年。

《明神宗实录》，台北：中研院史语所校印本，1962 年。

（清）张廷玉等撰《明史》，北京：中华书局，1974 年。

（清）顾祖禹撰；贺次君、施和金点校《读史方舆纪要》，北京：中华书局，2005 年。

（清）彭定求等编《全唐诗》，北京：中华书局，1960 年。

（清）洪亮吉撰《十六国疆域志》，台北：文海出版社，1968 年。

（清）翁方纲《两汉金石记》，清乾隆五十四年（1789）翁方纲南昌使院刻本。

（清）徐松撰，李健超增订《最新增订唐两京城坊考》，西安：三秦出版社，2019 年。

（清）王谟辑《汉唐地理书钞》，北京：中华书局，1961 年。

（清）董诰等编《全唐文》，北京：中华书局，1983 年。

（清）毛凤枝著；李向菲，贾三强点校《金石萃编补遗》，西安：三秦出版社，2017 年。

（清）毛凤枝编《关中石刻文字新编》，《石刻史料新编》第 1 辑。

（清）毛凤枝编《古志石华续编》，《石刻史料新编》第 2 辑。

（清）严可均校辑《全后魏文》，北京：中华书局，1958 年。

（清）黄易《小蓬莱阁金石目》，清稿本。

（清）黄易《小蓬莱阁金石文字》，清嘉庆刻本。

（清）张澍辑《补风俗通姓氏篇》，清道光元年（1821）二酉堂刻本。

（清）孙三锡编《昭陵碑考》，《石刻史料新编》第 2 辑。

（清）叶奕苞《金石录续跋》，《石刻史料新编》第 2 辑。

（清）叶昌炽《缘都庐日记》，台北：学生书局，1964 年。

（清）叶昌炽撰，姚文昌点校《语石》，杭州：浙江大学出版社，2018 年。

（清）端方撰《陶斋藏石记》，台北：台联国风出版社，1980 年。

（清）胡聘之撰《山右石刻丛编》，清光绪二十七年（1901）刻本。

（清）康有为著《广艺舟双楫》，桂林：广西师范大学出版社，2016 年。

二、金石碑志

罗振玉辑《西陲石刻录》，民国六年（1917）上虞罗氏刊本。

罗振玉辑《芒洛冢墓遗文四编》，《石刻史料新编》第 1 辑。

罗振玉校录《昭陵碑录补》，《石刻史料新编》第 2 辑。

罗福颐辑《满洲金石志附别录》，《石刻史料新编》第 1 辑。

黄文弼编《高昌专集》，西北科考团丛刊之一，1931 年。

罗振玉撰《高昌专录》，《辽居杂著乙编》，1933 年。

武善树辑《陕西金石志》，陕西通志馆铅印本，1934 年。

张维《陇右金石录》，甘肃省文献征集委员会校印，1943 年。

黄文弼著《高昌砖集（增订本）》，北京：中国科学院，1951 年。

赵万里著《汉魏南北朝墓志集释》，北京：科学出版社，1956 年。

罗福颐辑《满洲金石志》，台北：艺文印书馆，1976 年。

饶宗颐编《唐宋墓志：远东学院藏拓片图录》，香港：香港中文大学出版社，1981年。

陈述辑校《全辽文》，北京：中华书局，1982年。

杨震方编著《碑帖叙录》，上海：上海古籍出版社，1982年。

张彦生《善本碑帖录》，北京：中华书局，1984年。

河南省文物研究所、洛阳地区文管处编《千唐志斋藏志》，北京：文物出版社，1984年。

毛汉光重编《中央研究院历史语言研究所藏历代墓志铭拓片目录（附索引）》，台北：中研院史语所，1985年。

王壮弘、马成名《六朝墓志检要》，上海：上海书画出版社，1985年。

李希泌编《曲石精庐藏唐墓志》，济南：齐鲁书社，1986年。

复旦大学史地所编《中国历史地名辞典》，南昌：江西教育出版社，1986年。

施蛰存撰《水经注碑录》，天津：天津古籍出版社，1987年。

许宝驯、王壮弘选辑《北魏墓志百种》，上海：上海书画出版社，1987年。

北京鲁迅博物馆、上海鲁迅纪念馆编《鲁迅辑校石刻手稿》，上海：上海书画出版社，1987年。

张伯龄编著《北朝墓志英华》，西安：三秦出版社，1988年。

重庆市博物馆编《中国西南地区历代石刻汇编》，天津：天津古籍出版社，1988年。

罗振玉著《六朝墓志精华》，北京：中国书店，1990年。

张鸿杰主编《咸阳碑石》，西安：三秦出版社，1990年。

袁维春《秦汉碑述》，北京：北京工艺美术出版社，1990年。

洛阳市文物工作队《洛阳出土历代墓志辑绳》，北京：中国社会科学出版社，1991年。

陈长安主编《隋唐五代墓志汇编（洛阳卷）》，天津：天津古籍出版社，1991年。

郝本性主编《隋唐五代墓志汇编（河南卷）》，天津：天津古籍出版社，1991年。

王仁波主编《隋唐五代墓志汇编（陕西卷）》，天津：天津古籍出版社，1991年。

张希贤主编《隋唐五代墓志汇编（山西卷）》，天津：天津古籍出版社，1991年。

孟繁峰等主编《隋唐五代墓志汇编（河北卷）》，天津：天津古籍出版社，1991年。

穆舜英等主编《隋唐五代墓志汇编（新疆卷）》，天津：天津古籍出版社，1991年。

王思礼等主编《隋唐五代墓志汇编（江苏山东卷）》，天津：天津古籍出版社，1991年。

张宁等主编《隋唐五代墓志汇编（北京卷附辽宁卷）》，天津：天津古籍出版社，1991年。

北京图书馆金石组编《北京图书馆藏中国历代石刻拓本汇编》，郑州：中州古籍出版社，1989—1991年。

周绍良主编《唐代墓志汇编》，上海：上海古籍出版社，1992年。

赵超著《汉魏南北朝墓志汇编》，天津：天津古籍出版社，1992年。

图力尔《忻都王碑文研究》，呼和浩特：内蒙古文化出版社，1992年。

孙兰风、胡海帆主编《隋唐五代墓志汇编（北京大学卷）》，天津：天津古籍出版社，1992年。

山东省寿光县地方史志编委会编《寿光县志》，北京：中国大百科全书出版社，1992年。

张沛编著《昭陵碑石》，西安：三秦出版社，1993年。

董国柱编著《高陵碑石》，西安：三秦出版社，1993年。

马子云、施安昌著《碑帖鉴定》，桂林：广西师范大学出版社，1993年。

谢佐等编著《青海金石录》，西宁：青海人民出版社，1993年。

李百勤《河东出土墓志录》，太原：山西人民出版社，1994年。

中国文物研究所、河南文物研究所编《新中国出土墓志·河南（一）》，北京：文物出版社，1994年。

毛汉光撰、卢建荣等助理《唐代墓志铭汇编附考》，台北：中研院史语所，1984—1994年。

文物出版社编《中国金石集萃》第7—8函《六朝墓志》，北京：文物出版社，1992—1994年。

吴钢主编《全唐文补遗》（1—9、千唐），西安：三秦出版社，1994—2007年。

向南《辽代石刻文编》，石家庄：河北教育出版社，1995年。

赵力光编《鸳鸯七志斋藏石》，西安：三秦出版社，1995年。

杨殿珣编《石刻题跋索引（增订本）》，北京：商务印书馆，1995年。

洛阳市第二文物工作队《洛阳新获墓志》，北京：文物出版社，1996年。

山东省石刻艺术博物馆编《山东石刻艺术选粹·历代墓志卷》，杭州：浙江文艺出版社，1996年。

山西省考古研究所编《山西碑碣》，太原：山西人民出版社，1997年。

叶程义等《汉魏石刻文学考释》，台北：新文丰出版公司，1997年。

胡海帆、汤燕编《北京大学图书馆藏历代金石拓本菁华》，北京：文物出版社，1998年。

中国东方文化研究会历史文化分会编《历代碑志丛书》，南京：江苏古籍出版社，1998年。

高峡主编《西安碑林全集》，广州：广东经济出版社；深圳：海天出版社，1999年。

《西北石刻集录续编》，收入《中国西北文献丛书续编·西北考古文献卷》第3—6册，甘肃文化出版社，1999年。

周绍良主编《全唐文新编》，长春：吉林文史出版社，1999—2000年。

赵平编《中国西北地区历代石刻汇编》，天津：天津古籍出版社，2000年。

辽宁省博物馆编《辽宁省博物馆藏碑志精粹》，北京：文物出版社，2000年。

上海博物馆编《草原瑰宝——内蒙古文物考古精品》，上海：上海书画出版社，2000年。

中国文物研究所、陕西省古籍整理办公室编《新中国出土墓志·陕西（一）》，北京：文物出版社，2000年。

吴景山《西北民族碑文》，兰州：甘肃人民出版社，2001年。

晋祠博物馆编注《晋祠碑碣》，太原：山西人民出版社，2001年。

朱亮主编《洛阳出土北魏墓志选编》，北京：科学出版社，2001年。

周绍良、赵超《唐代墓志汇编续集》，上海：上海古籍出版社，2001年。

辽宁省地方志编委会办公室主编《辽宁省志·文物志》，沈阳：辽宁人民出版社，2001年。

上海图书馆历史文献研究所编《隋墓志选粹》，武汉：湖北美术出版社，2001年。

上海图书馆历史文献研究所编《北魏墓志选粹》，武汉：湖北美术出版社，2001 年。

洛阳市文物管理局、洛阳市文物工作队编《洛阳出土墓志目录》，北京：朝华出版社，2001 年。

吴光田等编《邯郸碑刻》，天津：天津人民出版社，2002 年。

薛仰敬主编《兰州古今碑刻》，兰州：兰州大学出版社，2002 年。

王晶辰主编《辽宁碑志》，沈阳：辽宁人民出版社，2002 年。

余扶危、张俞《洛阳出土墓志卒葬地资料汇编》，北京：北京图书馆出版社，2002 年。

刘正成主编《中国书法全集 30：隋唐五代墓志卷》，北京：荣宝斋出版社，2002 年。

中国文物研究所、河南省文物考古研究所编《新中国出土墓志·河南（二）》，北京：文物出版社，2002 年。

青州博物馆编《青州博物馆》，北京：文物出版社，2003 年。

梁晓光主编《沁州碑铭集》，沁县书法协会，2003 年。

侯璐主编《保定出土墓志选注》，石家庄：河北美术出版社，2003 年。

陕西省考古研究所编著《西安北周安伽墓》，北京：文物出版社，2003 年。

侯灿、吴美琳著《吐鲁番出土砖志集注》，成都：巴蜀书社，2003 年。

王友怀主编，李慧、曹发展注考《咸阳碑刻》，西安：三秦出版社，2003 年。

袁道俊编著《南京博物院藏〈唐代墓志〉》，上海：上海人民美术出版社，2003 年。

天津人民美术出版社编《北魏皇家墓志二十品》，天津：天津人民美术出版社，2003 年。

中国文物研究所、陕西省古籍整理办公室编《新中国出土墓志·陕西（二）》，北京：文物出版社，2003 年。

赖非《齐鲁碑刻墓志研究》，济南：齐鲁书社，2004 年。

赵君平《邙洛碑志三百种》，北京：中华书局，2004 年。

韩理洲等辑校编年《全隋文补遗》，西安：三秦出版社，2004 年。

凉州区文体局编纂《武威市文物志》，内部刊物，2004 年。

杨作龙、赵水森等编著《洛阳新出墓志释录》，北京：北京图书馆出版社，2004 年。

国家图书馆善本金石组编《辽金元石刻文献全编》，北京：北京图书馆出版社，2003 年。

中国文物研究所、北京石刻艺术博物馆编《新中国出土墓志·北京（一）》，北京：文物出版社，2003 年。

中国文物研究所、河北省文物研究所编《新中国出土墓志·河北（一）》，北京：文物出版社，2004 年。

荣新江、张志清主编《从撒马尔干到长安——粟特人在中国的文化遗迹》，北京：北京图书馆出版社，2004 年。

罗丰《胡汉之间——"丝绸之路"与西北历史考古》，北京：文物出版社，2004 年。

杨卫东等编著《涿州文物志》，北京：北京燕山出版社，2005 年。

杨卫东、黄涿生编《涿州贞石录》，北京：北京燕山出版社，2005 年。

陈尚君辑校《全唐文补编》（上中下），北京：中华书局，2005 年。

罗新、叶炜《新出魏晋南北朝墓志疏证》，北京：中华书局，2005年。

山西省考古研究所编著《太原隋虞弘墓》，北京：文物出版社，2005年。

郭培育、郭培智主编《洛阳出土石刻时地记》，郑州：大象出版社，2005年。

辛德勇《隋唐两京丛考》，西安：三秦出版社，2006年。

徐玉立主编《汉碑全集》，郑州：河南美术出版社，2006年。

李萧主编《吐鲁番文物精粹》，上海：上海辞书出版社，2006年。

余华青等主编《陕西碑石精华》，西安：三秦出版社，2006年。

中国文物研究所、常熟博物馆编《新中国出土墓志·江苏（一）常熟》，北京：文物出版社，2006年。

张德臣编著《渭城文物志》，西安：三秦出版社，2007年。

唐晓军《甘肃古代石刻艺术》，北京：民族出版社，2007年。

银川美术馆编《宁夏历代碑刻集》，银川：宁夏人民出版社，2007年。

赵君平、赵文成《河洛墓志拾零》，北京：北京图书馆出版社，2007年。

王其祎、周晓薇《隋代墓志铭汇考》，北京：线装书局，2007年。

赵力光主编《西安碑林博物馆新藏墓志汇编》，北京：线装书局，2007年。

毛远明校注《汉魏六朝碑刻校注》，北京：线装书局，2008年。

赵超著《汉魏南北朝墓志汇编》，天津：天津古籍出版社，2008年。

李仁清编《中国北朝石刻拓片精品集》，郑州：大象出版社，2008年。

韩理洲等辑校编年《全北齐北周文补遗》，西安：三秦出版社，2008年。

胡海帆、汤燕编著《中国古代砖刻铭文集》，北京：文物出版社，2008年。

洛阳市第二文物工作队《洛阳新获墓志续编》，北京：科学出版社，2008年。

王壮弘、马成名编《六朝墓志检要（修订本）》，上海：上海书店出版社，2008年。

太原三晋文化研究会编《晋阳古刻选·北朝墓志卷》，太原：山西人民出版社，2008年。

郭郁烈主编《西北民族大学图书馆于右任旧藏金石拓片精选》，上海：上海古籍出版社，2008年。

中国文物研究所、千唐志斋博物馆编《新中国出土墓志·河南（三）·千唐志斋（一）》，北京：文物出版社，2008年。

［日］西林昭一著，陈松长译《新中国出土书迹》，北京：文物出版社，2009年。

邓庆平编著、赵世瑜审订《蔚县碑铭研究》，桂林：广西师范大学出版社，2009年。

中国文化遗产研究院、上海博物馆、天津文化遗产保护中心编《新中国出土墓志·上海、天津》，北京：文物出版社，2009年。

齐作声编著《辽代墓志疏证》，沈阳：沈阳出版社，2010年。

赵文成、赵君平《新出唐墓志百种》，杭州：西泠印社，2010年。

白立献、梁德水编《北魏源延伯墓志》，郑州：河南美术出版社，2010年。

韩理洲等辑校编年《全北魏东魏西魏文补遗》，西安：三秦出版社，2010年。

故宫博物院编《故宫博物院藏历代墓志铭汇编》，北京：紫禁城出版社，2010年。

秦明编著《蓬莱宿约：故宫藏黄易汉魏碑刻特集》，北京：紫禁城出版社，2010 年。

刘雨茂等编《彭州博物馆藏李宗昉集北朝隋唐碑拓》，成都：四川美术出版社，2010 年。

贾振林编著《文化安丰》，郑州：大象出版社，2011 年。

齐渊编《洛阳新见墓志》，上海：上海古籍出版社，2011 年。

张俊立主编《临潭金石文钞》，兰州：甘肃文化出版社，2011 年。

西安市长安博物馆编《长安新出墓志》，北京：文物出版社，2011 年。

张乃翥辑《龙门区系石刻文萃》，北京：国家图书馆出版社，2011 年。

洛阳市文物管理局编《洛阳出土丝绸之路文物》，郑州：河南美术出版社，2011 年。

李永强、余扶危主编《洛阳出土少数民族墓志汇编》，郑州：河南美术出版社，2011 年。

南京市文化广电新闻出版局编著《南京历代碑刻集成》，上海：上海书画出版社，2011 年。

齐运通编《洛阳新获七朝墓志》，北京：中华书局，2012 年。

赵忠编著《积石访碑录》，兰州：甘肃人民美术出版社，2012 年。

周阿根著《五代墓志汇考》，合肥：黄山书社，2012 年。

李亚平主编《金石拓本题跋集萃》，石家庄：河北美术出版社，2012 年。

殷宪著《大同新出唐辽金元志石新解》，太原：三晋出版社，2012 年。

潘思源编《施蛰存北窗碑帖选粹》，上海：上海古籍出版社，2012 年。

胡戟、荣新江《大唐西市博物馆藏墓志》，北京：北京大学出版社，2012 年。

赵君平、赵文成编《秦晋豫新出墓志搜佚》，北京：国家图书馆出版社，2012 年。

郭茂育、赵永森编著《洛阳出土鸳鸯志辑录》，北京：国家图书馆出版社，2012 年。

刘泽民、李玉明主编《三晋石刻大全·长治市黎城县卷》，太原：三晋出版社，2012 年。

胡海帆、汤燕编《1996—2012 北京大学图书馆新藏金石拓本菁华》，北京：北京大学出版社，2012 年。

谢振中著《河东望族万荣薛氏》，太原：三晋出版社，2013 年。

戴良佐编著《西域碑铭录》，乌鲁木齐：新疆人民出版社，2013 年。

王连龙《新见北朝墓志集释》，北京：中国书籍出版社，2013 年。

毛阳光、余扶危《洛阳流散唐代墓志汇编》，北京：国家图书馆出版社，2013 年。

胡海帆等编《北京大学图书馆馆藏历代墓志拓片目录》，上海：上海古籍出版社，2013 年。

《山东石刻分类全集》编辑委员会编著《山东石刻分类全集第 5 卷历代墓志》，青岛：青岛出版社，2013 年。

吴敏霞主编《长安碑刻》，西安：陕西人民出版社，2014 年。

吴景山编著《崆峒山金石校释》，兰州：甘肃文化出版社，2014 年。

潘思源编《施蛰存北窗唐志选萃》，上海：上海古籍出版社，2014 年。

郭宏涛，周剑曙编著《偃师碑志选粹》，郑州：中州古籍出版社，2014 年。

西安市文物保护考古研究院编著《北周史君墓》，北京：文物出版社，2014 年。

刘文华主编《三晋石刻大全·太原市迎泽区卷》，太原：三晋出版社，2014 年。

赵力光主编《西安碑林博物馆新藏墓志续编》，西安：陕西师范大学出版社，2014 年。

中国文物研究所、重庆市博物馆《新中国出土墓志·重庆》，北京：文物出版社，2014 年。

故宫博物院、南京市博物馆编《新中国出土墓志·江苏（二）南京》，北京：文物出版社，2014 年。

王连龙《新见隋唐墓志集释》，沈阳：辽海出版社，2015 年。

杜建录《党项西夏碑石整理研究》，上海：上海古籍出版社，2015 年。

安阳市文物考古研究所、安阳博物馆编著《安阳墓志选编》，北京：科学出版社，2015 年。

詹文宏等主编《燕赵碑刻（先秦秦汉魏晋南北朝卷）》，天津：天津人民出版社，2015 年。

赵文成、赵君平《秦晋豫新出墓志搜佚续编》，北京：国家图书馆出版社，2015 年。

故宫博物院、陕西省古籍整理办公室编《新中国出土墓志·陕西（三）》，北京：文物出版社，2015 年。

胡戟著《珍稀墓志百品》，西安：陕西师范大学出版社，2016 年。

张海书法艺术馆编《张海书法艺术馆馆藏石刻选》，私家版，2016 年。

李明等主编《长安高阳原新出隋唐墓志》，北京：文物出版社，2016 年。

叶炜、刘秀峰主编《墨香阁藏北朝墓志》，上海：上海古籍出版社，2016 年。

罗新、叶炜《新出魏晋南北朝墓志疏证（修订本）》，北京：中华书局，2016 年。

洛阳九朝石刻文字博物馆编《洛阳九朝刻石文字博物馆》，私家版，2016 年。

张建华、刘国华编著《山西省艺术博物馆馆藏碑志集萃》，太原：山西经济出版社，2016 年。

大同北朝艺术研究院编著《北朝艺术研究院藏品图录：墓志》，北京：文物出版社，2016 年。

齐运通、杨建锋编《洛阳新获墓志二〇一五》，北京：中华书局，2017 年。

陕西历史博物馆编《风引薤歌：陕西历史博物馆藏墓志萃编》，西安：陕西师范大学出版社，2017 年。

周伟洲《吐谷浑资料辑录（增订本）》，北京：商务印书馆，2017 年。

中国国家博物馆编《中国国家博物馆藏文物研究丛书·墓志卷》，上海：上海古籍出版社，2017 年。

毛远明编著《西南大学新藏墓志集释》，南京：凤凰出版社，2018 年。

毛阳光主编《洛阳流散唐代墓志汇编续集（全3册）》，北京：国家图书馆出版社，2018 年。

甘肃省地方史志编委会、《甘肃省志·文物志》编委会编《甘肃省志·文物志》，北京：文物出版社，2018 年。

胡海帆、汤燕编《1996—2017 北京大学图书馆新藏金石拓本菁华（续编）》，北京：北京大学出版社，2018 年。

吴敏霞、党斌主编《铜川碑刻》，西安：三秦出版社，2019 年。

陕西省考古研究院编《陕西省考古研究院新入藏墓志》，上海：上海古籍出版社，2019 年。

毛远明、李海峰编著《西南大学新藏石刻拓本汇释》，北京：中华书局，2019 年。

周晓薇、王其祎《贞石可凭：新见隋代墓志铭疏证》，北京：科学出版社，2019 年。

张永华、赵文成、赵君平《秦晋豫新出墓志搜佚三编》，北京：国家图书馆出版社，2020 年。

三、地方志书

（清）苏铣纂修《重刊凉镇志》，清顺治十四年（1657）刊本。

（清）沈绍祖等纂、张珩美修《永昌县志》，清乾隆十四年（1749）刊本。

（清）曾钧、苏暻纂，张珩美修《武威县志》，清乾隆十四年（1749）刊本。

（清）曾钧、魏奎光纂，张珩美修《镇番县志》，清乾隆十四年（1749）刊本。

（清）赵璘、郭建文纂，张珩美修《古浪县志》，清乾隆十四年（1749）刊本。

（清）张珩美总修、张克复等校注《五凉全志校注》，兰州：甘肃人民出版社，1999年。

（清）李登瀛修、南济汉纂《永昌县志》，清乾隆五十年（1785）刻本，邵国秀编《中国西北稀见方志续集》，北京：中华全国图书馆文献缩微复制中心，1997年。

（清）钟赓起著；张志纯等校点《甘州府志》，兰州：甘肃文化出版社，1995年。

（清）南济汉纂修《永昌县志》，清嘉庆二十一年（1816）刊本。

（清）谢集成纂、许协修《镇番县志》，清道光五年（1825）刊本。

（清）张澍辑录，周鹏飞、段宪文点校《凉州府志备考》，西安：三秦出版社，1988年。

（清）陈泽霖鉴定、杨笃纂修《长治县志》，清光绪十年（1884）刊本，《中国方志丛书》，台北：成文出版社，1976年。

（清）升允、长庚修，安维峻纂《甘肃新通志》，西北文献丛书编委会编《中国西北文献丛书》第23—26册，兰州：兰州古籍书店，1990年。

阎权修，王裕基纂《永昌县志》，民国七年（1918）石印本。

李培清修、唐海云纂《古浪县志》，河西印刷局，民国二十八年（1939）刊本。

郑浚、朱离明纂《平凉县志》，陇东日报社，民国三十三年（1944）刊本。

贾坛、唐发科等编《武威县志稿》，武威市博物馆藏民国稿本。

马福祥等主修、王之臣等纂修《民勤县志》，民国手抄本，《中国方志丛书》，台北：成文出版社，1970年。

刘郁芬修，杨思、张维等纂《甘肃通志稿》，邵国秀编《中国西北稀见方志》第1—6册，北京：中华全国图书馆文献缩微复制中心，1994年。

永昌县人民政府翻印《永昌县志》，永昌县印刷厂，1983年。

永昌县志编委会编《永昌县志》，兰州：甘肃人民出版社，1993年。

民勤县志编委会《民勤县志》，兰州：兰州大学出版社，1994年。

天祝县志编委会编《天祝县志》，兰州：甘肃民族出版社，1994年。

政协古浪县委员会《古浪名胜古迹选编》，内部刊物，2000年。

郭鹏主编《汉中地区志》，西安：三秦出版社，2005年。

古浪县志编委会编《古浪县志1991—2007》，北京：方志出版社，2011年。

永昌县地方志办公室编纂《永昌年鉴·2014卷》，内部刊物，2017年。

四、今人专著

岑仲勉《突厥集史》，北京：中华书局，1958 年。

夏鼐著；中国科学院考古研究所编辑《考古学论集》，北京：科学出版社，1961 年。

王仲荦《北周地理志》，北京：中华书局，1980 年。

《历代西域诗选注》编写组编《历代西域诗选注》，乌鲁木齐：新疆人民出版社，1981 年。

吴廷燮《明督抚年表》，北京：中华书局，1982 年。

道布《回鹘氏蒙古文文献汇编》（蒙古文），北京：民族出版社，1983 年。

陈炳应《西夏文物研究》，银川：宁夏人民出版社，1985 年。

唐耕耦、陆宏基编《敦煌社会经济文献真迹释录（一）》，北京：书目文献出版社，1986 年。

复旦大学史地所编《中国历史地名辞典》，南昌：江西教育出版社，1986 年。

齐陈骏、陆庆夫、郭锋《五凉史略》，兰州：甘肃人民出版社，1988 年。

郑炳林《敦煌地理文书汇辑校注》，兰州：甘肃教育出版社，1989 年。

马雍《西域史地文物丛考》，北京：文物出版社，1990 年。

张永禄主编《唐代长安词典》，西安：陕西人民出版社，1990 年。

杨鸿年《隋唐宫廷建筑考》，西安：陕西人民出版社，1992 年。

甘肃省地方史志编纂委员会、甘肃省交通史志年鉴编写委员会编纂《甘肃省志·公路交通志》，兰州：甘肃人民出版社，1993 年。

吕宗力主编《中国历代官制大辞典》，北京：北京出版社，1994 年。

严正德、王毅武主编《青海百科大辞典》，北京：中国财政经济出版社，1994 年。

吴景山《丝绸之路考察散记》，兰州：民族出版社，1995 年。

王宝元《凉州白塔寺考察记》，武威：武威市印刷厂，1997 年。

梁新民《武威史地综述》，兰州：兰州大学出版社，1997 年。

樊保良、水天长主编《阔端与萨班凉州会谈》，兰州：甘肃人民出版社，1997 年。

甘肃省武威市市志编纂委员会编《武威市志》，兰州：兰州大学出版社，1998 年。

武威市水利局水利志编委会《武威市水利志》，兰州：兰州大学出版社，1998 年。

武威市教育委员会编纂《武威市教育志》，兰州：甘肃人民出版社，1999 年。

张忠纲主编《全唐诗大辞典》，北京：语文出版社，2000 年。

夏鼐著《考古学论文集》，石家庄：河北教育出版社，2000 年。

敦煌研究院、甘肃省博物馆编著《武威天梯山石窟》，北京：文物出版社，2000 年。

陈国灿《敦煌学史事新证》，石家庄：甘肃教育出版社，2002 年。

张沛编著《唐折冲府汇考》，西安：三秦出版社，2003 年。

姜维东著《唐东征将士事迹考》，长春：吉林文史出版社，2003 年。

荣新江主编《唐代宗教信仰与社会》，上海：上海辞书出版社，2003 年。

荣新江、张志清主编《从撒马尔干到长安：粟特人在中国的文化遗迹》，北京：北京图书馆出版社，2004年。

岑仲勉《唐史余沈》，北京：中华书局，2004年。

荣新江、李孝聪主编《中外关系史：新史料与新问题》，北京：科学出版社，2004年。

《法国汉学》丛书编委会编《粟特人在中国——历史、考古、语言的新探索》，北京：中华书局，2005年。

郭鹏主编《汉中地区志》，西安：三秦出版社，2005年。

史为乐主编《中国历史地名大辞典》，北京：中国社会科学出版社，2005年。

郭鹏著《鸿爪集》，西安：三秦出版社，2006年。

甘肃省博物馆编《甘肃省博物馆学术论文集》，西安：三秦出版社，2006年。

敦煌研究院编《2004年石窟研究国际学术会议论文集》，上海：上海古籍出版社，2006年。

武威通志编委会编纂《武威通志·艺文卷》，兰州：甘肃人民出版社，2007年。

傅洁琳，李天程，周明昆著《中国进士全传·山东卷》，泰安：泰山出版社，2007年。

军事科学院战争理论和战略研究部编《中国将师名录（五代至清代卷）》，北京：解放军出版社，2007年。

曹子西主编《北京史志文化备要》，北京：中国文史出版社，2008年。

南京市博物馆著《学耕文获集：南京市博物馆论文选》，南京：江苏人民出版社，2008年。

西安碑林博物馆编《第七届中国书法史论国际研讨会论文集》，北京：文物出版社，2009年。

周振甫译注《诗经译注》，北京：中华书局，2010年。

杜文玉《中国中古政治与社会史论稿》，西安：三秦出版社，2010年。

檀作文译注《颜氏家训》，北京：中华书局，2011年。

山西省考古研究所、忻州市文物管理处编《忻阜高速公路考古发掘报告》，上海：上海古籍出版社，2012年。

毕义星，毕红星，毕江军著《毕氏进士》，济南：山东人民出版社，2013年。

甘肃省档案馆编《甘肃生态环境珍档录（清代至民国）》，兰州：甘肃文化出版社，2013年。

管锡华译注《尔雅》，北京：中华书局，2014年。

毛远明著《汉魏六朝碑刻异体字典》，北京：中华书局，2014年。

张乃翥著《佛教石窟与丝绸之路》，兰州：甘肃教育出版社，2014年。

周晓薇、王其祎著《片石千秋：隋代墓志铭与隋代历史文化》，北京：科学出版社，2014年。

郭鹏、张西虎编《太平天国西征军暨李蓝义军陕南战事史料汇编》，西安：三秦出版社，2015年。

黄文弼著《西域史地考古论集》，北京：商务印书馆，2015年。

李宗俊《唐前期西北军事地理问题研究》，北京：中国社会科学出版社，2015年。

张宝玺《河西北朝石窟》，上海：上海古籍出版社，2016年。

毛佩琦主编《中国长城志·人物》，南京：江苏凤凰科学技术出版社，2016年。

中国秦汉史学会、中国魏晋南北朝史学会等编《凉州文化与丝绸之路国际学术研讨会论文集》，北京：中国社会科学出版社，2018年。

赵向群著、贾小军修订《五凉史》，北京：社会科学文献出版社，2019年。

五、期刊论文

罗福成《重修护国寺感应塔碑铭》，《国立北平图书馆馆刊》四卷三号《西夏文专号》1932年。

严可均《西夏皆庆寺通塔碑跋》，《国立北平图书馆馆刊》四卷三号《西夏文专号》，1932年。

夏鼐《武威唐代吐谷浑慕容氏墓志》，《历史语言研究所集刊》第20本，1948年。

张铁弦《谈全国出土文物展览中的北方发现品》，《文物参考资料》1954年第10期。

甘肃省文物管理会《兰新铁路武威——永昌沿线工地古墓清理概况》，《文物参考资料》1956年第6期。

陕西省文物管理委员会《西安东郊唐墓清理记》，《考古通讯》1956年第6期。

雒忠如《西安郭家滩隋墓清理简报》，《文物参考资料》1957年第8期。

夏鼐《咸阳底张湾隋墓出土的东罗马金币》，《考古学报》1959年第3期。

李子春《新拓唐昭陵宇文士及碑》，《考古》1960年第7期。

罗福颐《西夏护国寺感应塔碑介绍》，《文物》1961年第Z1期。

严耕望《北魏军镇制度考》，《中研院史语所集刊》第34本，1962年。

黄文弼《亦都护高昌王世勋碑复原并校记》，《文物》1964年第2期。

安阳县文教卫生管理站《河南安阳县发现一座北齐墓》，《考古》1972年第1期。

陕西省博物馆、礼泉县文教局唐墓发掘组《唐郑仁泰墓发掘简报》，《文物》1972年第7期。

陶正刚《山西祁县白圭北齐韩裔墓》，《文物》1975年第4期。

周伟州《从郑仁泰墓出土的乐舞俑谈唐代音乐和礼仪制度》，《文物》1980年第2期。

耿世民《回鹘文亦都护高昌王世勋碑研究》，《考古学报》1980年第4期。

钟长发、宁笃学《武威金沙公社出土前秦建元十二年墓表》，《文物》1981年第2期。

宁笃学《甘肃武威南营发现大唐武氏墓志》，《考古与文物》1981年第2期。

李鼎文《张美如和他的诗》，《社会科学》1982年第2期。

孙修身、党寿山《凉州御山石佛瑞像因缘记考释》，《敦煌研究》1983年创刊号。

党寿山《亦都护高昌王世勋碑考》，《考古与文物》1983年第1期。

钟侃《唐代慕容威墓志浅释》，《考古与文物》1983年第2期。

周伟洲《武威青嘴喇嘛湾出土大唐武氏墓志补考》，《丝路访古》，兰州：甘肃人民出版社，1983年。

史金波《凉州感应塔碑西夏文校释补正》，《西北史地》1984年第2期。

高维德《刘懿墓志考辨》，《晋阳学刊》1984年第2期。

柳洪亮《唐北庭副都护高耀墓发掘简报》，《新疆社会科学》1985年第4期。

牟发松《北魏军镇考补》，武汉大学历史系魏晋南北朝隋唐史研究室编《魏晋南北朝隋唐史资料》第七期，1985 年。

刘汉东《关于北魏〈元诊墓志〉几个问题的考订》，郑州大学历史研究所编《史学论集》，郑州：中州古籍出版社，1985 年。

卡哈尔·把拉提、刘迎胜《亦都护高昌王世勋碑回鹘碑文之校勘与研究》，《元史及北方民族史研究集刊》第 8 辑，南京大学历史系，1985 年。

郑隆《内蒙古包头市北魏姚齐姬墓》，《考古》1988 年第 9 期。

陈志谦《唐安元寿夫妇墓发掘简报》，《文物》1988 年第 12 期。

陈志谦《安元寿及夫人翟氏墓志考述》，《文博》1989 年第 2 期。

王尧、陈践《〈凉州广善寺碑〉藏汉文释读》，《西北民族研究》1990 年第 1 期。

顾铁符《隋姚辩墓志铭传本小议》，《故宫博物院院刊》1991 年第 2 期。

寿光县博物馆《山东寿光北魏贾思伯墓》，《文物》1992 年第 8 期。

许作民《丰乐镇西门豹祠考》，《安阳古今地名考》，郑州：中州古籍出版社，1992 年。

《内蒙古发现大夏国纪年墓志铭》，《内蒙古社会科学（文史哲版）》，1993 年第 1 期。

《内蒙古首次发现大夏国墓群》，《内蒙古社会科学（文史哲版）》1993 年第 3 期。

乔高才让《〈重修凉州白塔志〉碑文考略》，《中国藏学》1993 年第 4 期。

黎大祥《甘肃武威发现隋唐墓志》，《文物》1993 年第 10 期。

孙永乐《交河郡夫人墓·高昌·吐鲁番——兼述高昌与中原的关系》，《中国边疆史地研究》1994 年第 3 期。

周伟洲《吐谷浑在西域的活动及定居》，马大正等主编《西域考察与研究》，乌鲁木齐：新疆人民出版社，1994 年。

贺忠辉《唐〈杨执一墓志〉记事考补》，《碑林辑刊》第二辑，西安：陕西师范大学出版社，1994 年。

李维贵《交河郡夫人慕容氏墓志序碑文——兼与孙永乐先生商榷》，《中国边疆史地研究》1995 年第 1 期。

程章灿《从〈有唐武威段夫人墓志铭〉看元稹为人》，《中国典籍与文化》1995 年第 3 期。

李朝阳《吕他墓表考述》，《文物》1997 年第 10 期。

李伟科《北齐武威王墓志》，《文物春秋》1997 年第 2 期。

陈忠凯《石彦辞墓志探疑》，《文博》1997 年第 5 期。

党宝海《13、14 世纪畏吾儿亦都护世系考》，《西北民族研究》1998 年第 1 期。

黎大祥《武威大唐上柱国翟公墓清理简报》，《陇右文博》，1998 年第 1 期。

侯养民、呼林贵等《唐李元谅墓志及其相关问题》，《文博》1998 年第 2 期。

解峰、马先登《唐契苾明墓发掘记》，《文博》1998 年第 5 期。

靳翠萍《唐与吐谷浑关系始末考》，《敦煌学辑刊》1999 年第 1 期。

王大方《内蒙古自治区的重大考古成果综述》，《内蒙古社会科学》1999 年第 1 期。

魏文斌、李明华《武威白塔寺调查与研究》，《敦煌研究》1999 年第 2 期。

牛致功《〈安元寿墓志铭〉中的几个问题》，《史学月刊》1999 年第 3 期。

寒石《〈唐两京城坊考〉增补质疑》，《书品》2000 年第 6 期。

尹申平等《西安北郊北周安伽墓发掘简报》，《考古与文物》2000 年第 6 期。

樊有升、鲍虎欣《偃师出土颜真卿撰并书郭虚己墓志》，《文物》2000 年第 10 期。

尹申平等《西安发现的北周安伽墓》，《文物》2001 年第 1 期。

张庆捷等《太原隋代虞弘墓清理简报》，《文物》2001 年第 1 期。

张庆捷《〈虞弘墓志〉中的几个问题》，《文物》2001 年第 1 期。

张庆捷《虞弘墓志考释》，《唐研究》第七卷，北京：北京大学出版社，2001 年。

李文才《试论西魏北周时期的赐、复胡姓》，《民族研究》2001 年第 3 期。

陕西考古研究所《北周宇文俭墓清理发掘简报》，《考古与文物》2001 年第 3 期。

顾鸿庆《"凉庄保障"石匾之浅考》，《古浪文苑》2001 年第 3 期。

刘晓华《北周贺兰祥墓志及其相关问题》，《咸阳师范学院学报》2001 年第 5 期。

林梅村《稽胡史迹考——太原新出隋代虞弘墓志的几个问题》，《中国史研究》200
年第 1 期。

王晓谋、李朝阳《唐契苾尚宾墓志考释》，《文博》2002 年第 1 期。

杜林渊《从出土墓志谈唐与吐谷浑的和亲关系》，《考古》2002 年第 2 期。

罗丰《一件关于柔然民族的重要史料——隋虞弘墓志考》，《文物》2002 年第 6 期。

贾丛江《元代畏吾儿迁居永昌事辑》，《西域研究》2002 年第 4 期。

周伟洲《甘肃榆中出土唐交河郡夫人慕容氏墓志释证》，收入《西北民族论丛》第 1 辑
北京：中国社会科学出版社，2002 年。

刘文锁《〈安伽墓志〉与"关中本位政策"》，《中山大学学报（社会科学版）》
2003 年第 1 期。

魏文斌、李明华等《甘肃武威市白塔寺遗址 1999 年的发掘》，《考古》2003 年第 6 期。

常一民、裴静蓉等《太原北齐徐显秀墓发掘简报》，《文物》2003 年第 10 期。

王丽华《〈北京图书馆藏中国历代石刻拓本汇编〉正误》，《文献》2003 年第 3 期。

李献奇、周铮《颜真卿撰书郭虚己墓志考述》，收入河南省文物考古学会编《中原文
物考古研究》，郑州：大象出版社，2003 年。

杨晓春《隋〈虞弘墓志〉所见史事系年考证》，《文物》2004 年第 9 期。

李森《北齐张攀墓志考释》，《中国文物报》2004 年 10 月 13 日第七版。

赵燕翼《黑松驿石匾之谜》，古浪县政协教科文卫体史委员会编《古浪文史》第 3 辑，
2004 年。

杨生梅《元代凉州名刹白塔寺》，《陇右文博·武威专辑》，2004 年。

梁继红《武威校尉乡元代窖藏清理简报》，《陇右文博·武威专辑》，2004 年。

钟雅萍《武威出土的"大唐故武氏墓志之铭"碑》，《陇右文博·武威专辑》，2004 年。

王素《西晋鲁铨墓表跋》，《出土文献研究》第 6 辑，上海：上海古籍出版社，2004 年。

周伟洲《隋虞弘墓志释证》，收入荣新江等主编《中外关系史：新史料与新问题》，北京：

学出版社，2004 年。

　　[日]三崎良章《大夏纪年墓志铭中"大夏二年"的意义》，《北朝史研究—中国魏晋南北朝史国际学术研讨会论文集》，北京：商务印书馆，2004 年。

　　西安市文物保护考古所《西安北周凉州萨保史君墓发掘简报》，《文物》2005 年第 3 期。

　　苏航《北朝末期至隋末唐初粟特聚落乡团武装论述》，《文史》2005 年第 4 期。

　　孙福喜《西安史君墓粟特文汉文双语题铭汉文考释》，《粟特人在中国——历史、考古、语言的新探索》，北京：中华书局，2005 年。

　　[日]吉田丰《西安新出史君墓志的粟特文部分考释》，《粟特人在中国——历史、考古、语言的新探索》，北京：中华书局，2005 年。

　　郭平梁《〈虞弘墓志〉新考》，《民族研究》2006 年第 4 期

　　常一民《北齐徐显秀墓发掘记》，《文物世界》2006 年第 4 期。

　　许万顺《新发现隋开皇九年贾府君之神碑》，《中国书法》2006 年第 7 期。

　　殷宪《石善达墓志考》，《唐研究》第十二卷，北京：北京大学出版社，2006 年。

　　黎大祥《武威市凉州区谢河镇张氏家族墓葬调查与研究》，《甘肃省博物馆学术论文集》，西安：三秦出版社，2006 年。

　　刘合心《李元谅碑与杨明堂先生》，《文博》2007 年第 5 期。

　　王尧《吐蕃大相嫡孙唐拔川郡王事迹考》，金雅声等主编《敦煌古藏文文献论文集》，上海：上海古籍出版社，2007 年。

　　聂鸿音《西夏遗文录》，收入《西夏学》第二辑，银川：宁夏人民出版社，2007 年。

　　李健超《长安三阶教寺院与终南山三阶教圣地》，《汉唐两京及丝绸之路历史地理论集》，西安：三秦出版社，2007 年。

　　杨宏毅《隋〈阴云墓志〉考》，《碑林集刊》第十三辑，西安：陕西人民美术出版社，2008 年。

　　龚巨平《南京明代西宁侯宋晟家族墓及相关问题》，南京市博物馆著《学耕文获集：南京市博物馆论文选》，南京：江苏人民出版社，2008 年。

　　黎大祥《振武将军孙思克在凉帅》，《陇右文博》2009 年第 1 期。

　　虞万里《〈石彦辞墓志〉文句正读和史事索隐》，《史林》2009 年第 6 期。

　　韩昇《从〈阴云墓志〉论周隋之际的政局》，《碑林集刊》第十五辑，西安：三秦出版社，2009 年。

　　周相录《元稹真的是一个势力小人吗——〈从《有唐武威段夫人墓志铭》看元稹为人〉商榷》，《中国典籍与文化》2009 年第 12 期。

　　孙瑜《唐慕容曦皓墓志考释》，《山西师大学报（社会科学版）》2010 年第 3 期。

　　李宗俊《唐代石堡城、赤岭位置及唐蕃古道再考》，《民族研究》2011 年第 6 期。

　　陈尚敏《游学、地方官与家族：清代甘肃进士养成》，《教育史研究》2012 年第 1 期。

　　黄寿成《〈郭虚己墓志〉发微》，《唐史论丛》第十四辑，西安：陕西师范大学出版社，2012 年。

高辉、于光建《元〈敏公讲主江南求法功德碑〉考释》，《西夏研究》2012 年第 3 期

宫万瑜《邙洛近年出土冯聿、源模、张懋三方北魏墓志略考》，《中原文物》2012 年第 5 期

黎树科《甘肃武威出土隋王府君墓志铭考释》，《高台魏晋墓与河西历史文化研究》

兰州：甘肃教育出版社，2012 年。

杨军凯《北周史君墓双语铭文及相关问题》，《文物》2013 年第 8 期。

史睿《唐代长安通化坊江南士族的书学传承与法书收藏》，《大唐西市博物馆藏墓志

研究续一》，西安：陕西师范大学出版社，2013 年。

吴伟斌《元稹〈有唐武威段夫人墓志铭〉新解》，《西夏研究》2014 年第 4 期。

陈玮《新出唐吐谷浑王族慕容环墓志研究》，《中国边疆史地研究》2014 年第 4 期。

党寿山《永昌圣容寺的历史变迁探赜》，《敦煌研究》2014 年第 4 期。

李小勇《唐杨执一神道碑考释》，《文博》2014 年第 4 期。

杨斌《论唐〈杨执一墓志〉的文献价值》，《广州广播电视大学学报》2014 年第 4 期

赵振华《谈武周苑嘉宾墓志与告身——以新见石刻资料为中心》，《唐史论丛》第十七辑

西安：陕西师范大学出版社，2014 年。

濮仲远《武威出土的唐代翟舍集夫妇墓志释证》，《社科纵横》2014 年第 8 期。

党菊红《武威校尉乡珍珠台窖藏元代铜器铭文辨析》，《敦煌研究》2015 年第 1 期。

徐伟、吴景山《〈王忠嗣碑〉校正》，《敦煌学辑刊》2015 年第 2 期。

徐伟、吴疆《〈王忠嗣碑〉所见吐蕃史料钩沉》，《中国藏学》2015 年第 2 期。

吴洪琳《关于中古时期独孤氏的几个问题》，《唐史论丛》第二十辑，西安：三秦出版社

2015 年。

王银田、李杲《东魏高唐县开国男穆瑜及夫人陆氏墓志考释》，《暨南史学》第 11 辑

桂林：广西师范大学出版社，2015 年。

杨文科《古浪县土门大明碑校补》，《丝绸之路》2016 年第 16 期。

赵强、姜宝莲、郭明卿《隋独孤罗墓的发现和研究》，《华夏考古》2017 年第 2 期。

朱安《武威近年来出土四合隋唐墓志》，《陇右文博》2017 年第 3 期。

王琨《宁夏出土墓志整理研究综述》，《图书馆理论与实践》2017 年第 8 期。

刘志华《隋唐时期的武威郡 (凉州) 军府考证》，《档案》2017 年第 11 期。

李宇峰、李广奇《辽〈贾师训墓志〉考释》，《辽金历史与考古》第 8 辑，2017 年。

李凤艳《〈刘和墓志〉考释》，《中国边疆史地研究》2018 年第 1 期。

胡可先、徐焕《新出土唐代李宽碑志考论》，《浙江大学学报（人文社会科学版）》

2018 年第 1 期。

李荣辉《王忠嗣墓志中紫乾河及怒皆部考》，《北方文物》2018 年第 1 期。

李军《新出李宽碑志与唐初政局》，《东岳论丛》2018 年第 3 期。

陈根远《舒逸峻拔瘦劲可观——殷玄祚书〈契苾明碑〉》，《书法》2018 年第 2 期。

李浩《新见唐代吐谷浑公主墓志的初步整理与研究》，《中华文史论丛》2018 年第 3 期。

王国玉、王河松《唐〈慕容曦轮墓志〉考辩》，《书法丛刊》2018 年第 4 期。

吴浩军《〈凉州御山石佛瑞像姻缘记〉校录、辑补及相关问题讨论》，中国秦汉史学会等编《凉州文化与丝绸之路国际学术研讨会论文集》，北京：中国社会科学出版社，2018年。

冯培红《〈隋曹庆珍墓志铭〉与武威粟特曹氏》，《社会科学战线》2019年第1期。

濮仲远《唐代慕容曦轮墓志考释》，《青海师范大学学报（哲学社会科学版）》2019年第1期。

李浩《新见唐代安优婆姨塔铭汉文部分释读》，《文献》2020年第3期。

毕波、辛维廉《新发现安优婆姨双语塔铭之粟特文铭文初释》，《文献》2020年第3期。

六、外文资料

［美］Francis Woodman Cleaves, The Sino—Mongolian Inscription of 1362 in the Memory of Prince Hindu, Harvard Journey of Asiatic Studies. vol.12,1949.

［匈］L.Ligeti, Monuments Pressclassiques Ⅰ, Monuments Linguae Mongolicae Collccta Ⅱ, Budapst,1972.

［日］冈崎敬《隋赵国公独孤罗の墓誌銘の考証——陕西省咸阳・底张湾の北周・隋唐墓》，九州大学大学院人文科学研究院编《史渊》第83號，1960年。

［日］西田龙雄《西夏语の研究》，东京：座右宝刊行会，1964—1966年。

［日］福原启郎《西晋の墓志の意义》，载《中国中世の文物》，京都：京都大学人文科学研究所，1993年。

［日］三崎良章《"大夏纪年墓誌銘"に見える"大夏二年"の意味》，《早稻田大學本莊高等學院研究紀要》第20號，2002年。

郭玉堂原著、［日］氣賀澤保规编著《复刻洛阳出土石刻时地记——附解说・所载墓志碑刻目录》，东京：汲古书院，2002年。

［日］山下将司《隋・唐初期の独孤氏と八柱国問題再考—開皇二十年「独孤罗墓誌」を手がかりとして》，早稻田大学教育学部《学術研究（地理学・歴史学・杜会科学編）》第51卷，2003年。

［日］山下将司《新出土史料より見た北朝末・唐初間ソグド人の存在形志——固原出土史氏墓志を中心に》，《唐代史研究》第7號，2004年。

［日］山下将司《隋・唐初の河西ソグド人軍団—天理図書館蔵『文館詞林』「安修仁墓碑銘」残巻をめぐって》，《東方學》第110辑，2005年。

［日］梶山智史《隋代墓誌所在総合目録》，《東アジア石刻研究》创刊号，2005年。

［日］梶山智史《北朝墓誌所在総合目録》，《東アジア石刻研究》创刊号，2005年。

［日］岩本篤志《徐顯秀墓出土貴石印象と北斉政権》，《史滴》第27號，2005年。

［日］町田隆吉《〈前秦建元16年(380)梁阿廣墓表〉試釈》，桜美林大学国際学部编《国際学レヴュー》18，2006年。

韩昇《新発見隋代陰壽の墓誌》，《汲古》第56號，東京：汲古書院，2009年。

「北朝石刻資料の研究」班《北朝石刻資料選注（一)》，《東方學報》第 86 冊，2011 年

［日］梶山智史《新出北朝隋代墓誌所在総合目録（2006—2010 年）》，《東アジア
石刻研究》3，2011 年。

「北朝石刻資料の研究」班《北朝石刻資料選注（二)》，《東方學報》第 87 冊，2012 年

「北朝石刻資料の研究」班《北朝石刻資料選注（三)》，《東方學報》第 88 冊，2013 年

［日］梶山智史《稀見北朝墓誌輯録》，《東アジア石刻研究》5，2013 年。

［日］梶山智史編《北朝隋代墓誌所在総合目録》，東京：汲古書院，2013 年。

［日］石見清裕《ソグド人墓志研究》，東京：汲古書院，2016 年。

［日］氣賀澤保規編《新編唐代墓誌所在総合目録》，東京：汲古書院，2017 年。

［日］福島恵《東部ユーラシアのソグド人──ソグド人漢文墓誌の研究》，東京：
汲古書院，2017 年。